LAROUSSE

Renata Renner

DICIONÁRIO DE BOLSO

PORTUGUÊS
INGLÊS

INGLÊS
PORTUGUÊS

LAROUSSE

Realizado por / Produced by

LAROUSSE

© **Larousse-Bordas, 1998**
21, rue du Montparnasse
75283 Paris Cedex 06, France

ISBN   85-85722-88-6
Macmillan do Brasil

Dados Internacionais de Catalogação na Publicação (CIP)
(Câmara Brasileira do Livro, SP, Brasil)

Larousse : dicionário de iniciação : inglês-português,
    português-inglês : para uma boa aprendizagem do
    inglês. – São Paulo : Macmillan, 1998.

Vários editores.
ISBN 85-85722-88-6

1. Inglês – Dicionários – Português
2. Português – Dicionários – Inglês

98-1960   CDD–423.69
                                                                        –469.32

Índices para catálogo sistemático:
1. Inglês : Dicionários : Português   423.69
2. Português : Dicionários : Inglês   469.32

ISBN 2-03-420712-2
Distribuição/Sales: Larousse Kingfisher Chambers Inc., New York

Library of Congress Catalog Card Number
98-75574

LAROUSSE

POCKET
DICTIONARY

PORTUGUESE
ENGLISH

ENGLISH
PORTUGUESE

LAROUSSE

OS COMPOSTOS EM INGLÊS

Em inglês os compostos são vocábulos com um só significado, mas formados por mais de uma palavra; por exemplo **point of view**, **kiss of life**, **virtual reality** ou **West Indies**. Uma das características deste dicionário é o fato de os compostos terem uma entrada própria e seguirem rigorosamente a ordem alfabética. Assim, **blood poisoning** figura depois de **bloodhound** que por seu lado surge depois de **blood donor**.

ENGLISH COMPOUNDS

A compound is a word or expression which has a single meaning but is made up of more than one word, e.g. **point of view**, **kiss of life**, **virtual reality** and **West Indies**. It is a feature of this dictionary that English compounds appear in the A–Z list in strict alphabetical order. The compound **blood poisoning** will therefore come after **bloodhound** which itself follows **blood donor**.

MARCAS REGISTRADAS

O símbolo ® indica que a palavra em questão é uma marca registrada. Este símbolo, ou a sua eventual ausência, não afeta, no entanto, a situação legal da marca.

TRADEMARKS

Words considered to be trademarks have been designated in this dictionary by the symbol ®. However, neither the presence nor the absence of such designation should be regarded as affecting the legal status of any trademark.

AO LEITOR

Este dicionário é ideal para atender às necessidades do estudante de inglês, seja aprendendo a língua na escola ou em casa, seja em viagens ao exterior.

É um referência prática criada para fornecer respostas claras e precisas para os inúmeros problemas encontrados no estudo da língua inglesa. Com 40 000 palavras e expressões e 55 000 traduções, incluindo abreviaturas e substantivos próprios, o dicionário permite ao usuário entender e apreciar uma grande variedade de textos.

Graças a uma cobertura detalhada do vocabulário básico da língua inglesa e a indicadores de sentido que possibilitam uma tradução acurada, escrever em inglês corretamente e com segurança deixou de ser um problema.

Não hesite em enviar-nos as suas sugestões ou dúvidas, pois elas poderão ser muito úteis e ajudar a tornar este dicionário ainda melhor.

A EDITORA

TO OUR READERS

This dictionary is ideal for all your language needs, from language learning at school and at home to traveling abroad.

This handy reference is designed to provide fast and clear solutions to the various problems encountered when studying present-day Portuguese. With 40,000 references and 55,000 translations, including many common abbreviations and proper names, it enables the user to understand and enjoy a wide range of reading material.

Writing idiomatic Portuguese with confidence is no longer a problem thanks to the dictionary's detailed coverage of essential vocabulary and helpful sense-markers which guide the user to the most appropriate translation.

Send us your comments or queries – you will be helping to make this dictionary an even better book.

THE PUBLISHER

ABREVIATURAS		ABBREVIATIONS
abreviatura	*abrev/abbr*	abbreviation
adjetivo	*adj*	adjective
adjetivo feminino	*adj f*	feminine adjective
adjetivo masculino	*adj m*	masculine adjective
advérbio	*adv*	adverb
inglês americano	*Am*	American English
anatomia	*ANAT*	anatomy
automóvel	*AUT*	automobile, cars
auxiliar	*aux*	auxiliary
português do Brasil	*Br*	Brazilian Portuguese
inglês britânico	*Brit*	British English
comércio	*COM(M)*	commerce, business
comparativo	*comp(ar)*	comparative
informática	*COMPUT*	computers
conjunção	*conj*	conjunction
contínuo	*cont*	continuous
culinária	*CULIN*	culinary, cooking
economia	*ECON*	economics
educação, escola	*EDUC*	school, education
esporte	*ESP*	sport
interjeição	*excl*	exclamation
substantivo feminino	*f*	feminine noun
familiar	*fam*	informal
figurado	*fig*	figurative
finanças	*FIN*	finance, financial
formal	*fml*	formal
inseparável	*fus*	inseparable

– indica que o "phrasal verb" (verbo + preposição ou advérbio) não pode ser separado, colocando-se o objeto entre o verbo e a segunda partícula da locução, p. ex. com **look after** diz-se *I looked after him* mas não *I looked him after*

– shows that a phrasal verb is "fused", i.e. inseparable, e.g. **look after** where the object cannot come between the verb and the particle, e.g. *I looked after him* but not *I looked him after*

geralmente	*gen*	generally
gramática	*GRAM(M)*	grammar
familiar	*inf*	informal
informática	*INFORM*	computers
interjeição	*interj*	exclamation
invariável	*inv*	invariable
jurídico	*JUR*	juridical, legal
substantivo masculino	*m*	masculine noun
matemática	*MAT(H)*	mathematics

medicina	*MED*	medicine
substantivo masculino e feminino	*mf*	masculine and feminine noun
substantivo masculino com desinência feminina	*m, f*	masculine noun with a feminine inflection
termos militares	*MIL*	military
música	*MÚS/MUS*	music
substantivo	*n*	noun
termos náuticos	*NÁUT/NAUT*	nautical, maritime
numeral	*num*	numeral
	o.s.	oneself
pejorativo	*pej*	pejorative
plural	*pl*	plural
política	*POL*	politics
português de Portugal	*Port*	European Portuguese
particípio passado	*pp*	past participle
preposição	*prep*	preposition
pronome	*pron*	pronoun
passado	*pt*	past tense
marca registrada	®	registered trademark
religião	*RELIG*	religion
substantivo	*s*	noun
alguém	*sb*	somebody
educação, escola	*SCH*	school, education
inglês escocês	*Scot*	Scottish English
separável	*sep*	separable
– indica que o "phrasal verb" (verbo + preposição ou advérbio) pode ser separado, colocando-se o objeto entre o verbo e a segunda partícula da locução, p. ex. com **let in** diz-se *I let her in*		– shows that a phrasal verb is separable, e.g. **let in**, where the object can come between the verb and the particle, *I let her in*
singular	*sg*	singular
algo	*sthg*	something
sujeito	*suj/subj*	subject
superlativo	*sup(erl)*	superlative
termos técnicos	*TEC(H)*	technology
televisão	*TV*	television
verbo	*v/vb*	verb
verbo intransitivo	*vi*	intransitive verb
verbo impessoal	*v impess / v impers*	impersonal verb
verbo pronominal	*vp*	pronominal verb
verbo transitivo	*vt*	transitive verb
vulgar	*vulg*	vulgar
equivalente cultural	≈	cultural equivalent

TRANSCRIÇÃO FONÉTICA	**PHONETIC TRANSCRIPTION**

Vogais portuguesas

[a]	pá, amar
[ɛ]	sé, seta, hera
[c]	ler, mês
[i]	ir, sino, nave
[ɔ]	nota, pó
[o]	corvo, avô
[u]	azul, tribo

English vowels

[ɪ]	pit, big, rid
[e]	pet, tend
[æ]	pat, bag, mad
[ʌ]	run, cut
[ɒ]	pot, log
[ʊ]	put, full
[ə]	mother, suppose
[i:]	bean, weed
[ɑ:]	barn, car, laugh
[ɔ:]	born, lawn
[u:]	loop, loose
[ɜ:]	burn, learn, bird

Ditongos portugueses

[aj]	faixa, mais
[ej]	leite, rei
[ɛj]	hotéis, pastéis
[ɔj]	herói, bóia
[oj]	coisa, noite
[uj]	azuís, fui
[aw]	nau, jaula
[ɛw]	céu, véu
[ew]	deus, seu
[iw]	riu, viu

English diphthongs

[cɪ]	bay, late, great
[aɪ]	buy, light, aisle
[ɔɪ]	boy, foil
[əʊ]	no, road, blow
[aʊ]	now, shout, town
[ɪə]	peer, fierce, idea
[cə]	pair, bear, share
[ʊə]	poor, sure, tour

Vogais nasais

[ã]	maçã, santo
[ẽ]	lençol, sempre
[ĩ]	fim, patim
[õ]	onde, com, honra
[ũ]	jejum, nunca

Nasal vowels

Ditongos nasais

[ãj]	cãibra, mãe
[ãw]	betão, cão
[ẽj]	bem, quem
[õj]	cordões, leões

Nasal diphthongs

Semivogais

| sereia, maio | [j] |
| luar, quadro, poema | [w] |

Semi-vowels

| [j] | you, spaniel |
| [w] | wet, why, twin |

Consoantes / Consonants

Português	IPA	English
beijo, abrir	[b]	bottle, bib
casa, dique	[k]	come, kitchen
dama, prenda	[d]	dog, did
dia, bonde	[dʒ]	jet, fridge
fado, afinal	[f]	fib, physical
grande, agora	[g]	gag, great
gelo, cisne, anjo	[ʒ]	usual, measure
	[h]	how, perhaps
lata, feliz, cola	[l]	little, help
folha, ilha	[ʎ]	
mel, amigo	[m]	metal, comb
novo, mina	[n]	night, dinner
linha, sonho	[ɲ]	
anca, inglês	[ŋ]	sung, parking
pão, gripe	[p]	pop, people
cura, era	[r]	right, carry
rádio, terra	[x]	loch
cima, desse, caça	[s]	seal, peace
noz, bis, caixa, chá	[ʃ]	sheep, machine
tema, lata, porta	[t]	train, tip
tio, infantil	[tʃ]	chain, wretched
	[θ]	think, fifth
	[ð]	this, with
vela, ave	[v]	vine, livid
zelo, brisa	[z]	zip, his

[ʳ] só se pronuncia quando é seguido de uma palavra que começa por vogal.

[ʳ] is pronounced only when followed by a word beginning with a vowel.

O símbolo fonético [(x)] em português indica que o 'r' no final da palavra é quase sempre levemente pronunciado, exceto ao ser seguido por uma vogal, quando então é pronunciado [r].

The symbol [(x)] in Portuguese phonetics indicates that final 'r' is often barely sounded unless it is followed by a word beginning with a vowel, in which case it is pronounced [r].

O símbolo ['] indica a sílaba tônica, onde recai o acento principal; [,] indica a sílaba subtônica, onde recai o acento secundário.

The symbol ['] indicates that the following syllable carries primary stress and [,] that the following syllable carries secondary stress.

No lado português as regras de pronúncia seguidas são as do português falado no Rio de Janeiro, exceto nos verbetes seguidos pela abreviatura Port que correspondem ao português europeu e cuja pronúncia é a de Lisboa.

Portuguese phonetics reflect the language as spoken in Rio de Janeiro, except for entries marked Port, which relate specifically to European Portuguese and where the pronunciation given is that of Lisbon.

Conjugações

Chave: **A** = presente do indicativo, **B** = pretérito imperfeito do indicativo, **C** = pretérito perfeito do indicativo, **D** = pretérito mais-que-perfeito do indicativo, **E** = futuro do indicativo, **F** = condicional, **G** = presente do subjuntivo, **H** = futuro do subjuntivo, **I** = pretérito imperfeito do subjuntivo, **J** = imperativo, **K** = gerúndio, **L** = infinitivo pessoal, **M** = particípio passado.

ANDAR: **A** ando, andas, anda, andamos, andais, andam, **B** andava, andavas, andava, andávamos, andáveis, andavam, **C** andei, andaste, andou, andamos, andastes, andaram, **D** andara, andaras, andara, andáramos, andáreis, andaram, **E** andarei, andarás, andará, andaremos, andareis, andarão, **F** andaria, andarias, andaria, andaríamos, andaríeis, andariam, **G** ande, andes, ande, andemos, andeis, andem, **H** andar, andares, andar, andarmos, andardes, andarem, **I** andasse, andasses, andasse, andássemos, andásseis, andassem, **J** anda, ande, andemos, andai, andem, **K** andando, **L** andar, andares, andar, andarmos, andardes, andarem, **M** andado.

chover: **A** chove, **B** chovia, **C** choveu, **G** chova, **H** chover, **I** chovesse, **M** chovido.

COMER: **A** como, comes, come, comemos, comeis, comem, **B** comia, comias, comia, comíamos, comíeis, comiam, **C** comi, comeste, comeu, comemos, comestes, comeram, **D** comera, comeras, comera, comêramos, comêreis, comeram, **E** comerei, comerás, comerá, comeremos, comereis, comerão, **F** comeria, comerias, comeria, comeríamos, comeríeis, comeriam, **G** coma, comas, coma, comamos, comais, comam, **H** comer, comeres, comer, comermos, comerdes, comerem, **I** comesse, comesses, comesse, comêssemos, comêsseis, comessem, **J** come, coma, comamos, comei, comam, **K** comendo, **L** comer, comeres, comer, comermos, comerdes, comerem, **M** comido.

conduzir: **A** conduzo, conduzes, conduz, etc., **B** conduzia, etc., **C** conduzi, conduziste, etc., **G** conduza, etc., **I** conduzisse, etc., **J** conduz, conduza, etc., **M** conduzido.

conhecer: **A** conheço, conheces, etc., **B** conhecia, etc., **C** conheci, conheceste, etc., **D** conhecera, etc., **I** conhecesse, conhecesses, etc., **J** conhece, conheça, etc., **M** conhecido.

conseguir: **A** consigo, consegues, consegue, etc., **C** consegui, conseguiste, etc., **D** conseguira, conseguiras, etc., **E** conseguirei, conseguirás, etc., **J** consegue, consiga, consigamos, consegui, consigam.

dar: **A** dou, dás, dá, damos, dais, dão, **B** dava, etc., **C** dei, deste, deu, demos, destes, deram, **D** dera, deras, etc., **E** darei, darás, etc., **F** daria, etc., **G** dê, dês, dê, dêmos, deis, dêem, **H** der, deres, etc., **I** desse, desses, etc., **J** dá, dê, dêmos, dai, dêem, **K** dando, **L** dar, dares, dar, darmos, dardes, darem, **M** dado.

dizer: **A** digo, dizes, diz, dizemos, dizeis, dizem ; **B** dizia, dizias, etc., **C** disse, disseste, disse, dissemos, dissestes, disseram, **D** dissera, disseras, etc., **E** direi, dirás, dirá, etc., **F** diria, dirias, etc., **G** diga, digas, etc., **H** disser, disseres, disser, dissermos, disserdes, disserem, **I** dissesse, dissesses, etc., **J** diz, diga, etc., **K** dizendo, **L** dizer, dizeres, dizer, dizermos, dizerdes, dizerem, **M** dito.

dormir: A durmo, dormes, dorme, dormimos, dormis, dormem, B dormia, dormias, etc., C dormi, dormiste, etc., H dormir, dormires, etc., J dorme, durma, durmamos, dormi, durmam, M dormido.

escrever: A escrevo, escreves, etc., B escrevia, escrevias, etc., C escrevi, escreveste, escreveu, etc., D escrevera, escreveras, etc., I escrevesse, escrevesses, etc., J escreve, escreva, etc., M escrito.

ESTAR: A estou, estás, está, estamos, estais, estão, B estava, estavas, estava, estávamos, -estáveis, estavam, C estive, estiveste, esteve, estivemos, estivestes, estiveram, D estivera, estiveras, estivera, estivéramos, estivéreis, estiveram, E estarei, estarás, estará, estaremos, estareis, estarão, F estaria, estarias, estaria, estaríamos, estaríeis, estariam, G esteja, estejas, esteja, estejamos, estejais, estejam, H estiver, estiveres, estiver, estivermos, estiverdes, estiverem, I estivesse, estivesses, estivesse, estivéssemos, estivésseis, estivessem, J está, esteja, estejamos, estai, estejam, K estando, L estar, estares, estar, estarmos, estardes, estarem, M estado.

fazer: A faço, fazes, faz, etc., B fazia, fazias, etc., C fiz, fizeste, fez, fizemos, fizestes, fizeram, D fizera, fizeras, etc., E farei, farás, etc., F faria, farias, etc., G faça, faças, etc.; H fizer, fizeres, etc., I fizesse, fizesses, etc., J faz, faça, façamos, fazei, façam, M feito.

ir: A vou, vais, vai, vamos, ides, vão, B ia, ias, íamos, etc., C fui, foste, foi, fomos, fostes, foram, D fora, foras, fora, fôramos, fôreis, foram, E irei, irás, irá, iremos, ireis, irão, F iria, irias, iríamos, etc., G vá, vás, vá, vamos, vades, vão, H for, fores, for, formos, fordes, forem, I fosse, fosses, fosse, fôssemos, fôsseis, fossem, J vai, vá, vamos, ide, vão, K indo, L ir, ires, ir, irmos, irdes, irem, M ido.

ler: A leio, lês, lê, lemos, ledes, lêem, B lia, lias, etc., C li, leste, leu, etc., G leia, leias, etc., M lido.

nascer: A nasço, nasces, etc., B nascia, etc., C nasci, nasceste, nasceu, etc., D nascera, etc., G nasça, nasças, etc., H nascer, nasceres, etc., I nascesse, etc., M nascido.

negociar: A negoc(e)io, negoc(e)ias, negoc(e)ia, negociamos, negociais, negoc(e)iam, B negociava, etc., C negociei, negociaste, etc., G negoc(e)ie, negoc(e)ies, negoc(e)ie, negociemos, negocieis, negoc(e)iem, J negoc(e)ia, negoc(e)ie, negociemos, negociai, negoc(e)iem, M negociado.

oferecer: A ofereço, ofereces, etc., B oferecia, etc., C ofereci, ofereceste, ofereceu, etc., D oferecera, etc., G ofereça, ofereças, etc., I oferecesse, etc., J oferece, ofereça, ofereçamos, oferecei, ofereçam, M oferecido.

ouvir: A ouço, ouves, ouve, etc., B ouvia, etc., C ouvi, ouviste, ouviu, etc., D ouvira, etc., G ouça, ouças, etc., H ouvir, ouvires, etc., I ouvisse, ouvisses, etc., J ouve, ouça, ouçamos, ouvi, ouçam, M ouvido.

parecer: A pareço, pareces, parece, etc., B parecia, etc., C pareci, pareceste, etc., D parecera, etc., G pareça, pareças, etc., H parecer, pareceres, etc., I parecesse, parecesses, etc., M parecido.

PARTIR: A parto, partes, parte, partimos, partis, partem, **B** partia, partias, partia, partíamos, partíeis, partiam, **C** parti, partiste, partiu, partimos, partistes, partiram, **D** partira, partiras, partira, partíramos, partíreis, partiram, **G** parta, partas, parta, partamos, partais, partam, **H** partir, partires, partir, partirmos, partirdes, partirem, **I** partisse, partisses, partisse, partíssemos, partísseis, partissem, **J** parte, parta, partamos, parti, partam, **K** partindo, **L** partir, partires, partir, partirmos, partirdes, partirem, **M** partido.

passear: A passeio, passeias, passeia, passeamos, passeais, passeiam, **B** passeava, passeavas, etc., **C** passeei, passeaste, etc., **E** passearei, passearás, etc., **G** passeie, passeies, etc., **J** passeia, passeie, passeemos, passeai, passeiem, **M** passeado.

pedir: A peço, pedes, pede, etc., **C** pedi, pediste, pediu, etc., **G** peça, peças, etc., **J** pede, peça, peçamos, pedi, peçam, **M** pedido.

perder: A perco, perdes, perde, perdemos, perdeis, perdem, **C** perdi, perdeste, perdeu, etc., **F** perderia, perderias, etc., **G** perca, percas, perca, etc., **H** perder, perderes, etc., **I** perdesse, perdesses, etc., **J** perde, perca, percamos, perdei, percam, **M** perdido.

poder: A posso, podes, pode, podemos, podeis, podem, **B** podia, podias, etc., **C** pude, pudeste, pôde, pudemos, pudestes, puderam, **G** possa, possamos, etc., **H** puder, puderes, puder, etc., **I** pudesse, pudéssemos, etc.

pôr: A ponho, pões, põe, pomos, pondes, põem, **B** punha, púnhamos, etc., **C** pus, puseste, pôs, pusemos, pusestes, puseram, **D** pusera, puséramos, etc., **E** porei, porás, etc., **F** poria, porias, etc., **G** ponha, ponhas, etc., **H** puser, pusermos, etc., **I** pusesse, puséssemos, etc., **J** põe, ponha, ponhamos, ponde, ponham, **K** pondo, **L** pôr, pores, pôr, pormos, pordes, porem, **M** posto.

querer: A quero, queres, quer, queremos, quereis, querem, **C** quis, quiseste, quis, quisemos, quisestes, quiseram, **D** quisera, quiséramos, etc., **G** queira, queiramos, etc., **H** quiser, quisermos, etc., **I** quisesse, quiséssemos, etc., **J** quer, queira, queiramos, querei, queiram, **K** querendo, **L** querer, quereres, querer, querermos, quererdes, quererem, **M** querido.

rir: A rio, ris, ri, rimos, rides, riem, **B** ria, ríamos, etc., **C** ri, riste, riu, rimos, ristes, riram, **D** rira, ríramos, etc., **G** ria, rias, etc., **H** rir, rires, etc., **I** risse, ríssemos, etc., **J** ri, ria, riamos, ride, riam, **K** rindo, **M** rido.

saber: A sei, sabes, sabe, sabemos, sabeis, sabem, **B** sabia, sabíamos, etc., **C** soube, soubeste, soube, soubemos, soubestes, souberam, **D** soubera, soubéramos, etc., **G** saiba, saibas, saiba, saibamos, saibais, saibam, **H** souber, souberes, etc., **I** soubesse, soubesses, etc., **J** sabe, saiba, saibamos, sabei, saibam, **M** sabido.

sair: A saio, sais, sai, saímos, saís, saem, **B** saía, saías, etc., **C** saí, saíste, saiu, etc., **D** saíra, saíras, etc., **G** saia, saias, saia, saiamos, saiais, saiam, **H** sair, saíres, sair, etc., **I** saísse, saísses, etc., **J** sai, saia, saiamos, saí, saiam, **K** saindo, **M** saído.

SENTAR-SE: A sento-me, sentas-te, senta-se, sentamo-nos, sentais-vos, sentam-se, **B** sentava-me, sentavas-te, sentava-se, sentávamo-nos, sentáveis-vos, sentavam-se, **C** sentei-me, sentaste-te, sentou-se, sentámo-nos, sentastes-vos, sentaram-se, **D** sentara-me, sentaras-te, sentara-se, sentáramo-nos, sentáreis-vos, sentaram-se, **E** sentar-me-ei, sentar-te-ás, sentar-se-á, sentar-nos-emos, sentar-vos-eis, sentar-se-ão, **F** sentar-me-ia, sentar-te-ias, sentar-se-ia, sentar-nos-íamos, sentar-vos-íeis, sentar-se-iam, **G** me sente, te sentes, se sente, nos sentemos, vos senteis, se sentem, **H** me sentar, te sentares, se sentar, nos sentarmos, vos sentardes, se sentarem, **I** me sentasse, te sentasses, se sentasse, nos sentássemos, vos sentásseis, se sentassem, **J** senta-te, sente-se, sentemo-nos, sentai-vos, sentem-se, **K** sentando-se, **L** sentar-me, sentares-te, sentar-se, sentarmo-nos, sentardes-vos, sentarem-se, **M** sentado.

sentir: A sinto, sentes, sente, sentimos, sentis, sentem, **B** sentia, sentias, etc., **C** senti, sentiste, sentiu, etc., **D** sentira, etc., **G** sinta, sintas, etc., **I** sentisse, sentisses, etc., **H** sentir, sentires, etc., **J** sente, sinta, sintamos, senti, sintam, **M** sentido.

SER: A sou, és, é, somos, sois, são, **B** era, eras, era, éramos, éreis, eram, **C** fui, foste, foi, fomos, fostes, foram, **D** fora, foras, fora, fôramos, fôreis, foram, **F** seria, serias, seria, seríamos, seríeis, seriam, **G** seja, sejas, seja, sejamos, sejais, sejam, **H** for, fores, for, formos, fordes, forem, **I** fosse, fosses, fosse, fôssemos, fôsseis, fossem, **J** sê, seja, sejamos, sede, sejam, **K** sendo, **L** ser, seres, ser, sermos, serdes, serem, **M** sido.

TER: A tenho, tens, tem, temos, tendes, têm, **B** tinha, tinhas, tinha, tínhamos, tínheis, tinham, **C** tive, tiveste, teve, tivemos, tivestes, tiveram, **D** tivera, tiveras, tivera, tivéramos, tivéreis, tiveram, **E** terei, terás, terá, teremos, tereis, terão, **F** teria, terias, teria, teríamos, teríeis, teriam, **G** tenha, tenhas, tenha, tenhamos, tenhais, tenham, **H** tiver, tiveres, tiver, tivermos, tiverdes, tiverem, **I** tivesse, tivesses, tivéssemos, tivésseis, tivessem, **J** tem, tenha, tenhamos, tende, tenham, **K** tendo, **L** ter, teres, ter, termos, terdes, terem, **M** tido.

trazer: A trago, trazes, traz, trazemos, trazeis, trazem, **B** trazia, trazias, etc., **C** trouxe, trouxeste, trouxe, trouxemos, trouxestes, trouxeram, **D** trouxera, trouxeras, etc., **E** trarei, trarás, trará, traremos, trareis, trarão, **F** traria, trarias, etc., **G** traga, tragas, etc., **H** trouxer, trouxeres, etc., **I** trouxesse, trouxesses, etc., **J** traz, traga, tragamos, trazei, tragam, **K** trazendo, **L** trazer, trazeres, trazer, trazermos, trazerdes, trazerem, **M** trazido.

ver: A vejo, vês, vê, vemos, vedes, vêem, **B** via, vias, etc., **C** vi, viste, viu, vimos, vistes, viram, **D** vira, viras, etc., **E** verei, verás, etc., **G** veja, vejas, veja, etc., **H** vir, vires, vir, virmos, virdes, virem, **I** visse, visses, visse, etc., **J** vê, veja, vejamos, vede, vejam, **K** vendo, **L** ver, veres, ver, vermos, verdes, verem, **M** visto.

vir: A venho, vens, vem, vimos, vindes, vêm, **B** vinha, vinhas, etc., **C** vim, vieste, veio, viemos, viestes, vieram, **D** viera, vieras, etc., **E** virei, virás, etc., **G** venha, venhas, etc., **H** vier, vieres, vier, etc., **I** viesse, viesses, etc., **J** vem, venha, venhamos, vinde, venham, **K** vindo, **L** vir, vires, vir, virmos, virdes, virem, **M** vindo.

viver: A vivo, vives, etc., **B** vivia, vivias, etc., **C** vivi, viveste, viveu, etc., **G** viva, vivas, etc., **I** vivesse, vivesses, etc., **J** vive, viva, vivamos, vivei, vivam, **M** vivido.

ENGLISH IRREGULAR VERBS

Infinitive	Past Tense	Past Participle
arise	arose	arisen
awake	awoke	awoken
be	was/were	been
bear	bore	born(e)
beat	beat	beaten
begin	began	begun
bend	bent	bent
bet	bet/betted	bet/betted
bid	bid	bid
bind	bound	bound
bite	bit	bitten
bleed	bled	bled
blow	blew	blown
break	broke	broken
breed	bred	bred
bring	brought	brought
build	built	built
burn	burnt/burned	burnt/burned
burst	burst	burst
buy	bought	bought
can	could	–
cast	cast	cast
catch	caught	caught
choose	chose	chosen
come	came	come
cost	cost	cost
creep	crept	crept
cut	cut	cut
deal	dealt	dealt
dig	dug	dug
do	did	done
draw	drew	drawn
dream	dreamed/dreamt	dreamed/dreamt
drink	drank	drunk
drive	drove	driven
eat	ate	eaten
fall	fell	fallen
feed	fed	fed
feel	felt	felt
fight	fought	fought
find	found	found
fling	flung	flung
fly	flew	flown
forget	forgot	forgotten
freeze	froze	frozen
get	got	got (Am gotten)
give	gave	given
go	went	gone
grind	ground	ground
grow	grew	grown

Infinitive	Past Tense	Past Participle
hang	hung / hanged	hung / hanged
have	had	had
hear	heard	heard
hide	hid	hidden
hit	hit	hit
hold	held	held
hurt	hurt	hurt
keep	kept	kept
kneel	knelt / kneeled	knelt / kneeled
know	knew	known
lay	laid	laid
lead	led	led
lean	leant / leaned	leant / leaned
leap	leapt / leaped	leapt / leaped
learn	learnt / learned	learnt / learned
leave	left	left
lend	lent	lent
let	let	let
lie	lay	lain
light	lit / lighted	lit / lighted
lose	lost	lost
make	made	made
may	might	–
mean	meant	meant
meet	met	met
mow	mowed	mown / mowed
pay	paid	paid
put	put	put
quit	quit / quitted	quit / quitted
read	read	read
rid	rid	rid
ride	rode	ridden
ring	rang	rung
rise	rose	risen
run	ran	run
saw	sawed	sawn
say	said	said
see	saw	seen
seek	sought	sought
sell	sold	sold
send	sent	sent
set	set	set
shake	shook	shaken
shall	should	–
shed	shed	shed
shine	shone	shone
shoot	shot	shot
show	showed	shown
shrink	shrank	shrunk

Infinitive	Past Tense	Past Participle
shut	shut	shut
sing	sang	sung
sink	sank	sunk
sit	sat	sat
sleep	slept	slept
slide	slid	slid
sling	slung	slung
smell	smelt /smelled	smelt /smelled
sow	sowed	sown /sowed
speak	spoke	spoken
speed	sped /speeded	sped /speeded
spell	spelt /spelled	spelt /spelled
spend	spent	spent
spill	spilt /spilled	spilt /spilled
spin	spun	spun
spit	spat	spat
split	split	split
spoil	spoiled /spoilt	spoiled /spoilt
spread	spread	spread
spring	sprang	sprung
stand	stood	stood
steal	stole	stolen
stick	stuck	stuck
sting	stung	stung
stink	stank	stunk
strike	struck	struck /stricken
swear	swore	sworn
sweep	swept	swept
swell	swelled	swollen /swelled
swim	swam	swum
swing	swung	swung
take	took	taken
teach	taught	taught
tear	tore	torn
tell	told	told
think	thought	thought
throw	threw	thrown
tread	trod	trodden
wake	woke /waked	woken /waked
wear	wore	worn
weave	wove /weaved	woven /weaved
weep	wept	wept
win	won	won
wind	wound	wound
wring	wrung	wrung
write	wrote	written

a [a] *artigo definido* → **o** ◆ *prep* **1.** *(introduz um complemento indireto)* to; **mostrar algo a alguém** to show sthg to sb; **diga ao Zé para vir** tell Zé to come; **pede o chapéu ao Paulo** ask Paulo for the hat. **2.** *(relativo a direção)* to; **fomos à praia** we went to the beach; **vamos ao cinema** we're going to the cinema; **cheguei a Salvador ontem** I arrived in Salvador yesterday. **3.** *(relativo a posição, lugar, distância)*: **é à esquerda/direita** it's on the left/right; **fica a 10 quilómetros** it's 10 kilometres away. **4.** *(relativo a quantidade, medida, preço)*: **aos centos/às dezenas** by the hundred/dozen; **a quanto estão as peras?** how much are the pears?; **vender algo a metro** to sell sthg by the metre. **5.** *(indica modo, maneira)*: **feito à mão** handmade; **bater à máquina** to type; **sal a gosto** salt to taste. **6.** *(relativo a velocidade)*: **dirigir a 60 km/h** to drive at 60 km/h; **ela ia a 100 por hora** she was going at 100 kilometres an hour. **7.** *(indica freqüência)*: **três vezes ao dia** three times a day; **estou lá às terças e quintas** I'm there on Tuesdays and Thursdays. **8.** *(introduz complemento de tempo)*: **as lojas abrem às 9 horas** the shops open at 9 (o'clock); **chegam daqui a 2 horas** they're arriving in 2 hours' time; **fica a dez minutos daqui** it's ten minutes from here; **à noite** at night. **9.** *(indica série)*: **de ... a** from ... to; **façam os exercícios de um a dez** do exercises one to ten.

10. *(seguido de infinitivo para exprimir momento)*: **ele começou a falar** he started speaking; **ele tropeçou ao subir no ônibus** he tripped over as he was getting on the bus. **11.** *(seguido de infinitivo indicando duas ações)*: **ela sentou-se a ler** she sat down and started to read.

à [a] = **a** + **a**, → **a**.

aba ['aba] *f (de chapéu)* brim; *(corte de carne)* side.

abacate [aba'katʃi] *m* avocado.

abacaxi [abaka'ʃi] *m* pineapple.

abadia [aba'dʒia] *f* abbey.

abafado, -da [aba'fadu, -da] *adj (ar)* stuffy; *(tempo)* close.

abafar [aba'fa(x)] *vt (ruído)* to muffle ◆ *vi (sufocar)* to stifle.

abaixar [abaj'ʃa(x)] *vt* to lower. ❑ **abaixar-se** *vp* to stoop.

abaixo [a'bajʃu] *adv* down; **jogar ~** *(árvore)* to cut down; **mais ~** further down; **~ de** below; **~ o governo!** down with the government!

abaixo-assinado [a,bajʃuasi'nadu] *(pl* **abaixo-assinados** [a,bajʃuasi'naduʃ]*) m* petition.

abajur [aba'ʒu(x)] *(pl* **-res** [-riʃ]*) m* lampshade.

abalar [aba'la(x)] *vt (estremecer)* to shake.

abalo [a'balu] *m*: **~ (sísmico** OU **de terra)** earth tremor.

abanar [aba'na(x)] *vt (cabeça)* to shake; *(rabo)* to wag.

abandonado, -da [abãdo'nadu, -da] *adj (lugar)* deserted; *(cão, carro)* abandoned.

abandonar [abãdo'na(x)] *vt* to abandon.

abandono [abãn'donu] *m* abandonment; **ao ~** abandoned; **~ do lar** desertion.

abarcar [abax'ka(x)] *vt* to cover.

abarrotado, -da [abaxo'tadu, -da] *adj* packed.

abarrotar [abaxo'ta(x)] *vi* to be full up ♦ *vt* to pack; **a ~ de** packed with.

abastecer [abaʃte'se(x)] *vt* to supply. ❏ **abastecer-se** *vp* to stock up.

abastecimento [abaʃtesi'mẽntu] *m* supply.

abater [aba'te(x)] *vt* (*baixar*) to reduce; (*avião*) to shoot down; (*árvore*) to fell; (*animal*) to slaughter.

abatimento [abatʃi'mẽntu] *m* (*desconto*) reduction; (*fraqueza*) weakness.

abcesso [ab'sɛsu] *m* abscess.

abdicar [abdʒi'ka(x)] *vi* to abdicate.

abdómen [ab'dɔmɛn] *m* (*Port*) = **abdômen**.

abdômen [ab'domẽ] *m* (*Br*) abdomen.

abdominal [abdomi'naw] (*pl* **-ais** [-ajʃ]) *adj* abdominal. ❏ **abdominais** *mpl*: **fazer abdominais** to do sit-ups.

á-bê-cê [abe'se] *m* abc.

abecedário [abese'darju] *m* alphabet.

abeirar-se [abej'raxsi] : **abeirar-se de** *vp + prep* to draw near to.

abelha [a'beʎa] *f* bee.

abelhudo, -da [abe'ʎudu, -da] *adj* nosy.

aberração [abexa'sãw] (*pl* **-ões** [-õjʃ]) *f* aberration.

aberto, -ta [a'bɛxtu, -ta] *pp* → **abrir** ♦ *adj* open.

abertura [abex'tura] *f* opening; (*MÚS*) overture; "**~ fácil**" "easy to open".

abeto [a'bɛtu] *m* fir tree.

ABI *f* (*abrev de Associação Brasileira de Imprensa*) *Brazilian press association which also functions as a political pressure group.*

abismo [a'biʒmu] *m* abyss.

abóbada [a'bɔbada] *f* vault.

abóbora [a'bɔbora] *f* pumpkin.

abóbora-menina [a,bɔborame'nina] (*pl* **abóboras-meninas** [a,bɔboraʒme'ninaʃ]) *f* sweet pumpkin.

abobrinha [abo'briɲa] *f* (*Br*) courgette (*Brit*), zucchini (*Am*).

abolir [abo'li(x)] *vt* to abolish.

abominar [abomi'na(x)] *vt* to loathe.

abono [a'bonu] *m*: **~ de família** (*Port*) child benefit.

abordagem [abox'daʒẽ] (*pl* **-ns** [-ʃ]) *f* (*de tema, situação*) handling, treatment.

abordar [abox'da(x)] *vt* (*pessoa*) to approach; (*assunto*) to broach.

aborígene [abo'riʒeni] *mf* aborigine.

aborrecer [aboxe'se(x)] *vt* (*irritar*) to annoy; (*entediar*) to bore. ❏ **aborrecer-se** *vp* (*irritar-se*) to get annoyed; (*entediar-se*) to get bored.

aborrecido, -da [aboxe'sidu, -da] *adj* (*chato*) tedious; (*zangado*) annoyed.

aborrecimento [aboxesi'mẽntu] *m* (*tédio*) boredom; (*contrariedade*) annoyance.

abortar [abox'ta(x)] *vi* (*MED*) (*espontaneamente*) to have a miscarriage; (*intencionalmente*) to have an abortion.

aborto [a'boxtu] *m* (*MED*) (*espontâneo*) miscarriage; (*intencional*) abortion.

abotoar [abo'twa(x)] *vt* to button (up).

abraçar [abra'sa(x)] *vt* to hug. ❏ **abraçar-se** *vp* to hug each other.

abraço [a'brasu] *m* hug; **um ~** (*em carta, postal*) best wishes.

abrandar [abrãn'da(x)] *vt* (*dor*) to ease ♦ *vi* (*vento*) to drop; (*chuva*) to ease off.

abranger [abrã'ʒe(x)] *vt* to include.

abre-latas [abre'lataʃ] *m inv* (*Port*) tin opener (*Brit*), can opener (*Am*).

abreviação [abrevja'sãw] (*pl* **-ões** [-õjʃ]) *f* abbreviation.

abreviatura [abrevja'tura] *f* abbreviation.

abridor [abri'do(x)] (*pl* **-res** [-riʃ]) *m* (*Br*): **~ de garrafa** bottle opener; **~ de lata** tin opener (*Brit*), can opener (*Am*).

abrigar [abri'ga(x)] *vt* to shelter. ❏ **abrigar-se** *vp* to take cover.

abrigo [a'brigu] *m* shelter; **ao ~ de** under cover of.

abril [a'briw] *m* April, → **setembro**.

abrir [a'bri(x)] *vt & vi* to open; **~ o apetite** to whet one's appetite; **~ a boca** (*bocejar*) to yawn; **~ uma exceção** to make an exception; **~ mão de algo** (*fig*) to forego sthg; **~ os olhos** (*fig*) to open one's eyes. ❏ **abrir-se** *vp*: **~-se com alguém** to confide in sb.

absinto [ab'sĩntu] *m* absinthe.

absolutamente [abso,luta'mẽntʃi] *adv* absolutely.

absoluto, -ta [abso'lutu, -ta] *adj* absolute.

absolver [absow've(x)] vt (perdoar) to absolve; (JUR) to acquit.

absorção [absox'sãw] f absorption.

absorvente [absox'vẽntʃi] adj absorbent.

❑ **absorventes** mpl: ~s diários panty liners.

absorver [absor've(x)] vt to absorb.

abstémio, -mia [abʃ'temju, -mja] m, f (Port) = **abstêmio**.

abstêmio, -mia [abʃ'temju, -mja] m, f (Br) teetotaller.

abstracto, -ta [abʃ'tratu, -ta] adj (Port) = **abstrato**.

abstrato, -ta [abʃ'tratu, -ta] adj (Br) abstract.

absurdo, -da [ab'suxdu, -da] adj absurd ♦ m nonsense.

abundância [abũn'dãsja] f abundance.

abundante [abũn'dãntʃi] adj abundant.

abusado, -da [abu'zadu, -da] adj (Br: atrevido) forward.

abusar [abu'za(x)] vi to overdo things; ~ **de alguém** to abuse sb; ~ **da bebida/do tabaco** to drink/smoke too much.

abuso [a'buzu] m (de álcool, droga) abuse; (JUR) indecent assault.

a.C. (abrev de antes de Cristo) BC.

a/c (abrev de aos cuidados de) c/o.

acabamento [akaba'mẽntu] m finish.

acabar [aka'ba(x)] vt to finish ♦ vi (tempo, programa, filme) to finish, to end; (água, pão, leite) to run out; ~ **com algo** to put an end to sthg; ~ **com alguém** (matar) to kill sb; ~ **de fazer algo** to have just done sthg; ~ **bem** to end well; ~ **por fazer algo** to end up doing sthg.

❑ **acabar-se** vp to run out; **acabou-se!** that's enough!

acácia [a'kasja] f acacia.

academia [akade'mia] f academy; ~ **de belas-artes** Academy of Fine Arts; ~ **de ginástica** gymnasium.

açafrão [asa'frãw] m saffron.

acalmar [akaw'ma(x)] vt to calm ♦ vi (vento, dor) to abate.

❑ **acalmar-se** vp to calm down.

acampamento [akãmpa'mẽntu] m camp.

acampar [akãm'pa(x)] vi to camp.

acanhado, -da [aka'ɲadu, -da] adj shy.

acanhar-se [aka'ɲaxsi] vp to be shy.

ação [a'sãw] (pl -ões [-õjʃ]) f (Br) action; (título de crédito) share; (de poema, peça teatral) plot; **entrar em** ~ to take action.

acarajé [akara'ʒɛ] m (CULIN) beancake fried in palm oil and served with a spicy sauce.

acariciar [akari'sja(x)] vt to caress.

acaso [a'kazu] m chance, accident; **ao** ~ at random; **por** ~ by chance OU accident.

acastanhado, -da [akaʃta'ɲadu, -da] adj brownish.

acatar [aka'ta(x)] vt (ordem, lei) to obey.

acção [a'sãw] (pl -ões [-õjʃ]) f (Port) = **ação**.

accionar [asju'nar] vt (Port) = **acionar**.

accionista [asju'niʃta] mf (Port) = **acionista**.

acções → **acção**.

aceder [ase'de(x)] vi to consent.

aceitar [asej'ta(x)] vt to accept.

aceito, -ta [a'sejtu, -ta] pp → **aceitar**.

acelerador [aselera'do(x)] (pl -res [-riʃ]) m (AUT) accelerator (Brit), gas pedal (Am).

acelerar [asele'ra(x)] vt to speed up ♦ vi to accelerate.

acenar [ase'na(x)] vi (com braço) to wave; (com cabeça) to nod.

acender [asẽn'de(x)] vt (cigarro, vela, lareira) to light; (lâmpada, candeeiro) to switch OU turn on.

aceno [a'senu] m (with arm) gesture; **um** ~ **de cabeça** a nod.

acento [a'sẽntu] m (sinal gráfico) accent; (inflexão) stress; ~ **agudo/grave** acute/grave accent; ~ **circunflexo** circumflex.

acepção [asep'sãw] (pl -ões [-õjʃ]) f sense.

acerca [a'sexka] : **acerca de** prep about, concerning.

acerola [ase'rɔla] f small bitter red fruit commonly used in juice and ice cream.

acertar [asex'ta(x)] vt (relógio) to set ♦ vi: ~ **em** (em alvo) to hit; (em resposta) to get right; ~ **com** (com lugar, local) to find; **acertou!** (adivinhaste) you got it right!

acervo [a'sexvu] m (de museu, fundação) collection.

aceso, -sa [a'sezu, -za] *pp* → **acender**
◆ *adj (luz, lume)* on; *(discussão)* heated.

acessível [ase'sivew] *(pl* **-eis** [-ejʃ]*) adj*
accessible; *(preço)* affordable; *(pessoa)*
approachable.

acesso [a'sesu] *m* access; *(de raiva,
histeria)* fit; **de fácil ~** easy to get to.

acessório [ase'sorju] *m* accessory.

acetona [ase'tona] *f* nail varnish
remover.

achado [a'ʃadu] *m (descoberta)* find;
(pechincha) bargain.

achar [a'ʃa(x)] *vt* to find; **~ que** to
think (that); **acho que não** I don't
think so; **acho que sim** I think so.

acidentado, -da [asidẽn'tadu, -da]
adj (terreno) rough; *(viagem, férias)*
eventful ◆ *m, f* injured person.

acidental [asidẽn'taw] *(pl* **-ais** [-ajʃ]*)*
adj accidental.

acidentalmente [asidẽntaw'mẽntʃi]
adv accidentally.

acidente [asi'dẽntʃi] *m* accident; *(de
terreno)* bump.

acidez [asi'deʒ] *f* acidity.

ácido, -da ['asidu, -da] *adj (sabor)*
sour ◆ *m* acid; **~ cítrico/sulfúrico** cit-
ric/sulphuric acid.

acima [a'sima] *adv* up; **mais ~** higher
up; **~ de** above; **~ de tudo** above all.

acionar [asjo'na(x)] *vt (Br)* to set in
motion.

acionista [asjo'niʃta] *mf (Br)* shareholder.

acne ['akni] *f* acne.

aço ['asu] *m* steel; **~ inoxidável** stainless steel.

acocorar-se [akoko'raxsi] *vp* to
squat (down).

ações → **ação**.

acolhimento [akoʎi'mẽntu] *m* welcome.

acompanhamento [akõmpaɲa-
'mẽntu] *m (de evolução, situação)* following; *(de prato de carne, peixe)* side dish,
side order; *(MUS)* accompaniment.

acompanhante [akõmpa'ɲãntʃi] *mf*
companion; *(MUS)* accompanist.

acompanhar [akõmpa'ɲa(x)] *vt* to
accompany; *(programa, situação)* to follow.

aconchegador, -ra [akõʃega'do(x),
-ra] *(mpl* **-res** [-riʃ]*, fpl* **-s** [-ʃ]*) adj* cosy.

aconselhar [akõse'ʎa(x)] *vt* to advise.
⏚ aconselhar-se *vp* to get advice.

aconselhável [akõse'ʎavew] *(pl* **-eis**

[-ejʃ]*) adj* advisable; **pouco ~ inadvisable.

acontecer [akõnte'se(x)] *vi* to happen; **(mas) acontece que ...** but as it
happens ...; **aconteça o que ~** come
what may.

acontecimento [akõntesi'mẽntu] *m*
event.

acordar [akox'da(x)] *vt & vi* to wake
up.

acorde [a'koxdʒi] *m (MUS)* chord.

acordeão [akox'dʒjãw] *(pl* **-ões** [-õjʃ]*)*
m accordion.

acordo [a'koxdu] *m* agreement; *(JUR)*
accord; **de ~!** all right!; **estar de ~ com**
to agree with; **de ~ com** in accordance
with.

acorrentar [akoxẽn'ta(x)] *vt* to chain
(up).

acostamento [akoʃta'mẽntu] *m (Br)*
hard shoulder *(Brit)*, shoulder *(Am)*.

acostumado, -da [akoʃtu'madu, -da]
adj: **estar ~ a algo** to be used to sthg.

acostumar-se [akoʃtu'maxsi] *vp*: **~
com algo** to get used to sthg; **~ a fazer
algo** to get used to doing sthg.

açougue [a'sogi] *m (Br)* butcher's
(shop).

açougueiro, -ra [aso'gejru, -ra] *m, f*
(Br) butcher.

A.C.P. *(abrev de Automóvel Clube de
Portugal)* = AA *(Brit)*, = AAA *(Am)*.

acre ['akri] *adj (sabor)* bitter; *(cheiro)*
acrid.

acreditar [akredʒi'ta(x)] *vi* to believe;
~ em to believe in.

acrescentar [akresẽn'ta(x)] *vt* to add.

acréscimo [a'kresimu] *m* increase.

acrílica [a'krilika] *adj f* → **fibra**.

acrobata [akro'bata] *mf* acrobat.

activo, -va [a'tivu, -va] *adj (Port)* =
ativo.

acto ['atu] *m (Port)* = **ato**.

actor, -triz [a'tor, -triʃ] *(mpl* **-res**
[-reʃ]*, fpl* **-zes** [-zeʃ]*) m, f (Port)* = **ator**.

actual [a'twal] *(pl* **-ais** [-ajʃ]*) adj (Port)*
= **atual**.

actuar [a'twar] *vi (Port)* = **atuar**.

açúcar [a'suka(x)] *m* sugar; **~ preto/
branco** brown/white sugar; **~ em
cubos** sugar cubes *(pl)*; **~ mascavo** mus-
covado sugar; **~ em pó** caster sugar.

açucareiro [asuka'rejru] *m* sugar
bowl.

acumulação [akumula'sãw] *(pl* **-ões**
[-õjʃ]*) f* accumulation.

acumular [akumu'la(x)] *vt* to accumulate.

acupunctura [akupūn'tura] *f* acupuncture.

acusação [akuza'sāw] (*pl* -ões [-ōjʃ]) *f* (*denúncia*) accusation; (*queixa*) complaint; *(JUR: declaração)* charge; *(JUR: acusador)* plaintiff.

acusar [aku'za(x)] *vt* to accuse; *(revelar)* to reveal.

A.D. *(abrev de Anno Domini)* AD.

adaptação [adapta'sāw] (*pl* -ões [-ōjʃ]) *f* adaptation.

adaptado, -da [adap'tadu, -da] *adj* (*adequado*) appropriate.

adaptador [adapta'do(x)] (*pl* -res [-riʃ]) *m* adaptor.

adaptar [adap'ta(x)] *vt* to adapt.
◻ **adaptar-se** *vp*: ~-se a to adapt to.

adega [a'dɛga] *f* wine cellar; ~ **cooperativa** *wine cellar run by a cooperative.*

adepto, -ta [a'dɛptu, -ta] *m, f* supporter.

adequado, -da [adɛ'kwadu, -da] *adj* appropriate.

adereço [ade'resu] *m (em teatro, espetáculo)* prop.

aderente [ade'rēntʃi] *adj (pneu)* non-skid ◆ *mf (partidário)* supporter.

aderir [ade'ri(x)] *vi* to stick; ~ **a algo** *(fig: a idéia, partido)* to support sthg.

adesão [ade'zāw] (*pl* -ões [-ōjʃ]) *f (a idéia, partido)* support.

adesivo, -va [ade'zivu, -va] *adj* adhesive ◆ *m* adhesive tape.

adesões → **adesão**.

adeus [a'dewʃ] *m* goodbye ◆ *interj* goodbye!; **dizer** ~ to say goodbye.

adiamento [adʒja'mēntu] *m* postponement.

adiantado, -da [adʒjãn'tadu, -da] *adj (no tempo)* ahead of schedule; *(no espaço)* advanced ◆ *adv*: **chegar** ~ to arrive early; **estar** ~ *(relógio)* to be fast; **pagar** ~ to pay in advance.

adiantar [adʒjãn'ta(x)] *vt (relógio)* to put forward; *(dinheiro)* to advance; *(trabalho)* to get ahead with ◆ *v impess*: **não adianta gritar** there's no point in shouting.
◻ **adiantar-se** *vp (no espaço)* to get ahead.

adiante [a'dʒjãntʃi] *adv* ahead ◆ *interj* forward!; **mais** ~ further on; **passar** ~ to overlook; **e por aí** ~ and so forth.

adiar [a'dʒja(x)] *vt* to postpone.

adição [adʒi'sāw] (*pl* -ões [-ōjʃ]) *f* addition.

adicionar [adʒisjo'na(x)] *vt (acrescentar)* to add; *(somar)* to add up.

adições → **adição**.

adivinha [adʒi'viɲa] *f* riddle.

adivinhar [adʒivi'ɲa(x)] *vt* to guess; *(futuro)* to predict; *(decifrar)* to solve.

adjectivo [adʒɛ'tivu] *m* (Port) = **adjetivo**.

adjetivo [adʒɛ'tʃivu] *m (Br)* adjective.

adjunto, -ta [ad'ʒūntu, -ta] *m, f* assistant ◆ *adj* assistant (antes de s).

administração [adʒiminiʃtra'sāw] *f* administration; *(os administradores)* management; *(local)* administrative office.

administrador, -ra [adʒiminiʃtra'do(x), -ra] (*mpl* -res [-riʃ], *fpl* -s [-ʃ]) *m, f* administrator.

administrar [adʒiminiʃ'tra(x)] *vt* to administer.

admiração [adʒimira'sāw] *f (espanto)* amazement; *(respeito, estima)* admiration.

admirador, -ra [adʒimira'do(x), -ra] (*mpl* -res [-riʃ], *fpl* -s [-ʃ]) *m, f* admirer.

admirar [adʒimi'ra(x)] *vt (contemplar)* to admire; *(espantar)* to amaze.
◻ **admirar-se** *vp* to be surprised.

admirável [adʒimi'ravew] (*pl* -eis [-ejʃ]) *adj (incrível)* amazing; *(digno de respeito)* admirable.

admissão [adʒimi'sāw] (*pl* -ões [-ōjʃ]) *f* admission.

admitir [adʒimi'tʃi(x)] *vt (permitir)* to allow; *(deixar entrar)* to admit.

adoçante [ado'sāntʃi] *m* sweetener.

adoção [ado'sāw] (*pl* -ões [-ōjʃ]) *f (Br)* adoption.

adoçar [ado'sa(x)] *vt* to sweeten.

adoecer [adoe'se(x)] *vi* to fall ill.

adolescência [adole'sēsja] *f* adolescence.

adolescente [adole'sēntʃi] *mf* adolescent.

adopção [ado'sāw] (*pl* -ões [-ōjʃ]) *f* (Port) = **adoção**.

adorar [ado'ra(x)] *vt* to adore, to love.

adorável [ado'ravew] (*pl* -eis [-ejʃ]) *adj* adorable.

adormecer [adoxme'se(x)] *vt* to send to sleep ◆ *vi* to fall asleep.

adornar [adox'na(x)] *vt* to adorn.

adotado, -da [ado'tadu, -da] *adj* adopted.

adotar [ado'ta(x)] *vt* to adopt; *(livro)* to choose.

adquirir [adʒiki'ri(x)] *vt* to acquire.

adrenalina [adrena'lina] *f* adrenalin.

adulterar [aduwte'ra(x)] *vt* to adulterate.

adultério [aduw'terju] *m* adultery.

adulto, -ta [a'duwtu, -ta] *adj & m, f* adult.

advérbio [ad'vɛxbju] *m* adverb.

adversário, -ria [adʒivɛx'sarju, -rja] *adj* opposing ♦ *m, f* opponent.

advertência [adʒivɛx'tẽsja] *f* warning.

advogado, -da [adʒivo'gadu, -da] *m, f* lawyer *(Brit)*, attorney *(Am)*.

á-é-i-ó-u [aɛ'jɔu] *m*: **aprender o ~** *(as vogais)* to learn to spell; *(o essencial de algo)* to learn the basics.

aéreo, -rea [a'ɛrju, -rja] *adj* air *(antes de s)*; *(fig: distraído)* absentminded.

aerobarco [aero'baxku] *m (Br)* hovercraft.

aerodinâmico, -ca [aerodʒi'namiku, -ka] *adj* aerodynamic.

aeródromo [ae'rɔdromu] *m* airfield.

aeromoça [aero'mosa] *f (Br)* air hostess.

aeromodelismo [a.eromode'liʒmu] *m* model aeroplane making.

aeronáutica [aero'nawtʃika] *f (Br)* airforce.

aeroporto [aero'poxtu] *m* airport.

aerossol [aero'sɔw] *(pl* **-óis** [-ɔjʃ]*)* *m* aerosol.

afagar [afa'ga(x)] *vt* to stroke.

afastado, -da [afaʃ'tadu, -da] *adj (distante)* remote; *(retirado)* isolated.

afastar [afaʃ'ta(x)] *vt (desviar)* to move away; *(apartar)* to separate.
⚬ **afastar-se** *vp (desviar-se)* to move away; *(distanciar-se)* to distance o.s.

afável [a'favɛw] *(pl* **-eis** [-ɛjʃ]*)* *adj* friendly.

afecto [a'fɛtu] *m (Port)* = **afeto**.

afeição [afej'sãw] *f (afecto)* affection; *(inclinação)* liking.

afetar [afe'ta(x)] *vt* to affect.

afetivo, -va [afe'tʃivu, -va] *adj (pessoa)* affectionate; *(carência, problema, vida)* emotional.

afeto [a'fɛtu] *m (Br)* affection.

afetuoso, -osa [afe'tuozu, -ɔza] *adj* affectionate.

afiadeira [afja'dejra] *f (Port)* pencil sharpener.

afiado, -da [a'fjadu, -da] *adj* sharp.

afiambrado [afjãm'bradu] *m* chopped pork slices *(pl)*.

afiar [a'fja(x)] *vt* to sharpen.

aficionado, -da [afisjo'nadu, -da] *m, f* enthusiast.

afilhado, -da [afi'ʎadu, -da] *m, f* godson *(f* goddaughter*)*.

afim [a'fĩ] *(pl* **-ns** [-ʃ]*)* *adj* related ♦ *m (parente)* relative, relation.

afinado, -da [afi'nadu, -da] *adj (instrumento musical)* in tune; *(motor)* tuned.

afinal [afi'naw] *adv*: **~ (de contas)** after all.

afinar [afi'na(x)] *vt (instrumento, motor, travões)* to tune.

afinidade [afini'dadʒi] *f* affinity.

afins → **afim**.

afirmação [afixma'sãw] *(pl* **-ões** [-õjʃ]*)* *f* statement.

afirmar [afix'ma(x)] *vt* to state.

afirmativo, -va [afixma'tʃivu, -va] *adj* affirmative.

afixar [afik'sa(x)] *vt (cartaz, aviso)* to put up.

aflição [afli'sãw] *(pl* **-ões** [-õjʃ]*)* *f* distress.

afligir [afli'ʒi(x)] *vt* to distress.
⚬ **afligir-se** *vp* to distress o.s.; **~-se com** to worry about.

aflito, -ta [a'flitu, -ta] *pp* → **afligir**.

aflorar [aflo'ra(x)] *vt (assunto, tema)* to touch on ♦ *vi* to surface.

afluência [aflu'ẽsja] *f* stream.

afluente [aflu'ẽtʃi] *m* tributary.

afobado, -da [afo'badu, -da] *adj (Br) (apressado)* rushed; *(atrapalhado)* flustered.

afogado, -da [afo'gadu, -da] *adj (pessoa)* drowned; *(motor)* flooded ♦ *m, f* drowned person.

afogador [afoga'do(x)] *(pl* **-res** [-riʃ]*)* *m (Br)* choke.

afogamento [afoga'mẽtu] *m* drowning.

afogar [afo'ga(x)] *vt* to drown.
⚬ **afogar-se** *vp* to drown.

afónico, -ca [a'fɔniku, -ka] *adj (Port)* = **afônico**.

afônico, -ca [a'foniku, -ka] *adj (Br)*: **estar ~** to have lost one's voice.

afortunado, -da [afoxtu'nadu, -da]

adj lucky, fortunate.

afresco [aˈfreʃku] *m (Br)* fresco.

África [ˈafrika] *f*: **a ~** Africa; **a ~ do Sul** South Africa.

africano, -na [afriˈkanu, -na] *adj & m, f* African.

afro-brasileiro, -ra [ˌafrobraziˈlejru, -ra] *adj* Afro-Brazilian ♦ *m, f* Brazilian person of African extraction.

afronta [aˈfrõnta] *f* insult.

afrouxar [afroˈʃa(x)] *vt (cinto, laço de sapato)* to loosen.

afta [ˈafta] *f* mouth ulcer.

afugentar [afugẽnˈta(x)] *vt* to drive away.

afundar [afũnˈda(x)] *vt* to sink.

❑ **afundar-se** *vp* to sink.

agachar-se [agaˈʃaxsi] *vp* to squat.

agarrar [agaˈxa(x)] *vt (apanhar, segurar)* to grab; *(alcançar, apanhar no ar)* to catch.

❑ **agarrar-se** *vp*: **~-se a** *(segurar-se a)* to grab hold of; *(pegar-se a)* to stick to; *(dedicar-se a)* to get stuck into; **~-se aos livros** *(fam)* to study hard.

agasalhar-se [agazaˈʎaxsi] *vp* to wrap up warm.

agasalho [agaˈzaʎu] *m (casaco)* coat; *(pulôver)* jumper.

ágeis → **ágil**.

agência [aˈʒẽsja] *f* office; **~ bancária** branch *(of a bank)*; **~ de câmbio** bureau de change; **~ de correio** *(Br)* post office; **~ funerária** funeral director's; **~ imobiliária** estate agent's *(Brit)*, real estate office *(Am)*; **~ de viagens** travel agent's.

agenda [aˈʒẽnda] *f (livro)* diary; *(plano de reunião)* agenda.

agente [aˈʒẽntʃi] *mf (de polícia)* policeman *(f* policewoman); *(de vendas)* sales representative; **"~ autorizado"** *authorized agent for the sale of lottery tickets and football coupons;* **~ secreto** secret agent.

ágil [ˈaʒiw] *(pl* **ágeis** [ˈaʒejʃ]) *adj* agile.

agilidade [aʒiliˈdadʒi] *f* agility.

ágio [ˈaʒju] *m* premium.

agir [aˈʒi(x)] *vi* to act.

agitação [aʒitaˈsãw] *f* agitation.

agitado, -da [aʒiˈtadu, -da] *adj (pessoa)* agitated; *(mar)* rough; *(tempo)* unsettled.

agitar [aʒiˈta(x)] *vt (líquido)* to shake; **"agite antes de abrir"** "shake well before opening".

❑ **agitar-se** *vp* to get agitated.

aglomeração [aglomeraˈsãw] *(pl* **-ões** [-õjʃ]) *f (de pessoas)* crowd; *(de detritos)* pile.

aglomerar [aglomeˈra(x)] *vt* to pile up.

agonia [agoˈnia] *f (angústia)* agony; *(náusea)* nausea; *(antes da morte)* death throes *(pl)*.

agora [aˈgɔra] *adv* now; **é ~ ou nunca** it's now or never; **só ~!** at last!; **só ~ é que cheguei** I've only just arrived; **~ mesmo** right now; **~ que** now that; **essa ~!** whatever next!; **por ~** for the time being.

agosto [aˈgoʃtu] *m (Br)* August, → **setembro**.

agradar [agraˈda(x)] *vi*: **~ a alguém** to please sb.

agradável [agraˈdavɛw] *(pl* **-eis** [-ejʃ]) *adj* pleasant.

agradecer [agradeˈse(x)] *vt* to thank ♦ *vi*: **~ a alguém algo, ~ algo a alguém** to thank sb for sthg.

agradecido, -da [agradeˈsidu, -da] *adj* grateful; **mal ~** ungrateful; **muito ~!** many thanks!

agradecimento [agradesiˈmẽntu] *m* thanks *(pl)*.

agrafador [agrafaˈdor] *(pl* **-res** [-reʃ]) *m (Port)* stapler.

agrafo [aˈgrafu] *m (Port)* staple.

agravamento [agravaˈmẽntu] *m* worsening.

agravante [agraˈvãntʃi] *adj* aggravating ♦ *f* aggravating circumstance.

agravar [agraˈva(x)] *vt* to make worse.

agredir [agreˈdʒi(x)] *vt* to attack.

agregado [agreˈgadu] *m*: **~ familiar** household.

agressão [agreˈsãw] *(pl* **-ões** [-õjʃ]) *f (ataque)* attack.

agressivo, -va [agreˈsivu, -va] *adj* aggressive.

agressões → **agressão**.

agreste [aˈgrɛʃtʃi] *adj (paisagem)* wild; *(tempo)* stormy.

agrião [agriˈãw] *(pl* **-ões** [-õjʃ]) *m* watercress.

agrícola [aˈgrikola] *adj* agricultural.

agricultor, -ra [agrikuwˈto(x), -ra] *(mpl* **-res** [-riʃ], *fpl* **-s** [-ʃ]) *m, f* farmer.

agricultura [agrikuwˈtura] *f* agriculture.

agridoce [agriˈdosi] *adj* sweet-and-sour.

agriões → agrião.

agronomia [agrono'mia] f agronomy.

agrupar [agru'pa(x)] vt to group together.

água [agwa] f water; ~ **doce/salgada** fresh/salt water; ~ **benta** holy water; ~ **corrente** running water; ~ **destilada** distilled water; ~ **mineral com gás** OU **gaseificada** fizzy OU sparkling mineral water; ~ **mineral sem gás** still mineral water; ~ **potável** drinking water; ~ **sanitária** (Br) household bleach; ~ **tônica** tonic water; **de dar** ~ **na boca** mouthwatering.

aguaceiro [agwa'sejru] m downpour.

água-de-colônia [agwadʒiko'lonja] f eau de cologne.

aguado, -da [a'gwadu. -da] adj watery.

água-oxigenada [agw(a)ɔksiʒe'nada] f hydrogen peroxide.

aguardar [agwar'da(x)] vt to wait for.

aguardente [agwax'dẽntʃi] f spirit (Brit), liquor (Am); ~ **de cana** rum; ~ **de pêra** pear brandy; ~ **velha** brandy.

aguarela [agwa'rɛla] f (Port) watercolour.

aguarrás [agwa'xaʃ] f turpentine.

água-viva [.agwa'viva] (pl **águas-vivas** [.agwaʒ'vivaʃ]) f jellyfish.

aguçado, -da [agu'sadu. -da] adj sharp.

aguçar [agu'sa(x)] vt to sharpen.

agudo, -da [a'gudu. -da] adj (dor) sharp; (som, voz) shrill; (doença) acute.

aguentar [agwẽn'tar] vt (Port) = agüentar.

agüentar [agwẽn'ta(x)] vt (Br) to stand.

❏ **agüentar com** v + prep (Br) (peso) to support.

águia ['agja] f eagle.

agulha [a'guʎa] f needle.

agulheta [agu'ʎeta] f nozzle.

aí [a'i] adv there; (então) then; **por** ~ (direção) that way; (em lugar indeterminado) over there; **tem alguém por** ~ **assaltando turistas** someone is going around mugging tourists.

ai [.aj] interj ouch!

AIDS [ajdʒs] f (Br) AIDS.

ainda [a'ĩnda] adv still; ~ **agora** only just; ~ **assim** even so; ~ **bem!** thank goodness!; ~ **bem que** thank goodness; ~ **não** not yet; ~ **por cima** to cap

it all; ~ **que** even though.

aipim [aj'pĩ] (pl **-ns** [-ʃ]) m cassava, manioc.

aipo ['ajpu] m celery.

ajeitar [aʒej'ta(x)] vt (cabelo) to tidy up; (gravata, saia) to straighten.

❏ **ajeitar-se** vp (acomodar-se) to make o.s. comfortable; ~**-se com algo** (saber lidar com) to get to grips with sthg.

ajoelhar-se [aʒwe'ʎaxsi] vp to kneel down.

ajuda [a'ʒuda] f help.

ajudante [aʒu'dãntʃi] mf helper.

ajudar [aʒu'da(x)] vt to help.

ajuste [a'ʒuʃtʃi] m: ~ **de contas** revenge.

Al. (abrev de alameda) Ave.

ala ['ala] f (fileira) row; (de edifício) wing.

alambique [alãm'biki] m still.

alameda [ala'meda] f avenue.

alargar [alax'ga(x)] vt (estrada) to widen; (peça de roupa) to let out; (em tempo, influência) to extend; (negócio) to expand ◆ vi (pulôver, luvas, etc) to stretch.

alarido [ala'ridu] m uproar.

alarmante [alax'mãntʃi] adj alarming.

alarme [a'laxmi] m alarm; **falso** ~, ~ **falso** false alarm.

alastrar [alaʃ'tra(x)] vt to spread.

❏ **alastrar-se** vp to spread.

alavanca [ala'vãŋka] f lever.

albergue [aw'bɛxgi] m hostel.

albufeira [awbu'fejra] f lagoon.

álbum ['awbũ] (pl **-ns** [-ʃ]) m album.

alça ['awsa] f (de vestido, combinação, arma) strap; (de bolsa, mala) handle.

alcachofra [awka'ʃofra] f artichoke.

alcançar [awkã'sa(x)] vt to reach; (apanhar) to catch up; (obter) to get; (compreender) to grasp.

alcance [aw'kãsi] m (de mão) reach; (de vista, projéctil) range; **ao** ~ **de** (de mão) within reach of; (de vista, projéctil) within range of; **fora do** ~ **de** (de mão) out of reach of; (de vista, projéctil) out of range of.

alçapão [awsa'pãw] (pl **-ões** [-õjʃ]) m trapdoor.

alcaparras [awka'paxaʃ] fpl capers.

alçapões → alçapão.

alcateia [awka'teja] f pack.

alcatifa [awkaˈtʃifa] f carpet.

alcatra [awˈkatra] f rump.

alcatrão [awkaˈtrãw] m tar.

álcool [ˈawk(w)ɔw] m *(bebidas alcoólicas)* alcohol; *(étano)* ethanol; **~ etílico** ethyl alcohol.

alcoólatra [awˈkɔlatra] m, f alcoholic.

alcoólico, -ca [awˈkwɔliku, -ka] adj & m, f alcoholic.

Alcorão [awkoˈrãw] m Koran.

alcunha [awˈkuɲa] f nickname.

aldeia [awˈdeja] f village.

alecrim [alɛˈkrĩ] m rosemary.

alegação [alɛɡaˈsãw] *(pl* **-ões** [-õjʃ]) f *(acusação)* allegation; *(explicação)* explanation; *(JUR: defesa)* stated defence.

alegar [alɛˈɡa(x)] vt to state; *(explicar)* to claim.

alegoria [alɛɡoˈria] f allegory.

alegórico, -ca [alɛˈɡɔriku] adj m → **carro.**

alegrar [alɛˈɡra(x)] vt *(pessoa)* to cheer up; *(ambiente, casa)* to brighten up; *(festa)* to liven up.

❏ **alegrar-se** vp to cheer up.

alegre [aˈlɛɡri] adj *(dia, cor)* bright; *(pessoa)* cheerful; *(fig: bêbado)* merry.

alegria [alɛˈɡria] f joy.

aleijado, -da [alejˈʒadu, -da] adj crippled.

aleijar [alejˈʒa(x)] vt *(Br: mutilar)* to cripple; *(Port: machucar)* to hurt.

além [aˈlẽj] adv over there ♦ m: **o ~** the hereafter; **~ disso** besides; **mais ~** further on.

alemã → **alemão.**

alemães → **alemão.**

Alemanha [alɛˈmaɲa] f: **a ~** Germany.

alemão, -mã [alɛˈmãw, -mã] *(mpl* **-ães** [-ãjʃ], *fpl* **-s** [-ʃ])* adj & m, f German ♦ m *(língua)* German.

além-mar [alɛjˈma(x)] adv & m overseas.

alentejano, -na [alẽtɛˈʒanu, -na] adj of/relating to the Alentejo ♦ m, f native/inhabitant of the Alentejo.

alergia [alɛxˈʒia] f allergy; *(fig: a trabalho, estudo)* aversion.

alérgico, -ca [aˈlɛxʒiku, -ka] adj allergic.

alerta [aˈlɛxta] adv on the alert ♦ m alert.

alfa [ˈawfa] m → **comboio.**

alfabético, -ca [awfaˈbɛtʃiku, -ka] adj alphabetical.

alfabeto [awfaˈbɛtu] m alphabet.

alface [awˈfasi] f lettuce.

alfacinha [awfaˈsiɲa] mf *(fam)* colloquial term for a native or inhabitant of Lisbon.

alfaiate [awfaˈjatʃi] m tailor.

alfândega [awˈfãndeɡa] f customs *(pl)*.

alfazema [awfaˈzema] f lavender.

alfinete [awfiˈnɛtʃi] m pin; *(jóia)* brooch; **~ de gravata** tie pin; **~ de segurança** safety pin.

alforreca [awfoˈxɛka] f jellyfish.

alga [ˈawɡa] f seaweed.

algarismo [awɡaˈriʒmu] m numeral.

algazarra [awɡaˈzaxa] f racket.

álgebra [ˈawʒebra] f algebra.

algemas [awˈʒemaʃ] fpl handcuffs.

algibeira [awʒiˈbejra] f pocket.

algo [ˈawɡu] pron something.

algodão [awɡoˈdãw] m cotton; **~ doce** candy floss *(Brit)*, cotton candy *(Am)*; **~ hidrófilo** cotton wool.

alguém [awˈɡẽj] pron *(em afirmações)* somebody, someone; *(em perguntas)* anybody, anyone; **ser ~** *(ser importante)* to be somebody.

algum, -ma [awˈɡũ, -ma] *(mpl* **-ns** [-ʃ], *fpl* **-s** [-ʃ])* adj *(indeterminado)* some; *(em interrogativas, negativas)* any ♦ pron *(indicando pessoa)* somebody; *(indicando coisa)* one; *(em interrogativas: pessoa)* anybody; *(em interrogativas: coisa)* any; **~ dia** one ou some day; **alguma coisa** something, anything; **alguma vez** sometime; **não há melhora alguma** there's no improvement.

❏ **alguma** f *(evento, feito)* something.

❏ **alguns, algumas** pron pl some.

algures [awˈɡuriʃ] adv somewhere.

alheio, alheia [aˈʎeju, aˈʎeja] adj *(de outrem)* someone else's; *(desconhecido)* foreign; *(distraído)* distracted; **~ a** *(sem consciência de)* oblivious to.

alho [ˈaʎu] m garlic; **~ francês** *(Port)* leek.

alho-poró [aʎupoˈrɔ] *(pl* **alhos-porós** [aʎuʃpoˈrɔjʃ])* m *(Br)* leek.

alho-porro [aʎuˈpoxu] *(pl* **alhos-porros** [aʎuʃˈpoxuʃ])* m wild leek.

ali [aˈli] adv there; **aqui e ~** here and there; **até ~** up until then; **logo ~** just there; **por ~** **(algures)** around there (somewhere); **ele foi por ~** he went that way.

aliado, -da [aˈljadu, -da] *adj* allied ◆ *m, f* ally.

aliança [aˈljãsa] *f* alliance; *(anel)* wedding ring.

aliar [aˈlja(x)] *vt* to ally.

❏ **aliar-se** *vp* to form an alliance.

aliás [aˈljajʃ] *adv (a propósito)* as a matter of fact; *(além disso)* moreover.

álibi [ˈalibi] *m* alibi.

alicate [aliˈkatʃi] *m* pliers *(pl)*.

alice [aˈlisi] *f (Br)* anchovies *(pl)*.

alicerce [aliˈsɛxsi] *m* foundation.

aliciante [aliˈsjãntʃi] *adj* enticing ◆ *m* enticement.

aliciar [aliˈsja(x)] *vt* to entice.

alienado, -da [aljeˈnadu, -da] *adj (pessoa)* alienated; *(bem)* transferred.

alimentação [alimẽntaˈsãw] *f (alimentos)* food; *(acto)* feeding; *(dieta alimentar)* diet; *(de máquina)* supply.

alimentar [alimẽnˈta(x)] *(pl* **-res** [-riʃ]*) adj* food *(antes de s)* ◆ *vt (pessoa, animal)* to feed; *(máquina)* to fuel.

❏ **alimentar-se** *vp* to eat.

alimentício, -cia [alimẽnˈtʃisju, -sja] *adj* nutritious.

alimento [aliˈmẽntu] *m (comida)* food; *(nutrição)* nutriment.

❏ **alimentos** *mpl (Port: JUR)* alimony *(sg)*.

alinhado, -da [aliˈɲadu, -da] *adj (em linha)* aligned; *(pessoa)* elegant.

alinhamento [aliɲaˈmẽntu] *m (IN-FORM)* justification.

alinhar [aliˈɲa(x)] *vt (pôr em linha)* to align; *(INFORM: texto)* to justify.

alinhavar [aliɲaˈva(x)] *vt* to tack.

alisar [aliˈza(x)] *vt* to smooth.

alistar [alisˈta(x)] *vt* to recruit.

❏ **alistar-se** *vp (em exército)* to enlist; *(em partido)* to join.

aliviar [aliˈvja(x)] *vt (dor)* to relieve; *(peso)* to lighten.

alívio [aˈlivju] *m* relief; *(de peso)* lightening.

alma [ˈawma] *f* soul.

almoçar [awmoˈsa(x)] *vi* to have lunch ◆ *vt* to have for lunch.

almoço [awˈmosu] *m* lunch.

almofada [awmoˈfada] *f (de cama)* pillow; *(de sofá)* cushion; *(de carimbo)* inkpad.

almôndega [awˈmõndega] *f* meatball.

alô [aˈlo] *interj (Br)* hello!

alojamento [aloʒaˈmẽntu] *m (acto)* housing; *(lugar)* accommodation *(Brit)*,

accommodations *(pl) (Am)*.

alojar [aloˈʒa(x)] *vt* to put up.

❏ **alojar-se** *vp* to stay.

alpendre [awˈpẽndri] *m* porch.

alpercata [awpɛxˈkata] *f* sandal.

alperce [awˈpɛxsi] *m* apricot.

Alpes [ˈawpiʃ] *mpl:* **os ~** the Alps.

alpinismo [awpiˈniʒmu] *m* mountaineering; **fazer ~** to go climbing.

alpinista [awpiˈniʃta] *mf* mountaineer.

alta [ˈawta] *f (de preço, valor)* rise; *(de cidade)* geographically higher and generally more wealthy part of a city; **dar ~ a** *(doente)* to discharge; **ter ~** *(de hospital)* to be discharged.

altar [awˈta(x)] *(pl* **-res** [-riʃ]*) m* altar.

alteração [awteraˈsãw] *(pl* **-ões** [-õjʃ]*) f* alteration; **sem ~** unaltered.

alterar [awteˈra(x)] *vt* to alter.

alternar [awtɛxˈna(x)] *vt* to alternate.

alternativa [awtɛxnaˈtʃiva] *f* alternative.

altifalante [altifaˈlãntɛ] *m (Port)* = **alto-falante.**

altitude [awtʃiˈtudʒi] *f* altitude.

altivez [awtʃiˈveʒ] *f (orgulho)* pride; *(arrogância)* haughtiness.

altivo, -va [awˈtʃivu, -va] *adj (orgulhoso)* proud; *(arrogante)* haughty.

alto, -ta [ˈawtu, -ta] *adj* high; *(pessoa, árvore, edifício)* tall; *(som, voz)* loud ◆ *interj* stop! ◆ *m (cume)* top; *(céu)* heaven ◆ *adv (falar, rir)* loud; *(relativo a posição)* high; **alta costura** haute couture; **ao ~** upright; **do ~ de** from the top of; **por ~** *(fig)* superficially; **o mais ~/a mais alta** *(pessoa)* the tallest; *(objeto)* the highest.

alto-falante [ˈawtofaˈlãtʃi] *m (Br)* loudspeaker.

altura [awˈtura] *f (de pessoa, objecto)* height; *(de som)* level; *(altitude)* altitude; *(ocasião, época)* time; *(momento)* moment; **o muro tem um metro de ~** the wall is a metre high; **a certa** OU **dada ~** at a given moment; **nessa ~** at that time; **por ~ de** around; **estar à ~ da situação** to be equal to the task.

alucinação [alusinaˈsãw] *(pl* **-ões** [-õjʃ]*) f* hallucination.

alucinante [alusiˈnãntʃi] *adj* amazing.

aludir [aluˈdi(x)] **: aludir a** *v* + *prep* to allude to.

alugar [aluˈga(x)] *vt (casa)* to rent;

(carro) to hire *(Brit)*, to rent *(Am)*.

❏ **alugar-se** *vp*: **"aluga-se" "to let"** *(Brit)*, **"for rent"** *(Am)*; **"alugam-se quartos"** "rooms to let".

aluguel [alu'gɛw] *(pl -éis* [-ɛjʃ]) *m (Br) (de carro)* hire *(Brit)*, rental *(Am)*.

aluguer [alu'gɛr] *(pl -res* [-reʃ]) *m (Port)* = **aluguel**.

aluir [a'lwi(x)] *vi* to collapse.

alumiar [alu'mja(x)] *vt* to light up.

alumínio [alu'minju] *m* aluminium.

aluno, -na [a'lunu, -na] *m, f (de escola)* pupil; *(de universidade)* student.

alusão [alu'zãw] *(pl -ões* [-õjʃ]) *f* allusion; **fazer ~ a** to allude to.

alvejar [awve'ʒa(x)] *vt* to shoot.

alvo ['awvu] *m* target.

alvorada [awvo'rada] *f* dawn.

alvoroço [awvo'rosu] *m (gritaria)* uproar; *(excitação)* commotion.

amabilidade [amabili'dadʒi] *f* kindness.

amaciador [amasja'dor] *(pl -res* [-riʃ]) *m (Port) (de cabelo)* conditioner; *(para roupa)* fabric softener.

amaciante [ama'sjãntʃi] *f (Br):* **~ (de roupa)** fabric softener.

amador, -ra [ama'do(x), -ra] *(mpl -res* [-riʃ], *fpl -s* [-ʃ]) *adj & m, f* amateur.

amadurecer [amadure'se(x)] *vi (fruta)* to ripen; *(pessoa)* to mature; *(fig: idéia)* to develop.

âmago ['amagu] *m* heart.

amainar [amaj'na(x)] *vt (vela)* to lower ◆ *vi (fig: vento, chuva)* to abate..

amaldiçoar [amawdi'swa(x)] *vt* to curse.

amálgama [a'mawgama] *f* amalgam.

amalgamar [amawga'ma(x)] *vt* to amalgamate.

amamentar [amamẽn'ta(x)] *vt* to breastfeed.

amanhã [ama'ɲã] *adv & m* tomorrow; **~ de manhã** tomorrow morning; **~ à noite/tarde** tomorrow evening/afternoon; **depois de ~** the day after tomorrow; **o ~** the future.

amanhecer [amaɲe'se(x)] *m* dawn ◆ *v impess*: **já amanheceu** dawn has broken.

amansar [amã'sa(x)] *vt* to tame.

amante [a'mãntʃi] *mf* lover; **ser ~ de** to be a lover of.

amanteigado, -da [amãntej'gadu, -da] *adj (molho)* buttery; *(queijo)* creamy.

amar [a'ma(x)] *vt* to love.

amarelado, -da [amare'ladu, -da] *adj* yellowish.

amarelinha [amare'liɲa] *f (Br: jogo)* hopscotch.

amarelo, -la [ama'relu, -la] *adj & m* yellow.

amargar [amax'ga(x)] *vi* to taste bitter ◆ *vt (desilusão)* to suffer.

amargo, -ga [a'maxgu, -ga] *adj* bitter; *(fig: vida)* hard.

amarrar [ama'xa(x)] *vt (barco)* to moor; *(pessoa, animal)* to tie up.

amarrotado, -da [amaxo'tadu, -da] *adj (papel)* crumpled; *(roupa)* creased.

amarrotar [amaxo'ta(x)] *vt (papel)* to crumple (up); *(roupa)* to crease.

amassar [ama'sa(x)] *vt (cimento)* to mix; *(pão)* to knead; *(carro)* to smash up.

amável [a'mavɛw] *(pl -eis* [-ejʃ]) *adj* kind.

Amazonas [ama'zonaʃ] *m*: **o ~** the Amazon.

Amazônia [ama'zonja] *f*: **a ~** the Amazon region.

âmbar ['ãmba(x)] *m* amber.

ambição [ãmbi'sãw] *(pl -ões* [-õjʃ]) *f* ambition.

ambientador [ãmbjẽnta'dor] *(pl -res* [-reʃ]) *m (Port):* **~ do ar** air freshener.

ambiental [ãmbjẽn'taw] *(pl -ais* [-ajʃ]) *adj* environmental.

ambiente [ãm'bjẽntʃi] *m (natural)* environment; *(ar)* atmosphere.

ambigüidade [ãmbigwi'dadʒi] *f* ambiguity.

ambíguo, -gua [ãm'bigwu, -gwa] *adj* ambiguous.

âmbito ['ãmbitu] *m* sphere.

ambos, -bas ['ãmbuʃ, -baʃ] *adj pl* both ◆ *pron pl* both (of them).

ambrosia [ãmbro'zia] *f sweet custard pudding made with eggs and milk.*

ambulância [ãmbu'lãsja] *f* ambulance.

ambulante [ãmbu'lãntʃi] *adj* travelling.

ambulatório [ãmbula'tɔrju] *m (Br) (de hospital)* outpatients' (department); *(de escola, fábrica)* medical room.

ameaça [ame'asa] *f* threat; **sob ~** under threat.

ameaçar [amea'sa(x)] *vt* to threaten; **ameaça chover** it looks like rain.

amedrontar [amedrõn'ta(x)] *vt* to frighten.

ameixa [a'mejʃa] *f* plum.

amêndoa [a'mēndwa] *f* almond; ~ **amarga** *almond liqueur, served chilled.*

amendoeira [amēn'dwejra] *f* almond tree.

amendoim [amēn'dwĩ] (*pl* **-ns** [-ʃ]) *m* peanut; ~ **torrado** roasted peanuts (*pl*).

ameno, -na [a'menu, -na] *adj (temperatura, clima)* mild.

América [a'mɛrika] *f:* **a** ~ America; a ~ **Central** Central America; a ~ **Latina** Latin America; a ~ **do Norte** North America; a ~ **do Sul** South America.

americano, -na [ameri'kanu, -na] *adj & m, f* American.

ametista [ame'tʃiʃta] *f* amethyst.

amianto [a'mjãntu] *m* asbestos.

amido [a'midu] *m* starch; ~ **de milho** cornflour *(Brit)*, cornstarch *(Am).*

amigável [ami'gavɛw] (*pl* **-eis** [-ejʃ]) *adj* friendly.

amígdalas [a'migdalaʃ] *fpl* tonsils.

amigdalite [amigda'litʃi] *f* tonsillitis.

amigo, -ga [a'migu, -ga] *m, f* friend ♦ *adj* friendly.

amistoso, -osa [amiʃ'tozu, -ɔza] *adj* friendly.

amizade [ami'zadʒi] *f* friendship.

amnésia [am'nɛzja] *f* amnesia.

amnistia [amnɛʃ'tia] *f (Port)* = **anistia.**

amolação [amola'sãw] (*pl* **-ões** [-õjʃ]) *f (Br: chateação)* nuisance.

amolar [amo'la(x)] *vt (afiar)* to sharpen; *(Br: aborrecer)* to bother.

amolecer [amole'se(x)] *vt* to soften.

amoníaco [amo'niaku] *m* ammonia.

amontoar [amõn'twa(x)] *vt* to pile up; *(dinheiro, riquezas)* to amass.

❑ **amontoar-se** *vp* to pile up.

amor [a'mo(x)] (*pl* **-res** [-riʃ]) *m* love; **fazer** ~ to make love.

amora [a'mɔra] *f (de silva)* blackberry; *(de amoreira)* mulberry.

amordaçar [amoxda'sa(x)] *vt* to gag.

amoroso, -osa [amo'rozu, -ɔza] *adj* affectionate.

amor-perfeito [a,moxpex'fejtu] (*pl* **amores-perfeitos** [a,moriʃpex'fejtuʃ]) *m* pansy.

amor-próprio [a,mox'propriu] *m* self-esteem.

amortecedor [amoxtese'do(x)] (*pl* **-res** [-riʃ]) *m* shock absorber.

amortização [amoxtiza'sãw] (*pl* **-ões** [-õjʃ]) *f* repayment by instalments.

amortizar [amoxti'za(x)] *vt* to repay by instalments.

amostra [a'mɔʃtra] *f* sample; *(prova)* show; ~ **grátis** free sample.

amparar [ãmpa'ra(x)] *vt* to support.

amparo [ãm'paru] *m* support.

ampliação [ãmplia'sãw] (*pl* **-ões** [-õjʃ]) *f (de fotografia)* enlargement.

ampliar [ãmpli'a(x)] *vt (fotografia)* to enlarge.

amplificador [ãmplifika'do(x)] (*pl* **-res** [-riʃ]) *m (de som)* amplifier.

amplificar [ãmplifi'ka(x)] *vt (som)* to amplify.

amplitude [ãmpli'tudʒi] *f* extent.

amplo, -pla ['ãmplu, -pla] *adj (quarto, cama)* spacious; *(estrada)* wide; *(conhecimento)* extensive.

ampola [ãm'pola] *f* phial.

amputar [ãmpu'ta(x)] *vt* to amputate.

amuado, -da [a'mwadu, -da] *adj* sulky.

amuar [a'mwa(x)] *vi (criança)* to sulk.

anã → **anão.**

anacronismo [anakro'niʒmu] *m* anachronism.

anagrama [ana'grama] *m* anagram.

analfabeto, -ta [anawfa'bɛtu, -ta] *m, f & adj* illiterate.

analgésico [anaw'ʒɛziku] *m* painkiller.

analisar [anali'za(x)] *vt* to analyse.

análise [a'nalizi] *f* analysis; *(Port: a sangue, urina)* test; **em última** ~ in the final analysis.

analista [ana'liʃta] *mf* analyst.

analogia [analo'ʒia] *f* analogy.

ananás [ana'naʃ] (*pl* **-ases** [-azeʃ]) *m* pineapple.

anão, anã [a'nãw, a'nã] (*mpl* **-ões** [-õjʃ], *fpl* **-s** [-ʃ]) *m, f* dwarf.

anarquia [anax'kia] *f* anarchy.

anatomia [anato'mia] *f* anatomy.

anca ['ãŋka] *f* hip.

anchovas [ã'ʃovaʃ] *fpl* anchovies.

ancinho [ã'siɲu] *m* rake.

âncora ['ãŋkora] *f* anchor.

andaime [ãn'dajmi] *m* scaffold.

andamento [ãnda'mēntu] *m (velocidade)* speed; *(rumo)* direction; *(MÚS)* tempo; **em** ~ *(em progresso)* in progress.

andar [ãn'da(x)] (*pl* **-res** [-riʃ]) *vi* to

walk ♦ vt (distância, tempo) to walk for ♦ m (de edifício) floor; (maneira de caminhar) walk; **ele anda um pouco deprimido ultimamente** he has been a bit depressed lately; **gosto de ~ a cavalo** I like horse-riding; **~ de avião** to fly; **~ de bicicleta** to cycle; **~ a pé** to walk; **o ~ de baixo** (de casa) downstairs; **o ~ de cima** (de casa) upstairs.

Andes [ãndiʃ] mpl: **os ~** the Andes.

andorinha [ãndo'riɲa] f swallow.

Andorra [ãn'dɔxa] s Andorra.

anedota [ane'dɔta] f joke.

anel [a'nɛw] (pl -**éis** [-ɛjʃ]) m ring; (de cabelo) ringlet; (de corrente) link; **~ de noivado** engagement ring.

anemia [ane'mia] f anaemia.

anestesia [aneʃte'zia] f anaesthetic; **~ geral/local** general/local anaesthetic.

anestesiar [aneʃte'zja(x)] vt to anaesthetize.

anexar [anek'sa(x)] vt to attach; **~ algo a algo** to attach sthg to sthg.

anexo, -xa [a'nɛksu, -ksa] adj attached.

anfiteatro [ãfi'tjatru] m amphitheatre; (sala de aula) lecture theatre.

angariar [ãŋga'rja(x)] vt (dinheiro) to raise.

angina [ã'ʒina] f: **~ de peito** angina (pectoris).

⅃ **anginas** fpl tonsillitis (sg).

anglicano, -na [ãŋgli'kanu, -na] adj Anglican.

Angola [ãŋ'gɔla] s Angola.

angolano, -na [ãŋgo'lanu, -na] adj & m, f Angolan.

angra [ãŋgra] f inlet.

angu [ãŋ'gu] m a gruel made with cornflour or cassava.

ângulo [ãŋgulu] m angle.

angústia [ãŋ'guʃtʒa] f anguish.

animação [anima'sãw] f (alegria) liveliness; (entusiasmo) enthusiasm; (movimento) bustle.

animado, -da [ani'madu, -da] adj (alegre) lively; (entusiasmado) enthusiastic; (movimentado) bustling.

animador, -ra [anima'do(x), -ra] (mpl -**res** [-riʃ], fpl -**s** [-ʃ]) adj (que alegra) cheering; (que encoraja) encouraging.

animal [ani'maw] (pl -**ais** [-ajʃ]) m animal; **~ doméstico** pet; **~ selvagem** wild animal.

animar [ani'ma(x)] vt (alegrar) to cheer up.

⅃ **animar-se** vp (alegrar-se) to cheer up.

ânimo [ãnimu] m courage.

aniquilar [aniki'la(x)] vt to annihilate.

anis [a'niʃ] (pl -**ses** [-zeʃ]) m (licor) anisette; (planta) aniseed.

anistia [aniʃ'tʃia] f (Br) amnesty.

aniversário [anivex'sarju] m (de pessoa) birthday; (de acontecimento) anniversary; **feliz ~!** Happy Birthday!

anjo [ãʒu] m angel.

ano [ãnu] m year; **quantos ~s você tem?** how old are you?; **faço ~s amanhã** it's my birthday tomorrow; **~ bissexto** leap year; **~ letivo** academic year; **Ano Novo** New Year, Hogmanay (Scot); **~ após ~** year after year.

anões → anão.

anoitecer [anojte'se(x)] m dusk, nightfall ♦ v impess to get dark.

anomalia [anoma'lia] f anomaly.

anoraque [ano'raki] m anorak.

anorexia [anorɛk'sia] f anorexia.

anormal [anox'maw] (pl -**ais** [-ajʃ]) adj abnormal; (idiota) stupid; (incomum) unusual ♦ m, f (idiota) moron.

anormalidade [anoxmali'dadʒi] f abnormality.

anotação [anota'sãw] (pl -**ões** [-õjʃ]) f note.

anotar [ano'ta(x)] vt to note down.

ânsia [ãsja] f anxiety.

ansiar [ã'sja(x)]: **ansiar por** v + prep to long for.

ansiedade [ãsje'dadʒi] f anxiety.

ansioso, -osa [ã'sjozu, -ɔza] adj anxious.

antebraço [ãntʃi'brasu] m forearm.

antecedência [ãntese'dẽsja] f: **com ~** in advance.

antecedente [ãntese'dẽntʃi] adj preceding.

⅃ **antecedentes** mpl (médicos) records; (criminais) record (sg).

antecipação [ãntesipa'sãw] (pl -**ões** [-õjʃ]) f anticipation.

antecipadamente [ãntesi,pada-'mẽntʃi] adv in advance, beforehand.

antecipar [ãntesi'pa(x)] vt to anticipate.

⅃ **antecipar-se** vp to get there first.

antemão [ãnte'mãw]: **de antemão** adv beforehand.

antena [ãn'tena] f aerial; **~ parabólica** satellite dish.

anteontem [ãntʃiˈõntẽ] *adv* the day before yesterday.

antepassado [ãntʃipaˈsadu] *m* ancestor.

anterior [ãnteˈrjo(x)] (*pl* **-res** [-riʃ]) *adj* previous.

antes [ˈãntiʃ] *adv* before; *(primeiramente)* first; ~ **assim** (it's) just as well; ~ **de** before; ~ **de mais (nada)** first of all; **o quanto** ~ as soon as possible.

antever [ãnteˈve(x)] *vt* to foresee.

antiaderente [ãntʃiadeˈrẽntʃi] *adj* nonstick.

antibiótico [ãntʃiˈbjɔtʃiku] *m* antibiotic.

anticaspa [ãntʃiˈkaʃpa] *adj inv* antidandruff.

anticoncepcional [ãntʃikõsepsjuˈnaw] (*pl* **-ais** [-ajʃ]) *adj* contraceptive.

anticonceptivo [ãntʃikõsɛpˈtʃivu] *m* contraceptive.

anticongelante [ãntʃikõʒeˈlãntʃi] *m* antifreeze.

anticorpo [ãntʃiˈkoxpu] *m* antibody.

antidepressivo [ãntʃidepreˈsivu] *m* antidepressant.

antídoto [ãntʃidotu] *m* antidote.

antigamente [ãntʃigaˈmẽntʃi] *adv (antes)* formerly; *(no passado)* in the old days.

antigo, -ga [ãnˈtʃigu, -ga] *adj (livro, objeto)* old; *(costume, era)* ancient; *(objeto valioso)* antique.

antiguidade [ãntʃigwiˈdadʒi] *f* antiquity; *(em emprego)* seniority; **a Antiguidade** Antiquity.

⊔ **antiguidades** *fpl* antiques.

antipatia [ãntʃipaˈtʃia] *f* dislike.

antipático, -ca [ãntʃiˈpatʃiku, -ka] *adj* unfriendly.

antipatizar [ãntʃipatʃiˈza(x)] *vi*: ~ **com alguém** to dislike sb.

antiquado, -da [ãntʃiˈkwadu, -da] *adj* old-fashioned.

antiquário [ãntʃiˈkwarju] *m* antique dealer.

anti-séptico, -ca [ˌãntʃiˈsɛptʃiku, -ka] *adj* antiseptic.

antologia [ãntoloˈʒia] *f* anthology.

anual [aˈnwaw] (*pl* **-ais** [-ajʃ]) *adj* annual.

anuir [aˈnwi(x)] *vi* to agree.

anulação [anulaˈsãw] (*pl* **-ões** [-õjʃ]) *f* cancellation.

anular [anuˈla(x)] *vt* to cancel ♦ *m* ring finger.

anunciar [anũˈsja(x)] *vt* to announce; *(produto)* to advertise.

anúncio [aˈnũsju] *m (de produto)* advert; *(aviso)* announcement.

ânus [ˈanuʃ] *m* anus.

anzol [ãˈzɔw] (*pl* **-óis** [-ɔjʃ]) *m* fishhook.

ao [aw] = **a + o**, → **a**.

aonde [aˈõndʒi] *adv* where; ~ **quer que ... wherever ....**

aos [awʃ] = **a + os**, → **a**.

apagado, -da [apaˈgadu, -da] *adj (luz, lume)* out; *(televisão, rádio)* off; *(escrita, desenho)* faint; *(pessoa)* dull.

apagar [apaˈga(x)] *vt (fogo)* to put out; *(televisão, rádio, luz)* to turn OU switch off; *(escrita, desenho)* to rub out.

apaixonado, -da [apajʃoˈnadu, -da] *adj* in love; *(exaltado)* passionate; **estar** ~ **por** to be in love with.

apaixonante [apajʃoˈnãntʃi] *adj* fascinating.

apaixonar [apajʃoˈna(x)] *vt*: **o futebol apaixona as massas** football thrills the masses.

⊔ **apaixonar-se** *vp* to fall in love; ~**-se por** to fall in love with.

apalermado, -da [apalɛxˈmadu, -da] *adj* silly.

apalpar [apawˈpa(x)] *vt* to touch; ~ **o terreno** *(fig)* to see how the land lies.

apanhar [apaˈɲa(x)] *vt* to catch; *(levantar do chão)* to pick up; ~ **chuva** to get wet; ~ **sol** to sunbathe.

aparador [aparaˈdo(x)] (*pl* **-res** [-riʃ]) *m* sideboard.

apara-lápis [aˌparaˈlapiʃ] *m inv (Port)* pencil sharpener.

aparar [apaˈra(x)] *vt (barba)* to trim; *(sebe, arbusto)* to prune; *(segurar)* to catch; *(lápis)* to sharpen.

aparecer [apareˈse(x)] *vi (surgir)* to appear; *(apresentar-se)* to show up; *(algo perdido)* to turn up.

aparelhagem [apareˈʎaʒẽ] (*pl* **-ns** [-ʃ]) *f*: ~ **(de som)** sound system, stereo.

aparelho [apaˈreʎu] *m* appliance; ~ **digestivo** digestive system; ~ **para os dentes** brace.

aparência [apaˈrẽsja] *f* appearance.

aparentar [aparẽnˈta(x)] *vt* to look like; **aparenta ter uns 40 anos** he looks about 40.

aparente [apaˈrẽntʃi] adj apparent.

Apart. abrev = **apartamento**.

apartado [aparˈtadu] m (Port) P.O. Box.

apartamento [apaxtaˈmẽntu] m flat (Brit), apartment (Am).

apatia [apaˈtʃia] f apathy.

apavorado, -da [apavoˈradu, -da] adj terrified.

apear-se [aˈpjaxsi] vp: ~ **de** to get off.

apelar [apeˈla(x)] vi: ~ **para** to appeal to.

apelido [apeˈlidu] m (Br: alcunha) nickname; (Port: nome de família) surname.

apelo [aˈpelu] m appeal; **fazer um** ~ **a** to appeal to.

apenas [aˈpenaʃ] adv only ◆ conj as soon as; **quero** ~ **um copo de água** all I want is a glass of water.

apêndice [aˈpẽndʒisi] m appendix.

apendicite [apẽndʒiˈsitʃi] f appendicitis.

aperceber-se [apexseˈbexsi] vp: ~ **de algo** to realize; ~ **de que** (verificar) to realize (that).

aperfeiçoamento [apexfejswaˈmẽntu] m improvement.

aperfeiçoar [apexfejˈswa(x)] vt to improve.

aperitivo [apeɾiˈtʃivu] m (vinho) aperitif; (tira-gosto) appetizer.

apertado, -da [apexˈtadu, -da] adj tight; (estrada) narrow.

apertar [apexˈta(x)] vt (comprimir) to squeeze; (botão, interruptor) to press; (cinto de segurança) to fasten; (parafuso, porca) to tighten (casaco, vestido) to take in.

aperto [aˈpextu] m (de parafuso) tightening; (aglomeração) crush; (fig: dificuldade) tight corner; ~ **de mão** handshake.

apesar [apeˈza(x)] : **apesar de** prep despite, in spite of.

apetecer [apeteˈse(x)] vi: **apetece-me um bolo** I feel like (having) a cake; **apetece-me sair** I feel like going out.

apetite [apeˈtʃitʃi] m appetite; **bom** ~! enjoy your meal!

apetitoso, -osa [apetʃiˈtozu, -ɔza] adj appetizing.

apetrecho [apeˈtreʃu] m tool; ~**s de pesca** fishing tackle (sg).

apimentado, -da [apimẽnˈtadu, -da] adj (com pimenta) peppery; (picante) spicy.

apinhado, -da [apiˈɲadu, -da] adj: ~ **de** packed with.

apitar [apiˈta(x)] vi (trem, chaleira) to whistle; (árbitro) to blow the whistle.

apito [aˈpitu] m whistle.

aplaudir [aplawˈdi(x)] vt & vi to applaud.

aplauso [aˈplawzu] m applause.

aplicação [aplikaˈsãw] (pl -ões [-õjʃ]) f (em estudo, trabalho) diligence; (acessório) appliqué; (de dinheiro) investment.

aplicado, -da [apliˈkadu, -da] adj (aluno) diligent; (matemática, lingüística) applied.

aplicar [apliˈka(x)] vt to apply; (curativo, injeção) to administer.

apoderar-se [apodeˈraxsi] : **apoderar-se de** vp + prep to take control of.

apodrecer [apodreˈse(x)] vt & vi to rot.

apoiar [apoˈja(x)] vt to support; ~ **algo em algo** to rest sthg on OU against sthg.

u **apoiar-se** vp to hold on; ~**se em** OU **a** to lean on OU against.

apoio [aˈpoju] m support.

apólice [aˈpɔlisi] f: ~ **(de seguro)** (insurance) policy.

apontador [apõntaˈdo(x)] (pl -res [-riʃ]) m (Br: de lápis) pencil sharpener.

apontamento [apõntaˈmẽntu] m note.

apontar [apõnˈta(x)] vt (arma) to aim; (erro, falha) to point out; (tomar nota de) to note down; (razões, argumentos) to put forward ◆ vi: ~ **para algo** to point to sthg.

aporrinhação [apoxiɲaˈsãw] (pl -ões [-õjʃ]) f (Br: fam: aborrecimento) annoyance.

após [aˈpɔjʃ] prep after ◆ adv afterwards.

após-barba [apɔjʒˈbaxba] adj (Br) → loção.

aposentado, -da [apozẽnˈtadu, -da] adj (Br) retired ◆ m, f (Br) pensioner.

aposentadoria [apozẽntadoˈria] f (Br) (fato) retirement; (dinheiro) pension.

aposento [apoˈzẽntu] m room.

aposta [aˈpɔʃta] f bet.

apostar [apoʃˈta(x)] vt to bet.

apostila [apoʃ'tʃila] *f (Br)* lecture notes *(pl)*.

apóstrofo [a'pɔʃtrofu] *m* apostrophe.

aprazível [apra'zivɛw] *(pl* **-eis** [-ejʃ]) *adj* pleasant.

apreciação [apresja'sãw] - *(pl* **-ões** [-õjʃ]) *f (avaliação)* assessment.

apreciar [apre'sja(x)] *vt (gostar)* to like; *(avaliar)* to judge, to assess; *(paisagem, vista)* to admire.

apreender [apriẽ'de(x)] *vt (confiscar)* to seize; *(assimilar)* to grasp.

apreensão [apriẽ'sãw] *(pl* **-ões** [-õjʃ]) *f (de bens, produtos)* seizure; *(de novos conhecimentos)* grasp; *(preocupação)* apprehension.

apreensivo, -va [apriẽ'sivu, -va] *adj* apprehensive.

aprender [aprẽ'de(x)] *vi & vt* to learn; **~ a fazer algo** to learn to do sthg.

aprendiz [aprẽ'dʒiʒ] *(pl* **-zes** [-ziʃ]) *m (de ofício)* apprentice; *(principiante)* beginner.

aprendizagem [aprẽdʒi'zaʒẽ] *f* learning.

aprendizes → aprendiz.

apresentação [aprezẽta'sãw] *(pl* **-ões** [-õjʃ]) *f* presentation; *(aspecto)* appearance; **a ~ do programa estará a cargo do Herman José** the programme will be presented by Herman José.

apresentador, -ra [aprezẽta'do(x), -ra] *(mpl* **-res** [-riʃ], *fpl* **-s** [-ʃ]) *m, f* presenter.

apresentar [aprezẽ'ta(x)] *vt (espetáculo)* to present; *(pessoa)* to introduce; *(exibir)* to show.

❏ **apresentar-se** *vp (comparecer)* to report; **~-se a alguém** *(a desconhecido)* to introduce o.s. to sb.

apressado, -da [apre'sadu, -da] *adj (pessoa)* rushed; *(decisão)* hasty ♦ *adv:* **sair/entrar ~** to rush in/out.

apressar-se [apre'saxsi] *vp* to hurry up.

aprofundar [aprofũ'da(x)] *vt (fig: assunto)* to study in depth.

aprovação [aprova'sãw] *(pl* **-ões** [-õjʃ]) *f* approval; *(em exame)* pass.

aprovado, -da [apro'vadu, -da] *adj:* **ser ~** *(EDUC)* to pass.

aprovar [apru'va(x)] *vt* to approve; *(em exame)* to pass.

aproveitador, -ra [aprovejta'do(x), -ra] *(mpl* **-res** [-riʃ], *fpl* **-s** [-ʃ]) *adj & m, f*

(oportunista) opportunist.

aproveitamento [aprovejta'mẽtu] *m (uso)* use; *(EDUC)* progress.

❏ **aproveitamentos** *mpl* leftovers.

aproveitar [aprovej'ta(x)] *vt (a ocasião)* to take advantage of; *(férias)* to make the most of; *(utilizar)* to make use of.

❏ **aproveitar-se** *vp:* **~-se de** to take advantage of.

aproximadamente [aprosi,mada'mẽtʃi] *adv* approximately.

aproximado, -da [aprosi'madu, -da] *adj* approximate.

aproximar [aprosi'ma(x)] *vt (objetos)* to bring closer; *(pessoas)* to bring together.

❏ **aproximar-se** *vp* to come closer; **~-se de** to approach; **aproxima-se uma pessoa/um carro** someone/a car is coming.

aptidão [aptʃi'dãw] *(pl* **-ões** [-õjʃ]) *f* aptitude; *(vocação)* talent.

apto, -ta ['aptu, -ta] *adj* capable.

Apto. *abrev (Br)* = **apartamento**.

apunhalar [apuɲa'la(x)] *vt* to stab.

apuração [apura'sãw] *(pl* **-ões** [-õjʃ]) *f* selection.

apurado, -da [apu'radu, -da] *adj* selected; *(sabor)* distinctive; *(visão, olfato)* keen.

apurar [apu'ra(x)] *vt (selecionar)* to pick; *(averiguar)* to find out; *(sabor)* to bring out.

apuro [a'puru] *m (dificuldade)* fix; **estar em ~s** to be in a fix; **meter-se em ~s** to get into trouble.

aquarela [akwa'rɛla] *f (Br)* watercolour.

aquário [a'kwarju] *m* aquarium.

❏ **Aquário** *m* Aquarius.

aquático, -ca [a'kwatʃiku, -ka] *adj* aquatic; *(ESP)* water *(antes de s)*.

aquecedor [akese'do(x)] *(pl* **-res** [-riʃ]) *m* heater.

aquecer [ake'se(x)] *vt & vi* to heat up.

❏ **aquecer-se** *vp* to warm o.s. up.

aquecimento [akesi'mẽtu] *m* heating; **~ central** central heating.

aqueduto [ake'dutu] *m* aqueduct.

àquela ['akɛla] = **a + aquela**, → aquele.

aquele, aquela [a'keli, a'kɛla] *adj* that, those *(pl)* ♦ *pron* that (one); **~ ali** that one there; **~ que** *(relativo a pessoa)* the one who, those who *(pl)*; *(relativo* *a objeto)* the one which; **peça àquele homem/àquela mulher** ask that man/woman.

àquele ['akeli] = a + aquele, → aque-le.

aqui [a'ki] *adv* here; **até ~** *(relativo a tempo)* up until now; **logo ~** right here; **por ~** this way; **por ~ em algum canto** somewhere around here.

aquilo [a'kilu] *pron* that; **você chama ~ de carro!** you call that a car!

àquilo ['akilu] = a + aquilo, → aqui-lo.

aquisição [akizi'sãw] *(pl -ões [-õjʃ]) f* acquisition.

ar ['a(x)] *(pl ares* [ariʃ]) *m* air; *(brisa)* breeze; **dar ~es de** to pretend to be; **dar-se ~es de importante** to put on airs (and graces); **ir ao/sair do ~** *(em rádio, TV)* to go on/off the air; **ir pelos ~es** *(explodir)* to blow up; **ter ~ de** to look OU seem like; **~ condicionado** air conditioning; **ao ~** *(lançar, atirar)* into the air; **ao ~ livre** in the open air.

árabe ['arabi] *adj & mf* Arab ◆ *m (lín-gua)* Arabic.

aragem [a'raʒẽ] *(pl -ns* [-ʃ]) *f* breeze.

arame [a'rami] *m* wire; **~ farpado** barbed wire.

aranha [a'raɲa] *f* spider.

arara [a'rara] *f* cockatoo.

arbitragem [axbi'traʒẽ] *(pl -ns* [-ʃ]) *f (de jogo)* refereeing; *(de litígio)* arbitra-tion.

arbitrar [axbi'tra(x)] *vt (jogo)* to ref-eree.

árbitro ['axbitru] *m (de jogo)* referee.

arborizado, -da [axbori'zadu, -da] *adj* wooded.

arbusto [ax'buʃtu] *m* bush.

arca ['axka] *f* trunk.

arcaico, -ca [ax'kajku, -ka] *adj* archa-ic.

archote [ax'ʃotʃi] *m* torch.

arco ['axku] *m (de edifício, construção)* arch; *(curva)* arc; *(de flechas)* bow; *(brinquedo)* hoop.

arco-íris [ax'kwiriʃ] *(pl* **arcos-íris** [axku'ziriʃ]) *m* rainbow.

ardência [ax'dẽsja] *f (Br) (de pele)* stinging; *(de estômago)* heartburn.

ardente [ax'dẽtʃi] *adj (fig: amor, paixão)* passionate.

arder [ax'de(x)] *vi* to burn; *(pele)* to sting.

ardor [ax'do(x)] *(pl -res* [-riʃ]) *m (de*

pele) stinging; **com ~** ardently.

ardósia [ax'dɔzja] *f* slate.

árduo, -dua ['axdwu, -dwa] *adj* ardu-ous.

área ['arja] *f* area; *(fig: campo de ação)* field; **~ de serviço** *(em apartamento)* utility area; **grande ~** *(em futebol)* penalty area.

areal [a'reaw] *(pl -ais* [-ajʃ]) *m* beach.

areia [a'reja] *f* sand; **~s movediças** quicksand *(sg)*.

arejar [are'ʒa(x)] *vt* to air ◆ *vi (fig: sair)* to get some air.

arena [a'rena] *f (de circo)* ring; *(de praça de touros)* bullring.

arenoso, -osa [are'nozu, -ɔza] *adj* sandy.

arenque [a'rẽki] *m* herring.

ares → ar.

Argentina [axʒẽn'tʃina] *f*: **a ~** Argentina.

argila [ax'ʒila] *f* clay.

argola [ax'gɔla] *f (anel)* ring; *(de porta)* knocker.

❐ **argolas** *fpl (ESP)* rings; *(brincos)* hoop earrings.

argumentação [axgumẽnta'sãw] *(pl -ões* [-õjʃ]) *f* argument.

argumentar [axgumẽn'ta(x)] *vt & vi* to argue.

argumento [axgu'mẽntu] *m* argu-ment; *(de filme)* plot.

ária ['arja] *f* aria.

árido, -da ['aridu, -da] *adj* arid.

Áries ['ariʃ] *m (Br)* Aries.

arma ['axma] *f* weapon; **~ branca** knife; **~ de fogo** firearm.

armação [axma'sãw] *(pl -ões* [-õjʃ]) *f* frame; *(de animal)* horns *(pl)*; *(de barco)* rigging; *(de óculos)* frames *(pl)*.

armadilha [axma'diʎa] *f* trap.

armado, -da [ax'madu, -da] *adj* armed.

armadura [axma'dura] *f* suit of armour; *(de edifício)* framework.

armamento [axma'mẽntu] *m* arma-ments *(pl)*; *(de navio)* equipment.

armar [ax'ma(x)] *vt* to arm; *(tenda)* to put up.

armário [ax'marju] *m* cupboard; *(de roupa)* wardrobe.

armazém [axma'zẽ] *(pl -ns* [-ʃ]) *m* warehouse; **grande ~** *(loja)* depart-ment store.

aro ['aru] *m (de roda)* rim; *(de janela)* frame.

aroma [a'roma] *m* aroma; *(em iogurte, bebida)* flavour; **com ~ de morango** strawberry flavour.

arpão [ax'pãw] (*pl* -ões [-õjʃ]) *m* harpoon.

arqueologia [axkjolo'ʒia] *f* archeology.

arquibancada [axkibãŋ'kada] *f (Br)* grandstand.

arquipélago [axki'pɛlagu] *m* archipelago.

arquitecto, -ta [arki'tɛtu, -ta] *m, f (Port)* = **arquiteto**.

arquitectura [arkitɛ'tura] *f (Port)* = **arquitetura**.

arquiteto, -ta [axki'tɛtu, -ta] *m, f (Br)* architect.

arquitetura [axki'tetura] *f (Br)* architecture.

arquivo [ax'kivu] *m* archive; *(móvel)* filing cabinet; *(cartório)* registry office; *(Br: INFORM)* file.

arraial [axa'jaw] (*pl* -ais [-ajʃ]) *m* = fete.

arrancar [axãŋ'ka(x)] *vt (árvore, batatas)* to dig up; *(folhas, pêlos)* to pull out; *(dente)* to extract ♦ *vi (partir)* to set off; **~ algo das mãos de alguém** to snatch sthg from sb.

arranha-céus [a,xaɲa'sɛwʃ] *m inv* skyscraper.

arranhão [axa'ɲãw] (*pl* -ões [-õjʃ]) *m* scratch.

arranhar [axa'ɲa(x)] *vt* to scratch; *(parede, carro)* to scrape; **~ um pouco de algo** to get by in sthg.
⌐ **arranhar-se** *vp* to scratch o.s.

arranhões → **arranhão**.

arranjar [axã'ʒa(x)] *vt (reparar)* to fix, to repair; *(adquirir)* to get; **~ problemas** to get into trouble.

arranque [a'xãŋki] *m* → **motor..**

arrasar [axa'za(x)] *vt* to devastate.

arrastar [axaʃ'ta(x)] *vt* to drag (along OU away).

arrecadar [axɛka'da(x)] *vt (objeto)* to store away; *(dinheiro)* to collect.

arredondado, -da [axɛdõ'dadu, -da] *adj (forma)* round, rounded; *(fig: valor)* rounded up.

arredondar [axɛdõ'da(x)] *vt (forma)* to make round; *(fig: valor)* to round up.

arredores [axɛ'dɔriʃ] *mpl* outskirts.

arrefecer [axɛfe'se(x)] *vi (tempo, ar)* to cool down; *(comida)* to get cold;

(fig: entusiasmo) to cool.

arregaçar [axega'sa(x)] *vt (mangas, calças)* to roll up.

arreios [a'xejuʃ] *mpl (de cavalo)* harness *(sg)*.

arremedar [axeme'da(x)] *vt (imitar)* to ape.

arremessar [axeme'sa(x)] *vt (pedra, flecha)* to hurl.

arrendamento [axẽnda'mẽntu] *m (de casa)* rent.

arrendar [axẽn'da(x)] *vt (casa)* to rent; **~ uma casa a alguém** to rent (out) a house to sb.

arrendatário, -ria [axẽnda'tarju, -rja] *m, f (de casa)* tenant.

arrepender-se [axepẽn'dexsi] *vp:* **~ de (ter feito) algo** to regret (doing) sthg.

arrepiar [axe'pja(x)] *vt (pêlo, cabelo)* to make stand on end.
⌐ **arrepiar-se** *vp (de frio)* to shiver; *(de medo)* to shudder.

arrepio [axe'piu] *m (de frio)* shiver; *(de medo)* shudder.

arriscado, -da [axiʃ'kadu, -da] *adj (perigoso)* risky; *(corajoso)* daring.

arriscar [axiʃ'ka(x)] *vt (pôr em risco)* to risk.
⌐ **arriscar-se** *vp* to take a risk.

arrogância [axo'gãsja] *f (presunção)* arrogance.

arrogante [axo'gãntʃi] *adj (presumido)* arrogant.

arrombar [axõm'ba(x)] *vt (porta, janela, cofre)* to force (open).

arrotar [axo'ta(x)] *vi* to burp, to belch.

arroto [a'xotu] *m* burp, belch.

arroz [a'xoʒ] *m* rice; **~ de forno** baked dish containing rice, chicken and/or prawns, vegetables and olives.

arroz-doce [axoʒ'dosi] *m* rice pudding.

arruaça [a'xwasa] *f* street riot.

arruaceiro, -ra [axwa'sejru, -ra] *adj* riotous ♦ *m, f* rioter.

arrumado, -da [axu'madu, -da] *adj (casa, secretária, gaveta)* tidy; *(mala)* packed *(fig: resolvido)* sorted (out).

arrumar [axu'ma(x)] *vt (casa, secretária, gaveta)* to tidy up; *(mala)* to pack.

arte ['axtʃi] *f* art; **~s marciais** martial arts; **a sétima ~** cinema *(Brit)*, the movies *(pl) (Am)*.

artéria [axˈtɛrja] f artery.

arterial [axteˈrjaw] (pl **-ais** [-ajʃ]) adj → **pressão, tensão**.

artesanato [axtezaˈnatu] m craftwork, handicraft.

articulação [axtʃikulaˈsãw] (pl **-ões** [-õjʃ]) f (de ossos) joint; (de palavras) articulation.

artificial [axtʃifiˈsjaw] (pl **-ais** [-ajʃ]) adj artificial.

artigo [axˈtʃigu] m article; (produto) item; "**~s a declarar**" "goods to declare"; **~s de primeira necessidade** essential goods.

artista [axˈtʃiʃta] mf artist.

artístico, -ca [axˈtʃiʃtʃiku, -ka] adj artistic.

artrite [axˈtritʃi] f arthritis.

árvore [ˈaxvori] f tree.

as [aʃ] → **a**.

ás [ajʃ] (pl **ases** [ˈazeʃ]) m ace; **ser um ~** to be a whizz.

às [ajʃ] = **a** + **as**, → **a**.

asa [ˈaza] f wing; (de utensílio) handle.

asa-delta [ˌazaˈdɛwta] (pl **asas-delta** [ˌazaʒˈdɛwta]) f hang-glider.

ascensor [aʃsẽˈso(x)] (pl **-res** [-riʃ]) m (em prédio) lift (Brit), elevator (Am); (em rua, encosta) funicular.

asco [ˈaʃku] m disgust.

ases → **ás**.

asfalto [aʃˈfawtu] m asphalt.

asfixia [aʃfikˈsia] f asphyxia, suffocation.

Ásia [ˈazja] f: **a ~** Asia.

asiático, -ca [aˈzjatʃiku, -ka] adj & m, f Asian.

asma [ˈaʒma] f asthma.

asmático, -ca [aʒˈmatʃiku, -ka] adj & m, f asthmatic.

asneira [aʒˈnejra] f (tolice) nonsense; (obscenidade) swear word.

asno [ˈaʒnu] m donkey; (fig: estúpido) ass.

aspargo [aʃˈpaxgu] m (Br) asparagus.

aspecto [aʃˈpɛktu] m appearance; (ponto de vista) aspect.

áspero, -ra [ˈaʃperu, -ra] adj rough; (voz) harsh.

aspirador [aʃpiraˈdo(x)] (pl **-res** [-riʃ]) m vacuum cleaner, Hoover®.

aspirar [aʃpiˈra(x)] vt to vacuum, to hoover.

❏ **aspirar a** v + prep (desejar) to aspire to.

aspirina® [aʃpiˈrina] f aspirin; **~ efervescente** soluble aspirin.

asqueroso, -osa [aʃkeˈrozu, -ɔza] adj disgusting, revolting.

assado, -da [aˈsadu, -da] adj & m (CULIN) roast.

assadura [asaˈdura] f (de carne) roast; (em bebê) nappy rash.

assalariado, -da [asalaˈrjadu, -da] m, f (salaried) employee.

assaltante [asawˈtãntʃi] mf burglar.

assaltar [asawˈta(x)] vt (pessoa) to mug; (casa) to burgle; (banco) to rob.

assalto [aˈsawtu] m (a pessoa) mugging; (a casa) burglery; (a banco) robbery; (em boxe) round; **~ à mão armada** armed robbery.

assar [aˈsa(x)] vt to roast.

assassinar [asasiˈna(x)] vt to murder.

assassínio [asaˈsinju] m murder.

assassino, -na [asaˈsinu, -na] m, f murderer.

assediar [aseˈdʒja(x)] vt (importunar) to pester; (sexualmente) to harass.

assédio [aˈsɛdʒju] m harassment; **~ sexual** sexual harassment.

assegurar [aseguˈra(x)] vt to assure.

❏ **assegurar-se** vp: **~-se de que** to make sure (that).

asseio [aˈseju] m (limpeza) cleanliness.

assembléia [asẽˈblɛja] f assembly; (reunião) meeting; **~ geral** annual general meeting; **a Assembléia da República** Portuguese houses of parliament.

assemelhar-se [asemeˈʎaxsi] : **assemelhar-se a** vp + prep to look like.

assento [aˈsẽntu] m seat.

assim [aˈsĩ] adv (do mesmo modo) like this; (deste modo) therefore; **~, sim!** that's better!; **como ~?** I'm sorry?; **~ mesmo** just so; **~, ~** so-so; **~ que** as soon as.

assimilar [asimiˈla(x)] vt to assimilate.

assinar [asiˈna(x)] vt to sign; (revista) to subscribe to.

assinatura [asinaˈtura] f signature; (de revista) subscription; (de trem) season ticket.

assistência [asiʃˈtẽsja] f (auxílio) help; (público) audience; **~ médica** medical aid.

assistir [asiʃˈtʃi(x)] vt (ajudar) to help.

❏ **assistir a** v + prep (a espetáculo) to

attend; *(a programa)* to watch; *(a acidente, acontecimento)* to witness.

assoalho [aˈsoaʎu] *m (Br: de casa)* floor.

assoar [aˈswa(x)] *vt* to blow.

❏ **assoar-se** *vp* to blow one's nose.

assobiar [asoˈbja(x)] *vi* to whistle.

assobio [asoˈbiu] *m* whistle.

associação [asosjaˈsãw] *(pl* -ões [-õjʃ]) *f* association.

assombrado, -da [asõmˈbradu, -da] *adj (fig: casa, local)* haunted.

assombro [aˈsõmbru] *m* amazement.

assunto [aˈsũntu] *m* subject; ~ encerrado! subject closed!

assustador, -ra [asuʃtaˈdo(x), -ra] *(mpl* -res [-riʃ], *fpl* -s [-ʃ]) *adj* frightening.

assustar [asuʃˈta(x)] *vt* to frighten.

❏ **assustar-se** *vp* to be frightened.

asterisco [aʃteˈriʃku] *m* asterisk.

astral [aʃˈtraw] *(pl* -ais [-ajʃ]) *m (Br: fam: humor):* hoje estou com baixo ~ I'm feeling out of sorts today.

astro [ˈaʃtru] *m* star.

astrologia [aʃtroloˈʒia] *f* astrology.

astronauta [aʃtroˈnawta] *mf* astronaut.

astronomia [aʃtronoˈmia] *f* astronomy.

astúcia [aʃˈtusja] *f* astuteness.

atacadista [atakaˈdiʃta] *mf* wholesaler.

atacado [ataˈkadu] *m:* comprar por ~ to buy wholesale.

atacador [atakaˈdor] *(pl* -res [-reʃ]) *m (Port: de sapatos)* shoelace.

atacante [ataˈkãntʃi] *adj (ESP)* attacking ♦ *mf (ESP)* forward.

atacar [ataˈka(x)] *vt* to attack.

atadura [ataˈdura] *f (Br)* bandage.

atalho [aˈtaʎu] *m* short cut.

ataque [aˈtaki] *m* attack; ~ cardíaco heart attack.

atar [aˈta(x)] *vt (sapatos)* to lace OU do up; *(saco)* to do up; *(corda, cordão, fio)* to tie.

atarracado, -da [ataxaˈkadu, -da] *adj* stocky.

até [aˈtɛ] *prep (limite no espaço)* as far as; *(limite no tempo)* until ♦ *adv* even; ~ agora so far; ~ amanhã! see you tomorrow!; ~ logo! see you later!; ~ mais! *(em conversa)* speak to you soon!; ~ que enfim! at (long) last!; ~ porque because.

atear [ateˈa(x)] *vt (incendiar)* to set fire to; *(avivar)* to rekindle.

atéia → ateu.

ateliê [ateˈlje] *m (Br)* = atelier.

atelier [ateˈlje] *m (Port)* studio.

atemorizar [atemoriˈza(x)] *vt* to terrify.

atenção [atẽˈsãw] *(pl* -ões [-õjʃ]) *f* attention; *(cuidado)* care; *(cortesia)* courtesy ♦ *interj* watch OU look out!; chamar a ~ de alguém para algo to draw sb's attention to sthg; prestar ~ to pay attention.

atender [atẽnˈde(x)] *vt (telefone)* to answer; *(em loja)* to serve; *(em hospital)* to see.

atendimento [atẽndʒiˈmẽntu] *m (de telefone)* answering; *(em loja, hospital)* service.

atentado [atẽnˈtadu] *m* attempt *(on sb's life).*

atenuante [ateˈnwãntʃi] *f* extenuating circumstance.

atenuar [ateˈnwa(x)] *vt* to soften.

aterragem [ateˈxaʒẽj] *(pl* -ns [-ʃ]) *f (Port)* = aterrissagem.

aterrar [ateˈxar] *vi (Port)* = aterrissar.

aterrissagem [atexiˈsaʒẽj] *(pl* -ns [-ʃ]) *f (Br)* landing.

aterrissar [atexiˈsa(x)] *vi (Br)* to land ♦ *vt (aterrorizar)* to terrify.

aterro [aˈtexu] *m* landfill.

aterrorizar [atexoriˈza(x)] *vt* to terrify.

atestado [ateʃˈtadu] *m* certificate; ~ médico doctor's certificate; ~ de óbito death certificate.

ateu, atéia [aˈtew, aˈteja] *m, f* atheist.

atiçar [atiˈsa(x)] *vt (lume)* to poke.

atingir [atĩˈʒi(x)] *vt* to reach; *(ferir, afetar)* to hit; *(objetivo)* to achieve; *(compreender)* to grasp; *(abranger)* to cover.

atirar [atiˈra(x)] *vt* to throw ♦ *vi (com arma)* to shoot.

atitude [atiˈtudʒi] *f* attitude.

atividade [atʃiviˈdadʒi] *f* activity.

ativo, -va [aˈtʃivu, -va] *adj (Br)* active.

Atlântico [atˈlãntʃiku] *m:* o ~ the Atlantic.

atlas [ˈatlaʃ] *m inv* atlas.

atleta [atˈleta] *mf* athlete.

atletismo [atleˈtʃiʒmu] *m* athletics *(sg).*

atmosfera [atmoʃˈfɛra] f atmosphere.

ato [ˈatu] m (Br) (acção) action; (de peça de teatro) act.

atômico, -ca [aˈtomiku, -ka] adj atomic.

ator, atriz [aˈto(x), atriʒ] (mpl **-res** [-riʃ], fpl **-zes** [-ziʃ]) m, f (Br) actor (f actress).

atordoado, -da [atoxˈdwadu, -da] adj stunned.

atores → ator.

atormentado, -da [atoxmẽnˈtadu, -da] adj troubled.

atração [atraˈsãw] (pl **-ões** [-õjʃ]) f (Br) attraction; (de pessoa) attractiveness.

atracção [atraˈsãw] (pl **-ões** [-õjʃ]) f (Port) = atração.

atrações → atração.

atractivo, -va [atraˈtivu, -va] adj (Port) = atrativo.

atraente [atraˈẽntʃi] adj attractive.

atraiçoar [atrajˈswa(x)] vt to betray.
⸖ **atraiçoar-se** vp to give o.s. away.

atrair [atraˈi(x)] vt to attract.

atrapalhar [atrapaˈʎa(x)] vt (perturbar) to confuse; (dificultar) to get in the way of.
⸖ **atrapalhar-se** vp to get all confused.

atrás [aˈtrajʃ] adv (detrás) behind; (para trás) back there; **há dias ~** a few days ago; **~ de** (no espaço) behind; (no tempo) after; **ficar com pé ~** (fig) to be on one's guard.

atrasado, -da [atraˈzadu, -da] adj (pessoa) late; (país, região) backward; **chegar ~** to arrive late; **estar ~** to be late.

atrasar [atraˈza(x)] vi (trem, ônibus) to be delayed ◆ vt (trabalho) to delay; (fig: prejudicar) to hinder.
⸖ **atrasar-se** vp to be late.

atraso [aˈtrazu] m delay; (de país) backwardness.

atrativo, -va [atraˈtʃivu, -va] adj (Br) attractive ◆ m (Br) attraction.

através [atraˈvejʃ] : **através de** prep (pelo meio de) through; (por meio de) by.

atravessar [atraveˈsa(x)] vt (rua, rio) to cross; (pôr ao través) to put across; (fig: situação, fase) to go through.

atrelado [atreˈladu] m trailer.

atrever-se [atreˈvexsi] : **atrever-se** vp (ousar) to dare; **~ a fazer algo** to

dare to do sthg.

atrevido, -da [atreˈvidu, -da] adj (malcriado) cheeky; (audaz) daring.

atrevimento [atreviˈmẽntu] m (audácia) daring; **que ~!** what a cheek!

atribuir [atriˈbwi(x)] vt to attribute; (cargo) to give.

atributo [atriˈbutu] m attribute.

átrio [ˈatriu] m (de edifício) hall.

atrito [aˈtritu] m friction.
⸖ **atritos** mpl disagreements.

atriz → ator.

atropelamento [atropelaˈmẽntu] m road accident (involving a pedestrian being run over).

atropelar [atropeˈla(x)] vt to run over.

atuação [atwaˈsãw] (pl **-ões** [-õjʃ]) f (procedimento) behaviour; (em espetáculo) acting; (espetáculo) performance.

atual [aˈtwaw] (pl **-ais** [-ajʃ]) adj (Br) (presente) current; (moderno) modern.

atualizar [atwaliˈza(x)] vt (tornar atual) to modernize; (INFORM: ficheiro) to update.

atualmente [atwawˈmẽntʃi] adv currently.

atuar [aˈtwa(x)] vi (Br) to act.

atum [aˈtũ] m tuna.

aturdido, -da [aturˈdʒidu, -da] adj stunned.

audácia [awˈdasja] f audacity.

audição [awdʒiˈsãw] (pl **-ões** [-õjʃ]) f hearing; (de peça musical, concerto) recital.

audiência [awˈdʒjẽsja] f (JUR) hearing.

audiovisual [awdʒjoviˈzwaw] (pl **-ais** [-ajʃ]) adj audiovisual.

auditório [awdʒiˈtɔrju] m auditorium; (público ouvinte) audience.

auge [ˈawʒi] m peak.

aula [ˈawla] f class, lesson.

aumentar [awmẽnˈta(x)] vt & vi to increase.

aumento [awˈmẽntu] m increase; (de ordenado) rise (Brit), raise (Am).

auréola [awˈrɛwla] f halo.

aurora [awˈrɔra] f dawn; **~ boreal** northern lights (pl).

auscultador [awʃkuwtaˈdo(x)] (pl **-res** [-riʃ]) m receiver.
⸖ **auscultadores** mpl headphones.

ausência [awˈzẽsja] f absence.

ausentar-se [awzẽnˈtaxsi] vp: **~ de**

(de país, sala) to leave.
ausente [aw'zẽntʃi] *adj* absent.
Austrália [awʃ'tralja] *f:* **a ~** Australia.
australiano, -na [awʃtra'ljanu, -na] *adj & m, f* Australian.
Áustria [awʃtria] *f:* **a ~** Austria.
austríaco, -ca [awʃ'triaku, -ka] *adj & m, f* Austrian.
autenticar [awtẽntʃi'ka(x)] *vt (JUR: documento, assinatura)* to authenticate.
autêntico, -ca [aw'tẽntʃiku, -ka] *adj (verdadeiro)* real; *(JUR)* authenticated.
autocarro [awto'kaxu] *m* bus; *(entre cidades)* coach; **apanhar o ~** to catch the bus.
autoclismo [awto'kliʒmu] *m (Port)* flush; **puxar o ~** to flush the toilet.
autocolante [awtoko'lãntʃi] *adj* self-adhesive ♦ *m* sticker.
autodomínio [awtodo'minju] *m* self-control.
autódromo [aw'tɔdromu] *m* race track.
auto-escola [awtɔiʃ'kɔla] *f* driving school.
auto-estima [awtɔeʃ'tʃima] *f* self-esteem.
auto-estrada [awtɔʃ'trada] *f* motorway *(Brit)*, freeway *(Am)*.
autografar [awtogra'fa(x)] *vt* to autograph.
autógrafo [aw'tɔgrafu] *m* autograph.
autolocadora [awtoloka'dora] *f (Br)* car rental.
automático, -ca [awto'matʃiku, -ka] *adj* automatic.
automatização [awtomatʃiza'sãw] *(pl* -ões [-õjʃ]) *f* automation.
automobilismo [awtomobi'liʒmu] *m* motor racing.
automobilista [awtomobi'liʃta] *mf* motorist.
automotora [awtomo'tora] *f* diesel train.
automóvel [awto'mɔvɛw] *(pl* -eis [-ejʃ]) *m* motorcar *(Brit)*, automobile *(Am)*.
autópsia [aw'tɔpsja] *f (MED)* autopsy.
autor, -ra [aw'to(x), -ra] *(mpl* -res [-riʃ]*, fpl* -s [-ʃ]) *m, f* author; *(de idéia)* originator; *(de brincadeira)* instigator; *(JUR: de crime)* perpetrator.
auto-retrato [awtoxe'tratu] *m* self-portrait.
autoridade [awtori'dadʒi] *f* authority.

autorização [awtoriza'sãw] *(pl* -ões [-õjʃ]) *f* authorization.
autorizar [awtori'za(x)] *vt* to authorize.
auxiliar [awsi'lja(x)] *(pl* -res [-riʃ]) *adj* auxiliary ♦ *mf* assistant ♦ *vt* to assist.
auxílio [aw'silju] *m* help.
auxílio-desemprego [aw'silju-dʒizẽm'pregu] *(pl* **auxílios-desemprego** [aw'siljuʒdʒizẽm'pregu]) *m (Br)* unemployment benefit.
Av. *(abrev de avenida)* Ave.
avalanche [ava'lãʃi] *f* avalanche.
avaliação [avalja'sãw] *(pl* -ões [-õjʃ]) *f* assessment; *(JUR)* valuation.
avaliar [ava'lja(x)] *vt* to assess; *(gastos)* to estimate; *(valor de objeto)* to value; **a ~ por** judging by.
avançado, -da [avã'sadu, -da] *adj* advanced; *(pessoa)* progressive ♦ *m, f (ESP)* forward ♦ *m (de caravana)* awning.
avançar [avã'sa(x)] *vi* to advance.
avarento, -ta [ava'rẽntu, -ta] *adj* miserly.
avaria [ava'ria] *f* breakdown.
avariado, -da [ava'rjadu, -da] *adj* out of order; *(carro)* broken down.
ave ['avi] *f* bird.
aveia [a'veja] *f* oats *(pl)*.
avelã [ave'lã] *f* hazelnut.
avenca [avẽ'ka] *f* maidenhair fern.
avenida [ave'nida] *f* avenue.
avental [avẽ'taw] *(pl* -ais [-ajʃ]) *m* apron.
aventura [avẽn'tura] *f* adventure; *(amorosa)* affair; **partir para a ~** to set out on an adventure.
aventureiro, -ra [avẽntu'rejru, -ra] *m, f* adventurer.
averiguação [averigwa'sãw] *(pl* -ões [-õjʃ]) *f* investigation.
averiguar [averi'gwa(x)] *vt* to investigate; *(verdade)* to find out.
avesso [a'vesu] *m (de casaco, saco)* reverse; *(contrário)* opposite ♦ *adj:* **~ a** averse to; **pelo ~** inside out.
avestruz [aveʃ'truʃ] *(pl* -zes [-ziʃ]) *f* ostrich.
avião [a'vjãw] *(pl* -ões [-õjʃ]) *m* plane; **"por ~"** "by airmail".
ávido, -da ['avidu, -da] *adj:* **~ de** greedy for.
aviões → avião.
avisar [avi'za(x)] *vt* to warn; *(notificar)* to inform.

aviso [a'vizu] *m (advertência)* warning; *(sinal, letreiro, notificação)* notice; ~ **de recepção** acknowledgement of receipt.

avistar [aviʃ'ta(x)] *vt* to see.

avô, avó [a'vo, a'vɔ] *m, f* grandfather *(f* grandmother).

avós [a'vɔʃ] *mpl* grandparents.

avulso, -sa [a'vuwsu, -sa] *adj* separate ♦ *adv* separately.

axila [ak'sila] *f* armpit.

azar [a'za(x)] *(pl* -**res** [-riʃ]) *m (falta de sorte)* bad luck; *(acaso)* chance; **estar com** ~ to be out of luck; **por** ~ as luck would have it.

azarado, -da [aza'radu, -da] *m, f* unlucky person.

azares → **azar**.

azedar [aze'da(x)] *vi* to turn sour.

azedo, -da [a'zedu, -da] *adj* sour.

azeite [a'zejtʃi] *m* olive oil.

azeitona [azej'tona] *f* olive; ~**s pretas** black olives; ~**s recheadas** stuffed olives.

azevinho [aze'viɲu] *m* holly.

azinheira [azi'ɲejra] *f* holm oak.

azul [a'zuw] *(pl* **azuis** [a'zujʃ]) *adj & m* blue.

azul-claro, azul-clara [a,zuw'klaru, a,zuw'klara] *(mpl* **azul-claros** [a,zuw'klaruʃ], *fpl* **azul-claras** [a,zuw'klaraʃ]) *adj* pale blue.

azulejo [azu'leʒu] *m* glazed tile.

azul-escuro, azul-escura [a,zuweʃ'kuru, a,zuweʃ'kura] *(mpl* **azul-escuros** [a,zuweʃ'kuruʃ], *fpl* **azul-escuras** [a,zuweʃ'kuraʃ]) *adj* dark blue.

azul-marinho [a,zuwma'riɲu] *adj inv* navy (blue).

azul-turquesa [a,zuwtux'keza] *adj inv* turquoise.

B

baba [ˈbaba] *f* dribble.
babá [baˈba] *f (Br)* nanny.
babar-se [baˈbaxsi] *vp* to dribble.
baby-sitter [ˌbejbiˈsitɛ(x)] *f* baby-sitter.
bacalhau [bakaˈʎaw] *m (peixe)* cod; *(em culinária)* salt cod; **~ assado (na brasa)** *barbecued salt cod seasoned with olive oil and garlic, served with roast potatoes;* **~ à Brás** *salt cod fried with onions and garlic then mixed with eggs, finely cut chips and olives;* **~ cru desfiado** *raw pieces of salt cod seasoned with olive oil and garlic;* **~ à Gomes de Sá** *pieces of salt cod, onion and potato baked with olive oil, eggs and olives.*
bacia [baˈsia] *f* basin; *(ANAT)* pelvis.
baço, -ça [ˈbasu, -sa] *adj (metal, espelho)* tarnished; *(tinta, cor)* matt ◆ *m (ANAT)* spleen.
bacon [ˈbejkõ] *m* bacon.
bactéria [bakˈtɛrja] *f* bacterium.
badejo [baˈdeʒu] *m* pollack.
badminton [badˈmĩtõ] *m* badminton.
bafo [ˈbafu] *m* breath.
bafômetro [baˈfometru] *m (Br)* Breathalyser®.
baforada [bafoˈrada] *f* puff.
bagaço [baˈgasu] *m (Port)* strong spirit similar to brandy.
bagageira [bagaˈʒejra] *f (Port) (de carro)* boot *(Brit)*, trunk *(Am)*; *(de ônibus)* luggage rack.
bagageiro [bagaˈʒejru] *m* porter.
bagagem [baˈgaʒẽ] *(pl* **-ns** [-ʃ]*) f* luggage *(Brit)*, baggage *(Am)*; **despachar/depositar a ~** to check in/leave one's luggage.
bagatela [bagaˈtɛla] *f* trifle.
bago [ˈbagu] *m (de uva)* grape; *(de trigo)* grain.
bagunça [baˈgũsa] *f (Br)* mess.

Bahia [baˈia] *f (Br)* Bahia.
baía [baˈia] *f* bay.
❑ **Baía** *f (Port)* = **Bahia.**
bailado [bajˈladu] *m (ballet)* ballet; *(dança)* dance.
bailarino, -na [bajlaˈrinu, -na] *m, f* ballet dancer.
baile [ˈbajli] *m* ball.
bainha [baˈiɲa] *f (de calças, saia, etc)* hem; *(de espada)* scabbard.
bairro [ˈbajxu] *m* neighbourhood; *(divisão administrativa)* district; **~ de lata** *(Port)* shanty town.
baixa [ˈbajʃa] *f (em quantidade)* decrease; *(de preço)* reduction; *(Br: médica)* discharge; *(em guerra)* casualty.
baixar [bajˈʃa(x)] *vt* to lower ◆ *vi (preço, valor)* to come down.
❑ **baixar-se** *vp* to bend down.
baixo, -xa [ˈbajʃu, -ʃa] *adj* low; *(pessoa)* short; *(qualidade)* poor; *(profundidade)* shallow; *(fig: desprezível)* mean ◆ *adv (falar, rir)* quietly; *(relativo a posição)* low ◆ *m (instrumento)* bass; **o mais ~/a mais baixa** *(pessoa)* the shortest; *(objeto, preço)* the lowest; **para ~** down; **por ~ de** under(neath); **estar em ~** *(Port: estar abatido)* to be out of sorts.
bala [ˈbala] *f* bullet; *(Br: doce)* sweet; **à prova de ~** bullet-proof.
balança [baˈlãsa] *f* scales *(pl).*
❑ **Balança** *f (Port: signo do zodíaco)* Libra.
balançar [balãˈsa(x)] *vt (balanço)* to swing; *(barco)* to rock ◆ *vi (balanço)* to swing; *(barco)* to rock.
balanço [baˈlãsu] *m (de criança)* swing; *(ação)* swinging.
balão [baˈlãw] *(pl* **-ões** [-õjʃ]*) m* balloon; *(de transporte)* hot-air balloon.
balbuciar [bawbuˈsja(x)] *vt & vi* to mumble.

balbúrdia [bawˈbuxdʒja] f (desordem) shambles (sg); (barulho) racket.

balcão [bawˈkãw] (pl -ões [-õjʃ]) m (de bar, loja) counter; (de teatro) circle; (de casa) balcony; ~ **nobre/simples** (Br: de teatro) dress/upper circle.

balde [ˈbawdʒi] m bucket.

baldeação [bawdʒjaˈsãw] (pl -ões [-õjʃ]) f (Br) change; **fazer** ~ to change.

balé [baˈlɛ] m (Br) ballet.

baleia [baˈlɛja] f whale.

baliza [baˈliza] f (ESP) goal.

ballet [baˈlɛ] m (Port) = **balé**.

balneário [bawˈnjarju] m changing room.

balões → **balão**.

balofo, -fa [baˈlofu, -fa] adj (pessoa) flabby.

baloiço [baˈlojsu] m (Port) swing.

bálsamo [ˈbawsamu] m balsam, balm; (fig: alívio) comfort.

bambu [bãmˈbu] m bamboo.

banal [baˈnaw] (pl -ais [-ajʃ]) adj banal.

banana [baˈnana] f banana.

bananada [banaˈnada] f dessert made with banana puree.

bananeira [banaˈnejra] f banana tree.

banca [ˈbãŋka] f (Br): ~ **de jornais** newsstand.

bancada [bãŋˈkada] f (de cozinha) worktop; (de trabalho) bench; (Port: de estádio) grandstand.

bancário, -ria [bãŋˈkarju, -rja] adj banking (antes de s) ♦ m, f bank clerk.

banco [ˈbãŋku] m (de cozinha) stool; (de carro) seat; (FIN) bank; (de hospital) casualty (Brit), emergency room (Am); ~ **de areia** sandbank; ~ **de dados** (INFORM) database; ~ **de jardim** (park) bench.

banda [ˈbãnda] f side; (filarmônica) brass band; (de rock) band; **de** ~ (de lado) sideways; **pôr de** ~ (fig: pessoa) to shun.

bandarilha [bãndaˈriʎa] f barbed dart thrust into a bull's back.

bandeira [bãnˈdejra] f flag; (em transporte público) destination screen; **dar** ~ (Br: fam) to give the game away.

bandeja [bãnˈdeʒa] f tray.

bandejão [bãndeˈʒãw] (pl -ões [-õjʃ]) f (Br) canteen meal.

bandido, -da [bãnˈdʒidu, -da] m, f bandit.

bando [ˈbãndu] m (de aves) flock; (de criminosos) gang.

bandolim [bãndoˈlĩ] (pl -ns [-ʃ]) m mandolin.

bangaló [bãŋgaˈlɔ] m (Port) = **bangalô**.

bangalô [bãŋgaˈlo] m (Br) bungalow.

banha [ˈbaɲa] f: ~ **(de porco)** lard.

banheira [baˈɲejra] f bathtub.

banheiro [baˈɲejru] m (Br: quarto de banho) bathroom; (Port: de praia, piscina) lifeguard.

banhista [baˈɲiʃta] mf bather.

banho [ˈbaɲu] m (em banheira) bath; (em piscina, mar) swim; **tomar** ~ (em banheira) to have a bath; (em chuveiro) to have a shower; (em piscina, mar) to have a swim; **tomar um** ~/~**s de sol** to sunbathe.

banho-maria [ˌbaɲumaˈria] m: **cozinhar algo em** ~ to cook sthg in a bain-marie.

banir [baˈni(x)] vt (proibir) to ban; (expulsar) to banish.

banjo [ˈbãʒu] m banjo.

banquete [bãŋˈketʃi] m banquet.

baptismo [baˈtiʒmu] m (Port) = **batismo**.

baptizado [batiˈzadu] m (Port) = **batizado**.

bar [ba(x)] (pl -res [-riʃ]) m bar.

baralhar [baraˈʎa(x)] vt (cartas de jogar) to shuffle; (confundir) to confuse. ❒ **baralhar-se** vp to get confused.

baralho [baˈraʎu] m: ~ **(de cartas)** pack (of cards) (Brit), deck (of cards) (Am).

barão [baˈrãw] (pl -ões [-õjʃ]) m baron.

barata [baˈrata] f cockroach.

barato, -ta [baˈratu, -ta] adj cheap ♦ adv cheaply ♦ m (Br: fam) fun; **mais** ~ cheaper; **o mais** ~ the cheapest; **foi o maior** ~! (Br) it was great!

barba [ˈbaxba] f beard; **fazer a** ~ to shave.

barbante [baxˈbãntʃi] m (Br) string.

barbatana [baxbaˈtana] f (de peixe) fin; (de nadador) flipper.

barbeador [baxbjaˈdo(x)] (pl -res [-riʃ]) m: ~ **(elétrico)** (electric) shaver.

barbear-se [baxˈbjaxsi] vp to shave.

barbeiro [baxˈbejru] m barber's (shop).

barca [ˈbaxka] f (Br) ferry.

barco [ˈbaxku] m boat; ~ **a motor** speedboat; ~ **a remo** rowing boat; ~ **à**

vela sailing boat.

bares → bar.

barman ['baxmãn] (*pl* **-s** [-ʃ]) *m* barman.

barões → barão.

baronesa [baro'neza] *f* baroness.

barra ['baxa] *f* bar; *(Br: foz)* rivermouth; *(Br: fam: situação)* situation.

barraca [ba'xaka] *f (de feira)* stall; *(Br: de camping)* tent.

barraco [ba'xaku] *m (Br)* shack.

barragem [ba'xaʒẽ] (*pl* **-ns** [-ʃ]) *f* dam.

barranco [ba'xãŋku] *m* ravine.

barrar [ba'xa(x)] *vt* to bar.

barreira [ba'xejra] *f (de rio, estrada)* embankment; *(ESP)* hurdle; *(fig: obstáculo)* obstacle.

barrento, -ta [ba'xẽntu, -ta] *adj* clayey.

barrete [ba'xetʃi] *m* hat; *(Port: fam: decepção)* flop.

barriga [ba'xiga] *f* belly; **minha ~ está roncando** my stomach's rumbling; **~ da perna** calf; **de ~ para cima/para baixo** face up/down.

barril [ba'xiw] (*pl* **-is** [-iʃ]) *m* barrel.

barro ['baxu] *m* clay.

barroco, -ca [ba'xoku, -ka] *adj & m* baroque.

barulhento, -ta [baru'ʎẽntu, -ta] *adj* noisy.

barulho [ba'ruʎu] *m (ruído)* noise; *(confusão)* commotion; **pouco ~!** quieten down!

base ['bazi] *f* base; *(de maquilhagem)* foundation; *(fundamento)* basis.

basebol [bejze'bɔw] *m* baseball.

básico, -ca ['baziku, -ka] *adj* basic.

basílica [ba'zilika] *f* basilica.

basquete ['baʃketʃi] *m* = **basquetebol**.

basquetebol [ˌbaʃketʃi'bɔw] *m* basketball.

basta ['baʃta] *interj* that's enough!

bastante [baʃ'tãntʃi] *adv (muito)* a lot; *(suficiente)* enough ♦ *adj (muito)* a lot of; *(suficiente)* enough; **ele é ~ feio** he is quite ugly.

bastar [baʃ'ta(x)] *vi* to be enough.

bastidores [baʃtʃi'doreʃ] *mpl* wings.

bata ['bata] *f (para senhora)* pinafore; *(para médico)* (white) coat.

batalha [ba'taʎa] *f* battle; **~ naval** *(jogo)* battleships *(sg)*.

batata [ba'tata] *f* potato; **~ doce** sweet potato; **~ palha** very finely cut chips; **~s assadas/cozidas** roast/boiled potatoes; **~s fritas** chips *(Brit)*, French fries *(Am)*; **~s fritas (de pacote)** crisps *(Brit)*, chips *(Am)*.

batedeira [bate'dejra] *f*: **~ (eléctrica)** mixer.

bátega ['batega] *f* downpour.

batente [ba'tẽntʃi] *m (meia-porta)* door *(of double doors)*; *(aldraba)* doorknocker.

bate-papo [ˌbatʃi'papu] (*pl* **bate-papos** [ˌbatʃi'papuʃ]) *m (Br)* chat.

bater [ba'te(x)] *vt* to beat; *(asas)* to flap; *(roupa)* to scrub ♦ *vi (coração)* to beat; *(porta, janela)* to bang; **ela estava batendo queixo** her teeth were chattering because of the cold; **~ a** *(porta, janela)* to knock at; **~ com algo contra** OU **em algo** to crash sthg into sthg; **~ em** to hit; **~ à máquina** *(Br)* to type; **~ papo** *(Br)* to chat; **~ o pé** *(teimar)* to put one's foot down; **~ com o pé** to stamp one's foot; **~ com a porta** to slam the door; **bateu a bota** *(fam: morrer)* he popped his clogs; **ela não bate bem** she's off her head.

bateria [bate'ria] *f (de carro, motor)* battery; *(MÚS)* drums *(pl)*.

baterista [bate'riʃta] *mf* drummer.

batida [ba'tʃida] *f (Br) (de veículo)* crash; *(de polícia)* raid; *(bebida) blended drink containing "cachaça", sugar and fruit*.

batido [ba'tʃidu] *m (Port)* milkshake.

batismo [ba'tʃiʒmu] *m (Br)* baptism.

batizado [batʃi'zadu] *m (Br)* christening.

batom [ba'tõ] (*pl* **-ns** [-ʃ]) *m* lipstick; **~ para o cieiro** *(Port)* chapstick.

batota [ba'tɔta] *f (Port)* cheating; **fazer ~** to cheat.

batuque [ba'tuki] *m (Br: MÚS)* Afro-Brazilian dance.

baú [ba'u] *m* trunk.

baunilha [baw'niʎa] *f* vanilla.

bazar [ba'za(x)] (*pl* **-res** [-riʃ]) *m* bazaar.

BB *m (abrev de Banco do Brasil)* Bank of Brazil.

BCG *m (clínica)* tuberculosis clinic; *(vacina)* BCG.

bêbado, -da ['bebadu, -da] *adj & m, f* drunk.

bebé [bɛ'bɛ] *m (Port)* = bebê.

bebê [be'be] *m (Br)* baby; "**~ a bordo**" "baby on board".

bebedeira [bebe'dejra] *f* drunkenness; **tomar uma ~** to get drunk.

beber [be'be(x)] *vt & vi* to drink.

bebida [be'bida] *f* drink.

beça [ˈbɛsa] **: à beça** *adv (Br: fam)* a lot ◆ *adj (Br: fam)* loads of, a lot of; **o concerto foi bom à ~** the concert was really good.

beco [ˈbeku] *m* alley; **~ sem saída** dead end.

bege [ˈbɛʒi] *adj inv* beige.

begónia [be'gɔnja] *f (Port)* = **begônia**.

begônia [be'gonja] *f (Br)* begonia.

beija-flor [ˌbejʒa'flo(x)] (*pl* **beija-flores** [ˌbejʒa'florif]) *m* hummingbird.

beijar [bej'ʒa(x)] *vt* to kiss.

❑ **beijar-se** *vp* to kiss.

beijo [ˈbejʒu] *m* kiss.

beira [ˈbejra] *f (de estrada)* side; *(de rio)* bank; *(de precipício)* edge; **à ~ de** *(junto de)* beside; *(fig: no limiar de)* on the verge of.

beira-mar [ˌbejra'ma(x)] *f* seaside; **à ~** by the sea.

beira-rio [ˌbejra'xiu] *f* riverside; **à ~** by the river.

belas-artes [ˌbɛla'zaxtʃif] *fpl* fine arts.

beldade [bew'dadʒi] *f* beauty.

beleza [be'leza] *f* beauty; **que ~!** how wonderful!

belga [ˈbɛwga] *adj & mf* Belgian.

Bélgica [ˈbɛwʒika] *f:* **a ~** Belgium.

beliche [be'lifi] *m* bunk.

beliscão [belif'kãw] (*pl* **-ões** [-õjʃ]) *m* pinch.

beliscar [belif'ka(x)] *vt* to pinch.

beliscões → **beliscão**.

belo, -la [ˈbɛlu, -la] *adj* beautiful; *(homem)* handsome; *(momento)* wonderful; *(dia, sentimento, livro)* fine.

bem [ˈbẽj] *adv* **1.** *(de forma satisfatória, correta)* well; **fala ~ inglês** she speaks English well; **fez ~!** you did the right thing!

2. *(exprime opinião favorável):* **estar ~** *(de saúde)* to be well; *(de aspecto)* to look good; *(relativo a comodidade)* to be comfortable; **cheirar/saber ~** to smell/taste good.

3. *(suficiente):* **estar ~** to be enough.

4. *(muito)* very; **queria o bife ~ passado** I'd like my steak well-done; **queria uma bebida ~ gelada** I'd like an ice-cold drink.

5. *(bastante)* quite; **é um carro ~ espaçoso** it's quite a spacious car; **é um lugar ~ bonito** it's quite a pretty spot.

6. *(exatamente)* right; **não é ~ assim** it isn't quite like that; **não é ~ aqui é mais abaixo** it isn't here exactly, it's further down.

7. *(em locuções):* **eu ~ que lhe avisei** I told you so; **eu ~ que ajudava mas não posso** I'd be glad to help but I can't; **~ como** as well as; **~ feito!** it serves you right!; **está ~!** OK!, all right!; **muito ~!** very good!; **ou ~ que ... ou ~ que ...** either ...or ...; **você vai ter que ir por ~ ou por mal** you'll have to go whether you like it or not; **se ~ que** although, even though.

◆ *m* **1.** *(o que é bom)* good.

2. *(bem-estar, proveito)* good; **praticar o ~** to do good; **é para o seu ~** it's for your own good.

◆ *adj inv (pej):* **gente ~** the well-heeled; **menino ~** rich kid.

❑ **bens** *mpl (posses)* property *(sg)*; *(produtos)* goods; **bens imóveis** OU **de raiz** real estate *(sg)*; **bens de consumo** consumer goods.

bem-disposto, -osta [ˌbẽjdʒiʃ'poʃtu, -ɔʃta] *adj (bem humorado)* good-humoured.

bem-estar [ˌbẽjʃ'ta(x)] *m* wellbeing.

bem-vindo, -da [ˌbẽj'vĩndu, -da] *adj* welcome.

bendizer [bẽndʒi'ze(x)] *vt* to praise.

beneficência [benefi'sẽsja] *f* charity.

beneficiar [benefi'sja(x)] *vt* to benefit.

benefício [bene'fisju] *m* benefit.

benéfico, -ca [be'nɛfiku, -ka] *adj* beneficial.

benevolência [benevo'lẽsja] *f* benevolence.

bengala [bẽŋ'gala] *f* walking stick.

bengaleiro [bẽŋga'lejru] *m (em casa de espetáculos)* cloakroom; *(cabide)* coat stand.

benigno, -gna [be'nignu, -gna] *adj* benign.

bens → **bem**.

benzer [bẽ'ze(x)] *vt* to bless.

❑ **benzer-se** *vp* to cross o.s.

berbequim [berbe'kĩ] (*pl* **-ns** [-ʃ]) *m (Port)* drill.

berbigão [berbi'gãw] (*pl* **-ões** [-õjʃ]) *m* cockle.

berço ['bexsu] *m* cot *(Brit)*, crib *(Am)*.

berlinde [ber'lindε] *m (Port)* marble.

beringela [berĩ'ʒεla] *f (Port)* = **berinjela**.

berinjela [berĩ'ʒεla] *f (Br)* aubergine *(Brit)*, eggplant *(Am)*.

berloque [bex'lɔki] *m* pendant.

bermuda [bex'muda] *f (Br)* Bermuda shorts.

besouro [be'zoru] *m* beetle.

besta ['beʃta] *f (cavalgadura)* mount.

besteira [beʃ'tejra] *f (Br) (fam) (asneira)* nonsense; *(insignificância)* trifle.

bestial [beʃ'tjal] *(pl* **-ais** [-ajʃ]) *adj (Port: fam)* brilliant.

besugo [be'zugu] *m* sea bream.

besuntar [bezũn'ta(x)] *vt* to grease.

betão [be'tãw] *m (Port)* concrete.

beterraba [bete'xaba] *f* beetroot.

betoneira [beto'nejra] *f* cement mixer.

bétula ['bεtula] *f* birch.

bexiga [be'ʃiga] *f* bladder; **~s doidas** *(fam: varicela)* chickenpox *(sg)*.

bezerro [be'zexu] *m* calf.

BI *m (Port: abrev de Bilhete de Identidade)* ID card.

biberão [bibe'rãw] *(pl* **-ões** [-õjʃ]) *m (Port)* baby's) bottle.

Bíblia ['biblia] *f* Bible.

biblioteca [biblo'tεka] *f* library; **~ itinerante** mobile library.

bibliotecário, -ria [bibljote'karju, -rja] *m, f* librarian.

bica ['bika] *f (de água)* tap; *(Port: café)* espresso; **suar em ~(s)** to drip with sweat.

bicar [bi'ka(x)] *vt & vi* to peck.

bicha ['biʃa] *f (lombriga)* worm; *(Br: pej: homossexual)* queer; *(Port: fila)* queue.

bicho ['biʃu] *m (animal)* animal; *(inseto)* bug.

bicho-da-seda [‚biʃuda'seda] *(pl* **bichos-da-seda**) [‚biʃuʃda'seda] *m* silkworm.

bicicleta [besi'klεta] *f* bicycle.

bico ['biku] *m (de sapato)* toe; *(de ave)* beak; *(de fogão)* burner; *(de seio)* nipple; *(Br: fam: trabalho)* odd job.

bidé [bi'dε] *m (Port)* = **bidê**.

bidê [bi'de] *m (Br)* bidet.

bife ['bifi] *m* steak.

bifurcação [bifuxka'sãw] *(pl* **-ões** [-õjʃ]) *f* fork.

bigode [bi'gɔdʒi] *m* moustache.

bijutaria [biʒuta'ria] *f (Port)* = **bijuteria**.

bijuteria [biʒute'ria] *f (Br)* costume jewellery.

bilha ['biʎa] *f (de água)* (earthenware) pot; *(de gás)* gas bottle.

bilhão [bi'ʎãw] *(pl* **-ões** [-õjʃ]) *num (Br: mil milhões)* thousand million *(Brit)*, billion *(Am)*; *(Port)* = **bilião**.

bilhar [bi'ʎa(x)] *(pl* **-res** [-riʃ]) *m (jogo)* billiards *(sg)*; *(mesa)* billiard table; **jogar ~** to play billiards.

bilhete [bi'ʎetʃi] *m* ticket; **~ de ida** *(Port)* single (ticket) *(Brit)*, one-way ticket *(Am)*; **~ de ida e volta** return (ticket) *(Brit)*, round-trip ticket *(Am)*; **~ de identidade** *(Port)* identity card; **~ simples** *(em metrô)* single (ticket).

bilheteira [biʎe'tejra] *f (Port)* = **bilheteria**.

bilheteria [biʎete'ria] *f (Br) (de teatro, cinema)* box office.

bilhões → **bilhão**.

biliāo [bi'ljãw] *(pl* **-ões** [-õjʃ]) *num (Port: milhão de milhões)* billion *(Brit)*, trillion *(Am)*; *(Br)* = **bilhão**.

bilingue [bi'lĩŋgε] *adj (Port)* = **bilíngüe**.

bilíngüe [bi'lĩŋgwi] *adj (Br)* bilingual.

biliões → **biliāo**.

bílis ['biliʃ] *f* bile.

bingo ['bĩŋgu] *m* bingo.

binóculo [bi'nɔkulu] *m* binoculars *(pl)*.

biografia [bjogra'fia] *f* biography.

biologia [bjolo'ʒia] *f* biology.

biólogo, -ga ['bjɔlogu, -ga] *m, f* biologist.

biombo ['bjõmbu] *m* screen.

biopsia [bjɔp'sia] *f* biopsy.

biqueira [bi'kejra] *f (de sapato)* toe.

biquíni [bi'kini] *m* bikini.

birra ['bixa] *f* tantrum; **fazer ~** to throw a tantrum.

bis ['biʃ] *interj* encore!

bisavô, -vó [biza'vo, -'vɔ] *m, f* great-grandfather *(f* greatgrandmother*)*.

bisavós [biza'vɔʃ] *mpl* great-grandparents.

biscoito [biʃ'kojtu] *m* biscuit *(Brit)*, cookie *(Am)*.

bisnaga [biʒ'naga] *f (tubo)* tube; *(Br: de pão)* French stick.

bisneto, -ta [biʒ'nɛtu, -ta] *m, f* great-grandson (*f* great-granddaughter).

bispo [bifpu] *m* bishop.

bissexto [bi'sejftu] *adj m* → **ano**.

bisteca [bif'tɛka] *f (Br)* steak.

bisturi [biftu'ri] *m* scalpel.

bit [bitfi] *m* bit.

bizarro, -a [bi'zaxu, -a] *adj* bizarre.

blasfemar [blaffe'ma(x)] *vi* to blaspheme.

blasfémia [blaf'fɛmja] *f (Port)* = **blasfêmia**.

blasfêmia [blaf'fɛmja] *f (Br)* blasphemy.

blazer ['blejzɛ(x)] (*pl* **-res** [-rif]) *m* blazer.

bloco ['bloku] *m (de folhas)* writing pad; *(de apontamentos, notas)* notepad; *(de apartamentos, concreto)* block.

bloquear [blo'kja(x)] *vt* to block.

blusa [bluza] *f* blouse.

blusão [blu'zãw] (*pl* **-ões** [-õjf]) *m* jacket.

boa¹ → **bom**.

boa² [boa] *f* boa constrictor.

boas-festas [boaʒ'fɛʃtaʃ] *fpl:* **dar as ~ a alguém** to wish sb a Merry Christmas.

boas-vindas [boaʒ'vĩdaʃ] *fpl:* **dar as ~ a alguém** to welcome sb.

boate ['bwatfi] *f (Br)* nightclub.

boato ['bwatu] *m* rumour.

bobagem [bo'baʒẽ] (*pl* **-ns** [-ʃ]) *f (Br)* nonsense *(sg)*.

bobina [bo'bina] *f (de circuito elétrico)* coil; *(de fio, corda)* reel.

bobo, -ba ['bobu, -ba] *adj* silly.

boca ['boka] *f* mouth; *(de rua, túnel)* entrance; *(de fogão)* ring; *(Port: fam: dito provocatório)* gibe.

bocado [bo'kadu] *m (de pão, bolo, queijo)* piece.

bocal [bo'kaw] (*pl* **-ais** [-ajf]) *m (de castiçal)* mouth; *(de instrumento musical)* mouthpiece.

bocejar [bose'ʒa(x)] *vi* to yawn.

bochecha [bu'ʃeʃa] *f* cheek.

bochechar [boʃe'ʃa(x)] *vi* to gargle.

boda ['boda] *f* wedding; **~s de ouro/prata** golden/silver wedding *(sg)*.

bode ['bɔdʒi] *m* billy goat; **~ expiatório** scapegoat.

bofetada [bofe'tada] *f* slap.

boi ['boj] *m* ox.

bóia ['bɔja] *f* float; *(de barco)* life buoy.

boiada [bo'jada] *f (Br)* herd of cattle.

boiar [bo'ja(x)] *vi* to float.

boina ['bojna] *f* flat cap.

bola ['bɔla] *f* ball; *(fam: cabeça)* head; **dar ~ para** *(Br: fam: flertar com)* to flirt with; **não ser certo da ~** *(Br: fam)* to be away with the fairies.

bolacha [bo'laʃa] *f (Port)* biscuit; **~ de água e sal** water biscuit.

bolbo ['bowbu] *m* bulb.

boleia [bo'leja] *f* lift *(Brit)*, ride *(Am)*; **apanhar ~** to hitch a lift; **dar ~ a alguém** to give sb a lift; **pedir ~** *(Port)* to hitchhike.

boletim [bole'tʃĩ] (*pl* **-ns** [-ʃ]) *m (de notícias)* bulletin; *(revista)* newsletter; *(EDUC)* report; **~ meteorológico** weather forecast.

bolha ['boʎa] *f (em pele)* blister; *(em líquido)* bubble.

Bolívia [bo'livja] *f:* **a ~** Bolivia.

bolo ['bolu] *m* cake; **~ inglês** fruit cake; **dar o ~ em alguém** to stand sb up.

bolor [bo'lo(x)] *m* mould.

bolota [bo'lota] *f* acorn.

bolsa ['bowsa] *f (mala)* bag; *(para dinheiro)* purse; **~ de estudos** student grant; **~ de valores** stock exchange.

bolso ['bowsu] *m* pocket.

bom, boa [bõ, 'boa] (*mpl* **bons** ['bõʃ], *fpl* **boas** ['boaʃ]) *adj* good; *(bondoso)* kind, nice; *(são)* well; *(adequado)* suitable; **tudo ~?** *(Br: fam)* how's it going?, how are you doing?

bomba ['bõba] *f (de ar, água)* pump; *(explosivo)* bomb; **~ atômica** atomic bomb; **~ de chocolate** ≃ chocolate éclair; **~ de gasolina** petrol station *(Brit)*, filling station *(Am)*; **levar ~** *(fam)* to fail.

bombardear [bõbax'dʒja(x)] *vt* to bomb.

bombazina [bõba'zina] *f (Port)* corduroy.

bombeiro [bõ'bejru] *m* firefighter; *(Br: encanador)* plumber; **os ~s (voluntários)** fire brigade *(Brit)*, fire department *(Am)*.

bombo ['bõbu] *m* bass drum.

bombom [bõ'bõ] (*pl* **-ns** [-ʃ]) *m* chocolate.

bondade [bõ'dadʒi] *f* goodness.

bonde ['bõdʒi] *m (Br)* tram *(Brit)*, streetcar *(Am)*; **ir de ~** to take the tram.

bondoso, -osa [bõn'dozu, -ɔza] *adj* kind.

boné [bɔ'nɛ] *m* cap.

boneca [bo'nɛka] *f* doll; ~ **de trapos** rag doll.

boneco [bo'nɛku] *m (brinquedo)* doll; *(desenho)* matchstick figure; ~ **de neve** snowman.

bonito, -ta [bo'nitu, -ta] *adj* pretty; *(homem)* good-looking; *(momento)* wonderful; *(gesto, atitude, sentimento)* kind; *(dia)* nice.

bons → **bom**.

bónus ['bɔnuʃ] *m inv (Port)* = **bônus**.

bônus ['bonuʃ] *m inv (Br) (de empresa)* bonus; *(de loja)* voucher.

borboleta [boxbo'leta] *f* butterfly.

borbulha [box'buʎa] *f (em pele)* pimple; *(de suco, água, champanhe)* bubble.

borbulhar [boxbu'ʎa(x)] *vi (líquido)* to bubble.

borda ['bɔxda] *f* edge; *(de estrada, rio)* side; **à ~ d'água** at the water's edge.

bordado, -da [box'dadu, -da] *adj* embroidered ♦ *m* embroidery.

bordar [box'da(x)] *vt & vi* to embroider.

bordel [box'dɛw] *(pl -éis* [-ɛjʃ]*) m* brothel.

bordo ['boxdu] *m (de navio, passeio)* side; **a ~** on board.

borra ['boxa] *f (de café)* grounds *(pl)*; *(de vinho)* dregs *(pl)*.

borracha [bo'xaʃa] *f* rubber *(Brit)*, eraser *(Am)*; *(material)* rubber.

borracheiro [boxa'ʃejru] *m (Br)* person who repairs and sells tyres at a garage.

borrão [bo'xãw] *(pl -ões* [-õjʃ]*) m* blot.

borrasca [bo'xaʃka] *f* storm.

borrego [bo'xegu] *m (Port)* lamb.

borrifar [boxi'fa(x)] *vt*: ~ **algo com algo** to sprinkle sthg with sthg.

borrões → **borrão**.

bosque ['bɔʃki] *m* wood.

bossa ['bɔsa] *f* hump; ~ **nova** Brazilian musical movement from the 1960s.

bota ['bɔta] *f* boot.

botânica [bo'tanika] *f* botany, → **botânico**.

botânico, -ca [bo'taniku, -ka] *m, f* botanist ♦ *adj m* → **jardim**.

botão [bo'tãw] *(pl -ões* [-õjʃ]*) m (de vestuário, aparelho)* button; *(de flor)* bud; ~ **de punho** cuff link.

botar [bo'ta(x)] *vt* to put; *(vestir,*

calçar) to put on; *(suj: ave)* to lay; *(defeito)* to find; ~ **algo em dia** to update sthg; ~ **algo fora** to throw sthg away.

bote ['bɔtʃi] *m* boat; ~ **salva-vidas** lifeboat.

botequim [botʃi'kĩ] *(pl -ns* [-ʃ]*) m (Br)* cafe.

botija [bo'tiʒa] *f (Port: de gás)* bottle.

botijão [botʃi'ʒãw] *(pl -ões* [-õjʃ]*) m (Br: de gás)* bottle.

botões → **botão**.

boutique [bu'tike] *f (Port)* = **butique**.

boxe ['bɔksi] *m* boxing.

braçadeira [brasa'dejra] *f (para natação)* armband; *(de cano, mangueira)* bracket; *(de cortina)* tie-back.

bracelete [brasɛ'lɛtʃi] *m ou f* bracelet.

braço ['brasu] *m* arm; *(de viola, violino, violoncelo)* neck; *(de rio)* branch; *(de mar)* inlet; **não dar o ~ torcer** not to give in; **meter o ~ em alguém** *(Br: fam)* to hit sb; **de ~ dado** arm in arm.

bradar [bra'da(x)] *vt* to cry out ♦ *vi* to clamour.

braguilha [bra'giʎa] *f* flies *(pl)*.

branco, -ca ['brãŋku, -ka] *adj & m* white ♦ *m, f (pessoa)* white man *(f* white woman); **em ~** *(folha, cheque)* blank.

brandir [brãn'dʒi(x)] *vt* to brandish.

brando, -da ['brãndu, -da] *adj* gentle; **cozinhar em fogo ~** to simmer.

brasa ['braza] *f* ember.

brasão [bra'zãw] *(pl -ões* [-õjʃ]*) m* coat of arms.

Brasil [bra'ziw] *m*: **o ~** Brazil.

brasileiro, -ra [brazi'lejru, -ra] *adj & m, f* Brazilian.

Brasília [bra'zilja] *s* Brasília.

brasões → **brasão**.

bravio, -via [bra'viu, -'via] *adj* wild.

bravo, -va ['bravu, -va] *adj (valente)* brave; *(selvagem)* wild; *(tempestuoso)* rough; *(Br: fig: furioso)* angry ♦ *interj* bravo!

brejo ['brɛʒu] *m (Br)* swamp.

breve ['brɛvi] *adj* short; **em ~** soon; **até ~!** see you soon!

brevemente [,brɛvi'mẽntʃi] *adv* shortly.

briga ['briga] *f* fight.

brigada [bri'gada] *f (de trânsito)* patrol; *(de trabalhadores)* band.

brilhante [bri'ʎãntʃi] *adj (cabelo, metal)* shiny; *(olhos)* bright; *(fig: exce-*

lente) brilliant ◆ *m* diamond.

brilhar [bri'ʎa(x)] *vi* to shine.

brilho ['briʎu] *m (de cabelo, metal)* shine; *(de olhos, sol)* brightness.

brincadeira [brĩŋka'dejra] *f (jogo)* game; *(gracejo)* joke.

brincalhão, -lhona [brĩŋka'ʎãw, -'ʎona] *(mpl* -ões [-õjʃ]*, fpl* -s [-ʃ]*) adj* playful ◆ *m, f* joker.

brincar [brĩŋ'ka(x)] *vi (criança)* to play; *(gracejar)* to joke.

brinco ['brĩŋku] *m* earring.

brincos-de-princesa [ˌbrĩŋkuʒ- dʒiprĩˈseza] *mpl* fuchsia *(sg).*

brindar [brĩn'da(x)] *vi (fazer um brinde)* to drink a toast ◆ *vt (presentear);* ~ **alguém com algo** to give sthg as a present to sb; ~ **à saúde de alguém** to drink to sb.

brinde ['brĩndʒi] *m (presente)* present; **fazer um** ~ to propose a toast.

brinquedo [brĩŋ'kedu] *m* toy.

brisa ['briza] *f* breeze.

britânico, -ca [bri'taniku, -ka] *adj* British ◆ *m, f* British person; **os ~s** the British.

broca ['brɔka] *f* drill.

broche ['brɔʃi] *m* brooch.

brochura [bro'ʃura] *f* brochure.

brócolis ['brɔkoliʃ] *mpl (Br)* broccoli *(sg).*

brócolos ['brɔkoluʃ] *mpl (Port)* = **bró- colis.**

bronca ['brõŋka] *f (fam) (confusão)* fuss; *(Br: repreensão)* telling-off.

bronquite [brõŋ'kitʃi] *f* bronchitis.

bronze ['brõzi] *m* bronze.

bronzeado, -da [brõ'zeadu, -da] *adj* tanned ◆ *m* (sun)tan.

bronzeador [brõzea'do(x)] *(pl* -res [-riʃ]*) m* suntan cream OU lotion.

bronzear-se [brõ'zjaxsi] *vp* to get a (sun)tan.

brotar [bro'ta(x)] *vi (água)* to well up; *(flor, planta)* to sprout ◆ *vt (líquido)* to spurt.

bruços ['brusuʃ] *mpl (estilo de natação)* breaststroke *(sg);* **de** ~ *(posição)* face down.

bruma ['bruma] *f* mist.

brusco, -ca ['bruʃku, -ka] *adj (pessoa)* brusque; *(gesto, movimento)* sudden.

brushing ['braʃĩŋ] *m* blow-dry.

brutal [bru'taw] *(pl* -ais [-ajʃ]*) adj* brutal.

bruto, -ta ['brutu, -ta] *adj* rough; *(peso)* gross; **à bruta** heavy-handedly; **em** ~ raw.

bruxa ['bruʃa] *f* witch.

bucho ['buʃu] *m (fam: ventre)* gut.

búfalo ['bufalu] *m* buffalo.

bufê [bu'fe] *m (Br) (de sala de jantar)* sideboard; *(de festas)* buffet.

bufete [bu'fete] *m (Port)* = **bufê.**

bugigangas [buʒi'gãŋgaʃ] *fpl* knick- knacks.

bula ['bula] *f (de remédio)* instruction leaflet.

bule ['buli] *m (para chá)* teapot; *(para café)* coffee pot.

Bulgária [buw'garja] *f:* **a** ~ Bulgaria.

búlgaro, -ra ['buwgaru, -ra] *adj & m, f* Bulgarian ◆ *m (língua)* Bulgarian.

bulldozer [buw'dɔze(x)] *(pl* -res [-riʃ]*) m* bulldozer.

bunda ['bũnda] *f (Br: fam)* bottom.

buraco [bu'raku] *m* hole.

burla ['burla] *f* fraud.

burlão, -lona [bur'lãw, -lona] *(mpl* -ões [-õjʃ]*. fpl* -s [-ʃ]*) m, f* fraudster.

burocracia [burokra'sia] *f* bureaucra- cy.

burro, -a ['buxu, -a] *m, f* donkey ◆ *adj (estúpido)* stupid.

busca ['buʃka] *f* search; **em** ~ **de** in search of.

buscar [buʃ'ka(x)] *vt* to search for, to look for; **ir** ~ to pick up.

bússola ['busola] *f* compass.

bustiê [buʃ'tʃie] *m (Br)* boob tube.

busto ['buʃtu] *m* bust.

butique [bu'tʃiki] *f (Br)* boutique.

buzina [bu'zina] *f* horn.

buzinar [buzi'na(x)] *vi* to sound the horn.

búzio ['buzju] *m* conch.

B.V. *abrev* = **Bombeiros Voluntários.**

C

c/ *(abrev de conta de banco)* a/c.

cá ['ka] *adv* here; **venha ~, por favor** come here, please.

C.ª *(abrev de Companhia)* Co.

cabana [ka'bana] *f* hut.

cabeça [ka'besa] *f* head; *(de alho)* bulb; **por ~** per head; **à ~** *(à frente)* at the front; **de ~ para baixo** upside down; **fazer a ~ de alguém** to talk sb round; **não ter pé nem ~** to make no sense; **perder a ~** to lose one's head.

cabeçada [kabe'sada] *f (pancada com a cabeça)* head butt; *(em futebol)* header.

cabeçalho [kabe'saʎu] *m* masthead.

cabeceira [kabe'sejra] *f* head.

cabeçudo, -da [kabe'sudu, -da] *adj (teimoso)* stubborn.

cabedal [kabe'daw] *(pl -ais* [-ajʃ]) *m* leather.

cabeleira [kabe'lejra] *f (verdadeira)* head of hair; *(postiça)* wig.

cabeleireiro, -ra [kabelej'rejru, -ra] *m, f (profissão)* hairdresser ♦ *m (local)* hairdresser's *(salon).*

cabelo [ka'belu] *m* hair; **ir cortar o ~** to get one's hair cut.

caber [ka'be(x)] *vi* to fit in.
❑ **caber a** *v + prep:* **~ a alguém fazer algo** to be up to sb to do sthg.

cabide [ka'bidʒi] *m (de chapéu)* hat stand; *(de roupa)* (clothes) hanger.

cabine [ka'bini] *f (telefónica)* telephone box; *(de navio, avião)* cabin; *(de trem)* compartment.

cabisbaixo, -xa [kabiʒ'bajʃu, -ʃa] *adj (fig: triste)* downcast.

cabo ['kabu] *m* cable; *(de utensílio)* handle; *(de terra)* cape; *(de exército)* corporal; **até o ~** to the end; **ao ~ de** after; **de ~ a rabo** from beginning to end; **dar ~ de algo** *(fam)* to wreck sthg.

Cabo-Verde [,kabu'vexdʒi] *s* Cape Verde.

cabo-verdiano, -na [,kabuvex-'dʒjanu. -na] *adj* relating to Cape Verde ♦ *m, f* native/inhabitant of Cape Verde.

cabra ['kabra] *f* goat.

cabrito [ka'britu] *m* kid (goat); **~ assado** kid seasoned with garlic, bay leaves, "piripiri" and herbs, baked and served with potatoes.

caça ['kasa] *f (ação)* hunting; *(animal caçado)* game ♦ *m (avião)* fighter plane; **~ submarina** underwater fishing.

caçador, -ra [kasa'do(x), -ra] *(mpl -res* [-riʃ], *fpl -s* [-ʃ]) *m, f* hunter.

cação [ka'sãw] *m* dogfish.

caçar [ka'sa(x)] *vt* to hunt.

caçarola [kasa'rɔla] *f (de barro)* earthenware pot; *(panela)* saucepan.

cacau [ka'kaw] *m* cocoa.

cacetada [kase'tada] *f* blow.

cacete [ka'setʃi] *m (pau)* stick; **ela é chata para ~** she's a real bore!

cachaça [ka'ʃasa] *f* white rum.

caché [ka'ʃe] *m (Port)* = **cachê**.

cachê [ka'ʃe] *m (Br)* fee.

cachecol [kaʃe'kɔw] *(pl -óis* [-ɔjʃ]) *m* scarf.

cachimbo [ka'ʃĩmbu] *m* pipe.

cacho ['kaʃu] *m (de uvas, flores)* bunch; *(de cabelo)* lock.

cachorro [ka'ʃoxu] *m (Port: cão pequeno)* puppy; *(Br: qualquer cão)* dog; **~ (quente)** hot dog.

cacifo [ka'sifu] *m (cofre)* safe; *(armário)* locker.

cacto ['katu] *m* cactus.

cada ['kada] *adj (um)* each; *(todos)* every; **~ duas semanas** every two weeks; **~ qual** each one; **~ um/uma** each (one); **um/uma de ~ vez** one at a time; **~ vez mais** more and more; **~**

vez que every time; **aqui é ~ um por si** everyone looks out for themselves here.

cadarço [ka'daxsu] m (Br) shoelace.

cadastro [ka'daʃtru] ·m criminal record.

cadáver [ka'davɛ(x)] (pl **-res** [-riʃ]) m corpse.

cadê [ka'dɛ] adv (Br: fam): ~ ...? where's ...?, where are ...? (pl).

cadeado [ka'dʒjadu] m padlock.

cadeia [ka'deja] f (fila) chain; (prisão) prison.

cadeira [ka'dejra] f (assento) chair; (disciplina) subject; ~ **de rodas** wheelchair.

cadela [ka'dɛla] f bitch.

cadência [ka'dẽsja] f rhythm.

caderno [ka'dɛrnu] m notebook.

caducar [kadu'ka(x)] vi to expire.

caduco, -ca [ka'duku, -ka] adj (pessoa) senile.

cães → **cão**.

café [ka'fɛ] m coffee; (local) cafe; ~ **com leite** white coffee; ~ **da manhã** (Br) breakfast; ~ **moído/solúvel** ground/instant coffee.

cafeína [kafe'ina] f caffeine.

cafeteira [kafe'tejra] f coffee pot.

cafezinho [kafe'ziɲu] m (Br) espresso.

cágado ['kagadu] m terrapin.

caiar [ka'ja(x)] vt to whitewash.

caibo ['kajbu] → **caber**.

cãibra ['kãjmbra] f cramp.

caipira [kaj'pira] adj (Br) provincial ◆ mf (Br) yokel.

caipirinha [kajpi'riɲa] f cocktail made of "cachaça", lime juice, sugar and crushed ice.

cair [ka'i(x)] vi to fall; (luz) to shine; ~ **bem/mal** (comida) to go down well/badly; ~ **na realidade** OU **em si** to come to one's senses; **nessa não caio eu!** I won't fall for that!

cais ['kajʃ] m inv (de rio, mar) harbour; ~ **de embarque** quay.

caixa ['kajʃa] f box; (seção de banco, loja) counter; (em supermercado) checkout; (banco) savings bank; (segurança social) social security; (de arma) chamber ◆ mf (profissão) cashier; ~ **alta/baixa** upper/lower case; ~ **automático** cashpoint; ~ **de mudanças** (Br) gearbox; ~ **craniana**

cranium; ~ **de crédito** bank; ~ **do correio** (em Portugal) letterbox; (no Brasil) postbox; ~ **de fósforos** matchbox; ~ **de pagamento** (em estacionamento) cashier's desk; ~ **registadora** cash register; ~ **toráxica** thorax; ~ **de velocidades** (Port) gearbox.

caixão [kaj'ʃãw] (pl **-ões** [-õjʃ]) m coffin (Brit), casket (Am).

caixeiro [kaj'ʃejru] m: ~ **viajante** travelling salesman.

caixilho [kaj'ʃiʎu] m frame.

caixões → **caixão**.

caixote [kaj'ʃɔtʃi] m box; ~ **do lixo** (Port) bin.

caju [ka'ʒu] m cashew nut.

cal ['kaw] f lime.

calado, -da [ka'ladu, -da] adj quiet; **fique ~!** shut up!, be quiet!

calafrio [kala'friu] m shiver.

calamidade [kalami'dadʒi] f calamity.

calão [ka'lãw] m (Port) slang.

calar-se [ka'laxsi] vp to fall silent; **cale-se!** shut up!

calça ['kawsa] f (Br) trousers (pl).

calçada [kaw'sada] f pavement; (Port: rua) cobbled street.

calçadeira [kawsa'dejra] f shoehorn.

calçado, -da [kaw'sadu, -da] adj (rua) cobbled ◆ m footwear.

calcanhar [kawka'ɲa(x)] (pl **-res** [-riʃ]) m heel.

calção [kaw'sãw] (pl **-ões** [-õjʃ]) m (Br) shorts (pl); ~ **de banho** swimming trunks (pl).

calcar [kaw'ka(x)] vt (pisar) to stand on; (comprimir) to press down.

calçar [kaw'sa(x)] vt (sapatos, meias, luvas) to put on; (rua, passeio) to pave; **que número você calça?** what size (shoe) do you take?; **calço 37** I'm a (size) 37.

calcário [kaw'karju] m limestone.

calças ['kalsaʃ] fpl (Port) = **calça**.

calcinha [kaw'siɲa] f (Br) knickers (pl).

cálcio ['kawsju] m calcium.

calço ['kawsu] m wedge; ~ **de freio** brake pad.

calções [kal'sõjʃ] mpl (Port) = **calção**.

calculadora [kawkula'dora] f calculator; ~ **de bolso** pocket calculator.

calcular [kawku'la(x)] *vt (número, valor)* to calculate; *(conjecturar)* to reckon.

cálculo ['kawkulu] *m (aritmético, algébrico)* calculation; *(disciplina)* calculus; **pelos meus ~s estaremos lá em uma hora** I reckon we'll be there in an hour.

calda ['kawda] *f* syrup.

caldeira [kaw'dejra] *f* boiler.

caldeirada [kawdej'rada] *f (CULIN)* fish stew cooked in a tomato and herb sauce with potatoes.

caldo ['kawdu] *m (sopa)* broth; *(de carne, sopa, vegetais)* stock; *(Br: suco de fruto, planta)* juice; **~ de cana** *(Br)* thick juice made from sugarcane pulp; **~ verde** spring green soup served with "chouriço", a drop of olive oil and maize bread.

calendário [kalēn'darju] *m* calendar.

calhamaço [kaʎa'masu] *m (fam: livro)* tome.

calhar [ka'ʎa(x)] *vi (vir a propósito)*: **calhou eu estar lá** I happened to be there; **ela calhou de telefonar** she happened to ring; **~ bem/mal** to be convenient/inconvenient; **se ~** *(Port)* perhaps, maybe; **vir a ~** to come at just the right time.

calhau [ka'ʎaw] *m* stone.

calibragem [kali'braʒē] *(pl* **-ns** *[-ʃ]) f*: **~ (dos pneus)** tyre pressure.

calibre [ka'libri] *m* calibre.

cálice ['kalisi] *m (copo)* port ou liqueur glass; *(sagrado)* chalice.

calista [ka'liʃta] *mf* chiropodist *(Brit)*, podiatrist *(Am)*.

calma ['kawma] *f* calm ♦ *interj* take it easy!, calm down!; **ter ~** to keep calm.

calmante [kaw'mãntʃi] *m* tranquillizer ♦ *adj* soothing.

calmo, -ma ['kawmu, -ma] *adj* calm; *(lugar)* quiet.

calo ['kalu] *m* callus; *(de pé)* corn.

caloiro, -ra [ka'lojru, -ra] *m, f* fresher *(Brit)*, freshman *(Am)*.

calor [ka'lo(x)] *m* heat; **estar com ~** to be hot.

caloria [kalo'ria] *f* calorie.

calorífero, -ra [kalo'riferu, -ra] *adj* calorific ♦ *m* heater.

calúnia [ka'lunja] *f* slander.

calvo, -va ['kawvu, -va] *adj* bald.

cama ['kama] *f* bed; **~ de campismo** camp bed; **~ de casal** double bed; **~ de solteiro** single bed; **estar de ~** to be bedridden.

camada [ka'mada] *f* layer; *(de tinta, verniz)* coat; **a ~ do ozônio** the ozone layer.

camaleão [kama'ljãw] *(pl* **-ões** *[-õjʃ]) m* chameleon.

câmara ['kamara] *f*: **~ fotográfica** camera; **~ municipal** *(elementos)* town council; *(Port: edifício)* town hall *(Brit)*, city hall *(Am)*; **~ de vídeo** camcorder; **em ~ lenta** in slow motion.

camarada [kama'rada] *mf (de partido)* comrade; *(fam: forma de tratamento)* mate, pal ♦ *adj (preço)* good.

câmara-de-ar [kamara'dʒia(x)] *(pl* **câmaras-de-ar** [kamaraʒ'dʒia(x)]) *f* inner tube.

camarão [kama'rãw] *(pl* **-ões** *[-õjʃ]) m* shrimp.

camarata [kama'rata] *f* dormitory.

camarim [kama'rĩ] *(pl* **-ns** *[-ʃ]) m* dressing room.

camarões → camarão.

camarote [kama'rɔtʃi] *m (de navio)* cabin; *(de teatro)* box.

cambalear [kãmba'lja(x)] *vi* to stagger.

cambalhota [kãmba'ʎɔta] *f* somersault; *(trambolhão)* tumble.

câmbio ['kãmbju] *m (troca de valores)* exchange; *(preço de transação)* exchange rate; *(Br: de veículo)* gear lever.

cambraia [kãm'braja] *f* cambric.

camelo [ka'melu] *m* camel.

camelô [kame'lo] *m (Br)* street pedlar.

camião .[ka'mjãw] *(pl* **-ões** *[-õjʃ]) m (Port)* = **caminhão.**

caminhada [kami'ɲada] *f* walk.

caminhão [kami'ɲãw] *(pl* **-ões** *[-õjʃ]) m (Br)* lorry *(Brit)*, truck *(Am)*.

caminhar [kami'ɲa(x)] *vi* to walk.

caminho [ka'miɲu] *m* way; *(via)* path; **estou a ~** I'm on my way; **a ~ de** on the way to; **pelo ~** on the way; **cortar ~** to take a short cut.

caminho-de-ferro [ka,miɲudeˈfɛxu] *(pl* **caminhos-de-ferro** [ka,miɲuʒdeˈfɛxu]) *m (Port)* railway *(Brit)*, railroad *(Am)*.

caminhões → caminhão.

caminhoneiro, -ra [kamiɲoˈnejru, -ra] *m, f (Br)* lorry driver *(Brit)*, truck driver *(Am)*.

caminhonete [kamjo'nɛta] *f (Br)* *(para passageiros)* minibus; *(para mercadorias)* van.

camiões → **camião**.

camioneta [kamju'nɛta] *f (Port)* = caminhonete.

camionista [kamju'niʃta] *mf (Port)* = caminhoneiro.

camisa [ka'miza] *f* shirt.

camisa-de-forças [ka,mizadʒi'foxsaʃ] *(pl* **camisas-de-forças** [ka,mizaʒdʒi'foxsaʃ]) *f* straitjacket.

camiseta [kami'zɛta] *f (Br)* T-shirt.

camisinha [kami'ziɲa] *f (Br: fam: preservativo)* condom.

camisola [kami'zɔla] *f (Port: de lã, algodão)* sweater; *(Br: de dormir)* nightdress; **~ de gola alta** *(Port)* polo neck *(Brit)*, turtleneck *(Am)*; **~ interior** *(Port)* vest; **~ de manga curta** *(Port)* T-shirt.

camomila [kamo'mila] *f* camomile.

campainha [kãmpa'iɲa] *f* bell.

campanário [kãmpa'narju] *m* belfry.

campanha [kãm'paɲa] *f* campaign; **~ eleitoral** election campaign; **~ de verão/inverno** summer/winter season.

campeão, -peã [kãm'pjãw, -pjã] *(mpl* **-ões** [-õjʃ]*, fpl* **-s** [-ʃ]) *m, f* champion.

campeonato [kãmpjo'natu] *m* championship.

campestre [kãm'pɛʃtri] *adj* country *(antes de s)*.

camping [kãm'pĩŋ] *m (Br)* camping; *(local)* campsite.

campismo [kãm'piʒmu] *m* camping.

campista [kãm'piʃta] *mf* camper.

campo ['kãmpu] *m* country(side); *(de esporte)* pitch; *(terreno)* field; **~ de futebol** football pitch; **~ de golfe** golf course; **~ de jogos** playing field; **~ de squash/ténis** *(Port)* squash/tennis court; **~ de tiro** firing range.

camponês, -esa ['kãmpo'neʃ, -eza] *(mpl* **-eses** [-eziʃ]*, fpl* **-s** [-ʃ]) *m, f* peasant.

camuflagem [kamu'flaʒẽ] *(pl* **-ns** [-ʃ]) *f* camouflage.

camuflar [kamu'fla(x)] *vt* to camouflage.

camurça [ka'muxsa] *f* suede.

cana ['kana] *f (planta)* bamboo; *(material)* cane; *(bengala)* walking stick; *(Br: cana-de-açúcar)* sugarcane; **ir em ~** *(Br: fam)* to be arrested; **~ de pesca** *(Port)* fishing rod.

Canadá [kana'da] *m*: **o ~** Canada.

cana-de-açúcar [,kanadʒia'suka(x)] *(pl* **canas-de-açúcar** [,kanaʒdʒia'suka(x)]) *f* sugarcane.

canadense [kana'dẽsi] *adj & mf (Br)* Canadian.

canadiano, -na [kana'djanu, -na] *adj & m, f (Port)* = canadense.

canal [ka'naw] *(pl* **-ais** [-ajʃ]) *m* channel; *(de navegação)* canal; **o Canal da Mancha** the (English) Channel.

canalha [ka'naʎa] *f (Port: fam: crianças)* kids *(pl)* ♦ *mf (patife)* good-for-nothing.

canalização [kanaliza'sãw] *(pl* **-ões** [-õjʃ]) *f (de água)* plumbing; *(de gás)* piping.

canalizador, -ra [kanaliza'dor, -ra] *(mpl* **-res** [-reʃ]*, fpl* **-s** [-ʃ]) *m, f (Port)* plumber.

canalizar [kanali'za(x)] *vt (água, gás)* to lay pipes for; *(fig: esforços, fundos)* to channel.

canapé [kana'pɛ] *m* sofa.

canapê [kana'pɛ] *m (Br)* canapé.

canário [ka'narju] *m* canary.

canastra [ka'naʃtra] *f* large basket.

canção [kã'sãw] *(pl* **-ões** [-õjʃ]) *f* song.

cancela [kã'sɛla] *f (de casa, jardim)* gate; *(de passagem de nível)* barrier.

cancelamento [kãsɛla'mẽtu] *m* cancellation.

cancelar [kãsɛ'la(x)] *vt* to cancel.

câncer ['kãsɛ(x)] *(pl* **-res** [-riʃ]) *m (Br)* cancer.

❑ Câncer *m (Br)* Cancer.

cancerígeno, -na [kãsɛ'riʒɛnu, -na] *adj* carcinogenic.

canções → **canção**.

cancro ['kãŋkru] *m (Port)* = câncer.

candeeiro [kãn'djejru] *m (Br: a petróleo)* oil lamp; *(Port: a eletricidade)* lamp.

candelabro [kãndɛ'labru] *m (lustre)* chandelier; *(castiçal)* candelabra.

candidato, -ta [kãndʒi'datu, -ta] *m, f*: **~ (a)** candidate (for).

candomblé [kãndõm'blɛ] *m* Afro-Brazilian religion centred around musical rituals and dance.

caneca [ka'nɛka] *f* mug; *(medida de cerveja)* half-litre measure of beer.

canela [ka'nɛla] *f (condimento)* cinnamon; *(de perna)* shin; **esticar a ~** *(fig: morrer)* to kick the bucket.

caneta [ka'nɛta] *f* pen; **~ de feltro**

felt-tip (pen); ~ **de tinta permanente** fountain pen.

cangaceiro [kãŋgaˈsejru] *m (Br)* bandit.

canguru [kãŋguˈru] *m* kangaroo.

canhão [kaˈɲãw] *(pl -ões* [-õjʃ]) *m (arma)* cannon; *(vale)* canyon.

canhoto, -ota [kaˈɲotu, -ɔta] *adj* left-handed ♦ *m, f* left-handed person.

canibal [kaniˈbaw] *(pl -ais* [-ajʃ]) *mf* cannibal.

caniço [kaˈnisu] *m* reed.

canil [kaˈniw] *(pl -is* [-iʃ]) *m* kennel.

caninha [kaˈniɲa] *f (Br: cachaça)* rum.

canis → canil.

canivete [kaniˈvɛtʃi] *m* penknife.

canja [ˈkãʒa] *f:* ~ **(de galinha)** chicken broth; **é ~!** it's a piece of cake!

cano [ˈkanu] *m* pipe; *(de arma)* barrel; ~ **de esgoto** drainpipe.

canoa [kaˈnoa] *f* canoe.

canoagem [kaˈnwaʒẽ] *f* canoeing; **fazer ~** to go canoeing.

cansaço [kãˈsasu] *m* tiredness.

cansado, -da [kãˈsadu, -da] *adj:* **estar ~** to be tired.

cansar [kãˈsa(x)] *vt* to tire out.
⟂ **cansar-se** *vp* to get tired.

cansativo, -va [kãsaˈtʃivu, -va] *adj (fatigante)* tiring; *(maçante)* tedious.

cantar [kãˈta(x)] *vi & vt* to sing.

cantarolar [kãntaroˈla(x)] *vi & vt* to hum.

cantiga [kãˈtʃiga] *f (canção)* ballad.

cantil [kãˈtʃiw] *(pl -is* [-iʃ]) *m* flask.

cantina [kãˈtʃina] *f* canteen; *(de instituição de caridade)* soup kitchen.

cantis → cantil.

canto [ˈkãntu] *m* corner; *(forma de cantar)* singing; *(de galo)* crowing; **estou aprendendo ~** I'm having singing lessons.

cantor, -ra [kãˈto(x), -ra] *(mpl -res* [-riʃ], *fpl -s* [-ʃ]) *m, f* singer.

canudo [kaˈnudu] *m* tube; *(Br: para bebida)* straw; *(fam: diploma de curso)* degree certificate.

cão [ˈkãw] *(pl cães* [ˈkãjʃ]) *m* dog; ~ **de guarda** guard dog.

caos [ˈkawʃ] *m* chaos.

caótico, -ca [kaˈɔtiku, -ka] *adj* chaotic.

capa [ˈkapa] *f (dossier, pasta)* folder; *(peça de vestuário)* cape; *(de livro, caderno)* cover; ~ **impermeável** rain cape.

capacete [kapaˈsetʃi] *m (de moto)* crash helmet; *(de proteção)* hard hat.

capacidade [kapasiˈdadʒi] *f* capacity; *(fig: talento)* ability.

capar [kaˈpa(x)] *vt* to castrate; *(animal de estimação)* to neuter; *(cavalo)* to geld.

capaz [kaˈpaʃ] *(pl -zes* [-ziʃ]) *adj* capable; **ser ~ de fazer algo** to be able to do sthg; **é ~ de chover** it might rain.

capela [kaˈpɛla] *f* chapel.

capitã → capitão.

capitães → capitão.

capital [kapiˈtaw] *(pl -ais* [-ajʃ]) *f & m* capital.

capitalismo [kapitaˈliʒmu] *m* capitalism.

capitalista [kapitaˈliʃta] *adj & mf* capitalist.

capitão, -tã [kapiˈtãw, -tã] *(mpl -ães* [-ãjʃ], *fpl -s* [-ʃ]) *m, f* captain.

capítulo [kaˈpitulu] *m* chapter.

capô [kaˈpo] *m (de carro)* bonnet *(Brit)*, hood *(Am)*.

capoeira [kaˈpwejra] *f* coop; *(prática esportiva)* Brazilian fighting dance.

capota [kaˈpɔta] *f (de carro)* bonnet *(Brit)*, hood *(Am)*.

capotar [kapoˈta(x)] *vi* to overturn.

capote [kaˈpɔtʃi] *m* overcoat.

cappuccino [kapuˈtʃinu] *m* cappuccino.

capricho [kaˈpriʃu] *m* whim.

Capricórnio [kapriˈkɔrnju] *m* Capricorn.

cápsula [ˈkapsula] *f* capsule.

captar [kapˈta(x)] *vt (água)* to collect; *(sinal, onda)* to receive; *(atenção)* to attract.

capuz [kaˈpuʃ] *(pl -zes* [-ziʃ]) *m* hood.

caqui [kaˈki] *m* khaki.

cara [ˈkara] *f* face; *(aspecto)* appearance ♦ *m (Br: fam)* guy; **~s ou coroas?** heads or tails?; ~ **a ~** face to face; **dar de ~ com** *(fig)* to come face to face with; **não vou com a ~ dele** I don't like the look of him; **ter ~ de poucos amigos** to look like a hard nut.

carabina [karaˈbina] *f* rifle.

caracol [karaˈkow] *(pl -óis* [-ɔjʃ]) *m*

(animal) snail; *(de cabelo)* curl.

carácter [ka'ratɛr] *(pl* **caracteres** [kara'tɛreʃ]) *m (Port)* = **caráter**.

característica [karatɛ'riʃʃika] *f* characteristic.

característico, -ca [karatɛ'riʃtʃiku, -ka] *adj* characteristic.

carambola [karãm'bola] *f* star fruit.

caramelo [kara'mɛlu] *m* toffee.

caranguejo [karãŋ'geʒu] *m* crab.

⊔ **Caranguejo** *m (Port)* Cancer.

caratê [kara'te] *m (Br)* karate.

caráter [ka'ratɛ(x)] *(pl* **-res** [-riʃ]) *m (Br)* character; *(tipo)* type.

caravana [kara'vana] *f (Port: viatura)* caravan (Brit), trailer (Am); *(de gente)* caravan.

carbonizado, -da [kaxboni'zadu, -da] *adj* charred.

carbono [kax'bonu] *m* carbon.

carburador [kaxbura'do(x)] *(pl* **-res** [-riʃ]) *m* carburettor.

cardápio [kax'dapju] *m (Br)* menu.

cardíaco, -ca [kax'dʒiaku, -ka] *adj* cardiac.

cardo ['kaxdu] *m* thistle.

cardume [kax'dumi] *m* shoal.

careca [ka'rɛka] *adj* bald ♦ *f* bald patch.

carecer [karɛ'se(x)] : **carecer de** *v + prep (ter falta de)* to lack; *(precisar de)* to need.

carência [ka'rẽsja] *f (falta)* lack; *(necessidade)* need.

careta [ka'rɛta] *f* grimace; **fazer ~s** to pull faces.

carga ['kaxga] *f (de barco, avião)* cargo; *(de trem, caminhão)* freight; *(de pessoa, animal)* load; *(de projétil)* charge; **~ máxima** maximum load.

cargo ['kaxgu] *m (função)* post; *(responsabilidade)* responsibility; **deixar a ~** to leave in charge of; **estar a ~ de** to be the responsibility of; **ter a ~** to be in charge of.

cariado, -da [ka'rjadu, -da] *adj* decayed.

caricatura [karika'tura] *f* caricature.

carícia [ka'risja] *f* caress.

caridade [kari'dadʒi] *f* charity.

cárie ['kari] *f* tooth decay.

caril [ka'riw] *m* curry powder.

carimbar [karĩm'ba(x)] *vt* to stamp.

carimbo [ka'rĩmbu] *m* stamp; *(em carta)* postmark.

carinho [ka'riɲu] *m* affection.

carinhoso, -osa [kari'ɲozu, -ɔza] *adj* affectionate.

carioca [ka'rjɔka] *mf (pessoa)* native/inhabitant of Rio de Janeiro ♦ *m (Port: café)* weak espresso; **~ de limão** *(Port)* fresh lemon infusion.

carisma [ka'riʒma] *m* charisma.

carnal [kax'naw] *(pl* **-ais** [-ajʃ]) *adj* carnal.

Carnaval [kaxna'vaw] *m* Carnival.

carne ['kaxni] *f (de comer)* meat; *(tecido muscular)* flesh; **~ de carneiro** lamb;; **~ picada** mince *(Brit)*, mincemeat *(Am)*; **~ de porco** pork; **~ de vaca** beef; **em ~ e osso** in the flesh.

carnê [kax'ne] *m (Br) (caderno)* notebook; *(de pagamentos)* payment book.

carneiro [kax'nejru] *m (animal)* sheep; *(reprodutor)* ram; *(carne)* mutton.

⊔ **Carneiro** *m (Port)* Aries.

carniceiro [karni'sejru] *m (Port)* butcher.

carnudo, -da [kax'nudu, -da] *adj (lábios)* full; *(fruto)* fleshy.

caro, -ra [karu, -ra] *adj (de preço elevado)* expensive, dear; *(querido)* dear.

carochinha [karo'ʃiɲa] *f* → **história**.

caroço [ka'rosu] *m (de fruto)* stone; *(em corpo)* lump.

carona [ka'rona] *f (Br)* lift *(Brit)*, ride *(Am)*; **pegar uma ~** to hitch a lift; **dar uma ~ a alguém** to give sb a lift; **pedir ~** to hitchhike.

carpete [kax'petʃi] *f* carpet.

carpinteiro [kaxpĩn'tejru] *m* carpenter.

carraça [ka'xasa] *f* tick.

carrapicho [kaxa'piʃu] *m* topknot.

carregado, -da [kaxe'gadu, -da] *adj (cor)* dark; *(tempo)* muggy; **estar ~ de** to be loaded down with.

carregador [kaxega'do(x)] *(pl* **-res** [-riʃ]) *m (em estação, hotel)* porter.

carregar [kaxe'ga(x)] *vt* to load; *(transportar)* to carry; *(pilha, bateria)* to charge ♦ *vi (pesar)* to be heavy; **~ em algo** *(exagerar)* to overdo sthg; *(Port: apertar)* to press sthg.

carreira [ka'xejra] *f (profissão)* career; *(fileira)* row; *(de transportes coletivos)* route; *(pequena corrida)* race.

carrinha [ka'xiɲa] *f (Port) (para pas-*

sageiros) minibus; *(para mercadorias)* van.

carrinho [ka'xiɲu] *m:* ~ **de bebê** pushchair *(Brit)*, stroller *(Am)*; ~ **de mão** wheelbarrow; ~ **de supermercado** trolley *(Brit)*, cart *(Am)*.

carro ['kaxu] *m* car; ~ **alegórico** carnival float; ~ **de aluguel** hire car; ~ **de corrida** racing car; ~ **de passeio** *(Br)* saloon (car) *(Brit)*, sedan *(Am)*; ~ **de praça** taxi.

carro-chefe [ˌkaxuˈʃɛfi] *(pl* **carros-chefes** [ˌkaxuʃˈʃɛfiʃ]) *f (Br) (coisa mais importante)* flagship; *(de desfile)* main float.

carroça [kaˈxɔsa] *f* cart.

carroçaria [kaxosaˈria] *f* bodywork.

carro-leito [ˌkaxuˈlejtu] *(pl* **carros-leitos** [ˌkaxuʃˈlejtuʃ]) *f (Br)* sleeping car.

carro-restaurante [ˌkaxuxeʃtawˈrãtʃi] *(pl* **carros-restaurantes** [ˌkaxuʃxeʃtawˈrãtʃiʃ]) *f (Br)* dining car.

carrossel [kaxɔˈsɛw] *(pl* **-éis** [-ɛjʃ]) *m* merry-go-round *(Brit)*, carousel *(Am)*.

carruagem [kaˈxwaʒẽ] *(pl* **-ns** [ˈ.ʃ]) *f (Port:* vagão*)* carriage *(Brit)*, car *(Am)*.

carruagem-cama [kaˌxwaʒẽˈkama] *(pl* **carruagens-cama** [kaˌxwaʒẽʃˈkama]) *f (Port)* sleeping car.

carruagem-restaurante [kaˌxwaʒẽxeʃtawˈrãtɨ] *(pl* **carruagens-restaurante** [kaˌxwaʒẽʃxeʃtawˈrãtɨ]) *f (Port)* dining car.

carta ['kaxta] *f* letter; *(mapa)* map; *(de baralho)* card; ~ **de apresentação** covering letter; ~ **(de condução)** *(Port)* driving licence *(Brit)*, driver's license *(Am)*; ~ **registrada** registered letter.

cartão [kax'tãw] *(pl* **-ões** [-õjʃ]) *m* card; *(papelão)* cardboard; ~ **bancário** bank card; ~ **de crédito** credit card; ~ **de embarque/desembarque** boarding/landing card; ~ **jovem** young person's discount card; ~ **multibanco** *(Port)* cashpoint card; ~ **postal** *(Br)* postcard.

cartão-de-visita [kaxˌtãwdʒiviˈzita] *(pl* **cartões-de-visita** [karˌtõjʒdʒiviˈzita]) *m* business card.

cartaz [kax'taʃ] *(pl* **-zes** [-ziʃ]) *m* poster.

carteira [kax'tejra] *f (de dinheiro)* wallet; *(mala de senhora)* handbag; *(de sala de aula)* desk; ~ **de identidade** *(Br)*

identity card; ~ **de motorista** *(Br)* driving licence *(Brit)*, driver's license *(Am)*.

carteiro [kax'tejru] *m* postman *(Brit)*, mailman *(Am)*.

cartões → **cartão**.

cartolina [kaxto'lina] *f* card.

cartório [kax'tɔrju] *m* registry office; ~ **notarial** notary's office.

cartucho [kax'tuʃu] *m (para mercadoria)* paper bag; *(munição)* cartridge; *(embrulho)* packet.

caruru [karu'ru] *m* mashed okra or green amaranth leaves with shrimps, fish and palm oil.

carvalho [kax'vaʎu] *m* oak.

carvão [kax'vãw] *m* coal; ~ **de lenha** charcoal.

casa ['kaza] *f* house; *(lar)* home; *(de botão)* buttonhole; **em ~** at home; **ir para ~** to go home; ~ **de banho** *(Port)* bathroom; ~ **de câmbio** *(Br)* bureau de change; ~ **de saúde** private hospital; **faça como se estivesse em sua ~!** make yourself at home!

casaco [ka'zaku] *m* jacket; ~ **comprido** coat; ~ **de malha** cardigan.

casado, -da [ka'zadu, -da] *adj* married.

casal [ka'zaw] *(pl* **-ais** [-ajʃ]) *m* couple.

casamento [kaza'mẽtu] *m* marriage; *(cerimônia)* wedding.

casar [ka'za(x)] *vt* to marry ♦ *vi* to get married.

❏ **casar-se** *vp* to get married.

casca ['kaʃka] *f (de ovo, noz, etc)* shell; *(de laranja, maçã, etc)* peel.

cascalho [kaʃ'kaʎu] *m* rubble.

cascata [kaʃ'kata] *f* waterfall.

cascavel [kaʃka'vɛw] *(pl* **-éis** [-ɛjʃ]) *f* rattlesnake.

casco ['kaʃku] *m (de vinho)* cask; *(de navio)* hull; *(de cavalo, boi, ovelha, etc)* hoof.

caseiro, -ra [ka'zejru, -ra] *adj* homemade; *(pessoa)* home-loving ♦ *m, f* estate worker *(provided with free accommodation for self and family)*.

casino [ka'zinu] *m (Port)* = **cassino**.

caso ['kazu] *m (circunstância)* case; *(acontecimento)* affair ♦ *conj* in case; **no ~ de** in the event of; **"em ~ de emergência ..."** "in an emergency ..."; **"em ~ de incêndio ..."** "in case of fire ..."; **em todo o ~** in any case;

em último ~ as a last resort; **não fazer** ~ **de algo/alguém** to ignore sthg/sb.

caspa ['kaʃpa] f dandruff.

casquilho [kaʃ'kiʎu] m socket.

casquinha [kaʃ'kiɲa] f (de prata, ouro) leaf; (Br: de sorvete) cone.

cassete [ka'setʃi] f cassette, tape; ~ **(de vídeo)** (video)tape.

cassetete [kase'tetʃi] m truncheon.

cassino [ka'sinu] m (Br) casino.

castanha [kaʃ'taɲa] f (fruto do castanheiro) chestnut; (fruto do cajueiro) cashew nut; ~**s assadas** roast chestnuts.

castanheiro [kaʃta'ɲejru] m chestnut tree.

castanho, -nha [kaʃ'taɲu, -ɲa] adj brown ◆ m (madeira) chestnut.

castelo [kaʃ'telu] m castle.

castiçal [kaʃtʃi'saw] (pl -ais [-ajʃ]) m candlestick.

castidade [kaʃtʃi'dadʒi] f chastity.

castigar [kaʃtʃi'ga(x)] vt to punish.

castigo [kaʃ'tʃigu] m punishment.

casto, -ta ['kaʃtu, -ta] adj chaste.

castor [kaʃ'to(x)] (pl -res [-riʃ]) m beaver.

castrar [kaʃ'tra(x)] vt to castrate.

casual [ka'zwaw] (pl -ais [-ajʃ]) adj chance (antes de s).

casualidade [kazwali'dadʒi] f chance; **por** ~ by chance.

casulo [ka'zulu] m cocoon.

catacumbas [kata'kũmbaʃ] fpl catacombs.

catálogo [ka'talogu] m catalogue.

catamarã [katama'rã] m catamaran.

catarata [kata'rata] f waterfall; (MED) cataract; **as** ~**s do Iguaçu** the Iguaçu Falls.

catarro [ka'taxu] m catarrh.

catástrofe [ka'taʃtrofi] f catastrophe.

catatua [kata'tua] f cockatoo.

cata-vento [kata'vẽntu] (pl cata-ventos [kata'vẽntuʃ]) m weather vane.

catedral [kate'draw] (pl -ais [-ajʃ]) f cathedral.

categoria [katego'ria] f category; (posição) position; (qualidade) class; **de** ~ first-rate.

cativar [katʃi'va(x)] vt to captivate.

cativeiro [katʃi'vejru] m: **em** ~ in captivity.

católico, -ca [ka'tɔliku, -ka] adj & m, f Catholic.

catorze [ka'toxzi] num fourteen, → **seis**.

caução [kaw'sãw] (pl -ões [-õjʃ]) f (JUR) bail; **pagar** ~ to pay bail.

cauda ['kawda] f (de animal) tail; (de manto, vestido) train.

caudal [kaw'daw] (pl -ais [-ajʃ]) m flow.

caule ['kawli] m stem.

causa ['kawza] f (motivo) reason; (de acidente, doença) cause; (JUR: acção judicial) case; **por** ~ **de** because of.

causar [kaw'za(x)] vt to cause; ~ **danos a** to damage.

cautela [kaw'tɛla] f caution; (de loteria) part-share of a lottery ticket; **ter** ~ **com** to be careful with; **com** ~ cautiously; **à** OU **por** ~ as a safeguard.

cauteloso, -osa [kawte'lozu, -ɔza] adj cautious.

cavala [ka'vala] f mackerel.

cavalaria [kavala'ria] f cavalry.

cavaleiro [kava'lejru] m rider; (em tourada) bullfighter on horseback; (medieval) knight.

cavalete [kava'letʃi] m easel.

cavalgar [kavaw'ga(x)] vi to ride ◆ vt (égua, ginete) to ride; (obstáculo, barreira) to jump.

cavalheiro [kava'ʎejru] m gentleman.

cavalinho-de-pau [kava,liɲudʒi'paw] (pl cavalinhos-de-pau [kava,liɲuʒdʒi'paw]) m hobbyhorse.

cavalo [ka'valu] m horse.

cavanhaque [kava'ɲaki] m goatee (beard).

cavaquinho [kava'kiɲu] m small four-stringed guitar.

cavar [ka'va(x)] vt (terra) to dig; (decote) to lower.

cave ['kavi] f (de vinho) wine cellar; (Port: de casa) basement.

caveira [ka'vejra] f skull.

caverna [ka'vɛxna] f cave.

caviar [ka'vja(x)] m caviar.

cavidade [kavi'dadʒi] f cavity.

caxemira [kaʃe'mira] f cashmere.

caxumba [ka'ʃũmba] f (Br) mumps (sg).

c/c (abrev de conta corrente) a/c.

CD m (abrev de compact disc) CD.

CD-i m (abrev de compact disc-

interativo) CDI.

CD-ROM [sede'rɔmi] *m* CD-ROM.

CE *f (abrev de Comunidade Europeia)* EC.

cear ['sja(x)] *vi* to have dinner ♦ *vt* to have for dinner.

cebola [se'bola] *f* onion.

cebolada [sebo'lada] *f fried onion sauce.*

cebolinha [sebo'liɲa] *f (de conserva)* pickled onions *(pl)*; *(Br: erva comestível)* chives *(pl)*.

cebolinho [sebo'liɲu] *m (Port)* chives *(pl)*.

ceder [se'de(x)] *vt (lugar)* to give up; *(objeto)* to lend ♦ *vi (dar-se por vencido)* to give in; *(ponte)* to give way; *(corda, nó)* to slacken; *(chuva)* to ease up; *(vento)* to drop; **"~ a passagem"** "give way".

cedilha [se'diʎa] *f* cedilla. ·

cedo ['sedu] *adv* early; *(depressa)* soon; **muito ~** very early; **desde muito ~** *(desde criança)* from an early age; **mais ~ ou mais tarde** sooner or later.

cedro ['sedru] *m* cedar.

cegar [se'ga(x)] *vt* to blind ♦ *vi* to go blind.

cego, -ga ['sɛgu, -ga] *adj (pessoa)* blind; *(faca)* blunt ♦ *m, f* blind man *(f* blind woman); **às cegas** blindly.

cegonha [se'goɲa] *f* stork.

ceia ['seja] *f* supper.

cela ['sɛla] *f* cell.

celebração [selebra'sãw] *(pl* -ões [-õjʃ]) *f* celebration.

celebrar [sele'bra(x)] *vt* to celebrate; *(casamento)* to hold; *(contrato)* to sign.

célebre ['sɛlebri] *adj* famous.

celebridade [selebri'dadʒi] *f* celebrity.

celeiro [se'lejru] *m* granary.

celibatário, -ria [seliba'tarju, -rja] *m, f* bachelor *(f* single woman).

celibato [seli'batu] *m* celibacy.

celofane [selo'fani] *m* Cellophane®.

célula ['sɛlula] *f* cell.

celular [selu'la(x)] *m (Br: telefone)* mobile phone.

cem ['sẽ] *num* one OU a hundred; **~ mil** a hundred thousand, **→ seis**.

cemitério [semi'tɛrju] *m* cemetery.

cena ['sena] *f* scene; *(palco)* stage; **entrar em ~** *(fig)* to come on the

scene; **fazer uma ~** *(fig)* to make a scene.

cenário [se'narju] *m* scenery; *(de programa televisivo)* set.

cenoura [se'nora] *f* carrot.

censo ['sẽsu] *f* census.

censura [sẽ'sura] *f (crítica)* criticism; *(de Estado, autoridade)* censorship.

centavo [sẽ'tavu] *m old coin equivalent to a tenth of a real.*

centeio [sẽ'teju] *m* rye.

centelha [sẽ'teʎa] *f* spark.

centena [sẽ'tena] *f* hundred; **uma ~ de pessoas** a hundred people.

centenário [sẽte'narju] *m* centenary.

centésimo, -ma [sẽ'tɛzimu, -ma] *num* hundredth, **→ sexto**.

centígrado [sẽ'tʃigradu] *adj m* **→ grau**.

centímetro [sẽ'tʃimetru] *m* centimetre.

cento ['sẽtu] *m* hundred; **~ e vinte** a hundred and twenty; **por ~** percent.

centopeia [sẽto'peja] *f* centipede.

central [sẽ'traw] *(pl* -ais [-ajʃ]) *adj* central ♦ *f (de instituição, organização)* head office; *(de eletricidade, energia atômica)* power station; **~ elétrica** power station; **~ nuclear** nuclear power station; **~ telefônica** telephone exchange.

centrar [sẽ'tra(x)] *vt (atenção, esforço)* to focus; *(texto, página)* to centre.

centro ['sẽtru] *m* centre; **~ da cidade** city centre; **~ comercial** shopping centre *(Brit)*, shopping mall *(Am)*; **~ de saúde** health clinic.

centroavante [sẽtroa'vãtʃi] *m (Br: em futebol)* centre forward.

CEP *m (Br: abrev de Código de Endereçamento Postal)* postcode *(Brit)*, zip code *(Am)*.

céptico, -ca ['sɛ(p)tiku, -ka] *adj (Port)* = **cético**.

cera ['sera] *f* wax; **~ depilatória** hair-removing OU depilatory wax.

cerâmica [se'ramika] *f (objeto)* piece of pottery; *(atividade)* ceramics *(sg)*.

ceramista [sera'miʃta] *mf* potter.

cerca ['sɛxka] *f* fence ♦ *adv*: **~ de** about; **há ~ de uma semana** nearly a week ago.

cercar [sex'ka(x)] *vt* to surround.

cereal [se'rjal] *(pl* -ais [-ajʃ]) *m* cereal.

cérebro ['sɛrɛbru] *m* brain.

cereja [sɛ'rɛʒa] *f* cherry.

cerimónia [sɛri'mɔnja] *f (Port)* = **ce-rimônia**.

cerimônia [sɛri'mɔnja] *f (Br) (religiosa)* ceremony; *(festa)* party; *(etiqueta)* formality.

cerrado, -da [se'xadu, -da] *adj (nevoeiro)* thick.

certeza [sɛx'tɛza] *f* certainty; **dar a ~** to confirm; **ter a ~ de que** to be sure (that); **você pode ter a ~ que vou** I'm definitely going; **com ~ (sem dúvida)** of course; *(provavelmente)* probably; **com ~!** of course!; **de ~** definitely.

certidão [sɛxtʃi'dãw] *(pl* **-ões** [-õjʃ]) *f* certificate.

certificado [sɛxtʃifi'kadu] *m* certificate.

certificar-se [sɛxtʃifi'kaxsi] *vp* to check; **~ de algo** to check sthg.

certo, -ta ['sɛxtu, -ta] *adj (exacto)* right; *(infalível)* certain ◆ *adv* correctly; **certas pessoas** certain people; **a conta não bate ~** the bill isn't quite right; **dar ~** to work out; **o ~ é ele não vir** I'm sure he won't come; **ao ~ (exatamente)** exactly; *(provavelmente)* probably.

cerveja [sɛx'vɛʒa] *f* beer; **~ imperial** draught beer; **~ preta** stout.

cervejaria [sɛxvɛʒa'ria] *f* bar.

cervical [sɛxvi'kaw] *(pl* **-ais** [-ajʃ]) *adj* cervical.

cessar [se'sa(x)] *vi & vt* to cease.

cesta ['sɛʃta] *f* small basket.

cesto ['sɛʃtu] *m* basket; **~ de vime** wicker basket.

cético, -ca ['sɛtʃiku, -ka] *adj (Br)* sceptical ◆ *m, f (Br)* sceptic.

cetim [se'tʃĩ] *m* satin.

céu ['sɛw] *m* sky; *(RELIG)* heaven; **a ~ aberto** *(fig: à vista de todos)* in broad daylight.

céu-da-boca ['sɛwda,boka] *m* roof of the mouth

cevada [se'vada] *f* barley; *(bebida)* barley coffee.

chá ['ʃa] *m* tea; **~ dançante** tea dance; **~ com limão** tea with lemon; **~ de limão** lemon tea.

chacal [ʃa'kaw] *(pl* **-ais** [-ajʃ]) *m* jackal.

chacota [ʃa'kɔta] *f* mockery.

chafariz [ʃafa'riʃ] *(pl* **-zes** [-ziʃ]) *m* fountain.

chafurdar [ʃafux'da(x)] *vi* to wallow.

chaga ['ʃaga] *f* open wound, sore.

chalé [ʃa'lɛ] *m* chalet.

chaleira [ʃa'lejra] *f* kettle.

chama ['ʃama] *f* flame.

chamada [ʃa'mada] *f (de telefone)* call; *(de exame)* sitting; **fazer a ~** *(EDUC)* to call the register; **~ a cobrar** *(no destinatário)* reverse charge call *(Brit)*, collect call *(Am)*; **~ interurbana/local** long-distance/local call.

chamar [ʃa'ma(x)] *vt* to call ◆ *vi (telefone)* to ring.

❑ **chamar-se** *vp* to be called; **como é que você se chama?** what's your name?; **eu me chamo Carlos** my name is Carlos.

chaminé [ʃami'nɛ] *f* chimney; *(de lareira)* chimney-piece; *(de fábrica)* chimney stack.

champanhe [ʃãm'paɲi] *m* champagne.

champô [ʃãm'po] *(Port) m* = **xampu**.

chamuscar [ʃamuʃ'ka(x)] *vt* to singe.

chance ['ʃãsi] *f* chance.

chantagear [ʃãta'ʒja(x)] *vt* to blackmail.

chantagem [ʃãn'taʒẽ] *(pl* **-ns** [-ʃ]) *f* blackmail.

chantilly [ʃãntʃi'li] *m* whipped cream.

chão ['ʃãw] *m (solo)* ground; *(pavimento)* floor; **cair no ~** to fall over.

chapa ['ʃapa] *f (Br: matrícula, placa)* numberplate *(Brit)*, license plate *(Am)*; *(Port: carroçaria)* bodywork.

chapéu [ʃa'pɛw] *m* hat; *(de sol, chuva)* umbrella; **ser de tirar o ~** to be superb.

chapéu-de-sol [ʃa,pɛwdʒi'sɔw] *(pl* **chapéus-de-sol** [ʃa,pɛwdʒdʒi'sɔw]) *m* parasol.

charco ['ʃaxku] *m* puddle.

charcutaria [ʃaxkuta'ria] *f* ~ delicatessen.

charme ['ʃaxmi] *m* charm.

charneca [ʃax'nɛka] *f* moor.

charrete [ʃa'xetʃi] *f* chariot.

charter ['ʃaxtɛ(x)] *(pl* **-res** [-riʃ]) *m*: **(voo) ~** charter flight.

charuto [ʃa'rutu] *m* cigar.

chassis [ʃa'si] *m inv* chassis.

chatear [ʃa'tʃja(x)] *vt* to annoy.

chatice [ʃa'tʃisi] *f (fam: tédio)* drag.

chato, -ta ['ʃatu, -ta] *adj (fam: tedioso)*

boring; *(pé)* flat.
chauvinista [ʃoviˈniʃta] *m, f* chauvinist.
chave [ˈʃavi] *f* key.
chave-de-fendas [ˌʃavidʒiˈfɛ̃daʃ] *(pl* **chaves-de-fendas** [ˌʃaviʒdʒiˈfɛ̃daʃ]*)* *f* screwdriver.
chave-de-ignição [ˌʃavidʒigniˈsãw] *(pl* **chaves-de-ignição** [ˌʃaviʒdʒigniˈsãw]*)* *f* ignition key.
chave-inglesa [ˌʃavĩˈglɛza] *(pl* **chaves-inglesas** [ˌʃaviʒĩˈglɛzaʃ]*)* *f* monkey wrench.
chaveiro [ʃaˈvejru] *m* keyring.
chávena [ˈʃavena] *f (Port)* cup.
check-in [tʃɛˈkini] *(pl* **check-ins** [ʃɛˈkineʃ]*)* *m* check-in; **fazer o ~ to** check in.
check-up [tʃɛˈkapi] *(pl* **check-ups** [tʃɛˈkapiʃ]*)* *m* check-up.
chefe [ˈʃɛfi] *mf (de trabalhadores)* boss; *(de partido)* leader; *(de empresa)* head; *(de tribo, organização)* chief.
chefe-de-estação [ˌʃɛfidʒiestaˈsãw] *(pl* **chefes-de-estação** [ˌʃɛfiʒdʒiestaˈsãw]*)* *mf* stationmaster.
chegada [ʃeˈgada] *f* arrival; **"chegadas" "arrivals"; "~s domésticas" "domestic arrivals"; "~s internacionais" "international arrivals".**
chegado, -da [ʃeˈgadu, -da] *adj* close.
chegar [ʃeˈga(x)] *vi* to arrive; *(momento, altura, hora)* to come; *(ser suficiente)* to be enough; **~ bem** to arrive safely; **~ ao fim** to come to an end.
❑ **chegar-se** *vp (aproximar-se)* to come closer; *(afastar-se)* to move over; **~-se a** to come closer to.
cheia [ˈʃeja] *f* flood.
cheio, cheia [ˈʃeju, ˈʃeja] *adj* full; **~ de** full of; **estar ~** to have had enough.
cheirar [ʃejˈra(x)] *vt & vi* to smell; **~ bem/mal** to smell good/awful.
cheiro [ˈʃejru] *m* smell.
cheque [ˈʃɛki] *m* cheque; *(em xadrez)* check; **~ em branco** blank cheque; **~ sem fundos** OU **sem provisão** uncovered cheque; **~ pré-datado** pre-dated cheque; **~ de viagem** traveller's cheque; **~ visado** authorized cheque.
cheque-mate [ʃɛkiˈmatʃi] *(pl* **cheque-mates** [ʃɛkiˈmatiʃ]*)* *m* checkmate.
cherne [ˈʃɛxni] *m* grouper.
chiar [ˈʃja(x)] *vi* to squeak; *(porco)* to squeal; *(pneu)* to screech.

chiclete [ʃiˈklɛtʃi] *m (Br)* chewing gum.
chicória [ʃiˈkɔrja] *f* chicory.
chicote [ʃiˈkɔtʃi] *m* whip.
chifre [ˈʃifri] *m* horn.
Chile [ˈʃili] *m*: **o ~** Chile.
chimarrão [ʃimaˈxãw] *m unsweetened maté tea.*
chimpanzé [ʃĩpãˈzɛ] *m* chimpanzee.
China [ˈʃina] *f*: **a ~** China.
chinelos [ʃiˈnɛluʃ] *mpl* flip-flops *(Brit)*, thongs *(Am)*; **~ (de quarto)** slippers.
chinês, -esa [ʃiˈneʃ, -eza] *(mpl* **-eses** [-eziʃ], *fpl* **-s** [-ʃ]*)* *adj & m, f* Chinese ◆ *m (língua)* Chinese; **isso para mim é ~** it's all double-Dutch to me!
chinó [ʃiˈnɔ] *m* toupee.
chique [ˈʃiki] *adj* chic.
chispe [ˈʃiʃpi] *m* pig's trotter.
chita [ˈʃita] *f* cotton print.
chiu [ˈʃiu] *interj* shush!
chocalhar [ʃokaˈʎa(x)] *vt (líquido)* to shake ◆ *vi (tilintar)* to jingle.
chocalho [ʃoˈkaʎu] *m* bell.
chocante [ʃoˈkãtʃi] *adj* shocking.
chocar [ʃoˈka(x)] *vi (veículos)* to crash; *(galinha)* to brood; ◆ *vt (indignar)* to shock; *(ovos)* to hatch; **~ com** *(pessoa)* to bump into; *(veículo)* to crash into.
chocho, -cha [ˈʃoʃu, -ʃa] *adj (noz)* empty; *(festa)* dull.
chocolate [ʃokoˈlatʃi] *m* chocolate; *(bebida)* chocolate drink; **~ amargo** OU **negro** plain chocolate; **~ branco** white chocolate; **~ de leite** milk chocolate; **~ em pó** cocoa.
chofer [ʃoˈfɛ(x)] *(pl* **-res** [-riʃ]*)* *m* driver.
chope [ˈʃopi] *m (Br)* draught beer.
choque [ˈʃɔki] *m (colisão)* crash; *(comoção)* shock.
choramingar [ʃoramĩˈga(x)] *vi* to snivel.
chorão, -rona [ʃoˈrãw, -ˈrona] *(mpl* **-ões** [-õjʃ], *fpl* **-s** [-ʃ]*)* *adj* tearful ◆ *m (árvore)* weeping willow; *(brinquedo)* baby doll that cries.
chorar [ʃoˈra(x)] *vi & vt (verter lágrimas)* to cry; **~ de rir** to cry with laughter.
chorinho [ʃoˈriɲu] *m (Br: MÚS)* type of melancholy Brazilian music.
choro [ˈʃoru] *m* crying.
chorões → **chorão.**
choupo [ˈʃopu] *m* poplar.

chouriço [ʃoˈrisu] *m (no Brasil)* black pudding; *(em Portugal)* spiced, smoked pork sausage.

chover [ʃoˈve(x)] *v impess* to rain; ~ a cântaros to pour with rain.

chuchu [ʃuˈʃu] *m* chayote; **pra ~** *(Br: fam: muito)* loads.

chulé [ʃuˈlɛ] *m (fam)* foot odour.

chulo, -la [ˈʃulu, -la] *adj (Br)* vulgar ◆ *m (Port: fam)* pimp.

chumaço [ʃuˈmasu] *m* shoulder pad.

chumbar [ʃũmˈba(x)] *vt (soldar)* to solder; *(atirar em)* to fire at ◆ *vi (Port: fam: reprovar)* to flunk.

chumbo [ˈʃũmbu] *m* lead; *(tiro)* gunshot; **a caixa está um ~** the box weighs a ton.

chupa-chupa [ʃupaˈʃupa] *(pl* **chupa-chupas** [ʃupaˈʃupaʃ]) *m (Port)* lollipop.

chupar [ʃuˈpa(x)] *vt* to suck.

chupeta [ʃuˈpeta] *f* dummy *(Brit)*, pacifier *(Am)*.

churrascaria [ʃuxaʃkaˈria] *f* restaurant serving barbecued meat and poultry.

churrasco [ʃuˈxaʃku] *m* barbecue.

churrasquinho [ʃuxaʃˈkiɲu] *m (Br)* kebab.

churro [ˈʃuxu] *m* fried twist of batter covered in sugar.

chutar [ʃuˈta(x)] *vt & vi* to kick.

chuteira [ʃuˈtejra] *f* football boot.

chuva [ˈʃuva] *f* rain.

chuveiro [ʃuˈvejru] *m* shower.

chuviscar [ʃuviʃˈka(x)] *vi* to drizzle.

chuvoso, -osa [ʃuˈvozu, -ɔza] *adj* rainy.

C.ia *(abrev de Companhia)* Co.

ciberespaço [sibɛreʃˈpasu] *m* cyberspace.

cibernética [sibexˈnɛtʃika] *f* cybernetics *(sg)*.

cibernético [sibexˈnɛtʃiku] *adj m* → **espaço**.

cicatriz [sikaˈtriʃ] *(pl* **-zes** [-ziʃ]) *f* scar.

cicatrizar [sikatriˈza(x)] *vi (ferida)* to heal (up).

cicatrizes → **cicatriz**.

cicerone [siseˈrɔni] *m* guide.

ciclismo [siˈkliʒmu] *m* cycling; **fazer ~** to go cycling.

ciclista [siˈkliʃta] *mf* cyclist.

ciclo [ˈsiklu] *m* cycle; *(de conferências)* series.

ciclomotor [ˌsiklomoˈto(x)] *(pl* **-es** [-iʃ]) *m* moped.

ciclone [siˈklɔni] *m* cyclone; *(região de baixas pressões)* depression.

cidadã → **cidadão**.

cidadania [sidadaˈnia] *f* citizenship.

cidadão, -dã [sidaˈdãw, -dã] *(mpl* **-ãos** [-ãwʃ], *fpl* **-s** [-ʃ]) *m, f* citizen.

cidade [siˈdadʒi] *f* city; ~ **universitária** campus.

cieiro [ˈsjejru] *m (Port)* chapping caused by cold, windy weather.

ciência [ˈsjẽsja] *f* science; **~s físico-químicas** physical sciences; **~s naturais** natural sciences.

ciente [ˈsjẽtʃi] *adj* aware; **estar ~ de** to be aware of.

científico, -ca [sjẽtʃiˈfiku, -ka] *adj* scientific.

cientista [sjẽˈtʃiʃta] *mf* scientist.

cifra [ˈsifra] *f* sum; *(número)* figure.

cigano, -na [siˈganu, -na] *m, f* gypsy.

cigarra [siˈgaxa] *f* cicada.

cigarreira [sigaˈxejra] *f* cigarette case.

cigarrilha [sigaˈxiʎa] *f* cigarillo.

cigarro [siˈgaxu] *m* cigarette; **~s com filtro** filter-tipped cigarettes; **~s sem filtro** untipped cigarettes; **~s mentolados** menthol cigarettes.

cilada [siˈlada] *f* trap; **caiu na ~** he fell for it.

cilindro [siˈlĩdru] *m* cylinder; *(rolo)* roller; *(de aquecimento de água)* boiler.

cílio [ˈsilju] *m* eyelash.

cima [ˈsima] *f*: **de ~** from above; **de ~ abaixo** from top to bottom; **de ~** off; **em ~** above; **em ~ de** on top of; **para ~** up; **para ~ de** over; **por ~ de** over.

cimeira [siˈmejra] *f* summit.

cimentar [simẽˈta(x)] *vt* to cement.

cimento [siˈmẽtu] *m* cement.

cimo [ˈsimu] *m* top.

cinco [ˈsĩku] *num* five, → **seis**.

cineasta [siˈnjaʃta] *mf* film director.

cinema [siˈnema] *m (local)* cinema *(Brit)*, movie theater *(Am)*; *(arte)* cinema.

cinemateca [sinemaˈtɛka] *f (local)* filmhouse; *(coleção de filmes)* film library.

cinematográfico, -ca [sinematoˈgrafiku, -ka] *adj* film *(antes de s)*.

cine-teatro [sineˈteatru] *m* filmhouse.

cínico, -ca ['siniku, -ka] *adj (hipócrita)* hypocritical.

cinismo [si'niʒmu] *m (hipocrisia)* hypocrisy.

cinquenta [sĩŋ'kwẽnta] *num* fifty, → **seis**.

cinta ['sĩnta] *f (cintura)* waist; *(faixa de pano)* sash; *(roupa interior)* girdle.

cintilar [sĩntʃi'la(x)] *vi* to twinkle.

cinto ['sĩntu] *m* belt; ~ **de segurança** seatbelt.

cintura [sĩn'tura] *f* waist.

cinturão [sĩntu'rãw] *(mpl* -ões [-õjʃ]*) m (Br)* belt; ~ **industrial** industrial belt; ~ **verde** green belt.

cinza ['sĩza] *f* ash ◆ *adj & m (Br)* grey. ⊔ **cinzas** *fpl (restos mortais)* ashes.

cinzeiro [sĩ'zejru] *m* ashtray.

cinzel [sĩ'zεw] *(pl* -éis [-εjʃ]*) m* chisel.

cinzento, -ta [sĩ'zẽntu, -ta] *adj & m* grey.

cio ['siu] *m*: **estar no** ~ *(fêmeas)* to be on heat; *(machos)* to be in rut.

cipreste [si'prεʃtʃi] *m* cypress.

circo ['sixku] *m* circus.

circuito [six'kwitu] *m* circuit; ~ **elétrico** electric circuit; ~ **turístico** tourist trail.

circulação [sixkula'sãw] *f* circulation; *(de veículos)* traffic.

circular [sixku'la(x)] *(pl* -res [-riʃ]*) vi* to circulate; *(pedestre)* to walk about; *(carro)* to drive ◆ *adj & f* circular.

círculo ['sixkulu] *m* circle; ~ **polar** polar circle.

circunferência [sixkũfe'rẽsja] *f* circumference.

circunflexo [sixkũ'flɛksu] *adj m* → **acento**.

circunstância [sixkũʃ'tãsja] *f* circumstance; **nas** ~**s** under the circumstances.

círio ['sirju] *m* large candle.

cirurgia [sirux'ʒia] *f* surgery; ~ **plástica** plastic surgery.

cirurgião, -giã [sirux'ʒjãw, -ʒjã] *(mpl* -ões [-õjʃ], *fpl* -s [-ʃ]*) m, f* surgeon.

cirúrgico, -ca [si'ruxʒiku, -ka] *adj* surgical.

cirurgiões → **cirurgião**.

cisco ['siʃku] *m* speck.

cisma ['siʒma] *f* fixation.

cisne ['siʒni] *m* swan.

cisterna [siʃ'tεxna] *f* tank.

cistite [siʃ'tʃitʃi] *f* cystitis.

citação [sita'sãw] *(pl* -ões [-õjʃ]*) f* quotation.

citar [si'ta(x)] *vt* to quote.

cítrico ['sitriku] *adj m* → **ácido**.

citrinos [si'trinuʃ] *mpl* citrus fruit *(sg)*.

ciúme ['sjumi] *m* jealousy; **ter** ~**s de alguém** to be jealous of sb.

ciumento, -ta [sju'mẽntu, -ta] *adj* jealous.

cívico, -ca ['siviku, -ka] *adj* civic.

civil [si'viw] *(pl* -is [-iʃ]*) adj* civil.

civilização [siviliza'sãw] *(pl* -ões [-õjʃ]*) f* civilization.

civilizar [sivili'za(x)] *vt* to civilize.

civis → **civil**.

cl. *(abrev de centilitro)* cl.

clamar [kla'ma(x)] *vi* to cry out.

clamor [kla'mo(x)] *(pl* -res [-riʃ]*) m* outcry.

clandestino, -na [klãndeʃ'tʃinu, -na] *adj* clandestine ◆ *m, f* stowaway.

clara ['klara] *f* white.

clarabóia [klara'bɔja] *f* skylight.

clarão [kla'rãw] *(pl* -ões [-õjʃ]*) m* flash.

clarear [kla'rja(x)] *vi* to brighten up.

clarete [kla'rɛtʃi] *m* rosé.

clareza [kla'reza] *f*: **falar com** ~ to speak clearly.

claridade [klari'dadʒi] *f* brightness.

clarinete [klari'netʃi] *m* clarinet.

claro, -ra ['klaru, -ra] *adj (com luz)* bright; *(cor)* light; *(preciso, sincero)* clear ◆ *adv* clearly; ~ **que sim!** of course!; **é** ~**!** of course!; **passar a noite em** ~ to have a sleepless night.

clarões → **clarão**.

classe ['klasi] *f* class; **ter** ~ to have class; **de primeira/segunda** ~ first/second class; ~ **social** social class; ~ **turística** tourist class.

clássico, -ca ['klasiku, -ka] *adj* classic; *(música)* classical.

classificação [klasifika'sãw] *(pl* -ões [-õjʃ]*) f* results *(pl)*.

classificados [klasefi'kaduʃ] *mpl* classified ads.

classificar [klasifi'ka(x)] *vt (EDUC: aluno)* to appraise; *(ordenar)* to classify. ⊔ **classificar-se** *vp (em competição)* to qualify.

claustro ['klawʃtru] *m* cloister.

cláusula ['klawzula] *f* clause.

clave ['klavi] *f* clef; ~ **de sol** treble clef.

clavícula [klaˈvikula] *f* collarbone.

clemência [kleˈmẽsja] *f* clemency.

clero [ˈklɛru] *m* clergy.

cliché [kliˈ∫e] *m (Port)* = **clichê**.

clichê [kliˈ∫e] *m (Br)* cliché.

cliente [kliˈẽnt∫i] *mf* client.

clientela [kliẽnˈtɛla] *f* customers *(pl)*.

clima [ˈklima] *m* climate; *(fig: ambiente)* atmosphere.

clímax [ˈklimaks] *m inv* climax; **atingir o ~** to reach a climax.

clínica [ˈklinika] *f* clinic; **~ dentária** dental practice; **~ geral** general practice.

clínico [ˈkliniku] *m* clinician; **~ geral** GP.

clipe [ˈklipi] *m* paper clip.

cloro [ˈklɔru] *m* chlorine.

clube [ˈklubi] *m* club; **~ de futebol/vídeo** football/video club.

cm. *(abrev de centímetro)* cm.

coador [kwaˈdo(x)] *(pl -res* [-ri∫]) *m* strainer.

coagir [kwaˈʒi(x)] *vt* to coerce.

coagular [kwaguˈla(x)] *vt & vi* to clot.

coágulo [ˈkwagulu] *m* clot.

coalhar [kwaˈʎa(x)] *vt & vi* to curdle.

coar [ˈkwa(x)] *vt* to strain.

cobaia [koˈbaja] *f* guinea pig.

cobarde [koˈbaxdʒi] *adj & mf* = **covarde**.

coberta [koˈbɛxta] *f (de cama)* bedspread; *(de navio)* deck.

coberto, -ta [koˈbɛxtu, -ta] *adj* covered ♦ *m* shelter.

cobertor [kobexˈto(x)] *(pl -res* [-ri∫]) *m* blanket.

cobertura [kobexˈtura] *f (tecto)* roof; *(Br: apartamento)* penthouse; *(de acontecimento, situação)* coverage; **o cheque foi recusado por falta de ~** the cheque bounced due to lack of funds.

cobiça [koˈbisa] *f (avidez)* greed; *(inveja)* envy.

cobiçar [kobiˈsa(x)] *vt (ambicionar)* to covet; *(invejar)* to envy.

cobra [ˈkɔbra] *f* snake.

cobrador, -ra [kobraˈdo(x), -ra] *(mpl -res* [-ri∫], *fpl -s* [-∫]) *m, f (em trem, ônibus)* conductor (*f* conductress); *(de água, luz)* meter reader.

cobrança [koˈbrãsa] *f (ação de cobrar)* charging.

cobrar [koˈbra(x)] *vt* to charge; *(imposto, dívida)* to collect.

cobre [ˈkɔbri] *m* copper.

cobrir [koˈbri(x)] *vt* to cover.

cocada [koˈkada] *f dessert made with dessicated coconut and milk.*

coçado, -da [koˈsadu, -da] *adj* worn.

cocaína [kokaˈina] *f* cocaine.

coçar [koˈsa(x)] *vt* to scratch.

❏ **coçar-se** *vp* to scratch o.s.

cóccix [ˈkɔksis] *m* coccyx.

cócegas [ˈkɔsigaʃ] *fpl:* **fazer ~** to tickle; **ter ~** to be ticklish.

coceira [koˈsejra] *f* itch.

cochichar [koʃiˈʃa(x)] *vt & vi* to whisper.

cochilo [koˈʃilu] *m (Br)* nap; **tirar um ~** *(Br)* to take a nap.

coco [ˈkoku] *m* coconut.

cócoras [ˈkɔkoraʃ] *fpl:* **pôr-se de ~** to squat.

côdea [ˈkodʒja] *f* crust.

código [ˈkɔdʒigu] *m* code; **~ de barras** bar code; **~ civil** civil law; **~ de trânsito** highway code; **~ postal** postcode.

codorniz [kodoxˈniʃ] *(pl -zes* [-ziʃ]) *f* quail.

coelho [ˈkweʎu] *m* rabbit; **~ à caçadora** *rabbit cooked slowly in a white wine, onion and herb sauce which is then thickened with the rabbit's blood.*

coentro [koˈẽntru] *m* coriander.

coerência [koeˈrẽsja] *f* coherence.

coerente [koeˈrẽnt∫i] *adj* coherent.

cofre [ˈkɔfri] *m* safe.

cofre-forte [ˌkɔfriˈfɔxti] *(pl* **cofres-fortes** [ˌkɔfriʃˈfɔxtiʃ]) *m* safe.

cofre-noturno [ˌkɔfrinoˈtuxnu] *(pl* **cofres-noturnos** [ˌkɔfriʒnoˈtuxnuʃ]) *m* night safe.

cogitar [koʒiˈta(x)] *vt* to think (up) ♦ *vi (pensar)* to think.

cogumelo [koguˈmɛlu] *m* mushroom.

coice [ˈkojsi] *m* kick; *(de arma)* recoil.

coincidência [koĩsiˈdẽsja] *f* coincidence; **por ~** as it happens.

coincidir [kwĩsiˈdi(x)] *vi* to coincide.

❏ **coincidir com** *v + prep* to coincide with; *(opinião)* to agree with.

coisa [ˈkojza] *f* thing; **(deseja) mais alguma ~?** would you like anything else?; **não comprei ~ nenhuma** I didn't buy anything, I bought nothing; **alguma ~** something; **~ de** roughly; **a ~ está preta!** things are bleak!; **não ser grande ~** to be nothing special.

coitado, -da [kojˈtadu, -da] *adj* poor, unfortunate ♦ *interj* poor thing!

cola [ˈkɔla] *f* glue.

colaborar [kolabuˈra(x)] *vi* to collaborate.

colapso [koˈlapsu] *m* collapse.

colar [koˈla(x)] (*pl* -**res** [-riʃ]) *vt* to glue, to stick ♦ *vi* to stick ♦ *m* necklace.
⊔ **colar de** *v + prep* (*Br: fam*) to crib from.

colarinho [kolaˈriɲu] *m* collar.

colcha [ˈkowʃa] *f* bedspread.

colchão [kowˈʃãw] (*pl* -**ões** [-õjʃ]) *m* mattress; ~ **de molas/palha** spring/straw mattress.

colcheia [kowˈʃeja] *f* crotchet (*Brit*), quarter note (*Am*).

colchete [kowˈʃetʃi] *m* (*de vestuário*) hook; (*sinal de pontuação*) square bracket.

colchões → **colchão**.

coleção [koleˈsãw] (*pl* -**ões** [-õjʃ]) *f* (*Br*) collection; **fazer ~ de algo** to collect sthg; ~ **de selos** stamp collection.

colecção [kuleˈsãw] (*pl* -**ões** [-õjʃ]) *f* (*Port*) = **coleção**.

colecionador, -ra [kolesjonaˈdo(x), -ra] (*mpl* -**res** [-riʃ], *fpl* -**s** [-ʃ]) *m, f* collector.

coleccionar [kulesjuˈnar] *vt* (*Port*) = **colecionar**.

colecções → **colecção**.

colecionar [kolesjoˈna(x)] *vt* (*Br*) to collect.

coleções → **coleção**.

colectivo, -va [kuleˈtivu, -va] *adj* (*Port*) = **coletivo**.

colega [koˈlega] *mf* colleague; ~ **de carteira** *person you sit next to at school*; ~ **de trabalho** (work) colleague; ~ **de turma** classmate.

colégio [koˈlɛʒju] *m* school; ~ **interno** boarding school.

coleira [koˈlejra] *f* collar.

cólera [ˈkɔlera] *f* fury; (*MED*) cholera.

colérico, -ca [koˈlɛriku, -ka] *adj* furious.

colesterol [kolesteˈrɔw] *m* cholesterol.

colete [koˈletʃi] *m* waistcoat; ~ **salva-vidas** life jacket.

coletivo, -va [koleˈtʃivu, -va] *adj* (*Br*) (*decisão*) collective; (*reunião*) general; (*transporte*) public.

colheita [koˈʎejta] *f* harvest.

colher¹ [koˈʎe(x)] *vt* (*fruto, vegetal, flo-*

res) to pick; (*cereais*) to harvest.

colher² [koˈʎɛ(x)] (*pl* -**res** [-riʃ]) *f* (*utensílio*) spoon; (*quantidade*) spoonful; ~ **de café** (*utensílio*) coffee spoon; (*quantidade*) ~ half teaspoon; ~ **de chá** teaspoon; ~ **de pau** wooden spoon; ~ **de sopa** (*utensílio*) soup spoon; (*quantidade*) = tablespoon.

colibri [koliˈbri] *m* hummingbird.

cólica [ˈkɔlika] *f* colic.

colidir [koliˈdʒi(x)] *vi* to collide; ~ **com** to collide with.

coligação [koligaˈsãw] (*pl* -**ões** [-õjʃ]) *f* coalition.

colina [koˈlina] *f* hill.

colisão [koliˈzãw] (*pl* -**ões** [-õjʃ]) *f* collision.

collants [koˈlãʃ] *mpl* tights (*Brit*), panty hose (*sg*) (*Am*).

colmeia [kowˈmeja] *f* beehive.

colo [ˈkɔlu] *m* lap; **levar uma criança no ~** to carry a child.

colocação [kolokaˈsãw] (*pl* -**ões** [-õjʃ]) *f* placing; (*de roda, vidro*) fitting; (*emprego*) post, job.

colocar [koloˈka(x)] *vt* to place; (*roda, vidro*) to fit; (*cortina*) to put up; (*empregar*) to employ; (*problema*) to pose.

Colômbia [koˈlõmbja] *f*: **a ~** Colombia.

cólon [ˈkɔlõ] *m* colon.

colónia [kuˈlɔnja] *f* (*Port*) = **colônia**.

colônia [koˈlonja] *f* (*Br*) colony; (*perfume*) cologne; ~ **de férias** summer camp.

coloquial [koloˈkjaw] (*pl* -**ais** [-ajʃ]) *adj* colloquial.

colóquio [koˈlɔkju] *m* conference.

colorante [koloˈrãntʃi] *m* colouring.

colorau [koloˈraw] *m* paprika.

colorido, -da [koloˈridu, -da] *adj* coloured; (*com muitas cores*) colourful.

colorir [koloˈri(x)] *vt* to colour in.

coluna [koˈluna] *f* column; (*de rádio, hi-fi*) speaker; ~ **vertebral** spinal column.

com [kõ] *prep* with; (*indica causa*) because of; **só ~ muito esforço é que ele conseguiu** he only managed it through a lot of hard work; **estar ~ dor de cabeça** to have a headache; **estar ~ fome** to be hungry; **estar ~ pressa** to be in a hurry.

coma [ˈkoma] *m ou f* (*MED*) coma.

comandante [komãnˈdãntʃi] *m* (*de*

navio, polícia) commander; *(de exército)* major.

comandar [komãn'da(x)] *vt* to command, to be in charge of.

comando [ko'mãndu] *m* command; *(de máquina, sistema)* control; **estar no ~ de algo** to be in charge of sthg.

combate [kõm'batʃi] *m (luta)* fight; *(batalha)* fighting.

combater [kõmba'te(x)] *vi* to fight.

combinação [kõmbina'sãw] *(pl* -ões [-õjʃ]) *f* combination; *(acordo)* agreement; *(plano)* arrangement; *(peça de vestuário)* slip.

combinar [kõmbi'na(x)] *vt* to combine; *(planejar)* to plan ◆ *vi (cores, roupas)* to go together; **está combinado!** it's a deal!; **~ com** to go with; **~ algo com alguém** to arrange sthg with sb.

comboio [kõm'boju] *m (Port)* train; **apanhar/perder o ~** to catch/miss the train.

combustível [kõmbuʃ'tʃivew] *(pl* -eis [-ejʃ]) *m* fuel.

começar [kome'sa(x)] *vt & vi* to start, to begin; **~ a fazer algo** to start OU begin to do sthg; **~ de/por** to start from/with; **~ por fazer algo** to start by doing sthg; **para ~** to start (with).

começo [ko'mesu] *m* start, beginning.

comédia [ko'mɛdʒja] *f* comedy.

comediante [kome'dʒjãntʃi] *mf* comic actor *(f* actress).

comemorar [komemo'ra(x)] *vt* to commemorate.

comentar [komẽn'ta(x)] *vt (mencionar)* to mention; *(analisar)* to comment on; *(criticar maliciosamente)* to make comments about.

comentário [komẽn'tarju] *m* comment; *(de evento esportivo)* commentary.

comer [ko'me(x)] *(pl* -res [-riʃ]) *vt* to eat; *(em xadrez, damas)* to take ◆ *vi (alimentar-se)* to eat ◆ *m (alimento)* food; *(refeição)* meal.

comercial [komex'sjaw] *(pl* -ais [-ajʃ]) *adj* commercial.

comercialização [komexsjaliza'sãw] *f* sale.

comercializar [komexsjali'za(x)] *vt* to sell.

comerciante [komex'sjãntʃi] *mf* shopkeeper.

comércio [ko'mɛxsju] *m* commerce; *(lojas)* shops *(pl)*.

comeres → **comer**.

comestível [komeʃ'tʃivew] *(pl* -eis [-ejʃ]) *adj* edible.

cometer [kome'te(x)] *vt (delito)* to commit; *(erro)* to make.

comichão [komi'ʃãw] *(pl* -ões [-õjʃ]) *f* itch; **fazer ~** to itch.

comício [ko'misju] *m* rally.

cómico, -ca ['kɔmiku, -ka] *adj (Port)* = **cômico**.

cômico, -ca ['komiku, -ka] *adj (Br) (actor)* comic; *(engraçado)* funny, comical.

comida [ko'mida] *f* food; *(refeição)* meal; **~ para bebê** baby food; **~ congelada** frozen food.

comigo [ko'migu] *pron* with me; **estava falando ~ mesmo** I was talking to myself.

comilão, -lona [komi'lãw, -lona] *(mpl* -ões [-õjʃ], *fpl* -s [-ʃ]) *m, f (fam)* glutton.

cominho [ko'miɲu] *m* cumin.

comissão [komi'sãw] *(pl* -ões [-õjʃ]) *f* commission.

comissário [komi'sarju] *m (de polícia)* superintendent; *(de navio)* purser; **~ de bordo** air steward.

comissões → **comissão**.

comité [komi'tɛ] *m (Port)* = **comitê**.

comitê [komi'te] *m (Br)* committee.

como ['komu] *adv* **1.** *(comparativo)* like; **não é ~ o outro** it's not like the other one; **~ quem não quer nada** casually; **~ se nada estivesse acontecendo** as if nothing was going on. **2.** *(de que maneira)* how; **~?** *(o que disse)* I'm sorry?, pardon? **3.** *(marca intensidade)*: **~ ele é inteligente!** he's so clever!, how clever he is!; **~ é difícil arranjar lugar para estacionar!** it's so difficult to find a parking space!; **~ você se engana!** how wrong you are!
◆ *conj* **1.** *(introduz comparação)* like; **é bonita, ~ a mãe** she's pretty, (just) like her mother. **2.** *(da forma que)* as; **~ queira!** as you wish!; **seja ~ for** in any case. **3.** *(por exemplo)* like, such as; **as cidades grandes ~ São Paulo** big cities like São Paulo **4.** *(na qualidade de)* as; **~ mãe fiquei muito preocupada** as a mother I felt very concerned; **~ prêmio ela ganhou um carro** she won a car for a prize. **5.** *(visto que)* as, since; **~ estávamos**

atrasados fomos de táxi we took a taxi as we were running late; ~ não atenderam pensamos que não estavam we thought you weren't in as there was no answer.
6. *(em locuções)*: ~ deve ser *adv (corretamente)* properly.
♦ *adj (próprio)* suitable.

comoção [komoˈsãw] *(pl* -ões [-õjʃ]) *f (emoção)* emotion; *(agitação)* commotion.

cómoda [ˈkɔmuda] *f (Port)* = **cômoda**.

cômoda [ˈkomoda] *f (Br)* chest of drawers.

comodidade [komodʒiˈdadʒi] *f* comfort.

comodismo [komoˈdʒiʒmu] *m* complacency.

comodista [komoˈdʒiʃta] *mf* complacent person.

cómodo, -da [ˈkɔmudu, -da] *adj (Port)* = **cômodo**.

cômodo, -da [ˈkomodu, -da] *adj (Br)* comfortable.

comovedor, -ra [komoveˈdo(x), -ra] *(mpl* -res [-riʃ], *fpl* -s [-ʃ]) *adj* moving.

comovente [komoˈvẽtʃi] *adj* touching.

comover [komoˈve(x)] *vt* to move.
⊔ **comover-se** *vp* to be moved.

comovido, -da [komoˈvidu, -da] *adj* moved.

compacto, -ta [kõˈpaktu, -ta] *adj* compact; *(denso)* thick; *(sólido)* hard ♦ *m (CD)* compact disc, CD; *(Br: disco de vinil)* record.

compaixão [kõpajˈʃãw] *f* compassion.

companheiro, -ra [kõpaˈɲejru, -ra] *m, f (acompanhante)* companion; *(de turma)* classmate; *(em casal)* partner.

companhia [kõpaˈɲia] *f* company; **fazer ~ a alguém** to keep sb company; **~ de aviação** airline; **~ de navegação** shipping line; **~ de seguros** insurance company; **em ~ de alguém** with sb.

comparação [kõparaˈsãw] *(pl* -ões [-õjʃ]) *f* comparison; **não ter ~ com** to bear no comparison with; **em ~ com** in comparison with.

comparar [kõpaˈra(x)] *vt* to compare; **~ algo a** OU **com algo** to compare sthg to OU with sthg.

comparecer [kõpareˈse(x)] *vi* to appear, to attend; **~ a algo** to attend sthg.

compartilhar [kõpaxtʃiˈʎa(x)] *vt* to share; **~ algo com alguém** to share sthg with sb.

compartimento [kõpaxtʃiˈmẽtu] *m* compartment; *(de casa)* room.

compartir [kõpaxˈtʃi(x)] *vt* to share.

compasso [kõˈpasu] *m* compasses *(pl)*; *(MÚS)* time.

compatível [kõpaˈtʃivɛw] *(pl* -eis [-ejʃ]) *adj* compatible; **~ com** compatible with.

compatriota [kõpatrjˈɔta] *mf* compatriot.

compensação [kõpẽsaˈsãw] *(pl* -ões [-õjʃ]) *f* compensation; *(vantagem)* advantage.

compensar [kõpẽˈsa(x)] *vt* to compensate; *(recompensar)* to make up for; **não compensa o esforço** it isn't worth the effort.

competência [kõpeˈtẽsja] *f* competence; *(responsabilidade)* responsibility.

competente [kõpeˈtẽtʃi] *adj* competent.

competição [kõpetʃiˈsãw] *(pl* -ões [-õjʃ]) *f* competition.

competir [kõpeˈtʃi(x)] *vi* to compete; **~ com** *(rivalizar com)* to compete with.

competitivo, -va [kõpetʃiˈtʃivu, -va] *adj* competitive.

compilar [kõpiˈla(x)] *vt* to compile.

complacente [kõplaˈsẽtʃi] *adj* indulgent.

complementar [kõplemẽˈta(x)] *(pl* -res [-riʃ]) *adj* complementary.

complemento [kõpleˈmẽtu] *m* complement; *(em trem)* supplement.

completamente [kõˌpletaˈmẽtʃi] *adv* completely.

completar [kõpleˈta(x)] *vt (preencher)* to fill in; *(terminar)* to complete.

completo, -ta [kõˈpletu, -ta] *adj* completed; *(cheio)* full; *(inteiro)* complete.

complexo, -xa [kõˈplɛksu, -ksa] *adj & m* complex.

complicação [kõplikaˈsãw] *(pl* -ões [-õjʃ]) *f* complication.

complicado, -da [kõpliˈkadu, -da] *adj* complicated.

complicar [kõpliˈka(x)] *vt* to complicate.

◻ **complicar-se** *vp* to become OU get complicated.

componente [kõmpo'nẽntʃi] *mf* component.

compor [kõm'po(x)] *vt (música, poema)* to compose; *(consertar)* to repair; *(arrumar)* to tidy; *(fazer parte de)* to make up.

◻ **compor-se** *vp (arranjar-se)* to tidy o.s. up.

◻ **compor-se de** *vp + prep (ser formado por)* to be made up of.

comporta [kõm'pɔxta] *f* sluice gate.

comportamento [kõmpoxta'mẽntu] *m* behaviour.

comportar [kõmpox'ta(x)] *vt (conter em si)* to hold; *(admitir)* to permit.

◻ **comportar-se** *vp* to behave.

composição [kõmpozi'sãw] *(pl -ões* [-õjʃ]) *f* composition; *(EDUC)* essay.

compositor, -ra [kõmpozi'to(x), -ra] *(mpl -res* [-riʃ], *fpl -s* [-ʃ]) *m, f (MÚS)* composer.

composto, -osta [kõm'poʃtu, -ɔʃta] *m (GRAM)* compound ◆ *adj*: **ser ~ por** to be composed of.

compostura [kõmpoʃ'tura] *f* composure; *(boa educação)* manners *(pl)*.

compota [kõm'pɔta] *f* preserve.

compra [kõmpra] *f* purchase; **ir às** OU **fazer ~s** to go shopping.

comprar [kõm'pra(x)] *vt* to buy.

compreender [kõmprjẽn'de(x)] *vt* to understand; *(incluir)* to comprise.

compreensão [kõmprjẽ'sãw] *f* understanding.

compreensivo, -va [kõmprjẽ'sivu, -va] *adj* understanding.

compressa [kõm'prɛsa] *f* compress; **~ esterilizada** sterile dressing.

comprido, -da [kõm'pridu, -da] *adj* long; **deitar-se ao ~** to lie down flat.

comprimento [kõmpri'mẽntu] *m* length; **tem 5 metros de ~** it's 5 metres long.

comprimido, -da [kõmpri'midu, -da] *adj* compressed ◆ *m* pill; **~ para dormir** sleeping pill; **~ para a dor** painkiller; **~ para o enjôo** travel sickness pill.

comprimir [kõmpri'mi(x)] *vt (apertar)* to squeeze; *(reduzir de volume)* to compress.

comprometer [kõmprome'te(x)] *vt* to compromise.

◻ **comprometer-se** *vp* to compro-

mise o.s.; **~-se a fazer algo** to commit o.s. to doing sthg.

compromisso [kõmpru'misu] *m (obrigação)* commitment; *(acordo)* agreement; **tenho um ~** I've got a prior engagement.

comprovação [kõmprova'sãw] *(pl -ões* [-õjʃ]) *f* proof.

comprovar [kõmpro'va(x)] *vt* to prove.

computador [kõmputa'do(x)] *(pl -res* [-riʃ]) *m* computer; **~ pessoal** personal computer.

comum [ko'mũ] *(pl -ns* [-ʃ]) *adj (frequente)* common; *(vulgar)* ordinary; *(partilhado)* shared.

comunhão [komu'ɲãw] *(pl -ões* [-õjʃ]) *f (RELIG)* Communion; **~ de bens** joint ownership *(in marriage)*.

comunicação [komunika'sãw] *(pl -ões* [-õjʃ]) *f* communication; *(comunicado)* announcement.

comunicado [komuni'kadu] *m* communiqué.

comunicar [komuni'ka(x)] *vt* to communicate; *(mensagem)* to pass on ◆ *vi* to communicate; **~ algo a alguém** to inform sb of sthg; **~ com** to communicate with.

comunidade [komuni'dadʒi] *f* community; **a Comunidade Européia** the European Community.

comunismo [komu'niʒmu] *m* communism.

comunista [komu'niʃta] *adj & mf* communist.

comuns → comum.

comutar [komu'ta(x)] *vt (pena)* to commute.

conceber [kõse'be(x)] *vt (filho)* to conceive; *(plano, sistema)* to think up.

conceder [kõse'de(x)] *vt (dar)* to give; *(prêmio, bolsa)* to award.

conceito [kõ'sejtu] *m* concept.

conceituado, -da [kõsej'twadu, -da] *adj* respected.

concelho [kõ'seʎu] *m* = municipality.

concentração [kõsẽntra'sãw] *(pl -ões* [-õjʃ]) *f* concentration; *(de pessoas)* gathering.

concentrado, -da [kõsẽn'tradu, -da] *adj (atento)* intent; *(produto, suco)* concentrated ◆ *m*: **~ de tomate** tomato purée.

concentrar [kõsẽn'tra(x)] *vt (atenção, esforços)* to concentrate; *(reunir)* to bring together.

❑ **concentrar-se** *vp* to concentrate; **~-se em** *(estudo, trabalho)* to concentrate on; *(lugar)* to group together in.

concepção [kõsep'sãw] *(pl* -ões [-õjʃ]) *f* concept; *(de filho)* conception.

concerto [kõ'sextu] *m* concert.

concessão [kõse'sãw] *(pl* -ões [-õjʃ]) *f (de prêmio)* awarding; *(de bolsa)* granting; *(de desconto)* concession.

concessionária [kõsesjo'narja] *f (Br)* licensed dealer; **~ automóvel** car dealer.

concessionário [kõsesju'narju] *m (Port)* = **concessionária**.

concessões → **concessão**.

concha [kõʃa] *f* shell; *(de sopa)* ladle.

conciliação [kõsilja'sãw] *(pl* -ões [-õjʃ]) *f* reconciliation.

conciliar [kõsi'lja(x)] *vt* to reconcile.

concluir [kõŋklu'i(x)] *vt* to conclude; *(acabar)* to finish.

conclusão [kõŋklu'zãw] *(pl* -ões [-õjʃ]) *f* conclusion; **em ~** in conclusion.

concordância [kõŋkox'dãsja] *f* agreement; **em ~ com** in accordance with.

concordar [kõŋkox'da(x)] *vi* to agree; **~ com** to agree with; **~ em fazer algo** to agree to do sthg.

concorrência [kõŋko'xẽsja] *f* competition.

concorrente [kõŋko'xẽntʃi] *adj (equipe)* opposing; *(produto, empresa)* rival ◆ *mf (em concurso, competição)* contestant; *(em disputa)* rival.

concorrer [kõŋko'xe(x)] *vi* to compete; **~ a algo** *(emprego, posição)* to apply for sthg.

concretizar [kõŋkreti'za(x)] *vt* to realize.

concreto, -ta [kõŋ'krɛtu, -ta] *adj & m* concrete.

concurso [kõŋ'kuxsu] *m (de televisão)* game show; *(de rádio)* contest; *(de música, literatura)* competition; *(para emprego)* open competition.

conde [kõdʒi] *m* count.

condenação [kõdena'sãw] *(pl* -ões [-õjʃ]) *f* condemnation; *(JUR: sentença)* sentence.

condenar [kõde'na(x)] *vt* to condemn; *(JUR: sentenciar)* to sentence.

condensação [kõdẽsa'sãw] *f* condensation.

condensado [kõdẽ'sadu] *adj m* → **leite**.

condensar [kõdẽ'sa(x)] *vt* to condense.

condescendência [kõdesẽn'dẽsja] *f* compliance.

condescendente [kõdesẽn'dẽntʃi] *adj* compliant.

condescender [kõdesẽn'de(x)] *vi* to agree; **~ em fazer algo** to agree to do sthg.

condessa [kõn'desa] *f* countess.

condição [kõndʒi'sãw] *(pl* -ões [-õjʃ]) *f* condition; *(classe social)* status; **estar em boas/más condições** to be in good/bad condition.

condicionado, -da [kõndʒisjo'nadu, -da] *adj* restricted.

condicional [kõndʒisjo'naw] *m*: **o ~** the conditional.

condicionar [kõndʒisjo'na(x)] *vt* to restrict.

condições → **condição**.

condimentar [kõndʒimẽn'ta(x)] *vt* to season.

condimento [kõndʒi'mẽntu] *m* seasoning.

condizer [kõndʒi'ze(x)] *vi* to go together; **~ com** to go with.

condolências [kõndo'lẽsjaʃ] *fpl* condolences; **as minhas ~** my condolences.

condomínio [kõndo'minju] *m* maintenance fee.

condómino [kõn'dominu] *m (Port)* = **condômino**.

condômino [kõn'dominu] *m (Br)* proprietor *(in a block of flats)*.

condor [kõn'do(x)] *(pl* -res [-riʃ]) *m* condor.

condução [kõndu'sãw] *f (de governo)* running; *(Br: transporte)* transport; *(Port: de veículo)* driving.

conduta [kõn'duta] *f (tubo, cano)* chute; *(comportamento)* behaviour; **~ de gás** gas piping.

condutor, -ra [kõndu'to(x), -ra] *(mpl* -res [-riʃ], *fpl* -s [-ʃ]) *m, f* driver ◆ *adj* conductive.

conduzir [kõndu'zi(x)] *vt (administrar)* to run; *(Port: dirigir)* to drive ◆ *vi (Port: dirigir)* to drive; **~ a** to lead to.

cone [kɔni] *m* cone.

conexão [konɛk'sãw] *(pl* -ões [-õjʃ]) *f* connection.

confecção [kõfɛk'sãw] *(pl* -ões [-õjʃ])

f *(de peça de vestuário)* making; *(de prato culinário)* preparation.

confeccionar [kõfɛksjoˈna(x)] *vt* to make.

confecções → confecção.

confeitaria [kõfejtaˈria] *f* sweet shop *(Brit)*, candy store *(Am)*.

conferência [kõfeˈrẽsja] *f* conference.

conferir [kõfeˈri(x)] *vt* to check ♦ *vi (estar exato)* to be correct.

confessar [kõfeˈsa(x)] *vt* to confess.
⊔ **confessar-se** *vp* to confess.

confessionário [kõfesjoˈnarju] *m* confessional.

confiança [kõˈfjãsa] *f (fé)* trust; *(segurança)* confidence; *(familiaridade)* familiarity; **ter ~ em** to trust; **ser de ~** to be reliable.

confiar [kõˈfja(x)] *vt*: **~ algo a alguém** *(segredo)* to tell sb sthg in confidence; **~ alguém a alguém** to leave sb in sb's care.
⊔ **confiar em** *v + prep (pessoa)* to trust; *(futuro, resultado)* to have faith in.

confidência [kõfiˈdẽsja] *f* confidence.

confidencial [kõfidẽˈsjaw] *(pl* -ais [-ajʃ]) *adj* confidential.

confirmação [kõfixmaˈsãw] *(pl* -ões [-õjʃ]) *f* confirmation.

confirmar [kõfixˈma(x)] *vt* to confirm.
⊔ **confirmar-se** *vp* to come true.

confiscar [kõfiʃˈka(x)] *vt* to confiscate.

confissão [kõfiˈsãw] *(pl* -ões [-õjʃ]) *f* confession.

conflito [kõˈflitu] *m* conflict; *(desavença)* argument.

conformar-se [kõfoxˈmaxsi] *vp (resignar-se)* to resign o.s.; **~ com** to resign o.s. to.

conforme [kõˈfoxmi] *conj* as ♦ *prep (dependendo de como)* depending on; *(de acordo com)* according to.

conformidade [kõfoxmiˈdadʒi] *f* conformity; **em ~ com** in accordance with.

confortar [kõfoxˈta(x)] *vt* to comfort.

confortável [kõfoxˈtavew] *(pl* -eis [-ejʃ]) *adj* comfortable.

conforto [kõˈfoxtu] *m* comfort.

confraternizar [kõfratexniˈza(x)] *vi* to fraternize; **~ com** to fraternize with.

confrontação [kõfrõntaˈsãw] *(pl* -ões [-õjʃ]) *f* confrontation.

confrontar [kõfrõnˈta(x)] *vt* to confront; *(comparar)* to compare.
⊔ **confrontar-se** *vp* to come face to face; **~-se com** *(deparar com)* to be confronted with.

confronto [kõˈfrõntu] *m* confrontation; *(comparação)* comparison.

confundir [kõfũnˈdi(x)] *vt (pessoa)* to confuse; *(rua, significado)* to mistake; *(números)* to mix up.
❏ **confundir-se** *vp (enganar-se)* to make a mistake; **~-se com** *(ser muito parecido a)* to be taken for.

confusão [kõfuˈzãw] *(pl* -ões [-õjʃ]) *f* confusion; *(tumulto)* commotion; **armar ~** to cause trouble; **fazer ~** to get mixed up.

confuso, -sa [kõˈfuzu, -za] *adj (desordenado)* mixed up; *(obscuro)* confusing; *(confundido)* confused.

confusões → confusão.

congelado, -da [kõʒeˈladu, -da] *adj* frozen.

congelador [kõʒelaˈdor] *(pl* -res [-riʃ]) *m (Port)* freezer.

congelar [kõʒeˈla(x)] *vt & vi* to freeze.

congestão [kõʒeʃˈtãw] *(pl* -ões [-õjʃ]) *f* congestion.

congestionado, -da [kõʒeʃtʃjoˈnadu, -da] *adj* congested.

congestionamento [kõʒeʃtʃjonaˈmẽntu] *m (de trânsito)* congestion.

congestionar [kõʒeʃtʃjoˈna(x)] *vt (trânsito)* to block.

congestões → congestão.

congratular [kõŋgratuˈla(x)] *vt* to congratulate.

congresso [kõŋˈgresu] *m* congress.

conhaque [koˈɲaki] *m* cognac.

conhecedor, -ra [koɲeseˈdo(x), -ra] *(mpl* -res [-riʃ], *fpl* -s [-ʃ]) *m, f*: **ser ~ de** to be an authority on.

conhecer [koɲeˈse(x)] *vt* to know; *(ser apresentado a)* to meet; *(reconhecer)* to recognize.

conhecido, -da [koɲeˈsidu, -da] *adj* well-known ♦ *m, f* acquaintance.

conhecimento [koɲesiˈmẽntu] *m* knowledge; *(experiência)* experience; **dar ~ de algo a alguém** to inform sb of sthg; **tomar ~ de algo** to find out about sthg; **é do ~ de todos** it is common knowledge.

❑ **conhecimentos** *mpl* contacts; *(cultura)* knowledge *(sg)*; **(ele) é uma pessoa com ~s** he is a knowledgeable OU cultured person.

conjugado [kõʒuˈgadu] *m (Br)* studio flat.

cônjuge [ˈkõʒuʒi] *mf* spouse.

conjunção [kõʒũˈsãw] *(pl -ões [-õjʃ]) f (GRAM)* conjunction; *(união)* union.

conjuntiva [kõʒũˈtʃiva] *f* conjunctiva.

conjuntivite [kõʒũtʃiˈvitʃi] *f* conjunctivitis.

conjunto [kõˈʒũtu] *m* set; *(de rock)* band; *(de roupa)* outfit.

connosco [kõˈnoʃku] *pron (Port)* = **conosco**.

conosco [koˈnoʃku] *pron (Br)* with us.

conquanto [kõŋˈkwãtu] *conj* even though.

conquista [kõˈkiʃta] *f* conquest.

conquistar [kõŋkiʃˈta(x)] *vt* to conquer; *(posição, trabalho)* to get; *(seduzir)* to win over.

consciência [kõʃˈsjẽsja] *f* conscience; *(conhecimento)* awareness; **ter ~ de algo** to be aware of sthg; **ter a ~ pesada** to have a guilty conscience; **tomar ~ de algo** to become aware of sthg.

consciente [kõʃˈsjẽtʃi] *adj (acordado)* conscious; *(responsável)* aware ◆ *m*: **o ~** the conscious mind.

consecutivo, -va [kõsekuˈtʃivu, -va] *adj* consecutive.

conseguinte [kõseˈgĩtʃi] : **por conseguinte** *adv* consequently.

conseguir [kõseˈgi(x)] *vt* to get; **~ fazer algo** to manage to do sthg.

conselho [kõˈseʎu] *m* piece of advice; *(órgão coletivo)* council; **dar ~s** to give advice; **Conselho de Ministros** Cabinet.

consenso [kõˈsẽsu] *m* consensus.

consentimento [kõsẽtʃiˈmẽtu] *m* consent.

consentir [kõsẽˈtʃi(x)] *vt* to consent to.

consequência [kõseˈkwẽsja] *pron (Port)* = **conseqüência**.

conseqüência [kõseˈkwẽsja] *f (Br)* consequence; **em** OU **como ~** as a consequence.

consertar [kõsexˈta(x)] *vt* to repair, to fix.

conserto [kõˈsextu] *m* repair.

conserva [kõˈsexva] *f*: **de ~** canned, tinned.

❑ **conservas** *fpl* tinned OU canned food *(sg)*.

conservação [kõsexvaˈsãw] *f* conservation; *(de alimento)* preservation.

conservar [kõsexˈva(x)] *vt* to preserve.

conservatório [kõsexvaˈtɔrju] *m* conservatoire *(Brit)*, conservatory *(Am)*.

consideração [kõsideraˈsãw] *(pl -ões [-õjʃ]) f* consideration; *(crítica)* point; **ter algo em ~** to take sthg into consideration.

considerar [kõsideˈra(x)] *vt* to consider; **~ que** to consider (that).

❑ **considerar-se** *vp*: **ele considera-se o maior** he thinks he's the best.

considerável [kõsideˈravɛw] *(pl -eis [-ejʃ]) adj* considerable; *(feito, conquista)* significant.

consigo [kõˈsigu] *pron (com ele)* with him; *(com ela)* with her; *(com você)* with you; *(com eles, elas)* with them; *(relativo a coisa, animal)* with it; **ela estava a falar ~ própria** she was talking to herself.

consistência [kõsiʃˈtẽsja] *f* consistency; *(de objeto, madeira)* solidity.

consistente [kõsiʃˈtẽtʃi] *adj (coerente)* consistent; *(espesso)* thick; *(sólido)* solid.

consistir [kõsiʃˈtʃi(x)] : **consistir em** *v + prep (ser composto por)* to consist of; *(basear-se em)* to consist in.

consoada [kõˈswada] *f* meal eaten late on Christmas Eve which traditionally consists of boiled salt cod with boiled potatoes, cabbage and boiled eggs.

consoante [kõˈswãtʃi] *f* consonant ◆ *prep (dependendo de)* depending on; *(conforme)* according to.

consolar [kõsoˈla(x)] *vt* to console.

❑ **consolar-se** *vp* to console o.s.

consomé [kõsɔˈmɛ] *m (Port)* = **consomê**.

consomê [kõsoˈme] *m (Br)* consommé.

conspícuo, -cua [kõʃˈpikwu, -kwa] *adj* conspicuous.

conspiração [kõʃpiraˈsãw] *(pl -ões [-õjʃ]) f* conspiracy.

constante [kõʃˈtãtʃi] *adj* constant.

constar [kõʃˈta(x)] *v impess*: **consta que ...** it is said that ....

❏ **constar de** *v + prep (consistir em)* to consist of; *(figurar em)* to appear in.

constatar [kõʃta'ta(x)] *vt*: ~ **que** *(notar que)* to realize (that).

consternado, -da [kõʃter'nadu, -da] *adj* distraught.

constipação [kõʃtʃipa'sãw] *(pl -ões* [-õjʃ]) *f (Br: prisão de ventre)* constipation; *(Port: resfriado)* cold.

constipado, -da [kõʃtʃi'padu, -da] *adj*: **estar** ~ *(Br: ter prisão de ventre)* to be constipated; *(Port: estar resfriado)* to have a cold.

constipar-se [kõʃtʃi'parse] *vp (Port)* to catch a cold.

constituição [kõʃtʃitwi'sãw] *(pl -ões* [-õjʃ]) *f* constitution.

constituir [kõʃtʃitwi(x)] *vt (formar)* to set up; *(representar)* to constitute.

constranger [kõʃtrã'ʒe(x)] *vt (embaraçar)* to embarrass; *(obrigar)* to force.

❏ **constranger-se** *vp (embaraçar-se)* to be embarrassed.

constrangimento [kõʃtrãʒi'mẽtu] *m (embaraço)* embarrassment; *(obrigação)* constraint.

construção [kõʃtru'sãw] *(pl -ões* [-õjʃ]) *f* construction.

construir [kõʃtru'i(x)] *vt* to build; *(frase)* to construct.

construtivo, -va [kõʃtru'tivu, -va] *adj* constructive.

construtor, -ra [kõʃtru'to(x), -ra] *(mpl -es* [-iʃ], *fpl -s* [-ʃ]) *m, f* builder.

cônsul [kõsuw] *(pl -es* [-iʃ]) *mf* consul.

consulado [kõsu'ladu] *m* consulate.

cônsules → **cônsul**.

consulta [kõ'suwta] *f (com médico)* appointment; *(de texto, dicionário)* consultation.

consultar [kõsuw'ta(x)] *vi (médico)* to hold a surgery ♦ *vt* to consult.

consultório [kõsuw'tɔrju] *m (de médico)* surgery.

consumidor, -ra [kõsumi'do(x), -ra] *(mpl -res* [-riʃ], *fpl -s* [-ʃ]) *m, f* consumer.

consumir [kõsu'mi(x)] *vt & vi* to consume.

consumo [kõ'sumu] *m* consumption.

conta ['kõta] *f (de restaurante, café, etc)* bill; *(de banco)* account; *(de colar)* bead; **a** ~, **por favor** could I have the bill, please?; **o jantar é por minha** ~ dinner's on me; **abrir uma** ~ to open an account; **dar-se** ~ **de que** to realize

(that); **fazer de** ~ **que** to pretend (that); **ter em** ~ to take into account; **tomar** ~ **de** to look after; ~ **bancária** bank account; ~ **corrente** current account; ~ **à ordem** deposit account; **vezes sem** ~ countless times.

contabilidade [kõtabeli'dadʒi] *f* accountancy; *(departamento)* accounts department.

contabilista [kõtabe'liʃta] *mf (Port)* accountant.

contacto [kõ'ta(k)tu] *m (Port)* = **contato**.

contador [kõta'do(x)] *(pl -res* [-riʃ]) *m (Br: profissional)* accountant; *(medidor)* meter; ~ **de estórias** storyteller.

contagem [kõn'taʒẽ] *(pl -ns* [-ʃ]) *f (de gasto de água, de luz, etc)* meter-reading; *(de votos, bilhetes, etc)* counting.

contagiar [kõta'ʒja(x)] *vt* to infect.

contágio [kõn'taʒju] *m* infection, contagion.

contagioso, -osa [kõta'ʒjozu, -ɔza] *adj* contagious, infectious.

conta-gotas [‚kõta'gotaʃ] *m inv* dropper.

contaminação [kõtamina'sãw] *(pl -ões* [-õjʃ]) *f* contamination.

contaminar -[kõtami'na(x)] *vt* to contaminate.

conta-quilómetros [‚kõtaki-'lɔmetruʃ] *m inv (Port)* speedometer.

contar [kõ'ta(x)] *vt* to count; *(narrar, explicar)* to tell ♦ *vi (calcular)* to count; ~ **algo a alguém** to tell sb sthg; ~ **fazer algo** *(tencionar)* to expect to do sthg; ~ **com** to count on.

contatar [kõta'ta(x)] *vt* to contact.

contato [kõn'tatu] *m (Br)* contact; *(de motor)* ignition; **entrar em** ~ **com** *(contatar)* to get in touch with.

contemplar [kõtẽm'pla(x)] *vt* to contemplate; ~ **alguém com algo** to give sb sthg.

contemporâneo, -nea [kõtẽm-po'ranju, -nja] *adj & m, f* contemporary.

contentamento [kõtẽnta'mẽtu] *m* contentment.

contentar [kõtẽn'ta(x)] *vt* to keep happy.

❏ **contentar a** *v + prep* to please.

❏ **contentar-se com** *vp + prep* to content o.s. with.

contente [kõ'tẽntʃi] *adj* happy.

contentor [kõntẽn'to(x)] *(pl -es* [-iʃ])

m container; ~ **do lixo** large bin.

conter [kõn'te(x)] *vt (ter)* to contain; *(refrear)* to hold back.

❏ **conter-se** *vp* to restrain o.s.

conterrâneo, -nea [kõnte'xanju, -nja] *m, f* compatriot.

contestação [kõnteʃta'sãw] *(pl* -ões [-õjʃ]) *f (resposta)* answer; *(polêmica)* controversy.

contestar [kõnteʃ'ta(x)] *vt (refutar)* to dispute; *(replicar)* to answer.

conteúdo [kõn'tʃudu] *m (de recipiente)* contents *(pl)*; *(de carta, texto)* content.

contexto [kõn'teʃtu] *m* context.

contigo [kõn'tigu] *pron* with you.

continente [kõntʃi'nẽntʃi] *m* continent.

continuação [kõntʃinwa'sãw] *(pl* -ões [-õjʃ]) *f* continuation.

continuamente [kõntʃinwa'mẽntʃi] *adv (sem interrupção)* continuously; *(repetidamente)* continually.

continuar [kõntʃi'nwa(x)] *vt* to continue ◆ *vi* to carry on; ~ **a fazer algo** to continue doing sthg; ~ **com algo** to carry on with sthg.

contínuo, -nua [kõn'tʃinwu, -nwa] *adj (sem interrupção)* continuous; *(repetido)* continual ◆ *m, f* caretaker.

conto ['kõntu] *m (Port: mil escudos)* thousand escudos; *(história)* story.

contornar [kõntox'na(x)] *vt (edifício, muro, etc)* to go round; *(problema, situação)* to get round.

contra ['kõntra] *prep* against ◆ *m*: **pesar** OU **ver os prós e os ~s** to weigh up the pros and the cons.

contra-ataque [kõntra'taki] *m* counterattack.

contrabaixo [kõntra'bajʃu] *m* double bass.

contrabando [kõntra'bãndu] *m (de mercadorias)* smuggling; *(mercadoria)* contraband.

contracepção [ˌkõntrasep'sãw] *f* contraception.

contraceptivo, -va [ˌkõntrasep'tʃivu, -va] *adj & m* contraceptive.

contradição [ˌkõntradʒi'sãw] *(pl* -ões [-õjʃ]) *f* contradiction.

contradizer [ˌkõntradʒi'ze(x)] *vt* to contradict.

contrafilé [kõntrafi'lɛ] *m (Br)* rump steak.

contra-indicação [ˌkõntraĩndʒika-'sãw] *(pl* -ões [-õjʃ]) *f (de medicamento)* contraindication.

contrair [kõntra'i(x)] *vt (doença)* to catch, to contract; *(dívida)* to run up; *(vício, hábito)* to acquire; ~ **matrimônio** to get married.

contramão [kõntra'mãw] *f (de rua, estrada)* the other side of the road; **ir pela** ~ to drive on the wrong side of the road.

contrapartida [ˌkõntrapar'tʃida] *f* compensation; **em** ~ on the other hand.

contrariar [kõntra'rja(x)] *vt (contradizer)* to contradict; *(aborrecer)* to annoy.

contrariedade [kõntrarje'dadʒi] *f (aborrecimento)* annoyance.

contrário, -ria [kõn'trarju, -rja] *adj (oposto)* opposite; *(adversário)* opposing ◆ *m*: **o** ~ the opposite; **ser** ~ **a algo** to be against sthg; **de** ~ otherwise; **pelo** ~ (quite) the contrary; **em sentido** ~ in the opposite direction.

contra-senso [ˌkõntra'sẽsu] *m (absurdo)* nonsense; *(em tradução)* mistranslation.

contrastar [kõntraʃ'ta(x)] *vt & vi* to contrast; ~ **com** to contrast with.

contraste [kõn'traʃtʃi] *m* contrast; **em** ~ **com** in contrast with.

contratar [kõntra'ta(x)] *vt* to hire.

contratempo [ˌkõntra'tẽmpu] *m* setback.

contrato [kõn'tratu] *m* contract.

contribuinte [kõntri'bwĩntʃi] *mf* taxpayer.

contribuir [kõntri'bwi(x)] *vi* to contribute; ~ **com algo** to contribute sthg; ~ **para algo** to contribute towards sthg.

controlar [kõntro'la(x)] *vt* to control. ❏ **controlar-se** *vp* to control o.s.

controle [kõn'troli] *m (Br)* control; ~ **remoto** remote control.

controlo [kõn'trolu] *m (Port)* = **controle**.

controvérsia [kõntro'vɛrsja] *f* controversy.

controverso, -sa [kõntro'vɛrsu, -sa] *adj* controversial.

contudo [kõn'tudu] *conj* however.

contusão [kõntu'zãw] *(pl* -ões [-õjʃ]) *f* bruise.

convalescença [kõvaleʃ'sẽsa] *f* convalescence.

convenção [kõvẽ'sãw] *(pl* -ões [-õjʃ])

f convention.

convencer [kõvẽ'sc(x)] *vt* to convince; **~ alguém a fazer algo** to persuade sb to do sthg; **~ alguém de algo** to convince sb of sthg; **~ alguém de que** to convince sb (that).

❏ **convencer-se** *vp* to be convinced; **~-se de que** to become convinced (that).

convencido, -da [kõvẽ'sidu, -da] *adj* conceited.

convencional [kõvẽsjo'naw] (*pl* **-ais** [-ajʃ]) *adj* conventional.

convenções → convenção.

conveniente [kõve'njẽntʃi] *adj* convenient.

convento [kõ'vẽntu] *m* convent.

conversa [kõ'vexsa] *f* conversation; **~ fiada** chitchat; **não ir na ~** not to be taken in.

conversar [kõvex'sa(x)] *vi* to talk; **~ com** to talk to.

conversível [kõvex'sivew] (*pl* **-eis** [-ejʃ]) *m* (*Br: carro*) convertible.

converter [kõvex'te(x)] *vt* (*transformar*): **~ algo/alguém em** to convert sthg/sb into.

❏ **converter-se** *vp* to convert; **~-se a** to convert to; **~-se em** to turn into.

convés [kõ'vɛʃ] (*pl* **-eses** [-ɛziʃ]) *m* deck.

convidado, -da [kõvi'dadu, -da] *adj* guest (*antes de s*) ◆ *m, f* guest.

convidar [kõvi'da(x)] *vt* to invite.

convir [kõ'vi(x)] *vi* (*ser útil*) to be a good idea; (*ser adequado*) to be suitable; **é de ~ que** admittedly.

convite [kõ'vitʃi] *m* invitation.

convivência [kõvi'vẽsja] *f* (*vida em comum*) living together; (*familiaridade*) familiarity.

conviver [kõvi've(x)] : **conviver com** *v + prep* (*ter convivência com*) to live with; (*amigos, colegas*) to socialize with.

convívio [kõ'vivju] *m* (*convivência*) contact; (*festa*) social gathering.

convocar [kõvo'ka(x)] *vt* to summon; **~ alguém para algo** to summon sb to sthg.

convosco [kõ'voʃku] *pron* with you.

convulsão [kõvuw'sãw] (*pl* **-ões** [-õjʃ]) *f* (*física*) convulsion; (*social*) upheaval.

cooperação [kwopera'sãw] (*pl* **-ões** [-õjʃ]) *f* cooperation.

cooperar [kwope'ra(x)] *vi* to cooperate.

cooperativa [kwopera'tiva] *f* cooperative.

coordenar [kworde'na(x)] *vt* to coordinate.

copa ['kɔpa] *f* (*divisão de casa*) pantry; (*de árvore*) top; (*de chapéu*) crown; (*Br: torneio esportivo*) cup.

❏ **copas** *fpl* (*naipe de cartas*) hearts.

cópia ['kɔpja] *f* copy.

copiar [ko'pja(x)] *vt* to copy ◆ *vi* (*Port: em exame, teste*) to cheat.

copo ['kɔpu] *m* glass; **tomar** OU **beber um ~** to have a drink; **ser um bom ~** (*fam*) to be able to hold one's drink.

copo-d'água [kɔpud'agwa] (*pl* **copos-d'água** [kɔpuʒd'agwa]) *m* (*Port*) reception.

coqueiro [ko'kejru] *m* coconut palm.

coquetel [koke'tɛw] (*pl* **-éis** [-ɛiʃ]) *m* cocktail.

cor¹ ['kɔ(x)] : **de cor** *adv*: **aprender/ saber algo de ~** to learn/know sthg by heart; **saber algo de ~ e salteado** to know sthg backwards.

cor² ['ko(x)] (*pl* **-res** [-riʃ]) *f* colour; **mudar de ~** to change colour; **perder a ~** to fade; **de ~** (*pessoa*) coloured.

coração [kora'sãw] (*pl* **-ões** [-õjʃ]) *m* heart; **ter bom ~** to be kind-hearted.

corado, -da [ko'radu, -da] *adj* (*pessoa*) red, flushed; (*frango, assado, etc*) brown.

coragem [ko'raʒẽ] *f* courage ◆ *interj* chin up!

corais → coral.

corajoso, -osa [kora'ʒozu, -ɔza] *adj* courageous.

coral [ko'raw] (*pl* **-ais** [-ajʃ]) *m* coral.

corante [ko'rãntʃi] *m* colouring; **"sem ~s nem conservantes"** "contains no colouring or preservatives".

corar [ko'ra(x)] *vi* to blush ◆ *vt* (*frango, assado, etc*) to brown.

Corcovado [koxko'vadu] *m*: **o ~** the Corcovado mountain in Rio de Janeiro.

corda ['kɔrda] *f* rope; (*de instrumento musical*) string; (*de relógio, brinquedo*) clockwork; **dar ~ a** (*relógio, brinquedo*) to wind up; **~ de saltar** skipping rope; **~s vocais** vocal cords.

cordão [kor'dãw] (*pl* **-ões** [-õjʃ]) *m* (*Port: de sapatos*) shoelace; (*jóia*) gold chain; **~ umbilical** umbilical cord.

cordeiro [kor'dejru] *m* lamb.

cordel [kor'dɛw] *(pl* **-éis** [-ɛiʃ]) *m* string.

cor-de-laranja [ˌkordʒila'rãʒa] *adj inv* orange.

cor-de-rosa [ˌkordʒi'xɔza] *adj inv* pink.

cordial [kor'dʒjaw] *(pl* **-ais** [-ajʃ]) *adj* cordial.

cordilheira [kordʒi'ʎejra] *f* mountain range.

cordões → **cordão**.

cores → **cor²**.

coreto [ko'retu] *m* bandstand.

corinto [ko'rĩntu] *m* currant.

córnea ['kɔxnja] *f* cornea.

corneta [kox'neta] *f* cornet.

cornflakes® [koxni'flejkiʃ] *mpl* Cornflakes®.

coro ['koru] *m* choir; *(de música)* chorus; **em ~** in unison.

coroa [ko'roa] *f* crown; *(de enterro)* wreath.

corpo ['koxpu] *m* body; *(cadáver)* corpse; **~ de bombeiros** fire brigade.

corporal [koxpo'raw] *(pl* **-ais** [-ajʃ]) *adj* → **odor**.

correção [koxe'sãw] *(pl* **-ões** [-õjʃ]) *f (Br)* correctness; *(de exame, teste)* correction.

correcção [kuxe'sãw] *(pl* **-ões** [-õjʃ]) *f (Port)* = **correção**.

correções → **correção**.

corredor, -ra [koxe'do(x), -ra] *(mpl* **-res** [-riʃ]. *fpl* **-s** [-ʃ]) *m, f* runner ♦ *m (de casa)* corridor.

correia [ko'xeja] *f (tira de couro)* strap; **~ da ventoinha** fan belt.

correio [ko'xeju] *m* post, mail; *(pessoa)* postman *(f* postwoman) *(Brit)*, mailman *(f* mailwoman) *(Am); (local)* post office; **~ azul** *(Port)* fast mail service, **-** firstclass mail *(Brit);* **~ eletrônico** e-mail, electronic mail; **~ expresso** express mail; **~ de voz** voice mail; **pelo ~** by post.

corrente [ko'xĩntʃi] *adj* current; *(água)* running ♦ *f* current; *(de bicicleta)* chain; **~ alternada** alternating current; **~ de ar** draught.

correr [ko'xe(x)] *vi* to run; *(tempo)* to pass; *(notícia, rumor)* to go around ♦ *vt* to run; **~ as cortinas** to draw the curtains; **~ com alguém** to get rid of sb; **~ perigo** to be in danger; **fazer algo correndo** to do sthg in a rush.

correspondência [koxeʃpõn'dẽsja] *f* correspondence.

correspondente [koxeʃpõn'dẽntʃi] *adj* corresponding ♦ *mf* correspondent.

corresponder [koxeʃpõn'de(x)] *vi* to correspond; *(retribuir)* to reciprocate; **~ a** to correspond with.

❏ **corresponder-se** *vp (escrever-se)* to write to each other; **~-se com alguém** to correspond with sb.

corretamente [koˌxɛta'mẽntʃi] *adv* correctly.

correto [ko'xɛtu] *adj* correct.

corretor, -ra [koxe'to(x), -ra] *(mpl* **-res** [-riʃ], *fpl* **-s** [-ʃ]) *m, f* broker ♦ *m:* *(fluido)* correction fluid; **~ de imóveis** estate agent *(Brit)*, real estate agent *(Am);* **~ da Bolsa** stockbroker.

corrida [ko'xida] *f (de velocidade)* race; *(tourada)* bullfight; *(de táxi)* fare; **~ de automóveis** rally; **~ de cavalos** horse race; **~ à Portuguesa** Portuguese bullfight.

corrigir [koxi'ʒi(x)] *vt* to correct.

❏ **corrigir-se** *vp* to mend one's ways.

corrimão [koxi'mãw] *(pl* **-s** [-ʃ] OU **-ões** [-õjʃ]) *m (de escada)* handrail, banister; *(de varanda)* railing.

corrimento [koxi'mẽntu] *m (de vagina)* discharge.

corrimões → **corrimão**.

corroborar [koxobo'ra(x)] *vt* to corroborate.

corromper [koxõm'pe(x)] *vt* to corrupt; *(subornar)* to bribe.

corrupção [koxup'sãw] *(pl* **-ões** [-õjʃ]) *f* corruption; **~ de menores** *(JUR)* corruption of minors.

corrupto, -ta [ko'xuptu, -ta] *adj* corrupt.

cortar [kox'ta(x)] *vt* to cut; *(carne assada)* to carve; *(gás, eletricidade)* to cut off; *(rua, estrada)* to block off ♦ *vi* to be sharp; **~ em algo** to cut back on sthg; **~ relações (com alguém)** to break up (with sb).

❏ **cortar-se** *vp* to cut o.s.

corte ['kɔxtʃi] *m* cut; **~ de cabelo** haircut.

cortejo [kox'teʒu] *m* procession; **~ fúnebre** funeral procession.

cortesia [koxte'zia] *f* courtesy.

cortiça [kox'tʃisa] *f* cork.

cortiço [kox'tʃisu] *f* slum tenement.

cortina [kox'tʃina] *f* curtain.

cortinados [koxtʃi'naduʃ] *mpl* curtains.

coruja [ko'ruʒa] *f* owl.

corvina [kox'vina] *f* black bream.

corvo ['koxvu] *m* crow.

cós ['kɔʃ] *m inv* waistband.

coser [ko'ze(x)] *vt & vi* to sew.

cosmético [koʒ'mɛtʃiku] *m* cosmetic.

cosmopolita [koʒmopo'lita] *mf & adj* cosmopolitan.

costa ['kɔʃta] *f* coast; *(de montanha)* slope; **dar à ~** to wash ashore.
◻ **costas** *fpl* back *(sg)*.

costela [koʃ'tɛla] *f* rib.

costeleta [koʃte'leta] *f (de porco, carneiro)* chop; *(de vitela)* cutlet.

costumar [koʃtu'ma(x)] *vt*: **~ fazer algo** to usually do sthg; **ela costuma chegar na hora** she usually arrives on time ◆ *v impess*: **costuma chover muito** it tends to rain a lot.

costume [koʃ'tumi] *m (hábito)* habit; *(uso social)* custom; **como de ~** as usual; **por ~** usually.

costura [koʃ'tura] *f (atividade)* sewing; *(de operação cirúrgica)* scar.

costurar [koʃtu'ra(x)] *vt (roupa)* to sew (up); *(ferida, corte)* to stitch up.

cotação [kota'sãw] *(pl -ões [-õjʃ])* *f (de mercadoria, título)* quoted price; **~ bancária** bank rate.

cotidiano [kotʃi'dʒjanu] *adj (Br)* daily ◆ *m* everyday life.

cotonetes [koto'netʃiʃ] *mpl* cotton buds.

cotovelada [kotove'lada] *f* poke with the elbow; **dar uma ~ em alguém** to elbow sb.

cotovelo [koto'velu] *m* elbow.

cotovia [koto'via] *f* lark.

coube ['kobi] → **caber**.

couchette [ko'ʃɛtʃi] *f* couchette.

couraça [ko'rasa] *f (de tartaruga, cágado)* shell.

courgette [kur'ʒɛte] *f (Port)* courgette *(Brit)*, zucchini *(Am)*.

couro ['koru] *m* leather; **~ cabeludo** scalp.

couve ['kovi] *f* cabbage; **~ lombarda** savoy cabbage; **~ à mineira** chopped spring greens lightly fried in butter and garlic; **~ portuguesa** kale; **~ roxa** red cabbage.

couve-de-Bruxelas [,kovidʒibru-'ʃelaʃ] *(pl* **couves-de-Bruxelas** [,koviʒ-dʒibru'ʃelaʃ]*)* *f* brussels sprout.

couve-flor [,kove'flo(x)] *(pl* **couves-flores** [,koveʃ'floreʃ]*)* *f* cauliflower.

couve-galega [,koviga'lega] *(pl* **couves-galegas** [,koviʒga'legaʃ]*)* *f* kale.

couvert [ko'vɛ(x)] *m* cover charge.

cova ['kɔva] *f* pit; *(sepultura)* grave.

covarde [ko'vaxdʒi] *adj* cowardly ◆ *m* coward.

covardia [kovax'dʒia] *f* coward.

coveiro [ko'vejru] *m* gravedigger.

coxa ['koʃa] *f* thigh; **~ de galinha** chicken rissole.

coxia [ko'ʃia] *f* aisle.

coxo, -xa ['koʃu, -ʃa] *adj* lame.

cozer [ko'ze(x)] *vt* to boil; *(bolo, torta, empada)* to bake.

cozido, -da [ko'zidu, -da] *adj* boiled; *(bolo, torta, empada)* baked ◆ *m*: **~ (à portuguesa)** *a* mixture of boiled meats including chicken, beef, pig's ear, "chouriço", black pudding and vegetables, served with rice.

cozinha [ko'ziɲa] *f* kitchen; *(arte)* cookery.

cozinhar [kozi'ɲa(x)] *vt & vi* to cook.

cozinheiro, -ra [kozi'ɲejru, -ra] *m, f* cook.

crachá [kra'ʃa] *m* badge.

crânio ['kranju] *m* skull.

craque ['kraki] *mf (fam)* expert.

cratera [kra'tɛra] *f* crater.

cravar [kra'va(x)] *vt*: **~ algo em algo** *(unhas)* to dig sthg into sthg; *(dentes, faca)* to sink sthg into sthg; **~ os olhos em** to stare at.

cravinho [kra'viɲu] *m (Port)* clove.

cravo ['kravu] *m (flor)* carnation; *(instrumento)* harpsichord; *(Br: em rosto)* blackhead; *(Br: especiaria)* clove; *(Port: verruga)* wart.

creche ['krɛʃi] *f* crèche.

credencial [kredẽsi'aw] *(pl -ais* [-ajʃ]*)* *f (médica)* letter of referral from a GP to a specialist.

crediário [kre'dʒjarju] *m (Br)* hire purchase *(Brit)*, installment plan *(Am)*.

crédito ['krɛdʒitu] *m* credit; **comprar/vender a ~** to buy/sell on credit.

credor, -ra [kre'do(x), -ra] *(mpl -res* [-riʃ]*, fpl -s* [-ʃ]*)* *m, f* creditor.

crédulo, -la ['krɛdulu, -wa] *adj* gullible.

cremar [kre'ma(x)] *vt* to cremate.

crematório [krema'tɔrju] *m* crematorium.

creme ['krɛmi] *m* cream; *(licor)* cream

liqueur; ~ **de barba** shaving cream; ~ **hidratante** moisturizer; ~ **de leite** (Br) single cream; ~ **de limpeza** cleanser; ~ **de noite** cold cream; ~ **rinse** (Br) conditioner.

cremoso, -osa [krɛ'mozu, -ɔza] adj creamy.

crença [krẽsa] f belief.

crente [krẽntʃi] mf believer.

crepe ['krɛpi] m crepe.

crepúsculo [krɛ'puʃkulu] m (de manhã) daybreak; (à noite) twilight.

crer [kre(x)] vi to believe; (supor) to suppose ♦ vt: ~ **que** (acreditar) to believe (that); (supor) to suppose (that); **ver para ~** seeing is believing.

crescente [krɛ'sẽntʃi] adj growing ♦ m (fase da lua) crescent.

crescer [krɛ'se(x)] vi to grow; (aumentar) to rise; (sobejar) to be left (over).

crespo, -pa ['krɛʃpu, -pa] adj (cabelo) very curly; (rugoso) rough.

cretino, -na [kre'tinu, -na] m, f idiot.

cria ['kria] f young.

criado, -da [kri'adu, -da] m, f servant.

criador, -ra [kria'do(x), -ra] (mpl -res [-riʃ], fpl -s [-ʃ]) m, f creator; (de animais) breeder.

criança [kri'ãsa] f child; ~ **de colo** infant; **quando ~** as a child; **ser ~** to be childish.

criar [kri'a(x)] vt to create; (filhos) to bring up; (animais) to raise; ~ **caso** to make trouble.

❑ **criar-se** vp (produzir-se) to form; (pessoa) to grow up.

criatividade [kriatʃivi'dadʒi] f creativity.

criativo, -va [kria'tʃivu, -va] adj creative.

criatura [kria'tura] f creature.

crime ['krimi] m crime.

criminalidade [kriminali'dadʒi] f crime.

criminoso, -osa [krimi'nozu, -ɔza] m, f criminal.

crina ['krina] f mane.

crisântemo [kri'zãntemu] m chrysanthemum.

crise ['krizi] f crisis; (em doença) attack; (de nervos, histeria) fit.

crista ['kriʃta] f (de ave) crest; (de montanha) ridge; **estar na ~ da onda** to be all the rage.

cristã → cristão.

cristal [kriʃ'taw] (pl -ais [-ajʃ]) m crystal.

cristaleira [kriʃta'lejra] f china cabinet.

cristão, -tã [kriʃ'tãw, -tã] adj & m, f Christian.

critério [kri'tɛrju] m criterion.

crítica ['kritika] f (de obra, peça, filme) review; (censura) criticism.

criticar [kritʃi'ka(x)] vt (obra) to review; (pessoa, atitude) to criticize.

crivo ['krivu] m sieve; (de regador) rose.

crocante [krɔ'kãntʃi] adj crunchy.

croché [krɔ'ʃɛ] m (Port) = **crochê**.

crochê [krɔ'ʃe] m (Br) crochet.

crocodilo [krɔkɔ'dilu] m crocodile.

cromo ['krɔmu] m sticker.

crónica ['krɔnika] f (Port) = **crônica**.

crônica ['kronika] f (Br) (de jornal) (newspaper) column; (conto) short story.

crónico, -ca ['krɔniku, -ka] adj (Port) = **crônico**.

crônico, -ca adj ['kroniku, -ka] (Br) (doença) chronic.

cronológico, -ca [krɔno'lɔʒiku, -ka] adj chronological.

cronometrar [krɔnome'tra(x)] vt to time.

cronómetro [kru'nɔmetru] m (Port) = **cronômetro**.

cronômetro [kro'nometru] m (Br) stopwatch.

croquete [krɔ'kɛtʃi] m croquette.

crosta ['krɔʃta] f (de ferida) scab; (da Terra) crust.

cru, crua ['kru, 'krua] adj (comida) raw; (tecido) unbleached; (realidade) harsh.

crucial [kru'sjaw] (pl -ais [-ajʃ]) adj crucial.

crucifixo [kruse'fiksu] m crucifix.

cruel [kru'ɛw] (pl -éis [-ɛiʃ]) adj cruel.

cruz ['kruʃ] (pl -zes [-ziʃ]) f cross; **a Cruz Vermelha** the Red Cross.

cruzamento [kruza'mẽntu] m (em estrada) crossroads (sg); (de raças) crossbreed.

cruzar [kru'za(x)] vt to cross; (braços) to fold.

❑ **cruzar-se** vp (interceptar-se) to cross; **~-se com alguém** to bump into sb.

cruzeiro [kru'zejru] m cruise; (antiga unidade monetária) cruzeiro.

cu ['ku] m (vulg) arse (Brit), ass (Am).

Cuba libre [ˌkubaˈlibri] *f* rum and cola.

cúbico, -ca [ˈkubiku, -ka] *adj* cubic.

cubículo [kuˈbikulu] *m* cubicle.

cubo [ˈkubu] *m* cube; ~ **de gelo** ice cube.

cuco [ˈkuku] *m* cuckoo.

cueca [ˈkwɛka] *f* briefs *(pl)*.

cuidado, -da [kuiˈdadu, -da] *adj (casa, jardim, etc)* well looked after ◆ *m* care ◆ *interj* (be) careful!; **ter ~** to take care, to be careful; **aos ~s de alguém** care of sb; **com ~** carefully, with care.

cuidar [kuiˈda(x)] : **cuidar de** *v + prep* to take care of.

❏ **cuidar-se** *vp* to look after o.s.

cujo, -ja [ˈkuʒu, -ʒa] *pron (de quem)* whose; *(de que)* of which.

culinária [kuliˈnarja] *f* cookery.

culminar [kuwmiˈna(x)] : **culminar em** *v + prep* to culminate in.

culpa [ˈkuwpa] *f* fault; **ter ~ de algo** to be to blame for sthg; **por ~ de** due to.

culpado, -da [kuwˈpadu, -da] *adj* guilty.

cultivar [kuwtiˈva(x)] *vt* to cultivate.

❏ **cultivar-se** *vp* to educate o.s.

culto, -ta [ˈkuwtu, -ta] *adj* well-educated ◆ *m* cult.

cultura [kuwˈtura] *f* culture; *(agrícola)* crop; *(conhecimentos)* knowledge.

cultural [kuwtuˈraw] *(pl* **-ais** [-ajʃ]) *adj* cultural.

cume [ˈkumi] *m* summit.

cúmplice [ˈkũmplisi] *mf* accomplice.

cumplicidade [kũmplisiˈdadʒi] *f* complicity.

cumprimentar [kũmprimẽnˈta(x)] *vt* to greet.

cumprimento [kũmpriˈmẽntu] *m* greeting.

❏ **cumprimentos** *mpl* regards; **Com os melhores ~s** Yours sincerely; **~s a ...** give my regards to ....

cumprir [kũmˈpri(x)] *vt (tarefa, ordem, missão)* to carry out; *(promessa)* to keep; *(pena, sentença)* to serve; *(lei)* to obey ◆ *v impess:* **~ a alguém fazer algo** *(caber a)* to be sb's turn to do sthg; *(ser o dever de)* to be sb's responsibility to do sthg.

cúmulo [ˈkumulu] *m* height; **é o ~!** that's the limit!

cunha [ˈkuɲa] *f* wedge.

cunhado, -da [kuˈɲadu, -da] *m, f* brother-in-law *(f* sister-in-law).

cunhar [kuˈɲa(x)] *vt (moeda)* to mint.

cupão [kuˈpãw] *(pl* **-ões** [-õjʃ]) *m (Port)* = cupom.

cupom [kuˈpõ] *(pl* **-ns** [-ʃ]) *m (Br)* voucher.

cúpula [ˈkupula] *f* dome.

cura [ˈkura] *f* cure; *(de queijo, presunto, etc)* curing.

curar [kuˈra(x)] *vt* to cure ◆ *vi (sarar)* to heal.

❏ **curar-se** *vp* to recover.

curativo [kuraˈtʃivu] *m* dressing.

curinga [kuˈrĩŋga] *m (de jogo de cartas)* joker; *(Br: em futebol)* substitute.

curiosidade [kurjuziˈdadʒi] *f* curiosity.

curioso, -osa [kuˈrjozu, -ɔza] *adj* curious ◆ *m, f (bisbilhoteiro)* busybody; *(espectador)* onlooker; *(amador)* amateur.

curral [kuˈxaw] *(pl* **-ais** [-ajʃ]) *m* pen.

currículo [kuˈxikulu] *m* curriculum vitae, CV.

curso [ˈkursu] *m* course; *(de universidade)* degree course; *(alunos de um curso)* year; **ter um ~ de algo** *(universitário)* to have a degree in sthg; **~ intensivo** intensive course; **~ superior** (university) degree; **em ~** *(ano, semana, etc)* current; *(em funcionamento)* in operation; *(em andamento)* in progress.

cursor [kuxˈso(x)] *(pl* **-res** [-riʃ]) *m (INFORM)* cursor.

curtir [kuxˈti(x)] *vt (peles, couros)* to tan; *(fam: desfrutar)* to enjoy.

curto, -ta [ˈkuxtu, -ta] *adj* short; **a ~ prazo** in the short term.

curto-circuito [ˌkuxtusixˈkwitu] *(pl* **curtos-circuitos** [ˌkuxtuʃsixˈkwituʃ]) *m* short circuit.

curva [ˈkuxva] *f (de estrada, caminho, etc)* bend; *(de corpo)* curve.

curvar [kuxˈva(x)] *vt* to bend; *(cabeça)* to bow.

❏ **curvar-se** *vp (inclinar-se)* to bend over; *(fig: humilhar-se)* to lower o.s.

cuscuz [kuʃˈkuʃ] *m* couscous; *(prato árabe)* couscous served with vegetables and spicy lamb; *(prato brasileiro)* steamed seafood, eggs and peas served on couscous.

cuspir [kuʃ'pi(x)] *vi & vt* to spit.

cuspe ['kuʃpi] *m (Br)* spit.

cuspo ['kuʃpu] *m (Port)* = **cuspe**.

custa ['kuʃta] : **à custa de** *prep* at the expense of.

❏ **custas** *fpl (JUR)* costs.

custar [kuʃ'ta(x)] *vt & vi (valer)* to cost; **custa muito a fazer** it's hard to do; **quanto custa?** how much is it?;

custe o que ~ at all costs, at any cost.

custo ['kuʃtu] *m (preço, despesa)* cost; *(fig: dificuldade)* difficulty; **~ de vida** cost of living; **a ~** with difficulty.

cutia [ku'tʃia] *f* agouti.

cutícula [ku'tʃikula] *f* cuticle.

c.v. *m (abrev de curriculum vitae)* C.V.

c/v *abrev* = **cave**.

D

da ['da] = de + a, → **de**.

dá ['da] → **dar**.

dactilografar [da(k)tilogra'far] *vt* (Port) = datilografar.

dádiva ['dadiva] *f* donation.

dado, -da ['dadu, -da] *adj* (*sociável*) sociable; (*determinado*) given ◆ *m* (*de jogar*) dice; (*de problema, cálculo*) factor; (*informação*) fact; **~ que** (*visto que*) given that.

⊔ **dados** *mpl* (*jogo*) dice; (*INFORM*) data (*sg*); **jogar ~s** to play dice.

daí [da'i] *adv* = **de + aí**; (*relativo a espaço*) from there; (*relativo a tempo*): **~ a um mês/um ano/dez minutos** a month/a year/ten minutes later; **~ em** OU **por diante** from then on; **e ~?** so what?; **sai ~!** get out of there!

dali [da'li] *adv* = **de + ali**; (*relativo a espaço*) from there; (*relativo a tempo*): **~ a uma semana/um mês/uma hora** a week/a month/an hour later; **~ em** OU **por diante** from then on.

daltónico, -ca [dal'toniku, -ka] *adj & m, f* (Port) = daltônico.

daltônico, -ca [daw'toniku, -ka] *adj* (Br) colour-blind ◆ *m, f* (Br) colour-blind person.

dama ['dama] *f* (*senhora*) lady; (*de jogo de damas*) draught (Brit), checker (Am); (*de baralho de cartas*) queen; **~ de honor** (Port) bridesmaid; **~ de honra** (Br) bridesmaid.

⊔ **damas** *fpl* draughts (*sg*) (Brit), checkers (*sg*) (Am); **jogar ~s** to play draughts.

damasco [da'maʃku] *m* apricot.

dança ['dãsa] *f* dance; **~s folclóricas** country dancing (*sg*).

dançar [dã'sa(x)] *vi* to dance; (*oscilar*) to sway ◆ *vt* to dance.

danceteria [dãsete'ria] *f* (Br) disco.

danificar [danifi'ka(x)] *vt* to damage.

dano ['danu] *m* damage.

dantes ['dãntiʃ] *adv* in the old days.

dão ['dãw] → **dar**.

Dão ['dãw] *m* Portuguese wine-producing area.

daquela [da'kɛla] = **de + aquela**, → **de**.

daquele [da'keli] = **de + aquele**, → **de**.

daqui [da'ki] *adv* = **de + aqui**; (*deste lugar*) from here; (*deste momento*): **~ a um ano/mês** in a year/month; **ele saiu ~ às nove** he left here at nine; **~ a pouco** in a little while; **~ em** OU **por diante** from now on.

daquilo [da'kilu] = **de + aquilo**, → **aquilo**.

dar ['da(x)] *vt* 1. (*entregar, presentear*) to give; **~ algo a alguém** to give sb sthg, to give sthg to sb.

2. (*produzir*) to produce.

3. (*causar, provocar*) to give; **dá-me sono/pena** it makes me sleepy/sad; **isto vai ~ muito que fazer** this is going to be a lot of work; **só dá problemas** it's nothing but trouble.

4. (*filme, programa*): **deu no noticiário hoje** it was on the news today.

5. (*exprime ação*) to give; **~ um berro** to give a cry; **~ um pontapé em alguém** to kick sb; **~ um passeio** to go for a walk.

6. (*festa, concerto*) to hold; **vão ~ uma festa** they're going to have OU throw a party.

7. (*dizer*) to say; **ele me deu boa-noite** he said good night to me.

8. (*ensinar*) to teach; **o que é que você está dando nas suas aulas?** what are you teaching (at the moment)?; **ela dá aula numa escola** she teaches at a school; **gostaria de ~ aulas de Inglês** I would like to teach English.

9. (*aprender, estudar*) to do; **o que é que estão dando em Inglês?** what are

you doing in English (at the moment)?; **estamos dando o verbo "to be"** we're doing the verb "to be".

♦ *vi* **1.** *(horas):* **já deram cinco horas** the clock has struck five.

2. *(condizer):* **~ com** to go with; **as cores não dão umas com as outras** the colours clash.

3. *(proporcionar):* **~ de beber a alguém** to give sb something to drink; **~ de comer a alguém** to feed sb.

4. *(em locuções):* **dá igual** OU **no mesmo** it doesn't matter.

❑ **dar com** *v + prep (encontrar, descobrir)* to meet; **dei com ele no cinema** I met him at the cinema.

❑ **dar em** *v + prep (resultar):* **a discussão não vai ~ em nada** the discussion will come to nothing.

❑ **dar para** *v + prep (servir para, ser útil para)* to be good for; *(suj: varanda, janela)* to look onto; *(suj: porta)* to lead to; *(ser suficiente para)* to be enough for; *(ser possível)* to be possible; **dá para você fazer isso hoje?** could you do it today?; **dá para ir a pé?** is it within walking distance?; **não vai ~ para eu chegar a horas** I won't be able to get there on time.

❑ **dar por** *v + prep (aperceber-se de)* to notice.

❑ **dar-se** *vp:* **~-se bem/mal com alguém** to get on well/badly with sb; **não me dou bem com condimentos** spices don't agree with me; **deu-se mal com a brincadeira** his plan backfired; **~-se por vencido** to give in.

dardo ['daxdu] *m (arma)* spear; *(ESP)* javelin.

❑ **dardos** *mpl* darts *(sg);* **jogar ~s** to play darts.

das [daʃ] = **de + as,** → **de.**

data ['data] *f* date; **~ de nascimento** date of birth.

datilografar [datʃilogra'fa(x)] *vt (Br)* to type.

datilógrafo, -fa [datʃi'lɔgrafu, -fa] *m, f (Br)* typist.

d.C. *(abrev de depois de Cristo)* AD.

de [dʒi] *prep* **1.** *(indica posse):* of; **o lápis do Mário** Mário's pencil; **o carro daquele homem** that man's car; **a recepção do hotel** the hotel reception; **a casa é dela** it's her house.

2. *(indica matéria)* (made) of; **um bolo ~ chocolate** a chocolate cake; **um reló-** gio **~ ouro** a gold watch.

3. *(indica conteúdo)* of; **um copo ~ água** a glass of water.

4. *(usado em descrições, determinações):* **uma camisola ~ manga curta** a short-sleeved T-shirt; **uma nota ~ 50 reais** a 50-real note; **o senhor ~ preto** the man in black.

5. *(indica assunto)* about; **fale da viagem** tell me about the trip; **um livro ~ informática** a book about OU on computers; **um livro ~ geografia** a geography book.

6. *(indica origem)* from; **sou ~ Coimbra** I'm from Coimbra; **os habitantes do bairro** the locals; **um produto do Brasil** a Brazilian product.

7. *(indica tempo):* **o jornal das nove** the nine o'clock news; **partimos às três da tarde** we left at three in the afternoon; **trabalho das nove às cinco** I work from nine to five.

8. *(indica uso):* **a sala ~ espera** the waiting room; **uma máquina ~ calcular** a calculator; **a porta ~ entrada** the front door.

9. *(usado em denominações, nomes)* of.

10. *(indica causa, modo):* **chorar ~ alegria** to cry with joy; **está tudo ~ pernas para o ar** everything is upside down; **morrer ~ frio** to freeze to death; **viajou ~ carro** he travelled by car.

11. *(indica autor)* by; **um filme ~ Cacá Diegues** a film by Cacá Diegues; **o último livro ~ Érico Veríssimo** Érico Veríssimo's latest book.

12. *(introduz um complemento):* **cheio ~ gente** full of people; **desconfiar ~ alguém** to distrust sb; **difícil ~ esquecer** hard to forget; **gostar ~ algo/alguém** to like sthg/sb.

13. *(em comparações):* **do que** than; **é mais rápido do que este** it's faster than this one.

14. *(em superlativos):* of; **o melhor ~ todos** the best of all.

15. *(dentre)* of; **uma daquelas cadeiras** one of those chairs; **um dia destes** one of these days; **um desses hotéis serve** any one of those hotels will do.

16. *(indica série):* **~ dois em dois dias** every two days; **~ quinze em quinze minutos** every fifteen minutes; **~ três em três metros** every three metres.

debaixo [de'bajʃu] *adv* underneath;
~ **de** under.
debate [de'batʃi] *m* debate.
debater [deba'te(x)] *vt* to debate.
❏ **debater-se** *vp* to struggle.
débil ['debiw] (*pl* **-beis** [-bejʃ]) *adj*
weak ♦ *mf*: ~ **mental** mentally handicapped person.
debitar [debi'ta(x)] *vt* to debit.
débito ['debitu] *m* debit; *(de rio)* volume.
debruçar-se [debru'saxsi] *vp* to lean
over; ~ **sobre algo** *(problema, questão)*
to look into sthg.
década ['dekada] *f* decade; **na** ~ **de**
oitenta/noventa in the 80s/90s.
decadência [deka'dẽsja] *f* decadence.
decadente [deka'dẽtʃi] *adj* decadent.
decapitar [dekapi'ta(x)] *vt* to behead.
decência [de'sẽsja] *f* decency.
decente [de'sẽtʃi] *adj* decent.
decepar [dese'pa(x)] *vt* to cut off.
decepção [dese'sãw] (*pl* **-ões** [-õjʃ]) *f*
disappointment.
decidido, -da [desi'dʒidu, -da] *adj*
(pessoa) determined; *(resolvido)* settled.
decidir [desi'dʒi(x)] *vt* to decide; ~
fazer algo to decide to do sthg.
❏ **decidir-se** *vp* to make up one's
mind; ~-**se a fazer algo** to make up
one's mind to do sthg.
decifrar [desi'fra(x)] *vt* to decipher.
decimal [desi'maw] (*pl* **-ais** [-ajʃ]) *adj*
decimal.
décimo, -ma ['desimu, -ma] *num*
tenth ♦ *m (em loteria) tenth share of a*
lottery ticket, → **sexto**.
decisão [desi'zãw] (*pl* **-ões** [-õjʃ]) *f*
(resolução) decision.
declamar [dekla'ma(x)] *vt & vi* to
recite.
declaração [deklara'sãw] (*pl* **-ões**
[-õjʃ]) *f* statement; *(de amor)* declaration; ~ **amigável (de acidente auto**
móvel) *jointly agreed insurance statement*
made by drivers after an accident.
declarar [dekla'ra(x)] *vt* to declare;
"**nada a** ~" "nothing to declare".
❏ **declarar-se** *vp (confessar sentimentos)*
to declare one's love; *(manifestar-se)* to
express an opinion.
declínio [de'klinju] *m* decline.
declive [de'klivi] *m* slope.
decolagem [deko'laʒẽ] *f (Br) (de*

avião) takeoff.
decomposição [dekõmpozi'sãw] (*pl*
-ões [-õjʃ]) *f* decomposition.
decoração [dekora'sãw] (*pl* **-ões**
[-õjʃ]) *f* decoration.
decorar [deko'ra(x)] *vt (ornamentar)* to
decorate; *(memorizar)* to memorize.
decorativo, -va [dekora'tʃivu, -va]
adj decorative.
decorrente [deko'xẽtʃi] *adj* resulting; ~ **de** resulting from.
decote [de'kɔtʃi] *m* neckline; ~ **em**
bico OU **em V** V-neck; ~ **redondo**
round neck.
decrescer [dekre'se(x)] *vi* to
decrease.
decretar [dekre'ta(x)] *vt* to decree.
decreto [de'kretu] *m* decree.
decreto-lei [de,kretu'lej] (*pl*
decretos-lei [de,kretuʒ'lej]) *m law issued*
by the Government which overrules any
existing legislation.
decurso [de'kursu] *m*: **no** ~ **de** in the
course of.
dedal [de'daw] (*pl* **-ais** [-ajʃ]) *m* thimble.
dedão [de'dãw] (*pl* **-ões** [-õjʃ]) *m (Br)*
(de mão) thumb; *(de pé)* big toe.
dedicação [dedʒika'sãw] (*pl* **-ões**
[-õjʃ]) *f* dedication.
dedicar [dedʒi'ka(x)] *vt (livro, música,*
obra) to dedicate; *(tempo, atenção, ener*
gias) to devote.
❏ **dedicar-se a** *vp + prep* to devote o.s.
to; **a que se dedica?** what do you do?
dedo ['dedu] *m (de mão)* finger; *(de pé)*
toe; *(medida)* inch; **levantar o** ~ to put
one's hand up.
dedões → **dedão**.
dedução [dedu'sãw] (*pl* **-ões** [-õjʃ]) *f*
deduction.
deduzir [dedu'zi(x)] *vt (descontar)* to
deduct; *(concluir)* to deduce.
defeito [de'fejtu] *m* defect.
defeituoso, -osa [defej'twozu, -ɔza]
adj (produto) defective.
defender [defẽ'de(x)] *vt* to defend.
❏ **defender-se** *vp* to defend o.s.; ~-**se**
de to defend o.s. against.
defensor, -ra [defẽ'so(x), -ra] (*mpl*
-res [-riʃ], *fpl* **-s** [-ʃ]) *m, f* defender.
deferimento [deferi'mẽtu] *m* approval; "**pede** ~" *expression used at the*
end of any formal letter of request sent to
an institution or government office asking
them to grant a request.

defesa [dɛˈfeza] *f* defence; *(de tese)* viva voce *(oral exam taken to support one's thesis at university).*

défice [ˈdɛfisi] *m* deficit.

deficiência [dɛfiˈsjẽsja] *f* deficiency; *(física)* handicap.

deficiente [defiˈsjẽntʃi] *adj* deficient ♦ *mf* handicapped person; ~ **físico** physically handicapped person; ~ **mental** mentally handicapped person; ~ **motor** *person with a motor neurone disease.*

definição [definiˈsãw] *(pl* -ões [-õjʃ]) *f* definition.

definir [defiˈni(x)] *vt (palavra, sentido)* to define; *(estratégia, plano, regras)* to set out.

⅃ **definir-se** *vp* to make one's mind up.

definitivamente [definiˌtʃivaˈmẽntʃi] *adv (para sempre)* for good; *(sem dúvida)* definitely.

definitivo, -va [definiˈtʃivu, -va] *adj (decisão, resposta)* final; *(separação, mudança)* permanent.

deformação [defoxmaˈsãw] *(pl* -ões [-õjʃ]) *f (de corpo)* deformity; *(de forma, realidade)* distortion.

deformar [defoxˈma(x)] *vt (corpo)* to deform; *(forma, imagem, realidade)* to distort.

defrontar [defrõˈta(x)] *vt* to confront.

defronte [deˈfrõtʃi] *adv* opposite; ~ **de** opposite.

defumado, -da [defuˈmadu, -da] *adj* smoked.

defumar [defuˈma(x)] *vt* to smoke.

degelo [deˈʒelu] *m* thaw.

degolar [degoˈla(x)] *vt* to behead.

degradante [degraˈdãntʃi] *adj* degrading.

degradar [degraˈda(x)] *vt* to degrade.

⅃ **degradar-se** *vp (saúde, relações)* to deteriorate; *(humilhar-se)* to demean o.s.

degrau [deˈgraw] *m* step.

degustação [deguʃtaˈsãw] *f* tasting.

degustar [deguʃˈta(x)] *vt* to taste.

dei [ˈdej] → **dar**.

deitar [dejˈta(x)] *vt (estender)* to lay (down); *(em cama)* to put to bed; ~ **abaixo** to knock down; ~ **fora algo** *(Port: pôr no lixo)* to throw sthg away OU out; ~ **fora** *(Port) (verter)* to spill over; *(vomitar)* to throw up.

⅃ **deitar-se** *vp (na cama)* to go to bed; *(no chão)* to lie down.

deixa [ˈdejʃa] *f* cue.

deixar [dejˈʃa(x)] *vt* leave; *(permitir)* to allow, to let; *(vício, estudos)* to give up ♦ *vi*: ~ **de fazer algo** to stop doing sthg; **não** ~ **de fazer algo** to be sure to do sthg; **deixa que eu acabe isto** let me finish this; **você deixou a cama por fazer** you didn't make the bed; ~ **alguém fazer algo** to let sb do sthg; ~ **algo para** to leave sthg for; ~ **algo de lado** to put sthg aside; ~ **algo/alguém em paz** to leave sthg/sb alone; ~ **algo/alguém para trás** to leave sthg/sb behind; ~ **cair** to drop.

⅃ **deixar-se** *vp*: ~**-se levar por** to get carried away with; **deixa de brincadeiras!** stop fooling around!; **ela não se deixou enganar** she wasn't to be fooled; ~ **de fazer algo** to stop doing sthg.

dela [ˈdɛla] = **de** + **ela**, → **de**.

dele [ˈdeli] = **de** + **ele**, → **de**.

delegacia [delegaˈsia] *f (Br)* police station.

delegado, -da [deleˈgadu, -da] *m, f (Br: de polícia)* police superintendent *(Brit),* police captain *(Am); (de turma)* form captain; *(de país, governo, instituição)* delegate.

deleitar [delejˈta(x)] *vt* to delight.

⅃ **deleitar-se com** *vp + prep* to delight in.

delgado, -da [dɛwˈgadu, -da] *adj (pessoa)* slim; *(fio, corda, pau, barra)* thin.

deliberação [deliberaˈsãw] *(pl* -ões [-õjʃ]) *f* decision.

deliberar [delibeˈra(x)] *vt* to decide on ♦ *vi* to deliberate.

delicadeza [delikaˈdeza] *f* delicacy; *(cortesia)* courtesy; *(cuidado)* care.

delícia [deˈlisja] *f (sensação)* pleasure; *(manjar)* delicacy; **que** ~! how lovely!

delicioso, -osa [deliˈsjozu, -ɔza] *adj* delicious.

delinear [deliˈnja(x)] *vt* to outline.

delinquência [delĩˈkwẽsja] *f (Port)* = **delinquência.**

delinqüência [delĩˈkwẽsja] *f (Br)* delinquency; ~ **juvenil** juvenile delinquency.

delinqüente [delĩˈkwẽntʃi] *mf* delinquent.

delirante [deliˈrãntʃi] *adj (fig: incrível)* amazing.

delirar [deli'ra(x)] *vi* to be delirious.
delírio [de'lirju] *m* (*MED*) delirium;
(fig: excitação) excitement.
delito [de'litu] *m* crime.
demais [de'majʃ] *adv (com verbos)* too
much; *(com adjectivos)* too ♦ *pron:* **os/as**
~ the rest; **isto já é ~!** this really is too
much!; **ser ~** *(ser o máximo)* to be brilliant.
demasia [dema'zia] **: em demasia**
adv too much.
demasiado, -da [dema'zjadu, -da]
adj (com substantivos singulares) too
much; *(com substantivos plurais)* too
many ♦ *adv (com verbos)* too much;
(com adjetivos) too.
demência [de'mēsja] *f* dementia.
demente [de'mēntʃi] *adj* insane.
demissão [demi'sāw] *(pl* -ões [-ōjʃ]) *f*
(involuntária) dismissal; *(voluntária)*
resignation; **pedir ~** to resign.
demitir [demi'tʃi(x)] *vt* to dismiss.
⏝ **demitir-se** *vp* to resign.
democracia [demokra'sia] *f* democracy.
democrata [demo'krata] *mf* democrat ♦ *adj* democratic.
democrático, -ca [demo'kratʃiku,
-ka] *adj* democratic.
demolição [demoli'sāw] *(pl* -ões
[-ōjʃ]) *f* demolition.
demolir [demo'li(x)] *vt* to demolish.
demónio [de'monju] *m (Port)* =
demônio.
demônio [de'monju] *m (Br)* devil.
demonstração [demõʃtra'sāw] *(pl*
-ões [-ōjʃ]) *f* demonstration; *(prova)*
display.
demonstrar [demõʃ'tra(x)] *vt* to
demonstrate; *(revelar)* to show.
demora [de'mora] *f* delay; **sem ~**
without delay.
demorado, -da [demo'radu, -da] *adj*
(longo) lengthy; *(lento)* slow.
demorar [demo'ra(x)] *vi* to take time
♦ *vt (tardar)* to take; *(atrasar)* to detain;
vai ~ muito? will it take long?
⏝ **demorar-se** *vp* to take too long;
demorei-me por causa do trânsito I
got held up in the traffic.
dendê [dēn'de] *m* palm oil.
denegrir [dene'gri(x)] *vt (fig: manchar)*
to blacken.
dengue ['dēngi] *f* dengue fever; **~
hemorrágica** chronic dengue fever.
denominação [denomina'sāw] *(pl*

-ões [-ōjʃ]) *f* denomination.
denotar [deno'ta(x)] *vt* to show.
densidade [dēsi'dadʒi] *f* density.
denso, -sa ['dēsu, -sa] *adj* dense.
dentada [dēn'tada] *f* bite.
dentadura [dēnta'dura] *f (natural)*
teeth *(pl)*; *(postiça)* dentures *(pl)*.
dente ['dēntʃi] *m* tooth; *(de elefante,*
elefante marinho) tusk; *(de garfo, anci-*
nho) prong; **~ de alho** clove of garlic;
~ do siso wisdom tooth; **~s postiços**
false teeth.
dentífrico, -ca [dēn'tʃifriku, -ka] *adj*
tooth *(antes de s)* ♦ *m* toothpaste.
dentista [dēn'tʃiʃta] *mf* dentist.
dentre ['dēntri] = **de** + **entre**, →
entre.
dentro ['dēntru] *adv (no interior)* in,
inside; **~ de** *(relativo a espaço físico)* in,
inside; *(relativo a espaço temporal)* in,
within; **~ em pouco** OU **em breve**
soon; **aqui ~** in here; **lá ~** inside; **por**
~ inside; **por ~ de** on the inside of;
estar por ~ de algo to be in the know
about sthg.
denúncia [de'nūsja] *f (revelação)*
exposure; *(acusação)* accusation.
denunciar [denū'sja(x)] *vt* to report.
deparar [depa'ra(x)] **: deparar com** *v*
+ *prep (encontrar)* to come across;
(enfrentar) to come up against.
⏝ **deparar-se** *vp (surgir)* to arise.
departamento [departa'mēntu] *m*
department.
dependência [depēn'dēsja] *f (de casa)*
room; *(de vício, droga)* dependency; *(de*
chefe, pai, mãe) dependence.
dependente [depēn'dēntʃi] *adj*
dependent.
depender [depēn'de(x)] *vi:* **depende**
… it depends ….
⏝ **depender de** *v* + *prep (de droga,*
pai, mãe) to be dependent on; *(de cir-*
cunstâncias, tempo, dinheiro) to depend
on.
depilar [depi'la(x)] *vt* to remove hair
from; *(com cera)* to wax.
depilatório, -ria [depila'torju, -rja]
adj hair-removing ♦ *m* depilatory.
depoimento [depoj'mēntu] *m (em*
esquadra) statement; **prestar ~** to give
evidence.
depois [de'pojʃ] *adv (relativo a espaço)*
after; *(relativo a tempo)* afterwards; **~**
se vê! we'll see!; **e ~?** so?; **a sobreme-**
sa fica para ~ we'll leave the dessert

for later; **deixar algo para** ~ to leave sthg for later; **dias/semanas/anos** ~ days/weeks/years later; ~ **de amanhã** the day after tomorrow; ~ **de** after; ~ **que** since; **logo** ~ straight afterwards.

depor [de'po(x)] *vi (JUR)* to give evidence ♦ *vt (governo, ministro)* to overthrow.

depositar [depozi'ta(x)] *vt* to pay in; ~ **confiança em alguém** to place one's trust in sb.
⊔ **depositar-se** *vp* to settle.

depósito [de'pozitu] *m (em banco)* deposit; *(armazém)* warehouse; *(reservatório)* tank; *(sedimento)* sediment; ; ~ **de bagagens** *(Br)* left-luggage office *(Brit)*, baggage room *(Am)*; ~ **de gasolina** *(Port: de veículo)* petrol tank.

depravação [deprava'sãw] *(pl* -ões [-õjʃ]) *f* depravity.

depreciação [depresja'sãw] *(pl* -ões [-õjʃ]) *f* depreciation.

depressa [de'presa] *adv* quickly ♦ *interj* hurry up!; **anda** ~ **com isso!** hurry up with that!

depressão [depre'sãw] *(pl* -ões [-õjʃ]) *f* depression; ~ **econômica** (economic) depression.

deprimente [depri'mentʃi] *adj* depressing.

deprimir [depri'mi(x)] *vt* to depress.

deputado, -da [depu'tadu, -da] *m, f* deputy.

deriva [de'riva] *f:* **ir à** ~ to drift; **estar à** ~ to be adrift.

derivar [deri'va(x)] *vi* to drift.
⊔ **derivar de** *v + prep (palavra, termo)* to derive from; *(produto)* to be made from; *(problema)* to stem from.

dermatologista [dermatolo'ʒiʃta] *mf* dermatologist.

derramamento [dexama'mentu] *m (de líquido)* spillage; *(de lágrimas, sangue)* shedding.

derramar [dexa'ma(x)] *vt (líquido)* to spill; *(lágrimas, sangue)* to shed; *(farinha, feijão)* to drop.

derrame [de'xami] *m (MED)* hemorrhage.

derrapagem [dexa'paʒè] *(pl* -ns [-ʃ]) *f* skid.

derrapar [dexa'pa(x)] *vi* to skid.

derreter [dexe'te(x)] *vt* to melt.
⊔ **derreter-se** *vp* to melt.

derrota [de'xɔta] *f* defeat.

derrotar [dexo'ta(x)] *vt* to defeat.

derrubar [dexu'ba(x)] *vt (objecto, pessoa)* to knock over; *(casa)* to knock down; *(árvore)* to cut down; *(fig: governo, sistema)* to overthrow.

desabafar [dʒizaba'fa(x)] *vi* to get it off one's chest.

desabamento [dʒizaba'mentu] *m (de terra, pedras)* landslide; *(de edifício)* collapse.

desabar [dʒiza'ba(x)] *vi* to collapse.

desabitado, -da [dʒizabi'tadu, -da] *adj* unoccupied.

desabotoar [dʒizabo'twa(x)] *vt* to unbutton.

desabrigado, -da [dʒizabri'gadu, -da] *adj (sem casa, lar)* homeless; *(exposto ao tempo)* exposed.

desabrochar [dʒizabro'ʃa(x)] *vi* to open.

desacompanhado, -da [dʒizakõmpa'ɲadu, -da] *adj* unaccompanied.

desaconselhar [dʒizakõse'ʎa(x)] *vt:* ~ **algo (a alguém)** to advise (sb) against sthg.

desaconselhável [dʒizakõse'ʎavew] *(pl* -eis [-ejʃ]) *adj* inadvisable.

desacordado, -da [dʒizakor'dadu, -da] *adj* unconscious.

desacostumado, -da [dʒizakoʃtu'madu, -da] *adj* unaccustomed.

desacreditar [dʒizakredi'ta(x)] *vt* to discredit.
⊔ **desacreditar-se** *vp* to be discredited.

desactualizado, -da [dezatwali'zadu, -da] *adj (Port)* = **desatualizado.**

desafinado, -da [dʒizafi'nadu, -da] *adj (instrumento)* out of tune; *(voz)* tuneless.

desafinar [dʒizafi'na(x)] *vi* to be out of tune.

desafio [dʒiza'fiu] *m* challenge; *(Port: de futebol, basquetebol, etc)* match.

desafortunado, -da [dʒizafoxtu'nadu, -da] *adj* unlucky.

desagradar [dʒizagra'da(x)] : **desagradar a** *v + prep* to displease.

desaguar [dʒiza'gwa(x)] *vi:* ~ **em** to flow into.

desajeitado, -da [dʒizaʒej'tadu, -da] *adj* clumsy.

desalinhado, -da [dʒizali'ɲadu, -da] *adj* untidy.

desalinho [dʒiza'liɲu] *m (em forma de vestir)* sloppiness; *(desordem)* untidiness; **em ~** in disarray.

desalojar [dʒizalo'ʒa(x)] *vt* to evict.

desamarrar [dʒizama'xa(x)] *vt* to untie.

desamparado, -da [dezãmpa'radu, -da] *adj* abandoned.

desamparar [dʒizãmpa'ra(x)] *vt* to abandon.

desanimado, -da [dʒizani'madu, -da] *adj* down.

desanimar [dʒizani'ma(x)] *vt* to discourage ◆ *vi* to lose heart.

desânimo [dʒi'zanimu] *m* dejection.

desanuviar [dʒizanu'vja(x)] *vt (fig) (cabeça)* to clear; *(espírito)* to lift ◆ *vi (céu)* to clear; *(fig: espairecer)* to unwind.

desaparafusar [dʒizaparafu'za(x)] *vt* to unscrew.

desaparecer [dʒizapare'se(x)] *vi* to disappear.

desaparecido, -da [dʒizapare'sidu, -da] *adj* missing ◆ *m, f* missing person.

desaparecimento [dʒizapares'mẽtu] *m* disappearance.

desapertar [dʒizaper'ta(x)] *vt* to undo.

desapontado, -da [dʒizapõn'tadu, -da] *adj* disappointed.

desapontamento [dʒizapõnta'mẽtu] *m* disappointment.

desapontar [dʒizapõn'ta(x)] *vt* to disappoint.

desarmamento [dʒizaxma'mẽtu] *m* disarmament.

desarmar [dʒizax'ma(x)] *vt* to disarm; *(barraca, cama, estante)* to dismantle.

desarranjado, -da [dʒizaxã'ʒadu, -da] *adj* dishevelled.

desarranjar [dʒizaxã'ʒa(x)] *vt* to mess up.

desarrumado, -da [dʒizaxu'madu, -da] *adj* untidy.

desarrumar [dʒizaxu'ma(x)] *vt* to mess up.

desarticulado, -da [dʒizaxtʃiku'ladu, -da] *adj* dislocated.

desassossego [dʒizaso'segu] *m* disquiet.

desastrado, -da [dʒizaʃ'tradu, -da] *adj* clumsy.

desastre [dʒi'zaʃtri] *m (de automóvel)* accident, crash; *(desgraça)* disaster.

desatar [dʒiza'ta(x)] *vt* to untie ◆ *vi:* **~ a fazer algo** to start doing sthg; **~ a**

rir/chorar to burst out laughing/crying.

desatento, -ta [dʒiza'tẽntu, -ta] *adj* distracted.

desatino [dʒiza'tinu] *m (fam: chatice)* hassle.

desatualizado, -da [dʒizatwali'zadu, -da] *adj (Br) (máquina, livro, sistema)* outdated; *(pessoa)* out of touch.

desavença [dʒiza'vẽsa] *f* quarrel.

desavergonhado, -da [dʒizavexgo'ɲadu, -da] *adj* cheeky ◆ *m, f* shameless person.

desbaratar [dʒiʒbara'ta(x)] *vt* to squander.

desbastar [dʒiʒbaʃ'ta(x)] *vt (cabelo)* to thin (out).

desbotado, -da [dʒiʒbo'tadu, -da] *adj* faded.

desbotar [dʒiʒbo'ta(x)] *vt & vi* to fade.

desbravar [dʒiʒbra'va(x)] *vt* to clear.

descabido, -da [dʒiʃka'bidu, -da] *adj* inappropriate.

descafeinado, -da [dʒiʃkafej'nadu, -da] *adj* decaffeinated ◆ *m* decaffeinated coffee.

descalçar [dʒiʃkaw'sa(x)] *vt* to take off.

descalço, -ça [dʒiʃ'kawsu, -sa] *pp* → **descalçar** ◆ *adj* barefoot.

descampado, -da [dʒiʃkãm'padu, -da] *adj* exposed ◆ *m* open ground.

descansado, -da [dʒiʃkã'sadu, -da] *adj* carefree; **fique ~!** don't worry!

descansar [dʒiʃkã'sa(x)] *vi* to rest.

descanso [dʒiʃ'kãsu] *m* rest; *(Br: para prato)* place mat.

descapotável [deʃkapo'tavɛl] *(pl -eis* [-ejʃ]) *adj (Port: carro)* convertible.

descarado, -da [dʒiʃka'radu, -da] *adj* cheeky.

descaramento [dʒiʃkara'mẽtu] *m* cheek(iness).

descarga [dʒiʃ'kaxga] *f (descarregamento)* unloading; *(de arma)* shot; *(Br: de vaso sanitário)* flush; **dar a ~** *(Br)* to flush the toilet; **~ elétrica** electrical discharge.

descarregar [dʒiʃkaxe'ga(x)] *vt (carga)* to unload; *(arma)* to fire; *(fig: raiva, frustração)* to vent.

❑ **descarregar-se** *vp (bateria, pilha)* to go flat.

descarrilamento [dʒiʃkaxila'mẽtu] *m* derailment.

descarrilar [dʒiʃkaxi'la(x)] *vi* to be derailed.

descartar-se [dʒiʃkax'taxsi] : descartar-se de *vp + prep* to get rid of.

descartável [dʒiʃkax'tavɛw] (*pl* -eis) *adj* disposable.

descascar [dʒiʃkaʃ'ka(x)] *vt (fruta, batatas)* to peel; *(nozes)* to shell.

descendência [desẽn'dẽsja] *f* descendants *(pl)*.

descendente [desẽn'dẽntʃi] *mf* descendant.

descender [desẽn'de(x)] : descender de *v + prep* to descend from.

descentralizar [dʒiʃsẽntrali'za(x)] *vt* to decentralize.

descer [de'se(x)] *vt (escadas, rua, montanha)* to go/come down; *(estore)* to lower ♦ *vi (temperatura, preço)* to go down; ~ **(de)** *(de muro, escada, mesa)* to go/come down (from); *(de cavalo)* to dismount (from); *(de carro)* to get out (of); *(de ônibus, trem)* to get off.

descida [de'sida] *f (de rua, estrada)* slope; *(de avião)* descent; *(de preço, valor)* fall; "~ **perigosa**" "steep descent".

descoberta [dʒiʃko'bɛxta] *f (descobrimento)* discovery; *(invento)* invention.

descobrimento [dʒiʃkobri'mẽntu] *m* discovery.

❑ **Descobrimentos** *mpl*: **os Descobrimentos** the Discoveries.

descobrir [dʒiʃko'bri(x)] *vt* to discover; *(destapar, desvendar)* to uncover.

descolagem [deʃku'laʒẽ] (*pl* -ns [-ʃ]) *f (Port)* = decolagem.

descolar [deʃku'lar] *vt (selo, fita-cola, adesivo)* to remove.

descoloração [dʒiʃkolora'sãw] (*pl* -ões [-õjʃ]) *f* discoloration; **fazer uma ~** to have one's hair bleached.

descompor [dʒiʃkõm'po(x)] *vt* to reprimand.

descompostura [dʒiʃkõmpoʃ'tura] *f* reprimand; **passar uma ~ a alguém** to give sb a good talking to.

descomunal [dʒiʃkomu'naw] (*pl* -ais [-ajʃ]) *adj* huge.

desconcentrar [dʒiʃkõsẽn'tra(x)] *vt* to distract.

desconfiar [dʒiʃkõ'fja(x)] *vt*: ~ **que** to suspect (that).

❑ **desconfiar de** *v + prep (não ter confiança em)* to distrust; *(suspeitar de)* to suspect.

desconfortável [dʒiʃkõfor'tavɛw] (*pl* -eis [-ejʃ]) *adj* uncomfortable.

desconforto [dʒiʃkõ'fortu] *m* discomfort.

descongelar [dʒiʃkõʒe'la(x)] *vt* to defrost.

desconhecer [dʒiʃkoɲe'se(x)] *vt*: **desconheço a resposta** I don't know the answer; **desconheço o seu paradeiro** I don't know where he is.

desconhecido, -da [dʒiʃkoɲe'sidu, -da] *adj* unknown ♦ *m, f* stranger.

desconsolado, -da [dʒiʃkõso'ladu, -da] *adj (triste)* disheartened; *(insípido)* insipid.

descontar [dʒiʃkõn'ta(x)] *vt (deduzir)* to deduct; *(cheque)* to debit.

descontentamento [dʒiʃkõntẽnta-'mẽntu] *m* discontent.

desconto [dʒiʃ'kõntu] *m* discount.

descontraído, -da [dʒiʃkõntra'idu, -da] *adj* relaxed.

descontrair [dʒiʃkõntra'i(x)] *vt* to relax.

❑ **descontrair-se** *vp* to relax.

descontrolado, -da [dʒiʃkõntro-'ladu, -da] *adj (pessoa)* hysterical; *(máquina)* out of control.

descontrolar-se [deʃkõntru'laxsi] *vp* to lose control.

desconversar [dʒiʃkõvɛx'sa(x)] *vi* to change the subject.

descortinar [dʒiʃkoxtʃi'na(x)] *vt* to discover.

descoser [dʒiʃko'ze(x)] *vt* to unstitch.

❑ **descoser-se** *vp* to come apart at the seams.

descrever [dʒiʃkre've(x)] *vt* to describe.

descrição [dʒiʃkri'sãw] (*pl* -ões [-õjʃ]) *f* description.

descuidado, -da [dʒiʃkui'dadu, -da] *adj* untidy.

descuidar [dʒiʃkui'da(x)] *vt* to neglect.

❑ **descuidar-se** *vp (não ter cuidado)* to be careless.

descuido [dʒiʃ'kuidu] *m (imprudência)* carelessness.

desculpa [dʒiʃ'kuwpa] *f* excuse; **pedir ~ a alguém por algo** to apologize to sb for sthg.

desculpar [dʒiʃkuw'pa(x)] *vt* to excuse; **desculpe! machuquei-o?** I'm sorry! did I hurt you?; **desculpe, pode me dizer as horas?** excuse me, do you have the time?

◻ **desculpar-se** *vp (pedir desculpa)* to apologize; *(justificar-se)* to justify o.s.; **~-se com algo** to use sthg as an excuse.

desde ['deʒdʒi] *prep (relativamente a espaço, variedade)* from; *(relativamente a tempo)* since; **~ aí** since then; **~ que** *(relativo a tempo)* since; *(indica condição)* if.

desdém [deʒ'dẽ] *m* contempt.

desdenhar [deʒde'ɲa(x)] *vt* to scorn ◆ *vi:* **~ de** to scoff at.

desdentado, -da [deʒidẽn'tadu, -da] *adj* toothless.

desdizer [dʒiʒdʒi'ze(x)] *vt* to contradict.

◻ **desdizer-se** *vp* to go back on one's word.

desdobrar [dʒiʒdo'bra(x)] *vt (jornal, roupa, tecido)* to unfold; *(subdividir)* to divide up.

desejar [deze'ʒa(x)] *vt* to want; **o que é que você deseja?** what would you like?; **deseja mais alguma coisa?** would you like anything else?; **desejo-lhe boa sorte!** I wish you (good) luck!

desejo [de'zeʒu] *m (vontade)* wish; *(anseio)* desire.

deselegante [dʒizele'gãntʃi] *adj* inelegant.

desembaciar [dʒizẽmba'sja(x)] *vt* to clean.

desembaraçado, -da [dʒizẽmbara'sadu, -da] *adj (desenrascado)* resourceful; *(expedito)* prompt.

desembaraçar [dʒizẽmbara'sa(x)] *vt* to untangle.

◻ **desembaraçar-se** *vp* to hurry up; **~-se de algo** to rid o.s. of sthg.

desembaraço [dʒizẽmba'rasu] *m* ease.

desembarcar [dʒizẽmbax'ka(x)] *vt (carga)* to unload ◆ *vi* to disembark.

desembarque [dʒizẽm'baxki] *m (de carga)* unloading; *(de passageiros)* disembarkation; **"desembarque"** *(Br: em aeroporto)* "arrivals".

desembocar [dʒizẽmbo'ka(x)] *vi:* **~ em** *(rio)* to flow into; *(rua, caminho)* to lead into.

desembolsar [dʒizẽmbow'sa(x)] *vt (fam: pagar)* to cough up.

desembrulhar [dʒizẽmbru'ʎa(x)] *vt* to unwrap, to open.

desempatar [dezẽmpa'ta(x)] *vt* to decide (the winner of).

desempenhar [dʒizẽmpe'ɲa(x)] *vt* to carry out; *(papel em peça, filme)* to play.

desempenho [dʒizẽm'peɲu] *m* performance; *(de obrigação)* fulfilment.

desemperrar [dʒizẽmpe'xa(x)] *vt* to loosen.

desempregado, -da [dʒizẽmpre'gadu, -da] *m, f* unemployed person.

desemprego [dʒizẽm'pregu] *m* unemployment; **estar no ~** to be unemployed.

desencadear [dʒizẽnka'dʒja(x)] *vt* to give rise to.

◻ **desencadear-se** *v impess (tempestade)* to break.

desencaixar [dʒizẽŋkaj'ʃa(x)] *vt* to dislodge.

◻ **desencaixar-se** *vp* to come apart.

desencaixotar [dʒizẽŋkajʃu'ta(x)] *vt* to unpack.

desencantar [dʒizẽŋkãn'ta(x)] *vt (fam: achar)* to unearth; *(desiludir)* to disillusion.

desencontrar-se [dʒizẽŋkõn'traxsi] *vp* to miss each other.

desencorajar [dʒizẽŋkora'ʒa(x)] *vt* to discourage.

desencostar [dʒizẽŋkoʃ'ta(x)] *vt* to move away.

◻ **desencostar-se** *vp:* **~-se de** to move away from.

desenferrujar [dʒizẽfexu'ʒa(x)] *vt* to remove the rust from; *(fig: língua)* to brush up; *(fig: pernas)* to stretch.

desenfreado, -da [dʒizẽfri'adu, -da] *adj* unbridled.

desenganado, -da [dʒizẽŋga'nadu, -da] *adj (doente)* incurable.

desenganar [dʒizẽŋga'na(x)] *vt (doente)* to give no hope of recovery to; *(tirar as ilusões a)* to disillusion.

desengonçado, -da [dʒizẽŋgõ'sadu, -da] *adj (pessoa)* supple; *(objeto)* loose.

desenhar [deze'ɲa(x)] *vt* to draw.

◻ **desenhar-se** *vp (aparecer)* to appear; *(esboçar-se)* to take shape.

desenho [de'zeɲu] *m* drawing; **~s animados** cartoons.

desenlace [dʒizẽ'lasi] *m (de filme, história)* ending; *(de evento)* outcome.

desenrolar [dʒizẽxo'la(x)] *vt* to unroll.

❑ **desenrolar-se** *vp (ocorrer)* to take place.

desentendido, -da [dʒizẽntẽn'dʒidu, -da] *adj*: **fazer-se de ~** to feign ignorance.

desenterrar [dʒizẽnte'xa(x)] *vt* to dig up.

desentupir [dʒizẽntu'pi(x)] *vt* to unblock.

desenvolver [dʒizẽvow've(x)] *vt* to develop.

❑ **desenvolver-se** *vp* to develop.

desenvolvido, -da [dʒizẽvow'vidu, -da] *adj* developed.

desenvolvimento [dʒizẽvowvi'mẽntu] *m* development; *(progresso)* progress; *(crescimento)* growth.

desequilibrar-se [dʒizekili'braxsi] *vp* to lose one's balance.

deserto, -ta [de'zɛxtu, -ta] *adj* deserted ◆ *m* desert.

desesperado, -da [dʒizeʃpe'radu, -da] *adj* desperate.

desesperar [dʒizeʃpe'ra(x)] *vt (levar ao desespero)* to drive to despair; *(encolerizar)* to infuriate ◆ *vi* to despair.

desfalecer [dʒiʃfale'se(x)] *vi* to faint.

desfavorável [dʒiʃfavo'ravew] *(pl* **-eis** [-ejʃ]*) adj* unfavourable.

desfazer [dʒiʃfa'ze(x)] *vt (costura, alinhavo, nó)* to undo; *(dúvida, engano)* to dispel; *(grupo)* to disperse; *(noivado)* to break off; *(contrato)* to dissolve; *(reduzir a polpa)* to mash (up).

❑ **desfazer-se** *vp* to disintegrate; **o vidro desfez-se em mil pedaços** the glass broke into a thousand pieces.

❑ **desfazer-se de** *vp + prep* to get rid of.

desfecho [dʒiʃ'feʃu] *m* outcome.

desfeita [dʒiʃ'fejta] *f* insult.

desfeito, -ta [dʒiʃ'fejtu, -ta] *adj (em polpa)* mashed; *(cama)* unmade; *(puzzle)* in pieces; *(fig: desfigurado)* disfigured; *(acordo, casamento)* broken.

desfiar [dʒiʃ'fja(x)] *vt (bacalhau)* to shred.

❑ **desfiar-se** *vp (tecido, camisola)* to fray.

desfigurar [dʒiʃfigu'ra(x)] *vt (feições de pessoa)* to disfigure; *(fig: verdade)* to distort.

desfiladeiro [dʒiʃfila'dejru] *m* gorge.

desfilar [dʒiʃfi'la(x)] *vi* to parade.

desfile [dʒiʃ'fili] *m* parade; **~ de moda** fashion show.

desforra [dʒiʃ'fɔxa] *f* revenge.

desfrutar [dʒiʃfru'ta(x)] : **desfrutar de** *v + prep (possuir)* to have; *(tirar proveito de)* to enjoy.

desgastante [dʒiʒgaʃ'tãntʃi] *adj* exhausting.

desgastar [dʒiʒgaʃ'ta(x)] *vt (gastar)* to wear away, to erode; *(fig: cansar)* to wear out.

❑ **desgastar-se** *vp (gastar-se)* to wear down.

desgostar [dʒiʒgoʃ'ta(x)] *vt* to upset.

❑ **desgostar a** *v + prep* to displease.

desgosto [dʒiʒ'goʃtu] *m (infelicidade)* misfortune; *(mágoa)* sorrow.

desgraça [dʒiʒ'grasa] *f* misfortune.

desgrenhado, -da [dʒiʒgre'ɲadu, -da] *adj* dishevelled.

desidratação [dezizidrata'sãw] *(pl* **-ões** [-õjʃ]*) f* dehydration.

desidratado, -da [dʒizidra'tadu, -da] *adj* dehydrated.

desidratar [dʒizidra'ta(x)] *vt* to dehydrate.

❑ **desidratar-se** *vp* to become dehydrated.

design [de'zajni] *m* design.

designação [dezigna'sãw] *(pl* **-ões** [-õjʃ]*) f* designation.

designar [dezig'na(x)] *vt* to designate.

designer [de'zajne(x)] *mf* designer.

desiludir [dʒizilu'di(x)] *vt* to let down.

❑ **desiludir-se com** *vp + prep* to become disillusioned with.

desilusão [dʒizilu'zãw] *(pl* **-ões** [-õjʃ]*) f* disillusion.

desimpedido, -da [dʒizĩmpe'dʒidu, -da] *adj (linha de telefone)* free; *(rua, trânsito)* clear.

desimpedir [dʒizĩmpe'dʒi(x)] *vt* to clear.

desinchar [dʒizĩ'ʃa(x)] *vi* to go down.

desinfetante [dʒizĩfe'tãntʃi] *adj & m* disinfectant; **~ para a boca** mouthwash.

desinfectar [dezĩfe'tar] *vt (Port)* = **desinfetar**.

desinfetar [dʒizĩfe'ta(x)] *vt (Br)* to disinfect.

desinibido, -da [dʒizini'bidu, -da] *adj* uninhibited.

desintegrar-se [dʒizĩnte'graxsi] *vp* to disintegrate.

desinteressado, -da [dʒizĩntere-

'sadu. -da] *adj* uninterested; *(altruísta)* unselfish.

desinteressar-se [dʒizĩnterɛ'saxsi] : **desinteressar-se de** *vp* + *prep* to lose interest in.

desinteresse [dʒizĩnte'rɛsi] *m* lack of interest; *(abnegação)* unselfishness.

desistência [dezif'tẽsja] *f* cancellation.

desistir [dezif'tʃi(x)] *vi* to give up; ~ **de algo** *(de reserva, vôo)* to cancel sthg; ~ **de fazer algo** *(de fumar, correr, trabalhar)* to give up doing sthg.

desleal [dʒiʒ'ljaw] *(pl* **-ais** [-ajʃ]) *adj* disloyal.

desleixado, -da [dʒiʒlej'ʃadu, -da] *adj* slovenly.

desleixo [dʒiʒ'lejʃu] *m* carelessness.

desligado, -da [dʒiʒli'gadu, -da] *adj (aparelho)* switched off; *(telefone)* off the hook; *(fam: aéreo)* absent-minded.

desligar [dʒiʒli'ga(x)] *vt (rádio, TV)* to switch off; *(telefone)* to put down.

deslizar [dʒiʒli'za(x)] *vi* to slide.

deslize [dʒiʒ'lizi] *m (fig: lapso)* slip.

deslocado, -da [dʒiʒlo'kadu, -da] *adj* dislocated; *(desambientado)* out of place.

deslocar [dʒiʒlo'ka(x)] *vt* to dislocate.
❏ **deslocar-se** *vp* to be put out of joint; **~-se para** to go to; **~-se com** to move with; **~-se de** to go from.

deslumbrante [dʒiʒlũm'brãntʃi] *adj* amazing.

deslumbrar [dʒiʒlũm'bra(x)] *vt* to dazzle.

desmaiado, -da [dʒiʒma'jadu, -da] *adj (desfalecido)* unconscious; *(desbotado)* faded.

desmaiar [dʒiʒma'ja(x)] *vi* to faint.

desmaio [dʒiʒ'maju] *m* faint.

desmamar [dʒiʒma'ma(x)] *vt* to wean.

desmancha-prazeres [dʒiʒ,mãʃa-pra'zeriʃ] *mf inv* killjoy.

desmanchar [dʒiʒmã'ʃa(x)] *vt (desmontar)* to take apart; *(renda, costura)* to undo; *(noivado)* to break (off).
❏ **desmanchar-se** *vp* to come apart.

desmarcar [dʒiʒmax'ka(x)] *vt (consulta, reserva)* to cancel.

desmedido, -da [dʒiʒme'dʒidu, -da] *adj* excessive.

desmentido [dʒiʒmẽn'tʃidu] *m* denial.

desmentir [dʒiʒmẽn'tʃi(x)] *vt (negar)* to deny; *(contradizer)* to contradict.

desmesurado, -da [dʒiʒmezu'radu, -da] *adj* excessive.

desmontar [dʒiʒmõn'ta(x)] *vt (máquina)* to dismantle; *(construção)* to take down; *(fig: intriga, combinação)* to uncover.

desmoralizar [dʒiʒmorali'za(x)] *vt (desanimar)* to demoralize; *(tirar o bom nome de)* to disparage.

desmoronamento [dʒiʒmorona-'mẽntu] *m (de casa)* collapse; *(de terra)* landslide.

desmoronar [dʒiʒmoro'na(x)] *vt* to demolish.
❏ **desmoronar-se** *vp* to collapse.

desnatado [dʒiʒna'tadu] *adj m* → **leite**.

desnecessário, -ria [dʒiʒnese'sarju, -rja] *adj* unnecessary.

desnível [dʒiʒ'nivew] *(pl* **-eis** [-ejʃ]) *m (de terreno)* unevenness; *(de valor)* gap.

desobedecer [dʒizobede'se(x)] : **desobedecer a** *v* + *prep* to disobey.

desobediência [dʒizobe'dʒẽsja] *f* disobedience.

desobediente [dʒizobe'dʒẽntʃi] *adj* disobedient.

desobstruir [dʒizobʃtru'i(x)] *vt* to unblock.

desocupado, -da [dʒizoku'padu, -da] *adj* free; *(casa, apartamento)* unoccupied.

desocupar [dʒizoku'pa(x)] *vt* to vacate.

desodorante [dʒizodo'rãtʃi] *adj (Br)* deodorant *(antes de s)* ♦ *m (Br)* deodorant.

desodorizante [dezoduri'zãnte] *adj & m (Port)* = **desodorante**.

desonesto, -ta [dʒizo'nɛʃtu, -ta] *adj* dishonest.

desordem [dʒi'zoxdẽ] *f* disorder; **em ~** *(quarto, papéis)* untidy.

desorganizado, -da [dʒizoxgani-'zadu, -da] *adj* disorganized.

desorientação [dʒizorjẽnta'sãw] *f* disorientation.

desorientado, -da [dʒizorjẽn'tadu, -da] *adj* disorientated.

despachar [dʒiʃpa'ʃa(x)] *vt (bagagem, mercadorias, encomenda)* to send off.
❏ **despachar-se** *vp (apressar-se)* to hurry (up).

despedida [dʒiʃpe'dʒida] *f* farewell.

despedir [dʒiʃpe'dʒi(x)] *vt* to fire.
❏ **despedir-se** *vp (dizer adeus)* to say

goodbye; *(demitir-se)* to resign.
despejar [dʒiʃpe'ʒa(x)] *vt (líquido)* to empty (out); *(lixo)* to throw out; *(de casa, apartamento)* to evict.
despejo [dʒiʃ'peʒu] *m (de casa, apartamento)* eviction.
❏ **despejos** *mpl (lixo)* rubbish *(sg) (Brit)*, garbage *(sg) (Am)*.
despensa [dʒiʃ'pẽsa] *f* larder.
despenteado, -da [dʒiʃpẽn'tʒjadu, -da] *adj* dishevelled.
despentear [dʒiʃpẽn'tʒja(x)] *vt* to mess up.
❏ **despentear-se** *vp* to mess up one's hair.
despercebido, -da [dʒiʃpexse'bidu, -da] *adj* unnoticed; **fazer-se de ~** to pretend not to know; **passar ~** to go unnoticed.
desperdiçar [dʒiʃpexdʒi'sa(x)] *vt* to waste.
desperdício [dʒiʃpex'dʒisju] *m* waste.
❏ **desperdícios** *mpl* scraps.
despertador [dʒiʃpexta'do(x)] *(pl -res [-riʃ]) m* alarm clock.
despertar [dʒiʃpex'ta(x)] *vt* to wake up; *(fig: estimular)* to arouse; *(fig: dar origem a)* to give rise to ◆ *vi (acordar)* to wake up.
despesa [dʒiʃ'peza] *f* expense.
❏ **despesas** *fpl (de empresa, organismo)* expenses.
despido, -da [dʒiʃ'pidu, -da] *adj* naked.
despir [dʒiʃ'pi(x)] *vt* to undress.
❏ **despir-se** *vp* to get undressed.
desportista [deʃpur'tiʃta] *mf (Port)* = esportista.
desportivo, -va [deʃpur'tivu, -va] *adj (Port)* = esportivo.
desporto [deʃ'portu] *m (Port)* = esporte.
despregar [dʒiʃpre'ga(x)] *vt* to remove.
❏ **despregar-se** *vp (soltar-se)* to come loose.
desprender [dʒiʃprẽn'de(x)] *vt* to unfasten.
❏ **desprender-se** *vp* to come unfastened.
despreocupado, -da [dʒiʃprioku'padu, -da] *adj* carefree.
desprevenido, -da [dʒiʃpreve'nidu, -da] *adj* unprepared.
desprezar [dʒiʃpre'za(x)] *vt* to scorn.

desproporcionado, -da [dʒiʃpropoxsjo'nadu, -da] *adj* disproportionate.
desqualificar [dʒiʃkwalifi'ka(x)] *vt* to disqualify.
desquitado, -da [dʒiʃki'tadu, -da] *adj (Br)* separated.
dessa ['dɛsa] = de + essa, → de.
desse ['dɛsi] = de + esse, → de.
desta ['dɛʃta] = de + esta, → de.
destacar [dʒiʃta'ka(x)] *vt (separar)* to detach; *(enfatizar)* to emphasize.
❏ **destacar-se** *vp (distinguir-se)* to stand out.
destacável [dʒiʃta'kavew] *(pl -eis [-ejʃ]) adj* detachable ◆ *m (de formulário)* tear-off slip; *(de revista, jornal)* supplement.
destapar [dʒiʃta'pa(x)] *vt* to uncover.
destaque [dʒiʃ'taki] *m* prominence; **em ~** in focus.
deste ['dɛʃti] = de + este, → de.
destemido, -da [deʃte'midu, -da] *adj* fearless.
destilada [deʃti'lada] *adj f* → **água**.
destilar [deʃti'la(x)] *vt* to distil.
destinar [deʃti'na(x)] *vt*: **~ algo para** to earmark sthg for.
❏ **destinar-se a** *vp + prep (ter por fim)* to be aimed at; *(ser endereçado a)* to be addressed to.
destinatário, -ria [deʃtʃina'tarju, -rja] *m, f (de carta)* addressee; *(de mensagem)* recipient.
destino [deʃtʃinu] *m (de viagem)* destination; **o ~** *(fado)* destiny; **com ~ a Londres** *(vôo, trem)* to London.
destituir [deʃtʃi'twi(x)] *vt (demitir)* to dismiss.
destrancar [dʒiʃtrãŋ'ka(x)] *vt* to unlock.
destreza [deʃ'treza] *f (agilidade)* deftness; *(habilidade)* dexterity.
destro, -tra ['dɛʃtru, -tra] *adj* right-handed; *(ágil)* deft; *(hábil)* skilled.
destroços [dʒiʃ'trɔsuʃ] *mpl* wreckage *(sg)*.
destruição [dʒiʃtrui'sãw] *f* destruction.
destruir [dʒiʃtru'i(x)] *vt* to destroy.
desuso [dʒi'zuzu] *m*: **cair em ~** to fall into disuse.
desvalorização [dʒiʒvaloriza'sãw] *(pl -ões [-õjʃ]) f* devaluation.
desvalorizar [dʒiʒvalori'za(x)] *vt* to devalue.
❏ **desvalorizar-se** *vp* to depreciate.

desvantagem [dʒiʒvãn'taʒẽ] (*pl* -ns [-ʃ]) *f* disadvantage.

desviar [dʒiʒ'vja(x)] *vt* to move; *(dinheiro)* to embezzle; *(trânsito)* to divert.

❏ **desviar-se** *vp* to get out of the way; **~-se de algo** to move out of the way of sthg.

desvio [dʒiʒ'viu] *m* (estrada secundária) turn-off; *(de caminho)* diversion; *(de dinheiro)* embezzlement.

detalhe [de'taʎi] *m* detail.

detectar [dete'ta(x)] *vt* to detect.

detector [dete'to(x)] (*pl* -res [-riʃ]) *m* detector; **~ de incêndios** smoke alarm; **~ de radiações** Geiger counter.

detenção [detẽ'sãw] (*pl* -ões [-õjʃ]) *f* detention; *(prisão)* arrest.

deter [de'te(x)] *vt (parar)* to stop; *(prender)* to detain.

❏ **deter-se** *vp (parar)* to stop; *(conter-se)* to restrain o.s.

detergente [detex'ʒẽntʃi] *m (para louça)* washing-up liquid; *(para roupa)* detergent.

deterioração [deterjora'sãw] *f* deterioration.

deteriorar [deterjo'ra(x)] *vt (danificar)* to damage.

❏ **deteriorar-se** *vp (estragar-se)* to deteriorate.

determinação [determina'sãw] (*pl* -ões [-õjʃ]) *f (força de vontade)* determination; *(cálculo)* calculation; *(resolução)* decision; *(ordem)* order.

determinar [determi'na(x)] *vt (calcular, decidir)* to determine; *(ordenar)* to order.

detestar [deteʃ'ta(x)] *vt* to detest.

detrás [de'trajʃ] *adv (relativo a espaço)* behind; *(relativo a tempo)* afterwards; **~ de** *(relativo a tempo)* after; **(por) ~ de** *(pela retaguarda de)* behind.

detritos [de'trituʃ] *mpl* debris *(sg)*.

deturpar [detux'pa(x)] *vt* to distort.

deu ['dew] → **dar**.

deus, -sa ['dewʃ, -za] (*pl* -ses [-ziʃ], *fpl* -s [-ʃ]) *m, f* god *(f* goddess*)*.

❏ **Deus** *m* God.

devagar [dʒiva'ga(x)] *adv* slowly.

dever [de've(x)] (*pl* -res [-riʃ]) *m* duty ♦ *vt:* **~ algo a alguém** to owe sb sthg; **você deve lavar os dentes todos os dias** you should brush your teeth every day; **o trem deve estar atrasado** the train must be late; **~ cívico** civic duty.

❏ **deveres** *mpl (trabalho de casa)* homework *(sg)*.

devidamente [de,vida'mẽntʃi] *adv* properly.

devido, -da [de'vidu, -da] *adj (correto)* proper; **~ a** due to.

devolução [devulu'sãw] (*pl* -ões [-õjʃ]) *f (de dinheiro, cheque)* refund; *(de objeto emprestado, compra)* return.

devolver [devow've(x)] *vt (dinheiro, cheque)* to refund; *(objeto emprestado, compra)* to return.

devorar [devo'ra(x)] *vt* to devour.

dez ['dɛʒ] *num* ten, → **seis**.

dezanove [deza'nɔve] *num (Port)* = **dezenove**.

dezasseis [deza'sejʃ] *num (Port)* = **dezesseis**.

dezassete [deza'sɛte] *num (Port)* = **dezessete**.

dezembro [de'zẽmbru] *m* December, → **setembro**.

dezena [de'zena] *f (set of)* ten.

dezenove [deze'nɔvi] *num (Br)* nineteen, → **seis**.

dezesseis [deze'sejʃ] *num (Br)* sixteen, → **seis**.

dezessete [deze'sɛtʃi] *num (Br)* seventeen, → **seis**.

dezoito [de'zɔitu] *num* eighteen, → **seis**.

DF *abrev (Br)* = **Distrito Federal**.

dia ['dʒia] *m* day; **bom ~!** good morning!; **já é de ~** it's morning already; **do ~** of the day; **qualquer ~** any day; **no ~ seguinte** the day after; **no ~ vinte** on the twentieth; **por (cada) ~** per day; **todos os ~s** every day; **um ~ destes** one of these days; **estar em ~** to be up-to-date; **pôr-se em ~** to bring o.s. up-to-date; **pôr algo em ~** to update sthg; **~ de anos** *(Port)* birthday; **o ~ a ~** a daily life; **~ de folga** day off; **~ Santo** religious holiday; **~ de semana** weekday; **~ de Todos-os-Santos** All Saints' Day; **~ útil** weekday.

diabetes [dʒia'bɛtʃiʃ] *m* diabetes.

diabético, -ca [dʒia'bɛtʃiku, -ka] *adj & m, f* diabetic.

diabo [dʒiabu] *m* devil; **porque ~ ...?** *(fam)* why the hell ...?

diafragma [dʒia'fragma] *m* diaphragm.

diagnóstico [dʒiag'nɔʃtʃiku] *m* diagnosis.

dialecto [dja'lεtu] *m (Port)* = **dialeto**.
dialeto [dʒa'lεtu] *m (Br)* dialect.
dialogar [dʒalo'ga(x)] *vi* to talk.
diálogo ['dʒalogu] *m* dialogue.
diamante [dʒja'mãntʃi] *m* diamond.
diâmetro ['dʒjametru] *m* diameter.
diante ['dʒjãntʃi] : **diante de** *prep (relativo a tempo)* before; *(relativo a espaço)* in front of; *(perante)* in the face of.
dianteira [dʒjãn'tejra] *f (frente)* front; *(liderança)* lead.
diapositivo [dʒjapozi'tivu] *m* slide.
diária ['dʒjarja] *f (de pensão, hotel)* daily rate.
diariamente [,dʒjarja'mẽntʃi] *adv* daily, every day.
diário, -ria ['dʒjarju, -rja] *adj* daily ♦ *m* diary.
diarreia [dja'xaja] *f (Port)* = **diarréia**.
diarréia [dʒa'xεja] *f (Br)* diarrhoea.
dica ['dʒika] *f (fam)* hint.
dicionário [dʒisjo'narju] *m* dictionary; ~ **de bolso** pocket dictionary.
didáctico, -ca [di'datiku, -ka] *adj (Port)* = **didático**.
didático, -ca [dʒi'datʃiku, -ka] *adj (Br)* educational.
diesel ['dʒizεw] *adj inv* diesel.
dieta ['dʒjεta] *f* diet.
dietético, -ca [dʒje'tεtʃiku, -ka] *adj (produto)* dietetic.
difamar [dʒifa'ma(x)] *vt (verbalmente)* to slander; *(por escrito)* to libel.
diferença [dʒife'rẽsa] *f* difference.
diferenciar [dʒiferẽ'sja(x)] *vt* to differentiate.
diferente [dʒife'rẽntʃi] *adj* different.
difícil [di'fisiw] *(pl* **-ceis** [-sejʃ]*) adj* difficult.
dificuldade [dʒefikuw'dadʒi] *f* difficulty.
dificultar [dʒifikuw'ta(x)] *vt* to make difficult; *(funcionamento, progresso)* to hinder.
difundir [dʒifũn'di(x)] *vt (informação, notícia)* to spread; *(calor, luz)* to give off; *(programa de rádio)* to broadcast.
difusão [dʒifu'zãw] *f (de informação, notícia)* dissemination; *(de luz, calor)* diffusion; *(por televisão, rádio)* broadcasting.
digerir [dʒiʒe'ri(x)] *vt* to digest.
digestão [dʒiʒeʃ'tãw] *f* digestion.
digestivo, -va [dʒiʒeʃ'tʃivu, -va] *adj*

digestive ♦ *m* after-dinner drink.
digital [dʒiʒi'taw] *(pl* **-ais** [-ajʃ]*) adj* digital.
digitalizador [dʒiʒitaliza'do(x)] *(pl* **-res** [-riʃ]*) m* scanner.
digitar [dʒiʒi'ta(x)] *vt* to key in.
dígito ['dʒiʒitu] *m* digit.
dignidade [dʒigni'dadʒi] *f* dignity.
dilatar [dʒila'ta(x)] *vt* to expand; *(prazo)* to extend.
❑ **dilatar-se** *vp* to expand.
dilema [dʒi'lema] *m* dilemma.
diluir [dʒi'lwi(x)] *vt* to dilute.
dimensão [dʒimẽ'sãw] *(pl* **-ões** [-õjʃ]*) f* dimension.
diminuir [dʒimi'nwi(x)] *vi (em preço, número, força)* to decrease; *(em volume, quantidade)* to diminish ♦ *vt (reduzir)* to reduce.
diminutivo [dʒiminu'tʃivu] *m* diminutive.
Dinamarca [dʒina'marka] *f:* **a** ~ Denmark.
dinamarquês, -esa [dʒinamar'keʃ, -eza] *(mpl* **-eses** [-eziʃ]*, fpl* **-s** [-ʃ]*) adj & m* Danish ♦ *m, f* Dane.
dinâmico, -ca [dʒi'namiku, -ka] *adj* dynamic.
dinamismo [dʒina'miʒmu] *m* dynamism.
dinamite [dʒina'mitʃi] *f* dynamite.
dínamo ['dʒinamu] *m* dynamo.
dinastia [dʒinaʃ'tʃia] *f* dynasty.
dinheiro [dʒi'ɲejru] *m* money; **ter** ~ to have money; ~ **miúdo** loose change; ~ **trocado** change.
dinossauro [dʒino'sawru] *m* dinosaur.
dióspiro ['dʒjɔʃpiru] *m* sharon fruit.
diploma [dʒi'ploma] *m* diploma.
dique ['dʒiki] *m* dike.
direção [dʒire'sãw] *(pl* **-ões** [-õjʃ]*) f (Br) (endereço)* address; *(de veículo)* steering; *(rumo)* direction; *(de empresa)* management.
direcção [dire'sãw] *(pl* **-ões** [-õjʃ]*) f (Port)* = **direção**.
direções → **direção**.
directo, -ta [di'rεtu, -ta] *adj (Port)* = **direto**.
direita [dʒi'rejta] *f:* **a** ~ *(mão)* one's right hand; *(lado)* the right hand side; *(em política)* the Right; **conduza pela** ~ drive on the right; **siga pela** ~ keep right; **à** ~ **(de)** on the right (of); **virar à** ~ to turn right; **ser de** ~ *(POL)*

to be right-wing.

direito, -ta [dʒiˈrejtu, -ta] *adj (mão, perna, lado)* right; *(corte, linha)* straight; *(pessoa)* honest; *(justo)* fair ◆ *m (privilégio)* right; *(leis, curso)* law; *(taxa, imposto)* duty ◆ *adv (Br: correctamente)* properly; **ir ~ a** to go straight to; **ir ~ ao assunto** to get straight to the point; **pôr-se ~** to stand up straight; **sempre a ~** straight ahead; **os ~s humanos** human rights; **não há ~!** it's not fair!

direto, -ta [dʒiˈrɛtu, -ta] *adj (Br)* direct; *(transmissão)* live.

diretor, -ra [dʒireˈto(x), -ra] *(mpl* **-res** [-riʃ]. *fpl* **-s** [-ʃ]) *m, f (de escola)* head; *(de empresa)* director.

dirigente [dʒiriˈʒẽtʃi] *mf* leader.

dirigir [dʒiriˈʒi(x)] *vt (empresa)* to run; *(filme, peça de teatro)* to direct; *(orquestra)* to conduct; *(projeto, equipe)* to head; *(Br: veículo)* to drive ◆ *vi (Br)* to drive; **~ algo a alguém** to address sthg to sb; **~ algo para algo** to point sthg towards sthg.
❏ **dirigir-se a** *vp + prep (pessoa)* to talk to; *(público, ouvintes)* to address; *(local)* to head for; **"este aviso dirige-se a todos os usuários"** "this is a public announcement".
❏ **dirigir-se para** *vp + prep* to head towards.

dirigível [dʒiriˈʒivɛw] *(pl* **-eis** [-ejʃ]) *m* airship.

discar [dʒiʃˈka(x)] *vt & vi* to dial.

disciplina [dʒisiˈplina] *f* discipline; *(EDUC: cadeira)* subject.

disco-jóquei [dʒiskoˈʒɔkej] *(pl* **disco-jóqueis** [dʒiskoˈʒɔkejʃ]) *mf* disc jockey.

disco [ˈdʒiʃku] *m* record; *(INFORM)* disk; *(de telefone)* dial; *(em atletismo)* discus; **~ compacto** compact disc; **~ rígido** hard disk; **~ voador** flying saucer; **~s de algodão** cotton wool pads.

discordar [dʒiʃkoxˈda(x)] *vi* to disagree; **~ de alguém em algo** to disagree with sb about sthg.

discórdia [dʒiʃˈkɔrdʒja] *f* dissent; **semear a ~** to sow the seeds of dissent.

discoteca [dʒiʃkoˈtɛka] *f (para dançar)* (night)club; *(loja)* record shop *(Brit)*, record store *(Am)*; *(coleção)* record collection.

discreto, -ta [dʒiʃˈkrɛtu, -ta] *adj (pessoa)* discreet; *(roupa)* sensible.

discriminação [dʒiʃkriminaˈsãw] *f* discrimination.

discriminar [dʒiʃkrimiˈna(x)] *vt* to discriminate against.

discurso [dʒiʃˈkuxsu] *m* speech; **~ direto/indireto** direct/indirect speech.

discussão [dʒiʃkuˈsãw] *(pl* **-ões** [-õjʃ]) *f (debate)* discussion; *(briga)* argument.

discutir [dʒiʃkuˈti(x)] *vt (idéia, assunto)* to discuss ◆ *vi (brigar)* to argue.

disenteria [dʒizẽteˈria] *f* dysentery.

disfarçar [dʒiʃfaxˈsa(x)] *vt* to disguise ◆ *vi* to pretend.
❏ **disfarçar-se** *vp* to disguise o.s.; **~-se de** to dress up as.

disfarce [dʒiʃˈfaxsi] *m* disguise.

dislexia [dʒiʃlɛkˈsia] *f* dyslexia.

disléxico, -ca [dʒiʃˈlɛksiku, -ka] *adj & m, f* dyslexic.

disparador [dʒiʃparaˈdo(x)] *(pl* **-res** [-riʃ]) *m (de máquina fotográfica)* shutter release.

disparar [dʒiʃpaˈra(x)] *vt (arma, bala)* to shoot ◆ *vi (arma, máquina fotográfica)* to go off.

disparatado, -da [dʒiʃparaˈtadu, -da] *adj* foolish.

disparate [dʒiʃpaˈratʃi] *m* nonsense.

dispensar [dʒiʃpẽˈsa(x)] *vt* to do without; **~ alguém de algo** to excuse sb from sthg; **~ algo a alguém** to lend sthg to sb.

dispersar [dʒiʃpexˈsa(x)] *vt* to scatter ◆ *vi* to disperse.
❏ **dispersar-se** *vp* to disperse.

disperso, -sa [dʒiʃˈpexsu, -sa] *pp →* **dispersar**.

disponível [dʒiʃpoˈnivɛw] *(pl* **-eis** [-ejʃ]) *adj* available.

dispor [dʒiʃˈpo(x)] *vt (colocar)* to arrange.
❏ **dispor de** *v + prep* to have; *(de posição)* to hold.
❏ **dispor-se a** *vp + prep*: **~-se a fazer algo** to offer to do sthg.

dispositivo [dʒiʃpoziˈtivu] *m* device.

disposto, -osta [dʒiʃˈpoʃtu, -ɔʃta] *adj* ready; **estar ~ a fazer algo** to be prepared to do sthg; **estar bem ~** *(de bom humor)* to be in a good mood.

disputa [dʒiʃˈputa] *f (competição)* competition; *(discussão)* dispute.

disputar [dʒiʃpuˈta(x)] *vt (troféu, lugar)* to compete for.

disquete [dʒiʃˈkɛtʃi] *f* diskette.

dissimular [dʒisimuˈla(x)] *vt (fingir)* to hide; *(encobrir)* to cover up.

dissipar [dʒisi'pa(x)] *vt (cheiro, fumo)* to get rid of; *(mal-entendido, confusão)* to clear up.
❑ **dissipar-se** *vp* to disappear.
disso ['dʒisu] = **de** + **isso**, → **isso**.
dissolver [dʒisow've(x)] *vt* to dissolve.
❑ **dissolver-se** *vp* to dissolve.
dissuadir [dʒiswa'di(x)] *vt* to dissuade.
distância [dʒiʃ'tãsja] *f* distance; **a que ~ fica?** how far (away) is it?; **fica a um quilômetro de ~** it's one kilometre away; **à ~** from a distance.
distanciar [dʒiʃtã'sja(x)] *vt (em espaço, tempo)* to distance; *(pessoas)* to drive apart.
❑ **distanciar-se** *vp (em espaço)* to move away; *(pessoas)* to grow apart; **~-se de** *(em espaço)* to move away from; *(em idéias, atitudes, etc)* to differ from.
distante [dʒiʃ'tãntʃi] *adj* distant.
distinção [dʒiʃtʃĩ'sãw] *(pl* **-ões** [-õjʃ]) *f* distinction.
distinguir [dʒiʃtʃĩ'gi(x)] *vt (ver)* to make out; *(diferenciar)* to distinguish.
❑ **distinguir-se** *vp (diferenciar-se)* to differ; *(em exame, trabalho, estudos)* to excel o.s.
distinto, -ta [dʒiʃ'tʃĩntu, -ta] *adj (diferente)* different; *(ruido, som)* distinct; *(pessoa)* distinguished.
disto ['dʒiʃtu] = **de** + **isto**, → **isto**.
distorção [dʒiʃtox'sãw] *(pl* **-ões** [-õjʃ]) *f* distortion.
distração [dʒiʃtra'sãw] *(pl* **-ões** [-õjʃ]) *f (Br) (falta de atenção)* absent-mindedness; *(esquecimento, diversão)* distraction; *(descuido)* oversight.
distracção [diʃtra'sãw] *(pl* **-ões** [-õjʃ]) *f (Port)* = **distração**.
distracções → **distração**.
distraído, -da [dʒiʃtra'idu, -da] absent-minded.
distrair [dʒiʃtra'i(x)] *vt (entreter)* to amuse; *(fazer perder atenção)* to distract.
❑ **distrair-se** *vp (divertir-se)* to enjoy o.s.; *(descuidar-se)* to get distracted.
distribuição [dʒiʃtribwi'sãw] *(pl* **-ões** [-õjʃ]) *f (de correspondência postal)* delivery; *(AUT)* timing; *(de trabalho, comida)* distribution.
distribuidor, -ra [dʒiʃtribwi'do(x), -ra] *(mpl* **-res** [-riʃ], *fpl* **-s** [-ʃ])* *m, f (de produto)* distributor ◆ *m (AUT)* distributor.

distrito [dʒiʃ'tritu] *m* district; **Distrito Federal** *term for Brasília, home of Brazil's federal government.*
distúrbio [dʒiʃ'tuxbju] *m* disturbance; *(Br: MED)* disorder.
ditado [dʒi'tadu] *m (de texto, frase)* dictation; *(provérbio)* saying.
ditador, -ra [dʒita'do(x), -ra] *(mpl* **-res** [-riʃ], *fpl* **-s** [-ʃ])* *m, f* dictator.
ditadura [dʒita'dura] *f* dictatorship.
ditafone® [dʒikta'foni] *m* Dictaphone®.
ditar [dʒi'ta(x)] *vt* to dictate.
dito, -ta ['dʒitu, -ta] *pp* → **dizer**.
ditongo [dʒi'tõŋgu] *m* diphthong.
diurno, -na ['dʒjuxnu, -na] *adj* daytime.
divã [dʒi'vã] *m* divan.
divagar [dʒiva'ga(x)] *vi (afastar-se de assunto)* to digress; *(devanear)* to daydream; *(caminhar ao acaso)* to wander.
diversão [dʒivex'sãw] *(pl* **-ões** [-õjʃ]) *f (distração)* amusement.
diverso, -sa [dʒi'vexsu, -sa] *adj (variado)* diverse.
❑ **diversos, -sas** *adj pl (muitos)* various.
diversões → **diversão**.
divertido, -da [dʒivex'tʃidu, -da] *adj* amusing.
divertimento [dʒivextʃi'mẽntu] *m* amusement.
divertir [dʒivex'tʃi(x)] *vt* to amuse.
❑ **divertir-se** *vp* to enjoy o.s.
dívida ['dʒivida] *f* debt.
dividendos [dʒivi'dẽnduʃ] *mpl* dividends.
dividir [dʒivi'di(x)] *vt (repartir)* to share out; *(separar)* to separate; *(MAT)* to divide ◆ *vi (MAT)* to divide.
❑ **dividir-se** *vp (separar-se)* to split up; *(ramificar-se)* to divide.
divino, -na [dʒi'vinu, -na] *adj* divine.
divisão [dʒivi'zãw] *(pl* **-ões** [-õjʃ]) *f* division; *(de casa)* room.
divisas [dʒi'vizaʃ] *fpl (COM)* foreign currency *(sg)*.
divisões → **divisão**.
divorciado, -da [dʒivox'sjadu, -da] *adj* divorced.
divorciar-se [dʒivox'sjaxsi] *vp* to get divorced; **~-se de alguém** to divorce sb.
divórcio [dʒi'vɔxsju] *m* divorce.
divulgar [dʒivuw'ga(x)] *vt (informação,*

idéia) to disseminate; *(produto, serviço)* to market.

dizer [dʒi'ze(x)] *vt* to say; ~ **algo a alguém** to tell sb sthg; ~ **a alguém que faça algo** to tell sb to do sthg; **como se diz …?** how do you say …?

DJ [di'ʒej] *mf (abrev de disc-jóquei)* DJ.

do [du] = **de + o**, → **o**.

doação [dwa'sãw] *(pl -ões* [-õjʃ]) *f* donation.

doar ['dwa(x)] *vt* to donate.

dobra ['dɔbra] *f* fold; *(de calças)* turn-up *(Brit)*, cuff *(Am)*.

dobradiça [dobra'disa] *f* hinge.

dobrado, -da [do'bradu, -da] *adj* folded; *(Port: filme, programa de TV)* dubbed.

dobrar [do'bra(x)] *vt (jornal, lençol, roupa)* to fold; *(joelho, costas)* to bend; *(Port: filme, programa de TV)* to dub ◆ *vi (duplicar)* to double; ~ **a esquina** to turn the corner.

⎍ **dobrar-se** *vp (curvar-se)* to bend over.

dobro ['dobru] *m*: **o** ~ double.

doca ['dɔka] *f* dock.

doce ['dosi] *adj (bebida, comida)* sweet; *(pessoa)* gentle ◆ *m (sobremesa)* sweet; *(geléia, compota)* jam; ~ **de ovos** egg yolks and sugar blended and cooked, used as a filling in cakes, sweets and pastries.

dóceis → **dócil**.

docente [do'sẽtʃi] *adj* teaching ◆ *mf* teacher.

dócil ['dɔsiw] *(pl -ceis* [-sejʃ]) *adj* docile.

documentação [dokumẽta'sãw] *f (documentos)* papers *(pl).*

documentário [dokumẽn'tarju] *m* documentary.

documento [doku'mẽntu] *m* document.

doçura [do'sura] *f (fig)* gentleness.

doença ['dwẽsa] *f* disease; ~ **venérea** venereal disease.

doente ['dwẽtʃi] *adj* ill ◆ *mf* sick person; ~ **mental** psychiatric patient.

doentio, -tia [dwẽn'tʃiu, -'tʃia] *adj (lugar, atmosfera)* unwholesome; *(pessoa)* sickly.

doer ['dwe(x)] *vi* to hurt.

doido, -da ['dojdu, -da] *adj* mad ◆ *m, f* madman *(f* madwoman*)*; **ser** ~ **por** to be mad about; ~ **varrido** *(fam)* complete nutter.

dois, duas ['dojʃ, 'duaʃ] *num* two; ~ **a** ~ in twos, → **seis**.

dólar ['dɔla(x)] *(pl -res* [-riʃ]) *m* dollar.

doleiro [do'lejru] *m (Br) black market money dealer (usually in US dollars).*

dolorido, -da [dolo'ridu, -da] *adj* sore.

doloroso, -osa [dolo'rozu, -ɔza] *adj* painful.

dom ['dõ] *(pl -ns* [-ʃ]) *m* gift.

domador, -ra [doma'do(x), -ra] *(mpl -res* [-riʃ], *fpl -s* [-ʃ]) *m, f* tamer.

doméstica [do'mɛʃtʃika] *f* housewife.

domesticado, -da [domeʃtʃi'kadu, -da] *adj* tame.

domesticar [domeʃtʃi'ka(x)] *vt* to tame.

doméstico, -ca [do'mɛʃtʃiku, -ka] *adj* domestic.

domicílio [domi'silju] *m* residence.

dominar [domi'na(x)] *vt* to control; *(país)* to rule; *(situação)* to be in control of; *(língua)* to be fluent in; *(incêndio)* to bring under control.

⎍ **dominar-se** *vp (conter-se)* to control o.s.

domingo [do'mĩŋgu] *m* Sunday, → **sexta-feira**.

domínio [do'minju] *m (controle)* control; *(autoridade)* authority; *(sector, campo)* field; *(território)* domain; *(de língua)* command.

dominó [domi'nɔ] *m (jogo)* dominoes *(sg)*; **jogar** ~ to play dominoes.

dona ['dona] *f (título)* Mrs; ~ **de casa** housewife, → **dono**.

donde ['dõnde] *adv (Port):* ~ **veio?** where did it come from?

dono, -na ['donu, -na] *m, f* owner.

dons → **dom**.

dopar [do'pa(x)] *vt* to drug.

dor ['do(x)] *(pl -res* [-riʃ]) *f (física)* pain; *(moral)* grief; ~ **de barriga** stomachache; ~ **de cabeça** headache; ~ **de dente** toothache; ~ **de estômago** stomachache; ~ **de garganta** sore throat; ~ **lombar** backache; ~ **de ouvido** earache; ~ **es menstruais** period pains; ~ **de cotovelo** *(fig)* jealousy.

dormente [dor'mẽtʃi] *adj* numb.

dormida [dor'mida] *f* sleep; **dar uma** ~ to have a sleep.

dormir [dor'mi(x)] *vi* to sleep ◆ *vt* to sleep (for).

dormitório [dormi'tɔrju] *m* dormitory.

dosagem [du'zaʒãj] (*pl* **-ns** [-ʃ]) *f* dosage.

dose ['dɔzi] *f (de medicamento)* dose; *(de bebida)* measure; *(em restaurante)* portion.

dossiê [do'sje] *m (Br) (de documentação, processo)* file; ~ **(escolar)** folder.

dossier [dɔ'sje] *m (Port)* = **dossiê**.

dotado, -da [do'tadu, -da] *adj (talentoso)* gifted.

dou ['do] → **dar**.

dourado, -da [do'radu, -da] *adj* golden.

doutor, -ra [do'to(x), -ra] (*mpl* **-res** [-riʃ], *fpl* **-s** [-ʃ]) *m, f (médico, pessoa doutorada)* doctor.

Doutor, -ra [do'to(x), -ra] *m, f* title attributed to anyone with a university degree.

doutrina [do'trina] *f* doctrine.

doze ['dozi] *num* twelve, → **seis**.

Dr. *(abrev de Doutor)* Dr.

Dra. *(abrev de Doutora)* Dr.

dragão [dra'gãw] (*pl* **-ões** [-õjʃ]) *m* dragon.

dragar [dra'ga(x)] *vt (rio, lago)* to dredge.

drágea ['draʒja] *f (Br)* tablet.

drageia [dra'ʒaja] *f (Port)* = **drágea**.

dragões → **dragão**.

drama ['drama] *m* drama.

dramatizar [dramatʃi'za(x)] *vt (fig)* to dramatize.

dramaturgo, -ga [drama'turgu, -ga] *m, f* playwright.

drástico, -ca ['draʃtʃiku, -ka] *adj* drastic.

drenar [dre'na(x)] *vt* to drain.

dreno ['drenu] *m (MED)* drainage tube.

driblar [dri'bla(x)] *vi & vt* to dribble.

drinque ['drĩki] *m (Br)* drink.

drive ['drajvi] *f (INFORM)* drive.

droga ['drɔga] *f* drug; *(coisa de má qualidade)* rubbish ◆ *interj* blast!

drogado, -da [dro'gadu, -da] *m, f* drug addict.

drogar [dro'ga(x)] *vt* to drug.

drogar-se *vp* to take drugs.

drogaria [droga'ria] *f* chemist's *(Brit)*, drugstore *(Am)*.

dto. *abrev* = **direito**.

duas → **dois**.

dublar [du'bla x] *vt (Br: filme, programa de TV)* to dub.

duche ['duʃe] *m (Port)* shower; **tomar uma** ~ to have a shower.

duende ['dwẽndʒi] *m* goblin.

dum [dũ] = **de** + **um**, → **um**.

duma ['duma] = **de** + **uma**, → **um**.

duna ['duna] *f* dune.

duns [dũʃ] = **de** + **uns**, → **um**.

dupla ['dupla] *f (par)* duo, pair; *(Br: em esporte)* doubles *(sg)*.

dúplex ['dupleks] *m inv* maisonette *(Brit)*, duplex *(Am)*.

duplicado [dupli'kadu] *m* duplicate; **em** ~ in duplicate.

duplicar [dupli'ka(x)] *vt & vi* to double.

duplo, -pla ['duplu, -pla] *adj* double ◆ *m*: **o** ~ double.

duração [dura'sãw] *f (de férias, concerto, curso)* length; *(de produto deteriorável)* shelf life.

duradouro, -ra [dura'doru, -ra] *adj* lasting.

durante [du'rãntʃi] *prep* during; ~ **3 horas** for three hours.

durar [du'ra(x)] *vi* to last.

durex® [du'rɛks] *adj (Br)* → **fita**.

dureza [du'reza] *f (de objeto, substância)* hardness; *(de caráter)* harshness.

durmo ['durmu] → **dormir**.

duro, -ra ['duru, -ra] *adj* hard; *(pão)* stale; *(carne)* tough.

dúvida ['duvida] *f* doubt; **estou em** ~ I'm not sure; **pôr em** ~ to doubt; **sem** ~! absolutely!; **tirar** ~**s** to sort queries out.

duvidoso, -osa [duvi'dozu, -ɔza] *adj* dubious.

duzentos, -tas [du'zẽntuʃ, -taʃ] *num* two hundred, → **seis**.

dúzia ['duzja] *f* dozen; **uma** ~ **de ovos** a dozen eggs; **vender à** ~ to sell by the dozen; **meia** ~ half a dozen.

E

e [i] *conj* and.

é [ε] → ser.

E. *(abrev de Este)* E.

ébano ['εbanu] *m* ebony.

ébrio, ébria ['εbriu, 'εbria] *adj* inebriated.

ebulição [ibuli'sãw] *f (fervura)* boiling.

écharpe [e'ʃarpi] *f* scarf.

eclipse [e'klipsi] *m* eclipse.

eco ['εku] *m* echo.

ecoar [e'kwa(x)] *vi* to echo.

ecografia [ekogra'fia] *f* ultrasound.

ecologia [ekolo'ʒia] *f* ecology.

ecológico, -ca [eko'lɔʒiku, -ka] *adj* ecological.

economia [ekono'mia] *f (ciência)* economics *(sg)*; *(de país)* economy; *(poupança)* saving.

❑ **economias** *fpl* savings.

económico, -ca [iku'nɔmiku, -ka] *adj (Port)* = **econômico**.

econômico, -ca [eko'nomiku, -ka] *adj (Br) (pessoa)* frugal; *(barato)* cheap; *(carro, motor, dispositivo)* economical; *(situação, crise)* economic.

economista [ekono'miʃta] *mf* economist.

economizar [ekonomi'za(x)] *vt* to save ♦ *vi* to economize.

ecoturismo [ekotu'riʒmu] *m* ecotourism.

ecrã ['εkrã] *m* screen.

ECT *f (abrev de Empresa Brasileira de Correios e Telégrafos) Brazilian postal services.*

ECU ['εku] *m* ECU.

eczema [ek'zema] *m* eczema.

edição [edʒi'sãw] *(pl* **-ões** [-õjʃ]) *f (exemplares)* edition; *(publicação)* publishing.

edifício [edʒi'fisju] *m* building.

edifício-garagem [edʒifisjuga'raʒẽ] *(pl* **edifícios-garagens** [edʒifisjuʒga-**

'raʒẽ]) *m (Br)* multistorey car park *(Brit)*, multistory parking lot *(Am)*.

editar [edʒi'ta(x)] *vt (livro, revista)* to publish; *(disco)* to release; *(programa, matéria)* to edit.

editor, -ra [edʒi'to(x), -ra] *(mpl* **-res** [-riʃ], *fpl* **-s** [-ʃ]) *m, f (que publica)* publisher; *(que edita)* editor.

editora [edʒi'tora] *f (empresa, estabelecimento)* publishing house, → **editor**.

editores → **editor**.

edredão [edre'dãw] *(pl* **-ões** [-õjʃ]) *m (Port)* = **edredom**.

edredom [edre'dõ] *(pl* **-ns** [-ʃ]) *m (Br)* duvet.

educação [eduka'sãw] *f* education; *(cortesia)* manners *(pl)*.

educado, -da [edu'kadu, -da] *adj* polite.

educar [edu'ka(x)] *vt (filhos)* to bring up; *(alunos)* to educate.

efectivo, -va [efε'tivu, -va] *adj (Port)* = **efetivo**.

efectuar [efε'twar] *vt (Port)* = **efetuar**.

efeito [e'fejtu] *m* effect; **com ~** *(realmente)* really, indeed; **sem ~** invalid.

efervescente [iʃerveʃ'sẽntʃi] *adj* → **aspirina**.

efetivamente [efε,tʃiva'mẽntʃi] *adv* indeed.

efetivo, -va [efε'tʃivu, -va] *adj (Br) (real)* genuine; *(funcionário, empregado)* permanent.

efetuar [efε'twa(x)] *vt (Br) (realizar)* to carry out; *(compra, pagamento, viagem)* to make.

eficácia [efi'kasja] *f (de plano, solução, sistema)* effectiveness; *(de pessoa)* efficiency.

eficaz [efi'kaʃ] *(pl* **-zes** [-ziʃ]) *adj (plano, solução, sistema)* effective; *(pessoa)* efficient.

eficiência [efi'sjẽsja] f (de plano, método, sistema) effectiveness; (de pessoa) efficiency.

eficiente [efi'sjẽntʃi] adj (plano, método, sistema) effective; (pessoa) efficient.

efusivo, -va [efu'zivu, -va] adj effusive.

egoísmo [e'gwiʒmu] m selfishness.

egoísta [e'gwiʃta] adj selfish ♦ mf selfish person.

égua ['ɛgwa] f mare.

eis ['ejʃ] adv here is/are; ~ senão quando when all of a sudden.

eixo ['ejʃu] m (de roda) axle; (de máquina) shaft; (em geometria) axis.

ejaculação [eʒakula'sãw] (pl -ões [-õjʃ]) f ejaculation.

ejacular [eʒaku'la(x)] vt & vi to ejaculate.

ela ['ɛla] pron (pessoa) she; (coisa, animal) it; (com preposição: pessoa) her; (com preposição: coisa) it; **e ~?** what about her?; **é ~** it's her; **~ mesma** OU **própria** (she) herself.
❑ **elas** pron pl they; (com preposição) them.

elaboração [elabora'sãw] f (de plano, sistema) working out, development; (de trabalho escrito) writing.

elaborar [elabo'ra(x)] vt (trabalho, texto) to work on; (plano, lista) to draw up.

elasticidade [elaʃtisi'dadʒi] f elasticity.

elástico, -ca [e'laʃtʃiku, -ka] adj elastic ♦ m (material) elastic; (para segurar papel) rubber band.

ele ['eli] pron (pessoa) he; (coisa, animal) it; (com preposição: pessoa) him; (com preposição: coisa, animal) it; **e ~?** what about him?; **é ~** it's him; **~ mesmo** OU **próprio** (he) himself.
❑ **eles** pron pl they; (com preposição) them.

eléctrico, -ca [i'letriku, -ka] adj (Port) = elétrico ♦ m (Port) tram (Brit), streetcar (Am).

electrónica [ile'trɔnika] f (Port) = eletrônica.

elefante [ele'fãntʃi] m elephant.

elegância [ele'gãsja] f elegance; (de modos) refinement.

elegante [ele'gãntʃi] adj (esbelto) slim; (bem vestido) elegant.

eleger [ele'ʒe(x)] vt (ministro, presi-

dente, deputado) to elect; (sistema, método, manual) to choose.

eleição [elej'sãw] (pl -ões [-õjʃ]) f (de ministro, presidente, deputado) election; (de sistema, método, manual) choice.
❑ **eleições** fpl elections.

eleito, -ta [e'lejtu, -ta] pp → **eleger** ♦ adj (presidente, ministro, deputado) elected.

eleitor, -ra [elej'to(x), -ra] (mpl -res [-riʃ], fpl -s [-ʃ]) m, f voter.

elementar [elemẽn'ta(x)] (pl -es [-iʃ]) adj (fundamental) basic; (primário) elementary.

elemento [ele'mẽntu] m element; (de equipa, grupo) member; (informação) factor.
❑ **elementos** mpl data (sg); **os ~s** the elements.

eletricidade [eletrisi'dadʒi] f electricity.

eletricista [eletri'siʃta] mf electrician.

elétrico, -ca [e'letriku, -ka] adj (Br) electric .

eletrizar [eletri'za(x)] vt (fig: entusiasmar) to electrify.

eletrodoméstico [e,letrodo'mɛʃtʃiku] m electric household appliance.

eletrônica [ele'trɔnika] f (Br) electronics.

eletrônico, -ca [ele'trɔniku, -ka] adj electronic.

elevação [eleva'sãw] (pl -ões [-õjʃ]) f area of high ground.

elevado, -da [ele'vadu, -da] adj high.

elevador [eleva'do(x)] (pl -res [-riʃ]) m lift (Brit), elevator (Am).

elevar [ele'va(x)] vt to raise; (promover) to elevate.
❑ **elevar-se** vp to rise.

eliminar [elemi'na(x)] vt to eliminate.

elite [e'litʃi] f elite.

elo ['ɛlu] m (de cadeia) link; ~ **de ligação** (fig) link.

elogiar [elo'ʒja(x)] vt to praise.

elogio [elo'ʒiu] m praise.

eloquência [elo'kwẽsja] f eloquence.

eloquente [ilu'kwẽte] adj (Port) = eloquente.

eloquente [elo'kwẽntʃi] adj (Br) eloquent.

em [ẽ] prep 1. (no interior de) in; **os papéis estão naquela gaveta** the papers are in that drawer; **vivo no**

norte I live in the north.
2. *(sobre)* on; **coloca uma jarra nesta mesa** put a vase on this table.
3. *(em certo ponto de)* in; **ela está na sala** she's in the living room; **estar ~ casa/no trabalho** to be at home/at work.
4. *(relativo a cidade, país)* in; **~ Londres/Paris** in London/Paris; **~ Portugal/França** in Portugal/France; **no Brasil** in Brazil; **nos Estados Unidos** in the (United) States.
5. *(indica tempo)* in; *(dia)* on; *(época)* at; **faço isso num dia** I can do that in a day; **ela nasceu ~ 1970/num sábado** she was born in 1970/on a Saturday; **vou de férias no Verão/Natal** I'm going on holiday in the summer/at Christmas; **vou lá nas férias** I'm going there during the holidays.
6. *(indica modo)* in; **paguei ~ reais** I paid in reals; **respondi-lhe ~ português** I answered him in Portuguese; **ela gastou tudo em cigarros** she spent it all on cigarettes.
7. *(indica assunto)*: **ele é um perito ~ economia** he's an expert in economics; **nisso de computador, a Carlota é a melhor** when it comes to computers, Carlota is the best; **sou licenciada ~ Letras/Direito** I'm an arts/law graduate.
8. *(indica estado)* in; **~ boas condições** in good condition; **não descer com o trem ~ movimento** passengers should not alight until the train has stopped.
9. *(introduz complemento)*: **a palavra caiu ~ desuso** the word is no longer used; **não acredito nele** I don't believe him; **não penses nele** don't think about him.

emagrecer [emagre'se(x)] *vi* to lose weight.

emancipado, -da [emãsi'padu, -da] *adj* emancipated.

emaranhado, -da [emara'ɲadu, -da] *adj* tangled.

embaciado, -da [ẽmba'sjadu, -da] *adj* steamed up.

embaciar [ẽmba'sja(x)] *vt* to steam up.

embaixada [ẽmbaj'ʃada] *f* embassy.

embaixador, -ra [ẽmbajʃa'do(x), -ra] *(mpl* **-res** [-riʃ], *fpl* **-s** [-ʃ]) *m, f* ambassador.

embaixatriz [ẽmbajʃa'triʃ] *(pl* **-zes** [-ziʃ]) *f* ambassadress.

embaixo [ẽm'bajʃu] *adv (Br) (em espaço)* downstairs; *(em lista)* at the bottom; **~ de** under(neath).

embalagem [ẽmba'laʒẽ] *(pl* **-ns** [-ʃ]) *f* packaging; *(pacote)* packet.

embalar [ẽmba'la(x)] *vt (produto)* to package; *(bebê)* to rock.

embaraçar [ẽmbara'sa(x)] *vt (desconcertar)* to embarrass; *(estorvar)* to hinder.

❏ **embaraçar-se** *vp (atrapalhar-se)* to get flustered.

embaraço [ẽmba'rasu] *m (vergonha)* embarrassment; *(estorvo)* hindrance.

embarcação [ẽmbaxka'sãw] *(pl* **-ões** [-õjʃ]) *f* vessel.

embarcar [ẽmbax'ka(x)] *vi* to board; **~ em** *(navio, avião, comboio)* to board; *(aventura, negócio)* to embark on.

embarque [ẽm'baxki] *m* boarding; **zona** OU **local de ~** boarding point.

embebedar-se [ẽmbebe'daxsi] *vp* to get drunk.

embeber [ẽmbe'be(x)] *vt* to soak; **~ algo em algo** to soak sthg in sthg.

embelezar [ẽmbele'za(x)] *vt* to embellish.

emblema [ẽm'blema] *m* emblem.

embora [ẽm'bɔra] *conj* even though ◆ *adv*: **ir(-se) ~** to leave; **vai ~!** go away!

emboscada [ẽmboʃ'kada] *f* ambush.

embraiagem [ẽmbra'jaʒẽ] *(pl* **-ns** [-ʃ]) *f (Port)* = **embreagem**.

EMBRATUR [ẽmbra'tu(x)] *f (abrev de Empresa Brasileira de Turismo)* Brazilian tourist board.

embreagem [ẽmbre'aʒẽ] *(pl* **-ns** [-ʃ]) *f (Br)* clutch.

embriagar-se [ẽmbria'gaxsi] *vp* to get drunk.

embrulhar [ẽmbru'ʎa(x)] *vt* to wrap up; *(misturar)* to muddle up.

embrulho [ẽm'bruʎu] *m* package.

embutido, -da [ẽmbu'ʃidu, -da] *adj* fitted.

emendar [emẽn'da(x)] *vt* to correct.

❏ **emendar-se** *vp* to mend one's ways.

ementa [e'mẽnta] *f (Port)* menu; **~ turística** set menu.

emergência [emex'ʒẽsja] *f* emergency.

emigração [emigra'sãw] *f* emigration.

emigrante [emi'grãntʃi] *mf* emigrant.

emigrar [emi'gra(x)] *vi* to emigrate; **~**

para to emigrate to.

emissão [emiˈsãw] (*pl* **-ões** [-õjʃ]) *f (de programa)* broadcast; *(de calor, gases)* emission.

emissor, -ra [emiˈso(x), -ra] (*mpl* **-res** [-riʃ], *fpl* **-s** [-ʃ]) *adj* broadcasting ◆ *m (rádio)* transmitter; *(de mensagem)* sender.

emissora [emiˈsora] *f (de rádio)* radio station.

emissores → **emissor**.

emitir [emiˈtʃi(x)] *vt (calor, luz, som)* to emit; *(moeda)* to issue; *(programa)* to broadcast.

emoção [emoˈsãw] (*pl* **-ões** [-õjʃ]) *f (comoção)* emotion; *(excitação)* excitement.

emoldurar [emowduˈra(x)] *vt* to frame.

emotivo, -va [emoˈtʃivu, -va] *adj* emotional.

empacotar [empakoˈta(x)] *vt* to pack up.

empada [emˈpada] *f* pasty; **~ de galinha** chicken pasty.

empadão [empaˈdãw] (*pl* **-ões** [-õjʃ]) *m* pie *(made with mashed potato)*.

empadinha [empaˈdʒiɲa] *f (Br)* pasty; **~ de camarão** prawn pasty; **~ de palmito** palm-heart pasty; **~ de queijo** cheese pasty.

empadões → **empadão**.

empalhar [empaˈʎa(x)] *vt* to stuff.

empanturrar [empãntuˈxa(x)] *vt:* **~ alguém com algo** *(fam)* to stuff sb full of sthg.

❑ **empanturrar-se** *vp (fam)* to stuff o.s.

empatar [empaˈta(x)] *vi* to draw ◆ *vt (dinheiro)* to tie up; **~ alguém** *(estorvar a)* to get in sb's way.

empate [emˈpatʃi] *m* draw, tie.

empenado, -da [empeˈnadu, -da] *adj* warped.

empenhar [empeˈɲa(x)] *vt* to pawn.

❑ **empenhar-se** *vp (esforçar-se)* to do one's utmost; *(endividar-se)* to get into debt; **~-se em algo** to do one's utmost to do sthg.

empestar [empeʃˈta(x)] *vt* to stink out.

empilhar [empiˈʎa(x)] *vt* to pile up.

empinar [empiˈna(x)] *vt (bicicleta, moto)* to do a wheelie on.

❑ **empinar-se** *vp (cavalo)* to rear (up); *(bicicleta, moto)* to do a wheelie.

emplastro [emˈplaʃtru] *m* plaster.

empobrecer [empobreˈse(x)] *vt (pessoa, país)* to impoverish; *(terreno)* to deplete ◆ *vi (pessoa, país)* to become poor; *(terreno)* to become depleted.

empolgante [empowˈgãntʃi] *adj* gripping.

empreender [empriẽnˈde(x)] *vt (negócio, trabalho)* to start.

empreendimento [empriẽndʒiˈmẽntu] *m (investimento)* venture; *(empenho)* investment.

empregado, -da [empreˈgadu, -da] *m, f (em empresa)* employee; **~ de balcão** sales assistant; **~ de bar** barman *(f barmaid)*; **~ (doméstico)** domestic servant; **~ (de mesa)** waiter *(f waitress)*.

empregar [empreˈga(x)] *vt (pessoa, método, técnica)* to employ; *(dinheiro, tempo)* to spend; *(objeto, ferramenta)* to use.

❑ **empregar-se** *vp (arranjar emprego)* to get a job; *(utilizar-se)* to be used.

emprego [emˈpregu] *m (trabalho, ocupação)* job; *(uso)* use; **o ~** *(em geral)* employment.

empregue [emˈpregi] *pp* → **empregar**.

empresa [emˈpreza] *f* firm.

emprestado, -da [empreʃˈtadu, -da] *adj* borrowed; **pedir algo ~** to borrow sthg.

emprestar [empreʃˈta(x)] *vt:* **~ algo a alguém** to lend sthg to sb.

empréstimo [emˈprɛʃtʃimu] *m* loan.

empunhar [empuˈɲa(x)] *vt* to hold.

empurrão [empuˈxãw] (*pl* **-ões** [-õjʃ]) *m* shove.

empurrar [empuˈxa(x)] *vt* to push; "empurre" "push".

empurrões → **empurrão**.

encabeçar [enkabeˈsa(x)] *vt* to head.

encadernação [enkadexnaˈsãw] (*pl* **-ões** [-õjʃ]) *f (capa)* cover; *(ato)* binding.

encaixar [enkajˈʃa(x)] *vt* to fit; *(fig: meter na cabeça)* to get into one's head.

❑ **encaixar-se** *vp* to fit in.

encaixe [enˈkajʃi] *m* slot; **~ do flash** fitting *(for camera flash)*.

encaixotar [enkajʃoˈta(x)] *vt* to box.

encalhar [enkaˈʎa(x)] *vt & vi* to run aground.

encaminhar [enkamiˈɲa(x)] *vt (aconselhar)* to provide guidance for ou to; **~ algo/alguém para** to refer sthg/sb to.

❑ **encaminhar-se para** *vp + prep* to head towards.

encanador, -ra [ẽŋkana'dox. -ra] (mpl **-res** [-riʃ]. fpl **-s** [-ʃ]) m, f (Br) plumber.

encantador, -ra [ẽŋkãnta'do(x). -ra] (mpl **-res** [-riʃ]. fpl **-s** [-ʃ]) adj delightful.

encantar [ẽŋkãn'ta(x)] vt to delight.

encaracolado, -da [ẽŋkarako'ladu. -da] adj curly.

encarar [ẽŋka'ra(x)] vt to face.

❏ **encarar com** v + prep to come face to face with.

encardido, -da [ẽŋkar'dʒidu. -da] adj grubby.

encarnado, -da [ẽŋkar'nadu. -da] adj scarlet, red.

encarregado, -da [ẽŋkaxe'gadu. -da] m, f person in charge; (de operários) foreman (f forewoman).

encarregar [ẽŋkaxe'ga(x)] vt: ~ **alguém de fazer algo** to put sb in charge of doing sth.

encastrado, -da [ẽŋkaʃ'tradu. -da] adj fitted; (pedra em jóia) set.

encenação [ẽsena'sãw] (pl **-ões** [-õjʃ]) f (de peça teatral) staging.

encenar [ẽse'na(x)] vt (peça teatral) to stage, to put on.

encerar [ẽse'ra(x)] vt to wax.

encerrado, -da [ẽse'xadu. -da] adj closed.

encerramento [ẽsexa'mẽntu] m (de concerto, espetáculo) end; (de loja) closure.

encerrar [ẽse'xa(x)] vt to close; (concerto, espetáculo) to end.

encharcar [ẽʃar'ka(x)] vt to soak.

❏ **encharcar-se** vp to get soaked.

enchente [ẽ'ʃẽntʃi] f flood.

enchova [ẽ'ʃova] f (peixe) snapper; (Br: alice) anchovy.

encoberto, -ta [ẽŋko'bɛxtu. -ta] adj (céu, tempo) overcast; (oculto) hidden.

encolher [ẽŋko'ʎe(x)] vt (ombros) to shrug; (pernas) to bend; (barriga) to pull in ♦ vi to shrink.

❏ **encolher-se** vp to huddle.

encomenda [ẽŋko'mẽnda] f order; **feito por** ~ made to order; ~ **postal** mail order.

encomendar [ẽŋkomẽn'da(x)] vt to order; ~ **algo a alguém** (comprar) to order sth from sb; (obra, escultura, pintura) to commission sth from sb.

encontrar [ẽŋkõn'tra(x)] vt to find; (pessoa por acaso) to bump into.

❏ **encontrar-se** vp (ter encontro) to meet; (estar) to be; ~**-se com alguém** to meet up with sb.

encontro [ẽŋ'kõntru] m (profissional) appointment; (amoroso) date.

encorajar [ẽŋkora'ʒa(x)] vt to encourage.

encorpado, -da [ẽŋkor'padu. -da] adj (pessoa) burly; (vinho) full-bodied.

encosta [ẽŋ'kɔʃta] f slope.

encostar [ẽŋkoʃ'ta(x)] vt (carro) to park; (porta) to leave ajar; (cabeça) to lay down; ~ **algo em algo** (mesa, cadeira) to put sthg against sthg; (escada, vara) to lean sthg against sthg.

❏ **encostar-se** vp: ~**-se a** (parede, carro, poste) to lean against.

encosto [ẽŋ'koʃtu] m (de assento) back.

encruzilhada [ẽŋkruzi'ʎada] f crossroads (sg).

endereço [ẽnde'resu] m address.

endireitar [ẽndirej'ta(x)] vt to straighten; (objeto caído) to put upright.

❏ **endireitar-se** vp (pôr-se direito) to stand up straight.

endívia [ẽn'dʒivja] f endive.

endoidecer [ẽndojde'se(x)] vt to drive mad ♦ vi to go mad.

endossar [ẽndo'sa(x)] vt to endorse.

endurecer [ẽndure'se(x)] vt & vi to harden.

energia [enɛx'ʒia] f energy; ~ **eólica/nuclear/solar** wind/nuclear/solar power.

enevoado, -da [ene'vwadu. -da] adj cloudy.

enfarte [ẽ'faxtʃi] m: ~ (**do miocárdio**) heart attack.

ênfase [ẽ'fazi] f emphasis.

enfatizar [ẽfatʃi'za(x)] vt to emphasize.

enfeitiçar [ẽfejtʃi'sa(x)] vt to bewitch.

enfermagem [ẽfex'maʒẽ] f nursing.

enfermaria [ẽfexma'ria] f ward.

enfermeiro, -ra [ẽfex'mejru. -ra] m, f nurse.

enferrujar [ẽfexu'ʒa(x)] vt & vi to rust.

enfiar [ẽ'fja(x)] vt (calça, mangas, camisola) to pull ou put on; ~ **algo em algo** to put sthg in sthg.

enfim [ẽ'fĩ] adv (finalmente) at last ♦ interj oh well!

enforcar [ẽfox'ka(x)] *vt* to hang.
❑ **enforcar-se** *vp* to hang o.s.
enfraquecer [ẽfrake'se(x)] *vt & vi* to weaken.
enfrentar [ẽfrẽn'ta(x)] *vt* to confront.
enfurecer [ẽfure'se(x)] *vt* to infuriate.
❑ **enfurecer-se** *vp* to get angry.
enganado, -da [ẽŋga'nadu, -da] *adj*: **estar ~** to be wrong; **ser ~** *(ser ludibriado)* to be deceived; *(por cônjuge)* to be cheated on.
enganar [ẽŋga'na(x)] *vt* to deceive; *(cônjuge)* to cheat on.
❑ **enganar-se** *vp (estar errado)* to be wrong; *(errar)* to make a mistake.
engano [ẽŋ'ganu] *m* mistake; **é ~** *(em conversa telefônica)* you've got the wrong number.
engarrafado, -da [ẽŋgaxa'fadu, -da] *adj (líquido)* bottled; *(trânsito)* blocked.
engarrafamento [ẽŋgaxafa'mẽntu] *m (de trânsito)* traffic jam; *(de líquido)* bottling.
engasgar-se [ẽŋgaʒ'gaxsi] *vp* to choke.
engenharia [ẽʒeɲa'ria] *f* engineering.
engenheiro, -ra [ẽʒe'ɲejru, -ra] *m, f* engineer.
engenhoso, -osa [ẽʒe'ɲozu, -ɔza] *adj* ingenious.
engessar [ẽʒe'sa(x)] *vt* to set in a plaster cast.
englobar [ẽŋglo'ba(x)] *vt* to encompass.
engodo [ẽŋ'godu] *m* bait.
engolir [ẽŋgo'li(x)] *vt* to swallow.
engomar [ẽŋgo'ma(x)] *vt (passar a ferro)* to iron; *(com goma)* to starch.
engordar [ẽŋgor'da(x)] *vi (pessoa)* to put on weight; *(alimento)* to be fattening ♦ *vt (animal)* to fatten up.
engordurado, -da [ẽŋgordu'radu, -da] *adj* greasy.
engraçado, -da [ẽŋgra'sadu, -da] *adj* funny.
engravidar [ẽŋgravi'da(x)] *vi* to get pregnant ♦ *vt*: **~ alguém** to get sb pregnant.
engraxar [ẽŋgra'ʃa(x)] *vt* to polish; *(Port: fam: professor, chefe, etc)* to butter up.
engraxate [ẽŋgra'ʃatʃi] *m (Br)* shoe shiner.
engrenagem [ẽŋgre'naʒẽ] *(pl -ns [-ʃ])* *f* mechanism.

engrossar [ẽŋgro'sa(x)] *vt & vi* to thicken.
enguia [ẽŋ'gia] *f* eel.
enguiçar [ẽŋgi'sa(x)] *vi (motor, máquina)* to play up.
enigma [e'nigma] *m (adivinha)* riddle; *(mistério)* enigma.
enjoado, -da [ẽ'ʒwadu, -da] *adj* sick; *(em carro, barco)* travelsick.
enjoar [ẽ'ʒwa(x)] *vi* to get travelsick ♦ *vt* to get sick of.
enjoo [ẽ'ʒou] *m (Port)* = **enjôo**.
enjôo [ẽ'ʒou] *m (Br) (náusea)* sickness; *(em barco, avião, ônibus)* travel sickness.
enlatado, -da [ẽla'tadu, -da] *adj (comida)* tinned *(Brit)*, canned *(Am)*; *(cultura, filme)* imported.
❑ **enlatados** *mpl* tinned foods *(Brit)*, canned foods *(Am)*.
enlouquecer [ẽloke'se(x)] *vt* to drive mad ♦ *vi* to go mad.
enorme [e'nɔrmi] *adj* huge, enormous.
enquanto [ẽŋ'kwantu] *conj* while; **~ (que)** whereas; **por ~** for the time being.
enraivecer [ẽxajve'se(x)] *vt* to enrage.
enraivecido, -da [ẽxajve'sidu, -da] *adj* enraged.
enredo [ẽ'xedu] *m* plot.
enriquecer [ẽxike'se(x)] *vt* to make rich; *(melhorar)* to enrich ♦ *vi* to get rich.
enrolar [ẽxo'la(x)] *vt (papel, tapete, fio)* to roll up; *(cabelo)* to curl; *(cigarro)* to roll; *(fam: enganar)* to take for a ride.
enroscar [ẽxoʃ'ka(x)] *vt (tampa)* to screw on; *(parafuso)* to screw in.
❑ **enroscar-se** *vp (cobra)* to coil up; *(gato, cão)* to curl up; *(emaranhar-se)* to get tangled up.
enrugar [ẽxo'ga(x)] *vt (roupa, papel)* to crease; *(pele)* to wrinkle ♦ *vi (pele)* to wrinkle.
ensaiar [ẽsa'ja(x)] *vt (peça, dança)* to rehearse; *(sistema)* to test.
ensaio [ẽ'saju] *m (de peça, dança)* rehearsal; *(de sistema)* test; *(texto literário)* essay.
enseada [ẽ'sjada] *f* cove.
ensinamento [ẽsina'mẽntu] *m (lição)* teaching; *(preceito)* saying.
ensinar [ẽsi'na(x)] *vt (em escola, universidade)* to teach; *(caminho, direção)*

to show; ~ **alguém a fazer algo** to teach sb how to do sthg; ~ **algo a alguém** *(língua, método)* to teach sb sthg; *(caminho)* to show sb sthg.

ensino [ẽ'sinu] *m (actividade)* teaching; *(método, sistema)* education; ~ **superior** higher education.

ensolarado, -da [ẽsola'radu, -da] *adj* sunny.

ensopado [ẽso'padu] *m* stew.

ensopar [ẽso'pa(x)] *vt* to soak.
❑ **ensopar-se** *vp* to get soaked.

ensurdecedor, -ra [ẽsurdese'do(x), -ra] *(mpl* **-res** [-riʃ], *fpl* **-s** [-ʃ]) *adj* deafening.

ensurdecer [ẽsurde'se(x)] *vt* to deafen ◆ *vi (ficar surdo)* to go deaf.

entalar [ẽta'la(x)] *vt (dedo, pé)* to trap; *(peça de roupa)* to tuck in.

entanto [ẽ'tãntu] : **no entanto** *conj* however.

então [ẽ'tãw] *adv* then ◆ *interj* so!; **desde ~** since then.

enteado, -da [ẽ'tʒjadu, -da] *m, f* stepson (f stepdaughter).

entender [ẽtẽn'de(x)] *vt (perceber)* to understand ◆ *vi (compreender)* to understand; **dar a ~ que** to give the impression (that); ~ **que** to think (that).
❑ **entender de** *v* + *prep* to know about.
❑ **entender-se** *vp* to get along; **não me entendo com isto** I can't get the hang of this; **~-se com alguém** *(chegar a acordo com)* to come to an agreement with sb.

enternecedor, -ra [ẽternese'do(x), -ra] *(mpl* **-res** [-riʃ], *fpl* **-s** [-ʃ]) *adj* touching.

enternecer [ẽterne'se(x)] *vt* to touch.

enterrar [ẽte'xa(x)] *vt* to bury.
❑ **enterrar-se** *vp* to sink.

enterro [ẽ'texu] *m* funeral.

entonação [ẽtona'sãw] *(pl* **-ões** [-õjʃ]) *f* intonation.

entornar [ẽtor'na(x)] *vt* to spill.

entorse [ẽ'tɔxsi] *f* sprain.

entortar [ẽtor'ta(x)] *vt* to bend.

entrada [ẽ'trada] *f* entrance; *(vestíbulo)* hall; *(prato)* starter; *(bilhete para espetáculo)* ticket; *(de dicionário)* entry; *(pagamento inicial)* down payment, deposit; **como ~, o que deseja?** what would you like as a starter?;

"entrada" "way in"; **"~ livre"** "free admission"; **"~ proibida"** "no entry".

entranhas [ẽ'traɲaʃ] *fpl* entrails.

entrar [ẽn'tra(x)] *vi* to enter, to go/come in; *(encaixar)* to go in; ~ **com algo** to contribute sthg; ~ **em algo** *(penetrar, ingressar em)* to enter sthg; *(participar em)* to take part in sthg; **entro em férias amanhã** my holidays start tomorrow; **não entremos em discussões** let's not start arguing; ~ **em algo** *(carro)* to get in sthg; *(ônibus, trem)* to get on sthg; *(equipe, grupo)* to join sthg.

entre [ẽntri] *prep* between; *(no meio de muitos)* among(st); *(cerca de)* about; **aqui ~ nós** between you and me; ~ **si** amongst themselves.

entreaberto, -ta [ẽtria'bɛxtu, -ta] *adj (janela)* half-open; *(porta)* ajar.

entreajuda [ẽntrea'ʒuda] *f* teamwork.

entrecosto [ẽntre'koʃtu] *m* spare ribs *(pl)*.

entrega [ẽn'trega] *f (de encomenda, mercadoria, carta)* delivery; *(rendição)* surrender; ~ **a domicílio** home delivery.

entregar [ẽntre'ga(x)] *vt*: ~ **algo a alguém** *(dar)* to give sthg to sb; *(encomenda, carta)* to deliver sthg to sb.
❑ **entregar-se** *vp (render-se)* to surrender; **~-se a** *(abandonar-se a)* to abandon o.s. to; *(dedicar-se a)* to dedicate o.s. to.

entrelinha [ẽntre'liɲa] *f* line space.

entremeado, -da [ẽntri'mjadu, -da] *adj (toucinho)* streaky.

entretanto [ẽntri'tãntu] *adv* meanwhile, in the meantime ◆ *conj (Br: todavia)* however.

entreter [ẽntre'te(x)] *vt* to entertain.
❑ **entreter-se** *vp* to amuse o.s.

entrevado, -da [ẽn'trevadu, -da] *adj* paralysed.

entrevista [ẽntre'viʃta] *f* interview.

entrevistador, -ra [ẽntre'viʃtado(x), -ra] *(mpl* **-res** [-riʃ], *fpl* **-s** [-ʃ]) *m, f* interviewer.

entristecer [ẽntriʃte'se(x)] *vt* to sadden ◆ *vi* to grow sad.

entroncamento [ẽntrõŋka'mẽntu] *m* junction.

entupido, -da [ẽntu'pidu, -da] *adj* blocked.

entupir [ẽntu'pi(x)] *vt* to block.

❏ **entupir-se** *vp* to become blocked.

entusiasmar [ẽntuzjaӡˈma(x)] *vt* to excite.

❏ **entusiasmar-se** *vp* to get excited.

entusiasmo [ẽntuˈzjaӡmu] *m* enthusiasm.

entusiasta [ẽntuˈzjaʃta] *mf* enthusiast.

enumeração [enumeraˈsãw] (*pl* -ões [-õjʃ]) *f* enumeration.

enumerar [enumeˈra(x)] *vt* to list.

enunciado [enũˈsjadu] *m* (*de teste, exame*) (exam) paper.

enunciar [enũˈsja(x)] *vt* to express.

envelhecer [ẽveʎeˈse(x)] *vt* to age ◆ *vi* to grow old.

envelope [ẽveˈlɔpi] *m* envelope.

envenenamento [ẽvenenaˈmẽntu] *m* poisoning.

envenenar [ẽveneˈna(x)] *vt* to poison.

❏ **envenenar-se** *vp* to poison o.s.

enveredar [ẽvereˈda(x)] : **enveredar por** *v* + *prep* (*fig*) to take up.

envergonhado, -da [ẽvergoˈɲadu, -da] *adj* shy.

envergonhar [ẽvergoˈɲa(x)] *vt* to embarrass.

❏ **envergonhar-se** *vp* (*ter vergonha*) to be embarrassed.

envernizar [ẽverniˈza(x)] *vt* to varnish.

enviar [ẽˈvja(x)] *vt* to send.

envidraçado, -da [ẽvidraˈsadu, -da] *adj* glazed.

envio [ẽˈviu] *m* sending.

enviuvar [ẽvjuˈva(x)] *vi* to be widowed.

envolver [ẽvowˈve(x)] *vt* (*incluir*) to involve; (*embrulhar*) to wrap up; (*misturar*) to mix up.

❏ **envolver-se em** *vp* + *prep* (*imiscuir-se em*) to get involved in.

enxada [ẽˈʃada] *f* hoe.

enxaguar [ẽʃaˈgwa(x)] *vt* to rinse.

enxame [ẽˈʃami] *m* swarm.

enxaqueca [ẽʃaˈkɛka] *f* migraine.

enxergar [ẽʃexˈga(x)] *vt* (*descortinar*) to see; (*avistar*) to make out.

enxerto [ẽˈʃextu] *m* (*de planta*) cutting; (*MED: de pele*) graft.

enxofre [ẽˈʃofri] *m* sulphur.

enxotar [ẽʃoˈta(x)] *vt* to chase away.

enxugar [ẽʃuˈga(x)] *vt* & *vi* to dry.

enxurrada [ẽʃuˈxada] *f* torrent.

enxuto, -ta [ẽˈʃutu, -ta] *adj* dry.

enzima [ẽˈzima] *f* enzyme.

eólica [eˈɔlika] *adj f* → **energia**.

epicentro [epiˈsẽntru] *m* epicentre.

epidemia [epideˈmia] *f* epidemic.

epilepsia [epilepˈsia] *f* epilepsy.

epílogo [eˈpilugu] *m* epilogue.

episódio [epiˈzɔdju] *m* episode.

epitáfio eipiˈtafju] *m* epitaph.

época [ˈɛpoka] *f* (*período*) era, period; (*estação*) season; ~ **alta/baixa** (*de turismo*) high/low season.

equação [ekwaˈsãw] (*pl* -ões [-õjʃ]) *f* equation.

Equador [ekwaˈdo(x)] *m*: **o** ~ Ecuador.

equilibrar [ekiliˈbra(x)] *vt* to balance.

❏ **equilibrar-se** *vp* to balance.

equilíbrio [ekiˈlibriu] *m* balance.

equipa [iˈkipa] *f* (*Port*) = **equipe**.

equipamento [eikipaˈmẽntu] *m* (*esportivo*) kit; (*de empresa, fábrica*) equipment.

equipar [ekiˈpa(x)] *vt* to equip.

❏ **equipar-se** *vp* to kit o.s. out.

equiparar [ekipaˈra(x)] *vt* to compare.

❏ **equiparar-se** *vp* to be equal; ~-**se a** to equal.

equipe [eˈkipi] *f* (*Br*) team.

equitação [ekitaˈsãw] *f* (horse) riding.

equivalente [ekivaˈlẽntʃi] *adj* & *m* equivalent.

equivocar-se [ekivoˈkaxsi] *vp* to make a mistake.

equívoco [eˈkivoku] *m* mistake.

era¹ [ˈɛra] → **ser**.

era² [ˈɛra] *f* era.

erecto, -ta [iˈrɛktu, -ta] *adj* (*Port*) = **ereto**.

ereto, -ta [eˈrɛtu, -ta] *adj* (*Br*) (*em pé*) upright; (*direito*) erect.

erguer [exˈge(x)] *vt* (*levantar*) to lift up; (*criar*) to put up.

❏ **erguer-se** *vp* to get up.

eriçado, -da [eriˈsadu, -da] *adj* (*cabelo, pêlo*) on end.

erigir [eriˈӡi(x)] *vt* (*monumento*) to erect; (*fundação*) to set up.

erosão [eroˈzãw] *f* erosion.

erótico, -ca [iˈrɔtiku, -ka] *adj* erotic.

erotismo [eroˈtiӡmu] *m* eroticism.

erradicar [exadӡiˈka(x)] *vt* to eradicate.

errado, -da [eˈxadu, -da] *adj* wrong.

errar [eˈxa(x)] *vt* to get wrong ◆ *vi* *(enganar-se)* to make a mistake; *(vaguear)* to wander.

erro [ˈexu] *m* mistake.

errôneo, -nea [iˈxɔnju, -nja] *adj* *(Port)* = errôneo.

errôneo, -nea [eˈxonju, -nja] *adj (Br)* wrong.

erudição [erudʒiˈsãw] *f* erudition.

erudito, -ta [eruˈdʒitu, -ta] *adj* erudite.

erupção [erupˈsãw] *(pl* **-ões** [-õjʃ]) *f* *(em pele)* rash; *(vulcânica)* eruption.

erva [ˈexva] *f* grass; ~ **daninha** weed.

erva-cidreira [ˌexvasiˈdrejra] *f* lemon verbena.

erva-doce [ˌexvaˈdɔsi] *f* aniseed.

erva-mate [ˌexvaˈmatʃi] *f* maté, *herbal infusion drunk out of a gourd.*

ervanário [exvaˈnarju] *m* herbalist.

ervilha [exˈviʎa] *f* pea.

ervilhas-de-cheiro [exˌviʎaʒdʒiˈʃejru] *fpl* sweet peas.

és [ɛʃ] → **ser**.

esbaforido, -da [iʒbafuˈridu, -da] *adj* breathless.

esbanjar [iʒbãˈʒa(x)] *vt* *(dinheiro)* to squander.

esbarrar [iʒbaˈxa(x)] *vi:* ~ **com** OU **contra** to bump into; ~ **em algo** *(chocar com)* to bump into sthg; *(deparar com)* to come up against sthg.

esbelto, -ta [iʒˈbɛwtu, -ta] *adj* slim.

esboço [iʒˈbosu] *m* sketch.

esbofetear [iʒbofeˈtʒja(x)] *vt* to slap.

esburacar [iʒburaˈka(x)] *vt* to make holes in.

❑ **esburacar-se** *vp* to fall apart.

escabeche [iʃkaˈbɛʃi] *m (molho)* sauce *made from olive oil, garlic, onion and herbs, used to preserve cooked fish.*

escada [iʃˈkada] *f (de casa, edifício)* stairs *(pl)*; *(portátil)* ladder; ~ **de caracol** spiral staircase; ~ **rolante** escalator.

escadote [iʃkaˈdɔtʃi] *m* stepladder.

escala [iʃˈkala] *f* scale; *(de avião, navio)* stopover *(Brit)*, layover *(Am)*; **fazer** ~ *(avião)* to stop over; **em grande** ~ on a grand scale.

escalada [iʃkaˈlada] *f (de conflito)* escalation.

escalão [iʃkaˈlãw] *(pl* **-ões** [-õjʃ]) *m* grade.

escalar [iʃkaˈla(x)] *vt (montanha)* to climb.

escaldar [iʃkawˈda(x)] *vt (alimento)* to blanch ◆ *vi (estar muito quente)* to be scalding hot.

❑ **escaldar-se** *vp (queimar-se)* to scald o.s.

escalfado, -da [iʃkawˈfadu, -da] *adj (Port)* poached.

escalfar [iʃkawˈfa(x)] *vt (Port)* to poach.

escalões → **escalão**.

escalope [iʃkaˈlɔpi] *m* escalope.

escama [iʃˈkama] *f (de peixe)* scale.

escamar [iʃkaˈma(x)] *vt (peixe)* to scale.

escandalizar [iʃkãdaliˈza(x)] *vt* to scandalize.

❑ **escandalizar-se** *vp* to be scandalized.

escândalo [iʃˈkãdalu] *m* scandal; **dar** ~ to cause a scene.

escangalhar [iʃkãŋgaˈʎa(x)] *vt* to ruin.

❑ **escangalhar-se** *vp* to fall apart.

escaninho [iʃkaˈniɲu] *m* pigeonhole.

escanteio [iʃkãˈteju] *m (Br: em futebol)* corner.

escapar [iʃkaˈpa(x)] *vi* to escape; ~ **de** to escape from.

❑ **escapar-se** *vp (escoar-se)* to leak; *(fugir)* to escape.

escape [iʃˈkapi] *m* exhaust.

escapulir-se [iʃkapuˈlixsi] *vp (Port: fugir)* to run away.

escaravelho [iʃkaraˈveʎu] *m* beetle.

escarlate [iʃkarˈlatʃi] *adj* scarlet.

escarlatina [iʃkarlaˈtina] *f* scarlet fever.

escárnio [iʃˈkarnju] *m* mockery.

escarpado, -da [iʃkarˈpadu, -da] *adj* steep.

escarrar [iʃkaˈxa(x)] *vi* to hawk.

escassez [iʃkaˈseʒ] *f* scarcity.

escasso, -a [iʃˈkasu, -a] *adj* scarce.

escavação [iʃkavaˈsãw] *(pl* **-ões** [-õjʃ]) *f* dig, excavation.

escavar [iʃkaˈva(x)] *vt* to excavate.

esclarecer [iʃklareˈse(x)] *vt* to clarify.

esclarecimento [iʃklaresiˈmẽtu] *m (informação)* information; *(explicação)* explanation.

escoar [iʃˈkwa(x)] *vt* to drain away.

❑ **escoar-se** *vp* to drain away.

escocês, -esa [iʃkoˈseʃ, -eza] *(mpl* **-eses** [-eziʃ]*, fpl* **-s** [-ʃ]*) adj* Scottish ◆ *m, f* Scot, Scotsman *(f* Scotswoman*)*;

os escoceses the Scottish, the Scots.
Escócia [iʃ'kɔsja] f: **a ~** Scotland.
escola [iʃ'kɔla] f school; **~ politécnica** college of higher education offering vocational degrees and training for jobs in industry; **~ primária/secundária** primary/secondary school; **~ pública** state school; **~ de samba** group organized to put on dance pageants during Carnival parades.
escolar [iʃko'la(x)] (pl -res [-riʃ]) adj (livro, equipamento) school (antes de s).
escolha [iʃ'koʎa] f choice; **você tem vários livros à ~** you have several books to choose from.
escolher [iʃko'ʎe(x)] vt & vi to choose.
escombros [iʃ'kõbruʃ] mpl ruins.
esconder [iʃkõ'de(x)] vt to hide.
❑ **esconder-se** vp to hide.
esconderijo [iʃkõde'riʒu] m hideaway, hiding place.
escondidas [iʃkõ'dʒidaʃ] : **às escondidas** adv in secret.
escondido, -da [iʃkõ'dʒidu, -da] adj hidden.
escorar [iʃko'ra(x)] vt (edifício, muro) to shore up; (árvore) to prop up.
escorpião [iʃkox'pjãw] (pl -ões [-õjʃ]) m scorpion.
❑ **Escorpião** m Scorpio.
escorrega [iʃko'xega] m slide.
escorregadio, -dia [iʃkoxega'dʒiu, -dʒia] adj slippery.
escorregar [iʃkoxe'ga(x)] vi (involuntariamente) to slip; (deslizar) to slide.
escorrer [iʃko'xe(x)] vt to drain ◆ vi (pingar) to drip.
escoteiro, -ra [iʃkõ'tejru, -ra] m, f (Br) (depois dos 11 anos) Scout (f Guide); (entre os 7 e 11 anos) Cub (f Brownie).
escotilha [iʃko'tiʎa] f hatch.
escova [iʃ'kova] f brush; **~ de dentes** toothbrush; **~ de unhas** nailbrush.
escovar [iʃko'va(x)] vt (cabelo, dentes, roupa) to brush; (cão, gato) to groom.
escravatura [iʃkrava'tura] f slavery.
escravo, -va [iʃ'kravu, -va] m, f slave.
escrever [iʃkre've(x)] vt & vi to write; **~ à máquina** (Port) to type.
❑ **escrever-se** vp to write to one another; **como é que se escreve ...?** how do you spell ...?
escrevinhar [iʃkrevi'ɲa(x)] vt to scribble.

escrita [iʃ'krita] f (caligrafia) handwriting.
escrito, -ta [iʃ'kritu, -ta] pp → **escrever** ◆ adj written; **por ~** in writing.
escritor, -ra [iʃkri'to(x), -ra] (mpl -res [-riʃ], fpl -s [-ʃ]) m, f writer.
escritório [iʃkri'tɔrju] m (de casa) study; (de advogado, empresa) office.
escritura [iʃkri'tura] f deed.
escrivaninha [iʃkriva'niɲa] f writing desk.
escrúpulo [iʃ'krupulu] m scruple; **não ter ~s** to have no scruples.
escudo [iʃ'kudu] m (unidade monetária) escudo; (arma) shield.
esculpir [iʃkuw'pi(x)] vt to sculpt.
escultor, -ra [iʃkuw'to(x), -ra] (mpl -res [-riʃ], fpl -s [-ʃ]) m, f sculptor (f sculptress).
escultura [iʃkuw'tura] f sculpture.
escuras [iʃ'kuraʃ] : **às escuras** adv in the dark; **ficou tudo às ~** everything went dark.
escurecer [iʃkure'se(x)] vi (céu, noite) to get dark ◆ vt (tinta, água) to darken.
escuridão [iʃkuri'dãw] f darkness.
escuro, -ra [iʃ'kuru, -ra] adj dark ◆ m darkness.
escutar [iʃku'ta(x)] vt to listen to ◆ vi to listen.
escuteiro, -ra [iʃku'tejru, -ra] m, f (Port) = **escoteiro**.
esfaquear [iʃfa'kja(x)] vt to stab.
esfarelar [iʃfare'la(x)] vt to crumble.
❑ **esfarelar-se** vp to crumble.
esfarrapado, -da [iʃfaxa'padu, -da] adj tattered.
esfera [iʃ'fɛra] f sphere.
esférico, -ca [iʃ'fɛriku, -ka] adj spherical ◆ m (Port: bola de futebol) football.
esferográfica [iʃfɛrɔ'grafika] f Biro®.
esferovite [iʃfɛrɔ'vitʃi] m polystyrene.
esfoladela [iʃfola'dɛla] f graze.
esfolar [iʃfo'la(x)] vt to skin.
esfomeado, -da [iʃfo'mjadu, -da] adj starving.
esforçado, -da [iʃfox'sadu, -da] adj hard-working.
esforçar-se [iʃfox'saxsi] vp to work hard.
esfregão [iʃfre'gãw] (pl -ões [-õjʃ]) m (de louça) scourer; (de chão) mop.
esfregar [iʃfre'ga(x)] vt (friccionar) to

rub; *(roupa)* to scrub; *(louça)* to scour.

esfregões → **esfregão**.

esfriar [iʃfri'a(x)] *vi* to cool (down); *(tempo)* to get cold.

esfuziante [iʃfu'zjãntʃi] *adj (deslumbrante)* dazzling; *(ruidoso)* buzzing.

esganar [iȝga'na(x)] *vt* to strangle.

esganiçado, -da [iȝgani'sadu, -da] *adj* shrill.

esgotado, -da [iȝgo'tadu, -da] *adj (produto)* sold out; *(cansado)* exhausted.

esgotamento [iȝgota'mẽntu] *m* exhaustion; *(mental, nervoso)* breakdown.

esgotar [iȝgo'ta(x)] *vt* to use up .

❏ **esgotar-se** *vp (produto)* to sell out; *(extenuar-se)* to exhaust o.s.

esgoto [iȝ'gotu] *m (de casa)* drain; *(de rua, cidade)* sewer.

esgrima [iȝ'grima] *f* fencing; **praticar ~** to fence.

esgueirar-se [iȝgej'raxsi] *vp* to sneak off.

esguichar [iȝgi'ʃa(x)] *vt & vi* to squirt.

esguicho [iȝ'giʃu] *m (jato de água)* squirt; *(repuxo)* sprinkler; *(de mangueira)* nozzle.

esguio, -guia [iȝ'giu, -'gia] *adj* slender.

eslavo, -va [iȝ'lavu, -va] *adj* Slavonic ♦ *m, f* Slav.

esmagador, -ra [iȝmaga'do(x), -ra] *(mpl* -res [-riʃ]. *fpl* -s [-ʃ]) *adj (vitória, maioria)* overwhelming; *(peso)* crushing.

esmagar [iȝma'ga(x)] *vt* to crush.

esmalte [iȝ'mawtʃi] *m* enamel; *(de unhas)* nail varnish.

esmeralda [iȝme'rawda] *f* emerald.

esmerar-se [iȝme'raxsi] *vp* to take great pains.

esmigalhar [iȝmiga'ʎa(x)] *vt (pão, broa, bolo)* to crumble; *(vidro, porcelana)* to shatter.

❏ **esmigalhar-se** *vp (pão, broa, bolo)* to crumble; *(vidro, porcelana)* to shatter.

esmola [iȝ'mɔla] *f:* **pedir ~** to beg.

esmurrar [iȝmu'xa(x)] *vt (dar murros em)* to punch.

espaçar [iʃpa'sa(x)] *vt* to space out.

espacial [iʃpa'sjaw] *(pl* -ais [-ajʃ]) *adj* space *(antes de s)*.

espaço [iʃ'pasu] *m* space; **o ~** (outer) space; **há ~ para muitas pessoas** there's room for lots of people; **~ cibernético** cyberspace.

espaçoso, -osa [iʃpa'sozu, -ɔza] *adj* spacious.

espada [iʃ'pada] *f* sword.

❏ **espadas** *fpl (naipe de cartas)* spades.

espadarte [iʃpa'daxtʃi] *m* garfish.

espaguete [iʃpa'getʃi] *m (Br)* spaghetti.

espairecer [iʃpajre'se(x)] *vi* to relax.

espalhar [iʃpa'ʎa(x)] *vt (dispersar)* to scatter; *(notícia, boato)* to spread.

❏ **espalhar-se** *vp (dispersar-se)* to scatter; *(estatelar-se)* to fall over; *(notícia, boato)* to spread.

espanador [iʃpana'do(x)] *(pl* -res [-riʃ]) *m* feather duster.

espancar [iʃpãŋ'ka(x)] *vt* to beat (up).

Espanha [iʃ'paɲa] *f:* **a ~** Spain.

espanhol, -la [iʃpa'ɲɔw, -la] *(mpl* -óis [-ɔjʃ], *fpl* -s [-ʃ]) *adj & m* Spanish ♦ *m, f (pessoa)* Spaniard; **os espanhóis** the Spanish.

espantalho [iʃpãn'taʎu] *m* scarecrow.

espantar [iʃpãn'ta(x)] *vt* to astonish, to astound; *(afugentar)* to scare off; **tome um café para ~ o sono** have a coffee to keep you awake.

❏ **espantar-se** *vp (admirar-se)* to be astonished; *(fugir)* to run off.

espanto [iʃ'pãntu] *m (admiração)* astonishment; *(medo)* fright.

esparadrapo [iʃpara'drapu] *m (Br)* (sticking) plaster *(Brit)*, Bandaid® *(Am)*.

espargo [eʃ'pargu] *m (Port)* asparagus.

esparguete [eʃpar'getʃe] *m (Port)* = **espaguete**.

espartilho [iʃpax'tiʎu] *m* corset.

espasmo [iʃ'paȝmu] *m* spasm.

espátula [iʃ'patula] *f* spatula.

especial [iʃpe'sjaw] *(pl* -ais [-ajʃ]) *adj* special; **em ~** especially; **~ para** especially for.

especialidade [iʃpesjali'dadȝi] *f* speciality.

especialista [iʃpesja'liʃta] *m, f (perito)* expert; *(médico especializado)* specialist ♦ *adj* specialist.

especiarias [iʃpesja'riaʃ] *fpl* spices.

espécie [iʃ'pɛsji] *f (tipo)* kind, sort; *(de seres vivos)* species *(sg)*; **a ~ humana** the human race; **uma ~ de** a kind ou sort of; **~ em vias de extinção** endangered species.

especificar [iʃpesifi'ka(x)] *vt* to specify.

espécime [iʃ'pɛsimi] *m* specimen.

espectáculo [cʃpɛ'takulu] *m (Port)* = espetáculo.

espectador, -ra [iʃpɛkta'do(x), -ra] *(mpl -res* [-riʃ], *fpl -s* [-ʃ]) *m, f (de programa televisivo)* viewer; *(de evento esportivo)* spectator; *(de espetáculo de circo, teatro, etc)* member of the audience.

espectro [iʃ'pɛktru] *m (fantasma)* spectre.

especulação [iʃpɛkula'sau] *(pl -ões* [-õiʃ]) *f* speculation.

especular [iʃpɛku'la(x)] *vi* to speculate; ~ **sobre algo** to speculate on ou about sthg.

espelho [iʃ'pɛʎu] *m* mirror; ~ **retrovisor** rear-view mirror.

espera [iʃ'pɛra] *f* wait; **estar à ~ de** to be waiting for.

esperança [iʃpe'rãsa] *f* hope.

esperar [iʃpe'ra(x)] *vt (aguardar)* to wait for; *(ter esperança em)* to expect ♦ *vi (aguardar)* to wait; ~ **que** to hope (that); **fazer alguém ~** to keep sb waiting; **ir ~ alguém** to meet sb; **como era de ~** as was to be expected.

esperma [iʃ'pɛxma] *m* sperm.

espertalhão, -lhona [iʃpexta'ʎãw, -ʎona] *(mpl -ões* [-õiʃ], *fpl -s* [-ʃ]) *m, f* smart aleck.

esperteza [iʃpex'teza] *f* cunning.

esperto, -ta [iʃ'pextu, -ta] *adj (astuto)* cunning; *(activo)* lively.

espesso, -a [iʃ'pesu, -a] *adj* thick.

espessura [iʃpe'sura] *f* thickness.

espetacular [iʃpɛtaku'la(x)] *(pl -es* [-iʃ]) *adj* spectacular.

espetáculo [iʃpe'takulu] *m (Br) (de circo, teatro)* show; ~ **de luzes e som** concert and firework display, often the finale of a festival; ~ **de variedades** variety show.

espetada [cʃpe'tada] *f (Port)* shish kebab; ~ **mista** shish kebab with both meat and vegetable pieces.

espetar [iʃpe'ta(x)] *vt* to pierce. ⊔ **espetar-se** *vp* to prick o.s.

espeto [iʃ'pɛtu] *m (de ferro)* spit; *(de pau)* stake.

espevitado, -da [iʃpevi'tadu, -da] *adj* lively.

espezinhar [iʃpezi'ɲa(x)] *vt* to trample on; *(sujar)* to dirty.

espia [iʃ'pia] *f (cabo)* cable, → **espião**.

espião, -pia [iʃ'pjãw, -'pia] *(mpl -ões* [-õiʃ], *fpl -s* [-ʃ]) *m, f* spy.

espiar [iʃ'pja(x)] *vt* to spy on.

espiga [iʃ'piga] *f* ear.

espinafre [iʃpi'nafri] *m* spinach.

espingarda [iʃpĩ'garda] *f* shotgun.

espinha [iʃ'piɲa] *f (de peixe)* bone; *(em pele)* spot; ~ **(dorsal)** backbone, spine.

espinho [iʃ'piɲu] *m (de rosa, silva)* thorn; *(de porco-espinho)* quill.

espiões → **espião**.

espiral [iʃpi'raw] *(pl -ais* [-ajʃ]) *f* spiral; **em ~** spiral.

espírito [iʃ'piritu] *m* spirit.

espiritual [iʃpiri'twaw] *(pl -ais* [-ajʃ]) *adj* spiritual.

espirrar [iʃpi'xa(x)] *vi (dar espirros)* to sneeze; *(esguichar)* to spit.

esplanada [iʃpla'nada] *f* esplanade.

esplêndido, -da [iʃ'plẽdidu, -da] *adj* splendid.

esplendor [iʃplẽ'do(x)] *m (luxo)* splendour; *(brilho)* brilliance.

espoleta [iʃpo'leta] *f* fuse.

esponja [iʃ'põʒa] *f* sponge; **passar uma ~ sobre o assunto** *(fig: esquecer)* to wipe the slate clean.

espontaneidade [iʃpõtanei'dadʒi] *f* spontaneity.

espontâneo, -nea [iʃpõ'tanju, -nja] *adj* spontaneous.

espora [iʃ'pɔra] *f* spur.

esporádico, -ca [iʃpo'radʒiku, -ka] *adj* sporadic.

esporte [iʃ'pɔxtʃi] *m (Br)* sport.

esportista [iʃpɔx'tʃiʃta] *mf (Br)* sportsman *(f* sportswoman).

esportivo, -va [iʃpɔx'tʃivu, -va] *adj (Br)* sports *(antes de s)*.

esposo, -sa [iʃ'pozu, -za] *m, f* husband *(f* wife).

espreguiçar-se [iʃpregi'saxsi] *vp* to stretch.

espreita [iʃ'prejta] : **à espreita** *adv* on the lookout.

espreitar [iʃprej'ta(x)] *vt* to peep at.

espremedor [iʃpreme'do(x)] *(pl -res* [-riʃ]) *m (juice)* squeezer.

espremer [iʃpre'me(x)] *vt* to squeeze.

espuma [iʃ'puma] *f (de mar)* surf; *(de sabão)* lather; *(de banho)* foam.

espumante [iʃpu'mãtʃi] *adj* sparkling ♦ *m* sparkling wine.

espumoso, -osa [iʃpu'mozu, -ɔza]

adj & m = **espumante.**

Esq. *(abrev de esquerdo)* L.

esquadra [eʃˈkwadra] *f* fleet; *(Port: delegacia)* police station.

esquadro [iʃˈkwadru] *m* set square.

esquecer [iʃkeˈse(x)] *vt* to forget.

⏉ **esquecer-se** *vp* to forget; **~-se de algo/de fazer algo** to forget sthg/to do sthg.

esquecido, -da [iʃkeˈsidu, -da] *adj* absent-minded, forgetful ◆ *m, f* absent-minded person.

esquecimento [iʃkesiˈmẽntu] *m* forgetfulness.

esqueleto [iʃkeˈletu] *m* skeleton.

esquema [iʃˈkema] *m (diagrama)* diagram; *(sistema)* scheme.

esquentador [iʃkẽntaˈdo(x)] *(pl -res* [-riʃ]) *m (de água)* immersion heater; *(aquecedor)* heater.

esquentar [iʃkẽnˈta(x)] *vt* to heat up.

esquerda [iʃˈkexda] *f:* **a ~** *(mão)* one's left hand; *(lado)* the left-hand side; *(em política)* the Left; **dirija pela ~** drive on the left; **mantenha ~** keep left; **à ~ (de)** on the left (of); **virar à ~** to turn left; **ser de ~** *(POL)* to be left-wing.

esquerdo, -da [iʃˈkexdu, -da] *adj (mão, perna, lado)* left; *(canhoto)* left-handed.

esqui [iʃˈki] *m (utensílio)* ski; *(esporte)* skiing; **~ aquático** water-skiing.

esquiar [iʃˈkja(x)] *vi* to ski.

esquilo [iʃˈkilu] *m* squirrel.

esquina [iʃˈkina] *f* corner.

esquisito, -ta [iʃkiˈzitu, -ta] *adj (estranho)* strange, weird; *(picuinhas)* fussy.

esquivar-se [iʃkiˈvaxsi] *vp* to escape; **~ a fazer algo** to get out of doing sthg.

esquivo, -va [iʃˈkivu, -va] *adj (arisco)* shy.

esse, essa [ˈesi, ˈesa] *adj* that, those *(pl)* ◆ *pron* that (one), those (ones) *(pl)*; **essa é boa!** you must be joking!; **só faltava mais essa!** that's the final straw!

essência [eˈsẽsja] *f* essence.

essencial [esẽˈsjaw] *(pl -ais* [-ajʃ]) *adj* essential ◆ *m:* **o ~** *(o indispensável)* the bare essentials *(pl)*; *(o importante)* the important thing.

esta → este².

está [iʃˈta] → **estar.**

estabelecer [iʃtabeleˈse(x)] *vt* to establish.

⏉ **estabelecer-se** *vp* to establish o.s.

estabelecimento [iʃtabelesiˈmẽntu] *m (casa comercial)* business; *(instituição)* establishment; **~ de ensino** school.

estabilidade [iʃtabiliˈdadʒi] *f* stability.

estabilizador [iʃtabilizaˈdo(x)] *(pl -res* [-riʃ]) *m:* **~ (de corrente)** stabilizer.

estábulo [iʃˈtabulu] *m* stable.

estaca [iʃˈtaka] *f* stake.

estação [iʃtaˈsãw] *(pl -ões* [-õjʃ]) *f (de trem, ônibus)* station; *(do ano, turismo, vendas)* season; **~ de águas** *(Br)* spa; **~ de rádio** radio station.

estacionamento [iʃtasjonaˈmẽntu] *m (acto)* parking; *(lugar)* parking space; **"~ privativo"** "private parking"; **"~ proibido"** "no parking".

estacionar [iʃtasjonaˈ(x)] *vt & vi* to park.

estações → estação.

estada [iʃˈtada] *f* stay.

estadia [iʃtaˈdʒia] *f* = **estada.**

estádio [iʃˈtadʒiu] *m (de futebol, atletismo)* stadium; *(fase)* phase.

estadista [iʃtaˈdʒiʃta] *mf* statesman *(f* stateswoman).

estado [iʃˈtadu] *m* state; **em bom/mau ~** *(objeto)* in good/bad condition; **~ civil** marital status; **~ físico** level of fitness.

⏉ **Estado** *m:* **o Estado** the State; **os Estados Unidos** the United States.

estalagem [iʃtaˈlaʒẽ] *(pl -ns* [-ʃ]) *f* inn.

estalar [iʃtaˈla(x)] *vi (porcelana, vidro, osso)* to crack; *(lenha)* to crackle ◆ *vt:* **~ a língua** to click one's tongue; **~ os dedos** to snap one's fingers.

estalido [iʃtaˈlidu] *m (estalo)* crack; *(crepitação)* crackle.

estalo [iʃˈtalu] *m (ruído)* crack; **me deu um ~** *(fig)* the penny dropped.

estampado, -da [iʃtãmˈpadu, -da] *adj* printed.

estancar [iʃtãŋˈka(x)] *vt (líquido)* to stop; *(sangue)* to staunch ◆ *vi (sangue)* to stop.

estância [iʃˈtãsja] *f (Br: quinta)* ranch; **~ balneária** bathing resort; **~ de férias** holiday resort; **~ hidromineral** *(Br)* spa; **~ termal** spa.

estanho [iʃˈtaɲu] *m* tin.

estante [iʃˈtãntʃi] *f* bookcase.

estão [iʃˈtãw] → **estar.**

estapafúrdio, -dia [iʃtapaˈfurdʒju, -dʒja] *adj (excêntrico)* outrageous; *(esquisito)* peculiar.

estar [iʃˈta(x)] *vi* **1.** *(com lugar)* to be; *(em casa)* to be at home, to be in; **ela estará lá à hora certa** she'll be there on time; **estarei no emprego às dez** I'll be at work at ten; **está? está lá?** *(Port: ao telefone)* hello? hello? **2.** *(exprime estado)* to be; **está quebrado** it's out of order; **~ bem/mal de saúde** to be well/unwell; **está muito calor/frio** it's very hot/cold. **3.** *(manter-se)* to be; **estive em casa toda a tarde** I was at home all afternoon; **estive esperando uma hora** I waited for an hour; **estive fora três anos** I lived abroad for three years. **4.** *(em locuções):* **está bem** OU **certo!** OK!, all right!

❑ **estar a** *v + prep (relativo a preço)* to cost, to be; *(Port: seguido de infinitivo):* **ele está a estudar** he's studying; **o camarão está a 25 reais o quilo** prawns costs OU are 25 reals a kilo.

❑ **estar de** *v + prep:* **~ baixa/férias** to be on sick leave/holiday; **~ de saia** to be wearing a skirt; **~ de vigia** to keep watch.

❑ **estar para** *v + prep:* **~ para fazer algo** to be about to do sthg; **estou para sair** I'm about to go out, I'm just going out; **ele está para chegar** he'll be here any minute now; **não estou para brincadeiras** I'm not in the mood for silly games.

❑ **estar perante** *v + prep (frente a)* to be facing; **você está perante um gênio** you're in the presence of a genius.

❑ **estar por** *v + prep (apoiar)* to support; *(por realizar):* **a cama está por fazer** the bed hasn't been made yet; **a limpeza está por fazer** the cleaning hasn't been done yet.

❑ **estar sem** *v + prep:* **estou sem tempo** I haven't got the time; **estou sem dinheiro** I haven't got any cash; **ele está sem comer há dois dias** he hasn't eaten for two days.

estardalhaço [iʃtaxdaˈʎasu] *m* racket.

estarrecer [iʃtaxeˈse(x)] *vt* to terrify.

estatal [iʃtaˈtaw] *(pl* **-ais** [-ajʃ]*) adj* state *(antes de s).*

estático, -ca [iʃˈtatʃiku, -ka] *adj* static.

estátua [iʃˈtatwa] *f* statue.

estatura [iʃtaˈtura] *f* stature.

estatuto [iʃtaˈtutu] *m (regulamento)* statute; *(de pessoa)* status.

este[1] [ˈɛʃtʃi] *m* east; **a** OU **no ~** in the east; **a ~ de** east of.

este[2]**, esta** [ˈɛʃtʃi, ˈɛʃta] *adj* this, these *(pl)* ◆ *pron* this (one), these (ones) *(pl);* **~ mês (que vem) vou de férias** I'm going on holiday next month; **não o vi esta semana** I haven't seen him this week.

esteira [iʃˈtejra] *f (de chão)* mat; *(de praia)* beach mat.

estendal [eʃtẽnˈdal] *(pl* **-ais** [-ajʃ]*) m (Port)* washing line.

estender [iʃtẽnˈde(x)] *vt (braços, pernas)* to stretch (out); *(jornal)* to spread out; *(roupa no varal)* to hang out; *(prazo, estadia)* to extend.

❑ **estender-se** *vp (no espaço)* to stretch out; *(no tempo)* to go on.

estenografia [iʃtenograˈfia] *f* shorthand.

estepe [iʃˈtɛpi] *f* steppes *(pl).*

estéreis → **estéril**.

estereofónico, -ca [eʃterjoˈfoniku, -ka] *adj (Port)* = **estereofônico**.

estereofônico, -ca [iʃterjoˈfoniku, -ka] *adj (Br)* stereo(phonic).

estéril [iʃˈtɛriw] *(pl* **-reis** [-rejʃ]*) adj* infertile.

esterilizar [iʃteriliˈza(x)] *vt* to sterilize.

estética [iʃˈtɛtika] *f* aesthetics *(sg).*

estetoscópio [iʃtetoʃˈkɔpju] *m* stethoscope.

esteve [iʃˈtevi] → **estar**.

estiar [iʃˈtʃja(x)] *vi* to stop raining.

estibordo [iʃtʃiˈbɔxdu] *m* starboard.

esticar [iʃtʃiˈka(x)] *vt* to stretch.

❑ **esticar-se** *vp* to stretch out.

estigma [iʃˈtʃigma] *m* stigma.

estilhaçar [iʃtʃiʎaˈsa(x)] *vt* to shatter.

❑ **estilhaçar-se** *vp* to shatter.

estilhaço [iʃtʃiˈʎasu] *m* splinter.

estilo [iʃˈtʃilu] *m* style.

estima [iʃˈtʃima] *f* esteem.

estimar [iʃtʃiˈma(x)] *vt* to cherish.

estimativa [iʃtʃimaˈtʃiva] *f* estimate.

estimulante [iʃtʃimuˈlãntʃi] *adj* stimulating ◆ *m* stimulant.

estimular [iʃtʃimuˈla(x)] *vt* to stimulate.

estipular [eʃtʃipuˈla(x)] *vt* to stipulate.

estivador, -ra [iʃtʃiva'do(x), -ra] (mpl -res [-riʃ], fpl -s [-ʃ]) m, f docker (Brit), stevedore (Am).

estive [iʃtivi] → estar.

estofo [iʃtofu] m stuffing.

estojo [iʃtoʒu] m set; ~ (de lápis) pencil case; ~ de primeiros-socorros first-aid kit.

estômago [iʃtomagu] m stomach.

estontear [iʃtõn'tja(x)] vt to bewilder.

estore [iʃtɔri] m blind.

estorninho [iʃtox'niɲu] m starling.

estou [iʃto] → estar.

estourado, -da [iʃto'radu, -da] adj (fam: cansado) knackered.

estourar [iʃto'ra(x)] vt (balão, bola) to burst; (fam: dinheiro) to blow ♦ vi (balão, bola) to burst; (pneu) to blow out; (bomba, explosivo) to explode.

estouro [iʃtoru] m (de balão, bola, pneu) bursting; (ruído) bang; dar o ~ (fam: zangar-se) to blow a fuse.

estrábico, -ca [iʃtrabiku, -ka] adj cross-eyed ♦ m, f cross-eyed person.

estrabismo [iʃtra'biʒmu] m squint.

estrada [iʃtrada] f road; ~ de via dupla dual carriageway; ~ de ferro (Br) railway (Brit), railroad (Am); ~ secundária minor road.

estrado [iʃtradu] m platform.

estragado, -da [iʃtra'gadu, -da] adj (leite, comida) off; (pão) stale; (aparelho, máquina) out of order.

estragão [iʃtra'gãw] m tarragon.

estragar [iʃtra'ga(x)] vt (aparelho, máquina) to break; (desperdiçar) to waste.

❏ estragar-se vp (comida, leite) to go off.

estrangeiro, -ra [iʃtrã'ʒejru, -ra] adj (cidade, país, língua) foreign ♦ m, f (pessoa) foreigner ♦ m: o ~ foreign countries (pl); ir para o ~ to go abroad; viver no ~ to live abroad.

estrangular [iʃtrãŋgu'la(x)] vt to strangle.

estranhar [iʃtra'ɲa(x)] vt to find odd.

estranho, -nha [iʃtraɲu, -ɲa] adj odd ♦ m, f stranger.

estratégia [iʃtra'tɛʒja] f strategy.

estrear [iʃtri'a(x)] vt (roupa, sapatos) to wear for the first time ♦ vi (peça teatral) to open; (filme) to premiere.

estreia [eʃtraja] f (Port) = estréia.

estréia [iʃtrɛja] f (Br) (de ator) debut; (de peça teatral) opening night; (de filme) premiere.

estreitar [iʃtrej'ta(x)] vt (roupa) to take in ♦ vi (estrada, caminho) to narrow.

estreito, -ta [iʃtrejtu, -ta] adj narrow; (roupa) tight ♦ m (canal) strait.

estrela [iʃtrela] f star; ~ cadente shooting star; ver ~s (fig: ter dor violenta) to see stars.

estremecer [iʃtreme'se(x)] vt to shake ♦ vi (tremer) to shake; (assustar-se) to be shaken.

estria [iʃtria] f (em coxas, quadris, seios) stretchmark; (em superfície) groove.

estribo [iʃtribu] m stirrup.

estridente [iʃtri'dẽntʃi] adj strident.

estrofe [iʃtrɔfi] f stanza.

estrondo [iʃtrõndu] m (som) bang; (fig: pompa) ostentation.

estropiar [iʃtro'pja(x)] vt to maim.

estrume [iʃtrumi] m manure.

estrutura [iʃtru'tura] f structure.

estuário [iʃtwarju] m estuary.

estudante [iʃtu'dãntʃi] mf student.

estudar [iʃtu'da(x)] vt & vi to study.

estúdio [iʃtudʒju] m studio; (apartamento) studio flat.

estudioso, -osa [iʃtu'dʒjozu, -ɔza] adj studious.

estudo [iʃtudu] m study; em ~ under consideration.

estufa [iʃtufa] f (de jardim) greenhouse; (de fogão) plate warmer; (tipo de fogão) heater.

estupefação [eʃtupefa'sãw] f (Br) astonishment.

estupefacção [iʃtupefa'sãw] f (Port) = estupefação.

estupefaciente [iʃtupefa'sjẽntʃi] m drug.

estupefacto, -ta [eʃtupe'fa(k)tu, -ta] adj (Port) = estupefato.

estupefato, -ta [iʃtupe'fatu, -ta] adj (Br) astounded.

estupendo, -da [iʃtu'pẽndu, -da] adj (extraordinário) remarkable; (ótimo) great.

estupidez [iʃtupi'deʃ] f stupidity.

estúpido, -da [iʃtupidu, -da] m, f idiot.

estupro [iʃtupru] m rape.

estuque [iʃtuki] m plaster.

esvaziar [iʒva'zja(x)] vt to empty.

esvoaçar [iʒvwa'sa(x)] *vi (ave)* to flutter.

etapa [i'tapa] *f* stage; **fazer algo por ~s** to do sthg by ou in stages.

éter ['ɛtɛ(x)] *m* ether.

eternidade [etɛxni'dadʒi] *f* eternity; **demorar/esperar uma ~** to take/wait ages.

eterno, -na [e'texnu, -na] *adj* eternal.

ética ['ɛtʃika] *f* ethics *(pl)*.

ético, -ca ['ɛtʃiku, -ka] *adj* ethical.

etílico [e'tʃiliku] *adj* m → **álcool**.

etiqueta [etʃi'keta] *f (rótulo)* label, tag; *(social)* etiquette.

étnico, -ca ['ɛtniku, -ka] *adj* ethnic.

eu ['ew] *pron (sujeito)* I; **e ~?** what about me?; **sou ~** it's me; **~ mesmo** ou **próprio** (I) myself.

E.U.A. *mpl (abrev de Estados Unidos da América)* USA.

eucalipto [ewka'liptu] *m* eucalyptus.

eufemismo [ewfe'miʒmu] *m* euphemism.

euforia [ewfo'ria] *f* euphoria.

Eurocheque® [ewro'ʃeki] *m* Eurocheque®.

Europa [ew'rɔpa] *f:* **a ~** Europe.

europeu, -péia [ewru'pew, -pɛja] *adj & m, f* European.

evacuação [evakwa'sãw] *(pl -ões [-õjʃ])* f evacuation.

evacuar [eva'kwa(x)] *vt* to evacuate.

evadir-se [eva'dixsi] *vp* to escape.

Evangelho [evã'ʒeʎu] *m:* **o ~** the Gospel.

evaporar [evapo'ra(x)] *vt* to evaporate.

❏ **evaporar-se** *vp (líquido)* to evaporate; *(fig: desaparecer)* to vanish.

evasão [eva'zãw] *(pl -ões [-õjʃ])* f *(de prisão, rotina)* escape; *(evasiva)* evasion.

evasiva [eva'ziva] *f* evasion.

evasivo, -va [eva'zivu, -va] *adj* evasive.

evasões → **evasão**.

evento [e'vẽtu] *m* event.

eventual [evẽ'twaw] *(pl -ais [-ajʃ])* adj *(possível)* possible.

evidência [evi'dẽsja] *f* evidence.

evidenciar [evidẽ'sja(x)] *vt* to show.

❏ **evidenciar-se** *vp* to draw attention to o.s.

evidente [evi'dẽtʃi] *adj* evident, obvious; **como é ~** obviously.

evitar [evi'ta(x)] *vt* to avoid; **~ que algo aconteça** to avoid sthg happening.

evocar [evo'ka(x)] *vt* to evoke.

evolução [evolu'sãw] *f* evolution.

evoluir [evo'lwi(x)] *vi* to evolve.

exacto, -ta [e'zatu, -ta] *adj (Port)* = **exato**.

exagerar [ezaʒe'ra(x)] *vt* to exaggerate.

exagero [eza'ʒeru] *m* exaggeration, overstatement; **é um ~!** it's too much!; **sem ~** seriously.

exalar [eza'la(x)] *vt* to give off.

exaltado, -da [ezaw'tadu, -da] *adj* exasperated.

exaltar [ezaw'ta(x)] *vt (elogiar)* to exalt; *(irritar)* to exasperate.

❏ **exaltar-se** *vp (irritar-se)* to lose one's temper.

exame [e'zami] *m (escolar, universitário)* exam; *(médico)* examination; **~ de aptidão física** medical.

examinar [ezami'na(x)] *vt* to examine.

exatamente [e,zata'mẽtʃi] *adv* exactly ◆ *interj* exactly!

exatidão [ezatʃi'dãw] *f (precisão)* precision; *(rigor)* accuracy; **com ~** exactly.

exato, -ta [e'zatu, -ta] *adj (Br) (preciso)* precise; *(rigoroso)* accurate; *(correto)* correct.

exaustão [ezawʃ'tãw] *f* exhaustion.

exausto, -ta [e'zawʃtu, -ta] *adj* exhausted.

exaustor [ezawʃ'to(x)] *(pl -res [-riʃ])* m extractor fan.

exceção [e(ʃ)se'sãw] *(pl -ões [-õjʃ])* f *(Br)* exception; **à ou com a ~ de** except for; **fora de ~** out of the ordinary; **sem ~** without exception.

excedente [ese'dẽtʃi] *m* surplus; **~s de leite/manteiga** milk/butter mountain *(sg)*.

exceder [ese'de(x)] *vt* to exceed.

❏ **exceder-se** *vp (exagerar)* to go too far; *(enfurecer-se)* to lose one's temper; **~-se em** to overdo.

excelente [ese'lẽtʃi] *adj* excellent.

excelentíssimo, -ma [eselẽ'tʃisimu, -ma] *superl* formal term of address used in correspondence.

excêntrico, -ca [e'sẽtriku, -ka] *adj* eccentric.

excepção [eʃse'sãw] *(pl -ões [-õjʃ])* f *(Port)* = **exceção**.

excepcional [ɛsɛsjuˈnaw] (pl -ais [-ajʃ]) adj exceptional.

excepções → excepção.

excepto [eˈsɛtu] prep (Port) = exceto.

excerto [eˈsɛxtu] m excerpt.

excessivo, -va [eseˈsivu, -va] adj excessive.

excesso [eˈsɛsu] m excess; **em ~** too much; **~ de peso** (relativo a bagagem) excess baggage; (relativo a pessoa) excess weight; **~ de velocidade** speeding.

exceto [eˈsɛtu] prep (Br) except, apart from.

excitação [esitaˈsãw] f (entusiasmo) excitement; (irritação) agitation.

excitado, -da [esiˈtadu, -da] adj (entusiasmado) excited; (irritado) agitated.

excitante [esiˈtãntʃi] adj exciting.

exclamação [iʃklamaˈsãw] (pl -ões [-õjʃ]) f exclamation.

exclamar [iʃklaˈma(x)] vi to exclaim.

excluir [iʃkluˈi(x)] vt to exclude.

exclusivo, -va [iʃkluˈzivu, -va] adj & m exclusive; **ter o ~ de** to corner the market in.

excursão [iʃkuxˈsãw] (pl -ões [-õjʃ]) f (de ônibus) (coach) trip.

execução [ezekuˈsãw] f (de objeto) production; (de trabalho, plano, projeto) execution; (de prato culinário) preparation; **pôr algo em ~** to put sthg into practice.

executar [ezekuˈta(x)] vt (música, cena teatral) to perform; (desenho, pintura) to produce; (ordem, plano, trabalho) to carry out; (matar) to execute.

executivo, -va [ezekuˈtivu, -va] m, f executive.

exemplar [ezẽmˈpla(x)] (pl -es [-iʃ]) adj exemplary ♦ m (de espécie, raça) specimen; (de livro, revista) copy.

exemplo [eˈzẽmplu] m example; **por ~** for example; **a título de ~** as an example.

exercer [ezexˈse(x)] vt (profissão) to practise; (função) to fulfil; (influência) to exercise ♦ vi to practise; **ela exerceu o cargo de presidente vários anos** she was the president for several years.

exercício [ezexˈsisju] m exercise; (de profissão, atividade) practice.

exercitar [ezexsiˈta(x)] vt to exercise. ❏ **exercitar-se** vp to take exercise.

exército [eˈzɛxsitu] m army.

exibição [ezebiˈsãw] (pl -ões [-õjʃ]) f show; (de peça teatral, filme) showing; (Port: de quadros, esculturas) exhibition; **em ~** (peça teatral, filme) showing.

exibir [eziˈbi(x)] vt to show; (quadro, escultura) to exhibit. ❏ **exibir-se** vp to show off.

exigência [eziˈʒẽsja] f demand.

exigir [eziˈʒi(x)] vt to demand.

existência [eziʃˈtẽsja] f existence.

existir [eziʃˈti(x)] vi to exist.

êxito [ˈezitu] m success; **ter ~** to be successful.

Exma. abrev = **excelentíssima**.

Exmo. abrev = **excelentíssimo**.

exorcismo [ezoxˈsiʒmu] m exorcism.

exorcista [ezoxˈsiʃta] mf exorcist.

exortação [ezoxtaˈsãw] (pl -ões [-õjʃ]) f exhortation.

exótico, -ca [eˈzɔtʃiku, -ka] adj exotic.

expansão [iʃpãˈsãw] (pl -ões [-õjʃ]) f (progresso) expansion; (alegria) expansiveness.

expansivo, -va [iʃpãˈsivu, -va] adj expansive.

expansões → expansão.

expectativa [iʃpɛktaˈtʃiva] f expectation; **ficar na ~ de** to expect.

expediente [iʃpeˈdʒjẽntʃi] m (de repartição, estabelecimento comercial) business hours (pl).

expedir [iʃpeˈdʒi(x)] vt to dispatch.

experiência [iʃpeˈrjẽsja] f (ensaio) experiment; (conhecimento) experience; **com ~** experienced.

experiente [iʃpeˈrjẽntʃi] adj experienced.

experimentar [iʃperimẽnˈta(x)] vt (máquina) to test; (carro) to test-drive; (peça de roupa, calçado) to try on; (comida, bebida) to try; (sensação, emoção) to experience.

expirar [iʃpiˈra(x)] vt to exhale ♦ vi (prazo) to expire.

explicação [iʃplikaˈsãw] (pl -ões [-õjʃ]) f explanation; (aula particular) private lesson.

explicar [iʃpliˈka(x)] vt to explain. ❏ **explicar-se** vp to explain o.s.

explícito, -ta [iʃˈplisitu, -ta] adj explicit.

explodir [iʃploˈdi(x)] vi to explode.

exploração [iʃploraˈsãw] f (investigação) exploration; (abuso) exploitation.

explorar [iʃploˈra(x)] *vt (investigar)* to explore; *(abusar de)* to exploit.

explosão [iʃploˈzãw] *(pl -ões* [-õjʃ]*) f* explosion.

expor [iʃˈpo(x)] *vt (ideia)* to put forward; *(situação)* to explain; *(exibir)* to exhibit; *(produtos)* to display.

❏ **expor-se a** *vp + prep* to expose o.s. to.

exportação [iʃpoxtaˈsãw] *(pl -ões* [-õjʃ]*) f* export.

exportar [iʃpoxˈta(x)] *vt* to export.

exposição [iʃpoziˈsãw] *(pl -ões* [-õjʃ]*) f (de pintura, fotografia)* exhibition; *(em fotografia)* exposure; *(de produtos)* display; *(narração)* account; **em ~** on show.

exposto, -osta [iʃˈpoʃtu, -ɔʃta] *adj (em exposição)* on show; *(produtos)* on display.

expressão [iʃpreˈsãw] *(pl -ões* [-õjʃ]*) f* expression; **~ escrita** literacy; **~ oral** oral expression.

expressar [iʃpreˈsa(x)] *vt* to express. ❏ **expressar-se** *vp* to express o.s.

expressivo, -va [iʃpreˈsivu, -va] *adj* expressive.

expresso, -a [iʃˈprɛsu, -a] *adj & m* express.

expressões → expressão.

exprimir [iʃpriˈmi(x)] *vt* to express. ❏ **exprimir-se** *vp* to express o.s.

expropriar [iʃpropriˈa(x)] *vt* to expropriate.

expulsar [iʃpuwˈsa(x)] *vt* to expel.

expulso, -sa [iʃˈpuwsu, -sa] *pp →* expulsar ◆ *adj* expelled.

extensão [iʃtẽˈsãw] *(pl -ões* [-õjʃ]*) f* extension; *(dimensão espacial)* extent; *(dimensão temporal)* duration.

extenso, -sa [iʃˈtẽsu, -sa] *adj* long; *(vasto)* extensive; **escrever algo por ~** to write sthg out in full.

extensões → extensão.

extenuado, -da [iʃteˈnwadu, -da] *adj* worn-out.

extenuante [iʃteˈnwãntʃi] *adj* tiring.

exterior [iʃteˈrjo(x)] *(pl -es* [-iʃ]*) adj* outside; *(calma, aparência)* outward; *(Br: política, comércio)* foreign ◆ *m (parte exterior)* exterior; *(aparência)* outside; **o ~** *(Br: o estrangeiro)* foreign countries *(pl)*; **para o/no ~** *(Br)* abroad.

externo, -na [iʃˈtɛxnu, -na] *adj* external; *(Port: política, comércio)* foreign.

extinção [iʃtĩˈsãw] *f* extinction.

extinguir [iʃtĩŋˈgi(x)] *vt (fogo)* to extinguish, to put out; *(lei, norma)* to abolish.

❏ **extinguir-se** *vp (apagar-se)* to go out; *(desaparecer)* to become extinct, to die out.

extinto, -ta [iʃˈtʃĩntu, -ta] *pp →* extinguir ◆ *adj (espécie animal, vegetal)* extinct; *(fogo)* extinguished; *(lei, norma)* defunct.

extintor [iʃtʃĩnˈto(x)] *(pl -es* [-iʃ]*) m* fire extinguisher.

extra [ˈejʃtra] *adj* extra ◆ *m (de automóvel)* spare part; *(em despesa)* extras *(pl)*; *(em emprego)* perk.

extração [iʃtraˈsãw] *(pl -ões* [-õjʃ]*) f (Br)* extraction; *(de órgão)* removal; *(de loteria)* draw.

extracção [eʃtraˈsãw] *(pl -ões* [-õjʃ]*) f (Port)* = extração.

extrações → extração.

extracto [eʃˈtratu] *m (Port)* = extrato.

extraditar [iʃtradʒiˈta(x)] *vt* to extradite.

extrair [iʃtraˈi(x)] *vt* to extract; *(número de loteria)* to draw; **~ algo de algo** to extract sthg from sthg.

extraordinário, -ria [iʃtraordʒiˈnarjo, -rja] *adj* extraordinary.

extrato [iʃˈtratu] *m (Br)* extract; *(de conta bancária)* statement.

extravagância [iʃtravaˈgãsja] *f* extravagance.

extraviado, -da [iʃtraˈvjadu, -da] *adj* lost.

extraviar [iʃtraˈvja(x)] *vt* to lose. ❏ **extraviar-se** *vp* to get lost.

extremidade [iʃtremiˈdadʒi] *f* extremity.

extremo, -ma [iʃˈtremu, -ma] *adj (decisão, medida)* drastic; *(temperatura, condição)* extreme ◆ *m* extreme; **em caso ~** if the worst comes to the worst; **ir de um ~ ao outro** *(fig)* to go from one extreme to the other; **chegar ao ~** to go to extremes.

extrovertido, -da [iʃtrɔvexˈtʃidu, -da] *adj* outgoing.

exuberante [ezubeˈrãntʃi] *adj (pessoa)* exuberant; *(roupa)* garish; *(vegetação)* lush.

exumar [ezuˈma(x)] *vt* to exhume.

ex-voto [ɛksˈvɔtu] *m* ex-voto.

F

fábrica [ˈfabrika] f factory.

fabricante [fabriˈkãntʃi] m manufacturer.

fabricar [fabriˈka(x)] vt to make, to manufacture.

fabrico [faˈbriku] m manufacture.

fabuloso, -osa [fabuˈlozu, -ɔza] adj fabulous.

faca [ˈfaka] f knife.

face [ˈfasi] f face; **fazer ~ a** to face up to; **em ~** opposite; **em ~ de** in view of; **~ a ~** face to face.

fáceis → fácil.

fachada [faˈʃada] f facade.

fácil [ˈfasiw] (pl -ceis [-sejʃ]) adj easy.

facilidade [fasiliˈdadʒi] f (destreza) ease; (aptidão) aptitude; **com ~** with ease.

facilitar [fasiliˈta(x)] vt to facilitate; **ele facilitou-nos o uso do seu equipamento** he let us use his equipment.

faço [ˈfasu] → fazer.

facto [ˈfa(k)tu] m (Port) = fato.

factor [fa(k)ˈtor] (mpl -res [-reʃ]) m (Port) = fator.

factual [faˈtwal] (pl -ais [-ajʃ]) adj (Port) = fatual.

factura [faˈtura] f (Port) = fatura.

faculdade [fakuwˈdadʒi] f faculty.

facultativo, -va [fakuwtaˈtʃivu, -va] adj optional.

fada [ˈfada] f fairy.

fadiga [faˈdʒiga] f fatigue.

fadista [faˈdʒiʃta] mf "fado" singer.

fado [ˈfadu] m (destino) destiny, fate; (música) a type of melancholy Portuguese folk song set to music.

fagulha [faˈguʎa] f spark.

faia [ˈfaja] f beech.

faiança [faˈjãsa] f glazed ceramics (pl).

faisão [fajˈzãw] (pl -ões [-õjʃ]) m pheasant.

faísca [faˈiʃka] f spark.

faisões → faisão.

faixa [ˈfajʃa] f (em estrada) lane; (para cintura) cummerbund; (ligadura) bandage; **~ (de pedestres)** (Br) pedestrian crossing; **~ de rodagem** lane.

fala [ˈfala] f (dom de falar) speech; **ser de poucas ~s** to be the silent type.

falador, -deira [falaˈdo(x), -dejra] (mpl -res [-riʃ]. fpl -s [-ʃ]) adj talkative ◆ m, f chatterbox.

falar [faˈla(x)] vi to talk, to speak ◆ vt (idioma) to speak; **~ com alguém** to speak to sb; **~ de** to talk about; **para ~ a verdade** to tell the truth; **sem ~ em** not to mention; **~ claro** to speak clearly; **~ pelos cotovelos** to talk the hind legs off a donkey; **~ a sério** to be serious.

falcão [fawˈkãw] (pl -ões [-õjʃ]) m falcon.

falecer [faleˈse(x)] vi to pass away.

falecido, -da [faleˈsidu, -da] m, f deceased.

falecimento [falesiˈmẽntu] m death.

falência [faˈlẽsja] f bankruptcy; **ir à ~** to go bankrupt.

falha [ˈfaʎa] f (lacuna) omission; (em terreno, sistema) fault.

falhar [faˈʎa(x)] vt to miss ◆ vi (não acertar) to miss; (não funcionar) to fail; **ela falhou na primeira (tentativa)** she failed at her first attempt.

falido, -da [faˈlidu, -da] adj bankrupt.

falir [faˈli(x)] vi to go bankrupt.

falsário, -ria [fawˈsarju, -rja] m, f forger.

falsidade [fawsiˈdadʒi] f falseness.

falsificar [fawsifiˈka(x)] vt to forge.

falso, -sa [ˈfawsu, -sa] adj false; (documento, passaporte) forged; (dinheiro) counterfeit; (jóia, pele) fake ◆ adv: **jurar ~** to commit perjury.

falta ['fawta] f fault; (carência) lack; (em futebol) foul; (infração) offence; este aluno tem muitas ~s this pupil has a very poor attendance record; sinto muita ~ de um relógio I really need a watch; sentir ~ de to miss; ter ~ de algo to be short of sthg; à ~ de melhor for want of anything better; fazer algo sem ~ to do sthg without fail; por ~ de for lack of.

faltar [faw'ta(x)] vi (não haver) to be missing; (estar ausente) to be absent; falta muito para as férias the holidays are a long way off; falta pouco para o trem chegar the train will arrive soon; falta sal na comida the food needs salt; faltam 5 km para chegarmos lá we've got 5 km to go before we get there; era só o que faltava! that's all we needed!; ~ às aulas to play truant; ~ ao trabalho not to turn up to work.

fama ['fama] f (reputação) reputation; (notoriedade) fame; ter ~ de ser bom/mau (lugar) to have a good/bad reputation.

família [fa'milja] f family; em ~ among friends.

familiar [fami'lja(x)] (pl -es [-iʃ]) adj (ambiente, atmosfera) informal; (da família) family (antes de s) ◆ m relative.

faminto, -ta [fa'mĩntu, -ta] adj starving.

famoso, -osa [fa'mozu, -ɔza] adj famous.

fanático, -ca [fa'natʃiku, -ka] adj fanatical ◆ m, f fanatic.

fantasia [fãnta'zia] f (capricho) fantasy; (imaginação) imagination; (disfarce) fancy dress.

fantasiar [fãnta'zja(x)] vi to fantasize.

❏ **fantasiar-se** vp to dress up (in fancy dress); ~-se de to dress up as.

fantasma [fãn'taʒma] m ghost.

fantástico, -ca [fãn'taʃtʃiku, -ka] adj fantastic ◆ interj fantastic!

fantoche [fãn'tɔʃi] m puppet.

farda ['faxda] f uniform.

farei [fa'rej] → fazer.

farelo [fa'rɛlu] m bran.

faringe [fa'rĩʒi] f pharynx.

farinha [fa'riɲa] f flour; ~ de centeio rye flour; ~ integral wholemeal flour; ~ de milho cornflour (Brit), cornstarch (Am); ~ de rosca (Br) breadcrumbs (pl); ~ de trigo plain flour.

farmacêutico, -ca [faxma'sewtiku, -ka] adj pharmaceutical ◆ m, f pharmacist.

farmácia [fax'masja] f (estabelecimento) chemist's (shop) (Brit), pharmacy (Am); (ciência) pharmacy.

faro ['faru] m sense of smell.

farofa [fa'rɔfa] f cassava flour fried with onion, bacon, eggs or olives, often served with "feijoada" in Brazil.

farol [fa'rɔw] (pl -óis [-ɔjʃ]) m (de veículo) headlight; (torre) lighthouse; ~ alto (Br) full beam (Brit), high beam (Am); ~ baixo (Br) dipped beam (Brit), low beam (Am).

farpa ['faxpa] f (de agulha) hook; (em tourada) banderilla; (em pele) splinter.

farpado [fax'padu] adj m → arame.

farra ['faxa] f: vamos cair na ~! let's go paint the town red!

farrapo [fa'xapu] m rag.

farsa ['faxsa] f farce.

fartar-se [fax'taxsi] vp (saciar-se) to stuff o.s.; (cansar-se) to get fed up; ~-se de (comida) to stuff o.s. with; (trabalho, pessoa) to get fed up with; me fartei de tanto rir I laughed my head off

farto, -ta ['faxtu, -ta] adj (saciado) full; estar ~ (de) (cansado de) to be fed up (with).

fartura [fax'tura] f abundance.

fascinante [fasi'nãntʃi] adj fascinating.

fascinar [fasi'na(x)] vt to fascinate.

fascismo [fa'siʒmu] m fascism.

fascista [fa'siʃta] adj & mf fascist.

fase ['fazi] f phase.

fastidioso, -osa [faʃtʃi'dʒjozu, -ɔza] adj tedious.

fatal [fa'taw] (pl -ais [-ajʃ]) adj fatal.

fatalidade [fatali'dadʒi] f misfortune.

fatia [fa'tʃia] f slice.

fatigante [fatʃi'gãntʃi] adj exhausting.

fato ['fatu] m fact; (Port: terno) suit; ser ~ consumado to be a fait accompli; de ~ indeed; pelo ~ de because, due to the fact that; ~ de banho (Port) swimsuit.

fato-macaco [fatuma'kaku] (pl fatos-macacos [fatuʒma'kakuʃ]) m (Port) boiler suit (Brit), overall (Am).

fator [fa'to(x)] (mpl -res [-riʃ]) m (Br) factor.

fatual [fa'twaw] (pl -ais [-ajʃ]) adj (Br) factual.

fatura [faˈtura] f (Br) invoice.

fauna [ˈfawna] f fauna.

favas [ˈfavaʃ] fpl broad beans; **~ à portuguesa** rich broad bean stew cooked with bacon, "chouriço", onion, garlic, coriander and bay leaves.

favela [faˈvɛla] f (Br) shantytown, slum.

favor [faˈvo(x)] (pl **-res** [-riʃ]) m favour; "**é ~ fechar a porta**" "please close the door"; **faça ~ de entrar** do come in; **faz ~** (para chamar a atenção) excuse me; **fazer um ~ a alguém** to do sb a favour; **ser a ~ de** to be in favour of; **faz ~** please; **por ~** please.

favorável [favoˈravɛw] (pl **-eis** [-ejʃ]) adj favourable; **o resultado nos foi ~** the result was in our favour; **ser ~ a algo** to be in favour of sthg.

favores → favor.

favorito, -ta [favoˈritu, -ta] adj favourite.

fax [ˈfaksi] (pl **-es** [-iʃ]) m fax; **~ modem** fax modem; **enviar** OU **mandar um ~** to send a fax.

faz [ˈfaʃ] → fazer.

fazenda [faˈzẽda] f (Br: quinta) ranch; (tecido) cloth.

fazendeiro, -ra [fazẽ'deiru, -ra] m, f (Br) landowner.

fazer [faˈze(x)] vt **1.** (produzir) to make; **~ muito barulho** to make a lot of noise; **~ planos/um vestido** to make plans/a dress; **~ uma pergunta** to ask a question.

2. (comida) to make.

3. (gerar) to produce; **o chocolate faz borbulhas** chocolate gives you spots.

4. (realizar): **estou fazendo um curso de computadores** I'm doing a computer course; **vamos ~ uma festa** we're having a party.

5. (praticar) to do; **você devia ~ mais exercício** you should exercise more; **faço jogging todas as manhãs** I go jogging every morning.

6. (cama) to make.

7. (transformar) to make; **~ alguém feliz** to make sb happy.

8. (anos): **faço anos amanhã** it's my birthday tomorrow; **fazemos cinco anos de casados** we've been married (for) five years.

9. (obrigar) to make; **~ alguém fazer algo** to make sb do sthg; **~ alguém rir/chorar** to make sb laugh/cry.

10. (cálculo, conta) to do; **faz a conta para ver quanto é** work out the bill to see what it comes to.

♦ vi **1.** (em teatro, cinema): **~ de** to play (the part of), to be.

2. (aparentar): **~ como se** to act as if.

3. (causar): **~ bem/mal a algo** to be good/bad for sthg; **~ bem/mal a alguém** (suj: coisa) to be good/bad for sb; **~ mal a alguém** (suj: pessoa) to hurt sb.

4. (obrigar): **faça (com) que ele venha** make him come.

♦ v impess **1.** (Br): **faz frio/calor** it's cold/hot.

2. (tempo): **faz um ano que não o vejo** it's a year since I last saw him; **faz tempo que estou à espera** I've been waiting for a while; **o Sérgio partiu faz três meses** Sérgio left three months ago.

3. (importar): **não faz mal se está quebrado** it doesn't matter if it's broken; **tanto faz** it doesn't matter.

❏ **fazer-se** vp (preparar-se) to be made; (ser correto): **é assim que se faz** that's the way to do it; **~-se com** (ser preparado com) to be made with.

❏ **fazer-se de** vp + prep (pretender ser): **ele gosta de ~-se de importante** he likes to act important; **~-se de tolo** to act stupid; **~-se de desentendido** to feign ignorance.

fé [ˈfɛ] f faith; **de boa/má ~** in good/bad faith.

febre [ˈfɛbri] f (MED) fever; **estar com ~** to have a temperature.

febre-do-feno [ˌfɛbriduˈfenu] f hay fever.

fechado, -da [feˈʃadu, -da] adj shut, closed; (torneira) turned off; (luz) switched off; (flor) unopened; (fig: reservado) private; "**~ para balanço**" "closed for stocktaking"; "**~ para férias**" "closed for holidays"; "**~ para obras**" "closed for refurbishment".

fechadura [feʃaˈdura] f lock.

fechar [feˈʃa(x)] vt (porta, janela) to shut, to close; (carro) to lock; (torneira) to turn off; (luz) to switch off; (negócio) to close; (loja, estabelecimento, fábrica) to close down ♦ vi (ferida) to heal; (estabelecimento) to shut, to close; **~ algo à chave** to lock sthg.

❏ **fechar-se** vp (encerrar-se) to shut o.s

up OU away; *(calar-se)* to withdraw (into o.s.).

fecho ['fɛʃu] *m (de peça de vestuário)* zip *(Brit)*, zipper *(Am)*; *(de porta, janela)* lock; *(de espectáculo, acontecimento)* end; *(de colar, pulseira)* fastener; ~ éclair zip *(Brit)*, zipper *(Am)*.

fécula ['fɛkula] *f* starch; ~ de batata potato starch.

fecundar [fekũn'da(x)] *vt* to fertilize.

feder [fe'de(x)] *vi* to stink.

federação [federa'sãw] *(pl -ões [-õjʃ])* *f* federation.

fedor [fe'do(x)] *m* stench.

feijão [fej'ʒãw] *(pl -ões [-õjʃ])* *m* bean.

feijão-fradinho [fejʒãw'fra'dʒiɲu] *(pl feijões-fradinhos* [fejʒõjʃfra'dʒiɲuʃ]) *m* black-eyed bean *(Brit)*, black-eyed pea *(Am)*.

feijão-mulatinho [fejʒãwmula-'tʃiɲu] *(pl feijões-mulatinhos* [fejʒõjʃmula'tʃiɲuʃ]) *m* red bean similar to the kidney bean.

feijão-preto [fejʒãw'pretu] *(pl feijões-pretos* [fejʒõjʃ'pretuʃ]) *m* black bean.

feijão-verde [fejʒãw'vexdʒi] *(pl feijões-verdes* [fejʒõjʃ'vexdʒiʃ]) *m* green bean.

feijoada [fej'ʒwada] *f* bean stew; ~ **brasileira** *black bean stew cooked with salt beef and various cuts of pork, served with "farofa", spring greens, rice and an orange;* ~ **à trasmontana** *bean stew cooked with cuts of pork and "chouriço", cabbage, carrot and herbs, served with rice.*

feijões → **feijão**.

feio, feia ['fejo, 'feja] *adj* ugly; *(atitude, situação)* nasty.

feira ['fejra] *f* market; ~ **da ladra** *(Port)* flea market; ~ **livre** *(Br)* street market; ~ **do livro** book fair; **fazer a** ~ to go to the market.

feitiçaria [fejtʃisa'ria] *f* witchcraft.

feiticeira [fejtʃi'sejra] *f* enchantress.

feiticeiro [fejtʃi'sejru] *m* wizard.

feitiço [fej'tʃisu] *m* spell.

feitio [fej'tʃiu] *m (forma)* shape; *(caráter)* temper; *(de peça de vestuário)* cut; **ter bom** ~ *(pessoa)* to be good-natured.

feito, -ta ['fejtu, -ta] *pp* → **fazer** ♦ *adj (adulto)* mature; *(realizado)* finished, done ♦ *m (façanha)* deed; ~ **à mão** handmade; ~ **sob medida** made-to-measure; ~ **de** made of; **dito e** ~ no sooner said than done.

feixe ['fejʃi] *m (de palha, lenha)* bundle; *(Br: de luz)* beam.

fel ['fɛw] *m* bile.

felicidade [felisi'dadʒi] *f (contentamento)* happiness; *(boa sorte)* luck; ~**s!** all the best!

felicitar [felisi'ta(x)] *vt* to congratulate; ~ **alguém por algo** to congratulate sb on sthg.

felino, -na [fe'linu, -na] *adj* feline ♦ *m* cat.

feliz [fe'liʒ] *(pl -zes* [-ziʃ]) *adj* happy; *(afortunado)* lucky; *(bem executado)* successful; **Feliz Ano Novo!** Happy New Year!

felizmente [feliʒ'mẽntʃi] *adv* fortunately.

felpudo, -da [few'pudu, -da] *adj* fluffy.

feltro ['fewtru] *m* felt.

fêmea ['femja] *f* female.

feminino, -na [femi'ninu, -na] *adj & m* feminine.

feminismo [femi'niʒmu] *m* feminism.

feminista [femi'niʃta] *mf* feminist.

fenda ['fẽnda] *f* crack.

fender [fẽn'de(x)] *vt* to crack.

❏ **fender-se** *vp* to crack.

feno ['fenu] *m* hay.

fenomenal [fenome'naw] *(pl -ais* [-ajʃ]) *adj* phenomenal.

fenómeno [fe'nɔmenu] *m (Port)* = **fenômeno**.

fenômeno [fe'nomenu] *m (Br)* phenomenon.

fera ['fɛra] *f* wild animal.

feriado [fe'rjadu] *m* public holiday; ~ **nacional** public holiday.

férias ['fɛrjaʃ] *fpl* holiday *(sg)*; **estar de** OU **em** ~ to be on holiday; **ir de** ~ to go on holiday.

ferida [fe'rida] *f (ferimento)* wound, → **ferido**.

ferido, -da [fe'ridu, -da] *adj (em acidente, queda)* injured; *(em combate)* wounded; *(fig: ofendido)* hurt ♦ *m, f:* **houve 20** ~**s** 20 people were injured.

ferimento [feri'mẽntu] *m (de queda, acidente)* injury; *(de arma)* wound.

ferir [fe'ri(x)] *vt* to hurt; *(com arma)* to wound.

❏ **ferir-se** *vp (em queda, acidente)* to hurt o.s.

fermentar [fexmẽn'ta(x)] *vi* to ferment.

fermento [fex'mẽntu] *m* yeast.

feroz [fe'rɔʃ] (*pl* **-zes** [-ziʃ]) *adj* fierce.

ferradura [fexa'dura] *f* horseshoe.

ferragens [fe'xaʒãjʃ] *fpl* → **loja.**

ferramenta [fexa'mẽnta] *f (instrumento individual)* tool; *(conjunto de instrumentos)* tools *(pl).*

ferrão [fe'xãw] (*pl* **-ões** [-õjʃ]) *m* sting.

ferreiro [fe'xejru] *m* blacksmith.

ferro [fexu] *m* iron.

ferrões → **ferrão.**

ferrolho [fe'xoʎu] *m* bolt.

ferro-velho [fexu'veʎu] (*pl* **ferros-velhos** [fexuʒ'veʎuʃ]) *m* scrapyard.

ferrovia [fexo'via] *f (Br)* train track.

ferrugem [fe'xuʒẽ] *f (de metal)* rust; *(de chaminé)* soot.

ferry-boat [fexi'bowt] (*pl* **ferry-boats** [fexi'bowtʃ]) *m* ferry.

fértil [fɛxtiw] (*pl* **-teis** [-tejʃ]) *adj* fertile.

fertilidade [fextili'dadʒi] *f* fertility.

fertilizante [fextfili'zãntʃi] *m* fertilizer.

ferver [fex've(x)] *vt* to boil ♦ *vi (leite, água)* to boil; *(vinho)* to ferment; *(fig: de raiva, indignação)* to seethe.

fervor [fex'vo(x)] *m* fervour.

fervura [fex'vura] *f*: **cozer algo até levantar ~** to bring sthg to the boil.

festa [fɛʃta] *f* party; **boas ~s!** Merry Christmas and a Happy New Year!; **~s juninas** *Brazilian religious festivals held in June in honour of the Saints;* **~s dos Santos Populares** *Portuguese religious festivals held in June in honour of St John, St Peter and St Anthony.*

❏ **festas** *fpl (carícias)* caresses; **fazer ~s a** *(a pessoa)* to caress; *(a animal)* to stroke.

festejar [feʃte'ʒa(x)] *vt* to celebrate.

festim [feʃ'tʃĩ] (*pl* **-ns** [-ʃ]) *m* party.

festival [feʃtʃi'vaw] (*pl* **-ais** [-ajʃ]) *m (de música, cinema)* festival; *(de canção)* contest.

fétido, -da [fɛtʃidu, -da] *adj* fetid.

feto [fɛtu] *m (planta)* fern; *(embrião)* foetus.

fevereiro [feve'reiru] *m (Br)* February, → **setembro.**

fez [fɛʒ] → **fazer.**

fezes [fɛziʃ] *fpl* faeces.

fiação [fja'sãw] (*pl* **-ões** [-õjʃ]) *f (fábrica)* textile mill.

fiambre [fjãmbri] *m* ham.

fiar [fja(x)] *vt (linho, lã)* to spin ♦ *vi (vender a crédito)* to sell on credit.

❏ **fiar-se em** *vp + prep* to trust.

fiasco [fjaʃku] *m* fiasco.

fibra [fibra] *f* fibre; *(fig: coragem)* courage; **~ (acrílica)** acrylic.

ficar [fi'ka(x)] *vi* to be; *(permanecer)* to stay; *(restar)* to be· left (over); *(rico, gordo)* to get; **ele ficou todo corado** he went bright red; **essa roupa não lhe fica bem** those clothes don't suit you; **fiquei trabalhando até tarde** I worked late; **~ bem** to look good; **~ mal** not to look good; **~ com algo** to take sthg; **~ de fazer algo** to promise to do sthg; **~ em primeiro lugar** to come first; **~ por** *(custar)* to come to; **~ sem algo** to be left without sthg.

ficção [fik'sãw] *f* fiction.

ficha [fiʃa] *f (dentária, médica)* records *(pl); (EDUC: teste)* test; *(formulário)* form; *(Port: elétrica)* plug; **~ dupla/tripla** *(Port)* double/triple socket adaptor.

fichário [fi'ʃarju] *m (caixa)* index card holder; *(fichas)* index cards *(pl).*

fictício, -cia [fik'tʃisju, -sja] *adj* fictional.

fidelidade [fideli'dadʒi] *f* fidelity; **(conjugal)** faithfulness (to one's partner).

fiel [fjew] (*pl* **-éis** [-ɛiʃ]) *adj* faithful ♦ *m* believer.

fígado [figadu] *m* liver.

figa [figaʃ] *fpl*: **fazer ~ =** to cross one's fingers.

figo [figu] *m* fig; **~s secos** dried figs.

figueira [fi'gejra] *f* fig tree.

figura [fi'gura] *f* figure; **fazer boa/má ~** to come across well/badly.

figurante [figu'rãntʃi] *mf* extra.

figurar [figu'ra(x)] : **figurar em** *v + prep* to appear in.

figurino [figu'rinu] *m (de moda)* fashion plate.

fila [fila] *f* queue *(Brit)*, line *(Am)*; **em ~ (indiana)** in line.

filarmónica [filar'mɔnika] *f (Port)* = **filarmônica.**

filarmônica [filax'monika] *f (Br)* philharmonic (orchestra).

filatelia [filate'lia] *f* stamp collecting, philately.

filé [fi'lɛ] *m (Br)* fillet.

fileira [fi'lejra] *f* row.

filete [fi'lete] *m (Port)* fillet; **~s (de pescada)** hake fillets.

filho, -lha ['fiʎu, -ʎa] *m, f* son (*f* daughter); **os nossos ~s** our children; **~ da puta** (*vulg*) bastard (*Brit*), son of a bitch (*Am*).

filhote [fi'ʎɔtʃi] *m* (*de cadela*) puppy; (*de raposa, urso, etc*) cub; **a mãe olhava pelos ~s** the mother looked after her young.

filial [fi'ljaw] (*pl* **-ais** [-ajʃ]) *f* branch.

filigrana [fili'grana] *f* filigree.

filmadora [fiwma'dora] *f* (*Br*): **~ (de vídeo)** video camera.

filmar [fiw'ma(x)] *vt* to film, to shoot.

filme ['fiwmi] *m* (*de cinema*) film (*Brit*), movie (*Am*); (*de máquina fotográfica*) film.

filosofia [filozo'fia] *f* philosophy.

filósofo, -fa [fi'lɔzofu, -fa] *m, f* philosopher.

filtrar [fiw'tra(x)] *vt* to filter.

filtro ['fiwtru] *m* filter.

fim ['fĩ] (*pl* **-ns** [-ʃ]) *m* end; (*objetivo*) aim; **ter por ~ fazer algo** to aim to do sthg; **ter um ~ em vista** to have an end in mind; **o ~ do mundo** (*lugar distante*) the back of beyond; (*desgraça total*) the end of the world; **a ~ de** in order to; **no ~** in the end; **ao ~ e ao cabo** at the end of the day; **estar a ~ de** (*Br*) to fancy.

fim-de-semana [ˌfĩdʒise'mana] (*pl* **fins-de-semana** [ˌfĩʒdʒise'mana]) *m* weekend.

Finados [fi'naduʃ] *mpl*: **os ~** All Souls' Day (*sg*).

final [fi'naw] (*pl* **-ais** [-ajʃ]) *adj & f* (*último*) final ◆ *m* end.

finalidade [finali'dadʒi] *f* (*objetivo*) aim, purpose; (*de máquina*) application.

finalista [fina'liʃta] *mf* (*em competição*) finalist; (*de curso*) finalyear student.

finanças [fi'nãsaʃ] *fpl* finances.

fingir [fĩ'ʒi(x)] *vt* to pretend.

finlandês, -esa [fĩlãn'deʃ, -eza] (*mpl* **-eses** [-eziʃ], *fpl* **-s** [-ʃ]) *adj & m* Finnish ◆ *m, f* Finn.

Finlândia [fĩ'lãndʒja] *f*: **a ~** Finland.

fino, -na ['finu, -na] *adj* (*fio, cabelo*) fine; (*roupa*) smart; (*hotel, restaurante*) exclusive; (*pessoa*) refined; (*bebida*) fortified; (*Br: fam: bom*): **ele é gente fina** he's a good sort.

fins → fim.

fio ['fiu] *m* (*de matéria têxtil*) thread; (*elétrico*) wire; (*de líquido*) trickle; **~ dental** dental floss; **~s de ovos** sweet threads of egg yolk and sugar poured over cakes, puddings and pastries; **perder o ~ à meada** to lose one's thread.

firma ['fixma] *f* (*Br: empresa*) firm.

firme ['fixmi] *adj* firm.

firmeza [fix'meza] *f* (*solidez*) firmness; (*estabilidade*) stability; (*fig: perseverança*) resolve.

fiscal [fiʃ'kaw] (*pl* **-ais** [-ajʃ]) *adj* fiscal ◆ *mf* (*tax*) inspector.

fisco ['fiʃku] *m* (*instituição*) ≃ the Inland Revenue (*Brit*), ~ the Internal Revenue (*Am*).

física ['fizika] *f* (*ciência*) physics (*sg*), → **físico.**

físico, -ca ['fiziku, -ka] *adj* physical ◆ *m* (*de pessoa*) physique ◆ *m, f* (*profissão*) physicist.

fisionomia [fizjono'mia] *f* features (*pl*).

fisioterapia [fizjoteraˈpia] *f* physiotherapy.

fita ['fita] *f* (*de tecido*) ribbon; (*fingimento*) pretence; (*filme*) film; **~ adesiva** (*Port*) adhesive tape; **~ (de cabelo)** hairband; **~ durex®** (*Br*) ≃ Sellotape® (*Brit*), ≃ Scotch tape® (*Am*); **~ isoladora** (*Port*) insulating tape; **~ (para máquina de escrever)** typewriter ribbon; **~ métrica** tape measure; **~ de vídeo** (*Br*) video cassette ou tape; **fazer ~** (*fingir*) to put on an act.

fita-cola [ˌfitaˈkɔla] *f inv* (*Port*) Sellotape® (*Brit*), Scotch tape® (*Am*).

fitar [fi'ta(x)] *vt* to stare at.

fivela [fi'vɛla] *f* buckle.

fixador [fiksa'do(x)] (*pl* **-res** [-riʃ]) *m* (*de cabelo*) hairspray; (*em fotografia, desenho*) fixative.

fixar [fik'sa(x)] *vt* to fix; (*aprender de cor*) to memorize.

❏ **fixar-se** *vp* (*estabelecer-se*) to establish o.s.

fixo, -xa ['fiksu, -ksa] *pp* → **fixar** ◆ *adj* fixed; (*cor*) fast.

fiz ['fiʒ] → **fazer.**

flamengo [fla'mẽŋgu] *adj m* → **queijo.**

flamingo [fla'mĩŋgu] *m* flamingo.

flanco ['flãŋku] *m* flank.

flanela [fla'nɛla] *f* flannel.

flash ['flaʃi] *m* flash.

flauta ['flawta] *f* flute; **~ de bisel** recorder; **~ de pã** panpipes (*pl*).

flecha ['flɛʃa] *f* arrow.

fleuma ['flewma] *f* phlegm.

flexível [flɛk'sivɛw] (*pl* **-eis** [-ejʃ]) *adj* flexible.

flippers ['flipɛrs] *mpl* pinball *(sg)*; **jogar ~** to play pinball.

floco ['flɔku] *m (de pêlo, lã)* fluff *(Brit)*, fuzz *(Am)*; **~ de neve** snowflake; **~s de aveia** porridge *(sg)*; **~s de milho** cornflakes.

flor ['flo(x)] *(pl* **-res** [-rif]*)* f flower; **em ~** in bloom; **ter os nervos à ~ da pele** to be highly strung; **estar na ~ da idade** to be in one's prime.

floresta [flo'rɛʃta] *f* forest.

florido, -da [flo'ridu, -da] *adj (árvore, campo, jardim)* full of flowers; *(tecido, papel)* flowery.

florista [flo'riʃta] *mf* florist ◆ *f* florist's (shop).

fluência [flu'ẽsja] *f* fluency.

fluentemente [fluẽntʃi'mẽntʃi] *adv* fluently.

fluido, -da [flu'idu, -da] *adj* fluid ◆ *m (líquido)* fluid; *(fam: força misteriosa)* vibes *(pl)*.

fluminense [flumi'nẽsi] *adj* of/relating to Rio de Janeiro State.

flúor ['fluɔ(x)] *m* fluoride.

fluorescente [fluref'sẽntʃi] *adj* fluorescent.

flutuante [flu'twãntʃi] *adj (objeto)* floating; *(preço, inflação, temperatura)* fluctuating.

flutuar [flu'twa(x)] *vi* to float.

fluvial [flu'vjaw] *(pl* **-ais** [-ajʃ]*)* adj river *(antes de s)*.

fluxo ['fluksu] *m* flow.

fobia [fo'bia] *f* phobia.

focinho [fo'siɲu] *m* snout.

foco ['fɔku] *m (de luz, lâmpada)* beam; *(de atenção)* focus; *(de doença)* centre.

fofo, -fa ['fofu, -fa] *adj* soft; *(bolo)* light.

fofoca [fo'fɔka] *f (Br: mexerico)* piece of gossip.

fogão [fo'gãw] *(pl* **-ões** [-õjʃ]*)* m cooker *(Brit)*, stove *(Am)*.

foge ['fɔʒi] → **fugir.**

fogem ['fɔʒẽ] → **fugir.**

fogo ['fogu] *(pl* **fogos** ['fɔguʒ]*)* m fire; **~ posto** arson.

fogo-de-artifício [ˌfogudʒiaxtʃi'fisju] *(pl* **fogos-de-artifício** [ˌfɔguʒdʒiaxtʃi'fisju]*)* m *(foguetes)* fireworks *(pl)*; *(espectáculo)* firework display.

fogões → **fogão.**

fogueira [fo'gejra] *f* fire.

foguetão [foge'tãw] *(pl* **-ões** [-õjʃ]*)* m rocket.

foguete [fo'getʃi] *m* rocket.

foguetões → **foguetão.**

foi ['foj] → **ser, ir.**

foice ['fojsi] *f (pequena)* sickle; *(grande)* scythe.

folclore [fow'klɔri] *m (música)* folk music; *(dança)* folk-dancing.

folclórico, -ca [fow'klɔriku, -ka] *adj (música, dança)* folk *(antes de s)*; *(fig: berrante)* garish.

fôlego ['folegu] *m* breath; **tomar ~** to get one's breath back.

folga ['fowga] *f (de trabalho)* day off; *(espaço livre)* gap; **estar de ~** to be on one's day off.

folha ['foʎa] *f (de planta, árvore)* leaf; *(de jornal, livro, revista)* page; **~ de alumínio** tinfoil; **~ de cálculo** spreadsheet; **~ (de papel)** sheet of paper; **~ lisa/quadriculada** plain/squared paper; **~ pautada** lined paper.

folha-de-flandres [ˌfoʎadʒi'flãndriʃ] *(pl* **folhas-de-flandres** [ˌfoʎaʒdʒi'flãndriʃ]*)* f corrugated iron.

folhado, -da [fo'ʎadu, -da] *adj (massa)* puff *(antes de s)*; *(bolo)* made with puff pastry ◆ *m (CULIN)* pastry.

folhagem [fo'ʎaʒẽ] *f* foliage.

folhear [fo'ʎja(x)] *vt* to leaf through.

folheto [fo'ʎetu] *m* leaflet.

folia [fo'lia] *f* revelry.

folião, -liona [fo'ljãw, -ljona] *(mpl* **-ões** [-õjʃ], *fpl* **-s** [-ʃ]*)* m, f reveller.

fome ['fɔmi] *f* hunger; **estar com** OU **ter ~** to be hungry; **passar ~** to go hungry.

fone ['foni] *m (Br: de telefone)* receiver, handset.

fonética [fo'nɛtʃika] *f* phonetics *(sg)*.

fonte ['fõntʃi] *f (chafariz)* fountain; *(de cabeça)* temple; *(fig: de texto, trabalho, informação)* source.

fora ['fɔra] *adv (no exterior)* out; *(no estrangeiro)* abroad ◆ *prep* apart from ◆ *interj* get out!; **~ de série** extraordinary; **"~ de serviço"** "out of order"; **estar/ficar ~ de si** to be beside o.s.; **ficar de ~** not to join in; **~ de mão** *(dirigir)* on the wrong side of the road; **lá ~** *(no estrangeiro)* abroad; *(no exterior)* outside; **por esse país ~** throughout the country; **dar um ~ em alguém** *(Br)* to chuck sb.

foram [fo'rãw] → **ser, ir.**

força ['foxsa] *f (energia)* strength; *(mi-*

litar, policial) force; ~ **de vontade** will
power; **as ~s armadas** the armed
forces; **à ~** by force; **por ~** by force;
**não cheguei a horas por razões de ~
maior** I didn't arrive on time for reasons beyond my control.

forçar [fox'sa(x)] *vt* to force.

forjar [fox'ʒa(x)] *vt* to forge.

forma[1] [ˈfɔxma] *f* shape; *(maneira)*
way; **de ~ que** therefore; **de qualquer
~ anyway; em ~ de** in the shape of;
em ~ de estrela star-shaped; **estar em
~** to be in shape.

forma[2] [ˈfɔxma] *f (Port)* = **fôrma**.

fôrma [ˈfoxma] *f (Br) (de bolos)* cake
tin; *(de sapato)* shoe tree.

formação [foxma'sãw] *(pl -ões* [-õjʃ])
f formation; *(treino)* training.

formal [fox'maw] *(pl -ais* [-ajʃ]) *adj*
formal.

formalidade [foxmali'dadʒi] *f* formality.

formar [fox'ma(x)] *vt* to form; *(educar)*
to train.

❏ **formar-se** *vp (terminar curso universitário)* to graduate.

formatar [foxma'ta(x)] *vt* to format.

formidável [foxmi'davɛw] *(pl -eis*
[-ejʃ]) *adj* fantastic.

formiga [fox'miga] *f* ant.

formoso, -osa [fox'mozu, -ɔza] *adj*
beautiful; *(homem)* handsome.

fórmula [ˈfɔxmula] *f* formula;
Fórmula 1 Formula 1.

formular [foxmu'la(x)] *vt (palavra,
frase)* to formulate; *(desejo)* to express.

formulário [foxmu'larju] *m* form.

fornecedor, -ra [foxnese'do(x), -ra]
(mpl -res [-riʃ], *fpl -s* [-ʃ]) *m, f (de estabelecimento)* supplier; *(fam: de droga)*
dealer.

fornecer [foxne'se(x)] *vt* to supply; ~
alguém com algo to supply sb with
sthg.

❏ **fornecer-se** *vp* to stock up.

fornecimento [foxnesi'mẽtu] *m*
supply.

forno [ˈfoxnu] *m* oven.

forquilha [fox'kiʎa] *f* fork *(Brit)*,
pitchfork *(Am)*.

forrar [fo'xa(x)] *vt* to line; *(livro)* to
cover.

forró [fo'xɔ] *m (Br)* party.

fortalecer [foxtale'se(x)] *vt* to
strengthen.

fortaleza [foxta'leza] *f* fortress.

forte [ˈfɔxtʃi] *adj* strong; *(calor, dor)*
intense; *(chuva)* heavy; *(voz, som)* loud;
(comida) filling; *(golpe, choque)* hefty;
(bebida) stiff ◆ *m* fort; **essa é ~!** pull
the other one!

fortuna [fox'tuna] *f* fortune.

fósforo [ˈfɔʃforu] *m (de acender)*
match.

fossa [ˈfɔsa] *f* septic tank; **estar na ~**
(fig: deprimido) to be down in the
dumps.

fóssil [ˈfɔsiw] *(pl -eis* [-ejʃ]) *m* fossil.

fosso [ˈfosu] *m* moat.

foste [ˈfoʃtʃi]→ **ser, ir**.

foto [ˈfɔtu] *f* photo.

fotocópia [foto'kɔpja] *f* photocopy.

fotografar [fotogra'fa(x)] *vt* to
photograph.

fotografia [fotogra'fia] *f (arte)* photography; *(objeto)* photograph; ~ **para
passaporte** passport photo.

fotógrafo, -fa [fo'tɔgrafu, -fa] *m, f*
photographer.

fotómetro [fo'tɔmetru] *m* light
meter.

foz [ˈfɔʃ] *f* river mouth.

fração [fra'sãw] *(pl -ões* [-õjʃ]) *f (Br)*
fraction.

fracasso [fra'kasu] *m* failure.

fracção [fra'sãw] *(pl -ões* [-õjʃ]) *f
(Port)* = **fração**.

fraco, -ca [ˈfraku, -ka] *adj* weak; *(dor)*
slight; *(chuva, vento)* light; *(voz, som)*
faint; *(qualidade)* poor; **ter um ~ por alguém** *(fig: paixão)* to have a crush on sb.

frações → **fração**.

fractura [fra'tura] *f (Port)* = **fratura**.

frade [ˈfradʒi] *m* friar.

frágil [ˈfraʒiw] *(pl -geis* [-ʒejʃ]) *adj*
fragile.

fragmento [frag'mẽtu] *m* fragment;
(de obra literária, manuscrito) extract.

fragrância [fra'grãsja] *f* fragrance.

fralda [ˈfrawda] *f* nappy *(Brit)*, diaper
(Am); **~s descartáveis** disposable nap-
pies.

framboesa [frãm'bweza] *f* raspberry.

França [ˈfrãsa] *f*: **a ~** France.

francamente [ˌfrãŋka'mẽtʃi] *adv*
frankly ◆ *interj* honestly!

francês, -esa [frã'seʃ, -eza] *(mpl -eses*
[-eziʃ], *fpl -s* [-ʃ]) *adj & m* French ◆ *m, f
(pessoa)* Frenchman *(f* Frenchwoman);
os franceses the French.

franco, -ca [ˈfrãŋku, -ka] *adj* frank;
para ser ~ ... to be quite honest ....

frango ['frãŋgu] *m* chicken; *(em futebol)* sitter; ~ **assado** roast chicken; ~ **churrasco** *barbecued chicken in a spicy sauce*; ~ **na púcara** *chicken stewed with tomatoes, onions, smoked ham, garlic, port, brandy, white wine and raisins*.

franja ['frãʒa] *f (de toalha, cortina, sofá)* fringe; *(de cabelo)* fringe *(Brit)*, bangs *(pl) (Am)*.

franqueza [frãŋ'keza] *f* frankness; **com ~** frankly.

franquia [frãŋ'kia] *f (COM)* franchise; *(selo postal)* postage; *(isenção)* exemption.

franzino, -na [frã'zinu, -na] *adj* frail.

fraqueza [fra'keza] *f* weakness; *(fome)* hunger; *(cansaço)* exhaustion.

frasco ['fraʃku] *m* jar.

frase ['frazi] *f* sentence.

fratura [fra'tura] *f (Br)* fracture.

fraude ['frawdʒi] *f* fraud.

frear [fre'a(x)] *vi (Br)* to brake.

freguês, -esa [fre'geʃ, -eza] *(mpl -eses* [-ezif], *fpl -s* [-ʃ]) *m, f* customer.

freio ['fraju] *m (de veículo)* brake; *(de cavalo)* bit.

freixo ['frejʃu] *m* ash.

frenético, -ca [fre'nɛtʃiku, -ka] *adj* frenetic.

frente ['frẽtʃi] *f* front; **olha-me de ~!** look me in the face!; **dar de ~ com** *(encontrar)* to bump into; **fazer ~ a** to stand up to, to confront; **ir para a ~ com** to go ahead with; ~ **fria/quente** cold/warm front; **à ~** ahead; **à ~ de** *(na dianteira de)* in front of; *(chegar, ir, partir)* ahead of; **em ~** *(defronte)* opposite; **em ~ de**, ~ **a** opposite; ~ **a** ~ face to face.

frequência [fre'kwẽsja] *f (Port)* = **freqüência**.

freqüência [fre'kwẽsja] *f (Br)* frequency; **com ~** frequently.

freqüentar [frekwẽ'ta(x)] *vt (casa de alguém)* to visit frequently; *(curso)* to attend; *(local)* to frequent.

freqüentemente [fre,kwẽtʃi'mẽtʃi] *adv* frequently.

frescão [freʃ'kãw] *(pl -ões* [-õjʃ]) *m (Br: ônibus)* air-conditioned coach.

fresco, -ca [freʃku, -ka] *adj* fresh; *(tempo, bebida, roupa)* cool; *(muito exigente)* fussy; *(fam:efeminado)* camp ♦ *m (Port: pintura)* fresco.

frescobol [freʃko'bɔw] *m (Br)* racquetball *(played at the beach)*.

frescões → frescão.

frescura [freʃ'kura] *f* freshness; *(em relação a temperatura)* coolness.

fressura [fre'sura] *f* offal.

frete ['fretʃi] *m (de ônibus)* fee *(for hire of both bus and driver)*; *(de táxi)* fare.

frevo ['frevu] *m* Brazilian carnival dance.

fricção [frik'sãw] *(pl -ões* [-õjʃ]) *f (esfregação)* rubbing; *(atrito)* friction.

frieira [fri'ejra] *f* chilblain.

frieza [fri'eza] *f* coldness.

frigideira [friʒi'dejra] *f* frying pan.

frigorífico [frigo'rifiku] *m* fridge.

frio, fria ['friu, 'fria] *adj & m* cold; **está ~** it's cold ; **estar com** ou **ter ~** to be cold; **estava um ~ de rachar** *(fam)* it was absolutely freezing.
❏ **frios** *mpl (Br: CULIN)* cold meats.

frisar [fri'za(x)] *vt (cabelo)* to curl; *(fig: enfatizar)* to highlight.

fritar [fri'ta(x)] *vt (em pouco óleo)* to fry; *(em muito óleo)* to deep-fry.

frito, -ta ['fritu, -ta] *adj* fried; **estar ~** *(fam)* to be done for.

fritura [fri'tura] *f (alimento frito)* fried food.

frízer ['frizɛx] *(pl -res* [-rif]) *m (Br) (de geladeira)* freezer; *(congelador)* deep freeze.

fronha ['froɲa] *f* pillowcase.

fronte ['frõtʃi] *f (testa)* forehead.

fronteira [frõ'tejra] *f* border; **além ~s** abroad.

frota ['frɔta] *f* fleet.

frustrado, -da [fruʃ'tradu, -da] *adj* frustrated.

frustrante [fruʃ'trãtʃi] *adj* frustrating.

fruta ['fruta] *f* fruit; ~ **em calda** fruit in syrup; ~ **da época** fruit in season.

fruta-do-conde [,frutadu'kõdʒi] *(pl **frutas-do-conde** [,frutaʒdu'kõdʒi]) *f* custard apple.

frutaria [fruta'ria] *f* fruit shop.

fruto ['frutu] *m* fruit; ~**s secos** dried fruits.

fubá [fu'ba] *m* cornmeal.

fuga ['fuga] *f (de gás, água)* leak; *(evasão)* escape; **pôr-se em ~** to run away; **em ~** on the run.

fugir [fu'ʒi(x)] *vi* to run away; ~ **a** ou **de** to run away from.

fugitivo, -va [fuʒi'tʃivu, -va] *adj* fleeting ♦ *m, f* fugitive.

fui [ˈfuĩ] → ser, ir.

fulano, -na [fuˈlanu, -na] m, f what's-his-name (f what's-her-name); **era um ~ qualquer** it was just some guy.

fuligem [fuˈliʒẽ] f soot.

fulo, -la [ˈfulu, -la] adj furious; **~ da vida** fuming.

fumaça [fuˈmasa] f smoke.

fumador, -ra [fumaˈdor, -ra] (mpl -es [-eʃ], fpl -s [-ʃ]) m, f (Port) smoker.

fumante [fuˈmãntʃi] mf (Br) smoker.

fumar [fuˈma(x)] vt & vi to smoke.

fumo [ˈfumu] m smoke.

função [fũˈsãw] (pl -ões [-õjʃ]) f (de pessoa) role; (de máquina) function; **exercer a ~ de** to act as; **~ pública** civil service.

funcho [ˈfũʃu] m fennel.

funcionamento [fũsjonaˈmẽntu] m operation; **em ~** in operation; **tenho o motor em ~** I've got the engine running.

funcionar [fũsjoˈna(x)] vi (máquina) to work; (estabelecimento) to be open.

funcionário, -ria [fũsjoˈnarju, -rja] m, f employee; **~ público** civil servant.

funções → função.

fundação [fũndaˈsãw] (pl -ões [-õjʃ]) f foundation.

fundamental [fũndamẽnˈtaw] (pl -ais [-ajʃ]) adj fundamental.

fundamento [fũndaˈmẽntu] m (motivo) grounds (pl); (justificação) basis; **sem ~** unfounded.

fundar [fũnˈda(x)] vt to found; **~ algo em algo** (basear) to base sthg on sthg.

fundido, -da [fũnˈdʒidu, -da] adj (metal) molten; (queijo) melted.

fundir [fũnˈdʒi(x)] vt to melt.

⊐ fundir-se vp to melt.

fundo, -da [ˈfũndu, -da] adj deep ◆ m (de rio, piscina, poço) bottom; (em economia) fund; **ir ao ~ da questão** to get to the bottom of the matter; **sem ~** bottomless.

fúnebre [ˈfunebri] adj (fig: lúgubre) funereal.

funeral [funeˈraw] (pl -ais [-ajʃ]) m funeral.

fungo [ˈfũngu] m fungus.

funil [fuˈniw] (pl -is [-iʃ]) m funnel.

furacão [furaˈkãw] (pl -ões [-õjʃ]) m hurricane.

furadeira [furaˈdejra] f (Br) drill.

furado, -da [fuˈradu, -da] adj (pneu) flat; (orelha) pierced.

furador [furaˈdo(x)] (pl -res [-riʃ]) m hole punch.

furar [fuˈra(x)] vt (folha) to punch holes in; (saco) to make a hole in; (pneu) to puncture; (orelha) to pierce; (fig: fila) to jump.

furgão [fuxˈgãw] (pl -ões [-õjʃ]) m (veículo) van.

fúria [ˈfurja] f fury.

furnas [ˈfuxnaʃ] fpl hot ou thermal springs.

furo [ˈfuru] m (em pneu) puncture; (em saco, orelha) hole.

furtar [fuxˈta(x)] vt to steal.

⊐ furtar-se a vp + prep to avoid.

furúnculo [fuˈrũŋkulu] m boil.

fusão [fuˈzãw] (pl -ões [-õjʃ]) f fusion; (de empresas) merger.

fusível [fuˈzivɛw] (pl -eis [-ejʃ]) m fuse.

fuso [ˈfuzu] m: **~ horário** time zone.

fusões → fusão.

futebol [futʃiˈbɔw] m football (Brit), soccer (Am).

fútil [ˈfutʃiw] (pl -teis [-tejʃ]) adj (frivolo) frivolous; (insignificante) trivial; (vão) futile.

futilidade [futʃiliˈdadʒi] f (frivolidade) frivolity; (coisa inútil) triviality; (inutilidade) futility.

futuro, -ra [fuˈturu, -ra] adj & m future; **o ~** (GRAM) the future (tense); **de ~** in future; **no ~** in the future; **para o ~** for the future; **ter ~** to have a future.

fuzil [fuˈziw] (pl -is [-iʃ]) m rifle.

fuzileiro [fuziˈlejru] m fusilier.

fuzis → fuzil.

G

gabar [ga'ba(x)] *vt* to praise.

❑ **gabar-se** *vp* to boast; **~-se de algo** to boast about sthg.

gabardine [gabax'dʒini] *f* raincoat.

gabinete [gabi'netʃi] *m (compartimento)* booth; *(escritório)* office.

gado ['gadu] *m* cattle.

gaélico [ga'ɛliku] *m* Gaelic.

gafanhoto [gafaˈɲotu] *m* grasshopper.

gafe [gafi] *f* gaffe.

gagueira [ga'gejra] *f (Br)* stammer.

gaguejar [gage'ʒa(x)] *vi* to stutter, to stammer.

gaguez [ga'geʃ] *f (Port)* = gagueira.

gaiato, -ta [ga'jatu, -ta] *adj (Br)* funny.

gaio ['gaju] *m* jay.

gaiola [ga'jɔla] *f* cage.

gaita ['gajta] *f* pipe ♦ *interj* damn!

gaita-de-foles [ˌgajtadʒi'fɔliʃ] *(pl* **gaitas-de-foles** [ˌgajtaʒdʒi'fɔliʃ]*) f* bagpipes *(pl).*

gaivota [gaj'vota] *f* seagull.

gajo, -ja ['gaʒu, -ʒa] *m, f (Port: fam)* guy *(f* girl).

gala ['gala] *f* gala.

galão [ga'lãw] *(pl* **-ões** [-õjʃ]*) m (bebida)* tall glass of milky coffee; *(medida)* gallon.

galáxia [ga'laksja] *f* galaxy.

galera [ga'lɛra] *f (Br: fam: turma)* gang.

galeria [gale'ria] *f* gallery; *(corredor, ala)* corridor; *(local para compras)* arcade; **~ de arte** art gallery.

galês, -esa [ga'leʃ, -eza] *(mpl* **-eses** [-eziʃ]. *fpl* **-s** [-ʃ]*) adj & m* Welsh ♦ *m, f* Welshman *(f* Welshwoman); **os galeses** the Welsh.

galeto [ga'lɛtu] *m (Br)* poussin *(Brit)*, spring chicken *(Am).*

galgo ['gawgu] *m* greyhound.

galho ['gaʎu] *m (de árvore)* branch; *(de veado)* antler.

galinha [ga'liɲa] *f* hen.

galinheiro [galiˈɲejru] *m* henhouse.

galo ['galu] *m* rooster, cock; *(fam: na testa)* bump.

galochas [ga'lɔʃaʃ] *fpl* wellington boots *(Brit)*, rubber boots *(Am).*

galões → galão.

galopar [galo'pa(x)] *vi* to gallop.

gama ['gama] *f* range.

gambas ['gãbaʃ] *fpl (Port)* king prawns.

gamela [ga'mɛla] *f* trough.

gamo ['gamu] *m* fallow deer.

gana ['gana] *f (fam) (ódio)* hatred; **ter ~s de** to feel like; **ter ~s a alguém** to hate sb.

ganância [ga'nãsja] *f* greed.

ganancioso, -osa [ganã'sjozu, -ɔza] *adj* greedy.

gancho ['gãʃu] *m (peça curva)* hook; *(Port: de cabelo)* hairgrip *(Brit)*, bobby pin *(Am).*

ganga ['gãga] *f (Port)* denim.

gangorra [gãˈgoxa] *f (Br)* seesaw.

gangrena [gãˈgrena] *f* gangrene.

gangue ['gãgi] *f (Br: fam: turma)* gang.

ganhar [ga'ɲa(x)] *vt* to win; *(dinheiro, respeito)* to earn; *(peso)* to put on; *(velocidade)* to pick up ♦ *vi (vencer)* to win; **~ de alguém** to beat sb; **~ com algo** to benefit from sthg; **~ a vida** OU **o pão** to earn a living.

ganho ['gaɲu] *m* gain.

ganir [ga'ni(x)] *vi* to whine.

ganso ['gãsu] *m* goose.

garagem [ga'raʒẽ] *(pl* **-ns** [-ʃ]*) f* garage.

garanhão [gara'ɲãw] *(pl* **-ões** [-õjʃ]*) m* stallion.

garantia [garãn'tʃia] *f* guarantee.

garantir [garãn'tʃi(x)] *vt* to vouch for;

~ **que** to guarantee (that); **eu garanto que está certo** I can assure you that it's correct.

garça ['gaxsa] f heron.

garçom [gax'sõ] (pl -ns [-ʃ]) m (Br) waiter.

garçon [gar'sõ] m (Port) = garçom.

garçonete [garso'netʃi] f (Br) waitress.

garçons → garçom.

gare ['gari] f platform.

garfo ['gaxfu] m (utensílio) fork; (de bicicleta) forks (pl); **ser um bom** ~ to enjoy one's food.

gargalhada [gaxga'ʎada] f shriek of laughter; **dar uma** ~ to laugh; **desatar às ~s** to burst out laughing.

gargalo [gax'galu] m neck (of a bottle).

garganta [gax'gãnta] f throat.

gargarejar [gaxgare'ʒa(x)] vi to gargle.

gari [ga'ri] m (Br) road sweeper.

garoto, -ta [ga'rotu, -ta] m, f (miúdo) boy (f girl), kid; (Br: namorado) boyfriend (f girlfriend) ♦ m (Port: bebida) espresso coffee with a drop of milk.

garoupa [ga'ropa] f grouper.

garra ['gaxa] f (de animal) claw; (fig: talento, genica) flair; **ter** ~ (talento) to show great talent.

garrafa [ga'xafa] f bottle; ~ **térmica** Thermos® (flask).

garrafão [gaxa'fãw] (pl -ões [-õjʃ]) m (utensílio) flagon; (em estrada) bottleneck.

garrote [ga'xɔtʃi] m (MED) tourniquet.

garupa [ga'rupa] f (de cavalo) hindquarters (pl).

gás ['gajʃ] (pl **gases** ['gaziʃ]) m gas; ~ **butano** butane (gas); ~ **lacrimogêneo** tear gas.

⊐ **gases** mpl (intestinais) wind (sg).

gaseificada [gazeifi'kada] adj f → água.

gases → gás.

gasóleo [ga'zɔlju] m diesel (oil).

gasolina [gazo'lina] f petrol (Brit), gas (Am); ~ **sem chumbo** unleaded petrol; ~ **normal/super** two-star/four-star petrol.

gasosa [ga'zɔza] f soda.

gastar [gaʃ'ta(x)] vt to use; (desperdiçar) to waste; (sola de sapato) to wear down; ~ **tempo/dinheiro** (usar) to spend time/money; (desperdiçar) to

waste time/money.

⊐ **gastar-se** vp (consumir-se) to be used; (desperdiçar-se) to be wasted; (desgastar-se) to wear down.

gasto, -ta ['gaʃtu, -ta] pp → gastar ♦ adj (dinheiro) spent; (água, eletricidade) used; (usado) worn ♦ m expense.

gástrico, -ca ['gaʃtriku, -ka] adj gastric.

gastrite [gaʃ'tritʃi] f gastritis.

gastrónomo, -ma [gaʃ'trɔnumu, -ma] m, f (Port) = gastrônomo.

gastrônomo, -ma [gaʃ'tronomu, -ma] m, f (Br) gourmet.

gatilho [ga'tʃiʎu] m trigger.

gatinhar [gatʃi'ɲa(x)] vi to crawl.

gato, -ta ['gatu, -ta] m, f cat; (Br: fam: homem, mulher bonita) dish (f babe).

gatuno, -na [ga'tunu, -na] m, f thief.

gaveta [ga'veta] f drawer.

gaze ['gazi] f gauze.

gazela [ga'zɛla] f gazelle.

gazeta [ga'zɛta] f gazette; **fazer** ~ (fam) to play truant (Brit), to play hooky (Am).

geada ['ʒjada] f frost.

geladeira [ʒela'deira] f (Br) fridge.

gelado, -da [ʒe'ladu, -da] adj frozen ♦ m (Port) ice cream.

gelar [ʒe'la(x)] vt & vi to freeze.

gelataria [ʒelata'ria] f (Port) ice-cream parlour.

gelatina [ʒela'tʃina] f (de animal) gelatine; (de frutas) jelly (Brit), Jello® (Am).

geleia [ʒe'laja] f (Port) = geléia.

geléia [ʒe'lɛja] f (Br) jam (Brit), jelly (Am).

gelo ['ʒelu] m ice; **quebrar o** ~ (fig) to break the ice.

gema ['ʒema] f yolk; **da** ~ (genuíno) real.

gémeo, -mea ['ʒɛmju, -mja] adj & m, f (Port) = gêmeo.

gêmeo, -mea ['ʒemju, -mja] adj (Br) twin ♦ m, f: **os ~s** the twins; **o meu irmão** ~ my twin brother.

⊐ **Gêmeos** m inv (Br) Gemini (sg).

gemer [ʒe'me(x)] vi to groan.

gemido [ʒe'midu] m groan.

gene ['ʒeni] m gene.

general [ʒene'raw] (pl -ais [-ajʃ]) m general.

generalizar [ʒenerali'za(x)] vt to make widespread ♦ vi to generalize.

⌐ **generalizar-se** *vp* to become widespread.

género ['ʒɛneru] *m (Port)* = gênero.

gênero ['ʒeneru] *m (Br) (tipo)* kind, type; *(espécie)* genus; *(GRAM)* gender; *(em literatura, pintura)* genre; **o ~ humano** the human race.

⌐ **gêneros** *mpl (Br) (mercadoria)* goods; **~s alimentícios** foodstuffs.

generosidade [ʒɛnerozi'dadʒi] *f* generosity.

generoso, -osa [ʒɛne'rozu, -ɔza] *adj* generous; *(vinho)* full-bodied.

genética [ʒɛ'nɛtʃika] *f* genetics *(sg)*.

gengibre [ʒẽ'ʒibri] *m* ginger.

gengiva [ʒẽ'ʒiva] *f* gum.

genial [ʒe'njaw] *(pl -ais* [-ajʃ]*) adj* brilliant.

génio ['ʒɛnju] *m (Port)* = gênio.

gênio ['ʒenju] *m (Br) (pessoa)* genius; *(irascibilidade)* temper; **ter mau ~** to have a short temper.

genital [ʒeni'taw] *(pl -ais* [-ajʃ]*) adj* genital.

genro ['ʒẽxu] *m* son-in-law.

gente ['ʒẽtʃi] *f (pessoas)* people *(pl)*; *(fam: família)* family; **a ~** *(nós)* we; *(com preposição)* us; **toda a ~** everyone.

⌐ **gentes** *fpl*: **as ~s** the peoples.

gentil [ʒẽ'tʃiw] *(pl -is* [-iʃ]*) adj (amável)* kind; *(bem-educado)* polite.

genuíno, -na [ʒe'nwinu, -na] *adj* genuine.

geografia [ʒjogra'fia] *f* geography.

geologia [ʒjolo'ʒia] *f* geology.

geometria [ʒjome'tria] *f* geometry; **~ descritiva** *subject studied at secondary school by those wanting to go into architecture or engineering*.

geração [ʒɛra'sãw] *(pl -ões* [-õjʃ]*) f* generation.

gerador [ʒɛra'do(x)] *(pl -res* [-riʃ]*) m* generator.

geral [ʒe'raw] *(pl -ais* [-ajʃ]*) adj* general ♦ *f (em teatro)* cheapest seats at the theatre; **de um modo ~** generally speaking; **em ~** generally; **no ~** in general.

geralmente [ʒɛraw'mẽtʃi] *adv* generally.

gerânio [ʒe'ranju] *m* geranium.

gerar [ʒe'ra(x)] *vt* to create.

⌐ **gerar-se** *vp* to form.

gerência [ʒe'rẽsja] *f* management.

gerente [ʒe'rẽtʃi] *mf* manager *(f* manageress).

gerir [ʒe'ri(x)] *vt* to manage.

germe ['ʒɛxmi] *m* germ.

gesso ['ʒesu] *m (MED)* plaster cast.

gesticular [ʒeʃtʃiku'la(x)] *vi* to gesticulate.

gesto ['ʒɛʃtu] *m* gesture.

gibi [ʒi'bi] *m (Br: revista)* comic.

gigante [ʒi'gãntʃi] *adj & m* giant.

gilete [ʒi'lɛte] *f (Port)* razor.

gim ['ʒĩ] *(pl -ns* [-ʃ]*) m* gin; **um ~ tônico** a gin and tonic.

ginásio [ʒi'nazju] *m* gym.

ginasta [ʒi'naʃta] *mf* gymnast.

ginástica [ʒi'naʃtʃika] *f* gymnastics *(sg)*; **fazer ~** to exercise.

gincana [ʒĩ'kana] *f fun obstacle race or rally held during local festivals*.

ginecologia [ʒinekolo'ʒia] *f* gynaecology.

ginecologista [ʒinekulu'ʒiʃta] *mf* gynaecologist.

ginja ['ʒĩʒa] *f* morello cherry.

gins → **gim**.

gira-discos [ʒira'diʃkuʃ] *m inv (Port)* record player.

girafa [ʒi'rafa] *f* giraffe.

girar [ʒi'ra(x)] *vi & vt* to turn.

girassol [ʒira'sɔw] *(pl -óis* [-ɔjʃ]*) m* sunflower.

gíria ['ʒirja] *f (calão)* slang; *(médica, acadêmica)* jargon.

giro, -ra ['ʒiru, -ra] *adj (Port: fam: bonito)* good-looking ♦ *m (passeio)* stroll; *(de polícia)* beat; *(de vigilante)* rounds *(pl)*; **dar um ~** to go for a stroll.

giz ['ʒiʃ] *m* chalk.

glacial [gla'sjaw] *(pl -ais* [-ajʃ]*) adj (frio)* freezing; *(área)* glacial; *(fig: olhar, ambiente)* frosty.

gladíolo [gla'dʒiolu] *m* gladiolus.

glândula ['glãndula] *f* gland.

glaucoma [glaw'koma] *m* glaucoma.

glicerina [glise'rina] *f* glycerine.

global [glo'baw] *(pl -ais* [-ajʃ]*) adj* global.

globo ['globu] *m* globe; *(de lâmpada)* lampshade.

glóbulo ['glɔbulu] *m* corpuscle.

glória ['glɔrja] *f* glory.

glossário [glo'sarju] *m* glossary.

glutão, -tona [glu'tãw, -tona] *(mpl -ões* [-õjʃ], *fpl -s* [-ʃ]*) m, f* glutton.

Goa ['goa] *s* Goa.

goela ['gwɛla] *f* gullet.

goiaba [go'jaba] *f* guava.

goiabada [goja'bada] f guava jelly.

gol ['gow] (pl **goles** ['gɔliʃ]) m (Br) goal.

gola ['gɔla] f collar.

gole ['gɔli] m (pequeno) sip; (grande) swig.

goleiro [go'lejru] m (Br) goalkeeper.

goles → gol.

golfe ['gowfi] m golf.

golfinho [gow'fiɲu] m dolphin.

golfo ['gowfu] m gulf.

golo ['golu] m (Port) = gol.

golpe ['gɔwpi] m cut; (pancada, choque) blow; **~ de Estado** coup (d'état); **~ de mestre** masterstroke.

goma ['goma] f starch.

gomo ['gomu] m segment.

gôndola ['gõndula] f gondola.

gongo ['gõŋgu] m gong.

gordo, -da ['gordu, -da] adj (pessoa, animal) fat; (leite) full-fat; (alimento) fatty; (substância) oily.

gordura [gox'dura] f (substância) fat.

gorduroso, -osa [goxdu'rozu, -ɔza] adj greasy.

gorila [go'rila] m gorilla.

gorjeta [gox'ʒeta] f tip.

gorro ['goxu] m woolly hat.

gostar [guʃ'ta(x)] : **gostar de** v + prep to like; **~ de fazer algo** to like doing sthg.

gosto ['goʃtu] m taste; **com todo o ~!** with pleasure!; **dá ~ ver** it's a joy to behold; **faço ~ em ...** it gives me great pleasure to ...; **ter ~ de** (Br: saber a) to taste like; **tomar o ~ a algo** to take a liking to sthg; **bom/mau ~** good/bad taste; **~ não se discute** there's no accounting for taste.

gota ['gota] f (pingo) drop; (MED) gout; **~ a ~** drop by drop.

goteira [go'tejra] f (cano) gutter; (fenda) leak.

gotejar [gote'ʒa(x)] vi to drip.

governo [go'vexnu] m government; **~ civil** = local government office.

gozar [go'za(x)] vt to enjoy ◆ vi (fam: brincar) to joke; **~ com** (fam: troçar de) to make fun of; **~ de** (desfrutar de) to enjoy.

gr. (abrev de grama) g.

Grã-Bretanha [grãmbre'taɲa] f: **a ~** Great Britain.

graça ['grasa] f (gracejo) joke; (humor) humour; (elegância) grace; (atração) charm; **achar ~ em alguém/algo** to find sb/sthg amusing; **ter ~** to be funny; **~s a** thanks to; **de ~** free (of charge);

sem ~ (desconcertado) embarrassed.

gracejar [grase'ʒa(x)] vi to joke.

gracejo [gra'seʒu] m (piada) joke; (galanteio) flirtatious remark.

gracioso, -osa [gra'sjozu, -ɔza] adj graceful.

grade ['gradʒi] f (vedação) bars (pl); (Port: de cerveja, Coca-Cola®) crate. **⊐ grades** fpl (fam: cadeia) jail; **estar atrás das ~s** to be behind bars.

graduação [gradwa'sãw] (pl **-ões** [-õjʃ]) f graduation; (de bebida) alcohol content.

graduado, -da [gra'dwadu, -da] adj graduated ◆ m, f graduate.

gradual [gra'dwaw] (pl **-ais** [-ajʃ]) adj gradual.

graduar-se [gra'dwaxsi] vp to graduate.

grafia [gra'fia] f (maneira de escrever) handwriting; (ortografia) spelling.

gráfico ['grafiku] m graph.

gralha ['graʎa] f (ave) magpie; (erro tipográfico) typo.

grama¹ ['grama] m gram.

grama² ['grama] f (Br: relva) grass.

gramado [gra'madu] m (Br) (terreno) lawn; (de campo de futebol) pitch.

gramar [gra'ma(x)] vt (Port: fam: gostar de) to like; (fam: aguentar) to stand.

gramática [gra'matʃika] f grammar.

gramofone [gramo'fɔni] m gramophone.

grampeador [grãmpja'dox] (pl **-res** [-riʃ]) m (Br) stapler.

grampear [grãm'pja(x)] vt (Br) (folhas, papéis) to staple; (telefone) to tap.

grampo ['grãmpu] m (Br) (de cabelo) hairgrip (Brit), bobby pin (Am); (para grampeador) staple; (em ligação telefônica) tap.

granada [gra'nada] f grenade.

grande ['grãndʒi] adj big; (em altura) tall; (em comprimento) long; (em importância) great; (em gravidade) serious; **~ penalidade** (em futebol) penalty.

granito [gra'nitu] m granite.

granizo [gra'nizu] m hailstones (pl), hail.

granulado, -da [granu'ladu, -da] adj granulated.

grão ['grãw] m grain; (de café) bean; (grão-de-bico) chickpeas (pl).

grão-de-bico [grãwdʒi'biku] m chickpeas (pl).

grasnar [graʒ'na(x)] vi (corvo) to caw;

(pato) to quack; *(ganso)* to honk.

gratidão [gratʃiˈdãw] *f* gratitude.

gratificação [gratʃifikaˈsãw] *(pl* -ões [-õjʃ])* *f (gorjeta)* tip; *(remuneração)* payment.

gratificante [gratʃifiˈkãntʃi] *adj* gratifying.

gratificar [gratʃifiˈka(x)] *vt (dar gorjeta a)* to tip; *(recompensar)* to reward.

gratinado, -da [gratʃiˈnadu, -da] *adj* au gratin.

gratinar [gratʃiˈna(x)] *vi:* **pôr algo para ~** to cook sthg au gratin.

grátis [ˈgratʃiʃ] *adv & adj inv* free.

grato, -ta [ˈgratu, -ta] *adj* grateful.

grau [ˈgraw] *m* degree; **~s centígrados** degrees centigrade; **primeiro/segundo ~** *(Br)* primary/secondary school.

gravação [gravaˈsãw] *(pl* -ões [-õjʃ])* *f* recording.

gravador [gravaˈdo(x)] *(pl* -res [-riʃ])* *m* tape recorder.

gravar [graˈva(x)] *vt (música, conversa)* to record; *(em metal, jóia)* to engrave.

gravata [graˈvata] *f* tie.

grave [ˈgravi] *adj (sério)* serious; *(voz)* deep; *(tom)* low; *(GRAM: acento)* grave.

grávida [ˈgravida] *adj f* pregnant.

gravidade [graviˈdadʒi] *f* gravity.

gravidez [graviˈdeʒ] *f* pregnancy.

gravura [graˈvura] *f (imagem)* picture.

graxa [ˈgraʃa] *f* shoe polish.

Grécia [ˈgrɛsja] *f:* **a ~** Greece.

grego, -ga [ˈgregu, -ga] *adj & m, f* Greek ♦ *m (língua)* Greek.

grelha [ˈgreʎa] *f* grill; **bife na ~** grilled steak.

grelhado, -da [greˈʎadu, -da] *adj* grilled ♦ *m* grilled dish; **~ misto** mixed grill.

grelhador [greʎaˈdo(x)] *(pl* -res [-riʃ])* *m* barbecue; *(de fogão)* grill.

grelhar [greˈʎa(x)] *vt* to grill.

grená [greˈna] *adj* dark red.

greta [ˈgreta] *f* crack.

gretado, -da [greˈtadu, -da] *adj* chapped, cracked.

greve [ˈgrɛvi] *f* strike; **fazer ~** to go on strike; **em ~** on strike; **~ de fome** hunger strike.

grilo [ˈgrilu] *m* cricket.

grinalda [griˈnawda] *f (em funeral)* wreath; *(para cabelo)* garland.

gripe [ˈgripi] *f* flu; **estar com ~** to have the flu.

grisalho, -lha [griˈzaʎu, -ʎa] *adj* grey.

gritar [griˈta(x)] *vi & vt* to shout; **~ com alguém** to shout at sb.

grito [ˈgritu] *m* shout; **de ~s** *(Port: fam: hilariante)* hilarious.

groselha [groˈzeʎa] *f* redcurrant.

grosseiro, -ra [groˈsejru, -ra] *adj* crude; *(tecido)* coarse.

grosso, grossa [ˈgrosu, ˈgrɔsa] *adj* thick; *(Br: mal educado)* rude; *(voz)* deep; *(Port: fam: embriagado)* sloshed.

grotesco, -ca [groˈteʃku, -ka] *adj* grotesque.

grua [ˈgrua] *f* crane.

grunhido [gruˈɲidu] *m* grunt.

grunhir [gruˈɲi(x)] *vi* to grunt.

grupo [ˈgrupu] *m* group; **em ~** as a group; **~ de risco** risk group; **~ sanguíneo** blood group.

gruta [ˈgruta] *f* cave.

guache [ˈgwaʃi] *m* gouache.

guaraná [gwaraˈna] *m* fizzy drink *made from guarana seeds;* **~ em pó** powdered guarana seeds.

guarda [ˈgwaxda] *mf (polícia)* policeman *(f* policewoman*)* ♦ *f (vigilância)* guard.

guarda-chuva [ˌgwaxdaˈʃuva] *(pl* **guarda-chuvas** [ˌgwardaˈʃuvaʃ])* *m* umbrella.

guarda-costas [ˌgwaxdaˈkɔʃtaʃ] *mf inv* bodyguard.

guarda-fatos [ˌgwardaˈfatuʃ] *m inv (Port)* wardrobe.

guarda-fiscal [ˌgwaxdafiʃˈkal] *(pl* **guardas-fiscais** [ˌgwardaʃfiʃˈkajʃ])* *mf (Port)* customs and excise officer.

guarda-florestal [ˌgwaxdaflorɛʃˈtaw] *(pl* **guardas-florestais** [ˌgwaxdaʃflorɛʃˈtajʃ])* *mf* forest ranger.

guarda-jóias [ˌgwardaˈʒɔjaʃ] *m inv (Port)* jewellery box.

guarda-lamas [ˌgwardaˈlamaʃ] *m inv (Port)* mudguard.

guarda-louça [ˌgwaxdaˈlosa] *(pl* **guarda-louças** [ˌgwardaˈlosaʃ])* *m* cupboard.

guardanapo [ˌgwaxdaˈnapu] *m* napkin; **~s de papel** paper napkins.

guarda-noturno [ˌgwaxdanoˈtuxnu] *(pl* **guardas-noturnos** [ˌgwaxdaʒnoˈtuxnuʃ])* *m* night-watchman.

guardar [gwaxˈda(x)] *vt (vigiar)* to look after; *(arrecadar)* to put away; *(reservar)* to keep.

guarda-redes [ˌgwarda'xedeʃ] *m inv (Port)* goalkeeper.

guarda-roupa [ˌgwaxda'xopa] (*pl* **guarda-roupas** [ˌgwaxda'xopaʃ])) *m* wardrobe.

guarda-sol [ˌgwaxda'sɔw] (*pl* **guarda-sóis** [ˌgwaxda'sɔjʃ]) *m* parasol.

guarda-vassouras [ˌgwardava'soraʃ] *m inv (Port)* skirting board *(Brit)*, baseboard *(Am)*.

guarda-vestidos [ˌgwardaveʃ'tiduʃ] *m inv (Port)* wardrobe.

guarnecido, -da [gwaxne'sidu, -da] *adj*: ~ **com** garnished with.

guarnição [gwaxni'sãw] (*pl* **-ões** [-õjʃ]) *f* garnish.

Guatemala [gwate'mala] *f*: **a** ~ Guatemala.

gude ['gudʒi] *m (Br)* marbles *(sg)*.

guelra ['gɛwxa] *f* gill.

guerra ['gɛxa] *f* war; **fazer** ~ **a** to wage war against OU on; **estar em pé de** ~ to be at war.

guia ['gia] *mf (profissão)* guide ◆ *m (livro, folheto)* guide; ~ **intérprete** tour guide *(fluent in foreign languages)*; ~ **turístico** tourist guide.

guiador [gja'dor] (*pl* **-res** [-reʃ]) *m (Port)* = **guidom**.

guiar ['gja(x)] *vt* to guide; *(automóvel, ônibus)* to drive ◆ *vi (dirigir)* to drive.

guiché [gi'ʃɛ] *m (Port)* = **guichê**.

guichê [gi'ʃe] *m (Br)* counter.

guidom [gi'dõ] (*pl* **-ns** [-ʃ]) *m (Br) (de automóvel)* steering wheel; *(de bicicleta)* handlebars *(pl)*.

guilhotina [giʎo'tʃina] *f* guillotine.

guincho ['gĩʃu] *m (som)* squeal; *(máquina)* winch.

guindaste [gĩn'daʃtʃi] *m* crane.

Guiné-Bissau [giˌnɛbi'saw] *f*: **a** ~ Guinea-Bissau.

guineense [gi'njẽsi] *adj & mf* Guinean.

guisado, -da [gi'zadu, -da] *adj* stewed ◆ *m* stew.

guisar [gi'za(x)] *vt (CULIN)* to stew.

guitarra [gi'taxa] *f* guitar.

guitarrista [gita'xiʃta] *mf* guitarist.

guizo ['gizu] *m* bell.

gula ['gula] *f* gluttony.

guloseima [gulo'zejma] *f* sweet *(Brit)*, candy *(Am)*.

guloso, -osa [gu'lozu, -ɔza] *adj* greedy ◆ *m*, *f* glutton; **ser** ~ to have a sweet tooth.

gume ['gumi] *m (cutting)* edge.

guri, -ria [gu'ri, -'ria] *m, f (Br)* kid.

H

h. *(abrev de hora)* h, hr.

há ['a] → **haver**.

hábil ['abiw] *(pl* **-beis** [-bejʃ]*) adj (capaz)* skilful; *(astuto)* clever.

habilidade [abili'dadʒi] *f (capacidade)* ability; *(argúcia)* cleverness; *(talento)* skill.

❏ **habilidades** *fpl (malabarismos)* juggling *(sg).*

habilitação [abilita'sãw] *f* competence.

❏ **habilitações** *fpl* qualifications.

habitação [abita'sãw] *(pl* **-ões** [-õjʃ]*) f* residence.

habitante [abi'tãntʃi] *mf (de bairro)* resident; *(de país, região)* inhabitant.

habitar [abi'ta(x)] *vt* to live in ◆ *vi* to live; **~ em** to live in.

hábito ['abitu] *m* habit; **como é ~** as usual; **ter o ~ de fazer algo** to have a habit of doing sthg; **por ~** as a rule.

habitual [abi'twaw] *(pl* **-ais** [-ajʃ]*) adj (rotineiro)* regular; *(freqüente)* common.

habitualmente [abitwaw'mẽntʃi] *adv* usually.

habituar [abi'twa(x)] *vt:* **~ alguém a algo/a fazer algo** to accustom sb to sthg/to doing sthg.

❏ **habituar-se** *vp:* **~-se a** to get used to.

hálito ['alitu] *m* breath; **mau ~** bad breath.

hall ['ɔw] *m (de casa)* hall; *(de teatro, hotel)* foyer; **~ (da entrada)** (entrance) hall.

haltere [aw'tɛri] *m* dumbbell.

halterofilia [awterofi'lia] *f* weightlifting.

hambúrguer [ãm'buxgɛ(x)] *(pl* **-es** [-iʃ]*) m* hamburger.

hangar [ãŋ'ga(x)] *(pl* **-res** [-riʃ]*) m* hangar.

hardware [ax'dweri] *m* hardware.

harmonia [axmo'nia] *f* harmony.

harmónica [ar'mɔnika] *f (Port)* = **harmônica**.

harmônica [ax'monika] *f (Br)* harmonica.

harpa ['axpa] *f* harp.

haste [aʃtʃi] *f (de bandeira)* pole; *(de árvore)* branch.

haver [a've(x)] *v impess* 1. *(existir, estar, ter lugar):* **há** there is, there are *(pl);* **havia** there was, there were *(pl);* **há um café muito bom ao fim da rua** there's a very good cafe at the end of the street; **não há nada aqui** there's nothing here; **não há correio amanhã** there's no post tomorrow.

2. *(exprime tempo):* **estou esperando há dez minutos** I've been waiting for ten minutes; **há séculos que não vou lá** I haven't been there for ages; **há três dias que não o vejo** I haven't seen him for three days.

3.*(exprime obrigação):* **há que esperar três dias** you'll have to wait for three days.

4. *(em locuções):* **haja o que houver** come what may; **não há de quê!** don't mention it!

◆ *v aux (em tempos compostos)* to have; **ele havia chegado há pouco** he had just arrived; **como não havia comido estava com fome** I was hungry as I hadn't eaten; **havíamos reservado com antecedência** we'd booked in advance.

❏ **haver de** *v + prep (dever)* to have; *(exprime intenção):* **hei-de conseguir** *(Port)* I'll make it; **hei de ir** *(Br)* I'll go.

❏ **haver-se com** *vp + prep:* **~-se com alguém** *(prestar contas a)* to answer to sb.

❏ **haveres** *mpl (pertences)* belongings; *(bens)* assets.

haxixe [a'ʃiʃi] *m* hashish.

hectare [ɛk'tari] *m* hectare.
hélice [ɛ'lisi] *f* propeller.
helicóptero [cli'kɔptcru] *m* helicopter.
hélio [ɛ'lju] *m* helium.
hematoma [cma'toma] *m* large bruise.
hemofílico, -ca [ɛmo'filiku, -ka] *m, f* hemophiliac.
hemorragia [ɛmoxa'ʒia] *f* hemorrhage; ~ **cerebral** brain hemorrhage; ~ **nasal** nosebleed.
hemorróidas [ɛmo'xɔidaʃ] *fpl* piles, hemorrhoids.
hepatite [cpa'tʃitʃi] *f* hepatitis.
hera [ɛra] *f* ivy.
herança [ɛ'rãsa] *f* inheritance.
herbicida [ɛxbi'sida] *m* herbicide.
herdar [ex'da(x)] *vt* to inherit.
herdeiro, -ra [ex'dejru, -ra] *m, f* heir (*f* heiress).
hermético, -ca [ex'mɛtʃiku, -ka] *adj* airtight.
hérnia [ɛxnja] *f* hernia.
herói [e'rɔi] *m* hero.
heroína [e'rwina] *f* (*pessoa*) heroine; (*estupefaciente*) heroin.
hesitação [ɛzita'sãw] (*pl* **-ões** [-õjʃ]) *f* hesitation.
hesitar [ɛzi'ta(x)] *vi* to hesitate.
heterossexual [ɛtɛrosɛk'swaw] (*pl* **-ais** [-ajʃ]) *adj & mf* heterosexual.
hibernar [ibɛx'na(x)] *vi* to hibernate.
híbrido, -da [ibridu, -da] *adj* hybrid.
hidratante [idra'tãntʃi] *adj* moisturizing.
hidroavião [idroa'vjãw] (*pl* **-ões** [-õjʃ]) *m* seaplane.
hidrófilo [i'drɔfilu] *adj m* → **algodão**.
hidrogénio [idrɔ'ʒenju] *m* (*Port*) = **hidrogênio**.
hidrogênio [idro'ʒenju] *m* (*Br*) hydrogen.
hierarquia [jerar'kia] *f* hierarchy.
hífen [i'fɛn] (*pl* **-es** [-iʃ]) *m* hyphen.
hifenização [ifeniza'sãw] *f* hyphenation.
hi-fi [aj'faj] *m* hi-fi.
higiene [i'ʒjɛni] *f* hygiene.
hilariante [ila'rjãntʃi] *adj* hilarious.
hino ['inu] *m* (*de país*) anthem; (*de igreja*) hymn.
hipermercado [ipɛxmɛx'kadu] *m* hypermarket.
hipertensão [ipɛxtẽ'sãw] *f* high blood pressure.

hípico, -ca ['ipiku, -ka] *adj* (*centro*) riding (*antes de s*); (*concurso*) show-jumping (*antes de s*).
hipismo [i'piʒmu] *m* (*equitação*) horse riding; (*competição*) show jumping.
hipnotismo [ipnɔt'ʃiʒmu] *m* hypnotism.
hipocondríaco, -ca [ipɔkõn'driaku, -ka] *m, f* hypochondriac.
hipocrisia [ipokre'zia] *f* hypocrisy.
hipócrita [i'pɔkrita] *mf* hypocrite.
hipódromo [i'pɔdrumu] *m* racecourse.
hipopótamo [ipo'pɔtamu] *m* hippopotamus.
hipoteca [ipo'tɛka] *f* mortgage.
hipótese [i'pɔtezi] *f* (*suposição*) hypothesis; (*possibilidade*) chance; **em ~ alguma** on no account; **na melhor das ~s** at best; **na pior das ~s** at worst.
histeria [iʃte'ria] *f* hysteria.
histérico, -ca [iʃ'tɛriku, -ka] *adj* hysterical.
história [iʃ'tɔrja] *f* (*de país, mundo, época*) history; (*narrativa*) story; ~ **da Arte** history of art; ~ **da carochinha** fairy tale; ~**s em quadrinhos** comic strips.
hobby ['ɔbi] (*pl* **hobbies** ['ɔbiʃ]) *m* hobby.
hoje ['oʒi] *adv* today; ~ **em dia** nowadays; **queria o jornal de** ~ I would like today's paper; **de** ~ **a oito/quinze dias** a week/a fortnight today; **de** ~ **em diante** from now on; **por** ~ **é só** that's all for today.
Holanda [o'lãnda] *f*: **a** ~ Holland.
holandês, -esa [olãn'deʃ, -eza] (*mpl* **-eses** [-eziʃ], *fpl* **-s** [-ʃ]) *adj* Dutch ♦ *m, f* Dutchman (*f* Dutchwoman); **os holandeses** the Dutch.
holofote [olo'fɔtʃi] *m* floodlight.
homem ['ɔmẽ] (*pl* **-ns** [-ʃ]) *m* man; **"homens"** "gentlemen".
homenagear [omena'ʒja(x)] *vt* to pay tribute to.
homenagem [omc'naʒẽ] (*pl* **-ns** [-ʃ]) *f* tribute.
homens → **homem**.
homicida [omi'sida] *mf* murderer.
homicídio [omi'sidʒju] *m* murder; ~ **involuntário** manslaughter.
homossexual [omosɛk'swaw] (*pl* **-ais** [-ajʃ]) *mf* homosexual.
honestidade [oneʃtʃi'dadʒi] *f* honesty.

honesto, -ta [o'nɛʃtu, -ta] *adj* honest.
honorário [ono'rarju] *adj* honorary.
⊔ **honorários** *mpl* fees.
honra ['õxa] *f* honour; **ter a ~ de fazer algo** to have the honour of doing sthg; **em ~ de** in honour of.
honrado, -da [õ'xadu, -da] *adj* honest.
honrar [õ'xa(x)] *vt* (*dívida*) to honour.
⊔ **honrar-se de** *vp + prep* to be proud of.
honroso, -osa [õ'xozu, -ɔza] *adj* honourable.
hóquei ['ɔkɛj] *m* (*ESP*) hockey (*Brit*), field hockey (*Am*); **~ sobre gelo** ice hockey; **~ em patins** roller hockey.
hora ['ɔra] *f* (*período de tempo*) hour; (*momento determinado*) time; **que ~s são?** what time is it?; **são cinco ~s** it's five o'clock; **a que ~s é ...?** what time is ...?; **é ~ de partir** it's time to leave; **esta na ~ do almoço** it's time for lunch; **na ~ H** in the nick of time; **~ de ponta** (*Port*) rush hour; **~s extraordinárias** overtime (*sg*); **~s vagas** free OU spare time (*sg*); **de ~ em ~** every hour; **na ~** on time; **~s e ~s** for hours; **chegar a ~s** to arrive on time; **chegar em cima da ~** to arrive just in time; **à última ~** at the last minute.
horário [o'rarju] *m* (*de trem, ônibus, escola*) timetable; (*de estabelecimento*) opening hours (*pl*); **~ de atendimento** OU **funcionamento** opening hours (*pl*); **~ nobre** prime time.
horizontal [orizõn'taw] (*pl* **-ais** [-ajʃ]) *adj* horizontal.
horizonte [ori'zõntʃi] *m* horizon.
horóscopo [o'rɔʃkopu] *m* horoscope, stars (*pl*).
horrendo, -da [o'xẽndu, -da] *adj* (*feio*) hideous; (*chocante*) horrific.
horripilante [oxipi'lãntʃi] *adj* horrifying.
horrível [o'xivɛw] (*pl* **-eis** [-ejʃ]) *adj* horrible.
horror [o'xo(x)] (*pl* **-res** [-riʃ]) *m* horror; **que ~!** how awful!; **ter ~ a algo** to have a horror of sthg; **um ~ de** (*fam*) a vast number of; **dizer ~es de alguém** to say horrible things about sb.
horta ['ɔxta] *f* vegetable garden.
hortaliça [oxta'lisa] *f* greens (*pl*).
hortelã [oxte'lã] *f* mint.
hortelã-pimenta [oxte,lãpi'mẽnta] *f* peppermint.
hortênsia [ox'tẽsja] *f* hydrangea.

horticultor, -ra [oxtʃikuw'to(x), -ra] (*mpl* **-res** [-riʃ], *fpl* **-s** [-ʃ]) *m, f* market gardener (*Brit*), truck farmer (*Am*).
hortigranjeiros [oxtʃigrã'ʒeiruʃ] *mpl* (*Br*) vegetables.
hospedagem [oʃpe'daʒẽ] *f* accommodation.
hospedar [oʃpe'da(x)] *vt* to put up.
⊔ **hospedar-se** *vp*: **~-se em** to stay at.
hóspede ['ɔʃpedʒi] *mf* guest.
hospedeira [oʃpe'dejra] *f* (*Port*): **~ (de bordo)** air hostess.
hospício [oʃ'pisju] *m* home.
hospital [oʃpi'taw] (*pl* **-ais** [-ajʃ]) *m* hospital.
hospitaleiro, -ra [oʃpita'lejru, -ra] *adj* hospitable.
hospitalidade [oʃpitali'dadʒi] *f* hospitality.
hostil [oʃ'tiw] (*pl* **-is** [-iʃ]) *adj* (*gente, ar, comportamento*) hostile; (*vento, frio*) biting.
hotel [o'tɛw] (*pl* **-éis** [-ɛjʃ]) *m* hotel.
houve ['ovi] → **haver**.
hovercraft [,ovex'kraft] *m* hovercraft.
humanidade [umani'dadʒi] *f* humanity.
⊐ **humanidades** *fpl* humanities.
humanitário, -ria [umani'tarju, -rja] *adj* humanitarian.
humano, -na [u'manu, -na] *adj* human; (*compassivo*) humane ♦ *m* human (being).
humidade [umi'dade] *f* (*Port*) = **umidade**.
húmido, -da ['umidu, -da] *adj* (*Port*) = **úmido**.
humildade [umiw'dadʒi] *f* humility.
humilde [u'miwdʒi] *adj* (*pobre*) poor; (*modesto*) humble.
humilhação [umiʎa'sãw] (*pl* **-ões** [-õjʃ]) *f* humiliation.
humilhante [umi'ʎãntʃi] *adj* humiliating.
humilhar [umi'ʎa(x)] *vt* to humiliate.
⊐ **humilhar-se** *vp* to humble o.s.
humor [u'mo(x)] *m* humour; **estar de bom/mau ~** to be in a good/bad mood.
humorista [umo'riʃta] *mf* comedian (*f* comedienne).
húngaro, -ra ['ũŋgaru, -ra] *adj & m, f* Hungarian ♦ *m* (*língua*) Hungarian.
Hungria [ũŋ'gria] *f*: **a ~** Hungary.
hurra ['uxa] *interj* hurrah!

ia ['ia] → **ir**.

iate ['jatʃi] *m* yacht.

ibérico, -ca [i'bɛriku, -ka] *adj* Iberian.

ibero-americano, -na [i,bɛrwa-meri'kanu, -na] *adj & m, f* Latin American.

içar [i'sa(x)] *vt* to hoist.

ICM/S *m (Br: abrev de Imposto sobre a circulação de Mercadorias e Serviços)* = VAT *(Brit)*, = sales tax *(Am)*.

ícone ['ikɔni] *m* icon.

icterícia [ikte'risja] *f* jaundice.

ida ['ida] *f (partida)* departure; *(jornada)* outward journey.

idade [i'dadʒi] *f* age; **de ~** elderly; **de meia ~** middle-aged; **oito anos de ~** eight years of age.

ideal [i'dʒjaw] *(pl* -ais [-ajʃ]) *adj & m* ideal.

idealista [idʒja'liʃta] *adj* idealistic ◆ *mf* idealist.

ideia [i'daja] *f (Port)* = **idéia**.

idéia [i'dʒeja] *f (Br)* idea; **que ~!** you must be joking!; **mudar de ~** to change one's mind; **não fazer ~** not to have a clue.

idêntico, -ca [i'dʒẽtʃiku, -ka] *adj* identical.

identidade [idʒẽtʃi'dadʒi] *f* identity.

identificação [idʒẽtʃifika'sãw] *f* identification.

identificar [idʒẽtʃifi'ka(x)] *vt* to identify.

❏ **identificar-se** *vp* to identify o.s.

ideologia [idʒjolo'ʒia] *f* ideology.

idílico, -ca [i'dʒiliku, -ka] *adj* idyllic.

idioma [i'dʒjoma] *m* language.

idiota [i'dʒjɔta] *adj* idiotic ◆ *mf* idiot.

ídolo ['idulu] *m* idol.

idôneo, -nea [i'dɔnju, -nja] *adj (Port)* = **idôneo**.

idôneo, -nea [i'dɔnju, -nja] *adj (Br)* reliable.

idoso, -osa [i'dozu, -ɔza] *adj* elderly ◆ *m, f* old man *(f* old woman); **os ~s** the elderly.

Iemanjá [jemã'ʒa] *f goddess of the sea in Afro-Brazilian religion.*

igarapé [igara'pɛ] *m (Br)* narrow river.

ignição [igni'sãw] *f* ignition.

ignorado, -da [igno'radu, -da] *adj* unknown.

ignorância [igno'rãsja] *f* ignorance.

ignorante [igno'rãtʃi] *mf* ignoramus.

ignorar [igno'ra(x)] *vt*: **~ algo** not to know sthg; **~ alguém** to ignore sb.

igreja [i'greʒa] *f* church.

igual [i'gwaw] *(pl* -ais [-ajʃ]) *adj* the same; *(parecido)* similar ◆ *m (pessoa)* equal; *(sinal)* equals sign; **os dois são iguais** they are (both) the same; **ser ~ a** to be the same as; **12 e 12 ~ a 24** 12 and 12 equals OU is 24; **sem ~** unrivalled.

igualar [igwa'la(x)] *vt* to make equal.

❏ **igualar-se** *vp*: **~-se a alguém** to be sb's equal; **~-se a algo** to be comparable with sthg.

igualdade [igwaw'dadʒi] *f* equality.

igualmente [igwaw'mẽtʃi] *adv* equally ◆ *interj* likewise!

ilegal [ile'gaw] *(pl* -ais [-ajʃ]) *adj* illegal.

ilegalidade [ilegali'dadʒi] *f* crime.

ilegítimo, -ma [ile'ʒitʃimu, -ma] *adj (filho)* illegitimate; *(ato)* illegal.

ilegível [ile'ʒivew] *(pl* -eis [-ejʃ]) *adj* illegible.

ileso, -sa [i'lezu, -za] *adj* unharmed.

ilha ['iʎa] *f* island.

ilícito, -ta [i'lisitu, -ta] *adj* illicit.

ilimitado, -da [ilemi'tadu, -da] *adj* unlimited.

Ilma. *abrev* = **Ilustríssima**.

Ilmo. *abrev* = **Ilustríssimo**.

ilógico, -ca [iˈlɔʒiku, -ka] *adj* illogical.

iludir [iluˈdi(x)] *vt* to deceive.

❑ **iludir-se** *vp* to delude o.s.

iluminação [iluminaˈsãw] *f* lighting.

iluminado, -da [ilumiˈnadu, -da] *adj* illuminated, lit up.

iluminar [ilumiˈna(x)] *vt* to illuminate, to light up.

ilusão [iluˈzãw] (*pl* **-ões** [-õjʃ]) *f* illusion; **não ter ilusões** to have no illusions; **perder as ilusões** to become disillusioned; **~ ótica** optical illusion.

ilustração [iluʃtraˈsãw] (*pl* **-ões** [-õjʃ]) *f* illustration.

ilustrado, -da [iluʃˈtradu, -da] *adj* illustrated.

ilustrar [iluʃˈtra(x)] *vt* (*exemplificar*) to illustrate.

ilustre [iˈluʃtri] *adj* illustrious.

ilustríssimo, -ma [iluʃˈtrisimu, -ma] *superl* (*em carta*) very formal term of address used in correspondence.

imã [ˈimã] *m* (*Br*) magnet.

imaculado, -da [imakuˈladu, -da] *adj* immaculate.

imagem [iˈmaʒẽ] (*pl* **-ns** [-ʃ]) *f* picture; (*pessoal*) image.

imaginação [imaʒinaˈsãw] *f* imagination.

imaginar [imaʒiˈna(x)] *vt* (*inventar*) to think up; (*supor*) to imagine.

❑ **imaginar-se** *vp*: **ele se imagina um Adônis** he thinks he's God's gift to women.

imaginativo, -va [imaʒinaˈtʃivu, -va] *adj* imaginative.

íman [ˈiman] (*pl* **-es** [-eʃ]) *m* (*Port*) = **imã**.

imaturo, -ra [imaˈturu, -ra] *adj* immature.

imbatível [ĩmbaˈtʃivew] (*pl* **-eis** [-ejʃ]) *adj* unbeatable.

imbecil [ĩmbeˈsiw] (*pl* **-is** [-iʃ]) *adj* stupid ♦ *mf* idiot.

imediações [imedʒjaˈsõjʃ] *fpl* surrounding area (*sg*); **nas ~ de** in the vicinity of.

imediatamente [imeˌdʒjataˈmẽntʃi] *adv* immediately.

imediato, -ta [imeˈdʒjatu, -ta] *adj* immediate; **de ~** immediately.

imenso, -sa [iˈmẽsu, -sa] *adj* huge ♦ *adv* a lot; **está um calor ~** it's boil-

ing (hot); **está um frio ~** it's freezing (cold).

imergir [imexˈʒi(x)] *vt* (*mergulhar*) to immerse.

imigração [imigraˈsãw] *f* immigration.

imigrante [imiˈgrãntʃi] *mf* immigrant.

imigrar [imiˈgra(x)] *vi* to immigrate.

iminente [imiˈnẽntʃi] *adj* imminent.

imitação [imitaˈsãw] (*pl* **-ões** [-õjʃ]) *f* (*de produto*) imitation; (*de pessoa*) impersonation.

imitar [imiˈta(x)] *vt* (*produto*) to copy; (*comportamento*) to imitate; (*pessoa*) to impersonate.

imobiliária [imobiˈljarja] *f* estate agent's (*Brit*), realtor's (*Am*).

imobilizar [imobiliˈza(x)] *vt* to immobilize.

❑ **imobilizar-se** *vp* to come to a standstill.

imoral [imoˈraw] (*pl* **-ais** [-ajʃ]) *adj* immoral.

imóvel [iˈmɔvew] (*pl* **-eis** [-ejʃ]) *adj* motionless ♦ *m* (*prédio*) building; (*valor imóvel*) property.

impaciência [ĩmpaˈsjẽsja] *f* impatience.

impaciente [ĩmpaˈsjẽntʃi] *adj* impatient.

impacto [ĩmˈpaktu] *m* impact.

ímpar [ˈĩmpa(x)] (*pl* **-res** [-riʃ]) *adj* (*número*) odd; (*objeto*) unique; (*ação*) unequalled.

imparcial [ĩmpaxˈsjaw] (*pl* **-ais** [-ajʃ]) *adj* impartial.

ímpares → **ímpar**.

impasse [ĩmˈpasi] *m* impasse.

impecável [ĩmpeˈkavew] (*pl* **-eis** [-ejʃ]) *adj* (*trabalho, roupa, limpeza*) impeccable; (*fam: pessoa*) great.

impedido, -da [ĩmpeˈdʒidu, -da] *adj* (*caminho, estrada*) blocked; (*linha*) engaged (*Brit*), busy (*Am*).

impedimento [ĩmpedʒiˈmẽntu] *m* obstacle.

impedir [ĩmpeˈdʒi(x)] *vt* (*trânsito, circulação*) to block; **~ alguém de fazer algo** to prevent sb from doing sthg.

impelir [ĩmpeˈli(x)] *vt* to push.

impenetrável [ĩmpeneˈtravew] (*pl* **-eis** [-ejʃ]) *adj* impenetrable.

impensável [ĩmpẽˈsavew] (*pl* **-eis** [-ejʃ]) *adj* unthinkable.

imperador [ĩmperaˈdo(x)] (*pl* **-res** [-riʃ]) *m* emperor.

imperativo, -va [ĩmperaˈtʃivu, -va]

adj & m imperative.

imperatriz [ĩmpera'triʃ] (*pl* **-zes** [-zeʃ]) *f* empress.

imperdoável [ĩmpex'dwavɛw] (*pl* **-eis** [-ejʃ]) *adj* unforgivable.

imperfeição [ĩmpexfej'sãw] (*pl* **-ões** [-õjʃ]) *f (defeito)* defect.

imperfeito, -ta [ĩmpex'fejtu, -ta] *adj* faulty ◆ *m (GRAM)* imperfect.

imperial [ĩmpe'rjaw] (*pl* **-ais** [-ajʃ]) *f (Port: copo de cerveja) glass of draught beer.*

impermeável [ĩmpex'mjavɛw] (*pl* **-eis** [-ejʃ]) *m* thin anorak ◆ *adj* waterproof.

impertinente [ĩmpextʃi'nẽntʃi] *adj* impertinent.

imperturbável [ĩmpextux'bavɛw] (*pl* **-eis** [-ejʃ]) *adj* serene.

impessoal [ĩmpe'swaw] (*pl* **-ais** [-ajʃ]) *adj* impersonal.

impetuoso, -osa [ĩmpe'twozu, -ɔza] *adj* impetuous.

impiedade [ĩmpje'dadʒi] *f* irreverence.

implacável [ĩmpla'kavɛw] (*pl* **-eis** [-ejʃ]) *adj* ruthless; *(vento, chuva, frio)* relentless.

implantação [ĩmplãnta'sãw] *f* introduction.

implementar [ĩmplemẽn'ta(x)] *vt* to implement.

implicar [ĩmpli'ka(x)] *vt (envolver)* to implicate; *(acarretar)* to involve.
❏ **implicar com** *v + prep* to have a go at.

implícito, -ta [ĩm'plisitu, -ta] *adj* implicit.

implorar [ĩmplo'ra(x)] *vt* to implore.

imponente [ĩmpo'nẽntʃi] *adj (grandioso)* imposing; *(altivo)* arrogant.

impopular [ĩmpopu'la(x)] (*pl* **-es** [-iʃ]) *adj* unpopular.

impor [ĩm'po(x)] *vt (respeito, silêncio)* to command; *(ordem)* to impose; **~ algo a alguém** to impose sthg on sb.
❏ **impor-se** *vp* to command respect.

importação [ĩmpoxta'sãw] (*pl* **-ões** [-õjʃ]) *f* import.

importado, -da [ĩmpox'tadu, -da] *adj* imported.

importância [ĩmpox'tãsja] *f (valor)* importance; *(quantia monetária)* amount.

importante [ĩmpox'tãntʃi] *adj* important ◆ *m*: **o ~ é ...** the important thing is ....

importar [ĩmpox'ta(x)] *vt (mercadoria, produto, idéia)* to import ◆ *vi (ter importância)* to matter.
❏ **importar-se** *vp (fazer caso)* to mind; **você se importa de fechar a porta?** would you mind closing the door?

imposição [ĩmpozi'sãw] (*pl* **-ões** [-õjʃ]) *f* condition.

impossibilitar [ĩmposibili'ta(x)] *vt* to prevent.

impossível [ĩmpo'sivɛw] (*pl* **-eis** [-ejʃ]) *adj & m* impossible ◆ *m*: **querer o ~** to ask the impossible.

imposto [ĩm'poʃtu] *m* tax; **~ de renda** *(Br)* income tax; **~ sobre o rendimento** *(Port)* income tax; **~ sobre o valor acrescentado** *(Port)* value added tax *(Brit)*, sales tax *(Am)*.

impostor, -ra [ĩmpoʃ'to(x), -ra] (*mpl* **-res** [-riʃ], *fpl* **-s** [-ʃ]) *m, f* impostor.

impotente [ĩmpo'tẽntʃi] *adj* impotent.

impraticável [ĩmpratʃi'kavɛw] (*pl* **-eis** [-ejʃ]) *adj (estrada, caminho)* impassable.

impreciso, -sa [ĩmpre'sizu, -za] *adj* vague.

impregnar [ĩmpreg'na(x)] *vt* to impregnate.
❏ **impregnar-se de** *vp + prep* to become impregnated with.

imprensa [ĩm'prẽsa] *f* press.

imprescindível [ĩmpresĩn'dʒivɛw] (*pl* **-eis** [-ejʃ]) *adj* indispensable.

impressão [ĩmpre'sãw] (*pl* **-ões** [-õjʃ]) *f (sensação)* impression; *(de jornal, livro)* printing; **ter a ~ de que** to get the impression (that); **tenho a ~ que vai chover** I think it's going to rain; **~ digital** fingerprint; **causar boa ~** to make a good impression.

impressionante [ĩmpresju'nãntʃi] *adj (incrível)* amazing; *(comovente)* moving.

impressionar [ĩmpresju'na(x)] *vt (causar admiração a)* to amaze; *(comover)* to move.

impresso, -a [ĩm'presu, -a] *adj* printed ◆ *m* form.

impressões → **impressão**.

impressora [ĩmpre'sora] *f* printer.

imprestável [ĩmpreʃ'tavɛw] (*pl* **-eis** [-ejʃ]) *adj (não prestativo)* unhelpful; *(inútil)* useless.

imprevisível [ĩmprevi'zivɛw] (*pl* **-eis**

[-ejʃ]) *adj* unpredictable.

imprevisto, -ta [ĩmpre'viʃtu, -ta] *adj* unexpected ◆ *m* unexpected event.

imprimir [ĩmpri'mi(x)] *vt* to print.

impróprio, -pria [ĩm'prɔpriu, -pria] *adj*: ~ **para** unsuitable for; ~ **para consumo** unfit for human consumption.

improvável [ĩmpro'vavɛw] (*pl* -eis [-ejʃ]) *adj* unlikely.

improvisar [ĩmprovi'za(x)] *vt & vi* to improvise.

improviso [ĩmpro'vizu] *m* improvisation; **de** ~ impromptu; **fazer um discurso de** ~ to make an impromptu speech.

imprudente [ĩmpru'dẽntʃi] *adj* rash.

impulsionar [ĩmpuwsju'na(x)] *vt* to push forward.

impulsivo, -va [ĩmpuw'sivu, -va] *adj* impulsive.

impulso [ĩm'puwsu] *m* (*incitamento*) impulse; (*de ligação telefônica*) unit.

impune [ĩm'puni] *adj* unpunished.

impureza [ĩmpu'reza] *f* impurity.

impuro, -ra [ĩm'puru, -ra] *adj* impure.

imundície [imũn'dʒisji] *f* (*sujeira*) dirt; (*lixo*) rubbish.

imune [i'muni] *adj* (*isento*): ~ **a** immune to.

inábil [i'nabiw] (*pl* -beis [-bejʃ]) *adj* incompetent.

inabitado, -da [inabi'tadu, -da] *adj* uninhabited.

inacabado, -da [inaka'badu, -da] *adj* unfinished.

inaceitável [inasej'tavɛw] (*pl* -eis [-ejʃ]) *adj* unacceptable.

inacessível [inase'sivɛw] (*pl* -eis [-ejʃ]) *adj* inaccessible.

inacreditável [inakredʒi'tavɛw] (*pl* -eis [-ejʃ]) *adj* unbelievable.

inactividade [inatevi'dade] *f* (*Port*) = **inatividade**.

inadequado, -da [inade'kwadu, -da] *adj* inadequate.

inadiável [ina'djavɛw] (*pl* -eis [-ejʃ]) *adj* (*encontro, reunião, problema*) pressing.

inadvertido, -da [inadver'tʃidu, -da] *adj* unnoticed.

inalador [inala'do(x)] (*pl* -res [-riʃ]) *m* inhaler.

inalar [ina'la(x)] *vt* to inhale.

inalcançável [inawkã'savɛw] (*pl* -eis [-ejʃ]) *adj* unattainable.

inanimado, -da [inani'madu, -da] *adj* inanimate.

inaptidão [inaptʃi'dãw] *f* unsuitability.

inapto, -pta [i'naptu, -pta] *adj* unsuitable.

inarticulado, -da [inaxtʃiku'ladu, -da] *adj* inarticulate.

inatingível [inatʃĩ'ʒivɛw] (*pl* -eis [-ejʃ]) *adj* unattainable.

inatividade [inatʃivi'dadʒi] *f* (*Br*) inactivity; **na** ~ (*pessoa*) out of work.

inativo, -va [ina'tʃivu, -va] *adj* inactive; (*pessoa*) out of work.

inato, -ta [i'natu, -ta] *adj* innate.

inauguração [inawgura'sãw] (*pl* -ões [-õjʃ]) *f* inauguration.

inaugurar [inawgu'ra(x)] *vt* to inaugurate.

incansável [ĩkã'savɛw] (*pl* -eis [-ejʃ]) *adj* tireless.

incapacidade [ĩkapasi'dadʒi] *f* inability.

incapaz [ĩka'paʃ] (*pl* -zes [-ziʃ]) *adj* incapable.

incendiar [ĩsẽn'dʒja(x)] *vt* to set fire to.

⊔ **incendiar-se** *vp* to catch fire.

incêndio [ĩ'sẽndʒiu] *m* fire.

incenso [ĩ'sẽsu] *m* incense.

incentivar [ĩsẽntʃi'va(x)] *vt* to motivate.

incentivo [ĩsẽn'tʃivu] *m* incentive.

incerteza [ĩsex'teza] *f* doubt, uncertainty; **ficar na** ~ to be left in doubt.

incerto, -ta [ĩ'sextu, -ta] *adj* uncertain.

incesto [ĩ'seʃtu] *m* incest.

inchação [ĩʃa'sãw] (*pl* -ões [-õjʃ]) *m* (*Br*) swelling.

inchaço [ĩ'ʃasu] *m* swelling.

inchado, -da [ĩ'ʃadu, -da] *adj* (*entumescido*) swollen; (*fig: envaidecido*) puffed up (with pride).

inchar [ĩ'ʃa(x)] *vi* to swell.

incidência [ĩsi'dẽsja] *f* incidence.

incidente [ĩsi'dẽntʃi] *m* incident.

incineração [ĩsinera'sãw] (*pl* -ões [-õjʃ]) *f* incineration.

incisivo, -va [ĩsi'zivu, -va] *adj* (*fig: penetrante*) incisive ◆ *m* (*dente*) incisor.

incitar [ĩsi'ta(x)] *vt* to incite.

inclemente [ĩkle'mẽntʃi] *adj* merciless.

inclinação [ĩŋklina'sãw] (*pl* -ões

[-õjʃ]) *f* inclination.

inclinado, -da [ĩŋkli'nadu, -da] *adj* slanting.

inclinar [ĩŋkli'na(x)] *vt* to tilt.

❏ **inclinar-se** *vp* to lean.

incluir [ĩŋklu'i(x)] *vt* to include; *(inserir)* to enclose.

inclusive [ĩŋklu'zivɛ] *adv* even; **de 11 a 20, ~** from 11 to 20 inclusive.

incoerente [ĩŋkwe'rẽtʃi] *adj* incoherent.

incógnita [ĩŋ'kɔgnita] *f* enigma, mystery.

incógnito, -ta [ĩ'kɔgnitu, -ta] *adj* unknown.

incolor [ĩŋko'lo(x)] *(pl* **-res** [-riʃ]) *adj* colourless.

incomodar [ĩŋkomo'da(x)] *vt* to bother; **"favor não ~"** "do not disturb".

❏ **incomodar-se** *vp* to bother; **você se incomoda se eu fumar?** do you mind if I smoke?

incómodo, -da [ĩŋ'kɔmudu, -da] *adj* & *m (Port)* = **incômodo.**

incômodo, -da [ĩŋ'komodu, -da] *adj (Br)* uncomfortable ◆ *m (Br)* nuisance; *(menstruação)* period.

incomparável [ĩŋkõmpa'ravɛw] *(pl* **-eis** [-ejʃ]) *adj* incomparable.

incompatível [ĩŋkõmpa'tʃivɛw] *(pl* **-eis** [-ejʃ]) *adj* incompatible.

incompetente [ĩŋkõmpe'tẽtʃi] *adj* & *mf* incompetent.

incompleto, -ta [ĩŋkõm'plɛtu, -ta] *adj* unfinished.

incomum [ĩŋko'mũ] *(pl* **-ns** [-ʃ]) *adj* uncommon.

incomunicável [ĩŋkomuni'kavɛw] *(pl* **-eis** [-ejʃ]) *adj (isolado)* isolated; *(bens)* non-transferable.

incomuns → **incomun.**

inconcebível [ĩŋkõse'bivɛw] *(pl* **-eis** [-ejʃ]) *adj* inconceivable.

incondicional [ĩŋkõndʒisjo'naw] *(pl* **-ais** [-ajʃ]) *adj* unconditional.

inconformado, -da [ĩŋkõfox'madu, -da] *adj* unresigned.

inconfundível [ĩŋkõfũn'dʒivɛw] *(pl* **-eis** [-ejʃ]) *adj* unmistakable.

inconsciência [ĩŋkõʃ'sjẽsja] *f* thoughtlessness.

inconsciente [ĩŋkõʃ'sjẽtʃi] *adj (MED)* unconscious; *(irresponsável)* thoughtless ◆ *m* unconscious.

incontestável [ĩŋkõnteʃ'tavɛw] *(pl* **-eis** [-ejʃ]) *adj* indisputable.

inconveniência [ĩŋkõve'njẽsja] *f* inconvenience.

inconveniente [ĩŋkõve'njẽtʃi] *adj (pessoa)* tactless; *(assunto)* awkward ◆ *m (problema)* problem; *(desvantagem)* disadvantage.

incorporar [ĩŋkoxpo'ra(x)] *vt* to incorporate.

incorrecto, -ta [ĩŋku'xɛtu, -ta] *adj (Port)* = **incorreto.**

incorreto, -ta [ĩŋko'xɛtu, -ta] *adj (Br) (errado)* incorrect; *(malcriado)* rude.

incorrigível [ĩŋkoxi'ʒivɛw] *(pl* **-eis** [-ejʃ]) *adj* incorrigible.

incrédulo, -la [ĩŋ'krɛdulu, -la] *adj* incredulous.

incrível [ĩŋ'krivɛw] *(pl* **-eis** [-ejʃ]) *adj* incredible.

incubadora [ĩŋkuba'dora] *f* incubator.

inculto, -ta [ĩŋ'kuwtu, -ta] *adj (pessoa)* uneducated; *(terreno)* uncultivated.

incumbir [ĩŋkũm'bi(x)] *vt* to put in charge; **~ alguém de fazer algo** to ask sb to do sthg.

❏ **incumbir** *a* *v* + *prep*: **~ a alguém fazer algo** to be sb's turn to do sthg.

❏ **incumbir-se de** *vp* + *prep*: **~-se de fazer algo** to take it upon o.s. to do sthg.

incurável [ĩŋku'ravɛw] *(pl* **-eis** [-ejʃ]) *adj* incurable.

indagar [ĩnda'ga(x)] *vi* to inquire.

indecente [ĩnde'sẽtʃi] *adj* indecent.

indecisão [ĩndesi'zãw] *(pl* **-ões** [-õjʃ]) *f* indecision, indecisiveness.

indeciso, -sa [ĩnde'sizu, -za] *adj (futuro, situação)* uncertain; *(pessoa)* indecisive; **estar ~** to be undecided.

indecisões → **indecisão.**

indecoroso, -osa [ĩndeku'rozo, -ɔza] *adj* improper.

indefeso, -sa [ĩnde'fezu, -za] *adj* defenceless.

indefinido, -da [ĩndefi'nidu, -da] *adj* indefinite.

indelicado, -da [ĩndeli'kadu, -da] *adj* offhand.

indemnizar [ĩndemni'zar] *vt (Port)* = **indenizar.**

indenização [ĩndeniza'sãw] *(pl* **-ões** [-õjʃ]) *f* compensation.

indenizar [ĩndeni'za(x)] *vt (Br)* to compensate.

independência [ĩndepẽn'dẽsja] *f*

independence.

independente [īndepẽn'dẽntʃi] *adj*
independent.

independentemente [īndepẽn-
‚dẽntʃi'mẽntʃi] : **independentemente
de** *prep* independently of.

indescritível [īndeʃkri'tʃivew] (*pl* **-eis**
[-ejʃ]) *adj* indescribable.

indesejável [īndeze'ʒavew] (*pl* **-eis**
[-ejʃ]) *adj* undesirable.

indestrutível [īndeʃtru'tʃivew] (*pl*
-eis [-ejʃ]) *adj* indestructible; *(fig: argumento)* watertight.

indeterminado, -da [īndetexmi-
'nadu, -da] *adj* indeterminate.

indevido, -da [īnde'vidu, -da] *adj*
inappropriate.

Índia ['īndʒja] *f*: **a ~** India.

indiano, -na [īn'dʒjanu, -na] *adj & *
m, f Indian.

indicação [īndʒika'sãw] (*pl* **-ões**
[-õjʃ]) *f (de caminho, direção)* directions
(pl); *(sinal)* mark; *(instrução)* indication.

indicador [īndʒika'do(x)] (*pl* **-res**
[-riʃ]) *m (dedo)* index finger; *(de temperatura, velocímetro)* indicator.

indicar [īndʒi'ka(x)] *vt* to show.

indicativo, -va [īndʒika'tʃivu, -va]
adj indicative ◆ *m (de telefone)* dialling
code *(Brit)*, area code *(Am)*; *(GRAM)*
indicative.

índice ['īndʒisi] *m (em livro)* index;
(nível) rate; **~ de inflação** inflation rate.

indiferença [īndʒife'rẽsa] *f* indifference.

indiferente [īndʒife'rẽntʃi] *adj* indifferent; **para mim é ~** I don't care.

indígena [īn'dʒiʒena] *adj & mf (nativo)*
native; *(índio)* Indian.

indigestão [īndʒiʒeʃ'tãw] *f* indigestion.

indigesto, -ta [īndʒi'ʒeʃtu, -ta] *adj*
indigestible.

indignação [īndʒigna'sãw] (*pl* **-ões**
[-õjʃ]) *f* indignation.

indigno, -gna [īn'dʒignu, -gna] *adj*
(pessoa) unworthy; *(situação)* degrading.

índio, -dia ['īndʒju, -dʒja] *adj & m, f*
Indian.

indirecto, -ta [īndi'rɛtu, -ta] *adj*
(Port) = **indireto**.

indireta [īndʒi'rɛta] *f (fig: comentário)*
dig.

indireto, -ta [īndʒi'rɛtu, -ta] *adj (Br)*
indirect.

indisciplinado, -da [īndʒiʃsipli-
'nadu, -da] *adj* undisciplined.

indiscreto, -ta [īndʒiʃ'krɛtu, -ta] *adj*
indiscreet.

indiscutível [īndʒiʃku'tʃivew] (*pl* **-eis**
[-ejʃ]) *adj* indisputable.

indispensável [īndʒiʃpẽ'savew] (*pl*
-eis [-ejʃ]) *adj* indispensable ◆ *m*: **o ~**
the bare essentials *(pl)*.

indisposição [īndʒiʃpozi'sãw] (*pl*
-ões [-õjʃ]) *f* stomach upset.

indisposto, -osta [īndʒiʃ'poʃtu,
-ɔʃta] *adj* unwell.

indistinto, -ta [īndʒiʃt'ʃīntu, -ta] *adj*
(pouco visível) vague; *(forma, som)* faint.

individual [īndʒivi'dwaw] (*pl* **-ais**
[-ajʃ]) *adj* individual; *(quarto, tarefa)*
single; *(mesa)* for one.

indivíduo [īnde'vidwu] *m* individual;
(fam: homem) guy.

índole ['īndoli] *f* nature.

indolor [īndo'lo(x)] (*pl* **-res** [-riʃ]) *adj*
painless.

Indonésia [īndo'nɛzja] *f*: **a ~** Indonesia.

indulgência [īnduw'ʒẽsja] *f* leniency.

indulgente [īnduw'ʒẽntʃi] *adj* lenient.

indumentária [īndumẽn'tarja] *f*
(traje) costume; *(pej: farrapo)* rag.

indústria [īn'duʃtria] *f* industry.

induzir [īndu'zi(x)] *vt*: **~ alguém a
fazer algo** to persuade sb to do sthg; **~
alguém em erro** to mislead sb.

inédito, -ta [i'nɛdʒitu, -ta] *adj (livro)*
unpublished; *(original)* unique; *(acontecimento)* unprecedented.

ineficaz [inefi'kaʃ] (*pl* **-zes** [-ziʃ]) *adj*
ineffective.

inegável [ine'gavew] (*pl* **-eis** [-ejʃ]) *adj*
undeniable.

inércia [i'nɛxsja] *f* inertia.

inerte [i'nɛxtʃi] *adj* inert.

inesgotável [ineʒgo'tavew] (*pl* **-eis**
[-ejʃ]) *adj* inexhaustible.

inesperado, -da [ineʃpe'radu, -da]
adj unexpected.

inesquecível [ineʃke'sivew] (*pl* **-eis**
[-ejʃ]) *adj* unforgettable.

inestimável [ineʃtʃi'mavew] (*pl* **-eis**
[-ejʃ]) *adj* invaluable; **de valor ~** priceless.

inevitável [inevi'tavew] (*pl* **-eis** [-ejʃ])
adj inevitable.

inexequível [ineze'kwivew] (*pl* **-eis**
[-ejʃ]) *adj* impracticable.

inexistência [inezi∫'tẽsja] *f*: ~ **de** lack of.

inexperiência [ine∫pe'rjẽsja] *f* inexperience.

inexperiente [ine∫pe'rjẽnt∫i] *adj* inexperienced; *(fig: inocente)* innocent.

infalível [ĩfa'livew] *(pl* **-eis** [-ejʃ]) *adj (método, sistema, plano)* infallible; *(inevitável)* certain.

infâmia [ĩ'famja] *f* slander.

infância [ĩ'fãsja] *f* childhood.

infantário [ĩfãn'tarju] *m (Port)* nursery school.

infantil [ĩfãn'tiw] *(pl* **-is** [-iʃ]) *adj (literatura, programa)* children's *(antes de s); (pej: imaturo)* childish.

infecção [ĩfe'sãw] *(pl* **-ões** [-õjʃ]) *f (MED)* infection.

infeccioso, -osa [ĩfe'sjozu, -ɔza] *adj* infectious.

infecções → **infecção**.

infectado, -da [ĩfe'tadu, -da] *adj* infected.

infectar [ĩfe'ta(x)] *vi* to get infected ◆ *vt* to infect.

infelicidade [ĩfelisi'dadʒi] *f (tristeza)* unhappiness; *(desgraça)* misfortune; **mas que** ~! what a shame!; **tive a** ~ **de** ... I had the misfortune of ....

infeliz [ĩfe'liʒ] *(pl* **-zes** [-ziʃ]) *adj (acontecimento, notícia)* sad; *(comentário, resposta)* inappropriate ◆ *mf* wretch; **ser** ~ to be unhappy.

infelizmente [ĩfeliʒ'mẽnt∫i] *adv* unfortunately.

inferior [ĩfe'rjo(x)] *(pl* **-res** [-riʃ]) *adj* lower; *(em valor, qualidade)* inferior; **andar** ~ downstairs.

inferno [ĩ'fɛxnu] *m*: **o Inferno** Hell; **isto é um** ~! what a nightmare!; **vá para o** ~! *(fam)* go to hell!

infertilidade [ĩfext∫ili'dadʒi] *f* infertility.

infestar [ĩfe∫'ta(x)] *vt* to infest.

infiel [ĩ'fjew] *(pl* **-éis** [-ɛiʃ]) *adj (marido, esposa)* unfaithful; *(amigo)* disloyal.

infiltrar-se [ĩfiw'traxsi] *vp (água, chuva)* to seep in.

ínfimo, -ma [ĩ'fimu, -ma] *adj* minute; *(fig: sem importância)* pointless.

infindável [ĩfĩn'davew] *(pl* **-eis** [-ejʃ]) *adj* endless.

infinidade [ĩfini'dadʒi] *f* infinity.

infinitivo [ĩfini't∫ivu] *m*: **o** ~ *(GRAM)* the infinitive.

infinito, -ta [ĩfi'nitu, -ta] *adj & m* infinite.

inflação [ĩfla'sãw] *f* inflation.

inflamação [ĩflama'sãw] *(pl* **-ões** [-õjʃ]) *f* inflammation.

inflamado, -da [ĩfla'madu, -da] *adj* inflamed.

inflamar [ĩfla'ma(x)] *vt (incendiar)* to set on fire, to set alight; *(fig: entusiasmar)* to inflame.

inflamável [ĩfla'mavew] *(pl* **-eis** [-ejʃ]) *adj* inflammable *(Brit)*, flammable *(Am)*.

inflexível [ĩflɛk'sivew] *(pl* **-eis** [-ejʃ]) *adj* inflexible; *(fig: implacável, rigoroso)* unbending.

influência [ĩflu'ẽsja] *f* influence; **ter** ~ to be influential.

influente [ĩflu'ẽnt∫i] *adj* influential.

influir [ĩflu'i(x)] : **influir em** *v + prep* to influence.

informação [ĩfoxma'sãw] *(pl* **-ões** [-õjʃ]) *f* information; *(notícia)* news *(sg)*; **ele não me deu informação nenhuma** he didn't give me any information. ❏ **informações** *fpl (serviço telefônico)* directory enquiries *(Brit)*, directory assistance *(sg) (Am)*; **"informações"** "enquiries".

informal [ĩfox'maw] *(pl* **-ais** [-ajʃ]) *adj* informal.

informalidade [ĩfoxmali'dadʒi] *f* informality.

informar [ĩfox'ma(x)] *vt* to inform; ~ **alguém de** ou **sobre algo** to inform sb of sthg. ❏ **informar-se** *vp* to find out.

informática [ĩfox'mat∫ika] *f* information technology, computing.

informativo, -va [ĩfoxma't∫ivu, -va] *adj* informative.

informatizar [ĩfoxmat∫i'za(x)] *vt* to computerize.

infortúnio [ĩfox'tunju] *m* misfortune.

infração [ĩfra'sãw] *(pl* **-ões** [-õjʃ]) *f (Br) (de lei)* offence; *(de norma, regra)* breach.

infracção [ĩfra'sãw] *(pl* **-ões** [-õjʃ]) *f (Port)* = **infração**.

infrações → **infração**.

infractor, -ra [ĩfra'tox, -ra] *(mpl* **-res** [-reʃ]. *fpl* **-s** [-ʃ]) *m, f (Port)* = **infrator**.

infrator, -ra [ĩfra'to(x), -ra] *(mpl* **-res** [-riʃ]. *fpl* **-s** [-ʃ]) *m, f (Br)* offender.

infravermelho, -lha [ĩfravex'meʎu,

-ʎa] *adj* infrared.

infringir [ĩfrĩˈʒi(x)] *vt* to infringe.

infrutífero, -ra [ĩfruˈtʃiferu, -ra] *adj* fruitless.

infundado, -da [ĩfũnˈdadu, -da] *adj* unfounded.

ingenuidade [ĩʒenwiˈdadʒi] *f* ingenuity.

ingénuo, -nua [ĩˈʒenwu, -nwa] *adj & m, f (Port)* = ingênuo.

ingênuo, -nua [ĩˈʒenwu, -nwa] *adj (Br)* naive ◆ *m, f (Br)* naive person.

ingerir [ĩʒeˈri(x)] *vt* to ingest.

Inglaterra [ĩglaˈtexa] *f*: **a ~** England.

inglês, -esa [ĩˈgleʃ, -eza] *(mpl* -eses [-eziʃ], *fpl* -s [-ʃ]) *adj & m* English ◆ *m, f (pessoa)* Englishman *(f* Englishwoman); **os ingleses** the English; **para ~ ver** for show.

ingratidão [ĩgratʃiˈdãw] *f* ingratitude.

ingrato, -ta [ĩˈgratu, -ta] *adj (pessoa)* ungrateful; *(trabalho)* thankless.

ingrediente [ĩgreˈdʒẽntʃi] *m* ingredient.

íngreme [ĩgremi] *adj* steep.

ingresso [ĩˈgresu] *m (em curso, universidade, partido)* enrolment; *(bilhete de cinema, teatro, etc)* ticket.

inhame [iˈɲami] *m* yam.

inibição [inibiˈsãw] *(pl* -ões [-õjʃ]) *f* inhibition.

inibido, -da [iniˈbidu, -da] *adj* inhibited.

inicial [iniˈsjaw] *(pl* -ais [-ajʃ]) *adj & f* initial.

iniciar [iniˈsja(x)] *vt* to start, to begin. ⊔ **iniciar-se** *vp* to start.

iniciativa [inisjaˈtʃiva] *f* initiative; **ter ~** to show initiative.

início [iˈnisju] *m* start, beginning; **no ~** at first; **desde o ~** from the start.

inimigo, -ga [iniˈmigu, -ga] *adj* enemy *(antes de s)* ◆ *m, f* enemy.

ininterruptamente [inĩntexuptaˈmẽntʃi] *adv* continuously.

injeção [ĩʒeˈsãw] *(pl* -ões [-õjʃ]) *f (Br)* injection.

injecção [ĩʒeˈsãw] *(pl* -ões [-õjʃ]) *f (Port)* = injeção.

injeções → injeção.

injectar [ĩʒeˈtar] *vt (Port)* = injetar.

injetar [ĩʒeˈta(x)] *vt (Br)* to inject. ⊔ **injetar-se** *vp (Br) (fam: drogar-se)* to be on drugs.

injúria [ĩˈʒurja] *f* insult.

injuriar [ĩʒuˈrja(x)] *vt* to insult.

injustiça [ĩʒuʃˈtʃisa] *f* injustice.

injusto, -ta [ĩˈʒuʃtu, -ta] *adj* unfair.

inocência [inoˈsẽsja] *f* innocence.

inocentar [inosẽnˈta(x)] *vt*: **~ alguém (de algo)** *(JUR)* to clear sb (of sthg).

inocente [inoˈsẽntʃi] *adj* innocent; **ser** OU **estar ~** to be innocent.

inoculação [inokulaˈsãw] *(pl* -ões [-õjʃ]) *f* inoculation.

inócuo, -cua [iˈnɔkwu, -kwa] *adj* innocuous.

inofensivo, -va [inofẽˈsivu, -va] *adj* harmless.

inoportuno, -na [inopoxˈtunu, -na] *adj (pessoa)* tactless; *(comentário, momento)* inopportune.

inovação [inovaˈsãw] *(pl* -ões [-õjʃ]) *f* innovation.

inox [iˈnɔksi] *m* stainless steel.

inoxidável [inoksiˈdavew] *(pl* -eis [-ejʃ]) *adj (aço)* stainless; *(material)* rustproof.

inquérito [ĩˈkɛritu] *m (sondagem)* opinion poll, survey; *(de polícia, comissão)* investigation.

inquietação [ĩkjetaˈsãw] *f (agitação)* restlessness; *(preocupação)* worry.

inquietante [ĩkjeˈtãntʃi] *adj* worrying, disturbing.

inquilino, -na [ĩkiˈlinu, -na] *m, f* tenant.

insaciável [isaˈsjavew] *(pl* -eis [-ejʃ]) *adj* insatiable.

insalubre [isaˈlubri] *adj (comida, bebida)* unhealthy; *(local)* insalubrious.

insanidade [isaniˈdadʒi] *f* insanity.

insatisfação [isatʃiʃfaˈsãw] *(pl* -ões [-õjʃ]) *f* dissatisfaction.

insatisfatório, -ria [isatʃiʃfaˈtɔrju, -rja] *adj* unsatisfactory.

insatisfeito, -ta [isatʃiʃˈfejtu, -ta] *adj* dissatisfied.

inscrever [iʃkreˈve(x)] *vt* to enrol; **~ alguém em algo** to enrol sb on OU for sthg. ⊔ **inscrever-se** *vp*: **~-se em algo** to enrol on OU for sthg.

inscrição [iʃkriˈsãw] *(pl* -ões [-õjʃ]) *f (em pedra)* inscription; *(em curso, cadeira)* enrolment.

insecticida [isetʃiˈsida] *m* insecticide.

insecto [iˈsɛtu] *m (Port)* = inseto.

insegurança [iseguˈrãsa] *f* insecurity.

inseguro, -ra [iseˈguru, -ra] *adj (área,*

rua) unsafe; *(pessoa)* insecure.

inseminação [ĩsemina'sãw] (*pl* **-ões** [-õjʃ]) *f*: ~ **artificial** artificial insemination.

insensato, -ta [ĩsẽ'satu, -ta] *adj (decisão, comportamento)* foolish.

insensibilidade [ĩsẽsibili'dadʒi] *f* insensitivity.

insensível [ĩsẽ'sivew] (*pl* **-eis** [-ejʃ]) *adj* insensitive.

inseparável [ĩsepa'ravew] (*pl* **-eis** [-ejʃ]) *adj* inseparable.

inserir [ĩse'ri(x)] *vt (colocar)* to insert; *(INFORM: dados)* to enter.

❑ **inserir-se em** *vp + prep (fazer parte de)* to be part of.

inseto [ĩ'setu] *m (Br)* insect.

insidioso, -osa [ĩsi'dʒiozu, -ɔza] *adj* insidious.

insígnia [ĩ'signja] *f* insignia.

insignificante [ĩsignifi'kãntʃi] *adj* insignificant.

insincero, -ra [ĩsĩ'seru, -ra] *adj* insincere.

insinuar [ĩsi'nwa(x)] *vt* to insinuate.

insípido, -da [ĩ'sipidu, -da] *adj* insipid.

insistência [ĩsiʃ'tẽsja] *f* insistence.

insistente [ĩsiʃ'tẽntʃi] *adj* insistent.

insistir [ĩsiʃ'ti(x)] *vi* to insist; **eu estou sempre insistindo com ela para ter cuidado** I'm always telling her to be careful; ~ **em fazer algo** to insist on doing sthg.

insociável [ĩso'sjavew] (*pl* **-eis** [-ejʃ]) *adj* unsociable.

insolação [ĩsola'sãw] (*pl* **-ões** [-õjʃ]) *f* sunstroke.

insolente [ĩso'lẽntʃi] *adj* insolent ◆ *mf* insolent person.

insólito, -ta [ĩ'sɔlitu, -ta] *adj* unusual.

insónia [ĩ'sɔnja] *f (Port)* = **insônia**.

insônia [ĩ'sɔnja] *f (Br)* insomnia.

insosso, -a [ĩ'sosu, -a] *adj* bland; *(fig: pouco interessante)* insipid.

inspeção [ĩʃpe'sãw] (*pl* **-ões** [-õjʃ]) *f (Br)* inspection.

inspecção [ĩʃpe'sãw] (*pl* **-ões** [-õjʃ]) *f (Port)* = **inspeção**.

inspeccionar [ĩʃpesjo'nar] *vt (Port)* = **inspecionar**.

inspecções → **inspecção**.

inspecionar [ĩʃpesjo'na(x)] *vt (Br)* to inspect.

inspeções → **inspeção**.

inspector, -ra [ĩʃpɛ'tor, -ra] (*mpl* **-res** [-reʃ], *fpl* **-s** [-ʃ]) *m, f (Port)* = **inspetor**.

inspetor, -ra [ĩʃpe'to(x), -ra] (*mpl* **-res** [-riʃ], *fpl* **-s** [-ʃ]) *m, f (Br)* inspector.

inspiração [ĩʃpira'sãw] (*pl* **-ões** [-õjʃ]) *f* inspiration.

inspirador, -ra [ĩʃpira'do(x), -ra] (*mpl* **-res** [-riʃ], *fpl* **-s** [-ʃ]) *adj* inspiring.

inspirar [ĩʃpi'ra(x)] *vt (respirar)* to breathe in; *(fig: sugerir)* to inspire.

instabilidade [ĩʃtabili'dadʒi] *f* instability.

instalação [ĩʃtala'sãw] (*pl* **-ões** [-õjʃ]) *f* installation; ~ **elétrica** wiring.

❑ **instalações** *fpl* facilities.

instalar [ĩʃta'la(x)] *vt* to install.

❑ **instalar-se** *vp (em casa, local)* to move in; *(em cadeira)* to make o.s. comfortable.

instantâneo, -nea [ĩʃtãn'tanju, -nja] *adj* instantaneous ◆ *m* snapshot.

instante [ĩʃ'tãntʃi] *m* moment; **um** ~! just a minute!; **dentro de** ~**s** shortly; **de um** ~ **para o outro** suddenly; **nesse** ~ at that moment; **num** ~ in a second; **faço isso num** ~ it'll only take me a minute; **por** ~**s** for a moment; **a qualquer** ~ at any moment; **a todo o** ~ all the time.

instintivo, -va [ĩʃtʃĩn'tʃivu, -va] *adj* instinctive.

instinto [ĩʃ'tʃĩntu] *m* instinct.

instituição [ĩʃtʃitwi'sãw] (*pl* **-ões** [-õjʃ]) *f* institution.

instituto [ĩʃtʃi'tutu] *m* institute; ~ **de beleza** beauty salon; ~ **de línguas** language school.

instrução [ĩʃtru'sãw] (*pl* **-ões** [-õjʃ]) *f (indicação)* instruction; *(educação)* education.

instruir [ĩʃtru'i(x)] *vt* to instruct.

instrumental [ĩʃtrumẽn'taw] (*pl* **-ais** [-ajʃ]) *adj* instrumental.

instrumento [ĩʃtru'mẽntu] *m (ferramenta)* tool; *(musical)* instrument.

instrutivo, -va [ĩʃtru'tʃivu, -va] *adj* instructive.

instrutor, -ra [ĩʃtru'to(x), -ra] (*mpl* **-res** [-riʃ], *fpl* **-s** [-ʃ]) *m, f (professor)* instructor; *(de direção)* driving instructor.

insubordinação [ĩsuboxdʒina'sãw] (*pl* **-ões** [-õjʃ]) *f (mau comportamento)* disobedience; *(rebelião)* insubordination.

insubstituível [ĩsubʃtʃi'twivew] (*pl*

-eis [-ejʃ]) adj irreplaceable.

insucesso [ĩsuˈsɛsu] m failure; **o ~ escolar** underperforming at school.

insuficiência [ĩsufiˈsjẽsja] f (falta, carência) lack; (incapacidade) failure; **~ cardíaca** heart failure.

insuficiente [ĩsufiˈsjẽntʃi] adj insufficient ♦ m (EDUC: nota) fail.

insuflável [ĩsuˈflavɛw] (pl **-eis** [-ejʃ]) adj inflatable; (boneca) blow-up.

insulina [ĩsuˈlina] f insulin.

insultar [ĩsuwˈta(x)] vt to insult.

insuperável [ĩsupɛˈravɛw] (pl **-eis** [-ejʃ]) adj insurmountable.

insuportável [ĩsupoxˈtavɛw] (pl **-eis** [-ejʃ]) adj unbearable.

intacto, -ta [ĩnˈta(k)tu, -ta] adj (Port) = **intato**.

intato, -ta [ĩnˈtatu, -ta] adj (Br) intact.

íntegra [ˈĩntɛgra] f: **na ~** in full.

integral [ĩnteˈgraw] (pl **-ais** [-ajʃ]) adj whole.

integrar [ĩnteˈgra(x)] vt to include.

❑ **integrar-se** vp to become integrated.

integridade [ĩntegriˈdadʒi] f integrity.

íntegro, -gra [ˈĩntɛgru, -gra] adj honest.

inteiramente [ĩnˌtejraˈmẽntʃi] adv entirely.

inteirar-se [ĩntejˈraxsi] : **inteirar-se de** vp + prep to find out about.

inteiro, -ra [ĩnˈtejru, -ra] adj (todo) whole; (não partido) intact.

intelectual [ĩntɛlɛˈtwaw] (pl **-ais** [-ajʃ]) adj & mf intellectual.

inteligência [ĩntɛliˈʒẽsja] f intelligence.

inteligente [ĩntɛliˈʒẽntʃi] adj intelligent.

intenção [ĩntẽˈsãw] (pl **-ões** [-õjʃ]) f intention; **ter ~ de fazer algo** to intend to do sthg; **sem ~** unintentionally; **com OU na melhor das intenções** with the best of intentions; **ter segundas intenções** to have an ulterior motive.

intensidade [ĩntẽsiˈdadʒi] f intensity.

intensivo, -va [ĩntẽˈsivu, -va] adj intensive.

intenso, -sa [ĩnˈtẽsu, -sa] adj intense; (chuva) heavy; (trabalho) hard; (vento) high.

interactivo, -va [ĩnteraˈtivu, -va] adj (Port) = **interativo**.

interativo, -va [ĩnteraˈtʃivu, -va] adj (Br) interactive.

intercâmbio [ˌĩnterˈkãmbju] m exchange.

interceder [ĩntexseˈde(x)] vi: **~ por alguém** to intercede on behalf of sb.

interceptar [ĩntexsepˈta(x)] vt to intercept.

interdição [ĩntexdʒiˈsãw] (pl **-ões** [-õjʃ]) f (proibição) ban; (encerramento) closure.

interditar [ĩntexdʒiˈta(x)] vt to (proibir) ban; (encerrar) to close; **interditaram a rua** they closed off the road.

interessado, -da [ĩntereˈsadu, -da] adj interested.

interessante [ĩntereˈsãntʃi] adj interesting.

interessar [ĩntereˈsa(x)] vi to be of interest; **a religião não me interessa** religion doesn't interest me; **não me interessa!** I don't care!

❑ **interessar-se por** vp + prep to be interested in; **só agora é que ele se interessou pelo caso** he's only recently taken an interest in the affair.

interesse [ĩnteˈresi] m interest; (importância) significance; (proveito próprio) self-interest; **no ~ de** in the interests of; **por ~** out of self-interest; **sem ~** of no interest.

interface [ˌĩntexˈfasi] f interface.

interferência [ĩntexfeˈrẽsja] f interference.

❑ **interferências** fpl (em imagem, rádio) interference (sg).

interferir [ĩntexfeˈri(x)] : **interferir em** v + prep to interfere in.

interfone [ĩntexˈfoni] m intercom.

interior [ĩnteˈrjo(x)] (pl **-res** [-riʃ]) adj (quarto, porta) inner ♦ m (de área, caixa) inside; (de casa, país) interior.

interjeição [ĩntexʒejˈsãw] (pl **-ões** [-õjʃ]) f interjection.

interlocutor, -ra [ĩntexlokuˈto(x), -ra] (mpl **-res** [-riʃ], fpl **-s** [-ʃ]) m, f speaker.

interlúdio [ĩntexˈludʒju] m interlude.

intermediário, -ria [ĩntexmeˈdʒjarju, -rja] m, f intermediary.

intermédio [ĩnterˈmedju] m: **por ~ de** through.

interminável [ĩntexmiˈnavɛw] (pl **-eis** [-ejʃ]) adj endless.

intermitente [ĩntexmi'tẽntʃi] *adj*
intermittent.

internacional [ĩntexnasju'naw] (*pl*
-ais [-ajʃ]) *adj* international.

internar [ĩntex'na(x)] *vt (MED)* to
admit.

internato [ĩntex'natu] *m* boarding
school.

Internet [ĩntex'nɛtʃi] *f*: **a ~ the**
Internet.

interno, -na [ĩn'texnu, -na] *adj* internal; *(colégio)* boarding *(antes de s)*.

interpretação [ĩntexpreta'sãw] (*pl*
-ões [-õjʃ]) *f (de texto, mensagem)* interpretation; *(de papel, canção)* performance; *(tradução)* interpreting.

interpretar [ĩntexpre'ta(x)] *vt (texto,
mensagem)* to interpret; *(papel)* to play;
(música) to perform.

intérprete [ĩn'texpretʃi] *mf* performer; *(tradutor)* interpreter.

interrogação [ĩntexoga'sãw] (*pl* **-ões**
[-õjʃ]) *f (pergunta)* question; *(interrogatório)* interrogation.

interrogar [ĩntexu'ga(x)] *vt (perguntar
a)* to question; *(em tribunal)* to cross-
examine.

interrupção [ĩntexup'sãw] (*pl* **-ões**
[-õjʃ]) *f* interruption; **sem ~** without
interruption.

interruptor [ĩntexup'to(x)] (*pl* **-res**
[-riʃ]) *m* switch.

interurbano, -na [ˌĩntexux'banu,
-na] *adj (telefonema)* long-distance.

intervalo [ĩntex'valu] *m (de programa,
aula)* break; *(de espetáculo)* interval.

intervenção [ĩntexvẽ'sãw] (*pl* **-ões**
[-õjʃ]) *f (ação)* intervention; *(discurso)*
speech; **~ cirúrgica** operation.

intervir [ĩntex'vi(x)] *vi (participar)* to
participate; *(interferir)* to intervene; **~
em** *(participar em)* to participate in;
(interferir em) to intervene in.

intestino [ĩnteʃ'tʃinu] *m* intestine; **~
delgado/grosso** small/large intestine.

intimar [ĩntʃi'ma(x)] *vt (JUR)* to summon; **~ alguém a fazer algo** to order
sb to do sthg.

intimidação [ĩntʃimida'sãw] (*pl* **-ões**
[-õjʃ]) *f* intimidation.

intimidade [ĩntʃimi'dadʒi] *f (proximidade)* intimacy; *(privacidade)* privacy.

intimidar [ĩntʃimi'da(x)] *vt* to intimidate.

 intimidar-se *vp* to be intimidated.

íntimo, -ma [ˈĩntʃimu, -ma] *adj (pes-*

soa) close; *(sentimentos)* intimate; *(objetos)* personal ◆ *m*: **no ~** deep down;
ser ~ de alguém to be close to sb.

intolerância [ĩntole'rãsja] *f* intoler-
ance.

intolerante [ĩntole'rãntʃi] *adj (pessoa)* intolerant; *(lei, atitude)* rigid.

intoxicação [ĩntoksika'sãw] (*pl* **-ões**
[-õjʃ]) *f* poisoning; **~ alimentar** food
poisoning.

intransigente [ĩntrãzi'ʒẽntʃi] *adj*
intransigent.

intransitável [ĩntrãzi'tavew] (*pl* **-eis**
[-ejʃ]) *adj* impassable.

intransitivo [ĩntrãzi'tʃivu] *adj m* →
verbo.

intransponível [ĩntrãʃpo'nivew] (*pl*
-eis [-ejʃ]) *adj (rio, obstáculo)* impassable; *(problema)* insurmountable.

intratável [ĩntra'tavew] (*pl* **-eis** [-ejʃ])
adj (pessoa) difficult.

intravenoso, -osa [ĩntrave'nozu,
-ɔza] *adj* intravenous.

intrépido, -da [ĩn'trɛpidu, -da] *adj*
intrepid.

intriga [ĩn'triga] *f (de livro, história)*
plot; *(bisbilhotice)* piece of gossip.

intrigante [ĩntri'gãntʃi] *adj (curioso)*
intriguing; *(bisbilhoteiro)* gossipy.

introdução [ĩntrodu'sãw] (*pl* **-ões**
[-õjʃ]) *f* introduction; *(inserção)* inser-
tion.

introduzir [ĩntrodu'zi(x)] *vt (inserir)*
to insert.

intrometer-se [ĩntrome'texsi] *vp* to
interfere; **~ em** to meddle in.

intrometido, -da [ĩntrome'tʃidu,
-da] *adj* meddling.

intromissão [ĩntromi'sãw] (*pl* **-ões**
[-õjʃ]) *f* interference, meddling.

introvertido, -da [ĩntrovex'tʃidu,
-da] *adj* introverted.

intruso, -sa [ĩn'truzu, -za] *m, f*
intruder.

intuição [ĩntwi'sãw] (*pl* **-ões** [-õjʃ]) *f*
intuition; **por ~** intuitively.

intuito [ĩn'twitu] *m* aim; **com o ~ de
fazer algo** with the aim of doing sthg.

inumano, -na [inu'manu, -na] *adj*
inhuman.

inúmeros, -ras [i'numeruʃ, -raʃ] *adj
pl* countless.

inundação [inũnda'sãw] (*pl* **-ões**
[-õjʃ]) *f* flood.

inundar [inũn'da(x)] *vt* to flood.

inútil [i'nutʃiw] (*pl* **-teis** [-tejʃ]) *adj*

(desnecessário) useless; *(vão)* pointless.

inutilmente [i,nutʃiw'mẽntʃi] *adv* in vain.

invadir [ĩva'di(x)] *vt* to invade.

invalidez [ĩvali'deʒ] *f* disability.

inválido, -da [ĩ'validu, -da] *adj (pessoa)* disabled ♦ *m, f* disabled person.

invariável [ĩva'rjavɛw] *(pl -eis* [-ejʃ]) *adj* invariable.

invasão [ĩva'zãw] *(pl -ões* [-õjʃ]) *f* invasion.

inveja [ĩ'veʒa] *f* envy; **ter ~ de alguém** to envy sb.

invejar [ĩve'ʒa(x)] *vt* to envy.

invejoso, -osa [ĩve'ʒozu, -ɔza] *adj* envious.

invenção [ĩvẽ'sãw] *(pl -ões* [-õjʃ]) *f* invention.

inventar [ĩvẽ'ta(x)] *vt (criar)* to invent; *(fig: mentir)* to make up.

inventário [ĩvẽ'tarju] *m* inventory.

inventor, -ra [ĩvẽ'to(x), -ra] *(mpl -res* [-riʃ], *fpl -s* [-ʃ]) *m, f* inventor.

inverno [ĩ'vɛxnu] *m* winter; **no ~** in the winter.

inverosímil [ĩveru'zimil] *(pl -meis* [-mejʃ]) *adj (Port)* = **inverossímil**.

inverossímil [ĩvero'simiw] *(pl -meis* [-mejʃ]) *adj (Br)* unlikely, improbable.

inversão [ĩvex'sãw] *(pl -ões* [-õjʃ]) *f* inversion; **fazer a ~ de marcha** to go into reverse.

inverso, -sa [ĩ'vɛxsu, -sa] *adj* opposite ♦ *m*: **o ~** the opposite.

inversões → **inversão**.

inverter [ĩvex'te(x)] *vt (ordem, posição)* to invert; *(sentido, marcha)* to reverse.

invés [ĩ'vɛʃ] *m*: **ao ~ de** instead of.

investida [ĩveʃ'tʃida] *f (ataque)* attack; *(tentativa)* attempt.

investigação [ĩveʃtʃiga'sãw] *(pl -ões* [-õjʃ]) *f (policial)* investigation; *(científica)* research.

investigar [ĩveʃtʃi'ga(x)] *vt (acontecimento, crime)* to investigate; *(cientificamente)* to research.

investimento [ĩveʃtʃi'mẽntu] *m* investment.

investir [ĩveʃ'tʃi(x)] *vt* to invest ♦ *vi*: **~ (em algo)** to invest (in sthg).

inviável [ĩ'vjavɛw] *(pl -eis* [-ejʃ]) *adj* impracticable.

invisível [ĩvi'zivɛw] *(pl -eis* [-ejʃ]) *adj* invisible.

invocar [ĩvo'ka(x)] *vt* to invoke.

invólucro [ĩ'vɔlukru] *m* wrapping.

involuntário, -ria [ĩvolũ'tarju, -rja] *adj* involuntary.

iodo ['jodu] *m* iodine.

ioga ['jɔga] *m ou f* yoga.

iogurte [ju'guxtʃi] *m* yoghurt.

iô-iô [jo'jo] *(pl* **iô-iôs** [jo'joʃ]) *m* yoyo.

ipê [i'pe] *m* type of Brazilian tree.

ir [i(x)] *vi* **1.** *(deslocar-se)* to go; **fomos de ônibus** we went by bus; **iremos a pé** we'll go on foot, we'll walk; **vamos?** shall we go?

2. *(assistir, frequentar)* to go; **ele nunca vai às reuniões** he never goes to the meetings; **você não vai à aula?** aren't you going to your class?; **vou ao cinema muitas vezes** I go to the cinema a lot.

3. *(estender-se)* to go; **o caminho vai até ao lago** the path goes to the lake.

4. *(desenrolar-se)* to go; **isto não vai nada bem** this isn't going at all well; **como vai você?** how are you?; **como vão as coisas?** how's things?; **os negócios vão mal** business is bad.

5. *(exprime duração gradual)*: **~ fazendo algo** to carry on doing sthg; **eu vou andando** I'll carry on; **va tentando!** keep trying!

6. *(seguido de infinitivo)*: **vou falar com ele** I'll speak to him; **você vai gostar** you'll like it; **não vou fazer nada** I'm not going to do anything.

7. *(seguido de gerúndio)*: **ia caindo** I almost fell; **ia morrendo** I nearly died.

8. *(em locuções)*: **~ ter a** *(desembocar)* to lead to; **~ ter com** *(encontrar)* to meet.

❑ **ir de** *v + prep (ir disfarçado)* to go as; *(partir)*: **vou de férias amanhã** I'm going on holiday tomorrow.

❑ **ir por** *v + prep (auto-estrada, escadas)* to take; **~ pela esquerda/direita** to go left/right; **~ pelo jardim** to go through the garden.

❑ **ir-se** *vp (partir)* to go; **ele já se foi** he's already left; **~-se embora** to leave.

ira ['ira] *f* rage.

irascível [iraʃ'sivew] *(pl -eis* [-ejʃ]) *adj* irascible.

íris ['iriʃ] *f inv* iris.

Irlanda [ix'lãnda] *f*: **a ~** Ireland, Eire; **a ~ do Norte** Northern Ireland.

irlandês, -esa [ixlãn'deʃ, -eza] *(mpl -eses* [-eziʃ], *fpl -s* [-ʃ]) *adj & m* Irish ♦ *m, f (pessoa)* Irishman *(f* Irishwoman); **os irlandeses** the Irish.

irmã [ixˈmã] *f (freira)* nun, → **irmão**.

irmão, -mã [ixˈmãw, -mã] *m, f* brother *(f* sister).

ironia [iroˈnia] *f* irony.

irra [ˈixa] *interj* damn!

irracional [ixasjoˈnaw] *(pl* **-ais** [-ajʃ]) *adj* irrational.

irradiação [ixadʒjaˈsãw] *(pl* **-ões** [-õjʃ]) *f* irradiation.

irradiar [ixaˈdʒja(x)] *vt (luz)* to radiate.

irreal [iˈxjaw] *(pl* **-ais** [-ajʃ]) *adj* unreal.

irreconciliável [ixekõsiˈljavɛw] *(pl* **-eis** [-ejʃ]) *adj* irreconcilable.

irreconhecível [ixekoɲeˈsivɛw] *(pl* **-eis** [-ejʃ]) *adj* unrecognizable.

irrecuperável [ixekupeˈravɛw] *(pl* **-eis** [-ejʃ]) *adj (perdido)* irretrievable; *(estragado)* irreparable; *(doente, viciado)* incurable.

irregular [ixeguˈla(x)] *(pl* **-es** [-iʃ]) *adj* irregular; *(superfície)* uneven.

irrelevante [ixeleˈvãtʃi] *adj* irrelevant.

irremediável [ixemeˈdʒjavɛw] *(pl* **-eis** [-ejʃ]) *adj* irremediable.

irreprimível [ixepriˈmivɛw] *(pl* **-eis** [-ejʃ]) *adj* irrepressible.

irrequieto, -ta [ixeˈkjɛtu, -ta] *adj (criança)* boisterous.

irresistível [ixeziʃˈtʃivɛw] *(pl* **-eis** [-ejʃ]) *adj* irresistible; *(apetite, vontade)* overwhelming.

irresponsável [ixeʃpõˈsavɛw] *(pl* **-eis** [-ejʃ]) *adj* irresponsible.

irrigação [ixigaˈsãw] *(pl* **-ões** [-õjʃ]) *f* irrigation.

irrisório, -ria [ixiˈzɔrju, -rja] *adj* derisory.

irritação [ixitaˈsãw] *(pl* **-ões** [-õjʃ]) *f* irritation; **~ de pele** OU **cutânea** (skin) rash.

irritante [ixiˈtãtʃi] *adj* irritating.

irritar [ixiˈta(x)] *vt* to irritate.

❏ **irritar-se** *vp* to get irritated.

isca [ˈiʃka] *f (para pesca)* bait.

isenção [izẽˈsãw] *(pl* **-ões** [-õjʃ]) *f* exemption.

isento, -ta [iˈzẽntu, -ta] *adj* exempt; **~ de** exempt from.

isolado, -da [izoˈladu, -da] *adj (lugar)* remote; *(pessoa, objeto)* isolated.

isolamento [izolaˈmẽntu] *m (solidão)* isolation; *(de janela, cabo)* insulation.

isolar [izoˈla(x)] *vt (pessoa)* to isolate; *(janela, cabo)* to insulate.

isopor® [izoˈpox] *m (Br)* polystyrene.

isqueiro [iʃˈkejru] *m (de cigarro)* lighter; *(de fogão a gás)* ignition button.

isso [ˈisu] *pron* that ◆ *interj* that's it!; **como vai ~?** how's it going?; **foi por ~ que ele não veio** that's why he didn't come; **é por ~ mesmo que eu não vou!** that is exactly why I'm not going!; **~ não!** no way!; **não gosto disso** I don't like that; **não mexa nisso!** leave that alone!; **nem por ~** not really; **para ~** (in order) to do that.

istmo [ˈiʃtʃimu] *m* isthmus.

isto [ˈiʃtu] *pron* this; **disto eu não quero** I don't want any of this; **escreva nisto** write on this; **~ é** *(quer dizer)* that is (to say); **~ é que é vida!** this is the life!

Itália [iˈtalja] *f*: **a ~** Italy.

italiana [itaˈljana] *f* very strong espresso, → **italiano**.

italiano, -na [itaˈljanu, -na] *adj & m, f* Italian ◆ *m (língua)* Italian.

itálico [iˈtaliku] *m* italic type, italics *(pl)*; **em ~** in italics.

itinerário [itʃineˈrarju] *m* itinerary; **~ turístico** tourist route OU trail.

iúca [ˈjuka] *f* yucca.

IVA [ˈiva] *m (Port: abrev de Imposto sobre o Valor Acrescentado)* VAT *(Brit)*, sales tax *(Am)*.

J

já ['ʒa] *adv (agora)* now; *(de seguida)* right away, at once; **até ~!** see you soon!; **é para ~!** coming up!; **~ acabei** I've already finished; **~ que estamos aqui, podíamos ir ao cinema** since we're here, we might as well go to the cinema; **você ~ esteve em Salvador?** have you ever been to Salvador?; **você ~ foi a Salvador?** have you been to Salvador yet?; **~ não sei o que fazer** I don't know what else I can do; **desde ~** in advance; **~ era** it's past it; **~ que** since.

jabuti [ʒabu'tʃi] *m* giant tortoise.

jabuticaba [ʒabutʃi'kaba] *f dark red Brazilian berry with sweet white flesh.*

jacarandá [ʒakarãn'da] *m* jacaranda *(South American tree valued for its wood).*

jacaré [ʒaka'rɛ] *m* crocodile.

jacinto [ʒa'sĩntu] *m* hyacinth.

jacto ['ʒatu] *m (Port)* = **jato**.

Jacuzzi® [ʒaku'zi] *m* Jacuzzi®.

jade ['ʒadʒi] *m* jade.

jaguar [ʒa'gwa(x)] *(pl -res* [-riʃ]) *m* jaguar.

jamais [ʒa'majʃ] *adv* never; **o livro mais interessante que ~ li** the most interesting book I've ever read.

janeiro [ʒa'nejru] *m* January, → **setembro**.

janela [ʒa'nɛla] *f* window.

jangada [ʒãŋ'gada] *f* raft.

jantar [ʒãn'ta(x)] *(pl -res* [-riʃ]) *m* dinner ♦ *vi* to have dinner ♦ *vt* to have for dinner.

jante ['ʒãntʃi] *f (wheel)* rim.

Japão [ʒa'pãw] *m:* **o ~** Japan.

japonês, -esa [ʒapo'neʃ, -eza] *(mpl -eses* [-eziʃ], *fpl -s* [-ʃ]) *adj & m, f* Japanese ♦ *m (língua)* Japanese.

jaqueta [ʒa'keta] *f* jacket.

jararaca [ʒara'raka] *f extremely ven-* omous viper-like snake found in South America.

jardim [ʒax'dʒĩ] *(pl -ns* [-ʃ]) *m (de casa)* garden; *(público)* park; **~ botânico** botanical gardens *(pl)*; **~ de infância** kindergarten; **~ zoológico** zoo.

jardim-escola [ʒaɐ̃,dʒiʃ'kɔla] *(pl jardins-escolas* [ʒaɾ,dĩʒʃ'kɔlaʃ]) *m (Port)* kindergarten.

jardineiras [ʒaxdʒi'nejraʃ] *fpl (calças)* dungarees *(Brit)*, overalls *(Am)*.

jardineiro, -ra [ʒaxdʒi'nejru, -ra] *m, f* gardener.

jardins → **jardim**.

jarra ['ʒaxa] *f (para flores)* vase; *(para vinho)* carafe.

jarrão [ʒa'xãw] *(pl -ões* [-õjʃ]) *m (large)* vase.

jarro ['ʒaxu] *m (para bebida)* jug; *(flor)* arum lily.

jarrões → **jarrão**.

jasmim [ʒaʒ'mĩ] *(pl -ns* [-ʃ]) *m* jasmine.

jato ['ʒatu] *m (Br)* jet.

jaula ['ʒawla] *f* cage.

javali [ʒava'li] *m* wild boar.

jazer [ʒa'ze(x)] *vi* to lie.

jazigo [ʒa'zigu] *m* tomb.

jazz ['dʒazi] *m* jazz.

jeans ['dʒiniʃ] *m inv (Br)* jeans *(pl)* ♦ *mpl (Port)* jeans.

jeito ['ʒejtu] *m (modo)* way; *(comportamento)* manner; **não tem ~!** *(Br)* it's hopeless!; **com ~** carefully; **dar um ~ em algo** *(tornozelo, pulso)* to sprain sthg; *(reparar)* to fix sthg; **ficar sem ~** *(Br)* to feel embarrassed; **ter falta de ~ para algo** to be bad at sthg; **ter ~ para algo** to be good at sthg; **tomar ~** *(Br)* to learn one's lesson; **de ~ nenhum!** no way!

jejum [ʒe'ʒũ] *(pl -ns* [-ʃ]) *m* fast; **em ~** on an empty stomach.

jesuíta [ʒe'zwita] *m (RELIG)* Jesuit.

jet ski [dʒɛt'ski] *m* jet-skiing.

jibóia [ʒi'bɔja] *f* boa constrictor.

jipe [ʒipi] *m* Jeep®.

joalharia [ʒwaʎa'ria] *f (Port)* = **joalheria**.

joalheria [ʒwaʎe'ria] *f (Br) (loja)* jeweller's (shop); *(jóias)* jewellery.

joanete [ʒwa'netʃi] *m* bunion.

joaninha [ʒwa'niɲa] *f* ladybird *(Brit)*, ladybug *(Am)*.

joelheira [ʒwe'ʎeira] *f* knee pad.

joelho [ʒwɛʎu] *m* knee; **de ~s** on one's knees.

jogada [ʒo'gada] *f (lance de jogo)* go, turn; *(em xadrez)* move; *(em futebol, basquete)* shot.

jogar [ʒo'ga(x)] *vi* to play; *(em jogo de azar)* to gamble ♦ *vt* to play; *(apostar)* to bet; *(atirar)* to throw; **~ bola** to play ball; **~ às cartas** to play cards; **~ fora** *(Br)* to throw away OU out.
⊔ **jogar-se** *vp* + *prep (pessoa)* to lunge at; **ele jogou-se no chão** he threw himself to the floor.

jogo [ʒogu] *(pl* **jogos** [ʒoguʃ]*) m (de tênis, xadrez)* game; *(de futebol, rúgbi)* match; *(conjunto)* set; *(jogos de azar)* gambling; **~ do bicho** *(unlicensed) lottery in which every group of numbers is represented by an animal*; **~ do galo** *(Port)* noughts and crosses *(sg)*; **~s de vídeo** video games; **os Jogos Olímpicos** the Olympics.

jogo-da-velha [ʒoguda'vɛʎa] *(pl* **jogos-da-velha** [ʒoguʒda'vɛʎa]*) m (Br)* noughts and crosses *(sg)*.

jóia [ʒɔja] *f (brincos, anel)* jewel; *(pagamento)* membership fee.

jóquei [ʒɔkej] *m* jockey.

jornada [ʒox'nada] *f (caminhada)* journey; **~ de trabalho** working day.

jornal [ʒox'naw] *(pl* **-ais** [-ajʃ]*) m* newspaper.

jornaleiro, -ra [ʒoxna'lejru, -ra] *m, f (Br)* newsagent ♦ *m (Br)* newsagent's *(shop)*.

jornalista [ʒoxna'liʃta] *mf* journalist.

jorrar [ʒo'xa(x)] *vi* to gush.

jovem [ʒɔvẽ] *(pl* **-ns** [-ʃ]*) adj* young ♦ *mf* young man *(f* young woman*)*.

jovial [ʒo'vjaw] *(pl* **-ais** [-ajʃ]*) adj* jolly.

joystick [dʒɔi'ʃtʃiki] *m* joystick.

juba [ʒuba] *f* mane.

judaico, -ca [ʒu'dajku, -ka] *adj* Jewish.

judeu, -dia [ʒu'dew, -dʒia] *m, f* Jew.

judicial [ʒudʒi'sjaw] *(pl* **-ais** [-ajʃ]*) adj* legal; **o poder ~** the judiciary.

judiciária [ʒudi'sjarja] *f (Port) (polícia)* police; *(local)* police station.

judo [ʒudu] *m (Port)* = **judô**.

judô [ʒu'do] *m (Br)* judo.

Jugoslávia [ʒuguʒ'lavja] *f (Port):* **a ~** Yugoslavia.

juiz, juíza [ʒwiʃ, ʒwiza] *(mpl* **-zes** [-zeʃ]*, fpl* **-s** [-ʃ]*) m, f* judge; **~ de linha** *(Port: em futebol)* linesman.

juízo [ʒwizu] *m (parecer)* opinion ♦ *interj* behave yourself!; **perder o ~** to lose one's mind; **ter ~** to be sensible.

jujuba [ʒu'ʒuba] *f (bala)* jelly bean.

julgamento [ʒuwga'mẽtu] *m (acto)* judgement; *(audiência)* trial.

julgar [ʒuw'ga(x)] *vt (JUR)* to judge; *(achar, opinar)* to think ♦ *vi (JUR)* to pass sentence.
⊐ **julgar-se** *vp:* **ele julga-se o maior** he thinks he's the best.

julho [ʒuʎu] *m* July, → **setembro**.

jumento [ʒu'mẽtu] *m* donkey.

junco [ʒũku] *m* reed, rush.

junho [ʒuɲu] *m* June, → **setembro**.

júnior [ʒunjɔ(x)] *(pl* **juniores** [ʒu'njɔriʃ]*) adj* youngest ♦ *mf (ESP)* junior.

junta [ʒũta] *f* joint; *(POL)* junta.

juntamente [ʒũta'mẽtʃi] : **juntamente com** *prep* together with.

juntar [ʒũ'ta(x)] *vt (reunir)* to gather together; *(dinheiro)* to save; *(adicionar)* to add; **~ o útil ao agradável** to mix business with pleasure.
⊐ **juntar-se** *vp (reunir-se)* to gather round; *(encontrar-se)* to meet; *(amigar-se)* to move in together.

junto, -ta [ʒũtu, -ta] *pp* → **juntar** ♦ *adj* together ♦ *adv:* **~ de** OU **a** by; **~ com** along with.

jura [ʒura] *f* vow.

juramento [ʒura'mẽtu] *m* oath.

jurar [ʒu'ra(x)] *vt & vi* to swear.

júri [ʒuri] *m* jury.

jurídico, -ca [ʒu'ridʒiku, -ka] *adj* legal.

juros [ʒuruʃ] *mpl* interest *(sg)*.

justeza [ʒuʃ'teza] *f (precisão)* precision; *(imparcialidade)* fairness.

justiça [ʒuʃˈtʃisa] *f* justice; *(organismo)* judiciary.

justificação [ʒuʃtʃifika'sãw] (*pl* -ões [-õjʃ]) *f (razão)* justification; *(escrita)* statement.

justificar [ʒuʃtʃifi'ka(x)] *vt* to justify. ☐ **justificar-se** *vp* to justify o.s.

justificativa [ʒuʃtʃifika'tiva] *f* justification.

justo, -ta [ˈʒuʃtu, -ta] *adj (exato)* precise; *(imparcial)* fair; *(cingido)* fitted.

juvenil [ʒuve'niw] (*pl* -is [-iʃ]) *adj (moda, centro, literatura)* for teenagers; *(delinqüente, comportamento)* juvenile.

juventude [ʒuvẽn'tudʒi] *f (época)* youth; *(jovens)* young people *(pl)*.

K

karaokê [karaoˈke] *m* karaoke.
karaté [karaˈtɛ] *m (Port)* = **caratê**.
kart [ˈkaxtʃi] *m* go-kart.
karting [ˈkaxtʃĩŋ] *m* go-karting.
ketchup [keˈtʃupi] *m* ketchup.
kg *(abrev de quilograma)* kg.
kit [ˈkitʃi] *m* kit.

kitchenette [kitʃiˈnɛtʃi] *f* kitch-enette.
kiwi [ˈkiwi] *m* kiwi fruit.
km *(abrev de quilômetro)* km.
km/h *(abrev de quilômetro por hora)* km/h.
KO [keˈɔ] *(abrev de knock-out)* KO.

lá ['la] *adv* there; **quero ~ saber!** what do I care!; **sei ~!** how should I know!; **vá ~!** go on!; **para ~ de** beyond.

lã ['lã] *f* wool.

-la [la] *pron (pessoa)* her; *(coisa)* it; *(você)* you.

labareda [laba'reda] *f* flame.

lábio ['labju] *m* lip.

labirinto [labi'rĩntu] *m* labyrinth.

laboratório [labora'tɔrju] *m* laboratory.

laca ['laka] *f (Port)* hairspray.

laço ['lasu] *m* bow; *(de parentesco, amizade)* bond.

lacónico, -ca [la'kɔniku, -ka] *adj (Port)* = **lacônico**.

lacônico, -ca [la'koniku, -ka] *adj (Br)* laconic.

lacrar [la'kra(x)] *vt* to seal *(with sealing wax)*.

lacrimogénio [lakrimɔ'ʒɛnju] *adj m (Port)* = **lacrimogênio**.

lacrimogêneo [lakrimo'ʒenju] *adj m (Br)* → **gás**.

lácteo, -tea ['laktju, -tja] *adj (produto)* dairy *(antes de s)*.

lacticínios [lati'sinjuʃ] *mpl (Port)* = **laticínios**.

lacuna [la'kuna] *f (espaço vazio)* gap; *(esquecimento)* oversight.

ladeira [la'dejra] *f* slope.

lado ['ladu] *m* side; *(lugar)* place; **gosto de me deitar de ~** I like to sleep on my side; **deixar** ou **pôr de ~** to set aside; **o ~ fraco** weak point; **o vizinho do ~** the next-door neighbour; **ao ~ de** next to, beside; **~ a ~** side by side; **de ~ a ~** from one end to the other; **de um ~ para o outro** back and forth; **por todo o ~** ou **todos os ~s** all over the place; **por um ~ ... por outro ~ ...** on the one hand ... on the other hand ....

ladrão, ladra [la'drãw, 'ladra] *(mpl -ões* [-õjʃ], *fpl -s* [-ʃ]) *m, f* thief.

ladrilho [la'driʎu] *m* floor tile.

ladrões → **ladrão**.

lagarta [la'gaxta] *f (bicho)* caterpillar.

lagartixa [lagax'tʃiʃa] *f* gecko.

lagarto [la'gaxtu] *m* lizard.

lago ['lagu] *m (natural)* lake; *(de jardim)* pond.

lagoa [la'goa] *f* lake.

lagosta [la'goʃta] *f* lobster.

lagostim [laguʃ'tʃĩ] *(pl -ns* [-ʃ]) *m* langoustine.

lágrima ['lagrima] *f* tear.

laje ['laʒi] *f (de pavimento)* paving stone; *(de construção)* slab.

lama ['lama] *f* mud.

lamacento, -ta [lama'sẽntu, -ta] *adj* muddy.

lambada [lãm'bada] *m (dança)* lambada.

lamber [lãm'be(x)] *vt* to lick; **~ tudo** *(fam)* to lick the plate clean.

❏ **lamber-se** *vp (cão)* to lick o.s.; *(gato)* to wash o.s.

lamentar [lamẽn'ta(x)] *vt* to lament.

❏ **lamentar-se** *vp* to moan.

lamentável [lamẽn'tavɛw] *(pl -eis* [-ejʃ]) *adj* regrettable.

lâmina ['lamina] *f* blade; **~ de barbear** razor blade.

lâmpada ['lãmpada] *f (light)* bulb.

lampião [lãm'pjãw] *(pl -ões* [-õjʃ]) *m* lantern.

lampreia [lãm'preja] *f* lamprey.

lança ['lãsa] *f* lance, spear.

lançar [lã'sa(x)] *vt (lança, bola, dardo)* to throw; *(novo filme, disco)* to release; *(campanha, livro, produto)* to launch.

❏ **lançar-se** *vp*: **~-se a** to launch o.s. at; **~-se sobre** to throw o.s. on.

lance ['lãsi] *m (em licitação)* bid; *(ESP: jogada)* shot; *(Br: fam: fato)* fact; **~ de**

escada flight of stairs.

lancha [ˈlãʃa] f launch.

lanchar [lãˈʃa(x)] vi to have tea.

lanche [ˈlãʃi] m tea (light afternoon meal).

lanchonete [lãʃoˈnetʃi] f (Br) snack bar.

lancinante [lãsiˈnãntʃi] adj (dor) shooting; (grito) piercing.

lanço [ˈlãsu] m (Port) (em licitação) bid; ~ de escadas flight of stairs.

lânguido, -da [ˈlãŋgidu, -da] adj languid.

lantejoula [lãnteˈʒola] f sequin.

lanterna [lãnˈtexna] f lantern; ~ de bolso torch (Brit), flashlight (Am).

lapela [laˈpɛla] f lapel.

lápide [ˈlapidʒi] f (em monumento, estátua) memorial stone; (em túmulo) tombstone.

lápis [ˈlapiʃ] m inv pencil; ~ de cor coloured pencil; ~ de cera wax crayon; ~ para os olhos eyeliner.

lapiseira [lapiˈzejra] f (em Portugal) ballpoint pen; (no Brasil) propelling pencil.

lapso [ˈlapsu] m (de tempo) period; (esquecimento) slip; por ~ by mistake.

laquê [laˈke] m (Br) hairspray.

lar [ˈla(x)] (pl -res [-riʃ]) m home; ~ (de idosos) old people's home.

laranja [laˈrãʒa] f orange.

laranjada [larãˈʒada] f (Port) orangeade; (Br) orange juice.

laranjeira [larãˈʒejra] f orange tree.

lareira [laˈrejra] f fireplace.

lares → lar.

largada [laxˈgada] f start.

largar [laxˈga(x)] vt (soltar) to let go; (libertar) to set free; (deixar cair) to drop; (velas) to unfurl; (abandonar) to leave.

largo, -ga [ˈlaxgu, -ga] adj (caminho, estrada, cama) wide; (roupa) loose ◆ m (praça) square; **tem 3 metros de ~** it's 3 metres wide; **ao ~** at a distance.

largura [laxˈgura] f width.

laringe [laˈrĩʒi] f larynx.

larva [ˈlaxva] f larva.

-las [laʃ] pron pl (elas) them; (vocês) you.

lasanha [laˈzaɲa] f lasagne.

lasca [ˈlaʃka] f (de madeira) splinter; (de pedra) chip.

laser [ˈlejzɛ(x)] (pl -res [-riʃ]) m laser.

lástima [ˈlaʃtʃima] f (pena) shame; (miséria) misery.

lastimável [laʃtʃiˈmavɛw] (pl -eis [-ejʃ]) adj (acontecimento) regrettable; (erro) unfortunate; (situação, estado) deplorable.

lata [ˈlata] f tin; (de bebida) can; ~ (de conserva) tin (Brit), can (Am); ~ de lixo (Br) litter bin (Brit), trashcan (Am).

latão [laˈtãw] (pl -ões [-õjʃ]) m (metal) brass; (vasilha) large can.

latejar [lateˈʒa(x)] vi to throb.

latente [laˈtẽntʃi] adj latent.

lateral [lateˈraw] (pl -ais [-ajʃ]) adj lateral.

laticínios [latʃiˈsinjuʃ] mpl (Br) dairy products.

latido [laˈtʃidu] m barking.

latifúndio [latʃiˈfũndʒju] m large rural estate.

latim [laˈtʃĩ] m Latin.

latino, -na [laˈtʃinu, -na] adj Latin.

latino-americano, -na [laˌtʃinwameriˈkanu, -na] adj & m, f Latin American.

latir [laˈtʃi(x)] vi to bark.

latitude [latʃiˈtudʒi] f latitude.

latões → latão.

lava [ˈlava] f lava.

lavabo [laˈvabu] m (pia) washbasin; (banheiro) toilet (Brit), restroom (Am).

lavagem [laˈvaʒẽ] (pl -ns [-ʃ]) f washing; ~ **automática** automatic car wash; ~ **cerebral** brainwashing; ~ **a seco** dry-cleaning.

lavanda [laˈvãnda] f lavender.

lavandaria [lavãndaˈria] f (Port) = lavanderia.

lavanderia [lavãndeˈria] f (Br) (loja, local) laundry; ~ **automática** launderette; ~ **a seco** dry cleaner's (shop).

lavar [laˈva(x)] vt to wash; ~ **os dentes** to clean OU brush one's teeth; ~ **a louça** to wash the dishes; ~ **a roupa** to do the washing.

❏ **lavar-se** vp to have a wash.

lavável [laˈvavɛw] (pl -eis [-ejʃ]) adj washable.

lavrador, -ra [lavraˈdo(x), -ra] (mpl -res [-riʃ], fpl -s [-ʃ]) m, f farm labourer.

laxante [laˈʃãntʃi] adj & m laxative.

lazer [laˈze(x)] m: **horas** OU **momentos de ~** spare OU free time; **centro de ~** leisure centre.

Lda (Port: abrev de limitada) Ltd.

lê [ˈle] → ler.

leal [le'aw] (*pl* **-ais** [-ajʃ]) *adj* loyal.

leão [le'ãw] (*pl* **-ões** [-õjʃ]) *m* lion.

❏ **Leão** *m* Leo.

lebre ['lɛbri] *f* hare; **comer gato por ~** to be ripped off.

leccionar [lɛsjuˈnar] *vt & vi* (*Port*) = **lecionar**.

lecionar [lɛsjoˈna(x)] *vt & vi* (*Br*) to teach.

lectivo, -va [lɛ'tivu, -va] *adj* (*Port*) = **letivo**.

lêem ['leẽ] → **ler**.

legal [le'gaw] (*pl* **-ais** [-ajʃ]) *adj* (*segundo a Lei*) legal; (*Br: fam*) great.

legalidade [legali'dadʒi] *f* legality.

legalizar [legali'za(x)] *vt* (*actividade*) to legalize; (*documento, assinatura*) to authenticate.

legenda [le'ʒẽda] *f* (*em mapa*) key; (*em fotografia*) caption; (*mito*) legend.

❏ **legendas** *fpl* (*em cinema, televisão*) subtitles.

legislação [leʒiʒla'sãw] *f* legislation.

legitimar [leʒitʃi'ma(x)] *vt* to legitimize; (*documento, assinatura*) to authenticate.

legítimo, -ma [le'ʒitʃimu, -ma] *adj* legitimate; (*autêntico*) genuine.

legível [le'ʒivɛw] (*pl* **-eis** [-ejʃ]) *adj* legible.

légua ['lɛgwa] *f* league; **ficar a ~s de distância** to be miles away.

legumes [le'gumeʃ] *mpl* vegetables.

lei ['lej] *f* law; **fazer tudo pela ~ do menor esforço** to do everything with the least possible effort; **segundo a ~** according to the law.

leilão [lej'lãw] (*pl* **-ões** [-õjʃ]) *m* auction.

leio ['leju] → **ler**.

leitão [lej'tãw] (*pl* **-ões** [-õjʃ]) *m* suckling pig.

leitaria [lejta'ria] *f* (*Port*) = **leiteria**.

leite ['lejtʃi] *m* milk; **~ gordo/meio-gordo/magro** (*Port*) full-fat/semi-skimmed/skimmed milk; **~ pasteurizado/ultrapasteurizado** pasteurized/UHT milk; **~ integral/desnatado** (*Br*) full-fat/skimmed milk; **~ achocolatado** chocolate milk; **~ de côco** coconut milk; **~ condensado** condensed milk; **~ creme** crème brûlée; **~ em pó** powdered milk.

leite-de-onça [,lejtʃi'dʒjõsa] *m* (*Br*) milk mixed with "cachaça".

leiteiro, -ra [lej'tejru, -ra] *m, f* milkman (*f* milkwoman).

leiteria [lejte'ria] *f* (*Br*) dairy.

leito ['lejtu] *m* bed.

leitões → **leitão**.

leitor, -ra [lej'to(x), -ra] (*mpl* **-res** [-riʃ], *fpl* **-s** [-ʃ]) *m, f* reader; (*Port: professor assistente*) language assistant ♦ *m* (*de cassetes, CD*) player; **~ de cassetes** cassette player; **~ de CD** CD player; **~ de vídeo** video(recorder) (*Brit*), VCR (*Am*).

leitura [lej'tura] *f* reading.

lema ['lema] *m* motto.

lembrança [lẽm'brãsa] *f* memory; (*prenda*) memento; **dê-lhe ~s** send him/her my regards.

lembrar [lẽm'bra(x)] *vt* (*recordar*) to remember; (*assemelhar-se a*) to look like; **~ algo a alguém** to remind sb of sthg; **~ alguém de fazer algo** to remind sb to do sthg.

❏ **lembrar-se** *vp* to remember; **~-se de** to remember; **~-se de fazer algo** to remember to do sthg.

leme ['lɛmi] *m* (*posição*) helm; (*objeto*) rudder.

lenço ['lẽsu] *m* handkerchief; **~ da cabeça** headscarf; **~ de papel** tissue; **~ (do pescoço)** scarf.

lençol [lẽ'sɔw] (*pl* **-óis** [-ɔjʃ]) *m* sheet; **~ de água** water table.

lenha ['leɲa] *f* firewood.

lente ['lẽtʃi] *f* lens; **~s de contato** contact lenses.

lentidão [lẽtʃi'dãw] *f* com **~** slowly.

lentilha [lẽ'tʃiʎa] *f* lentil.

lento, -ta ['lẽtu, -ta] *adj* slow.

leoa [le'oa] *f* lioness.

leões → **leão**.

leopardo [ljo'paxdu] *m* leopard.

lepra ['lɛpra] *f* leprosy.

leque ['lɛki] *m* fan.

ler ['le(x)] *vt & vi* to read.

lesão [le'zãw] (*pl* **-ões** [-õjʃ]) *f* (*ferida, contusão*) injury; (*prejuízo*) harm.

lesar [le'za(x)] *vt* (*ferir*) to injure; (*prejudicar*) to harm.

lésbica ['lɛʒbika] *f* lesbian.

lesma ['leʒma] *f* slug; (*fig: pessoa lenta*) slowcoach (*Brit*), slowpoke (*Am*).

lesões → **lesão**.

leste ['lɛʃtʃi] *m* east; **os países de ~** Eastern European countries; **a** ou **no ~** in the east; **a ~ de** east of; **estar a ~**

de algo *(fam)* not to have a clue about sthg.

letal [leˈtaw] *(pl* **-ais** [-ajʃ])* adj* lethal.

letivo, -va [leˈtʃivu, -va] *adj (Br) (ano)* academic, school *(antes de s)*.

letra [ˈletra] *f (do alfabeto)* letter; *(maneira de escrever)* handwriting; *(título de crédito)* bill; **~ maiúscula** capital letters *(pl)*; **~ de imprensa** block capitals *(pl)*; **~ de fôrma** *(Br)* block capitals *(pl)*.

❏ **letras** *fpl (área de estudo)* arts.

letreiro [leˈtrejru] *m* sign.

leu [ˈlew] → **ler**.

léu [ˈlɛu] *m:* **ao ~** uncovered.

leucemia [lewseˈmia] *f* leukaemia.

levantamento [levãntaˈmẽntu] *m* survey; **~ de peso** weightlifting.

levantar [levãnˈta(x)] *vt (erguer)* to raise, to lift; **~ dinheiro** to raise money; **~ a mesa** to clear the table; **~ vôo** to take off.

❏ **levantar-se** *vp (de cama)* to get up; *(de cadeira, chão)* to stand up.

levar [leˈva(x)] *vt* to take; *(carregar)* to carry; *(induzir)* to lead; *(filme)* to show; *(fam: porrada, bofetada)* to get; **este recipiente leva cinco litros** this container holds five litres; **~ alguém a fazer algo** to make sb do sthg; **~ a cabo algo** to carry sthg out; **~ a mal algo** to take sthg the wrong way; **deixar-se ~** to get taken for a ride.

leve [ˈlɛvi] *adj* light.

leviandade [levjãnˈdadʒi] *f* rashness.

leviano, -na [leˈvjanu, -na] *adj* rash.

léxico [ˈlɛksiku] *m* lexicon.

lha [ʎa] = **lhe + a**, → **lhe**.

lhe [ʎi] *pron (ele) (ela)* (to) him; *(ela)* (to) her; *(você)* (to) you; **já ~ dei a chave do quarto** I've already given him/her/you the key to the room; **aquele livro ali, ela deu-lhe como presente** that book there, she gave it to him/her/you as a present.

lhes [ʎeʃ] *pron pl (eles, elas)* (to) them; *(vocês)* (to) you.

lho [ʎu] = **lhe + o**, **lhes + o**, → **lhe**.

li [ˈli] → **ler**.

libélula [liˈbɛlula] *f* dragonfly.

liberação [liberaˈsãw] *f* liberation.

liberal [libeˈraw] *(pl* **-ais** [-ajʃ])* adj & mf* liberal.

liberalização [liberalizaˈsãw] *f* deregulation.

liberar [libeˈra(x)] *vt (pessoa)* to free, to liberate; *(comércio, consumo)* to deregulate.

liberdade [libexˈdadʒi] *f* freedom; **pôr em ~** to set free; **tomar a ~ de fazer algo** to take the liberty of doing sthg.

libertar [libexˈta(x)] *vt* to set free.

liberto, -ta [liˈbɛxtu, -ta] *pp* → **libertar**.

libra [ˈlibra] *f* pound.

❏ **Libra** *f (Br: signo do Zodíaco)* Libra.

lição [liˈsãw] *(pl* **-ões** [-õjʃ])* f* lesson; **dar uma ~ a alguém** to teach sb a lesson; **que isso lhe sirva de ~!** let that be a lesson to you!

licença [liˈsẽsa] *f (autorização)* permission; *(de veículo)* registration document; *(de arma)* licence; **com ~** excuse me; **~ de maternidade** *(para mãe)* maternity leave; *(para pai)* paternity leave.

licenciado, -da [lisẽˈsjadu, -da] *m, f* graduate.

licenciatura [lisẽsjaˈtura] *f* degree.

liceu [liˈsew] *m* = secondary school *(Brit)*, = high school *(Am)*.

lições → **lição**.

licor [liˈko(x)] *(pl* **-res** [-riʃ])* m* liqueur.

lidar [liˈda(x)] **: lidar com** *v + prep* to deal with.

líder [ˈlide(x)] *(pl* **-res** [-riʃ])* mf* leader.

lido, -da [ˈlidu, -da] *pp* → **ler**.

liga [ˈliga] *f (associação)* league; *(de meias)* garter.

ligação [ligaˈsãw] *(pl* **-ões** [-õjʃ])* f (de amor, amizade)* relationship; *(telefônica)* connection.

ligado, -da [liˈgadu, -da] *adj (luz, televisão)* (switched OU turned) on.

ligadura [ligaˈdura] *f* bandage.

ligamento [ligaˈmẽntu] *m* ligament.

ligar [liˈga(x)] *vt (luz, televisão)* to switch OU turn on; *(em tomada)* to plug in ◆ *vi (telefonar)* to call; **~ para** *(telefonar para)* to call; *(dar atenção a)* to take notice of.

ligeiro, -ra [liˈʒejru, -ra] *light; (ferimento)* slight.

lilás [liˈlaʃ] *(pl* **-ases** [-aziʃ])* m & adj* lilac.

lima [ˈlima] *f (Port)* file.

limão [liˈmãw] *(pl* **-ões** [-õjʃ])* m (Br)* lime; *(Port)* lemon.

limão-galego [li.mãwgaˈlegu] *(pl* **limões-galegos** [li.mõiʒgaˈleguʃ])* m (Br)* lemon.

limiar [li'mja(x)] *m* threshold; **no ~ de algo** on the threshold of sthg.

limitação [limita'sãw] (*pl* **-ões** [-õjʃ]) *f* (*de direitos, movimentos*) restriction; (*de terreno*) boundary.

❏ **limitações** *fpl* (*intelectuais*) limitations.

limitar [limi'ta(x)] *vt* to limit.

❏ **limitar-se** a *vp* + *prep* to limit o.s. to.

limite [li'mitʃi] *m* limit; (*de terreno*) boundary; **~ de velocidade** speed limit; **sem ~s** limitless; **passar dos ~s** (*fig*) to overstep the mark.

limo ['limu] *m* slime.

limoeiro [li'mwejru] *m* lemon tree.

limões → **limão.**

limonada [limo'nada] *f* lemonade.

limpador [lĩmpa'do(x)] (*pl* **-res** [-riʃ]) *m* (*Br*): **~ de pára-brisas** windscreen wiper (*Brit*), windshield wiper (*Am*).

limpa-pára-brisas [,lĩmpapara-'brizaʃ] *m inv* (*Port*) windscreen wiper (*Brit*), windshield wiper (*Am*).

limpar [lĩm'pa(x)] *vt* to clean; (*pratos*) to dry; (*boca*) to wipe; (*mãos*) to wash; (*fam: roubar*) to clean out; **~ o pó** to do the dusting.

limpa-vidros [,lĩmpa'vidruʃ] *m inv* (*instrumento*) window wiper; (*detergente*) window-cleaning fluid.

limpeza [lĩm'peza] *f* (*ação*) cleaning; (*asseio*) cleanliness.

limpo, -pa ['lĩmpu, -pa] *pp* → **limpar** ♦ *adj* (*sem sujeira*) clean; (*céu*) clear; **estar** OU **ficar ~** (*fam*) to be broke; **tirar algo a ~** to clear sthg up.

limusine [limu'zini] *f* limousine.

lince ['lĩsi] *m* lynx.

lindo, -da ['lĩndu, -da] *adj* beautiful.

lingerie [lãʒe'xi] *f* lingerie.

lingote [lĩŋ'gɔtʃi] *m* ingot.

língua ['lĩŋgwa] *f* (*ANAT*) tongue; (*idioma*) language; **bater com a ~ nos dentes** (*fam: denunciar*) to grass; **dobrar a ~** to watch one's language; **morder a ~** to bite one's tongue; **ter algo na ponta da ~** to have sthg on the tip of one's tongue.

linguado [lĩŋ'gwadu] *m* sole.

linguagem [lĩŋ'gwaʒẽ] (*pl* **-ns** [-ʃ]) *f* language.

linguarudo, -da [lĩŋgwa'rudu, -da] *adj* gossipy.

línguas-de-gato [,lĩŋgwaʒdʒi'gatu] *fpl* small, thin sweet biscuits.

lingueta [lĩŋ'gweta] *f* catch.

linguiça [lĩŋ'gwisa] *f* long, thin, spicy dry sausage made with lean pork and seasoned with paprika.

linha ['liɲa] *f* line; (*de coser*) thread; **~ jovem** teenage range; **manter a ~** to keep trim; **~ férrea** (*Port*) (train) tracks (*pl*); **em ~** in a line.

linho ['liɲu] *m* linen.

linóleo [li'nɔlju] *m* linoleum.

liquidação [likida'sãw] (*pl* **-ões** [-õjʃ]) *f* (*de dívida*) settlement; **~ total** clearance OU closing-down sale.

liquidar [liki'da(x)] *vt* (*dívida*) to pay off; (*matar*) to liquidate; (*mercadorias*) to sell off.

liquidificador [likwidʒifika'do(x)] (*pl* **-res** [-riʃ]) *m* (*Br*) liquidizer, blender.

liquidificadora [likidifika'dora] *f* (*Port*) = **liquidificador.**

líquido, -da ['likidu, -da] *adj* (*substância*) liquid; (*COM*) net ♦ *m* liquid.

lírio ['lirju] *m* lily.

Lisboa [liʒ'boa] *s* Lisbon.

lisboeta [liʒ'bweta] *adj* of/relating to Lisbon ♦ *mf* native/inhabitant of Lisbon.

liso, -sa ['lizu, -za] *adj* (*superfície*) flat; (*cabelo*) straight; (*folha*) plain; **estar** OU **ficar ~** (*fam: sem dinheiro*) to be skint.

lista ['liʃta] *f* list; (*menu*) menu; **~ de preços** price list; **~ telefônica** telephone directory; **~ de vinhos** wine list.

listra ['liʃtra] *f* stripe.

literal [lite'raw] (*pl* **-ais** [-ajʃ]) *adj* literal.

literário, -ria [lite'rarju, -rja] *adj* literary.

literatura [litera'tura] *f* literature; **~ de cordel** popular literature from the northeast of Brazil.

litígio [li'tiʒju] *m* litigation.

litogravura [,litogra'vura] *f* lithography.

litoral [lito'raw] (*pl* **-ais** [-ajʃ]) *adj* coastal ♦ *m*: **o ~** the coast.

litro ['litru] *m* litre.

lívido, -da ['lividu, -da] *adj* pallid.

livrar [li'vra(x)] : **livrar-se de** *vp* + *prep* to get rid of.

livraria [livra'ria] *f* bookshop (*Brit*), book store (*Am*).

livre ['livri] *adj* free; **"livre"** (*em táxi*) "for hire"; (*em W.C.*) "vacant".

livro ['livru] *m* book; **~ de bolso**

pocket-size paperback; ~ **de capa dura** hardback.

lixa ['liʃa] *f* sandpaper; *(para unhas)* nail file.

lixeira [li'ʃejra] *f (em prédio)* rubbish chute; *(local)* rubbish dump *(Brit)*, garbage dump *(Am)*.

lixívia [le'ʃivja] *f (Port)* bleach.

lixo ['liʃu] *m* rubbish *(Brit)*, garbage *(Am)*.

-lo [lu] *pron (pessoa)* him; *(coisa)* it; *(você)* you.

L.ª *(abrev)* = **largo**.

lobo ['lobu] *m* wolf.

lóbulo ['lɔbulu] *m (de orelha)* earlobe.

local [lu'kaw] *(pl* **-ais** [-ajʃ]*) m* place ♦ *adj* local.

localidade [lokali'dadʒi] *f* town.

localização [lokaliza'sãw] *(pl* **-ões** [-õjʃ]*) f* location.

loção [lo'sãw] *(pl* **-ões** [-õjʃ]*) f* lotion; ~ **para após a barba** aftershave; ~ **capilar** hair lotion.

locatario, -ria [loka'tarju, -rja] *m, f* tenant.

loções → **loção**.

locomotiva [lokomo'tʃiva] *f* locomotive.

locução [loku'sãw] *(pl* **-ões** [-õjʃ]*) f (de filme, programa)* narration; *(GRAM)* phrase.

locutor, -ra [loku'to(x), -ra] *(mpl* **-res** [-riʃ], *fpl* **-s** [-ʃ]*) m, f (de rádio, televisão)* announcer.

lodo ['lodu] *m* mud.

lógica ['lɔʒika] *f* logic.

logo ['lɔgu] *adv* immediately; **mais** ~ later; ~ **de seguida** immediately; ~ **que** as soon as; ~ **agora que** now (that).

logotipo [logo'tʃipu] *m* logo.

loja ['lɔʒa] *f* shop *(Brit)*, store *(Am)*; ~ **de artigos esportivos** sports shop; ~ **de artigos fotográficos** camera shop; ~ **de brinquedos** toyshop; ~ **de bugigangas** junk shop; ~ **de ferragens** hardware shop; ~ **de lembranças** souvenir shop; ~ **de produtos dietéticos** health-food shop.

lombada [lõm'bada] *f* spine.

lombinho [lõm'biɲu] *m* tenderloin *(of pork)*.

lombo ['lõmbu] *m* loin; ~ **assado** *roast loin of pork marinated in dry white wine and paprika, then smeared with lard or covered in bacon before cooking.*

lombriga [lõm'briga] *f* roundworm.

lona ['lona] *f* canvas.

Londres ['lõndriʃ] *s* London.

londrino, -na [lõn'drinu, -na] *adj* of/relating to London.

longa-metragem [,lõŋgame'traʒẽ] *(pl* **longas-metragens** [,lõŋgaʒme'traʒẽʃ]*) f* feature film.

longe ['lõʒi] *adv* far; ~ **disso!** on the contrary!; **ao** ~ in the distance; **de** ~ *(fig)* by far; **ir** ~ **demais** to go too far.

longitude [lõʒi'tudʒi] *f* longitude.

longo, -ga ['lõŋgu, -ga] *adj* long; **ao** ~ **de** along; **ao** ~ **dos anos** over time.

lontra ['lõntra] *f* otter.

-los ['luʃ] *pron pl (eles)* them; *(vocês)* you.

losango [lo'zãŋgu] *m* lozenge.

lotação [lota'sãw] *(pl* **-ões** [-õjʃ]*) f (de cinema, teatro)* capacity; "~ **esgotada**" "sold out".

lotaria [luta'ria] *f (Port)* = **loteria**.

lote ['lɔtʃi] *m (de terreno)* plot; *(de prédios)* street number.

loteria [lote'ria] *f (Br)* lottery; ~ **esportiva** = football pools *(pl) (Brit)*, = soccer sweepstakes *(pl) (Am)*.

loto ['lɔtu] *m (jogo)* lotto.

louça ['losa] *f* china; *(pratos, xícaras, pires, etc)* crockery.

louco, -ca ['loku, -ka] *adj* mad, crazy ♦ *m, f* lunatic; **estar** OU **ficar** ~ **de alegria** to be over the moon; **ser** ~ **por** to be crazy about.

loucura [lo'kura] *f* madness.

louro, -ra ['loru, -ra] *adj* blond ♦ *m (condimento)* bay leaf.

louva-a-deus [,lova'dewʃ] *m inv* praying mantis.

louvar [lo'va(x)] *vt* to praise.

louvável [lo'vavɛw] *(pl* **-eis** [-ejʃ]*) adj* praiseworthy.

LP *m (abrev de long-play)* LP.

Ltda *(Br: abrev de limitada)* Ltd.

L.ᵗᵉ *(abrev de lote)* ~ No. *(Brit)*, = # *(Am)*.

lua ['lua] *f* moon; **estar de** ~ to be in a mood; **viver no mundo da** ~ to have one's head in the clouds.

lua-de-mel [,luadʒi'mew] *(pl* **luas-de-mel** [,luaʒdʒi'mew]*) f* honeymoon.

luar ['lwa(x)] *m* moonlight.

lubrificante [lubrifi'kãntʃi] *m* lubricant.

lubrificar [lubrifi'ka(x)] *vt* to lubricate.

lucidez [lusi'deʃ] *f* clarity.

lúcido, -da ['lusidu, -da] *adj* lucid.

lúcio ['lusju] *m* pike.

lucrar [lu'kra(x)] *vi* to profit; **~ com** to profit from.

lucrativo, -va [lukra'tʃivu, -va] *adj* lucrative.

lucro ['lukru] *m* profit.

lúdico, -ca ['ludʒiku, -ka] *adj* play *(antes de s)*.

lugar [lu'ga(x)] *(pl* **-res** [-riʃ]) *m* place; **em primeiro ~** *(em esporte)* in first place; *(antes)* first; **ter ~** *(ocorrer)* to take place; **em ~ de** instead of; **dar o ~ a alguém** to give one's seat to sb; **tomar o ~ de alguém** to take sb's place.

lugar-comum [lu,gaxku'mũ] *(pl* **lugares-comuns** [lu,gariʃku'mũʃ]) *m* cliché.

lugares → lugar.

lúgubre ['lugubri] *adj* gloomy.

lula ['lula] *f* squid; **~s grelhadas** *grilled squid served with a butter, lemon and parsley sauce.*

lume ['lumi] *m (fogueira)* fire; *(Port: chama)* flame.

luminária [lumi'narja] *f (Br)* lamp; **~ de mesa** table lamp; **~ de pé** standard lamp *(Brit)*, floor lamp *(Am)*.

luminosidade [luminozi'dadʒi] *f* brightness.

luminoso, -osa [lumi'nozu, -ɔza] *adj* bright; *(fig: idéia, solução)* brilliant.

lunar [lu'na(x)] *(pl* **-res** [-riʃ]) *adj* lunar.

lunático, -ca [lu'natʃiku, -ka] *m, f* lunatic.

luneta [lu'neta] *f (Br: telescópio)* telescope.

lupa ['lupa] *f* magnifying glass.

lustre ['luʃtri] *m* shine; *(luminária)* chandelier; **dar o ~ em algo** to polish sthg.

lustro ['luʃtru] *m* shine.

luta ['luta] *f* fight.

lutar [lu'ta(x)] *vi* to fight; **~ contra/por** to fight against/for.

luto ['lutu] *m* mourning; **estar de ~** to be in mourning.

luva ['luva] *f* glove.

Luxemburgo [luʃẽ'buxgu] *m*: **o ~** Luxembourg.

luxo ['luʃu] *m* luxury; **de ~** luxury *(antes de s)*.

luxuoso, -osa [lu'ʃwozu, -ɔza] *adj* luxurious.

luxúria [lu'ʃurja] *f* lust.

luxuriante [luʃu'rjãntʃi] *adj* luxuriant.

luz ['luʃ] *(pl* **-zes** [-ziʃ]) *f* light; **dar à ~ (um menino)** to give birth *(to a baby boy)*; **~ do sol** sunlight.

luzir [lu'zi(x)] *vi* to glow.

lycra® ['likra] *f* Lycra®.

M

ma [ma] = me + a, → me.

má → mau.

maca ['maka] f stretcher.

maçã [ma'sã] f apple; ~ **assada** baked apple.

macabro, -bra [ma'kabru, -bra] adj macabre.

macacão [maka'kãw] (pl -ões [-õjʃ]) m (roupa) jumpsuit; (protetor) boiler suit (Brit), overall (Am).

macaco, -ca [ma'kaku, -ka] m, f monkey ◆ m (AUT) jack.

macacões → macacão.

maçã-de-adão [ma,sãdʒja'dãw] (pl maçãs-de-adão [ma,sãʒdʒja'dãw]) f Adam's apple.

maçador, -ra [masa'dor, -ra] (mpl -res [-rcʃ], fpl -s [-ʃ]) adj (Port) boring.

maçaneta [masa'neta] f knob.

maçante [ma'sãntʃi] adj (Br) boring.

maçapão [masa'pãw] m marzipan.

maçarico [masa'riku] m blowtorch.

maçaroca [masa'rɔka] f corncob.

macarrão [maka'xãw] m (Br: massa) pasta; (Port: tipo de massa) macaroni.

Macau [ma'kaw] s Macao.

macedônia [mase'dɔnja] f mixed vegetables (pl); ~ **(de frutas)** fruit salad.

macete [ma'setʃi] m mallet.

machado [ma'ʃadu] m axe.

machismo [ma'ʃiʒmu] m male chauvinism.

machista [ma'ʃiʃta] adj chauvinistic ◆ m male chauvinist.

macho ['maʃu] adj m (animal) male; (homem) virile ◆ m (animal) male.

machucado, -da [maʃu'kadu, -da] adj (Br: ferido) hurt.

machucar [maʃu'kax] vt (Br) to hurt. ❏ **machucar-se** vp (Br) to hurt o.s.

maciço, -ça [ma'sisu, -sa] adj solid.

macieira [ma'sjejra] f apple tree.

macio, -cia [ma'siu, -'sia] adj soft.

maço ['masu] m mallet; ~ **(de cigarros)** packet (of cigarettes); ~ **de folhas** block of paper.

macumba [ma'kũmba] f voodoo.

madeira [ma'dejra] f wood.

Madeira [ma'dejra] m (vinho) Madeira ◆ f: a ~ Madeira.

madeixa [ma'dejʃa] f (de cabelo) lock.

madrasta [ma'draʃta] f stepmother.

madrepérola [,madre'pɛrola] f mother-of-pearl.

madressilva [,madre'siwva] f honeysuckle.

madrinha [ma'driɲa] f (de baptismo) godmother.

madrugada [madru'gada] f (amanhecer) dawn; (noite) early morning; **de ~** (fig: muito cedo) at the crack of dawn.

madrugar [madru'ga(x)] vi to get up very early.

maduro, -ra [ma'duru, -ra] adj mature; (fruto) ripe.

mãe ['mãj] f mother.

maestro [ma'ɛʃtru] m conductor.

magia [ma'ʒia] f magic.

mágico, -ca ['maʒiku, -ka] adj magical ◆ m, f magician.

magistrado, -da [maʒiʃ'tradu, -da] m, f magistrate.

magnético, -ca [mag'nɛtʃiku, -ka] adj magnetic.

magnífico, -ca [mag'nifiku, -ka] adj magnificent.

magnitude [magni'tudʒi] f magnitude.

magnólia [mag'nɔlja] f magnolia.

mago, -ga ['magu, -ga] m, f wizard (f witch).

mágoa ['magwa] f sorrow.

magoado, -da [ma'gwadu, -da] adj hurt.

magoar [ma'gwa(x)] vt to hurt.

❏ **magoar-se** *vp* to hurt o.s.

magro, -gra ['magru, -gra] *adj* thin.

maio ['maju] *m* May, → **setembro**.

maiô [ma'jo] *m* (Br) (de ginástica) leotard; (de banho) swimsuit.

maionese [majo'nɛzi] *f* mayonnaise.

maior [ma'jɔ(x)] (*pl* -res [-riʃ]) *adj* (em tamanho) bigger; (em número) higher; (em quantidade, importância) greater ◆ *mf*: o/a ~ (em tamanho) the biggest; (em número) the highest; (em quantidade, importância) the greatest; **ser ~ de idade** to be an adult; **a ~ parte de** most of.

maioria [majo'ria] *f* majority.

maioridade [majori'dadʒi] *f* adulthood.

mais ['majʃ] *adv* 1. (em comparações) more; **a Ana é ~ alta/inteligente** Ana is taller/ more intelligent; **~ do que** more than; **~ ... do que ... more ... than ...; é ~ alta do que eu** she's taller than me; **bebeu um copo a ~!** he's had one too many!; **deram-me dinheiro a ~** they gave me too much money. 2. (como superlativo): **o/a ~ ...** the most ...; **o ~ engraçado/ inteligente** the funniest/most intelligent. 3. (indica adição) any more; **não necessito de ~ trabalho** I don't need any more work; **não necessito de ~ ninguém** I don't need anyone else. 4. (indica intensidade): **que dia ~ feliz!** what a great day!; **que casa ~ feia!** what a horrible house! 5. (indica preferência): **vale ~ a pena ficar em casa** it would be better to stay at home; **gosto ~ de comida chinesa** I prefer Chinese food. 6. (em locuções): **de ~ a ~** (ainda por cima) what's more; **~ ou menos** more or less; **por ~ que se esforce** however hard he tries; **sem ~ nem menos** for no apparent reason; **uma vez ~, ~ uma vez** once OU yet again.

◆ *adj inv* 1. (em comparações) more; **eles têm ~ dinheiro** they have more money; **está ~ calor hoje** it's hotter today; **~ ... do que** more ... than. 2. (como superlativo) (the) most; **a pessoa que ~ discos vendeu** the person who sold (the) most records; **os que ~ dinheiro têm** those who have (the) most money. 3. (indica adição) more; **~ água, por favor** I'd like some more water,

please; **~ alguma coisa?** anything else?; **tenho ~ três dias de férias** I've got another three days' holiday left.

◆ *conj* and; **eu ~ o Luís vamos** Luís and I are going; **quero uma sopa ~ pão com manteiga** I'd like some soup and some bread and butter.

◆ *prep* (indica soma) plus; **dois ~ dois são quatro** two plus two is four.

maitre ['mɛtrɛ] *m* (Br) head waiter.

major [ma'ʒɔ(x)] (*pl* -res [-riʃ]) *m* major.

mal ['maw] (*pl* -les [-liʃ]) *m* (doença) illness; (dano) harm ◆ *adv* (erradamente) wrong ◆ *conj* (assim que) as soon as; **o ~ evil; ~ cheguei, telefonei logo** I phoned the minute I arrived; **estar ~** (de saúde) to be ill; **cheirar ~** to smell; **não faz ~** it doesn't matter; **ouço/vejo ~** I can't hear/see very well; **passar ~** (ter enjôo) to feel sick.

mala ['mala] *f* (de mão, roupa) bag; (do carro) boot (Brit), trunk (Am); **~ frigorífica** cool box; **~ de viagem** suitcase; **fazer as ~s** to pack.

malabarismo [malaba'riʒmu] *m* juggling; **fazer ~s** to juggle.

malabarista [malaba'riʃta] *mf* juggler.

mal-acabado, -da [ˌmawaka'badu, -da] *adj* (Br) badly finished.

malagueta [mala'geta] *f* chilli (pepper).

malandro, -dra [ma'lãndru, -dra] *adj* (preguiçoso) lazy; (matreiro) crafty ◆ *m, f* (patife) rogue.

malária [ma'larja] *f* malaria.

malcriado, -da [mawkri'adu, -da] *adj* rude.

maldade [maw'dadʒi] *f* evil.

maldição [mawdi'sãw] (*pl* -ões [-õjʃ]) *f* curse.

maldito, -ta [maw'dʒitu, -ta] *adj* damned.

maldizer [mawdʒi'ze(x)] *vt* (amaldiçoar) to curse; (falar mal de) to speak ill of.

maldoso, -osa [maw'dozu, -ɔza] *adj* evil.

mal-educado, -da [ˌmaledu'kadu, -da] *adj* rude.

malefício [male'fisju] *m* hazard.

mal-entendido [ˌmalĩntẽn'dʒidu] (*pl* **mal-entendidos** [ˌmalĩntẽn'diduʃ]) *m* misunderstanding.

males → **mal**.

mal-estar [malɛʃˈta(x)] (*pl* **mal-estares** [malɛʃˈtareʃ]) *m* (*dor física*) discomfort; (*inquietude*) uneasiness.

maleta [maˈleta] *f* travel bag.

malfeitor, -ra [mawfejˈto(x), -ra] (*mpl* **-res** [-riʃ], *fpl* **-s** [-ʃ]) *m, f* criminal.

malha [ˈmaʎa] *f* (*tecido*) wool; (*em rede*) mesh; (*Br: de ginástica*) leotard; **fazer ~** (*Port*) to knit.

malhado, -da [maˈʎadu, -da] *adj* (*animal*) mottled.

malhar [maˈʎa(x)] *vt* to thresh ♦ *vi* (*fam: fazer ginástica*) to work out.

mal-humorado, -da [malumoˈradu, -da] *adj* bad-tempered.

malícia [maˈlisja] *f* malice.

maligno, -gna [maˈlignu, -gna] *adj* malignant.

malmequer [mawmeˈkɛ(x)] (*pl* **-es** [-iʃ]) *m* marigold.

mal-passado, -da [mawpaˈsadu, -da] *adj* (*bife*) rare.

malta [ˈmawta] *f* (*fam*) gang.

maltratar [mawtraˈta(x)] *vt* (*bater em*) to ill-treat; (*descuidar, estragar*) to damage.

maluco, -ca [maˈluku, -ka] *adj* crazy ♦ *m, f* lunatic.

malvadez [mawvaˈdeʃ] *f* wickedness.

malvado, -da [mawˈvadu, -da] *adj* wicked.

mama [ˈmama] *f* breast.

mamadeira [mamaˈdeira] *f* (*Br*) baby's bottle.

mamão [maˈmãw] (*pl* **-ões** [-õjʃ]) *m* papaya, pawpaw.

mamar [maˈma(x)] *vi* to be breastfed; **dar de ~ a** (*amamentar*) to breast-feed; (*com mamadeira*) to bottle-feed.

mamífero [maˈmiferu] *m* mammal.

mamilo [maˈmilu] *m* nipple.

maminha [maˈmiɲa] *f* (*Br*) very tender rump steak.

mamões → **mamão**.

manada [maˈnada] *f* herd.

mancar [mãŋˈka(x)] *vi* to limp.

mancha [ˈmãʃa] *f* (*em animal, pele*) mark, spot; (*nódoa*) stain.

Mancha [ˈmãʃa] *f*: **o canal da ~** the English Channel.

manchar [mãˈʃa(x)] *vt* to stain.

manchete [mãˈʃetʃi] *f* (*Br: de jornal*) headline.

manco, -ca [ˈmãŋku, -ka] *adj* lame.

mandar [mãnˈda(x)] *vi* to be in charge

♦ *vt*: **~ alguém fazer algo** to tell sb to do sthg; **~ fazer algo** to have sthg done; **~ alguém passear** (*fam*) to send sb packing; **~ vir** (*encomendar*) to send for; **~ alguém à merda** (*vulg*) to tell sb to piss off; **~ em** to be in charge of; **ele gosta de ~ nos outros** he likes to boss everyone about OU around.

mandioca [mãnˈdʒjɔka] *f* cassava, manioc; (**farinha de**) **~** cassava (flour).

maneira [maˈnejra] *f* way; **de uma ~ geral** as a rule; **temos de fazer tudo à ~ dele** we have to do everything his way; **de ~ alguma** OU **nenhuma!** certainly not!; **de ~ que** so (that); **de qualquer ~** (*de todo jeito*) anyway; (*em desordem*) any old how; **desta ~** in this way; **de toda a ~** anyway; **de tal ~ ... que ...** so ... that ...; **de uma ~ ou de outra** one way or another.

❏ **maneiras** *fpl*: **ter ~s** to have good manners; **não ter ~s** to have bad manners.

manejar [maneˈʒa(x)] *vt* (*carro*) to drive; (*barco*) to sail.

manejável [maneˈʒavɛw] (*pl* **-eis** [-ejʃ]) *adj* manageable.

manequim [maneˈkĩ] (*pl* **-ns** [-ʃ]) *m* (*em vitrine*) dummy ♦ *mf* (*pessoa*) model.

maneta [maˈneta] *adj* one-handed; (*sem braço*) one-armed.

manga [ˈmãŋga] *f* (*de peça de vestuário*) sleeve; (*fruto*) mango; **em ~s de camisa** in shirtsleeves.

mangueira [mãŋˈgejra] *f* (*para regar, lavar*) hose; (*árvore*) mango tree.

manha [ˈmaɲa] *f*: **ter ~** to be sharp; **fazer ~** to put on an act.

manhã [maˈɲã] *f* morning; **de ~** in the morning; **duas da ~** two in the morning; **ontem de ~** yesterday morning.

mania [maˈnia] *f* (*obsessão*) obsession; (*hábito*) habit.

manicómio [maniˈkɔmju] *m* (*Port*) = **manicômio**.

manicômio [maniˈkɔmju] *m* (*Br*) asylum.

manicura [maniˈkura] *f* = **manicure**.

manicure [maniˈkuri] *f* manicure.

manifestação [manifeʃtaˈsãw] (*pl* **-ões** [-õjʃ]) *f* (*expressão*) expression; (*POL*) demonstration.

manifestar [manifeʃˈta(x)] *vt* (*afeto, fúria, etc*) to express.

❏ **manifestar-se** *vp* (*protestar*) to

demonstrate.

manipular [manipu'la(x)] *vt (máquina)* to handle; *(fig: influenciar)* to manipulate.

manivela [mani'vɛla] *f* crank.

manjericão [mãʒeri'kãw] *m* basil.

manobra [ma'nɔbra] *f (de carro)* manoeuvre; *(de trem)* shunting.

mansão [mã'sãw] *(pl -ões [-õjʃ]) f* mansion.

mansidão [mãsi'dãw] *f (de pessoa)* gentleness; *(de animal)* tameness.

manso, -sa ['mãsu, -sa] *adj (animal)* tame; *(mar)* calm.

mansões → mansão.

manta ['mãta] *f* blanket.

manteiga [mãn'tejga] *f* butter; ~ de cacau cocoa butter.

manteigueira [mãntej'gejra] *f* butter dish.

manter [mãn'te(x)] *vt* to keep; *(família)* to support; *(relação)* to have; ~ a palavra to keep one's word. ❏ **manter-se** *vp* to stay, to remain; ~-se em forma to keep fit.

manual [ma'nwaw] *(pl -ais [-ajʃ]) adj* manual ◆ *m* manual, guide; ~ (escolar) textbook.

manuscrito, -ta [manuʃ'kritu, -ta] *adj* hand-written ◆ *m* manuscript.

manusear [manu'zea(x)] *vt (livro)* to handle; *(objeto, ferramenta)* to use.

manutenção [manutẽ'sãw] *f* maintenance.

mão ['mãw] *f (ANAT)* hand; *(de estrada)* side; apertar a ~ to shake hands; dar a ~ a alguém to hold sb's hand; *(fig: ajudar)* to help sb out; de ~s dadas hand in hand; à ~ *(lavar, escrever)* by hand; dar uma ~ a alguém to give OU lend sb a hand; estar à ~ to be handy; ter algo à ~ to have sthg to hand.

mão-de-obra [mãw'dʒiɔbra] *f* workforce.

mapa ['mapa] *m* map; ~ das estradas road map.

mapa-múndi [ˌmapa'mũndʒi] *(pl* mapas-múndi [ˌmapaʒ'mũndʒi]) *m* world map.

maquete [ma'kɛtʃi] *f* model.

maquiagem [maki'aʒãj] *(pl -ns [-ʃ]) f* make-up.

maquiar [ma'kjax] *vt (Br)* to make up. ❏ **maquiar-se** *vp (Br)* to put one's make-up on.

maquilhar [maki'ʎa(x)] *vt (Port)* = maquiar.

máquina ['makina] *f* machine; ~ de barbear shaver; ~ de costura sewing machine; ~ de escrever typewriter; ~ de filmar film camera; ~ fotográfica camera; ~ de lavar *(para roupa)* washing machine; *(para louça)* dishwasher; ~ de secar tumble-dryer.

maquinaria [makina'ria] *f* machinery.

mar ['ma(x)] *(pl -res [-riʃ]) m* sea; ~ alto, alto ~ high seas *(pl)*; por ~ by sea.

maracujá [maraku'ʒa] *m* passion fruit.

maravilha [mara'viʎa] *f* wonder; que ~! how wonderful!; correr às mil ~s to be a great success; dizer ~s de to rave about; fazer ~s to do wonders.

maravilhoso, -osa [maravi'ʎozu, -ɔza] *adj* wonderful.

marca ['maxka] *f* mark; *(de carro, roupa)* make, brand; ~ registrada trademark; de ~ *(roupa)* designer *(antes de s)*.

marcação [maxka'sãw] *(pl -ões [-õjʃ]) f* booking; a ~ de consultas realiza-se entre as nove e as dez appointments must be made between nine and ten.

marcar [max'ka(x)] *vt (assinalar, indicar)* to mark; *(lugar)* to book; *(número)* to dial; *(ESP)* to score; ~ encontro com alguém to arrange to meet sb; ~ uma consulta/hora to make an appointment.

marcha ['maxʃa] *f (desfile)* march; *(ritmo)* pace; ~s populares colourful processions during local festivals; ~ à ré *(Br)* reverse.

marcha-atrás [ˌmaxʃa'trajʃ] *f inv (Port: de carro)* reverse; fazer ~ to reverse.

marchar [max'ʃa(x)] *vi* to march.

marcial [max'sjaw] *(pl -ais [-ajʃ]) adj* martial.

marco ['maxku] *m (em estrada, caminho)* landmark; *(moeda)* mark; ~ do correio *(Port)* postbox.

março ['marsu] *m* March, → setembro.

maré [ma'rɛ] *f* tide; estar de boa ~ to be in good spirits.

maré-alta [marɛ'awta] *(pl* marés-altas [marɛ'zawtaʃ]) *f* high tide.

maré-baixa [marɛ'bajʃa] *(pl* marés-

baixas [mareʒ'bajʃaʃ]) *f* low tide.
maremoto [marc'motu] *m* tidal wave.
mares → mar.
marfim [max'fĩ] *m* ivory.
margarida [maxga'rida] *f* daisy.
margarina [maxga'rina] *f* margarine.
margem ['maxʒẽ] (*pl* **-ns** [-ʃ]) *f (de rio)* bank; *(em texto, livro, documento)* margin; à ~ da sociedade on the fringe of society; pôr à ~ *(fig: ignorar)* to leave out; pôr-se à ~ not to take part.
marginal [maxʒi'naw] (*pl* **-ais** [-ajʃ]) *adj* marginal ◆ *mf* criminal.
marido [ma'ridu] *m* husband.
marimbondo [marĩm'bõndu] *m (Br)* wasp.
marina [ma'rina] *f* marina.
marinada [mari'nada] *f* marinade.
marinha [ma'riɲa] *f* navy.
marinheiro, -ra [mari'ɲejru, -ra] *m, f* sailor.
marionete [marjo'nɛtʃi] *f* puppet.
mariposa [mari'poza] *f (ESP)* butterfly; *(inseto)* moth.
marisco [ma'riʃku] *m* shellfish.
marítimo, -ma [ma'ritʃimu, -ma] *adj* sea *(antes de s)*.
marketing ['market'ĩŋ] *m* marketing.
marmelada [maxme'lada] *f* quince jelly.
marmeleiro [maxme'lejru] *m* quince tree.
marmelo [max'mɛlu] *m* quince.
mármore ['maxmori] *m* marble.
marquise [max'kizi] *f* conservatory.
Marrocos [ma'xɔkuʃ] *s* Morocco.
marrom [ma'xõ] (*pl* **-ns** [-ʃ]) *adj (Br)* brown.
martelar [maxte'la(x)] *vt* to hammer in.
martelo [max'tɛlu] *m* hammer.
mártir ['maxti(x)] (*pl* **-res** [-riʃ]) *mf* martyr.
mas¹ [maʃ] = me + as, → me.
mas² [ma(j)ʃ] *conj* but ◆ *m*: nem ~ nem meio ~! no buts!
mascar [maʃ'ka(x)] *vt* to chew.
máscara ['maʃkara] *f* mask.
mascarar-se [maʃka'raxsi] *vp* to dress up.
mascavo [maʃ'kavu] *adj m* → açúcar.
mascote [maʃ'kɔtʃi] *f* mascot.
masculino, -na [maʃku'linu, -na] *adj* masculine; *(sexo)* male.

masoquista [mazu'kiʃta] *adj* masochistic ◆ *mf* masochist.
massa ['masa] *f (espaguete, lasanha)* pasta; *(de pão)* dough; *(de bolo)* mix; ~ folhada *(Port)* puff pastry; ~ folheada *(Br)* puff pastry; em ~ *(fig: em grande número)* en masse.
massacre [ma'sakri] *m* massacre.
massagear [masa'ʒea(x)] *vt (Br)* to massage.
massagem [ma'saʒẽ] (*pl* **-ns** [-ʃ]) *f* massage.
massagista [masa'ʒiʃta] *mf* masseur *(f* masseuse).
massajar [masa'ʒar] *vt (Port)* = massagear.
mastigar [maʃtʃi'ga(x)] *vt* to chew.
mastro ['maʃtru] *m (NÁUT)* mast; *(de bandeira)* pole.
masturbar-se [maʃtux'baxsi] *vp* to masturbate.
mata ['mata] *f (bosque)* wood; *(Br: floresta)* forest.
mata-borrão [.matabo'xãw] (*pl* mata-borrões [.matabo'xõjʃ]) *m* blotting paper.
matadouro [mata'doru] *m* slaughterhouse.
matar [ma'ta(x)] *vt* to kill; *(fome)* to stay; *(sede)* to quench; ~ aula *(Br)* to skip class; ~ o tempo to pass the time. ⊔ **matar-se** *vp (suicidar-se)* to kill o.s.; ~-se de fazer algo to kill o.s. doing sthg.
mata-ratos [.mata'xatuʃ] *m inv* rat poison.
mate ['matʃi] *adj (sem brilho)* matt; ◆ *m (Br: planta, infusão)* maté, herbal infusion drunk out of a gourd.
matemática [mate'matʃika] *f* mathematics *(sg)*.
matéria [ma'tɛrja] *f (substância)* matter; *(EDUC)* subject; *(material)* material em ~ de on the subject of.
material [mate'rjaw] (*pl* **-ais** [-ajʃ]) *adj (bens)* material ◆ *m* materials *(pl)*; ~ escolar school materials *(pl)*.
matéria-prima [ma.terja'prima] (*pl* matérias-primas [ma.terjaʃ'primaʃ]) *f* raw material.
maternidade [matexni'dadʒi] *f (hospital)* maternity hospital.
matinê [matʃi'ne] *f (Br)* matinée.
matinée [matʃi'ne] *f (Port)* = matinê.
matizado, -da [matʃi'zadu, -da] *adj* speckled.

meia-hora

mato ['matu] *m (Br: bosque)* wood; *(tipo de vegetação)* bush.

matrícula [ma'trikula] *f (de carro)* numberplate *(Brit)*, license plate *(Am)*; *(em escola, universidade)* matriculation.

matrimónio [matri'mɔnju] *m (Port) (casamento)* = **matrimônio**.

matrimônio [matri'monju] *m (Br)* marriage.

matriz [ma'triʃ] *(pl* **-zes** [-ziʃ]) *f (de foto, tipografia)* original; *(igreja)* mother church; *(COM: sede)* head office.

maturidade [maturi'dadʒi] *f* maturity.

matuto, -ta [ma'tutu, -ta] *adj (Br: provinciano)* provincial.

mau, má ['maw, 'ma] *adj* bad; **nada ~!** not bad at all!

mausoléu [mawzo'lɛu] *m* mausoleum.

maus-tratos [mawʃ'tratuʃ] *mpl* abuse *(sg)*.

maxilar [maksi'la(x)] *(pl* **-res** [-riʃ]) *m* jaw.

máximo, -ma ['masimu, -ma] maximum; *(temperatura, nota)* highest ◆ *m*: **o ~** the most; **faz o ~ que você puder** do your best; **no ~** at most; **ao ~** to the full.

⎕ **máximos** *mpl (Port)* full beam headlights *(Brit)*, high beams *(Am)*.

me [mi] *pron (complemento direto)* me; *(complemento indireto)* (to) me; *(reflexo)* myself; **eu nunca ~ engano** I'm never wrong; **eu ~ machuquei** I hurt myself; **você já ~ contou essa história** you've already told me that story; **vou-~ embora** *(Port)* I'm going.

meados ['mjaduʃ] *mpl*: **em ~ de** in the middle of.

mecânica [me'kanika] *f* mechanics *(sg)*, → **mecânico**.

mecânico, -ca [me'kaniku, -ka] *adj* mechanical ◆ *m, f* mechanic.

mecanismo [meka'niʒmu] *m* mechanism.

mecha ['mɛʃa] *f (de vela)* wick; *(de cabelo)* tuft; **fazer ~ no cabelo** to have one's hair highlighted.

meço ['mɛsu] → **medir**.

medalha [me'daʎa] *f* medal.

média ['mɛdʒja] *f* average; **à ~ de** at an average of; **em ~** on average; **ter ~ de** *(EDUC)* to average.

mediano, -na [me'dʒjanu, -na] *adj (médio)* medium; *(sofrível)* average.

mediante [me'dʒjãntʃi] *prep* by means of, through; **irei ~ certas condições** I'll go on certain conditions.

medicação [medʒika'sãw] *(pl* **-ões** [-õjʃ]) *f* medication.

medicamento [medʒika'mẽntu] *m* medicine.

medicina [medʒi'sina] *f* medicine.

médico, -ca ['mɛdʒiku, -ka] *m, f* doctor; **~ de clínica geral** GP, general practitioner.

medida [me'dʒida] *f (grandeza, quantidade)* measurement; *(precaução, decisão)* measure; **feito sob ~** made to measure; **ficar na ~** to be a perfect fit; **em certa ~** to a certain extent; **na ~ do possível** as far as possible; **à ~ que** as; **tomar ~s** to take steps OU measures.

medieval [medʒje'vaw] *(pl* **-ais** [-ajʃ]) *adj* medieval.

médio, -dia ['mɛdʒju, -dʒja] *adj (tamanho)* medium; *(qualidade)* average ◆ *m (dedo)* middle finger; *(EDUC: nota)* pass.

⎕ **médios** *mpl (Port)* dipped headlights *(Brit)*, low beams *(Am)*.

mediocre [me'dʒiukri] *adj* mediocre.

medir [me'dʒi(x)] *vt* to measure; **quanto (é que) você mede?** how tall are you?; **eu meço 1,70 m** I'm 5 foot 7 inches.

meditar [medʒi'ta(x)] *vi* to meditate; **~ sobre algo** to think sthg over.

Mediterrâneo [medʒite'xanju] *m*: **o (mar) ~** the Mediterranean (Sea).

medo ['medu] *m* fear; **ter ~** to be frightened; **ter ~ de** to be afraid of; **você pode ir sem ~ porque não é perigoso** don't be afraid to go as it isn't dangerous.

medonho, -nha [me'doɲu, -ɲa] *adj (feio)* hideous.

medroso, -osa [me'drozu, -ɔza] *adj* frightened.

medula [me'dula] *f* (bone) marrow.

medusa [me'duza] *f* jellyfish.

megabyte [mɛga'bajtʃi] *m* megabyte.

meia ['mɛja] *f (Br: em número)* six; **~ de leite** white coffee.

meia-calça [ˌmɛja'kawsa] *(pl* **meias-calças** [ˌmɛaʃ'kawsaʃ]) *f* tights *(pl) (Brit)*, pantyhose *(Am)*.

meia-hora [ˌmɛja'ɔra] *(pl* **meias-horas** [ˌmɛja'zɔraʃ]) *f* half an hour.

meia-idade [ˌmejɐjˈdadʒi] f middle age; **de ~** middle-aged.

meia-noite [ˌmejaˈnojtʃi] f midnight.

meias [ˈmejaʃ] fpl socks; **~ de lycra** Lycra® tights.

meias-medidas [ˌmejaʒmeˈdʒidaʃ] fpl: **não estar com ~** not to be content with half measures.

meias-palavras [ˌmejaʃpaˈlavraʃ] fpl: **não ser de ~** not to mince one's words.

meigo, -ga [ˈmejgu, -ga] adj sweet.

meio, meia [ˈmeju, ˈmeja] adj half ◆ m (modo, recurso) way; (social) circles (pl); **meia pensão** half board; **~ ambiente** environment; **~ bilhete** half-fare; **a meia voz** under one's breath; **no ~ de** (duas coisas) between; (rua, mesa, multidão) in the middle of.

meio-dia [ˌmejuˈdʒia] m midday, noon.

meio-quilo [ˌmejuˈkilu] (pl **meios-quilos** [ˌmejuʃˈkiluʃ]) m half a kilo.

meio-seco [ˌmejuˈseku] adj m (vinho) medium dry.

mel [ˈmɛw] m honey.

melaço [meˈlasu] m molasses (pl).

melado, -da [meˈladu, -da] adj (Br: pegajoso) sticky.

melancia [melãˈsia] f watermelon.

melancolia [melãŋkoˈlia] f melancholy.

melancólico, -ca [melãŋˈkɔliku, -ka] adj melancholy.

melão [meˈlãw] (pl **-ões** [-õjʃ]) m melon.

melga [ˈmɛlga] f (Port) (insecto) midge; (fam: pessoa chata) pest.

melhor [meˈʎɔ(x)] (pl **-res** [-riʃ]) adj & adv better ◆ m: **o/a ~** (pessoa, coisa) the best one; **o ~ a fazer é ...** the best thing to do is ...; **o ~ é não ir** it would be best not to go; **ou ~** or rather; **tanto ~!** all the better!; **estar ~** (de saúde) to feel better; **ser do ~ que há** to be the best there is; **cada vez ~** better and better.

melhorar [meʎoˈra(x)] vt to improve ◆ vi to get better, to improve.

melhores → **melhor**.

melindrar [melĩˈdra(x)] vt to hurt.

melindroso, -osa [melĩˈdrozu, -ɔza] adj (pessoa) touchy; (assunto, questão, problema) delicate.

melodia [meloˈdʒia] f tune.

melodrama [meloˈdrama] m melodrama.

melodramático, -ca [melodraˈmatʃiku, -ka] adj melodramatic.

melões → **melão**.

melro [ˈmɛwxu] m blackbird.

membro [ˈmẽbru] m (perna, braço) limb; (de clube, associação) member.

memorando [memoˈrãdu] m memorandum, memo.

memória [meˈmɔrja] f memory; **de ~** off by heart.

memorizar [memoriˈza(x)] vt to memorize.

mencionar [mẽsjoˈna(x)] vt to mention.

mendigar [mẽdʒiˈga(x)] vi to beg.

mendigo, -ga [mẽˈdʒigu, -ga] m, f beggar.

meningite [menĩˈʒitʃi] f meningitis.

menino, -na [meˈninu, -na] m, f boy (f girl).

menopausa [menoˈpawza] f menopause.

menor [meˈnɔ(x)] (pl **-res** [-riʃ]) adj (em tamanho) smaller; (em número) lower; (em importância) minor; (mínimo) least ◆ mf minor; **não faço a ~ idéia** I haven't got a clue; **o/a ~** the least; (em tamanho) the smallest; **ser ~ de idade** to be underage.

menos [ˈmenuʃ] adv **1.** (em comparações) less; **a Ana é ~ inteligente** Ana is less intelligent, Ana isn't as intelligent; **~ do que** less than; **~ ... do que** less ... than; **tenho ~ trabalho do que ele** I have less work than him; **tenho um livro a ~** I'm one book short; **deram-me 5 reais a ~** they gave me 5 reais too little.
2. (como superlativo): **o/a ~ ...** the least ...; **o ~ caro/interessante** the cheapest/least interesting.
3. (Port: com as horas): **são dez ~ um quarto** it's a quarter to ten.
4. (em locuções): **a ~ que** unless; **ao ~, pelo ~** at least; **isso é o de ~** that's the least of it; **pouco ~ de** just under.
◆ adj inv **1.** (em comparações) less, fewer (pl); **como ~ carne** I eat less meat; **eles têm ~ posses** they've got fewer possessions; **está ~ frio do que ontem** it's not as cold as it was yesterday; **~ ... do que** less ... than, fewer ... than (pl).
2. (como superlativo) (the) least, (the)

fewest *(pl)*; **as que ~ bolos comeram** those who ate (the) fewest cakes; **os que ~ dinheiro têm** those who have (the) least money.

♦ *prep* **1.** *(exceto)* except (for); **todos gostaram ~ ele** they all liked it except (for) him; **tudo ~ isso** anything but that.

2. *(indica subtração)* minus; **três ~ dois é igual a um** three minus two equals one.

menosprezar [menuʃpreˈza(x)] *vt* to underrate.

mensageiro, -ra [mẽsaˈʒejru, -ra] *m, f* messenger.

mensagem [mẽsaˈʒẽ] *(pl* **-ns** [-ʃ]) *f* message.

mensal [mẽˈsaw] *(pl* **-ais** [-ajʃ]) *adj* monthly.

mensalmente [mẽsawˈmẽntʃi] *adv* monthly.

menstruação [mẽʃtruaˈsãw] *f* menstruation.

mentalidade [mẽntaliˈdadʒi] *f* mentality.

mente [ˈmẽntʃi] *f* mind; **ter em ~ fazer algo** to plan to do sthg.

mentir [mẽnˈti(x)] *vi* to lie.

mentira [mẽnˈtira] *f* lie ♦ *interj* rubbish!; **parece ~!** I can't believe it!

mentiroso, -osa [mẽntʃiˈrozu, -ɔza] *m, f* liar.

mentol [mẽnˈtɔw] *m* menthol.

menu [meˈnu] *m* menu.

mercado [mexˈkadu] *m* market; **~ municipal** (town) market; **~ negro** black market.

❏ **Mercado** *m*: **o Mercado Único** the Single European Market.

mercadoria [mexkadoˈria] *f* goods *(pl)*.

mercearia [mexsjaˈria] *f* grocer's (shop).

MERCOSUL [mexkoˈsuw] *m* South American economic community comprising Argentina, Brasil, Paraguay and Uruguay.

mercúrio [mexˈkurju] *m* mercury.

mercurocromo [mexkuroˈkromu] *m* Mercurochrome® *(antibacterial lotion)*.

merecer [mereˈse(x)] *vt* to deserve.

merecido, -da [mereˈsidu, -da] *adj* deserved.

merenda [meˈrẽnda] *f* *(lanche)* tea *(light afternoon meal)*; *(em excursão)* picnic.

merengue [meˈrẽngi] *m* meringue.

mergulhador, -ra [merguʎaˈdo(x),

-ra] *(mpl* **-res** [-riʃ], *fpl* **-s** [-ʃ]) *m, f* diver.

mergulhar [merguˈʎa(x)] *vi* to dive ♦ *vt*: **~ algo em algo** to dip sthg in sthg.

mergulho [mexˈguʎu] *m* dive; **dar um ~** to dive.

meridiano [meriˈdʒjanu] *m* meridian.

meridional [meridʒjoˈnaw] *(pl* **-ais** [-ajʃ]) *adj* southern.

mérito [ˈmɛritu] *m* merit; **por ~ próprio** on one's own merits.

mês [ˈmeʃ] *(pl* **meses** [ˈmeziʃ]) *m* month; **todo ~** every month; **(de) ~ a ~** every month; **por ~** a OU per month.

mesa [ˈmeza] *f* table; **estar na ~** to be at the table.

mesada [meˈzada] *f* monthly allowance.

mesa-de-cabeceira [ˌmezadʒikabeˈsejra] *(pl* **mesas-de-cabeceira** [ˌmezaʒdʒikabeˈsejra]) *f* bedside table.

mescla [ˈmeʃkla] *f* mixture.

mesclar [meʃˈkla(x)] *vt* to mix.

meses → **mês**.

meseta [meˈzeta] *f* plateau.

mesmo, -ma [ˈmeʒmu, -ma] *adj* same ♦ *adv* *(até)* even; *(exatamente)* exactly; *(para enfatizar)* really ♦ *pron*: **o ~/a mesma** the same; **eu ~** I myself; **comprou-o para ele ~/ela mesma** he/she bought it for himself/herself; **isso ~!** that's it!; **~ assim** even so; **~ que** OU **se** even if; **nem ~** not even; **o ~ que** the same thing as; **valer o ~ que** to cost the same as; **só ~** only.

mesquinho, -nha [meʃˈkiɲu, -ɲa] *adj* mean.

mesquita [meʃˈkita] *f* mosque.

mestiço, -ça [meʃˈtʃisu, -sa] *adj* of mixed race ♦ *m, f* person of mixed race.

mestre [ˈmɛʃtri] *m* master.

mestre-de-cerimônias [ˌmɛʃtredʒiseriˈmonjaʃ] *(pl* **mestres-de-cerimônias** [ˌmɛʃtriʒdʒiseriˈmonjaʃ]) *m* master of ceremonies; *(em festa)* host.

mestre-sala [ˌmɛʃtriˈsala] *(pl* **mestres-sala** [ˌmɛʃtriʃˈsala]) *m* *(Br: em desfile)* principal figure on a carnival float.

meta [ˈmeta] *f* *(em corrida)* finishing line; *(objetivo)* goal.

metabolismo [metaboˈliʒmu] *m* metabolism.

metade [meˈtadʒi] *f* half; **~ do preço** half-price; **fazer as coisas pela ~** to do things half-heartedly; **fazer algo na ~ do tempo** to do sthg in half the time.

metáfora [meˈtafora] *f* metaphor.

metal [meˈtaw] (*pl* -**ais** [-ajʃ]) *m* metal.

metálico, -ca [meˈtaliku, -ka] *adj (objeto)* metal; *(som)* metallic.

metalurgia [metaluxˈʒia] *f* metallurgy.

meteorito [metʃuˈritu] *m* meteorite.

meteoro [meˈtjoru] *m* meteor.

meteorologia [meteoroloˈʒia] *f (ciência)* meteorology; *(em televisão)* weather report.

meter [meˈte(x)] *vt* to put; ~ **algo/alguém em algo** to put sthg/sb in sthg; ~ **medo** to be frightening; ~ **medo em alguém** to frighten sb.

⌐ **meter-se** *vp* to get involved; ~-**se em algo** to get involved in sthg; ~-**se na vida dos outros** to poke one's nose into other people's business; ~-**se onde não é chamado** to stick one's oar in; ~-**se com alguém** to have a go at sb.

meticuloso, -osa [metʃikuˈlozu, -ɔza] *adj* meticulous.

metódico, -ca [meˈtɔdʒiku, -ka] *adj* methodical.

método [ˈmɛtodu] *m* method; **com ~** methodically; **sem ~** haphazardly.

metralhadora [metraʎaˈdora] *f* machine gun.

métrico, -ca [ˈmɛtriku, -ka] *adj* metric.

metro [ˈmɛtru] *m (medida)* metre; *(fita métrica)* tape measure; *(Port: abrev de metropolitano)* = **metrô**.

metrô [meˈtro] *m (Br) (abrev de metropolitano)* underground *(Brit)*, subway *(Am)*.

metropolitano [metropoliˈtanu] *m* underground *(Brit)*, subway *(Am)*.

meu, minha [ˈmew, ˈmiɲa] *adj* my ♦ *pron:* **o ~/a minha** mine; **um amigo ~** a friend of mine; **os ~s** *(a minha família)* my family.

mexer [meˈʃe(x)] *vt (corpo)* to move; *(CULIN)* to stir ♦ *vi (mover-se)* to move; ~ **em algo** to touch sthg.

⌐ **mexer-se** *vp (despachar-se)* to hurry up; *(mover-se)* to move; **mexa-se!** get a move on!

mexerica [meʃeˈrika] *f (Br)* tangerine.

mexerico [meʃeˈriku] *m* gossip.

México [ˈmɛʃiku] *m:* **o ~** Mexico.

mexido, -da [meˈʃidu, -da] *adj* lively.

mexilhão [meʃiˈʎãw] (*pl* -**ões** [-õjʃ]) *m* mussel.

mg *(abrev de miligrama)* mg.

miar [ˈmja(x)] *vi* to miaow.

micróbio [miˈkrɔbju] *m* germ.

microfone [mikroˈfɔni] *m* microphone.

microondas [mikroˈõndaʃ] *m inv* microwave.

microscópio [mikroʃˈkɔpju] *m* microscope.

migalha [miˈgaʎa] *f* crumb.

migração [migraˈsãw] (*pl* -**ões** [-õjʃ]) *f* migration.

mijar [miˈʒa(x)] *vi (vulg)* to piss.

mil [ˈmiw] *num* a OU one thousand; **três ~** three thousand; ~ **novecentos e noventa e sete** nineteen ninety-seven; → **seis**.

milagre [miˈlagri] *m* miracle.

milénio [miˈlɛnju] *m (Port)* = **milênio**.

milênio [miˈlenju] *m (Br)* millennium.

mil-folhas [miwˈfoʎaʃ] *m inv* millefeuille *(Brit)*, napoleon *(Am)*.

milha [ˈmiʎa] *f* mile.

milhão [miˈʎãw] (*pl* -**ões** [-õjʃ]) *num* million; **um ~ de pessoas** OU **indivíduos** a million people, → **seis**.

milhar [miˈʎa(x)] (*pl* -**res** [-riʃ]) *num* thousand, → **seis**.

milho [ˈmiʎu] *m* maize *(Brit)*, corn *(Am)*; ~ **doce** sweetcorn.

milhões → **milhão**.

miligrama [miliˈgrama] *m* milligram.

mililitro [miliˈlitru] *m* millilitre.

milímetro [miˈlimetru] *m* millimetre.

milionário, -ria [miljoˈnarju, -rja] *m, f* millionaire *(f* millionairess).

militante [miliˈtãntʃi] *mf* militant.

mim [ˈmĩ] *pron (com preposição: complemento indireto)* me; *(com preposição: reflexo)* myself; **a ~, você não engana** you don't fool me; **comprei-o para ~ (mesmo OU próprio)** I bought it for myself.

mimado, -da [miˈmadu, -da] *adj* spoilt.

mimar [miˈma(x)] *vt (criança)* to spoil; *(por gestos)* to mimic.

mímica [ˈmimika] *f* mime.

mimo [ˈmimu] *m* cuddle; **dar ~s a alguém** to spoil sb; **ser um ~** to be great.

mina [ˈmina] *f (de carvão, ouro)* mine.

mindinho [mĩnˈdʒiɲu] *m* little finger.

mineiro, -ra [miˈnejru, -ra] *m, f* miner.

mineral [mineˈraw] (pl -ais [-ajʃ]) m mineral.

minério [miˈnɛrju] m ore.

minha → meu.

minhoca [miˈɲɔka] f earthworm.

miniatura [minjaˈtura] f miniature; **em ~** in miniature.

mini-mercado [ˌminimexˈkadu] m corner shop.

mínimo, -ma [ˈminimu, -ma] adj minimum ♦ m: **o ~** the minimum; **não faço a mínima idéia!** I haven't got a clue!; **no ~** at least.

mini-saia [ˌminiˈsaja] f (Port) = **minissaia**.

minissaia [ˌminiˈsaja] f (Br) miniskirt.

ministério [miniʃˈtɛrju] m ministry.

ministro, -tra [miˈniʃtru, -tra] m, f minister.

minoria [minoˈria] f minority; **estar em ~** to be in the minority.

minúscula [miˈnuʃkula] f small letter; **em ~s** in small letters.

minúsculo, -la [miˈnuʃkulu, -la] adj (muito pequeno) minuscule, tiny; (letra) small.

minuto [miˈnutu] m minute; **só um ~!** hang on a minute!; **contar os ~s** to count the minutes; **dentro de poucos ~s** in a few minutes; **em poucos ~s** in no time at all.

miolo [ˈmjolu] m (de pão, bolo) soft part of bread or cake.
❏ **miolos** mpl brains.

míope [ˈmjupi] adj shortsighted.

miopia [mjuˈpia] f shortsightedness.

miosótis [mjoˈzɔtʃiʃ] m inv forget-me-not.

miradouro [miraˈdoru] m viewpoint.

miragem [miˈraʒẽ] (pl -ns [-ʃ]) f mirage.

mirar [miˈra(x)] vt (observar) to look at.
❏ **mirar-se** vp: **~-se em algo** to look at o.s. in sthg.

miscelânea [miʃseˈlanja] f (mistura) mixture; (fig: confusão) jumble.

miserável [mizeˈravew] (pl -eis [-ejʃ]) adj (pobre) poverty-stricken; (desgraçado) unfortunate.

miséria [miˈzɛrja] f (pobreza) poverty; (desgraça) misery; (sordidez) squalor; (pouca quantidade) pittance.

misericórdia [mizeriˈkɔrdja] f mercy; **pedir ~** to ask for mercy.

missa [ˈmisa] f mass.

missão [miˈsãw] (pl -ões [-õjʃ]) f mission.

míssil [ˈmisiw] (pl -eis [-ejʃ]) m missile.

missionário, -ria [misjoˈnarju, -rja] m, f missionary.

missões → **missão**.

mistério [miʃˈtɛrju] m mystery.

misterioso, -osa [miʃteˈrjozu, -ɔza] adj mysterious.

misto, -ta [ˈmiʃtu, -ta] adj mixed ♦ m (CULIN): **~ quente** toasted sandwich filled with cheese and ham.

mistura [miʃˈtura] f mixture.

misturar [miʃtuˈra(x)] vt to mix; (fig: confundir) to mix up.

mito [ˈmitu] m myth.

miúdo, -da [ˈmjudu, -da] adj small ♦ m, f kid.
❏ **miúdos** mpl: **~s de galinha** giblets; **trocar algo em ~s** to explain sthg.

ml (abrev de mililitro) ml.

mm (abrev de milímetro) mm.

mo [mu] = **me + o**, → **me**.

mobília [moˈbilja] f furniture.

mobiliário [mobiˈljarju] m furnishings (pl).

moçambicano, -na [mosãmbiˈkanu, -na] adj of/relating to Mozambique ♦ m, f native/inhabitant of Mozambique.

Moçambique [mosãmˈbiki] s Mozambique.

mocassim [mokaˈsĩ] (pl -ns [-ʃ]) mpl mocassin.

mochila [moˈʃila] f rucksack.

mocidade [mosiˈdadʒi] f youth.

moço, -ça [ˈmosu, -sa] adj young ♦ m, f boy (f girl); **~ de recados** errand boy.

mocotó [mokoˈtɔ] m (Br) shank.

moda [ˈmɔda] f fashion; **à ~ de** in the style of; **estar fora de ~** to be out of fashion; **estar na ~** to be in fashion, to be fashionable; **sair de ~** to go out of fashion.

modalidade [modaliˈdadʒi] f (de esporte) discipline; (de pagamento) method.

modelo [moˈdelu] m model; (de roupa) design; **servir de ~** to serve as an example; **tomar por ~** to take as an example.

modem [ˈmɔdɛm] m modem.

moderado, -da [modeˈradu, -da] adj moderate.

moderar [modeˈra(x)] vt (restringir) to moderate; (reunião, debate) to chair.

modernizar [modexni'za(x)] *vt* to modernize.

moderno, -na [mo'dɛxnu, -na] *adj* modern.

modéstia [mo'dɛʃtja] *f* modesty; ~ **à parte** modesty aside.

modesto, -ta [mo'dɛʃtu, -ta] *adj* modest.

modificar [modʒifi'ka(x)] *vt* to modify.

❑ **modificar-se** *vp* to change.

modo ['mɔdu] *m* way; *(GRAM)* mood; ~ **de usar** instructions *(pl)*; **com bons** ~**s** politely; **com maus** ~**s** impolitely; **de certo** ~ in some ways; **de** ~ **nenhum!** no way!; **de** ~ **que** so (that); **de qualquer** ~ anyway; **de tal** ~ **que** so much that.

módulo ['mɔdulu] *m* (EDUC) module; *(Port: de ônibus, elétrico)* ticket.

moeda ['mwɛda] *f* (de metal) coin; *(em geral)* currency; ~ **estrangeira** foreign currency.

moer ['mwe(x)] *vt* to grind.

mofo ['mofu] *m* mould.

mogno ['mɔgnu] *m* mahogany.

moído, -da ['mwidu, -da] *adj* (café, pimenta) ground; **estar** ~ *(fam: estar cansado)* to be done in; **ter o corpo** ~ to be all aches and pains.

moinho ['mwiɲu] *m* mill; ~ **de café** coffee grinder; ~ **de vento** windmill.

mola ['mɔla] *f* (em colchão, sofá) spring; *(Port: de abotoar)* press stud *(Brit)*, snap fastener *(Am)*; ~ **de roupa** clothes peg *(Brit)*, clothes pin *(Am)*.

molar [mo'la(x)] *(pl* -**res** [-riʃ]) *m* molar.

moldar [mow'da(x)] *vt* to mould.

moldura [mow'dura] *f* frame.

mole ['mɔli] *adj* soft; *(pessoa)* docile.

molécula [mu'lɛkula] *f* molecule.

molestar [moleʃ'ta(x)] *vt* (maltratar) to hurt; *(aborrecer)* to annoy.

molhar [mo'ʎa(x)] *vt* to wet.

❑ **molhar-se** *vp* to get wet.

molheira [mo'ʎejra] *f* gravy boat.

molho¹ ['moʎu] *m* sauce; ~ **de tomate** tomato sauce; **pôr de** ~ to soak.

molho² ['mɔʎu] *m* (de lenha) stack; *(de palha, erva)* bundle; ~ **de chaves** bunch of keys.

molinete [moli'netʃi] *m* (de cana de pesca) reel.

momentaneamente [momẽn,tanja-'mẽntʃi] *adv* momentarily.

momento [mo'mẽntu] *m* moment; **um** ~**!** just a moment!; **a qualquer** ~ any minute now; **até o** ~ (up) until now; **de/neste** ~ at the moment; **dentro de** ~**s** shortly; **de um** ~ **para o outro** any time now; **em dado** ~ at any given moment; **por** ~**s** for a second.

monarca [mo'naxka] *mf* monarch.

monarquia [monax'kia] *f* monarchy.

monge ['mõʒi] *m* monk.

monitor, -ra [moni'to(x), -ra] *(mpl* -**res** [-riʃ], *fpl* -**s** [-ʃ]) *m, f* (em colônia de férias) activities coordinator ♦ *m* (de televisão) (television) screen; *(de computador)* monitor, VDU.

monopólio [mono'pɔlju] *m* monopoly.

monossílabo [mono'silabu] *m* monosyllable.

monotonia [monoto'nia] *f* monotony.

monótono, -na [mo'nɔtonu, -na] *adj* (pessoa) tedious; *(vida, trabalho)* monotonous.

monstro ['mõʃtru] *m* monster.

montagem [mõn'taʒẽ] *(pl* -**ns** [-ʃ]) *f* (de máquina) assembly; *(de esquema)* drawing up; *(de fotografia)* montage; *(de filme)* editing.

montanha [mõn'taɲa] *f* mountain.

montanha-russa [mõn,taɲa'rusa] *(pl* **montanhas-russas** [mõn,taɲaʃ'rusaʃ]) *f* roller coaster.

montanhismo [mõnta'ɲiʒmu] *m* mountaineering.

montanhoso, -osa [mõnta'ɲozu, -ɔza] *adj* mountainous.

montante [mõn'tãntʃi] *m* total.

montar [mõn'ta(x)] *vt* (barraca) to put up; *(acampamento)* to set up; *(máquina)* to assemble; *(filme)* to edit ♦ *vi* (fazer hipismo) to ride; ~ **a cavalo** to ride (a horse).

monte ['mõntʃi] *m* (montanha) mountain; **comida aos** ~**s** loads of food; **um** ~ **de,** ~**s de** *(fam)* loads ou masses of; **a** ~ piled up.

montra ['mõntra] *f* (Port) (window) display.

monumental [monumẽn'taw] *(pl* -**ais** [-ajʃ]) *adj* (enorme) monumental; *(grandioso)* magnificent.

monumento [monu'mẽntu] *m* monument; ~ **comemorativo** memorial.

moqueca [mo'kɛka] *f stew made of*

fish, seafood and eggs, seasoned with parsley, coriander, lemon, onion, coconut milk, palm oil and peppercorns.

morada [muˈrada] *f (Port)* address.

moradia [moraˈdia] *f* house.

morador, -ra [moraˈdo(x), -ra] *(mpl* **-res** [-riʃ], *fpl* **-s** [-ʃ]) *m, f* resident.

moral [moˈraw] *(pl* **-ais** [-ajʃ]) *adj* moral ◆ *f (social)* morals *(pl); (conclusão)* moral ◆ *m (ânimo, disposição)* morale.

morango [moˈrãŋgu] *m* strawberry.

morar [moˈra(x)] *vi* to live.

mórbido, -da [ˈmɔxbidu, -da] *adj* morbid.

morcego [moxˈsegu] *m* bat.

mordaça [moxˈdasa] *f (em pessoa)* gag; *(em animal)* muzzle.

morder [moxˈde(x)] *vt* to bite.

mordida [moxˈdida] *f* bite.

mordomo [moxˈdomu] *m* butler.

moreno, -na [moˈrenu, -na] *adj (tez, pele)* dark; *(de sol)* tanned.

morfina [moxˈfina] *f* morphine.

moribundo, -da [moriˈbũndu, -da] *adj* dying.

morno, morna [ˈmoxnu, ˈmɔxna] *adj* lukewarm.

morrer [moˈxe(x)] *vi* to die; *(fogo, luz)* to die down; *(Br: motor)* to stall; **estou morrendo de fome** I'm starving; **~ de vontade de fazer algo** to be dying to do sthg.

morro [ˈmoxu] *m (monte)* hill; *(Br: favela)* slum.

mortadela [moxtaˈdɛla] *f* Mortadella, *large pork sausage served cold in thin slices.*

mortal [moxˈtaw] *(pl* **-ais** [-ajʃ]) *adj (pessoa, animal)* mortal; *(acidente, ferida)* fatal; *(doença)* terminal ◆ *mf* mortal.

mortalha [moxˈtaʎa] *f (de cadáver)* shroud.

mortalidade [moxtaliˈdadʒi] *f* mortality; **~ infantil** infant mortality.

morte [ˈmɔxtʃi] *f (natural)* death; *(homicídio)* murder; **estar pensando na ~ da bezerra** to have a good wallow; **ser de ~** *(fam: cômico)* to be hysterical.

mortífero, -ra [moxˈtʃiferu, -ra] *adj* lethal.

morto, morta [ˈmoxtu, ˈmɔxta] *pp →* **matar** ◆ *adj* dead ◆ *m, f* dead person; **estar ~** to be dead; **estar ~ para fazer algo** to be dying to do sthg; **estar ~ de**

cansaço/fome to be exhausted/starving; **ser ~** to be killed.

mos [moʃ] = **me** + **os**, *→* **me**.

mosaico [moˈzajku] *m* mosaic.

mosca [ˈmoʃka] *f* fly; **acertar na ~** to hit the nail on the head.

moscatel [moʃkaˈtɛw] *(pl* **-éis** [-ɛiʃ]) *m* Muscatel, *sweet white liqueur wine.*

mosquiteiro [moʃkiˈtejru] *m* mosquito net.

mosquito [moʃˈkitu] *m* mosquito.

mostarda [moʃˈtaxda] *f* mustard.

mosteiro [moʃˈtejru] *m* monastery.

mostrador [moʃtraˈdo(x)] *(pl* **-es** [-iʃ]) *m (de relógio)* face; *(de velocímetro)* dial.

mostrar [moʃˈtra(x)] *vt* to show; **~ algo a alguém** to show sthg to sb, to show sb sthg; **~ interesse em** to show an interest in.

mostruário [moʃtruˈarju] *m* showcase.

mota [ˈmɔta] *f (Port)* = **moto.**

mote [ˈmɔtʃi] *m* motto.

motel [mɔˈtɛw] *(pl* **-éis** [-ɛiʃ]) *m* motel.

motim [moˈtʃĩ] *(pl* **-ns** [-ʃ]) *m* uprising.

motivar [motʃiˈva(x)] *vt (causar)* to cause; *(aluno)* to motivate.

motivo [moˈtʃivu] *m* motive; **por ~ de** due to; **sem ~s** for no reason.

moto [ˈmɔtu] *f* motorbike.

motocicleta [motosiˈkleta] *f* moped.

motocross [motoˈkrɔsi] *m* motocross.

motor [moˈto(x)] *(pl* **-res** [-riʃ]) *m* engine, motor; **~ de arranque** starter motor.

motorista [motoˈriʃta] *mf* driver.

motoserra [motoˈsexa] *f* chain saw.

mourisco, -ca [moˈriʃku, -ka] *adj* Moorish.

Mouros [ˈmoruʃ] *mpl*: **os ~** the Moors.

mousse [ˈmuse] *f (Port)* = **musse.**

movediça [moveˈdʒisa] *adj f →* **areia.**

móvel [ˈmɔvɛw] *(pl* **-eis** [-ɛjʃ]) *adj* mobile ◆ *m* piece of furniture.
❏ **móveis** *mpl* furniture *(sg)*.

mover [moˈve(x)] *vt* to move; *(campanha)* to instigate.
❏ **mover-se** *vp* to move.

movimentado, -da [movimẽnˈtadu, -da] *adj (rua, local)* busy.

movimento [moviˈmẽntu] *m* movement; *(em rua, estabelecimento)* activity;

em ~ in motion.

MPB f (Br: abrev de Música Popular Brasileira) generic name for Brazilian popular music.

muco ['muku] m mucus.

mudança [mu'dãsa] f (modificação) change; (de casa) move; (de veículo) gear.

mudar [mu'da(x)] vt (alterar) to change; (de posição) to move ♦ vi (alterar-se) to change.

❏ **mudar de** v + prep to change; (de casa) to move; ~ **de idéia** to change one's mind; ~ **de roupa** to change (one's clothes).

❏ **mudar-se** vp to move (house); ~**-se para** to move to.

mudez [mu'deʒ] f muteness.

mudo, -da ['mudu, -da] adj (pessoa) dumb; (cinema) silent; **ficar** ~ (fig) to be lost for words.

muito, -ta ['mũĩntu, -ta] adj a lot of ♦ pron a lot ♦ adv (com verbo) a lot; (com adjetivo) very; **já não tenho** ~ **tempo** I don't have much time left; **há** ~ **tempo** a long time ago; **tenho** ~ **sono** I'm really tired; ~ **bem!** very good!; ~ **antes** long before; ~ **pior** much ou far worse; **quando** ~ at the most; **querer** ~ **a alguém** to care about sb a great deal; **não ganho** ~ I don't earn much.

mula ['mula] f mule.

mulato, -ta [mu'latu, -ta] adj & m, f mulatto.

muleta [mu'leta] f crutch.

mulher [mu'ʎe(x)] (pl -res [-riʃ]) f woman; (esposa) wife.

multa ['muwta] f fine; **levar uma** ~ to get a fine.

multar [muw'ta(x)] vt to fine.

multidão [muwti'dãw] (pl -ões [-õjʃ]) f (de pessoas) crowd; (de coisas) host.

multinacional [ˌmuwtʃinasju'naw] (pl -ais [-ajʃ]) f multinational.

multiplicar [muwtʃipli'ka(x)] vt & vi to multiply; ~ **por** to multiply by.

❏ **multiplicar-se** vp (reproduzir-se) to multiply.

múltiplo, -pla ['muwtʃiplu, -pla] adj & m multiple.

múmia ['mumja] f mummy.

mundial [mũn'dʒjaw] (pl -ais [-ajʃ]) adj world (antes de s) ♦ m (de futebol) World Cup; (de atletismo, etc) World Championships (pl).

mundo ['mũndu] m world; **o outro** ~ the hereafter; **não é nada do outro** ~ it's nothing out of the ordinary; **por nada deste** ~ for the world; **vai ser o fim do** ~ all hell will break loose; **todo (o)** ~ (Br) everyone, everybody; **viver no** ~ **da lua** to live in a world of one's own.

munição [muni'sãw] (pl -ões [-õjʃ]) f ammunition.

municipal [munisi'paw] (pl -ais [-ajʃ]) adj town (antes de s), municipal.

município [muni'sipju] m (cidade) town; (organismo) town council.

munições → **munição**.

munir [mu'ni(x)] vt: ~ **alguém de algo** to supply sb with sthg.

❏ **munir-se de** vp + prep to arm o.s. with.

mural [mu'raw] (pl -ais [-ajʃ]) m mural.

muralha [mu'raʎa] f wall; (fortaleza) ramparts (pl).

murchar [mux'ʃa(x)] vi to wilt.

murcho, -cha ['muxʃu, -ʃa] adj (flor, planta) wilted; (fig: sem animação) listless.

murmurar [muxmu'ra(x)] vt to murmur.

murmúrio [mux'murju] m murmur.

muro ['muru] m wall.

murro ['muxu] m punch; **dar um** ~ **em alguém** to punch sb; **dar um** ~ **em algo** to thump sthg.

murta ['muxta] f myrtle.

musa ['muza] f muse.

musculação [muʃkula'sãw] f body building.

músculo ['muʃkulu] m muscle.

musculoso, -osa [muʃku'lozu, -ɔza] adj muscular.

museu [mu'zew] m museum; ~ **de arte moderna** modern art gallery.

musgo ['muʒgu] m moss.

música ['muzika] f music; ~ **clássica/folclórica** classical/folk music; ~ **de câmara** chamber music; ~ **pop** pop music; ~ **sinfônica** orchestral music; **dançar conforme a** ~ (fig) to play along.

músico ['muziku] m musician.

musse ['musi] f (Br) mousse; ~ **de chocolate** chocolate mousse.

mútuo, -tua ['mutwu, -twa] adj mutual; **de** ~ **acordo** by mutual agreement.

N

N *(abrev de Norte)* N.

na [na] = em + a, → em.

-na [na] *pron (pessoa)* her; *(coisa)* it; *(você)* you.

nabo ['nabu] *m (planta)* turnip.

nação [na'sãw] *(pl* -ões [-õjʃ]*)* f nation.

nacional [nasjo'naw] *(pl* -ais [-ajʃ]*)* adj national.

nacionalidade [nasjonali'dadʒi] f nationality.

nacionalismo [nasjona'liʒmu] *m* nationalism.

nações → nação.

nada ['nada] *pron (coisa nenhuma)* nothing; *(em negativas)* anything ◆ *adv:* não gosto ~ disto I don't like it at all; não dei por ~ I didn't notice a thing; de ~! don't mention it!; ~ de novo nothing new; ou tudo ou ~ all or nothing; antes de mais ~ first of all; é uma coisa de ~ it's nothing (at all); não prestar OU servir para ~ to be no help at all, to be useless; não serve de ~ resmungar there's no point moaning.

nadador, -ra [nada'do(x), -ra] *(mpl* -res [-riʃ], *fpl* -s [-ʃ]*)* m, f swimmer; ~ salvador lifeguard.

nadar [na'da(x)] *vi* to swim; ~ em *(fig: ter muito de)* to be swimming in.

nádegas ['nadegaʃ] *fpl* buttocks.

naipe ['najpi] *m* suit.

namorado, -da [namo'radu, -da] *m, f* boyfriend *(f* girlfriend*)*.

não [nãw] *adv (em respostas)* no; *(em negativas)* not; ainda ~ o vi I still haven't seen him; ~ é aqui, pois ~? it isn't here, is it?; ~ tem mais ingressos there aren't any tickets left; ~ é? isn't it?; pelo sim, pelo ~ just in case.

não-fumador, -ra [nãwfuma'dor, -ra] *(mpl* -res [-reʃ], *fpl* -s [-ʃ]*)* m, f *(Port)* = não-fumante.

não-fumante [nãwfu'mãntʃi] *mf (Br)* non-smoker.

napa ['napa] *f* leatherette.

naquela [na'kɛla] = em + aquela, → em.

naquele [na'keli] = em + aquele, → em.

naquilo [na'kilu] = em + aquilo, → em.

narciso [nax'sizu] *m* narcissus.

narcótico [nax'kɔtʃiku] *m* narcotic.

narina [na'rina] *f* nostril.

nariz [na'riʃ] *(pl* -zes [-ziʃ]*)* m nose; meter o ~ em tudo to be a busybody; torcer o ~ **(para algo)** *(fig)* to turn one's nose up (at sthg).

narração [naxa'sãw] *(pl* -ões [-õjʃ]*)* f *(ato)* narration; *(conto, história)* narrative.

narrar [na'xa(x)] *vt* to narrate.

narrativa [naxa'tʃiva] *f* narrative.

nas [naʃ] = em + as, → em.

-nas [naʃ] *pron pl (elas)* them; *(vocês)* you.

nascença [naʃ'sẽsa] *f* birth; de ~ *(problema, defeito)* congenital.

nascente [naʃ'sẽntʃi] *f (de rio)* source; *(de água)* spring.

nascer [naʃ'se(x)] *vi (pessoa, animal)* to be born; *(planta)* to sprout; *(sol)* to rise ◆ *m (de sol)* sunrise; *(de lua)* moonrise; ~ para ser algo to be born to be sthg.

nascimento [naʃsi'mẽntu] *m* birth.

nata ['nata] *f* cream.

⌐ **natas** *fpl (Port: para bater)* whipping cream *(sg)*.

natação [nata'sãw] *f* swimming.

natal [na'taw] *(pl* -ais [-ajʃ]*)* adj *(aldeia, cidade)* home *(antes de s)*.

⌐ **Natal** *m* Christmas; Feliz Natal! Merry Christmas!

nativo, -va [na'tʃivu, -va] *adj & m, f* native.

NATO ['natu] f NATO.
natural [natu'raw] (pl **-ais** [-ajʃ]) adj
natural; **ao ~** (fruta) fresh; **como é ~ as**
is only natural; **é ~ que** it's understandable (that); **ser ~ de** to be from.
naturalidade [naturali'dadʒi] f (origem) birthplace; (simplicidade) natural-
ness.
naturalmente [naturaw'mẽntʃi] adv
naturally ♦ interj naturally!, of course!
natureza [natu'reza] f nature; **da
mesma ~** of the same kind; **~ morta**
still life; **por ~** by nature.
❑ **Natureza** f: **a Natureza** Nature.
nau ['naw] f ship.
naufragar [nawfra'ga(x)] vi to be
wrecked.
naufrágio [naw'fraʒju] m shipwreck.
náusea ['nawzea] f nausea; **dar ~s a
alguém** to make sb feel sick.
náutico, -ca ['nawtʃiku, -ka] adj
(atividade) water (antes de s); (clube)
sailing (antes de s).
navalha [na'vaʎa] f penknife.
nave ['navi] f (de igreja) nave; **~ espacial** spaceship.
navegação [navega'sãw] f navigation.
navegar [nave'ga(x)] vi to sail; **~ na
Internet** to surf the Net.
navio [na'viu] m ship.
NB (abrev de Note Bem) NB.
NE (abrev de Nordeste) NE.
neblina [ne'blina] f mist.
necessário, -ria [nese'sarju, -rja] adj
necessary ♦ m: **o ~** the bare necessities (pl); **quando ~** when necessary;
se ~ if necessary; **é ~ passaporte** you
need your passport.
necessidade [nesesi'dadʒi] f (carência) necessity, need; **de primeira ~**
essential; **sem ~** needlessly; **ter ~ de
fazer algo** to need to do sthg; **fazer
uma ~** (fam) to relieve o.s.
necessitar [nesesi'ta(x)] vt to need.
❑ **necessitar de** v + prep to need; **~ de
fazer algo** to need to do sthg.
necrotério [nekro'terju] m morgue.
néctar ['nɛkta(x)] (pl **-res** [-riʃ]) m
nectar.
neerlandês, -esa [nexlãn'deʃ, -eza]
(mpl **-eses** [-eziʃ], fpl **-s** [-ʃ]) adj & m
Dutch ♦ m, f (pessoa) Dutchman (f
Dutchwoman); **os neerlandeses** the
Dutch.
nefasto, -ta [ne'faʃtu, -ta] adj (acontecimento) terrible; (atmosfera) bad.

negar [ne'ga(x)] vt to deny.
❑ **negar-se** vp: **~-se algo** to deny o.s.
sthg; **~-se a fazer algo** to refuse to do
sthg.
negativa [nega'tiva] f (Port) (EDUC)
fail; **ter ~** to fail.
negativo, -va [nega'tʃivu, -va] adj
negative; (saldo bancário) overdrawn;
(temperatura) minus ♦ m (de filme,
fotografia) negative.
negligência [negli'ʒẽsja] f negligence.
negligente [negli'ʒẽntʃi] adj negli-
gent.
negociação [negosja'sãw] (pl **-ões**
[-õjʃ]) f negotiation.
negociar [nego'sja(x)] vt (acordo,
preço) to negotiate ♦ vi (COM) to do
business.
negócio [ne'gɔsju] m business;
(transação) deal; **fazer ~s com alguém**
to do business with sb; **~ da China**
easy money; **~s escusos** shady
deals.
negro, -gra ['negru, -gra] adj black;
(céu) dark; (raça) negro; (fig: difícil)
bleak ♦ m, f black man (f black
woman).
nela ['nɛla] = **em + ela**, → **em**.
nele ['nɛli] = **em + ele**, → **em**.
nem [nẽ] adv not even ♦ conj: **não
gosto ~ de cerveja ~ de vinho** I don't
like either beer or wine; **não gosto ~
de um ~ de outro** I don't like either of
them; **~ por isso** not really; **~ que**
even if; **~ sempre** not always; **~ tudo**
not everything; **~ ... ~** neither ... nor;
~ um ~ outro neither one nor the
other; **~ pensar!** (fam) don't even
think of it!
nenhum, -ma [ne'ɲũ, -ma] (mpl **-ns**
[-ʃ], fpl **-s** [-ʃ]) adj no ♦ pron none; **não
comprei livros nenhuns** I didn't buy
any books; **não quero nenhuma bebida** I don't want a drink; **não tive problema ~** I didn't have any problems; **~
professor é perfeito** no teacher is perfect; **~ de** none of, not one of; **~ dos
dois** neither of them.
neozelandês, -esa [neozelãn'deʃ,
-eza] (mpl **-eses** [-eziʃ], fpl **-s** [-ʃ]) adj
of/relating to New Zealand ♦ m, f
native/inhabitant of New Zealand.
nervo ['nexvu] nerve; (em carne)
sinew.
❑ **nervos** mpl (fam) nerves.

nervosismo [nɛxvoˈziʒmu] *m* nerves (*pl*).

nêspera [ˈnɛʃpɛra] *f* loquat, *plum-like yellow fruit*.

nessa [ˈnɛsa] = em + essa, → em.

nesse [ˈnɛsi] = em + esse, → em.

nesta [ˈnɛʃta] = em + esta, → em.

neste [ˈnɛʃtʃi] = em + este, → em.

neto, -ta [ˈnɛtu, -ta] *m, f* grandson (*f* granddaughter).

neurose [newˈrɔzi] *f* neurosis.

neutralidade [newtraliˈdadʒi] *f* neutrality.

neutralizar [newtraliˈza(x)] *vt* to neutralize.

neutro, -tra [ˈnewtru, -tra] *adj* neutral; (*GRAM*) neuter.

nevar [neˈva(x)] *v impess* to snow; **está nevando** it's snowing.

neve [ˈnɛvi] *f* snow.

névoa [ˈnɛvwa] *f* mist.

nevoeiro [neˈvweiru] *m* fog.

Nicarágua [nikaˈragwa] *f*: **a ~** Nicaragua.

nicotina [nikoˈtʃina] *f* nicotine.

ninguém [nĩˈgãj] *pron* nobody, no one; (*em negativas*) anyone, anybody; **não tem ~** (*em casa*) there's nobody in; **não vi ~** I didn't see anyone.

ninho [ˈniɲu] *m* nest; (*fig: lar*) home.

níquel [ˈnikɛw] (*pl* -eis [-ejʃ]) *m* nickel.

nissei [niˈsej] *mf* (*Br*) Brazilian of Japanese parentage.

nisso [ˈnisu] = em + isso, → em.

nisto [ˈniʃtu] = em + isto, → em.

nitidez [nitʃiˈdeʃ] *f* clarity.

nítido, -da [ˈnitʃidu, -da] *adj* clear.

nitrato [niˈtratu] *m* nitrate; **~ de prata** silver nitrate (*for the treatment of warts and corns*).

nível [ˈnivɛw] (*pl* -eis [-ejʃ]) *m* level; (*qualidade*) quality; **ao ~ de** in terms of; **~ de vida** standard of living.

no [nu] = em + o, → em.

nó [ˈnɔ] *m* knot; (*em dedo*) knuckle; **dar um ~** to tie a knot; **dar o ~** (*casar-se*) to tie the knot.

nº (*abrev de número*) no.

-no [nu] *pron* (*pessoa*) him; (*coisa*) it; (*você*) you.

NO (*abrev de Noroeste*) NW.

nobre [ˈnɔbri] *adj* noble.

noção [noˈsãw] (*pl* -ões [-õjʃ]) *f* notion.

nocivo, -va [noˈsivu, -va] *adj* (*produto*)

noxious; (*alimento*) unwholesome.

noções → noção.

nocturno, -na [noˈturnu, -na] *adj* (*Port*) = noturno.

nódoa [ˈnɔdwa] *f* (*em roupa, toalha*) stain; (*em reputação*) blemish; **~ negra** (*Port*) bruise.

nogueira [noˈgejra] *f* walnut tree.

noite [ˈnojtʃi] *f* night; (*fim da tarde*) evening; **boa ~!** good night!; **à ~** at night; **esta ~** (*mais tarde*) tonight; (*ao fim da tarde*) this evening; **dia e ~** night and day; **por ~** a ou per night; **da ~ para o dia** overnight.

noivado [nojˈvadu] *m* engagement.

noivo, -va [ˈnojvu, -va] *m, f* fiancé (*f* fiancée); **estar ~ de alguém** to be engaged to sb.

▫ **noivos** *mpl* bride and groom; **eles estão ~s** they are engaged.

nojento, -ta [noˈʒẽtu, -ta] *adj* disgusting.

nojo [ˈnoʒu] *m* disgust, revulsion; **dar ~** to be disgusting; **ter** ou **sentir ~ de** to be disgusted by.

nome [ˈnomi] *m* name; (*GRAM*) noun; **~ de batismo** Christian name; **~ completo** full name; **~ próprio, primeiro ~** first name; **em ~ de** on behalf of.

nomeação [nomjaˈsãw] (*pl* -ões [-õjʃ]) *f* (*para prêmio*) nomination; (*para cargo*) appointment.

nomeadamente [noˌmjadaˈmẽtʃi] *adv* namely.

nomear [noˈmja(x)] *vt* (*mencionar nome de*) to name; (*para prêmio*) to nominate; (*para cargo*) to appoint.

nonagésimo, -ma [nonaˈʒɛzimu, -ma] *num* ninetieth, → sexto.

nono, -na [ˈnonu, -na] *num* ninth, → sexto.

nora [ˈnɔra] *f* (*familiar*) daughter-in-law; (*para água*) waterwheel.

nordeste [nɔxˈdɛʃtʃi] *m* northeast; **no ~** in the northeast.

norma [ˈnɔxma] *f* (*padrão*) standard; (*regra*) rule; **por ~** as a rule.

normal [nɔxˈmaw] (*pl* -ais [-ajʃ]) *adj* normal.

normalmente [nɔxmawˈmẽtʃi] *adv* normally.

noroeste [nɔrwˈɛʃtʃi] *m* northwest; **no ~** in the northwest.

norte [ˈnɔxtʃi] *adj* (*vento, direção*) northerly ♦ *m* north; **a** ou **no ~** in the north; **ao ~ de** north of.

norte-americano, -na [ˌnɔxtʒiameriˈkanu, -na] *adj & m, f* (North) American.

Noruega [noˈrwɛga] *f*: **a ~** Norway.

norueguês, -esa [norweˈgeʃ, -eza] (*mpl* **-eses** [-eziʃ], *fpl* **-s** [-ʃ]) *adj & m, f* Norwegian ♦ *m (língua)* Norwegian.

nos¹ [noʃ] = **em** + **os**, → **em**.

nos² [noʃ] *pron pl (complemento direto)* us; *(complemento indireto)* (to) us; *(reflexo)* ourselves; *(recíproco)* each other, one another; ; **ela ~ falou** she told us; **nós nos machucamos** we hurt ourselves; **não ~ deixem!** don't leave us!; **nunca ~ enganamos** we're never wrong; **~ beijamos** we kissed (each other); **odiamo-~** we hate each other; **vamo-~ embora** *(Port)* we're going.

nós [nɔʃ] *pron pl (sujeito)* we; *(complemento)* us; **e ~?** what about us?; **somos ~** it's us; **~ mesmos** ou **próprios** we ourselves.

-nos [noʃ] *pron pl (eles)* them; *(vocês)* you, → **nos²**.

nosso, -a [ˈnosu, -a] *adj* our ♦ *pron*: **o ~/a nossa** ours; **um amigo ~** a friend of ours; **os ~s** *(a nossa família)* our family.

nostalgia [noʃtawˈʒia] *f* nostalgia.

nostálgico, -ca [noʃtawˈʒiku, -ka] *adj* nostalgic.

nota [ˈnɔta] *f* note; *(classificação)* mark; **tomar ~ de algo** to make a note of sthg.

notário, -ria [noˈtarju, -rja] *m, f* notary (public).

notável [noˈtavew] (*pl* **-eis** [-ejʃ]) *adj (ilustre)* distinguished; *(extraordinário)* outstanding.

notebook [ˈnɔtʃibuki] *m (INFORM)* notebook.

notícia [noˈtʃisja] *f* piece of news. ⫏ **notícias** *fpl (noticiário)* news (*sg*).

noticiário [notʃiˈsjarju] *m* news bulletin, newscast.

notificar [notʃifiˈka(x)] *vt* to notify.

notório, -ria [noˈtɔrju, -rja] *adj* well-known.

noturno, -na [noˈtuxnu, -na] *adj (Br) (atividade)* night *(antes de s)*; *(aula)* evening *(antes de s)*; *(pessoa, animal)* nocturnal.

nova [ˈnɔva] *f* piece of news; **ter boas ~s** to have some good news.

Nova Iorque [ˌnɔvaˈjɔxki] *s* New York.

novamente [ˌnɔvaˈmẽntʃi] *adv* again.

novato, -ta [noˈvatu, -ta] *m, f* beginner.

Nova Zelândia [ˌnɔvazeˈlãndja] *f*: **a ~** New Zealand.

nove [ˈnɔvi] *num* nine, → **seis**.

novecentos, -tas [ˌnɔveˈsẽntuʃ, -taʃ] *num* nine hundred, → **seis**.

novela [noˈvɛla] *f (livro)* novella; *(Br: em televisão)* soap opera.

novelo [noˈvelu] *m* ball.

novembro [noˈvẽmbru] *m* November, → **setembro**.

noventa [noˈvẽnta] *num* ninety, → **seis**.

novidade [noviˈdadʒi] *f (notícia)* piece of news; *(em vestuário)* latest fashion; *(novo disco)* new release; **há ~s?** any news?; **~ editorial** latest publication.

novilho [noˈviʎu] *m (animal)* bullock *(2–3 years old)*; *(carne)* beef.

novo, nova [ˈnovu, ˈnɔva] *adj* new; *(jovem)* young; **~ em folha** brand new.

noz [nɔʃ] (*pl* **-zes** [-ziʃ]) *f* walnut.

noz-moscada [ˌnɔʒmoʃˈkada] *f* nutmeg.

nu, nua [ˈnu, ˈnua] *adj* naked; **~ em pêlo** stark naked.

nublado, -da [nuˈbladu, -da] *adj* cloudy.

nuca [ˈnuka] *f* nape (of the neck).

nuclear [nukleˈa(x)] (*pl* **-res** [-riʃ]) *adj* nuclear.

núcleo [ˈnukliu] *m* nucleus.

nudez [nuˈdeʒ] *f* nudity.

nudista [nuˈdʒiʃta] *mf* nudist.

nulo, -la [ˈnulu, -la] *adj (sem efeito, valor)* null and void; *(incapaz)* useless; *(nenhum)* nonexistent.

num [nũ] = **em** + **um**, → **em**.

numa [ˈnuma] = **em** + **uma**, → **em**.

numeral [numeˈraw] (*pl* **-ais** [-ajʃ]) *m* numeral.

numerar [numeˈra(x)] *vt* to number.

numerário [numeˈrarju] *m* cash.

número [ˈnumeru] *m* number; *(de sapatos, peça de vestuário)* size; *(de revista)* issue; **~ de código** PIN number; **~ de contribuinte** = National Insurance number *(Brit)* = social security number *(Am)*; **~ de passaporte** passport number; **~ de telefone** telephone number.

numeroso, -osa [numeˈrozu, -ɔza] *adj (família, grupo)* large; *(vantagens, ocasiões)* numerous.

numismática [numiʒˈmatʃika] *f*

numismatics *(sg).*

nunca ['nũŋka] *adv* never; **mais do que ~** more than ever; **~ mais** never again; **~ se sabe** you never know; **~ na vida** never ever.

nuns [nũʃ] = **em + uns, → em.**

núpcias ['nupsjaʃ] *fpl* marriage *(sg).*

nutrição [nutri'sãw] *f* nutrition.

nutrir [nu'tri(x)] *vt (fig: acalentar)* to nurture; **~ uma paixão por alguém** to carry a torch for sb.

nutritivo, -va [nutri'tʃivu, -va] *adj* nutritious.

nuvem ['nuvẽ] *(pl* **-ns** [-ʃ]) *f* cloud.

N.W. *(abrev de Noroeste)* NW.

o, a [u, a] *(mpl* **os** [uʃ]. *fpl* **as** [aʃ]) *artigo definido* **1.** *(com substantivo genérico)* the; **a casa** the house; **o hotel** the hotel; **os alunos** the students.

2. *(com substantivo abstrato):* **a vida** life; **o amor** love; **os nervos** nerves.

3. *(com adjetivo substantivado):* **o melhor/pior** the best/worst; **vou fazer o possível** I'll do what I can.

4. *(com nomes geográficos):* **a Inglaterra** England; **o Amazonas** the Amazon; **o Brasil** Brazil; **os Estados Unidos** the United States; **os Pirineus** the Pyrenees.

5. *(indicando posse):* **quebrei o nariz** I broke my nose; **estou com os pés frios** my feet are cold.

6. *(com nome de pessoa):* **o Hernani** Hernani; **a Helena** Helena; **o Sr. Mendes** Mr Mendes.

7. *(por cada)* a, per; **3 reais a dúzia** 3 reals a dozen.

8. *(com datas)* the; **o dois de Abril** the second of April, April the second.

◆ *pron* **1.** *(pessoa)* him *(f* her), them *(pl);* **eu a deixei alí** I left her there; **ela o amava muito** she loved him very much; **não os vi** I didn't see them.

2. *(você, vocês)* you; **prazer em conhecê-los, meus senhores** pleased to meet you, gentlemen.

3. *(coisa)* it, them *(pl);* **onde estão os papéis? não consigo achá-los** where are the papers? I can't find them.

4. *(em locuções):* **o/a da esquerda** the one on the left; **os que desejarem vir terão de pagar** those who wish to come will have to pay; **o que (é que) …?** what …?; **o que (é que) está acontecendo** what's going on? ; **era o que eu pensava** it's just as I thought; **o quê?** what?

oásis [ɔ'aziʃ] *m inv* oasis.

ob. *(abrev de observação)* = NB.

oba ['oba] *interj (Br) (de surpresa)* wow!; *(saudação)* hi!

obedecer [obede'se(x)] *vi* to do as one is told, to obey; **~ a** to obey.

obediente [obe'dʒjentʃi] *adj* obedient.

obesidade [obezi'dadʒi] *f* obesity.

obeso, -sa [o'bezu, -za] *adj* obese.

óbito ['ɔbitu] *m* death.

obituário [obi'twarju] *m* obituary.

objeção [obʒe'sãw] *(pl* **-ões** [-õjʃ]) *f (Br)* objection.

objecção [obʒe'sãw] *(pl* **-ões** [-õjʃ]) *f (Port)* = **objeção**.

objecto [ob'ʒɛtu] *m (Port)* = **objeto**.

objector [obʒe'tor] *(pl* **-res** [-reʃ]) *m (Port):* **~ de consciência** conscientious objector.

objetiva [obʒe'tʃiva] *f (de máquina fotográfica)* lens.

objetivo, -va [obʒe'tʃivu, -va] *adj & m* objective.

objeto [ob'ʒɛtu] *m (Br)* object.

oboé [o'bwɛ] *m* oboe.

obra ['ɔbra] *f* work; *(construção)* building site; **~ de arte** work of art; **~ de caridade** *(instituição)* charity.

❏ **obras** *fpl (reparações)* repairs; **"em obras"** "closed for refurbishment".

obra-prima [ˌɔbra'prima] *(pl* **obras-primas** [ˌɔbraʃ'primaʃ]) *f* masterpiece.

obrigação [obriga'sãw] *(pl* **-ões** [-õjʃ]) *f* obligation; *(título de crédito)* bond.

obrigado, -da [obri'gadu, -da] *interj* thank you!; **muito ~!** thank you very much!

obrigar [obri'ga(x)] *vt:* **~ alguém a fazer algo** to force sb to do sthg.

obrigatório, -ria [obriga'tɔrju, -rja] *adj* compulsory.

obs. *abrev* = **observações**.

obsceno, -na [obʃ'senu, -na] *adj* obscene.

observação [obsɛxva'sãw] (*pl* **-ões** [-õjʃ]) *f* observation; *(de lei, regra)* observance.
⊔ **observações** *fpl (em formulário)* remarks.
observador, -ra [obsɛxva'do(x), -ra] *(mpl* **-res** [-riʃ], *fpl* **-s** [-ʃ]) *m, f* observer.
observar [obsɛx'va(x)] *vt* to observe; *(dizer)* to remark.
observatório [obsɛxva'tɔrju] *m* observatory.
obsessão [obse'sãw] (*pl* **-ões** [-õjʃ]) *f* obsession.
obsoleto, -ta [obso'lɛtu, -ta] *adj* obsolete.
obstáculo [obʃ'takulu] *m* obstacle.
obstetra [obʃ'tɛtra] *mf* obstetrician.
obstinado, -da [obʃtʃi'nadu, -da] *adj* obstinate.
obstrução [obʃtru'sãw] (*pl* **-ões** [-õjʃ]) *f* obstruction.
obter [ob'te(x)] *vt* to get.
obturação [obtura'sãw] (*pl* **-ões** [-õjʃ]) *f (de dente)* filling.
obturador [obtura'do(x)] (*pl* **-res** [-riʃ]) *m (de máquina fotográfica)* shutter.
óbvio, -via ['ɔbvju, -vja] *adj* obvious; **como é ~** obviously.
ocasião [oka'zjãw] (*pl* **-ões** [-õjʃ]) *f (momento determinado)* occasion; *(oportunidade)* opportunity; **nessa ~** at the time; **por ~ de** during.
Oceania [o'sjanja] *f*: **a ~** Oceania.
oceano [o'sjanu] *m* ocean.
ocidental [osidẽn'taw] (*pl* **-ais** [-ajʃ]) *adj* western.
⊔ **ocidentais** *mpl*: **os ocidentais** Westerners.
ocidente [osi'dẽntʃi] *m* west.
⊔ **Ocidente** *m*: **o Ocidente** the West.
ócio ['ɔsju] *m* leisure.
oco, oca ['oku, 'oka] *adj* hollow.
ocorrência [oko'xẽsja] *f (incidente)* incident; *(freqüência)* occurrence.
ocorrer [oko'xe(x)] *vi* to happen.
octogésimo, -ma [okto'ʒɛzimu, -ma] *num* eightieth, → **sexto**.
oculista [oku'liʃta] *mf (médico)* optometrist; *(vendedor)* optician.
óculos ['ɔkuluʃ] *mpl* glasses; **~ escuros** sunglasses.
ocultar [okuw'ta(x)] *vt* to hide.
⊔ **ocultar-se** *vp* to hide.
oculto, -ta [o'kuwtu, -ta] *pp* → **ocultar**.

ocupação [okupa'sãw] (*pl* **-ões** [-õjʃ]) *f* occupation.
ocupado, -da [oku'padu, -da] *adj (casa)* occupied; *(lugar, assento)* taken; *(pessoa)* busy; **"ocupado"** "engaged".
ocupar [oku'pa(x)] *vt* to take up; *(casa)* to live in; *(tempo)* to occupy.
⊔ **ocupar-se** *vp* to keep o.s. busy; **~-se a fazer algo** to spend one's time doing sthg; **~-se de** to see to.
odiar [o'dʒja(x)] *vt* to hate.
ódio ['ɔdʒju] *m* hatred.
odor [o'do(x)] (*pl* **-res** [-riʃ]) *m* odour; **~ corporal** body odour.
oeste ['wɛʃtʃi] *m* west; **a ou no ~** in the west; **a ~ de** to the west of.
ofegante [ofe'gãntʃi] *adj* breathless.
ofegar [ofe'ga(x)] *vi* to pant.
ofender [ofẽn'de(x)] *vt* to offend.
⊔ **ofender-se** *vp* to take offence; **~-se com algo** to take offence at sthg.
oferecer [ofere'se(x)] *vt* to offer; *(dar)* to give; **~ algo a alguém** *(presente, ajuda, lugar)* to give sb sthg; *(emprego)* to offer sb sthg.
⊔ **oferecer-se** *vp*: **~-se para fazer algo** to offer to do sthg.
oferta [o'fɛxta] *f (presente)* gift; *(de emprego)* offer; *(COM)* supply.
oficial [ofi'sjaw] (*pl* **-ais** [-ajʃ]) *adj* official ◆ *mf (em marinha, exército)* officer.
oficina [ofi'sina] *f* garage.
ofício [o'fisju] *m (profissão)* trade; *(carta)* official letter.
oftalmologista [ɔftawmolo'ʒiʃta] *mf* ophthalmologist.
ofuscar [ofuʃ'ka(x)] *vt* to dazzle.
oi ['oj] *interj (Br)* hi!
oitavo, -va [oj'tavu, -va] *num* eighth, → **sexto**.
oitenta [oj'tẽnta] *num* eighty, → **seis**.
oito ['ojtu] *num* eight; **nem ~ nem oitenta!** there's no need to exaggerate!, → **seis**.
oitocentos, -tas [ojto'sẽntuʃ, -taʃ] *num* eight hundred, → **seis**.
OK [ɔ'kej] *interj* OK!
olá [ɔ'la] *interj* hello!
olaria [ola'ria] *f* pottery.
oleado [o'ljadu] *m* oil cloth; *(vestimenta)* oilskins (*pl*).
óleo ['ɔlju] *m* oil; **~ de cozinha** (cooking) oil; **~ de bronzear** suntan oil; **~ de girassol/soja** sunflower/soya oil; **~ vegetal** vegetable oil.

oleoduto [oljo'dutu] *m* pipeline *(for oil)*.

oleoso, -osa [o'ljozu, -ɔza] *adj* greasy.

olfacto [ol'fatu] *m (Port)* = olfato.

olfato [ow'fatu] *m (Br)* sense of smell.

olhadela [oʎa'dɛla] *f* glance; **dar uma ~ em algo** to have a quick look at sthg.

olhar [o'ʎa(x)] *(pl* **-res** [-riʃ]) *vt* to look at ◆ *vi* to look ◆ *m* look; **~ para** to look at; **~ por** to look after.

olheiras [o'ʎejraʃ] *fpl* **ter ~** to have dark rings under one's eyes.

olho ['oʎu] *(pl* **olhos** ['ɔʎuʃ]) *m* eye; **~ mágico** peephole; **a ~ nu** with the naked eye; **a ~s vistos** visibly; **aos ~s de** in the eyes of; **custar os ~s da cara** to cost an arm and a leg; **não pregar ~** not to sleep a wink; **ver com bons/maus ~s** to approve/disapprove of.

olho-de-sogra [oʎudʒi'sogra] *(pl* **olhos-de-sogra** [ɔʎuʃdʒi'sogra]) *m* cake made with dates and coconut.

olímpico, -ca [o'līmpiku, -ka] *adj* Olympic.

oliveira [oli'vejra] *f* olive tree.

ombro [ombru] *m* shoulder; **encolher os ~s** to shrug one's shoulders.

omelete [ome'letʃi] *f* omelette.

omissão [omi'sãw] *(pl* **-ões** [-õjʃ]) *f* omission.

omitir [omi'ti(x)] *vt* to omit.

omnipotente [ɔmnipo'tẽntʃi] *adj* omnipotent.

omoplata [omo'plata] *f* shoulder-blade.

onça ['õsa] *f (animal)* jaguar; *(medida)* ounce.

onda ['õnda] *f* wave; **~ média/longa/curta** medium/long/short wave; **fazer ~** *(fam: criar problemas)* to make waves; **ir na ~** *(deixar-se enganar)* to fall for it.

onde ['õndʒi] *adv* where; **por ~ vamos?** which way are we going?

ondulado, -da [õndu'ladu, -da] *adj (cabelo)* wavy; *(superfície)* rippled.

oneroso, -osa [one'rozu, -ɔza] *adj* expensive.

ONG *f (abrev de Organização Não Governamental)* NGO.

ônibus ['onibuʃ] *m inv (Br)* bus.

ónix ['ɔniks] *m* onyx.

ontem ['õntẽ] *adv* yesterday; **~ de manhã/à tarde** yesterday morning/afternoon; **~ à noite** last night.

ONU ['ɔnu] *f (abrev de Organização das Nações Unidas)* UN.

onze ['õzi] *num* eleven, → **seis**.

opaco, -ca [o'paku, -ka] *adj* opaque.

opala [o'pala] *f* opal.

opção [op'sãw] *(pl* **-ões** [-õjʃ]) *f* option.

ópera ['ɔpera] *f* opera.

operação [opera'sãw] *(pl* **-ões** [-õjʃ]) *f* operation; *(comercial)* transaction.

operador, -ra [opera'do(x), -ra] *(mpl* **-res** [-riʃ], *fpl* **-s** [-ʃ]) *m, f:* **~ de computadores** computer operator.

operar [ope'ra(x)] *vi (MED)* to operate ◆ *vt (MED)* to operate on. ❑ **operar-se** *vp (realizar-se)* to take place.

operário, -ria [ope'rarju, -rja] *m, f* worker.

opereta [ope'reta] *f* operetta.

opinar [opi'na(x)] *vt* to think ◆ *vi* to give one's opinion.

opinião [opi'njãw] *(pl* **-ões** [-õjʃ]) *f* opinion; **na minha ~** in my opinion; **na ~ dele** in his opinion; **ser da ~ que** to be of the opinion that; **a ~ pública** public opinion.

ópio ['ɔpju] *m* opium.

oponente [opo'nẽntʃi] *mf* opponent.

opor-se [o'poxsi] *vp* to object; **~ a** to oppose.

oportunidade [opoxtuni'dadʒi] *f* opportunity.

oportuno, -na [opox'tunu, -na] *adj* opportune.

oposição [opozi'sãw] *f* opposition; *(diferença)* contrast; **a ~** *(POL)* the Opposition.

oposto, -osta [o'poʃtu, -ɔʃta] *adj* opposite ◆ *m:* **o ~** the opposite; **~ a** opposite.

opressão [opre'sãw] *(pl* **-ões** [-õjʃ]) *f* oppression.

opressivo, -va [opre'sivu, -va] *adj* oppressive.

opressões → **opressão**.

oprimir [opri'mi(x)] *vt* to oppress.

optar [op'ta(x)] *vi* to choose; **~ por algo** to opt for sthg; **~ por fazer algo** to opt to do sthg, to choose to do sthg.

optimismo [ɔti'miʒmu] *m (Port)* = otimismo.

óptimo, -ma ['ɔtimu, -ma] *adj (Port)* = ótimo.

ora ['ɔra] *interj* come on! ♦ *conj* well ♦ *adv*: **por ~** for now; **~ essa!** well, well!; **~ ..., ~ ...** one minute ..., the next ....

oração [ora'sãw] *(pl* **-ões** [-õjʃ]) *f (prece)* prayer; *(frase)* clause.

orador, -ra [ora'do(x), -ra] *(mpl* **-res** [-riʃ], *fpl* **-s** [-ʃ]) *m, f* (public) speaker.

oral [o'raw] *(pl* **-ais** [-ajʃ]) *adj & f* oral.

orangotango [orãŋgo'tãŋgu] *m* orangutang.

orar [o'ra(x)] *vi (discursar)* to give a speech; *(rezar)* to pray.

órbita ['ɔxbita] *f (de olho)* socket; *(de planeta)* orbit; *(fig: de ação, influência)* sphere.

orçamento [oxsa'mẽntu] *m (de Estado, empresa)* budget; *(para trabalho, serviço)* estimate.

ordem ['ɔxdẽ] *(pl* **-ns** [-ʃ]) *f* order; **até segunda ~** until further notice; **de primeira ~** first-rate; **de tal ~ que** such that; **pôr algo em ~** to tidy sthg up; **por ~** in order; **por ~ de alguém** on the orders of sb; **sempre às ordens!** don't mention it!

ordenado [oxde'nadu] *m* wage.

ordenhar [oxde'ɲa(x)] *vt* to milk.

ordens → ordem.

ordinário, -ria [oxdʒi'narju, -rja] *adj (grosseiro)* crude.

orégano [o'rɛganu] *m (Br)* oregano.

orégão [o'rɛgãw] *m (Port)* = orégano.

orelha [o'reʎa] *f (ANAT)* ear; *(de calçado)* tongue.

orfanato [oxfa'natu] *m* orphanage.

órfão, -fã ['ɔxfãw, -fã] *m, f* orphan.

orfeão [ox'fɛãw] *(pl* **-ões** [-õjʃ]) *m* choral society.

orgânico, -ca [ox'ganiku, -ka] *adj* organic.

organismo [oxga'niʒmu] *m* body.

organização [oxganiza'sãw] *(pl* **-ões** [-õjʃ]) *f* organization.

órgão ['ɔxgãw] *m* organ; *(de empresa)* body; **~s sexuais** OU **genitais** sexual organs, genitals.

orgasmo [ox'gaʒmu] *m* orgasm.

orgia [ox'ʒia] *f* orgy.

orgulhar-se [oxgu'ʎaxsi] **: orgulhar-se de** *vp + prep* to be proud of.

orgulho [ox'guʎu] *m* pride.

orientação [orjẽnta'sãw] *(pl* **-ões** [-õjʃ]) *f* direction; **~ escolar** careers advice *(at school)*; **~ profissional** careers advice.

oriental [orjẽn'taw] *(pl* **-ais** [-ajʃ]) *adj (do este)* eastern; *(do Extremo Oriente)* oriental.

❑ **orientais** *mpl*: **os orientais** the Orientals.

orientar [orjẽn'ta(x)] *vt (guiar)* to direct; *(aconselhar)* to advise.

❑ **orientar-se por** *vp + prep* to follow.

oriente [o'rjẽntʃi] *m* east.

❑ **Oriente** *m*: **o Oriente** the Orient.

orifício [ori'fisju] *m* orifice.

origem [o'riʒẽ] *(pl* **-ns** [-ʃ]) *f* origin.

original [oriʒi'naw] *(pl* **-ais** [-ajʃ]) *adj & m* original.

originar [oriʒi'na(x)] *vt* to cause.

❑ **originar-se** *vp* to arise.

oriundo, -da [o'rjũndu, -da] *adj*: **~ de** from.

orixá [ori'ʃa] *mf (Br)* god or goddess of any of the Afro-Brazilian religions.

ornamentar [oxnamẽn'ta(x)] *vt* to decorate.

ornamento [oxna'mẽntu] *m* ornament.

ornitologia [oxnitolo'ʒia] *f* ornithology.

orquestra [ox'kɛʃtra] *f* orchestra.

orquídea [ox'kidʒia] *f* orchid.

ortografia [oxtogra'fia] *f* spelling.

ortopedia [oxtope'dʒia] *f* orthopaedics *(sg)*.

ortopédico, -ca [oxtp'pɛdʒiku, -ka] *adj* orthopaedic.

ortopedista [oxtope'dʒiʃta] *mf* orthopaedic surgeon.

orvalho [ox'vaʎu] *m* dew.

os → o.

oscilação [oʃsila'sãw] *(pl* **-ões** [-õjʃ]) *f (balanço)* swinging; *(variação)* fluctuation.

oscilar [oʃsi'la(x)] *vi (balançar)* to swing; *(variar)* to fluctuate; **~ entre** to fluctuate between.

osso ['osu] *(pl* **ossos** ['ɔsuʃ]) *m* bone.

ostensivamente [oʃtẽ'siva'mẽntʃi] *adv* ostentatiously.

ostensivo, -va [oʃtẽ'sivu, -va] *adj (provocatório)* blatant; *(exibicionista)* ostentatious.

ostentar [oʃtẽn'ta(x)] *vt* to show off.

ostra ['oʃtra] *f* oyster.

OTAN [o'tã] *f (abrev de Organização do Tratado do Atlântico Norte)* = **NATO**.

otimismo [otʃi'miʒmu] *m (Br)* optimism.

ótimo, -ma ['ɔtʃimu, -ma] *adj (Br)* great ◆ *interj (Br)* great!, excellent!

otorrinolaringologista [ˌoto-ˌxinolaˌrĩŋolo'ʒiʃta] *mf* ear, nose and throat specialist.

ou [o] *conj* or; ~ ... ~ either ... or.

ouço ['osu] → **ouvir**.

ouriço [o'risu] *m (de castanheiro)* shell.

ouriço-cacheiro [oˌrisuka'ʃejru] *(pl* **ouriços-cacheiros** [oˌrisuʃka'ʃejruʃ]*) m* hedgehog.

ouriço-do-mar [oˌrisudu'ma(x)] *(pl* **ouriços-do-mar** [oˌrisuʒdu'ma(x)]*) m* sea urchin.

ourives [o'riviʃ] *mf inv* jeweller.

ourivesaria [oriveza'ria] *f* jeweller's (shop).

ouro ['oru] gold; ~ **de lei** *19.25-carat gold.*

⊔ **ouros** *mpl (naipe de cartas)* diamonds.

Ouro Preto [ˌoru'pretu] *s* Ouro Preto.

ousadia [oza'dʒia] *f* audacity.

ousar [o'za(x)] *vt* to dare to.

outdoor [awt'dɔr] *m (propaganda)* outdoor advertising; *(cartaz)* hoarding *(Brit)*, billboard *(Am)*.

outono [o'tonu] *m* autumn *(Brit)*, fall *(Am)*.

outro, -tra ['otru, -tra] *adj* another *(sg)*, other *(pl)* ◆ *pron (outra coisa)* another *(sg)*, others *(pl)*; *(outra pessoa)* someone else; **o ~/a outra** the other (one); **os ~s** the others; ~ **copo** another glass; **~s dois copos** another two

glasses; ~ **dia** another day; **no ~ dia** *(no dia seguinte)* the next day; *(relativo a dia passado)* the other day; **um ou ~** one or the other; **um após o ~** one after the other.

outubro [o'tubru] *m* October, → **setembro**.

ouve ['ovi] → **ouvir**.

ouvido [o'vidu] *m (ANAT)* ear; *(audição)* hearing; **dar ~s a alguém** to listen to sb; **ser todo ~s** to be all ears; **ter bom ~** to have good hearing; **tocar de ~** to play by ear.

ouvinte [o'vĩtʃi] *mf* listener.

ouvir [o'vi(x)] *vt & vi* to hear; **você está ouvindo?** are you listening?; **estar ouvindo algo/alguém** to be listening to sthg/sb.

ovação [ova'sãw] *(pl* **-ões** [-õjʃ]*) f* ovation.

oval [o'vaw] *(pl* **-ais** [-ajʃ]*) adj* oval.

ovário [o'varju] *m* ovary.

ovelha [o'veʎa] *f* sheep; *(fêmea)* ewe; ~ **negra** black sheep.

OVNI ['ɔvni] *m (abrev de Objeto Voador Não Identificado)* UFO.

ovo ['ovu] *(pl* **ovos** ['ɔvuʃ]*) m* egg; ~ **cozido/escalfado** boiled/poached egg; ~ **estrelado** fried egg; **~s mexidos** scrambled eggs; **~s de Páscoa** Easter eggs.

óvulo ['ɔvulu] *m* ovum.

oxigénio [ɔksi'ʒenju] *m (Port)* = **oxigênio**.

oxigênio [oksi'ʒenju] *m (Br)* oxygen.

ozônio [o'zonju] *m (Br)* ozone.

ozono [o'zonu] *m (Port)* = **ozônio**.

P

p. *(abrev de página)* p.

P. *(abrev de Praça)* = Sq.

pá ['pa] *f (utensílio)* spade ◆ *m (Port: fam: forma de tratamento)* mate *(Brit)*, man *(Am)*.

pacato, -ta [pa'katu, -ta] *adj* easy-going.

paciência [pa'sjēsja] *f* patience; **perder a ~** to lose one's patience; **ter ~** to be patient.

paciente [pa'sjēntʃi] *adj & mf* patient.

pacífico, -ca [pa'sifiku, -ka] *adj* peaceful.
❏ **Pacífico** *m*: **o Pacífico** the Pacific.

pacifista [pasi'fiʃta] *mf* pacifist.

paçoca [pa'sɔka] *f (prato)* a dish made with fresh or dried meat, cooked and minced, then fried and mixed with corn-flour or cassava; *(doce)* dessert made from ground peanuts, milk, eggs and sugar.

pacote [pa'kɔtʃi] *m* packet; *(em turismo)* package; **~ de açúcar** *(pequeno)* packet of sugar.

padaria [pada'ria] *f* bakery.

padecer [pade'se(x)] : **padecer de** *v + prep* to suffer from.

padeiro, -ra [pa'dejru, -ra] *m, f* baker.

padrão [pa'drãw] *(pl -ões [-õjʃ]) m (de produto)* model; *(de tecido)* pattern; **~ de vida** standard of living.

padrasto [pa'draʃtu] *m* stepfather.

padre ['padri] *m* priest.

padrinho [pa'driɲu] *m* godfather.

padrões → padrão.

pães → pão.

pág. *(abrev de página)* p.

pagamento [paga'mēntu] *m* payment; **~ em dinheiro** OU **numerário** cash payment; **~ a prestações** hire purchase *(Brit)*, installment plan *(Am)*.

pagar [pa'ga(x)] *vt* to pay; *(estudos)* to pay for; *(fig: consequências)* to suffer ◆ *vi*: **~ por** *(sofrer consequências por)* to pay for; **~ algo a alguém** to pay sb sthg; **quanto você pagou pelo bilhete?** how much did you pay for the ticket? **~ à vista** to pay cash up front.

página ['paʒina] *f* page; **as Páginas Amarelas** the Yellow Pages®.

pago, -ga ['pagu, -ga] *pp → pagar*.

pagode [pa'gɔdʒi] *m (fam: farra)* fun.

págs. *(abrev de páginas)* pp.

pai ['paj] *m* father.

pai-de-santo [pajdʒi'sãntu] *(pl pais-de-santo* [pajʒdʒi'sãntu]) *m "candomblé" or "umbanda" priest*.

painel [paj'nɛw] *(pl -éis [-ɛjʃ]) m* panel; *(de veículo)* dashboard; **~ solar** solar panel.

paio ['paju] *m* very lean "chouriço".

pais ['pajʃ] *mpl (progenitores)* parents.

país [pa'iʃ] *(pl -ses [-ziʃ]) m* country.

paisagem [paj'zaʒãj] *(pl -ns [-ʃ]) f (vista)* view; *(pintura)* landscape.

País de Gales [pa,iʒdʒi'galiʃ] *m*: **o ~** Wales.

países → país.

paixão [paj'ʃãw] *(pl -ões [-õjʃ]) f* passion.

pajé [pa'ʒɛ] *m (Br)* witch doctor.

palacete [pala'setʃi] *m* small palace.

palácio [pa'lasju] *m* palace; **Palácio da Justiça** Law Courts *(pl)*.

paladar [pala'da(x)] *(pl -res [-riʃ]) m* taste.

palafita [pala'fita] *f* house on stilts.

palavra [pa'lavra] *f* word ◆ *interj* honest!; **dar a ~ a alguém** to give sb the opportunity to speak.

palavrão [pala'vrãw] *(pl -ões [-õjʃ]) m* swearword.

palavras-cruzadas [pa,lavraʃkru-'zadaʃ] *fpl* crossword (puzzle) *(sg)*.

palavrões → palavrão.

palco ['pawku] *m* stage.
palerma [pa'lɛxma] *mf* fool.
palestra [pa'lɛʃtra] *f* lecture.
paleta [pa'leta] *f* palette.
paletó [pale'tɔ] *m* jacket.
palha ['paʎa] *f* straw.
palhaço [pa'ʎasu] *m* clown.
palhinha [pa'ʎiɲa] *f* straw.
pálido, -da ['palidu, -da] *adj* pale.
paliteiro [pali'tejru] *m* toothpick holder.
palito [pa'litu] *m (para dentes)* toothpick; ~ **de fósforo** matchstick; **ser um** ~ *(fig: pessoa)* to be as thin as a rake.
palma ['pawma] *f* palm.
❏ **palmas** *fpl* clapping *(sg)*; **bater ~s** to clap; **uma salva de ~s** a round of applause.
palmeira [paw'mejra] *f* palm tree.
palmito [paw'mitu] *m* palm heart.
palmo ['pawmu] *m* (hand) span; ~ **a** ~ inch by inch.
PALOP *mpl (abrev de Países Africanos de Língua Oficial Portuguesa)*: **os** ~ *acronym for African countries where Portuguese is an official language.*
palpável [paw'pavɛw] *(pl* -**eis** [-ejʃ]) *adj* tangible.
pálpebra ['pawpebra] *f* eyelid.
palpitação [pawpita'sãw] *(pl* -**ões** [-õjʃ]) *f* beating.
palpitar [pawpi'ta(x)] *vi* to beat.
palpite [paw'pitʃi] *m* tip; *(suposição)* hunch.
paludismo [palu'diʒmu] *m* malaria.
pamonha [pa'moɲa] *f cake made from maize, coconut milk, butter, cinnamon, sweet herbs and sugar, and baked wrapped in banana skin.*
Panamá [pana'ma] *m*: **o** ~ Panama.
pancada [pãŋ'kada] *f (com pau, mão)* blow; *(choque)* knock; *(de relógio)* stroke; **dar** ~ **em alguém** to beat sb up; ~ **d'água** sudden downpour; **ser** ~ *(fam)* to be crazy.
pâncreas ['pãŋkrjaʃ] *m inv* pancreas.
panda ['pãnda] *m* panda.
pandeiro [pãn'dejru] *m* tambourine.
pandemónio [pãnde'mɔnju] *m (Port)* = **pandemônio**.
pandemônio [pãnde'monju] *m (Br)* pandemonium.
pane ['pani] *f* breakdown.
panela [pa'nɛla] *f* pot; ~ **de pressão** pressure cooker.

panfleto [pã'fletu] *m* pamphlet.
pânico ['paniku] *m* panic; **entrar em** ~ to panic.
pano ['panu] *m (tecido)* cloth; *(em teatro)* curtain; ~ **de fundo** backdrop.
panorama [pano'rama] *m* panorama.
panqueca [pãŋ'kɛka] *f* pancake.
pantanal [pãnta'naw] *(pl* -**ais** [-ajʃ]) *m* swampland.
❏ **Pantanal** *m*: **o Pantanal** the Pantanal.
pântano ['pãntanu] *m* swamp.
pantera [pãn'tɛra] *f* panther.
pantomima [pãnto'mima] *f* mime, dumb show.
pantufas [pãn'tufaʃ] *fpl* slippers.
pão ['pãw] *(pl* **pães** ['pãjʃ]) *m* bread; ~ **de centeio** rye bread; ~ **de fôrma** loaf; ~ **francês** roll; ~ **integral** wholemeal bread; ~ **de leite** *small sweet bread glazed with egg yolk before baking*; ~ **ralado** *(Port)* breadcrumbs *(pl)*; ~ **de segunda** *crusty white loaf*; **o Pão de Açúcar** Sugar Loaf Mountain; **comer o** ~ **que o diabo amassou** *(fig)* to have a rough time of it.
pão-de-ló [pãwdʒi'lɔ] *(pl* **pães-de-ló** [pãjʒdʒi'lɔ]) *m* sponge cake.
papa ['papa] *f (para bebê)* baby food ♦ *m* pope; *(fig: ás)* ace.
papagaio [papa'gaju] *m (ave)* parrot; *(brinquedo)* kite.
papeira [pa'pejra] *f (Port)* mumps *(sg)*.
papel [pa'pɛw] *(pl* -**éis** [-ɛiʃ]) *m* paper; ~ **A4** A4 paper; ~ **de alumínio** tinfoil; ~ **de carta** writing paper; ~ **de embrulho** wrapping paper; ~ **higiênico** toilet paper; ~ **de máquina** typing paper; ~ **de parede** wallpaper; ~ **químico** *(Port)* carbon paper; ~ **reciclado** recycled paper; ~ **vegetal** *(de cozinha)* greaseproof paper; *(de desenho)* tracing paper.
papelão [pape'lãw] *m* cardboard.
papelaria [papela'ria] *f* stationer's (shop).
papel-carbono [pa.pɛukax'bɔnu] *m (Br)* carbon paper.
papo ['papu] *m (de ave)* crop; *(Br: conversa)* chat; **levar** OU **bater um** ~ *(Br: fam)* to (have a) chat; ~**s de anjo** *small pastries made of syrup, jam, eggs and cinnamon, dusted with sugar on serving.*
papo-furado [papufu'radu] *m (Br: fam)* nonsense.

papoila [pa'pojla] f = **papoula**.

papo-seco [,papu'sɛku] (pl **papos-secos** [,papuʃ'sɛkuʃ]) m roll.

papoula [pa'pola] f poppy.

paquerar [pake'ra(x)] vt (Br: fam) to flirt with, to chat up ◆ vi (Br: fam) to flirt.

paquete [pa'ketʃi] m (navio) (steam-powered) ocean liner.

par ['pa(x)] (pl -**res** [-riʃ]) adj (número) even ◆ m pair; (casal) couple; **estar a ~ de algo** to be up to date on sthg; ~**es masculinos/femininos/mistos** (Port: em tênis) men's/women's/mixed doubles; **a ~** side by side; **aos ~es** in pairs.

para ['para] prep **1.** (exprime finalidade, destinação) for; **um telefonema ~ o senhor** a phone call for you; **queria algo ~ comer** I would like something to eat; **~ que serve isto?** what's this for?

2. (indica motivo, objetivo) (in order) to; **cheguei mais cedo ~ arranjar lugar** I arrived early (in order) to get a place; **era só ~ lhe agradar** I only wanted to please you.

3. (indica direção) towards; **apontou ~ cima/baixo** he pointed upwards/downwards; **olhei ~ ela** I looked at her; **seguiu ~ o aeroporto** he headed for the airport; **vá ~ casa!** go home!

4. (relativo a tempo) for; **quero isso pronto ~ amanhã** I want it done for tomorrow; **estará pronto ~ a semana/o ano** it'll be ready next week/year; **são quinze ~ as três** it's a quarter to three (Brit), it's a quarter of three (Am).

5. (em comparações): **é caro demais ~ as minhas posses** it's too expensive for my budget; **~ o que come, está magro** he's thin, considering how much he eats.

6. (relativo a opinião, sentimento): **~ mim** as far as I'm concerned.

7. (exprime a iminência): **estar ~ fazer algo** to be about to do sthg; **o ônibus está ~ sair** the bus is about to leave; **ele está ~ chegar** he'll be here any minute now.

8. (em locuções): **~ mais de** well over; **~ que** so that; **é ~ já!** coming up!

parabéns [para'bẽʃ] mpl congratulations ◆ interj (em geral) congratulations!; (por aniversário) happy birthday!; **dar os ~ a alguém** (em geral) to congratulate sb; (por aniversário) to wish sb a happy birthday; **você está de ~** you're to be congratulated.

parabólica [para'bɔlika] f satellite dish.

pára-brisas [,para'brizaʃ] m inv windscreen (Brit), windshield (Am).

pára-choques [,para'ʃɔkiʃ] m inv bumper.

parada [pa'rada] f (de jogo) bet, stake; (militar) parade; **~ (de ônibus)** (Br) (bus) stop.

paradeiro [para'dejru] m whereabouts (pl).

parado, -da [pa'radu, -da] adj (pessoa, animal) motionless; (carro) stationary; (máquina) switched off; (sem vida) dull.

paradoxo [para'dɔksu] m paradox.

parafina [para'fina] f paraffin.

parafrasear [parafra'zja(x)] vt to paraphrase.

parafuso [para'fuzu] m screw.

paragem [pa'raʒẽ] (pl -**ns** [-ʃ]) f stop, halt; **~ (de autocarro)** (Port) (bus) stop.

parágrafo [pa'ragrafu] m paragraph.

Paraguai [para'gwaj] m: **o ~** Paraguay.

paraíso [para'izu] m paradise.

pára-lamas [,para'lamaʃ] m inv mudguard (Brit), fender (Am).

paralelo, -la [para'lɛlu, -la] adj & m parallel; **sem ~** unparalleled.

paralisar [parali'za(x)] vt to paralyse.

paralisia [parali'zia] f paralysis.

paralítico, -ca [para'litiku, -ka] m, f paralytic.

paranóico, -ca [para'nɔiku, -ka] m, f (fam) nutter ◆ adj paranoid.

parapeito [para'pejtu] m windowsill.

pára-quedas [,para'kɛdaʃ] m inv parachute.

pára-quedista [,parake'diʃta] mf parachutist.

parar [pa'ra(x)] vt & vi to stop; **"pare, escute, olhe"** "stop, look and listen"; **ir ~ em** to end up in; **~ de fazer algo** to stop doing sthg; **sem ~** non-stop.

pára-raios [,para'xajuʃ] m inv lightning conductor (Brit), lightning rod (Am).

parasita [para'zita] m parasite.

parceiro, -ra [pax'sejru, -ra] m, f partner.

parcela [pax'sɛla] f (de soma) item; (fragmento) fragment, bit.

parceria [paxseˈria] f partnership.

parcial [parˈsjaw] (pl **-ais** [-ajʃ]) adj (não completo) partial; (faccioso) biased.

parcómetro [parˈkɔmetru] m (Port) = parquímetro.

pardal [paxˈdaw] (pl **-ais** [-ajʃ]) m house sparrow.

pardo, -da [ˈpaxdu, -da] adj dark grey.

parecer [pareˈse(x)] vi to look ◆ m opinion ◆ v impess: **parece que vai chover** it looks like rain, it looks as if it's going to rain; **parece-me que sim** I think so; **ao que parece** by the look of things; **que lhe parece?** what do you think?

❑ **parecer-se** vp to look alike; **~-se com alguém** to look like sb.

parecido, -da [pareˈsidu, -da] adj similar; **são muito ~s** they are very alike.

paredão [pareˈdãw] (pl **-ões** [-õjʃ]) m thick wall.

parede [paˈredʒi] f wall; **morar ~s meias com** to live next door to.

paredões → **paredão**.

parente, -ta [paˈrẽntʃi, -ta] m, f relative; **~ próximo** close relative.

parêntese [paˈrẽntezi] m (sinal) bracket; (frase) parenthesis; **entre ~s** in brackets.

pares → **par**.

pargo [ˈpaxgu] m sea bream.

parir [paˈri(x)] vt to give birth to ◆ vi to give birth.

parlamento [paxlaˈmẽntu] m parliament.

paróquia [paˈrɔkja] f parish.

parque [ˈpaxki] m park; **~ de campismo** (Port) campsite (Brit), campground (Am); **~ de diversões** amusement park; **~ de estacionamento** car park (Brit), parking lot (Am); **~ industrial** industrial estate; **~ infantil** (Port) playground; **~ nacional** national park; **~ natural** nature reserve.

parquímetro [paxˈkimetru] m parking meter.

parte [ˈpaxtʃi] f part; (fração) bit; (JUR) party; **dar ~ de** (informar) to report; **fazer ~ de** to be part of; **tomar ~ de** to take part in; **em outra ~** somewhere else; **por toda a ~** everywhere; **da ~ de** on behalf of; **de ~ a ~** mutual; **em ~** in part.

parteira [paxˈtejra] f midwife.

participação [paxtʃisipaˈsãw] (pl **-ões** [-õjʃ]) f participation; (comunicado) announcement; (em negócio) involvement; (a polícia, autoridade) report.

participante [paxtʃisiˈpãntʃi] mf participant.

participar [paxtʃisiˈpa(x)] vi to participate ◆ vt: **~ algo a alguém** (informar) to inform sb of sthg; (comunicar) to report sthg to sb; **~ de algo** to take part in sthg.

particípio [paxtʃiˈsipju] m participle; **~ passado/presente** past/present participle.

particular [paxtʃikuˈla(x)] (pl **-res** [-riʃ]) adj (individual) particular; (privado) private, privately owned.

partida [paxˈtʃida] f (saída) departure; (em esporte) match; **estar de ~** to be about to leave; **à ~** at the beginning.

partidário, -ria [partʃiˈdarju, -rja] m, f supporter.

partido, -da [paxˈtʃidu, -da] adj broken ◆ m: **~ (político)** (political) party.

partilhar [paxtʃiˈʎa(x)] vt to share.

partir [paxˈtʃi(x)] vt to break ◆ vi (ir embora) to leave, to depart; **ele partiu para o estrangeiro** he went abroad; **~ de** (lugar) to leave; **a ~ de** from; **a ~ de agora** from now on.

❑ **partir-se** vp (quebrar-se) to break.

parto [ˈpaxtu] m birth.

parvo, -va [ˈpaxvu. -va] m, f idiot.

Páscoa [ˈpaʃkwa] f Easter; **~ feliz!** Happy Easter!

pasmado, -da [paʒˈmadu. -da] adj dumbstruck.

passa [ˈpasa] f (fruto) raisin.

passadeira [pasaˈdejra] f (Port: para peões) pedestrian crossing.

passado, -da [paˈsadu. -da] adj (no passado) past; (anterior) last ◆ m past; **mal ~** (CULIN: bife, carne) rare; **bem ~** (CULIN: bife, carne) well-done.

passageiro, -ra [pasaˈʒejru. -ra] m, f passenger ◆ adj passing.

passagem [paˈsaʒẽ] (pl **-ns** [-ʃ]) f passage; (bilhete) ticket; **~ de ano** New Year, Hogmanay (Scot); **~ de ida** (Br) single (ticket) (Brit), one-way ticket (Am); **~ de ida e volta** (Br) return (ticket) (Brit), round-trip ticket (Am); **~ de nível** level crossing; **~ subterrânea** subway (Brit), underpass (Am).

passaporte [pasaˈpɔxtʃi] m passport.

passar [pa'sa(x)] vt 1. (deslizar, filtrar): ~ algo por algo to pass sthg through sthg; **ela passou a mão pelo cabelo** she ran her hand through her hair; **passou o creme bronzeador nos braços** he put suntan cream on his arms; ~ **por água** to rinse.

2. (chegar, fazer chegar) to pass; **pode me passar o sal?** would you pass me the salt?

3. (a ferro): ~ **algo (a ferro)**, ~ **(a ferro) algo** to iron sthg; **você já passou a roupa (a ferro)?** have you done the ironing yet?

4. (contagiar) to pass on.

5. (mudar): ~ **algo para** to move sthg to.

6. (ultrapassar) to pass.

7. (tempo) to spend; **passei um ano em Portugal** I spent a year in Portugal.

8. (exame) to pass.

9. (fronteira) to cross.

10. (vídeo, disco) to put on.

11. (em televisão, cinema) to show.

12. (admitir): **deixar** ~ **algo** to let sthg pass.

♦ vi 1. (ir, circular) to go; **o (ônibus) 7 não passa por aqui** the number 7 doesn't come this way.

2. (revisor, ônibus): **já passou o (ônibus) 7/o revisor?** has the number 7/the ticket inspector been?

3. (tempo) to go by; **já passa das dez horas** it's past ten o'clock; **o tempo passa muito depressa** time flies.

4. (terminar) to be over; **o verão já passou** summer's over; **a dor já passou** the pain's gone.

5. (a nível diferente) to go up; **ele passou para o segundo ano** he went up into second year; **passa para primeira (velocidade)** go into first (gear); **quero ~ para um nível mais alto** I want to move up to a more advanced level.

6. (mudar de ação, tema): ~ **a** to move on to.

7. (em locuções): **como você tem passado?** (de saúde) how have you been?; ~ **bem** (tempo, férias) to enjoy; **passe bem!** good day to you!; ~ **mal** (de saúde) to feel ill; **não ~ de** to be no more than; ~ **(bem) sem** to be fine without; **não ~ sem** never to go without; **o que passou, passou** let bygones be bygones.

❏ **passar por** v + prep (ser considerado como) to pass as OU for; (fig: atravessar) to go through; **fazer-se ~ por** to pass o.s. off as.

❏ **passar-se** vp (acontecer) to happen; **o que é que se passa?** what's going on?.

passarela [pasa'rɛla] f (Br: de rua, estrada) pedestrian crossing; (para desfile de moda) catwalk.

pássaro [pasaru] m bird.

passatempo [ˌpasa'tẽmpu] m hobby, pastime.

passe ['pasi] m (de ônibus) (bus) pass; (de trem) season ticket.

passear [pa'sja(x)] vt (cão) to walk ♦ vi to go for a walk.

passeata [pa'sjata] f (passeio) stroll; (Br: marcha de protesto) demonstration.

passeio [pa'saju] m (em rua) pavement (Brit), sidewalk (Am); (caminhada) walk.

passional [pasjo'naw] (pl -ais [-ajʃ]) adj passionate.

passista [pa'siʃta] mf (Br) skilled samba dancer, especially one who dances in Carnival parades in Brazil.

passível [pa'sivew] (pl -eis [-ejʃ]) adj: ~ **de** liable to.

passivo, -va [pa'sivu, -va] adj passive ♦ m (COM) liabilities (pl).

passo ['pasu] m (movimento) step; (modo de andar) walk; (ritmo) pace; **dar o primeiro** ~ to make the first move; **a dois** ~**s (de)** round the corner (from); **ao** ~ **que** whilst; ~ **a** ~ step by step.

pasta ['paʃta] f briefcase; (de escola) satchel; (para papéis) folder; (de ministro) portfolio; (massa) paste; ~ **dentífrica** OU **de dentes** toothpaste.

pastar [paʃ'ta(x)] vi to graze.

pastel [paʃ'tɛw] (pl -éis [-ɛjʃ]) m pie; (em pintura) pastel; (Port: bolo) cake; ~ **de bacalhau** small cod fishcake; ~ **de carne** = sausage roll; ~ **de galinha** chicken pasty.

pastelaria [paʃtela'ria] f (local) patisserie; (comida) pastries (pl).

pasteurizado, -da [paʃtewri'zadu, -da] adj pasteurized.

pastilha [paʃ'tiʎa] f (doce) pastille; (medicamento) tablet, pill; ~ **(elástica)** (Port) (chewing) gum; ~ **para a garganta** throat lozenge; ~ **para a tosse** cough sweet.

pasto ['paʃtu] m pasture.

pastor, -ra [paʃ'to(x), -ra] (mpl -res [-riʃ], fpl -s [-ʃ]) m, f shepherd (f shepherdess) ◆ *m* minister.

pata ['pata] *f (perna de animal)* leg; *(pé de gato, cão)* paw; *(pé de cavalo, cabra)* hoof.

patamar [pata'ma(x)] *(pl -res [-riʃ])* *m* landing.

paté [pa'te] *m (Port)* = **patê**.

patê [pa'te] *m (Br)* pâté.

patente [pa'tẽtʃi] *adj (visível)* obvious ◆ *f (de máquina, invento)* patent; *(de militar)* rank.

paternal [patɛx'naw] *(pl -ais [-ajʃ])* *adj (afetuoso)* fatherly.

pateta [pa'tɛta] *mf* twit.

patético, -ca [pa'tɛtʃiku, -ka] *adj* pathetic.

patife [pa'tʃifi] *m* scoundrel.

patim [pa'tʃĩ] *(pl -ns [-ʃ])* *m (de rodas)* roller skate; *(de gelo)* ice skate.

patinação [patʃina'sãw] *f (Br)* skating; ~ **artística** figure skating; ~ **no gelo** ice skating.

patinagem [patʃi'naʒẽ] *f (Port)* = **patinação**.

patinar [patʃi'na(x)] *vi (com patins)* to skate; *(veículo)* to spin.

patins → **patim**.

pátio ['patʃju] *m* patio.

pato ['patu] *m* duck.

patologia [patolo'ʒia] *f* pathology.

patológico, -ca [pato'lɔʒiku, -ka] *adj* pathological.

patrão, -troa [pa'trãw, -'troa] *(mpl -ões [-ɔjʃ], fpl -s [-ʃ])* *m, f* boss.

pátria ['patria] *f* native country.

património [patri'mɔnju] *m (Port)* = **patrimônio**.

patrimônio [patri'monju] *m (Br) (de empresa, fundação)* assets *(pl)*; *(herança)* inheritance; ~ **nacional** national heritage.

patriota [patri'ɔta] *mf* patriot.

patroa → **patrão**.

patrocinador, -ra [patrosina'do(x), -ra] *(mpl -res [-riʃ], fpl -s [-ʃ])* *m, f* sponsor.

patrocinar [patrosi'na(x)] *vt* to sponsor.

patrões → **patrão**.

patrulha [pa'truʎa] *f* patrol.

pau ['paw] *m* stick.

⅃ paus *mpl (naipe de cartas)* clubs.

paulista [paw'liʃta] *mf* native/inhabitant of São Paulo.

pausa ['pawza] *f (intervalo)* break;

(silêncio) pause.

pauta ['pawta] *f (de alunos)* register; *(de música)* stave.

pavão [pa'vãw] *(pl -ões [-ɔjʃ])* *m* peacock.

pavê [pa've] *m liqueur-soaked sponge fingers set in layers with a sweet filling made from melted chocolate, egg yolks and butter.*

pavilhão [pavi'ʎãw] *(pl -ões [-ɔjʃ])* *m* pavilion; ~ **esportivo** sports pavilion.

pavimentar [pavimẽ'ta(x)] *vt* to pave.

pavimento [pavi'mẽtu] *m (de estrada, rua)* road surface; *(andar de edifício)* floor.

pavões → **pavão**.

pavor [pa'vo(x)] *m* terror; **ter ~ de** to be terrified of.

paz ['paʃ] *(pl -zes [-ziʃ])* *f* peace; **deixar algo/alguém em ~** to leave sth/sb in peace; **fazer as ~es** to make (it) up; **que descanse em ~** (may he/she) rest in peace.

PC *m (abrev de Personal Computer)* PC.

Pça. *(abrev de praça)* Sq.

pé ['pɛ] *m* foot; *(de planta)* stem, stalk; *(em vinho)* dregs *(pl)*; **andar na ponta dos ~s** to walk on tiptoe; **pôr-se de ~** to stand up; **ter ~ (em água)** to be able to stand; **não ter ~ (em água)** not to be able to touch the bottom; **a ~** on foot; **ao ~ de** near; **em ou de ~** standing (up); **em ~ de igualdade** on an equal footing.

peão ['pjãw] *(pl -ões [-ɔjʃ])* *m (Port: indivíduo a pé)* pedestrian; *(em xadrez)* pawn.

peça ['pɛsa] *f* piece; *(divisão de casa)* room; ~ **(de teatro)** play.

pecado [pɛ'kadu] *m* sin.

pechincha [pe'ʃĩʃa] *f* bargain.

peço ['pɛsu] → **pedir**.

peculiar [pɛku'lja(x)] *(pl -es [-iʃ])* *adj* peculiar.

pedaço [pe'dasu] *m* piece; *(de tempo)* while; **andamos um bom ~** we walked a good part of the way; **estou aqui há ~** I've been here for a while; **estar caindo aos ~s** to be falling to bits.

pedágio [pɛ'daʒju] *m (Br)* toll.

pedal [pe'daw] *(pl -ais [-ajʃ])* *m* pedal.

pede ['pɛdʒi] → **pedir**.

pé-de-cabra [ˌpɛdʒi'kabra] *(pl pés-de-cabra* [ˌpɛʒdʒi'kabra]*)* *m* crowbar.

pé-de-moleque [,pɛdʒimoˈlɛki] (*pl* **pés-de-moleque** [,pɛdʒimoˈlɛki]) *m* hard peanut nougat.

pedestal [pedeʃˈtaw] (*pl* **-ais** [-ajʃ]) *m* pedestal.

pedestre [peˈdɛʃtri] *adj* (zona, faixa) pedestrian (antes de s) ◆ *m* (Br: indivíduo a pé) pedestrian.

pediatra [peˈdʒjatra] *mf* paediatrician.

pediatria [pedʒjaˈtria] *f* paediatrics (sg).

pedido [peˈdʒidu] *m* request; (em restaurante) order; **a ~ de alguém** at sb's request.

pedinte [peˈdʒĩtʃi] *mf* beggar.

pedir [peˈdʒi(x)] *vt* (em restaurante, bar) to order; (preço) to ask ◆ *vi* (mendigar) to beg; **~ algo a alguém** to ask sb for sthg; **~ a alguém que faça algo** to ask sb to do sthg; **~ algo emprestado a alguém** to borrow sthg from sb.

pedra [ˈpɛdra] *f* stone; (lápide) tombstone; (granizo) hailstone; (de isqueiro) flint; (de dominó) domino; **~ (preciosa)** precious stone, gem.

pedra-pomes [,pɛdraˈpɔmiʃ] (*pl* **pedras-pomes** [,pɛdraʃˈpɔmiʃ]) *f* pumice stone.

pedra-sabão [,pɛdrasaˈbãw] (*pl* **pedras-sabão** [,pɛdraʃsaˈbãw]) *f* (Br) soapstone.

pedreiro [peˈdrejru] *m* bricklayer.

pega [ˈpega] *f* (ave) magpie.

pegada [peˈgada] *f* footprint.

pegado, -da [peˈgadu, -da] *adj* (colado) stuck; (contíguo) adjoining.

pegajoso, -osa [pegaˈʒozu, -ɔza] *adj* sticky.

pegar [peˈga(x)] *vt* to catch; (hábito, vício, mania) to pick up ◆ *vi* (motor) to start; (idéia, moda) to catch on; (planta) to take; **peguei uma gripe** I got the flu; **~ em algo** to pick sthg up; **~ fogo em algo** to set fire to sthg; **~ no sono** to fall asleep.

❏ **pegar-se** *vp* (agarrar-se) to stick; (brigar) to come to blows.

peito [ˈpejtu] *m* (seio) breast; (parte do tronco) chest; (de camisa, blusa) front.

peitoril [pejtoˈriw] (*pl* **-is** [-iʃ]) *m* windowsill.

peixaria [pejʃaˈria] *f* fishmonger's (shop).

peixe [ˈpejʃi] *m* fish; **~ congelado** frozen fish.

❏ **Peixes** *m inv* (signo do Zodíaco) Pisces.

peixe-agulha [,pejʃaˈguʎa] *m* garfish.

peixe-espada [,pejʃeʃˈpada] *m* scabbard fish.

peixe-vermelho [,pejʃevexˈmeʎu] *m* carp.

pejorativo, -va [peʒoraˈtʃivu, -va] *adj* pejorative.

pela [ˈpela] = **por + a, → por**.

pelado, -da [peˈladu, -da] *adj* (cabeça) shorn; (Br: fam: nu) starkers; (Port: fruta) peeled.

pele [ˈpɛli] *f* skin; (couro) leather.

pelica [peˈlika] *f* kid (leather).

pelicano [peliˈkanu] *m* pelican.

película [peˈlikula] *f* film; **~ aderente** Clingfilm® (Brit), plastic wrap (Am).

pelo [ˈpelu] = **por + o, → por**.

pêlo [ˈpelu] *m* (de animal) fur; (de pessoa) hair.

Pelourinho [peloˈriɲu] *m*: **o ~ (de Salvador)** the Pelourinho district in Salvador.

peluche [peˈluʃe] *m* (Port) = **pelúcia**.

pelúcia [peˈlusja] *f* plush.

peludo, -da [peˈludu, -da] *adj* hairy.

pélvis [ˈpɛwviʃ] *m ou f inv* pelvis.

pena [ˈpena] *f* (de ave) feather; (de escrever) quill; (dó) pity; (castigo) sentence; **que ~!** what a shame!; **cumprir ~** to serve a prison term; **dar ~** to be a shame; **ter ~ de alguém** to feel sorry for sb; **tenho ~ de não poder ir** I'm sorry (that) I can't go; **valer a ~** to be worth one's while; **~ capital** capital punishment; **~ de morte** death penalty.

penalidade [penaliˈdadʒi] *f* penalty.

pênalti [peˈnawtʃi] *m* (Br) penalty.

penalty [peˈnalti] *m* (Port) = **pênalti**.

pendente [pẽˈdẽtʃi] *adj* pending ◆ *m* pendant.

pendurar [pẽduˈra(x)] *vt* to hang; **~ algo em algo** to hang sthg on sthg.

❏ **pendurar-se em** *vp + prep* to hang from.

penedo [peˈnedu] *m* boulder.

peneira [peˈnejra] *f* sieve.

penetrante [peneˈtrãtʃi] *adj* penetrating.

penetrar [peneˈtra(x)] : **penetrar em** *v + prep* (entrar em) to go into.

penhasco [peˈɲaʃku] *m* cliff.

penicilina [penisiˈlina] *f* penicillin.

penico [pe'niku] *m* chamber pot; *(para crianças)* potty.

península [pe'nĩsula] *f* peninsula.

pénis ['pɛniʃ] *m inv (Port)* = **pênis**.

pênis [peniʃ] *m inv (Br)* penis.

penitência [peni'tẽsja] *f* penance.

penitenciária [penitẽ'sjarja] *f* prison.

penoso, -osa [pe'nozu, -ɔza] *adj* hard.

pensamento [pẽsa'mẽntu] *m (espírito)* mind; *(reflexão)* thought.

pensão [pẽ'sãw] *(pl -ões* [-õjʃ]) *f (hospedaria)* guesthouse; *(de invalidez, velhice)* pension; ~ **alimentícia** *(Br)* alimony, maintenance; ~ **completa** full board; ~ **residencial** – bed and breakfast.

pensar [pẽ'sa(x)] *vi (raciocinar)* to think; *(refletir)* to have a think ◆ *vt (tencionar)* to intend; ~ **em** to think about; ~ **que** to think (that); **nem ~!** no way!

pensionista [pẽsjo'niʃta] *mf (aposentado)* pensioner.

penso ['pẽsu] *m (Port)* dressing; ~ **higiénico** sanitary towel; ~ **rápido** (sticking) plaster *(Brit)*, Bandaid® *(Am)*.

pensões → **pensão**.

pente ['pẽntʃi] *m* comb.

penteado [pẽn'tʃjadu] *m* hairstyle.

Pentecostes [pẽntʃi'kɔʃtiʃ] *m (católico)* Whit Sunday; *(judeu)* Pentecost.

penugem [pe'nuʒẽ] *f* down.

penúltimo, -ma [pe'nuwtʃimu, -ma] *adj* penultimate.

penumbra [pe'nũmbra] *f* semi-darkness, half-light.

penúria [pe'nurja] *f* penury.

peões → **peão**.

pepino [pe'pinu] *m* cucumber.

pequeno, -na [pe'kenu, -na] *adj* small, little; *(em comprimento)* short.

pequeno-almoço [pe,kenual'mosu] *(pl* **pequenos-almoços** [pe,kenuz-al'mɔsuʃ]) *m (Port)* breakfast.

pêra ['pera] *(pl* **peras** ['peraʃ]) *f (fruto)* pear; *(barba)* goatee (beard); ~ **abacate** avocado.

perante [pe'rãntʃi] *prep* in the presence of; **estou ~ um grande problema** I've come up against a big problem.

perceber [pexse'be(x)] *vt (entender)* to understand; *(aperceber-se)* to realize.
❑ **perceber de** *v + prep* to know about.

percentagem [pexsẽn'taʒẽ] *(pl -ns* [-ʃ]) *f* percentage.

percevejo [pexse'veʒu] *m* bug; *(Br: tacha)* drawing pin *(Brit)*, thumbstack *(Am)*.

perco ['pexku] → **perder**.

percorrer [pexko'xe(x)] *vt (caminho, distância)* to travel; *(país)* to travel through; *(cidade, ruas)* to go round; ~ **algo com os olhos** OU **com a vista** to skim through sthg.

percurso [pex'kuxsu] *m* route.

percussão [pexku'sãw] *f* percussion.

perda ['pexda] *f* loss; *(desperdício)* waste.

perdão [pex'dãw] *m* pardon ◆ *interj* sorry!; ~? pardon?; **pedir ~** to ask (for) forgiveness.

perde ['pexdʒi] → **perder**.

perder [pex'de(x)] *vt* to lose; *(tempo)* to waste; *(trem, ônibus)* to miss ◆ *vi* to lose; ~ **a cabeça** to lose one's head; ~ **os sentidos** to pass out; ~ **alguém de vista** to lose sight of sb.
❑ **perder-se** *vp* to get lost.

perdição [pexdʒi'sãw] *f* downfall.

perdido, -da [pex'dʒidu, -da] *adj* lost; **"achados e ~s "** "lost property" *(Brit)*, "lost and found" *(Am)*; **ser ~ por** *(fam)* to be mad about.

perdiz [pex'dʒiʃ] *(pl -zes* [-ziʃ]) *f* partridge.

perdoar [pex'dwa(x)] *vt* to forgive.

perdurar [pexdu'ra(x)] *vi* to endure.

perecível [pere'sivew] *(pl -eis* [-ejʃ]) *adj* perishable.

peregrinação [peregrina'sãw] *(pl -ões* [-õjʃ]) *f* pilgrimage.

peregrino, -na [pere'grinu, -na] *m, f* pilgrim.

pereira [pe'rejra] *f* pear tree.

peremptório, -ria [perẽmp'tɔrju, -rja] *adj* peremptory.

perene [pe'reni] *adj* perennial.

perfeição [pexfej'sãw] *f* perfection.

perfeitamente [pex,fejta'mẽntʃi] *adv* perfectly ◆ *interj* exactly!

perfeito, -ta [pex'fejtu, -ta] *adj* perfect.

pérfido, -da ['pexfidu, -da] *adj* malicious.

perfil [pex'fiw] *(pl -is* [-iʃ]) *m* profile; **de ~** in profile.

perfumaria [pexfuma'ria] *f* perfumery.

perfume [pex'fumi] *m* perfume.

perfurar [pɛxfuˈra(x)] *vt* to perforate, to make a hole in.

pergaminho [pɛxgaˈmiɲu] *m* parchment.

pergunta [pɛxˈgũnta] *f* question.

perguntar [pɛxgũnˈta(x)] *vt* to ask ♦ *vi*: ~ **por alguém** to ask after sb; ~ **sobre algo** to ask about sthg; ~ **algo a alguém** to ask sb sthg.

periferia [periфеˈria] *f* outskirts *(pl)*.

perigo [peˈrigu] *m* danger; "~ **de incêndio**" "danger – fire risk"; "~ **de morte**" "danger of death"; "~ – **queda de materiais**" "danger – falling masonry".

perigoso, -osa [periˈgozu, -ɔza] *adj* dangerous.

perímetro [peˈrimetru] *m* perimeter.

periódico, -ca [peˈrjɔdiku, -ka] *adj* periodic.

período [peˈriodu] *m* period; *(de ano escolar)* term *(Brit)*, semester *(Am)*.

periquito [periˈkitu] *m* budgerigar.

perito, -ta [peˈritu, -ta] *m, f & adj* expert; **ser ~ em algo** to be an expert in sthg.

permanecer [pɛxmaneˈse(x)] *vi* to stay, to remain.

❏ **permanecer em** *v + prep* to stay at.

❏ **permanecer por** *v + prep* to remain; **o problema permanece por resolver** the problem remains to be solved.

permanência [pɛxmaˈnẽsja] *f (estada)* stay; *(de problema, situação)* persistence.

permanente [pɛxmaˈnẽntʃi] *adj (emprego)* permanent; *(situação)* ongoing; *(dor, ruído)* continuous ♦ *f (penteado)* perm.

permissão [pɛxmiˈsãw] *f* permission; **pedir ~ para fazer algo** to ask permission to do sthg.

permitir [pɛxmiˈti(x)] *vt* to allow.

perna [ˈpɛxna] *f* leg; *(de letra)* descender.

pernil [pɛxˈniw] *(pl -is [-iʃ])* *m* haunch.

pernilongo [pɛxniˈlõŋgu] *m (Port: ave)* avocet; *(Br: mosquito)* mosquito.

pernis → **pernil**.

pérola [ˈpɛrola] *f* pearl.

perpendicular [pɛxpẽndʒikuˈla(x)] *(pl -res [-riʃ])* *adj & f* perpendicular.

perpetrar [pɛxpeˈtra(x)] *vt* to perpetrate.

perpetuar [pɛxpeˈtwa(x)] *vt* to immortalize.

❏ **perpetuar-se** *vp (eternizar-se)* to last forever; *(prolongar-se)* to last.

perplexidade [pɛxplɛksiˈdadʒi] *f* perplexity.

perplexo, -xa [pɛxˈplɛksu, -ksa] *adj* perplexed.

perseguição [pɛxsegiˈsãw] *(pl -ões [-õjʃ])* *f (de pessoa, criminoso)* pursuit; *(assédio)* persecution.

perseguir [pɛxseˈgi(x)] *vt (seguir)* to follow; *(assediar)* to persecute.

perseverante [pɛxseveˈrãntʃi] *adj* persevering.

perseverar [pɛxseveˈra(x)] *vi* to persevere.

persiana [pɛxˈsjana] *f* blind.

persistente [pɛxsiʃˈtẽntʃi] *adj* persistent.

personagem [pɛxsoˈnaʒẽ] *(pl -ns [-ʃ])* *m ou f* character.

personalidade [pɛxsonaliˈdadʒi] *f* personality.

perspectiva [pɛxʃpeˈtʃiva] *f* perspective.

perspicácia [pɛxʃpiˈkasja] *f* shrewdness.

perspicaz [pɛxʃpiˈkaʃ] *(pl -zes [-ziʃ])* *adj* shrewd.

persuadir [pɛxswaˈdi(x)] *vt*: ~ **alguém de algo** to persuade sb of sthg; ~ **alguém a fazer algo** to persuade sb to do sthg.

❏ **persuadir-se** *vp* to convince o.s.

persuasão [pɛxswaˈzãw] *f* persuasion.

persuasivo, -va [pɛxswaˈzivu, -va] *adj* persuasive.

pertencente [pɛxtẽˈsẽntʃi] *adj*: ~ **a** *(que pertence a)* belonging to; *(relativo a)* relating to.

pertencer [pɛxtẽˈse(x)] *vi* to belong; ~ **a** to belong to; ~ **a alguém fazer algo** to be sb's responsibility to do sthg.

perto [ˈpɛxtu] *adj* nearby ♦ *adv* near, close; ~ **de** *(relativo a tempo, quantidade)* around; *(relativo a espaço)* near; **ao** ou **de ~** close up.

perturbar [pɛxtuxˈba(x)] *vt* to disturb.

peru [peˈru] *m* turkey.

Peru [peˈru] *m*: **o ~** Peru.

peruca [peˈruka] *f* wig.

perverso, -sa [pɛxˈvɛrsu, -sa] *adj (malvado)* wicked.

perverter [pexver'te(x)] *vt* to corrupt.

pervertido, -da [pexvex'tʃidu, -da] *adj* perverted.

pesadelo [peza'delu] *m* nightmare.

pesado, -da [pe'zadu, -da] *adj* heavy.

pêsames ['pezamiʃ] *mpl* condolences; **os meus ~** my condolences.

pesar [pe'za(x)] *vt* to weigh; *(fig: conseqüências)* to weigh (up) ◆ *vi (ser pesado)* to be heavy; *(influir)* to carry weight.

pesca ['peʃka] *f* fishing; **~ com linha** angling.

pescada [peʃ'kada] *f* hake.

pescadinha [peʃka'dʒiɲa] *f* whiting.

pescador, -ra [peʃka'do(x), -ra] *(mpl* **-res** [-riʃ], *fpl* **-s** [-ʃ]) *m, f* fisherman *(f* fisherwoman).

pescar [peʃ'ka(x)] *vt* to fish for ◆ *vi* to go fishing, to fish.

pescoço [peʃ'kosu] *m* neck.

peso ['pezu] *m* weight; **~ bruto/líquido** gross/net weight.

pesquisa [peʃ'kiza] *f* research.

pêssego ['pesegu] *m* peach.

pessegueiro [pese'gejru] *m* peach tree.

pessimista [pesi'miʃta] *mf* pessimist.

péssimo, -ma ['pesimu, -ma] *adj* horrendous, awful.

pessoa [pe'soa] *f* person; **quatro ~s** four people; **em ~** in person.

pessoal [pe'swaw] *(pl* **-ais** [-ajʃ]) *adj (individual)* personal; *(vida)* private ◆ *m* staff.

pestana [peʃ'tana] *f* eyelash; **queimar as ~s** *(fig: estudar muito)* to hit the books.

pestanejar [peʃtane'ʒa(x)] *vi* to blink.

peste ['peʃtʃi] *f* plague.

pesticida [peʃtʃi'sida] *m* pesticide.

pétala ['petala] *f* petal.

peteca [pe'teka] *f (Br: de badminton)* shuttlecock.

petição [petʃi'sãw] *(pl* **-ões** [-õjʃ]) *f* petition.

petinga [pe'tʃiŋga] *f* whitebait.

petiscar [petʃiʃ'ka(x)] *vt (provar)* to taste ◆ *vi (comer)* to nibble, to pick; **quem não arrisca não petisca** nothing ventured, nothing gained.

petisco [pe'tʃiʃku] *m (iguaria)* delicacy; *(tira-gosto)* snack.

petit-pois [petʃi'pwa] *mpl (Brit)* petit-pois.

petrificar [petrifi'ka(x)] *vt* to petrify.

petroleiro [petro'lejru] *m* oil tanker.

petróleo [pe'trɔlju] *m (rocha sedimentar)* petroleum; *(combustível)* oil.

petulância [petu'lãsja] *f (insolência)* impudence; *(vaidade)* arrogance.

petulante [petu'lãntʃi] *adj (insolente)* impudent; *(vaidoso)* arrogant.

pia ['pia] *f* sink; **~ batismal** font.

piada ['pjada] *f (anedota)* joke; *(dito espirituoso)* wisecrack.

pianista [pja'niʃta] *mf* pianist.

piano ['pjanu] *m* piano.

pião ['pjãw] *(pl* **-ões** [-õjʃ]) *m (brinquedo)* spinning top; *(com carro)* handbrake turn.

piar ['pja(x)] *vi* to chirp.

picada [pi'kada] *f (de ave)* peck; *(de inseto)* bite.

picadinho [pika'dʒiɲu] *m (Br)* minced meat stew.

picado, -da [pi'kadu, -da] *adj (carne)* minced *(Brit)*, ground *(Am)*; *(cebola, salsa)* chopped; *(furado)* pierced ◆ *m (ensopado)* minced meat stew.

picanha [pi'kaɲa] *f (Br)* tenderest part of rump steak, often served at the end of a "rodízio".

picante [pi'kãntʃi] *adj (apimentado)* spicy; *(fig: malicioso)* saucy.

pica-pau [,pika'paw] *(pl* **pica-paus** [,pika'pawʃ]) *m* woodpecker.

picar [pi'ka(x)] *vt (com alfinete, agulha)* to prick; *(carne)* to mince *(Brit)*, to grind *(Am)*; *(cebola, salsa)* to chop ◆ *vi (peixe)* to bite.

⌐ **picar-se** *vp (ferir-se)* to prick o.s.

picareta [pika'reta] *f* pick ◆ *mf (mau caráter)* crook.

picles ['pikleʃ] *mpl (Br)* pickles.

pico ['piku] *m (montanha)* peak; *(espinho)* thorn.

picolé [piko'lɛ] *m (Br)* ice lolly *(Brit)*, Popsicle® *(Am)*.

picotado, -da [piko'tadu, -da] *adj* perforated ◆ *m* perforated edge.

piedade [pje'dadʒi] *f* pity; **ter ~ de alguém** to take pity on sb.

pifar [pi'fa(x)] *vi* to break; *(carro)* to break down; *(plano, projeto)* to fall through.

pigmento [pig'mẽntu] *m* pigment.

pijama [pi'ʒama] *m* pyjamas *(pl)*.

pikles ['pikleʃ] *mpl (Port)* = picles.

pilantra [pi'lãntra] *mf* crook.

pilar [pi'la(x)] *(pl* **-res** [-riʃ]) *m* pillar.

pilha ['piʎa] f battery; *(de papel, livros, etc)* pile; **uma ~ de nervos** a bundle of nerves; **~s de** *(fam)* heaps of.

pilhar [pi'ʎa(x)] vt *(saquear)* to pillage; *(roubar)* to steal.

pilotar [pilo'ta(x)] vt to pilot.

piloto [pi'lotu] m *(de avião)* pilot; *(de automóvel)* driver.

pílula ['pilula] f pill; **tomar a ~** to be on the pill.

pimenta [pi'mēnta] f pepper *(seasoning).*

pimenta-do-reino [pi,mēntadu-'xeinu] f (white) pepper.

pimentão [pimēn'tãw] (pl **-ões** [-õjʃ]) m *(Br)* pepper *(vegetable).*

pimentão-doce [pimēntãw'dosi] m paprika.

pimento [pi'mēntu] m *(Port)* = **pimentão.**

pin ['pin] m badge.

pinça ['pĩsa] f tweezers *(pl).*

píncaro ['pĩŋkaru] m *(de montanha)* summit.

pincel [pĩ'sɛw] (pl **-éis** [-ɛiʃ]) m brush.

pinga ['pĩŋga] f *(gota)* drop; *(fam: aguardente)* booze.

pingar [pĩŋ'ga(x)] vi to drip.

pingente [pĩ'ʒēntʃi] m *(de colar)* pendant; *(brinco)* pendant earring.

pingue-pongue [.pĩŋgepõŋgi] m Ping-pong®, table tennis.

pinguim [pĩŋ'gwĩ] (pl **-ns** [-ʃ]) m *(Port)* = **pingüim.**

pingüim [pĩŋ'gwĩ] (pl **-ns** [-ʃ]) m *(Br)* penguin.

pinhal [pi'ɲaw] (pl **-ais** [-ajʃ]) m pinewood.

pinhão [pi'ɲãw] (pl **-ões** [-õjʃ]) m pine kernel ou nut.

pinheiro [pi'ɲejru] m pine tree.

pinho ['piɲu] m pine.

pinhões → **pinhão.**

pinta ['pĩnta] f *(mancha)* spot; *(fam: aparência)* look; **ter ~ de** *(fam)* to look like.

pintado, -da [pĩn'tadu, -da] adj *(colorido)* coloured; **"~ de fresco"** "wet paint"; **"~ à mão"** "hand-painted".

pintar [pĩn'ta(x)] vt *(quadro, parede)* to paint; *(olhos)* to put make up on; *(cabelo)* to dye; *(desenho, boneco)* to colour in ◆ vi *(artista, pintor)* to paint; *(Br: fam: pessoa)* to turn up; *(Br: fam: problema)* to crop up; *(Br: fam: oportunidade)* to come up; **~ os lábios** to put lipstick on.

❑ **pintar-se** vp to wear make-up.

pintarroxo [pĩnta'xoʃu] m linnet.

pintassilgo [pĩnta'siwgu] m goldfinch.

pinto ['pĩntu] m *(pintainho)* chick.

pintor, -ra [pĩn'to(x), -ra] (mpl **-es** [-iʃ], fpl **-s** [-ʃ]) m, f painter.

pintura [pĩn'tura] f painting.

piões → **pião.**

piolho ['pjoʎu] m louse.

pionés [pjɔ'nɛʃ] (pl **-eses** [-ɛzeʃ]) m *(Port)* drawing pin *(Brit)*, thumbtack *(Am).*

pior ['pjɔ(x)] (pl **-res** [-riʃ]) adj & adv worse ◆ m: **o/a ~** *(pessoa, coisa)* the worst one; **está cada vez ~** it's getting worse and worse; **ser do ~ que há** *(fam)* to be the pits.

piorar [pjo'ra(x)] vi to get worse ◆ vt *(situação)* to worsen.

piores → **pior.**

pipa ['pipa] f *(de vinho)* cask; *(Br: papagaio de papel)* kite.

pipoca [pi'pɔka] f popcorn.

pipoqueiro, -ra [pipo'keiru, -ra] m, f *(Br)* popcorn seller.

piquenique [pike'niki] m picnic.

pirâmide [pi'ramidʒi] f pyramid.

piranha [pi'raɲa] f piranha.

pirão [pi'rãw] m cassava-flour porridge, eaten as a side dish.

pirata [pi'rata] m pirate.

pires ['piriʃ] m inv saucer.

pírex® ['pirɛks] m Pyrex®.

pirilampo [piri'lãmpu] m firefly.

Pirineus [piri'newʃ] mpl: **os ~** the Pyrenees.

piripiri [.piri'piri] m *(malagueta)* chilli (pepper); *(molho)* = Tabasco® sauce.

pirueta [pi'rweta] f pirouette.

pisar [pi'za(x)] vt *(com pé)* to step on; *(contundir)* to bruise.

pisca-pisca [.piʃka'piʃka] m indicator.

piscar [piʃ'ka(x)] vt *(olho)* to wink; *(olhos)* to blink ◆ vi *(luz)* to flicker.

piscina [piʃ'sina] f swimming pool; **~ ao ar livre** open-air swimming pool; **~ coberta** covered ou indoor swimming pool.

pisco ['piʃku] m robin.

piso ['pizu] m floor; **~ escorregadio/irregular** slippery/uneven surface.

pista ['piʃta] f *(indício)* clue; *(de corridas)* racetrack; *(de aviação)* runway; *(de* *dança)* dancefloor; *(de circo)* ring; ~ **de rodagem** *(Br)* carriageway.

pistácio [piʃˈtaʃju] *m* pistachio.

pistão [piʃˈtãw] *(pl* **-ões** [- õjʃ]) *m* piston.

pistola [piʃˈtɔla] *f* pistol.

pitada [piˈtada] *f* pinch.

pitanga [piˈtãŋga] *f variety of cherry.*

pitoresco, -ca [pitoˈreʃku, -ka] *adj* picturesque.

pivete [piˈvetʃi] *m (Br: criança abandonada)* street child; *(Port: mau cheiro)* stink.

pizza [ˈpiza] *f* pizza.

pizzaria [pizaˈria] *f* pizzeria.

placa [ˈplaka] *f (de madeira, plástico)* sheet; *(de metal)* plate; *(de fogão)* hob; *(em porta)* plaque; *(em estrada)* sign; *(dentadura)* (set of) false teeth.

plágio [ˈplaʒju] *m* plagiarism.

planador [planaˈdo(x)] *(pl* **-res** [-riʃ]) *m* glider.

planalto [plaˈnawtu] *m* plateau.

planear [plaˈnjar] *vt (Port)* = **planejar.**

planejamento [planeʒaˈmẽntu] *m* planning; ~ **familiar** family planning.

planejar [planeˈʒa(x)] *vt (Br)* to plan; ~ **fazer algo** to plan to do sthg.

planeta [plaˈneta] *m* planet.

planetário [planeˈtarju] *m* planetarium.

planície [plaˈnisji] *f* plain.

plano, -na [ˈplanu, -na] *adj* flat ◆ *m* plan.

planta [ˈplãnta] *f (vegetal)* plant; *(de pé)* sole; *(de cidade, casa)* plan.

plantão [plãnˈtãw] *(pl* **-ões** [-õjʃ]) *m (turno)* shift; **estar de** ~ to be on duty.

plantar [plãnˈta(x)] *vt* to plant.

plástica [ˈplaʃtʃika] *f* plastic surgery.

plasticina [plaʃtʃiˈsina] *f (Port)* = **plastilina.**

plástico [ˈplaʃtʃiku] *m* plastic.

plastilina [plaʃtʃiˈlina] *f (Br)* Plasticine[(R)].

plataforma [plataˈfɔxma] *f* platform.

plátano [ˈplatanu] *m* plane (tree).

plateia [plaˈtaja] *f (Port)* = **platéia.**

platéia [plaˈteja] *f (Br) (local)* stalls *(pl); (público)* audience.

platina [plaˈtʃina] *f* platinum.

platinados [platʃiˈnaduʃ] *mpl* points.

plausível [plawˈzivew] *(pl* **-eis** [-ejʃ]) *adj* plausible.

plebiscito [plebiʃˈsitu] *m (Br)* referendum.

plenamente [plenaˈmẽntʃi] *adv* totally.

pleno, -na [ˈplenu, -na] *adj* total; ~ **de** full of; **em** ~ **dia** in broad daylight; **em** ~ **inverno** in the middle of winter.

plural [pluˈraw] *(pl* **-ais** [-ajʃ]) *m* plural.

plutónio [pluˈtɔnju] *m (Port)* = **plutônio.**

plutônio [pluˈtonju] *m (Br)* plutonium.

pneu [ˈpnew] *m* tyre; ~ **sobressalente** spare tyre.

pneumonia [pnewmoˈnia] *f* pneumonia.

pó [ˈpɔ] *m (poeira)* dust; *(substância pulverizada)* powder; ~ **de talco** talcum powder; **limpar o** ~ to do the dusting.

pobre [ˈpɔbri] *adj* poor ◆ *mf (pedinte)* beggar.

pobreza [poˈbreza] *f* poverty.

poça [ˈpɔsa] *f* pool.

poção [poˈsãw] *(pl* **-ões** [-õjʃ]) *f* potion.

pocilga [poˈsiwga] *f* pigsty.

poço [ˈposu] *m (de água, petróleo)* well; *(buraco)* pit.

poções → **poção.**

podar [poˈda(x)] *vt* to prune.

pode [ˈpɔdʒi] → **poder.**

pôde [ˈpodʒi] → **poder.**

pó-de-arroz [ˌpodʒjaˈxoʃ] *m* face powder.

poder [poˈde(x)] *(pl* **-res** [-riʃ]) *m* **1.** *(político, influência)* power; **estar no** ~ to be in power; ~ **de compra** purchasing power; **não tenho** ~**es nenhuns** I'm powerless to help.

2. *(possessão)* possession; **estar em** ~ **de alguém** to be in sb's hands; **ter em seu** ~ **algo** to have sthg in one's possession.

◆ *v aux* **1.** *(ser capaz de):* ~ **fazer algo** to be able to do sthg; **posso fazê-lo** I can do it; **posso ajudar?** can I help?; **você podia tê-lo feito antes** you could have done it beforehand; **não posso mais!** *(em relação a cansaço)* I've had enough!; *(em relação a comida)* I'm full up!

2. *(estar autorizado para):* ~ **fazer algo** to be allowed to do sthg; **posso fumar?** may I smoke?; **você não pode esta-**

cionar aqui you can't park here; **não pude sair ontem** I wasn't allowed (to go) out yesterday.
3. *(ser capaz moralmente)* can; **não podemos magoá-lo** we can't hurt him.
4. *(exprime possibilidade):* **você podia ter vindo de ônibus** you could have come by bus; **cuidado que você pode se machucar!** be careful, you might hurt yourself!
5. *(exprime indignação, queixa):* **não pode ser!** this is outrageous!; **você podia nos ter avisado!** you could have warned us!; **pudera!** no wonder!
♦ *v impess (ser possível):* **pode não ser verdade** it might not be true; **pode acontecer a qualquer um** it could happen to anyone.
⌐ **poder com** *v + prep (suportar)* to be able to stand; *(rival, adversário)* to be able to handle; *(peso)* to be able to carry; **você não pode com tanto peso** you can't carry all that; **não posso com ele** I can't stand him.
poderoso, -osa [pode'rozu, -ɔza] *adj* powerful.
podre [podri] *adj* rotten.
põe ['põi] → **pôr.**
poeira ['pwejra] *f* dust.
poema ['pwema] *m* poem.
poesia [pwi'zia] *f (gênero literário)* poetry; *(poema)* poem.
poeta ['pwɛta] *m* poet.
poetisa ['pwet'fiza] *f (female)* poet.
pois ['pojʃ] *conj (porque)* because; *(então)* then ♦ *interj* right!; **~ sim!** certainly!, of course!; **~ não?** em que posso ajudá-lo? can I help you?; **~ bem** now then, right then.
polaco [pu'laku] *adj & m (Port)* Polish ♦ *m, f (Port)* Pole.
polegar [pole'ga(x)] *(pl* **-res** [-riʃ]) *m* thumb.
polémica [pu'lɛmika] *f (Port)* = **polêmica.**
polêmica [po'lemika] *f (Br)* controversy.
pólen ['pɔlen] *m* pollen.
polícia [po'lisja] *f* police ♦ *mf* policeman *(f* policewoman); **~ militar** military police; **~ rodoviária** traffic police.
policial [poli'sjaw] *(pl* **-ais** [-ajʃ]) *mf (Br)* policeman *(f* policewoman).
polido, -da [po'lidu, -da] *adj (lustroso)* polished; *(liso)* smooth.
polir [po'li(x)] *vt (dar lustre em)* to pol-

ish; *(alisar)* to smooth out; *(fig: educar)* to educate.
politécnica [poli'tɛknika] *adj f* → **escola.**
política [po'litfika] *f (arte de governar)* politics *(sg); (de governo, partido)* policy; **~ externa** foreign policy; **~ exterior** foreign policy.
político, -ca [po'litfiku, -ka] *m, f* politician ♦ *adj* political.
pólo ['pɔlu] *m* pole; *(esporte)* polo; **~ aquático** water polo.
polonês, -esa [polo'neʃ, -eza] *(mpl* **-eses** [-eziʃ]. *fpl* **-s** [-ʃ]) *adj & m (Br)* Polish ♦ *m, f (Br)* Pole.
Polónia [pu'lɔnja] *f (Port)* = **Polônia.**
Polônia [po'lonja] *f (Br)* Poland.
polpa ['powpa] *f* pulp.
poltrona [pow'trona] *f* armchair.
poluição [polwi'sãw] *f* pollution.
poluído, -da [po'lwidu, -da] *adj* polluted.
poluir [po'lwi(x)] *vt* to pollute.
polvo ['powvu] *m* octopus.
pólvora ['powvora] *f* gunpowder.
pomada [po'mada] *f* ointment; **~ anti-séptica** antiseptic ointment.
pomar [po'ma(x)] *(pl* **-res** [-riʃ]) *m* orchard.
pombo, -ba ['põmbu, -ba] *m, f* pigeon; **pomba da paz** white dove.
pomo-de-adão [pomodʒia'dãw] *(pl* **pomos-de-adão** [ˌpomodʒia'dãw]) *m* Adam's apple.
pomposo, -osa [põm'pozu, -ɔza] *adj* pompous.
ponderação [põndera'sãw] *f* thought, consideration.
ponderado, -da [põnde'radu, -da] *adj* prudent.
ponderar [põnde'ra(x)] *vt* to consider.
pónei ['pɔnej] *m (Port)* = **pônei.**
pônei ['ponei] *m (Br)* pony.
ponho ['poɲu] → **pôr.**
ponta ['põnta] *f (de lápis)* point; *(de vara, linha, cigarro)* end; *(de superfície)* edge; *(de dedo, língua, nariz)* tip; **tenho a palavra na ~ da língua** I've got it on the tip of my tongue; **de ~ a ~** from one end to the other.
pontada [põn'tada] *f* stitch.
pontapé [põnta'pɛ] *m* kick; **~ livre** free kick; **~ de saída** kickoff.
pontaria [põnta'ria] *f:* **fazer ~** to take aim; **ter ~** to be a good shot.
ponte ['põntfi] *f* bridge.

ponteiro [põn'tejru] *m (de relógio)* hand.

pontiagudo, -da [põntʃja'gudu, -da] *adj* pointed.

ponto [põntu] *m* point; *(de costura, ferimento, tricot)* stitch; *(marca)* dot; *(sinal ortográfico)* full stop *(Brit)*, period *(Am)*; *(Br: parada)* stop; *(lugar)* place; *(Port: teste, exame)* test; **às 9 em** ~ at 9 on the dot; **estar a** ~ **de fazer algo** to be on the point of doing sthg; **até certo** ~ up to a point; **dois** ~**s** colon; ~ **cardeal** compass point; ~ **de encontro** meeting point; ~ **de exclamação** exclamation mark; ~ **final** full stop *(Brit)*, period *(Am)*; ~ **de interrogação** question mark; ~ **morto** *(em veículo)* neutral; ~ **de ônibus** bus stop; ~ **de partida** starting point; ~ **de táxi** taxi rank; ~ **e vírgula** semicolon; ~ **de vista** point of view.

pontuação [põntwa'sãw] *(pl* **-ões** [-õjʃ]) *f (em gramática)* punctuation; *(em competição)* score.

pontual [põn'twaw] *(pl* **-ais** [-ajʃ]) *adj* punctual.

pontuar [põn'twa(x)] *vt (texto)* to punctuate.

popa ['popa] *f* stern.

popelina [ɔpe'lina] *f* poplin.

população [popula'sãw] *f* population.

popular [popu'la(x)] *(pl* **-res** [-riʃ]) *adj* popular; *(música, arte)* folk.

póquer ['pɔkɛr] *m (Port)* = **pôquer**.

pôquer ['pɔkɛ(x)] *m (Br)* poker.

por [po(x)] *prep* **1.** *(indica causa)* because of, due to; **foi** ~ **sua causa** it was your fault; ~ **falta de fundos** due to lack of funds; ~ **hábito** through force of habit.

2. *(indica objetivo)* for; **lutar** ~ **algo** to fight for sthg.

3. *(indica meio, modo, agente)* by; **foi escrito pela Cristina** it was written by Cristina; ~ **correio/fax** by post/fax; ~ **escrito** in writing; ~ **avião** air mail.

4. *(relativo a tempo)* for; **partiu** ~ **duas semanas** he went away for two weeks.

5. *(relativo a lugar)* through; **entramos no Brasil** ~ **Paraguay** we crossed into Brazil via Paraguay; **está** ~ **aí** it's round there somewhere; ~ **onde você vai?** which way are you going?; **vamos** ~ **aqui** we're going this way.

6. *(relativo a troca, preço)* for; **paguei apenas 20 reais** ~ **este casaco** I only paid 20 reals for this jacket; **troquei o carro velho** ~ **um novo** I exchanged my old car for a new one.

7. *(indica distribuição)* per; **25** ~ **cento** 25 per cent; **são 100 reais** ~ **dia/mês** it's 100 reals per day/month.

8. *(em locuções)*: ~ **que** why; ~ **que (é que)** ...? why ...?; ~ **mim tudo bem!** that's fine by me!

pôr ['po(x)] *vt* to put; *(vestir, calçar)* to put on; *(problema, dúvida, questão)* to raise; *(defeitos)* to find; *(suj: ave)* to lay; *(depositar dinheiro)* to pay in ◆ *vi (galinhas)* to lay (eggs) ◆ *m*: **o** ~ **do sol** sunset; ~ **algo em algo** to put sthg in/on sthg; ~ **algo em funcionamento** to start sthg up; ~ **algo mais baixo/alto** *(música, som)* to turn sthg down/up; ~ **a mesa** to set OU lay the table.

❏ **pôr-se** *vp (nervoso, contente)* to become; *(sol)* to set; ~-**se a fazer algo** to begin to do sthg; ~-**se de pé** to stand up.

porca ['pɔxka] *f (peça)* nut; *(animal)* sow.

porção [pox'sãw] *(pl* **-ões** [-õjʃ]) *f* portion, helping.

porcaria [poxka'ria] *f* rubbish; *(sujeira)* mess; *(pus)* pus; **isto é uma** ~ this is rubbish; **(que)** ~**!** damn!

porcelana [poxse'lana] *f* porcelain.

porco ['pɔxku] *m (animal)* pig; *(carne)* pork.

porções → **porção**.

porco-espinho [ˌpɔxkuiʃ'piɲu] *(pl* **porcos-espinhos** [ˌpɔrkuʒiʃ'piɲuʃ])* *m* porcupine.

porém [po'rẽj] *conj* however.

pormenor [poxme'nɔ(x)] *(pl* **-es** [-iʃ]) *m* detail; **em** ~ in detail.

pornografia [poxnogra'fia] *f* pornography.

poro ['pɔru] *m* pore.

porque ['poxki] *conj* because ◆ *adv (Port)* why.

porquê [pox'ke] *adv (Port)* why ◆ *m*: **o** ~ **de** the reason for.

porquinho-da-índia [poxˌkiɲuda-'ĩndʒia] *(pl* **porquinhos-da-índia** [poxˌkiɲuʒda'ĩndʒia])* *m* guinea pig.

porra ['poxa] *interj (vulg)* bloody hell!

porta ['pɔxta] *f* door; ~ **automática** automatic door; ~ **corrediça** sliding door; ~ **giratória** revolving door.

porta-aviões [,pɔxta'vjõiʃ] *m inv* aircraft carrier.

porta-bagagem [,pɔɔxtaba'gaʒẽ] *(pl* **porta-bagagens** [,pɔrtaba'gaʒẽʃ]) *m (em carro)* boot *(Brit)*, trunk *(Am)*; *(em ônibus)* luggage hold; *(em trem)* luggage rack.

porta-bandeira [,pɔxtabãn'dejra] *(pl* **porta-bandeiras** [,pɔxtabãn'dejraʃ]) *mf* standard-bearer.

porta-chaves [,pɔxta'ʃaviʃ] *m inv (Port)* key ring.

portador, -ra [pɔxta'do(x), -ra] *(mpl* -res [-riʃ], *fpl* -s [-ʃ]) 'm, f *(de doença, vírus)* carrier; *(FIN)* bearer; **ao ~** *(cheque, ação, obrigação)* to the bearer.

portagem [pur'taʒẽj] *(pl* -ns [-ʃ]) f *(Port)* toll.

porta-jóias [,pɔxta'ʒɔjaʃ] *m inv* jewellery box.

porta-lápis [,pɔxta'lapiʃ] *m inv* pencil case.

porta-luvas [,pɔxta'luvaʃ] *m inv* glove compartment.

porta-moedas [,pɔxta'mwɛdaʃ] *m inv* purse.

portanto [pox'tãntu] *conj* so, therefore.

portão [pox'tãw] *(pl* -ões [-õjʃ]) *m* gate.

portaria [pɔxta'ria] f *(de edifício)* main entrance; *(documento)* decree.

portátil [pox'tatʃiw] *(pl* -eis [-ejʃ]) *adj (telefone)* portable; *(computador)* laptop.

porta-voz [,pɔxta'vɔʒ] *(pl* **porta-vozes** [,pɔxta'vɔziʃ]) *mf* spokesman *(f* spokeswoman.)

porte ['pɔxtʃi] *m (postura)* posture; *(em caminhão)* haulage; *(em avião, navio, trem)* freight; "**~ pago**" "postage paid".

porteiro, -ra [pox'tejru, -ra] *m, f* porter.

pórtico ['pɔxtʃiku] *m* portico.

porto ['pɔxtu] *m* port.

portões → **portão**.

Portugal [pɔxtu'gal] *s* Portugal.

português, -esa [pɔxtu'geʃ, -eza] *(mpl* -eses [-eziʃ], *fpl* -s [-ʃ]) *adj & m, f* Portuguese ◆ *m (língua)* Portuguese; **à portuguesa** in the Portuguese way.

porventura [pɔxvẽn'tura] *adv* by any chance.

pôs ['pojʃ] → **pôr**.

posar [pɔ'za(x)] *vi* to pose.

posição [pɔzi'sãw] *(pl* -ões [-õjʃ]) f position; *(moral, política)* stance.

positivo, -va [pozi'tʃivu, -va] *adj* positive; *(valor, saldo)* in the black, in credit ◆ *m (de fotografia)* print.

posologia [pozolo'ʒia] f dosage.

posse ['pɔsi] f possession; **estar em ~ de** to be in possession of.

❏ **posses** *fpl*: **ter ~s** to be wealthy.

possessão [pose'sãw] *(pl* -ões [-õjʃ]) f *(posse)* possession, ownership; *(domínio)* control.

possessivo, -va [pose'sivu, -va] *adj* possessive.

possessões → **possessão**.

possibilidade [posibili'dadʒi] f possibility.

possibilitar [posibili'ta(x)] *vt* to make possible.

possível [pɔ'sivew] *(pl* -eis [-ejʃ]) *adj* possible ◆ *m*: **fazer o ~ (para fazer algo)** to do one's best (to do sthg); **não é ~!** *(exprime incredulidade)* it's incredible!; **logo que ~** as soon as possible; **o mais cedo ~** as soon as possible; **o máximo ~** as much as possible; **se ~** if possible.

posso ['pɔsu] → **poder**.

possuir [pɔ'swi(x)] *vt (carro, casa)* to own; *(desfrutar de)* to have.

postal [poʃ'taw] *(pl* -ais [-ajʃ]) *m* postcard; **~ ilustrado** picture postcard.

posta-restante [,pɔʃtaxeʃ'tãntʃi] *(pl* **postas-restantes** [,pɔʃtaʒxeʃ'tãntiʃ]) f poste restante.

poste ['pɔʃtʃi] *m* pole; **~ (de alta tensão)** pylon; **~ (de iluminação)** lamppost.

poster ['pɔʃtɛr] *(pl* -res [-reʃ]) *m (Port)* = **pôster**.

pôster ['pɔʃte(x)] *(pl* -res [-riʃ]) *m (Br)* poster.

posteridade [poʃteri'dadʒi] f posterity.

posterior [poʃte'rjo(x)] *(pl* -res [-riʃ]) *adj (em tempo, ordem)* subsequent; *(em espaço)* back, rear.

posteriormente [puʃterjor'mẽntʃi] *adv* subsequently.

postiço, -ça [poʃ'tʃisu, -sa] *adj* false.

postigo [poʃ'tʃigu] *m* hatch.

posto ['pɔʃtu] *m (em emprego)* position; *(de polícia, bombeiros)* station; **~ de gasolina** petrol station *(Brit)*, filling station *(Am)*; **~ médico** *(Port: em escola)* first-aid room; **~ de saúde** clinic; "**~ de venda autorizado**" sign indicating *that bus tickets can be bought.*

póstumo, -ma ['pɔʃtumu, -ma] *adj* posthumous.

postura [poʃ'tura] *f* posture.

potável [po'tavɛw] *adj* → **água.**

pote ['pɔtʃi] *m* jar.

potência [pu'tẽsja] *f* power.

potencial [potẽ'sjaw] (*pl* -**ais** [-ajʃ]) *adj & m* potential.

potente [po'tẽntʃi] *adj* powerful.

potro ['potru] *m* colt.

pouco, -ca ['poku, -ka] *adj & pron (no singular)* little, not much; *(no plural)* few, not many ♦ *adv (relativo a tempo)* not long; *(relativo a quantidade)* not much; *(com adjetivo)* not very ♦ *m*: **um ~** a little, a bit; **ele come ~** he doesn't eat much; **ele é ~ inteligente/amável** he isn't very bright/friendly; **falta ~ para chegarmos lá** it won't be long before we get there; **falta ~ para o verão** it's almost summer(time); **um ~ de** a bit of; **um ~ mais de** a bit more; **custar ~** *(ser barato)* to be cheap; **ficar a ~s passos de** to be near; **daí a ~** shortly afterwards; **daqui a ~** in a little while; **há ~** a short while ago; **~ a ~** little by little; **por ~** nearly; **fazer ~ de** to make fun of.

poupa ['popa] *f* quiff.

poupança [po'pãsa] *f* saving.

❏ **poupanças** *fpl* savings.

poupar [po'pa(x)] *vt* to save ♦ *vi* 'to save up.

pouquinho [po'kiɲu] *m*: **só um ~** just a little; **um ~ de** a little.

pousada [po'zada] *f building of artistic or historic interest which has been converted into a luxury hotel;* **~ da juventude** *(Port)* youth hostel.

pousar [po'za(x)] *vt* to put down ♦ *vi (ave)* to perch; *(avião)* to land.

povo ['povu] *m* people *(pl).*

povoação [povwa'sãw] (*pl* -**ões** [-õjʃ]) *f* village.

povoar [po'vwa(x)] *vt* to populate.

p.p. *(abrev de páginas)* pp.

PR *abrev* = **Presidente da República,** → **presidente.**

praça ['prasa] *f (largo)* square; *(mercado)* market(place); **~ de táxis** *(Port)* taxi rank; **~ de touros** bullring.

prado ['pradu] *m* meadow.

praga ['praga] *f* plague; *(palavrão, maldição)* curse.

pragmático, -ca [prag'matʃiku, -ka] *adj* pragmatic.

praia ['praja] *f* beach; **~ para nudistas** nudist beach.

prancha ['prãʃa] *f* board; **~ de saltos** diving board; **~ de surf** surfboard.

pranto ['prãntu] *m* wailing.

prata ['prata] *f* silver; **(feito) de ~** (made of) silver.

prateado, -da [pra'tʃjadu, -da] *adj* silver(y).

prateleira [prate'lejra] *f* shelf.

prática ['pratʃika] *f (experiência)* experience; *(de esporte)* playing; **na ~** in practice; **pôr algo em ~** to put sthg into practice; **ter ~** to have experience.

praticante [pratʃi'kãntʃi] *adj* practising ♦ *mf*: **~ de esporte** sportsman (*f* sportswoman).

praticar [pratʃi'ka(x)] *vt* to practise; *(esporte)* to play.

praticável [pratʃi'kavɛw] (*pl* -**eis** [-ejʃ]) *adj (ação)* feasible; *(estrada)* passable.

prático, -ca ['pratʃiku, -ka] *adj* practical.

prato ['pratu] *m (louça)* plate; *(refeição)* dish; **~ fundo** soup bowl; **~ da casa** speciality of the house; **~ do dia** dish of the day; **~ raso** dinner plate; **~ de sopa** *(utensílio)* soup plate; *(comida)* bowl of soup; **pôr tudo em ~s limpos** *(fam)* to make a clean breast of it.

❏ **pratos** *mpl (MÚS)* cymbals.

praxe ['praʃi] *f (costume)* custom; **ser de ~** to be the norm.

prazer [pra'ze(x)] (*pl* -**res** [-riʃ]) *m* pleasure; **muito ~!** pleased to meet you!; **~ em conhecê-lo!** pleased to meet you!; **o ~ é (todo) meu!** the pleasure is all mine!; **ela faz tudo a seu bel ~** she does as she pleases; **com ~** with pleasure; **por ~** for pleasure.

prazo ['prazu] *m* period; **~ de validade** expiry date; **a curto/longo/médio ~** in the short/long/medium term.

pré-aviso [prɛa'vizu] (*pl* **pré-avisos** [prɛa'vizuʃ]) *m* advance warning, prior notice.

precário, -ria [pre'karju, -rja] *adj* precarious.

precaução [prekaw'sãw] (*pl* -**ões** [-õjʃ]) *f* precaution; **por ~** as a precaution.

precaver-se [preka'vexsi] *vp* to take

precautions; ~ **contra** to take precautions against.
precavido, -da [prɛka'vidu, -da] adj prudent; **vim** ~ I've come prepared.
prece ['prɛsi] f prayer.
precedência [prese'dẽsja] f precedence; **ter** ~ **sobre** to take precedence over.
preceder [prese'de(x)] vt to precede.
precioso, -osa [prɛ'sjozu, -ɔza] adj precious.
precipício [presi'pisju] m precipice.
precipitação [presipita'sãw] (pl -ões [-õjʃ]) f (pressa) haste; (chuva) rainfall.
precipitar-se [presepi'taxsi] vp (pessoa) to act rashly; (acontecimentos) to gain momentum.
precisamente [prɛ,siza'mẽtʃi] adv precisely.
precisão [presi'zãw] f accuracy; **com** ~ accurately.
precisar [presi'za(x)] vt (especificar) to specify.
❑ **precisar de** v + prep to need; ~ **de fazer algo** to need to do sthg.
preciso, -sa [prɛ'sizu, -za] adj accurate, precise; **é** ~ **ter calma** keep calm; **é** ~ **passaporte** you need your passport.
preço ['presu] m price; ~ **de ocasião** special offer; ~ **reduzido** reduced price; ~ **de liquidação** sale price.
precoce [prɛ'kɔsi] adj (criança) precocious; (decisão) hasty.
preconcebido, -da [prɛkõse'bidu, -da] adj preconceived.
preconceito [prɛkõ'sejtu] m prejudice.
precursor, -ra [prekux'so(x), -ra] (mpl -res [-riʃ], fpl -s [-ʃ]) m, f forerunner.
predador, -ra [preda'do(x), -ra] (mpl -es [-iʃ], fpl -s [-ʃ]) adj predatory.
predecessor, -ra [predese'so(x), -ra] (mpl -res [-riʃ], fpl -s [-ʃ]) m, f predecessor.
predileção [predʒile'sãw] (pl -ões [-õjʃ]) f (Br) preference; **ter** ~ **por** to prefer.
predilecção [predile'sãw] (pl -ões [-õjʃ]) f (Port) = **predileção**.
predileções → **predileção**.
predilecto, -ta [predi'lɛtu, -ta] adj (Port) = **predileto**.
predileto, -ta [predʒi'lɛtu, -ta] adj (Br) favourite.

prédio ['prɛdʒju] m building; ~ **de apartamentos** block of flats (Brit), apartment building (Am).
predominante [predumi'nãtʃi] adj predominant.
predominar [predomi'na(x)] vi to predominate.
preencher [priẽ'ʃe(x)] vt to fill in.
pré-fabricado, -da [prɛfabri'kadu, -da] adj prefabricated.
prefácio [pre'fasju] m preface.
prefeito, -ta [pre'fejtu, -ta] m, f (Br) mayor.
prefeitura [prefej'tura] f (Br) town hall (Brit), city hall (Am).
preferência [prefe'rẽsja] f preference; **dar** ~ **a** to give preference to; **ter** ~ **por** to prefer, to have a preference for; **de** ~ preferably.
preferido, -da [prefe'ridu, -da] adj favourite.
preferir [prefe'ri(x)] vt to prefer; ~ **fazer algo** to prefer doing sthg; **eu preferia que viajássemos de dia** I would prefer to travel by day.
prefixo [pre'fiksu] m prefix.
prega ['prɛga] f pleat.
pregar[1] [pre'ga(x)] vt (prego) to hammer in; (botões) to sew on.
pregar[2] [pre'ga(x)] vt (sermão) to preach.
prego ['prɛgu] m nail; (Br: fam: casa de penhor) pawn shop.
preguiça [pre'gisa] f laziness.
pré-histórico, -ca [prɛiʃ'tɔriku, -ka] adj prehistoric.
prejudicar [preʒudʒi'ka(x)] vt (pessoa) to harm; (carreira, relação, saúde) to damage.
prejudicial [preʒudʒi'sjaw] (pl -ais [-ajʃ]) adj: ~ **para** damaging to.
prejuízo [pre'ʒwizu] m (dano) damage; (em negócio) loss; **em** ~ **de** to the detriment of; **sem** ~ **de** without detriment to.
prematuro, -ra [prema'turu, -ra] adj premature.
premiado, -da [pre'mjadu, -da] adj prizewinning.
premiar [pre'mja(x)] vt to award a prize to; (recompensar) to reward.
prémio ['prɛmju] m (Port) = **prêmio**.
prêmio ['premju] m (Br) (em concurso, competição) prize; (recompensa) reward; (em seguros) premium; **grande** ~ (em Fórmula 1) grand prix.

premonição [premoni'sãw] (*pl* -ões
[-õjʃ]) *f* premonition.
pré-natal [prɛna'taw] *adj* (*pl* -ais)
(roupa, vestuário) maternity *(antes de s).*
prenda ['prẽnda] *f* present, gift.
prendado, -da [prẽn'dadu, -da] *adj*
gifted.
prender [prẽn'de(x)] *vt* to tie up; *(pessoa)* to arrest.
❏ **prender-se** *vp* to get stuck.
prenome [pre'nome] *m* first name,
Christian name.
prenunciar [prenũ'sja(x)] *vt (predizer)*
to foretell.
preocupação [preokupa'sãw] (*pl*
-ões [-õjʃ]) *f* worry.
preocupado, -da [prioku'padu, -da]
adj worried.
preocupar [preoku'pa(x)] *vt* to worry.
❏ **preocupar-se** *vp* to worry; **~-se
com** to worry about.
pré-pagamento [prɛpaga'mẽntu] *m*
prepayment.
preparação [prepara'sãw] (*pl* -ões
[-õjʃ]) *f* preparation.
preparado, -da [prepa'radu, -da] *adj*
ready ◆ *m* preparation.
preparar [prepa'ra(x)] *vt* to prepare.
❏ **preparar-se** *vp* to get ready; **~-se
para algo** to get ready for sthg.
preposição [prepozi'sãw] (*pl* -ões
[-õjʃ]) *f* preposition.
prepotente [prepo'tẽntʃi] *adj* domineering.
presença [pre'zẽsa] *f* presence; **na ~
de** in the presence of; **~ de espírito**
presence of mind.
presenciar [prezẽ'sja(x)] *vt* to witness.
presente [pre'zẽntʃi] *adj & m* present; **o ~ (do indicativo)** the present
tense.
preservação [prezexva'sãw] (*pl* -ões
[-õjʃ]) *f (de costumes, língua)* preservation; *(de natureza)* conservation.
preservar [prezex'va(x)] *vt* to preserve.
preservativo [prezexva'tʃivu] *m*
condom.
presidência [prezi'dẽsja] *f* presiden-
cy.
presidente [prezi'dẽntʃi] *mf (de país,
organização)* president; *(de empresa,
associação)* chairman (*f* chairwoman)
(Brit), president *(Am)*; **Presidente da
Câmara** *(Port)* mayor; **Presidente da**

República President of the Republic.
presidir [prezi'dʒi(x)] *vi:* **~ a algo** to
chair sthg.
presilha [pre'ziʎa] *f* (belt) loop.
preso, -sa ['prezu, -za] *pp* → **prender**
◆ *adj* tied up; *(capturado)* imprisoned;
(que não se move) stuck ◆ *m, f (prisioneiro)* prisoner.
pressa ['presa] *f* hurry; **estar com** OU
ter ~ to be in a hurry OU rush; **estar
sem ~** not to be in a hurry OU rush; **às
~s** quickly, hurriedly.
presságio [pre'saʒju] *m* premonition.
pressão [pre'sãw] (*pl* -ões [-õjʃ]) *f*
pressure; **~ (arterial) alta/baixa** *(Br:
MED)* high/low blood pressure; **~
atmosférica** atmospheric pressure; **~
dos pneus** tyre pressure; **estar sob
~** *(pessoa)* to be under pressure.
pressentimento [presẽntʃi'mẽntu]
m feeling.
pressentir [presẽn'tʃi(x)] *vt:* **~ que** to
have a feeling (that).
pressionar [presjo'na(x)] *vt (botão)* to
press; *(pessoa)* to pressurize.
pressões → **pressão**.
pressupor [presu'po(x)] *vt* to presup-
pose.
prestação [presta'sãw] (*pl* -ões [-õjʃ])
f (de serviço) provision; *(de pagamento)*
instalment; **pagar a prestações** to pay
in instalments.
prestar [pres'ta(x)] *vt (ajuda)* to give;
(serviço) to provide; *(contas)* to render;
(atenção) to pay ◆ *vi (ser útil)* to be useful; **isso presta para alguma coisa?** is
that any good?; **não ~** to be no good;
não ~ para nada to be totally useless;
~ um serviço a alguém to do sthg for
sb.
❏ **prestar-se a** *vp + prep (ser adequado
para)* to be suitable for; *(estar disposto
a)* to leave o.s. open to.
prestativo, -va [presta'tʃivu, -va] *adj*
helpful.
prestes ['prestʃiʃ] *adj inv:* **estar ~ a
fazer algo** to be just about to do sthg.
prestidigitador, -ra [prestʃidʒiʒita-
'do(x), -ra] (*mpl* -res [-riʃ], *fpl* -s [-ʃ]) *m, f*
conjurer.
prestígio [pres'tʃiʒju] *m* prestige.
presumir [prezu'mi(x)] *vt* to presume.
presunçoso, -osa [prezũ'sozu, -oza]
adj (pessoa) conceited; *(discurso, artigo)*
pretentious.
presunto [pre'zũntu] *m* ham.

prêt-a-porter [prɛtapox'te] *m inv* (Br) ready-to-wear clothes *(pl)*.

pretender [pretẽn'de(x)] *vt (querer)* to want; *(afirmar)* to claim; ~ **fazer algo** to intend to do sthg.

pretensão [pretẽ'sãw] *(pl* -ões [-õjʃ]) *f (desejo)* wish, aspiration.

⊐ **pretensões** *fpl (vaidade)* pretentiousness *(sg);* **ter pretensões** to be pretentious.

pretérito [pre'teritu] *m (GRAM)* preterite, past tense; ~ **perfeito (simples)** simple past (tense); ~ **imperfeito (simples)** imperfect (tense).

pretexto [pre'tejʃtu] *m* excuse; **sob ~ algum** under no circumstances; **a** OU **sob o ~ de** on OU under the pretext of.

preto, -ta ['pretu, -ta] *adj & m, f* black; **pôr o ~ no branco** to set the record straight.

prevalecer [prevale'se(x)] *vi* to prevail.

prevenção [prevẽ'sãw] *(pl* -ões [-õjʃ]) *f (de doença, acidente)* prevention; *(aviso)* warning; **estar de** ~ to be on guard; ~ **rodoviária** road safety and accident prevention; **por** ~ as a precaution.

prevenido, -da [preve'nidu, -da] *adj* cautious; **estar** ~ to be prepared.

prevenir [preve'ni(x)] *vt (avisar)* to warn; *(evitar)* to prevent; ~ **alguém de algo** to warn sb of sthg.

preventivo, -va [prevẽn'tʃivu, -va] *adj* preventive.

prever [pre've(x)] *vt* to foresee; *(tempo)* to forecast.

previamente [,prevja'mẽntʃi] *adv* beforehand.

prévio, -via ['prevju, -vja] *adj* prior.

previsão [previ'zãw] *(pl* -ões [-õjʃ]) *f* forecast; ~ **do tempo** weather forecast.

previsível [previ'zivew] *(pl* -eis [-ejʃ]) *adj* foreseeable.

previsões → **previsão**.

previsto, -ta [pre'viʃtu, -ta] *adj* expected; **como** ~ as expected.

prezado, -da [pre'zadu, -da] *adj (querido)* dear; **Prezado** ... *(fml: em carta)* Dear ....

primária [pri'marja] *f (EDUC)* primary school.

primário, -ria [pri'marju, -rja] *adj (básico)* basic; *(EDUC)* primary.

primavera [prima'vera] *f (estação)* spring; *(flor)* primrose.

primeira [pri'mejra] *f (em veículo)* first (gear), → **primeiro**.

primeiro, -ra [pri'mejru, -ra] *adj, adv & num* first ◆ *m, f:* **o ~/a primeira da turma** top of the class; **à primeira vista** at first sight; **de primeira** first-class; **em ~ lugar** firstly, first; **primeira classe** *(EDUC)* primary one *(Brit),* first grade *(Am);* ~**s socorros** *(MED)* first aid *(sg);* ~ **de tudo** *(antes de mais)* first of all, → **sexto**.

primeiro-ministro, primeira-ministra [pri,mejrumi'niʃtru, pri,mejra-mi'niʃtra] *(mpl* **primeiros-ministros** [pri,mejruʒmi'niʃtruʃ], *fpl* **primeiras-ministras** [pri,mejraʒmi'niʃtraʃ]) *m, f* prime minister.

primitivo, -va [primi'tʃivu, -va] *adj* primitive.

primo, -ma ['primu, -ma] *m, f* cousin.

primogénito, -ta [primo'ʒenitu, -ta] *m, f (Port)* = **primogênito**.

primogênito, -ta [primo'ʒenitu, -ta] *m, f (Br)* firstborn.

princesa [prĩ'seza] *f* princess.

principal [prĩsi'paw] *(pl* -ais [-ajʃ]) *adj* main.

principalmente [prĩsipaw'mẽntʃi] *adv* mainly, especially.

príncipe ['prĩsipi] *m* prince.

principiante [prĩse'pjãntʃi] *mf* beginner.

principiar [prĩsi'pja(x)] *vt & vi* to start, to begin.

princípio [prĩ'sipju] *m* beginning; *(moral)* principle; **partir do ~ que** ... to work on the basis that ...; **a ~** to start with; **desde o ~** from the beginning; **em ~** in principle; **por ~** on principle.

prioridade [priori'dadʒi] *f* priority; ~ **de passagem** *(AUT)* right of way.

prisão [pri'zãw] *(pl* -ões [-õjʃ]) *f (ato)* imprisonment; *(local)* prison; ~ **de ventre** constipation.

privação [priva'sãw] *(pl* -ões [-õjʃ]) *f* loss.

⊐ **privações** *fpl* misery *(sg)*, hardship *(sg)*.

privacidade [privasi'dadʒi] *f* privacy.

privações → **privação**.

privada [pri'vada] *f (Br)* toilet.

privado, -da [pri'vadu, -da] *adj* private.

privar [pri'va(x)] *vt:* ~ **alguém de algo** to deprive sb of sthg.

❏ **privar-se de** *vp* + *prep* to go without.

privativo, -va [priva'tʃivu, -va] *adj* private.

privilegiado, -da [privili'ʒjadu, -da] *adj (pessoa)* privileged; *(local)* exceptional.

privilegiar [privili'ʒja(x)] *vt* to favour.

privilégio [privi'lɛʒju] *m* privilege.

proa ['proa] *f* prow.

probabilidade [probabili'dadʒi] *f* probability.

problema [pro'blema] *m* problem; **ter ~s com** to have problems with.

procedente [prose'dẽtʃi] *adj*: **~ de** *(ônibus, trem, avião)* from.

proceder [prose'de(x)] *vi (agir)* to proceed, to act; **~ com** to proceed with.

processador [prosesa'do(x)] *(pl -es* [-iʃ]) *m*: **~ de texto** word processor.

processamento [prosesa'mẽntu] *m* processing.

processar [prose'sa(x)] *vt (JUR: pessoa, empresa)* to prosecute; *(JUR: por danos pessoais, materiais)* to sue; *(INFORM: dados, texto)* to process.

processo [pro'sɛsu] *m (sistema)* process; *(JUR)* (law)suit.

procissão [prosi'sãw] *(pl -ões* [-õjʃ]) *f* procession.

proclamar [prokla'ma(x)] *vt* to proclaim.

procura [pro'kura] *f (busca)* search; *(COM)* demand; **andar à ~ de** to be looking for.

procurador, -ra [prokura'do(x), -ra] *(mpl -res* [-riʃ], *fpl -s* [-ʃ]) *m, f* proxy; **~ da República** ≃ Public Prosecutor.

procurar [proku'ra(x)] *vt* to look for; **~ fazer algo** to try to do sthg.

prodígio [pro'dʒiʒju] *m* prodigy.

produção [prudu'sãw] *(pl -ões* [-õjʃ]) *f* production.

produtividade [produtʃivi'dadʒi] *f* productivity.

produtivo, -va [produ'tʃivu, -va] *adj (que produz)* productive; *(lucrativo)* profitable.

produto [pro'dutu] *m* product; **~ alimentar** foodstuff; **~ de limpeza** cleaning product; **~ natural** natural product.

produtor, -ra [produ'to(x), -ra] *(mpl -res* [-riʃ], *fpl -s* [-ʃ]) *m, f* producer.

produzir [produ'zi(x)] *vt* to produce.

proeminente [proimi'nẽntʃi] *adj (saliente)* protruding; *(importante)* prominent.

proeza [pro'eza] *f* deed.

profanar [profa'na(x)] *vt (igreja, cemitério)* to desecrate; *(memória)* to be disrespectful about.

profecia [profe'sia] *f* prophecy.

proferir [profe'ri(x)] *vt (discurso)* to give; *(palavra)* to utter; *(insulto)* to hurl; *(desejo)* to make; *(sentença)* to pronounce.

professor, -ra [profe'so(x), -ra] *(mpl -res* [-riʃ], *fpl -s* [-ʃ]) *m, f* teacher.

profeta [pro'feta] *m* prophet.

profetisa [profe'tʃiza] *f* prophetess.

profiláctico, -ca [profi'latiku, -ka] *adj (Port)* = **profilático**.

profilático, -ca [profi'latʃiku, -ka] *adj (Br)* prophylactic.

profissão [profi'sãw] *(pl -ões* [-õjʃ]) *f* profession.

profissional [profisjo'naw] *(pl -ais* [-ajʃ]) *adj & mf* professional.

profissões → profissão

profundidade [profũndʒi'dadʒi] *f* depth; **tem três metros de ~** it's three metres deep.

profundo, -da [pro'fũndu, -da] *adj* deep; *(idéia, argumento, sentimento)* profound.

prognóstico [prog'nɔʃtʃiku] *m (MED)* prognosis; *(de tempo)* forecast.

programa [pro'grama] *m* programme; *(EDUC)* syllabus, curriculum; *(INFORM)* program.

programação [programa'sãw] *(pl -ões* [-õjʃ]) *f (em televisão, rádio)* programmes *(pl)*; *(INFORM)* programming.

progredir [progre'di(x)] *vi* to make progress; *(doença)* to progress; **~ em** to make progress in.

progresso [pro'grɛsu] *m* progress; **fazer ~s** to make progress.

proibição [proibi'sãw] *(pl -ões* [-õjʃ]) *f* ban.

proibido, -da [proi'bidu, -da] *adj* prohibited; **"proibida a entrada"** "no entry"; **"~ afixar anúncios"** "stick no bills"; **"~ estacionar"** "no parking"; **"~ fumar"** "no smoking"; **"~ para menores de 18"** "adults only".

proibir [proi'bi(x)] *vt (consumo)* to forbid; *(acontecimento, publicação)* to ban; **~ alguém de fazer algo** to forbid sb to do sthg.

projeção [proʒe'sãw] (*pl* **-ões** [-õjʃ]) *f (Br)* projection.

projecção [pruʒe'sãw] (*pl* **-ões** [-õjʃ]) *f (Port)* = **projeção**.

projecções → **projeção**.

projéctil [pruʒe'til] (*pl* **-teis** [-tejʃ]) *m (Port)* = **projétil**.

projecto [pruʒetu] *m (Port)* = **projeto**.

projector [pruʒe'tor] (*pl* **-res** [-reʃ]) *m (Port)* = **projetor**.

projétil [pruʒe'tʃiw] (*pl* **-teis** [-teiʃ]) *m (Br)* projectile.

projeto [proʒetu] *m (Br)* project, plan.

projetor [proʒe'to(x)] (*pl* **-res** [-riʃ]) *m (Br)* projector; *(de luz)* spotlight.

proliferar [prolife'ra(x)] *vi* to proliferate.

prólogo ['prɔlogu] *m* prologue.

prolongado, -da [prolõ'gadu, -da] *adj* extended.

prolongar [prolõ'ga(x)] *vt (prazo)* to extend; *(férias, estada)* to prolong.

❏ **prolongar-se** *vp (demorar-se)* to last.

promessa [pro'mɛsa] *f* promise.

prometer [prome'te(x)] *vt* to promise; **~ algo a alguém** to promise sb sthg; **~ fazer algo** to promise to do sthg; **~ que** to promise (that).

promíscuo, -cua [pro'miʃkwu, -kwa] *adj* promiscuous.

promissor, -ra [promi'so(x), -ra] (*mpl* **-res** [-riʃ], *fpl* **-s** [-ʃ]) *adj* promising.

promoção [promo'sãw] (*pl* **-ões** [-õjʃ]) *f* promotion; **em ~** on special offer.

promontório [promõn'tɔrju] *m* headland.

promover [promo've(x)] *vt* to promote.

pronome [pro'nomi] *m (GRAM)* pronoun.

pronto, -ta ['prõtu, -ta] *adj (preparado)* ready; *(resposta)* prompt ◆ *interj* that's that!; **estar ~** to be ready; **estar ~ para fazer algo** to be willing to do sthg; **estar ~ para fazer algo** to be ready to do sthg.

pronto-a-vestir [prõtwaveʃ'tʃi(x)] *m inv (vestuário)* ready-to-wear clothes *(pl)*; *(loja)* clothes shop.

pronto-socorro [prõtuso'koxu] *m (veículo)* ambulance.

pronúncia [pro'nũsja] *f (pronunciação)* pronunciation; *(sotaque)* accent.

pronunciar [pronũ'sja(x)] *vt (palavra, frase)* to pronounce; *(discurso)* to give.

❏ **pronunciar-se** *vp (palavra)* to be pronounced; *(exprimir opinião)* to express one's opinion.

propaganda [propa'gãnda] *f (de produto)* advertising; *(POL)* propaganda.

propensão [propẽ'sãw] (*pl* **-ões** [-õjʃ]) *f* propensity.

propina [pro'pina] *f (gorjeta)* tip.

propor [pro'po(x)] *vt (sugerir)* to propose; *(negócio)* to offer.

proporção [propor'sãw] (*pl* **-ões** [-õjʃ]) *f* proportion; **em ~** in proportion.

❏ **proporções** *fpl (dimensões)* measurements.

proporcional [proporsjo'naw] (*pl* **-ais** [-ajʃ]) *adj* proportional; **~ a** proportional to.

proporções → **proporção**.

propósito [pro'pɔzitu] *m* purpose; **a ~, quando e que você vai de férias?** by the way, when are you going on holiday?; **com o ~ de** with the intention of; **de ~** on purpose.

❏ **propósitos** *mpl (maneiras)* manners.

propriedade [proprie'dadʒi] *f* property; **"~ privada"** "private property".

proprietário, -ria [proprie'tarju, -rja] *m, f* owner.

próprio, -pria ['prɔpriu, -pria] *adj (carro, casa)* own; *(adequado)* suitable; *(característico)* particular ◆ *m, f*: **é o ~/a própria** *(em conversa telefônica)* speaking; **~ para** suitable for; **~ para consumo** fit for human consumption; **eu ~** I myself; **o ~ presidente** the president himself.

prosa ['prɔza] *f* prose.

prospecto [proʃ'pɛ(k)tu] *m* leaflet.

prosperar [proʃpe'ra(x)] *vi* to prosper.

prosperidade [proʃperi'dadʒi] *f* prosperity.

prosseguir [prose'gi(x)] *vt (estudos, investigações)* to continue ◆ *vi (continuar)* to proceed, to carry on; **se ~ com este tipo de comportamento, será despedido** if you continue to behave in this way, you will be fired.

prostituta [proʃtʃi'tuta] *f* prostitute.

protagonista [protago'niʃta] *mf* protagonist.

proteção [prote'sãw] (*pl* **-ões** [-õjʃ]) *f (Br)* protection.

protecção [prutɛ'sãw] (*pl* **-ões** [-õjʃ]) *f (Port)* = proteção.

proteções → proteção.

protector, -ra [prutɛ'tor, -ra] (*mpl* **-res** [-rɛʃ], *fpl* **-s** [-ʃ]) *adj & m, f (Port)* = protetor.

proteger [protɛ'ʒe(x)] *vt* to protect.

proteína [protɛ'ina] *f* protein.

prótese ['prɔtɛzi] *f (MED)* prosthesis; ~ **dentária** dental prosthesis.

protestante [proteʃ'tãntʃi] *adj & mf (RELIG)* Protestant.

protestar [proteʃ'ta(x)] *vi* to protest; ~ **contra** to protest against.

protesto [pro'tɛʃtu] *m* protest.

protetor, -ra [prote'to(x), -ra] (*mpl* **-res** [-riʃ], *fpl* **-s** [-ʃ]) *m, f (Br)* protector ♦ *adj* protective; ~ **(solar)** sunscreen.

protocolo [proto'kɔlu] *m (em audiência)* transcription; *(regras)* protocol.

protuberância [protube'rãsja] *f* protuberance.

prova ['prɔva] *f* proof; *(ESP)* event; *(teste)* exam; **à ~ d'água** waterproof; **à ~ de fogo** fireproof; **à ~ de óleo** oil-resistant; **dar ~s de** to show; **pôr à ~** to put to the test; **prestar ~s** *(fazer exames)* to take exams.

provar [pro'va(x)] *vt (fato)* to prove; *(comida)* to try; *(roupa)* to try on.

provável [pro'vavɛw] (*pl* **-eis** [-ejʃ]) *adj* probable; **pouco ~** unlikely.

proveito [pro'vejtu] *m* benefit; **bom ~!** enjoy your meal!; **em ~ de** for the benefit of; **tirar ~ de algo** to benefit from sthg.

proveniente [prove'njẽntʃi] *adj*: ~ **de** (coming) from.

provérbio [pro'vɛrbju] *m* proverb.

prover-se [pro'vexsi] : **prover-se de** *vp + prep (abastecer-se de)* to provide o.s. with; *(munir-se de)* to equip o.s. with.

proveta [pro'vɛta] *f* test tube.

providência [provi'dẽsja] *f* measure; **tomar ~s** to take measures.

providenciar [providẽ'sja(x)] *vt* to arrange (for) ♦ *vi*: ~ **(para) que** to make sure (that).

província [pro'vĩsja] *f* province.

provisório, -ria [provi'zɔrju, -rja] *adj* temporary.

provocador, -ra [provoka'do(x), -ra] (*mpl* **-res** [-riʃ], *fpl* **-s** [-ʃ]) *adj* provocative.

provocante [provo'kãntʃi] *adj* provocative.

provocar [provo'ka(x)] *vt (causar)* to cause; *(irritar)* to provoke.

provolone [provo'loni] *m* hard cheese made from cow's milk.

proximidade [prosimi'dadʒi] *f* proximity.

⌐ **proximidades** *fpl (arredores)* neighbourhood *(sg)*.

próximo, -ma ['prɔsimu, -ma] *adj (em espaço, tempo)* near; *(seguinte)* next; *(íntimo)* close ♦ *pron*: **o ~/a próxima** the next one; **quem é o ~?** who's next?; **até a próxima!** see you!; ~ **de** near (to); **nos ~s dias/meses** in the next few days/months.

prudência [pru'dẽsja] *f* care, caution.

prudente [pru'dẽntʃi] *adj* careful, cautious.

prurido [pru'ridu] *m* itch.

P.S. *(abrev de Post Scriptum)* PS.

pseudónimo [psew'dɔnimu] *m (Port)* = pseudônimo.

pseudônimo [psew'donimu] *m (Br)* pseudonym.

psicanálise [psika'nalizi] *f* psychoanalysis.

psicanalista [psikana'liʃta] *mf* psychoanalyst.

psicologia [psikolo'ʒia] *f* psychology.

psicológico, -ca [psiko'lɔʒiku, -ka] *adj* psychological.

psicólogo, -ga [psi'kɔlogu, -ga] *m, f* psychologist.

psiquiatra [psi'kjatra] *mf* psychiatrist.

puberdade [puber'dadʒi] *f* puberty.

publicação [publika'sãw] (*pl* **-ões** [-õjʃ]) *f* publication.

publicar [publi'ka(x)] *vt* to publish.

publicidade [publisi'dadʒi] *f (atividade, curso)* advertising; *(anúncio)* ad(vert); *(divulgação, difusão)* publicity.

público, -ca ['publiku, -ka] *adj (jardim, via)* public; *(escola)* state *(antes de s)*; *(empresa)* state-owned ♦ *m (de espetáculo)* audience; **o ~ em geral** the general public; **tornar ~ algo** to make sthg public; **em ~** in public.

pude ['pudʒi] → **poder**.

pudim [pu'dʒi] (*pl* **-ns** [-ʃ]) *m* pudding; ~ **flan** crème caramel; ~ **de leite** custard *(sg)*.

puf ['pufɛ] *interj (de enfado)* pah!; *(de cansaço)* phew!

pugilismo [puʒi'liʒmu] *m* boxing.

puído, -da ['pwidu. -da] *adj* worn.

pular [pu'la(x)] *vi* to jump ♦ *vt* to jump over.

pulga ['puwga] *f* flea; **estar com a ~ atrás da orelha** (*fig: estar suspeitoso*) to think something is up.

pulmão [puw'mãw] (*pl* **-ões** [-õjʃ]) *m* lung.

pulo ['pulu] *m* jump; **dar um ~ até** to pop over to; **dar ~s** to jump up and down; **num ~** in a flash.

pulôver [pu'lovɛ(x)] (*pl* **-res** [-riʃ]) *m* pullover.

pulsação [puwsa'sãw] (*pl* **-ões** [-õjʃ]) *f* beat.

pulseira [puw'sejra] *f* bracelet.

pulso ['puwsu] *m* wrist; (*pulsação*) pulse; **medir** OU **tirar o ~ de alguém** to take sb's pulse.

pulverizar [puwvɛri'za(x)] *vt* (*com líquido*) to spray; (*reduzir a pó*) to pulverize.

punha ['puɲa] → **poder**.

punhado [pu'ɲadu] *m*: **um ~ de** a handful of.

punhal [pu'ɲaw] (*pl* **-ais** [-ajʃ]) *m* dagger.

punho ['puɲu] *m* (*mão fechada*) fist; (*pulso*) wrist; (*de casaco, camisa, blusa*) cuff; (*de arma, faca*) hilt.

punição [puni'sãw] (*pl* **-ões** [-õjʃ]) *f* punishment.

punir [pu'ni(x)] *vt* to punish.

pupila [pu'pila] *f* pupil.

puré [pu'rɛ] *m* (*Port*) = **purê**.

purê [pu're] *m* (*Br*) puree; **~ (de batata)** mashed potatoes (*pl*).

pureza [pu'reza] *f* purity.

purgante [pux'gãntʃi] *m* purgative.

purificador, -ra [purifika'do(x), -ra] (*mpl* **-res** [-riʃ], *fpl* **-s** [-ʃ]) *adj* purifying ♦ *m*: **~ do ar** air freshener.

purificar [purifi'ka(x)] *vt* (*sangue*) to purify; (*ar*) to freshen.

puritano, -na [puri'tanu, -na] *adj* puritanical.

puro, -ra ['puru, -ra] *adj* pure; **pura lã** pure wool; **a pura verdade** the plain truth; **pura e simplesmente** simply.

puro-sangue [.puru'sãngi] *m inv* thoroughbred.

púrpura ['puxpura] *f* purple.

pus[1] ['puʃ] → **pôr**.

pus[2] ['puʃ] *m* pus.

puta ['puta] *f* (*vulg*) whore.

puxador [puʃa'do(x)] (*pl* **-res** [-riʃ]) *m* handle.

puxão [pu'ʃãw] (*pl* **-ões** [-õjʃ]) *m* tug.

puxar [pu'ʃa(x)] *vt* (*cabelo, cordel*) to pull; (*banco, cadeira*) to pull up; **"puxar"**, **"puxe"** (*aviso em porta*) "pull"; **~ o autoclismo** (*Port*) to flush the toilet; **~ o saco de alguém** (*Br: fam*) to suck up to sb.

puxões → **puxão**.

Q

q.b. *(abrev de quanto baste)* as required.

Q.I. *m (abrev de quociente de inteligência)* IQ.

quadra [ˈkwadra] *f (em poesia)* quatrain; ~ **de tênis/squash** *(Br)* tennis/squash court.

quadrado, -da [kwaˈdradu, -da] *adj & m* square.

quadragésimo, -ma [kwadraˈʒɛzimu, -ma] *num* fortieth, → **sexto**.

quadril [kwaˈdriw] *(pl* **-is** [-iʃ]) *m* hip.

quadro [ˈkwadru] *m* picture; *(em sala de aula)* board; *(pintura)* painting.

quadro-negro [ˌkwadruˈnegru] *(pl* **quadros-negros** [ˌkwadruʒˈnɛgruʃ]) *m (Br)* blackboard.

quaisquer → **qualquer.**

qual [ˈkwaw] *(pl* **-ais** [-ajʃ]) *adj* which ◆ *conj (fml: como)* like ◆ *interj (Br)* what! ◆ *pron (em interrogativa)* what; *(especificando)* which (one); **o/a** ~ *(sujeito: pessoa)* who; *(complemento: pessoa)* whom; *(sujeito, complemento: coisa)* which; **cada** ~ everyone; ~ **deles ...?** which one (of them) ...?; ~ **nada** OU **quê!** what!

qualidade [kwaliˈdadʒi] *f* quality; *(espécie)* type; **na** ~ **de** in the capacity of.

qualificação [kwalifikaˈsāw] *(pl* **-ões** [-õjʃ]) *f* qualification.

qualificado, -da [kwalifiˈkadu, -da] *adj* qualified.

qualquer [kwawˈkɛ(x)] *(pl* **quaisquer** [kwajʃˈkɛ(x)]) *adj & pron* any; **está por aqui em** ~ **lugar** it's (around) here somewhere; ~ **um deles** any of them; ~ **um dos dois** either of them; ~ **um** OU **pessoa** anyone, anybody; **a** ~ **momento** at any time.

quando [ˈkwãndu] *adv* when ◆ *conj* when; *(ao passo que)* while, whilst; **de** ~ **em** ~ from time to time; **desde** ~

how long; ~ **mais não seja** at least; ~ **muito** at (the) most; ~ **quer que** whenever.

quantia [kwãnˈtʃia] *f* amount, sum.

quantidade [kwãntʃiˈdadʒi] *f* amount, quantity; **em** ~ in large quantities.

quanto, -ta [ˈkwãntu, -ta] *adj* **1.** *(em interrogativas: singular)* how much; *(em interrogativas: plural)* how many; ~ **tempo temos?** how much time have we got?; ~ **tempo temos de esperar?** how long do we have to wait?; **quantas vezes você já esteve aqui?** how many times have you been here? **2.** *(em exclamações)* what a lot of; ~ **dinheiro!** what a lot of money!; ~**s erros!** what a lot of mistakes! **3.** *(em locuções):* **uns** ~**s/umas quantas** some; **umas quantas pessoas** a few people.

◆ *pron* **1.** *(em interrogativas: singular)* how much; *(em interrogativas: plural)* how many; ~ **você quer?** how much do you want?; ~**s você quer?** how many do you want?; ~ **custam?** how much do they cost?

2. *(relativo a pessoas):* **todos** ~**s** everyone who *(sg)*; **agradeceu a todos** ~**s o ajudaram** he thanked everyone who helped him.

3. *(tudo o que)* everything, all; **coma** ~**/**~**s você quiser** eat as much/as many as you like; **tudo** ~ **disse é verdade** everything he said is true.

4. *(compara quantidades):* ~ **mais se tem, mais se quer** the more you have, the more you want.

5. *(em locuções):* **não há espaço para um,** ~ **mais para dois** there's hardly enough room for one, let alone two; ~ **a** as regards; ~ **antes** as soon as possible; ~ **mais não seja** at the very least; ~ **mais melhor** the more the merrier;

uns ~s/umas quantas some.

quarenta [kwaˈrẽnta] *num* forty, → **seis**.

quarentena [kwarẽnˈtena] *f* quarantine.

Quaresma [kwaˈrɛʒma] *f* Lent.

quarta [ˈkwarta] *f (em veículo)* fourth (gear), → **quarto**.

quarta-feira [ˌkwaxtaˈfejra] *(pl* **quartas-feiras** [ˌkwaxtaʃˈfejraʃ]) *f* Wednesday, → **sexta-feira**.

quarteirão [kwaxtejˈrãw] *(pl* **-ões** [-õjʃ]) *m (área)* block.

quartel [kwaxˈtɛw] *(pl* **-éis** [-ɛiʃ]) *m (MIL)* barracks *(pl)*.

quarteto [kwaxˈtetu] *m* quartet.

quarto, -ta [ˈkwaxtu, -ta] *num* fourth ♦ *m (divisão de casa)* room; *(parte)* quarter; **"~ para alugar"** "room to let"; **~ de banho** *(Port)* bathroom; **~ de casal** double room; **~ com duas camas** twin room; **~ de hora** quarter of an hour, → **sexto**.

quartzo [ˈkwaxtsu] *m* quartz.

quase [ˈkwazi] *adv* almost, nearly; **~ que caí** I almost fell over; **~ nada** almost nothing, hardly anything; **~ nunca** hardly ever; **~ ~** very nearly; **~ sempre** nearly always.

quatro [ˈkwatru] *num* four, → **seis**.

quatrocentos, -tas [ˌkwatroˈsẽntuʃ, -taʃ] *num* four hundred, → **seis**.

que [ki] *adj inv* **1.** *(em interrogativas)* what, which; **~ livros você quer?** which books do you want?; **~ dia é hoje?** what day is it today?; **~ horas são?** what time is it?

2. *(em exclamações)*: **mas ~ belo dia!** what a beautiful day!; **~ fome!** I'm starving!; **~ maravilha!** how wonderful!

♦ *pron* **1.** *(em interrogativas)* what; **~ é isso?** what's that?; **o ~ você quer?** what do you want?; **o ~ você vai comer?** what are you going to have (to eat)?

2. *(uso relativo: sujeito)* who; *(coisa)* which, that; **o homem ~ está correndo** the man who's running; **a guerra ~ começou em 1939** the war which ou that started in 1939.

3. *(uso relativo: complemento)* whom, that; *(coisa)* which, that; **o bolo ~ comi era ótimo** the cake (that) I had was great; **o homem ~ conheci** the man (that) I met.

♦ *conj* **1.** *(com complemento direto)* that; **disse-me ~ ia de férias** he told me (that) he was going on holiday.

2. *(em comparações)*: **(do)** ~ than; **é mais caro (do)** ~ **o outro** it's more expensive than the other.

3. *(exprime causa)*: **leva o guarda-chuva ~ está chovendo** take an umbrella as it's raining; **vai depressa ~ você está atrasado** you're late, so you'd better hurry.

4. *(exprime consequência)* that; **pediu-me tanto ~ acabei por lhe dar** he asked me for it so persistently that I ended up giving it to him.

5. *(exprime tempo)*: **há horas ~ estou à espera** I've been waiting for hours; **há muito ~ lá não vou** I haven't been there for ages.

6. *(indica desejo)* that; **espero ~ você se divirta** I hope (that) you have a good time; **quero ~ você o faça** I want you to do it; **~ você seja feliz!** all the best!

7. *(em locuções)*: **~ nem** like; **chorou ~ nem um bebê** he cried like a baby.

quê [ke] *interj* what! ♦ *pron (interrogativo)* what ♦ *m*: **um ~** (a certain) something; **um ~ de** a touch of; **não tem de ~!** not at all!, don't mention it!; **sem ~ nem para ~** *(sem motivos)* for no apparent reason.

quebra-cabeças [ˌkɛbrakaˈbesaʃ] *m inv (passatempo)* puzzle; *(fig: problema)* headache.

quebrado, -da [keˈbradu, -da] *adj (partido)* broken; *(Br: enguiçado)* broken down.

quebra-mar [ˌkɛbraˈma(x)] *(pl* **quebra-mares** [ˌkɛbraˈmariʃ]) *m* breakwater.

quebra-nozes [ˌkɛbraˈnɔziʃ] *m inv* nutcracker.

quebrar [keˈbra(x)] *vt* to break; *(Br: avariar)* to break down; **"~ em caso de emergência"** "in case of emergency break glass"; **~ a cara** *(Br: fig)* to come a cropper.

❑ **quebrar-se** *vp* to break.

queda [ˈkɛda] *f* fall; **ter ~ para** *(fig: vocação)* to have a flair for.

queijada [kejˈʒada] *f* cake made from eggs, milk, cheese, sugar and flour.

queijo [ˈkejʒu] *m* cheese; **~ curado** cured cheese; **~ de cabra** goat's cheese; **~ flamengo** = Edam; **~ fresco** fresh goat's cheese; **~ de ovelha** *hard* *cheese made from ewe's milk;* ~ **prato** *soft cheese made from ewe's milk;* ~ **ralado** grated cheese.

queijo-de-minas [ˌkejʒudʒiˈminaʃ] *m soft, mild, white cheese.*

queimado, -da [kejˈmadu, -da] *adj* burnt; *(pelo sol)* sunburnt.

queimadura [kejmaˈdura] *f* burn; ~ **de sol** sunburn.

queimar [kejˈma(x)] *vt* to burn.
❏ **queimar-se** *vp* to burn o.s.; *(com sol)* to get sunburnt.

queima-roupa [ˌkejmaˈxopa] *f:* à ~ *(disparar)* point-blank; *(tiro)* at point-blank range.

queixa [ˈkejʃa] *f (lamentação)* moan; *(em polícia)* complaint; **apresentar** ~ *(em polícia)* to register a complaint; **fazer** ~ **de alguém** to complain about sb.

queixar-se [kejˈʃaxsi] *vp* to moan; ~ **a alguém (de algo)** to complain to sb (about sthg); ~ **de** to complain about.

queixo [ˈkejʃu] *m* chin; **tinha tanto frio que estava batendo** ~ he was so cold that his teeth were chattering.

queixoso, -osa [kejˈʃozu, -ɔza] *m, f (JUR)* plaintiff.

quem [kẽj] *pron (interrogativo: sujeito)* who; *(interrogativo: complemento)* who, whom; *(indefinido)* whoever; ~ **diria!** who would have thought it!; ~ **é?** *(na porta)* who's there?; ~ **fala?** *(no telefone)* who's speaking?; ~ **me dera ser rico!** if only I were rich!; ~ **quer que** whoever; **seja** ~ **for** no matter who it is.

quentão [kẽnˈtãw] *m* alcoholic drink made with "cachaça", ginger and sugar, served hot.

quente [ˈkẽntʃi] *adj* hot; *(roupa)* warm; *(Br: fam: informação, fonte)* reliable.

quer [kɛ(x)] *conj:* ~ ... ~ whether ... or; **quem** ~ **que seja** whoever; **onde** ~ **que seja** wherever; **o que** ~ **que seja** whatever.

querer [keˈre(x)] *vt* to want; **como quiser!** as you wish!; **por favor, queria ... excuse me, I'd like ...; **sem** ~ *(sem intenção)* unintentionally, by accident; ~ **muito a alguém** *(amar)* to love sb; ~ **bem a alguém** to care about sb; **não** ~ **mal a alguém** to wish sb no ill; ~ **dizer** *(significar)* to mean.
❏ **querer-se** *vp:* eles se querem muito

they're very much in love.

querido, -da [keˈridu, -da] *adj* dear.

querosene [kerɔˈzɛni] *m* kerosene.

questão [keʃˈtãw] *(pl* -ões [-õjʃ]) *f* question; *(discussão)* quarrel; **há** ~ **de dez minutos** about ten minutes ago; **fazer** ~ **(de fazer algo)** to insist (on doing sthg); **pôr algo em** ~ to question sthg; **ser** ~ **de** to be a matter of; **em** ~ in question.

quiabo [ˈkjabu] *m* okra.

quibe [ˈkibi] *m* Arabic dish made with mince and wholemeal flour, seasoned with mint and different spices.

quiçá [kiˈsa] *adv* maybe.

quieto, -ta [ˈkjɛtu, -ta] *adj (parado, imóvel)* still; *(calado, calmo)* quiet.

quietude [kjɛˈtudʒi] *f* tranquillity.

quilate [kiˈlatʃi] *m* carat.

quilo [ˈkilu] *m* kilo; **o** ~ **a** OU **per kilo.**

quilometragem [kilomeˈtraʒẽ] *(pl* -ns [-ʃ]) *f* ~ mileage, distance travelled in kilometres.

quilómetro [kiˈlɔmetru] *m (Port)* = **quilômetro.**

quilômetro [kiˈlometru] *m (Br)* kilometre.

química [ˈkimika] *f* chemistry, → **químico.**

químico, -ca [ˈkimiku, -ka] *m, f* chemist.

quindim [kĩnˈdʒĩ] *(pl* -ns [-ʃ]) *m* dessert made with egg yolks, sugar and coconut.

quinhão [kiˈɲãw] *(pl* -ões [-õjʃ]) *m* share.

quinhentos, -tas [kiˈɲẽntuʃ, -taʃ] *num* five hundred, → **seis.**

quinhões → **quinhão.**

quinquagésimo, -ma [kwĩŋkwaˈʒɛzimu, -ma] *num* fiftieth, → **sexto.**

quinquilharias [kĩŋkiʎaˈriaʃ] *fpl* junk *(sg).*

quinta [ˈkĩnta] *f* farm, → **quinto.**

quinta-feira [ˌkĩntaˈfejra] *(pl* quintas-feiras [ˌkĩntaʃˈfejraʃ]) *f* Thursday, → **sexta-feira.**

quintal [kĩnˈtaw] *(pl* -ais [-ajʃ]) *m (terreno)* back garden; *(medida)* unit of weight equivalent to 60 kilos.

quinteto [kĩnˈtetu] *m* quintet.

quinto, -ta [ˈkĩntu, -ta] *num* fifth, → **sexto.**

quinze [ˈkĩzi] *num* fifteen; ~ **dias a** fortnight.

quinzena [kĩˈzena] *f* fortnight.

quiosque [ˈkjɔʃki] *m* kiosk.
quis [ˈkiʃ] → **querer**.
quisto [ˈkiʃtu] *m* cyst.
quitanda [kiˈtãnda] *f (Br: loja)* grocer's (shop).
quites [ˈkitiʃ] *adj inv*: **estar ~ (com**

alguém) to be quits (with sb).
quociente [kwɔˈsjẽntʃi] *m* quotient.
quota [ˈkwɔta] *f (parte)* quota; *(de
clube)* membership fee.
quotidiano, -na [kutʃiˈdjanu, -na]
adj daily ♦ *m* everyday life.

R

R. *(abrev de rua)* Rd.
RS *(abrev de real)* R$.
rã [ˈxã] *f* frog.
rabanada [xabaˈnada] *f* French toast.
rabanete [xabaˈnetʃi] *m* radish.
rabicho [xaˈbiʃu] *m* ponytail.
rabino, -na [xaˈbinu, -na] *adj (criança)* naughty ◆ *m (sacerdote)* rabbi.
rabiscar [xabiʃˈka(x)] *vi & vt* to scribble.
rabisco [xaˈbiʃku] *m* scrawl.
rabo [ˈxabu] *m (de ave, animal)* tail; *(Br: vulg: ânus)* arse; *(Port: fam: nádegas)* bum.
rabugento, -ta [xabuˈʒẽntu, -ta] *adj* grumpy.
raça [ˈxasa] *f* race; *(animal)* breed; **de ~** *(cão, gato)* pedigree; *(cavalo)* thoroughbred.
ração [xaˈsãw] *(pl -ões* [-õjʃ]) *f (de animal)* feed; *(em prisão, tropa)* food, rations *(pl)*.
rachadura [xaʃaˈdura] *f* crack.
rachar [xaˈʃa(x)] *vt (lenha)* to chop; *(conta)* to split ◆ *vi (abrir fenda)* to crack.
raciocínio [xasjoˈsinju] *m* reasoning.
racional [xasjoˈnaw] *(pl -ais* [-ajʃ]) *adj* rational.
racismo [xaˈsiʒmu] *m* racism.
rações → **ração**.
radar [xaˈda(x)] *(pl -res* [-riʃ]) *m* radar.
radiação [xadʒjaˈsãw] *(pl -ões* [-õjʃ]) *f* radiation.
radiador [xadʒjaˈdo(x)] *(pl -res* [-riʃ]) *m* radiator.
radiante [xaˈdʒjãntʃi] *adj* radiant.
radical [xadʒiˈkaw] *(pl -ais* [-ajʃ]) *adj* radical.
rádio [ˈxadʒju] *m (telefonia)* radio ◆ *f (emissora)* radio station.
radioactivo, -va [ˌxadʒjuaˈtivu, -va] *adj (Port)* = **radioativo**.

radioativo, -va [ˌxadʒjoaˈtʃivu, -va] *adj (Br)* radioactive.
rádio-despertador [ˌxadʒjodeʃpɛxtaˈdo(x)] *(pl* **rádio-despertadores** [ˌxadʒjodeʃpɛxtaˈdoriʃ]) *m* radio alarm.
radiografia [ˌxadʒjograˈfia] *f* X-ray.
radiotáxi [ˌxadʒjoˈtaksi] *m* minicab.
ráfia [ˈxafja] *f* raffia.
rafting [ˈxaftĩg] *m* rafting.
râguebi [ˈxagbi] *m (Port)* = **rúgbi**.
raia [ˈxaja] *f* skate.
rainha [xaˈiɲa] *f* queen.
raio [ˈxaju] *m* ray; *(de roda)* spoke; *(relâmpago)* flash of lightning; **~s** X X-rays.
raiva [ˈxajva] *f (doença)* rabies *(sg)*; *(fúria)* rage; **ter ~ de alguém** to hate sb.
raivoso, -osa [xajˈvozu, -ɔza] *adj (pessoa)* furious; *(animal)* rabid.
raiz [xaˈiʃ] *(pl -zes* [-ziʃ]) *f* root.
rajada [xaˈʒada] *f (de vento)* blast, gust.
ralador [xalaˈdo(x)] *(pl -res* [-riʃ]) *m* grater.
ralar [xaˈla(x)] *vt (alimentos)* to grate; *(joelho, cotovelo)* to graze.
❑ **ralar-se** *vp (fig: preocupar-se)* to worry; **não se rale com isso** don't worry about that.
ralhar [xaˈʎa(x)] *vi:* **~ com alguém** *(repreender)* to tell sb off.
rali [xaˈli] *m* rally.
ralo, -la [ˈxalu, -la] *adj (cabelo)* thin; *(café)* weak; *(sopa)* watery ◆ *m* drain.
rama [ˈxama] *f* foliage.
ramificar [xamifiˈka(x)] *vt (negócio)* to expand.
❑ **ramificar-se** *vp (negócio)* to branch out.
raminho [xaˈmiɲu] *m (de salsa, coentro, etc)* sprig.
ramo [ˈxamu] *m* branch; **mudar de ~** to change career.

rampa [ˈxãmpa] f *(plataforma)* ramp; *(rua, ladeira)* steep incline.

rancho [ˈxãʃu] m *(de pessoas)* group; *(fam: refeição)* meal.

ranço [ˈxãsu] m: **ter ~** *(manteiga, azeite)* to be rancid; *(queijo, carne)* to be off.

rancor [xãŋˈko(x)] m resentment.

rancoroso, -osa [xãŋkoˈrozu, -ɔza] adj resentful.

rançoso, -osa [xãˈsozu, -ɔza] adj *(manteiga, azeite)* rancid; *(queijo, carne)* off.

ranhura [xaˈɲura] f *(em madeira, parede)* groove; *(em telefone público)* slot.

rapar [xaˈpa(x)] vt *(raspar)* to scrape; *(cabelo, pernas)* to shave; *(barba)* to shave off; *(fam: roubar)* to steal.

rapariga [xapaˈriga] f *(Port)* girl.

rapaz [xaˈpaʒ] *(pl* **-zes** *[-ziʃ])* m boy.

rapé [xaˈpɛ] m snuff.

rapidez [xapiˈdeʃ] f speed.

rápido, -da [ˈxapidu, -da] adj fast; *(breve)* quick ♦ m *(trem)* express (train); *(em rio)* rapids *(pl)* ♦ adv quickly.

raposa [xaˈpoza] f fox.

rapsódia [xapˈsɔdʒa] f rhapsody.

raptar [xapˈta(x)] vt to abduct, to kidnap.

rapto [ˈxaptu] m abduction, kidnapping.

raquete [xaˈkɛtʃi] f racket.

raquítico, -ca [xaˈkitʃiku, -ka] adj *(fig: subdesenvolvido)* underdeveloped.

raramente [ˌxaraˈmẽntʃi] adv rarely.

rarefeito, -ta [xareˈfejtu, -ta] adj rarefied.

raridade [xariˈdadʒi] f rarity.

raro, -ra [ˈxaru, -ra] adj rare; *(pouco espesso)* thin; **raras vezes** rarely.

rascunhar [xaʃkuˈɲa(x)] vt to draft.

rascunho [xaʃˈkuɲu] m draft.

rasgado, -da [xaʒˈgadu, -da] adj *(tecido, folha)* torn; *(sorriso)* broad.

rasgão [xaʒˈgãw] *(pl* **-ões** *[-õjʃ])* m *(em tecido, folha)* tear; *(em pele)* cut.

rasgar [xaʒˈga(x)] vt to tear.

⌐ **rasgar-se** vp to tear.

rasgões → **rasgão**.

raso, -sa [ˈxazu, -za] adj *(nivelado)* flat; *(de pouca profundidade)* shallow; *(salto)* low.

raspa [ˈxaʃpa] f *(de limão, laranja)* grated zest.

raspar [xaʃˈpa(x)] vt *(pele de limão, laranja)* to grate.

rasteira [xaʃˈtejra] f: **passar uma ~ em alguém** to trip sb up.

rasteiro, -ra [xaʃˈtejru, -ra] adj *(vegetação)* low-lying.

rastejante [xaʃteˈʒãntʃi] adj *(planta, vegetação)* trailing; *(animal)* crawling.

rastejar [xaʃteˈʒa(x)] vi to crawl.

rasto [ˈxaʃtu] m *(Port)* = **rastro**.

rastro [ˈxaʃtru] m *(Br)* trace.

ratazana [xataˈzana] f rat.

rato [ˈxatu] m mouse.

ravina [xaˈvina] f ravine.

razão [xaˈzãw] *(pl* **-ões** *[-õjʃ])* f reason; **dar ~ a alguém** to admit that sb is right; **ter ~** to be right; **este comportamento não tem ~ de ser** there's no reason for this kind of behaviour; **com ~** rightly so; **sem ~** for no reason.

r/c *(Port: abrev de* **rés-do-chão)** ground floor *(Brit)*, first floor *(Am)*.

ré [xɛ] f *(de navio)* stern, → **réu**.

reabastecer [xjabaʃteˈse(x)] vt to restock; *(avião, carro)* to refuel.

⌐ **reabastecer-se** vp to restock.

reação [xeaˈsãw] *(pl* **-ões** *[-õjʃ])* f *(Br)* reaction.

reacção [xjaˈsãw] *(pl* **-ões** *[-õjʃ])* f *(Port)* = **reação**.

reaccionário, -ria [xjasjuˈnarju, -rja] adj *(Port)* = **reacionário**.

reacções → **reacção**.

reacionário, -ria [xeasjoˈnarju, -rja] adj *(Br)* reactionary.

reações → **reação**.

reagir [xeaˈʒi(x)] vi: **~ (a algo)** *(a provocação, idéia)* to react (to sthg); *(a medicamento, tratamento)* to respond (to sthg).

real [ˈxeaw] *(pl* **-ais** *[-ajʃ])* adj *(verdadeiro)* real; *(relativo a rei, realeza)* royal ♦ m *(moeda)* real, Brazilian currency.

realçar [xeawˈsa(x)] vt *(cor, traço)* to accentuate; *(fato, idéia)* to emphasize.

realejo [xeaˈleʒu] m barrel organ.

realeza [xeaˈleza] f royalty.

realidade [xealiˈdadʒi] f reality; **na ~** in fact; **~ virtual** virtual reality.

realista [xeaˈliʃta] mf realist.

realização [xealizaˈsãw] *(pl* **-ões** *[-õjʃ])* f *(de tarefa, trabalho)* carrying out; *(de projeto, plano)* implementation; *(de sonho, desejo)* fulfilment, realization; *(de dinheiro)* realization; *(de* *filme)* production.

realizador, -ra [xealiza'do(x), -ra] *(mpl* **-res** [-riʃ], *fpl* **-s** [-ʃ]) *m, f (de filme)* director.

realizar [xcali'za(x)] *vt (tarefa, trabalho)* to carry out; *(projeto, plano)* to implement; *(sonho, desejo)* to fulfil, to realize; *(dinheiro)* to realize; *(filme)* to direct.

❏ **realizar-se** *vp (espetáculo)* to be performed; *(sonho, desejo)* to be fulfilled, to come true.

realmente [xeaw'mēntʃi] *adv (efetivamente)* actually.

reanimar [xcani'ma(x)] *vt (MED) (depois de parada cardíaca)* to resuscitate; *(depois de desmaio)* to revive.

reatar [xea'ta(x)] *vt (conversação)* to resume; *(amizade)* to rekindle.

reaver [xea've(x)] *vt (recuperar)* to recover.

reavivar [xcavi'va(x)] *vt (memória)* to refresh; *(chama)* to rekindle.

rebaixar [xebaj'ʃa(x)] *vt (teto, preço)* to lower; *(pessoa)* to humiliate.

❏ **rebaixar-se** *vp* to lower o.s.

rebanho [xe'baɲu] *m* flock.

rebelde [xe'bɛwdʒi] *mf* rebel.

rebentar [xebēn'ta(x)] *vi (balão, pneu)* to burst; *(bomba)* to explode; *(lâmpada)* to blow ◆ *vt (balão, pneu)* to burst; *(bomba)* to let off; **~ com algo** to destroy sthg.

rebocador [xeboka'do(x)] *(pl* **-res** [-riʃ]) *m (navio)* tug(boat).

rebocar [xebo'ka(x)] *vt* to tow.

rebolar [xebo'la(x)] *vi* to sway.

rebuçado [xebu'sadu] *m (Port)* sweet *(Brit)*, candy *(Am)*.

rebuliço [xebu'lisu] *m* commotion.

recado [xe'kadu] *m* message; **dar um ~ a alguém** to give sb a message; **deixar ~** to leave a message.

recaída [xeka'ida] *f* relapse; **ter uma ~** to have a relapse.

recair [xeka'i(x)] *vi:* **~ sobre** to fall upon.

recanto [xe'kāntu] *m* corner.

recapitular [xekapitu'la(x)] *vt* to sum up.

recatado, -da [xeka'tadu, -da] *adj (púdico)* modest; *(discreto)* discreet.

recauchutar [xekawʃu'ta(x)] *vt* to retread.

recear [xe'sja(x)] *vt* to fear.

receber [xese'be(x)] *vt* to receive;

(bofetada, pontapé) to get; *(dar as boasvindas a)* to welcome; *(pessoas)* to entertain ◆ *vi (ter visitas)* to entertain.

receio [xe'saju] *m* fear.

receita [xe'sejta] *f (de médico)* prescription; *(culinária)* recipe; *(de Estado, empresa)* revenue.

receitar [xesej'ta(x)] *vt* to prescribe.

recém-casado, -da [xc,sēka'zadu, -da] *m, f* newly-wed.

recém-chegado, -da [xc,ʃeʃe'gadu, -da] *adj* recently arrived.

recém-nascido, -da [xc,sēnaʃ'sidu, -da] *adj* newborn ◆ *m, f* newborn baby.

recente [xe'sēntʃi] *adj* recent.

receoso, -osa [xe'sjozu, -ɔza] *adj* fearful; **estar ~ de** to be apprehensive about.

recepção [xese'sāw] *(pl* **-ões** [-õjʃ]) *f* reception; *(de mensagem, carta)* receipt.

recepcionista [xesesjo'niʃta] *mf* receptionist.

recepções → recepção.

receptivo, -va [xesɛ'tʃivu, -va] *adj* receptive; **mostrar-se ~ a** to be receptive to.

receptor [xesɛ'to(x)] *(pl* **-res** [-riʃ]) *m (de mensagem)* recipient; *(televisão, rádio)* receiver.

recessão [xese'sāw] *(pl* **-ões** [-õjʃ]) *f* recession.

recheado, -da [xe'ʃjadu, -da] *adj (bolo, bombom)* filled; *(peru, vegetal)* stuffed.

rechear [xe'ʃja(x)] *vt (bolo)* to fill; *(peru)* to stuff.

recheio [xe'ʃeju] *m (de bolo, bombom)* filling; *(de peru, vegetal)* stuffing.

rechonchudo, -da [xeʃõ'ʃudu, -da] *adj* chubby.

recibo [xe'sibu] *m* receipt.

reciclagem [xesi'klaʒē] *f* recycling.

reciclar [xesi'kla(x)] *vt* to recycle.

reciclável [xesi'klavɛw] *(pl* **-eis** [-ejʃ]) *adj* recyclable.

recife [xe'sifi] *m* reef.

recinto [xe'sīntu] *m (espaço delimitado)* enclosure; *(á volta de edifício)* grounds *(pl).*

recipiente [xesi'pjēntʃi] *m* container.

recíproco, -ca [xe'siproku, -ka] *adj* reciprocal.

recital [xesi'taw] *(pl* **-ais** [-ajʃ]) *m* recital.

recitar [xesi'ta(x)] *vt & vi* to recite.

reclamação [xeklama'sãw] (*pl -ões* [-õjʃ]) *f* complaint; **livro de reclamações** complaints book.

reclamar [xekla'ma(x)] *vi* to complain.

reclame [xe'klami] *m* advertisement.

recobrar [xeko'bra(x)] *vt* to resume.

recolher [xeko'ʎe(x)] *vt* to collect; *(passageiros)* to pick up; *(frutos, legumes)* to pick.

recolhimento [xekoʎi'mẽtu] *m* *(coleta)* collection; *(retiro)* retreat.

recomeçar [xekome'sa(x)] *vt* to begin again.

recomendação [xekomẽnda'sãw] (*pl -ões* [-õjʃ]) *f* recommendation.

❑ **recomendações** *fpl (cumprimentos)* (kind) regards.

recomendar [xekomẽn'da(x)] *vt* to recommend.

recomendável [xekomẽn'davɛw] (*pl -eis* [-ejʃ]) *adj* advisable; **pouco ~** *(lugar)* unsafe.

recompensa [xekõm'pẽsa] *f* reward.

recompor [xekõm'po(x)] *vt* to rearrange.

❑ **recompor-se** *vp (de susto)* to compose o.s.; *(de doença)* to recover.

reconciliação [xekõsilja'sãw] (*pl -ões* [-õjʃ]) *f* reconciliation.

reconhecer [xekoɲe'se(x)] *vt* to recognize; *(erro, culpa)* to acknowledge; *(documento, assinatura)* to witness.

reconhecimento [xekoɲesi'mẽtu] *m* recognition; *(de erro, culpa)* acknowledgement; *(de documento, assinatura)* witnessing.

reconstituir [xekõʃtʃi'twi(x)] *vt* to reconstruct.

recordação [xekorda'sãw] (*pl -ões* [-õjʃ]) *f (memória)* memory; *(presente)* keepsake, souvenir.

recordar [xekor'da(x)] *vt* to remember.

❑ **recordar-se** *vp* to remember; **~-se de** to remember.

recorrer [xeko'xe(x)] *vi (JUR)* to appeal; **~ a** to resort to.

recortar [xekor'ta(x)] *vt* to cut out.

recreio [xe'kreju] *m (tempo)* break; *(local)* playground.

recriar [xekri'a(x)] *vt* to recreate.

recriminar [xekrimi'na(x)] *vt* to reproach.

recruta [xe'kruta] *m* recruit ♦ *f* first three months of military service.

recta ['xɛta] *f (Port)* = **reta**.

rectângulo [xɛ'tãŋgulu] *m (Port)* = **retângulo**.

recto, -ta ['xɛtu, -ta] *adj (Port)* = **reto**.

recuar [xe'kwa(x)] *vt (veículo)* to back, to reverse ♦ *vi (em espaço)* to move back; *(em tempo)* to go back.

recuperação [xekupera'sãw] *f* recovery; *(de objeto, edifício antigo)* restoration.

recuperar [xekupe'ra(x)] *vt (algo perdido)* to recover; *(objeto, edifício antigo)* to restore.

❑ **recuperar-se** *vp (de choque, doença)* to recover.

recurso [xe'kuxsu] *m (JUR)* appeal; *(meio)* resort; **em último ~** as a last resort.

❑ **recursos** *mpl (bens)* resources.

recusa [xe'kuza] *f* refusal.

redactor, -ra [xeda'tor, -ra] (*mpl -res* [-reʃ], *fpl -s* [-ʃ]) *m, f (Port)* = **redator**.

redator, -ra [xeda'to(x), -ra] (*mpl -res* [-riʃ], *fpl -s* [-ʃ]) *m, f (Br) (de jornal)* editor.

rede ['xedʒi] *f (de pesca)* net; *(de vedação)* netting; *(de cabelo)* hairnet; *(para dormir)* hammock; *(de vias de comunicação)* network; *(de água, luz, gás)* mains (*pl*).

rédea ['xɛdʒja] *f* rein.

redigir [xedʒi'ʒi(x)] *vt* to write.

redobrar [xedo'bra(x)] *vt* to double.

redondamente [xe,dõnda'mẽtʃi] *adv (enganar-se)* utterly.

redondo, -da [xe'dõndu, -da] *adj* round.

redor [xe'do(x)] *m*: **em** OU **ao ~ (de)** around, about.

redução [xedu'sãw] (*pl -ões* [-õjʃ]) *f* reduction.

redundância [xedũn'dãsja] *f* tautology.

reduzido, -da [xedu'zidu, -da] *adj* reduced.

reduzir [xedu'zi(x)] *vt* to reduce.

reembolsar [xjẽmbow'sa(x)] *vt* to refund.

reembolso [xjẽm'bowsu] *m* refund.

reencontro [xjẽŋ'kõntru] *m* reunion.

refazer [xefa'ze(x)] *vt* to rebuild.

❑ **refazer-se** *vp* to recover.

refeição [xefej'sãw] (*pl -ões* [-õjʃ]) *f* meal; **nas refeições** at mealtimes; **~ ligeira** snack.

refeitório [xefej'tɔrju] *m* refectory, canteen.

refém [xe'fẽ] (*pl* **-ns** [-ʃ]) *mf* hostage.

referência [xefe'rẽsja] *f* reference; **fazer ~ a** to refer to.

❏ **referências** *fpl* *(para emprego)* references.

referendo [xefe'rẽndu] *m* referendum.

referente [xefe'rẽntʃi] *adj*: **~ a** relating to.

referir [xefe'ri(x)] *vt* to mention.

❏ **referir-se a** *vp + prep* to refer to; **no que se refere a** as regards.

refinado, -da [xefi'nadu, -da] *adj* refined.

refinaria [xefina'ria] *f* refinery.

reflectir [xefle'tir] *vt & vi* (*Port*) = **refletir**.

reflector [xefle'tor] (*pl* **-res** [-riʃ]) *m* (*Port*) = **refletor**.

refletir [xefle'tʃi(x)] *vt & vi* (*Br*) to reflect; **~ sobre algo** to reflect on sthg.

❏ **refletir-se em** *vp + prep* (*Br*) to be reflected in.

refletor [xefle'to(x)] (*pl* **-res** [-riʃ]) *m* (*Br*) reflector.

reflexão [xeflek'sãw] (*pl* **-ões** [-õjʃ]) *f* reflection.

reflexo [xe'flɛksu] *m* reflection; *(reação)* reflex (action).

reflexões → **reflexão**.

refogado, -da [xefo'gadu, -da] *adj* (*carne, peixe*) stewed; *(cebola)* fried ◆ *m* *(molho)* fried garlic and onion; *(ensopado)* stew.

refogar [xefo'ga(x)] *vt* to stew.

reforçado, -da [xefor'sadu, -da] *adj* *(esforço, energia)* redoubled; *(objeto, substância)* reinforced.

reforçar [xefox'sa(x)] *vt* (*idéia, argumento*) to back up; *(objeto, substância)* to reinforce.

reforma [xe'fɔxma] *f* (*de sistema*) reform; *(de casa, edifício)* refurbishment; *(de pessoa)* retirement.

reformado, -da [xefox'madu, -da] *m, f* (*pensionista*) pensioner.

refractário, -ria [xefra'tarju, -rja] *adj* (*Port*) = **refratário**.

refrão [xe'frãw] (*pl* **-ões** [-õjʃ]) *m* chorus.

refratário, -ria [xefra'tarju, -rja] *adj* (*Br*) (*ladrilho, vidro*) heat-resistant; *(utensílio)* ovenproof.

refrear [xefri'a(x)] *vt* to contain.

❏ **refrear-se** *vp* to contain o.s.

refrescante [xefreʃ'kãntʃi] *adj* refreshing.

refrescar [xefreʃ'ka(x)] *vt* (*suj: bebida, ar*) to refresh; *(cabeça)* to clear.

❏ **refrescar-se** *vp* to cool down.

refresco [xe'freʃku] *m* soft drink.

refrigerante [xefriʒe'rãntʃi] *m* soft drink.

refrões → **refrão**.

refugiado, -da [xefu'ʒjadu, -da] *m, f* refugee.

refugiar-se [xefu'ʒjaxsi] *vp* (*asilar-se*) to take refuge; *(abrigar-se)* to take shelter; *(esconder-se)* to hide.

refúgio [xe'fuʒju] *m* refuge.

refugo [xe'fugu] *m* refuse.

refutar [xefu'ta(x)] *vt* to refute.

rega [ˈxɛga] *f* (*de plantas*) watering; *(de terra)* irrigation.

regaço [xe'gasu] *m* lap.

regador [xega'do(x)] (*pl* **-res** [-riʃ]) *m* watering can.

regalias [xega'liaʃ] *fpl* (*em emprego*) perks.

regar [xe'ga(x)] *vt* (*plantas*) to water; *(terra)* to irrigate; *(prato, comida)* to season.

regata [xe'gata] *f* regatta.

regenerar-se [xeʒene'raxsi] *vp* to mend one's ways.

reger [xe'ʒe(x)] *vt* (*orquestra, banda*) to conduct.

região [xe'ʒjãw] (*pl* **-ões** [-õjʃ]) *f* region; **~ demarcada** *classification guaranteeing the source of a wine, its method of production and grape variety.*

regime [xe'ʒimi] *m* (*político*) regime; *(dieta)* diet.

regiões → **região**.

regional [xeʒjo'naw] (*pl* **-ais** [-ajʃ]) *adj* regional.

registado, -da [xeʒiʃ'tadu, -da] *adj* (*Port*) = **registrado**.

registar [xeʒiʃ'tar] *vt* (*Port*) = **registrar**.

registo [xe'ʒiʃtu] *m* (*Port*) = **registro**.

registrado, -da [xeʒiʃ'tradu, -da] *adj* (*Br*) registered.

registrar [xeʒiʃ'tra(x)] *vt* (*Br*) to register; *(acontecimento, mudança)* to record.

registro [xe'ʒiʃtru] *m* (*Br*) register; *(repartição)* registry office; *(de correio)* registration; **Registro Civil** registry office; **Registro Predial** registry *(for all* *matters relating to the buying and selling of property).*

regra ['xɛgra] f rule; **não fugir à ~** to be no exception; **(como) ~ geral** as a rule; **por ~** as a rule.

regressar [xɛgrɛ'sa(x)] vi to return; **~ a** to return to.

regresso [xe'grɛsu] m return; **estar de ~** to be back.

régua ['xɛgwa] f ruler.

regulamento [xɛgula'mẽntu] m regulations *(pl)*.

regular [xɛgu'la(x)] *(pl* **-res** [-riʃ]*)* adj regular; *(tamanho, qualidade)* standard; *(uniforme)* even; *(vôo)* scheduled ♦ vt *(regulamentar)* to regulate; *(mecanismo)* to adjust.

rei ['xɛj] m king.

reinado [xej'nadu] m reign.

reinar [xej'na(x)] vi to reign.

Reino Unido [,xejnu'nidu] m: **o ~ the** United Kingdom.

reivindicação [xejvĩndʒika'sãw] *(pl* **-ões** [-õjʃ]*)* f claim.

reivindicar [xejvĩndi'ka(x)] vt to claim.

rejeição [xeʒej'sãw] *(pl* **-ões** [-õjʃ]*)* f rejection.

rejeitar [xeʒej'ta(x)] vt to reject.

relação [xela'sãw] *(pl* **-ões** [-õjʃ]*)* f relation; *(entre pessoas, países)* relationship; **com** ou **em ~ a** in relation to.

❏ **relações** fpl *(relacionamento)* relations; *(ato sexual)*: **ter relações com alguém** to sleep with sb; **relações públicas** public relations.

relâmpago [xe'lãmpagu] m flash of lightning.

relatar [xela'ta(x)] vt *(jogo de futebol)* to commentate on; *(acontecimento)* to relate.

relativo, -va [xela'tʃivu, -va] adj relative; **~ a** relating to.

relatório [xela'tɔrju] m report.

relaxado, -da [xela'ʃadu, -da] adj relaxed.

relaxante [xela'ʃãntʃi] adj relaxing ♦ m *(medicamento)* tranquillizer.

relaxar [xela'ʃa(x)] vt to relax.

❏ **relaxar-se** vp to relax.

relembrar [xelẽm'bra(x)] vt to recall.

relevo [xe'levu] m relief; **dar ~ a** to highlight.

religião [xeli'ʒjãw] *(pl* **-ões** [-õjʃ]*)* f religion.

relíquia [xe'likja] f relic.

relógio [xe'lɔʒju] m *(de parede, mesa)* clock; *(de pulso)* watch; **~ de cuco** cuckoo clock; **~ de sol** sundial.

relojoaria [xeloʒwa'ria] f watchmaker's (shop).

reluctância [xelu'tãsja] f reluctance.

reluzente [xelu'zẽntʃi] adj gleaming.

relva ['xɛlva] f *(Port)* grass.

relvado [xɛl'vadu] m *(Port)* *(relva)* lawn; *(campo de futebol)* football pitch.

remar [xe'ma(x)] vi to row.

rematar [xema'ta(x)] vt *(concluir)* to finish.

remediar [xemɛ'dʒja(x)] vt to remedy.

remédio [xe'mɛdʒju] m remedy; **não tem ~** *(fig)* it can't be helped.

remendar [xemẽn'da(x)] vt to mend.

remendo [xe'mẽndu] m patch.

remessa [xe'mesa] f *(de produtos)* shipment, consignment; *(de dinheiro)* remittance.

remetente [xeme'tẽntʃi] mf sender.

remeter [xeme'te(x)] vt to send.

remexer [xeme'ʃe(x)] vt to rummage through.

remo ['xɛmu] m *(longo)* oar; *(curto)* paddle.

remoção [xemo'sãw] *(pl* **-ões** [-õjʃ]*)* f removal.

remorso [xe'mɔxsu] m remorse.

remoto [xe'mɔtu] adj remote.

remover [xemo've(x)] vt to remove.

remuneração [xemunera'sãw] *(pl* **-ões** [-õjʃ]*)* f remuneration.

renascer [xenaʃ'se(x)] vi to be born again.

Renascimento [xenaʃsi'mẽntu] m: **o ~** the Renaissance.

renda ['xẽnda] f *(Br: rendimento)* income; *(de vestido, blusa)* lace trim; *(Port: de casa, apartamento)* rent; **imposto de ~** income tax; **~ nacional** gross national product; **famílias de baixa ~** low-income families.

renegar [xene'ga(x)] vt to reject.

renovação [xenova'sãw] *(pl* **-ões** [-õjʃ]*)* f *(de contrato, amizade)* renewal; *(de edifício)* renovation.

renovar [xeno'va(x)] vt to renew; *(consertar)* to renovate; *(substituir)* to replace.

rentabilidade [xẽntabili'dadʒi] f profitability.

rentável [xẽn'tavɛw] *(pl* **-eis** [-ejʃ]*)* adj profitable.

renúncia [xeˈnũsja] f renunciation.

renunciar [xenũˈsja(x)] vt to renounce.

reparação [xeparaˈsãw] (pl -ões [-õjʃ]) f (conserto) repair.

reparar [xepaˈra(x)] vt (consertar) to repair; (restaurar) to restore; ~ que notice (that).
❑ **reparar em** v + prep (notar) to notice.

repartição [xepaxtʃiˈsãw] (pl -ões [-õjʃ]) f (partilha) division; (distribuição) distribution; (local) department; ~ pública government office.

repartir [xepaxˈtʃi(x)] vt (partilhar) to divide; (distribuir) to distribute; ~ algo com alguém to share sthg with sb; ~ algo em algo to split sthg up into sthg.

repelente [xepeˈlẽntʃi] adj repellent ◆ m: ~ (de insetos) insect repellent.

repente [xeˈpẽntʃi] m outburst; de ~ suddenly.

repentino, -na [xepẽnˈtʃinu, -na] adj sudden.

repercussão [xepexkuˈsãw] (pl -ões [-õjʃ]) f (impacto) response; (conseqüência) repercussion.

repertório [xepexˈtɔrju] m repertoire.

repetição [xepetʃiˈsãw] (pl -ões [-õjʃ]) f repetition.

repetidamente [xepeˌtʃidaˈmẽntʃi] adv repeatedly.

repetido, -da [xepeˈtʃidu, -da] adj repeated.

repetir [xepeˈtʃi(x)] vt to repeat; (prato, refeição) to have seconds of.
❑ **repetir-se** vp to happen again.

replay [xiˈplej] m action replay.

replicar [xepliˈka(x)] vt: ~ que to reply that.

repolho [xeˈpoʎu] m cabbage.

repor [xeˈpo(x)] vt (dinheiro) to replace; ~ algo no lugar to put sthg back (where it belongs); ~ a verdade to set the record straight.

reportagem [xepoxˈtaʒẽ] (pl -ns [-ʃ]) f (em rádio, televisão) report; (em jornal, revista) article.

repórter [xeˈpɔxtɛ(x)] (pl -res [-riʃ]) mf reporter.

repousar [xepoˈza(x)] vt & vi to rest.

repreender [xepriˈẽnde(x)] vt to rebuke.

represa [xeˈpreza] f weir.

represália [xepreˈzalja] f reprisal.

representação [xeprezẽntaˈsãw] (pl -ões [-õjʃ]) f performance; (imagem) representation.

representante [xeprezẽnˈtãntʃi] mf representative; ~ oficial authorized agent.

representar [xeprezẽnˈta(x)] vt to represent; (cena) to perform; (papel) to play; (pôr em cena) to put on; (significar) to mean ◆ vi (ator) to act.

repressão [xepreˈsãw] (pl -ões [-õjʃ]) f suppression.

reprimir [xepriˈmi(x)] vt to suppress.

reprise [xeˈprizi] f revival.

reprodução [xeproduˈsãw] (pl -ões [-õjʃ]) f reproduction.

reproduzir [xeproduˈzi(x)] vt (evento) to reenact; (quadro, escultura) to reproduce.
❑ **reproduzir-se** vp to reproduce.

reprovar [xeproˈva(x)] vt (atitude, comportamento) to disapprove of; (lei, projeto) to reject; (ano escolar, exame) to fail.

réptil [ˈxɛptiw] (pl -teis [-tejʃ]) m reptile.

república [xeˈpublika] f (sistema político) republic; (de estudantes) student house, fraternity (Am); a República Brasileira the Brazilian Republic.

repudiar [xepuˈdʒja(x)] vt to repudiate.

repugnância [xepugˈnãsja] f repugnance.

repugnante [xepugˈnãntʃi] adj repugnant.

repulsa [xeˈpuwsa] f repulsion.

repulsivo, -va [xepuwˈsivu, -va] adj repulsive.

reputação [xeputaˈsãw] (pl -ões [-õjʃ]) f (fama) reputation; (importância social) standing.

requeijão [xekejˈʒãw] (pl -ões [-õjʃ]) m = cottage cheese.

requerer [xekeˈre(x)] vt (precisar de) to require; (por requerimento) to request.

requerimento [xekeriˈmẽntu] m request form.

requintado, -da [xekĩnˈtadu, -da] adj exquisite.

requinte [xeˈkĩntʃi] m style.

requisito [xekiˈzitu] m requirement.
❑ **requisitos** mpl (dotes) attributes.

rescindir [xeʃsĩnˈdi(x)] vt (contrato) to break.

rés-do-chão [xɛʒduˈʃãw] *m (Port) inv* ground floor *(Brit)*, first floor *(Am)*.

resenha [xeˈzaɲa] *f (televisiva, de rádio)* listings *(pl)*.

reserva [xeˈzɛxva] *f* reservation; *(de alimentos, provisões)* reserves *(pl)*; *(de animais, plantas, vinho)* reserve; ~ **de caça** game reserve; ~ **natural** nature reserve.

reservado, -da [xezɛxˈvadu, -da] *adj* reserved; *(íntimo)* secluded.

reservar [xezɛxˈva(x)] *vt (quarto, lugar, bilhete)* to book; *(guardar)* to set aside.

resfriado [xɛʃfriˈadu] *m (Br)* cold.

resgate [xeʒˈgatʃi] *m* ransom.

resguardar [xeʒgwaxˈda(x)] *vt* to protect.

❏ **resguardar-se** *vp:* ~**-se de** to protect o.s. from.

residência [xeziˈdẽsja] *f* residence; *(académica)* hall of residence.

residir [xeziˈdʒi(x)] **: residir em** *v + prep* to reside in.

resíduo [xeˈzidwu] *m* residue.

resignação [xezignaˈsãw] *f* resignation.

resignar-se [xezigˈnaxsi] *vp* to resign o.s.

resina [xeˈzina] *f* resin.

resistência [xeziʃˈtẽsja] *f (de pessoa)* stamina; *(de material, parede)* strength; *(de aquecedor elétrico)* resistor.

resistente [xeziʃˈtẽtʃi] *adj* resistant.

resistir [xeziʃˈtʒi(x)] *vi* to resist; ~ **a algo** *(ataque, doença)* to resist sthg; *(suportar)* to withstand sthg.

resmungar [xeʒmũŋˈga(x)] *vt* to mutter ♦ *vi* to grumble.

resolução [xezoluˈsãw] *(pl* -**ões** [-õjʃ]) *f* resolution; *(firmeza, coragem)* resolve.

resolver [xezowˈve(x)] *vt* to solve; ~ **fazer algo** to decide to do sthg.

❏ **resolver-se** *vp* to make up one's mind.

respectivo, -va [xeʃpɛˈtivu, -va] *adj* respective.

respeitar [xeʃpejˈta(x)] *vt* to respect.

❏ **respeitar a** *v + prep:* **no que respeita a** as regards.

respeitável [xeʃpejˈtavew] *(pl* -**eis** [-ejʃ]) *adj* respectable; *(fig: grande)* considerable.

respeito [xeʃˈpejtu] *m* respect; **dizer** ~ **a** to concern; **ter** ~ **por** to have respect for; **a** ~ **de, com** ~ **a** with respect to.

respiração [xeʃpiraˈsãw] *f* breathing.

respirar [xeʃpiˈra(x)] *vt & vi* to breathe.

resplandecente [xeʃplãndeˈsẽtʃi] *adj* dazzling.

responder [xeʃpõnˈde(x)] *vt* to answer ♦ *vi (dar resposta)* to answer; *(replicar)* to answer back; *(ir a tribunal)* to appear (in court); *(reagir)* to respond; ~ **a** *(carta, pergunta)* to answer.

❏ **responder por** *v + prep* to answer for.

responsabilidade [xeʃpõsabiliˈdadʒi] *f* responsibility.

responsabilizar [xeʃpõsabiliˈza(x)] *vt:* ~ **alguém/algo por algo** to hold sb/sthg responsible for sthg.

❏ **responsabilizar-se** *vp:* ~**-se por** to take responsibility for.

responsável [xeʃpõˈsavew] *(pl* -**eis** [-ejʃ]) *adj* responsible ♦ *mf* person in charge; ~ **por** responsible for.

resposta [xeʃˈpɔʃta] *f* answer; *(a carta)* reply; *(reação)* response.

resquício [xeʃˈkisju] *m* vestige.

ressabiado, -da [xesaˈbjadu, -da] *adj (desconfiado)* cautious; *(ressentido)* resentful.

ressaca [xeˈsaka] *f* hangover.

ressaltar [xesawˈta(x)] *vt* to highlight ♦ *vi* to stand out.

ressentimento [xesẽtʃiˈmẽtu] *m* resentment.

ressentir-se [xesẽnˈtixsi] *vp* to take offence; ~ **de algo** *(sentir o efeito de)* to feel the effects of sthg.

ressurgimento [xesuxʒiˈmẽtu] *m* resurgence.

ressuscitar [xesuʃsiˈta(x)] *vt* to resurrect ♦ *vi* to be resurrected.

restabelecer [xeʃtabeleˈse(x)] *vt* to reinstate.

❏ **restabelecer-se** *vp* to recover.

restar [xeʃˈta(x)] *vi* to be left.

restauração [xeʃtawraˈsãw] *(pl* -**ões** [-õjʃ]) *f (de edifício)* restoration; *(de forças, energia)* recovery.

restaurante [xeʃtawˈrãntʃi] *m* restaurant; ~ **panorâmico** restaurant offering panoramic views over an area.

restaurar [xeʃtawˈra(x)] *vt* to restore.

restinga [xeʃˈtʃĩŋga] *f* sandbank.

restituir [xeʃtʃiˈtwi(x)] *vt* to return.

resto [ˈxeʃtu] *m (sobra)* rest; *(MAT)* remainder.

❏ **restos** *mpl (sobras)* leftovers; **~s mortais** remains.

resultado [xɛzuw'tadu] *m* result; *(em exame, teste, competição)* results *(pl)*.

resultar [xɛzuw'ta(x)] *vi* to work; **~ de algo** to result from sthg; **~ em algo** to result in sthg.

resumir [xɛzu'mi(x)] *vt* to summarize.

❏ **resumir-se a** *vp + prep* to come down to.

resumo [xɛ'zumu] *m* summary; **em ~** in short.

reta ['xɛta] *f (Br) (linha)* straight line; *(em estrada)* straight stretch of road.

retaguarda [ˌxɛta'gwarda] *f* rear; **~** at the rear.

retalho [xɛ'taʎu] *m (de fazenda)* remnant; **a ~** *(Port: vender, comprar)* retail.

retaliação [xɛtalja'sãw] *(pl* **-ões** [-õjʃ]) *f* retaliation.

retaliar [xɛta'lja(x)] *vt & vi* to retaliate.

retângulo [xɛ'tãŋgulu] *m (Br)* rectangle.

retardar [xɛtax'da(x)] *vt* to delay.

reter [xɛ'te(x)] *vt (parar)* to stop; *(impulso, lágrimas, ira)* to hold back; *(deter)* to detain; *(em memória)* to retain.

reticente [xɛtʃi'sẽntʃi] *adj* reticent.

retina [xɛ'tʃina] *f* retina.

retirada [xɛtʃi'rada] *f* retreat.

retirar [xɛtʃi'ra(x)] *vt (remover)* to remove; *(afirmação)* to withdraw.

❏ **retirar-se** *vp (recolher-se)* to retire; **~-se de algo** to withdraw from sthg; **ela retirou-se da sala** she left the room.

reto, -ta ['xɛtu, -ta] *adj & m (Br) (linha, estrada)* straight; *(justo)* upright ◆ *m (ANAT)* rectum.

retorcido, -da [xɛtox'sidu, -da] *adj* wrought.

retórica [xɛ'tɔrika] *f* rhetoric.

retornar [xɛtox'na(x)] *vi* to return; **~ a** to return to.

retraído, -da [xɛtra'idu, -da] *adj* retiring.

retrato [xɛ'tratu] *m* portrait; *(fotografia)* photograph.

retribuir [xɛtri'bwi(x)] *vt* to return.

retroceder [xɛtrose'de(x)] *vi* to go back.

retrógrado, -da [xɛ'trɔgradu, -da] *adj* retrograde.

retrovisor [xɛtrɔvi'zo(x)] *(pl* **-es** [-iʃ]) *m* rearview mirror.

réu, ré ['xɛu, 'xɛ] *m, f* accused.

reumatismo [xɛwma'tʃiʒmu] *m* rheumatism.

reunião [xju'njãw] *(pl* **-ões** [-õjʃ]) *f* meeting.

reunir [xju'ni(x)] *vt (pessoas, objetos)* to bring together; *(provas)* to gather.

❏ **reunir-se** *vp (encontrar-se)* to meet.

réveillon [xɛvɛ'jõ] *m New Year's Eve dinner and party.*

revelação [xɛvɛla'sãw] *(pl* **-ões** [-õjʃ]) *f* revelation; *(de fotografia)* development.

revelar [xɛve'la(x)] *vt (segredo, notícia)* to reveal; *(fotografia)* to develop; *(interesse, talento)* to show.

❏ **revelar-se** *vp (manifestar-se)* to prove to be.

revendedor, -ra [xɛvẽnde'do(x), -ra] *(mpl* **-res** [-riʃ], *fpl* **-s** [-ʃ]) *m, f* retailer.

rever [xɛ've(x)] *vt (pessoa)* to see again; *(texto, trabalho)* to revise.

reverso [xɛ'vɛrsu] *m* back.

revés [xɛ'vɛʃ] *(pl* **-eses** [-ɛziʃ]) *m* setback; **ao ~** the wrong way round.

revestir [xɛveʃ'tʃi(x)] *vt* to cover.

revezar-se [xɛve'zaxsi] *vp* to take turns.

revirado, -da [xɛvi'radu, -da] *adj (gola, pontas)* turned-up; *(olhos)* rolling; *(casa, gaveta)* untidy.

reviravolta [ˌxɛ.vira'vɔwta] *f* spin; *(fig: em situação)* U-turn.

revisão [xɛvi'zãw] *(pl* **-ões** [-õjʃ]) *f (de lei)* review; *(de texto, prova tipográfica)* proofreading; *(de máquina, carro)* service; *(de matéria, aula)* revision *(Brit)*, review *(Am)*.

revisor, -ra [xɛvi'zo(x), -ra] *(mpl* **-res** [-riʃ], *fpl* **-s** [-ʃ]) *m, f (em transporte público)* ticket inspector; *(de texto, provas tipográficas)* proofreader.

revista [xɛ'viʃta] *f (publicação)* magazine; *(peça teatral)* revue; *(inspeção)* review; **~ em quadrinhos** *(Br)* comic.

revolta [xɛ'vɔwta] *f (rebelião)* revolt; *(indignação)* outrage.

revoltar-se [xɛvow'taxsi] *vp (sublevar-se)* to revolt; *(indignar-se)* to be outraged; **~-se com algo** to be revolted by sthg.

revolução [xɛvolu'sãw] *(pl* **-ões** [-õjʃ]) *f* revolution.

revolver [xɛvow've(x)] *vt (papéis, lixo)*

to rummage through; *(terra)* to dig over.

revólver [xe'vɔwvɛ(x)] *(pl* **-es** [-iʃ]) *m* revolver.

rezar [xe'za(x)] *vi (orar)* to pray ◆ *vt (missa, oração)* to say.

ri ['xi] → **rir**.

riacho ['xjaʃu] *m* brook.

ribeira [xi'bejra] *f* stream.

ribeirão [xibej'rãw] *(pl* **-ões** [-õjʃ]) *m* stream.

ribeirinho, -nha [xibej'riɲu, -ɲa] *adj* river *(antes de s)*.

ribeirões → **ribeirão**.

rico, -ca ['xiku, -ka] *adj* rich; **~ em** rich in.

ricota [xi'kɔta] *f* ricotta cheese.

ridicularizar [xidʒikulari'za(x)] *vt* to ridicule.

ridículo, -la [xi'dʒikulu, -la] *adj* ridiculous; *(insignificante)* laughable ◆ *m* absurdity.

rido ['xidu] → **rir**.

rifa ['xifa] *f (sorteio)* raffle; *(bilhete)* raffle ticket.

rigidez [xiʒi'deʒ] *f (de músculos, ossos)* stiffness; *(de caráter, costumes)* inflexibility.

rigor [xi'go(x)] *(pl* **-res** [-riʃ]) *m* rigour; *(de frio, calor, caráter)* severity.

rijo, -ja ['xiʒu, -ʒa] *adj* tough; *(pão, queijo, fruto)* hard; *(pessoa)* hardy.

rim ['xĩ] *(pl* **-ns** [-ʃ]) *m* kidney.
❏ **rins** *mpl (parte do corpo)* lower back *(sg)*.

rima ['xima] *f (de verso)* rhyme.
❏ **rimas** *fpl (versos)* verses.

rímel® ['ximɛw] *(pl* **-eis** [-ejʃ]) *m* mascara.

ringue ['xĩgi] *m (boxing)* ring.

rinoceronte [xinose'rõntʃi] *m* rhinoceros.

rinque ['xĩki] *m* rink.

rins → **rim**.

rio¹ ['xju] → **rir**.

rio² ['xju] *m* river; **~ abaixo** downstream; **~ acima** upstream.

Rio de Janeiro [,xiudʒiʒa'nejru] *m:* **o ~** Rio de Janeiro.

riqueza [xi'keza] *f (de país, pessoa, região)* wealth; *(de solo, cores, idéias)* richness.

rir ['xi(x)] *vi* to laugh; **desatar a ~** to burst out laughing; **morrer de ~** to laugh one's head off.

ris ['xiʃ] → **rir**.

risada [xi'zada] *f* laugh.

risca ['xiʃka] *f* stripe; **de ~s** striped.

riscar [xiʃ'ka(x)] *vt (frase)* to cross out; *(folha)* to scribble on; *(parede, carro, móvel)* to scratch.

risco ['xiʃku] *m (traço)* mark; *(linha)* line; *(em cabelo)* parting *(Brit)*, part *(Am)*; *(perigo)* risk; **correr o ~ de** to run the risk of; **pôr em ~** to put at risk; **~ ao meio/ao lado** *(relativo a cabelo)* middle/side parting.

riso ['xizu] *m* laugh; **~ amarelo** grimace.

risoto [xi'zotu] *m* risotto.

ríspido, -da ['xiʃpidu, -da] *adj* stern.

rissol [xi'sɔl] *(pl* **-óis** [-ɔjʃ]) *m (Port)* = **rissole**.

rissole [xi'sɔli] *m (Br)* small semicircular fried cake with a fish or meat filling coated in breadcrumbs.

ritmo ['xitʒimu] *m (de movimento, andamento)* pace; *(em música)* rhythm; *(do coração)* beat.

ritual [xi'twaw] *(pl* **-ais** [-ajʃ]) *m* ritual.

riu ['xiu] → **rir**.

rival [xi'vaw] *(pl* **-ais** [-ajʃ]) *mf* rival.

rivalidade [xivali'dadʒi] *f* rivalry.

robalo [ro'balu] *m* sea bass.

robertos [ro'bertuʃ] *mpl (Port)* puppets.

robô [rɔ'bo] *m* robot.

robusto, -ta [xo'buʃtu, -ta] *adj* robust.

roça ['xɔsa] *f (Br: zona rural)* countryside.

rocambole [xokãm'bɔli] *m (Br)* roulade.

roçar [xo'sa(x)] *vt* to brush.

rocha ['xɔʃa] *f* rock.

rochedo [xo'ʃedu] *m* crag.

rock ['xɔki] *m* rock (music).

roda ['xɔda] *f (de carro, bicicleta)* wheel; *(de saia, vestido)* flare; *(de pessoas)* circle, ring.

rodada [xo'dada] *f* round.

rodagem [xo'daʒẽ] *f* → **faixa**.

rodapé [xoda'pɛ] *f* skirting board; **nota de ~** footnote.

rodar [xo'da(x)] *vt (fazer girar)* to turn; *(rapidamente)* to spin; *(filme)* to shoot ◆ *vi (girar)* to turn; *(rapidamente)* to spin.

rodear [xo'dea(x)] *vt* to surround.

❏ **rodear-se de** *vp + prep* to surround o.s. with.

rodela [xo'dɛla] *f* slice.

rodízio [xo'dʒiziu] *m* restaurant.

rododendro [xodo'dẽndru] *m* rhododendron.

rodopiar [xodo'pja(x)] *vi* to whirl (around).

rodovia [xodo'via] *f (Br)* motorway *(Brit)*, expressway *(Am)*; ~ **com pedágio** toll motorway *(Brit)*, turnpike *(Am)*.

rodoviária [xɔdɔ'vjarja] *f (local)* bus station.

roer ['xwe(x)] *vt (rato)* to gnaw (at); *(cão)* chew.

rola [xola] *f* turtle dove.

rolar [xo'la(x)] *vi* to roll.

roleta [xo'leta] *f* roulette; ~ **russa** Russian roulette.

rolha ['xoʎa] *f (de borracha, plástico)* stopper; ~ **de cortiça** cork.

rolo ['xolu] *m* roller; *(fotográfico)* roll (of film); ~ **de pastel** rolling pin.

romã [xo'mã] *f* pomegranate.

romance [xo'mãsi] *m* romance; *(gênero)* novel; *(sentimental)* romantic novel; ~ **cor-de-rosa** = Mills and Boon; ~ **policial** detective novel.

romântico, -ca [xo'mãnʃiku, -ka] *adj* romantic.

romaria [xoma'ria] *f popular religious festival combining a religious ceremony and dancing, eating etc.*

romper [xõm'pe(x)] *vt (corda, cabo)* to snap; *(contrato)* to break ◆ *vi (namorados, noivos)* to split up; ~ **com** to split up with.

❏ **romper-se** *vp (rasgar-se)* to tear.

ronda ['xõnda] *f (de polícia)* beat; *(de guarda-noturno)* rounds *(pl)*; **fazer a** ~ to do the rounds.

rosa ['xɔza] *f* rose; **um mar de** ~**s** a bed of roses.

rosário [xo'zarju] *m* rosary.

rosbife [xoʒ'bifi] *m* roast beef.

rosca [xoʃka] *f (de garrafa, tampa, parafuso)* thread; *(CULIN: pão)* ring-shaped loaf of bread; *(biscoito para bebê)* rusk.

rosé [xɔ'zɛ] *m* rosé.

roseira [xo'zejra] *f* rosebush.

rosnar [xoʒ'na(x)] *vi* to growl.

rosto ['xoʃtu] *m* face.

rota ['xɔta] *f (de navio)* course; *(de avião)* route.

rotativo, -va [xuta'tʃivu, -va] *adj* rotary.

roteiro [xo'tejru] *m* route.

rotina [xo'tʃina] *f* routine.

roto, -ta ['xotu, -ta] *pp* → **romper** ◆ *adj (roupa)* torn.

rótula ['xɔtula] *f* kneecap.

rotular [xotu'la(x)] *vt* to label.

rótulo ['xɔtulu] *m* label.

rotunda [xo'tũnda] *f (Port)* roundabout *(Brit)*, traffic circle *(Am)*.

roubar [xo'ba(x)] *vt & vi* to steal; ~ **algo de alguém** to steal sthg from sb; **fui roubado** I've been robbed.

roubo ['xobu] *m (ato)* robbery, theft; *(coisa roubada)* stolen item; *(fig: preço exagerado)* daylight robbery.

rouco, -ca ['xoku, -ka] *adj* hoarse.

roupa ['xopa] *f (vestuário)* clothes *(pl)*; *(de cama)* bed linen.

roupão [xo'pãw] *(pl -ões* [-õjʃ]*) m* dressing gown *(Brit)*, bathrobe *(Am)*.

rouxinol [xoʃi'nɔw] *(pl -óis* [-ɔjʃ]*) m* nightingale.

roxo, -xa ['xoʃu, -ʃa] *adj* violet.

rua ['xua] *f* street ◆ *interj* get out!; ~ **abaixo/acima** down/up the street.

rubéola [xu'bɛula] *f* German measles *(sg)*.

rubi [xu'bi] *m* ruby.

rubor [xu'bo(x)] *(pl -res* [-riʃ]*) m* blush.

ruborizar-se [xubori'zaxsi] *vp* to blush, to go red.

rubrica [xu'brika] *f* signature.

ruço, -ça ['xusu, -sa] *adj (grisalho)* grey.

rúcola ['xukola] *f* rocket.

rude ['xudʒi] *adj* coarse.

ruela ['xwela] *f* back street.

ruga ['xuga] *f (em pele)* wrinkle; *(em tecido)* crease.

rúgbi ['xughi] *m (Br)* rugby.

rugido [xu'ʒidu] *m* roar.

rugir [xu'ʒi(x)] *vi* to roar.

ruído ['xwidu] *m* noise.

ruim ['xuĩ] *(pl -ns* [-ʃ]*) adj* bad.

ruínas ['xwinaʃ] *fpl* ruins.

ruins → **ruim**.

ruivo, -va ['xuivu, -va] *adj (cabelo)* red ◆ *m, f* redhead.

rum ['xũ] *m* rum.

rumar [xu'ma(x)] : **rumar a** *v + prep* to steer towards.

rumba ['xũmba] *f* rumba.

rumo ['xumu] *m* direction.

rumor [xu'mo(x)] (*pl* **-res** [-riʃ]) *m*
rumour.
ruptura [xup'tura] *f (de relação, contrato)* breaking-off; *(de ligamento)* rup-
ture.
rural [xu'raw] (*pl* **-ais** [-ajʃ]) *adj* rural.

rush [xaʃ] *m (Br)* rush hour.
Rússia ['xusja] *f*: **a ~** Russia.
russo, -a ['xusu, -sa] *adj & m, f*
Russian ◆ *m (língua)* Russian.
rústico, -ca ['xuʃtʃiku, -ka] *adj* rustic.

S

S.A. *(abrev de Sociedade Anônima)* = plc *(Brit)*, = Ltd *(Brit)*, = Inc *(Am)*.

sábado ['sabadu] *m* Saturday, → **sexta-feira.**

sabão [sa'bãw] *(pl* **-ões** [-õjʃ]*) m* soap; **~ em pó** soap powder; **levar um ~** *(fam)* to be told off; **passar um ~ em alguém** *(fam)* to tell sb off.

sabedoria [sabedo'ria] *f* wisdom.

saber [sa'be(x)] *vt* to know ♦ *vi (Port: ter sabor)* to taste ♦ *m* knowledge; **ele não sabe nada sobre computadores** he doesn't know a thing about computers; **não quero ~!** I don't want to know!; **~ fazer algo** to know how to do sthg; **sei falar inglês** I can speak English; **fazer ~ que** to make it known (that); **sem ~** unwittingly, unknowingly; **~ de** to know about; **vir** OR **ficar a ~ de algo** to find out about sthg.

sabiá [sa'bja] *f* thrush.

sabões → **sabão.**

sabonete [sabo'netʃi] *m* (bar of) soap.

saboneteira [sabone'tejra] *f* soap dish.

sabor [sa'bo(x)] *(pl* **-res** [-riʃ]*) m (gosto)* taste; *(aroma)* flavour.

saborear [sabo'rja(x)] *vt (provar)* to taste; *(comer devagar)* to savour; *(fig: sol, férias, descanso)* to enjoy.

sabores → **sabor.**

sabotagem [sabo'taʒẽ] *(pl* **-ns** [-ʃ]*) f* sabotage.

sabotar [sabo'ta(x)] *vt* to sabotage.

sabugueiro [sabu'gejru] *m* elder.

saca ['saka] *f* bag.

sacar [sa'ka(x)] *vt (Br: fam: compreender)* to understand.

sacarina [saka'rina] *f* saccharin.

saca-rolhas [saka'xoʎaʃ] *m inv* corkscrew.

sacarose [saka'rɔzi] *f* sucrose.

sacerdote [sasex'dɔtʃi] *m* priest.

sacho ['saʃu] *m* hoe.

saciar [sa'sja(x)] *vt (fome)* to satisfy; *(sede)* to quench.

❑ **saciar-se** *vp* to be satisfied.

saco ['saku] *m (pequeno)* bag; *(grande)* sack; **~ de água quente** hot-water bottle; **~ de dormir** sleeping bag; **~ de lixo** bin bag *(Brit)*, garbage bag *(Am)*; **~ de plástico** plastic bag; **~ de viagem** travel bag; **eu não tenho ~ de ir lá** *(fam)* I can't be bothered to go; **puxar o ~ de alguém** *(fam)* to suck up to somebody; **ser um ~** *(fam)* to be a pain.

saco-cama [saku'kama] *(pl* **sacos-cama** [sakuʃ'kama]*) m* sleeping bag.

sacola [sa'kɔla] *f* bag.

sacramento [sakra'mẽtu] *m* sacrament.

❑ **sacramentos** *mpl* last rites.

sacrificar [sakrifi'ka(x)] *vt* to sacrifice.

❑ **sacrificar-se** *vp:* **~-se por alguém** to make sacrifices for sb.

sacrilégio [sakri'lɛʒju] *m* sacrilege.

sacristia [sakriʃ'tʃia] *f* sacristy.

sacro, -cra ['sakru, -kra] *adj* sacred.

sacudir [saku'dʒi(x)] *vt* to shake.

sádico, -ca ['sadʒiku, -ka] *adj* sadistic ♦ *m, f* sadist.

sadio, -dia [sa'dʒiu, -dia] *adj* healthy.

saem ['sajẽ] → **sair.**

safio [sa'fiu] *m* (small) conger eel.

safira [sa'fira] *f* sapphire.

Sagitário [saʒi'tarju] *m* Sagittarius.

sagrado, -da [sa'gradu, -da] *adj* holy, sacred.

saguão [sa'gwãw] *(pl* **-ões** [-õjʃ]*) m* courtyard.

sai ['saj] → **sair.**

sai [sa'i] → **sair.**

saia ['saja] *f* skirt.

saia-calça [ˌsajaˈkawsa] (*pl* **saias-calça** [ˌsajaʃˈkawsa]) *f* culottes (*pl*).

saída [saˈida] *f* exit, way out; *(de ônibus, trem)* departure; *(de problema, situação)* way out; **"~ de emergência"** "emergency exit"; **dar uma ~** to pop out; **estar de ~** to be on one's way out; **ter ~** *(produto)* to sell well.

saio [ˈsaju] → **sair**.

sair [saˈi(x)] *vi* to go/come out; *(partir)* to go, to leave; *(separar-se)* to come off; *(ser publicado)* to come out; **sai daí!** come out of there!; **~ a** *(custar)* to work out as.

❏ **sair-se** *vp*: **~-se bem/mal** to come off well/badly.

sais → **sal**.

saiu [saˈiu] → **sair**.

sal [ˈsaw] (*pl* **sais** [ˈsajʃ]) *m* salt; **sem ~** unsalted; **~ comum** OU **marinho** sea salt; **~ refinado** table salt; **sais de banho** bath salts; **sais de cheirar** smelling salts; **sais de fruta** liver salts.

sala [ˈsala] *f* room; **~ de aula** classroom; **~ de espera** waiting room; **~ (de estar)** living OU sitting room; **~ de jantar** dining room; **~ de jogos** amusement arcade.

salada [saˈlada] *f* salad; **~ de alface** green salad *(of lettuce only)*; **~ de feijão frade** black-eye bean salad with onion, parsley, garlic and egg; **~ de frutas** fruit salad; **~ mista** mixed salad; **~ russa** Russian salad; **~ de tomate** tomato salad.

saladeira [salaˈdejra] *f* salad bowl.

salamandra [salaˈmãndra] *f* salamander.

salame [saˈlami] *m* salami.

salão [saˈlãw] (*pl* **-ões** [-õjʃ]) *m* hall; *(exposição coletiva)* exhibition; **~ de beleza** beauty salon; **~ de chá** tea room; **~ de festas** reception room.

salário [saˈlarju] *m* salary; **~ mínimo** minimum wage.

salário-família [saˌlarjufaˈmilja] (*pl* **salários-família** [saˌlarjuʃfaˈmilja]) *m* (*Br*) family allowance.

saldar [sawˈda(x)] *vt* (*conta*) to settle; *(dívida)* to pay off; *(mercadorias)* to sell off at a reduced price.

saldo [ˈsawdu] *m* (*de conta bancária*) balance; **em ~** (*Port: mercadorias*) on sale.

salgadinhos [sawgaˈdʒiɲuʃ] *mpl* savoury snacks.

salgado, -da [sawˈgadu, -da] *adj* (*comida*) salty; *(bacalhau, água)* salt *(antes de s)*.

salgueiro [sawˈgejru] *m* willow.

salientar [saljẽnˈta(x)] *vt* to point out.

❏ **salientar-se** *vp* *(evidenciar-se)* to excel o.s.

saliente [saˈljẽntʃi] *adj* protruding.

saliva [saˈliva] *f* saliva.

salmão [sawˈmãw] *m* salmon; **~ defumado** smoked salmon.

salmonela [sawmoˈnɛla] *f* salmonella.

salmonete [sawmoˈnetʃi] *m* red mullet.

salmoura [sawˈmora] *f* brine.

salões → **salão**.

salpicão [sawpiˈkãw] (*pl* **-ões** [-õjʃ]) *m* (*enchido*) paprika salami; *(prato)* chicken and smoked ham salad with carrot, peppers and onion.

salpicar [sawpiˈka(x)] *vt* to sprinkle; *(sujar com pingos)* to splash, to spatter.

salpicões → **salpicão**.

salsa [ˈsawsa] *f* parsley.

salsicha [sawˈsiʃa] *f* sausage.

saltar [sawˈta(x)] *vt* to jump over ♦ *vi* *(dar saltos)* to jump; *(ir pelo ar)* to fly off; **~ à vista** OU **aos olhos** to be as plain as day.

salteado, -da [sawˈteadu, -da] *adj* (*entremeado*) alternating.

salto [ˈsawtu] *m* jump; *(de calçado)* heel; **de ~ alto** high-heeled; **~ em altura** high jump; **~ baixo** OU **raso** *(de calçado)* flat OU low heel; **~ em comprimento** long jump; **~ mortal** somersault; **~ à vara** (*Port*) pole vault.

salutar [saluˈta(x)] (*pl* **-res** [-riʃ]) *adj* healthy.

salva [ˈsawva] *f* *(planta)* sage; *(bandeja)* salver; **~ de palmas** round of applause.

salvação [sawvaˈsãw] *f* salvation; *(remédio)* cure; **não haver ~** to be beyond repair.

salvaguardar [ˌsawvagwaxˈda(x)] *vt* to safeguard.

salvamento [sawvaˈmẽntu] *m* rescue.

salvar [sawˈva(x)] *vt* to save; **~ as aparências** to keep up appearances.

❏ **salvar-se** *vp* to escape.

salva-vidas [ˌsawvaˈvidaʃ] *m inv* lifeboat.

salvo, -va [ˈsawvu, -va] *pp* → **salvar** ♦ *adj* safe ♦ *prep* except; **estar a ~** to be safe; **pôr-se a ~** to escape; **~ erro**

unless I'm mistaken; ~ **se** unless.

samba ['sãmba] *m* samba.

samba-canção [‚sãmbakã'sãw] (*pl* **sambas-canções** [‚sãmbaʃkã'sõiʃ]) *m* slower style of samba with romantic lyrics; (Br: fam: cueca) boxer shorts (*pl*).

sambar [sãm'ba(x)] *vi* to dance to samba.

sambista [sãm'biʃta] *mf (dançarino)* samba dancer.

sambódromo [sãm'bɔdromu] *m place where samba is rehearsed and danced.*

sanatório [sana'tɔrju] *m* sanatorium.

sanção [sã'sãw] (*pl* **-ões** [-õjʃ]) *f* sanction.

sandálias [sãn'daljaʃ] *fpl* sandals.

sandes ['sãndeʃ] *f inv* (Port) = **sanduíche.**

sanduíche [sãn'dwiʃi] *m* (Br) sandwich; ~ **misto** *ham and cheese sandwich* ♦ *f* (Port) sandwich.

sanfona [sã'fona] *f* (Br: acordeão) accordion.

sangrar [sãŋ'gra(x)] *vi* to bleed.

sangria [sãŋ'gria] *f* sangria.

sangue ['sãŋgi] *m* blood; **exame de** ~ blood test.

sangue-frio [‚sãŋgi'friu] *m (presença de espírito)* presence of mind.

sanguessuga [‚sãŋge'suga] *f* leech.

sanguíneo [sãŋ'g(w)inju] *adj m* → **vaso.**

sanidade [sani'dadʒi] *f (mental)* sanity.

sanita [sa'nita] *f* (Port) toilet bowl.

sanitários [sani'tarjuʃ] *mpl* toilets.

Santo, -ta ['sãntu, -ta] *m, f* Saint; **o ~ Padre** the Holy Father.

santuário [sãn'twarju] *m* sanctuary, shrine.

são[1] [sãw] → **ser.**

são[2], **sã** ['sãw, 'sã] *adj (saudável)* healthy; *(fruto)* unblemished; ~ **e salvo** safe and sound.

São [sãw] *m* = **Santo.**

São Paulo [sãw'pawlu] *s* São Paulo.

sapataria [sapata'ria] *f* shoe shop.

sapateado [sapa'tʒjadu] *m* tap dancing.

sapateiro, -ra [sapa'tejru, -ra] *m, f* cobbler.

sapatilhas [sapa'tiʎaʃ] *fpl* (Port: de tênis, etc) trainers (Brit), sneakers (Am); (Br: de bailarinos) ballet shoes.

sapato [sa'patu] *m* shoe; ~**s de salto**

alto high-heeled shoes.

sapé [sa'pɛ] *m* (Br) type of Brazilian grass commonly used for thatching huts.

sapo ['sapu] *m* toad.

saquinho [sa'kiɲu] *m*: ~ **de chá** tea bag.

sarampo [sa'rãmpu] *m* measles *(sg)*.

sarapatel [sarapa'tɛw] (*pl* **-éis** [-ɛiʃ]) *m pork stew with liver and kidneys, tomatoes, nuts, apple and raisins.*

sarar [sa'ra(x)] *vi & vt (cicatrizar)* to heal.

sarcasmo [sax'kaʒmu] *m* sarcasm.

sarda ['saxda] *f* freckle.

sardinha [sax'dʒiɲa] *f (peixe)* sardine; ~**s assadas** grilled sardines.

sargento [sax'ʒẽntu] *m* sergeant.

sarjeta [sax'ʒeta] *f* gutter.

SARL (Port: abrev de Sociedade Anónima de Responsabilidade Limitada) ~ **plc,** = **Ltd** (Brit), ~ **Inc** (Am).

sarro ['saxu] *m* (em vinho) sediment; *(em dentes)* tartar.

satélite [sa'tɛlitʃi] *m* satellite.

sátira ['satʃira] *f* satire.

satisfação [satʃiʃfa'sãw] (*pl* **-ões** [-õjʃ]) *f* satisfaction; **não ter que dar satisfações a ninguém** not to have to answer to anyone; **pedir satisfações a alguém** to demand an explanation from sb.

satisfatório, -ria [satʃiʃfa'tɔrju, -rja] *adj* satisfactory.

satisfazer [satʃiʃfa'ze(x)] *vt (agradar a)* to satisfy; *(cumprir)* to meet ♦ *vi (ser suficiente)* to be satisfactory.

⊔ **satisfazer-se** *vp*: ~**-se com** to content o.s. with.

satisfeito, -ta [satʃiʃ'fejtu, -ta] *adj* satisfied; **dar-se por** ~ **(com)** to be satisfied (with).

saudação [sawda'sãw] (*pl* **-ões** [-õjʃ]) *f* greeting.

saudade [saw'dadʒi] *f* nostalgia; **ter** ~**s de** to miss; **ela deixou muitas** ~**s** everyone misses her; **matar** ~**s** *(de lugar)* to revisit old haunts; *(de pessoa)* to look up old friends; **sinto muitas** ~**s de Bahia** I miss Bahia so much.

saudar [saw'da(x)] *vt* to greet.

saudável [saw'davɛw] (*pl* **-eis** [-ejʃ]) *adj* healthy.

saúde [sa'udʒi] *f* health ♦ *interj* cheers!

sauna ['sawna] *f* sauna.

saveiro [sa'vejru] *m narrow, flat-*

*bottomed fishing boat with the prow high-
er than the stern.*

saxofone [saksoˈfɔni] *m* saxophone.

scanner [ˈskanɛ(x)] (*pl* **-res** [-riʃ]) *m*
scanner.

scooter [ˈskutɛ(x)] (*pl* **-res** [-riʃ]) *f*
scooter.

se [si] *pron* **1.** *(reflexo: pessoa)* himself
(f herself), themselves *(pl); (você, vocês)*
yourself, yourselves *(pl); (impessoal)*
oneself; **lavar-~** to wash (oneself);
eles ~ perderam they got lost; **vocês ~
perderam** you got lost.
2. *(reflexo: coisa, animal)* itself, themselves *(pl);* **o vidro partiu-~** the glass
broke.
3. *(recíproco)* each other; **escrevem-~
regularmente** they write to each other
regularly; **não ~ cruzam** *(fam)* they
can't stand each other.
4. *(com sujeito indeterminado):* **"aluga-~
quarto"** "room for rent"; **"vende-~"**
"for sale"; **come-~ bem aqui** the food
is very good here.
◆ *conj* **1.** *(indica condição)* if; **~ tiver
tempo, escrevo** I'll write if I have time.
2. *(indica causa)* if; **~ você está com
fome, come alguma coisa** if you're
hungry, have something to eat.
3. *(indica comparação)* if; **~ um é feio, o
outro ainda é pior** if you think he's
ugly, you should see the other one.
4. *(em interrogativas):* **que tal ~ fôssemos ao cinema?** how about going to
the cinema?; **e ~ ela não vier?** what if
she doesn't come?
5. *(exprime desejo)* if; **~ pelo menos
tivesse dinheiro!** if only I had the
money!
6. *(em interrogativa indireta)* if,
whether; **avisem-me ~ quiserem ir**
let me know if you'd like to go;
perguntei-lhe ~ gostou I asked him if
he liked it.
7. *(em locuções):* **~ bem que** even
though, although.

sé [ˈsɛ] *f* cathedral; **~ catedral** cathedral.

sebe [ˈsɛbi] *f* fence; **~ viva** hedge.

sebento, -ta [seˈbẽntu, -ta] *adj*
grimy.

sebo [ˈsebu] *m* suet.

seca [ˈsɛka] *f* drought.

secador [sekaˈdo(x)] (*pl* **-res** [-riʃ]) *m*
hairdryer.

seção [seˈsãw] (*pl* **-ões** [-õjʃ]) *f (Br)*

department; **~ de achados e perdidos**
lost property office *(Brit)*, lost-and-
found office *(Am)*.

secar [seˈka(x)] *vt* to dry ◆ *vi (planta,
árvore)* to wither; *(rio, poço, lago)* to dry
up; *(roupa, cabelo)* to dry.

secção [sɛkˈsãw] (*pl* **-ões** [-õjʃ]) *f (Port)*
= **seção**.

seco, -ca [ˈseku, -ka] *pp* → **secar** ◆ *adj*
dry; *(carne, peixe, fruto)* dried; *(fig: rispi-
do)* curt.

secretaria [sekretaˈria] *f (de escola,
repartição pública)* secretary's office; **~
de Estado** government department.

secretária [sekreˈtarja] *f (móvel)*
desk; **~ eletrônica** *(Br)* answering
machine, → **secretário**.

secretário, -ria [sekreˈtarju, -rja] *m,
f* secretary; **Secretário de Estado**
Secretary of State.

secreto, -ta [seˈkrɛtu, -ta] *adj* secret.

sectário, -ria [sɛkˈtarju, -rja] *adj* sec-
tarian.

sector [sɛˈtor] (*pl* **-res** [-riʃ]) *m (Port)* =
setor.

secular [sekuˈla(x)] (*pl* **-res** [-riʃ]) *adj*
ancient.

século [ˈsɛkulu] *m* century.

secundário, -ria [sekũnˈdarju, -rja]
adj secondary; *(estrada)* minor.

seda [ˈseda] *f* silk.

sedativo [sedaˈtʃivu] *m* sedative.

sede[1] [ˈsɛdʒi] *f (de empresa, organização)* headquarters *(pl).*

sede[2] [ˈsedʒi] *f* thirst; **ter ~ to be
thirsty; ter ~ de** to thirst after; **matar
a ~** to quench one's thirst.

sedimento [sedʒiˈmẽntu] *m* sediment.

sedoso, -osa [seˈdozu, -ɔza] *adj* silky.

sedução [seduˈsãw] (*pl* **-ões** [-õjʃ]) *f*
seduction.

sedutor, -ra [seduˈto(x), -ra] (*mpl* **-res**
[-riʃ], *fpl* **-s** [-ʃ]) *adj* seductive.

seduzir [seduˈzi(x)] *vt* to seduce.

segmento [sɛgˈmẽntu] *m* segment.

segredo [seˈgredu] *m* secret; *(reserva)*
secrecy.

segregar [segreˈga(x)] *vt (pôr de lado)*
to segregate; *(secreção)* to secrete.
❏ **segregar-se** *vp (isolar-se)* to cut o.s.
off.

seguida [seˈgida] *f:* **em** OU **de ~**
immediately.

seguidamente [seˌgidaˈmẽntʃi] *adv
(sem interrupção)* continuously; *(de*

seguida) straight afterwards.

seguido, -da [seˈgidu, -da] *adj (contínuo)* continuous; **o manual ~ este ano é ...** the textbook we're using this year is ...; **dias/anos ~s** days/years on end; **~ de** followed by.

seguinte [seˈgĩntʃi] *adj* following ◆ *mf:* **o/a ~** the next one; **o dia/mês ~** the following day/ month.

seguir [seˈgi(x)] *vt* to follow; *(perseguir)* to chase; *(carreira, profissão)* to pursue ◆ *vi (continuar)* to go on, to carry on; **~ com algo** to continue with sthg; **~ para** to travel on to; **~ por** to travel on OU along; **a ~** afterwards; **a ~ a** after.

segunda [seˈgũnda] *f (de veículo)* second (gear), → **segundo**.

segunda-feira [seˌgũndaˈfejra] *(pl* **segundas-feiras** [seˌgũndaʃˈfejraʃ]*)* *f* Monday, → **sexta-feira**.

segundo, -da [seˈgũndu, -da] *num & m* second ◆ *prep* according to ◆ *adv* secondly; **em segunda mão** second-hand, → **sexto**.

seguramente [seˌguraˈmẽntʃi] *adv* surely.

segurança [seguˈrãsa] *f* security; *(sem perigo)* safety; *(confiança)* confidence; *(certeza)* certainty; **a Segurança Social** Social Security; **com ~** *(agir, afirmar)* confidently; **em ~** in safety.

segurar [seguˈra(x)] *vt (agarrar)* to hold on to.

seguro, -ra [seˈguru, -ra] *adj* safe; *(firme, preso)* secure; *(mesa, cadeira)* steady; *(garantido)* guaranteed ◆ *m (de carro, casa, vida)* insurance; **estar ~** *(estar a salvo)* to be safe; *(ter certeza)* to be certain OU sure; **pôr no ~** to insure; **ser ~ de si** to be self-assured; **~ de doença** *(Port)* health insurance; **~ de responsabilidade civil** third-party insurance; **~ contra terceiros** third-party insurance; **~ contra todos os riscos** fully comprehensive insurance; **~ de viagem** travel insurance; **~ de vida** life insurance.

seguro-saúde [seˌgurusaˈudʒi] *(pl* **seguros-saúde** [seˌguruʃsaˈudʒi]*)* *m (Br)* health insurance.

sei [ˈsej] → **saber**.

seio [ˈsaju] *m* breast.

seis [ˈsejʃ] *adj num* six ◆ *m* six; *(dia)* sixth ◆ *mpl (temperatura)* six (degrees) ◆ *fpl:* **às ~** at six (o'clock); **(são) ~**

horas (it's) six o'clock; **ele tem ~ anos** he's six years old; **eles eram ~** there were six of them; **~ de janeiro** the sixth of January; **página ~** page six; **trinta e ~** thirty-six; **o ~ de copas** the six of hearts; **estão ~ graus centígrados** it's six degrees centigrade; **de ~ em ~ semanas/horas** every six weeks/hours; **empataram ~ a ~** *(em partida)* they drew six-all; **~ a zero** *(em partida)* six-nil.

seiscentos, -tas [sejʃˈsẽntuʃ, -taʃ] *num* six hundred, → **seis**.

seita [ˈsejta] *f* sect.

seiva [ˈsejva] *f* sap.

seixo [ˈsejʃu] *m* pebble.

sela [ˈsɛla] *f* saddle.

selar [seˈla(x)] *vt (cavalo, égua)* to saddle; *(carta, subscrito)* to stamp; *(documento oficial, pacto)* to seal.

seleção [seleˈsãw] *f (Br) (escolha)* selection; *(equipe nacional)* team.

selecção [seleˈsãw] *f (Port)* = **seleção**.

seleccionar [selesjuˈnar] *vt (Port)* = **selecionar**.

selecionar [selesjoˈna(x)] *vt (Br)* to select.

selecto, -ta [seˈlɛtu, -ta] *adj (Port)* = **seleto**.

seleto, -ta [seˈlɛtu, -ta] *adj (Br)* exclusive.

self-service [sɛwfˈsɛxvisi] *(pl* **self-services** [sɛwfˈsɛxviseʃ]*)* *m* self-service cafe or restaurant.

selim [seˈlĩ] *(pl* **-ns** [-ʃ]*)* *m (de bicicleta)* saddle.

selo [ˈsɛlu] *m* stamp; **~ de garantia** *(em produto)* tamper-proof seal.

selva [ˈsɛwva] *f* jungle.

selvagem [sɛwˈvaʒẽ] *(pl* **-ns** [-ʃ]*)* *adj* wild ◆ *mf (pessoa)* savage.

sem [sẽ] *prep* without; **estou ~ fazer nada há muito tempo** I haven't done anything for ages; **ele saiu ~ que eu notasse** he left without me noticing; **estar ~ água/gasolina** to be out of water/petrol; **~ mais nem menos** for no reason whatsoever; **~ data** undated.

sem-abrigo [sẽaˈbrigu] *mf inv* homeless person; **os ~** the homeless.

semáforos [seˈmaforuʃ] *mpl* traffic lights.

semana [seˈmana] *f* week; **~ a ~** week by week; **por ~** a OU per week; **a Semana Santa** Holy Week.

semanada [sema'nada] *f* pocket money.

semanal [sema'naw] (*pl* **-ais** [-ajʃ]) *adj* weekly.

semblante [sẽm'blãntʃi] *m* face.

semear [se'mja(x)] *vt* (*trigo, batatas, etc*) to sow; (*ódio, discórdia*) to spread.

semelhança [seme'ʎãsa] *f* resemblance; **à ~ de** like.

semelhante [seme'ʎãntʃi] *adj* similar; **~ a** like, similar to.

sémen ['sɛmɛn] *m* (*Port*) = **sêmen**.

sêmen ['sɛmɛn] *m* (*Br*) semen.

semente [se'mẽntʃi] *f* seed.

semestral [semeʃ'traw] (*pl* **-ais** [-ajʃ]) *adj* half-yearly, six-monthly.

semestre [se'mɛʃtri] *m* period of six months.

seminário [semi'narju] *m* (*grupo de estudos*) seminar; (*para eclesiásticos*) seminary.

sêmola ['sɛmola] *f* semolina.

semolina [semo'lina] *f* semolina.

sempre ['sẽmpri] *adv* always; **o mesmo de ~** the usual; **como ~** as usual; **para ~** forever; **~ que** whenever.

sem-vergonha [sãjvex'goɲa] *mf inv* rogue.

sena ['sena] *f* in cards, the sixth of any suit.

senado [se'nadu] *m* senate.

senão [se'nãw] *conj* otherwise.

senha ['seɲa] *f* (*sinal*) sign; (*palavra de acesso*) password; **~ de saída** ticket given at a venue to allow you to come and go without paying the entrance fee again.

senhor, -ra [se'ɲo(x), -ra] (*mpl* **-res** [-riʃ], *fpl* **-s** [-ʃ]) *m, f* (*em geral*) man (*f* woman); (*formalmente*) gentleman (*f* lady); (*antes de nome*) Mr (*f* Mrs, Ms); (*ao dirigir a palavra*) Sir (*f* Madam); **"senhoras" "ladies"; Caro** OU **Exmo. Senhor** (*em carta*) Dear Sir; **Cara** OU **Exma. Senhora** (*em carta*) Dear Madam; **bom dia meus senhores/minhas senhoras!** good morning (gentlemen/ladies)!

senhorio, -ria [seɲo'riu, -ria] *m, f* landlord (*f* landlady).

senil [se'niw] (*pl* **-is** [-iʃ]) *adj* senile.

sensação [sẽsa'sãw] (*pl* **-ões** [-õjʃ]) *f* sensation, feeling; (*intuição*) feeling; **causar ~** to cause a sensation.

sensacional [sẽsasjo'naw] (*pl* **-ais** [-ajʃ]) *adj* sensational.

sensações → sensação.

sensato, -ta [sẽ'satu, -ta] *adj* sensible.

sensível [sẽ'sivɛw] (*pl* **-eis** [-ejʃ]) *adj* sensitive.

senso ['sẽsu] *m* sense; **ter bom ~** to be sensible; **ter ~ prático** to be practical; **~ comum** common sense.

sensual [sẽ'swaw] (*pl* **-ais** [-ajʃ]) *adj* sensual.

sentado, -da [sẽ'tadu, -da] *adj* seated; **estar ~** to be sitting down.

sentar-se [sẽ'taxsi] *vp* to sit down.

sentença [sẽ'tẽsa] *f* sentence.

sentido, -da [sẽ'tʃidu, -da] *adj* (*melindrado*) touchy ♦ *m* sense; (*significado*) meaning; (*direção*) direction; **fazer ~** to make sense; **em certo ~** to a certain extent; **ir em ~ proibido** (*Port*) to go the wrong way up a one-way street; **(rua de) ~ único** one-way street.

sentimental [sẽntʃimẽn'taw] (*pl* **-ais** [-ajʃ]) *adj* sentimental.

sentimento [sẽntʃi'mẽntu] *m* feeling; **os meus ~s** my deepest sympathy.

sentinela [sẽntʃi'nɛla] *mf* guard; **estar de ~** to be on guard duty.

sentir [sẽ'tʃi(x)] *vt* to feel; **sinto muito!** I'm terribly sorry!; **~ falta de** to miss; **~ vontade de fazer algo** to feel like doing sthg.

❏ **sentir-se** *vp* to feel.

separação [separa'sãw] (*pl* **-ões** [-õjʃ]) *f* separation.

separado, -da [sepa'radu, -da] *adj* (*independente*) separate; (*cônjuges*) separated; **em ~** separately.

separar [sepa'ra(x)] *vt* (*dividir*) to separate; (*reservar*) to put aside.

❏ **separar-se** *vt* to separate.

septuagésimo, -ma [sɛptwa-'ʒɛzimu, -ma] *num* seventieth, → **sexto**.

sepultar [sepuw'ta(x)] *vt* to bury.

sepultura [sepuw'tura] *f* grave.

sequência [se'kwẽsja] *f* (*Port*) = **seqüência**.

seqüência [se'kwẽsja] *f* (*Br*) sequence.

sequer [se'kɛ(x)] *adv*: **nem ~** not even; **ele nem ~ falou comigo** he didn't even speak to me.

seqüestrador, -ra [sekweʃtra'do(x), -ra] (*mpl* **-res** [-riʃ], *fpl* **-s** [-ʃ]) *m, f* kidnapper.

sequestrar [sekeʃ'trar] *vt* (*Port*) = **seqüestrar**.

seqüestrar [sekweʃ'tra(x)] vt (Br) to kidnap, to abduct.

seqüestro [se'kwɛʃtru] m kidnapping, abduction.

sequóia [se'kwɔja] f sequoia.

ser ['se(x)] (pl -res [-riʃ]) m (criatura) being; ~ **humano** human being.

♦ vi 1. (para descrever) to be; **é demasiado longo** it's too long; **são bonitos** they're lovely; **sou médico** I'm a doctor.

2. (para designar lugar, origem) to be; **ele é do Brasil** he's from Brazil; **é em São Paulo** it's in São Paulo; **sou brasileira** I'm Brazilian.

3. (custar) to be; **quanto é? – são 100 reais** how much is it? – (it's) 100 reals.

4. (com data, dia, hora) to be; **hoje é sexta** it's Friday today; **que horas são?** what time is it?; **são seis horas** it's six o'clock.

5. (exprime possessão) to be; **é do Ricardo** it's Ricardo's; **este carro é seu?** is this car yours?; **os livros eram meus** the books were mine.

6. (em locuções): **a não ~ que** unless; **que foi?** what's wrong?; **ou seja** in other words; **será que ele vem?** do you think he's coming?

♦ v aux (forma a voz passiva) to be; **foi visto na saída do cinema** he was seen on his way out of the cinema.

♦ v impess 1. (exprime tempo) to be; **é de dia/noite** it's daytime/ night; **é tarde/cedo** it's late/early.

2. (com adjetivo) to be; **é difícil dizer** it's difficult to say; **é fácil de ver** it's easy to see.

⸸ **ser de** v + prep (matéria) to be made of; (ser adepto de) to be a supporter of; **eles são do Flamengo** they're Flamengo supporters.

serão [se'rãw] (pl -ões [-õjʃ]) m (reunião) get-together; (noite) evening; **fazer ~** to stay up late.

sereia [se'reja] f (de navio, farol) siren; (ser lendário) mermaid.

serenar [sere'na(x)] vt (acalmar) to calm ♦ vi (acalmar-se) to calm down; (tempo) to clear up.

serenata [sere'nata] f serenade.

seres → ser.

seresta [se'rɛʃta] f (Br) = serenata.

seriado [se'rjadu] m (Br) (TV) series (sg).

série ['sɛrji] f series (sg); (de bilhetes de metro) book; **uma ~ de** a series of.

seriedade [serje'dadʒi] f seriousness; (honestidade) honesty.

seringa [se'rĩŋga] f syringe.

seringueira [serĩŋ'gejra] f rubber plant.

sério, -ria ['sɛrju, -rja] adj serious; (honrado) honest ♦ adv: **a ~?** seriously?; **levar** OU **tomar a ~** to take seriously.

sermão [sex'mãw] (pl -ões [-õjʃ]) m sermon.

serões → serão.

seronegativo, -va [seronega'tivu, -va] adj (Port) = soronegativo.

seropositivo, -va [sɛrɔpuzi'tivu, -va] adj (Port) = soropositivo.

serpente [sex'pẽntʃi] f serpent.

serpentina [serpẽn'tʃina] f streamer.

serra ['sɛxa] f (instrumento) saw; (em geografia) mountain range.

serralheiro [sexa'ʎejru] m locksmith.

serrar [se'xa(x)] vt to saw.

sertanejo, -ja [sexta'neʒu, -ʒa] adj of/relating to the "sertão".

sertão [sex'tãw] m remote, arid lands in the interior of northeastern Brazil.

servente [sex'vẽntʃi] m (de pedreiro) (bricklayer's) mate.

serventia [sexvẽn'tʃia] f (préstimo) use; (de casa, edifício, terreno) access road OU path.

serviço [sex'visu] m service; (trabalho) work; **"fora de ~"** "out of service"; **"~ incluído"** "service included"; **~ cívico** social service.

servil [sex'viw] (pl -is [-iʃ]) adj servile.

servir [sex'vi(x)] vt to serve ♦ vi (criado, empregado) to serve; (ser útil) to be useful; (roupa, calçado) to fit; **em que posso servi-lo?** how may I help you?; **~ de algo** to serve as sthg.

⸸ **servir-se** vp (de bebida, comida) to help o.s.; **~-se de** (fazer uso de) to make use of.

servis → servil.

sessão [se'sãw] (pl -ões [-õjʃ]) f (de filme) showing; (em televisão) broadcast; (de debate político, científico) meeting; (em tribunal) session.

sessenta [se'sẽnta] num sixty, → seis.

sessões → sessão.

sesta ['sɛʃta] f afternoon nap.

seta ['sɛta] f arrow.

sete [ˈsɛtʃi] *num* seven, → **seis**.

setecentos, -tas [sɛteˈsẽntuʃ, -taʃ] *num* seven hundred, → **seis**.

setembro [seˈtẽmbru] *m* September; **durante o mês de ~** during (the month of) September; **em ~** in September; **em meados de ~** in the middle of September, in mid-September; **este mês de ~** *(passado)* last September; *(futuro)* this (coming) September; **o passado/próximo mês de ~** last/next September; **no princípio/final de ~** at the beginning/end of September; **o primeiro de ~** the first of September.

setenta [seˈtẽnta] *num* seventy, → **seis**.

sétimo, -ma [ˈsɛtʃimu, -ma] *num* seventh, → **sexto**.

setor [seˈto(x)] *(pl* **-res** [-riʃ]) *m (Br) (ramo)* sector; *(seção)* section.

seu, sua [ˈsew, ˈsua] *adj* **1.** *(dele)* his; *(dela)* her; *(de você, vocês)* your; *(deles, delas)* their; **ela trouxe o ~ carro** she brought her car; **onde estacionou a sua moto?** where did you park your motorbike? **2.** *(de coisa, animal: singular)* its; *(de coisa, animal: plural)* their; **o cachorro foi para a o seu canil** the dog went into his OR its kennel.

♦ *pron:* **o ~/a sua** *(dele)* his; *(dela)* hers; *(deles, delas)* theirs; *(de coisa, animal: singular)* its; *(de coisa, animal: plural)* their; **um amigo ~** a friend of his/hers etc.; **os ~s** *(a família de cada um)* his/her etc. family.

♦ *m, f* **1.** *(pej: forma de tratamento)* you; **~ estúpido!** you idiot!; **~s irresponsáveis!** you fools! **2.** *(com malícia)* you; **~ capeta!** you little rascal!; **sua danadinha!** you little so-and-so!

severidade [severiˈdadʒi] *f* severity.

severo, -ra [seˈvɛru, -ra] *adj (inflexível)* strict; *(grave)* severe.

sexagésimo, -ma [sɛksaˈʒɛzimu, -ma] *num* sixtieth, → **sexto**.

sexo [ˈsɛksu] *m* sex; *(órgão reprodutor)* genitals *(pl).*

sexta-feira [ˌsɛjʃtaˈfejra] *(pl* **sextas-feiras** [ˌsɛjʃtaʃˈfejraʃ]) *f* Friday; **às sextas-feiras** on Fridays; **até ~** until Friday; **ela vem ~** she's coming on Friday; **esta ~** *(passada)* last Friday; *(próxima)* next Friday; **hoje é ~** today

is Friday; **todas as sextas-feiras** every Friday; **~ de manhã/à tarde/à noite** Friday morning/afternoon/night; **~ 12 de Junho** Friday 12 June; **~ passada/próxima** last/next Friday; **~ que vem** next Friday; **Sexta-feira Santa** Good Friday.

sexto, -ta [ˈsɛjʃtu, -ta] *adj num* sixth ♦ *m (número)* sixth ♦ *m, f:* **o ~/a sexta** *(pessoa, coisa)* the sixth; **chegar em ~** to come sixth; **capítulo ~** chapter six; **em ~ lugar** in sixth place; **no ~ dia** on the sixth day; **a sexta parte** *(relativo a quantidade)* a sixth; *(de espetáculo, filme)* part six.

sexual [sɛkˈswaw] *(pl* **-ais** [-ajʃ]) *adj* sexual.

sexualidade [sɛkswaliˈdadʒi] *f* sexuality.

sexy [ˈsɛksi] *adj* sexy.

shopping [ˈʃɔpiŋ] *m* shopping centre *(Brit),* shopping mall *(Am).*

short [ˈʃɔxtʃi] *m (Br:* calção*)* shorts *(pl).*

show [ˈʃou] *m* show.

si [ˈsi] *pron* **1.** *(complemento indireto: pessoa)* him *(f* her), them *(pl); (você, vocês)* you; **ele disse que a chamada não era para ~** he said the call wasn't for him. **2.** *(complemento indireto: coisa, animal)* it, them *(pl).* **3.** *(reflexo: pessoa)* himself *(f* herself), themselves *(pl); (você, vocês)* yourself, yourselves *(pl);* **comprou-o para ~ (mesmo** OU **próprio)** he bought it for himself; **é para ~ (mesmo** OU **próprio)?** is it for yourself?; **elas sabem tomar conta de ~ (mesmas** OU **próprias)** they know how to look after themselves; **ela é cheia de ~** *(fam)* she's full of herself. **4.** *(reflexo: coisa, animal)* itself, themselves *(pl);* **o livro, em ~, não é caro** the book itself is not expensive. **5.** *(impessoal)* oneself; **é sinal de egoísmo só pensar em ~** it's a sign of selfishness to think only of oneself; **cada um por ~** each man for himself.

SIDA [ˈsida] *f (Port)* AIDS.

siderurgia [siderurˈʒia] *f* iron and steel industry.

sido [ˈsidu] → **ser**.

sidra [ˈsidra] *f* cider.

sífilis [ˈsifiliʃ] *f* syphilis.

sigilo [siˈʒilu] *m* secrecy.

sigla ['sigla] f acronym.

significado [signifi'kadu] m meaning.

significar [signifi'ka(x)] vt to mean.

significativo, -va [signifika'tʃivu, -va] adj significant.

signo ['signu] m sign.

sigo ['sigu] → **seguir**.

sílaba ['silaba] f syllable.

silenciar [silē'sja(x)] vt to silence.

silêncio [si'lēsju] m silence ♦ interj silence!

silencioso, -osa [silē'sjozu, -ɔza] adj silent, quiet.

silhueta [si'ʎweta] f silhouette.

silicone [sili'kɔni] m silicone.

silva ['siwva] f bramble.

silvestre [siw'vɛʃtri] adj wild.

sim ['sĩ] adv yes; **penso que ~** I think so; **pelo ~ pelo não** just in case.

símbolo ['sĩbolu] m symbol.

simetria [sime'tria] f symmetry.

similar [simi'la(x)] (pl -res [-riʃ]) adj similar.

simpatia [sĩpa'tʃia] f (carinho) affection; (cordialidade) friendliness.

simpático, -ca [sĩ'patʃiku, -ka] adj nice; (amigável) friendly.

simpatizante [sĩpatʃi'zãntʃi] mf sympathizer.

simpatizar [sĩpatʃi'za(x)] : **simpatizar com** v + prep to like.

simples ['sĩpleʃ] adj inv simple; (bebida) straight; (bilhete de metrô) single; **~ masculina/feminina** (Br: em tênis) men's/women's singles (pl); **queria um ~ copo de água** I just want a glass of water.

simplicidade [sĩplisi'dadʒi] f simplicity.

simplificar [sĩplifi'ka(x)] vt to simplify.

simular [simu'la(x)] vt (fingir) to feign; (incêndio, ataque aéreo) to simulate ♦ vi (fingir) to pretend.

simultaneamente [simuw,tanja-'mēntʃi] adv simultaneously.

simultâneo, -nea [simuw'tanju, -nja] adj simultaneous; **em ~** (programa de televisão, entrevista) live.

sinagoga [sina'gɔga] f synagogue.

sinal [si'naw] (pl -ais [-ajʃ]) m sign; (marca) mark; (em pele) mole; (de nascimento) birthmark; (dinheiro) deposit; **estou aqui há uma hora e nem ~ dele** I've been here for an hour and there's been no sign of him; **dar ~ de si** to

show up; **dar sinais de cansaço** to show signs of fatigue; **em ~ de** as a mark OU sign of; **~ de alarme** alarm; **~ de interrompido** OU **de ocupado** engaged tone.

sinalização [sinaliza'sãw] f road signs (pl).

sinceridade [sĩseri'dadʒi] f sincerity.

sincero, -ra [sĩ'seru, -ra] adj sincere.

sindicato [sĩndʒi'katu] m trade union.

síndico ['sĩndʒiku] m (Br) person chosen by other residents to organize the maintenance of an apartment block.

síndrome ['sĩdromi] f syndrome.

sinfonia [sĩfo'nia] f symphony.

sinfônica [sĩ'fonika] adj f → **música**.

singelo, -la [sĩ'ʒɛlu, -la] adj simple.

single ['sĩgel] m (Port) single.

singular [sĩgu'la(x)] (pl -res [-riʃ]) adj (único) unique; (extraordinário) strange; (GRAM) singular ♦ m (GRAM) singular; **~es homens/mulheres** (Port: em ténis) men's/ women's singles.

sino ['sinu] m bell.

sinónimo [si'nɔnimu] m (Port) = **sinônimo**.

sinônimo [si'nonimu] m (Br) synonym.

sintaxe [sĩ'tasi] f syntax.

síntese ['sĩtezi] f (resumo) summary.

sintético, -ca [sĩ'tɛtiku, -ka] adj (artificial) synthetic; (resumido) concise.

sintoma [sĩ'toma] m symptom.

sintonizar [sĩntoni'za(x)] vt (rádio) to tune; (estação de rádio) to tune in to.

sinuca [si'nuka] f (Br) snooker.

sinuoso, -osa [si'nwozu, -ɔza] adj (curva, caminho) winding.

sirene [si'rɛni] f siren.

siri [si'ri] m crab.

sirvo ['sixvu] → **servir**.

sísmico ['siʒmiku] adj m → **abalo**.

siso ['sizu] m (common) sense; **dente de ~** wisdom tooth.

sistema [siʃ'tema] m system; **~ métrico** metric system; **~ nervoso** nervous system; **Sistemas Digitais** (disciplina) computer studies; **por ~** systematically.

sistemático, -ca [siʃtemat'ʃiku, -ka] adj systematic.

sisudo, -da [si'zudu, -da] adj serious.

sítio ['sitʃju] m (lugar) place; (espaço) room, space; (Br: chácara) smallholding.

situação [sitwaˈsãw] (*pl* **-ões** [-õjʃ]) *f (localização)* position; *(circunstâncias)* situation; *(estado, condição)* condition.

situado, -da [siˈtwadu, -da] *adj*: **bem/mal ~** well/badly situated; **~ em** situated in; **está ~ ao norte de Brasília** it is situated to the north of Brasília.

situar [siˈtwa(x)] *vt (colocar)* to place; *(localizar)* to locate.

❏ **situar-se** *vp (localizar-se)* to be located.

s/l *abrev* = **sobreloja**.

slide [sˈlajdʒi] *m* slide.

slip [sˈlip] *m (Port: cueca)* underpants *(pl)*.

slogan [sˈlogãn] *m* slogan.

smoking [sˈmokĩŋ] *m* dinner jacket *(Brit)*, tuxedo *(Am)*.

snack-bar [snɛkˈba(x)] (*pl* **snack-bares** [snɛkˈbareʃ]) *m* snack bar.

snooker [sˈnukɛr] *m (Port)* snooker.

só [sˈɔ] *adj (sem companhia)* alone; *(solitário)* lonely ◆ *adv (apenas)* only; **é ~ pedir!** all you need to do is ask!; **um ~ minuto do teu tempo** just a minute of your time; **a ~s** alone; **não ~ ... como também** not only ... but also; **~ que** only.

SO *(abrev de Sudoeste)* SW.

soalho [sˈwaʎu] *m* wooden floor.

soar [sˈwa(x)] *vi & vt* to sound; **soaram as 10 horas** the clock struck 10; **~ bem** to sound right; **~ mal** not to sound right.

sob [sˈobi] *prep* under.

sobe [sˈɔbi] → **subir**.

soberania [soberaˈnia] *f* sovereignty.

soberano, -na [sobeˈranu, -na] *adj* sovereign.

soberbo, -ba [suˈbexbu, -ba] *adj (suntuoso)* superb; *(arrogante)* arrogant.

sobrado [soˈbradu] *m* wooden floor.

sobrancelha [sobrãˈseʎa] *f* eyebrow.

sobrar [soˈbra(x)] *vi* to be left over.

sobre [sˈobri] *prep (em cima de)* on (top of); *(por cima de)* over; *(acerca de)* about.

sobreaviso [sobreaˈvizu] *m*: **estar** OU **ficar de ~** to be on the alert.

sobrecarga [sobreˈkaxga] *f* overload.

sobrecarregar [sobrekaxeˈga(x)] *vt*: **~ alguém com algo** to overload sb with sthg.

sobreloja [sobreˈlɔʒa] *f* mezzanine.

sobremesa [sobreˈmeza] *f* dessert.

sobrenatural [ˌsobrenatuˈraw] (*pl* **-ais** [-ajʃ]) *adj* supernatural.

sobrenome [sobriˈnomi] *m (Br)* surname.

sobrepor [sobreˈpo(x)] *vt*: **~ algo a algo** to put sthg on top of sthg.

❏ **sobrepor-se** *vp (problema, trabalho)* to take precedence.

sobrescrito [sobreʃˈkritu] *m* envelope.

sobressair [sobresaˈi(x)] *vi* to stand out.

sobressaltar [sobresawˈta(x)] *vt* to startle.

❏ **sobressaltar-se** *vp* to be startled.

sobressalto [sobreˈsawtu] *m (susto)* fright; *(inquietação)* anxiety.

sobretaxa [ˌsobreˈtaʃa] *f* surcharge.

sobretudo [sobreˈtudu] *m* overcoat ◆ *adv* especially, above all.

sobrevivência [sobreviˈvẽsja] *f* survival.

sobrevivente [sobreviˈvẽtʃi] *mf* survivor.

sobreviver [sobreviˈve(x)] *vi* to survive.

sobriedade [sobrieˈdadʒi] *f* sobriety.

sobrinho, -nha [soˈbriɲu, -ɲa] *m, f* nephew *(f* niece).

sóbrio, -bria [sˈɔbriu, -bria] *adj* sober.

social [soˈsjaw] (*pl* **-ais** [-ajʃ]) *adj* social.

socialismo [sosjaˈliʒmu] *m* socialism.

socialista [sosjaˈliʃta] *adj & mf* socialist.

sociedade [sosjeˈdadʒi] *f* society; *(comercial)* partnership.

sócio, -cia [sˈɔsju, -sja] *m, f* partner.

sociologia [sosjoloˈʒia] *f* sociology.

sociólogo, -ga [soˈsjɔlogu, -ga] *m, f* sociologist.

soco [sˈoku] *m (em pessoa)* punch; *(em mesa)* thump.

socorrer [sokoˈxe(x)] *vt* to help.

❏ **socorrer-se de** *vp + prep* to resort to, to have recourse to.

socorro [soˈkoxu] *m* help ◆ *interj* help!; **pedir ~** to ask for help.

soda [sˈɔda] *f (bicarbonato)* bicarbonate of soda; *(bebida)* soda water.

sofá [soˈfa] *m* sofa; **~ cama** sofa bed.

sofisticado, -da [sofiʃtʃiˈkadu, -da] *adj* sophisticated.

sofrer [soˈfre(x)] *vt* to have ◆ *vi* to suffer.

sofrimento [sofri'mẽntu] *m* suffering.

software [sɔf'twɛri] *m* software.

sogro, sogra ['sogru, 'sɔgra] *m, f* father-in-law (*f* mother-in-law).

soirée [swa're] *f* soirée.

sóis → sol.

soja ['sɔʒa] *f* soya.

sol ['sɔw] (*pl* sóis ['sɔjʃ]) *m* sun.

sola ['sɔla] *f* sole.

solar [so'la(x)] (*pl* -res [-riʃ]) *adj* solar ◆ *m* manor(house).

soldado [sow'dadu] *m* soldier.

soleira [so'lejra] *f* threshold.

solene [so'lɛni] *adj* solemn.

soletrar [sole'tra(x)] *vt* to spell.

solicitar [solisi'ta(x)] *vt* to request.

solícito, -ta [so'lisitu, -ta] *adj* solicitous.

solidão [soli'dãw] *f* solitude.

solidariedade [solidarje'dadʒi] *f* solidarity.

solidário, -ria [soli'darju, -rja] *adj* sharing; **ser ~ com** (*causa, idéia*) to support; (*pessoa*) to stand by.

sólido, -da ['sɔlidu, -da] *adj* solid; (*investimento, negócio*) sound.

solista [so'liʃta] *mf* soloist.

solitário, -ria [soli'tarju, -rja] *adj* (*local*) lonely; (*pessoa*) solitary ◆ *m* (*jóia*) solitaire.

solo ['sɔlu] *m* (*chão*) floor; (*superfície terrestre*) ground; (*terreno arável*) land, soil; (*MÚS*) solo.

soltar [sow'ta(x)] *vt* (*desprender*) to release; (*desatar*) to untie; (*grito, preso*) to let out.

❑ **soltar-se** *vp* (*desprender-se*) to come loose; (*desatar-se*) to come undone.

solteiro, -ra [sow'tejru, -ra] *adj* single.

solto, -ta ['sowtu, -ta] *pp* → soltar ◆ *adj* (*livre*) loose; (*sozinho*) separate.

solução [solu'sãw] (*pl* -ões [-õjʃ]) *f* solution.

soluçar [solu'sa(x)] *vi* (*ter soluços*) to hiccup; (*chorar*) to sob.

solucionar [solusjo'na(x)] *vt* to solve.

soluço [su'lusu] *m* (*contração*) hiccup; (*choro*) sob.

soluções → solução.

solúvel [so'luvɛw] (*pl* -eis [-ejʃ]) *adj* soluble.

som ['sõ] (*pl* -ns [-ʃ]) *m* sound; **ao ~ de** to the sound of; **~ estereofônico**

stereo sound.

soma ['soma] *f* sum.

somar [so'ma(x)] *vt* to add up.

sombra ['sõmbra] *f* (*escuridão*) shade; (*de corpo*) shadow; (*cosmético*) eye shadow; **à** OU **na ~** in the shade; **sem ~ de dúvida** beyond a shadow of a doubt.

sombrio, -bria [sõm'briu, -'bria] *adj* (*escuro*) dark; (*melancólico*) sombre; (*lúgubre*) gloomy.

somente [so'mẽntʃi] *adv* only.

sonâmbulo, -la [so'nãmbulu, -la] *m, f* sleepwalker.

sonda ['sõnda] *f* (*MED*) probe; **~ espacial** space probe.

sondagem [sõn'daʒẽ] (*pl* -ns [-ʃ]) *f* (*opinion*) poll.

soneca [so'nɛka] *f* nap; **tirar uma ~** to have a nap.

soneto [so'nɛtu] *m* sonnet.

sonhador, -ra [soɲa'do(x), -ra] (*mpl* -res [-riʃ], *fpl* -s [-ʃ]) *m, f* dreamer.

sonhar [so'ɲa(x)] *vi* to dream; **~ acordado** to daydream; **~ com** to dream about.

sonho ['soɲu] *m* dream; (*Br: CULIN*) doughnut; **de ~** dream (*antes de s*).

sonífero [so'niferu] *m* sleeping pill.

sono ['sonu] *m* sleep; **estou morto de ~** I'm falling asleep; **pegar no ~** to get to sleep; **ter ~** to be sleepy; **~ pesado** deep sleep.

sonolento, -ta [sono'lẽntu, -ta] *adj* sleepy.

sonoro, -ra [so'nɔru, -ra] *adj* sound (*antes de s*).

sons → som.

sonso, -sa ['sõsu, -sa] *adj* two-faced.

sopa ['sopa] *f* soup; **~ de hortaliça/legumes** cabbage/vegetable soup; **~ de marisco** soup made with prawns, onion and tomato; **ser ~** (*fam: ser fácil*) to be a piece of cake.

soporífero [sopo'riferu] *m* sleeping pill.

soprar [so'pra(x)] *vt* (*vela, lume*) to blow out; (*pó*) to blow off; (*resposta*) to whisper ◆ *vi* to blow.

sórdido, -da ['sɔrdʒidu, -da] *adj* squalid.

soro ['soru] *m* (*MED*) serum; (*de leite*) whey; **~ fisiológico** saline solution.

soronegativo, -va [soronega'tʃivu, -va] *adj* (*Br*) HIV-negative.

soropositivo, -va [soropozi'tʃivu,

-va] *adj (Br)* HIV-positive.

sorridente [soxi'dēntʃi] *adj (cara, face)* smiling; *(pessoa)* cheerful.

sorrir [so'xi(x)] *vi* to smile.

sorriso [so'xizu] *m* smile.

sorte ['sɔxtʃi] *f* luck; *(destino)* fate; **boa ~!** good luck!; **tire um cartão/ número à ~** pick a card/ number; **para dar ~** for (good) luck; **estar com ~** to be in luck; **ter ~** to be lucky; **tirar a ~** to draw lots; **a ~ grande** the jackpot; **com ~** *(pessoa)* lucky; **por ~** luckily.

sortear [sox'tea(x)] *vt* to raffle.

sorteio [sox'teju] *m* raffle.

sortido, -da [sox'tʃidu, -da] *adj* assorted ♦ *m* assortment.

sortudo, -da [sox'tudu, -da] *m, f (fam)* lucky person.

sorvete [sox'vetʃi] *m (Br)* ice cream.

sorveteria [soxvete'ria] *f (Br)* ice-cream parlour.

SOS *m (abrev de Save our Souls)* SOS.

sossegado, -da [sose'gadu, -da] *adj* quiet.

sossego [so'segu] *m* peace.

sótão [sɔtãw] *m* attic.

sotaque [so'taki] *m* accent.

sotavento [sɔta'vēntu] *m* leeward.

soterrar [sote'xa(x)] *vt* to bury.

sou ['so] → **ser**.

soube ['sobi] → **saber**.

soufflé [su'flɛ] *m (Port)* = **suflê**.

soutien [su'tjã] *m (Port)* = **sutiã**.

sova ['sɔva] *f* beating.

sovaco [so'vaku] *m* armpit.

sovina [so'vina] *adj* miserly.

sozinho, -nha [sɔ'zinu, -ɲa] *adj* alone; **fiz tudo ~** I did it all by myself; **falar/rir ~** to talk/laugh to o.s.

spray ['sprej] *m* spray.

squash ['skwaʃ] *m* squash.

Sr. *(abrev de senhor)* Mr.

Sra. *(abrev de senhora)* Mrs, Ms.

stand [ʃtãnde] *(pl -des* [-diʃ]*) m (Port) (de automóveis)* (car) dealer; *(em feira de amostras)* stand.

stock [ʃtɔke] *m (Port)* stock.

stress ['strɛs] *m* stress.

sua → **seu**.

suar ['swa(x)] *vi* to sweat.

suástica ['swaʃtʃika] *f* swastika.

suave ['swavi] *adj* soft; *(brisa, curva)* gentle; *(sabor)* delicate; *(vinho)* smooth; *(cheiro)* subtle; *(dor)* slight.

suavidade [swavi'dadʒi] *f* softness; *(de brisa, curva)* gentleness; *(de sabor)* delicacy; *(de vinho)* smoothness; *(de cheiro)* subtlety.

suavizar [swavi'za(x)] *vt (cheiro, sabor)* to tone down; *(dor)* to ease ♦ *vi (chuva)* to ease; *(vento)* to drop.

subalimentação [subalimēnta'sãw] *f* undernourishment.

subalimentado, -da [subalimēn'tadu, -da] *adj* undernourished.

subalterno, -na [subaw'texnu, -na] *m, f & adj (subordinado)* subordinate.

subalugar [subalu'ga(x)] *vt* to sublet.

subconsciente [subkõʃ'sjēntʃi] *m* subconscious.

subdesenvolvido, -da [subdezēvow'vidu, -da] *adj* underdeveloped.

subdesenvolvimento [subdezēvowvi'mēntu] *m* underdevelopment.

súbdito, -ta ['subditu, -ta] *m, f (Port)* = **súdito**.

subentendido, -da [subēntēn'dʒidu, -da] *adj* implied.

subida [su'bida] *f (ladeira)* slope; *(de preços)* increase; *(de montanha, escadas)* climb.

subir [su'bi(x)] *vt (escadas, rua, encosta)* to go up; *(montanha, rochedo)* to climb; *(malas, bagagem)* to take up; *(preços, salários)* to increase; *(estore, persiana)* to raise ♦ *vi (ir para cima)* to go up; **~ a** to climb; **~ de posto** *(em emprego)* to be promoted; **~ em** *(Br: em ônibus, avião, etc)* to get on; *(Port: em Lisboa, Porto, etc)* to get on at; **~ para** *(Port)* to get on; **~ por** to go up.

súbito, -ta ['subitu, -ta] *adj* sudden; **de ~** suddenly.

subjectivo, -va [subʒɛ'tʃivu, -va] *adj (Port)* = **subjetivo**.

subjetivo, -va [subʒɛ'tʒivu, -va] *adj (Br)* subjective.

subjugar [subʒu'ga(x)] *vt* to overcome.

❏ **subjugar-se a** *vp + prep* to give in to.

subjuntivo [subʒon'tʃivu] *m (Br)* subjunctive.

sublime [su'blimi] *adj* sublime.

sublinhar [subli'ɲa(x)] *vt* to underline; *(com entoação)* to stress.

submarino [subma'rinu] *m* submarine.

submergir [submex'ʒi(x)] *vt (imergir)* to submerge; *(inundar)* to flood.

submeter [subme'te(x)] *vt*: ~ **algo/alguém a algo** to submit sthg/sb to sthg.

❑ **submeter-se a** *vp + prep* to submit to.

submisso, -a [sub'misu, -a] *adj* submissive.

subnutrido, -da [subnu'tridu, -da] *adj* undernourished.

subornar [subox'na(x)] *vt* to bribe.

subsídio [sub'sidju] *m* subsidy.

subsistência [subsiʃ'tēsja] *f (sustento)* subsistence; *(permanência)* continued existence.

subsistir [subsiʃ'ti(x)] *vi (persistir)* to remain; *(sobreviver)* to subsist.

subsolo [sub'sɔlu] *m* subsoil.

substância [subʃ'tãsja] *f* substance.

substantivo [subʃtãn'tʒivu] *m* noun.

substituir [subʃtʃi'twi(x)] *vt* to substitute; ~ **a manteiga por margarina** substitute margarine for butter.

substituto, -ta [subʃtʃi'tutu, -ta] *m, f* replacement.

subterrâneo, -nea [subte'xanju, -nja] *adj* underground.

subtil [sub'til] *(pl* -**is** [-iʃ]*) adj (Port)* = **sutil**.

subtrair [subtra'i(x)] *vt* to subtract.

suburbano, -na [subux'banu, -na] *adj* suburban.

subúrbio [su'buxbju] *m* suburb.

subversivo, -va [subvex'sivu, -va] *adj* subversive.

sucata [su'kata] *f* scrap.

sucção [suk'sãw] *f* suction.

suceder [suse'de(x)] *vi* to happen.

❑ **suceder a** *v + prep (em cargo)* to succeed; *(vir depois)* to follow.

❑ **suceder-se** *vp* to happen.

sucedido, -da [suse'dʒidu, -da] *m* occurrence ♦ *adj*: **ser bem/mal** ~ to be successful/unsuccessful.

sucessão [suse'sãw] *(pl* -**ões** [-õjʃ]*) f* succession.

sucessivo, -va [suse'sivu, -va] *adj* successive.

sucesso [su'sɛsu] *m* success; **fazer** ~ to be successful.

sucessões → **sucessão**.

sucinto, -ta [su'sĩntu, -ta] *adj* succinct.

suco ['suku] *m (Br)* juice.

suculento, -ta [suku'lẽntu, -ta] *adj* succulent.

sucumbir [sukũm'bi(x)] *vi (desmoronar)* to crumble; *(morrer)* to die; ~ **a** to succumb to.

sucursal [sukux'saw] *(pl* -**ais** [-ajʃ]*) f (de banco, empresa)* branch.

sudeste [su'dɛʃtʃi] *m* southeast; **no** ~ in the southeast.

súdito, -ta ['sudʒitu, -ta] *m, f (Br)* subject.

sudoeste [su'dweʃtʃi] *m* southwest; **no** ~ in the southwest.

Suécia ['swɛsja] *f*: **a** ~ Sweden.

sueco, -ca ['swɛku, -ka] *adj & m* Swedish ♦ *m, f* Swede.

suéter ['swete(x)] *(pl* -**res** [-riʃ]*) m ou f (Br)* sweater.

suficiente [sufi'sjẽntʃi] *adj* enough ♦ *m (EDUC)* pass.

sufixo [su'fiksu] *m* suffix.

suflé [su'flɛ] *m (Port)* = **suflê**.

suflê [su'flɛ] *m (Br)* soufflé.

sufocante [sufo'kãntʃi] *adj* oppressive.

sufocar [sufo'ka(x)] *vt & vi* to suffocate.

sugar [su'ga(x)] *vt* to suck.

sugerir [suʒe'ri(x)] *vt* to suggest.

sugestão [suʒeʃ'tãw] *(pl* -**ões** [-õjʃ]*) f* suggestion.

sugestivo, -va [suʒeʃ'tʃivu, -va] *adj* suggestive.

sugestões → **sugestão**.

Suíça ['swisa] *f*: **a** ~ Switzerland.

suíças ['swisaʃ] *fpl* sideboards *(Brit)*, sideburns *(Am)*.

suicidar-se [swisi'daxsi] *vp* to commit suicide.

suicídio [swi'sidʒju] *m* suicide.

suíço, -ça ['swisu, -sa] *adj & m, f* Swiss.

suíte ['switʃi] *f (Br)* suite.

sujar [su'ʒa(x)] *vt* to dirty.

❑ **sujar-se** *vp* to get dirty.

sujeitar [suʒej'ta(x)] *vt*: ~ **algo/alguém a algo** to subject sthg/sb to sthg.

❑ **sujeitar-se a** *vp + prep (submeter-se a)* to conform to; **ela teve que ~-se a todo tipo de humiliação** she was subjected to ritual humiliation.

sujeito, -ta [su'ʒejtu, -ta] *m, f (fam: homem, mulher)* guy *(f* girl*)* ♦ *m (GRAM)* subject ♦ *adj*: ~ **a** subject to.

sujo, -ja ['suʒu, -ʒa] *adj* dirty.

sul ['suw] *m* south; **ao** OU **no ~** in the south; **ao ~ de** (to the) south of.

suma ['suma] *f:* **em ~** in short.

sumário, -ria [su'marju, -rja] *adj (explicação)* brief; *(ordem, execução)* summary ♦ *m (resumo)* summary.

sumo ['sumu] *m (Port)* juice; **~ de frutas** fruit juice.

Sumol® [su'mɔw] *(pl* **-óis** [-ɔjʃ]) *f:* **~ (de laranja)** orangeade.

sundae ['sãndej] *m (Br)* (ice cream) sundae.

sunga ['sũŋga] *f (Br)* swimming trunks *(pl).*

suor ['swɔ(x)] *(pl* **-res** [-riʃ]) *m* sweat; **sentir ~es frios** to break out in a cold sweat.

superar [supe'ra(x)] *vt* to overcome.

superficial [supexfi'sjaw] *(pl* **-ais** [-ajʃ]) *adj* superficial.

superfície [supex'fisji] *f* surface; *(área)* area; **na ~** on the surface.

supérfluo, -flua [su'pexflu, -fla] *adj* superfluous.

superior [supe'rjo(x)] *(pl* **-res** [-riʃ]) *adj* higher; *(em espaço)* top; *(em valor, quantidade)* greater ♦ *m* superior; **andar ~** top floor; **mostrar-se ~** to give o.s. airs (and graces).

superioridade [superjori'dadʒi] *f* superiority.

superlativo [supexla'tʃivu] *m* superlative.

superlotado, -da [.supexlo'tadu, -da] *adj* packed.

supermercado [.supexmex'kadu] *m* supermarket.

superstição [supexʃtʃi'sãw] *(pl* **-ões** [-õjʃ]) *f* superstition.

supersticioso, -osa [superʃtʃi'sjozu, -ɔza] *adj* superstitious.

superstições → superstição.

supervisão [supexvi'zãw] *f* supervision.

supervisionar [supexvizjo'na(x)] *vt* to supervise.

suplemento [suple'mẽntu] *m (de jornal, revista)* (colour) supplement.

suplente [su'plẽntʃi] *adj (peça)* spare; *(pessoa)* substitute ♦ *mf (ESP)* substitute.

súplica ['suplika] *f* plea.

suplicar [supli'ka(x)] *vt* to plead; **~ a alguém que faça algo** to beg sb to do sthg.

suplício [su'plisju] *m* torture.

supor [su'po(x)] *vt* to presume. **□ supor-se** *vp:* **supõe-se que ela tenha morrido** she is presumed dead.

suportar [supox'ta(x)] *vt (peso, carga)* to support; *(pessoa)* to stand; *(dor, desgosto)* to bear.

suporte [su'pɔxtʃi] *m* support.

suposição [supozi'sãw] *(pl* **-ões** [-õjʃ]) *f* supposition.

supositório [supozi'tɔrju] *m* suppository.

suposto, -osta [su'poʃtu, -ɔʃta] *adj (hipotético)* supposed; *(alegado)* alleged; *(falso)* false ♦ *m* assumption.

supremo, -ma [su'premu, -ma] *adj* supreme. **□ Supremo** *m:* **o Supremo (Tribunal de Justiça)** the Supreme Court.

supressão [supre'sãw] *(pl* **-ões** [-õjʃ]) *f (de palavra, frase)* deletion; *(de projeto, empregos)* axing.

suprimir [supri'mi(x)] *vt (palavra, frase)* to delete; *(emprego, projeto)* to axe.

surdez [sux'deʒ] *f* deafness.

surdina [sux'dʒina] *f:* **em ~** in a whisper.

surdo, -da ['suxdu, -da] *adj* deaf ♦ *m, f* deaf person; **fazer-se ~** to turn a deaf ear.

surf ['sarfe] *m (Port)* = **surfe**.

surfe ['suxfi] *m (Br)* surfing; **fazer ~** to go surfing.

surfista [sux'fiʃta] *mf* surfer.

surgir [sux'ʒi(x)] *vi (aparecer)* to appear; *(problema, complicação)* to arise.

surpreendente [surpriẽn'dẽntʃi] *adj* surprising.

surpreender [surpriẽn'de(x)] *vt* to surprise. **□ surpreender-se** *vp* to be surprised.

surpresa [sur'preza] *f* surprise; **fazer uma ~ a alguém** to give sb a surprise; **de ~** by surprise.

surpreso, -sa [sur'prezu, -za] *adj* surprised.

surto ['surtu] *m (de doença)* outbreak.

susceptível [suʃse'tivel] *(pl* **-eis** [-ejʃ]) *adj (Port)* = **suscetível**.

suscetível [suʃse'tʃivew] *(pl* **-eis** [-ejʃ]) *adj (Br)* sensitive; **~ a** liable to.

suscitar [suʃsi'ta(x)] *vt* to provoke; *(interesse)* to arouse; *(dificuldades,*

problemas) to cause.
suspeita [suʃ'pejta] *f* suspicion; lançar ~s sobre **alguém** to cast aspersions on sb, → **suspeito**.
suspeito, -ta [suʃ'pejtu, -ta] *adj* suspicious ◆ *m, f* suspect.
suspender [suʃpẽn'de(x)] *vt* to suspend.
suspensão [suʃpẽ'sãw] (*pl* -ões [-õjʃ]) *f* suspension.
suspense [suʃ'pẽsi] *m* suspense.
suspensões → **suspensão**.
suspensórios [suʃpẽ'sɔrjuʃ] *mpl* braces *(Brit)*, suspenders *(Am)*.
suspirar [suʃpi'ra(x)] *vi* to sigh; ~ **por** to long for.
suspiro [suʃ'piru] *m* sigh; *(doce)* egg

whites beaten with sugar used as a pie topping.
sussurrar [susu'xa(x)] *vi & vt* to whisper.
sussurro [su'suxu] *m* whisper.
sustentar [suʃtẽn'ta(x)] *vt* to support; *(afirmar)* to maintain.
suster [suʃ'te(x)] *vt (segurar)* to sustain; *(respiração)* to hold.
susto ['suʃtu] *m* fright, shock; **tomar um** ~ to get a fright; **pregar** OU **dar um** ~ **em alguém** to give sb a fright.
sutiã [su'tʃjã] *m (Br)* bra, brassiere *(Am)*.
sutil [su'tʃiw] (*pl* -**is** [-iʃ]) *adj (Br)* subtle.
SW *(abrev de Sudoeste)* SW.

T

ta [ta] = te + a, → te.

tabacaria [tabaka'ria] f tobacconist's (shop).

tabaco [ta'baku] m (cigarros) cigarettes (pl); (para cachimbo, enrolar) tobacco.

tabela [ta'bɛla] f (de horários) timetable; (de preços) price list.

taberna [ta'bɛxna] f cheap country-style pub.

tablete [ta'blɛtʃi] m ou f: ~ de chocolate bar of chocolate.

tabu [ta'bu] adj & m taboo.

tábua ['tabwa] f board; ~ de passar a ferro (Port) ironing board; ~ de passar roupa (Br) ironing board.

tabuleiro [tabu'lejru] m (para comida) tray; (de damas, xadrez) board; (de ponte) roadway.

tabuleta [tabu'leta] f sign.

tac [taki] m (abrev de tomografia axial computorizada) CAT scan.

taça ['tasa] f cup; (para comida, doces) bowl; (de champanhe) glass.

tacada [ta'kada] f (em golfe) stroke; (em bilhar) shot.

tacho ['taʃu] m saucepan.

taco ['taku] m (de golfe) club; (de bilhar) cue; (de chão) parquet block.

táctica ['tatika] f (Port) = tática.

táctico, -ca ['tatiku, -ka] adj (Port) = tático.

tacto ['tatu] m (Port) = tato.

tagarela [taga'rɛla] adj talkative ♦ mf chatterbox.

tainha [ta'iɲa] f mullet.

tal ['taw] (pl tais ['tajʃ]) adj such ♦ pron: o/a ~ the one; nunca ouvi falar de ~ coisa/pessoa I've never heard of such a thing/person; livros, tais como estes, são úteis books, such as these, are useful; um ~ senhor some man; na cidade ~ in such-and-such a town; que ~ um passeio? how about a walk?; que ~? how was it?; ~ e qual just like; como ~ so; para ~ for that; ~ como just as.

tala ['tala] f (MED) splint.

talão [ta'lãw] (pl -ões [-õjʃ]) m (de recibo, bilhete) stub; ~ de cheques (Br) cheque book.

talco ['tawku] m talc.

talento [ta'lẽtu] m talent.

talhar [ta'ʎa(x)] vt to cut; (madeira) to carve.

❏ **talhar-se** vp (leite) to curdle.

talharim [taʎa'rĩ] m tagliatelle.

talher [ta'ʎɛ(x)] (pl -res [-riʃ]) m (set of) cutlery.

talho ['taʎu] m (Port: açougue) butcher's (shop).

talo ['talu] m (de flor, legume) stem.

talões → **talão**.

talvez [taw'veʒ] adv perhaps, maybe; ~ sim, ~ não maybe, maybe not.

tamancos [ta'mãŋkuʃ] mpl clogs.

tamanho, -nha [ta'maɲu, -ɲa] m (grandeza) size ♦ adj (tão grande): fiz ~ esforço I made such an effort; qual é o ~ do quarto? how big is the room?

tamanho-família [ta,maɲufa'milja] adj inv (Br: embalagem) family (antes de s).

tâmara ['tamara] f date.

tamarindo [tama'rĩndu] m tamarind.

também [tãm'bẽ] adv also; eu ~ me too; ele ~ não fez nada he didn't do anything either; ~ quero ir I want to go too; ela ~ vem she's coming as well; ele ~ se chama Luís he's also called Luís.

tambor [tãm'bo(x)] (pl -res [-riʃ]) m drum.

tamboril [tãmbo'riw] (pl -is [-iʃ]) m (peixe) monkfish; (MÚS) small drum.

tamborim [tãmbo'rĩ] (pl -ns [-ʃ])

m tambourine.
tamboris → **tamboril**.
Tâmisa ['tamiza] *m*: **o ~** the Thames.
tampa ['tãmpa] *f* lid.
tampão [tãm'pãw] (*pl* **-ões** [-õjʃ]) *m* tampon.
tampo ['tãmpu] *m* (*de mesa*) top; (*de privada*) lid.
tampões → **tampão**.
tampouco [tãm'poku] *adv* neither.
tanga ['tãŋga] *f* tanga.
tangerina [tãʒe'rina] *f* tangerine.
tanque ['tãŋki] *m* tank.
tanto, -ta ['tãntu, -ta] *adj*
1. (*exprime grande quantidade*) so much, so many (*pl*); **~ dinheiro** so much money; **tanta gente** so many people; **tantas flores** so many flowers; **esperei ~ tempo** I waited for so long; **~ ... que** so much ...that.
2. (*indica quantidade indeterminada*) so much, so many (*pl*); **de ~s em ~s dias** every so many days; **são mil e ~s reais** one thousand and something reals.
3. (*em comparações*): **~ ... como** as much ... as, as many ... as (*pl*); **bebi ~ vinho quanto você** I drank as much wine as you; **têm tanta sorte quanto você** they're as lucky as you.
♦ *adv* 1. (*exprime grande quantidade*) so much; **lhe quero ~** I love you so much; **não quero ~ assim** I don't want as much as that.
2. (*em locuções*): **de ~ falar perdi a voz** I lost my voice from talking so much; **~ faz!** it doesn't matter!; **~ melhor** so much the better; **~ pior** too bad; **~ quanto** as far as; **um ~** a little; **é um ~ caro** it's a bit expensive; **~ um como o outro** both of them; **um ~ quanto** slightly; **~ que** (*pela simples razão que*) so much so that.
♦ *pron* 1. (*indica grande quantidade*) so much, so many (*pl*); **tenho ~!** I've got so much!; **ele não comprou ~s** he didn't buy that many.
2. (*indica igual quantidade*) as much, as many (*pl*); **havia muita gente ali, aqui não era tanta** there were a lot of people over there, but not as many over here.
3. (*indica quantidade indeterminada*) so much, so many (*pl*); **lá para as tantas ele foi embora** he left quite late; **põe uns ~s aqui uns ~s ali** put some over here and some over there; **leva ~s**

quantos você quiser take as many as you want.
4. (*em comparações*): **~ quanto** as much as; **sabe ~ quanto eu do assunto** he knows as much as I do about the affair; **comi ~ quanto o Arnaldo** I ate as much as Arnaldo.
5. (*em locuções*): **às tantas** (*de repente*) all of a sudden; **às tantas da noite** late at night; **não é caso para ~** there's no need to make such a fuss.
tão [tãw] *adv* so; **~ ... como** as ... as; **~ ... que** so ... (that).
TAP ['tapi] *f* (*abrev de Transportes Aéreos Portugueses*) TAP (*Portuguese national airline*).
tapa ['tapa] *m* (*Br: bofetada*) slap.
tapar [ta'pa(x)] *vt* (*com cobertor, lençol*) to cover up; (*garrafa, frasco, panela*) to put the lid on; (*caixa*) to close; (*boca, ouvidos*) to cover; (*nariz*) to hold.
tapeçaria [tapesa'ria] *f* tapestry.
tapete [ta'petʃi] *m* (*grande*) carpet; (*médio*) rug; (*pequeno*) mat; **~ rolante** conveyor belt.
tardar [tax'da(x)] *vi* to take a long time; **ele não tardará a chegar** he won't be long; **~ a** ou **em fazer algo** to take a long time to do sthg; **o mais ~** at the latest.
tarde ['taxdʒi] *f* (*até às seis*) afternoon; (*depois das seis*) evening ♦ *adv* late; **boa ~!** good afternoon/evening!; **à ~** in the afternoon/evening; **já é ~** it's too late; **mais ~** later; **nunca é ~ demais** it's never too late.
tardio, -dia [tax'dʒiu, -'dia] *adj* late.
tarefa [ta'rɛfa] *f* task.
tarifa [ta'rifa] *f* (*preço, taxa*) charge; (*em transportes*) fare; (*lista de preços*) price list.
tartaruga [taxta'ruga] *f* (*terrestre*) turtle; (*aquática*) tortoise.
tas [taʃ] = **te** + **as**, → **te**.
tática ['tatʃika] *f* (*Br*) tactic.
tático, -ca ['tatʃiku, -ka] *adj* (*Br*) tactical.
tato ['tatu] *m* (*Br*) (*sentido*) touch; (*fig: cuidado, habilidade*) tact; **ter ~** (*fig*) to be tactful.
tatuagem [ta'twaʒẽ] (*pl* **-ns** [-ʃ]) *f* tattoo.
tauromaquia [tawroma'kia] *f* bullfighting.
taxa ['taʃa] *f* (*imposto*) tax; (*percentagem*) rate; **~ de câmbio/juros**

exchange/interest rate.

tax-free [taks'fri] *adj inv* tax-free.

táxi ['taksi] *m* taxi.

taxímetro [tak'simetru] *m* taximeter.

tchau ['tʃaw] *interj* bye!

te [tʃi] *pron (complemento direto)* you; *(complemento indireto)* (to) you; *(reflexo)* yourself; **magoaste-~?** *(Port)* did you hurt yourself?; **vais-~ embora?** *(Port)* are you going?.

tear ['tea(x)] *(pl -res* [-riʃ]) *m* loom; **~ manual** hand loom.

teatral [tea'traw] *(pl -ais* [-ajʃ]) *adj (do teatro)* theatre *(antes de s)*; *(pessoa, comportamento)* theatrical.

teatro ['teatru] *m* theatre; **~ de fantoches** puppet show; **~ de variedades** variety *(Brit)*, vaudeville *(Am)*.

tecelagem [tese'laʒẽ] *(pl -ns* [-ʃ]) *f (local)* textile factory; *(ofício)* weaving.

tecer [te'se(x)] *vt (tapete, tecido)* to weave; *(suj: aranha)* to spin.

tecido [te'sidu] *m (pano)* fabric, cloth; *(ANAT)* tissue.

tecla ['tɛkla] *f* key.

teclado [te'kladu] *m* keyboard.

técnica ['tɛknika] *f* technique, → **técnico**.

técnico, -ca ['tɛkniku, -ka] *adj* technical ♦ *m, f (pessoa)* technician.

tecnologia [teknolo'ʒia] *f* technology; **~ da informação** information technology *(sg)*.

tecnológico, -ca [teknu'lɔʒiku, -ka] *adj* technological.

tecto ['tɛtu] *m (Port)* = **teto**.

tédio ['tɛdʒiu] *m* boredom.

teia ['teja] *f* web.

teimar ['tejma(x)] *vi* to insist; **~ em** to insist on.

teimosia [tejmo'zia] *f* stubbornness.

teimoso, -osa [tej'mozu, -ɔza] *adj* stubborn.

teixo ['tejʃu] *m* yew (tree).

tel. *(abrev de telefone)* tel.

tela ['tɛla] *f* canvas; *(tecido)* fabric.

telecomandado, -da [telekomãn'dadu, -da] *adj* remote-controlled ♦ *m* remote control.

teleférico [tele'fɛriku] *m* cable car.

telefonar [telefo'na(x)] *vi* to (tele)phone; **~ para alguém** to (tele)phone sb.

telefone [tele'foni] *m* (tele)phone; **~ público** public payphone.

telefonema [telefo'nema] *m* (tele)phone call; **dar um ~** to make a (tele)phone call.

telefónico, -ca [tele'foniku, -ka] *adj (Port)* = **telefônico**.

telefônico, -ca [tele'foniku, -ka] *adj (Br)* (tele)phone *(antes de s)*.

telefonista [telefo'niʃta] *mf* switchboard operator.

telegrafar [telegra'fa(x)] *vt* to cable.

telegrama [tele'grama] *m* telegram; **~ fonado** *(Br)* Telemessage®.

telejornal [teleʒox'naw] *(pl -ais* [-ajʃ]) *m* news (on TV) *(sg)* .

telemóvel [tele'mɔvɛw] *(pl -eis* [-ejʃ]) *m (Port: telefone)* mobile phone.

telenovela [teleno'vela] *f* soap opera.

teleobjectiva [teleobʒe'tiva] *f (Port)* = **teleobjetiva**.

teleobjetiva [teleobʒe'tʃiva] *f (Br)* telephoto lens.

telepatia [telepa'tʃia] *f* telepathy.

telescópio [teleʃ'kɔpju] *m* telescope.

telesqui [teleʃ'ki] *m* ski lift.

televisão [televi'zãw] *(pl -ões* [-õjʃ]) *f* television, TV; **~ a cores** colour television; **~ preto e branco** black-and-white television; **~ por cabo/satélite** cable/satellite television.

televisor [televi'zo(x)] *(pl -res* [-riʃ]) *m* television (set).

telex [te'lɛks] *(pl -es* [-iʃ]) *m* telex.

telha ['teʎa] *f (roof)* tile.

telhado [te'ʎadu] *m* roof.

tem ['tẽ] → **ter**.

têm ['tajẽ] → **ter**.

tema ['tema] *m* subject.

temer [te'me(x)] *vt* to be afraid of, to fear; **~ que** to fear (that).

temido, -da [te'midu, -da] *adj* feared.

temível [te'mivew] *(pl -eis* [-ejʃ]) *adj* frightening.

temor [te'mo(x)] *(pl -res* [-riʃ]) *m* fear.

temperado, -da [tẽmpe'radu, -da] *adj (comida)* seasoned; *(clima)* temperate.

temperamento [tẽmpera'mẽntu] *m* temperament.

temperar [tẽmpe'ra(x)] *vt* to season.

temperatura [tẽmpera'tura] *f* temperature.

tempero [tẽm'peru] *m* seasoning.

tempestade [tẽmpeʃ'tadʒi] *f* storm; **uma ~ num copo de água** a storm in a teacup.

templo [ˈtẽmplu] *m* temple.

tempo [ˈtẽmpu] *m (horas, minutos, segundos)* time; *(meteorológico)* weather; *(GRAM)* tense; **chegar a ~ de algo** to arrive in time for sthg; **chegar a ~ de fazer algo** to arrive in time to do sthg; **ganhar ~** to save time; **não ter ~ para algo** not to have time for sthg; **não ter ~ para fazer algo** not to have time to do sthg; **passar o ~ a fazer algo** to spend one's time doing sthg; **poupar ~** to save time; **recuperar o ~ perdido** to make up for lost time; **ser ~ de** to be time to; **em ~ integral** full-time; **~ livre** free time *(sg)*; **antes do ~** prematurely; **ao mesmo ~** at the same time; **dentro de pouco ~** in a little while; **no meu ~** in my day; **naquele ~** in those days; **de ~s a ~s** from time to time; **nos últimos ~s** lately; **por algum ~** for a while; **por ~ indefinido** OU **indeterminado** indefinitely.

têmpora [ˈtẽmpora] *f* temple.

temporada [tẽmpoˈrada] *f* season; **passar uma ~ no estrangeiro/na praia** to spend some time abroad/at the beach.

temporal [tẽmpoˈraw] *(pl* **-ais** [-ajʃ]*) m* storm.

temporário, -ria [tẽmpuˈrarju, -rja] *adj* temporary.

tencionar [tẽsjoˈna(x)] *vt*: **~ fazer algo** to intend to do sthg.

tenda [ˈtẽnda] *f (para acampar)* tent; *(em mercado)* stall; *(quitanda)* greengrocer's (shop).

tendão [tẽnˈdãw] *(pl* **-ões** [-õjʃ]*) m* tendon.

tendência [tẽnˈdẽsja] *f* tendency; **ter ~ para** to tend to.

tendões → tendão.

tenente [teˈnẽntʃi] *mf* lieutenant.

tenho [ˈtaɲu] **→ ter**.

ténis [ˈtɛniʃ] *m inv (Port) (ESP)* tennis ◆ *mpl (Port) (sapatos)* trainers *(Brit)*, sneakers *(Am)*.

tênis [ˈtɛniʃ] *m inv (Br) (ESP)* tennis; *(sapatos)* trainers *(pl) (Brit)*, sneakers *(pl)(Am)*; **~ de mesa** table tennis.

tenro, -ra [ˈtẽxu, -xa] *adj* tender; **de tenra idade** young.

tensão [tẽˈsãw] *(pl* **-ões** [-õjʃ]*) f (nervosismo)* tension; *(elétrica)* voltage; **~ arterial alta/baixa** high/low blood pressure.

tenso, -sa [ˈtẽsu, -sa] *adj* tense.

tensões → tensão.

tentação [tẽntaˈsãw] *(pl* **-ões** [-õjʃ]*) f* temptation.

tentáculo [tẽnˈtakulu] *m* tentacle.

tentador, -ra [tẽntaˈdo(x), -ra] *(mpl* **-res** [-riʃ], *fpl* **-s** [-ʃ]*) adj* tempting.

tentar [tẽnˈta(x)] *vt (seduzir)* to tempt ◆ *vi (experimentar)* to try; **~ fazer algo** to try to do sthg.

tentativa [tẽntaˈtiva] *f* attempt; **à primeira ~** on one's first attempt OU go; **na ~ de fazer algo** in an attempt to do sthg.

ténue [ˈtɛnwe] *adj (Port)* = **tênue**.

tênue [ˈtɛnwi] *adj (Br)* faint; *(sabor)* mild.

teologia [tjoloˈʒia] *f* theology.

teor [teˈo(x)] *m* tenor; *(de álcool, gordura)* content.

teoria [teoˈria] *f* theory; **em ~** in theory.

teoricamente [ˌtjorikaˈmẽntʃi] *adv* theoretically.

tépido, -da [ˈtɛpidu, -da] *adj* tepid.

ter [ˈte(x)] *vt* **1.** *(possuir)* to have; **a casa tem dois quartos** the house has two bedrooms; **ela tem os olhos verdes** she has green eyes; **tenho muito dinheiro** I have a lot of money; **~ saúde/juízo** to be healthy/sensible. **2.** *(indica medida, idade)* to be; **a sala tem quatro metros de largura** the room is four metres wide; **que idade você tem?** how old are you?; **tenho dez anos** I'm ten (years old). **3.** *(dor, doença)* to have (got); **~ febre** to have a temperature; **~ varicela/sarampo** to have chickenpox/measles; **tenho dor de dentes/cabeça** I've got toothache/a headache. **4.** *(sentir)*: **~ medo** to be frightened; **tenho frio/calor** I'm cold/hot; **tenho sede/fome** I'm thirsty/hungry. **5.** *(exprime sentimento)*: **~ amor/ódio a alguém** to love/hate sb; **~ carinho por alguém** to care about sb; **~ afeição por alguém** to be fond of sb. **6.** *(conter)* to hold; **esta garrafa tem um litro** this bottle holds one litre; **esta caixa tem apenas três bolos** this box only has three cakes in it. **7.** *(discussão, problema)* to have; **eles têm muitos problemas econômicos** they have a lot of money problems; **tivemos uma grande discussão** we had a big argument.

8. *(para desejar)* to have; **tenha umas boas férias!** have a good holiday!; **tenham um bom dia!** have a nice day!
9. *(ter de ir a)* to have; **não tenho aula hoje** I don't have school today; **tenho um encontro** I've got a date; **ele tinha uma reunião, mas não foi** he had a meeting, but he didn't go to it.
10. *(dar à luz)* to have; **ela teve uma menina** she had a baby girl.
♦ *v aux* **1.** *(haver)*: **eles tinham quebrado o vidro** they had broken the window; **tinha alugado a casa** she had rented the house; **tinha chovido e a estrada estava molhada** it had been raining and the road was wet.
2. *(exprime obrigação)*: ~ **de fazer algo** to have to do sthg; **temos de estar lá às oito** we have to be there at eight; **tenho muito que fazer** I have a lot to do.
terapeuta [tera'pewta] *mf* therapist.
terapêutico, -ca [tera'petʃiku, -ka] *adj* therapeutic.
terapia [tera'pia] *f* therapy.
terça-feira [texsa'fejra] *(pl* **terças-feiras** [texsaʃ'fejraʃ]*)* *f* Tuesday; **Terça-feira de Carnaval** Shrove Tuesday *(Brit)*, Mardi Gras *(Am)*, → **sexta-feira**.
terceira [tex'sejra] *f (de veículo)* third (gear).
terceiro, -ra [tex'sejru, -ra] *num* third; **a terceira idade** old age, → **sexto**.
terço [texsu] *m (parte)* third; *(rosário)* rosary; **rezar o** ~ to say the rosary.
terebintina [terebīn'tʃina] *f* turpentine, turps *(sg)*.
termas ['texmaʃ] *fpl* hot ou thermal baths, spa *(sg)*.
térmico, -ca [tex'miku, -ka] *adj* thermal; **garrafa térmica** Thermos® (flask).
terminal [texmi'naw] *(pl* **-ais** [-ajʃ]*)* *adj* terminal ♦ *m (INFORM)* terminal; ~ **rodoviário/ferroviário** coach/rail terminus; ~ **aéreo** airport terminal.
terminar [texmi'na(x)] *vt* to finish ♦ *vi* to end; ~ **em algo** to end in sthg; ~ **por fazer algo** to end up doing sthg.
termo ['texmu] *m (limite, fim)* end, conclusion; *(Port: recipiente)* Thermos® (flask); **pôr ~ a algo** to put an end to sthg.
termómetro [ter'mɔmetru] *m (Port)*

= **termómetro.**
termómetro [ter'mometru] *m (Br)* thermometer.
termostato [texmɔʃ'tatu] *m* thermostat.
terno, -na ['texnu, -na] *adj* tender.
ternura [tex'nura] *f* tenderness.
terra ['texa] *f (chão)* ground; *(substância)* earth; *(terreno)* land; *(pátria)* homeland; *(solo)* soil; *(localidade)* place; **a Terra** Earth; ~ **natal** homeland, country of origin; **por** ~ *(viajar)* by land; ~ **a** ~ down-to-earth; **cair por** ~ *(fig: plano, negócio)* to fall through.
terraço [te'xasu] *m* terrace.
terramoto [texa'mɔtu] *m* . *(Port)* = **terremoto.**
terremoto [texe'mɔtu] *m (Br)* earthquake.
terreiro [te'xejru] *m* square.
terreno, -na [te'xenu, -na] *adj* earthly ♦ *m* plot (of land).
térreo, -ea ['texju, -ja] *adj (andar, piso)* ground *(antes de s)*.
terrestre [te'xeʃtri] *adj (de planeta)* terrestrial; *(da terra)* land *(antes de s)* ♦ *mf* earthling.
terrina [te'xina] *f* tureen.
território [texi'tɔrju] *m* territory.
terrível [te'xivew] *(pl* **-eis** [-ejʃ]*)* *adj* terrible.
terror [te'xo(x)] *(pl* **-res** [-riʃ]*)* *m* terror.
tese ['tɛzi] *f* thesis.
tesoura [te'zora] *f* scissors *(pl)*; ~ **de unha** nail scissors.
tesouro [te'zoru] *m* treasure.
testa ['tɛʃta] *f* forehead.
testamento [teʃta'mēntu] *m* will.
testar [teʃ'ta(x)] *vt* to test, to try out.
teste ['tɛʃtʃi] *m* test; ~ **de alcoolemia** *(Port)* Breathalyser® test; ~ **de dosagem alcoólica** *(Br)* Breathalyser® test.
testemunha [teʃte'muɲa] *f* witness; ~ **ocular** eyewitness.
testemunho [teʃte'muɲu] *m (JUR)* testimony; *(ESP)* baton *(in relay race)*.
testículos [teʃ'tʃikuluʃ] *m* testicles.
tétano ['tɛtanu] *m* tetanus.
teto ['tɛtu] *m (Br)* ceiling.
tétrico, -ca ['tɛtriku, -ka] *adj* gloomy.
teu, tua ['tew, 'tua] *adj* your ♦ *pron*: **o ~/a tua** yours; **um amigo** ~ a friend of

yours; **os ~s** *(a tua família)* your family.

teve ['tevi] → **ter**.

têxtil ['tejʃtʃiw] *(pl* **-teis** *[-tejʃ]) m*
textile.

texto ['tejʃtu] *m (de livro)* text; *(de
peça teatral)* script.

textura [tejʃ'tura] *f* texture.

texugo [te'ʃugu] *m* badger.

tez ['teʃ] *f* complexion.

ti ['tʃi] *pron (com preposição: complemento indireto)* you; *(com preposição:
reflexo)* yourself; **compraste-o para ~
(mesmo** OU **próprio)?** did you buy it
for yourself?

tigela [tʃi'ʒɛla] *f* bowl; **de meia ~** *(fig:
de pouco valor)* second-rate.

tigre ['tʃigri] *m* tiger.

tijolo [tʃi'ʒolu] *m* brick.

til ['tiw] *m* tilde.

tília ['tʃilja] *f* lime blossom.

time ['tʃimi] *m (Br)* team.

timidez [tʃimi'deʃ] *f* shyness.

tímido, -da ['tʃimidu, -da] *adj* shy.

timoneiro [tʃimo'nejru] *m (em barco)*
helmsman; *(em expedição)* guide.

Timor [tʃi'mo(x)] *s* Timor.

tímpano ['tʃĩpanu] *m (ANAT)*
eardrum; *(MÚS)* kettledrum.

tina ['tʃina] *f* tub.

tingido, -da [tʃĩ'ʒidu, -da] *adj* dyed.

tingir [tʃĩ'ʒi(x)] *vt* to dye.

tinha ['tʃiɲa] → **ter**.

tinir [tʃi'ni(x)] *vi* to ring.

tinta ['tʃĩta] *f (para escrever)* ink;
(para pintar) paint; *(para tingir)* dye.

tinteiro [tʃĩ'tejru] *m* inkwell.

tinto ['tʃĩtu] *adj m* **~ vinho**.

tintura [tʃĩ'tura] *f*: **~ de iodo** tinc-
ture of iodine.

tinturaria [tʃĩtura'ria] *f (local)* dry
cleaner's (shop).

tio, tia ['tʃiu, 'tʃia] *m, f* uncle *(f* aunt).

típico, -ca ['tʃipiku, -ka] *adj (comida,
bebida, costume)* traditional; **ser ~ de** to
be typical of.

tipo, -pa ['tʃipu, -pa] *m* type ◆ *m, f
(Port: fam: pessoa)* guy *(f* girl).

tipografia [tʃipogra'fia] *f (local)* printing works *(sg)*.

tíquete-refeição [tʃi.ketʃixefei'sãw]
(pl **tíquetes-refeição** [tʃi,ketʃiʒxefei-
·sãw]) *m (Br)* luncheon voucher.

tiracolo [tʃira'kɔlu] *m*: **a ~** across the
shoulder.

tiragem [tʃi'raʒẽ] *(pl* **-ns** [-ʃ]) *f (de jornal, revista)* circulation; *(livro)* print
run.

tira-manchas [tʃira'mãʃaʃ] *m inv
(Br)* stain remover.

tirania [tʃira'nia] *f* tyranny.

tira-nódoas [.tira'nɔdwaʃ] *m inv
(Port)* = **tira-manchas**.

tirar [tʃi'ra(x)] *vt* to take; *(remover)* to
take off; **~ algo de alguém** *(roubar)* to
steal sthg from sb; **~ algo à sorte**
to pick sthg at random; **~ a mesa** *(Br)*
to clear the table.

tirinhas [tʃi'riɲaʃ] *fpl* strips; **às** OU **em
~** in strips.

tiritar [tʃiri'ta(x)] *vi* to shiver.

tiro ['tʃiru] *m* shot; **~ ao alvo** target
shooting.

tiroteio [tʃiro'teju] *m (tiros)* shooting;
(troca de disparos) shoot-out.

título ['tʃitulu] *m* title; *(documento)*
bond.

tive ['tʃivi] → **ter**.

to [tu] = **te + o**, → **te**.

toalete [twa'letʃi] *m (Br) (banheiro)*
toilet; *(roupa)* clothes *(pl)* ◆ *f*: **fazer a ~**
(Br) to have a wash.

toalha [twaʎa] *f* towel; **~ de banho**
bath towel; **~ de mesa** tablecloth.

tobogã [tɔbɔ'gã] *m* toboggan.

toca-discos [.tɔka'dʒiʃkuʃ] *m inv (Br)*
record player.

toca-fitas [.tɔka'fitaʃ] *m inv (Br)* cassette player.

tocar [tɔ'ka(x)] *vt (instrumento)* to play
◆ *vi* to touch; *(campainha, sino, telefone)*
to ring; *(MÚS)* to play; **~ em** *(em pessoa,
objeto)* to touch; *(em assunto)* to touch
on; **~ na campainha** to ring the bell.

❏ **tocar a** *v + prep*: **toca a ele pedir
uma explicação** it's up to him to ask
for an explanation; **no que me toca** as
far as I'm concerned.

tocha ['tɔʃa] *f* torch.

todavia [toda'via] *adv* still ◆ *conj* but,
however.

todo, -da ['todu, -da] *adj* all; **toda a
gente** *(Port)* everyone, everybody; **~ o
dia/mês** all day/month; **~ (o) mundo**
(Br) everyone, everybody; **todas as
coisas** everything *(sg)*; **~s os
dias/meses** every day/month; **~s nós**
all of us; **em toda a parte** everywhere;
ao ~ altogether, in total; **de ~** completely; **no ~** all in all.

❏ **todos, -das** *pron pl (pessoas)* every-

one *(sg)*, everybody *(sg)*; *(coisas)* all;
quero ~s I want them all, I want all of
them.
Todos-os-Santos [ˌtoduzuʃˈsãntuʃ] *s*
→ **dia**.
toldo [ˈtowdu] *m* awning.
tolerância [toleˈrãsja] *f* tolerance.
tolerar [toleˈra(x)] *vt* to tolerate.
tolice [toˈlisi] *f (coisa sem valor)* trifle;
(asneira) stupid thing.
tolo, -la [ˈtolu, -la] *adj* silly.
tom [tõ] *(pl* **-ns** [-ʃ]*) m* tone; *(de cor)*
shade; **em ~ de graça** in jest; **ser de
bom ~** to be the done thing.
tomada [toˈmada] *f (elétrica)* socket;
(de lugar, edifício) seizure; **~ de posse**
(de governo, presidente) investiture.
tomar [toˈma(x)] *vt* to take; *(bebida)* to
have; *(lugar, edifício)* to seize; **toma!**
here you are!; **vamos ~ um café!** let's
go for a coffee!; **~ ar** to get some air;
~ o café da manhã to have breakfast;
~ posse *(de cargo político)* to take
office.
tomara [toˈmara] *interj* if only!
tomate [toˈmatʃi] *m* tomato.
tombar [tõmˈba(x)] *vt* to knock over
♦ *vi* to fall.
tombo [ˈtõmbu] *m* tumble; **levar um
~** to fall over.
tomilho [toˈmiʎu] *m* thyme.
tonalidade [tonaliˈdadʒi] *f (de som)*
key; *(de cor)* shade.
tonel [toˈnɛw] *(pl* **-éis** [-ɛiʃ]*) m (para
vinho)* vat.
tonelada [toneˈlada] *f* tonne.
tónica [ˈtɔnika] *f (Port)* = **tônica**.
tônica [ˈtonika] *f (Br)*: **pôr a ~ em** to
put emphasis on .
tónico, -ca [ˈtɔniku, -ka] *adj & m
(Port)*= **tônico**.
tônico, -ca [ˈtoniku, -ka] *adj (Br)*
tonic; *(fortificante)* invigorating ♦ *m
(Br) (medicamento)* tonic.
tons → **tom**.
tonto, -ta [ˈtõtu, -ta] *adj (com ton-
turas)* dizzy; *(tolo)* silly.
tontura [tõˈtura] *f* dizziness.
topázio [toˈpazju] *m* topaz.
tópico [ˈtɔpiku] *m* topic.
topless [ˈtɔplɛs] *adj* topless; **fazer ~**
to go topless.
topo [ˈtopu] *m* top.
toque [ˈtɔki] *m (contato)* touch; *(som)*
chime, chiming; *(de campainha)* ring.
toranja [toˈrãʒa] *f* grapefruit.

tórax [ˈtɔraks] *m* thorax.
torcedor, -ra [toxseˈdo(x), -ra] *(mpl
-res* [-riʃ]*, fpl* **-s** [-ʃ]*) m, f (Br: ESP)* supporter, fan.
torcer [toxˈse(x)] *vt* to twist; *(espremer)* to wring out; **~ o nariz para algo**
to turn one's nose up at sthg.
⌐ **torcer por** *v + prep (apoiar)* to support.
⌐ **torcer-se** *vp (de riso, dor)* to double
up.
torcícolo [toxsiˈkɔlu] *m*: **ter um ~** to
have a crick in one's neck.
torcida [toxˈsida] *f (pavio)* wick; *(Br:
de futebol)* supporters *(pl)*.
torcido, -da [toxˈsidu, -da] *adj* twisted.
tordo [ˈtoxdu] *m* thrush.
tormenta [toxˈmẽta] *f* storm.
tormento [toxˈmẽtu] *m* torment.
tornado [toxˈnadu] *m* tornado.
tornar [toxˈna(x)] *vt* to make; **~ algo
em algo** to turn sthg into sthg.
⌐ **tornar a** *v + prep*: **~ a fazer algo** to
do sthg again.
⌐ **tornar-se** *vp* to become.
torneio [toxˈneju] *m* tournament.
torneira [toxˈnejra] *f* tap, faucet
(Am).
torno [ˈtoxnu] *m*: **em ~ de** around.
tornozelo [toxnoˈzelu] *m* ankle.
torpedo [toxˈpedu] *m* torpedo.
torrada [toˈxada] *f (a slice of)* toast.
torradeira [toxaˈdejra] *f* toaster.
torrão [toˈxãw] *(pl* **-ões** [-õjʃ]*) m (de
terra)* clod; **~ de açúcar** sugar lump.
torrar [toˈxa(x)] *vt* to toast.
torre [ˈtoxi] *f (construção)* tower; *(em
xadrez)* rook, castle.
torrente [toˈxẽtʃi] *f* torrent.
torresmos [toˈxeʒmuʃ] *mpl* cubes of
pork marinated in white wine and herbs,
then fried and served with boiled potatoes.
tórrido, -da [ˈtoxidu, -da] *adj* torrid.
torrões → **torrão**.
torta [ˈtɔrta] *f (Port)* swiss roll.
torto, torta [ˈtoxtu, ˈtɔrta] *adj* bent;
a ~ e a direito left, right and centre.
tortura [toxˈtura] *f* torture.
tos [tuʃ] = **te + os**, → **te**.
tosse [ˈtɔsi] *f* cough; **~ convulsa**
whooping cough.
tossir [toˈsi(x)] *vi* to cough.
tosta [ˈtɔʃta] *f (Port)* toasted sandwich.

tostado, -da [toʃ'tadu, -da] *adj (pão)* toasted; *(frango) cooked till golden brown.*

tostão [toʃ'tãw] *(pl -ões* [-õjʃ]) *m =* copper *(Brit)*, = dime *(Am);* **não valer um ~ furado** not to be worth a penny.

total [to'taw] *(pl -ais* [-ajʃ]) *adj & m* total; **no ~** in all.

totalidade [tutali'dadʒi] *f* whole; **a ~ dos meus alunos** all (of) my students; **na ~** *(no total)* in total; *(totalmente)* completely.

totalmente [totaw'mẽntʃi] *adv* totally.

touca ['toka] *f* cap; **~ de banho** *(em piscina)* swimming cap; *(em duche)* shower cap.

toucador [toka'do(x)] *(pl -res* [-riʃ]) *m* dressing table.

toucinho [to'siɲu] *m* streaky bacon; **~ defumado** smoked streaky bacon.

toucinho-do-céu [to,siɲudu'sɛu] *(pl* **toucinhos-do-céu** [to,siɲuʒdu'sɛu]) *m* *pudding made with ground almonds, egg yolks, butter and sugar and covered in caramel.*

toupeira [to'pejra] *f* mole.

tourada [to'rada] *f* bullfight.

toureiro [to'rejru] *m* bullfighter.

touro ['toru] *m* bull.

⌐ **Touro** *m* Taurus.

tóxico, -ca ['tɔksiku, -ka] *adj* toxic, poisonous.

Tr. *abrev* = **travessa.**

trabalhador, -ra [trabaʎa'do(x), -ra] *(mpl -res* [-riʃ], *fpl -s* [-ʃ]) *adj* hardworking ♦ *m, f* worker.

trabalhar [traba'ʎa(x)] *vi & vt* to work.

trabalho [tra'baʎu] *m* work; **~ de casa** *(EDUC)* homework; **~ de parto** labour; **~s manuais** arts and crafts *(subject studied at middle school).*

traça ['trasa] *f* moth.

tração [tra'sãw] *f (Br)* traction.

traçar [tra'sa(x)] *vt (linha, desenho)* to draw; *(plano)* to draw up.

tracção [tra'sãw] *f (Port)* = **tração.**

traço ['trasu] *m (risco)* line; *(vestígio)* trace; *(de rosto, personalidade)* feature.

tractor [tra'tor] *(pl -es* [-cʃ]) *m (Port)* = **trator.**

tradição [tradʒi'sãw] *(pl -ões* [-õjʃ]) *f* tradition.

tradicional [tradʒisjo'naw] *(pl -ais* [-ajʃ]) *adj* traditional.

tradições → **tradição.**

tradução [tradu'sãw] *(pl -ões* [-õjʃ]) *f* translation.

tradutor, -ra [tradu'to(x), -ra] *(mpl -res* [-riʃ], *fpl -s* [-ʃ]) *m, f* translator.

traduzir [tradu'zi(x)] *vt & vi* to translate.

tráfego ['trafegu] *m* traffic.

traficante [trafi'kãntʃi] *mf* trafficker.

traficar [trafi'ka(x)] *vt* to traffic in.

tráfico ['trafiku] *m* traffic.

tragédia [tra'ʒɛdʒia] *f* tragedy.

trágico, -ca ['traʒiku, -ka] *adj* tragic.

trago ['tragu] → **trazer.**

traição [traj'sãw] *(pl -ões* [-õjʃ]) *f (de amigo, companheiro)* betrayal; *(de país)* treason; **à ~** treacherously.

traidor, -ra [traj'do(x), -ra] *(mpl -res* [-riʃ], *fpl -s* [-ʃ]) *m, f* traitor.

traineira [traj'nejra] *f* trawler.

traje ['traʒi] *m* clothes *(pl);* **~ de noite** evening gown; **~ típico** traditional costume OU dress; **~s menores** underwear *(sg).*

trajecto [tra'ʒɛtu] *m (Port)* = **trajeto.**

trajectória [traʒe'tɔrja] *f (Port)* = **trajetória.**

trajeto [tra'ʒɛtu] *m (Br) (caminho)* route; *(viagem)* journey, trip.

trajetória [traʒe'tɔrja] *f (Br)* trajectory.

tralha ['traʎa] *f (fam)* junk, stuff.

trama ['trama] *f (de fios)* weft; *(de livro, filme)* plot.

tramar [tra'ma(x)] *vt:* **~ algo** *(fam: conspirar)* to plot sthg.

trâmite ['tramitʃi] *m* procedure; **os ~s legais** legal procedures.

trampolim [trãmpo'lĩ] *(pl -ns* [-ʃ]) *m* springboard.

tranca ['trãŋka] *f* bar.

trança ['trãsa] *f* plait *(Brit)*, braid *(Am).*

trancar [trãŋ'ka(x)] *vt* to bar.

tranquilidade [trãŋkwili'dade] *f (Port)* = **tranqüilidade.**

tranqüilidade [trãŋkwili'dadʒi] *f (Br)* peace, tranquillity.

tranqüilizante [trãŋkwili'zãntʃi] *adj* reassuring ♦ *m* tranquillizer.

tranqüilo, -la [trãŋ'kwilu, -la] *adj* calm; *(local)* peaceful.

transação [trãza'sãw] *(pl -ões* [-õjʃ]) *f (Br)* transaction.

transacção [trãza'sãw] *(pl -ões* [-õjʃ])

f (Port) = transação.

transações → transação.

transar [trã'za(x)] *vt (Br: fam: combinar)* to arrange ♦ *vi:* ~ **com alguém** *(Br: fam)* to have it off with sb.

transatlântico, -ca [trãzat'lãntʃiku, -ka] *adj* transatlantic ♦ *m* (ocean) liner.

transbordar [trãȝbox'da(x)] *vi* to overflow; **a** ~ overflowing.

transbordo [trãȝ'boxdu] *m* transfer; **fazer** ~ to transfer.

transe ['trãzi] *m* trance.

transeunte [trã'zeũntʃi] *mf* passerby.

transferência [trãʃfe'rẽȝja] *f* transfer.

transferir [trãʃfe'ri(x)] *vt* to transfer.

transformador [trãʃfoxma'do(x)] *(pl -res* [-riʃ]) *m* transformer.

transformar [trãʃfox'ma(x)] *vt* to transform.

transfusão [trãʃfu'zãw] *(pl -ões* [-õjʃ]) *f:* ~ **de sangue** blood transfusion.

transgredir [trãȝgre'di(x)] *vt (lei)* to break, to violate; *(direito)* to infringe.

transgressão [trãȝgre'sãw] *(pl -ões* [-õjʃ]) *f (de lei)* violation; *(de direito)* infringement.

transição [trãzi'sãw] *(pl -ões* [-õjʃ]) *f* transition.

transístor [trã'ziʃtɔ(x)] *(pl -res* [-iʃ]) *m* transistor.

transitar [trãzi'ta(x)] *vi* to circulate; ~ **para** to move on to; ~ **(de ano)** to go up a year.

transitivo, -va [trãzi'tʃivu, -va] *adj (GRAM)* transitive.

trânsito ['trãzitu] *m* traffic; "~ **congestionado**" "heavy traffic ahead"; "~ **proibido**" "no entry" *(for vehicular traffic)*; "~ **nos dois sentidos**" "two-way traffic".

transmissão [trãȝmi'sãw] *(pl -ões* [-õjʃ]) *f (de rádio, televisão)* broadcast, transmission; *(de mensagem)* passing on; *(de doença, genes)* transmission.

transmitir [trãȝmi'tʃi(x)] *vt (suj: rádio, televisão)* to broadcast; *(mensagem)* to pass on; *(doença, genes)* to transmit ♦ *vi (rádio, televisão)* to broadcast, to transmit.

transparência [trãʃpa'rẽȝja] *f* transparency.

transparente [trãʃpa'rẽntʃi] *adj* transparent; *(água)* clear; *(roupa, tecido)* see-through.

transpiração [trãʃpira'sãw] *f* perspiration.

transpirar [trãʃpi'ra(x)] *vi* to perspire.

transplantar [trãʃplãn'ta(x)] *vt* to transplant.

transplante [trãʃ'plãntʃi] *m (de planta, árvore)* transplanting; *(de órgão)* transplant.

transportar [trãʃpox'ta(x)] *vt* to carry; *(suj: veículo)* to transport.

transporte [trãʃ'pɔxtʃi] *m* transport; ~ **coletivo** public transport; ~**s públicos** public transport *(sg)*.

transtornar [trãʃtox'na(x)] *vt (pessoa)* to upset; *(reunião, rotina)* to disrupt.

transtorno [trãʃ'toxnu] *m* disruption; **causar** ~ to cause disruption.

trapalhão, -lhona [trapa'ʎãw, -ʎona] *(mpl -ões* [-õjʃ], *fpl -s* [-ʃ]) *m, f* bungler.

trapézio [tra'pεʒju] *m* trapeze.

trapezista [trape'ziʃta] *mf* trapeze artist.

trapo ['trapu] *m* rag.

trarei [tra'rej] → trazer.

trás ['trajʃ] *interj* bang! ♦ *prep & adv:* **deixar para** ~ to leave behind; **por** ~ **de** behind; **de** ~ from behind; **para** ~ back(wards).

traseira [tra'zejra] *f (de carro)* rear *(sg)*.

traseiro, -ra [tra'zejru, -ra] *adj (parte, assento)* back *(antes de s)* ♦ *m* backside.

tratado, -da [tra'tadu, -da] *adj* treated; *(assunto)* sorted out ♦ *m (acordo)* treaty; *(ensaio)* treatise.

tratamento [trata'mẽntu] *m* treatment; *(INFORM)* processing.

tratar [tra'ta(x)] *vt* to treat; ~ **alguém bem/mal** to treat sb well/badly.
❏ **tratar de** *v + prep:* to deal with.
❏ **tratar-se de** *vp + prep:* **trata-se de um erro** it's a mistake; **de quem se trata?** who is it?

trator [tra'to(x)] *(pl -res* [-riʃ]) *m (Br)* tractor.

trauma ['trawma] *m* trauma.

Trav. *(abrev)* = **travessa**.

travão [tra'vãw] *(pl -ões* [-õjʃ]) *m (Port)* brake; ~ **de mão** handbrake.

travar [tra'va(x)] *vt (combate, luta)* to wage ♦ *vi (Port)* to brake; ~ **conhecimento com alguém** to meet sb.

trave ['travi] *f* beam; *(em futebol)* crossbar.

travessa [tra'vɛsa] f *(rua)* lane; *(peça de louça)* platter; *(para cabelo)* (decorative) comb.

travessão [trave'sãw] *(pl* **-ões** [-õjʃ]) *m (para cabelo)* (decorative) comb; *(sinal gráfico)* dash.

travesseiro [trave'sejru] *m* pillow.

travessia [trave'sia] f crossing.

travesso, -a [tra'vɛsu, -a] *adj* naughty.

travessões → **travessão**.

travões → **travão**.

traz ['trajʃ] → **trazer**.

trazer [tra'ze(x)] *vt* to bring; *(vestir)* to wear; *(problemas)* to cause; *(consequências)* to have.

trégua ['trɛgwa] f *(descanso)* break; *(em conflito)* truce.

treinador, -ra [trejna'do(x), -ra] *(mpl* **-res** [-riʃ], *fpl* **-s** [-ʃ]) *m, f* trainer.

treinar [trej'na(x)] *vt* to train.
⊐ **treinar-se** *vp* to train.

treino ['trejnu] *m* training.

trela ['trɛla] f *(para cão)* lead.

trem ['trẽ] *(pl* **-ns** [-ʃ]) *m (Br)* train; **~ de aterrissagem** *(de avião)* landing gear; **~ de prata** *luxury train which runs between Rio de Janeiro and São Paulo;* **de ~** by train; **pegar o ~** to catch the train.

tremendo, -da [tre'mẽdu, -da] *adj* tremendous; *(horrível)* terrible.

tremer [tre'me(x)] *vi* to tremble; **~ de frio** to shiver with cold.

tremor [tre'mo(x)] *(pl* **-res** [-riʃ]) *m (de frio)* shivering; *(de medo)* trembling; **~ de terra** earthquake.

trémulo, -la ['trɛmulu, -la] *adj (Port)* = **trêmulo**.

trêmulo, -la ['tremulu, -la] *adj (Br)* *(mãos, pernas)* trembling; *(luz)* flickering; *(voz)* quivering.

trenó [tre'nɔ] *m* sledge.

trens → **trem**.

trepadeira [trepa'dejra] f *(planta)* climber; *(roseira)* rambler.

trepar [tre'pa(x)] *vt & vi* to climb; **~ em** to climb up.

três ['trejʃ] *num* three, → **seis**.

trespassar [treʃpa'sa(x)] *vt (loja, estabelecimento)* to transfer; *(transgredir)* to violate.

trevas ['trɛvaʃ] *fpl* darkness *(sg).*

trevo ['trevu] *m (planta)* clover; *(símbolo da Irlanda)* shamrock.

treze ['trezi] *num* thirteen, → **seis**.

trezentos, -tas [tre'zẽtuʃ, -taʃ]

num three hundred, → **seis**.

triângulo [tri'ãgulu] *m* triangle.

tribo ['tribu] f tribe.

tribuna [tri'buna] f *(de estádio)* grandstand.

tribunal [tribu'naw] *(pl* **-ais** [-ajʃ]) *m* court.

triciclo [tri'siklu] *m* tricycle.

tricô [tri'ko] *m* knitting.

tricotar [triko'ta(x)] *vt* to knit.

trigésimo, -ma [tri'ʒɛzimu, -ma] *num* thirtieth, → **sexto**.

trigo ['trigu] *m* wheat.

trilha ['triʎa] f path; **~ sonora** *(Br)* soundtrack.

trilho ['triʎu] *m (carril)* rail; *(caminho)* path.

trimestral [trimeʃ'traw] *(pl* **-ais** [-ajʃ]) *adj* quarterly.

trimestre [tri'mɛʃtri] *m* quarter.

trincar [trĩ'ka(x)] *vt* to bite.

trincheira [trĩ'ʃejra] f *(escavação)* trench.

trinco ['trĩku] *m* latch; **fechar a porta com ~** to leave the door on the latch.

trinta ['trĩta] *num* thirty, → **seis**.

trio ['triu] *m* trio; **~ elétrico** *(Br)* float on which a show is held and music played during carnival.

tripa ['tripa] f *(intestino)* gut.
⊐ **tripas** *fpl (dobrada)* tripe *(sg).*

tripé [tri'pɛ] *m (de máquina fotográfica, telescópio)* tripod; *(banco)* stool.

triplicar [tripli'ka(x)] *vt* to triple.

tripulação [tripula'sãw] *(pl* **-ões** [-õjʃ]) f crew.

tripular [tripu'la(x)] *vt* to man.

triste [triʃ'tʃi] *adj (pessoa)* unhappy, sad; *(local)* gloomy.

tristeza [triʃ'teza] f *(de pessoa)* sadness; *(local)* gloominess; **que ~!** what a shame!

triunfar [triũ'fa(x)] *vi* to win.

triunfo [tri'ũfu] *m* triumph.

trivial [tri'vjaw] *(pl* **-ais** [-ajʃ]) *adj* trivial.

triz ['triʃ] *m (fam: momento)* second; **por um ~** by the skin of one's teeth.

troca ['trɔka] f exchange, swap; **dar algo em ~ de algo** to give sthg in exchange for sthg.

troça ['trɔsa] f: **fazer ~ de** to make fun of.

trocado, -da [tro'kadu, -da] *adj* mixed-up.

❑ **trocados** *mpl* loose change *(sg)*.

trocar [tro'ka(x)] *vt* to change; *(idéias)* to exchange; *(confundir)* to mix up.

❑ **trocar de** *v + prep* to change.

❑ **trocar-se** *vp* to get changed.

troco ['trosu] *m (fam)* (*fig: resposta*) retort; **dar o ~** *(responder)* to reply in kind; **a ~ de** in exchange for.

troço ['trosu] *m (fam) (coisa)* thing; *(tralha)* junk; **ter um ~** *(fam: passar mal)* to be taken ill.

troféu [tro'feu] *m* trophy.

tromba ['trõmba] *f (de elefante)* trunk; *(de chuva)* downpour.

trombeta [trõm'beta] *f* trumpet.

trombone [trõm'bɔni] *m:* **~ (de varas)** trombone.

trompa ['trõmpa] *f* horn.

trompete [trõm'pɛtʃi] *m* trumpet.

tronco ['trõŋku] *m* trunk.

trono ['tronu] *m* throne.

tropa ['trɔpa] *f* army.

tropeçar [trope'sa(x)] *vi* to trip; **~ em algo** to trip over sthg.

tropical [tropi'kaw] *(pl* -**ais** [-ajʃ]) *adj* tropical.

trópico ['trɔpiku] *m* tropic.

trotar [tro'ta(x)] *vi* to trot.

trotinete [trɔtʃi'netʃi] *f (de criança)* scooter; *(pequeno trator)* (motorized) cultivator.

trouxa ['troʃa] *f* bundle.

trouxas-de-ovos [ˌtroʃaʒ'dʒiɔvuʃ] *fpl* dessert consisting of small bundles of *"doce de ovos"*.

trouxe ['trosi] → **trazer**.

trovão [tro'vãw] *(pl* -**ões** [-õjʃ]) *m* clap of thunder.

trovejar [trove'ʒa(x)] *v impess* to thunder.

trovoada [tro'vwada] *f (ruído)* thunder; *(tempestade)* thunderstorm.

trovões → **trovão**.

trucidar [trusi'da(x)] *vt* to slaughter.

trufas ['trufaʃ] *fpl* truffles.

trunfo ['trũfu] *m* trump.

truque ['truki] *m* trick.

trusses ['trusɛʃ] *mpl (Port)* (men's) briefs.

truta ['truta] *f* trout.

T-shirt [tʃi'ʃartʃi] *f* T-shirt.

tu ['tu] *pron (Port)* you; **e ~?** what about you?; **és ~?!** is that you?!; **~ mesmo** OU **próprio** you yourself.

tua → **teu**.

tuba ['tuba] *f* tuba.

tubarão [tuba'rãw] *(pl* -**ões** [-õjʃ]) *m* shark.

tuberculose [tubɛxku'lɔzi] *f* tuberculosis.

tubo ['tubu] *m* tube; **~ de ensaio** test tube; **~ de escape** *(Port)* exhaust (pipe) *(Brit)*, tail pipe *(Am)*.

tudo ['tudu] *pron inv* everything; **por ~ e por nada** over the slightest thing; **dar ~ por ~** to give one's all.

tulipa [tu'lipa] *f (Br) (planta)* tulip; *(copo)* tall beer glass.

túlipa ['tulipa] *f (Port) (planta)* tulip; *(quebra-luz)* (tulip-shaped) lampshade.

tumba ['tũmba] *f* tomb.

tumor [tu'mo(x)] *(pl* -**res** [-riʃ]) *m* tumour; **~ maligno/benigno** malignant/benign tumour.

túmulo ['tumulu] *m* tomb.

tumulto [tu'muwtu] *m (alvoroço)* commotion, ruckus; *(revolta)* uproar.

tuna ['tuna] *f:* **~ (académica)** group of student minstrels.

túnel ['tunɛw] *(pl* -**eis** [-ejʃ]) *m* tunnel.

túnica ['tunika] *f* tunic.

turbina [tux'bina] *f* turbine.

turbulência [turbu'lẽnsia] *f* turbulence.

turco, -ca ['turku, -ka] *adj* Turkish ◆ *m, f (pessoa)* Turk ◆ *m (língua)* Turkish; *(tecido)* towelling.

turfe ['tuxfi] *m (Br) (hipódromo)* racecourse; *(hipismo)* horse racing.

turismo [tu'riʒmu] *m* tourism.

turista [tu'riʃta] *mf* tourist.

turístico, -ca [tu'riʃtʃiku, -ka] *adj* tourist *(antes de s)*.

turma ['tuxma] *f (em escola)* class; *(Br: fam: amigos)* gang.

turné [tur'ne] *f (Port)* = **turnê**.

turnê ['tuxne] *f (Br)* tour.

turno ['tuxnu] *m* shift; **por seu ~** in turn; **por ~s** in shifts.

turquesa [tux'keza] *f* turquoise.

Turquia [txr'kia] *f:* **a ~** Turkey.

tutano [tu'tanu] *m* marrow.

tutela [tu'tɛla] *f* guardianship.

tutor, -ra [tu'to(x), -ra] *(mpl* -**res** [-riʃ], *fpl* -**s** [-ʃ]) *m, f* guardian.

tutu [tu'tu] *m:* **~ à mineira** bean stew with cassava flour, salted pork and bacon.

TV *f (abrev de televisão)* TV.

tweed ['twidʒi] *m* tweed.

U

UE f (abrev de União Européia) EU.
UEM f (abrev de União Econômica e Monetária) EMU.
uísque [ˈwiski] m whisky.
uivar [uiˈva(x)] vi to howl.
úlcera [ˈuwsɛra] f ulcer.
ulmeiro [uwˈmejru] m elm.
ultimamente [ˌuwtʃimaˈmẽtʃi] adv lately.
ultimato [uwtʃiˈmatu] m ultimatum.
último, -ma [ˈuwtʃimu, -ma] adj last; (mais recente, novo) latest; (mais alto) top; (mais baixo) bottom ◆ m, f: **o ~/a última** (em ordem, fila) the last one; **a última** (novidade) the latest; **por ~** lastly.
ultraleve [ˌuwtraˈlɛvi] m microlight.
ultramar [ˌuwtraˈma(x)] m overseas.
ultramarino, -na [ˌuwtramaˈrinu, -na] adj overseas.
ultrapassado, -da [ˌuwtrapaˈsadu, -da] adj outdated.
ultrapassagem [ˌuwtrapaˈsaʒẽ] (pl -ns [-ʃ]) f overtaking.
ultrapassar [ˌuwtrapaˈsa(x)] vt to overtake.
ultravioleta [ˌuwtravjoˈleta] adj ultraviolet.
um, uma [ũ, ˈuma] (mpl uns [ũʃ], fpl umas [ˈumaʃ]) artigo indefinido a, an (antes de vogal ou "h" mudo); **~ homem** a man; **uma casa** a house; **uma mulher** a woman; **uma hora** an hour; **uma maçã** an apple.
◆ adj 1. (exprime quantidade, data indefinida) one, some (pl); **comprei uns livros** I bought some books; **~ dia voltarei** I'll be back one day; **vou umas semanas de férias** I'm going on holiday for a few weeks.
2. (para indicar quantidades) one; **trinta e ~ dias** thirty-one days; **~ litro/metro/quilo** a litre/metre/kilo.
3. (aproximadamente) about, around; **esperei uns dez minutos** I waited for about ten minutes; **estavam lá umas cinquenta pessoas** there were about fifty people there.
4. (para enfatizar): **está ~ frio/calor** it's so cold/hot; **estou com uma sede** I'm so thirsty; **foi ~ daqueles dias!** it was one of those days!
◆ pron (indefinido) one, some (pl) **me dê ~** give me one; **pede mais uma** ask for another one; **só não gosto dum/duma** there's only one (of them) I don't like; **~ deles** one of them; **~ a ~, ~ por ~** one by one.
◆ num one, → **seis**.
umbanda [ũmˈbãnda] f Afro-Brazilian cult religion.
umbigo [ũmˈbigu] m navel.
umbral [ũmˈbraw] (pl -ais [-ajʃ]) m doorway.
umidade [umiˈdadʒi] f (Br) humidity.
úmido, -da [ˈumidu, -da] adj (Br) (tempo) humid; (superfície, tecido) damp.
unanimidade [unanemiˈdadʒi] f: **por ~** unanimously.
UNE f (Br: abrev de União Nacional de Estudantes) Brazilian students' union, ≈ NUS (Brit).
Unesco [uˈnɛʃku] f UNESCO.
unha [ˈuɲa] f nail; **fazer as ~s** to do one's nails.
união [uˈnjãw] (pl -ões [-õjʃ]) f union; (entre amigos, colegas) unity; **a União Européia** the European Union.
unicamente [unikaˈmẽtʃi] adv only.
único, -ca [ˈuniku, -ka] adj (preço) fixed; (um só) only; (incomparável) unique ◆ m, f: **o ~/a única** the only one; **tamanho ~** one size.
unidade [uniˈdadʒi] f unit; (conformidade, uniformidade) unity; (união) union.

unido, -da [uˈnidu, -da] *adj* united; eles são muito ~s they're very close.
unificar [unifiˈka(x)] *vt* to unite.
uniforme [uniˈfɔxmi] *adj & m* uniform.
uniões → união.
unir [uˈni(x)] *vt* to join; *(pessoas, países)* to unite; *(anexar)* to attach.
❏ **unir-se** *vp* to join forces; **~-se contra** to join forces against.
unissex [uniˈseks] *adj inv (Br)* unisex.
unissexo [uniˈseksu] *adj inv (Port)* = unissex.
unitário, -ria [uniˈtarju, -rja] *adj* unitarian.
universal [univexˈsaw] *(pl* -ais [-ajʃ]) *adj* universal.
universidade [univexsiˈdadʒi] *f* university.
universo [uniˈvɛxsu] *m* universe.
uns → um.
untar [ũnˈta(x)] *vt* to grease.
urânio [uˈranju] *m* uranium.
urbano, -na [uxˈbanu, -na] *adj* urban.
urgência [uxˈʒẽsja] *f* urgency; **com ~** urgently.
❏ **Urgências** *fpl* accident and emergency *(sg)(Brit)*, emergency room *(sg)(Am)*.
urgente [uxˈʒẽntʃi] *adj* urgent.
urgentemente [ux.ʒẽntʃiˈmẽntʃi] *adv* urgently.
urina [uˈrina] *f* urine.
urinol [uriˈnɔw] *(pl* -óis [-ɔjʃ]) *m* urinal.
urna [ˈuxna] *f (de voto)* ballot box.
urrar [uˈxa(x)] *vi* to roar.
urso [ˈuxsu] *m* bear; **~ pardo** grizzly (bear); **~ de pelúcia** teddy bear; **~ polar** polar bear.
urticária [uxtʃiˈkarja] *f* hives *(pl)*.

urtiga [uxˈtʃiga] *f* (stinging) nettle.
Uruguai [uruˈgwaj] *m*: **o ~** Uruguay.
urze [ˈuxzi] *f* heather.
usado, -da [uˈzadu, -da] *adj* used; *(gasto)* worn.
usar [uˈza(x)] *vt (utilizar)* to use; *(vestir, calçar)* to wear.
❏ **usar de** *v + prep* to use.
❏ **usar-se** *vp* to be used; **agora usa-se muito o marrom** brown is very popular at the moment.
usina [uˈzina] *f (Br)* factory; **~ de açúcar** sugar refinery; **~ hidroelétrica** hydroelectric power station; **~ nuclear** nuclear power plant.
uso [ˈuzu] *m (utilização)* use; *(costume)* custom; **"para ~ externo"** for external use only"; **fazer ~ de** to make use of; **para ~ próprio** for personal use.
usual [uˈzwaw] *(pl* -ais [-ajʃ]) *adj* common.
usufruir [uzufruˈi(x)] : **usufruir de** *v + prep (possuir)* to enjoy; *(tirar proveito de)* to make the most of.
usurpar [uzuxˈpa(x)] *vt* to usurp.
úteis → útil.
utensílio [utẽˈsilju] *m* utensil.
utente [uˈtẽnte] *mf (Port)* user.
útero [ˈutɛru] *m* womb.
útil [ˈutʃiw] *(pl* **úteis** [ˈutejʃ]) *adj* useful.
utilidade [utʃiliˈdadʒi] *f (qualidade)* usefulness; *(proveito)* use; **isto não tem ~ nenhuma** this is useless.
utilização [utʃilizaˈsãw] *(pl* -ões [-õjʃ]) *f* use.
utilizar [utʃiliˈza(x)] *vt (empregar)* to use; *(tirar proveito de)* to make use of.
utopia [utoˈpia] *f* utopia.
U.V. *(abrev de ultra violeta)* UV.
uva [ˈuva] *f* grape.

V. *(abrev de vide)* v.

vá ['va] → **ir.**

vã → **vão²**.

vaca ['vaka] *f (animal)* cow; *(carne)* beef.

vacilar [vasi'la(x)] *vi (hesitar)* to waver.

vacina [va'sina] *f* vaccine.

vacinação [vasina'sãw] *f* vaccination.

vácuo ['vakwu] *m* vacuum.

vadio, -dia [va'dʒiu, -'dʒia] *adj (cão)* stray; *(pessoa)* idle.

vaga ['vaga] *f (em emprego)* vacancy; *(onda)* wave.

vagabundo, -da [vaga'bũndu, -da] *m, f* tramp.

vaga-lume [,vaga'lumi] *(pl* **vaga-lumes** [,vaga'lumeʃ]) *m* glow-worm.

vagão [va'gãw] *(pl* **-ões** [-õjʃ]) *m (de mercadorias)* wagon; *(Br: de passageiros)* carriage.

vagão-cama [vagãw'kama] *(pl* **vagões-cama** [vagõjʃ'kama]) *m (Port)* = **vagão-leito.**

vagão-leito [vagãw'lejtu] *(pl* **vagões-leito** [vagõjʒ'leitu]) *m (Br)* sleeping car.

vagão-restaurante [va,gãwxeʃtaw-'rãntʃi] *(pl* **vagões-restaurante** [va,gõjʃxeʃtaw'rãntʃi]) *m* buffet car.

vagar [va'ga(x)] *vi (ficar livre)* to be vacant ♦ *m:* **ter ~ (para)** to have time (for).

vagaroso, -osa [vaga'rozu, -ɔza] *adj* slow.

vagem ['vaʒẽ] *(pl* **-ns** [-ʃ]) *f* pod.

⊔ **vagens** *fpl (feijão-verde)* green beans.

vagina [va'ʒina] *f* vagina.

vago, -ga ['vagu, -ga] *adj (lugar)* free; *(casa)* empty; *(indefinido)* vague.

vagões → **vagão.**

vai ['vaj] → **ir.**

vaidade [vaj'dadʒi] *f* vanity.

vaidoso, -osa [vaj'dozu, -ɔza] *adj* vain.

vais ['vajʃ] → **ir.**

vaivém [vaj'vẽ] *(pl* **-ns** [-ʃ]) *m (movimento)* to-ing and fro-ing, comings and goings *(pl).*

vala ['vala] *f* ditch; **~ comum** *(sepultura)* common grave.

vale¹ ['vali] → **valer.**

vale² ['vali] *m (planície)* valley; **~ postal** postal order.

valente [va'lẽntʃi] *adj (corajoso)* brave; *(forte)* strong.

valer [va'le(x)] *vt (ter o valor de)* to be worth ♦ *vi (ter validade)* to count; **vale mais ...** it's better to ...; **a ~** *(de verdade)* for real; **para ~** for real.

⊔ **valer-se de** *vp* + *prep* to make use of.

valeta [va'leta] *f* ditch.

valete [va'letʃi] *m* jack.

valeu [va'lew] → **valer.**

valho ['vaʎu] → **valer.**

validação [valida'sãw] *f* validation.

validade [vali'dadʒi] *f* validity.

validar [vali'da(x)] *vt* to validate.

válido, -da ['validu, -da] *adj* valid; **~ até ...** *(produto)* best before ..., use by ...; *(documento)* expiry date ....

valioso, -osa [va'ljozu, -ɔza] *adj* valuable.

valor [va'lo(x)] *(pl* **-res** [-riʃ]) *m (de objeto)* value; *(em exame, teste)* point, mark; *(de pessoa)* worth; **dar ~ a** to value.

⊔ **valores** *mpl (bens, ações, etc)* securities; *(de pessoa, sociedade)* values.

valsa ['vawsa] *f* waltz.

válvula ['vawvula] *f* valve; **~ de segurança** safety valve.

vampiro [vãm'piru] *m* vampire.

vandalismo [vãnda'liʒmu] *m* vandalism.

vândalo, -la ['vãndalu, -la] *m, f* vandal.

vangloriar-se [vãŋglo'rjaxsi] *vp* to boast; **~ de** to boast about.

vanguarda [vãŋ'gwaxda] *f* avant-garde; **esta na ~ de** to be in the forefront of.

vantagem [vãn'taʒẽ] *(pl -ns* [-ʃ]) *f* advantage; **tirar ~ de algo** to take advantage of sthg.

vantajoso, -osa [vãnta'ʒozu, -ɔza] *adj* advantageous.

vão¹ ['vãw] → **ir**.

vão², vã ['vãw, 'vã] *adj* useless ♦ *m*: **~ das escadas** stairwell; **~ da porta** doorway; **em ~** in vain.

vapor [va'po(x)] *(pl -res* [-riʃ]) *m (de líquido)* steam; *(gás)* vapour.

vaporizador [vaporiza'do(x)] *(pl -res* [-riʃ]) *m* atomizer.

vara ['vara] *f* rod; **~ de pescar** *(Br)* fishing rod.

varal [va'raw] *(pl -ais* [-ajʃ]) *m (Br: de roupa)* washing line.

varanda [va'rãnda] *f* verandah.

varejeira [vare'ʒejra] *f* bluebottle.

varejo [va'reʒu] *m (Br: venda)* retail.

variação [varja'sãw] *(pl -ões* [-õjʃ]) *f* variation.

variado, -da [va'rjadu, -da] *adj* varied.

variar [va'rja(x)] *vt* to vary ♦ *vi* to be different; **para ~** for a change.

varicela [vari'sɛla] *f* chickenpox.

variedade [varje'dadʒi] *f* variety.

varinha [va'riɲa] *f*: **~ de condão** magic wand; **~ mágica** *(Port: eletrodoméstico)* hand blender.

varíola [va'riɔla] *f* smallpox.

vários, -rias ['varjuʃ, -rjaʃ] *adj pl* several.

variz [va'riʃ] *(pl -zes* [-ziʃ]) *f* varicose vein.

varredor, -ra [vaxe'do(x), -ra] *(mpl -res* [-riʃ], *fpl -s* [-ʃ]) *m, f (de rua)* road sweeper.

varrer [va'xe(x)] *vt* to sweep; **~ algo da memória** to blank sthg out of one's mind.

vascular [vaʃku'la(x)] *(pl -es* [-iʃ]) *adj* vascular.

vasculhar [vaʃku'ʎa(x)] *vt (remexer)* to rummage through; *(investigar)* to probe into.

vaselina® [vaze'lina] *f* Vaseline®.

vasilha [va'ziʎa] *f* barrel.

vaso ['vazu] *m (para plantas)* vase; *(Br:*
jarra) large jug; *(ANAT)* vessel; **~ sangüíneo** blood vessel; **~ sanitário** *(Br)* toilet bowl.

vassoura [va'sora] *f* broom.

vasto, -ta ['vaʃtu, -ta] *adj* vast.

vatapá [vata'pa] *m Bahian dish made with fish or chicken and coconut milk, shrimps, bread, nuts and palm oil.*

Vaticano [vatʃi'kanu] *m*: **o ~** the Vatican.

vazio, -zia [va'ziu, -'zia] *adj* empty ♦ *m* void; **~ de** devoid of.

Vd. *(abrev de vide)* V.

vê ['ve] → **ver**.

veado ['vjadu] *m (animal)* deer; *(carne)* venison.

vedação [veda'sãw] *(pl -ões* [-õjʃ]) *f* fence.

vedado, -da [ve'dadu, -da] *adj (edifício, local)* enclosed; *(recipiente)* sealed; *(interdito)* prohibited.

vedar [ve'da(x)] *vt (local, edifício)* to enclose; *(recipiente, buraco)* to seal; *(acesso, passagem)* to block.

vêem ['veẽ] → **ver**.

vegetação [veʒeta'sãw] *f* vegetation.

vegetal [veʒe'taw] *(pl -ais* [-ajʃ]) *m* vegetable.

vegetariano, -na [veʒeta'rjanu, -na] *adj & m, f* vegetarian.

veia ['veja] *f* vein.

veículo [ve'ikulu] *m* vehicle; **"~ longo"** "long vehicle".

veio ['veju] → **ver**.

vejo ['veʒu] → **ver**.

vela ['vɛla] *f (de barco)* sail; *(de iluminação)* candle; *(de motor)* spark plug.

veleiro [ve'lejru] *m* sailing ship, tall ship.

velejar [vele'ʒa(x)] *vi* to sail.

velhice [ve'ʎisi] *f* old age.

velho, -lha ['vɛʎu, -ʎa] *adj* old ♦ *m, f* old man *(f* old woman*)*.

velocidade [velosi'dadʒi] *f* speed.

velocímetro [velo'simetru] *m* speedometer.

velocípede [velu'sipedʒi] *m*: **~ com motor** moped.

velório [ve'lɔrju] *m* wake.

veloz [ve'lɔʃ] *(pl -zes* [-ziʃ]) *adj* fast.

veludo [ve'ludu] *m* velvet.

vem ['vãj] → **vir**.

vêm ['vajãj] → **vir**.

vencedor, -ra [vẽse'do(x), -ra] *(mpl*

-res [-riʃ], fpl **-s** [-ʃ], m, f winner ◆ adj winning.

vencer [vẽ'se(x)] vt (adversário) to beat; (corrida, competição) to win; (fig: obstáculo, timidez, problema) to overcome ◆ vi (em competição) to win; (prazo de pagamento) to expire; **deixar-se ~ por** (cansaço, tristeza) to give in to.

vencido, -da [vẽ'sidu, -da] adj defeated, beaten; **dar-se por ~** to accept defeat.

vencimento [vẽsi'mẽntu] m (ordenado) salary; (de prazo de pagamento) due date.

venda ['vẽnda] f (de mercadorias) sale; (mercearia) grocer's (shop); (para olhos) blindfold; **pôr à ~** to put on sale; **~ por atacado** wholesale; **~ pelo correio** mail order; **~ pelo telefone** telesales (pl); **~ a varejo** retail.

vendaval [vẽnda'vaw] (pl -ais [-ajʃ]) m gale.

vendedor, -ra [vẽnde'do(x), -ra] (mpl -res [-riʃ], fpl -s [-ʃ]) m, f seller; **~ de jornais** (Port) newsvendor.

vender [vẽn'de(x)] vt to sell; **~ a prestações** to sell on hire purchase (Brit), to sell by the installment plan (Am); **~ a vista** to sell for cash.

❏ **vender-se** vp: **"vende-se"** "for sale".

veneno [ve'nenu] m poison.

venenoso, -osa [vene'nozu, -ɔza] adj poisonous.

venéreo, -rea [ve'nɛrju, -rja] adj venereal.

venezianas [vene'zjanaʃ] fpl blinds.

Venezuela [vene'zwɛla] f: **a ~** Venezuela.

venho ['vaɲu] → **vir.**

vénia ['vɛnja] f (Port) = **vênia.**

vênia ['vɛnja] f (Br) (permissão) consent; (reverência) bow.

vens ['vãjʃ] → **vir.**

ventania [vẽnta'nia] f gale.

ventilação [vẽntʃila'sãw] f ventilation.

ventilador [vẽntʃila'do(x)] (pl -res [-riʃ]) m (extractor) fan.

ventilar [vẽntʃi'la(x)] vt to ventilate.

vento ['vẽntu] m wind; **está muito ~** it's very windy.

ventoinha [vẽn'twiɲa] f fan.

ventre ['vẽntri] m, -belly.

ventrículo [vẽn'trikulu] m ventricle.

ventríloquo, -qua [vẽn'triloku, -ka] m, f ventriloquist.

ver ['ve(x)] vt to see; (televisão, filme) to watch; (perceber) to notice; (examinar) to look at ◆ vi to see ◆ m: **a meu ~** in my opinion; **deixar alguém ~ algo** to let sb see sthg; **fazer ~ a alguém que ...** to show sb that ...; **não tenho nada a ~ com isso** it's nothing to do with me.

veracidade [verasi'dadʒi] f truthfulness.

veranista [vera'niʃta] mf (summer) holidaymaker (Brit), (summer) vacationer (Am).

verão [ve'rãw] (pl -ões [-õjʃ]) m Summer.

verba ['vɛxba] f budget.

verbal [vɛx'baw] (pl -ais [-ajʃ]) adj verbal.

verbo ['vɛxbu] m verb; **~ intransitivo/transitivo** intransitive/transitive verb.

verdade [vex'dadʒi] f truth; **dizer a ~** to tell the truth; **a ~ é que ...** the truth is (that) ...; **na ~** actually; **de ~** real.

verdadeiro, -ra [vexda'dejru, -ra] adj (verídico) true; (genuíno) real.

verde ['vexdʒi] adj (de cor verde) green; (fruta) unripe ◆ m (cor) green.

verdura [vex'dura] f greens (pl).

vereda [ve'reda] f path.

veredicto [vere'dʒiktu] m verdict.

verga ['vexga] f (pau fino) stick; (para fazer cestos) wicker.

vergonha [vex'goɲa] f (timidez) bashfulness; (desonra) shame; **ter ~** to be shy; **ter ~ de alguém** to be ashamed of sb; **não ter ~ na cara** to be shameless.

verificação [verifika'sãw] (pl -ões [-õjʃ]) f checking.

verificar [verifi'ka(x)] vt to check.

❏ **verificar-se** vp (acontecer) to take place.

verme ['vɛxmi] m worm; (larva) maggot.

vermelho, -lha [vex'meʎu, -ʎa] adj & m red.

vermute [vɛx'mutʃi] m vermouth.

verniz [vex'niʃ] (pl -zes [-ziʃ]) m varnish.

verões → **verão.**

verosímil [veru'zimil] (pl -meis [-mejʃ]) adj (Port) = **verossímil.**

verossímil [vero'simiw] (pl -meis [-meiʃ]) adj (Br) probable.

verruga [ve'xuga] f wart; (em pé) verruca.

versão [vɛx'sãw] (*pl* **-ões** [-õjʃ]) *f* version.

versátil [vɛx'satʃiw] (*pl* **-teis** [-tejʃ]) *adj* versatile.

verso ['vɛxsu] *m* (*de poema*) verse; (*de folha de papel*) other side (*of a page*).

versões → **versão**.

vértebra ['vɛxtebra] *f* vertebra.

vertical [vɛxtʃi'kaw] (*pl* **-ais** [-ajʃ]) *adj & f* vertical; **na ~** upright, vertically.

vértice ['vɛxtʃisi] *m* vertex.

vertigem [vɛx'tʃiʒẽ] (*pl* **-ns** [-ʃ]) *f*: **estou com vertigens** I feel dizzy.

vesgo, -ga ['veʒgu, -ga] *adj* cross-eyed.

vesícula [ve'zikula] *f*: **~ (biliar)** gall bladder.

vespa ['veʃpa] *f* (*inseto*) wasp; (*motociclo*) scooter.

véspera ['vɛʃpera] *f* day before; **na ~** the day before; **em ~s de** on the eve of.

vestiário [veʃ'tʃjarju] *m* cloakroom.

vestibular [veʃtʃibu'lax] *m* (*Br*) exam taken at the end of secondary school in Brazil.

vestíbulo [veʃ'tʃibulu] *m* foyer.

vestido, -da [veʃ'tʃidu, -da] *adj*: **~ de** dressed in ◆ *m* dress.

vestígio [veʃ'tʃiʒju] *m* trace.

vestir [veʃ'tʃi(x)] *vt* to dress.

⏌ **vestir-se** *vp* to get dressed; **~-se de** (*disfarçar-se de*) to dress up as; (*de azul, negro, etc*) to dress in, to wear.

vestuário [veʃ'twarju] *m* clothes (*pl*).

veterano, -na [vete'ranu, -na] *m, f* veteran.

veterinário, -ria [veteri'narju, -rja] *m, f* vet.

véu ['vɛu] *m* veil.

V. Exª (*abrev de Vossa Excelência*) very formal term of address used in correspondence.

vexame [ve'ʃami] *m* (*escândalo*) scandal; (*humilhação*) humiliation.

vez [veʃ] (*pl* **-zes** [-ziʃ]) *f* time; (*turno*) turn; **alguma ~ hei-de conseguir** I'll do it one day; **já lá foste alguma ~?** have you ever been there?; **perder a ~** (*em fila*) to lose one's place; **à ~** (*individualmente*) in turn; **de uma só ~** in one go; **de ~** once and for all; **de ~ em quando** occasionally; **mais de uma ~** more than once; **na** OU **em ~ de** instead of; **outra ~** again; **uma ~** once; **às ~es** sometimes; **duas ~es** twice; **muitas ~es** often; **por ~es** sometimes;

poucas ~es rarely; **era uma ~ ...** once upon a time there was ....

vi ['vi] → **ver**.

via ['via] *f* (*estrada, caminho*) route; (*meio*) way; (*documento*) copy of an official document; **por ~ aérea** by airmail; **por ~ de** by means of; **por ~ das dúvidas** just in case; **por ~ nasal** nasally; **por ~ oral** orally; **segunda ~** (*de documento*) replacement; **~ pública** public thoroughfare; **~ rápida** (*em autoestrada*) fast lane; (*estrada*) urban clearway (*Brit*), expressway (*Am*); **~ verde** (*em portagem, ponte*) *lane in which one can drive through a toll without stopping, by means of an electronic device which debits the driver's account automatically*; **a Via Láctea** the Milky Way.

viaduto [via'dutu] *m* viaduct.

via-férrea [.via'fɛxja] (*pl* **vias-férreas** [viaʃ'fɛxjaʃ]) *f* (*Port*) railway (*Brit*), railroad (*Am*).

viagem ['vjaʒẽ] (*pl* **-ns** [-ʃ]) *f* (*trajeto*) journey; (*excursão*) trip; (*de barco*) voyage; **ir de ~** to go away; **boa ~!** have a good trip!; **~ de negócios** business trip.

viajante [vja'ʒãtʃi] *mf* traveller.

viajar [vja'ʒa(x)] *vi* to travel; **~ de** to travel by; **~ por-**(*por país, continente*) to travel through OU across; (*por terra, mar, ar*) to travel by.

viatura [vja'tura] *f* vehicle.

viável ['vjavew] (*pl* **-eis** [-ejʃ]) *adj* (*transitável*) passable; (*exequível*) feasible.

víbora ['vibora] *f* viper.

vibração [vibra'sãw] (*pl* **-ões** [-õjʃ]) *f* vibration.

vibrar [vi'bra(x)] *vi* to vibrate; **ela vibrou de alegria** she was thrilled.

viciado, -da [vi'sjadu, -da] *adj*: **ser ~ em algo** to be addicted to sthg.

viciar [vi'sja(x)] *vt* (*informação*) to distort; (*documento*) to falsify; (*corromper*) to corrupt.

⏌ **viciar-se** *vp*: **~-se em** to become addicted to.

vício ['visju] *m* (*de droga, bebida*) addiction; (*defeito*) vice; (*mau hábito*) bad habit.

vida ['vida] *f* life; **ganhar a ~** to earn a living; **perder a ~** to lose one's life; **tirar a ~ de alguém** to take sb's life.

videira [vi'dejra] *f* grapevine.

vídeo ['vidʒju] *m* video.

videocassete [ˌvidjukaˈsɛte] f (Port) videotape.

videoclipe [ˌvidʒjoˈklipi] m (pop) (pop) video.

videoclube [ˌvidʒjoˈklubi] m video shop.

videodisco [ˌvidʒjoˈdiʃku] m video-disc.

videogame [ˌvidʒjoˈgejmi] m video-game.

videogravador [ˌvidʒjogravaˈdo(x)] (pl -res [-riʃ]) m videorecorder (Brit), VCR (Am).

vidraça [viˈdrasa] f windowpane.

vidrão [viˈdrãw] (pl -ões [-õjʃ]) m (Port) bottle bank (Brit).

vidro [ˈvidru] m glass; (vidraça) pane (of glass); (de carro) window.

vidrões → vidrão.

viela [ˈvjɛla] f alley.

vieste [viˈɛʃtʃi] → vir.

viga [ˈviga] f beam.

vigário [viˈgarju] m vicar.

vigésimo, -ma [viˈʒɛzimu, -ma] num twentieth, → sexto.

vigia [viˈʒia] f (vigilância) watch; (janela) porthole ♦ mf (guarda) guard.

vigilância [viʒiˈlãsja] f vigilance.

vigor [viˈgo(x)] m vigour; em ~ (lei, norma) in force.

vil [ˈviw] (pl vis [ˈviʃ]) adj despicable.

vila [ˈvila] f (povoação) village; (habitação) villa.

vilarejo [vilaˈreʒu] m small village.

vim [ˈvĩ] → vir.

vime [ˈvimi] m wicker.

vinagre [viˈnagri] m vinegar.

vinagreta [vinaˈgreta] f vinaigrette.

vinco [ˈvĩku] m crease.

vinda [ˈvĩda] f return.

vindima [vĩˈdʒima] f grape harvest.

vindo, -da [ˈvĩndu, -da] pp → vir.

vingança [vĩˈgãsa] f revenge.

vingar [vĩˈga(x)] vt (desforrar-se de) to avenge ♦ vi (planta) to take.

❏ **vingar-se** vp (desforrar-se) to take revenge; ~-se de alguém to take revenge on sb.

vingativo, -va [vĩgaˈtʃivu, -va] adj vengeful.

vinha¹ [ˈviɲa] → vir.

vinha² [ˈviɲa] f vineyard.

vinha-d'alhos [ˌviɲaˈdaʎuʃ] f meat marinade made of garlic, wine or vinegar and bayleaves.

vinheta [viˈɲeta] f (selo) charity sticker.

vinho [ˈviɲu] m wine; ~ branco/tinto white/red wine; ~ da casa house wine; ~ espumante OU espumoso sparkling wine; ~ de mesa table wine; ~ moscatel Muscatel; ~ do Porto port; ~ rosé rosé wine; ~ verde light, slightly sparkling, young wine.

vinicultor, -ra [ˌvinikuwˈto(x), -ra] (mpl -res [-riʃ], fpl -s [-ʃ]) m, f wine producer.

vinil [viˈniw] m vinyl.

vintage [vĩˈtage] m vintage wine.

vinte [ˈvĩtʃi] num twenty, → seis.

viola [ˈvjɔla] f guitar.

violação [vjolaˈsãw] (pl -ões [-õjʃ]) f (de direito, norma) violation; (estupro) rape; (de segredo) disclosure.

violão [vjoˈlãw] (pl -ões [-õjʃ]) m guitar.

violar [vjoˈla(x)] vt (direito, norma) to violate; (pessoa) to rape; (segredo) to disclose, to reveal.

violência [vjoˈlẽsja] f violence.

violento, -ta [vjoˈlẽtu, -ta] adj violent.

violeta [vjoˈleta] adj inv & f violet.

violino [vjoˈlinu] m violin.

violões → violão.

violoncelo [vjolõˈsɛlu] m cello.

vir [ˈvi(x)] vi 1. (apresentar-se) to come; veio ver-me he came to see me; venho visitá-lo amanhã I'll come and see you tomorrow.
2. (chegar) to arrive; (ele) veio atrasado/adiantado he arrived late/early; ela veio no ônibus das onze she came on the eleven o'clock bus.
3. (a seguir no tempo) to come; a semana/o ano que vem next week/year.
4. (estar) to be; vem escrito em português it's written in Portuguese; vinha embalado it came in a packet.
5. (regressar) to come back; eles vêm de férias amanhã they're coming back from holiday tomorrow; hoje, venho mais tarde I'll be back later today.
6. (surgir) to come; o carro veio não sei de onde the car came out of nowhere; veio-me uma idéia I've got an idea.
7. (provir): ~ de to come from; venho agora mesmo de lá I've just come from there; ~ de fazer algo to have just been doing sth.
8. (em locuções): ~ a ser to become;

que vem a ser isto? what's the meaning of this?; **~ abaixo** *(edifício, construção)* to collapse; **~ ao mundo** *(nascer)* to come into the world, to be born; **~ a saber (de algo)** to find out (about sthg); **~ sobre** *(arremeter contra)* to lunge at; **~ a tempo de algo** to arrive in time for sthg; **~ a tempo de fazer algo** to arrive in time to do sthg.

virado, -da [viˈradu, -da] *adj (invertido)* upside down; *(tombado)* overturned; *(voltado)* turned up ◆ *m:* **~ à Paulista** *bean stew served with smoked sausage, fried eggs and pork chops;* **~ para** facing.

vira-lata [ˌviraˈlata] *(pl* **vira-latas** [ˌviraˈlataʃ]) *m (Br) (cão vadio)* stray dog; *(mistura de raças)* mongrel.

virar [viˈra(x)] *vt* to turn; *(carro, camião)* to turn around; *(entornar, derrubar)* to knock over; *(Br: transformar-se em)* to turn into ◆ *vi (mudar de direção)* to change direction; *(Br: mudar)* to change; **~ à direita/esquerda** to turn right/left.

❏ **virar-se** *vp (voltar-se)* to turn over; **~-se contra alguém** to turn against sb; **~-se para** to turn towards.

virgem [ˈvixʒẽ] *(pl* **-ns** [-ʃ]) *mf* virgin ◆ *adj* virgin; *(cassete)* blank.

❏ **Virgem** *f (signo do Zodíaco)* Virgo.

vírgula [ˈvixgula] *f* comma.

viril [viˈriw] *(pl* **-is** [-iʃ]) *adj* virile.

virilha [viˈriʎa] *f* groin.

viris → viril.

virose [viˈrɔzi] *f* viral infection.

virtual [vixˈtwaw] *(pl* **-ais** [-ajʃ]) *adj* virtual.

virtude [vixˈtudʒi] *f* virtue; **em ~ de** due to.

vírus [ˈviruʃ] *m inv* virus.

vis → vil.

visão [viˈzãw] *(pl* **-ões** [-õjʃ]) *f* vision; *(capacidade de ver)* sight.

visar [viˈza(x)] *vt (com arma)* to take aim at; *(documento)* to endorse; **~ fazer algo** *(ter em vista)* to aim to do sthg.

vísceras [ˈviʃseraʃ] *fpl* innards, internal organs.

viscoso, -osa [viʃˈkozu, -ɔza] *adj* viscous.

viseira [viˈzejra] *f (de boné, capacete)* peak.

visibilidade [vizibliˈdadʒi] *f* visibility.

visita [viˈzita] *f* visit; *(de médico)* house call; **fazer uma ~ a alguém** to pay sb a visit.

visitante [viziˈtãntʃi] *mf* visitor.

visitar [viziˈta(x)] *vt* to visit.

visível [viˈzivew] *(pl* **-eis** [-ejʃ]) *adj* visible.

vislumbrar [viʒlũmˈbra(x)] *vt* to make out.

visões → visão.

visor [viˈzo(x)] *(pl* **-res** [-riʃ]) *m (de máquina fotográfica)* viewfinder; *(de computador)* screen.

vista [ˈviʃta] *f (visão)* sight; *(olho)* eye; *(panorama)* view; **até à ~!** see you!; **dar nas ~s** to stand out; **ter algo em ~** to have sthg in view; **ter algo em ~** to have one's eye on sthg.

visto, -ta [ˈviʃtu, -ta] *pp →* **ver** ◆ *adj* well-known ◆ *m (em documento)* stamp; *(documento)* visa; **bem ~!** well spotted!; **nunca ~!** incredible!; **pelo ~** by the look of things; **~ que** since.

vistoso, -osa [viʃˈtozu, -ɔza] *adj* eye-catching.

visual [viˈzwaw] *(pl* **-ais** [-ajʃ]) *adj* visual.

vital [viˈtaw] *(pl* **-ais** [-ajʃ]) *adj* vital.

vitamina [vitaˈmina] *f* vitamin.

vitela [viˈtɛla] *f (animal)* calf; *(carne)* veal.

vítima [ˈvitʃima] *f (de acusação, ataque)* victim; *(morto em guerra, acidente)* casualty.

vitória [viˈtɔrja] *f* victory.

vitória-régia [viˌtɔrjaˈxɛʒja] *(pl* **vitórias-régias** [viˌtɔrjaʒˈxɛʒjaʃ]) *f* water lily.

vitral [viˈtraw] *(pl* **-ais** [-ajʃ]) *m* stained-glass window.

vitrina [viˈtrina] *f (shop)* window.

viu [ˈviu] *→* **ver.**

viúvo, -va [ˈvjuvu, -va] *m, f* widower *(f* widow).

vivacidade [vivasiˈdadʒi] *f* vivacity.

viveiro [viˈvejru] *m (de plantas)* nursery; *(de trutas)* farm.

vivência [viˈvẽsja] *f (experiência de vida)* experience.

vivenda [viˈvẽnda] *f* detached house.

viver [viˈve(x)] *vi (ter vida)* to be alive; *(habitar)* to live ◆ *vt (momento, situação)* to experience; **~ com alguém** to live with sb; **~ de algo** to live off sthg; **~ em** to live in.

víveres [ˈviverɛʃ] *mpl* supplies.

vivo, -va [ˈvivu, -va] *adj (com vida)* alive; *(perspicaz)* sharp; *(cor, luz)* bright; *(travesso)* cheeky; **ao ~** live.

vizinhança [viziˈɲãsa] *f (vizinhos)* neighbours *(pl)*; *(arredores)* neighbourhood.

vizinho, -nha [viˈziɲu, -ɲa] *m, f* neighbour ♦ *adj (país, região)* neighbouring; *(casa)* next; **é o meu ~ do lado** he's my next-door neighbour.

voar [ˈvwa(x)] *vi* to fly.

vocabulário [vokabuˈlarju] *m* vocabulary.

vocação [vokaˈsãw] *(pl -ões* [-õjʃ]*) f* vocation; **ter ~ para** to have a vocation for.

vocalista [vokaˈliʃta] *mf* lead singer.

você [voˈse] *pron* you; **e ~?** what about you?; **é ~?!** is that you?!; **~ mesmo** OU **próprio** you yourself.

❑ **vocês** *pron pl* you; **~s mesmos** OU **próprios** you yourselves.

voga [ˈvɔga] *f*: **estar em ~** to be fashionable.

vogal [voˈgaw] *(pl -ais* [-ajʃ]*) f (letra)* vowel ♦ *mf (de junta, júri, assembléia)* member.

volante [voˈlãntʃi] *m (de veículo)* steering wheel.

volátil [voˈlatʃiw] *(pl -teis* [-tejʃ]*) adj* volatile.

vôlei [ˈvolci] *m (Br)* volleyball.

voleibol [ˌvolejˈbɔw] *m* = **vôlei**.

volta [ˈvɔwta] *f (regresso)* return; *(movimento)* turn; *(mudança)* change; *(passeio)* walk; *(em corrida)* lap; *(em competição)* round; **dá duas ~s à chave** turn the key twice; **dar uma ~** to go for a walk OU wander; **dar uma ~ de carro** to go for a drive; **dar a ~ em algo** *(tornear)* to go round sthg; **estar de ~** *(estar de regresso)* to be back; **~ e meia** *(fig)* every now and then; **em toda a ~ de** all the way round; **à ~ de** *(cerca de)* roughly, around; **por ~ de** around.

voltagem [vowˈtaʒẽ] *f* voltage.

voltar [vowˈta(x)] *vt* to turn over; *(cabeça, olhos, costas)* to turn; *(objeto de dentro para fora)* to turn inside out ♦ *vi (regressar)* to come back; *(ir de novo)* to go back; **~ a fazer algo** to do sthg again; **~ atrás** to go back; **~ para** to return to; **~ atrás na palavra** to go back on one's word; **~ a si** to come round.

❑ **voltar-se** *vp (virar-se)* to turn round;

~-se para to turn towards.

volume [voˈlumi] *m* volume; *(embrulho)* parcel.

voluntário, -ria [volũnˈtarju, -rja] *m, f* volunteer.

volúpia [voˈlupja] *f* voluptuousness.

vomitado [vomiˈtadu] *m* vomit.

vomitar [vomiˈta(x)] *vt & vi* to vomit.

vómito [ˈvomitu] *m (Port)* = **vômito**.

vômito [ˈvomitu] *m (Br)* vomit; **ter ânsias de ~** to feel sick.

vontade [võnˈtadʒi] *f (desejo)* wish; *(determinação)* willpower; **pôr-se à ~** to make o.s. comfortable; **ter ~ de fazer algo** to feel like doing sthg; **fazer as ~s de alguém** to pander to sb; **com ~ ou sem ela, você tem que ir** you'll have to go whether you like it or not; **contra a ~ de alguém** against sb's will; **de livre ~** of one's own free will.

voo [ˈvou] *m (Port)* = **vôo**.

vôo [ˈvou] *m (Br)* flight; **~ charter** OU **fretado** charter flight; **~ direto** direct flight; **~ doméstico** domestic flight; **~ livre** hang-gliding.

voraz [voˈraʃ] *(pl -zes* [-ziʃ]*) adj* voracious.

vos [vuʃ] *pron pl (complemento direto)* you; *(complemento indireto)* (to) you; *(fml: reflexo)* yourselves; *(fml: recíproco)* each other, one another; **ela chamou-~** *(Port)* she called you; **ele deu-~ isto** *(Port)* he gave this to you, he gave you this.

vós [vɔʃ] *pron (sujeito, complemento direto)* you; *(complemento indireto)* (to) you; **~ mesmos** OU **próprios** you yourselves.

vosso, -a [ˈvɔsu, -a] *adj* your ♦ *pron*: **o ~/a vossa** yours; **um amigo ~** a friend of yours; **os ~s** *(a vossa família)* your family.

votação [votaˈsãw] *(pl -ões* [-õjʃ]*) f* vote.

votar [voˈta(x)] *vi* to vote; **~ em alguém** to vote for sb.

voto [ˈvɔtu] *m* vote.

❑ **votos** *mpl*: **fazer ~s que** to hope (that); **~s de felicidade** *(em carta)* best wishes.

vou [ˈvo] → **ir**.

voz [ˈvɔʃ] *(pl -zes* [-ziʃ]*) f* voice; **ter ~**

ativa em algo to have a say in sthg; em ~ alta aloud, out loud; em ~ baixa softly.

vulcão [vuwˈkãw] (*pl* **-ões** [-õjʃ]) *m* volcano.

vulgar [vuwˈga(x)] (*pl* **-res** [-riʃ]) *adj*

common; *(grosseiro)* vulgar.

vulgaridade [vuwgariˈdadʒi] *f (banalidade)* banality; *(grosseria)* vulgarity.

vulnerável [vuwnɛˈravɛw] (*pl* **-eis** [-ejʃ]) *adj* vulnerable.

vulto [ˈvuwtu] *m* figure.

W

walkie-talkie [ˌwɔkiˈtɔki] (pl **walkie-talkies** [ˌwɔkiˈtɔkiʃ]) m walkie-talkie.
WC m (abrev de water closet) WC.
windsurf [wĩndˈsarf] m (Port) = **windsurfe**.

windsurfe [wĩndˈsuxfi] m (Br) windsurfing; **fazer ~** to go windsurfing.
windsurfista [wĩndsuxˈfiʃta] mf windsurfer.

X

xadrez [ʃaˈdreʃ] m (jogo) chess; (fam: cadeia) clink; **de ~** (tecido, saia) checked.
xale [ˈʃali] m shawl.
xampu [ʃãmˈpu] m (Br) shampoo.
xarope [ʃaˈrɔpi] m syrup; **~ para a tosse** cough syrup OU mixture.
xenofobia [ʃenofoˈbia] f xenophobia.
xenófobo, -ba [ʃeˈnɔfobu, -ba] m, f xenophobe.
xeque-mate [ʃekeˈmatʃi] (pl **xeque-mates** [ʃekeˈmatʃʃ]) m checkmate.
xerez [ʃeˈreʃ] m sherry.

xerocar [ʃeroˈkax] vt (Br) to photocopy.
xerox® [ˈʃerɔks] m inv (Br) (fotocópia) photocopy; (máquina) photocopier.
xícara [ˈʃikara] f cup.
xilofone [ʃiloˈfoni] m xylophone.
xilografia [ʃilograˈfia] f wood engraving.
xingar [ʃĩˈgax] vt (Br: insultar) to swear at.
xinxim [ʃĩˈʃĩ] (pl **-ns** [-ʃ]) m chicken or meat stew with prawns, palm oil, peanuts and ground cashew nuts.
xisto [ˈʃiʃtu] m shale.

Z

zagueiro [za'geiru] *m (Br: em futebol)* defence.
Zaire ['zajri] *m*: **o ~** Zaire.
zangado, -da [zãŋ'gadu, -da] *adj* angry.
zangão ['zãŋgãw] (*pl* **-ões** [-õjʃ]) *m* drone.
zangar [zãŋ'ga(x)] *vt (irritar)* to annoy.
❑ **zangar-se** *vp (brigar)* to have a row; *(irritar-se)* to get angry.
zangões → **zângão**.
zaragatoa [zaraga'toa] *f* swab.
zarpar [zax'pa(x)] *vi* to set sail.
zebra ['zebra] *f* zebra.
zelador, -ra [zela'do(x), -ra] (*pl* **-res** [-riʃ], *fpl* **-s** [-ʃ]) *m, f (Br: de edifício)* porter.
zelar [ze'la(x)] **: zelar por** *v + prep* to look after.
zelo ['zelu] *m* care.
zeloso, -osa [ze'lozu, -ɔza] *adj* careful.
zero ['zeru] *num* zero, nought; *(em futebol)* nil; *(em tênis)* love; **partir do ~** to start from scratch; **ser um ~ à esquerda** *(fam)* to be hopeless; **abaixo de ~** below zero, → **seis**.
ziguezague [zig'zagi] *m* zigzag; **andar aos ~s** to zigzag.
zinco ['zĩŋku] *m* zinc.
zíper ['zipe(x)] (*pl* **-res** [-riʃ]) *m (Br)* zip *(Brit)*, zipper *(Am)*.
Zodíaco [zo'dʒiaku] *m* zodiac.
zoeira ['z
wejra] *f* buzzing.
zombar [zõm'ba(x)] *vi* to jeer; **~ de** to make fun of.
zona ['zona] *f (de país, globo)* area; *(de corpo)* part; *(MED)* shingles *(sg)*; **~ comercial** shopping area; **~ pedestre** pedestrian precinct.
zonzo, -za ['zõzu, -za] *adj* dazed.
zoo ['zu] *m (Port)* = **zôo**.
zôo ['zou] *m (Br)* zoo.
zoologia [zolo'ʒia] *f* zoology.
zoológico [zo'lɔʒiku] *adj m* → **jardim**.
zumbido [zũm'bidu] *m* buzzing.
zumbir [zũm'bi(x)] *vi* to buzz.
zunir [zu'ni(x)] *vi (vento)* to whistle; *(abelha)* to buzz.
zunzum [zũ'zũ] (*pl* **-ns** [-ʃ]) *m (fig: boato)* rumour.
zurrar [zu'xa(x)] *vi* to bray.

A

a [stressed eɪ, unstressed ə] *indefinite article* **1.** *(referring to indefinite thing, person)* um (uma); **a friend** um amigo (uma amiga); **a restaurant** um restaurante; **an apple** uma maçã; **she's a doctor** ela é médica.
2. *(instead of the number one)*: **a hundred and twenty pounds** cento e vinte libras; **a month ago** há um mês; **a thousand** mil; **four and a half** quatro e meio.
3. *(in prices, ratios)*: **three times a year** três vezes ao ano; **£2 a kilo** 2 libras o quilo.

AA *n (Brit: abbr of Automobile Association)* = TCB *(Br)*, = ACP *(Port)*.

aback [ə'bæk] *adv*: **to be taken ~** ficar surpreendido(-da).

abandon [ə'bændən] *vt* abandonar.

abattoir [æbətwu:ʳ] *n* matadouro *m*.

abbey ['æbɪ] *n* abadia *f*.

abbreviation [ə,bri:vɪ'eɪʃn] *n* abreviatura *f*.

abdicate ['æbdɪkeɪt] *vi* abdicar ◆ *vt (responsibility)* abdicar de.

abdomen ['æbdəmən] *n* abdômen *m*.

abduct [əb'dʌkt] *vt* seqüestrar.

aberration [æbə'reɪʃn] *n* aberração *f*.

abeyance [ə'beɪəns] *n (fml)*: **to fall into ~** *(custom)* cair em desuso; **to be in ~** *(law)* não estar em vigor.

abhor [əb'hɔ:ʳ] *vt* abominar.

abide [ə'baɪd] *vt*: **I can't ~ him** não o suporto.

❏ abide by *vt fus (rule, law)* acatar.

ability [ə'bɪlətɪ] *n (capability)* capacidade *f*; *(skill)* habilidade *f*.

abject ['æbdʒekt] *adj (poverty)* extremo(-ma); *(person, apology)* humilde.

ablaze [ə'bleɪz] *adj (on fire)* em chamas.

able ['eɪbl] *adj* competente; **to be ~ to do sthg** poder fazer algo.

abnormal [æb'nɔ:ml] *adj* anormal.

aboard [ə'bɔ:d] *adv* a bordo ◆ *prep (ship, plane)* a bordo de; *(train, bus)* em.

abode [ə'bəʊd] *n (fml)* residência *f*.

abolish [ə'bɒlɪʃ] *vt* abolir.

abolition [æbə'lɪʃn] *n* abolição *f*.

aborigine [æbə'rɪdʒənɪ] *n* aborígene *mf* (da Austrália).

abort [ə'bɔ:t] *vt (give up)* cancelar.

abortion [ə'bɔ:ʃn] *n* aborto *m*; **to have an ~** fazer um aborto, abortar.

abortive [ə'bɔ:tɪv] *adj* fracassado (-da).

about [ə'baʊt] *adv* **1.** *(approximately)* cerca de; **~ 50** cerca de 50; **at ~ six o'clock** por volta das seis horas.
2. *(referring to place)* por aí; **to run ~** correr de um lado para o outro; **to walk ~** caminhar por aí.
3. *(on the point of)*: **to be ~ to do sthg** estar prestes a fazer algo.
◆ *prep* **1.** *(concerning)* sobre, acerca de; **a book ~ Scotland** um livro sobre a Escócia **what's it ~?** é sobre o quê?; **what ~ a drink?** que tal uma bebida?
2. *(referring to place)* por; **there are lots of hotels ~ the town** existem muitos hotéis por toda a cidade.

above [ə'bʌv] *prep (higher than)* por cima de; *(more than)* mais de ◆ *adv (higher)* de cima; **children aged ten and ~** crianças com mais de dez anos; **~ all** acima de tudo; **~ average** acima da média.

abrasive [ə'breɪsɪv] *adj (product)* abrasivo(-va); *(person, manner)* brusco(-ca).

abreast [ɔ'brest] *adv* lado a lado; **to keep ~ of sthg** manter-se ao corrente de algo.

abridged [ɔ'brɪdʒd] *adj* resumido (-da).

abroad [ɔ'brɔːd] *adv (be, live, work)* no estrangeiro; *(go, move)* para o estrangeiro.

abrupt [ɔ'brʌpt] *adj* brusco(-ca).

abscess ['æbses] *n* abcesso *m*.

abscond [əb'skɒnd] *vi* fugir.

abseil ['æbseɪl] *vi*: **to ~ down sthg** descer algo por uma corda.

absence ['æbsəns] *n* ausência *f*.

absent ['æbsənt] *adj* ausente.

absentee [ˌæbsən'tiː] *n* absentista *mf*.

absent-minded [-'maɪndɪd] *adj* distraído(-da).

absolute ['æbsəluːt] *adj* absoluto(-ta).

absolutely [*adv* 'æbsəluːtlɪ, *excl* ˌæbsə'luːtlɪ] *adv* absolutamente ◆ *excl* sem dúvida!

absorb [əb'sɔːb] *vt* absorver.

absorbed [əb'sɔːbd] *adj*: **to be ~ in sthg** estar absorvido(-da) em algo.

absorbent [əb'sɔːbənt] *adj* absorvente.

absorption [əb'sɔːpʃn] *n* absorção *f*.

abstain [əb'steɪn] *vi*: **to ~ (from)** abster-se (de).

abstention [əb'stenʃn] *n* abstenção *f*.

abstract ['æbstrækt] *adj* abstrato(-ta) ◆ *n (summary)* resumo *m*.

absurd [əb'sɜːd] *adj* absurdo(-da).

ABTA ['æbtə] *n* associação britânica de agências de viagens.

abundant [ə'bʌndənt] *adj* abundante.

abuse [*n* ə'bjuːs, *vb* ə'bjuːz] *n (insults)* insultos *mpl; (wrong use, maltreatment)* abuso *m* ◆ *vt (insult)* insultar; *(use wrongly)* abusar de; *(maltreat)* maltratar.

abusive [ə'bjuːsɪv] *adj* ofensivo(-va).

abysmal [ə'bɪzml] *adj* péssimo(-ma).

AC *(abbr of alternating current)* CA.

academic [ˌækə'demɪk] *adj (educational)* acadêmico(-ca) ◆ *n* professor *m* universitário (professora *f* universitária).

academy [ə'kædəmɪ] *n* academia *f*.

accelerate [ək'seləreɪt] *vi* acelerar.

acceleration [əkˌselə'reɪʃn] *n* aceleração *f*.

accelerator [ək'seləreɪtəʳ] *n* acelerador *m*.

accent ['æksent] *n (way of speaking)* pronúncia *f*, sotaque *m; (mark in writing)* acento *m*.

accept [ək'sept] *vt* aceitar; *(blame, responsibility)* assumir.

acceptable [ək'septəbl] *adj* aceitável.

acceptance [ək'septəns] *n* aceitação *f*.

access ['ækses] *n* acesso *m*.

accessible [ək'sesəbl] *adj* acessível.

accessories [ək'sesərɪz] *npl* acessórios *mpl*.

access road *n* estrada *f* de acesso.

accident ['æksɪdənt] *n* acidente *m*; **by ~** por acaso.

accidental [ˌæksɪ'dentl] *adj* acidental.

accidentally [ˌæksɪ'dentəlɪ] *adv (unintentionally)* acidentalmente; *(by chance)* por acaso.

accident insurance *n* seguro *m* contra acidentes.

accident-prone *adj* propenso(-sa) a acidentes.

acclaim [ə'kleɪm] *n* reconhecimento *m*, aclamação *f* ◆ *vt* aplaudir, aclamar.

acclimatize [ə'klaɪmətaɪz] *vi* aclimatar-se.

accommodate [ə'kɒmədeɪt] *vt* alojar.

accommodating [ə'kɒmədeɪtɪŋ] *adj* prestativo(-va).

accommodation [əˌkɒmə'deɪʃn] *n* alojamento *m*.

accommodations [əˌkɒmə'deɪʃnz] *npl (Am)* = **accommodation**.

accompany [ə'kʌmpənɪ] *vt* acompanhar.

accomplice [ə'kʌmplɪs] *n* cúmplice *mf*.

accomplish [ə'kʌmplɪʃ] *vt* conseguir, realizar.

accomplishment [ə'kʌmplɪʃmənt] *n (achievement, finishing)* cumprimento *m; (feat, deed)* feito *m*.

❏ **accomplishments** *npl (skills)* aptidões *fpl*.

accord [ə'kɔːd] *n*: **of one's own ~** por iniciativa própria.

accordance [ə'kɔːdəns] *n*: **in ~ with** de acordo com, conforme.

according [ə'kɔːdɪŋ] : **according to** *prep (as stated by)* segundo; *(depending on)* conforme.

accordingly [ə'kɔːdɪŋlɪ] *adv (appropriately)* de forma adequada; *(consequently)* por conseguinte.

accordion [ə'kɔːdɪən] *n* acordeão *m*.

accost [ə'kɒst] *vt* abordar.

account [ə'kaunt] *n* (*at bank, shop*) conta *f*; (*report*) relato *m*; **to take into ~** levar em consideração; **on no ~** de modo algum OR nenhum; **on ~ of** devido a.

❏ **account for** *vt fus* (*explain*) justificar; (*constitute*) representar.

accountable [ə'kauntəbl] *adj*: **~ for** responsável por.

accountancy [ə'kauntənsɪ] *n* contabilidade *f*.

accountant [ə'kauntənt] *n* contador *m* (-ra *f*) (*Br*), contabilista *mf* (*Port*).

account number *n* número *m* de conta.

accumulate [ə'kjuːmjuleɪt] *vt* acumular.

accuracy ['ækjurəsɪ] *n* (*of description, report*) exatidão *f*; (*of work, figures*) precisão *f*.

accurate ['ækjurət] *adj* (*description, report*) exato(-ta); (*work, figures*) preciso(-sa).

accurately ['ækjurətlɪ] *adv* (*describe, report*) com exatidão; (*type, measure*) com precisão.

accusation [ˌækjuːˈzeɪʃn] *n* acusação *f*.

accuse [ə'kjuːz] *vt*: **to ~ sb of sthg** acusar alguém de algo.

accused [ə'kjuːzd] *n*: **the ~** o réu (a ré).

accustomed [ə'kʌstəmd] *adj*: **to be ~ to sthg/to doing sthg** estar acostumado(-da) a algo/a fazer algo.

ace [eɪs] *n* (*card*) ás *m*.

ache [eɪk] *vi* doer ♦ *n* dor *f*; **my leg ~s** minha perna está doendo.

achieve [ə'tʃiːv] *vt* conseguir.

achievement [ə'tʃiːvmənt] *n* (*accomplishment*) feito *m*.

Achilles' tendon [ə'kɪliːz-] *n* tendão *m* de Aquiles.

acid ['æsɪd] *adj* ácido(-da) ♦ *n* ácido *m*.

acid rain *n* chuva *f* ácida.

acknowledge [ək'nɒlɪdʒ] *vt* (*accept*) reconhecer; (*letter*) acusar a recepção de.

acne ['æknɪ] *n* acne *f*.

acorn ['eɪkɔːn] *n* bolota *f*.

acoustic [ə'kuːstɪk] *adj* acústico(-ca).

acquaintance [ə'kweɪntəns] *n* (*person*) conhecido *m* (-da *f*).

acquire [ə'kwaɪər] *vt* adquirir.

acquisitive [ə'kwɪzɪtɪv] *adj* consumidor(-ra).

acquit [ə'kwɪt] *vt*: **to ~ sb of sthg** (*JUR*) absolver alguém de algo; **to ~ o.s. well/badly** (*perform*) sair-se bem/mal.

acquittal [ə'kwɪtl] *n* (*JUR*) absolvição *f*.

acre ['eɪkər] *n* = 4046,9 m², = meio hectare *m*.

acrid ['ækrɪd] *adj* (*taste, smell*) acre.

acrimonious [ˌækrɪ'məunjəs] *adj* (*words*) azedo(-da); (*quarrel, conflict*) acrimonioso(-osa).

acrobat ['ækrəbæt] *n* acrobata *mf*.

across [ə'krɒs] *prep* (*to other side of*) para o outro lado de; (*from one side to the other of*) de um lado para o outro de; (*on other side of*) do outro lado de ♦ *adv* (*to other side*) para o outro lado; **to walk/drive ~** sthg atravessar algo (a pé/de carro); **it's 10 miles ~** tem 10 milhas de largura; **~ from** em frente de.

acrylic [ə'krɪlɪk] *n* fibra *f* acrílica.

act [ækt] *vi* atuar; (*in play, film*) representar ♦ *n* ato *m*; (*POL*) lei *f*; (*performance*) atuação *f*, número *m*; **to ~ as** (*serve as*) servir de; **to ~ like** portar-se como.

acting ['æktɪŋ] *adj* substituto(-ta), interino(-na) ♦ *n* (*in play, film*) desempenho *m*; **I enjoy ~** gosto de representar.

action ['ækʃn] *n* ação *f*; (*MIL*) combate *m*; **to take ~** agir; **to put sthg into ~** pôr algo em ação; **out of ~** (*machine*) avariado; (*person*) fora de ação.

action replay *n* repetição *f* (em câmara lenta) da jogada.

activate ['æktɪveɪt] *vt* ativar.

active ['æktɪv] *adj* ativo(-va).

actively ['æktɪvlɪ] *adv* (*seek, promote*) ativamente; (*encourage, discourage*) energeticamente.

activity [æk'tɪvətɪ] *n* atividade *f*.

❏ **activities** *npl* (*leisure events*) atividades *fpl* (*recreativas*).

activity holiday *n* férias organizadas para crianças incluindo, entre outras, atividades desportivas.

act of God *n* catástrofe *f* natural.

actor ['æktər] *n* ator *m*.

actress ['æktrɪs] *n* atriz *f*.

actual ['æktʃuəl] *adj* (*real*) verdadeiro(-ra), real; (*for emphasis*) próprio (-pria).

actually ['æktʃuəlɪ] *adv* na verdade.

acumen [ˈækjʊmen] *n*: business ~ jeito *m* para os negócios.
acupuncture [ˈækjʊpʌŋktʃər] *n* acupuntura *f*.
acute [əˈkjuːt] *adj* agudo(-da).
ad [æd] *n (inf)* anúncio *m*.
AD *(abbr of Anno Domini)* d.C.
adamant [ˈædəmənt] *adj*: to be ~ ser inflexível; **she was ~ that she wouldn't come** ela estava decidida a não vir.
Adam's apple [ˈædəmz-] *n* pomo-de-adão *m*.
adapt [əˈdæpt] *vt* adaptar ◆ *vi* adaptar-se.
adaptable [əˈdæptəbl] *adj* versátil.
adapter [əˈdæptər] *n (for foreign plug)* adaptador *m*; *(for several plugs)* benjamin *m (Br)*, ficha *f* tripla *(Port)*.
add [æd] *vt (put, say in addition)* acrescentar; *(numbers, prices)* somar, adicionar.
❏ **add up** *vt sep* somar, adicionar.
❏ **add up to** *vt fus (total)* ser ao todo.
adder [ˈædər] *n* víbora *f*.
addict [ˈædɪkt] *n* viciado *m (-da f)*.
addicted [əˈdɪktɪd] *adj*: to be ~ to sthg ser viciado(-da) em algo.
addiction [əˈdɪkʃn] *n* vício *m*, dependência *f*.
addictive [əˈdɪktɪv] *adj (drug)* que causa dependência; *(exercise, food, TV)* que vicia.
addition [əˈdɪʃn] *n* adição *f*; **in ~** além disso; **in ~ to** além de.
additional [əˈdɪʃənl] *adj* adicional.
additive [ˈædɪtɪv] *n* aditivo *m*.
address [əˈdres] *n (on letter)* , endereço *m*, direcção *f (Port)* ◆ *vt (speak to)* dirigir-se a; *(letter)* dirigir, endereçar.
address book *n* caderno *m* de endereços.
addressee [ædreˈsiː] *n* destinatário *m (-ria f)*.
adenoids [ˈædɪnɔɪdz] *npl* adenóides *fpl*.
adept [əˈdept] *adj*: to be ~ (at sthg/at doing sthg) ser especialista (em algo/em fazer algo).
adequate [ˈædɪkwət] *adj (sufficient)* suficiente; *(satisfactory)* aceitável.
adhere [ədˈhɪər] *vi*: to ~ to *(stick to)* aderir a; *(obey)* respeitar.
adhesive [ədˈhiːsɪv] *adj* adesivo(-va) ◆ *n* cola *f*.
adhesive tape *n* fita *f* adesiva.
adjacent [əˈdʒeɪsənt] *adj* adjacente.

adjective [ˈædʒɪktɪv] *n* adjetivo *m*.
adjoining [əˈdʒɔɪnɪŋ] *adj* contíguo (-gua).
adjourn [əˈdʒɜːn] *vt (decision)* adiar; *(meeting)* interromper; *(session)* suspender ◆ *vi* suspender a sessão.
adjudicate [əˈdʒuːdɪkeɪt] *vt* julgar ◆ *vi* julgar, avaliar; to ~ on sthg emitir juízo OR sentença sobre algo.
adjust [əˈdʒʌst] *vt* ajustar ◆ *vi*: to ~ to adaptar-se a.
adjustable [əˈdʒʌstəbl] *adj* ajustável.
adjustment [əˈdʒʌstmənt] *n (to machine)* ajustamento *m*; *(settling in)* adaptação *f*.
ad lib [ædˈlɪb] *adj* improvisado(-da) ◆ *adv (freely)* livremente ◆ *n* improviso *m*.
❏ **ad-lib** *vi* improvisar.
administration [əd,mɪnɪˈstreɪʃn] *n* administração *f*.
administrative [ədˈmɪnɪstrətɪv] *adj* administrativo(-va).
administrator [ədˈmɪnɪstreɪtər] *n* administrador *m (-ra f)*.
admirable [ˈædmərəbl] *adj* admirável.
admiral [ˈædmərəl] *n* almirante *m*.
admiration [ædməˈreɪʃn] *n* admiração *f*.
admire [ədˈmaɪər] *vt* admirar.
admirer [ədˈmaɪrər] *n* admirador *m (-ra f)*.
admission [ədˈmɪʃn] *n* entrada *f*.
admission charge *n* entrada *f*.
admit [ədˈmɪt] *vt* admitir ◆ *vi*: to ~ to sthg admitir algo; "~s one" *(on ticket)* "válido para uma pessoa".
admittance [ədˈmɪtəns] *n* admissão *f*; "no ~" "entrada proibida".
admittedly [ədˈmɪtɪdlɪ] *adv* de fato.
admonish [ədˈmɒnɪʃ] *vt* repreender.
ad nauseam [ædˈnɔːzɪæm] *adv* até não poder mais.
ado [əˈduː] *n*: **without further** OR **more ~** sem mais cerimônias OR demora.
adolescence [ædəˈlesns] *n* adolescência *f*.
adolescent [ædəˈlesnt] *n* adolescente *mf*.
adopt [əˈdɒpt] *vt* adotar.
adopted [əˈdɒptɪd] *adj* adotivo(-va).
adoption [əˈdɒpʃn] *n* adoção *f*.
adorable [əˈdɔːrəbl] *adj* adorável.
adore [əˈdɔːr] *vt* adorar.
adorn [əˈdɔːn] *vt* enfeitar.

adrenalin [ə'drenəlɪn] *n* adrenalina *f*.
Adriatic [eɪdrɪ'ætɪk] *n*: **the ~ Sea** o (mar) Adriático.

adrift [ə'drɪft] *adj (boat)* à deriva ♦ *adv*: **to go ~** *(fig: go wrong)* dar errado.

adult ['ædʌlt] *n* adulto *m* (-ta *f*) ♦ *adj (entertainment, films)* para adultos; *(animal)* adulto(-ta).

adult education *n* ensino *m* para adultos.

adultery [ə'dʌltərɪ] *n* adultério *m*.

advance [əd'vɑːns] *n (money)* adiantamento *m*; *(movement)* avanço *m* ♦ *adj (warning)* prévio(-via); *(payment)* adiantado(-da) ♦ *vt (lend)* adiantar; *(bring forward)* avançar ♦ *vi (move forward)* avançar; *(improve)* progredir.

advance booking *n* reserva *f* antecipada.

advanced [əd'vɑːnst] *adj (student, level)* avançado(-da).

advantage [əd'vɑːntɪdʒ] *n (benefit)* vantagem *f*; **to take ~ of** *(opportunity, offer)* aproveitar; *(person)* aproveitar-se de.

advent ['ædvənt] *n (arrival)* aparecimento *m*.
❑ **Advent** *n (RELIG)* Advento *m*.

adventure [əd'ventʃəʳ] *n* aventura *f*.
adventurous [əd'ventʃərəs] *adj* aventureiro(-ra).

adverb ['ædvɜːb] *n* advérbio *m*.

adverse ['ædvɜːs] *adj* adverso(-sa).

advert ['ædvɜːt] = **advertisement**.

advertise ['ædvətaɪz] *vt (product, event)* anunciar.

advertisement [əd'vɜːtɪsmənt] *n* anúncio *m*.

advertising ['ædvətaɪzɪŋ] *n* publicidade *f*.

advice [əd'vaɪs] *n* conselhos *mpl*; **a piece of ~** um conselho.

advisable [əd'vaɪzəbl] *adj* aconselhável.

advise [əd'vaɪz] *vt* aconselhar; **to ~ sb to do sthg** aconselhar alguém a fazer algo; **to ~ sb against doing sthg** desaconselhar alguém a fazer algo.

adviser [əd'vaɪzəʳ] *n (Brit)* conselheiro *m* (-ra *f*).

advisor [əd'vaɪzər] *(Am)* = **adviser**.

advisory [əd'vaɪzərɪ] *adj* consultivo (-va).

advocate [*n* 'ædvəkət, *vb* 'ædvəkeɪt] *n (JUR)* advogado *m* (-da *f*) ♦ *vt* advogar.

Aegean [iː'dʒiːən] *n*: **the ~ (Sea)** o mar Egeu.

aerial ['eərɪəl] *n* antena *f*.

aerobics [eə'rəubɪks] *n* aeróbica *f*.

aerodynamic [,eərəudaɪ'næmɪk] *adj* aerodinâmico(-ca).

aeroplane ['eərəpleɪn] *n* avião *m*.

aerosol ['eərəsɒl] *n* aerossol *m*.

aesthetic [iːs'θetɪk] *adj* estético(-ca).

affable ['æfəbl] *adj* afável.

affair [ə'feəʳ] *n (event)* acontecimento *m*; *(love affair)* caso *m*; *(matter)* questão *f*.

affect [ə'fekt] *vt (influence)* afetar.

affection [ə'fekʃn] *n* afeto *m*.

affectionate [ə'fekʃnət] *adj* afetuoso(-osa).

affirm [ə'fɜːm] *vt (declare)* afirmar; *(confirm)* confirmar, ratificar.

afflict [ə'flɪkt] *vt* assolar; **to be ~ed with sthg** padecer de algo.

affluence ['æfluəns] *n* riqueza *f*.

affluent ['æfluənt] *adj* rico(-ca).

afford [ə'fɔːd] *vt*: **to be able to ~ sthg** *(holiday, new coat)* poder pagar algo; **I can't ~ it** não tenho dinheiro (que chegue); **I can't ~ the time** não tenho tempo.

affordable [ə'fɔːdəbl] *adj* acessível.

affront [ə'frʌnt] *n* afronta *f*, insulto *m* ♦ *vt* insultar.

afloat [ə'fləut] *adj* a flutuando (Br), a flutuar (Port).

afraid [ə'freɪd] *adj* assustado(-da); **to be ~ of** ter medo de; **I'm ~ so/not** receio que sim/não.

afresh [ə'freʃ] *adv* de novo.

Africa ['æfrɪkə] *n* África *f*.

African ['æfrɪkən] *adj* africano(-na) ♦ *n* africano *m* (-na *f*).

aft [ɑːft] *adv* na popa.

after ['ɑːftəʳ] *prep* depois de ♦ *conj* depois de que ♦ *adv* depois; **a quarter ~ ten** *(Am)* dez e um quarto; **to be ~ sb/sthg** *(in search of)* estar atrás de alguém/algo; **~ all** afinal de contas.
❑ **afters** *npl (Brit: inf)* sobremesa *f*.

aftercare ['ɑːftəkeəʳ] *n* assistência *f* médica pós-internamento.

aftereffects ['ɑːftərɪ,fekts] *npl* efeitos *mpl* secundários.

afterlife ['ɑːftəlaɪf] *n*: **the ~** a outra vida, a vida no outro mundo.

aftermath ['ɑːftəmæθ] *n (consequences)* consequências *fpl*; *(time)*: **in the ~ of** no período depois de.

afternoon [ˌɑːftəˈnuːn] *n* tarde *f*; **good ~!** boa tarde!

afternoon tea *n* ≃ lanche *m*.

aftershave [ˈɑːftəʃeɪv] *n* loção *f* para após a barba, after-shave *m*.

aftersun [ˈɑːftəsʌn] *n* creme *m* hidratante (para depois do sol).

afterthought [ˈɑːftəθɔːt] *n* idéia *f* OR reflexão *f* posterior.

afterwards [ˈɑːftəwədz] *adv* depois, a seguir.

again [əˈɡen] *adv* outra vez; **~ and ~** várias vezes; **never ~** nunca mais.

against [əˈɡenst] *prep* contra; **to lean ~ sthg** apoiar-se em algo; **~ the law** contra a lei.

age [eɪdʒ] *n* idade *f*; *(old age)* velhice *f*; **under ~** menor de idade; **I haven't seen him for ~s** *(inf)* há séculos que não o vejo.

aged [eɪdʒd] *adj*: **~ eight** com oito anos (de idade).

age group *n* grupo *m* etário.

age limit *n* limite *m* de idade.

agency [ˈeɪdʒənsɪ] *n* agência *f*.

agenda [əˈdʒendə] *n* agenda *f*.

agent [ˈeɪdʒənt] *n* agente *mf*.

aggravate [ˈæɡrəveɪt] *vt (make worse)* agravar; *(annoy)* irritar.

aggregate [ˈæɡrɪɡət] *adj* total, global ◆ *n (total)* total *m*, conjunto *m*.

aggression [əˈɡreʃn] *n* agressividade *f*.

aggressive [əˈɡresɪv] *adj* agressivo (-va).

aggrieved [əˈɡriːvd] *adj* ofendido (-da).

aghast [əˈɡɑːst] *adj* horrorizado(-da); **~ at sthg** horrorizado com algo.

agile [*Brit* ˈædʒaɪl, *Am* ˈædʒəl] *adj* ágil.

agility [əˈdʒɪlətɪ] *n* agilidade *f*.

agitated [ˈædʒɪteɪtɪd] *adj* agitado (-da).

AGM *abbr (Brit)* = **annual general meeting**.

agnostic [æɡˈnɒstɪk] *adj* agnóstico (-ca) ◆ *n* agnóstico *m* (-ca *f*).

ago [əˈɡəʊ] *adv*: **a month ~** há um mês atrás; **how long ~?** há quanto tempo?

agog [əˈɡɒɡ] *adj* ansioso(-osa); **to be all ~ (with)** estar todo excitado(-da) (com).

agonizing [ˈæɡənaɪzɪŋ] *adj (delay)* angustiante; *(pain)* dilacerante.

agony [ˈæɡənɪ] *n* agonia *f*.

agony aunt *n (Brit: inf)* conselheira *f* sentimental.

agree [əˈɡriː] *vi* concordar; **tomato soup doesn't ~ with me** não me dou bem com sopa de tomate; **to ~ to sthg** concordar com algo; **to ~ to do sthg** aceitar fazer algo.

❏ **agree on** *vt fus (time, price)* chegar a um acordo sobre.

agreeable [əˈɡrɪəbl] *adj (pleasant)* agradável; *(willing)*: **to be ~ to sthg** concordar com algo; **to be ~ to do sthg** concordar em fazer algo.

agreed [əˈɡriːd] *adj* combinado(-da).

agreement [əˈɡriːmənt] *n* acordo *m*; **in ~ with** de acordo com.

agricultural [ˌæɡrɪˈkʌltʃərəl] *adj* agrícola.

agriculture [ˈæɡrɪkʌltʃər] *n* agricultura *f*.

aground [əˈɡraʊnd] *adv*: **to run ~** encalhar.

ahead [əˈhed] *adv (in front)* à frente; *(forwards)* em frente; **the months ~** os próximos meses; **to be ~ *(winning)*** estar à frente; **~ of *(in front of)*** à frente de; **~ of schedule** adiantado(-da); **they're four points ~** levam quatro pontos de vantagem.

aid [eɪd] *n* ajuda *f* ◆ *vt* ajudar; **in ~ of** em benefício de; **with the ~ of** com a ajuda de.

AIDS [eɪdz] *n* AIDS *f (Br)*, SIDA *f (Port)*.

ailment [ˈeɪlmənt] *n (fml)* mal *m*.

aim [eɪm] *n (purpose)* objetivo *m* ◆ *vt (gun, camera, hose)* apontar ◆ *vi*: **to ~ (at)** apontar (para); **to ~ to do sthg** ter como objetivo fazer algo.

aimless [ˈeɪmlɪs] *adj (person)* sem objetivos; *(task, existence)* sem sentido.

ain't [eɪnt] *(inf)* = **am not, are not, is not, has not, have not.**

air [eər] *n* ar *m* ◆ *vt (room)* arejar ◆ *adj* aéreo(-rea); **by ~** por avião.

air bag *n (AUT)* air bag *m*.

airbase [ˈeəbeɪs] *n* base *f* aérea.

airbed [ˈeəbed] *n* colchão *m* de ar.

airborne [ˈeəbɔːn] *adj* em vôo.

air-conditioned [-kənˈdɪʃnd] *adj* climatizado(-da).

air-conditioning [-kənˈdɪʃnɪŋ] *n* ar *m* condicionado.

aircraft [ˈeəkrɑːft] *(pl inv)* *n* avião *m*.

aircraft carrier [-ˌkærɪər] *n* porta-aviões *m inv*.

airfield [ˈeəfiːld] *n* aeródromo *m*.

airforce ['eəfɔːs] *n* aeronáutica *f (Br)*, força *f* aérea *(Port)*.

air freshener [-ˌfreʃnəʳ] *n* purificador *m* do ambiente OR do ar.

airgun ['eəgʌn] *n* pistola *f* de ar comprimido.

airhostess ['eəˌhəʊstɪs] *n* aeromoça *f (Br)*, hospedeira *f (Port)*.

airing cupboard ['eərɪŋ-] *n* armário onde se encontra o cilindro de aquecimento de água, usado para secar roupa.

airletter ['eəˌletəʳ] *n* aerograma *m*.

airline ['eəlaɪn] *n* companhia *f* aérea.

airliner ['eəˌlaɪnəʳ] *n* avião *m* de passageiros.

airlock ['eəlɒk] *n (in tube, pipe)* bolsa *f* de ar; *(airtight chamber)* câmara *f* OR caixa *f* de ar.

airmail ['eəmeɪl] *n* correio *m* aéreo; **by ~** por avião.

airplane ['eəplem] *n (Am)* avião *m*.

airport ['eəpɔːt] *n* aeroporto *m*.

air raid *n* ataque *m* aéreo.

air rifle *n* espingarda *f* de ar comprimido.

airsick ['eəsɪk] *adj* enjoado(-da) *(em avião)*.

airspace ['eəspeɪs] *n* espaço *m* aéreo.

air steward *n* comissário *m* de bordo.

air stewardess *n* aeromoça *f (Br)*, hospedeira *f (Port)*.

airstrip ['eəstrɪp] *n* pista *f* de aterrissagem *(Br)*, pista *f* de aterragem *(Port)*.

air terminal *n* terminal *m* aéreo.

airtight ['eətaɪt] *adj* hermético(-ca).

air traffic control *n (people)* pessoal *m* da torre de controle.

air traffic controller *n* controlador *m* aéreo (controladora *f* aérea).

airy ['eərɪ] *adj* arejado(-da).

aisle [aɪl] *n* corredor *m*; *(in church)* nave *f*.

aisle seat *n* lugar *m* do lado do corredor.

ajar [ə'dʒɑːʳ] *adj* entreaberto(-ta).

aka *(abbr of also known as)* também conhecido(-da) como.

alacrity [ə'lækrətɪ] *n* prontidão *f*.

alarm [ə'lɑːm] *n* alarme *m* ♦ *vt* alarmar.

alarm clock *n* despertador *m*.

alarmed [ə'lɑːmd] *adj (person)* assustado(-da); *(door, car)* provido(-da) de alarme.

alarming [ə'lɑːmɪŋ] *adj* alarmante.

alas [ə'læs] *excl* ai!

Albania [æl'beɪnjə] *n* Albânia *f*.

Albanian [æl'beɪnjən] *adj* albanês (-esa) ♦ *n (person)* albanês *m* (-esa *f*); *(language)* albanês *m*.

albeit [ɔːl'biːɪt] *conj* se bem que.

Albert Hall ['ælbət-] *n*: **the ~** o Albert Hall.

album ['ælbəm] *n* álbum *m*.

alcohol ['ælkəhɒl] *n* álcool *m*.

alcohol-free *adj* sem álcool.

alcoholic [ˌælkə'hɒlɪk] *adj* alcoólico (-ca) ♦ *n* alcoólatra *mf (Br)*, alcoólico *m* (-ca *f*) *(Port)*.

alcoholism ['ælkəhɒlɪzm] *n* alcoolismo *m*.

alcove ['ælkəʊv] *n* alcova *f*.

alderman ['ɔːldəmən] *(pl* **-men** [-mən]*) n* = vereador *m* (-ra *f*), = magistrado *m* (-da *f*) local.

ale [eɪl] *n* cerveja escura com alto teor alcoólico.

alert [ə'lɜːt] *adj* atento(-ta) ♦ *vt* alertar.

A level *n (Brit)* = vestibular *m (Br)*, = exame *m* final do 12º ano *(Port)*.

algebra ['ældʒɪbrə] *n* álgebra *f*.

Algeria [æl'dʒɪərɪə] *n* Argélia *f*.

alias ['eɪlɪəs] *adv* também conhecido (-da) como.

alibi ['ælɪbaɪ] *n* álibi *m*.

alien ['eɪlɪən] *n (foreigner)* estrangeiro *m* (-ra *f*); *(from outer space)* extraterrestre *mf*.

alienate ['eɪljəneɪt] *vt (friend, family)* alienar, ganhar a antipatia de.

alight [ə'laɪt] *adj* em chamas ♦ *vi (fml: from train, bus)*: **to ~ (from)** apear-se (de).

align [ə'laɪn] *vt* alinhar.

alike [ə'laɪk] *adj* parecidos(-das) ♦ *adv* da mesma maneira; **to look ~** ser parecidos, parecer-se.

alimony ['ælɪmənɪ] *n* pensão *f* alimentícia *(Br)*, alimentos *mpl (Port)*.

alive [ə'laɪv] *adj* vivo(-va).

alkali ['ælkəlaɪ] *n* álcali *m*.

all [ɔːl] *adj* 1. *(with singular noun)* todo(-da); **~ the money** o dinheiro todo; **~ the time** sempre; **we were out ~ day** estivemos fora o dia inteiro. 2. *(with plural noun)* todos(-das); **~ the houses** todas as casas; **~ trains stop at Tonbridge** todos os trens param em Tonbridge.

♦ *adv* 1. *(completely)* completamente; ~ **alone** completamente só. 2. *(in scores)*: **it's two ~** estão empatados dois a dois. 3. *(in phrases)*: ~ **but empty** quase vazio(-zia); ~ **over** *adj (finished)* terminado(-da) ♦ *prep* por todo(-da).
♦ *pron* 1. *(everything)* todo *m* (-da *f*); **is that ~?** *(in shop)* é só isso?; **the best of** ~ o melhor de todos. 2. *(everybody)* todos, toda a gente; ~ **of us** went fomos todos. 3. *(in phrases)*: **can I help you at** ~ posso ajudar em alguma coisa?; **in** ~ *(in total)* ao todo; **in** ~ **it was a great success** resumindo, foi um grande êxito.

Allah [ˈælə] *n* Alá *m*.

all-around *(Am)* = all-round.

allay [əˈleɪ] *vt (fears, doubts)* dissipar; *(anger)* apaziguar.

allegation [ælɪˈgeɪʃn] *n* alegação *f*.

allege [əˈledʒ] *vt* alegar.

allegedly [əˈledʒɪdlɪ] *adv* supostamente.

allergic [əˈlɜːdʒɪk] *adj*: **to be** ~ **to** ser alérgico(-ca) a.

allergy [ˈælədʒɪ] *n* alergia *f*.

alleviate [əˈliːvɪeɪt] *vt* aliviar.

alley [ˈælɪ] *n (narrow street)* ruela *f*.

alliance [əˈlaɪəns] *n (agreement)* aliança *f*.

alligator [ˈælɪgeɪtər] *n* caimão *m*.

all-in *adj (Brit: inclusive)* com tudo incluído.

all-night *adj (bar, petrol station)* aberto(-ta) toda a noite.

allocate [ˈæləkeɪt] *vt* atribuir.

allotment [əˈlɒtmənt] *n (Brit: for vegetables)* parcela de terreno municipal alugado para o cultivo de legumes e flores.

all-out *adj (effort)* máximo(-ma); *(war)* total.

allow [əˈlaʊ] *vt (permit)* permitir; *(time, money)* contar com; **to** ~ **sb to do sthg** deixar alguém fazer algo; **to be ~ed to do sthg** poder fazer algo.
❑ **allow for** *vt fus* contar com.

allowance [əˈlaʊəns] *n (state benefit)* subsídio *m*; *(for expenses)* ajudas *fpl* de custo; *(Am: pocket money)* mesada *f*.

alloy [ˈælɔɪ] *n* liga *f* (de metal).

all right *adv (satisfactorily)* bem; *(yes, okay)* está bem ♦ *adj*: **is it** ~ **if I smoke?** posso fumar?; **I thought the film was** ~ não achei o filme nada de especial; **is**

everything ~? está tudo bem?

all-round *adj (Brit) (versatile)* multifacetado(-da).

all-time *adj* de todos os tempos.

allusion [əˈluːʒn] *n* alusão *f*.

ally [ˈælaɪ] *n* aliado *m* (-da *f*).

almighty [ɔːlˈmaɪtɪ] *adj (inf: enormous)* tremendo(-da).

almond [ˈɑːmənd] *n* amêndoa *f*.

almost [ˈɔːlməʊst] *adv* quase.

alone [əˈləʊn] *adj & adv* sozinho (-nha); **the decision is yours** ~ a decisão é só sua; **to leave sb** ~ deixar alguém em paz; **to leave sthg** ~ parar de mexer em algo.

along [əˈlɒŋ] *prep (towards one end of)* por; *(alongside)* ao longo de ♦ *adv*: **to walk** ~ caminhar; **to bring sthg** ~ trazer algo; **all** ~ desde o princípio; ~ **with** (junto) com.

alongside [əˌlɒŋˈsaɪd] *prep* ao lado de.

aloof [əˈluːf] *adj* distante.

aloud [əˈlaʊd] *adv* em voz alta.

alphabet [ˈælfəbet] *n* alfabeto *m*.

alphabetical [ælfəˈbetɪkl] *adj* alfabético(-ca).

Alps [ælps] *npl*: **the** ~ os Alpes.

already [ɔːlˈredɪ] *adv* já.

alright [ɔːlˈraɪt] = all right.

Alsatian [ælˈseɪʃn] *n (dog)* pastor *m* alemão.

also [ˈɔːlsəʊ] *adv* também.

altar [ˈɔːltər] *n* altar *m*.

alter [ˈɔːltər] *vt* alterar.

alteration [ˌɔːltəˈreɪʃn] *n* alteração *f*.

alternate [*Brit* ɔːlˈtɜːnət, *Am* ˈɔːltərnət] *adj* alternado(-da).

alternating current [ˈɔːltəneɪtɪŋ-] *n* corrente *f* alterna OR alternada.

alternative [ɔːlˈtɜːnətɪv] *adj* alternativo(-va) ♦ *n* alternativa *f*.

alternatively [ɔːlˈtɜːnətɪvlɪ] *adv* em OR como alternativa.

alternative medicine *n* medicina *f* alternativa.

alternator [ˈɔːltəneɪtər] *n* alternador *m*.

although [ɔːlˈðəʊ] *conj* embora, contudo.

altitude [ˈæltɪtjuːd] *n* altitude *f*.

alto [ˈæltəʊ] *(pl* -s*) n (female voice)* contralto *m*.

altogether [ˌɔːltəˈgeðər] *adv (completely)* completamente; *(in total)* ao todo, no total.

aluminium [ˌæljʊ'mɪnɪəm] *n (Brit)* alumínio *m*.

aluminum [ə'luːmɪnəm] *(Am)* = aluminium.

always ['ɔːlweɪz] *adv* sempre.

a.m. *(abbr of ante meridiem)*: **at 2 ~** às duas da manhã.

am [æm] → be.

amalgamate [ə'mælɡəˌmeɪt] *vt* fundir, unir ◆ *vi* fundir-se, unir-se.

amass [ə'mæs] *vt* juntar, acumular.

amateur ['æmətər] *n* amador *m* (-ra *f*).

amaze [ə'meɪz] *vt* surpreender.

amazed [ə'meɪzd] *adj* espantado(-da), surpreso(-sa).

amazement [ə'meɪzmənt] *n* espanto *m*, surpresa *f*.

amazing [ə'meɪzɪŋ] *adj* espantoso (-osa), surpreendente.

Amazon ['æməzn] *n (river)*: **the ~** o Amazonas.

ambassador [æm'bæsədər] *n* embaixador *m* (-ra *f*).

amber ['æmbər] *adj (traffic lights)* amarelo(-la); *(jewellery)* âmbar.

ambiguous [æm'bɪɡjʊəs] *adj* ambíguo(-gua).

ambition [æm'bɪʃn] *n* ambição *f*.

ambitious [æm'bɪʃəs] *adj* ambicioso(-osa).

ambulance ['æmbjʊləns] *n* ambulância *f*.

ambush ['æmbʊʃ] *n* emboscada *f*.

amenable [ə'miːnəbl] *adj*: **~ (to sthg)** favorável (a algo).

amendment [ə'mendmənt] *n (to text)* correção *f*; *(to law)* modificação *f*.

amenities [ə'miːnətɪz] *npl* comodidades *fpl*.

America [ə'merɪkə] *n* América *f*.

American [ə'merɪkən] *adj* americano (-na) ◆ *n (person)* americano *m* (-na *f*).

amiable ['eɪmɪəbl] *adj* amável.

amicable ['æmɪkəbl] *adj* amigável.

amiss [ə'mɪs] *adj* errado(-da) ◆ *adv*: **to take sthg ~** levar algo a mal.

ammonia [ə'məʊnjə] *n* amoníaco *m*.

ammunition [ˌæmjʊ'nɪʃn] *n* munições *fpl*.

amnesia [æm'niːzɪə] *n* amnésia *f*.

amnesty ['æmnəstɪ] *n* anistia *f*.

amok [ə'mɒk] *adv*: **to run ~** ser tomado(-da) por uma crise de loucura furiosa.

among(st) [ə'mʌŋ(st)] *prep* entre.

amoral [ˌeɪ'mɒrəl] *adj (person, behaviour)* amoral.

amount [ə'maʊnt] *n (quantity)* quantidade *f*; *(sum)* quantia *f*, montante *m*. ❏ **amount to** *vt fus (total)* atingir a quantia de.

amp [æmp] *n* ampere *m*; **a 13-~ plug** uma tomada de 13 amperes.

amphibious [æm'fɪbɪəs] *adj* anfíbio (-bia).

ample ['æmpl] *adj* bastante.

amplifier ['æmplɪfaɪər] *n* amplificador *m*.

amputate ['æmpjʊteɪt] *vt* amputar.

Amtrak ['æmtræk] *n organismo regulador das ferrovias nos E.U.A.*

amuck [ə'mʌk] = amok.

amuse [ə'mjuːz] *vt (make laugh)* divertir; *(entertain)* entreter.

amused [ə'mjuːzd] *adj*: **to be ~ at** OR **by sthg** *(entertained, delighted)* achar piada OR graça de algo; **to keep o.s. ~** *(occupied)* entreter-se.

amusement [ə'mjuːzmənt] *n* diversão *f*; divertimento *m*. ❏ **amusements** *npl* diversões *fpl*.

amusement arcade *n* sala *f* de jogos.

amusement park *n* parque *m* de diversões.

amusing [ə'mjuːzɪŋ] *adj* divertido (-da).

an [*stressed* æn, *unstressed* ən] → a.

anaemic [ə'niːmɪk] *adj (Brit) (person)* anêmico(-ca).

anaesthetic [ˌænɪs'θetɪk] *n (Brit)* anestesia *f*.

analgesic [ˌænæl'dʒiːsɪk] *n* analgésico *m*.

analogy [ə'nælədʒɪ] *n* analogia *f*; **by ~** por analogia.

analyse ['ænəlaɪz] *vt (Brit)* analisar.

analysis [ə'næləsɪs] *(pl* **-lyses** [-ləsiːz]*) n* análise *f*.

analyst ['ænəlɪst] *n* analista *mf*.

analytic(al) [ˌænə'lɪtɪk(l)] *adj* analítico(-ca).

analyze ['ænəlaɪz] *(Am)* = analyse.

anarchist ['ænəkɪst] *n* anarquista *mf*.

anarchy ['ænəkɪ] *n* anarquia *f*.

anathema [ə'næθəmə] *n*: **the concept is ~ to me** para mim, a idéia é inadmissível.

anatomy [ə'nætəmı] n anatomia f.

ANC n (abbr of African National Congress) ANC m.

ancestor [ænsestəʳ] n antepassado m (-da f).

anchor [æŋkəʳ] n âncora f.

anchovy ['æntʃəvı] n anchova f.

ancient ['eınʃənt] adj antigo(-ga).

ancillary [æn'sılərı] adj auxiliar.

and [strong form ænd, weak form ənd, ən] conj e; ~ you? e você?; a hundred ~ one cento e um; more ~ more cada vez mais; to go ~ see ir ver.

Andes [ændi:z] npl: the ~ os Andes.

Andorra [æn'dɔːrə] n Andorra s.

anecdote ['ænıkdəut] n episódio m (cômico).

anemic [ə'niːmık] (Am) = anaemic.

anesthetic [ænıs'θetık] (Am) = anaesthetic.

anew [ə'njuː] adv de novo.

angel ['eındʒl] n anjo m.

anger ['æŋgəʳ] n raiva f, ira f.

angina [æn'dʒaınə] n angina f de peito.

angle ['æŋgl] n ângulo m; at an ~ torto (torta).

angler ['æŋgləʳ] n pescador m (-ra f) (de vara).

Anglican ['æŋglıkən] adj anglicano (-na) ♦ n anglicano m (-na f).

angling ['æŋglıŋ] n pesca f (de vara).

Angola [æŋ'gəulə] n Angola s.

Angolan [æŋ'gəulən] adj angolano(-na) ♦ n angolano m (-na f).

angry ['æŋgrı] adj (person) zangado (-da); (words) de raiva; to get ~ (with sb) zangar-se (com alguém).

anguish ['æŋgwıʃ] n angústia f.

animal ['ænıml] n animal m.

animate ['ænımət] adj animado(-da), vivo(-va).

animated ['ænımeıtıd] adj animado (-da).

aniseed ['ænısiːd] n erva-doce f, anis m.

ankle ['æŋkl] n tornozelo m.

annex ['æneks] n (building) anexo m.

annihilate [ə'naıəleıt] vt aniquilar.

anniversary [ænı'vɜːsərı] n aniversário m.

announce [ə'naʊns] vt anunciar.

announcement [ə'naʊnsmənt] n (on TV, radio) anúncio m; (official) comunicação f.

announcer [ə'naʊnsəʳ] n (on TV) apresentador m (-ra f); (on radio) locutor m (-ra f).

annoy [ə'nɔı] vt aborrecer, irritar.

annoyance [ə'nɔıəns] n irritação f.

annoyed [ə'nɔıd] adj aborrecido(-da), irritado(-da); to get ~ (with) aborrecer-se (com), irritar-se (com).

annoying [ə'nɔııŋ] adj irritante.

annual ['ænjuəl] adj anual.

annual general meeting n assembléia f geral (anual).

annul [ə'nʌl] vt anular.

annum ['ænəm] n: per ~ por ano.

anomaly [ə'nɒməlı] n anomalia f.

anonymous [ə'nɒnıməs] adj anônimo(-ma).

anorak ['ænəræk] n anoraque m.

anorexia (nervosa) [ænə'reksıə (nɜː'vəusə)] n anorexia f (nervosa).

another [ə'nʌðəʳ] adj outro(-tra) ♦ pron outro m (-tra f); in ~ two weeks dentro de (mais) duas semanas; ~ one outro(-tra); one ~ um ao outro (uma à outra); to talk to one ~ falar um com o outro; they love one ~ eles se amam (um ao outro); one after ~ um após o outro.

answer ['ɑːnsəʳ] n resposta f ♦ vt responder a ♦ vi responder; to ~ the door abrir a porta; to ~ the phone atender o telefone.

❏ **answer back** vi replicar.

answering machine ['ɑːnsərıŋ-] = answerphone.

answerphone ['ɑːnsəfəun] n secretária f eletrônica (Br), atendedor m de chamadas (Port).

ant [ænt] n formiga f.

antagonism [æn'tægənızm] n antagonismo m.

antagonize [æn'tægənaız] vt antagonizar.

Antarctic [æn'tɑːktık] n: the ~ o Antártico.

antelope ['æntıləup] (pl inv OR -s) n antílope m.

antenatal clinic [æntı'neıtl-] n serviço m de consultas pré-natais.

antenna [æn'tenə] n (Am: aerial) antena f.

anthem ['ænθəm] n hino m.

anthology [æn'θɒlədʒı] n antologia f.

antibiotics [æntıbaı'ɒtıks] npl antibióticos mpl.

antibody ['æntı,bɒdı] n anticorpo m.

anticipate [æn'tısıpeıt] vt (expect) esperar; (guess correctly) prever.

anticipation [æn,tɪsɪˈpeɪʃn] n antecipação f; **in ~ of** antecipando.

anticlimax [,æntɪˈklaɪmæks] n anticlímax m inv.

anticlockwise [,æntɪˈklɒkwaɪz] adv (Brit) no sentido contrário ao dos ponteiros do relógio.

antics [ˈæntɪks] npl (of children, animals) brincadeiras fpl.

anticyclone [,æntɪˈsaɪkləʊn] n anticiclone m.

antidepressant [,æntɪdəˈpresnt] n antidepressivo m.

antidote [ˈæntɪdəʊt] n antídoto m.

antifreeze [ˈæntɪfriːz] n anticongelante m.

antihistamine [,æntɪˈhɪstəmɪn] n anti-histamínico m.

antiperspirant [,æntɪˈpɜːspərənt] n desodorizante m.

antiquarian bookshop [,æntɪˈkweərɪən-] n sebo m (Br), alfarrabista m (Port).

antique [ænˈtiːk] n antiguidade f.

antique shop n loja f de antiguidades.

antiseptic [,æntɪˈseptɪk] n antiséptico m.

antisocial [,æntɪˈsəʊʃl] adj anti-social.

antlers [ˈæntləz] npl chifres mpl.

anxiety [æŋˈzaɪətɪ] n ansiedade f.

anxious [ˈæŋkʃəs] adj ansioso(-osa).

any [ˈenɪ] adj 1. (in questions) algum (-ma); **have you got ~ money?** você tem dinheiro?; **have you got ~ postcards?** você tem postais?; **have you got ~ rooms?** você tem algum quarto livre?
2. (in negatives) nenhum(-ma); **I haven't got ~ money** não tenho dinheiro (nenhum); **we don't have ~ rooms** não temos quartos livres.
3. (no matter which) qualquer; **take ~ books you like** leve os livros que quiser; **take ~ one you like** leve aquele que quiser.
♦ pron 1. (in questions) algum m (-ma f); **I'm looking for a hotel – are there ~ nearby?** estou procurando um hotel – há algum aqui perto?
2. (in negatives) nenhum m (-ma f); **I don't want ~ (of it)** não quero (nada); **I don't want ~ (of them)** não quero nenhum (deles).
3. (no matter which one) qualquer um (qualquer uma); **you can sit at ~ of the tables** podem sentar-se em qualquer uma das mesas.

♦ adv 1. (in questions): **~ other questions?** mais alguma pergunta?; **can you drive ~ faster?** vôce pode ir mais depressa?; **is that ~ better?** está melhor assim?
2. (in negatives): **he's not ~ better** ele não está nada melhor; **we can't wait ~ longer** não podemos esperar mais; **we can't afford ~ more** não temos possibilidades para mais.

anybody [ˈenɪ,bɒdɪ] = **anyone**.

anyhow [ˈenɪhaʊ] adv (carelessly) de qualquer maneira; (in any case) em qualquer caso; (in spite of that) de qualquer modo.

anyone [ˈenɪwʌn] pron (any person) qualquer um (qualquer uma); (in questions) alguém; (in negatives) ninguém; **I don't like ~** não gosto de ninguém.

anything [ˈenɪθɪŋ] pron (no matter what) qualquer coisa; (in questions) alguma coisa; (in negatives) nada; **she didn't say ~** ela não disse nada.

anyway [ˈenɪweɪ] adv de qualquer forma OR modo.

anywhere [ˈenɪweər] adv (no matter where) em/a qualquer lugar; (in questions) em/a algum lugar; (in negatives) em/a lugar nenhum; **I can't find it ~** não o encontro em lugar nenhum; **sit ~ you like** sente-se onde quiser; **we can go ~** podemos ir a qualquer lugar.

apart [əˈpɑːt] adv separado(-da); **to come ~** separar-se; **~ from** (except for) exceto, salvo; (as well as) para além de.

apartheid [əˈpɑːtheɪt] n apartheid m.

apartment [əˈpɑːtmənt] n (Am) apartamento m.

apathetic [,æpəˈθetɪk] adj apático(-ca).

apathy [ˈæpəθɪ] n apatia f.

ape [eɪp] n macaco m.

aperitif [ə,perəˈtiːf] n aperitivo m.

aperture [ˈæpə,tjʊəʳ] n (of camera) abertura f.

APEX [ˈeɪpeks] n (plane ticket) bilhete m APEX; (Brit: train ticket) bilhete de preço reduzido não transmissível que se adquire com duas semanas de antecedência.

apiece [əˈpiːs] adv: **they cost £50 ~** custam 50 libras cada um.

apologetic [ə,pɒləˈdʒetɪk] adj cheio (cheia) de desculpas.

apologize [əˈpɒlədʒaɪz] vi: **to ~ (to sb for sthg)** pedir desculpa (a alguém por algo).

apology [əˈpɒlədʒɪ] n desculpa f.

apostle [ə'pɒsl] n apóstolo m.

apostrophe [ə'pɒstrəfi] n apóstrofo m.

appal [ə'pɔːl] vt (Brit) horrorizar.

appall [ə'pɔːl] (Am) = appal.

appalling [ə'pɔːlɪŋ] adj horrível, terrível.

apparatus [æpə'reɪtəs] n aparelho m.

apparent [ə'pærənt] adj aparente.

apparently [ə'pærəntli] adv aparentemente.

appeal [ə'piːl] n (JUR) apelação f, recurso m; (fundraising campaign) campanha f de coleta de fundos ♦ vi (JUR) apelar, recorrer para; **to ~ to sb (for sthg)** apelar a alguém (para algo); **it doesn't ~ to me** não me atrai.

appealing [ə'piːlɪŋ] adj atrativo(-va), sedutor(-ra).

appear [ə'pɪər] vi aparecer; (seem) parecer; (before court) comparecer; **it ~s that** parece que.

appearance [ə'pɪərəns] n (arrival) chegada f; (look) aparência f, aspecto m.

appease [ə'piːz] vt aplacar, acalmar.

appendices [ə'pendɪsiːz] pl → appendix.

appendicitis [ə,pendɪ'saɪtɪs] n apendicite f.

appendix [ə'pendɪks] (pl -dices) n apêndice m.

appetite [æpɪtaɪt] n apetite m.

appetizer [æpɪtaɪzər] n aperitivo m.

appetizing [æpɪtaɪzɪŋ] adj apetitoso(-osa).

applaud [ə'plɔːd] vt & vi aplaudir.

applause [ə'plɔːz] n palmas fpl.

apple [æpl] n maçã f.

apple charlotte [-'ʃɑːlət] n pudim de maçã e pão ralado, cozido numa forma forrada e depois coberta com fatias de pão.

apple crumble n sobremesa de maçã cozida coberta com uma mistura arenosa de farinha, manteiga e açúcar, cozida no forno.

apple juice n suco m de maçã.

apple pie n torta f de maçã.

apple sauce n purê m de maçã (servido como acompanhamento de carne de porco).

apple tart n torta f de maçã.

apple tree n macieira f.

apple turnover [-'tɜːnˌəʊvər] n folheado m de maçã.

appliance [ə'plaɪəns] n aparelho m;

electrical/domestic ~ eletrodoméstico m.

applicable [ə'plɪkəbl] adj: **to be ~ (to)** ser aplicável (a); **if ~** se aplicável.

applicant [æplɪkənt] n candidato m (-ta f).

application [æplɪ'keɪʃn] n (for job, membership) candidatura f.

application form n formulário m de candidatura.

apply [ə'plaɪ] vt aplicar ♦ vi: **to ~ (to sb for sthg)** (make request) requerer (algo a alguém); **to ~ (to sb)** (be applicable) ser aplicável (a alguém).

appoint [ə'pɔɪnt] vt (to job, position) nomear; **to ~ sb to sthg** nomear alguém para algo; **to ~ sb as sthg** nomear alguém algo.

appointment [ə'pɔɪntmənt] n (with hairdresser, businessman) hora f marcada; (with doctor) consulta f; **to have/make an ~ (with)** ter/marcar um encontro (com); **by ~** com hora marcada.

apportion [ə'pɔːʃn] vt (money) dividir; (blame) atribuir.

appraisal [ə'preɪzl] n análise f, avaliação f.

appreciable [ə'priːʃəbl] adj apreciável.

appreciate [ə'priːʃɪeɪt] vt (be grateful for) agradecer; (understand) compreender; (like, admire) apreciar.

appreciation [ə,priːʃɪ'eɪʃn] n (gratitude) gratidão f, apreço m; (understanding) compreensão f; (liking) satisfação f.

appreciative [ə'priːʃjətɪv] adj (person) agradecido(-da); (remark, gesture) de agradecimento; (audience) satisfeito(-ta).

apprehensive [æprɪ'hensɪv] adj apreensivo(-va).

apprentice [ə'prentɪs] n aprendiz m (-za f).

apprenticeship [ə'prentɪsʃɪp] n aprendizagem f.

approach [ə'prəʊtʃ] n (road) acesso m; (to problem, situation) abordagem f ♦ vt (come nearer to) aproximar-se de; (problem, situation) abordar ♦ vi aproximar-se.

approachable [ə'prəʊtʃəbl] adj acessível.

appropriate [ə'prəʊprɪət] adj apropriado(-da).

approval [ə'pruːvl] *n (favourable opinion)* aprovação *f; (permission)* autorização *f.*

approve [ə'pruːv] *vi:* **to ~ of sb/sthg** ver com bons olhos alguém/algo.

approximate [ə'prɒksɪmət] *adj* aproximado(-da).

approximately [ə'prɒksɪmətlɪ] *adv* aproximadamente.

Apr. *abbr* = **April.**

apricot ['eɪprɪkɒt] *n* alperce *m,* damasco *m.*

April ['eɪprəl] *n* Abril *m,* → September.

April Fools' Day *n* ≃ 1º de abril *(Br),* Dia *m* das mentiras *(Port).*

apron ['eɪprən] *n* avental *m* (de cozinha).

apt [æpt] *adj (appropriate)* apropriado(-da); **to be ~ to do sthg** ser propenso a fazer algo.

aptitude ['æptɪtjuːd] *n* aptidão *f;* **to have an ~ for sthg** ter jeito para algo.

aquarium [ə'kweərɪəm] *(pl* **-riums** OR **-ria** [-rɪə]*) n* aquário *m.*

Aquarius [ə'kweərɪəs] *n* Aquário *m.*

aqueduct ['ækwɪdʌkt] *n* aqueduto *m.*

Arab ['ærəb] *adj* árabe ♦ *n (person)* árabe *mf.*

Arabic ['ærəbɪk] *adj* árabe ♦ *n (language)* árabe *m.*

Arabic numeral *n* número *m* arábico.

arable ['ærəbl] *adj (land)* arável; *(farm, crops)* agrícola.

arbitrary ['ɑːbɪtrərɪ] *adj* arbitrário (-ria).

arbitration [ɑːbɪ'treɪʃn] *n* arbitragem *f;* **to go to ~** recorrer a arbitragem.

arc [ɑːk] *n* arco *m.*

arcade [ɑː'keɪd] *n (for shopping)* galeria *f; (of video games)* sala *f* de jogos.

arch [ɑːtʃ] *n* arco *m.*

archaeologist [ɑːkɪ'ɒlədʒɪst] *n* arqueólogo *m* (-ga *f).*

archaeology [ɑːkɪ'ɒlədʒɪ] *n* arqueologia *f.*

archaic [ɑː'keɪɪk] *adj* arcaico(-ca).

archbishop [ɑːtʃ'bɪʃəp] *n* arcebispo *m.*

archeology [ɑːkɪ'ɒlədʒɪ] *etc* = **archaeology** *etc.*

archery [ɑːtʃərɪ] *n* tiro *m* com arco e flechas.

archetypal [ɑːkɪ'taɪpl] *adj* típico (-ca).

archipelago [ɑːkɪ'peləgəʊ] *(pl* **-s** OR **-es**) *n* arquipélago *m.*

architect ['ɑːkɪtekt] *n* arquiteto *m* (-ta *f).*

architecture ['ɑːkɪtektʃər] *n* arquitetura *f.*

Arctic ['ɑːktɪk] *n:* **the ~** o Ártico.

ardent ['ɑːdənt] *adj* ardente.

arduous ['ɑːdjʊəs] *adj* árduo(-dua).

are [*weak form* ər, *strong form* ɑːr] → **be.**

area ['eərɪə] *n* área *f.*

area code *n (Am)* prefixo *m* (telefónico) *(Br),* indicativo *m* (telefónico) *(Port).*

arena [ə'riːnə] *n (at circus)* arena *f; (sportsground)* estádio *m.*

aren't [ɑːnt] = **are not.**

Argentina [ɑːdʒən'tiːnə] *n* Argentina *f.*

arguably ['ɑːgjʊəblɪ] *adv* possivelmente.

argue ['ɑːgjuː] *vi:* **to ~ (with sb about sthg)** discutir (com alguém acerca de algo) ♦ *vt:* **to ~ (that)** argumentar que.

argument ['ɑːgjʊmənt] *n (quarrel)* discussão *f; (reason)* argumento *m.*

argumentative [ɑːgjʊ'mentətɪv] *adj (person)* propenso (-sa) a discutir.

arid ['ærɪd] *adj* árido(-da).

Aries ['eəriːz] *n* Áries *m (Br),* Carneiro *m (Port).*

arise [ə'raɪz] *(pt* **arose,** *pp* **arisen** [ə'rɪzn]*) vi:* **to ~ (from)** surgir (de).

aristocracy [ærɪ'stɒkrəsɪ] *n* aristocracia *f.*

aristocrat [*Brit* 'ærɪstəkræt, *Am* ə'rɪstəkræt] *n* aristocrata *mf.*

arithmetic [ə'rɪθmətɪk] *n* aritmética *f.*

arm [ɑːm] *n* braço *m; (of garment)* manga *f.*

armaments ['ɑːməmənts] *npl* armamento *m.*

armbands ['ɑːmbændz] *npl (for swimming)* braçadeiras *fpl.*

armchair ['ɑːmtʃeər] *n* poltrona *f.*

armed [ɑːmd] *adj* armado(-da).

armed forces *npl:* **the ~** as forças armadas.

armhole ['ɑːmhəʊl] *n* manga *f.*

armor ['ɑːmər] *(Am)* = **armour.**

armour ['ɑːmər] *n (Brit)* armadura *f.*

armoured car ['ɑːməd-] *n (Brit) n* carro *m* blindado.

armpit [ˈɑːmpɪt] *n* axila *f*, sovaco *m*.
armrest [ˈɑːmrest] *n* braço *m* (de cadeira, sofá).
arms [ɑːmz] *npl (weapons)* armas *fpl*.
army [ˈɑːmɪ] *n* exército *m*.
A-road *n (Brit)* ≈ estrada *f* nacional.
aroma [əˈrəʊmə] *n* aroma *m*.
aromatic [ˌærəˈmætɪk] *adj* aromático(-ca).
arose [əˈrəʊz] *pt* → **arise**.
around [əˈraʊnd] *adv (about, round)* por aí; *(present)* por aí/aqui ♦ *prep (surrounding)* em redor de, à volta de; *(to the other side of)* para o outro lado de; *(near)* perto de; *(all over)* por todo (-da); *(approximately)* cerca de; ~ **here** *(in the area)* por aqui; **to turn ~** virar-se; **to look ~** *(turn head)* olhar em volta; *(in shop, city)* dar uma olhada.
arouse [əˈraʊz] *vt (suspicion)* levantar; *(fear)* provocar; *(interest)* suscitar.
arrange [əˈreɪndʒ] *vt (books)* arrumar; *(flowers)* arranjar; *(meeting, event)* organizar; **to ~ to do sthg (with sb)** combinar fazer algo (com alguém).
arrangement [əˈreɪndʒmənt] *n (agreement)* combinação *f*; *(layout)* disposição *f*; **by ~** *(tour, service)* com data e hora marcada; **to make ~s (to do sthg)** fazer os preparativos (para fazer algo).
array [əˈreɪ] *n (of objects, people)* variedade *f*.
arrears [əˈrɪəz] *npl (money owed)* atrasos *mpl (Br)*, retroactivos *mpl (Port)*; **to be in ~** *(late)* estar atrasado; **I'm paid monthly in ~** eu sou pago sempre no fim do mês (de trabalho).
arrest [əˈrest] *n* detenção *f*, prisão *f* ♦ *vt* prender; **under ~** sob prisão, preso.
arrival [əˈraɪvl] *n* chegada *f*; **on ~** à chegada; **new ~** *(person)* recém-chegado *m* (-da *f*).
arrive [əˈraɪv] *vi* chegar; **to ~ at** chegar a.
arrogant [ˈærəgənt] *adj* arrogante.
arrow [ˈærəʊ] *n (for shooting)* flecha *f*; *(sign)* seta *f*.
arsenic [ˈɑːsnɪk] *n* arsénico *m*.
arson [ˈɑːsn] *n* fogo *m* posto.
art [ɑːt] *n* arte *f*.
❑ **arts** *npl (humanities)* letras *fpl*; **the ~s** *(fine arts)* as belas-artes.
artefact [ˈɑːtɪfækt] *n* artefato *m*.
artery [ˈɑːtərɪ] *n* artéria *f*.
art gallery *n (commercial)* galeria *f*

de arte; *(public)* museu *m* de arte.
arthritis [ɑːˈθraɪtɪs] *n* artrite *f*.
artichoke [ˈɑːtɪtʃəʊk] *n* alcachofra *f*.
article [ˈɑːtɪkl] *n* artigo *m*.
articulate [ɑːˈtɪkjʊlət] *adj* eloquente.
articulated lorry [ɑːˈtɪkjʊleɪtɪd-] *n (Brit)* jamanta *f (Br)*, camião *m* articulado *(Port)*.
artificial [ˌɑːtɪˈfɪʃl] *adj* artificial.
artillery [ɑːˈtɪlərɪ] *n (guns)* artilharia *f*.
artist [ˈɑːtɪst] *n (painter)* pintor *m* (-ra *f*); *(performer)* artista *mf*.
artistic [ɑːˈtɪstɪk] *adj* artístico(-ca).
arts centre *n* centro *m* cultural.
arty [ˈɑːtɪ] *adj (pej)* com pretensões artísticas.
as [unstressed əz, stressed æz] *adv (in comparisons):* ~ ... ~ tão ... como; **he's ~ tall ~ I am** ele é tão alto quanto eu; **twice as big ~** duas vezes maior do que; ~ **many ~** tantos quantos (tantas quantas); ~ **much ~** tanto quanto.
♦ *conj* **1.** *(referring to time)* quando; ~ **the plane was coming in to land** quando o avião ia aterrissar.
2. *(referring to manner)* como; **do ~ you like** faz como você quiser; ~ **expected** ... (tal) como era de esperar ....
3. *(introducing a statement)* como; ~ **you know** ... como você sabe ....
4. *(because)* porque, como.
5. *(in phrases):* ~ **for** quanto a; ~ **from** a partir de; ~ **if** como se.
♦ *prep (referring to function, job)* como; **I work ~ a teacher** sou professora.
asap *(abbr of as soon as possible)* assim que possível.
ascent [əˈsent] *n (climb)* subida *f*.
ascertain [ˌæsəˈteɪn] *vt* confirmar.
ascribe [əˈskraɪb] *vt:* **to ~ sthg to** atribuir algo a.
ash [æʃ] *n (from cigarette, fire)* cinza *f*; *(tree)* freixo *m*.
ashamed [əˈʃeɪmd] *adj* envergonhado(-da); **to be ~ of** ter vergonha de; **to be ~ to do sthg** ter vergonha de fazer algo.
ashore [əˈʃɔːʳ] *adv* em terra; **to go ~** desembarcar.
ashtray [ˈæʃtreɪ] *n* cinzeiro *m*.
Ash Wednesday *n* Quarta-feira *f* de Cinzas.
Asia [*Brit* ˈeɪʃə, *Am* ˈeɪʒə] *n* Ásia *f*.
Asian [*Brit* ˈeɪʃn, *Am* ˈeɪʒn] *adj* asiático(-ca) ♦ *n* asiático *m* (-ca *f*).
aside [əˈsaɪd] *adv (to one side)* para o

lado; **to move ~** afastar-se.

ask [uːsk] *vt (person)* perguntar a; *(request)* pedir; *(invite)* convidar ◆ *vi:* **to ~ about sthg** *(enquire)* informar-se sobre algo; **to ~ sb about sthg** perguntar a alguém sobre algo; **to ~ sb sthg** perguntar algo a alguém; **to ~ sb to do sthg** pedir a alguém que faça algo; **to ~ sb for sthg** pedir algo a alguém; **to ~ a question** fazer uma pergunta.
❏ **ask for** *vt fus (ask to talk to)* perguntar por; *(request)* pedir.

askance [əˈskæns] *adv:* **to look ~ at** olhar desaprovadoramente para.

asking price [ˈuːskɪŋ-] *n* preço *m* (pedido).

asleep [əˈsliːp] *adj* adormecido(-da); **to fall ~** adormecer.

asparagus [əˈspærəgəs] *n* aspargos *(Br)*, espargos *mpl (Port)*.

asparagus tips *npl* pontas *fpl* de aspargos.

aspect [ˈæspekt] *n* aspecto *m*.

aspiration [æspəˈreɪʃn] *n* aspiração *f*.

aspire [əˈspaɪəʳ] *vi:* **to ~ to sthg** aspirar a.

aspirin [ˈæsprɪn] *n* aspirina *f*.

ass [æs] *n (animal)* asno *m*.

assailant [əˈseɪlənt] *n* agressor *m* (-ra *f*).

assassinate [əˈsæsɪneɪt] *vt* assassinar.

assassination [əˌsæsɪˈneɪʃn] *n* assassínio *m*, assassinato *m*.

assault [əˈsɔːlt] *n* agressão *f* ◆ *vt* agredir.

assemble [əˈsembl] *vt (bookcase, model)* montar ◆ *vi* reunir-se.

assembly [əˈsemblɪ] *n (at school)* reunião regular de alunos e professores.

assembly hall *n (at school)* sala *f* de reuniões.

assembly line *n* linha *f* de montagem.

assembly point *n (at airport, in shopping centre)* ponto *m* de encontro.

assent [əˈsent] *n (agreement)* aprovação *f* ◆ *vi:* **to ~ to sthg** aprovar algo.

assert [əˈsɜːt] *vt (fact, innocence)* afirmar; *(authority)* impor; **to ~ o.s.** impor-se.

assertive [əˈsɜːtɪv] *adj* firme.

assess [əˈses] *vt* avaliar.

assessment [əˈsesmənt] *n* avaliação *f*.

asset [ˈæset] *n (valuable person, thing)* elemento *m* valioso.
❏ **assets** *npl* bens *mpl*.

assign [əˈsaɪn] *vt:* **to ~ sthg to sb** *(give)* ceder algo a alguém; **to ~ sb to**

sthg *(designate)* nomear alguém para algo.

assignment [əˈsaɪnmənt] *n (task)* tarefa *f*; *(SCH)* trabalho *m*.

assimilate [əˈsɪmɪleɪt] *vt (learn)* assimilar; *(integrate):* **to ~ sb (into sthg)** integrar alguém (em algo).

assist [əˈsɪst] *vt* ajudar.

assistance [əˈsɪstəns] *n* ajuda *f*; **to be of ~ (to sb)** ajudar (alguém).

assistant [əˈsɪstənt] *n* assistente *mf*, ajudante *mf*.

associate [*n* əˈsəʊʃɪət, *vb* əˈsəʊʃɪeɪt] *n (colleague)* colega *mf*; *(partner)* sócio *m* (-cia *f*) ◆ *vt:* **to ~ sb/sthg with** associar alguém/algo com OR a; **to be ~d with** *(attitude, person)* estar associado a.

association [əˌsəʊsɪˈeɪʃn] *n* associação *f*.

assorted [əˈsɔːtɪd] *adj* variado(-da).

assortment [əˈsɔːtmənt] *n* sortimento *m (Br)*, sortido *m (Port)*.

assume [əˈsjuːm] *vt (suppose)* supor; *(control, responsibility)* assumir.

assumption [əˈsʌmpʃn] *n (supposition)* suposição *f*.

assurance [əˈʃʊərəns] *n (promise)* garantia *f*; *(insurance)* seguro *m*.

assure [əˈʃʊəʳ] *vt* assegurar; **to ~ sb (that)** ... assegurar a alguém que ....

assured [əˈʃʊəd] *adj (confident)* seguro(-ra).

asterisk [ˈæstərɪsk] *n* asterisco *m*.

astern [əˈstɜːn] *adv* na popa.

asthma [ˈæsmə] *n* asma *f*.

asthmatic [æsˈmætɪk] *adj* asmático (-ca).

astonish [əˈstɒnɪʃ] *vt* surpreender.

astonished [əˈstɒnɪʃt] *adj* espantado(-da), surpreso(-sa).

astonishing [əˈstɒnɪʃɪŋ] *adj* espantoso(-osa), surpreendente.

astonishment [əˈstɒnɪʃmənt] *n* espanto *m*, surpresa *f*.

astound [əˈstaʊnd] *vt* surpreender.

astray [əˈstreɪ] *adv:* **to go ~** extraviar-se.

astrology [əˈstrɒlədʒɪ] *n* astrologia *f*.

astronaut [ˈæstrənɔːt] *n* astronauta *mf*.

astronomical [æstrəˈnɒmɪkl] *adj (inf: very large)* astronômico(-ca).

astronomy [əˈstrɒnəmɪ] *n* astronomia *f*.

astute [əˈstjuːt] *adj* astuto(-ta).

asylum [əˈsaɪləm] *n (POL)* asilo *m*;

(mental hospital) manicômio *m*.

at [*unstressed* ət, *stressed* æt] *prep* **1.** *(indicating place, position)* em; **~ home** em casa; **~ the hotel** no hotel; **~ my mother's** na casa da minha mãe; **~ school** na escola. **2.** *(indicating direction)* para; **he threw a plate ~ the wall** ele atirou um prato na parede; **to look ~** olhar para. **3.** *(indicating time)*: **~ nine o'clock** às nove horas; **~ night** à noite; **~ Christmas** no Natal. **4.** *(indicating rate, level, speed)* a; **it works out ~ £5 each** sai a 5 libras cada um; **~ 60 km/h** a 60 km/h. **5.** *(indicating activity)* a; **to be ~ lunch** estar almoçando; **to be good/bad ~ sthg** ser bom/mau em algo. **6.** *(indicating cause)* com.

ate [Brit et, Am eɪt] *pt* → **eat**.

atheist ['eɪθɪɪst] *n* ateu *m* (atéia *f*).

athlete ['æθliːt] *n* atleta *mf*.

athletics [æθ'letɪks] *n* atletismo *m*.

Atlantic [ət'læntɪk] *n*: **the ~ (Ocean)** o (oceano) Atlântico.

atlas ['ætləs] *n* atlas *m inv*.

atmosphere ['ætməsfɪər] *n* atmosfera *f*.

atom ['ætəm] *n* átomo *m*.

atom bomb *n* bomba *f* atômica.

atomic [ə'tɒmɪk] *adj* atômico(-ca).

atomic bomb = **atom bomb**.

atomizer ['ætəmaɪzər] *n* atomizador *m*, vaporizador *m*.

atone [ə'təʊn] *vi*: **to ~ for sthg** expiar algo.

A to Z *n (map)* mapa *m* da cidade.

atrocious [ə'trəʊʃəs] *adj* atroz.

atrocity [ə'trɒsətɪ] *n* atrocidade *f*.

attach [ə'tætʃ] *vt* juntar; **to ~ sthg to sthg** juntar algo a algo.

attaché case [ə'tæʃeɪ-] *n* pasta *f* (de executivo).

attachment [ə'tætʃmənt] *n (device)* acessório *m*.

attack [ə'tæk] *n* ataque *m* ♦ *vt* atacar.

attacker [ə'tækər] *n* agressor *m* (-ra *f*).

attain [ə'teɪn] *vt (fml)* alcançar.

attainment [ə'teɪnmənt] *n (of happiness, objective)* conquista *f*; *(skill)* aquisição *f*.

attempt [ə'tempt] *n* tentativa *f* ♦ *vt* tentar; **to ~ to do sthg** tentar fazer algo.

attend [ə'tend] *vt (meeting, Mass)*

assistir a; *(school)* frequentar.

❑ **attend to** *vt fus (deal with)* atender a.

attendance [ə'tendəns] *n (people at concert, match)* assistência *f*; *(at school)* frequência *f*.

attendant [ə'tendənt] *n* empregado *m* (-da *f*).

attention [ə'tenʃn] *n* atenção *f*; **to pay ~ (to)** prestar atenção (a).

attentive [ə'tentɪv] *adj (paying attention)* atento(-ta); *(politely helpful)* atencioso(-osa).

attic ['ætɪk] *n* sótão *m*.

attitude ['ætɪtjuːd] *n* atitude *f*.

attorney [ə'tɜːnɪ] *n (Am)* advogado *m* (-da *f*).

attract [ə'trækt] *vt* atrair; *(attention)* chamar.

attraction [ə'trækʃn] *n* atração *f*; *(attractive feature)* atrativo *m*.

attractive [ə'træktɪv] *adj* atraente.

attribute [ə'trɪbjuːt] *vt*: **to ~ sthg to** atribuir algo a.

attrition [ə'trɪʃn] *n* desgaste *m*.

aubergine ['əʊbəʒiːn] *n (Brit)* beringela *f*.

auburn ['ɔːbən] *adj* castanho-avermelhado(-da).

auction ['ɔːkʃn] *n* leilão *m*.

auctioneer [ɔːkʃə'nɪər] *n* leiloeiro *m* (-ra *f*).

audible ['ɔːdəbl] *adj* audível.

audience ['ɔːdɪəns] *n* público *m*, audiência *f*.

audio ['ɔːdɪəʊ] *adj* áudio *(inv)*.

audio-visual *adj* audiovisual.

audit ['ɔːdɪt] *n* verificação *f* (oficial) de contas ♦ *vt* verificar.

audition [ɔː'dɪʃn] *n* audição *f*.

auditor ['ɔːdɪtər] *n (of accounts)* técnico *m* (-ca *f*) de contas.

auditorium [ɔːdɪ'tɔːrɪəm] *n* auditório *m*.

Aug. *abbr* = **August**.

augur ['ɔːgər] *vi*: **to ~ well/badly** ser bom/mau sinal.

August ['ɔːgəst] *n* Agosto *m*, → **September**.

Auld Lang Syne [ˌɔːldlæŋ'saɪn] *n* cantiga tradicional escocesa cantada à meia-noite da véspera de Ano Novo cujo título significa "os bons tempos de outrora".

aunt [ɑːnt] *n* tia *f*.

au pair [ˌəʊ'peər] *n* au pair *mf*.

aural ['ɔːrəl] *adj* auditivo(-va).

auspices [ˈɔːspɪsɪz] *npl*: under the ~ of sob os auspícios de.
auspicious [ɔːˈspɪʃəs] *adj* promissor (-ra).
austere [ɒˈstɪəʳ] *adj* austero(-ra).
austerity [ɒˈsterətɪ] *n* austeridade *f*.
Australia [ɒˈstreɪlɪə] *n* Austrália *f*.
Australian [ɒˈstreɪlɪən] *adj* australiano(-na) ◆ *n* australiano *m* (-na *f*).
Austria [ˈɒstrɪə] *n* Áustria *f*.
Austrian [ˈɒstrɪən] *adj* austríaco(-ca) ◆ *n* austríaco *m* (-ca *f*).
authentic [ɔːˈθentɪk] *adj* autêntico (-ca).
author [ˈɔːθəʳ] *n* (of book, article) autor *m* (-ra *f*); (by profession) escritor *m* (-ra *f*).
authoritarian [ɔːθɒrɪˈteərɪən] *adj* autoritário(-ria).
authoritative [ɔːˈθɒrɪtətɪv] *adj* (person, voice) autoritário(-ria); (report) autorizado(-da).
authority [ɔːˈθɒrətɪ] *n* autoridade *f*; the authorities as autoridades.
authorization [ɔːθəraɪˈzeɪʃn] *n* autorização *f*.
authorize [ˈɔːθəraɪz] *vt* autorizar; to ~ sb to do sthg autorizar alguém a fazer algo.
autistic [ɔːˈtɪstɪk] *adj* autista.
autobiography [ˌɔːtəbaɪˈɒgrəfɪ] *n* autobiografia *f*.
autocratic [ˌɔːtəˈkrætɪk] *adj* autocrático(-ca).
autograph [ˈɔːtəgrɑːf] *n* autógrafo *m*.
automatic [ˌɔːtəˈmætɪk] *adj* automático(-ca); (fine) imediato(-ta) ◆ *n* (car) carro *m* automático OR com direção assistida.
automatically [ˌɔːtəˈmætɪklɪ] *adv* automaticamente.
automobile [ˈɔːtəməbiːl] *n* (Am) automóvel *m*.
autonomy [ɔːˈtɒnəmɪ] *n* autonomia *f*.
autopsy [ˈɔːtɒpsɪ] *n* autópsia *f*.
autumn [ˈɔːtəm] *n* Outono *m*; in (the) ~ no Outono.
auxiliary (verb) [ɔːgˈzɪljərɪ-] *n* verbo *m* auxiliar.
avail [əˈveɪl] *n*: to no ~ em vão.
available [əˈveɪləbl] *adj* disponível.
avalanche [ˈævəlɑːnʃ] *n* avalanche *f*.
avarice [ˈævərɪs] *n* avareza *f*.
Ave. (abbr of avenue) Av.
avenge [əˈvendʒ] *vt* vingar, vingar-se de.

avenue [ˈævənjuː] *n* avenida *f*.
average [ˈævərɪdʒ] *adj* médio(-dia) ◆ *n* média *f*; on ~ em média.
aversion [əˈvɜːʃn] *n* aversão *f*.
avert [əˈvɜːt] *vt* (problem, accident) evitar; (eyes, glance) desviar.
aviation [ˌeɪvɪˈeɪʃn] *n* aviação *f*.
avid [ˈævɪd] *adj* ávido(-da).
avocado [ˌævəˈkɑːdəʊ] (*pl* -s OR -es) *n*: ~ (pear) pêra *f* abacate.
avoid [əˈvɔɪd] *vt* evitar; to ~ doing sthg evitar fazer algo.
await [əˈweɪt] *vt* esperar, aguardar.
awake [əˈweɪk] (*pt* awoke, *pp* awoken) *adj* acordado(-da) ◆ *vi* acordar.
award [əˈwɔːd] *n* (prize) prêmio *m* ◆ *vt*: to ~ sb sthg (prize) atribuir algo a alguém; (damages, compensation) adjudicar algo a alguém.
aware [əˈweəʳ] *adj* consciente; to be ~ of estar consciente de.
awareness [əˈweənɪs] *n* consciência *f*.
awash [əˈwɒʃ] *adj*: ~ (with) (fig: with letters, tourists) inundado(-da) de.
away [əˈweɪ] *adv* (go) embora; (look, turn) para outro lado; to be ~ (not at home, in office) não estar; it's 10 miles ~ (from here) fica a 10 milhas (daqui); it's two weeks ~ é daqui a duas semanas; to go ~ on holiday ir de férias; to put sthg ~ guardar algo; to take sthg ~ (from sb) tirar algo (de alguém); to walk/drive ~ afastar-se; far ~ longe.
awe [ɔː] *n* respeito *m* (acompanhado de receio); to be in ~ of sb estar impressionado com alguém.
awesome [ˈɔːsəm] *adj* incrível.
awful [ˈɔːfəl] *adj* (very bad) horrível; (very great) imenso(-sa); I feel ~ estou me sentindo muito mal; how ~! que horror!
awfully [ˈɔːflɪ] *adv* (very) muitíssimo.
awkward [ˈɔːkwəd] *adj* (position) incômodo(-da); (shape, size) pouco prático(-ca); (situation, question, task) embaraçoso(-osa); (movement) desajeitado(-da); (time) inoportuno(na).
awning [ˈɔːnɪŋ] *n* toldo *m*.
awoke [əˈwəʊk] *pt* → awake.
awoken [əˈwəʊkən] *pp* → awake.
awry [əˈraɪ] *adj* torto (torta) ◆ *adv*: to go ~ dar errado.
axe [æks] *n* machado *m*.
axis [ˈæksɪs] (*pl* axes [ˈæksiːz]) *n* eixo *m*.
axle [ˈæksl] *n* eixo *m*.
Azores [əˈzɔːz] *npl*: the ~ os Açores.

B

BA *abbr* = Bachelor of Arts.
babble ['bæbl] *vi (person)* tagarelar.
baby ['beɪbɪ] *n* bebê *m*; **to have a ~** ter um bebê; **~ sweetcorn** mini-milho *m*.
baby carriage *n (Am)* carrinho *m* de bebê.
baby food *n* comida *f* de bebê.
baby-sit *vi* tomar conta de crianças.
baby-sitter [-'sɪtə'] *n* baby-sitter *f*.
baby wipe *n* toalhita *f* para bebê.
bachelor ['bætʃələ'] *n* homem *m* solteiro.
Bachelor of Arts *n* = *(titular de uma) licenciatura em letras.*
Bachelor of Science *n* = *(titular de uma) licenciatura em ciências.*
back [bæk] *adv (towards the back)* para trás ♦ *n* costas *fpl; (of car)* parte *f* de trás; *(of room)* fundo *m* ♦ *adj (seat, wheels)* traseiro(-ra) ♦ *vi (car, driver)* recuar ♦ *vt (support)* apoiar; **to call ~** *(telephone)* voltar a telefonar; **to give sthg ~** devolver algo; **to stand ~** afastar-se; **to write ~** responder (a carta); **at the ~ of** na traseira de; **in ~ of** *(Am)* na traseira de; **~ to front** de trás para a frente.
❑ **back up** *vt sep (support)* apoiar ♦ *vi (car, driver)* dar marcha à ré.
backache ['bækeɪk] *n* dor *f* nas costas.
backbencher [bæk'bentʃə'] *n (Brit: POL)* deputado do governo ou oposição sem cargo.
backbone ['bækbəʊn] *n* coluna *f* vertebral.
backcloth ['bækklɒθ] *n (Brit)* = **backdrop**.
backdate [bæk'deɪt] *vt:* **a pay rise ~d to June** um aumento de salário com efeito retroativo desde junho.
back door *n* porta *f* traseira.

backdrop ['bækdrɒp] *n* pano *m* de fundo.
backfire [bæk'faɪə'] *vi (car)* dar estouros.
backgammon ['bæk.gæmən] *n* gamão *m*.
background ['bækgraʊnd] *n* cenário *m; (of person)* background *m*.
backhand ['bækhænd] *n* esquerda *f*.
backing ['bækɪŋ] *n (support)* apoio *m; (lining)* reforço *m*.
backlash ['bæklæʃ] *n (reaction)* contra-ataque *m*, reação *f* violenta.
backlog ['bæklɒg] *n* acumulação *f*.
back number *n* número *m* atrasado.
backpack ['bækpæk] *n* mochila *f*.
backpacker ['bækpækə'] *n* turista com orçamento reduzido que viaja de mochila e saco de dormir nas costas.
back pay *n* salário *m* em atraso.
back seat *n* banco *m* traseiro.
backside [bæk'saɪd] *n (inf)* traseiro *m*.
backstage [bæk'steɪdʒ] *adv (be, stay)* nos bastidores; *(go)* para os bastidores.
back street *n* ruela *f*.
backstroke ['bækstrəʊk] *n* costas *fpl (em natação)*.
backup ['bækʌp] *adj (plan, team)* de reserva ♦ *n (support)* apoio *m*.
backward ['bækwəd] *adj (look, movement)* para trás; *(person, country)* atrasado(-da).
backwards ['bækwədz] *adv (move, look)* para trás; *(the wrong way round)* ao contrário.
backyard [bæk'jʊːd] *n (Brit)* quintal *m*.
bacon ['beɪkən] *n* bacon *m*, toucinho *m; ~* **and eggs** bacon frito e ovos estrelados.
bacteria [bæk'tɪərɪə] *npl* bactérias *fpl*.

bad [bæd] (compar **worse**, superl **worst**) adj mau (má); (serious) grave; (poor, weak) fraco(-ca); (rotten, off) estragado(-da); **to have a ~ back/leg** ter um problema nas costas/na perna; **don't eat that – it's ~ for you** não come isso que vai lhe fazer mal; **not ~** nada mau (má).

badge [bædʒ] n crachá m.

badger [ˈbædʒəʳ] n texugo m.

badly [ˈbædlɪ] (compar **worse**, superl **worst**) adv (poorly) mal; (seriously) gravemente; (very much) imenso.

badly-off adj (poor) pobre, com problemas econômicos.

badly paid [-peɪd] adj mal pago(-ga).

bad-mannered [-mænəd] adj maleducado(-da).

badminton [ˈbædmɪntən] n badminton m.

bad-tempered [-ˈtempəd] adj com mau gênio.

baffle [ˈbæfl] vt desorientar, confundir.

bag [bæg] n (of paper, plastic) saco m, saca f; (handbag) bolsa f; (suitcase) mala f; **a ~ of crisps** um pacote de batatas fritas.

bagel [ˈbeɪgəl] n pequeno pão em forma de anel.

baggage [ˈbægɪdʒ] n bagagem f.

baggage allowance n peso m limite (de bagagem).

baggage reclaim n recolhimento m de bagagem.

baggage trolley n carrinho m.

baggy [ˈbægɪ] adj largo(-ga).

bagpipes [ˈbægpaɪps] npl gaita-de-foles f.

Bahamas [bəˈhɑːməz] npl: **the ~** as Baamas.

bail [beɪl] n fiança f.

bailiff [ˈbeɪlɪf] n oficial mf de justiça.

bait [beɪt] n isca f.

bake [beɪk] vt (cake, souffle) cozer (em forno); (potatoes) assar ♦ n (CULIN) gratinado m.

baked [beɪkt] adj (cake, souffle) cozido(-da); (potatoes) assado(-da).

baked Alaska [-əˈlæskə] n sobremesa de bolo e sorvete coberto de merengue, que se assa no forno durante breves minutos.

baked beans npl feijão m cozido com molho de tomate.

baked potato n batata f assada com casca.

baker [ˈbeɪkəʳ] n padeiro m (-ra f); **~'s (shop)** padaria f.

bakery [ˈbeɪkərɪ] n padaria f.

Bakewell tart [ˈbeɪkwel-] n torta de massa esfarelada recheada com geléia, coberta com uma mistura de ovos, manteiga, açúcar e amêndoas raladas.

baking [ˈbeɪkɪŋ] n (process) cozimento m.

balaclava (helmet) [bæləˈklɑːvə-] n (Brit) passa-montanhas m inv.

balance [ˈbæləns] n (of person) equilíbrio m; (of bank account) saldo m; (remainder) resto m ♦ vt (object) equilibrar.

balanced diet [ˈbælənst-] n dieta f equilibrada.

balcony [ˈbælkənɪ] n (of house) varanda f; (of theatre) balcão m.

bald [bɔːld] adj calvo(-va), careca.

bale [beɪl] n fardo m.

Balkans [ˈbɔːlkənz] npl: **the ~** os Balcãs.

Balkan States [ˈbɔːlkən-] = **Balkans**.

ball [bɔːl] n bola f; (of wool, string) novelo m; (dance) baile m; **on the ~** (fig) a par de tudo.

ballad [ˈbæləd] n balada f.

ballast [ˈbæləst] n lastro m.

ball bearing n rolamento m de esferas.

ball boy n apanha-bolas m inv.

ballerina [ˌbæləˈriːnə] n bailarina f.

ballet [ˈbæleɪ] n bailado m, ballet m, balé m.

ballet dancer n bailarino m (-na f).

ball game n (Am: baseball match) jogo m de basebol; (inf: situation): **this is a whole new ~** isto já é outra história.

balloon [bəˈluːn] n (at party etc) balão m, bola f de soprar

ballot [ˈbælət] n votação f.

ballpoint pen [ˈbɔːlpɔɪnt-] n esferográfica f.

ballroom [ˈbɔːlrʊm] n salão m de baile.

ballroom dancing n dança f de salão.

balsa(wood) [ˈbɔːlsə(wʊd)] n balsa f.

Baltic [ˈbɔːltɪk] adj báltico(-ca) ♦ n: **the ~ (Sea)** o (mar) Báltico.

Baltic Republic n: **the ~s** as Repúblicas Bálticas.

bamboo [bæmˈbuː] n bambú m.

bamboo shoots npl brotos mpl de bambú.

bamboozle [bæm'buːzl] vt (inf) enrolar, passar a perna em.

ban [bæn] n proibição f ◆ vt proibir; **to ~ sb from doing sthg** proibir alguém de fazer algo.

banana [bə'nuːnə] n banana f.

banana split n banana split m, banana cortada ao meio com sorvete, creme e calda de chocolate.

band [bænd] n (musical group) banda f; (strip of paper) tira f de papel; (rubber) elástico m.

bandage ['bændɪdʒ] n atadura f (Br), ligadura f (Port) ◆ vt ligar.

Band-Aid® ['bændeɪd] n esparadrapo m (Br), penso m rápido (Port).

B and B abbr = bed and breakfast.

bandit ['bændɪt] n bandido m (-da f).

bandstand ['bændstænd] n coreto m.

bandy ['bændɪ] adj com as pernas tortas.

❏ **bandy about** vt sep usar a torto e a direito.

bandy-legged [-ˌlegd] adj = bandy.

bang [bæŋ] n (loud noise) estrondo m ◆ vt (hit loudly) bater em; (shut loudly, injure) bater com.

banger ['bæŋər] n (Brit: inf: sausage) salsicha f; **~s and mash** salsichas com puré de batata.

bangle ['bæŋgl] n pulseira f.

bangs [bæŋz] npl (Am) franja f.

banish ['bænɪʃ] vt banir.

banister ['bænɪstər] n corrimão m.

banjo ['bændʒəʊ] (pl -s OR -es) n banjo m.

bank [bæŋk] n (for money) banco m; (of river, lake) margem f; (slope) monte m (pequeno).

bank account n conta f bancária.

bank book n caderneta f bancária.

bank charges npl encargos mpl bancários (Br), comissões fpl bancárias (Port).

bank clerk n bancário m (-ria f) (Br), empregado m bancário (empregada f bancária) (Port).

bank draft n saque m bancário (Br), transferência f bancária (Port).

banker ['bæŋkər] n banqueiro m (-ra f).

banker's card n cartão bancário que é necessário apresentar, como garantia, sempre que se paga por cheque.

bank holiday n (Brit) feriado m.

bank manager n diretor m (-ra f) de banco.

bank note n nota f (de banco).

bankrupt ['bæŋkrʌpt] adj falido(-da).

bankruptcy ['bæŋkrʌptsɪ] n falência f.

bank statement n extrato m de conta.

banner ['bænər] n cartaz m.

bannister ['bænɪstər] = banister.

banquet ['bæŋkwɪt] n (formal dinner) banquete m; (at Indian restaurant etc) menu m fixo (para várias pessoas).

banter ['bæntər] n piadas fpl.

bap [bæp] n (Brit) pãozinho m redondo (Br), papo-seco m (Port).

baptism ['bæptɪzm] n batismo m.

Baptist ['bæptɪst] n batista mf.

baptize [Brit bæp'taɪz, Am 'bæptaɪz] vt batizar.

bar [buːr] n (pub, in hotel) bar m; (counter in pub) balcão m; (of metal, soap) barra f; (of wood) tranca f; (of chocolate) barra f (Br), tablete m ou f (Port) ◆ vt (obstruct) bloquear.

barbaric [buː'bærɪk] adj bárbaro(-ra).

barbecue ['buːbɪkjuː] n (apparatus) churrasqueira f (Br), grelhador m (Port); (event) churrasco m ◆ vt assar (na churrasqueira) (Br), assar (no churrasco) (Port).

barbecue sauce n molho m para churrasco.

barbed wire [buːbd-] n arame m farpado.

barber ['buːbər] n barbeiro m; **~'s** (shop) barbearia f.

barbiturate [buː'bɪtjʊrət] n barbitúrio m.

bar code n código m de barras.

bare [beər] adj (feet) descalço(-ça); (head) descoberto(-ta); (arms, legs) ao léu; (room, cupboard) vazio(-zia); **the ~ minimum** o mínimo dos mínimos.

bareback ['beəbæk] adv em pêlo, sem arreios.

barefaced ['beəfeɪst] adj descarado (-da).

barefoot [ˌbeə'fʊt] adv descalço(-ça).

barely ['beəlɪ] adv mal.

bargain ['buːgɪn] n (agreement) acordo m; (cheap buy) pechincha f ◆ vi (haggle) regatear.

❏ **bargain for** vt fus contar com, esperar.

bargain basement n seção f de saldos.

barge [bɑːdʒ] *n* barca *f.*
❏ **barge in** *vi*: **to ~ in on sb** interromper alguém.

baritone ['bærɪtəʊn] *n* barítono *m.*

bark [bɑːk] *n* (*of tree*) casca *f* ♦ *vi* latir.

barley ['bɑːlɪ] *n* cevada *f.*

barley sugar *n* (*Brit*) = bala *f* (*Br*), rebuçado *m* (*Port*).

barley water *n* (*Brit*) refrigerante feito com água e grãos de cevada, açúcar e aromas de fruta.

barmaid ['bɑːmeɪd] *n* garçonete *f* (*Br*), empregada *f* de bar (*Port*).

barman ['bɑːmən] (*pl* -**men** [-mən]) *n* barman *m.*

bar meal *n* comida ligeira e rápida servida em bares.

barn [bɑːn] *n* celeiro *m.*

barometer [bəˈrɒmɪtər] *n* barômetro *m.*

baron ['bærən] *n* barão *m.*

baroness ['bærənɪs] *n* baronesa *f.*

baroque [bəˈrɒk] *adj* barroco(-ca).

barracks ['bærəks] *npl* quartel *m.*

barrage ['bærɑːʒ] *n* (*of questions, criticism*) chuva *f*, avalanche *f.*

barrel ['bærəl] *n* (*of beer, wine, oil*) barril *m*; (*of gun*) cano *m.*

barren ['bærən] *adj* (*land, soil*) estéril.

barricade [ˌbærɪˈkeɪd] *n* barricada *f.*

barrier ['bærɪər] *n* barreira *f.*

barring ['bɑːrɪŋ] *prep*: **~ accidents** excepto se houver acidentes.

barrister ['bærɪstər] *n* (*Brit*) advogado *m* (-da *f*) (de tribunais superiores).

barrow ['bærəʊ] *n* (*market stall*) carro *m* de mão (*para venda de produtos nas feiras*).

bartender ['bɑːtendər] *n* (*Am*) garçon *m* (*Br*), empregado *m* (-da *f*) de bar (*Port*).

barter ['bɑːtər] *vi* negociar.

base [beɪs] *n* base *f* ♦ *vt*: **to ~ sthg on** basear algo em algo; **to be ~d in** (*located*) estar sediado em.

baseball ['beɪsbɔːl] *n* basebol *m.*

baseball cap *n* boné *m* de basebol.

basement ['beɪsmənt] *n* (*in house*) porão *m* (*Br*), cave *f* (*Port*).

bases ['beɪsiːz] *pl* → **basis.**

bash [bæʃ] *vt* (*inf*) bater com.

bashful ['bæʃfʊl] *adj* acanhado(-da), tímido(-da).

basic ['beɪsɪk] *adj* (*fundamental*) básico(-ca); (*accommodation, meal*) simples (*inv*) ♦ *npl*: **the ~s** os princípios básicos.

basically ['beɪsɪklɪ] *adv* no fundo.

basil ['bæzl] *n* manjericão *m.*

basin ['beɪsn] *n* (*washbasin*) pia *f*, lavatório *m* (*Port*); (*bowl*) tigela *f*, taça *f.*

basis ['beɪsɪs] (*pl* **bases**) *n* base *f*; **on a weekly ~** semanalmente; **on the ~ of** tendo em conta.

bask [bɑːsk] *vi* (*sunbathe*): **to ~ in the sun** torrar no sol, apanhar sol.

basket ['bɑːskɪt] *n* cesto *m*, cesta *f.*

basketball ['bɑːskɪtbɔːl] *n* (*game*) basquetebol *m.*

basmati rice [bəzˈmætɪ-] *n* arroz fino e aromático usado em muitos pratos indianos.

bass[1] [beɪs] *n* (*singer*) baixo *m.*

bass[2] [bæs] *n* (*fish*) robalo *m.*

bass drum [beɪs-] *n* bombo *m.*

bass (guitar) [beɪs-] *n* baixo *m.*

bassoon [bəˈsuːn] *n* fagote *m.*

bastard ['bɑːstəd] *n* (*vulg*) filho-da-puta *m* (filha-da-puta *f*), cabrão *m* (-brona *f*) (*Port*).

bastion ['bæstɪən] *n* (*fig*) bastião *m*, baluarte *m.*

bat [bæt] *n* (*in cricket, baseball*) pá *f*; (*in table tennis*) raquete *f*; (*animal*) morcego *m.*

batch [bætʃ] *n* lote *m.*

bath [bɑːθ] *n* banho *m* ♦ *vt* dar banho em; **to have a ~** tomar banho.
❏ **baths** *npl* (*Brit: public swimming pool*) piscina *f* municipal.

bathe [beɪð] *vi* tomar banho.

bathing ['beɪðɪŋ] *n* (*Brit*) banho *m.*

bathing cap *n* touca *f* de banho.

bathing costume *n* traje *m* de banho (*Br*), fato *m* de banho (*Port*).

bathrobe ['bɑːθrəʊb] *n* roupão *m.*

bathroom ['bɑːθrʊm] *n* banheiro *m* (*Br*), casa *f* de banho (*Port*).

bathroom cabinet *n* armário *m* de banheiro.

bath towel *n* toalha *f* de banho.

bathtub ['bɑːθtʌb] *n* banheira *f.*

baton ['bætən] *n* (*of conductor*) batuta *f*; (*truncheon*) cassetete *m.*

batsman ['bætsmən] (*pl* -**men** [-mən]) *n* (*in cricket*) batedor *m.*

batter ['bætər] *n* (*CULIN*) massa mole para panquecas e frituras, polme *m* (*Port*) ♦ *vt* (*wife, child*) espancar.

battered ['bætəd] *adj* (CULIN) frito em massa mole.

battery ['bætəri] *n* (for radio, torch etc) pilha *f*; (for car) bateria *f*.

battery charger [-.tʃɑːdʒəʳ] *n* aparelho *m* para recarregar pilhas/baterias.

battle ['bætl] *n* (in war) batalha *f*; (struggle) luta *f*.

battlefield ['bætlfiːld] *n* campo *m* de batalha.

battlements ['bætlmənts] *npl* ameias *fpl*.

battleship ['bætlʃip] *n* navio *m* de guerra.

bauble ['bɔːbl] *n* bugiganga *f*.

bawl [bɔːl] *vt* (shout) bradar ♦ *vi* berrar.

bay [bei] *n* (on coast) baía *f*; (for parking) lugar *m* para estacionamento.

bay leaf *n* folha *f* de louro.

bay window *n* janela *f* saliente.

bazaar [bə'zɑːʳ] *n* bazar *m*.

B & B *abbr* = **bed and breakfast**.

BBC (abbr of British Broadcasting Corporation) BBC *f*, empresa estatal britânica de radiodifusão.

BC (abbr of before Christ) a.C.

be [biː] (pt **was, were**, pp **been**) *vi* 1. (exist) ser; **there is/are** há; **are there any shops near here?** há lojas perto daqui?
2. (describing quality, permanent condition) ser; **he's a doctor** ele é médico; **I'm British** sou britânico; **the hotel is near the airport** o hotel é OR fica perto do aeroporto.
3. (describing state, temporary condition) estar; **will you ~ in the office tomorrow?** você vai estar no escritório amanhã?; **I'll ~ there at six o'clock** estarei lá às seis horas; **I'm hot/cold** estou com calor/frio, tenho calor/frio.
4. (referring to movement): **has the postman been?** o correio já passou?; **have you ever been to Ireland?** você já esteve na Irlanda?; **I'll ~ there in ten minutes** estarei lá em dez minutos.
5. (occur) ser; **the final is in June** a final é em junho.
6. (referring to health) estar; **how are you?** como vai você?; **I'm fine** estou bem; **she's ill** ela está doente.
7. (referring to age): **how old are you?** que idade você tem?; **I'm 14 (years old)** tenho 14 anos.

8. (referring to cost) ser; **how much is it?** quanto é?; **it's £10** são 10 libras.
9. (referring to time, dates) ser; **what time is it?** que horas são?; **it's ten o'clock** são dez horas.
10. (referring to measurement) ter; **I'm 60 kilos** tenho 60 quilos; **he is 6 feet tall** ele tem 2 metros de altura; **it's 10 metres wide/long** tem 10 metros de largura/comprimento.
11. (referring to weather) estar; **it's hot/cold** está calor/frio; **it's windy/sunny** está ventando/sol; **it's going to be nice today** vai fazer bom tempo hoje.

♦ *aux vb* 1. (forming continuous tense) estar; **I'm learning French** estou aprendendo francês (Br), estou a aprender francês (Port); **we've been visiting the museum** tivemos visitando o museu (Br), andámos a visitar o museu (Port).
2. (forming passive) ser; **she was given a rise** ela foi aumentada; **the flight was delayed** o vôo atrasou; **there are no tables to ~ had** não há mesas vagas.
3. (with infinitive to express order): **you are not to leave until I say so** você só pode sair quando eu disser; **new arrivals are to wait in reception** os recém-chegados têm que esperar na recepção; **all rooms are to ~ vacated by 10 a.m.** todos os quartos têm que ser desocupados antes das 10 horas da manhã.
4. (with infinitive to express future tense): **the race is to start at noon** a corrida começará ao meio-dia.
5. (in tag questions): **he's very tall, isn't he?** ele é muito alto, não é?; **it's cold, isn't it?** está frio, não está?

beach [biːtʃ] *n* praia *f*.

beacon ['biːkən] *n* (warning fire) fogueira *f* (de aviso); (lighthouse) farol *m*; (radio beacon) radiofarol *m*.

bead [biːd] *n* conta *f*.

beagle ['biːgl] *n* bigle *m*.

beak [biːk] *n* bico *m*.

beaker ['biːkəʳ] *n* copo *m*.

beam [biːm] *n* (of light) raio *m*; (of wood) trave *f*; (of concrete) viga *f* ♦ *vi* (smile) sorrir alegremente.

bean [biːn] *n* (haricot) feijão *m*; (pod) feijão *m* verde; (of coffee) grão *m*.

beanbag ['biːnbæg] *n* espécie de pufe mole estofado com esferovite.

bean curd [-kɜːd] *n* pasta de soja em

cubos muito usada na cozinha chinesa e vegetariana.

beansprouts ['bi:nsprauts] *npl* brotos *mpl* de feijão.

bear [beə'] (*pt* **bore**, *pp* **borne**) *n* (*animal*) urso *m* ♦ *vt* suportar, aguentar; **to ~ left/right** virar à esquerda/direita.

bearable ['beərəbl] *adj* suportável.

beard [biəd] *n* barba *f*.

bearer ['beərə'] *n* (*of cheque, passport*) portador *m* (-ra *f*).

bearing ['beəriŋ] *n* (*relevance*) relevância *f*; **to get one's ~s** orientar-se.

beast [bi:st] *n* (*animal*) animal *m*.

beastly ['bi:stli] *adj* horrível.

beat [bi:t] (*pt* **beat**, *pp* **beaten** ['bi:tn]) *n* (*of heart, pulse*) pulsação *f*; (*MUS*) ritmo *m* ♦ *vt* (*defeat*) derrotar, vencer; (*hit*) bater em, agredir; (*eggs, cream*) bater.

❏ **beat down** *vi* (*sun*) bater; (*rain*) cair ♦ *vt sep*: **I ~ him down to £15** consegui que ele baixasse o preço para 15 libras.

❏ **beat up** *vt sep* espancar.

beating ['bi:tiŋ] *n* (*hitting*) surra *f*, espancamento *m*; (*defeat*) derrota *f*.

beautiful ['bju:tiful] *adj* (*attractive*) lindo(-da); (*very good*) magnífico(-ca).

beautifully ['bju:təfli] *adv* lindamente.

beauty ['bju:ti] *n* beleza *f*.

beauty parlour [-'pa:lə'] *n* instituto *m* de beleza.

beauty salon = **beauty parlour**.

beauty spot *n* (*place*) local *m* de excepcional beleza.

beaver ['bi:və'] *n* castor *m*.

became [bɪ'keɪm] *pt* → **become**.

because [bɪ'kɒz] *conj* porque; **~ of** por causa de.

beckon ['bekən] *vi*: **to ~ (to)** acenar (a).

become [bɪ'kʌm] (*pt* **became**, *pp* **become**) *vi* tornar-se; **what became of him?** que foi feito dele?

bed [bed] *n* (*for sleeping in*) cama *f*; (*of river*) leito *m*; (*of sea*) fundo *m*; (*CULIN*) base *f*, camada *f*; (*in garden*) canteiro *m*; **in ~** na cama; **to get out of ~** levantar-se (da cama); **to go to ~** ir para a cama; **to go to ~ with sb** ir para a cama com alguém; **to make the ~** fazer a cama.

bed and breakfast *n* (*Brit*) casa

privada onde se oferece dormida e café da manhã a preços acessíveis.

bedclothes ['bedkləʊðz] *npl* roupa *f* de cama.

bedding ['bediŋ] *n* roupa *f* de cama.

bed linen *n* lençóis *mpl* (e fronhas).

bedraggled [bɪ'drægld] *adj* molhado e sujo (molhada e suja).

bedridden ['bed,rɪdn] *adj* acamado (-da).

bedroom ['bedrom] *n* quarto *m*.

bedside ['bedsaɪd] *n* cabeceira *f* (de cama).

bedside table ['bedsaɪd-] *n* mesinha *f* de cabeceira.

bedsit ['bedsɪt] *n* (*Brit*) quarto alugado com pia e área para cozinhar.

bedspread ['bedspred] *n* colcha *f*.

bedtime ['bedtaɪm] *n* hora *f* de dormir.

bee [bi:] *n* abelha *f*.

beech [bi:tʃ] *n* faia *f*.

beef [bi:f] *n* carne *f* de vaca; **~ Wellington** *lombo de vaca envolto em massa folhada e servido em fatias.*

beefburger ['bi:f,bɜ:gə'] *n* hambúrger *m*.

Beefeater ['bi:f,i:tə'] *n* alabardeiro *m* (da Torre de Londres).

beefsteak ['bi:f,steɪk] *n* bife *m*.

beehive ['bi:haɪv] *n* colméia *f*.

been [bi:n] *pp* → **be**.

beer [bɪə'] *n* cerveja *f*; **to have a couple of ~s** beber OR tomar umas cervejas.

beer garden *n* bar *m* ao ar livre (*Br*), esplanada *f* (*Port*).

beer mat *n* descanso *m* para copos.

beet [bi:t] *n* (*sugar beet*) beterraba *m*.

beetle ['bi:tl] *n* escaravelho *m*.

beetroot ['bi:tru:t] *n* beterraba *f*.

before [bɪ'fɔ:'] *adv* antes ♦ *prep* antes de; (*fml: in front of*) em frente de ♦ *conj* antes de; **~ you leave** antes de partir; **the day ~** o dia anterior; **the week ~ last** há duas semanas.

beforehand [bɪ'fɔ:hænd] *adv* de antemão.

befriend [bɪ'frend] *vt* fazer amizade com.

beg [beg] *vi* pedir ♦ *vt*: **to ~ sb to do sthg** implorar a alguém que faça algo; **to ~ for sthg** (*for money, food*) pedir algo.

began [bɪ'gæn] *pt* → **begin**.

beggar [ˈbegəʳ] n mendigo m (-ga f).

begin [bɪˈgɪn] (pt **began**, pp **begun**) vt & vi começar; **to ~ doing** OR **to do sthg** começar a fazer algo; **to ~ by doing sthg** começar por fazer algo; **to ~ with** (firstly) para começar.

beginner [bɪˈgɪnəʳ] n principiante mf.

beginning [bɪˈgɪnɪŋ] n começo m.

begrudge [bɪˈgrʌdʒ] vt: **to ~ sb sthg** (envy) envejar algo a alguém; **to ~ doing sthg** (do unwillingly) detestar fazer algo.

begun [bɪˈgʌn] pp → begin.

behalf [bɪˈhɑːf] n: **on ~ of** em nome de.

behave [bɪˈheɪv] vi comportar-se; **to ~ (o.s.)** (be good) comportar-se.

behavior [bɪˈheɪvjər] (Am) = behaviour.

behaviour [bɪˈheɪvjəʳ] n comportamento m.

behead [bɪˈhed] vt decapitar.

behind [bɪˈhaɪnd] adv (at the back) atrás ♦ prep (at the back of) atrás de ♦ n (inf) traseiro m; **to be ~ sb** (supporting) apoiar alguém; **to be ~ (schedule)** estar atrasado; **to leave sthg ~** esquecer-se de algo; **to stay ~** ficar para trás.

beige [beɪʒ] adj bege (inv).

being [ˈbiːɪŋ] n ser m; **to come into ~** nascer.

belated [bɪˈleɪtɪd] adj tardio(-dia).

belch [beltʃ] vi arrotar.

Belgian [ˈbeldʒən] adj belga ♦ n belga mf.

Belgian waffle n (Am) = waffle m (Br), = talassa f (Port).

Belgium [ˈbeldʒəm] n Bélgica f.

Belgrade [ˈbelˈgreɪd] n Belgrado s.

belief [bɪˈliːf] n (faith) crença f; (opinion) opinião f.

believe [bɪˈliːv] vt (person, story) acreditar em; (think) achar ♦ vi: **to ~ in** (God, human rights) crer em; **to ~ in doing sthg** acreditar em fazer algo.

believer [bɪˈliːvəʳ] n crente mf.

bell [bel] n (of phone, door) campainha f; (of church) sino m.

bellboy [ˈbelbɔɪ] n bói m (Br), paquete m (em hotel, clube) (Port).

belligerent [bɪˈlɪdʒərənt] adj (aggressive) belicoso(-osa), beligerante.

bellow [ˈbeləʊ] vi (person) gritar; (bull, cow) mugir.

bellows [ˈbeləʊz] n fole m.

belly [ˈbelɪ] n (inf) barriga f.

bellyache [ˈbelieɪk] n dor f de barriga.

belly button n (inf) umbigo m.

belong [bɪˈlɒŋ] vi (be in right place) pertencer; **to ~ to** pertencer a.

belongings [bɪˈlɒŋɪŋz] npl pertences mpl.

beloved [bɪˈlʌvd] adj adorado(-da).

below [bɪˈləʊ] adv em baixo; (downstairs) de baixo ♦ prep abaixo de; **children ~ the age of ten** crianças com menos de dez anos.

belt [belt] n (for clothes) cinto m; (TECH) correia f.

beltway [ˈbeltweɪ] n (Am) circunvalação f.

bemused [bɪˈmjuːzd] adj confuso (-sa), perplexo(-xa).

bench [bentʃ] n banco m.

bend [bend] (pt & pp **bent**) n curva f ♦ vt dobrar ♦ vi (road, river, pipe) fazer uma curva.

❏ **bend down** vi dobrar-se.

❏ **bend over** vi inclinar-se.

beneath [bɪˈniːθ] adv debaixo ♦ prep (under) debaixo de, sob.

benefactor [ˈbenɪfæktəʳ] n benfeitor m (-ra f).

beneficial [ˌbenɪˈfɪʃl] adj benéfico (-ca).

benefit [ˈbenɪfɪt] n (advantage) benefício m; (money) subsídio m ♦ vt beneficiar ♦ vi: **to ~ (from)** beneficiar-se (de); **for the ~ of** em benefício de.

Benelux [ˈbenɪlʌks] n Benelux m.

benevolent [bɪˈnevələnt] adj benevolente.

benign [bɪˈnaɪn] adj (MED) benigno (-gna).

bent [bent] pt & pp → bend.

bequeath [bɪˈkwiːð] vt (money, property) legar, deixar em testamento.

bereaved [bɪˈriːvd] adj (family) enlutado(-da).

beret [ˈbereɪ] n gorro m.

berk [bɜːk] n (Brit: inf) idiota mf, anta f.

Berlin [bɜːˈlɪn] n Berlim s.

Bermuda shorts [bəˈmjuːdə-] npl bermudas fpl.

Bern [bɜːn] n Berna s.

berry [ˈberɪ] n baga f.

berserk [bəˈzɜːk] adj: **to go ~** ficar fora de si.

berth [bɜːθ] n (for ship) ancoradouro

m; *(in ship)* beliche *m*; *(in train)* cou-chette *f*.

beside [bɪ'saɪd] *prep (next to)* junto a; **to be ~ the point** não ter nada a ver.

besides [bɪ'saɪdz] *adv* além disso ◆ *prep* além de.

besiege [bɪ'siːdʒ] *vt (town, fortress)* cer-car.

besotted [bɪ'sɒtɪd] *adj* completa-mente apaixonado(-da); **to be ~ with sb** estar apaixonado por alguém.

best [best] *adj* melhor ◆ *n*: **the ~** o/a melhor; **a pint of ~** *(beer)* = uma caneca de cerveja escura; **to make the ~ of sth** aproveitar o mais possível algo; **to do one's ~** fazer o melhor possível; **the ~ thing to do is ...** o melhor é ...; **"~ before ..."** "consumir de preferência antes de ..."; **at ~** quanto muito; **all the ~!** felicidades!; *(in letter)* um abraço!; **I like this one ~** gosto mais deste; **she played ~** ela jogou melhor.

best man *n* padrinho *m (de casamen-to)*.

best-seller [-'selə^r] *n (book)* best-seller *m*.

bet [bet] *(pt & pp* **bet)** *n* aposta *f* ◆ *vt (gamble)* apostar ◆ *vi*: **to ~ (on)** apos-tar (em); **I ~ (that) you can't do it** aposto que você não consegue.

betray [bɪ'treɪ] *vt* trair.

betrayal [bɪ'treɪəl] *n* traição *f*.

better ['betə^r] *adj & adv* melhor; **you had ~ ...** é melhor ...; **to get ~** melho-rar.

better off *adj (financially)* melhor de vida; *(in a better situation)* melhor.

betting ['betɪŋ] *n* apostas *fpl*.

betting shop *n (Brit)* casa *f* de apos-tas.

between [bɪ'twiːn] *prep* entre; **in ~** *prep* entre ◆ *adv (space)* no meio; **"closed ~ 1 and 2"** "fechado entre a uma e as duas"; **what happened in ~?** o que aconteceu nesse entremeio?

beverage ['bevərɪdʒ] *n (fml)* bebida *f*.

beware [bɪ'weə^r] *vi*: **to ~ of** ter cuida-do com; **"~ of the dog"** "cuidado com o cachorro".

bewildered [bɪ'wɪldəd] *adj* perple-xo(-xa).

beyond [bɪ'jɒnd] *prep (on far side of)* do outro lado de; *(further than)* para além de ◆ *adv* mais além; **~ reach** fora do alcance; **to be ~ doubt** ser sem

sombra de dúvida.

bias ['baɪəs] *n (prejudice)* preconceito *m*; *(tendency)* tendência *f*.

biased ['baɪəst] *adj* parcial.

bib [bɪb] *n (for baby)* babador *m (Br)*, bibe *m (Port)*.

bible ['baɪbl] *n* bíblia *f*.

bicarbonate of soda [baɪˈkuːbənət-] *n* bicarbonato *m* de soda.

biceps ['baɪseps] *n* bíceps *m inv*.

bicker ['bɪkə^r] *vi* discutir.

bicycle ['baɪsɪkl] *n* bicicleta *f*.

bicycle path *n* pista *f* para ciclistas.

bicycle pump *n* bomba *f* (de bici-cleta).

bid [bɪd] *(pt & pp* **bid)** *n (at auction)* lanço *m*; *(attempt)* tentativa *f* ◆ *vt (money)* oferecer ◆ *vi*: **to ~ (for)** licitar (para).

bidet [biː'deɪ] *n* bidê *m*.

bifocals [ˌbaɪˈfəʊklz] *npl* óculos *mpl* bifocais.

big [bɪg] *adj* grande; **my ~ brother** o meu irmão mais velho; **how ~ is it?** de que tamanho é?

Big Dipper [-'dɪpə^r] *n (Brit: rollercoaster)* montanha *f* russa; *(Am: constellation)*: **the ~** a Ursa Maior.

bigheaded [ˌbɪgˈhedɪd] *adj (inf)* con-vencido(-da).

bigot ['bɪgət] *n* preconceituoso *m* (-osa *f*).

big toe *n* dedão *m* (do pé).

big top *n (tent)* tenda *f* de circo.

big wheel *n (Brit: at fairground)* roda *f* gigante.

bike [baɪk] *n (inf) (bicycle)* bicicleta *f*; *(motorcycle)* moto *f*.

biking ['baɪkɪŋ] *n*: **to go ~** andar de bicicleta.

bikini [bɪ'kiːnɪ] *n* biquíni *m*.

bikini bottom *n* calça *f* de biquíni *(Br)*, cuecas *fpl* de bikini *(Port)*.

bikini top *n* sutiã *m* de biquíni *(Br)*, soutien *m* de bikini *(Port)*.

bilingual [baɪˈlɪŋgwəl] *adj* bilíngüe.

bill [bɪl] *n (for meal, electricity, hotel)* conta *f*; *(Am: bank note)* nota *f*; *(at cin-ema, theatre)* programa *m*; *(POL)* projeto *m* de lei; **can I have the ~ please?** a conta, por favor.

billboard ['bɪlbɔːd] *n* quadro *m* de anúncios *(Br)*, placar *m* (publicitário) *(Port)*.

billfold ['bɪlfəʊld] *n (Am)* carteira *f (de bolso)*.

billiards [ˈbɪljədz] n bilhar m.

billion [ˈbɪljən] n (thousand million) bilhão m (Br), mil milhões (Port); (Brit: million million) trilhão m (Br), bilhão (Port).

Bill of Rights n: the ~ os dez primeiros direitos e liberdades do cidadão americano que constam da constituição dos Estados Unidos.

bimbo [ˈbɪmbəʊ] (pl -s OR -es) n (inf: pej) pessoa jovem e bonita mas pouco inteligente.

bin [bɪn] n caixote m do lixo; (for bread, flour) caixa f; (on plane) compartimento m para a bagagem.

bind [baɪnd] (pt & pp bound) vt (tie up) atar.

binder [ˈbaɪndəʳ] n (cover) capa f de argolas, dossier m.

binding [ˈbaɪndɪŋ] n (of book) encadernação f; (for ski) peças fpl de fixação (dos esquis).

bingo [ˈbɪŋgəʊ] n bingo m.

binoculars [bɪˈnɒkjʊləz] npl binóculo m.

biodegradable [ˌbaɪəʊdɪˈgreɪdəbl] adj biodegradável.

biography [baɪˈɒgrəfɪ] n biografia f.

biological [ˌbaɪəˈlɒdʒɪkl] adj biológico (-ca).

biology [baɪˈɒlədʒɪ] n biologia f.

birch [bɜːtʃ] n vidoeiro m.

bird [bɜːd] n (small) pássaro m; (large) ave f; (Brit: inf: woman) garota (Br), gaja f (Port).

birdie [ˈbɜːdɪ] n (bird) passarinho m; (in golf) birdie m.

bird-watching [-ˌwɒtʃɪŋ] n: I like ~ eu gosto de observar pássaros.

Biro® [ˈbaɪərəʊ] n esferográfica f.

birth [bɜːθ] n nascimento m; by ~ de nascimento; to give ~ to dar à luz.

birth certificate n certidão f de nascimento.

birth control n contracepção f.

birthday [ˈbɜːθdeɪ] n aniversário m; happy ~! feliz aniversário!

birthday card n cartão m de aniversário.

birthday party n festa f de aniversário OR de anos.

birthmark [ˈbɜːθmɑːk] n sinal m (de nascença).

birthplace [ˈbɜːθpleɪs] n local m de nascimento.

biscuit [ˈbɪskɪt] n (Brit) biscoito m

(Br), bolacha f (Port); (Am: scone) bolo ou pão de massa não levedada que se come com geléia ou algo salgado.

bisect [baɪˈsekt] vt (in geometry) bissectar; (subj: road, corridor) dividir em dois.

bishop [ˈbɪʃəp] n bispo m.

bison [ˈbaɪsn] n bisonte m.

bistro [ˈbiːstrəʊ] (pl -s) n barrestaurante m.

bit [bɪt] pt → **bite** ◆ n (piece) pedaço m, bocado m; (of drill) broca f; (of bridle) freio m; a ~ um pouco; a ~ of money um pouco de dinheiro; to do a ~ of walking andar um pouco; not a ~ nem um pouco; ~ by ~ pouco a pouco.

bitch [bɪtʃ] n cadela f.

bitchy [ˈbɪtʃɪ] adj (inf) maldoso(-osa), venenoso(-osa).

bite [baɪt] (pt bit, pp bitten) n (when eating) dentada f; (from insect) picada f; (from snake) mordedura f ◆ vt morder; (subj: insect) picar; to have a ~ to eat mordiscar algo.

biting [ˈbaɪtɪŋ] adj (very cold) penetrante; (caustic) mordaz.

bitter [ˈbɪtəʳ] adj amargo(-ga); (cold, wind) glacial; (argument, conflict) violento(-ta) ◆ n (Brit: beer) tipo de cerveja amarga.

bitter lemon n limonada f (amarga).

bitterness [ˈbɪtənɪs] n (of taste, food) amargor m; (of weather, wind) rigor m; (of person) rancor m, amargura f; (of argument, conflict) violência f.

bizarre [bɪˈzɑːʳ] adj estranho(-nha).

black [blæk] adj preto(-ta); (coffee, tea) sem leite, preto(-ta); (humour) negro (-gra) ◆ n (colour) preto m, negro m; (person) negro m (-gra f).
❑ **black out** vi desmaiar, perder os sentidos.

black and white adj a preto e branco.

blackberry [ˈblækbrɪ] n amora f silvestre.

blackbird [ˈblækbɜːd] n melro m.

blackboard [ˈblækbɔːd] n quadro m (negro).

black cherry n cereja f preta.

blackcurrant [ˌblækˈkʌrənt] n groselha f preta.

blacken [ˈblækn] vt (make dark) enfuscar ◆ vi (sky) escurecer.

black eye *n* olho *m* roxo.
Black Forest gâteau *n* bolo de chocolate em camadas com creme e cerejas ou compota de cerejas.
blackhead ['blækhed] *n* cravo *m (Br)*, ponto *m* negro *(Port)*.
black ice *n* gelo *m (transparente no solo)*.
blackmail ['blækmeɪl] *n* chantagem *f* ♦ *vt* chantagear.
blackout ['blækaut] *n (power cut)* corte *m* de energia.
black pepper *n* pimenta *f* preta.
black pudding *n (Brit)* = chouriço *m (Br)*, morcela *f (Port)*.
Black Sea *n*: **the ~** o Mar Negro.
black sheep *n (fig)* ovelha *f* negra.
blacksmith ['blæksmɪθ] *n* ferreiro *m*.
bladder ['blædəʳ] *n* bexiga *f*.
blade [bleɪd] *n (of knife, saw)* lâmina *f; (of propeller, oar)* pá *f; (of grass)* pedaço *m*.
blame [bleɪm] *n* culpa *f* ♦ *vt* culpar; **to ~ sb for sthg** culpar alguém de algo; **to ~ sthg on sb** pôr a culpa de algo em alguém.
bland [blænd] *adj (food)* insosso(-a).
blank [blæŋk] *adj (space, page, cassette)* em branco; *(expression)* confuso (-sa) ♦ *n (empty space)* espaço *m* em branco.
blank cheque *n* cheque *m* em branco.
blanket ['blæŋkɪt] *n* cobertor *m*.
blasphemy ['blæsfəmɪ] *n* blasfêmia *f*.
blast [blɑːst] *n (explosion)* explosão *f; (of air, wind)* rajada *f* ♦ *excl (inf)* raios!; **at full ~** no máximo.
blasted ['blɑːstɪd] *adj (inf: for emphasis)* maldito(-ta).
blatant ['bleɪtənt] *adj (discrimination, lie)* puro(-ra); *(disobedience)* ostensivo (-va).
blaze [bleɪz] *n (fire)* incêndio *m* ♦ *vi (fire)* arder; *(sun, light)* brilhar intensamente.
blazer ['bleɪzəʳ] *n* blazer *m*.
bleach [bliːtʃ] *n* água *f* sanitária *(Br)*, lixívia *f (Port)* ♦ *vt (clothes)* branquear; *(hair)* descolorar.
bleached [bliːtʃt] *adj (hair)* oxigenado(-da); *(jeans)* debotado(-da).
bleachers ['bliːtʃərz] *npl (Am: SPORT)* arquibancada *f* descoberta.
bleak [bliːk] *adj (weather)* escuro(-ra); *(day, city)* sombrio(-bria).

bleary-eyed [,blɪərɪ'aɪd] *adj* com os olhos inchados.
bleat [bliːt] *n (of sheep, goat)* balido *m* ♦ *vi (sheep, goat)* balir; *(fig: complain)* lamuriar-se.
bleed [bliːd] *(pt & pp* **bled** [bled]*) vi* sangrar.
blemish ['blemɪʃ] *n (flaw)* defeito *m*, falha *f; (pimple, scar)* marca *f; (fig: on name, reputation)* mancha *f*.
blend [blend] *n (of coffee, whisky)* mistura *f* ♦ *vt* misturar.
blender ['blendəʳ] *n* liquidificador *m*.
bless [bles] *vt* abençoar; **~ you!** *(said after sneeze)* saúde!
blessing ['blesɪŋ] *n* bênção *f*.
blew [bluː] *pt* → **blow**.
blimey ['blaɪmɪ] *excl (Brit: inf)* nossa!
blind [blaɪnd] *adj* cego(-ga) ♦ *n (for window)* persiana *f* ♦ *npl*: **the ~** os cegos.
blind alley *n* beco *m* sem saída.
blind corner *n* curva *f* sem visibilidade.
blindfold ['blaɪndfəʊld] *n* venda *f* ♦ *vt* vendar os olhos de.
blind spot *n (AUT)* ponto *m* cego.
blink [blɪŋk] *vi* piscar os olhos.
blinkers ['blɪŋkəz] *npl (Brit)* antolhos *mpl*.
bliss [blɪs] *n* felicidade *f* absoluta.
blister ['blɪstəʳ] *n* bolha *f* (d'água).
blizzard ['blɪzəd] *n* tempestade *f* de neve.
bloated ['bləʊtɪd] *adj* inchado(-da).
blob [blɒb] *n* gota *f*.
block [blɒk] *n* bloco *m; (Am: in town, city)* quarteirão *m* ♦ *vt* obstruir; **to have a ~ed (up) nose** estar com o nariz entupido.
❏ **block up** *vt sep* entupir.
blockage ['blɒkɪdʒ] *n* obstrução *f*.
blockbuster ['blɒkbʌstəʳ] *n (inf: book)* best-seller *m; (film)* sucesso *m* de bilheteria.
block capitals *npl* letra *f* maiúscula OR de imprensa.
block letters *npl* letra *f* maiúscula OR de imprensa.
block of flats *n* bloco *m* de apartamentos, prédio *m*.
bloke [bləʊk] *n (Brit: inf)* cara *m (Br)*, tipo *m (Port)*.
blond [blɒnd] *adj* louro(-ra) ♦ *n* louro *m*.

blonde [blɒnd] *adj* louro(-ra) ◆ *n* loura *f*.

blood [blʌd] *n* sangue *m*.

blood donor *n* doador *m* (-ra *f*) de sangue.

blood group *n* grupo *m* sangüíneo.

bloodhound ['blʌdhaund] *n* sabujo *m*, cão *m* de caça.

blood poisoning *n* septicemia *f*.

blood pressure *n* pressão *f* arterial *(Br)*, tensão *f* arterial *(Port)*; **to have high/low ~** ter a pressão (arterial) alta/baixa.

bloodshed ['blʌdʃed] *n* derramamento *m* de sangue, carnificina *f*.

bloodshot ['blʌdʃɒt] *adj* injetado (-da) de sangue.

blood test *n* exame *m* de sangue.

bloodthirsty ['blʌd,θɜːstɪ] *adj* sedento(-ta) de sangue.

blood transfusion *n* transfusão *f* de sangue.

bloody ['blʌdɪ] *adj (hands, handkerchief)* ensangüentado(-da); *(Brit: vulg: damn)* maldito(-ta) ◆ *adv (Brit: vulg)*: **you ~ idiot!** seu idiota!

bloody mary [-'meərɪ] *n* vodka com suco de tomate e especiarias.

bloom [bluːm] *n* flor *f* ◆ *vi* florir; **in ~** em flor.

blossom ['blɒsəm] *n* flor *f*.

blot [blɒt] *n* borrão *m*.

blotch [blɒtʃ] *n* mancha *f*.

blotting paper ['blɒtɪŋ-] *n* papel *m* mata-borrão.

blouse [blauz] *n* blusa *f*.

blow [bləʊ] *(pt* **blew**, *pp* **blown**) *vt (subj: wind)* fazer voar; *(whistle, trumpet)* soprar em; *(bubbles)* fazer ◆ *vi* soprar; *(fuse)* queimar, rebentar ◆ *n (hit)* golpe *m*; **to ~ one's nose** assoar-se, assoar o nariz.

❏ **blow up** *vt sep (cause to explode)* explodir; *(inflate)* encher ◆ *vi (explode)* explodir; *(storm)* cair.

blow-dry *n* brushing *m* ◆ *vt* secar *(com secador)*.

blowlamp ['bləʊlæmp] *n (Brit)* maçarico *m*.

blown [bləʊn] *pp* → **blow**.

blowout ['bləʊaʊt] *n (of tyre)*: **they had a ~ on the motorway** o pneu furou quando estavam na auto-estrada.

blowtorch ['bləʊtɔːtʃ] = **blow lamp**.

BLT *n* sanduíche de bacon grelhado, alface e tomate.

blubber ['blʌbər] *n (of whale)* gordura *f* de baleia ◆ *vi (pej: weep)* choramingar.

blue [bluː] *adj* azul; *(film)* pornográfico(-ca) ◆ *n* azul *m*.

❏ **blues** *n (MUS)* blues *m inv*.

bluebell ['bluːbel] *n* campainha-azul *f*, bom-dia *m*.

blueberry ['bluːbərɪ] *n* arando *m*, uva-do-monte *f*.

bluebottle ['bluː,bɒtl] *n* mosca *f* varejeira.

blue cheese *n* queijo *m* azul.

blue jeans *npl (Am)* jeans *m inv (Br)*, calças *fpl* de ganga *(Port)*.

blueprint ['bluːprɪnt] *n (plan, programme)* plano *m*, projecto *m*.

bluff [blʌf] *n (cliff)* penhasco *m* ◆ *vi* blefar *(Br)*, fazer bluff *(Port)*.

blunder ['blʌndər] *n* asneira *f*.

blunt [blʌnt] *adj (knife)* cego(-ga); *(pencil)* por afiar; *(fig: person)* franco(-ca).

blurb [blɜːb] *n (inf)* texto publicitário que aparece normalmente na contracapa de um livro.

blurred [blɜːd] *adj* desfocado(-da).

blurt [blɜːt] : **blurt out** *vt sep* deixar escapar.

blush [blʌʃ] *vi* corar.

blusher ['blʌʃər] *n* blush *m*.

blustery ['blʌstərɪ] *adj* tempestuoso (-osa).

BMX *(abbr of bicycle motorcross)* BMX *f*.

BO *abbr* = **body odour**.

boar [bɔːr] *n (male pig)* porco *m*; *(wild pig)* javali *m*.

board [bɔːd] *n (plank)* tábua *f*; *(for surfing, diving)* prancha *f*; *(notice board)* quadro *m*; *(for games)* tabuleiro *m*; *(blackboard)* quadro *m* (negro); *(of company)* direção *f*; *(hardboard)* madeira *f* compensada *(Br)*, contraplacado *m (Port)* ◆ *vt (plane, ship)* embarcar em; **~ and lodging** dormida e refeições; **full ~** pensão completa; **half ~** meia pensão; **on ~** *adv* a bordo ◆ *prep (plane, ship)* a bordo de; *(bus)* em.

boarder ['bɔːdər] *n (lodger)* pensionista *mf*; *(at school)* aluno *m* interno (aluna *f* interna).

board game *n* jogo *m* de tabuleiro.

boarding ['bɔːdɪŋ] *n* embarque *m*.

boarding card *n* cartão *m* de embarque.

boardinghouse [ˈbɔːdɪŋhaʊs, pl -haʊzɪz] n pensão f.

boarding school n colégio m interno.

board of directors n direção f.

boast [bəʊst] vi: **to ~ (about sthg)** gabar-se (de algo).

boastful [ˈbəʊstfʊl] adj convencido (-da).

boat [bəʊt] n barco m; **by ~** de barco.

boater [ˈbəʊtəʳ] n (hat) chapéu m de palha.

boat train n (Brit) trem m (Br), comboio m (Port) (de ligação com um barco, ferryboat).

bob [bɒb] n (hairstyle) corte m direito.

bobbin [ˈbɒbɪn] n bobina f, carreto m.

bobby [ˈbɒbɪ] n (Brit: inf: policeman) guarda m, policial m (Br), polícia m (Port).

bobby pin n (Am) grampo m de cabelo (em forma de U).

bobsleigh [ˈbɒbsleɪ] n trenó m, bobsleigh m.

body [ˈbɒdɪ] n corpo m; (of car) carroceria f; (organization) organismo m; (of wine) maturação f.

body building n musculação f, culturismo m (Port).

bodyguard [ˈbɒdɪgɑːd] n guarda-costas mf.

body odour n odor m corporal.

bodywork [ˈbɒdɪwɜːk] n carroceria f.

bog [bɒg] n zona f pantanosa.

bogged down [ˌbɒgd-] adj: **~ in sthg** (in mud, snow) enterrado(-da) em algo; **don't get ~ in too many details** não entre em demasiados detalhes.

bogus [ˈbəʊgəs] adj falso(-sa).

boil [bɔɪl] vt (water) ferver; (kettle) pôr para ferver; (food) cozer ◆ vi ferver ◆ n (on skin) furúnculo m.

boiled egg [bɔɪld-] n ovo m cozido.

boiled potatoes [bɔɪld-] npl batatas fpl cozidas.

boiler [ˈbɔɪləʳ] n esquentador m (da água).

boiler suit n (Brit) macacão m (Br), fato-macaco m (Port).

boiling (hot) [ˈbɔɪlɪŋ-] adj (inf) (person) morto(morta) de calor; (weather) abrazador(-ra); (water) fervendo.

boiling point [ˈbɔɪlɪŋ-] n ponto m de ebulição; **to reach ~** ferver.

boisterous [ˈbɔɪstərəs] adj (child, behaviour) irrequieto(-ta).

bold [bəʊld] adj (brave) audaz.

bollard [ˈbɒlɑːd] n (Brit: on road) poste m.

bolt [bəʊlt] n (on door, window) ferrolho m; (screw) parafuso m (com porca) ◆ vt (door, window) fechar com ferrolho.

bomb [bɒm] n bomba f ◆ vt bombardear.

bombard [bɒmˈbɑːd] vt bombardear.

bomb disposal squad n equipe f (de desmontamento) de explosivos.

bomber [ˈbɒməʳ] n (plane) bombardeiro m.

bombing [ˈbɒmɪŋ] n bombardeio m.

bomb scare n ameaça f de bomba.

bomb shelter n abrigo m (antiaéreo).

bond [bɒnd] n (tie, connection) laço m.

bone [bəʊn] n (of person, animal) osso m; (of fish) espinha f.

boned [bəʊnd] adj (chicken) desossado(-da); (fish) sem espinhas.

bone-dry adj completamente seco (-ca).

bone-idle adj preguiçoso(-osa), malandro(-dra).

boneless [ˈbəʊnləs] adj (chicken, pork) desossado(-da).

bonfire [ˈbɒnˌfaɪəʳ] n fogueira f.

Bonfire Night n (Brit) 5 de novembro, celebrado com fogueiras e fogo de artifício.

Bonn [bɒn] n Bonn.

bonnet [ˈbɒnɪt] n (Brit: of car) capota f.

bonny [ˈbɒnɪ] adj (Scot) bonito(-ta).

bonus [ˈbəʊnəs] n (pl -es) bônus m inv.

bony [ˈbəʊnɪ] adj (chicken) cheio (cheia) de ossos; (fish) cheio (cheia) de espinhas.

boo [buː] vi vaiar.

booby trap [ˈbuːbɪ] n (bomb) (bomba) armadilha f; (prank) peça f (Br), partida f (Port).

boogie [ˈbuːgɪ] vi (inf) sacudir o esqueleto.

book [bʊk] n livro m; (for writing in) caderno m; (of stamps, matches) carteira f; (of tickets) caderneta f ◆ vt (reserve) reservar.

❏ **book in** vi (at hotel) preencher o registro.

bookable [ˈbʊkəbl] adj (seats, flight) reservável.

bookcase [ˈbʊkkeɪs] *n* estante *f* (para livros).

booking [ˈbʊkɪŋ] *n* (*reservation*) reserva *f*.

booking office *n* bilheteira *f*.

bookkeeping [ˈbʊkˌkiːpɪŋ] *n* contabilidade *f*.

booklet [ˈbʊklɪt] *n* folheto *m*.

bookmaker's [ˈbʊkˌmeɪkəz] *n* casa *f* de apostas.

bookmark [ˈbʊkmɑːk] *n* marcador *m* de livros.

bookshelf [ˈbʊkʃelf] (*pl* **-shelves** [-ʃelvz]) *n* (*shelf*) prateleira *f* (para livros); (*bookcase*) estante *f* (para livros).

bookshop [ˈbʊkʃɒp] *n* livraria *f*.

bookstall [ˈbʊkstɔːl] *n* quiosque *m* de venda de livros.

bookstore [ˈbʊkstɔːr] = **bookshop**.

book token *n* espécie de vale para comprar livros.

boom [buːm] *n* (*sudden growth*) boom *m* ◆ *vi* (*voice, guns*) ribombar.

boost [buːst] *vt* aumentar; (*spirits, morale*) levantar.

booster [ˈbuːstər] *n* (*injection*) reforço *m* de vacina.

boot [buːt] *n* (*shoe*) bota *f*; (*Brit: of car*) porta-malas *m* (*Br*), porta-bagagem *m* (*Port*).

booth [buːð] *n* (*for telephone*) cabine *f*; (*at fairground*) barraca *f*.

booty [ˈbuːtɪ] *n* saque *m*, despojos *mpl*.

booze [buːz] *n* (*inf*) álcool *m* ◆ *vi* (*inf*) beber, encher a cara.

bop [bɒp] *n* (*inf: dance*): **to have a ~** sacudir o esqueleto.

border [ˈbɔːdər] *n* (*of country*) fronteira *f*; (*edge*) borda *f*; **the Borders** região de Escócia que faz fronteira com a Inglaterra.

borderline [ˈbɔːdəlaɪn] *n* (*fig: uncertain division*) fronteira *f* ◆ *adj*: **a ~ case** um caso duvidoso, uma situação indecisa.

bore [bɔːr] *pt* → **bear** ◆ *n* (*inf*) seca *f* ◆ *vt* (*person*) entediar, aborrecer; (*hole*) fazer.

bored [bɔːd] *adj* entediado(-da).

boredom [ˈbɔːdəm] *n* tédio *m*.

boring [ˈbɔːrɪŋ] *adj* maçante (*Br*), aborrecido(-da) (*Port*).

born [bɔːn] *adj*: **to be ~** nascer.

borne [bɔːn] *pp* → **bear**.

borough [ˈbʌrə] *n* município *m*.

borrow [ˈbɒrəʊ] *vt*: **to ~ sthg (from sb)** pedir algo emprestado (a alguém).

Bosnia [ˈbɒznɪə] *n* Bósnia *f*.

Bosnia-Herzegovina [-ˌheɑtsəɡəˈviːnə] *n* Bósnia-Herzegovina *f*.

Bosnian [ˈbɒznɪən] *adj* bósnio(-nia) ◆ *n* bósnio *m* (-nia *f*).

bosom [ˈbʊzəm] *n* peito *m*.

boss [bɒs] *n* chefe *mf*.

❑ **boss around** *vt sep* dar ordens a.

bossy [ˈbɒsɪ] *adj* mandão(-dona).

botanical garden [bəˈtænɪkl-] *n* jardim *m* botânico.

botch [bɒtʃ] : **botch up** *vt sep* (*inf: plan*) dar cabo de; **they really ~ed it up** fizeram um belo serviço!

both [bəʊθ] *adj* ambos(-bas) ◆ *pron* ambos *mpl* (-bas *fpl*) ◆ *adv*: **he speaks ~ French and German** ele fala francês e alemão; **~ of them** ambos(-bas), os dois (as duas); **~ of us** nós dois (nós duas).

bother [ˈbɒðər] *vt* (*worry*) preocupar; (*annoy, pester*) incomodar ◆ *vi* preocupar-se ◆ *n* (*trouble*) incômodo *m*, amolação *f*; **I can't be ~ed** não posso me dar ao trabalho; **it's no ~!** não incomoda nada.

bottle [ˈbɒtl] *n* garrafa *f*; (*for baby*) mamadeira *f* (*Br*), biberão *m* (*Port*); (*of shampoo, medicine*) frasco *m*.

bottle bank *n* ponto *m* de descarte de vidros para reciclagem (*Br*), vidrão *m* (*Port*).

bottled [ˈbɒtld] *adj* engarrafado(-da); **~ beer** cerveja *f* de garrafa; **~ water** água *f* mineral (engarrafada).

bottleneck [ˈbɒtlnek] *n* (*in traffic*) engarrafamento *m*.

bottle opener [-ˌəʊpnər] *n* abridor *m* de garrafas, saca-rolhas *m inv*.

bottom [ˈbɒtəm] *adj* (*lowest*) de baixo; (*last, worst*) último(-ma) ◆ *n* fundo *m*; (*of hill*) base *f*; (*buttocks*) traseiro *m* ◆ *adv*: **I came ~ in the exam** tirei a nota mais baixa do exame.

bough [baʊ] *n* ramo *m*.

bought [bɔːt] *pt & pp* → **buy**.

boulder [ˈbəʊldər] *n* pedregulho *m*.

bounce [baʊns] *vi* (*rebound*) pinchar; (*jump*) saltar; **his cheque ~d** ele passou um cheque sem fundos.

bouncer [ˈbaʊnsər] *n* (*inf*) segurança *m*, gorila *m*.

bouncy castle *n* castelo de ar para as crianças pularem em cima dele.

bound [baond] *pt & pp* → **bind** ♦ *vi* correr aos pulos ♦ *adj*: **he's ~ to get it wrong** o mais certo é ele enganar-se; **it's ~ to rain** vai chover na certa; **it's out of ~s** é zona proibida; **to be ~ for** *(plane, train)* (ir) com destino a.

boundary ['baondrɪ] *n* fronteira *f*.

bouquet ['bʊˈkeɪ] *n (of flowers)* ramo *m*; *(of wine)* aroma *m*, bouquet *m*.

bourbon ['bɜːbən] *n* bourbon *m*.

bout [baʊt] *n (of illness)* ataque *m*; *(of activity)* período *m*.

boutique [buːˈtiːk] *n* boutique *f*.

bow¹ [baʊ] *n (of head)* reverência *f*; *(of ship)* proa *f* ♦ *vi (bend head)* inclinar a cabeça.

bow² [bəʊ] *n (knot)* laço *m*; *(weapon, MUS)* arco *m*.

bowels ['baʊəlz] *npl (ANAT)* intestinos *mpl*.

bowl [bəʊl] *n* taça *f*, tigela *f*; *(for washing up)* bacia *f*; *(of toilet)* vaso *m (Br)*, sanita *f (Port)*.

❑ **bowls** *npl* jogo de gramado que consiste em arremessar bolas grandes o mais perto possível de uma bola pequena.

bow-legged [ˌbəʊˈlegɪd] *adj* com as pernas tortas.

bowler ['bəʊləʳ] *n (in cricket)* lançador *m (-ra f)*; **~ (hat)** chapéu-coco *m*.

bowling ['bəʊlɪŋ] *n*: **to go ~** ir jogar boliche *(Br)*, ir jogar bowling *(Port)*.

bowling alley *n* lugar onde se joga bowling.

bowling green *n* gramado *m (Br)*, relvado *m (Port) (para jogar "bowls")*.

bow tie [bəʊ-] *n* laço *m*.

box [bɒks] *n* caixa *f*; *(on form)* quadrado *m*; *(in theatre)* camarote *m* ♦ *vi* jogar boxe; **a ~ of chocolates** uma caixa de bombons.

boxer ['bɒksəʳ] *n* pugilista *m*, lutador *m* de boxe.

boxer shorts *npl* boxers *mpl*.

boxing ['bɒksɪŋ] *n* boxe *m*.

Boxing Day *n* o dia 26 de dezembro.

boxing gloves *npl* luvas *fpl* de boxe.

boxing ring *n* ringue *m* de boxe.

box office *n* bilheteria *f*.

boxroom ['bɒksrʊm] *n (Brit)* quarto *m* pequeno.

boy [bɔɪ] *n* rapaz *m* ♦ *excl (inf)*: **(oh) ~!** que bom!

boycott ['bɔɪkɒt] *vt* boicotar.

boyfriend ['bɔɪfrend] *n* namorado *m*.

boyish ['bɔɪɪʃ] *adj (man)* juvenil.

boy scout *n* escoteiro *m*.

BR *abbr* = **British Rail**.

bra [brɑː] *n* sutiã *m (Br)*, soutien *m (Port)*.

brace [breɪs] *n (for teeth)* aparelho *m* (para os dentes).

❑ **braces** *npl (Brit)* suspensórios *mpl*.

bracelet ['breɪslɪt] *n* pulseira *f*.

bracken ['brækn] *n* samambaia *f (Br)*, feto *m (Port)*.

bracket ['brækɪt] *n (written symbol)* parêntese *m*; *(support)* suporte *m*.

brag [bræg] *vi* gabar-se; **to ~ about** sthg gabar-se de algo.

braid [breɪd] *n (hairstyle)* trança *f*; *(on clothes)* galão *m*.

brain [breɪn] *n* cérebro *m*.

brainchild ['breɪntʃaɪld] *n* invenção *f*, idéia *f*.

brainwash ['breɪnwɒʃ] *vt* fazer uma lavagem cerebral em.

brainwave ['breɪnweɪv] *n* idéia *f* genial OR brilhante.

brainy ['breɪnɪ] *adj (inf)* esperto(-ta), **she's really ~** ela é um crânio.

braised [breɪzd] *adj* estufado(-da).

brake [breɪk] *n* freio *m (Br)*, travão *m (Port)* ♦ *vi* frear *(Br)*, travar *(Port)*.

brake block *n* calço *m* do freio.

brake fluid *n* líquido *m* para os freios.

brake light *n* luz *f* de freio.

brake pad *n* patilha *f* OR calço *m* do travão.

brake pedal *n* pedal *m* do freio.

bramble ['bræmbl] *n (bush)* silva *f*.

bran [bræn] *n* farelo *m*.

branch [brɑːntʃ] *n (of tree, subject)* ramo *m*; *(of bank)* agência *f*; *(of company)* sucursal *f*, filial *f*.

❑ **branch off** *vi* ramificar-se.

branch line *n* ramal *m*.

brand [brænd] *n* marca *f* ♦ *vt*: **to ~ sb (as)** rotular alguém (de).

brandish ['brændɪʃ] *vt (weapon)* brandir, empunhar; *(letter etc)* agitar.

brand-new *adj* novo (nova) em folha.

brandy ['brændɪ] *n* conhaque *m*.

brash [bræʃ] *adj (pej)* insolente.

brass [brɑːs] *n* latão *m*.

brass band *n* banda *f* de música.

brasserie ['bræsərɪ] *n* = snack-bar *m*.

brassiere [*Brit* 'bræsɪəʳ, *Am* brəˈzɪr] *n* sutiã *m (Br)*, soutien *m (Port)*.

brat [bræt] *n* (*inf*) criança *f* mimada.
bravado [brə'vɑːdəʊ] *n* bravata *f*.
brave [breɪv] *adj* valente.
bravery ['breɪvərɪ] *n* valentia *f*.
bravo [brɑː'vəʊ] *excl* bravo!
brawl [brɔːl] *n* rixa *f*.
brawn [brɔːn] *n* (*muscle*) músculos *mpl*, força *f* física; (*Brit: meat*) carne de porco, normalmente da cabeça, enlatada semelhante a paté.
bray [breɪ] *vi* (*donkey*) zurrar.
brazen ['breɪzn] *adj* descarado(-da).
brazier ['breɪzjər] *n* braseira *f*.
Brazil [brə'zɪl] *n* Brasil *m*.
Brazilian [brə'zɪljən] *adj* brasileiro (-ra) ♦ *n* brasileiro *m* (-ra *f*).
brazil nut *n* castanha-do-pará *f*.
breach [briːtʃ] *vt* (*contract*) quebrar; (*confidence*) abusar de.
bread [bred] *n* pão *m*; ~ **and butter** pão com manteiga.
bread bin *n* (*Brit*) caixa *f* para pão.
breadboard ['bredbɔːd] *n* tábua *f* para cortar pão.
bread box (*Am*) = bread bin.
breadcrumbs ['bredkrʌmz] *npl* farinha *f* de rosca (*Br*), pão *m* ralado (*Port*).
breaded ['bredɪd] *adj* panado(-da), à milanesa.
bread knife *n* faca *f* do pão.
bread roll *n* pãozinho *m* (*Br*), carcaça *f* (*Port*).
breadth [bretθ] *n* largura *f*.
break [breɪk] (*pt* **broke**, *pp* **broken**) *n* (*interruption*) interrupção *f*; (*in line*) corte *m*; (*rest, pause*) pausa *f*; (*SCH: playtime*) recreio *m* ♦ *vt* (*damage*) partir, quebrar; (*disobey*) ir contra; (*fail to fulfil*) quebrar; (*a record*) bater; (*news*) dar; (*journey*) interromper ♦ *vi* (*become damaged*) partir, quebrar; (*dawn*) romper; (*voice*) mudar; **without a** ~ sem parar; **a lucky** ~ um golpe de sorte; **to** ~ **one's leg** quebrar a perna.
❑ **break down** *vi* (*car, machine*) enguiçar ♦ *vt sep* (*door, barrier*) derrubar.
❑ **break in** *vi* entrar à força.
❑ **break off** *vt* (*detach*) partir; (*holiday*) interromper ♦ *vi* (*stop suddenly*) parar.
❑ **break out** *vi* (*fire*) começar; (*war*) estourar; (*panic*) instaurar-se; **to** ~ **out in a rash** ganhar alergia.
❑ **break up** *vi* (*with spouse, partner*) separar-se; (*meeting, marriage*) terminar; (*school, pupils*) terminar as aulas.

breakage ['breɪkɪdʒ] *n* danos *mpl*.
breakdown ['breɪkdaʊn] *n* (*of car*) enguiço *m*, avaria *f*; (*in communications, negotiation*) ruptura *f*; (*mental*) esgotamento *m*.
breakdown truck *n* reboque *m* (*Br*), pronto-socorro *m* (*Port*).
breakfast ['brekfəst] *n* café *m* da manhã (*Br*), pequeno-almoço *m* (*Port*); **to have** ~ tomar o café da manhã; **to have sthg for** ~ comer algo no café da manhã.
breakfast cereal *n* cereal *m* (para o café da manhã).
breakfast television *n* (*Brit*) programação *f* matinal (*na televisão*).
break-in *n* assalto *m*.
breakneck ['breɪknek] *adj*: **at** ~ **speed** a toda a velocidade, a uma velocidade vertiginosa.
breakthrough ['breɪkθruː] *n* avanço *m*.
breakup ['breɪkʌp] *n* (*of relationship*) dissolução *f*.
breakwater ['breɪk,wɔːtər] *n* quebra-mar *m*.
breast [brest] *n* peito *m*.
breastbone ['brestbəʊn] *n* esterno *m*.
breast-feed *vt* amamentar.
breaststroke ['breststrəʊk] *n* nado *m* de peito (*Br*), bruços *mpl* (*Port*).
breath [breθ] *n* hálito *m*; **out of** ~ sem fôlego; **to go for a** ~ **of fresh air** sair para respirar ar fresco; **to take a deep** ~ respirar fundo.
Breathalyser® ['breθəlaɪzər] *n* (*Brit*): **I was given a** ~ **test** tive que soprar no bafômetro *m* (*Br*) OR balão *m* (*Port*).
Breathalyzer® ['breθəlaɪzər] (*Am*) = Breathalyser®.
breathe [briːð] *vi* respirar.
❑ **breathe in** *vi* inspirar.
❑ **breathe out** *vi* expirar.
breather ['briːðər] *n* (*inf*) pausa *f* (para tomar fôlego).
breathing ['briːðɪŋ] *n* respiração *f*.
breathless ['breθlɪs] *adj* sem fôlego.
breathtaking ['breθ,teɪkɪŋ] *adj* incrível.
breed [briːd] (*pt & pp* **bred** [bred]) *n* (*of animal*) raça *f*; (*of plant*) espécie *f* ♦ *vt* criar ♦ *vi* reproduzir-se.
breeze [briːz] *n* brisa *f*.
breezy ['briːzɪ] *adj* (*weather, day*) ventoso(-osa).
brevity ['brevɪtɪ] *n* brevidade *f*.
brew [bruː] *vt* (*beer*) fabricar; (*tea, cof-*

fee) preparar ♦ *vi (tea, coffee)* repousar; **has the tea/coffee ~ed yet?** já está pronto o chá/café?

brewer [ˈbruːəᵊ] *n* fabricante *m* de cerveja.

brewery [ˈbruərɪ] *n* fábrica *f* de cerveja.

bribe [braɪb] *n* suborno *m* ♦ *vt* subornar.

bribery [ˈbraɪbərɪ] *n* suborno *m*.

bric-a-brac [ˈbrɪkəbræk] *n* bricabraque *m*.

brick [brɪk] *n* tijolo *m*.

bricklayer [ˈbrɪkˌleɪəᵊ] *n* pedreiro *m*.

brickwork [ˈbrɪkwɜːk] *n* alvenaria *f (de tijolo).*

bridal [ˈbraɪdl] *adj (dress)* de noiva; *(suite)* nupcial.

bride [braɪd] *n* noiva *f*.

bridegroom [ˈbraɪdgrʊm] *n* noivo *m*.

bridesmaid [ˈbraɪdzmeɪd] *n* dama de honra *(Br)*, dama *f* de honor *(Port)*.

bridge [brɪdʒ] *n* ponte *f; (card game)* bridge *m*.

bridle [ˈbraɪdl] *n* cabeçada *f*.

bridle path *n* pista *f* para cavaleiros.

brief [briːf] *adj* breve ♦ *vt* informar; **in ~** em resumo.

❏ **briefs** *npl (for men)* cueca *f (Br)*, cuecas *fpl (Port); (for women)* calcinha *f (Br)*, cuecas *fpl (Port)*.

briefcase [ˈbriːfkeɪs] *n* pasta *f (para papéis, livros)*.

briefing [ˈbriːfɪŋ] *n* briefing *m*, instruções *fpl*.

briefly [ˈbriːflɪ] *adv (for a short time)* por alguns momentos; *(in few words)* em poucas palavras.

brigade [brɪˈgeɪd] *n* brigada *f*.

brigadier [ˌbrɪgəˈdɪəᵊ] *n* brigadeiro *m*.

bright [braɪt] *adj (light, sun, idea)* brilhante; *(room)* claro(-ra); *(colour)* vivo (-va); *(clever)* esperto(-ta); *(lively, cheerful)* alegre; *(smile)* radiante.

brighten [ˈbraɪtn] *vi (become lighter)* clarear, desanuviar; *(become more cheerful)* alegrar-se.

❏ **brighten up** *vt sep* alegrar ♦ *vi (become more cheerful)* alegrar-se; *(weather)* melhorar.

brilliance [ˈbrɪljəns] *n (of idea, person)* gênio *m; (of colour, light, sunshine)* brilho *m; (inf: of performance, goal)* brilhantismo *m*.

brilliant [ˈbrɪljənt] *adj (light, sunshine)* brilhante; *(colour)* vivo(-va); *(idea, person)* genial; *(inf: wonderful)* fantástico (-ca).

Brillo pad® [ˈbrɪləʊ-] *n* ≃ esponja *f* Bombril® *(Br)*, esfregão *m* Bravo® *(Port)*.

brim [brɪm] *n (of hat)* aba *f;* **it's full to the ~** está cheio até à borda.

brine [braɪn] *n* salmoura *f*.

bring [brɪŋ] *(pt & pp* **brought)** *vt* trazer.

❏ **bring along** *vt sep* trazer.

❏ **bring back** *vt sep (return)* devolver; *(shopping, gift)* trazer.

❏ **bring in** *vt sep (introduce)* introduzir; *(earn)* ganhar.

❏ **bring out** *vt sep (put on sale)* pôr a venda.

❏ **bring up** *vt sep (child)* criar; *(subject)* mencionar; *(food)* vomitar.

brink [brɪŋk] *n:* **on the ~ of** à beira de.

brisk [brɪsk] *adj (quick)* rápido(-da); *(efficient)* desembaraçado(-da); *(wind)* forte.

bristle [ˈbrɪsl] *n (of brush)* cerda *f; (on chin)* pêlo *m*.

Britain [ˈbrɪtn] *n* Grã-Bretanha *f*.

British [ˈbrɪtɪʃ] *adj* britânico(-ca) ♦ *npl:* **the ~** os britânicos.

British Isles *npl:* **the ~** as Ilhas Britânicas.

British Rail *n* companhia ferroviária britânica agora privatizada.

British Telecom [-ˈtelɪkɒm] *n* companhia britânica de telecomunicações.

Briton [ˈbrɪtn] *n* britânico *m (-ca f)*.

brittle [ˈbrɪtl] *adj* quebradiço(-ça).

broach [brəʊtʃ] *vt (subject)* abordar.

broad [brɔːd] *adj (wide)* largo(-ga); *(wide-ranging)* amplo(-pla); *(description, outline)* geral; *(accent)* forte.

B road *n (Brit)* estrada *f* secundária.

broad bean *n* fava *f*.

broadcast [ˈbrɔːdkɑːst] *(pt & pp* **broadcast)** *n* transmissão *f* ♦ *vt* transmitir.

broaden [ˈbrɔːdn] *vt* alargar ♦ *vi (river, road)* alargar.

broadly [ˈbrɔːdlɪ] *adv* em geral; **~ speaking** em termos gerais.

broadminded [ˌbrɔːdˈmaɪndɪd] *adj* aberto(-ta).

broccoli [ˈbrɒkəlɪ] *n* brócolis *mpl (Br)*, brócolos *mpl (Port)*.

brochure [ˈbrəʊʃəᵊ] *n* folheto *m*.

broiled [brɔɪld] *adj (Am)* grelhado(-da).
broke [brəʊk] *pt* → **break** ♦ *adj (inf)* teso(-sa).
broken ['brəʊkn] *pp* → **break** ♦ *adj (window, leg, glass)* partido(-da); *(machine)* com defeito *(Br)*, avariado (-da) *(Port)*; *(English, Portuguese)* incorreto(-ta).
brolly ['brɒlɪ] *n (Brit: inf)* guarda-chuva *m*.
bronchitis [brɒŋ'kaɪtɪs] *n* bronquite *f*.
bronze [brɒnz] *n* bronze *m*.
brooch [brəʊtʃ] *n* broche *m*.
brood [bru:d] *n (of animals)* ninhada *f* ♦ *vi*: **to ~ (over OR about sthg)** cismar (com algo).
brook [brʊk] *n* riacho *m*.
broom [bru:m] *n* vassoura *f*.
broomstick ['bru:mstɪk] *n* cabo *m* de vassoura.
broth [brɒθ] *n* sopa consistente de verduras, com carne ou peixe.
brothel ['brɒθl] *n* bordel *m*.
brother ['brʌðəʳ] *n* irmão *m*.
brother-in-law *n* cunhado *m*.
brought [brɔːt] *pt & pp* → **bring**.
brow [braʊ] *n (forehead)* testa *f*; *(eyebrow)* sobrancelha *f*.
brown [braʊn] *adj* marrom *(Br)*, castanho(-nha) *(Port)*; *(skin)* moreno(-na); *(tanned)* bronzeado(-da) ♦ *n* marrom *m (Br)*, castanho *m (Port)*.
brown bread *n* pão *m* integral.
brownie ['braʊnɪ] *n (CULIN)* biscoito de chocolate e nozes.
Brownie ['braʊnɪ] *n* fadinha *f (entre os sete e os dez anos)*.
brown paper *n* papel *m* pardo OR de embrulho.
brown rice *n* arroz *m* integral.
brown sauce *n (Brit)* molho picante escuro servido especialmente com batatas fritas.
brown sugar *n* açúcar *m* mascavo.
browse [braʊz] *vi (in shop)* dar uma olhada; **to ~ through** *(book, paper)* passar os olhos em.
browser ['braʊzəʳ] *n*: "**~s welcome**" "entrada livre".
bruise [bru:z] *n* nódoa *f* negra, equimose *f*.
brunch [brʌntʃ] *n* café da manhã reforçado que se toma muito tarde e que serve de almoço.
brunette [bru:'net] *n* morena *f*.
brunt [brʌnt] *n*: **to bear OR take the**

~ of sthg agüentar o pior/a maior parte de algo.
brush [brʌʃ] *n (for hair, teeth)* escova *f*; *(for painting)* pincel *m* ♦ *vt (floor)* varrer; *(clothes)* escovar; *(move with hand)* sacudir; **to ~ one's hair** escovar o cabelo; **to ~ one's teeth** escovar os dentes.
brusque [bru:sk] *adj* brusco(-ca).
Brussels ['brʌslz] *n* Bruxelas *s*.
brussels sprouts *npl* couves-de-Bruxelas *fpl*.
brutal ['bru:tl] *adj* brutal.
brute [bru:t] *n (bully)* bruto *m* (-ta *f*).
BSc *abbr* = **Bachelor of Science**.
BSE *n (abbr of bovine spongiform encephalopathy)* BSE *f*, encefalopatia *f* espongiforme bovina.
BT *abbr* = **British Telecom**.
bubble ['bʌbl] *n* bolha *f*; *(of soap)* bola *f* de sabão; *(in fizzy drink)* borbulha *f*.
bubble bath *n* espuma *f* de banho.
bubble gum *n* chiclete *m (Br)*, pastilha *f* elástica *(Port)*.
bubbly ['bʌblɪ] *n (inf)* espumante *m*.
Bucharest [bu:kə'rest] *n* Bucareste *s*.
buck [bʌk] *n (Am: inf: dollar)* dólar *m*; *(male animal)* macho *m*.
bucket ['bʌkɪt] *n* balde *m*.
Buckingham Palace ['bʌkɪŋəm-] *n* Palácio *m* de Buckingham.
buckle ['bʌkl] *n* fivela *f* ♦ *vt (fasten)* apertar *(com fivela)* ♦ *vi (warp)* contrair-se.
buck's fizz [bʌks'fɪz] *n* bebida preparada com champanhe e suco de laranja.
bud [bʌd] *n (flower)* botão *m*; *(leaf)* rebento *m* ♦ *vi (flower)* florescer; *(leaf)* brotar.
Budapest [bju:də'pest] *n* Budapeste *s*.
Buddhism ['bʊdɪzm] *n* budismo *m*.
Buddhist ['bʊdɪst] *n* budista *mf*.
budding ['bʌdɪŋ] *adj (aspiring)* potencial.
buddy ['bʌdɪ] *n (inf)* amigo *m* (-ga *f*).
budge [bʌdʒ] *vi* mexer-se.
budgerigar ['bʌdʒərɪgɑːʳ] *n* periquito *m*.
budget ['bʌdʒɪt] *adj (holiday, travel)* econômico(-ca) ♦ *n* orçamento *m*; **the Budget** *(Brit)* o orçamento do Estado. ⊔ **budget for** *vt fus*: **to ~ for sthg** prever as despesas de algo.
budgie ['bʌdʒɪ] *n (inf)* periquito *m*.

buff [bʌf] *n (inf)* fanático *m* (-ca *f*).

buffalo ['bʌfələu] (*pl* **-s** OR **-es**) *n* búfalo *m*.

buffalo wings *npl (Am)* asas de frango fritas servidas com um molho picante.

buffer ['bʌfər] *n (on train)* pára-choque *m*.

buffet [*Brit* 'bufei, *Am* bə'fei] *n* bufê *m (Br)*, bufete *m (Port)*.

buffet car *n* vagão-restaurante *m (Br)*, carruagem-restaurante *f (Port)*.

bug [bʌg] *n (insect)* bicho *m*; *(inf: mild illness)* vírus *m inv* ♦ *vt (inf: annoy)* chatear.

buggy ['bʌgi] *n* carrinho *m* de bebê.

bugle ['bju:gl] *n* corneta *f*.

build [bild] (*pt & pp* **built**) *n* constituição *f* física ♦ *vt* construir.

❑ **build up** *vt sep (strength, speed)* ganhar ♦ *vi* acumular-se.

builder ['bildər] *n* constructor *m* (-ra *f*) *(civil)*.

building ['bildiŋ] *n* edifício *m*.

building site *n* canteiro *m* de obras.

building society *n (Brit)* sociedade *financeira* de crédito imobiliário.

buildup ['bildʌp] *n (increase)* aumento *m (gradual)*.

built [bilt] *pt & pp* → **build**.

built-in *adj* incorporado(-da).

built-up area *n* zona *f* urbanizada.

bulb [bʌlb] *n (for lamp)* lâmpada *f* eléctrica; *(of plant)* bulbo *m*.

Bulgaria [bʌl'geəriə] *n* Bulgária *f*.

Bulgarian [bʌl'geəriən] *adj* búlgaro (-ra) ♦ *n (person)* búlgaro *m* (-ra *f*); *(language)* búlgaro *m*.

bulge [bʌldʒ] *vi* fazer volume.

bulk [bʌlk] *n*: **the ~ of** a maior parte de; **in ~** a granel, em grandes quantidades.

bulky ['bʌlki] *adj* volumoso(-osa).

bull [bul] *n* touro *m*.

bulldog ['buldɒg] *n* buldogue *m*.

bulldozer ['buldəuzər] *n* bulldôzer *m*.

bullet ['bulit] *n* bala *f*.

bulletin ['bulitin] *n* boletim *m*.

bullet-proof *adj* à prova de bala.

bullfight ['bulfait] *n* corrida *f* de touros, tourada *f*.

bullfighter ['bul,faitər] *n* toureiro *m* (-ra *f*).

bullfighting ['bul,faitiŋ] *n* tourada *f*, corridas *fpl* de touros.

bullion ['buljən] *n* lingotes *mpl*.

bullock ['bulək] *n* boi *m*, novilho *m* castrado.

bullring ['bulriŋ] *n* praça *f* de touros.

bull's-eye *n* centro *m* (do alvo).

bully ['buli] *n* brigão *m* (-gona *f*) ♦ *vt* abusar de, intimidar.

bum [bʌm] *n (inf: bottom)* traseiro *m*; *(Am: inf: tramp)* vagabundo *m* (-da *f*).

bum bag *n (Brit)* carteira *f* (de cintura).

bumblebee ['bʌmblbi:] *n* abelhão *m*.

bump [bʌmp] *n (on surface)* elevação *f*; *(on leg)* inchaço *m*; *(on head)* galo *m*; *(sound, minor accident)* pancada *f* ♦ *vt (head, leg)* bater com.

❑ **bump into** *vt fus (hit)* chocar com; *(meet)* encontrar-se com.

bumper ['bʌmpər] *n (on car)* pára-choques *m inv*; *(Am: on train)* pára-choque *m*.

bumpy ['bʌmpi] *adj* acidentado(-da); **the flight was ~** durante o voo sentiu-se um pouco de turbulência.

bun [bʌn] *n (cake)* pão *m* doce *(pequeno)*; *(bread roll)* pãozinho *m (Br)*, carcaça *f (Port)*; *(hairstyle)* coque *m*.

bunch [bʌntʃ] *n (of people)* grupo *m*; *(of flowers)* ramo *m*; *(of grapes, bananas)* cacho *m*; *(of keys)* molho *m*.

bundle ['bʌndl] *n (of clothes)* trouxa *f*; *(of notes, papers)* maço *m*.

bung [bʌŋ] *n* tampo *m*.

bungalow ['bʌŋgələu] *n* bangalô *m*.

bungle ['bʌŋgl] *vt* arruinar, estragar.

bunion ['bʌnjən] *n* joanete *m*.

bunk [bʌŋk] *n (bed)* beliche *m*.

bunk bed *n* beliche *m*.

bunker ['bʌŋkər] *n (shelter)* abrigo *m*; *(for coal)* paiol *m* de carvão; *(in golf)* bunker *m*.

bunny ['bʌni] *n* coelhinho *m*.

bunting ['bʌntiŋ] *n (flags)* galhardetes *mpl*.

buoy [*Brit* bɔi, *Am* 'bu:i] *n* bóia *f* (de sinalização).

buoyant ['bɔiənt] *adj (that floats)* flutuante.

BUPA ['bu:pə] *n* companhia seguradora britânica de seguros médicos privados.

burden ['bɜːdn] *n* carga *f*.

bureau ['bjuərəu] (*pl* **-s** OR **-x**) *n (office, branch)* escritório *m*, centro *m*; *(Brit: desk)* escrivaninha *f*; *(Am: chest of drawers)* cômoda *f*.

bureaucracy [bjuə'rɒkrəsi] *n* burocracia *f*.

bureau de change [ˌbjʊərəʊdə-ˈʃɒndʒ] n agência f de câmbio.

bureaux [ˌbjʊərəʊz] pl → **bureau**.

burger [ˈbɜːgəʳ] n (hamburger) ham-búrger m; (made with nuts, vegetables etc) hambúrger (vegetariano).

burglar [ˈbɜːgləʳ] n assaltante mf.

burglar alarm n alarme m (anti-roubo).

burglarize [ˈbɜːgləraɪz] (Am) = **burgle**.

burglary [ˈbɜːgləri] n assalto m.

burgle [ˈbɜːgl] vt assaltar.

burial [ˈberɪəl] n enterro m.

burly [ˈbɜːlɪ] adj troncudo(-da), bem constituído(-da).

Burma [ˈbɜːmə] n Burma s.

burn [bɜːn] (pt & pp burnt OR burned) n queimadura f ◆ vt queimar ◆ vi (be on fire) arder.

❏ **burn down** vt sep incendiar ◆ vi arder.

burner [ˈbɜːnəʳ] n (on gas cooker) bico m, boca f; (on electric cooker) placa f.

burning (hot) [ˈbɜːnɪŋ-] adj muito quente, escaldante.

Burns' Night [bɜːnz-] n 25 de janeiro, aniversário do nascimento do poeta escocês Robert Burns.

burnt [bɜːnt] pt & pp → **burn**.

burp [bɜːp] vi (inf) arrotar.

burrow [ˈbʌrəʊ] n toca f.

bursar [ˈbɜːsəʳ] n tesoureiro m (-ra f).

bursary [ˈbɜːsəri] n (Brit: scholarship, grant) bolsa f (de estudos).

burst [bɜːst] (pt & pp burst) n (of gun-fire, applause) salva f ◆ vt & vi rebentar; he ~ into the room ele irrompeu pelo quarto adentro; to ~ into tears desatar a chorar; to ~ open (door) abrir-se de repente.

bursting [ˈbɜːstɪŋ] adj (full) cheio(-a); ~ with sthg (excitement, pride) vibrando com algo; to be ~ to do sthg (eager) estar doido(-da) para fazer algo.

bury [ˈberi] vt enterrar.

bus [bʌs] n ônibus m (Br), autocarro m (Port); by ~ de ônibus.

bus conductor [-ˌkənˈdʌktəʳ] n cobrador m (-ra f) (de ônibus).

bus driver n motorista mf (de ônibus).

bush [bʊʃ] n arbusto m.

bushy [ˈbʊʃi] adj (eyebrows, beard) cerrado(-da); (tail) peludo(-da).

business [ˈbɪznɪs] n (commerce, trade) negócios mpl; (shop, firm) negócio m; (things to do, affair) assunto m; let's get down to ~ passemos ao que interessa; mind your own ~! meta-se na sua vida!; "~ as usual" "aberto como de costume".

business card n cartão-de-visita m.

business class n classe f executiva.

business hours npl (of shops) horário m de funcionamento; (of offices) horário de atendimento.

businesslike [ˈbɪznɪslaɪk] adj profissional.

businessman [ˈbɪznɪsmæn] (pl -men [-men]) n homem m de negócios.

business studies npl = práticas fpl administrativas.

business trip n viagem f de negócios.

businesswoman [ˈbɪznɪsˌwʊmən] (pl -women [-wɪmɪn]) n mulher f de negócios.

busker [ˈbʌskəʳ] n (Brit) músico m (-ca f) de rua.

bus lane n faixa f para ônibus.

bus pass n passe m de ônibus.

bus shelter n abrigo m (de parada de ônibus).

bus station n (estação) rodoviária f.

bus stop n parada f de ônibus (Br), paragem f de autocarro (Port).

bust [bʌst] n (of woman) busto m ◆ adj: to go ~ (inf) falir.

bustle [ˈbʌsl] n alvoroço m, animação f.

bus tour n excursão f (de ônibus ou camionete).

busy [ˈbɪzi] adj ocupado(-da); (street, office) movimentado(-da); to be ~ doing sthg estar ocupado fazendo algo.

busybody [ˈbɪzɪˌbɒdi] n (pej) mexeriqueiro m (-ra f), abelhudo m (-da f).

busy signal n (Am) sinal m de ocupado.

but [bʌt] conj mas ◆ prep menos; you've been nothing ~ trouble você só tem me dado trabalho; the last ~ one o penúltimo (a penúltima); ~ for se não fosse.

butcher [ˈbʊtʃəʳ] n carniceiro m (-ra f); ~'s (shop) açougue m (Br), talho m (Port).

butler [ˈbʌtləʳ] n mordomo m.

butt [bʌt] n (of rifle) coronha f; (of

cigarette, cigar) ponta *f.*

butter ['bʌtər] *n* manteiga *f* ♦ *vt* untar com manteiga.

butter bean *n* feijão *m* branco.

buttercup ['bʌtəkʌp] *n* botão-de-ouro *m,* ranúnculo *m.*

butter dish *n* manteigueira *f.*

butterfly ['bʌtəflaɪ] *n* borboleta *f; (swimming stroke)* nado *m* borboleta *(Br),* mariposa *f (Port).*

butterscotch ['bʌtəskɒtʃ] *n* espécie de caramelo duro feito com manteiga.

buttocks ['bʌtəks] *npl* nádegas *fpl.*

button ['bʌtn] *n* botão *m; (Am: badge)* crachá *m.*

buttonhole ['bʌtnhəʊl] *n (hole)* casa *f* (de botão).

button mushroom *n* cogumelo *m* pequeno.

buttress ['bʌtrɪs] *n* contraforte *m.*

buy [baɪ] *(pt & pp* bought) *vt* comprar ♦ *n*: **a good** ~ uma boa compra; **to** ~ **sthg for sb, to** ~ **sb sthg** comprar algo para OR de alguém.

buyer ['baɪər] *n (purchaser)* comprador *m (-ra f).*

buzz [bʌz] *vi* zumbir ♦ *n (inf: phone call)*: **to give sb a** ~ dar uma ligada para alguém.

buzzer ['bʌzər] *n* campainha *f.*

buzzword ['bʌzwɜːd] *n (inf)* modismo *m.*

by [baɪ] *prep* **1.** *(expressing cause, agent)* por; **he's worried** ~ **her absence** está preocupado com a sua ausência; **he was hit** ~ **a car** ele foi atropelado por um carro; **a book** ~ **Irvine Welsh** um livro de Irvine Welsh; **funded** ~ **the government** financiado pelo governo.

2. *(expressing method, means)*: ~ **car/bus/plane** de carro/ônibus/avião; ~ **phone/post** pelo telefone/correio; **to pay** ~ **credit card/cheque** pagar com cartão de crédito/cheque; **to win** ~ **cheating** ganhar trapaceando.

3. *(near to, beside)* junto a; ~ **the sea** à beira-mar, junto ao mar.

4. *(past)* por; **a car went** ~ **the house** um carro passou pela casa.

5. *(via)* por; **exit** ~ **the door on the left** sair pela porta do lado esquerdo.

6. *(with time)*: **be there** ~ **nine** esteja lá às nove horas; ~ **day** de dia; **it should be ready** ~ **now** já deve estar pronto.

7. *(expressing quantity)* a; **sold** ~ **the dozen** vende-se à dúzia; **prices fell** ~ **20%** os preços baixaram 20%; **we charge** ~ **the hour** cobramos por hora.

8. *(expressing meaning)* com; **what do you mean** ~ **that?** que quer dizer com isso?

9. *(in division, multiplication)* por; **two metres** ~ **five** dois metros por cinco.

10. *(according to)* segundo; ~ **law** segundo a lei; **it's fine** ~ **me** por mim tudo bem.

11. *(expressing gradual process)* a; **one** ~ **one** um a um; **day** ~ **day** dia a dia.

12. *(in phrases)*: ~ **mistake** por engano; ~ **oneself** sozinho; ~ **profession** por profissão.

♦ *adv (past)*: **to go/drive** ~ passar.

bye(-bye) [baɪ(baɪ)] *excl (inf)* tchau!

bypass ['baɪpɑːs] *n (road)* contorno *m (Br),* circunvalação *f (Port).*

by-product *n (product)* subproduto *m,* derivado *m; (fig: consequence)* consequência *f.*

bystander ['baɪˌstændər] *n* espectador *m (-ra f).*

C

C *(abbr of Celsius, centigrade)* C.

cab [kæb] *n (taxi)* táxi *m*; *(of lorry)* cabine *f*.

cabaret ['kæbəreɪ] *n* cabaré *m*.

cabbage ['kæbɪdʒ] *n* couve *f*.

cabin ['kæbɪn] *n (on ship)* camarote *m*; *(of plane)* cabine *f*; *(wooden house)* cabana *f*.

cabin crew *n* pessoal *m* de bordo, tripulação *f*.

cabinet ['kæbɪnɪt] *n (cupboard)* armário *m*; *(POL)* conselho *m* de ministros.

cable ['keɪbl] *n* cabo *m*.

cable car *n* teleférico *m*.

cable television *n* televisão *f* a cabo.

cackle ['kækl] *vi* cacarejar.

cactus ['kæktəs] *(pl -tuses OR -ti [-taɪ]) n* cacto *m*.

cadet [kə'det] *n (in police)* cadete *m*.

cadge [kædʒ] *vt (Brit: inf)*: **to ~ sthg (off OR from sb)** filar algo (de alguém) *(Br)*, cravar algo (a alguém) *(Port)*.

caesarean (section) [sɪ'zeərɪən-] *n (Brit)* cesariana *f*.

Caesar salad [ˌsiːzə-] *n* salada de alface com anchovas, queijo parmesão e cubos de pão torrado ou frito.

cafe ['kæfeɪ] *n* café *m*.

cafeteria [ˌkæfɪ'tɪərɪə] *n* cantina *f*.

cafetière [ˌkæf'tjeə'] *n* cafeteira *f* (de êmbolo).

caffeine ['kæfiːn] *n* cafeína *f*.

cage [keɪdʒ] *n* gaiola *f*.

cagey ['keɪdʒɪ] *adj (inf)* reservado (-da).

cagoule [kə'guːl] *n (Brit)* casaco *m* impermeável *(fino e com capuz)*.

cajole [kə'dʒəʊl] *vt*: **to ~ sb into doing sthg** induzir alguém a fazer algo.

Cajun ['keɪdʒən] *adj* relativo à comunidade Cajun, de origem francesa, residente na Luisiana.

cake [keɪk] *n* bolo *m*; *(of soap)* barra *f*.

caked [keɪkt] *adj*: **~ with mud** coberto(-ta) de lama seca.

calcium ['kælsɪəm] *n* cálcio *m*.

calculate ['kælkjʊleɪt] *vt* calcular.

calculating ['kælkjʊleɪtɪŋ] *adj* calculista.

calculation [ˌkælkjʊ'leɪʃn] *n* cálculo *m*.

calculator ['kælkjʊleɪtə'] *n* calculadora *f*.

calendar ['kælɪndə'] *n* calendário *m*.

calf [kɑːf] *(pl calves)* *n (of cow)* bezerro *m* (-a *f*), vitelo *m* (-la *f*); *(part of leg)* barriga *f* da perna.

caliber ['kælɪbə'] *(Am)* = **calibre**.

calibre ['kælɪbə'] *n* calibre *m*.

California [ˌkælɪ'fɔːnjə] *n* Califórnia *f*.

calipers ['kælɪpəz] *(Am)* = **callipers**.

call [kɔːl] *n (visit)* visita *f*; *(phone call, at airport)* chamada *f*; *(of bird)* grito *m* ♦ *vt* chamar; *(say loudly)* chamar por; *(telephone)* ligar para; *(meeting, election, strike)* convocar; *(flight)* anunciar ♦ *vi (telephone)* telefonar, ligar; *(visit)*: **he ~ed to see you** ele passou aqui para lhe ver; **could I have a ~ at eight o'clock, please?** por favor, pode chamar-me às oito?; **on ~** *(nurse, doctor)* de plantão; **to pay sb a ~** visitar alguém; **to be ~ed** chamar-se; **what is he ~ed?** como é que ele se chama?; **this train ~s at ...** este trem pára em ...; **who's ~ing?** é da parte de quem?

❑ **call back** *vt sep* voltar a telefonar a ♦ *vi (phone again)* voltar a telefonar; *(visit again)*: **I'll ~ back later** passo aqui mais tarde.

❑ **call for** *vt fus (come to fetch)* ir buscar; *(demand, require)* exigir.

❑ **call on** *vt fus (visit)* ir visitar; **to ~ on sb to do sthg** pedir a alguém para fazer algo.

❑ **call out** *vt sep (name, winner)* anunciar; *(doctor, fire brigade)* chamar ◆ *vi* gritar.

❏ **call up** *vt sep* (MIL) chamar, mobilizar; *(telephone)* telefonar para, ligar para.

call box *n* cabine *f* telefônica.

caller ['kɔːlər] *n (visitor)* visita *f; (on phone)* pessoa *f* que chama.

call-in *n (Am: on radio, TV) programa em que o público participa por telefone.*

calling ['kɔːlıŋ] *n (profession, trade)* profissão *f; (vocation, urge)* vocação *f.*

calling card *n (Am)* cartão-de-visita *m.*

callipers ['kælıpəz] *npl (Brit)* (MATH) compasso *m; (MED)* aparelho *m* ortopédico *(para as pernas).*

callous ['kæləs] *adj (unkind)* insensível.

callus ['kæləs] *n* calo *m.*

calm [kuːm] *adj* calmo(-ma) ◆ *vt* acalmar.

❏ **calm down** *vt sep* acalmar ◆ *vi* acalmar-se.

Calor gas® ['kælə-] *n* gás *m* butano.

calorie ['kælərı] *n* caloria *f.*

calves [kuːvz] *pl* → **calf.**

Cambodia [kæm'bəʊdjə] *n* Camboja *m.*

camcorder ['kæm,kɔːdər] *n* máquina *f* de filmar (vídeos).

came [keım] *pt* → **come.**

camel ['kæml] *n* camelo *m.*

camembert ['kæməmbeər] *n* camembert *m.*

cameo ['kæmıəʊ] *(pl* -s) *n (piece of jewellery)* camafeu *m; (in acting)* curta aparição *f (de um ator famoso); (in writing)* boa descrição *f.*

camera ['kæmərə] *n (for photographs)* máquina *f* OR câmara *f* fotográfica; *(for filming)* máquina OR câmara de filmar.

cameraman ['kæmərəmæn] *(pl* -men [-men]) *n* operador *m* de câmara, cameraman *m.*

camera shop *n* loja *f* de artigos fotográficos.

Cameroon [kæmə'ruːn] *n* Camarões *mpl.*

camisole ['kæmısəʊl] *n* camisola *f* interior.

camouflage ['kæməfluːʒ] *n* camuflagem *f* ◆ *vt* camuflar.

camp [kæmp] *n (for holidaymakers)* colônia *f* de férias; *(for soldiers)* acam-

pamento *m; (for prisoners)* campo ◆ *vi* acampar.

campaign [kæm'peın] *n* campanha *f* ◆ *vi*: **to ~ (for/against)** fazer campanha (a favor de/contra).

camp bed *n* cama *f* de campanha.

camper ['kæmpər] *n (person)* campista *mf; (van)* trailer *m (Br)*, caravana *f*, roulotte *f (motorizada) (Port).*

campground ['kæmpgraʊnd] *n (Am)* camping *m*, acampamento *m (Br).*

camping ['kæmpıŋ] *n*: **to go ~** acampar.

camping stove *n* fogareiro *m* (de campismo).

campsite ['kæmpsaıt] *n* camping *m.*

campus ['kæmpəs] *(pl* -es) *n* cidade *f* universitária.

can¹ [kæn] *n* lata *f.*

can² [weak form kən, strong form kæn] *(pt & conditional* **could**) *aux vb* **1.** *(be able to)* poder; **~ you help me?** podia ajudar-me?; **I ~ see the mountains** posso ver as montanhas.

2. *(know how to)* saber; **~ you drive?** você sabe conduzir?; **I ~ speak Portuguese** eu sei falar português.

3. *(be allowed to)* poder; **you can't smoke here** você não pode fumar aqui.

4. *(in polite requests)* poder; **~ you tell me the time?** podia me dizer as horas?; **~ I speak to the manager?** posso falar com o gerente?

5. *(expressing occasional occurrence)* poder; **it ~ get cold at night** às vezes à noite a temperatura baixa bastante.

6. *(expressing possibility)* poder; **they could be lost** eles podem estar perdidos.

Canada ['kænədə] *n* Canadá *m.*

Canadian [kə'neıdıən] *adj & n* canadense *mf (Br)*, canadiano *m* (-na *f*) *(Port).*

canal [kə'næl] *n* canal *m.*

canapé ['kænəpeı] *n* canapé *m.*

canary [kə'neərı] *n* canário *m.*

cancel ['kænsl] *vt* cancelar.

cancellation [kænsə'leıʃn] *n* cancelamento *m.*

cancer ['kænsər] *n* câncer *m (Br)*, cancro *m (Port).*

Cancer ['kænsər] *n* Câncer *m (Br)*, Caranguejo *m (Port).*

candelabra [kændı'luːbrə] *n* candelabro *m.*

candid [ˈkændɪd] *adj* cândido(-da).

candidate [ˈkændɪdət] *n* candidato *m* (-ta *f*).

candle [ˈkændl] *n* vela *f*.

candlelight [ˈkændllaɪt] *n* luz *f* de vela.

candlelit dinner [ˈkændllɪt-] *n* jantar *m* à luz de vela.

candlestick [ˈkændlstɪk] *n* castiçal *m*.

candor [ˈkændər] *(Am)* = **candour**.

candour [ˈkændər] *n (Brit)* candura *f*, candor *m*.

candy [ˈkændɪ] *n (Am) (confectionery)* guloseimas *fpl; (sweet)* bala *f (Br)*, rebuçado *m (Port)*.

candyfloss [ˈkændɪflɒs] *n (Brit)* algodão *m* doce.

cane [keɪn] *n (for walking)* bengala *f; (for punishment)* palha *f; (for furniture, baskets)* verga *f*.

canine [ˈkeɪnaɪn] *adj* canino(-na) ♦ *n:* ~ **(tooth)** *(dente)* canino *m*.

canister [ˈkænɪstər] *n (for tea)* caixa *f* (para o chá); *(for gas)* lata *f*.

cannabis [ˈkænəbɪs] *n* maconha *f (Br)*, haxixe *m (Port)*.

canned [kænd] *adj (food, drink)* enlatado(-da).

cannibal [ˈkænɪbl] *n* canibal *mf*.

cannon [ˈkænən] *n* canhão *m*.

cannonball [ˈkænənbɔːl] *n* bala *f* de canhão.

cannot [ˈkænɒt] = **can not**.

canny [ˈkænɪ] *adj (shrewd)* astuto(-ta).

canoe [kəˈnuː] *n* canoa *f*.

canoeing [kəˈnuːɪŋ] *n* canoagem *f*.

can opener *n* abridor *m* de latas *(Br)*, abre-latas *m inv (Port)*.

canopy [ˈkænəpɪ] *n (over bed etc)* dossel *m*.

can't [kuːnt] = **cannot**.

cantaloup(e) [ˈkæntəluːp] *n* meloa *f*.

cantankerous [kænˈtæŋkərəs] *adj* intratável.

canteen [kænˈtiːn] *n* cantina *f*.

canter [ˈkæntər] *n* meio galope *m* ♦ *vi* ir a meio galope.

canvas [ˈkænvəs] *n (for tent, bag)* lona *f*.

canvass [ˈkænvəs] *vt (voters)* pedir o voto de; *(investigate)* sondar.

canyon [ˈkænjən] *n* desfiladeiro *m*.

cap [kæp] *n (hat)* boné *m; (of pen, bottle)* tampa *f; (contraceptive)* diafragma *m*.

capability [ˌkeɪpəˈbɪlətɪ] *n* capacidade *f*.

capable [ˈkeɪpəbl] *adj* capaz; **to be ~ of doing sthg** ser capaz de fazer algo.

capacity [kəˈpæsɪtɪ] *n* capacidade *f*.

cape [keɪp] *n (of land)* cabo *m; (cloak)* capa *f*.

capers [ˈkeɪpəz] *npl* alcaparras *fpl*.

Cape Verde [-ˈvɜːd] *n:* **the ~ Islands** as Ilhas de Cabo Verde.

capital [ˈkæpɪtl] *n (of country)* capital *f; (money)* capital *m; (letter)* maiúscula *f*.

capitalism [ˈkæpɪtəlɪzm] *n* capitalismo *m*.

capitalist [ˈkæpɪtəlɪst] *adj* capitalista ♦ *n* capitalista *mf*.

capital punishment *n* pena *f* de morte.

Capitol Hill [ˈkæpɪtl-] *n* o Capitólio, sede do Congresso americano, em Washington.

capitulate [kəˈpɪtjuleɪt] *vi:* **to ~ to sthg** capitular perante algo.

cappuccino [ˌkæpʊˈtʃiːnəʊ] *(pl -s) n* cappuccino *m*.

Capricorn [ˈkæprɪkɔːn] *n* Capricórnio *m*.

capsicum [ˈkæpsɪkəm] *n* pimentão *m (Br)*, pimento *m (Port)*.

capsize [kæpˈsaɪz] *vi* virar-se.

capsule [ˈkæpsjuːl] *n* cápsula *f*.

captain [ˈkæptɪn] *n* capitão *m* (-tã *f*); *(of plane, ship)* comandante *mf*.

caption [ˈkæpʃn] *n* legenda *f*.

captivate [ˈkæptɪveɪt] *vt* cativar.

captive [ˈkæptɪv] *n* cativo *m* (-va *f*) ♦ *adj (imprisoned)* cativo(-va); *(audience, market)* seguro(-ra).

captor [ˈkæptər] *n* captor *m* (-ra *f*).

capture [ˈkæptʃər] *vt (person, animal)* capturar; *(town, castle)* tomar.

car [kuːr] *n (motorcar)* carro *m*, automóvel *m; (railway wagon)* vagão *m (Br)*, carruagem *f (Port)*.

carafe [kəˈræf] *n* garrafa *f (de boca larga para servir vinho ou água)*.

caramel [ˈkærəmel] *n (sweet)* caramelo *m; (burnt sugar)* calda *f* caramelada *(Br)*, caramelo líquido *(Port)*.

carat [ˈkærət] *n* quilate *m;* **24-~ gold** ouro de 24 quilates.

caravan [ˈkærəvæn] *n (Brit)* trailer *m (Br)*, caravana *f (Port)*.

caravanning [ˈkærəvænɪŋ] *n (Brit):* **to go ~** passar férias num trailer.

caravan site *n (Brit)* camping *m* para trailers *(Br)*, parque *m* de campismo para caravanas *(Port)*.

carbohydrate [kɑːbəʊˈhaɪdreɪt] *n (in foods)* hidrato *m* de carbono.

carbon [ˈkɑːbən] *n* carbono *m*.

carbonated [ˈkɑːbəneɪtɪd] *adj* com gás, gaseificado(-da).

carbon copy *n* cópia *f* feita com papel químico.

carbon dioxide [-daɪˈɒksaɪd] *n* dióxido *m* de carbono.

carbon monoxide [-mɒˈnɒksaɪd] *n* monóxido *m* de carbono.

car boot sale *n (Brit)* mercado de objetos usados, cuja venda se faz diretamente do porta-malas dos carros.

carburetor [ˌkɑːbəˈretər] *(Am)* = **carburettor**.

carburettor [ˌkɑːbəˈretər] *n (Brit)* carburador *m*.

carcass [ˈkɑːkəs] *n* carcaça *f*.

car crash *n* acidente *m* de carro.

card [kɑːd] *n* cartão *m*; *(postcard)* postal *m*; *(playing card)* carta *f*; *(cardboard)* cartolina *f*, papelão *m*.

❑ **cards** *npl (game)* cartas *fpl*.

cardboard [ˈkɑːdbɔːd] *n* cartolina *f*, papelão *m*.

cardboard box *n* caixa *f* de papelão.

car deck *n* convés *m* para veículos.

cardiac arrest [ˌkɑːdiæk-] *n* parada *f* cardíaca *(Br)*, paragem *f* cardíaca *(Port)*.

cardigan [ˈkɑːdɪɡən] *n* casaco *m* de malha.

cardinal [ˈkɑːdɪnl] *adj* capital ◆ *n (RELIG)* cardeal *m*.

card index *n (Brit)* fichário *m (Br)*, ficheiro *m (Port)*.

care [keər] *n (attention)* cuidado *m*; *(treatment)* cuidados *mpl* ◆ *vi (mind)* importar-se; **to take ~ of** tomar conta de; **to take ~ not to do sthg** ter cuidado para não fazer algo; **take ~!** *(goodbye)* expressão de afeto utilizada frequentemente em despedidas; **with ~** com cuidado; **would you ~ to ...?** *(fml)* você se importaria de ...?; **to ~ about** *(think important)* preocupar-se com; *(person)* querer bem a.

career [kəˈrɪər] *n* carreira *f*.

careers adviser [kəˈrɪəz-] *n* orientador *m* (-ra *f*) profissional.

carefree [ˈkeəfriː] *adj* despreocupado(-da).

careful [ˈkeəfʊl] *adj* cuidadoso(-osa); **be ~!** cuidado!

carefully [ˈkeəflɪ] *adv* cuidadosamente.

careless [ˈkeələs] *adj* descuidado (-da).

caress [kəˈres] *n* carícia *f* ◆ *vt* acariciar.

caretaker [ˈkeəteɪkər] *n (Brit)* porteiro *m* (-ra *f*).

car ferry *n* barco *m (de travessia que transporta carros)*.

cargo [ˈkɑːɡəʊ] *(pl* **-es** OR **-s***) n* carga *f*, carregamento *m*.

car hire *n (Brit)* aluguel *m* de carros OR automóveis.

Caribbean [Brit ˌkærɪˈbiːən, Am kəˈrɪbiən] *n:* **the ~** *(area)* as Caraíbas.

caring [ˈkeərɪŋ] *adj* atencioso(-osa), solícito(-ta).

carnage [ˈkɑːnɪdʒ] *n* carnificina *f*.

carnation [kɑːˈneɪʃn] *n* cravo *m*.

carnival [ˈkɑːnɪvl] *n* carnaval *m*.

carnivorous [kɑːˈnɪvərəs] *adj* carnívoro(-ra).

carol [ˈkærəl] *n:* **(Christmas) ~** cântico *m* de Natal.

carousel [ˌkærəˈsel] *n (for luggage)* esteira *f* rolante *(Br)*, tapete *m* rolante *(Port)*; *(Am: merry-go-round)* carrossel *m*.

carp [kɑːp] *n* carpa *f*.

car park *n (Brit)* estacionamento *m*.

carpenter [ˈkɑːpəntər] *n* carpinteiro *m* (-ra *f*).

carpentry [ˈkɑːpəntrɪ] *n* carpintaria *f*.

carpet [ˈkɑːpɪt] *n (fitted)* carpete *f (Br)*, alcatifa *f (Port)*; *(not fitted)* tapete *m*.

car phone *n* telefone *m* de carro.

car rental *n (Am)* aluguel *m* de carros OR automóveis.

carriage [ˈkærɪdʒ] *n (Brit: of train)* carruagem *f*; *(horse-drawn)* coche *m*.

carriageway [ˈkærɪdʒweɪ] *n (Brit)* pista *f (Br)*, carril *m (Port)*.

carrier (bag) [ˈkærɪər-] *n* saco *m (de papel ou plástico)*.

carrot [ˈkærət] *n* cenoura *f*.

carrot cake *n* bolo *m* de cenoura.

carry [ˈkærɪ] *vt (bear)* carregar, levar; *(transport)* transportar, levar; *(disease)* transmitir; *(cash, passport, map)* ter *(consigo)*; *(support)* agüentar com ◆ *vi (voice, sound)* ouvir-se.

❑ **carry on** *vi (continue)* continuar ◆ *vt fus (continue)* continuar; *(conduct)* realizar; **to ~ on doing sthg** continuar a fazer algo.

❏ **carry out** vt sep (perform) levar a cabo; (fulfil) cumprir.

carrycot ['kærɪkɒt] n (Brit) moisés m inv (Br), alcofa m de bebé (Port).

carryout ['kærɪaʊt] n (Am & Scot) comida f para levar.

carsick ['kɑːˌsɪk] adj enjoado(-da) (em carro).

cart [kɑːt] n (for transport) carroça f; (Am: in supermarket) carro m das compras; (inf: video game cartridge) cassete f.

carton ['kɑːtn] n pacote m.

cartoon [kɑːˈtuːn] n (drawing) desenho m, caricatura f; (film) desenho animado.

cartridge ['kɑːtrɪdʒ] n (for gun) cartucho m; (for pen) recarga f.

cartwheel ['kɑːtwiːl] n (movement) cambalhota f lateral.

carve [kɑːv] vt (wood, stone) esculpir; (meat) cortar.

carvery ['kɑːvərɪ] n restaurante onde se servem churrascos cortados diante dos fregueses.

carving ['kɑːvɪŋ] n (wooden) talha f; (stone) gravura f.

car wash n lavagem f automática.

case [keɪs] n (Brit: suitcase) mala f; (container) caixa f; (instance, patient) caso m; (JUR: trial) causa f; **in any ~** de qualquer modo; **in ~ of** em caso de; **(just) in ~** caso; **in that ~** nesse caso.

cash [kæʃ] n dinheiro m ◆ vt: **to ~ a cheque** descontar um cheque (Br), levantar um cheque (Port); **to pay ~** pagar em dinheiro.

cash and carry n cash-and-carry m, armazém m de venda a granel.

cash box n cofre m.

cash card n = (cartão) multibanco m.

cash desk n caixa f.

cash dispenser [-ˌdɪˈspensəʳ] n caixa m automático, multibanco m.

cashew (nut) ['kæʃuː-] n caju m, castanha f de caju.

cashier [kæˈʃɪəʳ] n caixa mf.

cash machine n = cash dispenser.

cashmere [kæʃˈmɪəʳ] n caxemira f.

cashpoint ['kæʃpɔɪnt] n (Brit) caixa m automático, multibanco m.

cash register n caixa f registradora.

casing ['keɪsɪŋ] n revestimento m.

casino [kəˈsiːnəʊ] (pl -s) n casino m.

cask [kɑːsk] n casco m, barril m.

cask-conditioned [-ˌkɒnˈdɪʃnd] adj fermentado(-da) no barril.

casket ['kɑːskɪt] n (for jewels) guarda-jóias m inv.

casserole ['kæsərəʊl] n (stew) ensopado m de forno; **~ (dish)** panela f de ir ao forno.

cassette [kæˈset] n cassete f.

cassette player n toca-fitas m inv (Br), leitor m de cassetes (Port).

cassette recorder n gravador m.

cast [kɑːst] (pt & pp **cast**) n (actors) elenco m; (for broken bone) gesso m ◆ vt (shadow, light, look) lançar; **to ~ doubt on** pôr em dúvida; **to ~ one's vote** votar.

❏ **cast off** vi (boat, ship) zarpar.

castaway ['kɑːstəweɪ] n náufrago m (-ga f).

caster ['kɑːstəʳ] n (wheel) rodízio m.

caster sugar n (Brit) açúcar m branco (muito fino).

cast iron n ferro m fundido.

castle ['kɑːsl] n (building) castelo m; (in chess) torre f.

castor oil ['kɑːstər-] n óleo m de rícino.

castrate [kæˈstreɪt] vt castrar.

casual ['kæʒʊəl] adj (relaxed) despreocupado(-da); (manner, clothes) informal; **~ work** trabalho m temporário.

casually ['kæʒʊəlɪ] adv (in a relaxed manner) despreocupadamente; (address, dress) informalmente.

casualty ['kæʒjʊəltɪ] n vítima mf; **~ (ward)** pronto-socorro m (Br), urgências fpl (Port).

cat [kæt] n gato m.

catalog ['kætəlɒg] (Am) = **catalogue**.

catalogue ['kætəlɒg] n catálogo m.

catalyst ['kætəlɪst] n catalisador m.

catalytic converter [ˌkætəˈlɪtɪk-kənˈvɜːtəʳ] n conversor m catalítico (Br), vaso m catalítico (Port).

catapult ['kætəpʌlt] n catapulta f.

cataract ['kætərækt] n (in eye) catarata f.

catarrh [kəˈtɑːʳ] n catarro m.

catastrophe [kəˈtæstrəfɪ] n catástrofe f.

catch [kætʃ] (pt & pp **caught**) vt apanhar; (attention, imagination) despertar ◆ vi (become hooked) ficar preso ◆ n (of window, door) trinco m; (snag) truque m.

❏ **catch up** vt sep alcançar ◆ vi: **to ~ up (with)** alcançar.

catching ['kætʃɪŋ] adj (inf) contagioso(-osa).

catchment area ['kætʃmənt-] n zona servida por uma escola ou hospital.

catchphrase ['kætʃfreɪz] n slogan m.

catchy ['kætʃɪ] adj fácil de lembrar.

categorically [,kætɪ'gɒrɪklɪ] adv categoricamente.

category ['kætəgərɪ] n categoria f.

cater ['keɪtər] : **cater for** vt fus (Brit) (needs, tastes) satisfazer; (anticipate) contar com.

caterer ['keɪtərər] n fornecedor m (-ra f) (de serviço de bufê).

catering ['keɪtərɪŋ] n (at wedding etc) serviço m de bufê; (trade) = hotelaria f.

caterpillar ['kætəpɪlər] n lagarta f.

cathedral [kə'θiːdrəl] n catedral f.

Catholic ['kæθlɪk] adj católico(-ca) ◆ n católico m (-ca f).

Catseyes® ['kætsaɪz] npl (Brit) refletores mpl (em estrada).

cattle ['kætl] npl gado m.

cattle grid n mata-burro m (ponte de traves espaçadas, destinada a impedir a passagem de animais).

catwalk ['kætwɔːk] n passarela f.

caught [kɔːt] pt & pp → catch.

cauliflower ['kɒlɪflaʊər] n couve-flor f.

cauliflower cheese n gratinado de couve-flor com molho branco e queijo ralado.

cause [kɔːz] n causa f; (justification) razão f ◆ vt ca`usar; **to ~ sb to do sthg** fazer (com) que alguém faça algo.

causeway ['kɔːzweɪ] n calçada f (sobre água ou zona pantanosa).

caustic ['kɔːstɪk] adj (chemical) corrosivo(-va), cáustico(-ca); (comment) mordaz.

caustic soda [,kɔːstɪk-] n soda f cáustica.

caution ['kɔːʃn] n (care) cautela f; (warning) aviso m.

cautious ['kɔːʃəs] adj cauteloso (-osa).

cavalry ['kævlrɪ] n (on horseback) cavalaria f.

cave [keɪv] n gruta f.

❏ **cave in** vi (roof, ceiling) desabar.

caveman ['keɪvmæn] (pl -men [-men]) n homem m das cavernas.

caviar(e) ['kævɪɑːr] n caviar m.

cavity ['kævətɪ] n (in tooth) cavidade f.

CB abrev = **Citizens' Band**.

cc n (abbr of cubic centimetre) cm^3.

CD n (abbr of compact disc) CD m.

CDI n (abbr of compact disc interactive) CDI m.

CD player n som m CD (Br), leitor m de CDs (Port).

CD-ROM [,siːdiː'rɒm] n (abbr of compact disc read only memory) CD-ROM m.

CDW n (abbr of collision damage waiver) = franquia f, = seguro m contra choque, colisão, capotagem, incêndio.

cease [siːs] vt & vi (fml) cessar.

ceasefire ['siːsfaɪər] n cessar-fogo m.

cedar (tree) ['siːdər-] n cedro m.

ceilidh ['keɪlɪ] n festa ou baile tradicional escocês ou irlandês.

ceiling ['siːlɪŋ] n teto m.

celebrate ['selɪbreɪt] vt & vi (victory, birthday) celebrar.

celebration [,selɪ'breɪʃn] n (event) celebração f.

❏ **celebrations** npl (festivities) comemorações fpl.

celebrity [sɪ'lebrɪtɪ] n (person) celebridade f.

celeriac [sɪ'lerɪæk] n aipo-rábano m.

celery ['selərɪ] n aipo m.

celibate ['selɪbət] adj celibatário(-ria).

cell [sel] n (of plant, body) célula f; (in prison) cela f.

cellar ['selər] n cave f.

cello ['tʃeləʊ] (pl -s) n violoncelo m.

Cellophane® ['seləfeɪn] n celofane m.

Celsius ['selsɪəs] adj centígrado(-da).

Celt [kelt] n celta mf.

Celtic ['keltɪk] adj celta.

cement [sɪ'ment] n cimento m.

cement mixer n betoneira f.

cemetery ['semɪtrɪ] n cemitério m.

censor ['sensər] n censor m (-ra f) ◆ vt censurar.

censorship ['sensəʃɪp] n censura f.

census ['sensəs] n (population survey) censo m.

cent [sent] n (Am) cêntimo m.

centenary [sen'tiːnərɪ] n (Brit) centenário m.

centennial [sen'tenjəl] (Am) = centenary.

center ['sentər] (Am) = centre.

centigrade ['sentɪgreɪd] adj centígrado(-da).

centilitre ['sentɪ,li:tər] n centilitro m.

centimetre ['sentɪ,mi:tər] n centímetro m.

centipede ['sentɪpi:d] n centopeia f.

central ['sentrəl] adj central.

Central America n América f Central.

central heating n aquecimento m central.

central locking [-'lɒkɪŋ] n fechadura f centralizada.

central reservation n (Brit) canteiro m central (Br), faixa f separadora central (Port) (em auto-estrada).

centre ['sentər] n (Brit) centro m ◆ adj (Brit) central; **the ~ of attention** o centro das atenções.

century ['sentʃʊrɪ] n século m.

ceramic [sɪ'ræmɪk] adj de louça OR barro.

❑ **ceramics** npl cerâmica f.

cereal ['sɪərɪəl] n cereal m.

ceremony ['serɪmənɪ] n cerimônia f.

certain ['sɜ:tn] adj certo(-ta); **she's ~ to be late** o mais certo é ela chegar atrasada; **to be ~ of sthg** ter a certeza de algo; **to make ~ (that)** assegurar-se de que.

certainly ['sɜ:tnlɪ] adv (without doubt) sem dúvida; (of course) com certeza; **~ not!** de modo nenhum!; **I ~ do** com certeza que sim.

certainty ['sɜ:tntɪ] n certeza f.

certificate [sə'tɪfɪkət] n (of studies, medical) certificado m; (of birth) certidão f.

certified mail ['sɜ:tɪfaɪd-] n (Am) correio m registrado.

certify ['sɜ:tɪfaɪ] vt (declare true) comprovar.

cervical smear [sə'vaɪkl-] n exame m de lâmina, esfregaço m cervical.

cervix ['sɜ:vɪks] (pl -ixes OR -ices [-ɪsi:z]) n (of uterus) cérvix m, colo m (do útero).

cesarean (section) [sɪ'zeərɪən-] (Am) = caesarean (section).

CFC n (abbr of chlorofluorocarbon) CFC m.

chaffinch ['tʃæfɪntʃ] n tentilhão m.

chain [tʃeɪn] n (of metal) corrente f; (of shops, mountains) cadeia f ◆ vt: **to ~ sthg to sthg** prender algo a algo (com corrente).

chain saw n serra f de cadeia (Br),

motoserra f (Port).

chain-smoke vi fumar um cigarro atrás do outro OR cigarro atrás de cigarro.

chain store n loja pertencente a uma cadeia.

chair [tʃeər] n cadeira f.

chair lift n teleférico m (de cadeira).

chairman ['tʃeəmən] (pl -men [-mən]) n presidente m.

chairperson ['tʃeə,pɜ:sn] (pl -s) n presidente mf.

chairwoman ['tʃeə,wʊmən] (pl -women [-,wɪmɪn]) n presidente f.

chalet ['ʃæleɪ] n chalé m.

chalk [tʃɔ:k] n giz m; **a piece of ~** um pedaço de giz.

chalkboard ['tʃɔ:kbɔ:d] n (Am) quadro m.

challenge ['tʃælɪndʒ] n desafio m ◆ vt (question) questionar; **to ~ sb (to sthg)** (to fight, competition) desafiar alguém (para algo).

challenging ['tʃælɪndʒɪŋ] adj (task, job) estimulante.

chamber ['tʃeɪmbər] n (room) câmara f.

chambermaid ['tʃeɪmbəmeɪd] n camareira f (Br), empregada f de quarto (Port).

chameleon [kə'mi:lɪən] n camaleão m.

champagne [,ʃæm'peɪn] n champanhe m.

champion ['tʃæmpjən] n campeão m (-peã f).

championship ['tʃæmpjənʃɪp] n campeonato m.

chance [tʃɑ:ns] n chance f ◆ vt: **to ~ it** (inf) arriscar; **to take a ~** arriscar-se; **by ~** por acaso; **on the off ~** por se acaso.

chancellor ['tʃɑ:nsələr] n (of country) chanceler m; (of university) reitor m (-ra f).

Chancellor of the Exchequer [,tʃɑ:nsələrəvðəɪks'tʃekər] n (Brit) = ministro m (-tra f) da Fazenda (Br), = ministro m (-tra f) das Finanças (Port).

chandelier [,ʃændə'lɪər] n candelabro m, lustre m.

change [tʃeɪndʒ] n (alteration) mudança f; (money received back) troco m; (coins) dinheiro m trocado ◆ vt mudar; (exchange) trocar; (clothes, bedding) mudar de, trocar de ◆ vi mudar; (change clothes) trocar-se, mudar de roupy; **a ~ of clothes** uma muda de roupa; **do you have ~ for a pound?** você pode trocar uma libra?; **for a ~** para variar; **to get ~d** trocar-se, mudar de roupa; **to ~ money** trocar dinheiro; **to ~ a nappy** mudar uma fralda; **to ~ a wheel** mudar uma roda; **to ~ trains/planes** mudar de trem/avião; **all ~!** (on train) mudança de trem!

changeable [ˈtʃeɪndʒəbl] adj (weather) variável.

change machine n máquina automática para trocar dinheiro.

changeover [ˈtʃeɪndʒəʊvəʳ] n: ~ **(to)** mudança f (para), passagem f (a).

changing room [ˈtʃeɪndʒɪŋ-] n vestiário m.

channel [ˈtʃænl] n canal m; **the (English) Channel** o Canal da Mancha. **Channel Islands** npl: **the ~** as Ilhas do Canal da Mancha. **Channel Tunnel** n: **the ~** o túnel do Canal da Mancha, o Eurotúnel.

chant [tʃɑːnt] vt entoar.

chaos [ˈkeɪɒs] n caos m.

chaotic [keɪˈɒtɪk] adj caótico(-ca).

chap [tʃæp] n (Brit: inf) sujeito m.

chapatti [tʃəˈpætɪ] n pequeno pão não fermentado de origem indiana.

chapel [ˈtʃæpl] n capela f.

chaplain [ˈtʃæplɪn] n capelão m.

chapped [tʃæpt] adj gretado(-da).

chapter [ˈtʃæptəʳ] n capítulo m.

character [ˈkærəktəʳ] n carácter m; (in film, book, play) personagem m ou f; (inf: person, individual) tipo m.

characteristic [ˌkærəktəˈrɪstɪk] adj característico(-ca) ♦ n característica f.

characterize [ˈkærəktəraɪz] vt caracterizar.

charade [ʃəˈrɑːd] n charada f. ❏ **charades** n charadas fpl.

charcoal [ˈtʃɑːkəʊl] n (for barbecue) carvão m (de lenha).

charge [tʃɑːdʒ] n (price) preço m, custo m; (JUR) acusação f ♦ vt (money, customer) (JUR) acusar; (battery) carregar ♦ vi (ask money) cobrar; (rush) investir; **to be in ~ (of)** estar encarregado (de); **to take ~ (of)** encarregar-se (de); **free of ~** grátis; **there is no ~ for service** o serviço é grátis.

charge card n cartão de crédito que permite fazer compras num estabelecimento e pagar posteriormente.

char-grilled [ˈtʃɑːgrɪld] adj assado (-da) na brasa.

chariot [ˈtʃærɪət] n charrete f.

charisma [kəˈrɪzmə] n carisma m.

charity [ˈtʃærətɪ] n (organization) caridade f; **to give to ~** contribuir para obras de caridade.

charity shop n loja de objetos usados cujas vendas se destinam a causas beneficentes.

charm [tʃɑːm] n (attractiveness) charme m ♦ vt encantar.

charming [ˈtʃɑːmɪŋ] adj encantador (-ra).

chart [tʃɑːt] n (diagram) gráfico m; **the ~s** as paradas de sucesso (Br), os tops de vendas (de discos) (Port).

charter [ˈtʃɑːtəʳ] n (document) carta f ♦ vt (plane, boat) fretar.

chartered accountant [ˌtʃɑːtəd-] n perito-contador m, perita-contadora f (Br), técnico m (-ca f) de contas (Port).

charter flight n vôo m charter.

chase [tʃeɪs] n perseguição f ♦ vt perseguir.

chasm [ˈkæzm] n (deep crack) fenda f profunda, abismo m.

chassis [ˈʃæsɪ] (pl inv -sɪz) n (of vehicle) chassis m inv.

chat [tʃæt] n conversa f ♦ vi conversar; **to have a ~ (with)** conversar (com). ❏ **chat up** vt sep (Brit: inf) paquerar (Br), engatar (Port).

chat show n (Brit) programa m de variedades, talk-show m.

chatter [ˈtʃætəʳ] n (of person) tagarelice f ♦ vi (person) tagarelar; **her teeth were ~ing** ela estava tiritando.

chatterbox [ˈtʃætəbɒks] n (inf) tagarela mf.

chatty [ˈtʃætɪ] adj (letter) informal; (person) tagarela.

chauffeur [ˈʃəʊfəʳ] n motorista mf.

chauvinist [ˈʃəʊvɪnɪst] n (sexist) sexista mf; (nationalist) chauvinista mf; **male ~** machista m.

cheap [tʃiːp] adj barato(-ta).

cheap day return n (Brit) bilhete de ida e volta mais barato, comprado no próprio dia e que só pode ser usado depois das 9.30.

cheaply [ˈtʃiːplɪ] adv barato.

cheat [tʃiːt] n (person) trapaceiro m (-ra f) (Br), batoteiro m (-ra f) (Port); (thing) trapaça f (Br), batota f (Port)

♦ *vi* trapacear *(Br)*, fazer batota *(Port)*
♦ *vt*: **to ~ sb (out of sthg)** roubar algo de alguém.

check [tʃek] *n (inspection)* inspecção *f*; *(Am: bill)* conta *f*; *(Am: tick)* sinal *m* de visto; *(Am)* = **cheque** ♦ *vt* verificar ♦ *vi* informar-se; **~ for any mistakes** verifique se há erros.
❏ **check in** *vt sep (luggage)* fazer o check-in de ♦ *vi (at hotel)* registrar-se; *(at airport)* fazer o check-in.
❏ **check off** *vt sep* verificar *(em lista)*.
❏ **check out** *vi* deixar o hotel.
❏ **check up** *vi*: **to ~ up (on)** informar-se (sobre).

checked [tʃekt] *adj* quadriculado, de xadrez.

checkers [ˈtʃekəz] *n (Am)* damas *fpl*.

check-in desk *n* (balcão para o) check-in *m*.

checkmate [ˈtʃekmeɪt] *n* xeque-mate *m*.

checkout [ˈtʃekaʊt] *n* caixa *f*.

checkpoint [ˈtʃekpɔɪnt] *n* controle *m*.

checkroom [ˈtʃekrʊm] *n (Am)* vestiário *m (Br)*, bengaleiro *m (Port)*.

checkup [ˈtʃekʌp] *n* exame *m* médico geral, check-up *m*.

cheddar (cheese) *n* (queijo) cheddar *m*, queijo de vaca duro mas macio, amarelo ou alaranjado.

cheek [tʃiːk] *n (of face)* bochecha *f*; **what a ~!** que descaramento!

cheekbone [ˈtʃiːkbəʊn] *n* malar *m*, maçã *f* do rosto.

cheeky [ˈtʃiːkɪ] *adj* descarado(-da), atrevido(-da).

cheer [tʃɪəʳ] *n* aclamação *f* ♦ *vi* aclamar.

cheerful [ˈtʃɪəfʊl] *adj* alegre.

cheerio [ˌtʃɪərɪˈəʊ] *excl (Brit: inf)* tchau!

cheers [tʃɪəz] *excl (when drinking)* saúde!; *(Brit: inf: thank you)* obrigado!

cheese [tʃiːz] *n* queijo *m*.

cheeseboard [ˈtʃiːzbɔːd] *n* tábua *f* de queijos, queijos diversos e boiscoitos servidos normalmente no final de uma refeição.

cheeseburger [ˈtʃiːzˌbɜːgəʳ] *n* hambúrger *m* de queijo, cheeseburger *m*.

cheesecake [ˈtʃiːzkeɪk] *n* torta de queijo, creme e açúcar com uma base de biscoitos triturados e guarnecida com fruta em pedaços.

cheetah [ˈtʃiːtə] *n* chita *m*, leopardo *m*.

chef [ʃef] *n* chefe *m* (de cozinha).

chef's special *n* especialidade *f* da casa.

chemical [ˈkemɪkl] *adj* químico(-ca) ♦ *n* substância *f* química.

chemist [ˈkemɪst] *n (Brit: pharmacist)* farmacêutico *m* (-ca *f*); *(scientist)* químico *m* (-ca *f*); **~'s** *(Brit: shop)* farmácia *f*.

chemistry [ˈkemɪstrɪ] *n* química *f*.

cheque [tʃek] *n (Brit)* cheque *m*; **to pay by ~** pagar com cheque.

chequebook [ˈtʃekbʊk] *n* talão *m* de cheques *(Br)*, livro *m* de cheques *(Port)*.

cheque card *n* cartão *f* bancário *(que serve de garantia para cheques)*.

cherish [ˈtʃerɪʃ] *vt (hope, memory)* acalentar; *(privilege, right)* valorizar; *(person, thing)* estimar.

cherry [ˈtʃerɪ] *n* cereja *f*.

chess [tʃes] *n* xadrez *m*.

chessboard [ˈtʃesbɔːd] *n* tabuleiro *m* de xadrez.

chessman [ˈtʃesmæn] *(pl* **-men** [-men]*)* *n* pedra *f* OR peça *f* (de xadrez).

chest [tʃest] *n (of body)* peito *m*; *(box)* arca *f*.

chestnut [ˈtʃesnʌt] *n* castanha *f* ♦ *adj (colour)* marrom *(Br)*, castanho(-nha) *(Port)*.

chest of drawers *n* cômoda *f*.

chew [tʃuː] *vt* mastigar ♦ *n (sweet)* goma *f*.

chewing gum [ˈtʃuːɪŋ-] *n* chiclete *m (Br)*, pastilha *f* elástica *(Port)*.

chic [ʃiːk] *adj* chique.

chicken [ˈtʃɪkɪn] *n* galinha *f*, frango *m*.

chicken breast *n* peito *m* de galinha.

chicken Kiev [-ˈkiːev] *n* empanado de frango com recheio de manteiga, alho e ervas aromáticas.

chickenpox [ˈtʃɪkɪnpɒks] *n* catapora *f (Br)*, varicela *f (Port)*.

chickpea [ˈtʃɪkpiː] *n* grão-de-bico *m*.

chicory [ˈtʃɪkərɪ] *n* chicória *f*.

chief [tʃiːf] *adj (highest-ranking)* chefe; *(main)* principal ♦ *n* chefe *m* (-fa *f*).

chiefly [ˈtʃiːflɪ] *adv (mainly)* principalmente; *(especially)* sobretudo.

chilblain [ˈtʃɪlbleɪn] *n* frieira *f*.

child [tʃaɪld] *(pl* **children***)* *n (young boy, girl)* criança *f*; *(son, daughter)* filho *m* (-lha *f*).

child abuse n maus-tratos mpl infantis.

child benefit n (Brit) ≃ salário-família m (Br), ≃ abono m de família (Port).

childbirth [ˈtʃaɪldbɜːθ] n parto m.

childhood [ˈtʃaɪldhʊd] n infância f.

childish [ˈtʃaɪldɪʃ] adj (pej) infantil.

childlike [ˈtʃaɪldlaɪk] adj infantil.

childminder [ˈtʃaɪldˌmaɪndə] n (Brit) pessoa que toma conta de crianças em sua própria casa, ama f (Port).

children [ˈtʃɪldrən] pl → child.

children's home n lar m para crianças.

childrenswear [ˈtʃɪldrənzweə] n roupa f para crianças.

child seat n banco m para crianças.

Chile [ˈtʃɪlɪ] n Chile m.

chill [tʃɪl] n (illness) resfriado m ♦ vt gelar; **there's a ~ in the air** o tempo está frio.

chilled [tʃɪld] adj fresco(-ca); **"serve ~"** "sirva fresco".

chilli [ˈtʃɪlɪ] (pl -ies) n (vegetable) pimenta f OR pimentão m picante (Br), piripiri m (Port); (dish) = chilli con carne.

chilli con carne [ˈtʃɪlɪkɒnˈkɑːnɪ] n ensopado de carne de vaca picada com feijão e pimentão picante.

chilling [ˈtʃɪlɪŋ] adj (frightening) de fazer gelar o sangue nas veias.

chilly [ˈtʃɪlɪ] adj frio (fria).

chime [tʃaɪm] n (of bell, clock) toque m ♦ vi (bell, clock) tocar.

chimney [ˈtʃɪmnɪ] n chaminé f.

chimneypot [ˈtʃɪmnɪpɒt] n chaminé f.

chimneysweep [ˈtʃɪmnɪswiːp] n limpa-chaminés m inv.

chimpanzee [ˌtʃɪmpənˈziː] n chimpanzé m.

chin [tʃɪn] n queixo m.

china [ˈtʃaɪnə] n (material) porcelana f.

China [ˈtʃaɪnə] n China f.

Chinese [ˌtʃaɪˈniːz] adj chinês(-esa) ♦ n (language) chinês m ♦ npl: **the ~** os chineses; **a ~ restaurant** um restaurante chinês.

Chinese leaves npl (Brit) couve f chinesa.

chip [tʃɪp] n (small piece, mark) lasca f; (counter) ficha f; (COMPUT) chip m ♦ vt lascar.

❏ **chips** npl (Brit: French fries) batatas fpl fritas (em palitos); (Am: crisps) batatas fritas (de pacote).

chip shop n (Brit) loja onde se vende batatas fritas e filés de peixe para levar.

chiropodist [kɪˈrɒpədɪst] n pedicuro m (-ra f).

chirp [tʃɜːp] vi (bird) chilrear.

chisel [ˈtʃɪzl] n formão m.

chitchat [ˈtʃɪtʃæt] n (inf) conversa f fiada.

chives [tʃaɪvz] npl cebolinha f (Br), cebolinho m (Port).

chlorine [ˈklɔːriːn] n cloro m.

choc-ice [ˈtʃɒkaɪs] n (Brit) tipo de sorvete em forma de bloco, coberto com chocolate.

chocolate [ˈtʃɒkələt] n (food, drink) chocolate m; (sweet) bombom m ♦ adj de chocolate.

chocolate biscuit n biscoito m de chocolate.

choice [tʃɔɪs] n escolha f ♦ adj de primeira qualidade; **with the dressing of your ~** com o tempero a gosto.

choir [ˈkwaɪə] n coro m.

choirboy [ˈkwaɪəbɔɪ] n menino m de coro.

choke [tʃəʊk] vt sufocar ♦ vi (on fishbone etc) engasgar-se; (to death) sufocar ♦ n (AUT): **to pull out the ~** fechar o afogador.

cholera [ˈkɒlərə] n cólera f.

choose [tʃuːz] (pt chose, pp chosen) vt & vi escolher; **to ~ to do sthg** decidir fazer algo.

choos(e)y [ˈtʃuːzɪ] adj exigente.

chop [tʃɒp] n (of meat) costeleta f ♦ vt cortar.

❏ **chop down** vt sep abater.

❏ **chop up** vt sep picar.

chopper [ˈtʃɒpə] n (inf: helicopter) helicóptero m.

chopping board [ˈtʃɒpɪŋ-] n tábua f de cozinha.

choppy [ˈtʃɒpɪ] adj encrespado(-da).

chopsticks [ˈtʃɒpstɪks] npl pauzinhos mpl chineses.

chop suey [ˌtʃɒpˈsuːɪ] n chop suey m, prato chinês de brotos de soja, legumes, arroz e carne de porco ou galinha com molho de soja.

chord [kɔːd] n acorde m.

chore [tʃɔːʳ] n tarefa f.

chorus [ˈkɔːrəs] n (part of song) refrão m; (group of singers, dancers) coro m.

chose [tʃəʊz] *pt* → **choose**.
chosen [ˈtʃəʊzn] *pp* → **choose**.
choux pastry [ʃuː-] *n* massa *f* fina.
chowder [ˈtʃaʊdəʳ] *n* sopa espessa de peixe ou marisco.
chow mein [ˌtʃaʊˈmeɪn] *n* chau-min *m*, massa de talharim frita com vegetais, carne ou marisco.
Christ [kraɪst] *n* Cristo *m*.
christen [ˈkrɪsn] *vt (baby)* batizar.
christening [ˈkrɪsnɪŋ] *n* batizado *m*.
Christian [ˈkrɪstʃən] *adj* cristão(-tã) ♦ *n* cristão *m* (-tã *f*).
Christianity [ˌkrɪstɪˈænɪtɪ] *n* cristianismo *m*.
Christian name *n* nome *m* (de batismo).
Christmas [ˈkrɪsməs] *n* Natal *m*; **Happy ~!** Feliz Natal!, Boas Festas!
Christmas card *n* cartão *m* de Natal.
Christmas carol [-ˈkærəl] *n* cântico *m* de Natal.
Christmas Day *n* dia *m* de Natal.
Christmas Eve *n* véspera *f* de Natal, noite *f* de Natal.
Christmas pudding *n* sobremesa natalícia feita com frutas cristalizadas, nozes e sebo, servida quente depois de flambada com conhaque.
Christmas tree *n* árvore *f* de Natal.
chrome [krəʊm] *n* cromo *m* (Br), crómio *m* (Port).
chronic [ˈkrɒnɪk] *adj (long-lasting)* crônico(-ca); *(habitual)* inveterado(-da).
chronological [ˌkrɒnəˈlɒdʒɪkl] *adj* cronológico(-ca).
chrysanthemum [krɪˈsænθəməm] *n* crisântemo *m*.
chubby [ˈtʃʌbɪ] *adj* rechonchudo (-da).
chuck [tʃʌk] *vt (inf) (throw)* atirar; *(boyfriend, girlfriend)* deixar.
❑ **chuck away** *vt sep* jogar fora.
chuckle [ˈtʃʌkl] *vi* rir *(baixinho)*.
chum [tʃʌm] *n (inf)* amigão *m* (-gona *f*).
chunk [tʃʌŋk] *n* pedaço *m* (grande).
church [tʃɜːtʃ] *n* igreja *f*; **to go to ~** freqüentar a igreja.
churchyard [ˈtʃɜːtʃjɑːd] *n* cemitério *m*.
churn [tʃɜːn] *n (for making butter)* batedeira *f* para fazer manteiga; *(for transporting milk)* lata *f* para o leite.

chute [ʃuːt] *n* rampa *f (Br)*, conduta *f (Port)*.
chutney [ˈtʃʌtnɪ] *n* molho picante agridoce feito com verduras ou frutas em conserva e outros temperos.
cider [ˈsaɪdəʳ] *n* sidra *f*.
cigar [sɪˈgɑːʳ] *n* charuto *m*.
cigarette [ˌsɪgəˈret] *n* cigarro *m*.
cigarette lighter *n* isqueiro *m*.
Cinderella [ˌsɪndəˈrelə] *n* Cinderela *f*, Gata-Borralheira *f*.
cinema [ˈsɪnəmə] *n* cinema *m*.
cinnamon [ˈsɪnəmən] *n* canela *f*.
circle [ˈsɜːkl] *n (shape, ring)* círculo *m*; *(in theatre)* balcão *m* ♦ *vt (draw circle around)* sublinhar em volta; *(move round)* dar voltas em torno de ♦ *vi (plane)* dar voltas.
circuit [ˈsɜːkɪt] *n (track)* circuito *m*; *(lap)* volta *f*.
circular [ˈsɜːkjʊləʳ] *adj* circular ♦ *n* circular *f*.
circulate [ˈsɜːkjʊleɪt] *vi* circular.
circulation [ˌsɜːkjʊˈleɪʃn] *n (of blood)* circulação *f*; *(of newspaper, magazine)* tiragem *f*.
circumcision [ˌsɜːkəmˈsɪʒn] *n* circuncisão *f*.
circumference [səˈkʌmfərəns] *n* circunferência *f*.
circumstances [ˈsɜːkəmstənsɪz] *npl* circunstâncias *fpl*; **in** OR **under the ~** dadas as circunstâncias.
circus [ˈsɜːkəs] *n* circo *m*.
CIS *n (abbr of Commonwealth Independent States)* CEI *f*.
cistern [ˈsɪstən] *n (of toilet)* cisterna *f*.
citizen [ˈsɪtɪzn] *n (of country)* cidadão *m* (-dã *f*); *(of town)* habitante *mf*.
Citizens' Band *n* faixa *f* do cidadão.
citrus fruit [ˈsɪtrəs-] *n* citrino *m*.
city [ˈsɪtɪ] *n* cidade *f*; **the City** a City *(centro financeiro londrino)*.
city centre *n* centro *m* (da cidade).
city hall *n (Am)* = prefeitura *f (Br)*, câmara *f* municipal *(Port)*, paços *mpl* do concelho *(Port)*.
civil [ˈsɪvl] *adj (involving ordinary citizens)* civil; *(polite)* educado(-da), cortês.
civilian [sɪˈvɪljən] *n* civil *mf*.
civilization [ˌsɪvɪlaɪˈzeɪʃn] *n* civilização *f*.
civilized [ˈsɪvɪlaɪzd] *adj* civilizado (-da).

civil rights [ˌsɪvl-] *npl* direitos *mpl* civis.

civil servant [ˌsɪvl-] *n* funcionário *m* público (funcionária *f* pública).

civil service [ˌsɪvl-] *n* administração *f* pública.

civil war [ˌsɪvl-] *n* guerra *f* civil.

cl *(abbr of centilitre)* cl.

claim [kleɪm] *n (assertion)* afirmação *f; (demand)* reivindicação *f; (for insurance)* reclamação *f* ◆ *vt (allege)* afirmar; *(demand)* reclamar; *(credit, responsibility)* reivindicar ◆ *vi (on insurance)* reclamar uma indemnização.

claimant ['kleɪmənt] *n (of benefit)* reclamante *mf.*

claim form *n* impresso *m* de reclamação.

clam [klæm] *n* molusco *m (Br)*, amêijoa *f (Port).*

clamber ['klæmbəʳ] *vi* trepar.

clamp [klæmp] *n (for car)* garras *fpl*, imobilizador *m* ◆ *vt (car)* imobilizar.

clan [klæn] *n* clã *m.*

clandestine [klæn'destɪn] *adj* clandestino(-na).

clap [klæp] *vi* aplaudir.

clapping ['klæpɪŋ] *n* palmas *fpl.*

claret ['klærət] *n* clarete *m (Br)*, bordéus *m (Port).*

clarify ['klærɪfaɪ] *vt (explain, expand on)* esclarecer, clarificar.

clarinet [ˌklærə'net] *n* clarinete *m.*

clarity ['klærətɪ] *n (of explanation)* clareza *f.*

clash [klæʃ] *n (noise)* estrondo *m; (confrontation)* confrontação *f* ◆ *vi (colours)* destoar; *(event, date)* coincidir.

clasp [klɑːsp] *n (fastener)* fecho *m* ◆ *vt* agarrar (com força).

class [klɑːs] *n (group of pupils, students)* turma *f; (teaching period)* aula *f; (type, social group)* classe *f* ◆ *vt:* **to ~ sb/sthg (as)** classificar alguém/algo (de).

classic ['klæsɪk] *adj* clássico(-ca) ◆ *n* clássico *m.*

classical ['klæsɪkl] *adj* clássico(-ca).

classical music *n* música *f* clássica.

classification [ˌklæsɪfɪ'keɪʃn] *n* classificação *f.*

classified ads [ˌklæsɪfaɪd-] *npl* classificados *mpl.*

classify ['klæsɪfaɪ] *vt* classificar.

classmate ['klɑːsmeɪt] *n* colega *mf* de turma.

classroom ['klɑːsrʊm] *n* sala *f* (de aula).

classy ['klɑːsɪ] *adj (inf)* de classe.

clause [klɔːz] *n (in legal document)* cláusula *f; (GRAMM)* proposição *f*, oração *f.*

claustrophobic [ˌklɔːstrə'fəʊbɪk] *adj (person) adj* claustrofóbico(-ca).

claw [klɔː] *n (of bird, cat, dog)* garra *f; (of crab, lobster)* pinça *f.*

clay [kleɪ] *n* barro *m*, argila *f.*

clean [kliːn] *adj* limpo(-pa); *(page)* em branco; *(sheets, clothes)* lavado(-da) ◆ *vt* limpar; **to ~ one's teeth** escovar os dentes.

cleaner ['kliːnəʳ] *n (person)* faxineiro *m* (-ra *f*) *(Br)*, empregado *m* (-da *f*) de limpeza *(Port); (substance)* produto *m* de limpeza.

cleaning ['kliːnɪŋ] *n* limpeza *f.*

cleanse [klenz] *vt* limpar.

cleanser ['klenzəʳ] *n (for skin)* creme *m* de limpeza.

clean-shaven [-ˈʃeɪvn] *adj* sem barba nem bigode.

clear [klɪəʳ] *adj* claro(-ra); *(unobstructed)* livre; *(sky)* limpo(-pa) ◆ *vt (area, road)* desempedir; *(pond)* limpar; *(jump over)* saltar; *(declare not guilty)* absolver; *(authorize)* aprovar; *(cheque)* creditar ◆ *vi (weather)* melhorar; *(fog)* levantar; **the cheque will ~ in three days' time** o dinheiro estará disponível daqui a três dias; **to be ~ (about sthg)** compreender (algo); **to be ~ of sthg** *(not touching)* não tocar em algo; **to ~ one's throat** limpar a garganta; **to ~ the table** tirar a mesa.

❑ **clear up** *vt sep (room, toys)* arrumar; *(problem, confusion)* clarificar ◆ *vi (weather)* melhorar; *(tidy up)* arrumar.

clearance ['klɪərəns] *n* autorização *f; (free distance)* espaço *m* livre.

clear-cut *adj (issue, plan)* bem definido(-da); *(division)* nítido(-da).

clearing ['klɪərɪŋ] *n* clareira *f.*

clearly ['klɪəlɪ] *adv* claramente; *(obviously)* evidentemente.

clearway ['klɪəweɪ] *n (Brit)* estrada onde é proibido estacionar.

cleavage ['kliːvɪdʒ] *n (between breasts)* colo *m.*

clef [klef] *n* clave *f.*

clementine ['kleməntaɪn] *n* clementina *f.*

clench [klentʃ] *vt (fist, teeth)* cerrar.

clergy ['klɜːdʒɪ] *npl:* **the ~** o clero.

clergyman ['klɜːdʒɪmən] (*pl* -men [-mən]) *n* clérigo *m*.

clerical ['klerɪkl] *adj* (*in office*) de escritório.

clerk (*Brit* klɑːk, *Am* klɜːrk) *n* (*in office*) empregado *m* (-da *f*) de escritório; (*Am: in shop*) empregado *m* (-da *f*).

clever ['klevər] *adj* (*person*) esperto (-ta); (*idea, device*) engenhoso(-osa).

click [klɪk] *n* estalido *m* ◆ *vi* (*make sound*) dar um estalido.

client ['klaɪənt] *n* cliente *mf*.

cliff [klɪf] *n* rochedo *m*.

climate ['klaɪmɪt] *n* clima *m*.

climax ['klaɪmæks] *n* clímax *m inv*.

climb [klaɪm] *vt* (*tree, ladder*) subir em; (*mountain*) escalar ◆ *vi* subir.

❏ **climb down** *vt fus* (*tree, ladder*) descer de; (*mountain*) descer ◆ *vi* descer.

❏ **climb up** *vt fus* (*tree, ladder*) subir em; (*mountain*) escalar.

climber ['klaɪmər] *n* (*person*) alpinista *mf*.

climbing ['klaɪmɪŋ] *n* alpinismo *m*; **to go ~** fazer alpinismo.

climbing frame *n* (*Brit*) barras de metal para as crianças treparem.

cling [klɪŋ] (*pt & pp* clung) *vi*: **to ~** (*hold tightly*) agarrar-se a; (*subj: clothes*) colar-se a.

clingfilm ['klɪŋfɪlm] *n* (*Brit*) película *f* aderente.

clinic ['klɪnɪk] *n* clínica *f*.

clip [klɪp] *n* clip *m* ◆ *vt* (*fasten*) segurar (com clip); (*cut*) cortar; (*ticket*) furar, validar.

clipboard ['klɪpbɔːd] *n* clipboard *m*, prancheta *f* com mola (*para segurar papéis*).

clippers ['klɪpəz] *npl* (*for hair*) máquina *f* de cortar cabelo; (*for nails*) alicate *m* de unhas (*Br*), corta-unhas *m inv* (*Port*); (*for plants, hedges*) tesoura *f* de aparar OR podar.

clipping ['klɪpɪŋ] *n* (*newspaper cutting*) recorte *m* de jornal.

cloak [kləʊk] *n* capa *f*.

cloakroom ['kləʊkrʊm] *n* (*for coats*) vestiário *m* (*Br*), bengaleiro *m* (*Port*); (*Brit: toilet*) banheiro *m* (*Br*), lavabos *mpl* (*Port*).

clock [klɒk] *n* relógio *m*; (*mileometer*) velocímetro *m* (*Br*), conta-quilómetros *m inv* (*Port*); **round the ~** noite e dia.

clockwise ['klɒkwaɪz] *adv* no sentido dos ponteiros do relógio.

clockwork ['klɒkwɜːk] *adj* de corda.

clog [klɒg] *n* tamanco *m* ◆ *vt* entupir.

close¹ [kləʊs] *adj* (*near*) junto(-ta); (*relation, friend, contact*) íntimo(-ma); (*link, resemblance*) grande; (*examination*) detalhado(-da); (*race, contest*) renhido(-da) ◆ *adv* perto; **~ by** perto; **~ to** (*near*) perto de; **~ to tears/laughter** a ponto de chorar/rir; **~ to despair** nos limites do desespero.

close² [kləʊz] *vt* fechar ◆ *vi* (*door, jar, eyes*) fechar-se; (*shop, office*) fechar; (*deadline, offer, meeting*) terminar.

❏ **close down** *vt sep & vi* fechar (definitivamente).

closed [kləʊzd] *adj* fechado(-da).

closely ['kləʊslɪ] *adv* (*related*) intimamente; (*follow, examine*) de perto.

closet ['klɒzɪt] *n* (*Am: cupboard*) armário *m*.

close-up ['kləʊs-] *n* primeiro plano *m*.

closing time ['kləʊzɪŋ-] *n* horário *m* de encerramento.

closure ['kləʊʒər] *n* (*of business, company*) encerramento *m*; (*of road, railway line*) bloqueio *m* (*Br*), corte *m* (*Port*).

clot [klɒt] *n* (*of blood*) coágulo *m*.

cloth [klɒθ] *n* (*fabric*) tecido *m*; (*piece of cloth*) pano *m*.

clothes [kləʊðz] *npl* roupa *f*.

clothesline ['kləʊðzlaɪn] *n* varal *m* (*Br*), estendal *m* (*Port*).

clothes peg *n* (*Brit*) pregador *m* de roupa (*Br*), mola *f* (para a roupa) (*Port*).

clothespin ['kləʊðzpɪn] (*Am*) = **clothes peg**.

clothes shop *n* loja *f* de vestuário.

clothing ['kləʊðɪŋ] *n* roupa *f*.

clotted cream [klɒtɪd-] *n* creme coalhado típico da Cornualha.

cloud [klaʊd] *n* nuvem *f*.

cloudy ['klaʊdɪ] *adj* (*sky, day*) nublado(-da); (*liquid*) turvo(-va).

clove [kləʊv] *n* (*of garlic*) dente *m*.

❏ **cloves** *npl* (*spice*) cravo *m* (*Br*), cravinho *m* (*Port*).

clover ['kləʊvər] *n* trevo *m*.

clown [klaʊn] *n* palhaço *m*.

club [klʌb] *n* (*organization*) clube *m*; (*nightclub*) discoteca *f*, boate *f*; (*stick*) moca *f*.

❏ **clubs** *npl* (*in cards*) paus *mpl*.

clubbing ['klʌbɪŋ] *n*: **to go ~** (*inf*) ir à discoteca.

club class *n* = navigator class *f*.

club sandwich n (Am) sanduíche f (com três ou mais fatias de pão).
club soda n (Am) soda f.
cluck [klʌk] vi (hen) cacarejar.
clue [kluː] n pista f; I haven't got a ~ não faço a mínima idéia.
clumsy ['klʌmzɪ] adj (person) desajeitado(-da).
clung [klʌŋ] pt & pp → cling.
cluster ['klʌstər] n cacho m ♦ vi (people) juntar-se, agrupar-se.
clutch [klʌtʃ] n embreagem f ♦ vt apertar.
clutter ['klʌtər] n desordem f ♦ vt encher.
cm (abbr of centimetre) cm.
c/o (abbr of care of) a/c.
Co. (abbr of company) C.ia.
coach [kəutʃ] n (bus) ônibus m (Br), autocarro m (Port); (of train) vagão m (Br), carruagem f (Port); (SPORT) treinador m (-ra f).
coach party n (Brit) grupo m de excursionistas.
coach station n rodoviária f.
coach trip n (Brit) excursão f (de ônibus).
coal [kəul] n carvão m.
coalition [kəuə'lɪʃn] n (POL) coligação f.
coal mine n mina f de carvão.
coarse [kɔːs] adj (rough) áspero(-ra); (vulgar) ordinário(-ria).
coast [kəust] n costa f.
coastal ['kəustl] adj costeiro(-ra).
coaster ['kəustər] n (for glass) base f para copos.
coastguard ['kəustgɑːd] n (person) guarda m costeiro; (organization) guarda f costeira.
coastline ['kəustlaɪn] n litoral m.
coat [kəut] n (garment) casaco m; (of animal) pêlo m ♦ vt: to ~ sthg (with) cobrir algo (com).
coat hanger n cabide m.
coating ['kəutɪŋ] n (on surface) revestimento m; (on food) camada f; with a ~ of breadcrumbs à milanesa.
coat of arms n brasão m.
coax [kəuks] vt: to ~ sb (to do OR into doing sthg) convencer alguém (a fazer algo).
cobbled street ['kɒbld-] n calçada f, rua calçada com pedras arredondadas.
cobbler ['kɒblər] n sapateiro m (-ra f).

cobbles ['kɒblz] npl pedras fpl da calçada, pedras arredondadas para calçamento.
cobweb ['kɒbweb] n teia f de aranha.
Coca-Cola® [,kəukə'kəulə] n Coca-Cola® f.
cocaine [kəu'keɪn] n cocaína f.
cock [kɒk] n (male chicken) galo m.
cock-a-leekie [,kɒkə'liːkɪ] n caldo de galinha com alho-poró, cenoura e grãos de cevada.
cockerel ['kɒkrəl] n galo m jovem.
cockles ['kɒklz] npl berbigão m.
Cockney ['kɒknɪ] (pl -s) n (person) londrino m (-na f) (dos bairros populares do leste de Londres); (dialect, accent) dialeto ou pronúncia do leste de Londres.
cockpit ['kɒkpɪt] n cabine f.
cockroach ['kɒkrəutʃ] n barata f.
cocktail ['kɒkteɪl] n coquetel m.
cocktail party n coquetel m.
cock-up n (Brit: vulg) asneira f; to make a ~ (of sthg) fazer uma merda (de algo).
cocoa ['kəukəu] n cacau m.
coconut ['kəukənʌt] n coco m.
cod [kɒd] (pl inv) n bacalhau m.
code [kəud] n (system) código m; (dialling code) indicativo m.
cod-liver oil n óleo m de fígado de bacalhau.
coeducational [,kəuedjuː'keɪʃənl] adj misto(-ta).
coffee ['kɒfɪ] n café m; **black** ~ café; **white** ~ = café m com leite (Br), = meia f de leite (Port); **ground/instant** ~ café moído/instantâneo.
coffee bar n (Brit) café m.
coffee break n intervalo m para o café, hora f da bica (Port).
coffee morning n (Brit) reunião matinal, normalmente com fins beneficentes, em que se serve café.
coffeepot ['kɒfɪpɒt] n bule m para o café.
coffee shop n (cafe) café m; (in shops, airports) cafeteria f.
coffee table n mesa f pequena e baixa.
coffin ['kɒfɪn] n caixão m.
cog (wheel) [kɒg-] n roda f dentada.
coherent [kəu'hɪərənt] adj (logical) coerente.
coil [kɔɪl] n (of rope) rolo m; (Brit: contraceptive) DIU m ♦ vt enrolar.

coin [kɔɪn] *n* moeda *f*.

coinbox ['kɔɪnbɒks] *n (Brit)* telefone *m* público (de moedas).

coincide [kəʊɪn'saɪd] *vi:* **to ~ (with)** coincidir (com).

coincidence [kəʊ'ɪnsɪdəns] *n* coincidência *f*.

coincidental [kəʊ,ɪnsɪ'dentl] *adj:* **any similarity is purely ~** qualquer semelhança é pura coincidência.

coke [kəʊk] *n (fuel)* coque *m*; *(inf: cocaine)* coca *f*.

Coke® [kəʊk] *n* Coca-Cola® *f*.

colander ['kʌləndəʳ] *n* coador *m (Br)*, escorregador *m (Port)*.

cold [kəʊld] *adj* frio (fria) ◆ *n (illness)* resfriado *m (Br)*, constipação *f (Port)*; *(low temperature)* frio *m*; **to get ~** arrefecer; **to catch (a) ~** resfriar-se *(Br)*, apanhar uma constipação *(Port)*.

cold-blooded *adj (person)* insensível, sem dó nem piedade; *(killing)* a sangue-frio.

cold cuts *(Am)* = **cold meats**.

cold meats *npl* frios *mpl (Br)*, carnes *fpl* frias *(Port)*.

cold sore *n* herpes *f* labial.

coleslaw ['kəʊlslɔ:] *n* salada de couve, cenoura e cebola picadas com maionese.

colic ['kɒlɪk] *n* cólica *f*.

collaborate [kə'læbəreɪt] *vi* colaborar.

collapse [kə'læps] *vi (building, tent)* cair; *(from exhaustion, illness)* ter um colapso.

collar ['kɒləʳ] *n (of coat, blouse)* gola *f*; *(of shirt)* colarinho *m*; *(of dog, cat)* coleira *f*.

collarbone ['kɒləbəʊn] *n* clavícula *f*.

colleague ['kɒli:g] *n* colega *mf*.

collect [kə'lekt] *vt (gather)* colher; *(as a hobby)* colecionar; *(go and get)* ir buscar; *(money)* cobrar ◆ *vi (dust, leaves)* acumular-se; *(crowd)* juntar-se ◆ *adv (Am):* **to call (sb) ~** fazer uma chamada a cobrar (para o destinatário).

collection [kə'lekʃn] *n* coleção *f*; *(of money)* cobrança *f*; *(of mail)* coleta *f (Br)*, tiragem *f (Port)*.

collector [kə'lektəʳ] *n (as a hobby)* colecionador *m (-ra f)*.

college ['kɒlɪdʒ] *n (school)* colégio *m*; *(Brit: of university)* organismo independente, formado por estudantes e professores, em que se dividem certas

universidades britânicas; *(Am: university)* universidade *f*.

collide [kə'laɪd] *vi:* **to ~ (with)** chocar (com).

collie ['kɒlɪ] *n* collie *m*.

colliery ['kɒljərɪ] *n* mina *f* de carvão.

collision [kə'lɪʒn] *n* colisão *f*.

colloquial [kə'ləʊkwɪəl] *adj* familiar, coloquial.

cologne [kə'ləʊn] *n* água-de-colônia *f*.

colon ['kəʊlən] *n (GRAMM)* dois pontos *mpl*.

colonel ['kɜ:nl] *n* coronel *m*.

colonial [kə'ləʊnjəl] *adj (rule, power)* colonial.

colonize ['kɒlənaɪz] *vt (subj: people)* colonizar.

colony ['kɒlənɪ] *n* colônia *f*.

color ['kʌləʳ] *(Am)* = **colour**.

colossal [kə'lɒsl] *adj* colossal.

colour ['kʌləʳ] *n* cor *f* ◆ *adj (photograph, film)* a cores ◆ *vt (hair)* pintar; *(food)* colorir.

❏ **colour in** *vt sep* colorir.

colour-blind *adj* daltónico(-ca).

coloured ['kʌləd] *adj (having colour)* colorido(-da); *(person)* de cor; **brightly ~** de cores vivas. *

colourful ['kʌləfʊl] *adj (picture, garden, scenery)* colorido(-da); *(fig: person, place)* animado(-da).

colouring ['kʌlərɪŋ] *n (of food)* corante *m*; *(complexion)* tez *f*.

colouring book *n* livro *m* de colorir.

colour supplement *n* suplemento *m* a cores.

colour television *n* televisão *f* a cores.

colt [kəʊlt] *n* potro *m*.

column ['kɒləm] *n* coluna *f*.

coma ['kəʊmə] *n* coma *m* ou *f*.

comb [kəʊm] *n* pente *m* ◆ *vt:* **to ~ one's hair** pentear o cabelo.

combat ['kɒmbæt] *n* combate *m* ◆ *vt* combater.

combination [,kɒmbɪ'neɪʃn] *n* combinação *f*.

combine [kəm'baɪn] *vt:* **to ~ sthg (with)** combinar algo (com).

combine harvester ['kɒmbaɪn'hɑ:vɪstəʳ] *n* máquina *f* de ceifar e debulhar.

come [kʌm] *(pt* came, *pp* come) *vi* 1. *(move)* vir; **we came by taxi** nós viemos de táxi; ~ **and see!** venha ver!; ~ **here!** venha cá!

2. *(arrive)* chegar; **to ~ home** voltar para casa; **they still haven't ~** eles ainda não chegaram; **"coming soon"** "brevemente".

3. *(in order)* vir; **to ~ first/last** *(in sequence)* vir primeiro/no fim; *(in competition)* chegar primeiro/em último (lugar).

4. *(reach)*: **to ~ up/down to** chegar a.

5. *(become)*: **to ~ loose/undone** desapertar-se; **to ~ true** realizar-se.

6. *(be sold)* vir; **they ~ in packs of six** vêm em pacotes de seis.

❑ **come across** *vt fus* encontrar.

❑ **come along** *vi* *(progress)* desenvolver-se; *(arrive)* aparecer; ~ **along!** *(as encouragement)* anda!; *(hurry up)* anda logo!

❑ **come apart** *vi* desfazer-se.

❑ **come back** *vi* regressar.

❑ **come down** *vi* *(price)* baixar.

❑ **come down with** *vt fus* *(illness)* apanhar.

❑ **come from** *vt fus* vir de.

❑ **come in** *vi* *(enter)* entrar; *(arrive)* chegar; *(tide)* subir; ~ **in!** entre!

❑ **come off** *vi* *(button, top)* cair; *(succeed)* resultar.

❑ **come on** *vi* *(progress)* progredir; ~ **on!** vamos lá!

❑ **come out** *vi* sair; *(sun, moon)* aparecer.

❑ **come over** *vi* *(visit)*: **I'll ~ over tonight** passo por aí hoje à noite.

❑ **come round** *vi* *(regain consciousness)*, voltar a si; **why don't you ~ round tomorrow?** por que você não passa aqui amanhã?

❑ **come to** *vt fus* *(subj: bill)* ser ao todo.

❑ **come up** *vi* *(go upstairs)* subir; *(be mentioned, happen)* surgir; *(sun, moon)* aparecer.

❑ **come up with** *vt fus* *(idea)* arranjar.

comeback ['kʌmbæk] *n* *(return)* regresso *m*; **to make a ~** *(fashion)* voltar à moda; *(actor etc)* voltar ao palco.

comedian [kə'miːdjən] *n* cômico *m* (-ca *f*).

comedy ['kɒmədɪ] *n* *(TV programme, film, play)* comédia *f*; *(humour)* humor *m*.

comet ['kɒmɪt] *n* cometa *m*.

comfort ['kʌmfət] *n* conforto *m*; *(consolation)* consolo *m* ◆ *vt* consolar.

comfortable ['kʌmftəbl] *adj* confortável; *(fig: confident)* à vontade; *(financially)* bem de vida; **to be ~** *(after operation)* estar bem.

comfortably ['kʌmftəblɪ] *adv* *(sit, live)* confortavelmente; *(sleep)* bem ◆ *adj* *(win)* à vontade.

comic ['kɒmɪk] *adj* cômico(-ca) ◆ *n* *(person)* cômico *m* (-ca *f*); *(magazine)* histórias *fpl* em quadrinhos *(Br)*, livro *m* de banda desenhada *(Port)*.

comical ['kɒmɪkl] *adj* cômico(-ca).

comic strip *n* história *f* em quadrinhos *(Br)*, banda *f* desenhada *(Port)*.

coming ['kʌmɪŋ] *adj* *(future)* próximo(-ma), que vem ◆ *n*: **~s and goings** idas e vindas *fpl*.

comma ['kɒmə] *n* vírgula *f*.

command [kə'mɑːnd] *n* *(order)* ordem *f*; *(mastery)* domínio *m* ◆ *vt* *(order)* ordenar; *(be in charge of)* comandar.

commander [kə'mɑːndə'] *n* comandante *m*.

commando [kə'mɑːndəʊ] *(pl -s* OR *-es)* *n* *(unit)* unidade *f* de comandos; *(soldier)* comando *m*.

commemorate [kə'meməreɪt] *vt* comemorar.

commemoration [kə,memə'reɪʃn] *n*: **in ~ of** em honra de.

commence [kə'mens] *vi* *(fml)* começar.

commend [kə'mend] *vt* *(praise)*: **to ~ sb (on** OR **for sthg)** elogiar alguém (por algo).

comment ['kɒment] *n* comentário *m* ◆ *vi* comentar.

commentary ['kɒməntrɪ] *n* *(of event)* relato *m*; *(of football, rugby match)* comentário *m*.

commentator ['kɒmənteɪtə'] *n* *(on TV, radio)* comentarista *mf* *(Br)*, comentador *m* (-ra *f*) *(Port)*.

commerce ['kɒmɜːs] *n* comércio *m*.

commercial [kə'mɜːʃl] *adj* comercial ◆ *n* anúncio *m* (em televisão, rádio).

commercial break *n* intervalo *m* (para a publicidade).

commiserate [kə'mɪzəreɪt] *vi*: **to ~ (with sb)** compadecer-se (de alguém).

commission [kə'mɪʃn] *n* comissão *f*.

commit [kə'mɪt] *vt* *(crime, sin)* cometer; **to ~ o.s. (to sthg)** comprometer-se (a algo); **to ~ suicide** suicidar-se.

commitment [kə'mɪtmənt] *n* *(dedication)* empenho *m*; *(responsibility)* obrigação f, compromisso m.

committee [kə'mɪtɪ] n comitê m, comissão f.

commodity [kə'mɒdətɪ] n produto m.

common ['kɒmən] adj comum; (pej: vulgar) vulgar ◆ n (Brit: land) gramado m público (Br), relvado m público (Port); **in ~** em comum.

commonly ['kɒmənlɪ] adv (generally) geralmente.

Common Market n Mercado m Comum.

commonplace ['kɒmənpleɪs] adj comum.

common room n (for teachers) sala f dos professores; (for students) sala de convívio.

common sense n senso m comum.

Commonwealth ['kɒmənwelθ] n: **the ~** o Commonwealth.

commotion [kə'məʊʃn] n comoção f, agitação f.

communal ['kɒmjʊnl] adj (bathroom, kitchen) comum.

communicate [kə'mjuːnɪkeɪt] vi: **to ~ (with)** comunicar (com).

communication [kə,mjuːnɪ'keɪʃn] n comunicação f.

communication cord n (Brit) alarme m (em trem ou metrô).

communion [kə'mjuːnjən] n (RELIG) comunhão f.

communism ['kɒmjʊnɪzm] n comunismo m.

communist ['kɒmjʊnɪst] n comunista mf.

community [kə'mjuːnətɪ] n comunidade f.

community centre n centro m social.

commute [kə'mjuːt] vi deslocar-se diariamente de casa para o local de trabalho (em outra localidade).

commuter [kə'mjuːtər] n pessoa que se desloca diariamente de casa para o local de trabalho (em outra localidade).

compact [adj kəm'pækt, n 'kɒmpækt] adj compacto(-ta) ◆ n (for make-up) caixa f de pó-de-arroz; (Am: car) carro m pequeno.

compact disc [,kɒmpækt-] n CD m, disco m compacto.

compact disc player n leitor m de CDs.

companion [kəm'pænjən] n compa-

nheiro m (-ra f).

company ['kʌmpənɪ] n companhia f; **to keep sb ~** fazer companhia a alguém.

company car n carro m da empresa.

comparable ['kɒmprəbl] adj comparável; **~ to** OR **with** comparável a.

comparative [kəm'pærətɪv] adj (relative) relativo(-va); (GRAMM) comparativo(-va).

comparatively [kəm'pærətɪvlɪ] adv comparativamente.

compare [kəm'peər] vt: **to ~ sthg (with)** comparar algo (com); **~d with** comparado com.

comparison [kəm'pærɪsn] n comparação f; **in ~ with** em comparação com.

compartment [kəm'pɑːtmənt] n compartimento m.

compass ['kʌmpəs] n (magnetic) bússola f; **a pair of ~es** um compasso.

compassion [kəm'pæʃn] n compaixão f.

compassionate [kəm'pæʃənət] adj compassivo(-va).

compatible [kəm'pætəbl] adj compatível.

compel [kəm'pel] vt (force) obrigar; **to ~ sb to do sthg** obrigar alguém a fazer algo.

compensate ['kɒmpenseɪt] vt compensar ◆ vi: **to ~ (for sthg)** compensar (algo); **to ~ sb for sthg** compensar alguém por algo.

compensation [,kɒmpen'seɪʃn] n compensação f.

compete [kəm'piːt] vi (take part) participar; **to ~ with sb for sthg** competir com alguém por algo.

competent ['kɒmpɪtənt] adj competente.

competition [,kɒmpɪ'tɪʃn] n competição f; **the ~** (rivals) a concorrência.

competitive [kəm'petətɪv] adj competitivo(-va).

competitor [kəm'petɪtər] n (in race, contest) participante mf; (COMM, in game, show) concorrente mf.

compile [kəm'paɪl] vt compilar.

complacency [kəm'pleɪsnsɪ] n complacência f, auto-satisfação f.

complain [kəm'pleɪn] vi: **to ~ (about)** queixar-se (de).

complaint [kəm'pleɪnt] n (statement)

queixa *f*; *(illness)* problema *m*.

complement ['kɔmplɪˌment] *vt* complementar.

complementary [ˌkɔmplɪ'mentərɪ] *adj* complementar.

complete [kəm'pliːt] *adj* completo (-ta); *(finished)* concluído(-da) ♦ *vt* *(finish)* concluir; *(a form)* preencher; *(make whole)* completar; ~ **with** completo com.

completely [kəm'pliːtlɪ] *adv* completamente.

completion [kəm'pliːʃn] *n* conclusão *f*.

complex ['kɔmpleks] *adj* complexo (-xa) ♦ *n* complexo *m*.

complexion [kəm'plekʃn] *n* *(of skin)* tez *f*.

complicate ['kɔmplɪkeɪt] *vt* complicar.

complicated ['kɔmplɪkeɪtɪd] *adj* complicado(-da).

complication [ˌkɔmplɪ'keɪʃn] *n* complicação *f*.

compliment [*n* 'kɔmplɪmənt, *vb* 'kɔmplɪment] *n* elogio *m* ♦ *vt* elogiar.

complimentary [ˌkɔmplɪ'mentərɪ] *adj* *(seat, ticket)* gratuito(-ta); *(words, person)* lisonjeiro(-ra).

comply [kəm'plaɪ] *vi*: **to** ~ **with sthg** *(law, standards)* cumprir algo; *(request)* respeitar algo.

component [kəm'pəʊnənt] *n* componente *mf*.

compose [kəm'pəʊz] *vt* *(music)* compor; *(letter, poem)* escrever; **to be** ~**d of** ser composto de.

composed [kəm'pəʊzd] *adj* calmo (-ma).

composer [kəm'pəʊzər] *n* compositor *m* (-ra *f*).

composition [ˌkɔmpə'zɪʃn] *n* composição *f*.

compost [*Brit* 'kɔmpɒst, *Am* 'kɔmpəʊst] *n* estrume *m*.

compound ['kɔmpaʊnd] *n* *(substance)* composto *m*; *(word)* palavra *f* composta.

comprehend [ˌkɔmprɪ'hend] *vt* *(understand)* compreender.

comprehension [ˌkɔmprɪ'henʃn] *n* compreensão *f*.

comprehensive [ˌkɔmprɪ'hensɪv] *adj* completo(-ta).

comprehensive (school) *n* *(Brit)* = escola *f* secundária.

compressed air [kəm'prest-] *n* ar *m* comprimido.

comprise [kəm'praɪz] *vt* ser constituído(-da) por.

compromise ['kɔmprəmaɪz] *n* compromisso *m*.

compulsive [kəm'pʌlsɪv] *adj* *(behaviour, gambler, liar)* compulsivo(-va).

compulsory [kəm'pʌlsərɪ] *adj* obrigatório(-ria).

computer [kəm'pjuːtər] *n* computador *m*.

computer game *n* jogo *m* de computador.

computerized [kəm'pjuːtəraɪzd] *adj* computadorizado(-da).

computer operator *n* operador *m* (-ra *f*) de computador.

computer programmer [-'prəʊgræmər] *n* programador *m* (-ra *f*) de computador.

computing [kəm'pjuːtɪŋ] *n* informática *f*.

comrade ['kɔmreɪd] *n* camarada *mf*.

con [kɔn] *n* *(inf: trick)* truque *m*; **all mod** ~**s** com todas as comodidades.

concave [ˌkɔn'keɪv] *adj* côncavo(-va).

conceal [kən'siːl] *vt* esconder.

concede [kən'siːd] *vt* *(admit)* admitir, reconhecer ♦ *vi* ceder.

conceited [kən'siːtɪd] *adj* *(pej)* convencido(-da).

conceive [kən'siːv] *vt* conceber.

concentrate ['kɔnsəntreɪt] *vi* concentrar-se ♦ *vt*: **to be** ~**d** *(in one place)* estar concentrado; **to** ~ **on sthg** concentrar-se em algo.

concentrated ['kɔnsəntreɪtɪd] *adj* concentrado(-da).

concentration [ˌkɔnsən'treɪʃn] *n* concentração *f*.

concentration camp *n* campo *m* de concentração.

concept [kɔnsept] *n* conceito *m*.

concern [kən'sɜːn] *n* *(worry)* preocupação *f*; *(matter of interest)* assunto *m*; *(COMM)* negócio *m* ♦ *vt* *(be about)* ser sobre; *(worry)* preocupar; *(involve)* dizer respeito a; **to be** ~**ed about** estar preocupado com; **to be** ~**ed with** tratar de; **to** ~ **o.s. with sthg** preocupar-se com algo; **as far as I'm** ~**ed** no que me diz respeito; **it's no** ~ **of mine** isso não me diz respeito, não é da minha conta.

concerned [kən'sɜːnd] *adj* *(worried)*

preocupado(-da).

concerning [kən'sɜ:nɪŋ] *prep* acerca de.

concert ['kɒnsət] *n* concerto *m*.

concert hall *n* sala *f* de concertos.

concertina [,kɒnsə'ti:nə] *n* concertina *f*.

concession [kən'seʃn] *n* (reduced price) desconto *m*.

concise [kən'saɪs] *adj* conciso(-sa).

conclude [kən'klu:d] *vt* concluir ◆ *vi* (fml: end) terminar.

conclusion [kən'klu:ʒn] *n* (decision) conclusão *f*; (end) fim *m*.

conclusive [kən'klu:sɪv] *adj* concludente, decisivo(-va).

concoction [kən'kɒkʃn] *n* (mixture, drink) mistura *f*.

concourse ['kɒŋkɔ:s] *n* (hall) saguão *m* (Br), vestíbulo *m* (Port).

concrete ['kɒŋkri:t] *adj* (building, path) de concreto; (idea, plan) concreto(-ta) ◆ *n* concreto *m* (Br), betão *m* (Port).

concussion [kən'kʌʃn] *n* traumatismo *m* craniano.

condemn [kən'dem] *vt* condenar; **to ~ sb to sthg** (JUR) condenar alguém a algo.

condensation [,kɒnden'seɪʃn] *n* condensação *f*.

condensed milk [kən'denst-] *n* leite *m* condensado.

condescending [,kɒndɪ'sendɪŋ] *adj* condescendente.

condition [kən'dɪʃn] *n* (state) estado *m*; (proviso) condição *f*; **a heart/liver ~** problemas de coração/fígado; **to be out of ~** não estar em forma; **on ~ that** com a condição de.
❑ **conditions** *npl* (circumstances) condições *fpl*.

conditional [kən'dɪʃnl] *n* (GRAMM) condicional *m*.

conditioner [kən'dɪʃnəʳ] *n* amaciador *m*.

condo ['kɒndəʊ] (Am: inf) = **condominium**.

condolences ['kɒndəʊlənsɪz] *npl* condolências *fpl*.

condom ['kɒndəm] *n* preservativo *m*.

condominium [,kɒndə'mɪnɪəm] *n* (Am) condomínio *m*.

condone [kən'dəʊn] *vt* defender.

conducive [kən'dju:sɪv] *adj*: **~ to** ideal para.

conduct [*vb* kən'dʌkt, *n* 'kɒndʌkt] *vt* (investigation, business) levar a cabo; (MUS) reger ◆ *n* (fml: behaviour) conduta *f*; **to ~ o.s.** (fml) comportar-se.

conductor [kən'dʌktəʳ] *n* (MUS) maestro *m*; (on bus) cobrador *m* (-ra *f*); (Am: on train) revisor *m* (-ra *f*).

cone [kəʊn] *n* cone *m*; (for ice cream) casquinha *f* (Br), cone (Port).

confectioner's [kən'fekʃnəz] *n* (shop) confeitaria *f*.

confectionery [kən'fekʃnərɪ] *n* confeitaria *f*.

confer [kən'fɜ:ʳ] *vi* consultar ◆ *vt* (fml): **to ~ sthg on sb** conferir algo com alguém.

conference ['kɒnfərəns] *n* conferência *f*.

confess [kən'fes] *vi*: **to ~ (to sthg)** confessar (algo).

confession [kən'feʃn] *n* confissão *f*.

confetti [kən'fetɪ] *n* confetti *mpl*, papelinhos *mpl* (Port).

confide [kən'faɪd] *vi*: **to ~ in sb** confiar em alguém.

confidence ['kɒnfɪdəns] *n* confiança *f*; **to have ~ in** ter confiança em.

confident ['kɒnfɪdənt] *adj* (self-assured) seguro(-ra) de si; (certain) seguro(-ra).

confidential [,kɒnfɪ'denʃl] *adj* confidencial.

confined [kən'faɪnd] *adj* restrito(-ta).

confinement [kən'faɪnmənt] *n* reclusão *f*.

confirm [kən'fɜ:m] *vt* confirmar.

confirmation [,kɒnfə'meɪʃn] *n* confirmação *f*; (RELIG) crisma *m*.

confiscate ['kɒnfɪskeɪt] *vt* confiscar.

conflict [*n* 'kɒnflɪkt, *vb* kən'flɪkt] *n* conflito *m* ◆ *vi*: **to ~ (with)** estar em desacordo (com).

conform [kən'fɔ:m] *vi*: **to ~ (to)** obedecer (a).

confront [kən'frʌnt] *vt* confrontar.

confrontation [,kɒnfrʌn'teɪʃn] *n* confrontação *f*.

confuse [kən'fju:z] *vt* confundir; **to ~ sthg with sthg** confundir algo com algo.

confused [kən'fju:zd] *adj* confuso (-sa).

confusing [kən'fju:zɪŋ] *adj* confuso (-sa).

confusion [kən'fju:ʒn] *n* confusão *f*.

congested [kən'dʒestɪd] *adj* (street)

congestionado(-da).

congestion [kən'dʒestʃn] *n (traffic)* congestionamento *m*.

congratulate [kən'grætʃʊleɪt] *vt*: to ~ sb (on sthg) felicitar alguém (por algo).

congratulations [kən,grætʃʊ'leɪʃənz] *excl* parabéns!

congregate ['kɒŋgrɪgeɪt] *vi* juntar-se.

congregation [kɒŋgrɪ'geɪʃn] *n* congregação *f*.

Congress ['kɒŋgres] *n (Am)* Congresso *m*.

congressman ['kɒŋgresmən] *(pl* -men [-mən]) *n (Am: POL)* congressista *m*.

conifer ['kɒnɪfər] *n* conífera *f*.

conjugation [kɒndʒʊ'geɪʃn] *n (GRAMM)* conjugação *f*.

conjunction [kən'dʒʌŋkʃn] *n (GRAMM)* conjunção *f*.

conjunctivitis [kən,dʒʌŋktɪ'vaɪtɪs] *n* conjuntivite *f*.

conjurer ['kʌndʒərər] *n* prestidigitador *m* (-ra *f*).

conker ['kɒŋkər] *n (Brit)* castanha-da-Índia *f*.

conman ['kɒnmæn] *(pl* -men [-men]) *n* vigarista *mf*, burlão *m (Port)*.

connect [kə'nekt] *vt* ligar ♦ *vi*: to ~ with *(train, plane)* fazer conexão com; to ~ sthg with sthg *(associate)* ligar algo com algo.

connected [kə'nektɪd] *adj* relacionado(-da); ~ with relacionado com.

connecting flight [kə'nektɪŋ-] *n* vôo *m* de conexão.

connection [kə'nekʃn] *n* ligação *f*; a bad ~ *(on phone)* uma ligação ruim; a loose ~ *(in machine)* um fio solto; in ~ with em relação a.

connoisseur [kɒnə'sɜːr] *n* conhecedor *m* (-ra *f*).

conquer ['kɒŋkər] *vt* conquistar.

conquest ['kɒŋkwest] *n* conquista *f*.

conscience ['kɒnʃəns] *n* consciência *f*.

conscientious [kɒnʃɪ'enʃəs] *adj* conscencioso(-osa).

conscious ['kɒnʃəs] *adj (awake)* consciente; *(deliberate)* deliberado(-da); to be ~ of estar consciente de.

consciousness ['kɒnʃəsnɪs] *n* consciência *f*.

conscript ['kɒnskrɪpt] *n (MIL)* recruta *mf*.

consecutive [kən'sekjʊtɪv] *adj* consecutivo(-va).

consent [kən'sent] *n* consentimento *m*.

consequence ['kɒnsɪkwəns] *n (result)* conseqüência *f*.

consequently ['kɒnsɪkwəntlɪ] *adv* conseqüentemente.

conservation [kɒnsə'veɪʃn] *n* conservação *f*.

conservative [kən'sɜːvətɪv] *adj* conservador(-ra).
□ **Conservative** *adj* conservador(-ra) ♦ *n* conservador *m* (-ra *f*).

conservatory [kən'sɜːvətrɪ] *n* jardim-de-inverno *m (Br)*, marquise *f (Port)*.

conserve [*n* kən'sɜːv, *vb* 'kɒnsɜːv] *n* compota *f* ♦ *vt* preservar.

consider [kən'sɪdər] *vt* considerar; to ~ doing sthg pensar em fazer algo.

considerable [kən'sɪdrəbl] *adj* considerável.

considerably [kən'sɪdrəblɪ] *adv* consideravelmente.

considerate [kən'sɪdərət] *adj (person)* gentil; that's very ~ of you que gentileza de sua parte.

consideration [kən,sɪdə'reɪʃn] *n* consideração *f*; to take sthg into ~ ter algo em consideração.

considering [kən'sɪdərɪŋ] *prep* tendo em conta.

consist [kən'sɪst] : consist in *vt fus* consistir em.
□ consist of *vt fus* consistir em.

consistency [kən'sɪstənsɪ] *n* consistência *f*.

consistent [kən'sɪstənt] *adj* consistente.

consolation [kɒnsə'leɪʃn] *n* consolação *f*.

console ['kɒnsəʊl] *n* consola *f*.

consonant ['kɒnsənənt] *n* consoante *f*.

conspicuous [kən'spɪkjʊəs] *adj* que dá nas vistas.

conspiracy [kən'spɪrəsɪ] *n* conspiração *f*.

constable ['kʌnstəbl] *n (Brit)* policial *mf (Br)*, polícia *mf (Port)*.

constant ['kɒnstənt] *adj* constante.

constantly ['kɒnstəntlɪ] *adv* constantemente.

constipated ['kɒnstɪpeɪtɪd] *adj*: to be ~ ter prisão de ventre.

constipation [ˌkɒnstɪ'peɪʃn] *n* prisão *f* de ventre, constipação *f* (Br).

constituency [kən'stɪtjuənsɪ] *n* círculo *m* eleitoral.

constitute ['kɒnstɪtjuːt] *vt* (represent) constituir.

constitution [ˌkɒnstɪ'tjuːʃn] *n* (health) constituição *f* física.

constraint [kən'streɪnt] *n* (restriction) restrição *f*; **~ on sthg** restrição a algo.

construct [kən'strʌkt] *vt* construir.

construction [kən'strʌkʃn] *n* construção *f*; **under ~** em construção.

constructive [kən'strʌktɪv] *adj* construtivo(-va).

consul ['kɒnsəl] *n* cônsul *mf*.

consulate ['kɒnsjʊlət] *n* consulado *m*.

consult [kən'sʌlt] *vt* consultar.

consultant [kən'sʌltənt] *n* (Brit: doctor) médico *m* (-ca *f*) especialista.

consulting room [kən'sʌltɪŋ-] *n* consultório *m*, sala *f* de consultas.

consume [kən'sjuːm] *vt* consumir.

consumer [kən'sjuːməʳ] *n* consumidor *m* (-ra *f*).

consumption [kən'sʌmpʃn] *n* (use) consumo *m*.

contact ['kɒntækt] *n* contato *m* ◆ *vt* contatar; **in ~ with** em contato com.

contact lens *n* lente *f* de contato.

contagious [kən'teɪdʒəs] *adj* contagioso(-osa).

contain [kən'teɪn] *vt* conter.

container [kən'teɪnəʳ] *n* (bowl etc) recipiente *m*; (for cargo) container *m* (Br), contentor *m* (Port).

contaminate [kən'tæmɪneɪt] *vt* contaminar.

contemplate ['kɒntempleɪt] *vt* (consider) contemplar.

contemporary [kən'tempərərɪ] *adj* contemporâneo(-nea) ◆ *n* contemporâneo *m* (-nea *f*).

contempt [kən'tempt] *n* (scorn) desprezo *m*; **~ for** desprezo por.

contend [kən'tend] **: contend with** *vt fus* enfrentar.

contender [kən'tendəʳ] *n* candidato *m* (-ta *f*).

content [adj kən'tent, n 'kɒntent] *adj* satisfeito(-ta) ◆ *n* (of vitamins, fibre) quantidade *f*; (of alcohol, fat) teor *m*. ❏ **contents** *npl* (things inside) conteúdo *m*; (at beginning of book) índice *m*.

contented [kən'tentɪd] *adj* contente, satisfeito(-ta).

contest [n 'kɒntest, vb kən'test] *n* (competition) concurso *m*; (struggle) luta *f* ◆ *vt* (election, seat) candidatar-se a; (decision, will) contestar.

contestant [kən'testənt] *n* (in quiz show) concorrente *mf*; (in race) participante *mf*.

context ['kɒntekst] *n* contexto *m*.

continent ['kɒntɪnənt] *n* continente *m*; **the Continent** (Brit) a Europa Continental.

continental [ˌkɒntɪ'nentl] *adj* (Brit: European) da Europa Continental.

continental breakfast *n* típico café da manhã composto por café, pão ou croissants, manteiga e geléia.

continental quilt *n* (Brit) edredom *m* (Br), edredão *m* (Port).

continual [kən'tɪnjʊəl] *adj* contínuo (-nua).

continually [kən'tɪnjʊəlɪ] *adv* continuamente.

continue [kən'tɪnjuː] *vt & vi* continuar; **to ~ doing sthg** continuar a fazer algo; **to ~ with sthg** continuar com algo.

continuous [kən'tɪnjʊəs] *adj* contínuo(-nua).

continuously [kən'tɪnjʊəslɪ] *adv* continuamente.

contortion [kən'tɔːʃn] *n* (position) contorção *f*.

contour ['kɒntʊəʳ] *n* contorno *m*.

contraband ['kɒntrəbænd] *adj* de contrabando ◆ *n* contrabando *m*.

contraception [ˌkɒntrə'sepʃn] *n* contracepção *f*.

contraceptive [ˌkɒntrə'septɪv] *n* anticoncepcional *m*.

contract [n 'kɒntrækt, vb kən'trækt] *n* contrato *m* ◆ *vt* (fml: illness) contrair.

contraction [kən'trækʃn] *n* (reduction in size, length) contração *f*.

contradict [ˌkɒntrə'dɪkt] *vt* contradizer.

contradiction [ˌkɒntrə'dɪkʃn] *n* contradição *f*.

contraflow ['kɒntrəfləʊ] *n* (Brit) estreitamento e/ou inversão do sentido normal de uma pista devido a obras ou acidente, garrafão *m* (Port).

contraption [kən'træpʃn] *n* geringonça *f*.

contrary ['kɒntrərɪ] *n*: **on the ~** pelo contrário.

contrast [n 'kɒntrɑːst, vb kən'trɑːst] *n*

contraste *m* ◆ *vt* contrastar; **in ~ to** ao contrário de.

contribute [kən'trɪbjuːt] *vt (help, money)* contribuir com ◆ *vi:* **to ~ to** contribuir para.

contribution [ˌkɒntrɪ'bjuːʃn] *n* contribuição *f*.

contributor [kən'trɪbjotə^r] *n (to magazine, newspaper)* colaborador *m* (-ra *f*).

contrive [kən'traɪv] *vt (fml: manage):* **to ~ to do sthg** conseguir fazer algo.

contrived [kən'traɪvd] *adj (plot, ending)* inverosímil; *(reaction)* forçado (-da).

control [kən'trəul] *n* controle *m* ◆ *vt* controlar; **to be in ~** controlar a situação; **out of ~** fora de controle; **under ~** sob controle.

❏ **controls** *npl (of TV, video)* controle *m (Br)*, telecomando *m (Port)*; *(of plane)* comandos *mpl*.

controller [kən'trəulə^r] *n (of TV, radio)* diretor *m* (-ra *f*); **financial ~** administrador *m* (-ra *f*).

control panel *n* painel *m* de controle.

control tower *n* torre *f* de controle.

controversial [ˌkɒntrə'vɜːʃl] *adj* controverso(-sa).

controversy [ˈkɒntrəvɜːsɪ, *Brit* kən'trɒvəsɪ] *n* controvérsia *f*.

convalesce [ˌkɒnvə'les] *vi* convalescer.

convenience [kən'viːnjəns] *n* conveniência *f*; **at your ~** quando (lhe) for possível.

convenience store *n (Am)* = minimercado *m (muitas vezes aberto 24 horas por dia)*.

convenient [kən'viːnjənt] *adj* conveniente.

convent [ˈkɒnvənt] *n* convento *m*.

conventional [kən'venʃənl] *adj* convencional.

converge [kən'vɜːdʒ] *vi* convergir; **to ~ on** convergir em.

conversation [ˌkɒnvə'seɪʃn] *n* conversa *f*.

conversion [kən'vɜːʃn] *n* conversão *f*.

convert [kən'vɜːt] *vt* converter; **to ~ sthg into** converter algo em.

converted [kən'vɜːtɪd] *adj (barn, loft)* convertido(-da).

convertible [kən'vɜːtəbl] *n* conversí-

vel *m (Br)*, carro *m* descapotável *(Port)*.

convex [kɒn'veks] *adj* convexo(-xa).

convey [kən'veɪ] *vt (fml: transport)* transportar; *(idea, impression)* transmitir.

conveyer belt [kən'veɪə^r-] *n (in airport)* esteira *f* rolante *(Br)*, tapete *m* rolante *(Port)*; *(in factory)* correia *f* transportadora.

conveyor belt [kən'veɪə-] *(Am)* = **conveyer belt**.

convict [*n* 'kɒnvɪkt, *vb* kən'vɪkt] *n* preso *m* (-sa *f*) ◆ *vt:* **to ~ sb (of)** condenar alguém (por).

conviction [kən'vɪkʃn] *n* convicção *f*; *(JUR)* condenação *f*.

convince [kən'vɪns] *vt:* **to ~ sb (of sthg)** convencer alguém (de algo); **to ~ sb to do sthg** convencer alguém a fazer algo.

convincing [kən'vɪnsɪŋ] *adj (person, argument)* convincente; *(victory, win)* esmagador(-ra).

convoy [ˈkɒnvɔɪ] *n* comboio *m*.

convulsion [kən'vʌlʃn] *n (MED)* convulsão *f*.

coo [kuː] *vi (bird)* arrulhar.

cook [kok] *n* cozinheiro *m* (-ra *f*) ◆ *vt (meal)* preparar; *(food)* cozinhar ◆ *vi (person)* cozinhar; *(food)* cozer.

cookbook [ˈkokbok] = **cookery book**.

cooker [ˈkokə^r] *n* fogão *m*.

cookery [ˈkokərɪ] *n* culinária *f*.

cookery book *n* livro *m* de culinária OR cozinha.

cookie [ˈkokɪ] *n (Am)* biscoito *m (Br)*, bolacha *f (Port)*.

cooking [ˈkokɪŋ] *n (activity)* culinária *f*; *(food)* cozinha *f*.

cooking apple *n* maçã *f* para cozer.

cooking oil *n* óleo *m* de cozinhar.

cool [kuːl] *adj (temperature)* fresco (-ca); *(calm)* calmo(-ma); *(unfriendly)* frio (fria); *(inf: great)* genial *(Br)*, bestial *(Port)* ◆ *vt* arrefecer.

❏ **cool down** *vi (become colder)* arrefecer; *(become calmer)* acalmar-se.

cool box *n (Brit)* mala *f* frigorífica.

cooler [ˈkuːlə^r] *(Am)* = **cool box**.

coop [kuːp] *n* capoeira *f*.

❏ **coop up** *vt sep (inf)* enfiar.

cooperate [kəu'ɒpəreɪt] *vi* cooperar.

cooperation [kəuˌɒpə'reɪʃn] *n* cooperação *f*.

cooperative [kəu'ɒpərətɪv] *adj*

(helpful) cooperante.
coordinate [kəʊˈɔːdɪneɪt] vt coordenar.
coordinates [kəʊˈɔːdɪnəts] npl *(clothes)* conjuntos mpl.
coordination [kəʊˌɔːdɪˈneɪʃn] n coordenação f.
cop [kɒp] n *(inf: policeman)* policial mf *(Br)*, polícia mf *(Port)*.
cope [kəʊp] vi: **to ~ with** *(problem, situation)* lidar com; *(work)* aguentar.
Copenhagen [ˌkəʊpənˈheɪgən] n Copenhague s.
copilot [ˈkəʊˌpaɪlɒt] n co-piloto mf.
copper [ˈkɒpər] n cobre m; *(Brit: inf: coin)* = tostão m, moedas de cobre no valor de um ou dois pence.
copy [ˈkɒpɪ] n cópia f; *(of newspaper, book)* exemplar m ◆ vt copiar.
copyright [ˈkɒpɪraɪt] n direitos mpl autorais.
coral [ˈkɒrəl] n coral m.
cord [kɔːd] n *(string)* cordão m; *(wire)* fio m.
cord(uroy) [ˈkɔːd(ərɔɪ)] n veludo m cotelê *(Br)*, bombazina f *(Port)*.
core [kɔːr] n *(of fruit)* caroço m.
coriander [ˌkɒrɪˈændər] n coentro m.
cork [kɔːk] n *(in bottle)* rolha f.
corkscrew [ˈkɔːkskruː] n saca-rolhas m inv.
corn [kɔːn] n *(Brit: crop)* cereal m; *(Am: maize)* milho m; *(on foot)* calo m.
corned beef [ˌkɔːnd-] n carne f de vaca enlatada.
corner [ˈkɔːnər] n canto m; *(bend in road)* curva f; **it's just around the ~** fica ali mesmo ao virar a esquina.
corner shop n *(Brit)* mercearia f, quitanda f *(Br)*, mini-mercado m *(Port)*.
cornet [ˈkɔːnɪt] n *(Brit: ice-cream cone)* casquinha f *(Br)*, cone m *(Port)*.
cornflakes [ˈkɔːnfleɪks] npl Cornflakes® mpl, flocos mpl de milho.
corn-on-the-cob [-kɒb] n espiga de milho cozida, servida com manteiga.
Cornwall [ˈkɔːnwɔːl] n Cornualha f.
coronation [ˌkɒrəˈneɪʃn] n coroação f.
corporal [ˈkɔːpərəl] n cabo m.
corporal punishment n castigos mpl corporais.
corporation [ˌkɔːpəˈreɪʃn] n *(council)* conselho m municipal; *(large company)* corporação f, companhia f.
corpse [kɔːps] n cadáver m.

correct [kəˈrekt] adj correto(-ta) ◆ vt corrigir.
correction [kəˈrekʃn] n correção f.
correspond [ˌkɒrɪˈspɒnd] vi: **to ~ (to)** *(match)* corresponder (a); **to ~ (with)** *(exchange letters)* corresponder-se (com).
correspondence [ˌkɒrɪˈspɒndəns] n correspondência f.
correspondent [ˌkɒrɪˈspɒndənt] n correspondente mf.
corresponding [ˌkɒrɪˈspɒndɪŋ] adj correspondente.
corridor [ˈkɒrɪdɔːr] n corredor m.
corrosion [kəˈrəʊʒn] n corrosão f.
corrugated iron [ˈkɒrəgeɪtɪd-] n ferro m corrugado *(Br)*, folha-de-flandres f *(Port)*.
corrupt [kəˈrʌpt] adj corrupto(-ta).
corruption [kəˈrʌpʃn] n corrupção f.
corset [ˈkɔːsɪt] n espartilho m.
cosmetics [kɒzˈmetɪks] npl cosméticos mpl.
cosmopolitan [kɒzməˈpɒlɪtn] adj cosmopolita.
cost [kɒst] *(pt & pp cost)* n custo m ◆ vt custar; **how much does it ~?** quanto custa?
co-star [ˈkəʊ-] n co-protagonista mf.
costly [ˈkɒstlɪ] adj *(expensive)* caro (-ra).
costume [ˈkɒstjuːm] n *(of actor)* roupa f *(Br)*, fato m *(Port)*; *(of country, region)* traje m.
cosy [ˈkəʊzɪ] adj *(Brit: room, house)* aconchegante.
cot [kɒt] n *(Brit: for baby)* berço m; *(Am: camp bed)* cama f de campismo.
cottage [ˈkɒtɪdʒ] n casa f de campo.
cottage cheese n = requeijão m.
cottage pie n *(Brit)* empadão m *(de carne de vaca picada)*.
cotton [ˈkɒtn] adj *(dress, shirt)* de algodão ◆ n *(cloth)* algodão m; *(thread)* linha f *(de coser)*.
cotton candy n *(Am)* algodão m doce.
cotton wool n algodão m *(hidrófilo)*.
couch [kaʊtʃ] n *(sofa)* sofá m; *(at doctor's)* cama f.
couchette [kuːˈʃet] n couchette f.
cough [kɒf] n tosse f ◆ vi tossir; **to have a ~** estar com tosse.
cough mixture n xarope m para a tosse.

cough sweet *n (Brit)* pastilha *f* para a tosse.

cough syrup = cough mixture.

could [kʊd] *pt* → can.

couldn't ['kʊdnt] = could not.

could've ['kʊdəv] = could have.

council ['kaʊnsl] *n (Brit: of town)* prefeitura *f (Br)*, câmara *f (Port)*; *(Brit: of county)* = governo *m* civil; *(organization)* conselho *m*.

council estate *n* conjunto *m* residencial *(Br)*, bairro *m* de habitaçaõ social *(Port)* *(pertencente ao Estado)*.

council house *n (Brit)* casa *f* popular *(Br)*, habitação *f* social *(Port)*, casa pertencente ao Estado alugada a baixo preço.

councillor ['kaʊnsələr] *n (Brit: of town, county)* − vereador *m* (-ra *f*).

council tax *n (Brit)* imposto local pago à prefeitura, relativo aos serviços de saneamento, água, transportes, etc, por esta fornecidos.

counsellor ['kaʊnsələr] *n (Brit)* conselheiro *m* (-ra *f*).

counselor ['kaʊnsələr] *(Am)* = counsellor.

count [kaʊnt] *vt & vi* contar ◆ *n (nobleman)* conde *m*.

❏ **count on** *vt fus* contar com.

countdown ['kaʊntdaʊn] *n* contagem *f* decrescente.

counter ['kaʊntər] *n (in shop, bank)* balcão *m*; *(in board game)* ficha *f*.

counteract [ˌkaʊntər'rækt] *vt* compensar, contrabalançar.

counterattack [ˌkaʊntərə'tæk] *n* contra-ataque *m*.

counterclockwise [ˌkaʊntə-'klɒkwaɪz] *adv (Am)* no sentido contrário ao dos ponteiros do relógio.

counterfeit ['kaʊntəfɪt] *adj* falso(-sa) ◆ *vt* falsificar, forjar.

counterfoil ['kaʊntəfɔɪl] *n* talão *m*.

counterpart ['kaʊntəpɑːt] *n* homólogo *m* (-ga *f*).

countess ['kaʊntɪs] *n* condessa *f*.

countless ['kaʊntlɪs] *adj* inúmeros (-ras).

country ['kʌntrɪ] *n* país *m*; *(countryside)* campo *m* ◆ *adj* do campo.

country and western *n* música *f* country.

country dancing *n* dança *f* folclórica.

country house *n* = casa *f* de

campo *(Br)*, = solar *m (Port)*.

countryman ['kʌntrɪmən] *(pl -men* [-mən]*)* n compatriota *m*.

country road *n* estrada *f* rural.

countryside ['kʌntrɪsaɪd] *n* campo *m*.

county ['kaʊntɪ] *n (in Britain)* condado *m*; *(in US)* divisão administrativa de um estado, nos EUA.

county council *n (Brit)* organismo que administra um condado, − conselho *m* distrital.

coup [kuː] *n*: ~ **(d'état)** golpe *m* de Estado.

couple ['kʌpl] *n* casal *m*; **a ~ (of)** *(two)* dois (duas); *(a few)* dois ou três (duas ou três).

coupon ['kuːpɒn] *n* cupom *m (Br)*, cupão *m (Port)*.

courage ['kʌrɪdʒ] *n* coragem *f*.

courgette [kɔː'ʒet] *n (Brit)* abobrinha *f (Br)*, courgette *f (Port)*.

courier ['kʊrɪər] *n (for holidaymakers)* guia *mf*; *(for delivering letters, packages)* mensageiro *m* (-ra *f*).

course [kɔːs] *n* curso *m*; *(of meal)* prato *m*; *(of treatment, injections)* tratamento *m*; *(of ship, plane)* rota *f*; *(for golf)* campo *m*; **of ~** *(certainly)* com certeza, claro; *(evidently)* claro; **of ~ not** claro que não; **in the ~ of** no decurso de.

coursework ['kɔːswɜːk] *n* trabalho *m* realizado durante o curso.

court [kɔːt] *n (JUR: building, room)* tribunal *m*; *(SPORT)* quadra *f (Br)*, campo *m (Port)*; *(of king, queen)* corte *f*.

courteous ['kɜːtjəs] *adj* cortês.

courtesy ['kɜːtɪsɪ] *n (polite behaviour)* cortesia *f*; **(by) ~ of** com a autorização de.

courtesy coach ['kɜːtɪsɪ-] *n* ônibus *m* gratuito *(de aeroporto, hotel, etc)*.

courthouse ['kɔːthaʊs, *pl* -haʊzɪz] *n (Am)* tribunal *m*.

court shoes *npl* sapatos *mpl* (simples) de salto alto.

courtyard ['kɔːtjɑːd] *n* pátio *m*.

cousin ['kʌzn] *n* primo *m* (-ma *f*).

cove [kəʊv] *n* enseada *f*.

cover ['kʌvər] *n* cobertura *f*; *(lid)* tampa *f*; *(of book, magazine)* capa *f*; *(blanket)* coberta *f* ◆ *vt* cobrir; *(travel)* percorrer; *(apply to)* abranger; **to take ~** abrigar-se; **to be ~ed in** estar coberto de; **to ~ sthg with sthg** cobrir algo com algo.

❏ **cover up** *vt sep (put cover on)* cobrir; *(facts, truth)* encobrir.

coverage [ˈkʌvərɪdʒ] *n (of news)* cobertura *f* (jornalística).

cover charge *n* couvert *m*.

covering [ˈkʌvərɪŋ] *n (for floor etc)* revestimento *m*; *(of dust, snow etc)* camada *f*.

covering letter *n (Brit)* carta *f* de apresentação.

cover letter *(Am)* = **covering letter**.

cover note *n (Brit)* apólice *f* de seguro provisória.

cow [kaʊ] *n (animal)* vaca *f*.

coward [ˈkaʊəd] *n* covarde *mf*.

cowardly [ˈkaʊədlɪ] *adj* covarde.

cowboy [ˈkaʊbɔɪ] *n* cow-boy *m*, vaqueiro *m (Br)*.

cower [ˈkaʊəʳ] *vi* encolher-se.

crab [kræb] *n* caranguejo *m*.

crack [kræk] *n (in cup, glass, wood)* rachadura *f*; *(gap)* fenda *f* ♦ *vt (cup, glass, wood)* rachar; *(nut, egg)* partir; *(inf: joke)* contar; *(whip)* estalar ♦ *vi* rachar.

cracker [ˈkrækəʳ] *n (biscuit)* bolacha *f* de água e sal; *(for Christmas)* tubo de papel com uma pequena surpresa, típico do Natal, que produz um estalo ao ser aberto.

cradle [ˈkreɪdl] *n* berço *m*.

craft [krɑːft] *n (skill, trade)* ofício *m*; *(boat: pl inv)* embarcação *f*.

craftsman [ˈkrɑːftsmən] *(pl* **-men** [-mən]*) n* artesão *m*.

craftsmanship [ˈkrɑːftsmənʃɪp] *n* habilidade *f*, arte *f*.

crafty [ˈkrɑːftɪ] *adj* astuto(-ta).

crag [kræg] *n* penhasco *m*, rochedo *m* escarpado.

cram [kræm] *vt:* **to ~ sthg into** enfiar algo em; **to be crammed with** estar a abarrotar de.

cramp [kræmp] *n* cãibra *f*; **stomach ~s** dores *fpl* de estômago *(fortes)*.

cranberry [ˈkrænbərɪ] *n* arando *m*.

cranberry sauce *n* molho de arandos normalmente servido com peru assado.

crane [kreɪn] *n (machine)* guindaste *m*.

crap [kræp] *n (vulg)* merda *f* ♦ *adj (vulg):* **the film was ~** o filme era uma porcaria.

crash [kræʃ] *n (accident)* colisão *f*; *(noise)* estrondo *m* ♦ *vt (car)* bater com ♦ *vi (car, plane, train)* colidir.

❏ **crash into** *vt fus (wall)* bater contra.

crash helmet *n* capacete *m* (de proteção).

crash landing *n* aterrissagem *f* forçada *(Br)*, aterragem *f* forçada *(Port)*.

crass [kræs] *adj* grosseiro(-ra); **a ~ mistake** um erro crasso.

crate [kreɪt] *n* grade *f (para transporte de fruta, garrafas, etc)*.

crater [ˈkreɪtəʳ] *n* cratera *f*.

crave [kreɪv] *vt* desejar (intensamente).

crawl [krɔːl] *vi (baby, person)* engatinhar *(Br)*, gatinhar *(Port)*; *(insect)* rastejar; *(traffic)* arrastar-se ♦ *n (swimming stroke)* crawl *m*.

crawler lane [ˈkrɔːləʳ-] *n (Brit)* faixa *f* para veículos lentos.

crayfish [ˈkreɪfɪʃ] *(pl inv) n* camarão-de-água-doce *m*.

crayon [ˈkreɪɒn] *n* lápis *m* de cera OR giz.

craze [kreɪz] *n* moda *f*.

crazy [ˈkreɪzɪ] *adj* maluco(-ca), louco (ca); **to be ~ about** ser louco por.

crazy golf *n* mini-golfe *m*.

creak [kriːk] *vi (door, floorboards)* ranger; *(hinge)* chiar.

cream [kriːm] *n (food)* creme *m (Br)*, natas *fpl (Port)*; *(for face)* creme *m*; *(for burns)* pomada *f* ♦ *adj (in colour)* creme *(inv)*.

cream cake *n (Brit)* bolo *m* recheado com creme.

cream cheese *n* queijo-creme *m*, queijo *m* para barrar.

cream cracker *n (Brit)* biscoito *m* de água e sal.

cream sherry *n* xerez *m* doce.

cream tea *n (Brit)* lanche composto por chá e "scones" recheados com creme e doce.

creamy [ˈkriːmɪ] *adj* cremoso(-osa).

crease [kriːs] *n* vinco *m*.

creased [kriːst] *adj* vincado(-da), engelhado(-da) *(Port)*.

create [kriːˈeɪt] *vt (make)* criar; *(impression)* causar; *(interest)* provocar.

creation [kriːˈeɪʃn] *n* criação *f*.

creative [kriːˈeɪtɪv] *adj* criativo(-va).

creature [ˈkriːtʃəʳ] *n* criatura *f*.

crèche [kreʃ] *n (Brit)* creche *f*.

credentials [krɪˈdenʃlz] *npl (papers)* identificação *f*, documentos *mpl*; *(fig: qualifications)* capacidades *fpl*; *(references)* credenciais *fpl*.

credibility [ˌkredəˈbɪlətɪ] *n* credibilidade *f*.

credit ['kredɪt] *n (praise)* mérito *m*; *(money)* crédito *m*; *(at school, university)* cadeira terminada com nota positiva; **to be in ~** estar com saldo positivo. ❑ **credits** *npl (of film)* créditos *mpl*.

credit card *n* cartão *m* de crédito; **to pay by ~** pagar com cartão de crédito; **"all major ~s accepted"** = "aceita-se cartão de crédito".

creed [kriːd] *n* credo *m*.

creek [kriːk] *n (inlet)* angra *f*; *(Am: river)* riacho *m*.

creep [kriːp] *(pt & pp* **crept)** *vi (crawl)* arrastar-se ◆ *n (inf: groveller)* puxa-saco *mf (Br)*, graxista *mf (Port)*.

creepy-crawly [,kriːpɪ'krɔːlɪ] *n (inf)* bicho *m*.

cremate [krɪ'meɪt] *vt* cremar.

cremation [krɪ'meɪʃn] *n* cremação *f*.

crematorium [,kremə'tɔːrɪəm] *n* crematório *m*.

crepe [kreɪp] *n (thin pancake)* crepe *m*.

crepe paper *n* papel-crepe *m*.

crept [krept] *pt & pp →* **creep**.

crescent ['kresnt] *n (shape)* meia-lua *f*; *(street)* rua *f* semi-circular.

cress [kres] *n* agrião *m (muito pequeno)*.

crest [krest] *n (of bird, hill)* crista *f*; *(on coat of arms)* brasão *m*.

crevice ['krevɪs] *n* fenda *f*.

crew [kruː] *n (of ship, plane)* tripulação *f*.

crew cut *n* corte *m* à escovinha OR à máquina zero.

crew neck *n* gola *f* redonda.

crib [krɪb] *n (Am: cot)* berço *m*.

cricket ['krɪkɪt] *n (game)* críquete *m*; *(insect)* grilo *m*.

crime [kraɪm] *n* crime *m*.

criminal ['krɪmɪnl] *adj (behaviour, offence)* criminoso(-osa); *(inf: disgraceful)* vergonhoso(-osa) ◆ *n* criminoso *m* (-osa *f)*.

crimson ['krɪmzn] *adj (in colour)* carmesim *(inv)* ◆ *n* carmesim *m*.

cringe [krɪndʒ] *vi (out of fear)* encolher-se; **to ~ (at sthg)** *(inf: with embarrassment)* não saber onde se meter *(perante algo)*.

cripple ['krɪpl] *n* aleijado *m* (-da *f)* ◆ *vt* tornar inválido(-da).

crisis ['kraɪsɪs] *(pl* **crises** ['kraɪsiːz]) *n* crise *f*.

crisp [krɪsp] *adj* estaladiço(-ça). ❑ **crisps** *npl (Brit)* batatas *fpl* fritas *(de pacote)*.

crispy ['krɪspɪ] *adj* estaladiço(-ça).

crisscross ['krɪskrɒs] *adj* entrecruzado(-da).

criterion [kraɪ'tɪərɪən] *(pl* **-rions** OR **-ria** [-rɪə]) *n* critério *m*.

critic ['krɪtɪk] *n (reviewer)* crítico *m* (-ca *f)*.

critical ['krɪtɪkl] *adj* crítico(-ca); *(serious)* grave; *(disparaging)* severo(-ra).

critically ['krɪtɪklɪ] *adv (seriously)* gravemente; *(crucially)* extremamente; *(analytically)* de forma crítica; *(disparagingly)* severamente.

criticism ['krɪtɪsɪzm] *n* crítica *f*; **I hate ~** detesto críticas.

criticize ['krɪtɪsaɪz] *vt* criticar.

croak [krəʊk] *vi (animal)* grasnar.

Croat ['krəʊæt] *adj* croata ◆ *n (person)* croata *mf*; *(language)* croata *m*.

Croatia [krəʊ'eɪʃə] *n* Croácia *f*.

Croatian [krəʊ'eɪʃn] = **Croat**.

crochet ['krəʊʃeɪ] *n* crochê *m*, malha *f*.

crockery ['krɒkərɪ] *n* louça *f*.

crocodile ['krɒkədaɪl] *n* crocodilo *m*.

crocus ['krəʊkəs] *(pl* **-es)** *n* crocus *m inv*.

crook [krʊk] *n (criminal)* vigarista *mf*.

crooked ['krʊkɪd] *adj (bent, twisted)* torto *(torta)*.

crop [krɒp] *n (kind of plant)* cultura *f*; *(harvest)* colheita *f*. ❑ **crop up** *vi* surgir.

cross [krɒs] *adj* zangado(-da) ◆ *n* cruz *f*; *(mixture)* cruzamento *m* ◆ *vt (road, river, ocean)* atravessar; *(arms, legs)* cruzar; *(Brit: cheque)* barrar ◆ *vi (intersect)* cruzar-se. ❑ **cross out** *vt sep* riscar. ❑ **cross over** *vt fus (road)* atravessar.

crossbar ['krɒsbɑːr] *n* barra *f* transversal.

cross-Channel ferry *n* barco que faz a travessia do Canal da Mancha.

cross-country (running) *n* corrida *f* pelo campo *(Br)*, corta-mato *m (Port)*.

cross-eyed [-aɪd] *adj* vesgo(-ga).

crossing ['krɒsɪŋ] *n (on road)* faixa *f* para pedestres *(Br)*, passadeira *f* (para peões) *(Port)*; *(sea journey)* travessia *f*.

crossroads ['krɒsrəʊdz] *(pl inv)* *n* cruzamento *m*.

crosswalk ['krɒswɔːk] *n (Am)* faixa *f* para pedestres *(Br)*, passadeira *f* (para peões) *(Port)*.

crossword (puzzle) ['krɒswɜːd-] *n* palavras *fpl* cruzadas.

crotch [krɒtʃ] *n* entrepernas *m*.

crouch [kraʊtʃ] *vi* agachar-se.

crouton ['kruːtɒn] *n* pedaço de pão torrado ou frito, usado como guarnição em sopas.

crow [krəʊ] *n* corvo *m*.

crowbar ['krəʊbɑːʳ] *n* alavanca *f*, pé-de-cabra *m*.

crowd [kraʊd] *n* multidão *f*; (*at match*) público *m*.

crowded ['kraʊdɪd] *adj* cheio (cheia) (de gente).

crown [kraʊn] *n* coroa *f*; (*of head*) alto *m* (da cabeça).

Crown Jewels *npl* jóias da coroa britânica.

crucial ['kruːʃl] *adj* crucial.

crucifix ['kruːsɪfɪks] *n* crucifixo *m*.

crude [kruːd] *adj* grosseiro(-ra).

cruel [krʊəl] *adj* cruel.

cruelty ['krʊəltɪ] *n* crueldade *f*.

cruet (set) ['kruːɪt-] *n* galheteiro *m*.

cruise [kruːz] *n* cruzeiro *m* ◆ *vi* (*plane*) voar; (*ship*) navegar; (*car*) rodar.

cruiser ['kruːzəʳ] *n* (*pleasure boat*) cruzeiro *m*.

crumb [krʌm] *n* migalha *f*.

crumble ['krʌmbl] *n* sobremesa feita com fruta cozida coberta com uma massa esfarelada de farinha, açúcar e manteiga ◆ *vi* (*building, cliff*) desmoronar-se; (*cheese*) esmigalhar-se.

crumpet ['krʌmpɪt] *n* espécie de crepe pequeno que se come quente com manteiga ou geléia.

crumple ['krʌmpl] *vt* (*dress, suit*) engelhar; (*letter*) amarrotar.

crunch [krʌntʃ] *vt* (*with teeth*) trincar OR mastigar (*fazendo ruído*).

crunchy ['krʌntʃɪ] *adj* crocante.

crusade [kruːˈseɪd] *n* (*war*) cruzada *f*.

crush [krʌʃ] *n* (*drink*) sumo *m* (de fruta) ◆ *vt* esmagar; (*ice*) partir.

crust [krʌst] *n* (*of bread*) casca *f* (Br), côdea *f* (Port); (*of pie*) crosta *f*.

crusty ['krʌstɪ] *adj* estaladiço(-ça).

crutch [krʌtʃ] *n* (*stick*) muleta *f*; (*between legs*) = crotch.

cry [kraɪ] *n* grito *m* ◆ *vi* (*weep*) chorar; (*shout*) gritar.

❑ **cry out** *vi* gritar.

crystal ['krɪstl] *n* cristal *m*.

crystal clear *adj* (*motive, meaning*) claro(-ra) como a água.

cub [kʌb] *n* (*animal*) cria *f*.

Cub [kʌb] *n* escoteiro entre os 8 e os 11 anos.

cubbyhole ['kʌbɪhəʊl] *n* cubículo *m*.

cube [kjuːb] *n* cubo *m*.

cubicle ['kjuːbɪkl] *n* cubículo *m*.

Cub Scout = Cub.

cuckoo ['kʊkuː] *n* cuco *m*.

cuckoo clock *n* relógio *m* de cuco.

cucumber ['kjuːkʌmbəʳ] *n* pepino *m*.

cuddle ['kʌdl] *n* abraço *m*.

cuddly toy ['kʌdlɪ-] *n* boneco *m* de pelúcia.

cue [kjuː] *n* (*in snooker, pool*) taco *m*.

cuff [kʌf] *n* (*of sleeve*) punho *m*; (*Am: of trousers*) dobra *f*.

cuff links *npl* botões *mpl* de punho.

cuisine [kwɪˈziːn] *n* cozinha *f*.

cul-de-sac ['kʌldəsæk] *n* beco *m* sem saída.

culmination [ˌkʌlmɪˈneɪʃn] *n* culminação *f*.

culottes [kjuːˈlɒts] *npl* saia-calça *f*.

culprit ['kʌlprɪt] *n* culpado *m* (-da *f*).

cult [kʌlt] *n* culto *m* ◆ *adj* de culto.

cultivate ['kʌltɪveɪt] *vt* cultivar.

cultivated ['kʌltɪveɪtɪd] *adj* (*person*) culto(-ta).

cultural ['kʌltʃərəl] *adj* cultural.

culture ['kʌltʃəʳ] *n* cultura *f*.

cultured ['kʌltʃəd] *adj* culto(-ta).

cumbersome ['kʌmbəsəm] *adj* pesado(-da).

cumin ['kjuːmɪn] *n* cominho *m*.

cunning ['kʌnɪŋ] *adj* esperto(-ta).

cup [kʌp] *n* xícara *f* (Br), chávena *f* (Port); (*trophy, competition*) taça *f*; (*of bra*) taça *f* (Br), copa *f* (Port).

cupboard ['kʌbəd] *n* armário *m*.

curate ['kjʊərət] *n* cura *m*.

curator [kjʊəˈreɪtəʳ] *n* conservador *m* (-ra *f*) (*de museu, biblioteca*).

curb [kɜːb] (*Am*) = kerb.

curd cheese [kɜːd-] *n* ~ requeijão *m*.

curdle ['kɜːdl] *vi* coalhar.

cure [kjʊəʳ] *n* (*for illness*) cura *f* ◆ *vt* curar.

curfew ['kɜːfjuː] *n* toque *f* de recolher.

curiosity [ˌkjʊərɪˈɒsɪtɪ] *n* curiosidade *f*.

curious ['kjʊərɪəs] *adj* curioso(-osa).

curl [kɜːl] *n* (*of hair*) caracol *m* ◆ *vt* (*hair*) encaracolar.

curler ['kɜːləʳ] *n* rolo *m*.

curling tongs ['kɜːlɪŋ-] *npl* ferro *m* de frisar OR encaracolar (o cabelo).

curly ['kɜːlɪ] *adj* encaracolado(-da).

currant ['kʌrənt] *n* corinto *m*.

currency ['kʌrənsɪ] *n (money)* moeda *f*.

current ['kʌrənt] *adj* actual ◆ *n* corrente *f*.

current account *n (Brit)* conta *f* corrente *(Br)*, conta *f* à ordem *(Port)*.

current affairs *npl* temas *mpl* da atualidade.

currently ['kʌrəntlɪ] *adv* atualmente.

curriculum [kə'rɪkjələm] *n* programa *m* (de estudos).

curriculum vitae [-'viːtaɪ] *n (Brit)* curriculum *m* vitae.

curried ['kʌrɪd] *adj* com caril.

curry ['kʌrɪ] *n* caril *m*.

curse [kɜːs] *vi* praguejar.

cursor ['kɜːsər] *n* cursor *m*.

curt [kɜːt] *adj* seco(-ca).

curtail [kɜː'teɪl] *vt (cut short)* encurtar, abreviar.

curtain ['kɜːtn] *n* cortina *f*.

curts(e)y ['kɜːtsɪ] *n* vénia *f (de mulher)* ◆ *vi* fazer uma vénia.

curve [kɜːv] *n* curva *f* ◆ *vi* descrever uma curva.

curved [kɜːvd] *adj* curvo(-va).

cushion ['kʊʃn] *n* almofada *f*.

custard ['kʌstəd] *n* creme à base de farinha, leite e açúcar para acompanhar doces ou fruta cozida.

custody ['kʌstədɪ] *n* custódia *f*; **in ~** *(JUR)* sob custódia.

custom ['kʌstəm] *n (tradition)* costume *m*; **"thank you for your ~"** "obrigada pela sua visita".

customary ['kʌstəmrɪ] *adj* habitual.

customer ['kʌstəmər] *n (of shop)* cliente *mf*.

customer services *n (department)* serviço *m* de assistência a clientes.

customize ['kʌstəmaɪz] *vt* personalizar.

customs ['kʌstəmz] *n* alfândega *f*; **to go through ~** passar pela alfândega.

customs duty *n* impostos *mpl* alfandegários *(Br)*, direitos *mpl* alfandegários *(Port)*.

customs officer *n* inspetor *m* (-ora *f*) alfandegário *(Br)*, empregado *m* alfandegário (empregada *f* alfandegária *(Port)*.

cut [kʌt] *(pt & pp cut)* *n* corte *m* ◆ *vt* cortar; *(reduce)* reduzir, cortar em ◆ *vi (knife, scissors)* cortar; **~ and blow-dry** corte *n* brushing; **to ~ o.s.** cortar-se; **to ~ the grass** cortar a grama *(Br)*, cortar a relva *(Port)*; **to ~ sthg open** abrir algo.

❑ **cut back** *vi*: **to ~ back on sthg** cortar em algo.

❑ **cut down** *vt sep (tree)* abater.

❑ **cut down on** *vt fus* cortar em.

❑ **cut off** *vt sep* cortar; **I've been ~ off** *(on phone)* a ligação caiu; **to be ~ off** *(isolated)* estar isolado.

❑ **cut out** *vt sep (newspaper article, photo)* recortar ◆ *vi (engine)* morrer; **to ~ out fatty foods** cortar as gorduras; **~ it out!** *(inf)* pára com isso!

❑ **cut up** *vt sep* cortar.

cute [kjuːt] *adj* bonitinho(-nha) *(Br)*, giro(-ra) *(Port)*.

cut-glass *adj* de vidro biselado.

cutlery ['kʌtlərɪ] *n* talheres *mpl*.

cutlet ['kʌtlɪt] *n (of meat)* costeleta *f*; *(of nuts, vegetables)* costeleta vegetariana.

cut-price *adj* a preço reduzido.

cutting ['kʌtɪŋ] *n (from newspaper)* recorte *m*.

CV *n (Brit: abbr of curriculum vitae)* c.v. *m*.

cwt *abbr* = **hundredweight**.

cyberspace ['saɪbəspeɪs] *n* ciberespaço *m*.

cycle ['saɪkl] *n (bicycle)* bicicleta *f*; *(series)* ciclo *m* ◆ *vi* andar de bicicleta.

cycle hire *n* aluguel *m* de bicicletas.

cycle lane *n* faixa *f* para ciclistas.

cycle path *n* pista *f* para ciclistas.

cycling ['saɪklɪŋ] *n* ciclismo *m*; **to go ~** ir andar de bicicleta.

cycling shorts *npl* calções *mpl* de ciclista.

cyclist ['saɪklɪst] *n* ciclista *mf*.

cylinder ['sɪlɪndər] *n (container)* bujão *m (Br)*, botija *f (Port)*; *(in engine)* cilindro *m*.

cymbals ['sɪmblz] *npl* pratos *npl*.

cynic ['sɪnɪk] *n* pessoa que não tem fé nas pessoas nem nas suas intenções.

cynical ['sɪnɪkl] *adj* céptico(-ca) *(em relação às pessoas e às suas intenções)*.

cynicism ['sɪnɪsɪzm] *n* falta de fé nas pessoas e nas suas intenções.

Cypriot ['sɪprɪət] *adj* cipriota ◆ *n* cipriota *mf*.

Cyprus ['saɪprəs] *n* Chipre *f*.

cyst [sɪst] *n* quisto *m*.

czar [zɑːr] *n* czar *m*.

Czech [tʃek] *adj* tcheco(-ca) ◆ *n (person)* tcheco *m* (-ca *f*); *(language)* tcheco *m*.

Czechoslovakia [ˌtʃekəsləˈvækɪə] *n* Tchecoslováquia *f*.

Czech Republic *n*: **the ~** a República Tcheca.

D

dab [dæb] *vt (ointment, cream)* aplicar levemente.

dachshund ['dækshund] *n* (cão) salsicha *m*.

dad [dæd] *n (inf)* papá *m*.

daddy ['dædɪ] *n (inf)* papá *m*.

daddy longlegs [-'lɒŋlɛgz] *(pl inv)* n pernilongo *m (Br)*, melga *f (Port)*.

daffodil ['dæfədɪl] *n* narciso *m*.

daft [dɑːft] *adj (Brit: inf)* parvo(-va).

dagger ['dægər] *n* punhal *m*.

daily ['deɪlɪ] *adj* diário(-ria) ◆ *adv* diariamente ◆ *n:* **a ~ (newspaper)** um jornal diário.

dainty ['deɪntɪ] *adj* delicado(-da), fino(-na).

dairy ['deərɪ] *n (on farm)* vacaria *f;* *(shop)* leitaria *f*.

dairy product *n* lacticínio *m*, produto *m* lácteo *(Port)*.

daisy ['deɪzɪ] *n* margarida *f*.

dale [deɪl] *n* vale *m*.

dam [dæm] *n* barragem *f*.

damage ['dæmɪdʒ] *n* dano *m* ◆ *vt (house, car)* danificar; *(back, leg)* machucar; *(fig: reputation, chances)* arruinar.

damn [dæm] *excl (inf)* droga! ◆ *adj (inf)* maldito(-ta); **I don't give a ~** não estou nem aí.

damned [dæmd] *adv (inf)* muito ◆ *adj (inf)* maldito(-ta); **well, I'll be ~!** nossa!

damp [dæmp] *adj* úmido(-da) ◆ *n* umidade *f*.

dampen ['dæmpən] *vt (make wet)* umedecer.

damson ['dæmzn] *n* ameixa *f* pequena, abrunho *m (Port)*.

dance [dɑːns] *n* dança *f; (social event)* baile *m* ◆ *vi* dançar; **to have a ~** dançar.

dance floor *n* pista *f* de dança.

dancer ['dɑːnsər] *n* bailarino *m (-na f)*.

dancing ['dɑːnsɪŋ] *n* dança *f;* **to go ~** ir dançar.

dandelion ['dændɪlaɪən] *n* dente-de-leão *m*.

dandruff ['dændrʌf] *n* caspa *f*.

Dane [deɪn] *n* dinamarquês *m* (-esa *f*).

danger ['deɪndʒər] *n* perigo *m;* **in ~** em perigo.

dangerous ['deɪndʒərəs] *adj* perigoso(-osa).

dangle ['dæŋgl] *vt & vi* balançar.

Danish ['deɪnɪʃ] *adj* dinamarquês(-esa) ◆ *n (language)* dinamarquês *m*.

Danish pastry *n bolo de massa folhada recheado com passas, ou qualquer outra fruta.*

dank [dæŋk] *adj* úmido e frio (úmida e fria).

dappled ['dæpld] *adj (animal)* malhado(-da).

dare [deər] *vt:* **to ~ to do sthg** ousar fazer algo, atrever-se a fazer algo; **to ~ sb to do sthg** desafiar alguém a fazer algo; **how ~ you!** como se atreve!

daredevil ['deə,devl] *n* temerário *m* (-ria *f*).

daring ['deərɪŋ] *adj* corajoso(-osa).

dark [dɑːk] *adj* escuro(-ra); *(person, skin)* moreno(-na) ◆ *n:* **after ~** depois do anoitecer; **the ~** o escuro.

dark chocolate *n* chocolate *m* amargo OR negro.

darken ['dɑːkn] *vi* escurecer.

dark glasses *npl* óculos *mpl* escuros.

darkness ['dɑːknɪs] *n* escuridão *f*.

darkroom ['dɑːkrum] *n* câmara *f* escura.

darling ['dɑːlɪŋ] *n (term of affection)* querido *m* (-da *f*).

dart [dɑːt] *n* dardo *m*.

❏ **darts** *n (game)* dardos *mpl.*

dartboard ['dɑːtbɔːd] *n* alvo *m (para jogo de dardos).*

dash [dæʃ] *n (of liquid)* gota *f; (in writing)* travessão *m* ◆ *vi* precipitar-se.

dashboard ['dæʃbɔːd] *n* painel *m (Br),* tablier *m (Port).*

dashing ['dæʃɪŋ] *adj* fogoso(-osa).

data ['deɪtə] *n* dados *mpl.*

database ['deɪtəbeɪs] *n* banco *m* de base *(Br),* base *f* de dados *(Port).*

data processing [-'prəʊsesɪŋ] *n* processamento *m* de dados.

date [deɪt] *n (day)* data *f; (meeting)* encontro *m,* compromisso *m; (Am: person)* namorado *m* (-da *f); (fruit)* tâmara *f* ◆ *vt (cheque, letter)* datar; *(person)* sair com ◆ *vi (become unfashionable)* cair de moda; **what's the ~?** que dia é hoje?; **to have a ~ with sb** ter um encontro OR compromisso com alguém.

dated ['deɪtɪd] *adj* antiquado(-da).

date of birth *n* data *f* de nascimento.

daughter ['dɔːtə'] *n* filha *f.*

daughter-in-law *n* nora *f.*

daunting ['dɔːntɪŋ] *adj* assustador(-ra).

dawdle ['dɔːdl] *vi* empatar (tempo).

dawn [dɔːn] *n* amanhecer *m,* madrugada *f.*

day [deɪ] *n* dia *m;* **what ~ is it today?** que dia é hoje?; **what a lovely ~!** que lindo dia!; **to have a ~ off** ter um dia de folga; **to have a ~ out** passar o dia fora; **by ~** de dia; **the ~ after tomorrow** depois de amanhã; **the ~ before** a véspera, o dia anterior; **the ~ before yesterday** anteontem; **the following ~** o dia seguinte; **have a nice ~!** tenha um bom dia!

daybreak ['deɪbreɪk] *n* aurora *f;* **at ~** ao romper da aurora, de madrugada.

daydream ['deɪdriːm] *vi* sonhar acordado.

daylight ['deɪlaɪt] *n* luz *f* do dia.

day return *n (Brit)* bilhete de ida e volta válido por um dia.

dayshift ['deɪʃɪft] *n* turno *m* de dia.

daytime ['deɪtaɪm] *n* dia *m.*

day-to-day *adj (everyday)* quotidiano(-na).

day trip *n* excursão *f.*

daze [deɪz] *vt* aturdir ◆ *n:* **in a ~** aturdido(-da).

dazzle ['dæzl] *vt* deslumbrar.

DC *(abbr of direct current)* CC.

deactivate [diːˈæktɪ.veɪt] *vt* desactivar.

dead [ded] *adj* morto (morta); *(not lively)* sem vida, morto (morta); *(telephone line)* cortado(-da); *(battery)* gasto(-ta) ◆ *adv (precisely)* mesmo; *(inf: very)* muito; **it's ~ ahead** é mesmo em frente; **" ~ slow"** "dirija devagar".

deaden ['dedn] *vt (noise)* diminuir; *(feeling)* abrandar.

dead end *n (street)* beco *m* sem saída.

dead heat *n* empate *m.*

deadline ['dedlaɪn] *n* prazo *m.*

deadlock ['dedlɒk] *n* impasse *m.*

deadly ['dedlɪ] *adj* mortal; *(aim, accuracy)* infalível ◆ *adv* extremamente; **it was ~ boring** foi muito chato.

deaf [def] *adj* surdo(-da) ◆ *npl:* **the ~** os surdos.

deaf-and-dumb *adj* surdo-mudo (surda-muda).

deafen ['defn] *vt* ensurdecer.

deaf-mute *adj* surdo-mudo(surda-muda) ◆ *n* surdo-mudo *m* (surda-muda *f).*

deafness ['defnɪs] *n* surdez *f.*

deal [diːl] *(pt & pp* **dealt)** *n (agreement)* acordo *m* ◆ *vt (cards)* dar; **a good/bad ~** um bom/mau negócio; **a great ~ of** muito; **it's a ~!** está combinado!

❏ **deal in** *vt fus* negociar.

❏ **deal with** *vt fus (handle)* lidar com; *(be about)* tratar de.

dealer ['diːlə'] *n (COMM)* comerciante *mf,* negociante *mf; (in drugs)* fornecedor *m* (-ra *f).*

dealing ['diːlɪŋ] *n* comércio *m.*

❏ **dealings** *npl (business)* negociações *fpl.*

dealt [delt] *pt & pp* → **deal.**

dean [diːn] *n (of university)* reitor *m* (-ra *f); (of church, cathedral)* decano *m,* deão *m.*

dear [dɪə'] *adj (loved)* querido(-da); *(expensive)* caro(-ra) ◆ *n:* **my ~** meu querido (minha querida); **Dear Sir** Caro senhor; **Dear Madam** Cara senhora; **Dear John** Querido John; **oh ~!** meu Deus!

death [deθ] *n* morte *f.*

death penalty *n* pena *f* de morte.

debate [dɪˈbeɪt] *n* debate *m* ◆ *vt*

(wonder) considerar.

debit ['debɪt] *n* débito *m* ♦ *vt (account)* debitar em.

debris ['deɪbriː] *n (of building)* escombros *mpl; (of aeroplane)* restos *mpl.*

debt [det] *n (money owed)* dívida *f;* **to be in** ~ ter dívidas.

debut ['deɪbjuː] *n* estréia *f.*

Dec. *(abbr of December)* dez.

decade ['dekeɪd] *n* década *f.*

decadence ['dekədəns] *n* decadência *f.*

decadent ['dekədənt] *adj* decadente.

decaff ['diːkæf] *n (inf)* descafeinado *m.*

decaffeinated [dɪ'kæfɪneɪtɪd] *adj* descafeinado(-da).

decanter [dɪ'kæntə'] *n* garrafa *f* para licores.

decathlon [dɪ'kæθlɒn] *n* decatlo *m.*

decay [dɪ'keɪ] *n (of building)* deterioração *f; (of wood)* apodrecimento *m; (of tooth)* cárie *f* ♦ *vi (rot)* apodrecer.

deceased [dɪ'siːst] *(pl inv) adj (fml)* falecido(-da) ♦ *n:* **the** ~ o falecido (a falecida).

deceit [dɪ'siːt] *n* engano *m.*

deceitful [dɪ'siːtfʊl] *adj* enganador(-ra).

deceive [dɪ'siːv] *vt* enganar.

decelerate [diː'seləreɪt] *vi* abrandar.

December [dɪ'sembə'] *n* dezembro, → September.

decent ['diːsnt] *adj* decente; *(kind)* simpático(-ca).

deception [dɪ'sepʃn] *n* decepção *f.*

deceptive [dɪ'septɪv] *adj* enganador(-ra).

decide [dɪ'saɪd] *vt (choose)* decidir ♦ *vi* tomar uma decisão; **to** ~ **to do sthg** decidir fazer algo.

❑ **decide on** *vt fus* decidir-se por.

decidedly [dɪ'saɪdɪdlɪ] *adv* decididamente.

deciduous [dɪ'sɪdjʊəs] *adj* decíduo (-dua).

decimal ['desɪml] *adj* decimal.

decimal point *n* vírgula *f.*

decipher [dɪ'saɪfə'] *vt* decifrar.

decision [dɪ'sɪʒn] *n* decisão *f;* **to make a** ~ tomar uma decisão.

decisive [dɪ'saɪsɪv] *adj (person)* decidido(-da); *(event, factor)* decisivo(-va).

deck [dek] *n (of bus)* andar *m; (of ship)* convés *m; (of cards)* baralho *m.*

deckchair ['dektʃeə'] *n* espreguiçadeira *f.*

declaration [ˌdeklə'reɪʃn] *n* declaração *f.*

declare [dɪ'kleə'] *vt* declarar; **to** ~ **that** declarar que; **"goods to** ~**"** "artigos a declarar"; **"nothing to** ~**"** "nada a declarar".

decline [dɪ'klaɪn] *n* declínio *m* ♦ *vi (get worse)* declinar; *(refuse)* recusar.

decompose [ˌdiːkəm'pəʊz] *vi* decompor-se.

decorate ['dekəreɪt] *vt* decorar.

decoration [ˌdekə'reɪʃn] *n (wallpaper, paint, furniture)* decoração *f; (decorative object)* adorno *m.*

decorator ['dekəreɪtə'] *n* decorador *m* (-ra *f*).

decoy ['diːkɔɪ] *n* chamariz *m.*

decrease [*n* 'diːkriːs, *vb* diː'kriːs] *n* diminuição *f* ♦ *vi* diminuir.

decree [dɪ'kriː] *n (order, decision)* decreto *m; (Am: judgment)* sentença *f* ♦ *vt* decretar; **to** ~ **that** decretar que.

decrepit [dɪ'krepɪt] *adj* decrépito(-ta).

dedicate ['dedɪkeɪt] *vt* dedicar.

dedicated ['dedɪkeɪtɪd] *adj (committed)* dedicado(-da).

dedication [ˌdedɪ'keɪʃn] *n* dedicação *f.*

deduce [dɪ'djuːs] *vt* deduzir.

deduct [dɪ'dʌkt] *vt* deduzir.

deduction [dɪ'dʌkʃn] *n* dedução *f.*

deed [diːd] *n (action)* ação *f,* ato *m.*

deep [diːp] *adj* profundo(-da); *(colour)* intenso(-sa); *(sound, voice)* grave ♦ *adv* fundo; **the pool is two metres** ~ a piscina tem dois metros de profundidade; **to take a** ~ **breath** respirar fundo.

deep end *n (of swimming pool)* parte *f* funda.

deep freeze *n* freezer *m (Br)*, congelador *m (Port).*

deep-fried [-'fraɪd] *adj* frito(-ta).

deep-pan *adj* de massa grossa.

deer [dɪə'] *(pl inv) n* veado *m.*

defeat [dɪ'fiːt] *n* derrota *f* ♦ *vt (team, army, government)* derrotar.

defect [dɪ'fekt] *n* defeito *m.*

defective [dɪ'fektɪv] *adj* defeituoso(-osa).

defence [dɪ'fens] *n (Brit)* defesa *f.*

defenceless [dɪ'fenslɪs] *adj* indefeso(-sa).

defend [dɪ'fend] *vt* defender.

defender [dɪ'fendə^r] *n (SPORT)* defesa *mf.*

defense [dɪ'fens] *(Am)* = **defence**.

defensive [dɪ'fensɪv] *adj* defensivo (-va).

defiant [dɪ'faɪənt] *adj* provocador (-ra).

deficiency [dɪ'fɪʃnsɪ] *n (lack)* deficiência *f.*

deficient [dɪ'fɪʃnt] *adj (inadequate)* deficiente; ~ **in** sthg deficiente em algo.

deficit ['defɪsɪt] *n* déficit *m (Br)*, défice *m (Port).*

define [dɪ'faɪn] *vt* definir.

definite ['defɪnɪt] *adj (answer, decision)* definitivo(-va); *(person)* seguro (-ra); *(improvement)* nítido(-da).

definite article *n* artigo *m* definido.

definitely ['defɪnɪtlɪ] *adv (certainly)* sem dúvida (alguma); **I'll ~ go** irei de certeza.

definition [defɪ'nɪʃn] *n (of word)* definição *f.*

deflate [dɪ'fleɪt] *vt (tyre)* esvaziar.

deflect [dɪ'flekt] *vt (ball)* desviar.

defogger [di'fɒgər] *n (Am)* desembaciador *m.*

deformed [dɪ'fɔːmd] *adj* deformado(-da).

defrost [di'frɒst] *vt (food, fridge)* descongelar; *(Am: demist)* desembaciar.

defy [dɪ'faɪ] *vt* desafiar; **to ~ sb to do** sthg desafiar alguém a fazer algo.

degrading [dɪ'greɪdɪŋ] *adj* degradante.

degree [dɪ'griː] *n (unit of measurement)* grau *m*; *(qualification)* ~ licenciatura *f*; **a ~ of difficulty** uma certa dificuldade; **to have a ~ in** sthg ter uma licenciatura em algo.

dehydrated [diːhaɪ'dreɪtɪd] *adj* desidratado(-da).

de-ice [diː'aɪs] *vt* descongelar.

de-icer [diː'aɪsər] *n* produto *m* descongelante.

deity ['diːɪtɪ] *n* divindade *f.*

dejected [dɪ'dʒektɪd] *adj* abatido (-da).

delay [dɪ'leɪ] *n* atraso *m* ♦ *vt* atrasar ♦ *vi* atrasar-se; **without ~** sem demora.

delayed [dɪ'leɪd] *adj (train, flight)* atrasado(-da).

delegate [*n* 'delɪgət, *vb* 'delɪgeɪt] *n*

delegado *m* (-da *f*) ♦ *vt (person)* delegar.

delete [dɪ'liːt] *vt* suprimir.

deli ['delɪ] *abbr (inf)* = **delicatessen**.

deliberate [dɪ'lɪbərət] *adj (intentional)* deliberado(-da).

deliberately [dɪ'lɪbərətlɪ] *adv (intentionally)* deliberadamente.

delicacy ['delɪkəsɪ] *n (food)* iguaria *f.*

delicate ['delɪkət] *adj* delicado(-da); *(object, china)* frágil; *(taste, smell)* suave.

delicatessen [delɪkə'tesn] *n* = charcutaria *f.*

delicious [dɪ'lɪʃəs] *adj* delicioso(-osa).

delight [dɪ'laɪt] *n (feeling)* prazer *m* ♦ *vt* encantar; **to take (a) ~ in doing** sthg ter prazer em fazer algo.

delighted [dɪ'laɪtɪd] *adj* encantado (-da).

delightful [dɪ'laɪtful] *adj* encantador(-ra).

delirious [dɪ'lɪrɪəs] *adj* delirante.

deliver [dɪ'lɪvə^r] *vt (goods)* entregar; *(letters, newspaper)* distribuir; *(lecture)* dar; *(baby)* fazer o parto de; *(speech)* fazer.

delivery [dɪ'lɪvərɪ] *n (of goods)* entrega *f*; *(of letters)* distribuição *f*; *(birth)* parto *m.*

delude [dɪ'luːd] *vt* enganar.

delusion [dɪ'luːʒn] *n* ilusão *f.*

de luxe [də'lʌks] *adj* de luxo.

delve [delv] *vi*: **to ~ into** OR **inside** sthg *(bag, cupboard)* procurar dentro de algo.

demand [dɪ'mɑːnd] *n* exigência *f*; *(claim)* reivindicação *f*; *(COMM)* procura *f* ♦ *vt* exigir; **I ~ to speak to the manager** quero falar com o gerente; **in ~** solicitado.

demanding [dɪ'mɑːndɪŋ] *adj* exigente.

demeanor [dɪ'miːnər] *(Am)* = **demeanour**.

demeanour [dɪ'miːnə^r] *n (Brit) (fml)* comportamento *m.*

demerara sugar [deməˈreərə-] *n* açúcar *m* mascavo.

demist [diː'mɪst] *vt (Brit)* desembaciar.

demister [diː'mɪstər] *n (Brit)* desembaciador *m.*

demo ['demou] *(pl -s) abbr (inf)* = **demonstration**.

democracy [dɪ'mɒkrəsɪ] *n* democracia *f.*

Democrat ['deməkræt] *n (Am)* democrata *mf.*

democratic [demə'krætɪk] *adj* democrático(-ca).

demolish [dɪ'mɒlɪʃ] *vt (building)* demolir.

demonstrate ['demənstreɪt] *vt (prove)* demonstrar; *(machine, appliance)* mostrar como funciona ◆ *vi* manifestar-se.

demonstration [demən'streɪʃn] *n (protest)* passeata *f (Br)*, manifestação *f*; *(of machine, emotions)* demonstração *f*.

demonstrator ['demənstreɪtə'] *n (protester)* manifestante *mf*; *(of machine, product)* demonstrador *m* (-ra *f*).

demoralized [dɪ'mɒrəlaɪzd] *adj* desmoralizado(-da).

den [den] *n* toca *f*.

denial [dɪ'naɪəl] *n* desmentido *m*.

denim ['denɪm] *n* brim *m (Br)*, ganga *f (Port)*.

❑ **denims** *npl* jeans *m inv (Br)*, calças *fpl* de ganga *(Port)*.

denim jacket *n* casaco *m* jeans.

Denmark ['denmɑːk] *n* Dinamarca *f*.

denounce [dɪ'naʊns] *vt* denunciar.

dense [dens] *adj* denso(-sa).

density ['densətɪ] *n* densidade *f*.

dent [dent] *n* mossa *f*, amolgadura *f*.

dental ['dentl] *adj* dentário.

dental floss [-flɒs] *n* fio *m* dental.

dental surgeon *n* cirurgião-dentista *mf*.

dental surgery *n (place)* clínica *f* dentária.

dentist ['dentɪst] *n* dentista *mf*; **to go to the ~'s** ir ao dentista.

dentures ['dentʃəz] *npl* dentadura *f* postiça.

deny [dɪ'naɪ] *vt* negar.

deodorant [diː'əʊdərənt] *n* deodorante *m (Br)*, desodorizante *m (Port)*.

depart [dɪ'pɑːt] *vi* partir.

department [dɪ'pɑːtmənt] *n* departamento *m*; *(of government)* = ministério *m*; *(of shop)* seção *f*.

department store *n* loja *f* de departamentos *(Br)*, grande-armazém *m (Port)*.

departure [dɪ'pɑːtʃə'] *n* partida *f*; **"~s"** *(at airport)* "partidas".

departure lounge *n* sala *f* de embarque.

depend [dɪ'pend] *vi*: **it ~s** depende.

❑ **depend on** *vt fus (be decided by)* depender de; *(rely on)* confiar em; **~ing**

on dependendo de.

dependable [dɪ'pendəbl] *adj* de confiança, fiável.

dependent [dɪ'pendənt] *adj (addicted)* dependente; **~ on** dependente de.

deplorable [dɪ'plɔːrəbl] *adj* deplorável.

deploy [dɪ'plɔɪ] *vt* mobilizar.

deport [dɪ'pɔːt] *vt* deportar.

deposit [dɪ'pɒzɪt] *n* depósito *m*; *(part-payment)* entrada *f* ◆ *vt (put down)* colocar; *(money in bank)* depositar.

deposit account *n (Brit)* conta *f* a prazo.

depot ['diːpəʊ] *n (Am: for buses, trains)* terminal *m*.

depress [dɪ'pres] *vt (person)* deprimir.

depressed [dɪ'prest] *adj* deprimido(-da).

depressing [dɪ'presɪŋ] *adj* deprimente.

depression [dɪ'preʃn] *n* depressão *f*.

deprivation [deprɪ'veɪʃn] *n* privação *f*.

deprive [dɪ'praɪv] *vt*: **to ~ sb of sthg** privar alguém de algo.

depth [depθ] *n* profundidade *f*; **to be out of one's ~** *(when swimming)* não ter pé; *(fig: unable to cope)* não estar à altura; **~ of field** *(in photography)* profundidade de campo; **in ~** a fundo.

deputy ['depjʊtɪ] *adj* adjunto(-ta).

derail [dɪ'reɪl] *vt (train)* fazer descarrilhar.

derailleur [də'reɪljə'] *n* cremalheira *f*.

derailment [dɪ'reɪlmənt] *n* descarrilhamento *m*.

derby [*Brit* 'dɑːbɪ, *Am* 'dɜːbɪ] *n (sports event)* competição *f* (local); *(Am: hat)* chapéu *m* de coco.

derelict ['derəlɪkt] *adj* abandonado(-da).

deride [dɪ'raɪd] *vt* ridicularizar.

derisory [də'raɪzərɪ] *adj (amount, fine)* irrisório(-ria); *(laughter, smile)* sardônico(-ca).

derivative [dɪ'rɪvətɪv] *n* derivado *m*.

derogatory [dɪ'rɒgətrɪ] *adj* depreciativo(-va).

derv [dɜːv] *n (Brit)* gasóleo *m*.

descend [dɪ'send] *vt & vi* descer.

descendant [dɪ'sendənt] *n* descendente *mf*.

descent [dɪ'sent] *n* descida *f*.

describe [dɪ'skraɪb] *vt* descrever.

description [dɪˈskrɪpʃn] n descrição f.

desert [n ˈdezət, vb dɪˈzɜːt] n deserto m ◆ vt abandonar.

deserted [dɪˈzɜːtɪd] adj deserto(-ta).

deserter [dɪˈzɜːtəʳ] n desertor m (-ra f).

desert island [ˈdezət-] n ilha f deserta.

deserve [dɪˈzɜːv] vt merecer.

deserving [dɪˈzɜːvɪŋ] adj merecedor(-ra).

design [dɪˈzaɪn] n desenho m; (art) design m ◆ vt desenhar; **to be ~ed for** ser concebido para.

designate [ˈdezɪɡneɪt] vt (appoint) designar.

designer [dɪˈzaɪnəʳ] n (of clothes, sunglasses) estilista mf; (of product) designer mf ◆ adj (clothes, sunglasses) de marca.

desirable [dɪˈzaɪərəbl] adj desejável.

desire [dɪˈzaɪəʳ] n desejo m ◆ vt desejar; **it leaves a lot to be ~d** deixa muito a desejar.

desk [desk] n (in home, office) secretária f; (in school) carteira f; (at airport, station) balcão m; (at hotel) recepção f.

desktop publishing [ˈdeskˌtɒp-] n desktop m publishing, editoração f eletrônica (Br), edição f assistida por computador (Port).

desolate [ˈdesələt] adj (place) solitário(-ria), desértico(-ca); (person) desolado(-da).

despair [dɪˈspeəʳ] n desespero m.

despatch [dɪˈspætʃ] = dispatch.

desperate [ˈdespərət] adj desesperado(-da); **to be ~ for sthg** precisar de algo desesperadamente.

desperately [ˈdespərətlɪ] adv (want, need, love) desesperadamente; (ill) gravemente; (poor, unhappy, shy) muito, terrivelmente.

desperation [ˌdespəˈreɪʃn] n desespero m; **in ~** desesperado.

despicable [dɪˈspɪkəbl] adj desprezível.

despise [dɪˈspaɪz] vt desprezar.

despite [dɪˈspaɪt] prep apesar de.

dessert [dɪˈzɜːt] n sobremesa f.

dessertspoon [dɪˈzɜːtspuːn] n (spoon) colher f de sobremesa; (spoonful) = colher f de sopa.

destination [ˌdestɪˈneɪʃn] n destino m.

destined [ˈdestɪnd] adj: **to be ~ for sthg/to do sthg** (intended) estar destinado(-da) a algo/a fazer algo; **~ for** (place) com destino a.

destiny [ˈdestɪnɪ] n destino m.

destitute [ˈdestɪtjuːt] adj indigente.

destroy [dɪˈstrɔɪ] vt destruir.

destruction [dɪˈstrʌkʃn] n destruição f.

detach [dɪˈtætʃ] vt separar.

detached house [dɪˈtætʃt-] n casa f (isolada) (Br), vivenda f (Port).

detail [ˈdiːteɪl] n pormenor m, detalhe m; **in ~** em pormenor.

❑ **details** npl (facts) informações fpl.

detailed [ˈdiːteɪld] adj pormenorizado(-da), detalhado(-da).

detain [dɪˈteɪn] vt (in hospital) manter; (delay, in custody) deter, reter.

detect [dɪˈtekt] vt detectar.

detective [dɪˈtektɪv] n detetive m; **a ~ story** uma história policial.

detention [dɪˈtenʃn] n (SCH) castigo que consiste em ficar na escola depois das aulas terem terminado.

deter [dɪˈtɜːʳ] (vt dissuadir, desencorajar, **to ~ sb from doing sthg** dissuadir alguém de fazer algo.

detergent [dɪˈtɜːdʒənt] n detergente m.

deteriorate [dɪˈtɪərɪəreɪt] vi deteriorar.

determination [dɪˌtɜːmɪˈneɪʃn] n (quality) determinação f.

determine [dɪˈtɜːmɪn] vt determinar.

determined [dɪˈtɜːmɪnd] adj decidido(-da); **to be ~ to do sthg** estar decidido a fazer algo.

deterrent [dɪˈterənt] n meio m de dissuasão.

detest [dɪˈtest] vt detestar.

detonate [ˈdetəneɪt] vt fazer detonar ◆ vi detonar.

detour [ˈdiːˌtuəʳ] n desvio m.

detract [dɪˈtrækt] vi: **to ~ from** (quality, enjoyment) diminuir, minorar; (achievement) menosprezar.

detrain [diːˈtreɪn] vi (fml) desembarcar (de trem).

detrimental [ˌdetrɪˈmentl] adj prejudicial.

deuce [djuːs] excl (in tennis) quarenta igual!

devastate [ˈdevəsteɪt] vt arrasar.

devastating [ˈdevəsteɪtɪŋ] adj (news, experience, storm) devastador(-ra);

(remark, argument) arrasador(-ra); *(person, charm, beauty)* irresistível.

develop [dɪ'veləp] *vt (idea, company, land)* desenvolver; *(film)* revelar; *(machine, method)* elaborar; *(illness, habit)* contrair; *(interest)* revelar ♦ *vi (evolve)* desenvolver-se.

developing country [dɪ'veləpɪŋ-] *n* país *m* em vias de desenvolvimento.

development [dɪ'veləpmənt] *n* desenvolvimento *m*; **a housing ~** um conjunto habitacional *(Br)*, uma urbanização *(Port)*.

deviate ['di:vɪeɪt] *vi:* **to ~ from sthg** afastar-se de algo.

device [dɪ'vaɪs] *n* aparelho *m*, dispositivo *m*.

devil ['devl] *n* diabo *m*; **what the ~ ...?** *(inf)* que diabo ...?

devious ['di:vjəs] *adj (person, means)* desonesto(-ta).

devise [dɪ'vaɪz] *vt* conceber.

devolution [ˌdi:və'lu:ʃn] *n (POL)* descentralização *f*.

devote [dɪ'vəʊt] *vt:* **to ~ sthg to sthg** consagrar OR dedicar algo a algo.

devoted [dɪ'vəʊtɪd] *adj* dedicado(-da).

devotion [dɪ'vəʊʃn] *n* devoção *f*.

devour [dɪ'vaʊə'] *vt* devorar.

devout [dɪ'vaʊt] *adj* devoto(-ta).

dew [dju:] *n* orvalho *m*.

diabetes [ˌdaɪə'bi:ti:z] *n* diabetes *m*.

diabetic [ˌdaɪə'betɪk] *adj (person)* diabético(-ca); *(chocolate)* para diabéticos ♦ *n* diabético *m* (-ca *f*).

diagnosis [ˌdaɪəg'nəʊsɪs] *(pl* -oses [-əʊsi:z]*) n* diagnóstico *m*.

diagonal [daɪ'ægənl] *adj* diagonal.

diagram ['daɪəgræm] *n* diagrama *m*.

dial ['daɪəl] *n (of clock, radio)* mostrador *m; (of telephone)* disco *m* ♦ *vt* discar *(Br)*, marcar *(Port)*.

dialect ['daɪəlekt] *n* dialeto *m*.

dialling code ['daɪəlɪŋ-] *n (Brit)* código *m* de discagem *(Br)*, indicativo *m (Port)*.

dialling tone ['daɪəlɪŋ-] *n (Brit)* sinal *m* de discar *(Br)*, sinal de linha *(Port)*.

dialog ['daɪəlɒg] *(Am)* = **dialogue**.

dialogue ['daɪəlɒg] *n (Brit)* diálogo *m*.

dial tone *(Am)* = **dialling tone**.

diameter [daɪ'æmɪtə'] *n* diâmetro *m*.

diamond ['daɪəmənd] *n (gem)* diamante *m*.

❏ **diamonds** *npl (in cards)* ouros *mpl*.

diaper ['daɪpə'] *n (Am)* fralda *f*.

diarrhoea [ˌdaɪə'rɪə] *n* diarréia *f*.

diary ['daɪərɪ] *n (for appointments)* agenda *f; (journal)* diário *m*.

dice [daɪs] *(pl inv) n* dado *m*.

diced [daɪst] *adj (food)* cortado(-da) em cubos.

dictate [dɪk'teɪt] *vt* ditar.

dictation [dɪk'teɪʃn] *n* ditado *m*.

dictator [dɪk'teɪtə'] *n* ditador *m* (-ra *f*).

dictatorship [dɪk'teɪtəʃɪp] *n* ditadura *f*.

dictionary ['dɪkʃənrɪ] *n* dicionário *m*.

did [dɪd] *pt →* **do**.

didn't ['dɪdnt] = **did not**.

die [daɪ] *(pt & pp* **died**, *cont* **dying***) vi* morrer; **to be dying for sthg** *(inf)* estar doido por algo; **to be dying to do sthg** *(inf)* estar doido por fazer algo.

❏ **die away** *vi* desvanecer-se.

❏ **die out** *vi* desaparecer.

diesel ['di:zl] *n (fuel)* diesel *m (Br)*, gasóleo *m (Port); (car)* carro *m* diesel *(Br)*, carro *m* a gasóleo *(Port)*.

diet ['daɪət] *n* dieta *f* ♦ *vi* fazer dieta ♦ *adj* de baixa caloria.

diet Coke® *n* Coca-Cola® *f* light.

differ ['dɪfə'] *vi (disagree)* discordar; **to ~ (from)** *(be dissimilar)* ser diferente (de).

difference ['dɪfrəns] *n* diferença *f*; **it makes no ~** é igual, não faz diferença; **a ~ of opinion** uma divergência.

different ['dɪfrənt] *adj* diferente; **to be ~ (from)** ser diferente (de).

differently ['dɪfrəntlɪ] *adv* de outra forma.

difficult ['dɪfɪkəlt] *adj* difícil.

difficulty ['dɪfɪkəltɪ] *n* dificuldade *f*.

dig [dɪg] *(pt & pp* **dug***) vt & vi* cavar.

❏ **dig out** *vt sep (rescue)* salvar; *(find)* desenterrar.

❏ **dig up** *vt sep (from ground)* desenterrar.

digest [dɪ'dʒest] *vt* digerir.

digestion [dɪ'dʒestʃn] *n* digestão *f*.

digestive (biscuit) [dɪ'dʒestɪv-] *n (Brit)* biscoito *m* integral.

digit ['dɪdʒɪt] *n (figure)* dígito *m; (finger, toe)* dedo *m*.

digital ['dɪdʒɪtl] *adj* digital.

dignified ['dɪgnɪfaɪd] *adj* digno(-gna).

dignity ['dɪgnətɪ] *n* dignidade *f*.

digress [daɪˈgrɛs] vi afastar-se do tema; **to ~ from sthg** afastar-se de algo.

digs [dɪgz] npl (Brit: inf) quarto m alugado.

dike [daɪk] n dique m.

dilapidated [dɪˈlæpɪdeɪtɪd] adj degradado(-da).

dilemma [dɪˈlɛmə] n dilema m.

diligent [ˈdɪlɪdʒənt] adj diligente.

dill [dɪl] n endro m.

dilute [daɪˈluːt] vt diluir.

dim [dɪm] adj (light) fraco(-ca); (room) escuro(-ra); (memory) vago(-ga); (inf: stupid) burro(-a) ◆ vt (light) diminuir, baixar.

dime [daɪm] n (Am) moeda de dez centavos.

dimensions [dɪˈmɛnʃnz] npl (measurements) dimensões fpl; (extent) dimensão f.

diminish [dɪˈmɪnɪʃ] vt & vi diminuir.

diminutive [dɪˈmɪnjutɪv] adj (fml) minúsculo(-la) ◆ n (GRAMM) diminutivo m.

dimple [ˈdɪmpl] n covinha f (no rosto).

din [dɪn] n barulho m.

dine [daɪn] vi jantar.

❏ **dine out** vi jantar fora.

diner [ˈdaɪnər] n (Am: restaurant) restaurante à beira da estrada que serve refeições a preços baixos; (person) cliente mf (em restaurante).

dinghy [ˈdɪŋgɪ] n (with sail) barco m à vela; (with oars) barco a remos.

dingy [ˈdɪndʒɪ] adj miserável.

dining car [ˈdaɪnɪŋ-] n vagão-restaurante m (Br), carruagem-restaurante f (Port).

dining hall [ˈdaɪnɪŋ-] n refeitório m, cantina f.

dining room [ˈdaɪnɪŋ-] n sala f de jantar.

dinner [ˈdɪnər] n (at lunchtime) almoço m; (in evening) jantar m; **to have ~** (at lunchtime) almoçar; (in evening) jantar.

dinner jacket n smoking m.

dinner party n jantar m.

dinner set n serviço m de jantar.

dinner suit n smoking m.

dinnertime [ˈdɪnətaɪm] n (at lunchtime) hora f do almoço; (in evening) hora do jantar.

dinosaur [ˈdaɪnəsɔːr] n dinossauro m.

dip [dɪp] n (in road, land) depressão f; (food) molho m (que se serve com legumes crus e salgadinhos) ◆ vt (into liquid) mergulhar ◆ vi (road, land) descer; **to have a ~** (swim) dar um mergulho; **to ~ one's headlights** (Brit) desligar os faróis, baixar as luzes.

diploma [dɪˈpləumə] n diploma m.

diplomat [ˈdɪpləmæt] n diplomata mf.

diplomatic [ˌdɪpləˈmætɪk] adj diplomático(-ca).

dipstick [ˈdɪpstɪk] n vareta f (para medir o óleo do carro).

direct [dɪˈrɛkt] adj direto(-ta) ◆ adv diretamente ◆ vt dirigir; (film, TV programme) realizar; (play) encenar; **can you ~ me to the railway station?** podia me mostrar o caminho para a estação?

direct current n corrente f contínua.

direction [dɪˈrɛkʃn] n (of movement) direção f.

❏ **directions** npl (instructions) instruções fpl; **to ask for ~s** pedir indicações.

directly [dɪˈrɛktlɪ] adv (exactly) exatamente; (soon) diretamente.

director [dɪˈrɛktər] n diretor m (-ra f); (of film, TV programme) realizador m (-ra f); (of play) encenador m (-ra f).

directory [dɪˈrɛktərɪ] n lista f telefônica.

directory enquiries n (Brit) informações fpl.

dirt [dɜːt] n sujeira f; (earth) terra f.

dirty [ˈdɜːtɪ] adj sujo(-ja); (joke) porco (porca).

disability [ˌdɪsəˈbɪlətɪ] n deficiência f.

disabled [dɪsˈeɪbld] adj deficiente ◆ npl: **the ~** os deficientes; **"~ toilet"** "banheiro para deficientes".

disadvantage [ˌdɪsədˈvɑːntɪdʒ] n desvantagem f, inconveniente m.

disagree [ˌdɪsəˈgriː] vi (people) não estar de acordo; **to ~ with sb (about)** não concordar com alguém (sobre); **those mussels ~d with me** os mexilhões me fizeram mal.

disagreeable [ˌdɪsəˈgriːəbl] adj desagradável.

disagreement [ˌdɪsəˈgriːmənt] n (argument) discussão f; (dissimilarity) diferença f.

disallow [ˌdɪsəˈlaʊ] vt (appeal, claim) rejeitar; (goal) anular.

disappear [ˌdɪsəˈpɪər] vi desaparecer.

disappearance [ˌdɪsəˈpɪərəns] n

desaparecimento *m*.

disappoint [,dɪsə'pɔɪnt] *vt* desiludir.

disappointed [,dɪsə'pɔɪntɪd] *adj* desiludido(-da).

disappointing [,dɪsə'pɔɪntɪŋ] *adj* decepcionante.

disappointment [,dɪsə'pɔɪntmənt] *n* decepção *f*, desapontamento *m*.

disapproval [,dɪsə'pruːvl] *n* desaprovação *f*.

disapprove [,dɪsə'pruːv] *vi*: **to ~ of** não aprovar.

disarmament [dɪs'ɑːməmənt] *n* desarmamento *m*.

disarray [,dɪsə'reɪ] *n*: **in ~** *(clothes, room)* em desordem; *(government, party)* em polvorosa.

disaster [dɪ'zɑːstər] *n* desastre *m*.

disastrous [dɪ'zɑːstrəs] *adj* desastroso(-osa).

disbelief [,dɪsbɪ'liːf] *n*: **in** OR **with ~** com incredulidade.

disc [dɪsk] *n (Brit)* disco *m*; *(CD)* CD *m*; **to slip a ~** deslocar uma vértebra.

discard [dɪ'skɑːd] *vt* desfazer-se de.

discern [dɪ'sɜːn] *vt* discernir, distinguir.

discerning [dɪ'sɜːnɪŋ] *adj (person, taste)* exigente; *(eye)* perspicaz.

discharge [dɪs'tʃɑːdʒ] *vt (prisoner)* libertar; *(patient)* dar alta a; *(soldier)* dispensar; *(liquid)* despejar; *(smoke, gas)* emitir.

disciple [dɪ'saɪpl] *n* discíplo *m*.

discipline ['dɪsɪplɪn] *n* disciplina *f*.

disc jockey *n* discotecário *m* (-ria *f*) *(Br)*, disc-jóquei *mf*.

disclose [dɪs'kləʊz] *vt* revelar, divulgar.

disco ['dɪskəʊ] *(pl -s) n (place)* discoteca *f*; *(event)* baile *m*.

discoloured [dɪs'kʌləd] *adj* descolorado(-da).

discomfort [dɪs'kʌmfət] *n* desconforto *m*.

disconcert [,dɪskən'sɜːt] *vt* desconcertar.

disconnect [,dɪskə'nekt] *vt* desligar; *(telephone, gas supply)* cortar.

discontinued [,dɪskən'tɪnjuːd] *adj (product)* que já não se fabrica.

discotheque ['dɪskəʊtek] *n (place)* discoteca *f*.

discount [dɪskaʊnt] *n* desconto *m*.

discourage [dɪ'skʌrɪdʒ] *vt* desencorajar; **to ~ sb from doing sthg** desencorajar alguém de fazer algo.

discover [dɪ'skʌvər] *vt* descobrir.

discovery [dɪ'skʌvərɪ] *n* descoberta *f*.

discreet [dɪ'skriːt] *adj* discreto(-ta).

discrepancy [dɪ'skrepənsɪ] *n* discrepância *f*.

discretion [dɪ'skreʃn] *n (tact)* discrição *f*; *(judgment)* discernimento *m*; **at the ~ of** ao critério de.

discriminate [dɪ'skrɪmɪneɪt] *vi*: **to ~ against sb** discriminar contra alguém.

discriminating [dɪ'skrɪmɪneɪtɪŋ] *adj (person, audience)* entendido(-da); *(taste)* refinado(-da).

discrimination [dɪ,skrɪmɪ'neɪʃn] *n* discriminação *f*.

discus ['dɪskəs] *(pl -es) n* disco *m*.

discuss [dɪ'skʌs] *vt* discutir.

discussion [dɪ'skʌʃn] *n* discussão *f*.

disdain [dɪs'deɪn] *n* desdém *m*; **~ for** desdém por.

disease [dɪ'ziːz] *n* doença *f*.

disembark [,dɪsɪm'bɑːk] *vi* desembarcar.

disgrace [dɪs'greɪs] *n* vergonha *f*; **it's a ~!** é uma vergonha!

disgraceful [dɪs'greɪsfʊl] *adj* vergonhoso(-osa).

disguise [dɪs'gaɪz] *n* disfarce *m* ♦ *vt* disfarçar; **in ~** disfarçado.

disgust [dɪs'gʌst] *n* repugnância *f*, nojo *m* ♦ *vt* enojar, repugnar.

disgusting [dɪs'gʌstɪŋ] *adj* nojento(-ta).

dish [dɪʃ] *n* prato *m*; **to do the ~es** lavar a louça; **"~ of the day"** "prato do dia".

⅃ **dish up** *vt sep* servir.

dishcloth ['dɪʃklɒθ] *n* pano *m* de prato.

disheveled [dɪ'ʃevəld] *(Am)* = **dishevelled**.

dishevelled [dɪ'ʃevəld] *adj (Brit) (hair)* despenteado(-da); *(person)* desarrumado(-da).

dishonest [dɪs'ɒnɪst] *adj* desonesto(-ta).

dish towel *n (Am)* pano *m* de prato.

dishwasher ['dɪʃ,wɒʃər] *n (machine)* máquina *f* de lavar a louça.

disillusioned [,dɪsɪ'luːʒnd] *adj* desiludido(-da); **~ with** desiludido com.

disinclined [,dɪsɪn'klaɪnd] *adj*: **to be ~ to do sthg** estar pouco disposto(-osta) a fazer algo.

disinfect [,dɪsɪn'fekt] *vt* desinfectar.

disinfectant [ˌdɪsɪnˈfektənt] n desinfectante m.

disintegrate [dɪsˈɪntɪgreɪt] vi desintegrar-se.

disinterested [ˌdɪsˈɪntrəstɪd] adj (impartial) desinteressado(-da); to be ~ in (inf: uninterested) mostrar-se desinteressado por.

disk [dɪsk] n (Am) = disc; (COMPUT) disco m; (floppy) disquete f.

disk drive n leitor m de disquetes.

diskette [dɪsˈket] n disquete f.

dislike [dɪsˈlaɪk] n aversão f ♦ vt não gostar de; to take a ~ to não simpatizar com.

dislocate [ˈdɪsləkeɪt] vt deslocar.

dismal [ˈdɪzml] adj (weather, place) deprimente; (terrible) péssimo(-ma).

dismantle [dɪsˈmæntl] vt desmontar.

dismay [dɪsˈmeɪ] n consternação f.

dismiss [dɪsˈmɪs] vt (not consider) rejeitar; (from job) despedir; (from classroom) dispensar.

dismissal [dɪsˈmɪsl] n (from job) demissão f, despedida f (Br), despedimento m (Port).

disobedience [ˌdɪsəˈbiːdjəns] n desobediência f.

disobedient [ˌdɪsəˈbiːdjənt] adj desobediente.

disobey [ˌdɪsəˈbeɪ] vt desobedecer.

disorder [dɪsˈɔːdər] n (confusion) desordem f; (violence) distúrbios mpl; (illness) problema m; (mental illness) distúrbio m.

disorderly [dɪsˈɔːdəlɪ] adj (untidy) desordenado(-da); (unruly) turbulento (-ta).

disorganized [dɪsˈɔːgənaɪzd] adj desorganizado(-da).

disorientated adj (Brit) desorientado(-da).

disoriented (Am) = disorientated.

disown [dɪsˈəʊn] vt repudiar.

disparaging [dɪsˈpærɪdʒɪŋ] adj depreciativo(-va).

dispatch [dɪsˈpætʃ] vt enviar.

dispense [dɪsˈpens] : dispense with vt fus prescindir de, passar sem.

dispenser [dɪsˈpensər] n (device) máquina f distribuidora.

dispensing chemist [dɪsˈpensɪŋ-] n (Brit: shop) farmácia f.

disperse [dɪsˈpɜːs] vt dispersar ♦ vi dispersar-se.

display [dɪsˈpleɪ] n (of goods) expo-

sição f; (public event) espetáculo m; (readout) visualização f ♦ vt (goods) expor; (feeling, quality) demonstrar; (information) afixar; on ~ exposto.

displeased [dɪsˈpliːzd] adj descontente.

disposable [dɪsˈpəʊzəbl] adj descartável.

disposal [dɪsˈpəʊzl] n (removal) remoção f; at sb's ~ à disposição de alguém.

disposed [dɪsˈpəʊzd] adj: to be ~ to do sthg (willing) estar disposto(-osta) a fazer algo; to be well ~ to sthg (friendly) ser favorável a algo.

disprove [ˌdɪsˈpruːv] (pp -d OR disproven) vt refutar.

dispute [dɪsˈpjuːt] n (argument) discussão f; (industrial) conflito m ♦ vt discutir.

disqualify [ˌdɪsˈkwɒlɪfaɪ] vt desqualificar; to be disqualified from driving (Brit) ter a carteira apreendida.

disregard [ˌdɪsrɪˈgɑːd] vt ignorar.

disreputable [dɪsˈrepjʊtəbl] adj pouco respeitável.

disrupt [dɪsˈrʌpt] vt perturbar, transtornar.

disruption [dɪsˈrʌpʃn] n transtorno m.

dissatisfaction [ˈdɪsˌsætɪsˈfækʃn] n descontentamento m.

dissatisfied [ˌdɪsˈsætɪsfaɪd] adj insatisfeito(-ta).

dissect [dɪˈsekt] vt dissecar.

dissent [dɪˈsent] n (disagreement) discordância f ♦ vi: to ~ from sthg não concordar com algo.

dissimilar [dɪˈsɪmɪlər] adj diferente; ~ to diferente de.

dissolve [dɪˈzɒlv] vt dissolver ♦ vi dissolver-se.

dissuade [dɪˈsweɪd] vt: to ~ sb from doing sthg dissuadir alguém de fazer algo.

distance [ˈdɪstəns] n distância f; from a ~ de longe; in the ~ ao longe.

distant [ˈdɪstənt] adj distante.

distil [dɪsˈtɪl] vt (Brit) (liquid) destilar; (fig: information) extrair.

distill [dɪsˈtɪl] (Am) = distil.

distilled water [dɪsˈtɪld-] n água f destilada.

distillery [dɪsˈtɪlərɪ] n destilaria f.

distinct [dɪsˈtɪŋkt] adj distinto(-ta).

distinction [dɪsˈtɪŋkʃn] n distinção f.

distinctive [dɪ'stɪŋktɪv] *adj* característico(-ca).

distinguish [dɪ'stɪŋgwɪʃ] *vt* distinguir; **to ~ sthg from sthg** distinguir algo de algo.

distinguished [dɪ'stɪŋgwɪʃt] *adj* distinto(-ta).

distorted [dɪ'stɔːtɪd] *adj* distorcido (-da).

distract [dɪ'strækt] *vt* distrair.

distraction [dɪ'strækʃn] *n* distração *f*.

distraught [dɪ'strɔːt] *adj* consternado(-da).

distress [dɪ'stres] *n* (pain) sofrimento *m*, dor *f*; (anxiety) angústia *f*.

distressing [dɪ'stresɪŋ] *adj* angustiante.

distribute [dɪ'strɪbjuːt] *vt* distribuir.

distribution [ˌdɪstrɪ'bjuːʃn] *n* distribuição *f*.

distributor [dɪ'strɪbjʊtəʳ] *n* (COMM) distribuidor *m* (-ra *f*); (AUT) distribuidor *m*.

district ['dɪstrɪkt] *n* (region) = distrito *m*; (of town) ~ bairro *m*, ~ freguesia *f* (Port).

district attorney *n* (Am) = Procurador *m* (-ra *f*) da República.

district council *n* (Brit) = junta *f* distrital (Br), junta *f* de freguesia (Port).

distrust [dɪs'trʌst] *n* desconfiança *f* ◆ *vt* desconfiar de, não confiar em.

disturb [dɪ'stɜːb] *vt* (interrupt) incomodar; (worry) preocupar; (move) mexer em; **"do not ~"** "favor não incomodar".

disturbance [dɪ'stɜːbəns] *n* (violence) distúrbio *m*.

ditch [dɪtʃ] *n* fosso *m*.

dither ['dɪðəʳ] *vi* hesitar.

ditto ['dɪtəʊ] *adv* idem.

divan [dɪ'væn] *n* divã *m*.

dive [daɪv] (pt Am -d OR **dove**, pt Brit -d) *n* (of swimmer) mergulho *m* ◆ *vi* mergulhar; (bird, plane) descer em vôo picado; (rush) lançar-se.

diver ['daɪvəʳ] *n* mergulhador *m* (-ra *f*).

diverge [daɪ'vɜːdʒ] *vi* divergir; **to ~ from sthg** divergir de algo.

diversion [daɪ'vɜːʃn] *n* (of traffic) desvio *m*; (amusement) diversão *f*.

diversity [daɪ'vɜːsatɪ] *n* diversidade *f*.

divert [daɪ'vɜːt] *vt* desviar.

divide [dɪ'vaɪd] *vt* dividir.

❑ **divide up** *vt sep* dividir.

dividend ['dɪvɪdend] *n* (profit) dividendo *m*.

divine [dɪ'vaɪn] *adj* divino(-na).

diving ['daɪvɪŋ] *n* mergulho *m*; **to go ~** ir mergulhar.

divingboard ['daɪvɪŋbɔːd] *n* trampolim *m*, prancha *f* de saltos (Port).

division [dɪ'vɪʒn] *n* divisão *f*; (COMM) departamento *m*.

divorce [dɪ'vɔːs] *n* divórcio *m* ◆ *vt* divorciar-se de.

divorced [dɪ'vɔːst] *adj* divorciado (-da).

divorcee [dɪvɔː'siː] *n* divorciado *m* (-da *f*).

DIY *abbr* = **do-it-yourself**.

dizzy ['dɪzɪ] *adj* tonto(-ta).

DJ *n* (abbr of disc jockey) DJ.

DNA *n* (abbr of deoxyribonucleic acid) ADN *m*.

do [duː] (pt **did**, pp **done**, pl **dos**) *aux vb* **1.** (in negatives): **don't ~ that!** não faça isso!; **she didn't see it** ela não o viu.

2. (in questions): **~ you like it?** gosta você?; **how ~ you do it?** como é que se faz?

3. (referring to previous verb): **~ you smoke? – yes, I ~/no, I don't** você fuma? – sim/não; **I eat more than you ~** eu como mais do que você; **no, I didn't!** não é verdade!; **so ~ I** eu também.

4. (in question tags): **so, you like Scotland, ~ you?** então você gosta da Escócia?; **the train leaves at five o'clock, doesn't it?** o trem sai às cinco, não é (verdade)?

5. (for emphasis): **I ~ like this bedroom** eu realmente gosto deste quarto; **~ come in!** faça o favor de entrar!

◆ *vt* **1.** (perform) fazer; **to ~ one's homework** fazer o dever de casa; **what is she doing?** o que é que ela está fazendo?; **what can I ~ for you?** em que posso ajudá-lo?

2. (clean, brush etc): **to ~ one's hair** pentear-se; **to ~ one's make-up** maquilhar-se; **to ~ one's teeth** escovar os dentes.

3. (cause) fazer; **to ~ damage** fazer estragos; **to ~ sb good** fazer bem a alguém.

4. (have as job): **what do you ~?** o que você faz?

5. (provide, offer) fazer; **we ~ pizzas for

under £4 vendemos pizzas por menos de 4 libras.
6. *(study)* estudar.
7. *(subj: vehicle)* ir a; **the car was ~ing 50 mph** o carro ia a 80 km/h.
8. *(inf: visit)* visitar; **we're doing Scotland next week** para a semana vamos visitar a Escócia.
♦ *vi* **1.** *(behave, act)* fazer; **~ as I say** faça como eu lhe digo.
2. *(progress, get on)*: **he did badly/well in his exam** ele foi mal/bem no exame; **how did you ~?** como é que foi?
3. *(be sufficient)* chegar; **will £5 ~?** 5 libras chega?
4. *(in phrases)*: **how do you ~?** *(greeting)* como vai?; **how are you ~ing?** como é que vão as coisas?; **what has that got to ~ with it?** o que é que isso tem a ver?
♦ *n (party)* festa *f*; **~s and don'ts** o que fazer e não fazer.
❏ **do out of** *vt sep (inf)*: **he did us out of £10** ele nos levou 10 libras a mais.
❏ **do up** *vt sep (coat, shirt)* abotoar; *(shoes, laces)* apertar, atar; *(zip)* fechar; *(decorate)* renovar; *(wrap up)* embrulhar.
❏ **do with** *vt fus (need)*: **I could ~ with a drink** eu bem que beberia alguma coisa.
❏ **do without** *vt fus* passar sem.
Doberman ['dəʊbəmən] *n (pl -s) n*: **~ (pinscher)** doberman *m*.
docile [*Brit* 'dəʊsaɪl, *Am* 'dɒsəl] *adj* dócil.
dock [dɒk] *n (for ships)* doca *f*; *(JUR)* banco *m* dos réus ♦ *vi* atracar.
docker ['dɒkəʳ] *n* estivador *m* (-ra *f*).
docklands ['dɒkləndz] *npl (Brit)* docas *fpl*.
dockyard ['dɒkjɑːd] *n* estaleiro *m*.
doctor ['dɒktəʳ] *n (of medicine)* médico *m* (-ca *f*), doutor *m* (-ra *f*); *(academic)* doutor *m* (-ra *f*); **to go to the ~'s** ir ao médico.
doctrine ['dɒktrɪn] *n* doutrina *f*.
document ['dɒkjʊmənt] *n* documento *m*.
documentary [dɒkjʊ'mentərɪ] *n* documentário *m*.
dodge [dɒdʒ] *vt (question, responsibility, issue)* fugir a, esquivar-se a; *(missile, car)* evitar ♦ *vi* desviar-se.
Dodgems® ['dɒdʒəmz] *npl (Brit)* carrinhos *mpl* de choque.

dodgy ['dɒdʒɪ] *adj (Brit) (inf) (plan, car)* pouco confiável; *(health)* instável.
doe [dəʊ] *n (female deer)* corça *f*; *(female rabbit)* coelha *f*.
does [*weak form* dəz, *strong form* dʌz] → **do**.
doesn't [dʌznt] = **does not**.
dog [dɒg] *n* cachorro *m (Br)*, cão *m (Port)*.
dog food *n* comida *f* para cachorros.
doggy bag ['dɒgɪ-] *n* saco que em alguns restaurantes é fornecido aos clientes para levarem o que sobrou da refeição.
do-it-yourself *n* sistema *m* faça-você-mesmo *(Br)*, bricolage *f (Port)*.
dole [dəʊl] *n (inf)*: **to be on the ~** *(Brit)* estar desempregado.
doll [dɒl] *n* boneca *f*.
dollar ['dɒləʳ] *n* dólar *m*.
dolphin ['dɒlfɪn] *n* golfinho *m*.
dome [dəʊm] *n* abóbada *f*.
domestic [də'mestɪk] *adj* doméstico(-ca); *(of country)* nacional.
domestic appliance *n* eletrodoméstico *m*.
domestic flight *n* vôo *m* doméstico.
domestic science *n* economia *f* doméstica, *disciplina opcional na escola*.
dominant ['dɒmɪnənt] *adj* dominante.
dominate ['dɒmɪneɪt] *vt* dominar.
domineering [dɒmɪ'nɪərɪŋ] *adj* autoritário(-ria), dominador(-ra).
dominoes ['dɒmɪnəʊz] *n* dominó *m*.
donate [də'neɪt] *vt* doar.
donation [də'neɪʃn] *n* doação *f*.
done [dʌn] *pp* → **do** ♦ *adj* pronto(-ta).
donkey ['dɒŋkɪ] *n* burro *m*.
donor ['dəʊnəʳ] *n* doador *m* (-ra *f*).
don't [dəʊnt] = **do not**.
doomed [duːmd] *adj* condenado(-da); **to be ~ to** estar condenado a.
door [dɔːʳ] *n* porta *f*.
doorbell ['dɔːbel] *n* campainha *f*.
doorknob ['dɔːnɒb] *n* maçaneta *f*.
doorman ['dɔːmən] *(pl -men) n* porteiro *m*.
doormat ['dɔːmæt] *n* tapete *m*, capacho *m*.
doormen ['dɔːmən] *pl* → **doorman**.
doorstep ['dɔːstep] *n* degrau *m*; *(Brit: piece of bread)* fatia de pão bem grossa.
doorway ['dɔːweɪ] *n* entrada *f*.

dope [dəʊp] n (inf) (any illegal drug) droga f; (marijuana) erva f, maconha f.

dormitory ['dɔːmətrɪ] n dormitório m.

Dormobile® ['dɔːməbiːl] n trailer m motorizado (Br), caravana f OR roulote f (motorizada) (Port).

dosage ['dəʊsɪdʒ] n dose f.

dose [dəʊs] n (amount) dose f; (of illness) camada f.

dot [dɒt] n ponto m; **on the ~** (fig) em ponto.

dotted line ['dɒtɪd-] n pontilhado m.

double ['dʌbl] adj duplo(-pla) ♦ n (twice the amount) o dobro; (alcohol) dose f dupla ♦ vt & vi duplicar ♦ adv: it's ~ the size tem o dobro do tamanho; **to bend sthg ~** dobrar algo ao meio; **a ~ whisky** um whisky duplo; **~ three, four, two** três, três, quatro, dois; **~"r"** dois erres.
❑ **doubles** n (in tennis) dupla f (Br), pares mpl (Port).

double bass [-beɪs] n contrabaixo m.

double bed n cama f de casal.

double-breasted [-'brestɪd] adj trespassado(-da).

double-check vt & vi verificar duas vezes.

double chin n papada f.

double cream n (Brit) creme m de leite (Br), natas fpl espessas (Port).

double-cross vt trair.

double-decker (bus) [-'dekər-] n ônibus m de dois andares.

double doors npl porta f dupla.

double-dutch n (Brit): that's ~ to me isso para mim é chinês.

double-glazing [-'gleɪzɪŋ] n vidros mpl duplos.

double room n quarto m de casal.

doubt [daʊt] n dúvida f ♦ vt duvidar de; **I ~ it** duvido; **I ~ she'll be there** duvido que ela esteja lá; **in ~** (person) em dúvida; (outcome) incerto; **no ~** sem dúvida.

doubtful ['daʊtfʊl] adj (uncertain) improvável; **it's ~ that ...** (unlikely) é pouco provável que ....

doubtless ['daʊtlɪs] adv sem dúvida.

dough [dəʊ] n massa f.

doughnut ['daʊnʌt] n (without hole) = bola f de Berlim; (with hole) Donut® m.

dove¹ [dʌv] n (bird) pomba f.

dove² [dəʊv] pt (Am) → dive.

Dover ['dəʊvər] n Dover.

Dover sole n linguado de ótima qualidade proveniente do Canal da Mancha.

down [daʊn] adv 1. (towards the bottom) para baixo; **~ here/there** aqui/ali em baixo; **to fall ~** cair; **to go ~** descer.
2. (along): **I'm going ~ to the shops** vou até a loja.
3. (downstairs): **I'll come ~ later** vou descer mais tarde.
4. (southwards) para baixo; **we're going ~ to London** vamos até Londres.
5. (in writing): **to write sthg ~** anotar algo.
6. (in phrases): **to go ~ with** (illness) adoecer com.
♦ prep 1. (towards the bottom of): **they ran ~ the hill** eles correram pelo monte abaixo.
2. (along): **I was walking ~ the street** ia andando pela rua.
♦ adj (inf: depressed) deprimido(-da).
♦ n (feathers) penugem f.
❑ **downs** npl (Brit) colinas fpl.

down-and-out n mendigo m (-ga f).

downfall ['daʊnfɔːl] n queda f, ruína f.

downhearted [,daʊn'hɑːtɪd] adj desanimado(-da).

downhill [,daʊn'hɪl] adv: **to go ~** (walk, run, ski) descer.

Downing Street ['daʊnɪŋ-] n Downing Street.

down payment n entrada f, sinal m.

downpour ['daʊnpɔːr] n aguaceiro m.

downright ['daʊnraɪt] adj (lie) puro(-ra); (fool) completo(-ta) ♦ adv extremamente.

downstairs [,daʊn'steəz] adj do andar de baixo ♦ adv no andar de baixo; **to come** OR **go ~** descer.

downstream [,daʊn'striːm] adv rio abaixo.

down-to-earth adj prático(-ca).

downtown [,daʊn'taʊn] adj (hotel) central; (train, bus) do centro ♦ adv (live) no centro; (go) ao centro; **~ New York** o centro de Nova Iorque.

down under adv (Brit: inf: to or in Australia) para a/na Austrália.

downward ['daʊnwəd] adj descendente.

downwards ['daʊnwədz] adv para baixo.

dowry ['daʊərɪ] n dote m.

doz. *abbr* = dozen.

doze [dəʊz] *vi* dormitar, cochilar.

dozen ['dʌzn] *n* dúzia *f*; **a ~ eggs** uma dúzia de ovos.

Dr *(abbr of Doctor)* Dr. *m* (Dra. *f*).

drab [dræb] *adj* sem graça.

draft [drɑːft] *n* *(early version)* rascunho *m*; *(money order)* ordem *f* de pagamento; *(Am)* = **draught**.

drag [dræg] *vt* *(pull along)* arrastar ◆ *vi* *(along ground)* arrastar-se; **what a ~!** *(inf)* que chatice!
❑ **drag on** *vi* arrastar-se.

dragon ['drægən] *n* drágão *m*.

dragonfly ['drægnflaɪ] *n* libélula *f*.

drain [dreɪn] *n* *(pipe)* esgoto *m* ◆ *vt* *(tank, radiator)* esvaziar ◆ *vi* *(vegetables, washing-up)* escorrer.

draining board ['dreɪnɪŋ-] *n* escorredor *m* de louça.

drainpipe ['dreɪnpaɪp] *n* cano *m* de esgoto *(Br)*, caleira *f (Port)*.

dram [dræm] *n* *(of whisky)* trago *m*.

drama ['drɑːmə] *n* *(play)* peça *f* de teatro; *(art)* teatro *m*; *(excitement)* drama *m*.

dramatic [drə'mætɪk] *adj* dramático(-ca).

dramatist ['dræmətɪst] *n* dramaturgo *m* (-ga *f*).

drank [dræŋk] *pt* → **drink**.

drapes [dreɪps] *npl* *(Am)* cortinas *fpl*, reposteiros *mpl*.

drastic ['dræstɪk] *adj* drástico(-ca).

drastically ['dræstɪklɪ] *adv* drasticamente.

draught [drɑːft] *n* *(Brit)* *(of air)* corrente *f* de ar.

draught beer *n* chope *m* *(Br)*, imperial *f (Port)*, fino *m (Port)*.

draughtboard ['drɑːftbɔːd] *n* *(Brit)* tabuleiro *m* de (jogo de) damas.

draughts [drɑːfts] *n* *(Brit)* damas *fpl*.

draughty ['drɑːftɪ] *adj* cheio (cheia) de correntes de ar.

draw [drɔː] *(pt* drew, *pp* drawn) *vt* *(with pen, pencil)* desenhar; *(line)* traçar; *(pull)* puxar; *(attract)* atrair; *(comparison)* estabelecer; *(conclusion)* chegar a ◆ *vi* *(with pen, pencil)* desenhar; *(SPORT)* empatar ◆ *n* *(SPORT: result)* empate *m*; *(lottery)* sorteio *m*; **to ~ the curtains** *(open)* abrir as cortinas; *(close)* fechar as cortinas.
❑ **draw out** *vt sep* *(money)* levantar.
❑ **draw up** *vt sep* *(list, contract)* redigir;

(plan) elaborar ◆ *vi* *(car, bus)* parar.

drawback ['drɔːbæk] *n* inconveniente *m*.

drawbridge ['drɔːbrɪdʒ] *n* ponte *f* levadiça.

drawer [drɔːr] *n* gaveta *f*.

drawing ['drɔːɪŋ] *n* desenho *m*.

drawing board *n* prancheta *f* de desenho.

drawing pin *n* *(Brit)* percevejo *m* *(Br)*, pionés *m (Port)*.

drawing room *n* sala *f* de estar.

drawl [drɔːl] *n* forma lenta e pouco clara de falar, alongando as vogais.

drawn [drɔːn] *pp* → **draw**.

dread [dred] *n* pavor *m* ◆ *vt* *(exam)* temer; **to ~ doing sthg** temer fazer algo.

dreadful ['dredfʊl] *adj* terrível.

dreadfully ['dredfʊlɪ] *adv* *(badly)* extremamente mal; *(extremely)* extremamente.

dream [driːm] *n* sonho *m* ◆ *vt* sonhar ◆ *vi*: **to ~ (of)** sonhar (com); **a ~ house** uma casa de sonho.

dreary ['drɪərɪ] *adj* *(day, weather)* sombrio(-bria); *(job, work)* monótono(-na); *(person)* enfadonho(-nha).

dregs [dregz] *npl* *(of tea, coffee)* borra *f*.

drench [drentʃ] *vt* encharcar, ensopar; **to be ~ed in/with sthg** estar encharcado em algo.

dress [dres] *n* *(for woman, girl)* vestido *m*; *(clothes)* roupa *f*, fato *m (Port)* ◆ *vt* *(person, baby)* vestir; *(wound)* ligar; *(salad)* temperar ◆ *vi* vestir-se; **to be ~ed in** estar vestido de; **to get ~ed** vestir-se.
❑ **dress up** *vi* *(in costume)* disfarçar-se; *(in best clothes)* vestir-se elegantemente.

dress circle *n* balcão *m* nobre *(Br)*, primeiro balcão *m (Port)*.

dresser ['dresər] *n* *(Brit: for crockery)* aparador *m*; *(Am: chest of drawers)* cômoda *f*.

dressing ['dresɪŋ] *n* *(for salad)* tempero *m*; *(for wound)* curativo *m (Br)*, penso *m (Port)*.

dressing gown *n* robe *m*, roupão *m*.

dressing room *n* camarim *m*.

dressing table *n* toucador *m*.

dressmaker ['dres,meɪkər] *n* costureiro *m* (-ra *f*).

dress rehearsal *n* ensaio *m* geral.

drew [druː] *pt* → **draw**.

dribble ['drɪbl] *vi (liquid)* pingar; *(baby)* babar-se.

dried [draɪd] *adj (herbs, fruit, flowers)* seco(-ca); *(milk, eggs)* em pó.

drier ['draɪə'] = **dryer**.

drift [drɪft] *n (of snow)* monte *m* ♦ *vi (in wind)* ser levado pelo vento; *(in water)* ser levado pela água, derivar.

drill [drɪl] *n (electric tool)* furadeira *f (Br)*, berbequim *m (Port)*; *(manual tool, of dentist)* broca *f* ♦ *vt (hole)* furar.

drink [drɪŋk] *(pt* **drank**, *pp* **drunk)** *n (of water, tea etc)* bebida *f*; *(alcoholic)* copo *m*, bebida ♦ *vt & vi* beber; **would you like a ~?** quer beber OR tomar algo?; **to have a ~** *(alcoholic)* beber OR tomar um copo.

drinkable ['drɪŋkəbl] *adj (safe to drink)* potável; *(wine)* razoável.

drink-driving *n (Brit)* ato de dirigir sob a influência de álcool.

drinking water ['drɪŋkɪŋ-] *n* água *f* potável.

drip [drɪp] *n (drop)* gota *f*; *(MED)* aparelho *m* de soro ♦ *vi* pingar.

drip-dry *adj que não necessita ser passado a ferro*.

dripping (wet) ['drɪpɪŋ-] *adj* encharcado(-da).

drive [draɪv] *(pt* **drove**, *pp* **driven)** *n (journey)* viagem *f*; *(in front of house)* acesso *m*, caminho *m* ♦ *vt (car, bus, train)* dirigir *(Br)*, conduzir *(Port)*; *(take in car)* levar (em carro) ♦ *vi (drive car)* dirigir *(Br)*, conduzir *(Port)*; *(travel in car)* ir de carro; **to go for a ~** ir dar um passeio de carro; **it's driven by electricity** funciona a electricidade; **to ~ sb to do sthg** levar alguém a fazer algo; **to ~ sb mad** deixar alguém louco.

drivel ['drɪvl] *n disparates mpl*.

driven ['drɪvn] *pp* → **drive**.

driver ['draɪvə'] *n (of car, taxi)* motorista *mf*; *(of bus)* condutor *m* (-ra *f*); *(of train)* maquinista *mf*.

driver's license *(Am)* = **driving licence**.

driveshaft ['draɪvʃuːft] *n* eixo *m* motor, transmissão *f*.

driveway ['draɪvweɪ] *n* acesso *m*, caminho *m*.

driving ['draɪvɪŋ] *n* direção *f (Br)*, condução *f (Port)*.

driving instructor *n* instrutor *m* (-ra *f*) de auto-escola.

driving lesson *n* aula *f* de direção

(Br), aula *f* de condução *(Port)*.

driving licence *n (Brit)* carteira *f* de motorista *(Br)*, carta *f* de condução *(Port)*.

driving school *n* auto-escola *f (Br)*, escola *f* de condução *(Port)*.

driving test *n* exame *m* de direção *(Br)*, exame *m* de condução *(Port)*.

drizzle ['drɪzl] *n* chuvisco *m*.

drone [drəʊn] *n (sound of insect)* zumbido *m*; *(of plane, voices)* ruído *m*.

drop [drɒp] *n* gota *f*, pingo *m*; *(distance down)* descida *f*; *(decrease)* queda *f* ♦ *vt (let fall by accident)* deixar cair; *(let fall on purpose)* jogar; *(reduce)* baixar; *(from vehicle)* deixar; *(omit)* omitir ♦ *vi (fall)* cair; *(decrease)* baixar; **to ~ a hint that** dar a entender que; **to ~ sb a line** escrever uma palavrinha a alguém.

❏ **drop in** *vi (inf)*: **to ~ in on sb** passar por casa de alguém.

❏ **drop off** *vt sep (from vehicle)* deixar ♦ *vi (fall asleep)* adormecer; *(fall off)* cair.

❏ **drop out** *vi (of college)* abandonar os estudos; *(of race)* desistir.

dropout ['drɒpaʊt] *n (from society)* marginal *mf*; *(from university)* pessoa *f* que abandona os estudos.

droppings ['drɒpɪŋz] *npl* excrementos *mpl (de animal)*.

drought [draʊt] *n* seca *f*.

drove [drəʊv] *pt* → **drive**.

drown [draʊn] *vi* afogar-se.

drowsy ['draʊzɪ] *adj* sonolento(-ta).

drug [drʌg] *n* droga *f* ♦ *vt* drogar.

drug abuse *n* consumo *m* de drogas, toxicodependência *f*.

drug addict *n* drogado *m* (-da *f*), toxicômano *m* (-na *f*).

druggist ['drʌgɪst] *n (Am)* farmacêutico *m* (-ca *f*).

drugstore ['drʌgstɔː'] *n (Am)* farmácia *f*.

drum [drʌm] *n (MUS)* tambor *m*; *(container)* barril *m*; **to play the ~s** tocar bateria.

drummer ['drʌmə'] *n* baterista *mf*.

drumstick ['drʌmstɪk] *n (of chicken)* perna *f*.

drunk [drʌŋk] *pp* → **drink** ♦ *adj* bêbado(-da) ♦ *n* bêbado *m* (-da *f*); **to get ~** embebedar-se.

drunk-driving *(Am)* = **drink-driving**.

drunken ['drʌŋkn] *adj (person)* bêbado(-da); *(party, talk)* de bêbados.

dry [draɪ] *adj* seco(-ca) ♦ *vt (hands, washing-up)* limpar, secar; *(clothes)* secar ♦ *vi* secar; **to ~ o.s.** limpar-se; **to ~ one's hair** secar o cabelo. ❑ **dry up** *vi (become dry)* secar; *(dry the dishes)* limpar.

dry-clean *vt* limpar a seco.

dry cleaner's *n* lavanderia *f*.

dryer ['draɪəʳ] *n (for clothes)* máquina *f* de secar; *(for hair)* secador *m*.

dry-roasted peanuts [-'rəʊstɪd] *npl* amendoins *mpl* torrados.

dry ski slope *n* pista *f* de ski artificial.

DSS *n (Brit)* ministério britânico da Segurança Social.

DTP *abbr* = **desktop publishing**.

dual ['dju:əl] *adj* duplo(-pla).

dual carriageway *n (Brit)* via *f* dupla *(Br)*, via *f* rápida *(Port)*.

dubbed [dʌbd] *adj (film)* dublado (-da) *(Br)*, dobrado(-da) *(Port)*.

dubious ['dju:bjəs] *adj (suspect)* duvidoso(-osa).

Dublin ['dʌblɪn] *n* Dublim *s*.

duchess ['dʌtʃɪs] *n* duquesa *f*.

duck [dʌk] *n* pato *m* ♦ *vi* abaixar-se.

duckling ['dʌklɪŋ] *n (animal)* patinho *m*; *(food)* pato *m*.

dud [dʌd] *adj (coin, note)* falso(-sa); *(cheque)* sem fundos *(Br)*, careca *(Port)*; *(machine, video, idea)* inútil; *(bomb, shell, bullet)* que não rebentou.

due [dju:] *adj (owed)* devido(-da); *(to be paid)* a pagar; **the train is ~ at eight o'clock** a chegada do trem está prevista para as oito; **in ~ course** no tempo devido; **~ to** devido a.

duel ['dju:əl] *n* duelo *m*.

duet [dju:'et] *n* dueto *m*.

duffel bag ['dʌfl-] *n* saco *m* tipo marinheiro.

duffel coat ['dʌfl-] *n* casaco *m (grosso de inverno com capuz)*.

dug [dʌg] *pt & pp* → **dig**.

duke [dju:k] *n* duque *m*.

dull [dʌl] *adj (boring)* chato(-ta), aborrecido(-da); *(not bright)* baço(-ça); *(weather)* cinzento (-ta); *(pain)* incômodo(-da).

duly ['dju:lɪ] *adv (properly)* devidamente; *(as expected)* como era de se esperar.

dumb [dʌm] *adj (inf: stupid)* estúpido(-da); *(unable to speak)* mudo (-da).

dumbfound [dʌm'faʊnd] *vt* deixar estupefato(-ta); **to be ~ed** ficar estupefato.

dummy ['dʌmɪ] *n (Brit: for baby)* chupeta *f*; *(for clothes)* manequim *m*.

dump [dʌmp] *n (for rubbish)* lixeira *f*; *(inf: place)* espelunca *f* ♦ *vt (drop carelessly)* deixar cair; *(get rid of)* desfazer-se de.

dumper (truck) ['dʌmpəʳ-] *n (Brit)* caminhão *m* basculante *(Br)*, camião *m* basculante *(Port)*.

dumpling ['dʌmplɪŋ] *n bolinho de massa cozido e servido com ensopados*.

dump truck *(Am)* = **dumper (truck)**.

dunce [dʌns] *n* burro *m* (-a *f*).

dune [dju:n] *n* duna *f*.

dung [dʌŋ] *n* excremento *m*, bosta *f*.

dungarees [dʌŋgə'ri:z] *npl (Brit: for work)* macacão *m (Br)*, fato-macaco *m (Port)*; *(fashion item)* jardineiras *fpl*; *(Am: jeans)* jeans *m inv (Br)*, calças *fpl* de ganga *(Port)*.

dungeon ['dʌndʒən] *n* masmorra *f*.

duo ['dju:əʊ] *n* duo *m*.

duplicate ['dju:plɪkət] *n* duplicado *m*.

duration [dju'reɪʃn] *n* duração *f*; **for the ~ of** durante.

during ['djʊərɪŋ] *prep* durante.

dusk [dʌsk] *n* crepúsculo *m*.

dust [dʌst] *n (in building)* pó *m*; *(on ground)* pó, poeira *f* ♦ *vt (furniture, object)* tirar o pó de.

dustbin ['dʌstbɪn] *n (Brit)* lata *f* de lixo *(Br)*, caixote *m* do lixo *(Port)*.

dustcart ['dʌstkɑ:t] *n (Brit)* caminhão *m* do lixo *(Br)*, camião *m* do lixo *(Port)*.

duster ['dʌstəʳ] *n* pano *m* de pó.

dustman ['dʌstmən] *(pl* -**men** [-mən]*)* *n (Brit)* lixeiro *m (Br)*, gari *m (Br)*, homem *m* do lixo *(Port)*.

dustpan ['dʌstpæn] *n* pá *f* de lixo.

dusty ['dʌstɪ] *adj (road)* poeirento(-ta); *(room, air)* cheio (cheia) de pó.

Dutch [dʌtʃ] *adj* holandês(-esa) ♦ *n (language)* neerlandês *m*, holandês *m* ♦ *npl*: **the ~** os holandeses.

Dutchman ['dʌtʃmən] *(pl* -**men** [-mən]*)* *n* holandês *m*.

Dutchwoman ['dʌtʃˌwʊmən] *(pl* -**women** [-ˌwɪmɪn]*)* *n* holandesa *f*.

duty ['dju:tɪ] *n (moral obligation)* dever *m*; *(tax)* taxa *f*; **to be on ~** estar de plantão; **to be off ~** estar de folga. ❑ **duties** *npl (job)* funções *fpl*.

duty chemist's *n* farmácia *f* de plantão.

duty-free *adj* livre de impostos ◆ *n (article)* artigo *m* isento de impostos alfandegários.

duty-free shop *n* duty-free shop *m*, loja *f* franca *(Port)*.

duvet ['du:veɪ] *n* edredom *m (Br)*, edredão *m (Port)*.

duvet cover *n (Brit)* capa *f* de edredom.

dwarf [dwɔːf] *(pl* dwarves [dwɔːvz]) *n* anão *m* (anã *f*).

dwelling ['dwelɪŋ] *n (fml)* moradia *f*.

dye [daɪ] *n* tinta *f* (para tingir) ◆ *vt* tingir.

dying ['daɪɪŋ] *cont* → **die**.

dyke [daɪk] = **dike**.

dynamic [daɪ'næmɪk] *adj* dinâmico(-ca).

dynamite ['daɪnəmaɪt] *n* dinamite *f*.

dynamo ['daɪnəməʊ] *(pl* **-s**) *n* dínamo *m*.

dynasty [*Brit* 'dɪnəstɪ, *Am* 'daɪnəstɪ] *n* dinastia *f*.

dyslexic [dɪs'leksɪk] *adj* disléxico(-ca).

E

E *(abbr of east)* E.

E111 *n* E111 *m, impresso necessário para obter assistência médica nos outros países da União Européia.*

each [iːtʃ] *adj & pron* cada; **~ one** cada um (cada uma); **~ of them** cada um deles (cada uma delas); **~ other** um ao outro; **they fought ~ other** lutaram um contra o outro; **we know ~ other** nós nos conhecemos; **one ~** um a cada um; **one of ~** um de cada.

eager [ˈiːgəʳ] *adj (pupil)* entusiasta; *(expression)* de entusiasmo; **to be ~ to do sthg** estar ansioso por fazer algo; **~ to please** doido para agradar.

eagle [ˈiːgl] *n* águia *f.*

ear [ɪəʳ] *n* orelha *f; (of corn)* espiga *f.*

earache [ˈɪəreɪk] *n* dor *f* de ouvidos; **I've got ~** estou com dor de ouvidos.

eardrum [ˈɪədrʌm] *n* tímpano *m.*

earl [ɜːl] *n* conde *m.*

earlier [ˈɜːlɪəʳ] *adj* anterior ◆ *adv* antes; **~ on** antes.

earlobe [ˈɪələʊb] *n* lóbulo *m* da orelha.

early [ˈɜːlɪ] *adj (before usual or arranged time)* antecipado(-da) ◆ *adv* cedo; **I need to catch an ~ train** preciso pegar um trem que passa mais cedo; **it arrived an hour ~** chegou uma hora mais cedo; **~ last year** no início do ano passado; **in the ~ morning** de madrugada; **at the earliest** o mais cedo possível, no mínimo; **~ on** cedo; **to have an ~ night** deitar-se cedo.

earn [ɜːn] *vt* ganhar; **to ~ a living** ganhar a vida.

earnest [ˈɜːnɪst] *adj* sério(-ria); **to begin in ~** começar a sério.

earnings [ˈɜːnɪŋz] *npl* rendimentos *mpl.*

earphones [ˈɪəfəʊnz] *npl* fones *mpl* de ouvido *(Br)*, auscultadores *mpl (Port).*

earplugs [ˈɪəplʌgz] *npl* tampões *mpl*

auriculares OR para os ouvidos.

earrings [ˈɪərɪŋz] *npl* brincos *mpl.*

earshot [ˈɪəʃɒt] *n*: **within ~** ao alcance do ouvido; **out of ~** fora do alcance do ouvido.

earth [ɜːθ] *n* terra *f; (Brit: electrical connection)* fio *m* terra ◆ *vt (Brit: appliance)* ligar à terra; **how on ~ ...?** como diabo ...?

earthenware [ˈɜːθnweəʳ] *adj* de barro.

earthquake [ˈɜːθkweɪk] *n* terremoto *m.*

earthworm [ˈɜːθwɜːm] *n* minhoca *f.*

earwig [ˈɪəwɪg] *n* lacrainha *f (Br)*, bicha-cadela *f (Port).*

ease [iːz] *n* facilidade *f* ◆ *vt (pain, tension)* aliviar; *(problem)* minorar; **at ~** à vontade; **with ~** com facilidade, facilmente.

❏ **ease off** *vi* diminuir.

easel [ˈiːzl] *n* cavalete *m.*

easily [ˈiːzɪlɪ] *adv (without difficulty)* facilmente; *(by far)* de longe.

east [iːst] *n* leste *m*, este *m* ◆ *adj* leste, este ◆ *adv (be situated)* a leste; *(fly, walk)* para este, para leste; **in the ~ of England** no leste da Inglaterra; **the East** *(Asia)* o Oriente.

eastbound [ˈiːstbaʊnd] *adj* em direção a leste OR ao este.

East End *n*: **the ~** o leste de Londres.

Easter [ˈiːstəʳ] *n* Páscoa *f.*

Easter egg *n* ovo *m* de Páscoa.

easterly [ˈiːstəlɪ] *adj (wind)* de leste; **in an ~ direction** em direção ao leste OR este; **the most ~ point** o ponto mais a leste OR este.

eastern [ˈiːstən] *adj* de leste, do este.

❏ **Eastern** *adj (Asian)* oriental.

Eastern Europe *n* Europa *f* de Leste.

eastward ['i:stwəd] *adj*: **in an ~ direction** em direção ao leste OR este.

eastwards ['i:stwɔdz] *adv* em direção ao leste OR este, para leste OR este.

easy ['i:zi] *adj* fácil; **to take it ~** *(relax)* levar as coisas com calma; **take it ~!** *(be calm)* tenha calma!

easy chair *n* poltrona *f*, cadeirão *m*.

easygoing [,i:zɪ'gəʊɪŋ] *adj* descontraído(-da).

eat [i:t] *(pt* ate, *pp* eaten ['i:tn]) *vt & vi* comer.

❑ **eat out** *vi* comer fora.

eating apple ['i:tɪŋ-] *n* maçã *f* (para comer).

eaves ['i:vz] *npl* beirais *mpl*.

ebony ['ebənɪ] *n* ébano *m*.

EC *n (abbr of European Community)* CE *f.*

eccentric [ɪk'sentrɪk] *adj* excêntrico(-ca).

echo ['ekəʊ] *(pl* -es) *n* eco *m* ♦ *vi* ecoar.

eclipse [ɪ'klɪps] *n* eclipse *m*.

ecological [,i:kə'lɒdʒɪkl] *adj* ecológico(-ca).

ecology [ɪ'kɒlədʒɪ] *n* ecologia *f.*

economic [,i:kə'nɒmɪk] *adj* econômico(-ca).

❑ **economics** *n* economia *f.*

economical [,i:kə'nɒmɪkl] *adj* econômico(-ca).

economize [ɪ'kɒnəmaɪz] *vi* economizar.

economy [ɪ'kɒnəmɪ] *n* economia *f.*

economy class *n* classe *f* turística.

economy size *adj* de tamanho econômico.

ecotourism [i:kəʊ'tʊərɪzm] *n* ecoturismo *m*.

ecstasy ['ekstəsɪ] *n (great joy)* êxtase *m*; *(drug)* ecstasy *f.*

ecstatic [ek'stætɪk] *adj* extasiado (-da).

ECU ['ekju:] *n* ECU *m*.

eczema ['eksɪmə] *n* eczema *m*.

edge [edʒ] *n (border)* beira *f*; *(of table, coin, plate)* borda *f*; *(of knife)* fio *m*, gume *m*.

edible ['edɪbl] *adj* comestível.

Edinburgh ['edɪnbrə] *n* Edimburgo *s.*

Edinburgh Festival *n*: **the ~** o Festival de Edimburgo.

edit ['edɪt] *vt (text)* corrigir, revisar; *(newspaper, magazine)* dirigir; *(film, programme)* montar.

edition [ɪ'dɪʃn] *n* edição *f.*

editor ['edɪtəʳ] *n (of text)* editor *m* (-ra *f*); *(of newspaper, magazine)* diretor *m* (-ra *f*); *(of film, TV programme)* técnico *m* (-ca *f*) de montagem.

editorial [,edɪ'tɔ:rɪəl] *n* editorial *m*.

educate ['edʒʊkeɪt] *vt* educar.

education [,edʒʊ'keɪʃn] *n* educação *f.*

educational [,edʒʊ'keɪʃənl] *adj (establishment, policy)* educacional; *(toy, experience)* didático(-ca).

eel [i:l] *n* enguia *f.*

eerie ['ɪərɪ] *adj* sinistro(-tra), arrepiante.

effect [ɪ'fekt] *n* efeito *m*; **to put sthg into ~** pôr em prática; **to take ~** *(medicine)* fazer efeito; *(law)* entrar em vigor.

effective [ɪ'fektɪv] *adj (successful)* eficaz; *(law, system)* em vigor.

effectively [ɪ'fektɪvlɪ] *adv (successfully)* eficazmente, com eficácia; *(in fact)* com efeito.

effeminate [ɪ'femɪnət] *adj* efeminado(-da).

efficiency [ɪ'fɪʃənsɪ] *n (of person)* eficiência *f*; *(of factory)* economia *f.*

efficient [ɪ'fɪʃnt] *adj (person)* eficiente; *(factory)* econômico(-ca).

effluent ['eflʊənt] *n* águas *fpl* residuais, esgotos *mpl*.

effort ['efət] *n* esforço *m*; **to make an ~ to do sthg** fazer um esforço para fazer algo; **it's not worth the ~** não vale a pena o esforço.

effortless ['efətlɪs] *adj (easy)* fácil; *(natural)* natural.

e.g. *adv* e.g., p. ex.

egg [eg] *n* ovo *m*.

egg cup *n* oveiro *m*, *pequeno suporte para ovos quentes*.

egg mayonnaise *n recheio para sanduíches composto por ovo cozido e maionese.*

eggplant ['egplɑ:nt] *n (Am)* beringela *f.*

eggshell ['egʃel] *n* casca *f* de ovo.

egg white *n* clara *f* de ovo.

egg yolk *n* gema *f* de ovo.

ego ['i:gəʊ] *(pl* -s) *n* ego *m*, amor próprio.

egoistic [,i:gəʊ'ɪstɪk] *adj* egoísta.

egotistic(al) [,i:gə'tɪstɪk(l)] *adj* egotista.

Egypt ['i:dʒɪpt] *n* Egito *m*.

Egyptian [ɪ'dʒɪpʃn] *adj* egípcio(-cia)

♦ *n* egípcio *m* (-cia *f*).

eiderdown ['aɪdədaʊn] *n* edredom *m* *(Br)*, edredão *m (Port)*.

eight [eɪt] *num* oito, → **six**.

eighteen [ˌeɪ'tiːn] *num* dezoito, → **six**.

eighteenth [ˌeɪ'tiːnθ] *num* décimo oitavo (décima oitava), → **sixth**.

eighth [eɪtθ] *num* oitavo(-va), → **sixth**.

eightieth ['eɪtɪɪθ] *num* octogésimo (-ma), → **sixth**.

eighty ['eɪtɪ] *num* oitenta, → **six**.

Eire ['eərə] *n* República *f* da Irlanda.

Eisteddfod [aɪ'stedfəd] *n* festival cultural galês.

either ['aɪðə*r*, 'iːðə*r*] *adj*: ~ book will do qualquer um dos livros serve ♦ *pron*: **I'll take ~ (of them)** levo qualquer um (dos dois); **I don't like ~ (of them)** não gosto de nenhum (deles) ♦ *adv*: **I can't ~** também não posso; ~ ... **or** ou ... ou; **I don't speak ~ Portuguese or English** não falo nem português nem inglês; **on ~ side** dos dois lados.

eject [ɪ'dʒekt] *vt (cassette)* tirar.

elaborate [ɪ'læbrət] *adj* elaborado (-da), complicado(-da).

elapse [ɪ'læps] *vi* decorrer.

elastic [ɪ'læstɪk] *n* elástico *m*.

elasticated [ɪ'læstɪkeɪtɪd] *adj* elástico(-ca).

elastic band *n (Brit)* elástico *m*.

elbow ['elbəʊ] *n* cotovelo *m*.

elder ['eldə*r*] *adj* mais velho(-lha).

elderly ['eldəlɪ] *adj* idoso(-osa) ♦ *npl*: **the ~** os idosos.

eldest ['eldɪst] *adj* mais velho(-lha).

elect [ɪ'lekt] *vt* eleger; **to ~ to do sthg** *(fml: choose)* escolher fazer algo.

election [ɪ'lekʃn] *n* eleição *f*.

electioneering [ɪˌlekʃə'nɪərɪŋ] *n* propaganda *f* eleitoral.

electorate [ɪ'lektərət] *n*: **the ~** o eleitorado.

electric [ɪ'lektrɪk] *adj* elétrico(-ca).

electrical [ɪ'lektrɪkl] *adj* elétrico(-ca).

electrical goods *npl* eletrodomésticos *mpl*.

electric blanket *n* cobertor *m* elétrico.

electric cooker *n* fogão *m* elétrico.

electric drill *n* furadeira *f* elétrica *(Br)*, berbequim *m* (eléctrico) *(Port)*.

electric fence *n* vedação *f* eletrificada.

electric fire *n* radiador *m* OR aquecedor *m* elétrico.

electrician [ˌɪlek'trɪʃn] *n* eletricista *mf*.

electricity [ˌɪlek'trɪsətɪ] *n* eletricidade *f*.

electric shock *n* choque *m* elétrico.

electrocute [ɪ'lektrəkjuːt] *vt* eletrocutar.

electronic [ˌɪlek'trɒnɪk] *adj* eletrônico(-ca).

electronic mail *n* correio *m* eletrônico.

elegant ['elɪgənt] *adj* elegante.

element ['elɪmənt] *n* elemento *m*; *(of fire, kettle)* resistência *f*; **the ~s** *(weather)* os elementos.

elementary [ˌelɪ'mentərɪ] *adj* elementar.

elementary school *n (Am)* escola *f* primária.

elephant ['elɪfənt] *n* elefante *m*.

elevator ['elɪveɪtə*r*] *n (Am)* elevador *m*.

eleven [ɪ'levn] *num* onze, → **six**.

elevenses [ɪ'levnzɪz] *n (Brit)* refeição leve por volta das onze da manhã.

eleventh [ɪ'levnθ] *num* décimo primeiro (décima primeira), → **sixth**.

eligible ['elɪdʒəbl] *adj (qualified, suitable)* apto(-ta); *(bachelor)* elegível.

eliminate [ɪ'lɪmɪneɪt] *vt* eliminar.

elitist [ɪ'liːtɪst] *adj* elitista ♦ *n* elitista *mf*.

Elizabethan [ɪˌlɪzə'biːθn] *adj* isabelino(-na) *(segunda metade do séc. XVI)*.

elk [elk] *(pl inv* OR **-s)** *n* alce *m*.

elm [elm] *n* ulmeiro *m*, olmo *m*.

eloquent ['eləkwənt] *adj* eloqüente.

else [els] *adv*: **I don't want anything ~** não quero mais nada; **anything ~?** mais alguma coisa?; **everyone ~** os outros todos (as outras todas); **nobody ~** mais ninguém; **nothing ~** mais nada; **somebody ~** mais alguém; **something ~** outra coisa; **somewhere ~** outro lugar; **what ~?** que mais?; **who ~?** quem mais?; **or ~** ou então, senão.

elsewhere [els'weə*r*] *adv (be, search)* noutro lugar; *(with verbs of motion)* para outro lado.

elude [ɪ'luːd] *vt (police, pursuers)* eludir; *(subj: fact, idea, name)* escapar a.

elusive [ɪ'luːsɪv] *adj (success, quality)* difícil de alcançar; *(person, animal)* difícil de encontrar.

e-mail n (abbr of electronic mail) e-mail m.

emancipate [ɪˈmænsɪpeɪt] vt: to ~ sb from sthg libertar alguém de algo.

embankment [ɪmˈbæŋkmənt] n (next to river) margem f; (next to road, railway) barreira f.

embark [ɪmˈbɑːk] vi (board ship) embarcar.

embarkation card [ˌembɑːˈkeɪʃn-] n cartão m de embarque.

embarrass [ɪmˈbærəs] vt envergonhar.

embarrassed [ɪmˈbærəst] adj envergonhado(-da).

embarrassing [ɪmˈbærəsɪŋ] adj embaraçoso(-osa).

embarrassment [ɪmˈbærəsmənt] n vergonha f.

embassy [ˈembəsɪ] n embaixada f.

embers [ˈembəz] npl brasas fpl.

emblem [ˈembləm] n emblema m.

embossed [ɪmˈbɒst] adj (paper) timbrado(-da); (wallpaper) em relevo; (leather) gravado(-da); (design, lettering): ~ (on sthg) gravado (em algo).

embrace [ɪmˈbreɪs] vt abraçar.

embroidered [ɪmˈbrɔɪdəd] adj bordado(-da).

embroidery [ɪmˈbrɔɪdərɪ] n bordado m.

embryo [ˈembrɪəʊ] (pl -s) n embrião m.

emerald [ˈemərəld] n esmeralda f.

emerge [ɪˈmɜːdʒ] vi (from place) emergir, sair; (fact, truth) vir à tona.

emergency [ɪˈmɜːdʒənsɪ] n emergência f ♦ adj de emergência; in an ~ em caso de emergência.

emergency exit n saída f de emergência.

emergency landing n aterissagem f de emergência.

emergency services npl serviços mpl de emergência.

emery board [ˈemərɪ-] n lixa f (para as unhas).

emigrant [ˈemɪgrənt] n emigrante mf.

emigrate [ˈemɪgreɪt] vi emigrar.

eminent [ˈemɪnənt] adj eminente.

emission [ɪˈmɪʃn] n emissão f.

emit [ɪˈmɪt] vt emitir.

emotion [ɪˈməʊʃn] n emoção f.

emotional [ɪˈməʊʃənl] adj (situation, scene) comovente; (person) emotivo(-va).

emperor [ˈempərər] n imperador m.

emphasis [ˈemfəsɪs] (pl -ases [-əsiːz]) n ênfase f.

emphasize [ˈemfəsaɪz] vt enfatizar, sublinhar.

emphatically [ɪmˈfætɪklɪ] adv (say, state) enfaticamente; (agree) plenamente; (disagree) em absoluto.

empire [ˈempaɪər] n império m.

employ [ɪmˈplɔɪ] vt empregar.

employed [ɪmˈplɔɪd] adj empregado(-da).

employee [ɪmˈplɔɪiː] n empregado m (-da f).

employer [ɪmˈplɔɪər] n patrão m (-troa f).

employment [ɪmˈplɔɪmənt] n emprego m.

employment agency n agência f de emprego.

empress [ˈemprɪs] n imperatriz f.

empty [ˈemptɪ] adj (containing nothing) vazio(-zia); (threat, promise) vão (vã) ♦ vt esvaziar.

empty-handed [-ˈhændɪd] adv de mãos vazias OR a abanar.

EMU n UEM f.

emulate [ˈemjʊleɪt] vt emular.

emulsion (paint) [ɪˈmʌlʃn-] n tinta f de emulsão.

enable [ɪˈneɪbl] vt: to ~ sb to do sthg permitir a alguém fazer algo.

enamel [ɪˈnæml] n esmalte m.

enchanted [ɪnˈtʃɑːntɪd] adj: ~ by OR with sthg encantado(-da) com algo.

enchanting [ɪnˈtʃɑːntɪŋ] adj encantador(-ra).

encircle [ɪnˈsɜːkl] vt rodear.

enclose [ɪnˈkləʊz] vt (surround) rodear; (with letter) juntar.

enclosed [ɪnˈkləʊzd] adj (space) vedado(-da).

enclosure [ɪnˈkləʊʒər] n (place) recinto m.

encore [ˈɒŋkɔːr] n bis m ♦ excl bis!

encounter [ɪnˈkaʊntər] vt encontrar.

encourage [ɪnˈkʌrɪdʒ] vt encorajar; to ~ sb to do sthg encorajar alguém a fazer algo.

encouragement [ɪnˈkʌrɪdʒmənt] n encorajamento m.

encyclopedia [ɪnˌsaɪkləˈpiːdjə] n enciclopédia f.

end [end] n fim m; (furthest point) extremo m; (of string, finger) ponta f

◆ vt acabar, terminar; (war, practice)
acabar com ◆ vi acabar, terminar; to
come to an ~ chegar ao fim; to put an
~ to sthg acabar com algo; for days on
~ durante dias e dias OR dias a fio; in
the ~ no fim; to make ~s meet conseguir que o dinheiro chegue ao fim do
mês.
❑ end up vi acabar; to ~ up doing sthg
acabar por fazer algo.

endanger [ɪn'deɪndʒəʳ] vt pôr em
risco OR perigo.

endangered species [ɪn'deɪndʒəd-]
n espécie f em vias de extinção.

endearing [ɪn'dɪərɪŋ] adj cativante.

ending ['endɪŋ] n (of story, film, book)
fim m, final m; (GRAMM) terminação
f.

endive ['endaɪv] n endívia f.

endless ['endlɪs] adj infinito(-ta), sem
fim.

endorsement [ɪn'dɔːsmənt] n (of
driving licence) multa anotada na carteira
de motorista.

endurance [ɪn'djuərəns] n resistência f.

endure [ɪn'djuəʳ] vt suportar.

endways ['endweɪz] adv (Brit) (not
sideways) ao comprido; (with ends
touching) ponta com ponta, extremidade com extremidade.

endwise ['endwaɪz] (Am) = endways.

enemy ['enɪmɪ] n inimigo m (-ga f).

energetic [,enə'dʒetɪk] adj ener-
gético(-ca), ativo(-va).

energy ['enədʒɪ] n energia f.

enforce [ɪn'fɔːs] vt (law) aplicar, fazer
cumprir.

engaged [ɪn'geɪdʒd] adj (to be married)
noivo(-va); (Brit: phone) ocupado(-da)
(Br), impedido(-da) (Port); (toilet) ocu-
pado(-da); to get ~ ficar noivo.

engaged tone n (Brit) sinal m de
ocupado (Br), sinal de impedido (Port).

engagement [ɪn'geɪdʒmənt] n (to
marry) noivado m; (appointment) compromisso m, encontro m.

engagement ring n anel m de noivado.

engine ['endʒɪn] n (of vehicle) motor m;
(of train) máquina f.

engine driver n (Brit) maquinista mf.

engineer [,endʒɪ'nɪəʳ] n (of roads,
machinery) engenheiro m (-ra f); (to do
repairs) técnico m (-ca f).

engineering [,endʒɪ'nɪərɪŋ] n engenharia f.

engineering works npl (on railway
line) trabalhos mpl na linha.

England ['ɪŋglənd] n Inglaterra f.

English ['ɪŋglɪʃ] adj inglês(-esa) ◆ n
(language) inglês m ◆ npl: the ~ os
ingleses.

English breakfast n café da manhã
tradicional composto por ovos e bacon fritos, salsichas e torradas, acompanhado de
café ou chá.

English Channel n: the ~ o Canal
da Mancha.

Englishman ['ɪŋglɪʃmən] (pl -men
[-mən]) n inglês m.

Englishwoman ['ɪŋglɪʃˌwumən] (pl
-women [-ˌwɪmɪn]) n inglesa f.

engrave [ɪn'greɪv] vt gravar.

engraving [ɪn'greɪvɪŋ] n gravura f.

engrossed [ɪn'grəust] adj: to be ~ in
sthg estar absorto(-ta) em algo.

enhance [ɪn'hɑːns] vt (value) aumentar; (reputation, chances) melhorar;
(beauty) realçar.

enjoy [ɪn'dʒɔɪ] vt gostar de; to ~ doing
sthg gostar de fazer algo; to ~ o.s.
divertir-se; ~ your meal! bom apetite!

enjoyable [ɪn'dʒɔɪəbl] adj agradável.

enjoyment [ɪn'dʒɔɪmənt] n prazer m.

enlarge [ɪn'lɑːdʒ] vt (photograph,
building) ampliar; (scope) alargar.

❑ enlarge on vt fus desenvolver,
alargar-se sobre.

enlargement [ɪn'lɑːdʒmənt] n (of
photo) ampliação f.

enlightened [ɪn'laɪtnd] adj esclare-
cido(-da).

enormity [ɪ'nɔːmətɪ] n enormidade f.

enormous [ɪ'nɔːməs] adj enorme.

enough [ɪ'nʌf] adj suficiente ◆ pron o
suficiente ◆ adv suficientemente; ~
time tempo suficiente; is that ~?
chega?; it's not big ~ não é suficientemente grande; I've had ~ of your
cheek! estou farto do seu atrevimento!

enquire [ɪn'kwaɪəʳ] vi informar-se.

enquiry [ɪn'kwaɪərɪ] n (question) pergunta f; (investigation) inquérito m,
investigação f; "Enquiries" "Informações".

enquiry desk n (balcão m de) informações fpl.

enraged [ɪn'reɪdʒd] adj enraiveci-
do(-da).

enrol [ɪn'rəul] vi (Brit) matricular-se.

enroll [ɪn'rəul] (Am) = enrol.

ensue [ɪn'sjuː] vi (fml) surgir, acontecer.

en suite bathroom [ɒnˈswiːt] *n* banheiro *m* privativo.

ensure [ɪnˈʃʊər] *vt* assegurar, garantir.

entail [ɪnˈteɪl] *vt (involve)* implicar.

enter [ˈentər] *vt* entrar em; *(college, army)* entrar para; *(competition)* inscrever-se em; *(on form)* escrever ◆ *vi* entrar; *(in competition)* inscrever-se.

enterprise [ˈentəpraɪz] *n (business)* empresa *f*.

enterprising [ˈentəpraɪzɪŋ] *adj* empreendedor(-ra).

entertain [ˌentəˈteɪn] *vt (amuse)* entreter.

entertainer [ˌentəˈteɪnər] *n* artista *mf* (de variedades).

entertaining [ˌentəˈteɪnɪŋ] *adj* divertido(-da).

entertainment [ˌentəˈteɪnmənt] *n (amusement)* divertimento *m*; *(show)* espetáculo *m*.

enthusiasm [ɪnˈθjuːzɪæzm] *n* entusiasmo *m*.

enthusiast [ɪnˈθjuːzɪæst] *n* entusiasta *mf*.

enthusiastic [ɪnˌθjuːzɪˈæstɪk] *adj* entusiástico(-ca).

entice [ɪnˈtaɪs] *vt* seduzir; **to ~ sb into** sthg atrair alguém para algo.

entire [ɪnˈtaɪər] *adj* inteiro(-ra).

entirely [ɪnˈtaɪəlɪ] *adv* completamente.

entirety [ɪnˈtaɪərətɪ] *n*: **in its ~** na totalidade.

entitle [ɪnˈtaɪtl] *vt*: **to ~ sb to sthg** dar a alguém o direito a algo; **to ~ sb to do sthg** dar o direito a alguém de fazer algo.

entitled [ɪnˈtaɪtld] *adj*: **to be ~ to sthg** ter direito a algo; **to be ~ to do sthg** ter o direito de fazer algo.

entrance [ˈentrəns] *n* entrada *f*.

entrance examination *n* exame *m* de admissão.

entrance fee *n* entrada *f*.

entrant [ˈentrənt] *n (in competition)* participante *mf*.

entrepreneur [ˌɒntrəprəˈnɜːr] *n* empresário *m* (-ria *f*).

entry [ˈentrɪ] *n* entrada *f*; *(in competition)* inscrição *f*, candidatura *f*; **"no ~"** *(sign on door)* "entrada proibida"; *(road sign)* "acesso proibido".

entry form *n* impresso *m* OR folha *f* de inscrição.

entry phone *n* interfone *m*.

envelope [ˈenvələʊp] *n* envelope *m*.

envious [ˈenvɪəs] *adj* invejoso(-osa).

environment [ɪnˈvaɪərənmənt] *n* meio *m*; **the ~** o meio ambiente.

environmental [ɪnˌvaɪərənˈmentl] *adj* ambiental.

environmentally   friendly [ɪnˌvaɪərənˈmentəlɪ-] *adj* amigo(-ga) do ambiente.

envy [ˈenvɪ] *vt* invejar.

epic [ˈepɪk] *n* epopéia *f*.

epidemic [ˌepɪˈdemɪk] *n* epidemia *f*.

epileptic [ˌepɪˈleptɪk] *adj* epiléptico(-ca).

episode [ˈepɪsəʊd] *n* episódio *m*.

equal [ˈiːkwəl] *adj* igual ◆ *vt* igualar; **to be ~ to** *(number)* ser igual a.

equality [ɪˈkwɒlətɪ] *n* igualdade *f*.

equalize [ˈiːkwəlaɪz] *vi* igualar.

equalizer [ˈiːkwəlaɪzər] *n* gol *m* de empate (Br), golo *m* da igualdade (Port).

equally [ˈiːkwəlɪ] *adv (bad, good, matched)* igualmente; *(pay, treat)* de forma igual, da mesma forma; *(share)* por igual; *(at the same time)* ao mesmo tempo.

equal opportunities *npl* igualdade *f* de oportunidades.

equation [ɪˈkweɪʒn] *n* equação *f*.

equator [ɪˈkweɪtər] *n*: **the ~** o equador.

equilibrium [ˌiːkwɪˈlɪbrɪəm] *n* equilíbrio *m*.

equip [ɪˈkwɪp] *vt*: **to ~ sb/sthg with** equipar alguém/algo com.

equipment [ɪˈkwɪpmənt] *n* equipamento *m*.

equipped [ɪˈkwɪpt] *adj*: **to be ~ with** estar equipado(-da) com.

equivalent [ɪˈkwɪvələnt] *adj* equivalente ◆ *n* equivalente *m*.

ER *n (Am: abbr of emergency room)* Urgências *fpl*.

era [ˈɪərə] *n* era *f*.

eradicate [ɪˈrædɪkeɪt] *vt* erradicar.

erase [ɪˈreɪz] *vt (letter, word)* apagar.

eraser [ɪˈreɪzər] *n* borracha *f* (de apagar).

erect [ɪˈrekt] *adj* erecto(-ta) ◆ *vt (tent)* montar; *(monument)* erigir.

ERM *n* mecanismo de câmbio do SME.

ermine [ˈɜːmɪn] *n* arminho *m*.

erosion [ɪˈrəʊʒn] *n (of soil, rock)* erosão *f*.

erotic [ɪˈrɒtɪk] *adj* erótico(-ca).

errand [ˈerənd] *n* recado *m*.

erratic [ɪˈrætɪk] *adj* irregular.

error ['erər] *n* erro *m*.

erupt [ı'rʌpt] *vi (volcano)* entrar em erupção; *(violence, war)* estourar.

eruption [ı'rʌpʃn] *n (of volcano)* erupção *f*; *(of war)* deflagração *f*.

escalator ['eskəleıtər] *n* escadas *fpl* rolantes.

escalope ['eskəlɒp] *n* escalope *m*.

escape [ı'skeıp] *n* fuga *f* ◆ *vi*: **to ~ (from)** *(from prison, danger)* fugir (de); *(leak)* escapar (de).

escapism [ı'skeıpızm] *n* evasão *f* (à realidade).

escort [*n* 'eskɔːt, *vb* ı'skɔːt] *n (guard)* escolta *f* ◆ *vt* escoltar.

Eskimo ['eskıməʊ] *(pl inv OR -s) n (person)* esquimó *mf*.

espadrilles ['espə,drılz] *npl* alpercatas *fpl*.

especially [ı'speʃəlı] *adv (in particular)* sobretudo; *(on purpose)* especialmente; *(very)* particularmente.

esplanade [,esplə'neıd] *n* passeio *m*, avenida *f* à beira-mar.

espresso [ı'spresəʊ] *(pl -s) n* café *m*.

esquire [ı'skwaıər] *n*: **D. Lowis, ~** Exmo Sr. D. Lowis.

essay ['eseı] *n (at school)* redação *f*, composição *f*; *(at university)* trabalho *m* escrito.

essence ['esns] *n* essência *f*; **in ~** no fundo.

essential [ı'senʃl] *adj* essencial.
❑ **essentials** *npl*: **the ~s** o essencial; **the bare ~s** o mínimo indispensável.

essentially [ı'senʃəlı] *adv* essencialmente.

establish [ı'stæblıʃ] *vt* estabelecer.

establishment [ı'stæblıʃmənt] *n (business)* estabelecimento *m*.

estate [ı'steıt] *n (land in country)* propriedade *f*; *(for housing)* conjunto *m* habitacional *(Br)*, urbanização *f (Port)*; *(Brit: car)* = **estate car**.

estate agency *n (Brit)* agência *f* imobiliária.

estate agent *n (Brit)* agente *m* imobiliário (agente *f* imobiliária).

estate car *n (Brit)* perua *f (Br)*, carrinha *f (Port)*.

esteem [ı'stiːm] *vt* admirar, estimar ◆ *n* consideração *f*, estima *f*.

esthetic [iːs'θetik] *(Am)* = **aesthetic**.

estimate [*n* 'estımət, *vb* 'estımeıt] *n (guess)* estimativa *f*; *(from builder, plumber)* orçamento *m* ◆ *vt* calcular.

Estonia [e'stəʊnjə] *n* Estônia *f*.

estuary ['estjʊərı] *n* estuário *m*.

etc. *(abbr of etcetera)* etc.

eternal [ı'tɜːnl] *adj (everlasting)* eterno(-na); *(fig: perpetual, continual)* contínuo(-nua).

Ethiopia [,iːθı'əʊpjə] *n* Etiópia *f*.

ethnic minority ['eθnık-] *n* minoria *f* étnica.

etiquette ['etıket] *n* etiqueta *f*.

EU *n (abbr of European Union)* UE *f*.

euphemism ['juːfəmızm] *n* eufemismo *m*.

Eurocheque ['jʊərəʊ,tʃek] *n* Eurocheque *m*.

Europe ['jʊərəp] *n* Europa *f*.

European [,jʊərə'pıən] *adj* europeu(-péia) ◆ *n* europeu *m* (-péia *f*).

European Community *n* Comunidade *f* Européia.

European Parliament *n*: **the ~** o Parlamento Europeu.

euthanasia [,juːθə'neızjə] *n* eutanásia *f*.

evacuate [ı'vækjʊeıt] *vt* evacuar.

evade [ı'veıd] *vt (person)* evitar; *(issue, responsibility)* fugir a.

evaluate [ı'væljʊeıt] *vt* avaliar.

evaporate [ı'væpəreıt] *vi* evaporar.

evaporated milk [ı'væpəreıtıd-] *n* leite *m* evaporado.

eve [iːv] *n*: **on the ~ of** na véspera de.

even ['iːvn] *adj (level)* plano(-na); *(equal)* igual; *(number)* par ◆ *adv (emphasizing surprise)* mesmo; *(in comparisons)* ainda; **to break ~** funcionar sem lucros nem prejuízos; **~ so** mesmo assim; **~ though** ainda que; **not ~** nem mesmo OR sequer.

evening ['iːvnıŋ] *n (from 5 p.m. until 8 p.m.)* fim *m* da tarde; *(from 8 p.m. onwards)* noite *f*; *(event)* serão *m*, noite *f*; **good ~!** boa tarde!, boa noite!; **in the ~** ao fim da tarde, à noite.

evening classes *npl* aulas *fpl* à noite.

evening dress *n (formal clothes)* traje *m* de cerimônia; *(woman's garment)* vestido *m* de noite.

evening meal *n* jantar *m*, refeição *f* da noite.

event [ı'vent] *n (occurrence)* acontecimento *m*; *(SPORT)* prova *f*; **in the ~ of** *(fml)* em caso de.

eventful [ı'ventfʊl] *adj* movimentado(-da), fértil em acontecimentos.

eventual [ı'ventʃʊəl] *adj* final.

eventually [ɪ'ventʃʊəlɪ] *adv* final-mente.

ever ['evər] *adv (at any time)* alguma vez; *(in negatives)* nunca; **I don't ~ do that** nunca faço isso; **the best I've ~ seen** o melhor que já vi; **he was ~ so angry** ele estava mesmo zangado; **for ~** *(eternally)* para sempre; **we've been waiting for ~** estamos esperando há muito tempo; **hardly ~** quase nunca; **~ since** *adv* desde então ◆ *prep* desde ◆ *conj* desde que.

evergreen ['evəgriːn] *adj* de folhas persistentes OR perenes ◆ *n* árvore *f* de folhas persistentes OR perenes.

every ['evrɪ] *adj* cada; **~ day** cada dia, todos os dias; **~ other day** dia sim, dia não; **one in ~ ten** um em cada dez; **we make ~ effort ...** fazemos o possível ...; **~ so often** de vez em quando.

everybody ['evrɪ,bɒdɪ] = **everyone**.

everyday ['evrɪdeɪ] *adj* diário(-ria).

everyone ['evrɪwʌn] *pron* toda a gente, todos *mpl* (-das *fpl*).

everyplace ['evrɪ,pleɪs] *(Am)* = **everywhere**.

everything ['evrɪθɪŋ] *pron* tudo.

everywhere ['evrɪweər] *adv (be, search)* por todo o lado; *(with verbs of motion)* para todo o lado; **~ you go it's the same** onde quer que se vá é o mesmo.

evict [ɪ'vɪkt] *vt*: **to ~ sb (from)** despejar alguém (de).

evidence ['evɪdəns] *n* prova *f*.

evident ['evɪdənt] *adj* evidente.

evidently ['evɪdəntlɪ] *adv (apparently)* aparentemente; *(obviously)* evidentemente.

evil ['iːvl] *adj* mau (má) ◆ *n* o mal.

evolution [,iːvə'luːʃn] *n* evolução *f*.

ewe [juː] *n* ovelha *f*.

ex [eks] *n (inf)* ex *mf*.

exact [ɪg'zækt] *adj* exato(-ta); **"~ fare ready please"** aviso em ônibus pedindo que se pague o dinheiro exacto do bilhete, pois não se dá troco.

exactly [ɪg'zæktlɪ] *adv* exatamente ◆ *excl* exato!

exaggerate [ɪg'zædʒəreɪt] *vt & vi* exagerar.

exaggeration [ɪg,zædʒə'reɪʃn] *n* exagero *m*.

exam [ɪg'zæm] *n* exame *m*; **to take** OR **sit an ~** fazer um exame.

examination [ɪg,zæmɪ'neɪʃn] *n* exame *m*.

examine [ɪg'zæmɪn] *vt* examinar.

examiner [ɪg'zæmɪnər] *n* examinador *m* (-ra *f*).

example [ɪg'zɑːmpl] *n* exemplo *m*; **for ~** por exemplo.

exasperate [ɪg'zæspəreɪt] *vt* exasperar.

excavate ['ekskəveɪt] *vt* escavar.

exceed [ɪk'siːd] *vt* ultrapassar.

exceedingly [ɪk'siːdɪŋlɪ] *adv* tremendamente.

excel [ɪk'sel] *vi*: **to ~ in** OR **at sthg** distinguir-se OR sobressair-se em algo.

excellence ['eksələns] *n* excelência *f*, perfeição *f*.

excellent ['eksələnt] *adj* excelente.

except [ɪk'sept] *prep* exceto, a menos que ◆ *conj* exceto; **~ for** exceto; **"~ for access"** "exceto trânsito local"; **"~ for loading"** "exceto cargas e descargas".

excepting [ɪk'septɪŋ] *prep & conj* = **except**.

exception [ɪk'sepʃn] *n* exceção *f*.

exceptional [ɪk'sepʃnəl] *adj* excecional.

excerpt ['eksɔːpt] *n* trecho *m*, excerto *m*.

excess [ɪk'ses, *before nouns* 'ekses] *adj* excessivo(-va), em excesso ◆ *n* excesso *m*.

excess baggage *n* excesso *m* de bagagem.

excess fare *n (Brit)* prolongamento *m*.

excessive [ɪk'sesɪv] *adj* excessivo(-va).

exchange [ɪks'tʃeɪndʒ] *n (of telephones)* central *f* telefônica; *(of students)* intercâmbio *m* ◆ *vt* trocar; **to ~ sthg for sthg** trocar algo por algo; **to be on an ~** estar participando de um intercâmbio.

exchange rate *n* taxa *f* de câmbio.

excite [ɪk'saɪt] *vt (person)* excitar; *(interest, suspicion)* provocar.

excited [ɪk'saɪtɪd] *adj* entusiasmado (-da).

excitement [ɪk'saɪtmənt] *n (excited feeling)* entusiasmo *m*; *(exciting thing)* emoção *f*.

exciting [ɪk'saɪtɪŋ] *adj* emocionante, excitante.

exclaim [ɪk'skleɪm] *vt & vi* exclamar.

exclamation mark [,eksklə'meɪʃn-] *n (Brit)* ponto *m* de exclamação.

exclamation point [,eksklə'meɪʃn-] *(Am)* = **exclamation mark**.

exclude [ɪk'skluːd] *vt* excluir.

excluding [ɪkˈskluːdɪŋ] *prep* excluindo.

exclusive [ɪkˈskluːsɪv] *adj* exclusivo(-va) ♦ *n* exclusivo *m*; ~ **of VAT** IVA não incluído.

excrement [ˈekskrɪmənt] *n* (*fml*) excremento *m*.

excruciating [ɪkˈskruːʃɪeɪtɪŋ] *adj* terrível.

excursion [ɪkˈskɜːʃn] *n* excursão *f*.

excuse [*n* ɪkˈskjuːs, *vb* ɪkˈskjuːz] *n* desculpa *f* ♦ *vt* (*forgive*) desculpar; (*let off*) dispensar; ~ **me!** (*attracting attention*) desculpe!, faz favor!; (*trying to get past*) com licença!; (*as apólogy*) desculpe!, perdão!

ex-directory *adj* (*Brit*) que não figura na lista telefônica.

execute [ˈeksɪkjuːt] *vt* executar.

execution [ˌeksɪˈkjuːʃn] *n* execução *f*.

executive [ɪgˈzekjutɪv] *adj* (*suite, travel*) para executivos ♦ *n* (*person*) executivo *m* (-va *f*).

exempt [ɪgˈzempt] *adj*: ~ **(from)** isento(-ta) (de).

exemption [ɪgˈzempʃn] *n* (*from taxes*) isenção *f*; (*from exam*) dispensa *f*.

exercise [ˈeksəsaɪz] *n* exercício *m* ♦ *vi* exercitar-se, fazer exercício; **to do ~s** fazer exercícios.

exercise book *n* caderno *m* (de exercícios).

exert [ɪgˈzɜːt] *vt* exercer.

exertion [ɪgˈzɜːʃn] *n* esforço *m*.

exhale [eksˈheɪl] *vt & vi* exalar.

exhaust [ɪgˈzɔːst] *vt* esgotar ♦ *n*: ~ **(pipe)** cano *m* de descarga (*Br*), tubo *m* de escape (*Port*).

exhausted [ɪgˈzɔːstɪd] *adj* exausto (-ta).

exhausting [ɪgˈzɔːstɪŋ] *adj* exaustivo(-va).

exhibit [ɪgˈzɪbɪt] *n* (*in museum, gallery*) objeto *m* exposto ♦ *vt* (*in exhibition*) exibir.

exhibition [ˌeksɪˈbɪʃn] *n* (*of art*) exposição *f*.

exhilarating [ɪgˈzɪləreɪtɪŋ] *adj* excitante.

exile [ˈeksaɪl] *n* (*condition*) exílio *m* ♦ *vt*: **to ~ sb from** exilar alguém de; **in ~** no exílio.

exist [ɪgˈzɪst] *vi* existir.

existence [ɪgˈzɪstəns] *n* existência *f*; **to be in ~** existir.

existing [ɪgˈzɪstɪŋ] *adj* existente.

exit [ˈeksɪt] *n* saída *f* ♦ *vi* sair.

exorbitant [ɪgˈzɔːbɪtənt] *adj* exorbitante.

exotic [ɪgˈzɒtɪk] *adj* exótico(-ca).

expand [ɪkˈspænd] *vi* (*in size*) expandir-se; (*in number*) aumentar.

expansion [ɪkˈspænʃn] *n* (*in size*) expansão *f*; (*in number*) aumento *m*.

expect [ɪkˈspekt] *vt* esperar; **to ~ to do sthg** esperar fazer algo; **to ~ sb to do sthg** esperar que alguém faça algo; **to be ~ing** (*be pregnant*) estar grávida.

expectant [ɪkˈspektənt] *adj* (*crowd, person*) expectante.

expectant mother *n* futura mãe *f*.

expectation [ˌekspekˈteɪʃn] *n* (*hope*) esperança *f*; **it's my ~ that ...** creio que ...; **against OR contrary to all ~s** contra todas as expectativas, ao contrário do que seria de esperar.

expedition [ˌekspɪˈdɪʃn] *n* expedição *f*.

expel [ɪkˈspel] *vt* (*from school*) expulsar.

expenditure [ɪkˈspendɪtʃər] *n* (*of money*) despesa *f*; (*of energy, resource*) gasto *m*, consumo *m*.

expense [ɪkˈspens] *n* gasto *m*, despesa *f*; **at the ~ of** à custa de.
 ❏ **expenses** *npl* (*of business person*) gastos *mpl*, despesas *fpl*.

expensive [ɪkˈspensɪv] *adj* caro(-ra).

experience [ɪkˈspɪərɪəns] *n* experiência *f* ♦ *vt* passar por.

experienced [ɪkˈspɪərɪənst] *adj* com experiência, experiente.

experiment [ɪkˈsperɪmənt] *n* experiência *f* ♦ *vi* experimentar.

expert [ˈekspɜːt] *adj* (*advice, treatment*) especializado(-da) ♦ *n* perito *m* (-ta *f*).

expertise [ˌekspɜːˈtiːz] *n* perícia *f*, competência *f*.

expire [ɪkˈspaɪər] *vi* caducar.

expiry date [ɪkˈspaɪərɪ-] *n* prazo *m* de validade.

explain [ɪkˈspleɪn] *vt* explicar.

explanation [ˌekspləˈneɪʃn] *n* explicação *f*.

explicit [ɪkˈsplɪsɪt] *adj* explícito(-ta).

explode [ɪkˈspləud] *vi* explodir.

exploit [ɪkˈsplɔɪt] *vt* explorar.

exploitation [ˌeksplɔɪˈteɪʃn] *n* exploração *f*.

exploration [ˌekspləˈreɪʃn] *n* exploração *f*.

explore [ɪkˈsplɔːr] *vt* explorar.

explorer [ɪkˈsplɔːrər] *n* explorador *m* (-ra *f*).

explosion [ɪkˈspləuʒn] *n* explosão *f*.

explosive [ɪk'spləʊsɪv] *n* explosivo *m*.

export [*n* 'ekspɔːt, *vb* ɪk'spɔːt] *n* exportação *f* ♦ *vt* exportar.

expose [ɪk'spəʊz] *vt* expor.

exposed [ɪk'spəʊzd] *adj (place)* desprotegido(-da).

exposure [ɪk'spəʊʒə'] *n (photograph)* fotografia *f*; *(to heat, radiation)* exposição *f*; **to die of** ~ morrer de frio OR por exposição ao frio.

exposure meter *n* fotômetro *m*.

express [ɪk'spres] *adj (letter, delivery)* urgente; *(train)* rápido(-da) ♦ *n (train)* expresso *m* ♦ *vt* exprimir ♦ *adv*: **send it** ~ envie-o pelo serviço mais rápido.

expression [ɪk'spreʃn] *n* expressão *f*.

expressive [ɪk'spresɪv] *adj* expressivo(-va).

expressly [ɪk'spreslɪ] *adv* expressamente.

expressway [ɪk'spreswei] *n (Am)* auto-estrada *f*.

exquisite [ɪk'skwɪzɪt] *adj (features, manners)* delicado(-da); *(painting, jewellery)* magnífico(-ca); *(taste)* requintado(-da).

extend [ɪk'stend] *vt* prolongar; *(hand)* estender ♦ *vi (stretch)* estender-se.

extension [ɪk'stenʃn] *n (of building)* anexo *m*; *(for phone)* ramal *m (Br)*, extensão *f (Port)*; *(for permit)* prolongamento *m*, prorrogação *f*; *(for essay)* prolongamento do prazo de entrega.

extension lead *n* extensão *f*.

extensive [ɪk'stensɪv] *adj* vasto(-ta).

extensively [ɪk'stensɪvlɪ] *adv* extensivamente.

extent [ɪk'stent] *n (of damage)* dimensão *f*; *(of knowledge)* grau *m*; **to a certain** ~ até certo ponto; **to what** ~ ...? em que medida ...?

exterior [ɪk'stɪərɪə'] *adj* exterior ♦ *n (of car, building)* exterior *m*.

exterminate [ɪk'stɜːmɪneɪt] *vt* exterminar.

external [ɪk'stɜːnl] *adj* externo(-na).

extinct [ɪk'stɪŋkt] *adj* extinto(-ta).

extinction [ɪk'stɪŋkʃn] *n* extinção *f*.

extinguish [ɪk'stɪŋgwɪʃ] *vt (fire, cigarette)* apagar.

extinguisher [ɪk'stɪŋgwɪʃə'] *n* extintor *m*.

extortionate [ɪk'stɔːʃnət] *adj* exorbitante.

extra ['ekstrə] *adj* extra *(inv)* ♦ *n* extra *m* ♦ *adv (more)* mais, extra; **be** ~ **care-**

ful! tenha muito cuidado!; **an** ~ **special offer** uma oferta extremamente especial; **we'll have to try** ~ **hard** temos de nos esforçar ainda mais; ~ **charge** suplemento *m*; ~ **large** XL.
❑ **extras** *npl (in price)* extras *mpl*.

extract [*n* 'ekstrækt, *vb* ɪk'strækt] *n (of yeast, malt etc)* extrato *m*; *(from book, opera)* trecho *m* ♦ *vt (tooth)* arrancar.

extractor fan [ɪk'stræktə-] *n (Brit)* exaustor *m*.

extradite ['ekstrədaɪt] *vt*: **to** ~ **sb from/to** extraditar alguém de/para.

extraordinary [ɪk'strɔːdnrɪ] *adj* extraordinário(-ria).

extravagance [ɪk'strævəgəns] *n* extravagância *f*.

extravagant [ɪk'strævəgənt] *adj* extravagante.

extreme [ɪk'striːm] *adj* extremo(-ma) ♦ *n* extremo *m*.

extremely [ɪk'striːmlɪ] *adv* extremamente.

extremist [ɪk'striːmɪst] *adj* extremista ♦ *n* extremista *mf*.

extricate ['ekstrɪkeɪt] *vt*: **to** ~ **sthg from** retirar algo de; **to** ~ **o.s. from** livrar-se de.

extrovert ['ekstrəvɜːt] *n* extrovertido *m* (-da *f*).

exuberance [ɪg'zjuːbərəns] *n* exuberância *f*.

eye [aɪ] *n* olho *m*; *(of needle)* buraco *m* ♦ *vt* olhar para; **to keep an** ~ **on** vigiar.

eyeball ['aɪbɔːl] *n* globo *m* ocular.

eyebath ['aɪbɑːθ] *n* copo *m* (para lavar os olhos).

eyebrow ['aɪbraʊ] *n* sobrancelha *f*.

eyebrow pencil *n* lápis *m inv* de sobrancelhas.

eye drops *npl* colírio *m (Br)*, gotas *fpl* para os olhos *(Port)*.

eyeglasses ['aɪglɑːsɪz] *npl (Am)* óculos *mpl*.

eyelash ['aɪlæʃ] *n* pestana *f*.

eyelid ['aɪlɪd] *n* pálpebra *f*.

eyeliner ['aɪ,laɪnə'] *n* lápis *m inv* para os olhos.

eye shadow *n* sombra *f* para os olhos.

eyesight ['aɪsaɪt] *n* vista *f*.

eyesore ['aɪsɔː'] *n* monstruosidade *f*.

eyestrain ['aɪstreɪn] *n* astenopia *f*, vista *f* cansada.

eye test *n* exame *m* de vista.

eyewitness ['aɪ,wɪtnɪs] *n* testemunha *mf* ocular.

F

F *(abbr of Fahrenheit)* F.

fable [ˈfeɪbl] *n* fábula *f*.

fabric [ˈfæbrɪk] *n (cloth)* tecido *m*.

fabulous [ˈfæbjʊləs] *adj* fabuloso (-osa).

facade [fəˈsɑːd] *n* fachada *f*.

face [feɪs] *n* cara *f*, face *f*, rosto *m*; *(of cliff, mountain)* lado *m*; *(of clock, watch)* mostrador *m* ◆ *vt* encarar; **the hotel ~s the harbour** o hotel dá para o porto; **to be ~d with** ver-se perante.
❏ **face up to** *vt fus* fazer face a.

facecloth [ˈfeɪsklɒθ] *n (Brit)* toalinha *f* de rosto.

face cream *n* creme *m* facial.

face-lift *n* (operação) plástica *f*; **they've given the building a ~** eles reformaram a fachada do edifício.

face powder *n* pó-de-arroz *m*.

face value *n* valor *m* nominal; **to take sthg at ~** levar algo ao pé da letra.

facial [ˈfeɪʃl] *n* limpeza *f* facial OR de pele.

facilitate [fəˈsɪlɪteɪt] *vt (fml)* facilitar.

facilities [fəˈsɪlɪtiːz] *npl* instalações *fpl*.

facing [ˈfeɪsɪŋ] *adj* oposto(-osta).

facsimile [fækˈsɪmɪlɪ] *n* fac-símile *m*.

fact [fækt] *n* fato *m*; **in ~** na realidade.

factor [ˈfæktər] *n* fator *m*; **~ ten suntan lotion** bronzeador com fator de proteção dez.

factory [ˈfæktərɪ] *n* fábrica *f*.

factual [ˈfæktʃʊəl] *adj* fatual.

faculty [ˈfæklti] *n (at university)* faculdade *f*.

fad [fæd] *n (of person)* mania *f* (passageira); *(of society)* moda *f* (passageira).

fade [feɪd] *vi (light, sound)* desaparecer; *(flower)* murchar; *(jeans, wallpaper)* desbotar.

faded [ˈfeɪdɪd] *adj (jeans)* ruço(-ça), desbotado(-da).

fag [fæg] *n (Brit: inf: cigarette)* cigarro *m*.

Fahrenheit [ˈfærənhaɪt] *adj* Farenheit *(inv)*.

fail [feɪl] *vt (exam)* reprovar ◆ *vi (not succeed)* fracassar; *(in exam)* não passar; *(engine)* falhar; **to ~ to do sthg** *(not do)* não fazer algo.

failing [ˈfeɪlɪŋ] *n* defeito *m* ◆ *prep:* **~ that** senão.

failure [ˈfeɪljər] *n* fracasso *m*; *(unsuccessful person)* fracassado *m* (-da *f*); **~ to comply with the regulations ...** o não cumprimento do regulamento ....

faint [feɪnt] *adj (sound)* fraco(-ca); *(colour)* claro(-ra); *(outline)* vago(-ga); *(dizzy)* tonto(-ta) ◆ *vi* desmaiar; **I haven't the ~est idea** não faço a menor idéia.

fair [feər] *adj (decision, trial, result)* justo(-ta); *(judge, person)* imparcial; *(quite large, good)* considerável; *(SCH)* suficiente; *(hair, person)* louro(-ra); *(skin)* claro(-ra); *(weather)* bom (boa) ◆ *n* feira *f*; **~ enough!** está bem!

fairground [ˈfeəgraʊnd] *n* espaço onde se realiza feiras beneficentes ou culturais.

fair-haired [-ˈheəd] *adj* louro(-ra).

fairly [ˈfeəlɪ] *adv (quite)* bastante.

fairness [ˈfeənɪs] *n (of decision, trial, result)* justiça *f*; *(of judge, person)* imparcialidade *f*, equidade *f*.

fairy [ˈfeərɪ] *n* fada *f*.

fairy tale *n* conto *m* de fadas.

faith [feɪθ] *n* fé *f*.

faithful [ˈfeɪθfʊl] *adj* fiel.

faithfully [ˈfeɪθfʊlɪ] *adv*: **Yours ~** Atenciosamente.

fake [feɪk] *n (false thing)* imitação *f* ◆ *vt (signature, painting)* falsificar.

falcon [ˈfɔːlkən] *n* falcão *m*.

Falkland Islands [ˈfɔːklənd-] *npl*:

the ~ as Ilhas Malvinas.
Falklands [ˈfɔːkləndz] = **Falkland Islands.**

fall [fɔːl] (pt **fell**, pp **fallen** [ˈfɔːln]) vi cair; (occur) calhar ♦ n queda f; (Am: autumn) outono m; **to ~ asleep** adormecer; **to ~ ill** adoecer; **to ~ in love** apaixonar-se.
❑ **falls** npl (waterfall) quedas fpl d'água, cataratas fpl.
❑ **fall behind** vi (with work, rent) atrasar-se.
❑ **fall down** vi (lose balance) cair.
❑ **fall off** vi cair.
❑ **fall out** vi (argue) zangar-se; **my tooth fell out** meu dente caiu.
❑ **fall over** vi cair.
❑ **fall through** vi (plan, deal) falhar.
fallible [ˈfæləbl] adj falível.
fallout [ˈfɔːlaʊt] n (radiation) poeira f radioativa.
false [fɔːls] adj falso(-sa).
false alarm n alarme m falso.
falsely [ˈfɔːlslɪ] adv (accuse, imprison) injustamente; (smile, laugh) falsamente.
false teeth npl dentes mpl postiços, dentadura f (postiça).
falsify [ˈfɔːlsɪfaɪ] vt falsificar.
falter [ˈfɔːltəʳ] vi (move unsteadily) vacilar; (become weaker) enfraquecer; (hesitate, lose confidence) hesitar.
fame [feɪm] n fama f.
familiar [fəˈmɪljəʳ] adj (known) familiar; (informal) íntimo(-ma) (demais); **to be ~ with** (know) conhecer, estar familiarizado(-da) com.
familiarity [fəˌmɪlɪˈærətɪ] n familiaridade f.
familiarize [fəˈmɪljəraɪz] vt: **to ~ o.s. with sthg** familiarizar-se com algo; **to ~ sb with sthg** familiarizar alguém com algo.
family [ˈfæmlɪ] n família f ♦ adj (pack) (com) tamanho familiar; (film, holiday) para toda a família.
family doctor n médico m (-ca f) de família.
family planning clinic [-ˈplænɪŋ-] n consultas fpl de planejamento familiar.
family room n (at hotel) quarto m para família; (at pub, airport) sala reservada para famílias com crianças pequenas.
famine [ˈfæmɪn] n fome f.

famished [ˈfæmɪʃt] adj (inf) esfomeado(-da).
famous [ˈfeɪməs] adj famoso(-osa).
fan [fæn] n (held in hand) leque m; (electric) ventoinha f; (enthusiast, supporter) fã mf.
fanatic [fəˈnætɪk] n fanático m (-ca f).
fan belt n correia f do ventilador (Br), correia f de ventoinha (Port).
fancy [ˈfænsɪ] vt (inf) (feel like) ter vontade de; (be attracted to) gostar de ♦ adj (elaborate) complicado(-da); **~ (that)!** quem diria!; **~ going to the cinema?** que tal ir ao cinema?
fancy dress n fantasia f (Br), disfarce m (Port).
fancy-dress party n baile m à fantasia (Br), baile m de máscaras (Port).
fanfare [ˈfænfeəʳ] n fanfarra f.
fang [fæŋ] n dente m.
fan heater n aquecedor m (de ventoinha), termo-ventilador m.
fanlight [ˈfænlaɪt] n (Brit) bandeira f (de porta).
fantasize [ˈfæntəsaɪz] vi fantasiar.
fantastic [fænˈtæstɪk] adj fantástico (-ca).
fantasy [ˈfæntəsɪ] n fantasia f.
far [fɑːʳ] (compar **further** OR **farther**, superl **furthest** OR **farthest**) adv (in distance, time) longe; (in degree) muito ♦ adj (end, side) extremo(-ma); **how ~ did you go?** até onde você foi?; **how ~ is it (to London)?** qual é a distância (até Londres)?; **as ~ as** (place) até; **as ~ as I'm concerned** no que me diz respeito; **as ~ as I know** que eu saiba; **~ better** muito melhor; **by ~** de longe; **so ~** (until now) até agora; **to go too ~** ir longe demais.
faraway [ˈfɑːrəweɪ] adj distante.
farce [fɑːs] n farsa f.
fare [feəʳ] n (on bus, train etc) bilhete m; (fml: food) comida f ♦ vi sair-se.
Far East n: **the ~** o Extremo Oriente.
fare stage n (Brit) = zona f, parada de ônibus a partir da qual o preço do bilhete aumenta.
farewell [ˌfeəˈwel] n despedida f ♦ excl adeus!
farm [fɑːm] n fazenda f (Br), quinta f (Port).
farmer [ˈfɑːməʳ] n agricultor m (-ra f), fazendeiro m (-ra f) (Br).
farmhand [ˈfɑːmhænd] n lavrador m

(-ra f), trabalhador m (-ra f) agrícola.

farmhouse ['fɑːmhaʊs, pl -haʊzɪz] n casa f de fazenda (Br), casa f de quinta (Port).

farming ['fɑːmɪŋ] n agricultura f.

farmland ['fɑːmlænd] n terras fpl de lavoura, terrenos mpl agrícolas.

farmyard ['fɑːmjɑːd] n terreno m da fazenda (Br), pátio m da quinta (Port).

farther ['fɑːðə^r] compar → far.

farthest ['fɑːðəst] superl → far.

fascinate ['fæsɪneɪt] vt fascinar.

fascinating ['fæsɪneɪtɪŋ] adj fascinante.

fascination [ˌfæsɪ'neɪʃn] n fascínio m, fascinação f.

fascism ['fæʃɪzm] n fascismo m.

fashion ['fæʃn] n moda f; (manner) maneira f; to be in ~ estar na moda; to be out of ~ estar fora de moda.

fashionable ['fæʃnəbl] adj na moda.

fashion show n desfile m de moda.

fast [fɑːst] adj (quick) rápido(-da); (clock, watch) adiantado(-da) ♦ adv (quickly) depressa, rápido; (securely) bem seguro(-ra); to be ~ asleep estar dormindo profundamente; a ~ train um trem rápido.

fasten ['fɑːsn] vt (belt, coat) apertar; (two things) atar.

fastener ['fɑːsnə^r] n fecho m.

fast food n comida f rápida.

fat [fæt] adj gordo(-da) ♦ n gordura f.

fatal ['feɪtl] adj (accident, disease) fatal.

fate [feɪt] n destino m; to tempt ~ tentar o diabo.

father ['fɑːðə^r] n pai m.

Father Christmas n (Brit) Papai m Noel (Br), Pai m Natal (Port).

father-in-law n sogro m.

fathom ['fæðəm] (pl inv OR -s) n braça f ♦ vt: to ~ sthg/sb (out) compreender algo/alguém.

fatten ['fætn] vt engordar.

fattening ['fætnɪŋ] adj que engorda.

fatty ['fætɪ] adj gorduroso(-osa).

faucet ['fɔːsɪt] n (Am) torneira f.

fault [fɔːlt] n (responsibility) culpa f; (defect) falha f; it's your ~ a culpa é sua.

faultless ['fɔːltlɪs] adj impecável, perfeito(-ta).

faulty ['fɔːltɪ] adj defeituoso(-osa).

fauna ['fɔːnə] n fauna f.

favor ['feɪvə^r] (Am) = favour.

favour ['feɪvə^r] n (Brit) (kind act) favor

m ♦ vt (Brit) (prefer) favorecer; to be in ~ of ser a favor de; to do sb a ~ fazer um favor a alguém.

favourable ['feɪvrəbl] adj favorável.

favourite ['feɪvrɪt] adj preferido(-da), favorito(-ta) ♦ n preferido m (-da f), favorito m (-ta f).

favouritism ['feɪvrɪtɪzm] n favoritismo m.

fawn [fɔːn] adj bege (inv).

fax [fæks] n fax m ♦ vt (document) mandar por fax; (person) mandar um fax para.

fax machine n fax m.

fax modem n fax m modem.

fear [fɪə^r] n medo m ♦ vt (be afraid of) ter medo de; for ~ of por medo de, com receio de.

fearful ['fɪəful] adj (frightened) receoso(-osa); (frightening) terrível.

fearless ['fɪəlɪs] adj destemido(-da).

feasible ['fiːzəbl] adj viável.

feast [fiːst] n banquete m.

feat [fiːt] n feito m.

feather ['feðə^r] n pena f.

feature ['fiːtʃə^r] n (characteristic) característica f; (of face) traço m; (in newspaper) artigo m de fundo; (on radio, TV) reportagem f ♦ vt (subj: film) ser protagonizado por.

feature film n longa-metragem f.

Feb. (abbr of February) fev.

February ['februərɪ] n fevereiro, → September.

fed [fed] pt & pp → feed.

federal ['fedrəl] adj federal.

federation [ˌfedə'reɪʃn] n federação f.

fed up adj farto(-ta); to be ~ with estar farto de.

fee [fiː] n (for admission) preço m; (of doctor, solicitor) honorários mpl; (of university) anuidade f (Br), propina f (Port).

feeble ['fiːbl] adj fraco(-ca).

feed [fiːd] (pt & pp fed) vt (person, animal) alimentar; (insert) inserir.

feedback ['fiːdbæk] n (reaction) reações fpl; (criticism) comentários mpl; (electrical noise) feedback m.

feeding bottle ['fiːdɪŋ-] n (Brit) mamadeira f (Br), biberão m (Port).

feel [fiːl] (pt & pp felt) vt (touch) tocar; (experience) sentir; (think) achar ♦ vi (have emotion) sentir-se ♦ n (of material) toque m; I ~ like a cup of tea eu quero tomar uma xícara de chá; to ~ up to doing sthg sentir-se capaz de fazer algo; **to ~ cold/hot** sentir frio/calor; **my nose ~s cold** meu nariz está frio.

feeler ['fi:lə^r] *n (of insect, snail)* antena *m*.

feeling ['fi:lıŋ] *n (emotion)* sentimento *m*; *(sensation)* sensação *f*; *(belief)* opinião *f*; **to hurt sb's ~s** magoar alguém.

feet [fi:t] *pl* → **foot**.

fell [fel] *pt* → **fall** ♦ *vt (tree)* abater.

fellow ['felǝʊ] *n (man)* cara *m (Br)*, tipo *m (Port)* ♦ *adj*: **my ~ students** os meus colegas.

felt [felt] *pt & pp* → **feel** ♦ *n* feltro *m*.

felt-tip pen *n* caneta *f* pilot *(Br)*, caneta *f* de feltro *(Port)*.

female ['fi:meıl] *adj* fêmea ♦ *n (animal)* fêmea *f*.

feminine ['femının] *adj* feminino (-na).

feminist ['femınıst] *n* feminista *mf*.

fence [fens] *n* cerca *f*, vedação *f*.

fencing ['fensıŋ] *n (SPORT)* esgrima *f*.

fend [fend] *vi*: **to ~ for o.s.** cuidar de si (mesmo OR próprio).

fender ['fendǝ^r] *n (for fireplace)* guarda-fogo *m*; *(Am: on car)* párachoques *m inv*.

fennel ['fenl] *n* funcho *m*.

ferment [fǝ'ment] *vi (wine, beer)* fermentar.

fern [fɜːn] *n* samambaia *f (Br)*, feto *m (Port)*.

ferocious [fǝ'rǝʊʃǝs] *adj* feroz.

ferret ['ferıt] *n* furão *m*.

Ferris wheel ['ferıs-] *n* roda *f* gigante.

ferry ['ferı] *n* ferry *m*, barco *m* de travessia.

fertile ['fɜːtaıl] *adj* fértil.

fertilizer ['fɜːtılaızǝ^r] *n* adubo *m*, fertilizante *m*.

fervent ['fɜːvǝnt] *adj* ferveroso(-osa); *(desire)* ardente.

fester ['festǝ^r] *vi (wound, sore)* criar, supurar.

festival ['festǝvl] *n (of music, arts etc)* festival *m*; *(holiday)* feriado *m*, dia *m* festivo.

festive ['festıv] *adj* festivo(-va).

festive season *n*: **the ~** as festas de fim-de-ano *(Br)*, a quadra natalícia *(Port)*.

festivities [fes'tıvǝtız] *npl* festividades *fpl*.

feta cheese ['fetǝ-] *n* queijo de origem grega feito com leite de ovelha.

fetch [fetʃ] *vt (go and get)* ir buscar; *(be sold for)* atingir.

fetching ['fetʃıŋ] *adj*: **you look very ~ in that dress** esse vestido lhe cai muito bem.

fete [feıt] *n* festa *f (ao ar livre e normalmente de beneficência)*.

fetus ['fi:tǝs] = **foetus**.

feud ['fjuːd] *n* feudo *m* ♦ *vi* lutar.

fever ['fi:vǝ^r] *n* febre *f*; **to have a ~** ter febre.

feverish ['fi:vǝrıʃ] *adj* febril.

few [fjuː] *adj* pouco(-ca) ♦ *pron* poucos *mpl* (-cas *fpl*); **the first ~ times** as primeiras vezes; **a ~** *adj* alguns(algumas) ♦ *pron* alguns *mpl* (algumas *fpl*); **quite a ~** bastantes.

fewer ['fjuːǝ] *adj & pron* menos.

fewest ['fjuːǝst] *adj* menos.

fiancé [fı'ɒnseı] *n* noivo *m*.

fiancée [fı'ɒnseı] *n* noiva *f*.

fiasco [fı'æskǝʊ] *(pl -s) n* fiasco *m*.

fib [fıb] *n (inf)* mentira *f*.

fiber ['faıbǝr] *(Am)* = **fibre**.

fibre ['faıbǝ^r] *n (Brit)* fibra *f*.

fibreglass ['faıbǝglɑːs] *n* fibra *f* de vidro.

fickle ['fıkl] *adj* inconstante, volúvel.

fiction ['fıkʃn] *n* ficção *f*.

fictitious [fık'tıʃǝs] *adj* fictício(-cia).

fiddle ['fıdǝl] *n (violin)* rabeca *f* ♦ *vi*: **to ~ with sthg** brincar com algo.

fidget ['fıdʒıt] *vi* mexer-se; **stop ~ing!** fica quieto!

field [fi:ld] *n* campo *m*.

field glasses *npl* binóculos *mpl*.

field trip *n* viagem *f* de estudos.

fierce [fıǝs] *adj (animal, person)* feroz; *(storm, heat)* violento(-ta).

fifteen [fıf'ti:n] *num* quinze, → **six**.

fifteenth [fıf'ti:nθ] *num* décimo quinto (décima quinta), → **sixth**.

fifth [fıfθ] *num* quinto(-ta), → **sixth**.

fiftieth ['fıftıǝθ] *num* qüinquagésimo(-ma), → **sixth**.

fifty ['fıftı] *num* cinquenta, → **six**.

fifty-fifty *adj* cinquenta por cento, fifty-fifty *(inv)* ♦ *adv* a meias, fifty-fifty.

fig [fıg] *n* figo *m*.

fight [faıt] *(pt & pp* **fought**) *n (physical clash)* briga *f*, luta *f*; *(argument)* discussão *f*; *(struggle)* luta ♦ *vt (physically)* brigar com, lutar com; *(enemy, crime, injustice)* lutar contra, combater ♦ *vi* *(physically)* brigar, lutar; *(in war)* combater; *(quarrel)* discutir; *(struggle)* lutar; **to have a ~ with sb** brigar com alguém.

❏ **fight back** *vi* defender-se.

❏ **fight off** *vt sep (attacker)* repelir *(illness)* lutar contra.

fighter ['faɪtə'] *n (plane)* caça *m; (soldier)* combatente *m; (combative person)* lutador *m* (-ra *f*).

fighting ['faɪtɪŋ] *n* luta *f*.

figurative ['fɪgərətɪv] *adj* figurativo(va).

figure ['fɪgə'] *n (number, statistic)* número *m*, valor *m; (of person)* silhueta *f*, figura *f; (diagram)* figura.

❏ **figure out** *vt sep (understand)* perceber, compreender.

Fiji ['fiːdʒiː] *n* Fiji *s*.

file [faɪl] *n (document holder)* capa *f; (information on person,* COMPUT*)* dossiê *m (Br)*, ficheiro *m (Port); (tool)* lixa *f (Br)*, lima *f (Port)* ◆ *vt (complaint)* apresentar; *(petition)* fazer; *(nails)* lixar *(Br)*, limar *(Port);* **in single ~** em fila indiana.

filing cabinet [faɪlɪŋ-] *n* arquivo *m*.

fill [fɪl] *vt (make full)* encher; *(space)* ocupar; *(role)* desempenhar; *(tooth)* obturar *(Br)*, chumbar *(Port)*.

❏ **fill in** *vt sep (form)* preencher.

❏ **fill out** *vt sep* = **fill in**.

❏ **fill up** *vt sep* encher; **~ her up!** *(with petrol)* ateste!

filled roll [fɪld-] *n* sanduíche *m (Br)*, sandes *f inv (Port)*.

fillet ['fɪlɪt] *n* filé *m*.

fillet steak *n* filé *m (Br)*, bife *m (Port)*.

filling ['fɪlɪŋ] *n (of cake, sandwich)* recheio *m; (in tooth)* obturação *f (Br)*, chumbo *m (Port)* ◆ *adj* que enche.

filling station *n* posto *m* de gasolina *(Br)*, bombas *fpl* de gasolina *(Port)*.

film [fɪlm] *n (at cinema)* filme *m; (for camera)* filme *m (Br)*, rolo *m (Port)* ◆ *vt* filmar.

film star *n* estrela *f* de cinema.

Filofax® ['faɪləʊfæks] *n* organizador *m*, agenda *f (de folhas soltas)*.

filter ['fɪltə'] *n* filtro *m*.

filter coffee *n* café *m (de cafeteira de filtro)*.

filth [fɪlθ] *n (dirt)* sujeira *f*, porcaria *f*.

filthy ['fɪlθɪ] *adj* nojento(-ta).

fin [fɪn] *n* barbatana *f*.

final ['faɪnl] *adj (last)* último(-ma);

(decision, offer) final ◆ *n* final *f*.

finalist ['faɪnəlɪst] *n* finalista *mf*.

finally ['faɪnəlɪ] *adv* finalmente.

finance [*n* 'faɪnæns, *vb* faɪ'næns] *n (money)* financiamento *m; (management of money)* finanças *fpl* ◆ *vt* financiar.

❏ **finances** *npl* finanças *fpl*.

financial [fɪ'nænʃl] *adj* financeiro (-ra).

find [faɪnd] *(pt & pp* **found**) *vt* encontrar; *(find out)* descobrir; *(think)* achar, considerar ◆ *n* descoberta *f*; **to ~ the time to do sthg** arranjar tempo para fazer algo.

❏ **find out** *vt sep (fact, truth)* descobrir ◆ *vi*: **to ~ out (about sthg)** *(learn)* ficar sabendo (de algo), descobrir (algo); *(get information)* informar-se (sobre algo).

fine [faɪn] *adj (good)* bom (boa); *(thin)* fino(-na); *(wine, food)* excelente ◆ *adv (thinly)* finamente; *(well)* bem ◆ *n* multa *f* ◆ *vt* multar; **I'm ~** estou bem; **it's ~** está bem.

fine art *n* belas-artes *fpl*.

finger ['fɪŋgə'] *n* dedo *m*.

fingernail ['fɪŋgəneɪl] *n* unha *f*.

fingertip ['fɪŋgətɪp] *n* ponta *f* do dedo.

finish ['fɪnɪʃ] *n (end)* fim *m*, final *m; (on furniture)* acabamento *m* ◆ *vt & vi* acabar, terminar; **to ~ doing sthg** acabar de fazer algo.

❏ **finish off** *vt sep* acabar, terminar.

❏ **finish up** *vi* acabar, terminar; **to ~ up doing sthg** acabar por fazer algo.

Finland ['fɪnlənd] *n* Finlândia *f*.

Finn [fɪn] *n* finlandês *m* (-esa *f*).

Finnan haddock ['fɪnən-] *n (Scot)* hadoque *m* defumado *(prato típico escocês)*.

Finnish ['fɪnɪʃ] *adj* finlandês(-esa) ◆ *n (language)* finlandês *m*.

fir [fɜː'] *n* abeto *m*.

fire [faɪə'] *n* fogo *m; (uncontrolled)* incêndio *m*, fogo; *(made for cooking, heat)* fogueira *f; (device)* aquecedor *m* ◆ *vt (gun)* disparar; *(from job)* despedir; **on ~** em chamas; **to catch ~** incendiar-se, pegar fogo; **to make a ~** acender uma fogueira.

fire alarm *n* àlarme *m* contra incêndios.

fire brigade *n (Brit)* corpo *m* de bombeiros.

fire department *(Am)* = **fire brigade**.

fire engine *n* carro *m* de bombeiros.

fire escape *n* escadas *fpl* de incêndio.

fire exit *n* saída *f* de emergência.

fire extinguisher *n* extintor *m*.

fire hazard *n*: **it's a ~** constitui um risco OR perigo de incêndio.

fireman ['faɪəmən] (*pl* **-men** [-mən]) *n* bombeiro *m*.

fireplace ['faɪəpleɪs] *n* lareira *f*.

fire regulations *npl* normas *fpl* de segurança em caso de incêndio.

fire station *n* posto *m* de bombeiros *(Br)*, estação *f* dos bombeiros *(Port)*.

firewood ['faɪəwʊd] *n* lenha *f*.

firework display ['faɪəwɜːk-] *n* queima *f* de fogos-de-artifício.

fireworks ['faɪəwɜːks] *npl (rockets)* fogos-de-artifício *mpl*.

firm [fɜːm] *adj* firme ◆ *n* empresa *f*.

first [fɜːst] *adj* primeiro(-ra) ◆ *adv* primeiro; *(for the first time)* pela primeira vez ◆ *n (event)* estréia *f* ◆ *pron*: **the ~** o primeiro (a primeira); **I'll do it ~ thing (in the morning)** vou fazer isso logo de manhã; **~ (gear)** primeira (mudança); **for the ~ time** pela primeira vez; **the ~ of January** o dia um de janeiro; **at ~** no princípio; **~ of all** antes de mais nada.

first aid *n* pronto socorro *m (Br)*, primeiros-socorros *mpl (Port)*.

first-aid kit *n* estojo *m* de pronto socorro *(Br)*, estojo *m* de primeiros-socorros *(Port)*.

first class *n (mail)* = correspondência *f* prioritária *(Br)*, = correio-azul *m (Port)*; *(on train, plane, ship)* primeira classe *f*.

first-class *adj (stamp)* = para correio prioritário *(Br)*, = para correio-azul *(Port)*; *(ticket, work)* de primeira classe.

first floor *n (Brit: floor above ground floor)* primeiro andar *m*; *(Am: ground floor)* andar *m* térreo *(Br)*, rés-do-chão *m (Port)*.

firstly ['fɜːstlɪ] *adv* em primeiro lugar.

First World War *n*: **the ~** a Primeira Guerra Mundial.

fish [fɪʃ] *(pl inv) n* peixe *m* ◆ *vi* pescar.

fish and chips *n* filé de peixe com batatas fritas.

fishcake ['fɪʃkeɪk] *n* croquete *m* de peixe.

fisherman ['fɪʃəmən] (*pl* **-men** [-mən]) *n* pescador *m*.

fish farm *n* viveiro *m* de peixes.

fish fingers *npl (Brit)* espécie de croquete alongado de peixe congelado.

fishing ['fɪʃɪŋ] *n* pesca *f*; **to go ~** ir pescar.

fishing boat *n* barco *m* de pesca.

fishing rod *n* vara *f* de pescar *(Br)*, cana *f* de pesca *(Port)*.

fishmonger's ['fɪʃˌmʌŋgəz] *n (shop)* peixaria *f*.

fish sticks *(Am)* = **fish fingers**.

fish supper *n (Scot)* filé de peixe com batatas fritas.

fist [fɪst] *n* punho *m*.

fit [fɪt] *adj (healthy)* em forma ◆ *vt (be right size for)* servir a; *(a lock, kitchen, bath)* instalar; *(insert)* encaixar ◆ *vi (clothes, shoes)* servir; *(in space)* caber ◆ *n (of clothes, shoes)* tamanho *m*; *(epileptic, of coughing, anger)* ataque *m*; **to be ~ for sthg** ser adequado para algo; **~ to eat** comestível; **it doesn't ~** *(jacket, skirt)* não serve; *(object)* não cabe; **to get ~** pôr-se em forma; **to keep ~** manter-se em forma, manter a forma.

❏ **fit in** *vt sep (find time to do)* arranjar tempo para ◆ *vi (belong)* encaixar.

fitness ['fɪtnɪs] *n (health)* forma *f* física.

fitted carpet [ˌfɪtəd-] *n* carpete *m (Br)*, alcatifa *f (Port)*.

fitted kitchen [ˌfɪtəd-] *n (Brit)* cozinha *f* com armários embutidos.

fitted sheet [ˌfɪtəd-] *n* lençol *m* capa.

fitting room ['fɪtɪŋ-] *n* cabine *f* de provas, vestiário *m*.

five [faɪv] *num* cinco, → **six**.

fiver ['faɪvə^r] *n (Brit) (inf) (£5)* cinco libras *fpl*; *(£5 note)* nota *f* de cinco libras.

fix [fɪks] *vt (attach, decide on)* fixar; *(mend)* arranjar; *(drink, food)* arranjar, preparar; *(arrange)* combinar, organizar.

❏ **fix up** *vt sep*: **to ~ sb up with sthg** arranjar algo para alguém.

fixed [fɪkst] *adj* fixo(-xa).

fixture ['fɪkstʃə^r] *n (SPORT)* encontro *m*; **~s and fittings** equipamento *m* doméstico *(armários de cozinha, W.C., luminárias, etc)*.

fizz [fɪz] *vi (drink)* borbulhar.

fizzy ['fɪzɪ] *adj* gasoso(-osa).

flabbergasted [ˈflæbəɡɑːstɪd] *adj* boquiaberto(-ta).

flabby [ˈflæbɪ] *adj* balofo(-fa), flácido (-da).

flag [flæɡ] *n* bandeira *f*.

flagpole [ˈflæɡpəʊl] *n* mastro *m*.

flagrant [ˈfleɪɡrənt] *adj* flagrante.

flagstone [ˈflæɡstəʊn] *n* laje *f*.

flair [fleəʳ] *n (stylishness)* estilo *m*; *(talent)*: **to have a ~ for sthg** ter queda para algo.

flake [fleɪk] *n (of snow)* floco *m* ◆ *vi* desfazer-se.

flamboyant [flæmˈbɔɪənt] *adj* extravagante.

flame [fleɪm] *n* chama *f*.

flamingo [fləˈmɪŋɡəʊ] *n* flamingo *m*.

flammable [ˈflæməbl] *adj* inflamável.

flan [flæn] *n* torta *f (Br)*, tarte *f (Port)*.

flannel [ˈflænl] *n (material)* flanela *f*; *(Brit: for washing face)* luva *f* de banho. ⊐ **flannels** *npl* calças *fpl* de flanela.

flap [flæp] *n (of envelope)* dobra *f*; *(of tent)* porta *f*; *(of pocket)* pala *f* ◆ *vt (wings)* bater.

flapjack [ˈflæpdʒæk] *n (Brit: cake)* biscoito ou bolo pequeno feito de flocos de aveia, manteiga e mel ao qual se podem juntar frutos secos, chocolate, etc.

flare [fleəʳ] *n (signal)* sinal *m* luminoso.

flared [fleəd] *adj (trousers)* à boca de sino; *(skirt)* de roda, evasé.

flash [flæʃ] *n (of light)* raio *m*; *(for camera)* flash *m* ◆ *vi (light)* brilhar; **a ~ of lightning** um relâmpago, um clarão; **to ~ one's headlights** fazer sinais com os faróis.

flashback [ˈflæʃbæk] *n* flashback *m*.

flashbulb [ˈflæʃbʌlb] *n* flash *m*.

flashgun [ˈflæʃɡʌn] *n* disparador *m* OR botão *m* do flash.

flashlight [ˈflæʃlaɪt] *n* lanterna *f*.

flashy [ˈflæʃɪ] *adj (inf)* vistoso(-osa), espalhafatoso(-osa).

flask [flɑːsk] *n (Thermos)* garrafa *f* térmica *(Br)*, termo *m (Port)*; *(hip flask)* cantil *m*.

flat [flæt] *adj (level)* plano(-na); *(battery)* descarregado(-da); *(drink)* choco (choca), que perdeu o gás; *(rate, fee)* fixo(-xa) ◆ *n (Brit: apartment)* apartamento *m* ◆ *adv*: **to lie ~** estender-se; **a ~ (tyre)** um pneu vazio OR em baixo; **~ out** a toda a velocidade, até não poder mais.

flatly [ˈflætlɪ] *adv (absolutely)* categoricamente.

flatmate [ˈflætmeɪt] *n (Brit)* colega *mf* de apartamento.

flatten [ˈflætn] *vt (make flat)* alisar. ⊐ **flatten out** *vt sep* alisar.

flatter [ˈflætəʳ] *vt* lisonjear, bajular.

flattering [ˈflætərɪŋ] *adj (remark, offer)* lisonjeiro(-ra); *(dress, colour, neckline)* favorecedor(-ra).

flattery [ˈflætərɪ] *n* lisonja *f*.

flaunt [flɔːnt] *vt* exibir.

flavor [ˈfleɪvər] *(Am)* = **flavour**.

flavour [ˈfleɪvəʳ] *n (Brit)* sabor *m*.

flavoured [ˈfleɪvəd] *adj* aromatizado (-da); **chocolate-~** com sabor de chocolate.

flavouring [ˈfleɪvərɪŋ] *n* aromatizante *m*.

flaw [flɔː] *n (in plan)* falha *f*; *(in glass, china)* defeito *m*.

flea [fliː] *n* pulga *f*.

flea market *n* mercado *m* das pulgas *(Br)*, feira *f* da ladra *(Port)*.

flee [fliː] *(pt & pp fled* [fled]*)* *vt* fugir de ◆ *vi* fugir.

fleece [fliːs] *n (downy material)* velo *m*, fibra muito macia usada para fazer e forrar casacos de inverno.

fleet [fliːt] *n* frota *f*.

Flemish [ˈflemɪʃ] *adj* flamengo(-ga) ◆ *n (language)* flamengo *m*.

flesh [fleʃ] *n (of person, animal)* carne *f*; *(of fruit, vegetable)* polpa *f*.

flew [fluː] *pt → fly*.

flex [fleks] *n* cabo *m* elétrico.

flexible [ˈfleksəbl] *adj* flexível.

flick [flɪk] *vt (a switch)* carregar em; *(with finger)* dar um piparote em. ⊐ **flick through** *vt fus* folhear.

flick knife *n (Brit)* navalha *f* de ponta em mola.

flies [flaɪz] *npl (of trousers)* braguilha *f*, fecho *m*.

flight [flaɪt] *n* vôo *m*; **a ~ (of stairs)** um lance de escadas.

flight attendant *n (female)* aeromoça *f (Br)*, hospedeira *f* de bordo *(Port)*; *(male)* comissário *m* de bordo.

flight crew *n* tripulação *f (Br)*, pessoal *m* de bordo *(Port)*.

flight deck *n (of aircraft)* cabine *f* de controle.

flimsy [ˈflɪmzɪ] *adj (object)* frágil; *(clothes)* leve.

fling [flɪŋ] (pt & pp **flung**) vt atirar.

flint [flɪnt] n (of lighter) pedra f.

flip [flɪp] vt (pancake, omelette, record) virar; **to ~ a coin** tirar cara ou coroa.

⊐ **flip on** vt sep (switch) ligar.

⊐ **flip off** vt sep (switch) desligar.

flip-flop [flɪp-] n (Brit) sandália f japonesa (Br), chinelo m de dedo (Port).

flipper ['flɪpəʳ] n barbatana f.

flirt [flɜːt] vi: **to ~ (with sb)** flertar (com alguém).

flirtatious [flɜːˈteɪʃəs] adj namorador(-ra).

float [fləʊt] n (for swimming, fishing) bóia f; (in procession) carro m; (drink) bebida servida com uma bola de sorvete ♦ vi flutuar.

flock [flɒk] n (of birds) bando m; (of sheep) rebanho m ♦ vi (people) afluir.

flood [flʌd] n enchente f, inundação f ♦ vt inundar ♦ vi transbordar.

flooding ['flʌdɪŋ] n cheia f, inundação f.

floodlight ['flʌdlaɪt] n holofote m.

floor [flɔːʳ] n (of room) chão m; (storey) andar m; (of nightclub) pista f.

floorboard ['flɔːbɔːd] n tábua f corrida.

floor show n espetáculo m de cabaré.

flop [flɒp] n (inf) fracasso m.

floppy ['flɒpɪ] adj mole.

floppy disk ['flɒpɪ-] n disquete f.

flora ['flɔːrə] n flora f.

floral ['flɔːrəl] adj (pattern) de flores.

Florida Keys ['flɒrɪdə-] npl: **the ~** ilhas situadas ao largo da Flórida.

florist's ['flɒrɪsts] n (shop) florista f.

flour ['flaʊəʳ] n farinha f.

flourish ['flʌrɪʃ] vi florescer ♦ vt agitar, brandir.

flow [fləʊ] n corrente f ♦ vi correr.

flower ['flaʊəʳ] n flor f.

flowerbed ['flaʊəbed] n canteiro m.

flowerpot ['flaʊəpɒt] n vaso m.

flowery ['flaʊərɪ] adj florido(-da).

flown [fləʊn] pp → **fly**.

fl oz abbr = **fluid ounce**.

flu [fluː] n gripe f.

fluctuate ['flʌktʃʊeɪt] vi flutuar, variar.

fluency ['fluːənsɪ] n fluência f.

fluent ['fluːənt] adj: **to be ~ in Portuguese, to speak ~ Portuguese** falar português fluentemente.

fluff [flʌf] n (on clothes) pêlo m.

fluffy ['flʌfɪ] adj (kitten) peludo(-da); (fur, jumper) macio(-cia); (toy) de pelúcia.

fluid ['fluːɪd] n fluido m.

fluid ounce ['fluːɪd-] n = 0,03 litros.

fluke [fluːk] n (inf) acaso m.

flume [fluːm] n escorrega m aquático, rampa f.

flung [flʌŋ] pt & pp → **fling**.

flunk [flʌŋk] vt (Am: inf: exam) reprovar em.

fluorescent [flʊəˈresənt] adj fluorescente.

flush [flʌʃ] vi (toilet) funcionar ♦ vt: **to ~ the toilet** dar descarga (Br), puxar o autoclismo (Port).

flushed [flʌʃt] adj (red-faced) corado(-da).

flustered ['flʌstəd] adj agitado(-da).

flute [fluːt] n flauta f.

fly [flaɪ] (pt **flew**, pp **flown**) n (insect) mosca f; (of trousers) braguilha f, fecho m ♦ vt (plane, helicopter) pilotar; (travel by) viajar em OR com; (transport) enviar por avião ♦ vi (bird, insect, plane) voar; (passenger) viajar de avião; (pilot a plane) pilotar; (flag) estar hasteado(-da).

fly-drive n férias cujo preço inclui a viagem de avião e o aluguel de um carro.

flying ['flaɪɪŋ] n: **I'm terrified of ~** tenho medo de andar de avião.

flying saucer n disco m voador.

flying visit n visita f muito curta, visita de médico.

flyover ['flaɪˌəʊvəʳ] n (Brit) viaduto m.

flypaper ['flaɪˌpeɪpəʳ] n papel m matamoscas.

flysheet ['flaɪʃiːt] n cobertura exterior de barraca de acampar.

fly spray n insecticida m.

FM n FM f.

foal [fəʊl] n potro m.

foam [fəʊm] n espuma f.

focus ['fəʊkəs] n (of camera) foco m ♦ vi (with camera, binoculars) focar; **in ~** focado; **out of ~** desfocado.

fodder ['fɒdəʳ] n ração f, forragem f.

foe [fəʊ] n inimigo m (-ga f).

foetus ['fiːtəs] n feto m.

fog [fɒg] n nevoeiro m, neblina f.

fogbound ['fɒgbaʊnd] adj parado (-da) por causa do nevoeiro.

foggy ['fɒgɪ] adj (weather) de nevoeiro.

foghorn ['fɒghɔːn] n sirene f de nevoeiro.

fog lamp n farol m de neblina.

foil [fɔɪl] n (thin metal) papel m OR folha f de alumínio.

fold [fəʊld] n dobra f ◆ vt (paper, material) dobrar; (wrap) envolver; **to ~ one's arms** cruzar os braços.

❏ **fold up** vi (chair, bed) dobrar.

folder ['fəʊldər] n pasta f.

folding ['fəʊldɪŋ] adj (chair, table, bicycle) articulado(-da); (bed) de dobrar.

foliage ['fəʊlɪdʒ] n folhagem f.

folk [fəʊk] npl (people) gente f ◆ n: ~ (music) música f tradicional.

❏ **folks** npl (inf: relatives) família f.

folklore ['fəʊklɔːr] n folclore m.

folk song n canção f tradicional.

follow ['fɒləʊ] vt seguir; (in order, time) seguir-se a, vir a seguir de ◆ vi (go behind) seguir; (in time) seguir-se, vir a seguir; (understand) entender; **proceed as ~s** ... proceda da seguinte forma ...; **the results are as ~s** ... os resultados são os seguintes ...; **~ed by** seguido de.

❏ **follow on** vi vir a seguir.

follower ['fɒləʊər] n seguidor m (-ra f).

following ['fɒləʊɪŋ] adj seguinte ◆ prep depois de.

follow on call n telefonema feito com o dinheiro que sobrou da chamada precedente.

fond [fɒnd] adj: **to be ~ of** gostar de.

fondle ['fɒndl] vt acariciar.

fondue ['fɒnduː] n fondue m.

food [fuːd] n comida f.

food mixer n batedeira f.

food poisoning [-ˌpɔɪznɪŋ] n intoxicação f alimentar.

food processor [-ˌprəʊsesər] n processador m de comida.

foodstuffs ['fuːdstʌfs] npl gêneros mpl alimentícios.

fool [fuːl] n (idiot) idiota mf; (pudding) mousse f de fruta ◆ vt enganar.

foolhardy ['fuːlˌhɑːdɪ] adj imprudente, insensato(-ta).

foolish ['fuːlɪʃ] adj tolo(-la).

foolproof ['fuːlpruːf] adj (plan, system) infalível; (machine) fácil de utilizar.

foot [fʊt] (pl feet) n pé m; (of animal) pata f; (of hill, cliff, stairs) pé m; (measurement) pé m, = 30,48 cm; **by** OR **on ~** a pé.

footage ['fʊtɪdʒ] n sequências fpl.

football ['fʊtbɔːl] n (Brit: soccer) futebol m; (Am: American football) futebol americano; (Brit: in soccer) bola f (de futebol); (Am: in American football) bola (de futebol americano).

footballer ['fʊtbɔːlər] n (Brit) futebolista mf.

football ground n (Brit) campo m de futebol.

football pitch n (Brit) campo m de futebol.

football player n jogador m (-ra f) de futebol.

footbridge ['fʊtbrɪdʒ] n passagem f aérea para pedestres.

foothills ['fʊthɪlz] npl contrafortes mpl.

foothold ['fʊthəʊld] n ponto m de apoio.

footing ['fʊtɪŋ] n (foothold) equilíbrio m; **to lose one's ~** perder o equilíbrio.

footlights ['fʊtlaɪts] npl (luzes fpl da) ribalta f.

footnote ['fʊtnəʊt] n nota f de rodapé.

footpath ['fʊtpɑːθ, pl -pɑːðz] n caminho m.

footprint ['fʊtprɪnt] n pegada f.

footstep ['fʊtstep] n passo m.

footwear ['fʊtweər] n calçado m.

for [fɔːr] prep **1.** (expressing intention, purpose, reason) para; **this book is ~ you** este livro é para você; **what did you do that ~?** para quê você fez isso?; **what's it ~?** para quê é?; **to go ~ a walk** ir dar um passeio; **"~ sale"** "vende-se"; **a town famous ~ its wine** uma cidade famosa pelo vinho; **~ this reason** por esta razão.

2. (during) durante; **I'm going away ~ a while** você estar fora durante OR por algum tempo; **I've lived here ~ ten years** vivo aqui há dez anos; **we talked ~ hours** falamos horas e horas.

3. (by, before) para; **I'll do it ~ tomorrow** estará pronto (para) amanhã; **be there ~ 8 p.m.** tente estar lá antes das oito da noite.

4. (on the occasion of) por; **I got socks ~ Christmas** ganhei meias no Natal, no Natal me deram meias; **~ the first time** pela primeira vez; **what's ~ dinner?** o que há para jantar?; **~ the**

moment no momento.
5. *(on behalf of)* por; **to do sthg ~ sb** fazer algo para alguém; **to work ~ sb** trabalhar para alguém.
6. *(with time and space)* para; **there's no room ~ it** não há espaço para isso; **to have time ~ sthg** ter tempo para algo.
7. *(expressing distance)*: **road works ~ 20 miles** obras na estrada ao longo de 32 km; **we drove ~ miles** guiamos quilómetros e quilómetros.
8. *(expressing destination)* para; **a ticket ~ Edinburgh** um bilhete para Edimburgo; **this train is ~ London only** este trem só pára em Londres.
9. *(expressing price)* por; **I bought it ~ five pounds** comprei-o por cinco libras.
10. *(expressing meaning)*: **what's the Portuguese ~ "boy"?** como é que se diz "boy" em português?
11. *(with regard to)* para; **it's warm ~ November** para novembro está quente; **it's easy ~ you** para você é fácil; **respect ~ human rights** respeito pelos direitos humanos; **I feel sorry ~ them** sinto pena deles; **it's too far ~ us to walk** é longe demais para irmos a pé; **it's time ~ dinner** está na hora do jantar.

forage [ˈfɒrɪdʒ] *vi*: **to ~ for sthg** procurar algo.

forbid [fəˈbɪd] *(pt* **-bade,** *pp* **-bidden)** *vt* proibir; **to ~ sb to do sthg** proibir alguém de fazer algo.

forbidden [fəˈbɪdn] *adj* proibido(-da).

force [fɔːs] *n* força *f* ♦ *vt* forçar; **the ~s** as forças armadas; **to ~ sb to do sthg** forçar alguém a fazer algo; **to ~ one's way through (sthg)** abrir caminho (por entre algo).

forceps [ˈfɔːseps] *npl* fórceps *m inv.*

ford [fɔːd] *n* vau *m.*

forearm [ˈfɔːrɑːm] *n* antebraço *m.*

forecast [ˈfɔːkɑːst] *n* previsão *f.*

forecourt [ˈfɔːkɔːt] *n* pátio *m.*

forefinger [ˈfɔːˌfɪŋgəʳ] *n* dedo *m* indicador.

forefront [ˈfɔːfrʌnt] *n*: **in OR at the ~ of sthg** na vanguarda de algo.

foregone conclusion [ˈfɔːgɒn-] *n*: **it's a ~** é mais que certo.

foreground [ˈfɔːgraʊnd] *n* primeiro plano *m.*

forehand [ˈfɔːhænd] *n* direita *f.*

forehead [ˈfɔːhed] *n* testa *f.*

foreign [ˈfɒrən] *adj* estrangeiro(-ra); *(visit)* ao estrangeiro; *(travel)* para o estrangeiro.

foreign currency *n* moeda *f* estrangeira, divisas *fpl.*

foreigner [ˈfɒrənəʳ] *n* estrangeiro *m* (-ra *f*).

foreign exchange *n* *(system)* câmbio *m*; *(money)* divisas *fpl.*

foreign minister *n* ministro *m* (-tra *f*) das relações exteriores *(Br)*, secretário *m* (-ria *f*) de Estado dos negócios estrangeiros *(Port).*

foreign secretary *n* *(Brit)* ministro *m* (-tra *f*) das relações exteriores *(Br)*, ministro *m* (-tra *f*) dos negócios estrangeiros *(Port).*

foreman [ˈfɔːmən] *(pl* **-men** [-mən]) *n* capataz *m.*

forename [ˈfɔːneɪm] *n* *(fml)* nome *m* próprio.

forensic medicine [fəˈrensɪk-] *n* medicina *f* legal.

foresee [fɔːˈsiː] *(pt* **-saw,** *pp* **-seen)** *vt* prever.

foreseeable [fɔːˈsiːəbl] *adj* previsível; **in the ~ future** num futuro próximo.

foreseen [fɔːˈsiːn] *pp* → **foresee.**

forest [ˈfɒrɪst] *n* floresta *f.*

forestry [ˈfɒrɪstrɪ] *n* silvicultura *f.*

foretaste [ˈfɔːteɪst] *n* amostra *f.*

foretell [fɔːˈtel] *(pt & pp* **-told)** *vt* predizer, prever.

forever [fəˈrevəʳ] *adv* *(eternally)* para sempre; *(continually)* sempre.

foreword [ˈfɔːwɜːd] *n* prefácio *m.*

forfeit [ˈfɔːfɪt] *n* penalização *f* ♦ *vt* *(lose)* perder.

forgave [fəˈgeɪv] *pt* → **forgive.**

forge [fɔːdʒ] *vt* *(copy)* falsificar, forjar.

forgery [ˈfɔːdʒərɪ] *n* falsificação *f.*

forget [fəˈget] *(pt* **-got,** *pp* **-gotten)** *vt* esquecer-se de; *(person, event)* esquecer ♦ *vi* esquecer-se; **to ~ about sthg** esquecer-se de algo; **to ~ how to do sthg** esquecer-se de como se faz algo; **to ~ to do sthg** esquecer-se de fazer algo; **~ it!** esquece!

forgetful [fəˈgetfʊl] *adj* esquecido (-da).

forgive [fəˈgɪv] *(pt* **-gave,** *pp* **-given)** *vt* perdoar.

forgot [fəˈgɒt] *pt* → **forget.**

forgotten [fəˈgɒtn] *pp* → **forget.**

fork [fɔːk] *n* *(for eating with)* garfo *m*;

(for gardening) forquilha *f*; *(of road, path)* bifurcação *f*.

❑ **forks** *npl (of bike, motorbike)* garfo *m*.

forklift truck ['fɔːklɪft-] *n* empilhadora *f*.

forlorn [fə'lɔːn] *adj (face, expression, cry)* infeliz; *(hope, attempt)* desesperado(-da).

form [fɔːm] *n (type, shape)* forma *f*; *(piece of paper)* impresso *m*, formulário *m*; *(SCH)* ano *m* ♦ *vt* formar ♦ *vi* formar-se; **to be on/off ~** estar/não estar em forma; **to ~ part of** fazer parte de.

formal ['fɔːml] *adj* formal.

formality [fɔː'mælətɪ] *n* formalidade *f*; **it's just a ~** é só uma formalidade.

format ['fɔːmæt] *n* formato *m*.

formation [fɔː'meɪʃn] *n* formação *f*.

former ['fɔːmər] *adj (previous)* anterior; *(first)* primeiro(-ra) ♦ *pron*: **the ~** o primeiro (a primeira).

formerly ['fɔːməlɪ] *adv* antigamente.

formidable ['fɔːmɪdəbl] *adj (frightening)* temível; *(impressive)* tremendo(-da).

formula ['fɔːmjʊlə] *(pl* **-as** OR **-ae** [iː]) *n* fórmula *f*.

fort [fɔːt] *n* forte *m*.

forthcoming [fɔːθ'kʌmɪŋ] *adj (future)* próximo(-ma), que está para vir.

forthright ['fɔːθraɪt] *adj (person)* sem rodeios, direto(-ta); *(manner, opinions)* franco(-ca).

fortieth ['fɔːtɪɪθ] *num* quadragésimo(-ma), → **sixth**.

fortnight ['fɔːtnaɪt] *n (Brit)* quinzena *f*, duas semanas *fpl*.

fortress ['fɔːtrɪs] *n* fortaleza *f*.

fortunate ['fɔːtʃnət] *adj* com sorte; **she's ~ to have such a good job** ela tem a sorte de ter um emprego tão bom.

fortunately ['fɔːtʃnətlɪ] *adv* felizmente.

fortune ['fɔːtʃuːn] *n (money)* fortuna *f*; *(luck)* sorte *f*; **it costs a ~** *(inf)* custa uma fortuna.

fortune teller *n* cartomante *mf*.

forty ['fɔːtɪ] *num* quarenta, → **six**.

forward ['fɔːwəd] *adv* para a frente ♦ *n* avançado *m* (-da *f*) ♦ *vt (letter)* remeter; *(goods)* expedir; **to look ~ to** estar ansioso por.

forwarding address ['fɔː-wədɪŋ-] *n* novo endereço para onde o correio deve ser remitido.

forwards ['fɔːwədz] *adv* = **forward**.

fossil ['fɒsl] *n* fóssil *m*.

foster child ['fɒstər-] *n* criança sob os cuidados temporários de uma família adotiva.

foster parents *npl* família adotiva que cuida de crianças por um tempo limitado.

fought [fɔːt] *pt & pp* → **fight**.

foul [faʊl] *adj (unpleasant)* nojento(-ta) ♦ *n* falta *f*.

found [faʊnd] *pt & pp* → **find** ♦ *vt* fundar.

foundation (cream) [faʊn'deɪʃn-] *n* base *f*.

foundations [faʊn'deɪʃnz] *npl* alicerces *mpl*, fundações *fpl*.

founder ['faʊndər] *n* fundador *m* (-ra *f*).

foundry ['faʊndrɪ] *n* fundição *f*.

fountain ['faʊntɪn] *n* repuxo *m*.

fountain pen *n* caneta-tinteiro *f* *(Br)*, caneta *f* de tinta permanente *(Port)*.

four [fɔːr] *num* quatro, → **six**.

four-poster (bed) *n* cama *f* de colunas.

foursome ['fɔːsəm] *n* grupo *m* de quatro (pessoas).

four-star (petrol) *n* gasolina *f* super.

fourteen [fɔː'tiːn] *num* quatorze *(Br)*, catorze, → **six**.

fourteenth [fɔː'tiːnθ] *num* décimo quarto (décima quarta), → **sixth**.

fourth [fɔːθ] *num* quarto(-ta), → **sixth**.

four-wheel drive *n (car)* veículo *m* com tração nas quatro rodas.

fowl [faʊl] *(pl inv)* *n* ave *f (de capoeira)*.

fox [fɒks] *n* raposa *f*.

foyer ['fɔɪeɪ] *n* vestíbulo *m*, saguão *m* *(Br)*.

fraction ['frækʃn] *n* fração *f*.

fractionally ['frækʃnəlɪ] *adv* ligeiramente.

fracture ['fræktʃər] *n* fratura *f* ♦ *vt* fraturar.

fragile ['frædʒaɪl] *adj* frágil.

fragment ['frægmənt] *n* fragmento *m*.

fragrance ['freɪɡrəns] *n* fragrância *f*.

fragrant ['freɪɡrənt] *adj* perfumado(-da).

frail [freɪl] *adj* frágil, débil.

frame [freɪm] *n (of window, photo,*

door) moldura *f*, caixilho *m*; *(of glasses, tent, bed)* armação *f*; *(of bicycle)* quadro *m* ♦ *vt (photo, picture)* emoldurar.

frame of mind *n* estado *m* de espírito.

framework ['freɪmwɜːk] *n (physical structure)* armação *f*; *(basis)* estrutura *f*.

France [frɑːns] *n* França *f*.

frank [fræŋk] *adj* franco(-ca).

frankfurter ['fræŋkfɜːtəʳ] *n* salsicha *f* alemã.

frankly ['fræŋklɪ] *adv (to be honest)* francamente; **quite ~, I don't really care** para ser franco, pouco me importa.

frantic ['fræntɪk] *adj* frenético (-ca).

fraternize ['frætənaɪz] *vi (be on friendly terms)*: **to ~ with sb** fraternizar com alguém.

fraud [frɔːd] *n (crime)* fraude *f*, burla *f*.

frayed [freɪd] *adj (clothing, fabric, rope)* gasto(-ta), puído(-da).

freak [friːk] *adj* anormal ♦ *n (inf: fanatic)* fanático *m* (-ca *f*).

freckles ['freklz] *npl* sardas *fpl*.

free [friː] *adj* livre; *(costing nothing)* grátis *(inv)* ♦ *vt (prisoner)* libertar ♦ *adv (without paying)* grátis, de graça; **for ~** grátis, de graça; **~ of charge** grátis; **to be ~ to do sthg** ser livre para fazer algo.

freedom ['friːdəm] *n* liberdade *f*.

freefone ['friːfəʊn] *n (Brit)* = linha *f* verde *(Port)*, sistema que permite ao utilizador telefonar sem pagar.

free gift *n* oferta *f*.

freehand ['friːhænd] *adj* desenhado(-da) à mão (livre) ♦ *adv* à mão (livre).

free house *n (Brit) pub que não está ligado a nenhuma fábrica de cervejas.*

free kick *n* (pontapé) livre *m*.

freelance ['friːlɑːns] *adj* free-lance *(inv)*.

freely ['friːlɪ] *adv (speak)* à vontade; *(move)* livremente; **~ available** fácil de obter.

Freemason ['friːmeɪsn] *n* francomaçon *m*, membro *m* da franco-maçonaria.

free period *n (SCH)* hora *f* livre, furo *m (Port)*.

freepost ['friːpəʊst] *n* porte *m* pago.

free-range *adj (chicken)* do campo; **~ eggs** ovos de galinhas criadas livremente.

freestyle ['friːstaɪl] *n* estilo *m* livre.

free time *n* tempo *m* livre.

freeway ['friːweɪ] *n (Am)* auto-estrada *f*.

freeze [friːz] *(pt* **froze***, pp* **frozen***) vt* congelar ♦ *vi* gelar ♦ *v impers*: **it's freezing!** está um gelo!

freezer ['friːzəʳ] *n (deep freeze)* frízer *m (Br)*, arca *f* congeladora *(Port)*; *(part of fridge)* frízer *(Br)*, congelador *m (Port)*.

freezing ['friːzɪŋ] *adj* gelado (-da) *(Port)*.

freezing point *n*: **below ~** abaixo de zero.

freight [freɪt] *n (goods)* mercadorias *fpl*.

freight train *n* trem *m* de mercadorias.

French [frentʃ] *adj* francês(-esa) ♦ *n (language)* francês *m* ♦ *npl*: **the ~** os franceses.

French bean *n* feijão *m* verde *(redondo)*.

French bread *n* ~ bisnaga *f (Br)*, cacete *m (Port)*.

French dressing *n (in UK)* vinagrete *m*; *(in US)* molho *m* americano, molho à base de ketchup e maionese.

French fries *npl* batatas *fpl* fritas.

Frenchman ['frentʃmən] *(pl* **-men** [-mən]*) n* francês *m*.

French stick *n (Brit)* ~ bisnaga *f (Br)*, cacete *m (Port)*.

French toast *n* rabanada *f*.

French windows *npl* portas *fpl* envidraçadas.

Frenchwoman ['frentʃwʊmən] *(pl* **-women** [-wɪmɪn]*) n* francesa *f*.

frenetic [frə'netɪk] *adj* frenético(-ca).

frenzy ['frenzɪ] *n* frenesi *m*.

frequency ['friːkwənsɪ] *n* freqüência *f*.

frequent ['friːkwənt] *adj* freqüente.

frequently ['friːkwəntlɪ] *adv* freqüentemente.

fresh [freʃ] *adj* fresco(-ca); *(refreshing)* refrescante; *(water)* doce; *(recent)* recente; *(new)* novo (nova); **to get some ~ air** apanhar ar fresco.

fresh cream *n* creme *m (Br)*, natas *fpl* frescas *(Port)*.

freshen ['freʃn] : **freshen up** *vi* refrescar-se.

fresher ['freʃəʳ] *n (Brit) (inf)* calouro *m* (-ra *f*).

freshly ['freʃlɪ] *adv* recentemente.

freshness ['freʃnɪs] *n* frescura *f*; *(of approach, ideas)* originalidade *f*.

fresh orange (juice) *n* suco *m* de laranja *(Br)*, sumo *m* de laranja natural *(Port)*.

freshwater ['freʃwɔːtər] *adj* de água doce.

fret [fret] *vi (worry)* preocupar-se.

Fri. *(abbr of Friday)* 6ª, sex.

friar ['fraɪər] *n* frade *m*.

friction ['frɪkʃn] *n* fricção *f*.

Friday ['fraɪdɪ] *n* sexta-feira, → Saturday.

fridge [frɪdʒ] *n* geladeira *f (Br)*, frigorífico *m (Port)*.

fridge-freezer *n (Brit)* geladeira *f* (com frízer) *(Br)*, frigorífico *m* (com congelador) *(Port)*.

fried egg [fraɪd-] *n* ovo *m* estrelado OR frito.

fried rice [fraɪd-] *n* arroz *m* frito.

friend [frend] *n* amigo *m* (-ga *f*); **to be ~s with sb** ser amigo de alguém; **to make ~s with sb** tornar-se amigo de alguém.

friendly ['frendlɪ] *adj* amigável; **to be ~ with sb** ser amigo(-ga) de alguém.

friendship ['frendʃɪp] *n* amizade *f*.

fries [fraɪz] = **French fries**.

fright [fraɪt] *n* susto *m*; **to give sb a ~** pregar um susto em alguém.

frighten ['fraɪtn] *vt* assustar.

frightened ['fraɪtnd] *adj* assustado (-da); **to be ~** ter medo; **to be ~ of** ter medo de; **to be ~ (that)** *(worried)* ter medo que.

frightening ['fraɪtnɪŋ] *adj* assustador(-a).

frightful ['fraɪtfʊl] *adj (very bad, unpleasant)* horrível.

frilly ['frɪlɪ] *adj* de babados *(Br)*, de folhos *(Port)*.

fringe [frɪndʒ] *n* franja *f*.

frisk [frɪsk] *vt* revistar.

fritter ['frɪtər] *n comida, geralmente fruta, passada por um polme e frita*.

frivolous ['frɪvələs] *adj* frívolo (-la).

fro [frəʊ] *adv* → **to**.

frock [frɒk] *n* vestido *m*.

frog [frɒg] *n* rã *f*.

frogman ['frɒgmən] *(pl -men* [-mən]*) n* homem-rã *m*.

from [frɒm] *prep* **1.** *(expressing origin, source)* de; **I'm ~ Liverpool** sou de Liverpool; **the train ~ Manchester** o trem de Manchester; **I bought it ~ a supermarket** comprei-o num supermercado.

2. *(expressing removal, deduction)* de; **away ~ home** longe de casa; **to take sthg (away) ~ sb** tirar algo de alguém; **10% will be deducted ~ the total** será deduzido 10% do total .

3. *(expressing distance)* de; **five miles ~ London** a oito quilômetros de Londres; **it's not far ~ here** não é longe daqui.

4. *(expressing position)* de; **~ here you can see the valley** daqui vê-se o vale.

5. *(expressing what thing is made with)* de; **it's made ~ stone** é feito de pedra.

6. *(expressing starting time)* desde; **~ the moment you arrived** desde que chegou; **~ now on** de agora em diante; **~ next year** a partir do próximo ano; **open ~ nine to five** aberto das nove às cinco.

7. *(expressing change)* de; **the price has gone up ~ £1 to £2** o preço subiu de uma libra para duas; **to translate ~ German into English** traduzir do alemão para o inglês.

8. *(expressing range)* de; **tickets are ~ £10** bilhetes a partir de dez libras; **it could take ~ two to six months** pode levar de dois a seis meses.

9. *(as a result of)* de; **I'm tired ~ walking** estou cansado de andar.

10. *(expressing protection)* de; **sheltered ~ the wind** protegido do vento.

11. *(in comparisons)*: **different ~** diferente de.

fromage frais [frɒmɑːʒ'freɪ] *n* tipo de queijo cremoso.

front [frʌnt] *adj* da frente ♦ *n* (parte da) frente *f*; *(of book)* capa *f*; *(of weather)* frente; *(by the sea)* costa *f*; **in ~** em frente; **in ~ of** em frente de.

front door *n* porta *f* da frente.

frontier [frʌn'tɪər] *n* fronteira *f*.

front page *n* primeira página *f*.

front room *n* sala *f* (de estar).

front seat *n* banco *m* da frente.

front-wheel drive *n (vehicle)* veículo *m* com tração nas rodas dianteiras.

frost [frɒst] *n* geada *f*.

frostbite ['frɒstbaɪt] *n* ferida *f* causada pelo frio.

frosted ['frɒstɪd] *adj (glass)* fosco (-ca).

frosty ['frɒstɪ] *adj (morning, weather)* de geada.

froth [frɒθ] *n* espuma *f*.

frown [fraʊn] *n* cenho *m* ♦ *vi* franzir as sobrancelhas.

froze [frəʊz] *pt →* freeze.

frozen ['frəʊzn] *pp →* freeze ♦ *adj* gelado(-da); *(food)* congelado (-da).

fruit [fruːt] *n (food)* fruta *f*; *(variety of fruit)* fruto *m*; **a piece of ~** uma fruta; **~s of the forest** frutos silvestres.

fruit cake *n* bolo *m* inglês.

fruiterer ['fruːtərər] *n (Brit)* fruteiro *m* (-ra *f*).

fruitful ['fruːtfʊl] *adj* frutífero(-ra).

fruit juice *n* suco *m* de fruta *(Br)*, sumo *m* de frutas *(Port)*.

fruitless ['fruːtlɪs] *adj* infrutífero(-ra).

fruit machine *n (Brit)* caça-níqueis *m (Br)*, slot-machine *f (Port)*.

fruit salad *n* salada *f* de fruta.

frumpy ['frʌmpɪ] *adj (inf)* careta *(Br)*, antiquado(-da) *(Port)*.

frustrate [frʌ'streɪt] *vt (person)* frustrar; *(plan, attempt)* gorar.

frustrated [frʌ'streɪtɪd] *adj (person)* frustrado(-da); *(plan, attempt)* gorado (-da), furado(-da).

frustrating [frʌ'streɪtɪŋ] *adj* frustrante.

frustration [frʌ'streɪʃn] *n* frustração *f*.

fry [fraɪ] *vt* fritar.

frying pan ['fraɪŋ-] *n* frigideira *f*.

ft *abbr* = foot, feet.

fudge [fʌdʒ] *n* doce *m* de leite, *doce caramelado feito com leite, açúcar e manteiga*.

fuel [fjʊəl] *n* combustível *m*.

fuel pump *n* bomba *f* de gasolina.

fuel tank *n* tanque *m* de gasolina.

fugitive ['fjuːdʒɪtɪv] *n* fugitivo *m* (-va *f*).

fulfil [fʊl'fɪl] *vt (Brit) (promise, request, duty)* cumprir; *(role)* desempenhar; *(conditions, instructions, need)* satisfazer.

fulfill [fʊl'fɪl] *(Am)* = fulfil.

full [fʊl] *adj (filled)* cheio (cheia); *(name)* completo(-ta); *(extent, support)* total; *(maximum)* máximo(-ma); *(busy)* ocupado(-da); *(fare)* inteiro(-ra); *(fla-*

vour) rico(-ca) ♦ *adv (directly)* em cheio; **I'm ~ (up)** estou cheio; **at ~ speed** a toda a velocidade; **~ of** cheio de; **in ~** *(pay)* na totalidade; *(write)* por extenso.

full board *n* pensão *f* completa.

full-cream milk *n* leite *m* integral *(Br)*, leite *m* gordo *(Port)*.

full-length *adj (skirt, dress)* comprido(-da) *(até aos pés)*.

full moon *n* lua *f* cheia.

full stop *n* ponto *m* final.

full-time *adj & adv* de tempo integral *(Br)*, a tempo inteiro *(Port)*.

full up *adj* cheio (cheia).

fully ['fʊlɪ] *adv (completely)* completamente.

fully-licensed *adj* autorizado a vender bebidas alcoólicas.

fumble ['fʌmbl] *vi*: **he ~d in his pockets for his keys** ele apalpou os bolsos à procura das chaves.

fume [fjuːm] *vi (with anger)* espumar (de raiva).

❑ **fumes** *npl (from paint, alcohol)* vapores *mpl*; *(from car)* gases *mpl*; *(from fire)* fumaça *f*.

fun [fʌn] *n* divertimento *m*, diversão *f*; **it's good ~** é divertido; **for ~** por prazer; **to have ~** divertir-se; **to make ~ of** zombar de.

function ['fʌŋkʃn] *n* função *f* ♦ *vi* funcionar.

fund [fʌnd] *n* fundo *m* ♦ *vt* financiar.

❑ **funds** *npl* fundos *mpl*.

fundamental [ˌfʌndə'mentl] *adj* fundamental.

funding ['fʌndɪŋ] *n* financiamento *m*.

funeral ['fjuːnərəl] *n* funeral *m*.

funeral parlour *n* (agência) funerária *f*.

funfair ['fʌnfeər] *n* parque *m* de diversões.

fungus ['fʌŋɡəs] *(pl* -gi [-gaɪ]) *n* fungo *m*.

funky ['fʌŋkɪ] *adj (inf: music)* funky *(inv)*.

funnel ['fʌnl] *n (for pouring)* funil *m*; *(on ship)* chaminé *f*.

funny ['fʌnɪ] *adj (amusing)* engraçado(-da); *(strange)* estranho(-nha); **to feel ~ (ill)** não se sentir bem.

fur [fɜːr] *n (on animal)* pêlo *m*; *(garment)* pele *f*.

fur coat *n* casaco *m* de peles.

furious ['fjʊərɪəs] *adj (angry)* furioso(-osa).

furnace ['fɜːnɪs] n fornalha f.
furnish ['fɜːnɪʃ] vt (house, room) mobi-
liar.
furnished ['fɜːnɪʃt] adj mobiliado
(-da).
furnishings ['fɜːnɪʃɪŋz] npl mobiliário m.
furniture ['fɜːnɪtʃəʳ] n mobília f; **a
piece of ~** um móvel.
furrow ['fʌrəʊ] n rego m, sulco m.
furry ['fɜːrɪ] adj (animal) peludo(-da);
(toy) de pelúcia; (material) com pêlo.
further ['fɜːðəʳ] compar → far
♦ adv mais ♦ adj (additional) outro
(outra); **until ~ notice** até novo aviso;
it's not much ~ já não falta muito, já
não é muito longe.
further education n (Brit) educação f para adultos.

furthermore [fɜːðəˈmɔːʳ] adv além
disso, além do mais.
furthest ['fɜːðɪst] superl → far ♦ adj
(most distant) mais longe OR distante
♦ adv (in distance) mais longe.
fury ['fjʊərɪ] n fúria f.
fuse [fjuːz] n (of plug) fusível m; (on
bomb) detonador m ♦ vi (plug, device)
queimar.
fuse box n caixa f de fusíveis.
fuss [fʌs] n (agitation) agitação f; (complaints) escândalo m.
fussy ['fʌsɪ] adj (person) exigente.
futile [Brit 'fjuːtaɪl, Am 'fuːtl] adj inútil.
futon ['fuːtɒn] n espécie de sofá-cama
japonês.
future ['fjuːtʃəʳ] n futuro m ♦ adj
futuro(-ra); **in ~** no futuro, de agora
em diante.

G

g *(abbr of gram)* g.

gable ['geɪbl] *n* cumeeira *f*.

gadget ['gædʒɪt] *n* engenhoca *f*.

Gaelic ['geɪlɪk] *n* gaélico *m*.

gag [gæg] *n (inf: joke)* piada *f*.

gain [geɪn] *vt* ganhar; *(subj: clock, watch)* adiantar ◆ *vi (benefit)* lucrar ◆ *n* ganho *m*; **to ~ weight** engordar.

gait [geɪt] *n* andar *m*.

gal. *abbr* = **gallon**.

gala ['gɑːlə] *n (celebration)* gala *f*.

galaxy ['gæləksɪ] *n* galáxia *f*.

gale [geɪl] *n* vento *m* forte, rajada *f* de vento.

gallant ['gælənt] *adj (courageous)* corajoso(-osa).

gallery ['gælərɪ] *n* galeria *f*.

galley ['gælɪ] *n (ship)* galera *f*; *(kitchen)* cozinha *f*.

gallon ['gælən] *n (in UK)* = 4,546 litros, galão *m*; *(in US)* = 3,785 litros, galão.

gallop ['gæləp] *vi* galopar.

gallows ['gæləʊz] *(pl inv) n* forca *f*.

galore [gə'lɔːr] *adv* à farta, em abundância.

gamble ['gæmbl] *n* aposta *f* ◆ *vi (bet money)* apostar, jogar.

gambler ['gæmblər] *n* jogador *m* (-ra *f*).

gambling ['gæmblɪŋ] *n* jogo *m* (de azar).

game [geɪm] *n* jogo *m*; *(of tennis, snooker, chess)* partida *f*; *(wild animals, meat)* caça *f*.

❏ **games** *n (SCH)* desporto *m* ◆ *npl (sporting event)* jogos *mpl*.

gamekeeper ['geɪm,kiːpər] *n* guarda-caça *mf*, couteiro *m* (-ra *f*).

game reserve *n* reserva *f* de caça, coutada *f*.

gammon ['gæmən] *n* presunto cozido,

salgado ou fumado.

gang [gæŋ] *n (of criminals)* gangue *f* (Br), bando *m* (Port); *(of friends)* grupo *m*, turma *f*.

gangrene ['gæŋgriːn] *n* gangrena *f*.

gangster ['gæŋstər] *n* bandido *m*, gangster *m*.

gangway ['gæŋweɪ] *n (for ship)* prancha *f*; *(Brit: in bus, aeroplane, theatre)* corredor *m*.

gaol [dʒeɪl] *(Brit)* = **jail**.

gap [gæp] *n (space)* espaço *m*; *(of time)* intervalo *m*; *(difference)* diferença *f*.

gape [geɪp] *vi (person)* ficar de boca aberta.

garage ['gærɑːʒ, 'gærɪdʒ] *n (for keeping car)* garagem *f*; *(Brit: for petrol)* posto *m* de gasolina; *(for repairs)* oficina *f*; *(Brit: for selling cars)* concessionária *f*.

garbage ['gɑːbɪdʒ] *n (Am: refuse)* lixo *m*.

garbage can *n (Am)* lata *f* de lixo.

garbage truck *n (Am)* caminhão *m* do lixo.

garbled ['gɑːbld] *adj* confuso (-sa).

garden ['gɑːdn] *n* jardim *m* ◆ *vi* jardinar.

❏ **gardens** *npl (public park)* jardim *m* público, parque *m*.

garden centre *n* centro *m* de jardinagem.

gardener ['gɑːdnər] *n* jardineiro *m* (-ra *f*).

gardening ['gɑːdnɪŋ] *n* jardinagem *f*.

garden peas *npl* ervilhas *fpl*.

gargle ['gɑːgl] *vi* gargarejar.

garish ['geərɪʃ] *adj* berrante.

garlic ['gɑːlɪk] *n* alho *m*.

garlic bread *n* pão untado com manteiga de alho e aquecido no forno.

garlic butter *n* manteiga *f* de alho.

garment ['gɑːmənt] *n* peça *f* de roupa.

garnish ['gɑːnɪʃ] *n* (for decoration) decoração *f*; (sauce) molho *m* ◆ *vt* decorar.

garrison ['gærɪsn] *n* guarnição *f*.

garter ['gɑːtəʳ] *n* liga *f*.

gas [gæs] *n* gás *m*; (Am: petrol) gasolina *f*.

gas cooker *n* (Brit) fogão *m* a gás.

gas cylinder *n* bujão *m* de gás (Br), botija *f* de gás (Port).

gas fire *n* (Brit) aquecedor *m* a gás.

gas gauge *n* (Am) indicador *m* do nível de gasolina.

gash [gæʃ] *n* corte *m* (profundo) ◆ *vi* cortar, ferir.

gasket ['gæskɪt] *n* junta *f*.

gasman ['gæsmæn] (pl -men) *n* funcionário *m* da companhia de gás.

gas mask *n* máscara *f* antigás.

gasmen ['gæsmen] *pl* → **gasman**.

gas meter *n* medidor *m* do gás (Br), contador *m* do gás (Port).

gasoline ['gæsəliːn] *n* (Am) gasolina *f*.

gasp [gɑːsp] *vi* (in shock, surprise) ficar sem fôlego.

gas pedal *n* (Am) acelerador *m*.

gas station *n* (Am) posto *m* de gasolina (Br); estação *f* de serviço (Port).

gas stove (Brit) = **gas cooker**.

gas tank *n* (Am) tanque *m* de gasolina.

gastronomy [gæs'trɒnəmɪ] *n* gastronomia *f*.

gasworks ['gæswɜːks] (pl inv) *n* usina *f* de gás (Br), gasômetro *m* (Br), fábrica *f* de gás (Port).

gate [geɪt] *n* (to garden, field) portão *m*; (at airport) porta *f*.

gâteau ['gætəʊ] (pl -x [-z]) *n* (Brit) bolo recheado e coberto com chantilly.

gatecrash ['geɪtkræʃ] (inf) *vt* (inf) entrar sem ser convidado(-da) em, entrar de penetra em.

gateway ['geɪtweɪ] *n* (entrance) entrada *f*.

gather ['gæðəʳ] *vt* (collect) colher; (speed) ganhar; (understand) deduzir ◆ *vi* reunir-se.

gathering ['gæðərɪŋ] *n* reunião *f*.

gaudy ['gɔːdɪ] *adj* berrante.

gauge [geɪdʒ] *n* (for measuring) indicador *m*, medidor *m*; (of railway track) distância *f* (entre os carris) ◆ *vt* (calculate) calcular.

gauze [gɔːz] *n* gaze *f*.

gave [geɪv] *pt* → **give**.

gay [geɪ] *adj* (homosexual) homossexual, gay.

gaze [geɪz] *vi*: **to ~ at** olhar (fixamente) para.

gazelle [gə'zel] *n* gazela *f*.

gazetteer [gæzɪ'tɪəʳ] *n* índice *m* geográfico.

GB (abbr of Great Britain) GB.

GCSE *n* exame realizado no final do nono ano de escolaridade.

gear [gɪəʳ] *n* (wheel) roda *f* de engrenagem; (speed) mudança *f*, velocidade *f*; (equipment) equipamento *m*; (belongings) coisas *fpl*; **in ~** engatado.

gearbox ['gɪəbɒks] *n* caixa *f* de mudança (Br), caixa *f* de velocidades (Port).

gear lever *n* alavanca *f* de mudanças.

gear shift (Am) = **gear lever**.

gear stick (Brit) = **gear lever**.

geese [giːs] *pl* → **goose**.

gel [dʒel] *n* gel *m*.

gelatine [dʒelə'tiːn] *n* gelatina *f*.

gem [dʒem] *n* pedra *f* preciosa.

Gemini ['dʒemɪnaɪ] *n* Gêmeos *m inv*.

gender ['dʒendəʳ] *n* gênero *m*.

gene [dʒiːn] *n* gene *m*.

general ['dʒenərəl] *adj* geral ◆ *n* general *m*; **in ~** (as a whole) em geral; (usually) geralmente.

general anaesthetic *n* anestesia *f* geral.

general election *n* eleições *fpl* legislativas.

generalization [dʒenərəlaɪ'zeɪʃn] *n* generalização *f*.

general knowledge *n* cultura *f* geral.

generally ['dʒenərəlɪ] *adv* geralmente.

general practitioner [-præk'tɪʃənəʳ] *n* clínico *m* geral.

general public *n*: **the ~** o público em geral.

general store *n* = mercearia *f*.

generate ['dʒenəreɪt] *vt* gerar.

generation [dʒenə'reɪʃn] *n* geração *f*.

generator ['dʒenəreɪtəʳ] *n* gerador *m*.

generosity [dʒenə'rɒsətɪ] *n* generosidade *f*.

generous ['dʒenərəs] *adj* generoso (-osa).

genetic [dʒɪˈnetɪk] *adj* genético(-ca).
❏ **genetics** *n* genética *f*.

Geneva [dʒɪˈniːvə] *n* Genebra *s*.

genial [ˈdʒiːnjəl] *adj (person)* bem-humorado(-da); *(remark, smile)* amável.

genitals [ˈdʒenɪtlz] *npl* orgãos *mpl* genitais.

genius [ˈdʒiːnjəs] *n* gênio *m*.

gentle [ˈdʒentl] *adj (careful)* cuidadoso(-osa); *(kind)* gentil; *(movement, breeze)* suave.

gentleman [ˈdʒentlmən] (*pl* **-men** [-mən]) *n* cavalheiro *m*; **"gentlemen"** *(men's toilets)* "homens".

gently [ˈdʒentlɪ] *adv (carefully)* suavemente.

gentry [ˈdʒentrɪ] *n* pequena nobreza *f*.

gents [dʒents] *n (Brit)* banheiro *m* dos homens.

genuine [ˈdʒenjʊɪn] *adj* genuíno(-na).

geographical [dʒɪəˈgræfɪkl] *adj* geográfico(-ca).

geography [dʒɪˈɒgrəfɪ] *n* geografia *f*.

geology [dʒɪˈɒlədʒɪ] *n* geologia *f*.

geometric(al) [dʒɪəˈmetrɪk(l)] *adj* geométrico(-ca).

geometry [dʒɪˈɒmɪtrɪ] *n* geometria *f*.

Georgian [ˈdʒɔːdʒən] *adj (architecture etc)* georgiano(-na) *(relativo aos reinados dos reis Jorge I–IV, 1714–1830)*.

geranium [dʒɪˈreɪnjəm] *n* gerânio *m*.

gerbil [ˈdʒɜːbɪl] *n* gerbilo *m*, gerbo *m*.

geriatric [ˌdʒerɪˈætrɪk] *adj* geriátrico(-ca).

German [ˈdʒɜːmən] *adj* alemão (-mã) ◆ *n (person)* alemão *m* (-mã *f*); *(language)* alemão *m*.

German measles *n* rubéola *f*.

Germany [ˈdʒɜːmənɪ] *n* Alemanha *f*.

germinate [ˈdʒɜːmɪneɪt] *vi* germinar.

germs [dʒɜːmz] *npl* germes *mpl*.

gesticulate [dʒeˈstɪkjʊleɪt] *vi* gesticular.

gesture [ˈdʒestʃəʳ] *n* gesto *m*.

get [get] (*pt & pp* **got**, *Am pp* **gotten**) *vt* **1.** *(obtain)* obter; *(buy)* comprar; **she got a job** ela arranjou emprego.
2. *(receive)* receber; **I got a book for Christmas** ganhei um livro no Natal.
3. *(means of transport)* apanhar; **let's ~**

a taxi vamos apanhar um táxi.
4. *(fetch)* ir buscar; **could you ~ me the manager?** *(in shop)* podia chamar o gerente?; *(on phone)* pode me passar o gerente?
5. *(illness)* apanhar; **I've got a cold** estou resfriado.
6. *(cause to become)*: **to ~ sthg done** mandar fazer algo; **to ~ sthg ready** preparar algo; **can I ~ my car repaired here?** posso mandar consertar o meu carro aqui?
7. *(ask, tell)*: **to ~ sb to do sthg** arranjar alguém para fazer algo.
8. *(move)*: **to ~ sthg out of sthg** tirar algo de algo; **I can't ~ it through the door** não consigo passar com isso na porta.
9. *(understand)* perceber; **to ~ a joke** sacar uma piada.
10. *(time, chance)* ter; **we didn't ~ the chance to see everything** não tivemos oportunidade de ver tudo.
11. *(idea, feeling)* ter; **I ~ a lot of enjoyment from it** me divirto à beça.
12. *(phone)* atender.
13. *(in phrases)*: **you ~ a lot of rain here in winter** chove muito aqui no inverno, → **have**.

◆ *vi* **1.** *(become)* ficar; **it's getting late** está a ficando tarde; **to ~ ready** preparar-se; **to ~ lost** perder-se; **~ lost!** não enche o saco!, desapareça!
2. *(into particular state, position)* meter-se; **how do you ~ to Luton from here?** como é que se vai daqui para Luton?; **to ~ into the car** entrar no carro.
3. *(arrive)* chegar; **when does the train ~ here?** quando é que o trem chega aqui?
4. *(in phrases)*: **to ~ to do sthg** ter a oportunidade de fazer algo.

◆ *aux vb* ser; **to ~ delayed** atrasar-se; **to ~ killed** ser morto.

❏ **get back** *vi (return)* voltar.

❏ **get in** *vi (arrive)* chegar; *(enter)* entrar.

❏ **get off** *vi (leave)* sair.

❏ **get on** *vi (enter train, bus)* entrar; *(in relationship)* dar-se, entender-se; *(progress)*: **how are you getting on in your new job?** como você está indo no novo emprego?

❏ **get out** *vi (of car, bus, train)* sair.

❏ **get through** *vi (on phone)* conseguir ligação.

❏ **get up** vi levantar-se.
getaway ['getəwei] n fuga f.
get-together n (inf) reunião f.
geyser [Brit 'gi:zə', Am 'gaizər] n (hot spring) géiser m; (Brit: water heater) esquentador m.
Ghana ['gɑːnə] n Gana m.
ghastly ['gɑːstli] adj (inf: very bad) horrível.
gherkin ['gəːkin] n pequeno pepino de conserva.
ghetto ['getəʊ] (pl -s OR -es) n gueto m.
ghetto blaster ['getəʊ,blɑːstər] n (inf) rádio-gravador m portátil.
ghost [gəʊst] n fantasma m.
giant ['dʒaiənt] adj gigante ♦ n in stories) gigante m (-ta f).
gibberish ['dʒibərif] n disparates mpl.
gibe [dʒaib] n chacota f, piada f (insultuosa).
giblets ['dʒiblits] npl miúdos mpl.
Gibraltar [dʒi'brɔːltər] n Gibraltar s.
giddy ['gidi] adj (dizzy) tonto(-ta).
gift [gift] n (present) presente m; (talent) dom m.
gift certificate (Am) = gift voucher.
gifted ['giftid] adj dotado(-da).
gift shop n loja f de presentes.
gift token = gift voucher.
gift voucher n (Brit) vale m para presente.
gig [gig] n (inf) concerto m.
gigabyte ['gigəbait] n gigabyte m, gigaocteto m.
gigantic [dʒai'gæntik] adj gigantesco(-ca).
giggle ['gigl] vi dar risadinha.
gill [dʒil] n (measurement) = 0,142 litros.
gills [gilz] npl (of fish) guelras fpl.
gilt [gilt] adj dourado(-da) ♦ n dourado m.
gimmick ['gimik] n truque m, artifício m.
gin [dʒin] n gim m; ~ **and tonic** gim tônico.
ginger ['dʒindʒər] n gengibre m ♦ adj (colour) cor-de-cenoura (inv).
ginger ale n ginger-ale m.
ginger beer n bebida não alcoólica de gengibre.
gingerbread ['dʒindʒəbred] n biscoito ou bolacha de gengibre.

ginger-haired [-'heəd] adj ruivo (-va).
gipsy ['dʒipsi] n cigano m (-na f).
giraffe [dʒi'rɑːf] n girafa f.
girder ['gəːdər] n viga f.
girdle ['gəːdl] n cinta f.
girl [gəːl] n (child) menina f; (young woman) moça f (Br), rapariga f (Port); (daughter) filha f.
girlfriend ['gəːlfrend] n (of boy, man) namorada f; (of girl, woman) amiga f.
girl guide n (Brit) = escoteira f.
girl scout (Am) = girl guide.
giro ['dʒairəʊ] (pl -s) n (system) transferência f bancária.
girth [gəːθ] n (of person) (medida de) cintura f.
gist [dʒist] n ideia f geral; **to get the ~ (of sthg)** compreender a idéia geral (de algo).
give [giv] (pt gave, pp given ['givn]) vt dar; (speech, performance) fazer; **to ~ sb sthg** dar algo a alguém; **to ~ sb a kiss** dar um beijo em alguém; **come on, ~ me a smile!** vamos lá, dê um sorriso!; **to ~ sthg a push** empurrar algo; **~ or take a few minutes** mais minuto menos minuto; **"~ way!"** "perda de prioridade".
❏ **give away** vt sep (get rid of) dar, desfazer-se de; (reveal) revelar.
❏ **give back** vt sep devolver.
❏ **give in** vi desistir.
❏ **give off** vt fus soltar.
❏ **give out** vt sep (distribute) distribuir.
❏ **give up** vt sep (seat) ceder ♦ vi (admit defeat) desistir; **to ~ up smoking** deixar de fumar; **to ~ up chocolate** deixar de comer chocolate.
given name n (Am) nome m próprio OR de batismo.
glacier ['glæsjər] n glaciar m, geleira f.
glad [glæd] adj contente; **I'll be ~ to help** será um prazer ajudar.
gladly ['glædli] adv (willingly) com muito prazer.
glamor ['glæmər] (Am) = glamour.
glamorous ['glæmərəs] adj glamoroso(-osa).
glamour ['glæmər] n (Brit) (of person) charme m; (of place) elegância f; (of job) prestígio m.
glance [glɑːns] n olhadela f ♦ vi: **to ~ (at)** dar uma olhadela (em).

gland [glænd] *n* glândula *f*.

glandular fever ['glændjulə-] *n* mononucleose *f* infecciosa, febre *f* glandular.

glare [gleəʳ] *vi* (person) lançar olhares furiosos; (sun, light) brilhar intensamente.

glaring ['gleərɪŋ] *adj* (error, weakness) gritante; (lights, sun) ofuscante.

glass [glɑːs] *n* (material) vidro *m*; (container, glassful) copo *m* ♦ *adj* de vidro. ❏ **glasses** *npl* óculos *mpl*.

glassware ['glɑːsweəʳ] *n* artigos *mpl* de vidro.

glaze [gleɪz] *n* (on pottery) vitrificado *m* ♦ *vt* (pottery) vitrificar.

glazier ['gleɪzjəʳ] *n* vidraceiro *m* (-ra *f*).

gleam [gliːm] *n* (of gold, candle) brilho *m*; (of disapproval, pride) ponta *f* ♦ *vi* (gold, candle) luzir; (with pleasure, pride) brilhar.

gleaming ['gliːmɪŋ] *adj* brilhante.

glee [gliː] *n* contentamento *m*, alegria *f*.

glen [glen] *n* (Scot) vale *m*.

glib [glɪb] *adj* (answer, excuse) fácil; (person) com muita lábia.

glide [glaɪd] *vi* (fly) planar.

glider ['glaɪdəʳ] *n* planador *m*.

gliding ['glaɪdɪŋ] *n* vôo *m* planado OR sem motor.

glimmer ['glɪməʳ] *n* (faint light) brilho *m* (fraco); (trace, sign) pontinha *f*.

glimpse [glɪmps] *n*: **I only caught a ~ of her** só a vi de relance.

glisten ['glɪsn] *vi* brilhar.

glitter ['glɪtəʳ] *vi* reluzir.

gloat [gləʊt] *vi*: **to ~ (over sthg)** regozijar-se (com algo).

global ['gləʊbl] *adj* (worldwide) global, mundial.

global warming [-'gləʊbl'wɔːmɪŋ] *n* aquecimento *m* da atmosfera.

globe [gləʊb] *n* globo *m*; **the ~** (Earth) o globo.

gloom [gluːm] *n* (darkness) penumbra *f*; (unhappiness) tristeza *f*.

gloomy ['gluːmɪ] *adj* (room, day) sombrio(-bria); (person) triste.

glorious ['glɔːrɪəs] *adj* (weather, sight) esplêndido(-da); (victory, history) glorioso(-osa).

glory ['glɔːrɪ] *n* glória *f*.

gloss [glɒs] *n* (shine) brilho *m*; **~ (paint)** tinta *f* brilhante.

glossary ['glɒsərɪ] *n* glossário *m*.

glossy ['glɒsɪ] *adj* (magazine, photo) de papel couché.

glove [glʌv] *n* luva *f*.

glove compartment *n* portaluvas *m inv*.

glow [gləʊ] *n* luz *f*, brilho *m* ♦ *vi* luzir, brilhar.

glucose ['gluːkəʊs] *n* glucose *f*.

glue [gluː] *n* cola *f* ♦ *vt* colar.

glum [glʌm] *adj* triste, sorumbático(-ca).

glutton ['glʌtn] *n* (greedy person) glutão *m* (-tona *f*).

gnash [næʃ] *vt*: **to ~ one's teeth** ranger os dentes.

gnat [næt] *n* mosquito *m*.

gnaw [nɔː] *vt* roer.

gnome [nəʊm] *n* anão *m*.

go [gəʊ] (*pt* went, *pp* gone, *pl* goes) *vi*
1. (move, travel) ir; **to ~ home** ir para casa; **to ~ to Portugal** ir a Portugal; **to ~ by bus** ir de ônibus; **to ~ for a walk** ir dar um passeio; **to ~ and do sthg** ir fazer algo; **to ~ in** entrar; **to ~ out** sair.
2. (leave) ir-se; **it's time for us to ~** é hora de irmos embora; **when does the bus ~?** quando é que o ônibus sai?; **~ away!** vai embora!
3. (attend) ir; **to ~ to school** ir para a escola; **which school do you ~ to?** para que escola você vai?
4. (become) ficar; **she went pale** empalideceu; **the milk has gone sour** o leite azedou.
5. (expressing future tense): **to be going to do sthg** ir fazer algo.
6. (function) funcionar; **the car won't ~** o carro não pega.
7. (stop working) ir-se; **the fuse has gone** o fusível queimou.
8. (time) passar.
9. (progress) correr; **to ~ well** correr bem.
10. (bell, alarm) tocar.
11. (match) condizer; **to ~ with** condizer com, ficar bem com; **red wine doesn't ~ with fish** vinho tinto não combina com peixe.
12. (be sold) ser vendido; **"everything must ~"** "liquidação total".
13. (fit) caber.
14. (lead) ir; **where does this path ~?** aonde é que este caminho vai dar?
15. (belong) ir, ser.

16. (in phrases): to let ~ of sthg (drop) largar algo; there are two days to ~ faltam dois dias; to ~ (Am: to take away) para levar.
◆ n **1.** (turn) vez f; it's your ~ é a sua vez.
2. (attempt) tentativa f; to have a ~ at sthg experimentar algo; "50p a ~" (for game) "50 pence cada vez".
❑ go ahead vi (take place) realizar-se; ~ ahead! vai em frente!
❑ go back vi voltar.
❑ go down vi (decrease) diminuir; (sun) pôr-se; (tyre) esvaziar-se.
❑ go down with vt fus (inf: illness) apanhar.
❑ go in vi entrar.
❑ go off vi (alarm, bell) tocar, soar; (go bad) azedar; (light, heating) apagar-se.
❑ go on vi (happen) passar-se; (light, heating) acender-se; to ~ on doing sthg continuar a fazer algo.
❑ go out vi (leave house) sair; (light, fire, cigarette) apagar-se; (have relationship): to ~ out with sb sair com alguém; to ~ out for a meal ir comer fora.
❑ go over vt fus (check) rever.
❑ go round vi (revolve) rodar; there isn't enough cake to ~ round não há bolo que chegue para todos.
❑ go through vt fus (experience) passar por; (spend) gastar; (search) revistar.
❑ go up vi (increase) subir.
❑ go without vt fus passar sem.
goad [gəʊd] vt espicaçar, incitar.
go-ahead n (permission) luz f verde.
goal [gəʊl] n (posts) baliza f; (point scored) gol m; (aim) objetivo m.
goalkeeper ['gəʊl,ki:pər] n goleiro m (-ra f) (Br), guarda-redes mf inv (Port).
goalmouth ['gəʊlmaʊθ, pl -,maʊðz] n boca f da baliza.
goalpost ['gəʊlpəʊst] n poste m (da baliza).
goat [gəʊt] n cabra f.
gob [gɒb] n (Brit: inf: mouth) bico m.
gobble ['gɒbl] vt engolir (sem mastigar).
❑ gobble down vt sep engolir (sem mastigar).
❑ gobble up = gobble down.
go-between n intermediário m (-ria f).
gobsmacked ['gɒbsmækt] adj (Brit: inf): I was ~ fiquei de boca aberta.
go-cart = go-kart.

god [gɒd] n deus m.
❑ God n Deus m.
godchild ['gɒdtʃaɪld] (pl -children [-,tʃɪldrən]) n afilhado m (-da f).
goddaughter ['gɒd,dɔːtər] n afilhada f.
goddess ['gɒdɪs] n deusa f.
godfather ['gɒd,fɑːðər] n padrinho m.
godmother ['gɒd,mʌðər] n madrinha f.
gods [gɒdz] npl: the ~ (Brit: inf: in theatre) o galinheiro.
godsend ['gɒdsend] n: to be a ~ cair do céu.
godson ['gɒdsʌn] n afilhado m.
goes [gəʊz] → go.
goggles ['gɒglz] npl óculos mpl (protetores).
going ['gəʊɪŋ] adj (available) disponível; the ~ rate a tarifa em vigor.
go-kart [-kɑːt] n kart m.
gold [gəʊld] n ouro m ◆ adj (bracelet, watch) de ouro; (colour) dourado(-da).
golden ['gəʊldən] adj (made of gold) de ouro; (gold-coloured) dourado(-da).
goldfish ['gəʊldfɪʃ] (pl inv) n peixe-dourado m.
gold medal n medalha f de ouro.
gold-plated [-'pleɪtɪd] adj banhado(-da) a ouro.
golf [gɒlf] n golfe m.
golf ball n bola f de golfe.
golf club n (place) clube m de golfe; (piece of equipment) taco m de golfe.
golf course n campo m de golfe.
golfer ['gɒlfər] n jogador m (-ra f) de golfe.
gone [gɒn] pp → go ◆ prep (Brit): it's ~ ten já passa das dez.
gong [gɒŋ] n gongo m.
good [gʊd] (compar better, superl best) adj bom (boa); (well-behaved) bem comportado(-da) ◆ n o bem; be ~! porte-se bem!; to have a ~ time divertir-se; to be ~ at sthg ser bom em algo; a ~ ten minutes uns bons dez minutos; in ~ time com antecedência; to make ~ sthg (damage) pagar por algo; (loss) compensar algo; for ~ para sempre; for the ~ of para o bem de; to do sb ~ fazer bem a alguém; it's no ~ (there's no point) não vale a pena; ~ afternoon! boa tarde!; ~ evening! boa noite!; ~ morning! bom

dia!; ~ **night!** boa noite!.

❑ **goods** *npl* mercadorias *fpl*.

goodbye [ˌɡʊdˈbaɪ] *excl* adeus!

Good Friday *n* Sexta-feira *f* Santa.

good-humoured *adj* bem-humorado(-da).

good-looking [-ˈlʊkɪŋ] *adj* bonito(-ta).

good-natured [-ˈneɪtʃəd] *adj* amigável.

goodness [ˈɡʊdnɪs] *n* (*kindness*) bondade *f*; (*nutritive quality*) valor *m* nutritivo ♦ *excl*: (**my**) ~! meu Deus!; **for ~ sake!** por favor!, por amor de Deus!; **thank ~!** graças a Deus!

goods train [ɡʊdz-] *n* trem *m* de mercadorias.

goodwill [ˌɡʊdˈwɪl] *n* boa vontade *f*.

goody [ˈɡʊdɪ] *n* (*inf*: *in film, book etc*) bom *m* (boa *f*).

❑ **goodies** *npl* (*inf*: *desirable things*) coisas *fpl* boas.

goose [ɡuːs] (*pl* **geese**) *n* ganso *m*.

gooseberry [ˈɡʊzbərɪ] *n* groselha *f* branca.

goosebumps [ˈɡuːsbʌmps] *npl* (*Am*) = **gooseflesh**.

gooseflesh [ˈɡuːsfleʃ] *n* pele *f* de galinha, pele *f* arrepiada.

goose pimples *npl* (*Brit*) = **gooseflesh**.

gorge [ɡɔːdʒ] *n* garganta *f*, desfiladeiro *m*.

gorgeous [ˈɡɔːdʒəs] *adj* (*day, meal, countryside*) magnífico(-ca); (*inf*: *good-looking*) lindo(-da).

gorilla [ɡəˈrɪlə] *n* gorila *mf*.

gorse [ɡɔːs] *n* tojo *m* (arnal).

gory [ˈɡɔːrɪ] *adj* (*film*) com muito sangue; (*scene, death*) sangrento(-ta); (*details*) escabroso(-osa).

gosh [ɡɒʃ] *excl* (*inf*) caramba!

gospel [ˈɡɒspl] *n* (*doctrine*) evangelho *m*.

❑ **Gospel** *n* Evangelho *m*.

gossip [ˈɡɒsɪp] *n* (*about someone*) mexerico *m*, fofoca *f*; (*chat*) conversa *f* ♦ *vi* (*about someone*) fofocar; (*chat*) conversar.

gossip column *n* coluna em jornal ou revista dedicada a mexericos sobre figuras públicas.

got [ɡɒt] *pt & pp* → **get**.

gotten [ˈɡɒtn] *pp* (*Am*) → **get**.

goujons [ˈɡuːdʒɒnz] *npl* filés *mpl* (de peixe).

goulash [ˈɡuːlæʃ] *n* gulache *m*, *prato húngaro de carne ensopada temperada com colorau ou pimentão-doce*.

gourmet [ˈɡʊəmeɪ] *n* gastrônomo *m* (-ma *f*) ♦ *adj* gastronômico(-ca).

govern [ˈɡʌvən] *vt* governar.

governess [ˈɡʌvənɪs] *n* governanta *f*, preceptora *f*.

government [ˈɡʌvnmənt] *n* governo *m*.

governor [ˈɡʌvənəʳ] *n* (*of state, colony*) governador *m* (-ra *f*); (*of school, bank, prison*) diretor *m* (-ra *f*).

gown [ɡaʊn] *n* (*dress*) vestido *m*.

GP *abbr* = **general practitioner**.

grab [ɡræb] *vt* (*take hold of*) agarrar.

grace [ɡreɪs] *n* (*elegance*) graça *f*, elegância *f*; (*prayer*) ação *f* de graças.

graceful [ˈɡreɪsfʊl] *adj* gracioso (-osa).

gracious [ˈɡreɪʃəs] *adj* (*polite*) amável ♦ *excl*: (**good**) ~! santo Deus!

grade [ɡreɪd] *n* (*quality*) categoria *f*; (*in exam*) nota *f*; (*Am*: *year at school*) ano *m* (de escolaridade).

grade crossing *n* (*Am*) passagem *f* de nível.

grade school *n* (*Am*) escola *f* primária.

gradient [ˈɡreɪdjənt] *n* inclinação *f*.

gradual [ˈɡrædʒʊəl] *adj* gradual.

gradually [ˈɡrædʒʊəlɪ] *adv* gradualmente.

graduate [*n* ˈɡrædʒʊət, *vb* ˈɡrædʒʊeɪt] *n* (*from university*) licenciado *m* (-da *f*); (*Am*: *from high school*) pessoa que concluiu o ensino secundário ♦ *vi* (*from university*) licenciar-se, formar-se; (*Am*: *from high school*) concluir o ensino secundário.

graduation [ˌɡrædʒʊˈeɪʃn] *n* (*ceremony*) entrega *f* dos diplomas.

graffiti [ɡrəˈfiːtɪ] *n* grafite *m*.

grain [ɡreɪn] *n* (*seed, of sand*) grão *m*; (*crop*) cereais *mpl*; (*of salt*) pedra *f*.

gram [ɡræm] *n* grama *m*.

grammar [ˈɡræməʳ] *n* gramática *f*.

grammar school *n* (*in UK*) escola secundária tradicional para alunos dos 11 aos 18 anos, cujo acesso é ditado por um exame.

grammatical [ɡrəˈmætɪkl] *adj* (*referring to grammar*) gramatical; (*grammatically correct*) (gramaticalmente) correto(-ta).

gramme [ɡræm] = **gram**.

gramophone ['græməfəʊn] *n* gramofone *m*.

gran [græn] *n (Brit) (inf)* avó *f*.

grand [grænd] *adj (impressive)* magnífico(-ca) ◆ *n (inf)* (£1,000) mil libras *fpl*; ($1,000) mil dólares *mpl*.

grandchild ['græntʃaɪld] *(pl* -children [-,tʃɪldrən]) *n* neto *m* (-ta *f*).

granddad ['grændæd] *n (inf)* avô *m*.

granddaughter ['græn,dɔːtər] *n* neta *f*.

grandeur ['grændʒər] *n* grandeza *f*, imponência *f*.

grandfather ['grænd,fɑːðər] *n* avô *m*.

grandma ['grænmɑː] *n (inf)* avó *f*.

grandmother ['græn,mʌðər] *n* avó *f*.

grandpa ['grænpɑː] *n (inf)* avô *m*.

grandparents ['græn,peərənts] *npl* avós *mpl*.

grand piano *n* piano *m* de cauda.

grand slam *n (in rugby, football)* pleno *m*.

grandson ['grænsʌn] *n* neto *m*.

grandstand ['grændstænd] *n* tribuna *f*.

granite ['grænɪt] *n* granito *m*.

granny ['grænɪ] *n (inf)* avó *f*.

grant [grɑːnt] *n (for study)* bolsa *f*; *(POL)* subsídio *m* ◆ *vt (fml: give)* conceder; **to take sthg for ~ed** considerar algo como um dado adquirido; **to take sb for ~ed** não dar o devido valor a alguém.

granulated sugar ['grænjʊleɪtɪd-] *n* açúcar *m* cristalizado.

granule ['grænjuːl] *n (of salt, sugar)* pedrinha *f*; *(of coffee)* grânulo *m*.

grape [greɪp] *n* uva *f*.

grapefruit ['greɪpfruːt] *n* toranja *f*.

grapefruit juice *n* suco *m* de toranja *(Br)*, sumo *m* de toranja *(Port)*.

graph [grɑːf] *n* gráfico *m*.

graphic ['græfɪk] *adj (vivid)* minucioso(-osa).

❑ **graphics** *npl (pictures)* gráficos *mpl*.

graph paper *n* papel *m* milimétrico.

grasp [grɑːsp] *vt (grip)* agarrar; *(understand)* perceber.

grass [grɑːs] *n (plant)* grama *f (Br)*, erva *f (Port)*; *(lawn)* gramado *m (Br)*, relva *f (Port)*; **"keep off the ~"** "não pise na grama".

grasshopper ['grɑːs,hɒpər] *n* gafanhoto *m*.

grate [greɪt] *n* grelha *f*.

grated ['greɪtɪd] *adj* ralado(-da).

grateful ['greɪtfʊl] *adj* agradecido(-da), grato(-ta).

grater ['greɪtər] *n* ralador *m*.

grating ['greɪtɪŋ] *adj* irritante ◆ *n (grille)* gradeamento *m*.

gratitude ['grætɪtjuːd] *n* gratidão *f*.

gratuity [grə'tjuːɪtɪ] *n (fml)* gratificação *f*.

grave¹ [greɪv] *adj (mistake, news, concern)* grave ◆ *n* sepultura *f*.

grave² [grɑːv] *adj (accent)* grave.

gravel ['grævl] *n* gravilha *f*.

gravestone ['greɪvstəʊn] *n* pedra *f* tumular.

graveyard ['greɪvjɑːd] *n* cemitério *m*.

gravity ['grævətɪ] *n* gravidade *f*.

gravy ['greɪvɪ] *n* molho *m* (de carne).

gray [greɪ] *(Am)* = **grey**.

graze [greɪz] *vt (injure)* esfolar.

grease [griːs] *n* gordura *f*.

greaseproof paper [griːspruːf-] *n (Brit)* papel *m* vegetal.

greasy ['griːsɪ] *adj (clothes, food)* gorduroso(-osa); *(skin, hair)* oleoso(-osa).

great [greɪt] *adj* grande; *(very good)* ótimo(-ma); **(that's) ~!** ótimo!

Great Britain *n* Grã-Bretanha *f*.

Great Dane *n* grande dinamarquês *m (cão)*.

great-grandchild *n* bisneto *m* (-ta *f*).

great-grandfather *n* bisavô *m*.

great-grandmother *n* bisavó *f*.

greatly ['greɪtlɪ] *adv* muito.

greatness ['greɪtnɪs] *n* grandeza *f*, importância *f*.

Greece [griːs] *n* Grécia *f*.

greed [griːd] *n (for food)* gulodice *f*; *(for money)* ganância *f*.

greedy ['griːdɪ] *adj (for food)* guloso(-osa); *(for money)* ganancioso(-osa).

Greek [griːk] *adj* grego(-ga) ◆ *n (person)* grego *m* (-ga *f*); *(language)* grego *m*.

Greek salad *n* salada *f* mista *(com tomate, alface, azeitonas negras e queijo de cabra)*.

green [griːn] *adj* verde ◆ *n (colour)* verde *m*; *(in village)* gramado *m* público; *(on golf course)* green *m*.

❑ **greens** *npl (vegetables)* verduras *fpl*.

green beans *npl* feijão *m* verde.

green belt *n (Brit)* cinturão *m* verde.

green card *n (Brit: for car)* carteira *f*

verde, *seguro necessário para viajar de carro no estrangeiro; (Am: work permit)* autorização *f* de permanência e trabalho.

green channel *n passagem em porto ou aeroporto reservada a passageiros sem artigos a declarar.*

greenery ['gri:nərɪ] *n* verde *m*.

greenfly ['gri:nflaɪ] *(pl inv OR -flies) n* pulgão *m*.

greengage ['gri:ngeɪdʒ] *n* rainha-cláudia *f*.

greengrocer's ['gri:n,grəʊsəz] *n (shop)* loja onde se vende fruta, legumes e hortaliça.

greenhouse ['gri:nhaʊs, *pl* -haʊzɪz] *n* estufa *f*.

greenhouse effect *n* efeito *m* estufa.

Greenland ['gri:nlənd] *n* Gronelândia *f*.

green light *n* sinal *m* verde.

green pepper *n* pimentão *m* (verde).

Greens [gri:nz] *npl:* **the ~** os Verdes.

green salad *n* salada *f* verde.

greet [gri:t] *vt (say hello to)* cumprimentar.

greeting ['gri:tɪŋ] *n* cumprimento *m*.

greeting card *(Am)* = **greetings card**.

greetings card *n (Brit)* cartão *m* de felicitações.

grenade [grə'neɪd] *n* granada *f*.

grew [gru:] *pt* → **grow**.

grey [greɪ] *adj* cinzento(-ta); *(hair)* grisalho(-lha) ◆ *n* cinzento *m*; **to go ~** ganhar cabelos brancos.

grey-haired *adj* grisalho(-lha).

greyhound ['greɪhaʊnd] *n* galgo *m*.

grid [grɪd] *n (grating)* gradeamento *m*; *(on map etc)* quadrícula *f*.

grief [gri:f] *n* desgosto *m*; **to come to ~** fracassar.

grievance ['gri:vns] *n (complaint)* (motivo *m* de) queixa *f*.

grieve [gri:v] *vi* estar de luto.

grill [grɪl] *n* grelha *f*; *(part of restaurant)* grill *m* ◆ *vt* grelhar.

grille [grɪl] *n (AUT)* grelha *f* do radiador.

grilled [grɪld] *adj* grelhado(-da).

grim [grɪm] *adj (expression)* severo(-ra); *(place, reality)* sombrio (-bria); *(news)* desagradável.

grimace ['grɪməs] *n* careta *f*.

grime [graɪm] *n* sujeira *f*.

grimy ['graɪmɪ] *adj* sebento(-ta).

grin [grɪn] *n* sorriso *m* (largo) ◆ *vi* sorrir.

grind [graɪnd] *(pt & pp* **ground***) vt (pepper, coffee)* moer.

grinder ['graɪndə'] *n* moinho *m*.

grip [grɪp] *n (of tyres)* aderência *f*; *(handle)* punho *m*; *(bag)* bolsa *f* de viagem; *(hold)* pega *f* ◆ *vt (hold)* agarrar; **to keep a firm ~ on sthg** *(rope, railings)* agarrar algo com força; **get a ~ on yourself!** controle-se!

gripping ['grɪpɪŋ] *adj* apaixonante.

grisly ['grɪzlɪ] *adj* horripilante, horrendo(-da).

gristle ['grɪsl] *n* nervo *m*.

grit [grɪt] *n (stones)* gravilha *f*; *(sand)* saibro *m*; *(in eye)* cisco *m*, areia *f* ◆ *vt (road, steps)* ensaibrar.

groan [grəʊn] *n* gemido *m* ◆ *vi (in pain)* gemer; *(complain)* resmungar.

groceries ['grəʊsərɪz] *npl* mercearia *f*.

grocer's ['grəʊsəz] *n (shop)* mercearia *f*.

grocery ['grəʊsərɪ] *n (shop)* mercearia *f*.

groggy ['grɒgɪ] *adj* tonto(-ta), zonzo(-za).

groin [grɔɪn] *n* virilha *f*.

groom [gru:m] *n (of horses)* cavalariço *m (Br)*, moço *m* de estrebaria *(Port)*; *(bridegroom)* noivo *m* ◆ *vt (horse, dog)* escovar; *(candidate)* preparar.

groove [gru:v] *n* ranhura *f*.

grope [grəʊp] *vi:* **to ~ around for sthg** procurar algo com apalpadelas.

gross [grəʊs] *adj (weight, income)* bruto(-ta).

grossly ['grəʊslɪ] *adv (extremely)* extremamente.

grotesque [grəʊ'tesk] *adj* grotesco(-ca).

grotto ['grɒtəʊ] *(pl* **-s** *OR* **-es***) n* gruta *f*.

grotty ['grɒtɪ] *adj (Brit: inf)* mixa *(Br)*, rasca *(Port)*.

ground [graʊnd] *pt & pp* → **grind** ◆ *n* chão *m*; *(SPORT)* campo *m* ◆ *adj (coffee)* moído(-da) ◆ *vt:* **to be ~ed** *(plane)* não ter autorização para decolar; *(Am: electrical connection)* estar ligado à terra.

❑ **grounds** *npl (of building)* área que circunda um prédio; *(of coffee)* borra *f*; *(reason)* razão *f*, motivo *m*.

ground crew n pessoal m de terra.
ground floor n andar m térreo (Br), rés-do-chão m (Port).
grounding ['graundıŋ] n: ~ in sthg conhecimentos mpl (básicos) de algo.
groundless ['graundlıs] adj infundado(-da).
groundsheet ['graundʃi:t] n chão m OR solo m da barraca.
groundwork ['graundwɜ:k] n trabalho m preparatório.
group [gru:p] n grupo m.
groupie ['gru:pı] n (inf) groupie mf, pessoa que segue o seu grupo ou artista preferido de perto indo a todos os seus concertos.
grouse [graus] (pl inv) n (bird) galo silvestre m.
grove [grəuv] n (group of trees) mata f; lemon ~ limoal m.
grovel ['grɒvl] vi (be humble) humilhar-se.
grow [grəu] (pt grew, pp grown) vi crescer; (become) tornar-se ♦ vt (plant, crop) cultivar; (beard) deixar crescer.
❑ **grow up** vi crescer.
growl [graul] vi (dog) rosnar.
grown [grəun] pp → grow.
grown-up adj adulto(-ta) ♦ n adulto m (-ta f).
growth [grəuθ] n (increase) crescimento m; (MED) tumor m, abcesso m.
grub [grʌb] n (inf: food) comida f.
grubby ['grʌbı] adj (inf) porco (porca).
grudge [grʌdʒ] n ressentimento m ♦ vt: to ~ sb sthg invejar algo a alguém; he seems to have a ~ against me ele parece ter algo contra mim.
grueling ['gruəlıŋ] (Am) = gruelling.
gruelling ['gruəlıŋ] adj (Brit) extenuante.
gruesome ['gru:səm] adj horripilante.
gruff [grʌf] adj áspero(-ra).
grumble ['grʌmbl] vi (complain) resmungar.
grumpy ['grʌmpı] adj (inf) resmungão(-gona).
grunt [grʌnt] vi grunhir.
guarantee [,gærən'ti:] n garantia f ♦ vt garantir.
guaranteed delivery [,gærən'ti:d-] n (Brit) = correio m expresso.
guard [gu:d] n (of prisoner etc) guarda mf; (Brit: on train) guarda m; (protective

cover) proteção f ♦ vt (watch over) guardar; to be on one's ~ estar alerta.
guard dog n cão m de guarda.
guarded ['gu:dıd] adj cauteloso(-osa), prudente.
guardian ['gu:djən] n (of child) tutor m (-ra f); (protector) guardião m (-diã f).
guard's van n (Brit) vagão m traseiro.
guerilla = guerrilla.
Guernsey ['gɜ:nzı] n (place) Guernsey s.
guerrilla [gə'rılə] n guerrilheiro m (-ra f).
guess [ges] n suposição f ♦ vt & vi adivinhar; I ~ (so) é provável, imagino que sim.
guesswork ['geswɜ:k] n conjetura f.
guest [gest] n (in home) convidado m (-da f); (in hotel) hóspede mf.
guesthouse ['gesthaus, pl -hauzız] n pensão f.
guestroom ['gestrum] n quarto m de hóspedes.
guffaw [gʌ'fɔ:] n gargalhada f ♦ vi rir às gargalhadas.
guidance ['gaıdəns] n orientação f.
guide [gaıd] n (for tourists) guia mf; (guidebook) guia m ♦ vt guiar.
❑ **Guide** n (Brit) = escoteira f.
guidebook ['gaıdbuk] n guia m.
guide dog n cão m de guia.
guided tour ['gaıdıd-] n visita f com guia.
guidelines ['gaıdlaınz] npl diretrizes fpl.
guild [gıld] n (association) associação f.
guillotine ['gıləti:n] n guilhotina f.
guilt [gılt] n culpa f.
guilty ['gıltı] adj culpado(-da).
Guinea-Bissau [,gını'bısəu] n Guiné-Bissau f.
guinea pig ['gını-] n cobaia f.
guitar [gı'tu:r] n (acoustic) viola f; (electric) guitarra f.
guitarist [gı'tu:rıst] n (of acoustic guitar) tocador m (-ra f) de viola; (of electric guitar) guitarrista mf.
gulf [gʌlf] n (of sea) golfo m.
Gulf War n: the ~ a Guerra do Golfo.
gull [gʌl] n gaivota f.
gullet ['gʌlıt] n goela f.
gullible ['gʌləbl] adj ingênuo(-nua).

gully ['gʌlɪ] n barranco m.

gulp [gʌlp] n (of drink) gole m.

gum [gʌm] n (chewing gum, bubble gum) chiclete m (Br), pastilha f elástica (Port); (adhesive) cola f.

❑ **gums** npl (in mouth) gengivas fpl.

gumboots ['gʌmbuːts] npl (Brit) botas fpl de borracha, galochas fpl.

gun [gʌn] n (pistol) revólver m; (rifle) espingarda f; (cannon) canhão m.

gunfire ['gʌnfaɪəʳ] n tiroteio m.

gunman ['gʌnmən] (pl **-men** [-mən]) n pessoa f armada.

gunpoint ['gʌnpɔɪnt] n: **at ~** sob ameaça de arma.

gunpowder ['gʌn,paʊdəʳ] n pólvora f.

gunshot ['gʌnʃɒt] n tiro m.

gurgle ['gɜːgl] vi gorgolejar.

gush [gʌʃ] n jorro m ◆ vi (flow out) jorrar.

gust [gʌst] n rajada f.

gut [gʌt] n (inf: stomach) bucho m.

❑ **guts** npl (inf) (intestines) tripas fpl; (courage) coragem f, peito m.

gutter ['gʌtəʳ] n (beside road) sarjeta f; (of house) calha f (Br), caleira f (Port).

gutter press n imprensa f sensacionalista.

guy [gaɪ] n (inf: man) tipo m.

❑ **guys** npl (Am: inf: people): **you ~s** vocês.

Guy Fawkes Night [-'fɔːks-] n (Brit) 5 de novembro.

guy rope n corda f (de barraca de acampar).

guzzle ['gʌzl] vt (food) devorar; (drink) emborcar.

gym [dʒɪm] n (place) ginásio m; (school lesson) ginástica f.

gymnasium [dʒɪm'neɪzjəm] (pl **-iums** OR **-ia** [-zɪə]) n ginásio m.

gymnast ['dʒɪmnæst] n ginasta mf.

gymnastics [dʒɪm'næstɪks] n ginástica f.

gym shoes npl sapatilhas fpl de ginástica.

gymslip ['dʒɪm,slɪp] n (Brit) veste f escolar (Br), bata f da escola (Port).

gynaecologist [gaɪnə'kɒlədʒɪst] n ginecologista mf.

gynaecology [gaɪnə'kɒlədʒɪ] n ginecologia f.

gypsy ['dʒɪpsɪ] = **gipsy**.

H

H *(abbr of hospital)* H ◆ *abbr* = **hot**.

haberdashery [ˈhæbəˌdæʃərɪ] *n* (*goods*) artigos *mpl* de armarinho *(Br)*, artigos *mpl* de retrosaria *(Port)*; (*shop*) armarinho *m (Br)*, retrosaria *f (Port)*

habit [ˈhæbɪt] *n* hábito *m*.

habitat [ˈhæbɪtæt] *n* habitat *m*.

habitual [həˈbɪtʃʊəl] *adj* (*customary*) habitual; (*offender, smoker, drinker*) inveterado(-da).

hack [hæk] *vt* cortar, rachar.

hacksaw [ˈhæksɔː] *n* serra *f* para metal.

had [hæd] *pt & pp* → **have**.

haddock [ˈhædək] (*pl inv*) *n* hadoque *m (Br)*, eglefim *m (Port)*.

hadn't [ˈhædnt] = **had not**.

haggard [ˈhægəd] *adj* (*person*) abatido(-da).

haggis [ˈhægɪs] *n* bucho de ovelha recheado com aveia, gordura, miúdos de carneiro e especiarias, cozido e servido com batatas e nabos cozidos, prato tradicional escocês.

haggle [ˈhægl] *vi* regatear.

Hague [heɪg] *n*: **The ~** Haia *s*.

hail [heɪl] *n* granizo *m* ◆ *v impers*: **it's ~ing** está chovendo granizo.

hailstone [ˈheɪlstəʊn] *n* granizo *m*, pedra *f*.

hair [heəʳ] *n* (*on human head*) cabelo *m*; (*on skin*) pêlo *m*; **to have one's ~ cut** cortar o cabelo; **to wash one's ~** lavar a cabeça.

hairband [ˈheəbænd] *n* fita *f* para o cabelo.

hairbrush [ˈheəbrʌʃ] *n* escova *f* (de cabelo).

hairclip [ˈheəklɪp] *n* grampo *m (Br)*, gancho *m (Port)*.

haircut [ˈheəkʌt] *n* (*style*) corte *m* (de cabelo); **to have a ~** cortar o cabelo.

hairdo [ˈheəduː] (*pl* **-s**) *n* penteado *m*.

hairdresser [ˈheəˌdresəʳ] *n* cabeleireiro *m* (-ra *f*); **~'s** (*salon*) cabeleireiro *m*; **to go to the ~'s** ir ao cabeleireiro.

hairdryer [ˈheəˌdraɪəʳ] *n* secador *m* de cabelo.

hair gel *n* gel *m* (para o cabelo).

hairgrip [ˈheəgrɪp] *n* (*Brit*) grampo *m (Br)*, gancho *m (Port)*.

hairnet [ˈheənet] *n* rede *f* para o cabelo.

hairpin [ˈheəpɪn] *n* grampo *m (Br)*, gancho *m (Port)*.

hairpin bend *n* curva *f* fechada.

hair-raising [-ˌreɪzɪŋ] *adj* de arrepiar os cabelos, arrepiante.

hair remover [-rɪˌmuːvəʳ] *n* depilatório *m*.

hair rollers [-ˈrəʊləz] *npl* rolos *mpl* (para o cabelo).

hair slide *n* grampo *m (Br)*, gancho *m (Port)*.

hairspray [ˈheəspreɪ] *n* laquê *m (Br)*, laca *f (Port)*.

hairstyle [ˈheəstaɪl] *n* penteado *m*.

hairy [ˈheərɪ] *adj* (*person*) cabeludo (-da); (*chest, legs*) peludo(-da).

Haiti [ˈheɪtɪ] *n* Haiti *m*.

hake [heɪk] *n* pescada *f*.

half [*Brit* hɑːf, *Am* hæf] (*pl* **halves**) *n* (*50%*) metade *f*; (*of match*) parte *f*; (*half pint*) fino *m (Port)*, ≈ 2,5 cl; (*child's ticket*) meia passagem *f (Br)*, meio bilhete *m (Port)* ◆ *adj* meio (meia) ◆ *adv* meio; **a day and a ~** um dia e meio; **four and a ~** quatro e meio; **an hour and a ~** uma hora e meia; **~ past seven** sete e meia; **~ as big as** metade do tamanho de; **~ an hour** meia-hora; **~ a dozen** meia dúzia; **~ price** a metade do preço.

half board *n* meia pensão *f*.

half-day *n* meio-dia *m*.

half fare n meia passagem f (Br), meio bilhete m (Port).

half-hearted [-'hɑ:tɪd] adj pouco entusiasta.

half hour n meia-hora f; **every ~** todas as meias-horas.

half-mast n (Brit): **at ~** a meio mastro, a meia haste.

halfpenny ['heɪpnɪ] (pl **-pennies** OR **-pence**) n meio pêni m.

half portion n meia dose f.

half-price adj a metade do preço.

half term n (Brit) semana de férias na metade do trimestre escolar.

half time n intervalo m.

halfway ['hɑ:f'weɪ] adv (in space) a meio caminho; (in time) a meio.

halibut ['hælɪbət] (pl inv) n palmeta f.

hall [hɔ:l] n (of house) entrada f, hall m; (building, large room) salão m; (country house) ~ mansão f.

hallmark ['hɔ:lmɑ:k] n (on silver, gold) marca f.

hallo [hə'ləʊ] = **hello**.

hall of residence n residência f universitária.

Halloween [,hæləʊ'i:n] n noite f das bruxas.

hallucinate [hə'lu:sɪneɪt] vi delirar, estar com alucinações.

hallway ['hɔ:lweɪ] n corredor m.

halo ['heɪləʊ] (pl **-es** OR **-s**) n halo m, auréola f.

halt [hɔ:lt] vi parar ◆ n: **to come to a ~** parar.

halve [Brit hɑ:v, Am hæv] vt (reduce by half) reduzir à metade; (divide in two) dividir ao meio.

halves [Brit hɑ:vz, Am hævz] pl → **half**.

ham [hæm] n presunto m.

hamburger ['hæmbɜ:gə'] n (beefburger) hambúrguer m; (Am: mince) carne f picada.

hamlet ['hæmlɪt] n aldeia f, lugarejo m.

hammer ['hæmə'] n martelo m ◆ vt (nail) martelar.

hammock ['hæmək] n rede f.

hamper ['hæmpə'] n cesta f (de piquenique).

hamster ['hæmstə'] n hamster m.

hamstring ['hæmstrɪŋ] n tendão m do jarrete.

hand [hænd] n mão f; (of clock, watch, dial) ponteiro m; **to give sb a ~** dar uma mão a alguém; **to get out of ~**

fugir ao controle; **by ~** à mão; **in ~** (time) disponível; **on the one ~** por um lado; **on the other ~** por outro lado.

◻ **hand in** vt sep entregar.

◻ **hand out** vt sep distribuir.

◻ **hand over** vt sep (give) entregar.

handbag ['hændbæg] n bolsa f, carteira f.

handball ['hændbɔ:l] n andebol m.

handbasin ['hændbeɪsn] n pia f.

handbook ['hændbʊk] n manual m.

handbrake ['hændbreɪk] n freio m de mão (Br), travão m de mão (Port).

hand cream n creme m para as mãos.

handcuffs ['hændkʌfs] npl algemas fpl.

handful ['hændfʊl] n (amount) mão-cheia f, punhado m.

handgun ['hændgʌn] n pistola f.

handicap ['hændɪkæp] n (physical, mental) deficiência f; (disadvantage) desvantagem f.

handicapped ['hændɪkæpt] adj deficiente ◆ npl: **the ~** os deficientes.

handicraft ['hændɪkrɑ:ft] n artesanato m.

handiwork ['hændɪwɜ:k] n obra f.

handkerchief ['hæŋkətʃɪf] (pl **-chiefs** OR **-chieves** [-tʃi:vz]) n lenço m (de mão).

handle ['hændl] n (of door, window) puxador m; (of suitcase) alça f; (of pan, knife) cabo m ◆ vt (touch) pegar em; (deal with) lidar com; (solve) tratar de; **"~ with care"** "frágil".

handlebars ['hændlbɑ:z] npl guidom m (Br), guiador m (Port).

hand luggage n bagagem f de mão.

handmade [,hænd'meɪd] adj feito(-ta) à mão.

handout ['hændaʊt] n (leaflet) prospecto m.

handrail ['hændreɪl] n corrimão m.

handset ['hændset] n fone m (Br), auscultador m (Port); **"please replace the ~"** mensagem que avisa que o telefone não está bem desligado.

handshake ['hændʃeɪk] n aperto m de mão.

handsome ['hænsəm] adj bonito(-ta).

handstand ['hændstænd] n pino m.

handwriting ['hænd,raɪtɪŋ] n letra f, caligrafia f.

handy ['hændɪ] adj (useful) prático (-ca); (good with one's hands) habilidoso(-osa); *(near)* à mão; **to come in ~** *(inf)* vir mesmo a calhar.

handyman ['hændɪmæn] *(pl -men* [-mɛn]) *n* faz-tudo *m*, biscoteiro *m*.

hang [hæŋ] *(pt & pp* **hung)** *vt (on hook, wall etc)* pendurar; *(execute: pt & pp* **hanged)** enforcar ◆ *vi (be suspended)* pender ◆ *n*: **to get the ~ of sthg** pegar o jeito de algo.

❏ **hang about** *vi (Brit: inf)* rondar.

❏ **hang around** *(inf)* = **hang about**.

❏ **hang down** *vi* estar pendurado(-da).

❏ **hang on** *vi (inf: wait)* esperar.

❏ **hang out** *vt sep (washing)* pendurar ◆ *vi (inf: spend time)* passar o tempo.

❏ **hang up** *vi (on phone)* desligar.

hangar ['hæŋəʳ] *n* hangar *m*.

hanger ['hæŋəʳ] *n* cabide *m*.

hang gliding *n* asa-delta *f*.

hangover ['hæŋˌəʊvəʳ] *n* ressaca *f*.

hang-up *n (inf)* complexo *m*.

hankie ['hæŋkɪ] *n (inf)* lenço *m* (de mão).

haphazard [ˌhæpˈhæzəd] *adj* ao acaso; **her work is very ~** o trabalho dela é muito irregular.

happen ['hæpən] *vi* acontecer; **I ~ed to bump into him** encontrei-o por acaso.

happily ['hæpɪlɪ] *adv (luckily)* felizmente.

happiness ['hæpɪnɪs] *n* felicidade *f*.

happy ['hæpɪ] *adj* feliz; **to be ~ about sthg** *(satisfied)* estar satisfeito (-ta) com algo; **to be ~ to do sthg** não se importar de fazer algo; **to be ~ with sthg** estar satisfeito com algo; **Happy Birthday!** Parabéns!, Feliz Aniversário!; **Happy Christmas!** Feliz Natal!; **Happy New Year!** Feliz Ano Novo!

happy-go-lucky *adj* despreocupado(-da).

happy hour *n (inf)* período, normalmente ao fim da tarde, em que os bares vendem as bebidas mais barato.

harass ['hærəs] *vt* assediar, importunar.

harassment ['hærəsmənt] *n* assédio *m*, importúnio *m*.

harbor ['hɑːbəʳ] *(Am)* = **harbour**.

harbour ['hɑːbəʳ] *n (Brit)* porto *m*.

hard [hɑːd] *adj* duro(-ra); *(difficult, strenuous)* difícil; *(forceful)* forte; *(winter, frost)* rigoroso (-osa); *(water)* calcário(-ria), duro(-ra); *(drugs)* pesado(-da)

◆ *adv (work)* muito, arduamente; *(listen)* atentamente; *(hit, rain)* com força; **to try ~** fazer um esforço.

hardback ['hɑːdbæk] *n* livro *m* encadernado.

hardboard ['hɑːdbɔːd] *n* madeira *f* compensada *(Br)*, platex *m (Port)*.

hard-boiled egg [-bɔɪld-] *n* ovo *m* cozido.

hard cash *n* dinheiro *m* em espécie, dinheiro *m* vivo.

hard copy *n* cópia *f* impressa.

hard disk *n* disco *m* rígido OR duro.

harden ['hɑːdn] *vt & vi* endurecer.

hard-hearted [-ˈhɑːtɪd] *adj* insensível.

hardly ['hɑːdlɪ] *adv*: **~ ever** quase nunca; **I ~ know her** mal a conheço; **there's ~ any left** já não há quase nada.

hardness ['hɑːdnɪs] *n (solidness)* dureza *f*; *(difficulty)* dificuldade *f*.

hardship ['hɑːdʃɪp] *n* dificuldades *fpl*.

hard shoulder *n (Brit)* acostamento *m (Br)*, zona *f* de paragem de urgência.

hard up *adj (inf)* teso(-sa).

hardware ['hɑːdweəʳ] *n (tools, equipment)* ferramenta *f*; *(COMPUT)* hardware *m*.

hardware shop *n* loja *f* de ferragens.

hardware store *n* loja *f* de ferragens.

hardwearing [ˌhɑːdˈweərɪŋ] *adj (Brit)* resistente.

hardworking [ˌhɑːdˈwɜːkɪŋ] *adj* trabalhador(-ra).

hardy ['hɑːdɪ] *adj (person, animal)* robusto(-ta); *(plant)* vivaz, resistente.

hare [heəʳ] *n* lebre *f*.

harebrained ['heəˌbreɪnd] *adj (inf)* disparatado(-da), desmiolado(-da).

haricot (bean) ['hærɪkəʊ-] *n* feijão *m* branco.

harm [hɑːm] *n (injury)* mal *m*; *(damage)* dano *m* ◆ *vt (injure)* magoar; *(reputation, chances)* prejudicar; *(fabric)* danificar.

harmful ['hɑːmfʊl] *adj* prejudicial.

harmless ['hɑːmlɪs] *adj* inofensivo (-va).

harmonica [hɑːˈmɒnɪkə] *n* harmônica *f*.

harmony ['hɑːmənɪ] *n* harmonia *f*.

harness ['hɑːnɪs] *n (for horse)* arreios

mpl; *(for child)* andadeira *f*.

harp [hɑːp] *n* harpa *f*.

harpoon [hɑːˈpuːn] *n* arpão *m*
♦ *vt* arpear.

harpsichord [ˈhɑːpsɪkɔːd] *n* cravo *m*.

harrowing [ˈhærəʊɪŋ] *adj* horrível,
horroroso(-osa).

harsh [hɑːʃ] *adj* *(severe)* rigo-
roso(-osa); *(cruel)* severo(-ra); *(sound,
voice)* áspero(-ra).

harvest [ˈhɑːvɪst] *n* colheita *f*.

has [*weak form* həz, *strong form* hæz] →
have.

has-been *n* *(inf)* velha glória *f*, estrela *f* do passado.

hash [hæʃ] *n* *(meat)* picadinho *m* de
carne; **I made a real ~ of the exam**
(inf) fui extremamente mal no exame.

hash browns [hæʃ-] *npl* *(Am)* bolinhos fritos de batatas e cebolas picadas.

hasn't [ˈhæznt] = **has not**.

hassle [ˈhæsl] *n* *(inf)* chatice *f*.

haste [heɪst] *n* pressa *f*.

hastily [ˈheɪstɪlɪ] *adv* precipitadamen-
te.

hasty [ˈheɪstɪ] *adj* *(hurried)* apressado
(-da); *(rash)* precipitado(-da).

hat [hæt] *n* chapéu *m*.

hatch [hætʃ] *n* *(for serving food)* passa-
pratos *m* ♦ *vi* *(chick)* nascer.

hatchback [ˈhætʃˌbæk] *n* carro *m* de
três OR cinco portas.

hatchet [ˈhætʃɪt] *n* machado *m*.

hatchway [ˈhætʃˌweɪ] *n* *(on ship)* escotilha *f*.

hate [heɪt] *n* ódio *m* ♦ *vt* odiar, detestar; **to ~ doing sthg** detestar fazer
algo.

hateful [ˈheɪtfʊl] *adj* detestável, odio-
so(-osa).

hatred [ˈheɪtrɪd] *n* ódio *m*.

hat trick *n* hat trick *m*, três gols mar-
cados pelo mesmo jogador no mesmo
jogo.

haughty [ˈhɔːtɪ] *adj* altivo(-va).

haul [hɔːl] *vt* arrastar ♦ *n*: **a long ~** um
longo percurso.

haunch [hɔːntʃ] *n* *(of person)* quadril
m; *(of animal)* quarto *m* traseiro.

haunt [hɔːnt] *n* sítio *m* preferido ♦ *vt*
(subj: ghost) assombrar.

haunted [ˈhɔːntɪd] *adj* *(house)* assom-
brado(-da).

have [hæv] *(pt & pp* had) *aux vb* **1.** *(to
form perfect tenses)*: **I ~ finished** acabei;
~ you been there? – no, I haven't você

já esteve lá? – não; **they hadn't seen it**
não o tinham visto; **we had already
left** nós já tínhamos saído.
2. *(must)*: **to ~ (got) to do sthg** ter de
fazer algo; **do you ~ to pay?** é preciso
pagar?
♦ *vt* **1.** *(possess)*: **to ~ (got)** ter; **do you
~** OR **~ you got a double room?** você
tem um quarto de casal?; **she has (got)
brown hair** ela tem o cabelo castanho.
2. *(experience)* ter; **to ~ a cold** estar
resfriado; **to ~ a great time** divertir-se
a valer.
3. *(replacing other verbs)* ter; **to ~
breakfast** tomar o café da manhã; **to ~
dinner** jantar; **to ~ lunch** almoçar; **to ~
a bath** tomar banho; **to ~ a drink**
tomar qualquer coisa, tomar um copo;
to ~ a shower tomar um banho; **to ~
a swim** nadar; **to ~ a walk** passear.
4. *(feel)* ter; **I ~ no doubt about it** não
tenho dúvida alguma OR nenhuma
sobre isso.
5. *(cause to be)*: **to ~ sthg done** mandar
fazer algo; **to ~ one's hair cut** cortar o
cabelo.
6. *(be treated in a certain way)*: **I've had
my wallet stolen** me roubaram a carteira.

haven't [ˈhævnt] = **have not**.

haversack [ˈhævəsæk] *n* mochila *f*.

havoc [ˈhævək] *n* caos *m*.

Hawaii [həˈwaɪiː] *n* Havaí *m*.

hawk [hɔːk] *n* falcão *m*.

hawker [ˈhɔːkər] *n* vendedor *m* (-ra *f*)
ambulante.

hay [heɪ] *n* feno *m*.

hay fever *n* febre *f* do feno.

haystack [ˈheɪstæk] *n* meda *f* de feno.

haywire [ˈheɪˌwaɪər] *adj* *(inf)*: **to go ~**
degringolar *(Br)*, flipar *(Port)*.

hazard [ˈhæzəd] *n* risco *m*.

hazardous [ˈhæzədəs] *adj* arris-
cado(-da).

hazard warning lights *npl* *(Brit)*
pisca-alerta *m* *(Br)*, luzes *fpl* (avisado-
ras) de perigo *(Port)*.

haze [heɪz] *n* névoa *f*.

hazel [ˈheɪzl] *adj* cor-de-mel *(inv)*.

hazelnut [ˈheɪzlˌnʌt] *n* avelã *f*.

hazy [ˈheɪzɪ] *adj* *(misty)* nublado(-da).

he [hiː] *pron* ele; **~'s tall** ele é alto.

head [hed] *n* cabeça *f*; *(of queue)* princípio *m*; *(of page, letter)* cabeçalho *m*;
(of table, bed) cabeceira *f*; *(of company,
department)* chefe *m* (-fa *f*); *(head*

teacher) diretor *m* (**-ra** *f*); *(of beer)* espuma *f* ◆ *vt (list, organization)* encabeçar ◆ *vi*: **to ~ home** dirigir-se para casa; **£10 a ~** 10 libras por cabeça; **~s or tails?** cara ou coroa?
⊐ **head for** *vt fus (place)* dirigir-se a.

headache ['hedeɪk] *n (pain)* dor *f* de cabeça; **I've got a ~** estou com dor de cabeça.

headband ['hedbænd] *n* fita *f* de cabelo.

head boy *n (Brit)* representante *m* estudantil.

headdress ['heddres] *n* ornamento *m* para a cabeça.

header ['hedər] *n (in football)* cabeçada *f*.

headfirst [,hed'fɜːst] *adv* de cabeça.

head girl *n .(Brit)* representante *f* estudantil.

heading ['hedɪŋ] *n* título *m*.

headlamp ['hedlæmp] *(Brit)* = **headlight**.

headlight ['hedlaɪt] *n* farol *m* (dianteiro).

headline ['hedlaɪn] *n (in newspaper)* manchete *f (Br)*, título *m (Port)*; *(on TV, radio)* notícia *f* principal.

headlong ['hedlɒŋ] *adv (at great speed)* a toda a velocidade; *(impetuously)* sem pensar; *(dive, fall)* de cabeça.

headmaster [,hed'mɑːstər] *n* diretor *m* (de escola).

headmistress [,hed'mɪstrɪs] *n* diretora *f* (de escola).

head of state *n* chefe *m* de estado.

head-on *adj & adv* de frente.

headphones ['hedfəʊnz] *npl* fones *mpl* de ouvido *(Br)*, auscultadores *mpl* (Port).

headquarters [,hed'kwɔːtəz] *npl (of business)* sede *f*; *(of army)* quartel *m* general; *(of police)* central *f*.

headrest ['hedrest] *n* apoio-de-cabeça *m*.

headroom ['hedrʊm] *n (under bridge)* vão *m* livre.

headscarf ['hedskɑːf] *(pl* **-scarves** [-skɑːvz]) *n* lenço *m* de cabeça.

headset ['hedset] *n* fones *mpl* de ouvido *(Br)*, auscultadores *mpl* com microfone (Port).

head start *n* vantagem *f*, avanço *m*.

headstrong ['hedstrɒŋ] *adj* cabeçudo(-da), teimoso(-osa).

head teacher *n* diretor *m* (-ra *f*) (da escola).

head waiter *n* maître *m (Br)*, chefe *m* de mesa *(Port)*.

heal [hiːl] *vt* curar ◆ *vi* sarar.

healing ['hiːlɪŋ] *n (of a person)* cura *f*; *(of a wound)* cicatrização *f*.

health [helθ] *n* saúde *f*; **to be in good/poor ~** estar bem/mal de saúde; **your (very) good ~!** saúde!

health centre *n* centro *m* de saúde.

health food *n* comida *f* dietética.

health food shop *n* loja *f* de produtos dietéticos.

health insurance *n* seguro *m* de saúde.

health service *n* serviço *m* de saúde.

healthy ['helθɪ] *adj* saudável.

heap [hiːp] *n* monte *m*; **~s of** *(inf)* montes de.

hear [hɪər] *(pt & pp* **heard** [hɜːd]*) vt & vi* ouvir; **to ~ about** sthg saber de algo; **to ~ from sb** ter notícias de alguém; **have you heard of him?** você já ouviu falar dele?

hearing ['hɪərɪŋ] *n (sense)* audição *f*; *(at court)* audiência *f*; **to be hard of ~** não ouvir bem.

hearing aid *n* aparelho *m* auditivo.

hearsay ['hɪəseɪ] *n* boato *m*.

hearse [hɜːs] *n* carro *m* fúnebre.

heart [hɑːt] *n* coração *m*; **to know sthg (off) by ~** saber algo de cor; **to lose ~** perder a coragem.
⊐ **hearts** *npl (in cards)* copas *fpl*.

heart attack *n* ataque *m* cardíaco.

heartbeat ['hɑːtbiːt] *n* pulsação *f*, batida *f* cardíaca.

heartbroken ['hɑːt,brəʊkn] *adj* desolado(-da), com o coração despedaçado.

heartburn ['hɑːtbɜːn] *n* azia *f*.

heart condition *n*: **to have a ~** ter problemas cardíacos OR do coração.

heartfelt ['hɑːtfelt] *adj* sincero(-ra), do fundo do coração.

hearth [hɑːθ] *n* borda *f* da lareira.

heartless ['hɑːtlɪs] *adj (person)* sem coração; *(refusal, decision)* cruel.

heartwarming ['hɑːt,wɔːmɪŋ] *adj* comovente.

hearty ['hɑːtɪ] *adj (meal)* substancial.

heat [hiːt] *n* calor *m*; *(specific temperature)* temperatura *f*.

❏ **heat up** *vt sep* aquecer.

heated ['hi:tɪd] *adj (room, swimming pool)* aquecido(-da); *(argument, discussion)* acalorado(-da).

heater ['hi:tər] *n* aquecedor *m*.

heath [hi:θ] *n* charneca *f*.

heathen ['hi:ðn] *adj* pagão(-gã) ♦ *n* pagão *m* (-gã *f*).

heather ['heðər] *n* urze *f*.

heating ['hi:tɪŋ] *n* aquecimento *m*.

heatstroke ['hi:tstrəʊk] *n* insolação *f*.

heat wave *n* onda *f* de calor.

heave [hi:v] *vt (push)* empurrar com força; *(pull)* puxar com força; *(lift)* levantar com força.

Heaven ['hevn] *n* paraíso *m*, céu *m*.

heavily ['hevɪlɪ] *adv* muito.

heavy ['hevɪ] *adj* pesado(-da); *(rain, fighting, traffic)* intenso(-sa); **how ~ is it?** quanto é que (isso) pesa?; **to be a ~ smoker** fumar muito.

heavy cream *n (Am)* creme *m* de leite *(Br)*, natas *fpl* espessas *(Port)*.

heavy goods vehicle *n (Brit)* veículo *m* pesado.

heavy industry *n* indústria *f* pesada.

heavy metal *n* heavy metal *m*.

heavyweight ['hevɪweɪt] *n (SPORT)* peso *m* pesado.

Hebrew ['hi:bru:] *adj* hebraico(-ca) ♦ *n (person)* hebreu *m* (-bréia *f*); *(language)* hebreu *m*, hebraico *m*.

Hebrides ['hebrɪdi:z] *npl*: **the ~** as Hébridas.

heckle ['hekl] *vt* interromper (continuamente).

hectic ['hektɪk] *adj* agitado(-da).

he'd [hi:d] = he had.

hedge [hedʒ] *n* cerca *f* viva *(Br)*, sebe *f*.

hedgehog ['hedʒhɒg] *n* ouriço-cacheiro *m*.

heel [hi:l] *n (of person)* calcanhar *m*; *(of shoe)* salto *m*.

hefty ['heftɪ] *adj (person)* robusto(-ta); *(fine)* considerável.

height [haɪt] *n* altura *f*; *(peak period)* ponto *m* alto; **what ~ is it?** quanto é que mede?

heighten ['haɪtn] *vt* aumentar, intensificar ♦ *vi* aumentar, intensificar-se.

heir [eər] *n* herdeiro *m*.

heiress ['eərɪs] *n* herdeira *f*.

heirloom ['eəlu:m] *n* relíquia *f* familiar.

held [held] *pt & pp* → hold.

helicopter ['helɪkɒptər] *n* helicóptero *m*.

Hell [hel] *n* o Inferno.

he'll [hi:l] = he will.

hellish ['helɪʃ] *adj (inf)* terrível; **the traffic was ~** o trânsito estava um inferno.

hello [hə'ləʊ] *excl (as greeting)* oi! *(Br)*, olá! *(Port)*; *(when answering phone)* alô! *(Br)*, estou! *(Port)*; *(when phoning)* alô? *(Br)*, está? *(Port)*; *(to attract attention)* ei!

helm [helm] *n (of ship)* leme *m*.

helmet ['helmɪt] *n* capacete *m*.

help [help] *n* ajuda *f* ♦ *vt & vi* ajudar ♦ *excl* socorro!; **I can't ~ it** não consigo evitá-lo; **to ~ sb (to) do sthg** ajudar alguém a fazer algo; **to ~ o.s. (to sthg)** servir-se (de algo); **can I ~ you?** *(in shop)* posso ajudá-lo?.

❏ **help out** *vi* ajudar.

helper ['helpər] *n (assistant)* ajudante *mf*; *(Am: cleaner)* faxineira *f (Br)*, mulher-a-dias *f (Port)*.

helpful ['helpfʊl] *adj (person)* prestativo(-va); *(useful)* útil.

helping ['helpɪŋ] *n* porção *f*; **he had a second ~ of pudding** ele repetiu a sobremesa.

helpless ['helplɪs] *adj* indefeso(-sa).

Helsinki ['helsɪŋkɪ] *n* Helsínque *s*.

hem [hem] *n* bainha *f*.

hemisphere ['hemɪˌsfɪər] *n* hemisfério *m*.

hemline ['hemlaɪn] *n* bainha *f*.

hemophiliac [ˌhi:məˈfɪlɪæk] *n* hemofílico *m* (-ca *f*).

hemorrhage ['hemərɪdʒ] *n* hemorragia *f*.

hemorrhoids ['hemərɔɪdz] *npl* hemorróidas *fpl*.

hen [hen] *n (chicken)* galinha *f*.

hence [hens] *adv (fml: therefore)* assim; *(from now)*: **ten years ~** daqui a dez anos.

henceforth [ˌhensˈfɔ:θ] *adv (fml)* de hoje em diante, doravante.

henna ['henə] *n* hena *f* ♦ *vt* pintar com hena.

henpecked ['henpekt] *adj*: **he's a ~ husband** ele é um pau-mandado da mulher.

hepatitis [ˌhepəˈtaɪtɪs] *n* hepatite *f*.

her [hɜ:r] *adj* o seu (a sua), dela ♦ *pron*

(direct) a; *(indirect)* lhe; *(after prep)* ela; ~ **books** os livros dela, os seus livros; **I know** ~ eu a conheço; **it's** ~ é ela; **send it to** ~ mande isso para ela; **tell** ~ diz-lhe; **he's worse than** ~ ele é pior do que ela; **Zena brought it with** ~ a Zena trouxe-o consigo OR com ela.

herb [hɜːb] *n* erva *f* aromática.

herbal tea ['hɜːbl-] *n* chá *m* de ervas.

herd [hɜːd] *n (of cattle)* manada *f*; *(of sheep)* rebanho *m*.

here [hɪəʳ] *adv* aqui; ~**'s your book** aqui está o seu livro; ~ **you are** aqui tem, aqui está.

hereabout ['hɪərə,baut] *(Am)* = **hereabouts**.

hereabouts ['hɪərə,bauts] *adv (Brit)* por aqui.

hereafter [,hɪərʊ:ftəʳ] *adv (fml) (from now on)* de hoje em diante; *(in the future)* mais tarde.

hereby [,hɪə'baɪ] *adv (fml: in letters)* pela presente; **I** ~ **declare this theatre open** declaro aberto este teatro.

hereditary [hɪ'redɪtrɪ] *adj (disease)* hereditário(-ria).

heresy ['herəsɪ] *n* heresia *f*.

heritage ['herɪtɪdʒ] *n* patrimônio *m*.

heritage centre *n* museu ou centro de informação em local de interesse histórico.

hermit ['hɜːmɪt] *n* eremita *mf*.

hernia ['hɜːnjə] *n* hérnia *f*.

hero ['hɪərəu] *(pl* -es*) n* herói *m*.

heroic [hɪ'rəuɪk] *adj* heróico(-ca).

heroin ['herəuɪn] *n* heroína *f*.

heroine ['herəuɪn] *n* heroína *f*.

heron ['herən] *n* garça *f*.

herring ['herɪŋ] *n* arenque *m*.

hers [hɜːz] *pron* o seu (a sua), (o/a) dela; **a friend of** ~ um amigo dela OR seu; **those shoes are** ~ estes sapatos são dela OR seus; **these are mine** – **where are** ~? estes são os meus – onde estão os dela?

herself [hɜː'self] *pron (reflexive)* se; *(after prep)* si própria OR mesma; **she did it** ~ foi ela mesma que o fez; **she hurt** ~ ela machucou-se.

he's [hiːz] = **he is, he has.**

hesitant ['hezɪtənt] *adj* hesitante.

hesitate ['hezɪteɪt] *vi* hesitar.

hesitation [hezɪ'teɪʃn] *n* hesitação *f*.

heterosexual [,hetərəu'sekʃuəl] *adj* heterossexual ◆ *n* heterossexual *mf*.

het up [het-] *adj (inf)* nervoso(-osa).

hexagon ['heksəgən] *n* hexágono *m*.

hey [heɪ] *excl (inf)* ei!, é pá! *(Port)*.

heyday ['heɪdeɪ] *n* época *f* áurea, auge *m*.

HGV *abbr* = **heavy goods vehicle.**

hi [haɪ] *excl (inf)* oi! *(Br)*, olá! *(Port)*.

hibernate ['haɪbəneɪt] *vi* hibernar.

hiccup ['hɪkʌp] *n*: **to have (the)** ~**s** estar com OR ter soluços.

hide [haɪd] *(pt* hid [hɪd], *pp* hidden ['hɪdn]) *vt* esconder; *(truth, feelings)* esconder, ocultar ◆ *vi* esconder-se ◆ *n (of animal)* pele *f*.

hide-and-seek *n* esconde-esconde *m*, escondidas *fpl*.

hideaway ['haɪdəweɪ] *n (inf)* esconde-rijo *m*, refúgio *m*.

hideous ['hɪdɪəs] *adj* horrível.

hiding ['haɪdɪŋ] *n*: **in** ~ *(concealment)* escondido(-da); **to give sb a (good)** ~ *(inf: beating)* dar uma surra em alguém.

hiding place *n* esconderijo *m*.

hierarchy ['haɪərɑːkɪ] *n* hierarquia *f*.

hi-fi ['haɪfaɪ] *n* hi-fi *m*, aparelhagem *f* de som.

high [haɪ] *adj* alto(-ta); *(wind)* forte; *(speed, quality)* grande, alto(-ta); *(opinion)* bom (boa); *(position, rank)* elevado(-da); *(sound, voice)* agudo(-da); *(inf: from drugs)* doidão(-dona) *(Br)*, pedrado(-da) *(Port)* ◆ *n (weather front)* zona *f* de alta pressão ◆ *adv* alto; **how** ~ **is it?** quanto é que (isso) mede?; **it's 10 metres** ~ mede 10 metros de altura.

high chair *n* cadeira-de-bebê *f*.

high-class *adj* de grande categoria.

Higher ['haɪəʳ] *n (Scot)* exame efetuado na Escócia no fim do ensino secundário.

higher education *n* ensino *m* superior.

high heels *npl* saltos *mpl* altos.

high jump *n* salto *m* em altura.

Highland Games ['haɪlənd-] *npl* jogos tradicionais escoceses.

Highlands ['haɪləndz] *npl*: **the** ~ região montanhosa da Escócia.

highlight ['haɪlaɪt] *n (best part)* ponto *m* alto ◆ *vt (emphasize)* destacar.

❑ **highlights** *npl (of football match etc)* pontos *mpl* altos; *(in hair)* mechas *fpl* *(Br)*, madeixas *fpl* *(Port)*.

highlighter (pen) ['haɪlaɪtəʳ] *n* marcador *m*.

highly ['haɪlɪ] *adv (extremely)* extremamente; *(very well)* muito bem; **to think**

~ **of sb** admirar muito alguém.

highness ['haɪnɪs] *n*: **His/Her/ Your (Royal)** ~ Sua Alteza *f* (Real); **Their (Royal)** ~**es** Suas Altezas (Reais).

high-pitched [-'pɪtʃt] *adj* agudo (-da).

high-rise *adj*: **a** ~ **building** um espigão (Br), uma torre (Port).

high school *n* escola *f* secundária.

high season *n* estação *f* alta.

high-speed train *n* (trem) rápido *m*, trem *m* de grande velocidade.

high street *n* (Brit) rua *f* principal.

high-tech [-'tek] *adj* (industry) de ponta; (design, method, furniture) extremamente moderno(-na).

high tide *n* maré-alta *f*.

highway ['haɪweɪ] *n* (Am: between towns) auto-estrada *f*; (Brit: any main road) estrada *f*.

Highway Code *n* (Brit) código *m* da estrada.

hijack ['haɪdʒæk] *vt* desviar.

hijacker ['haɪdʒækəʳ] *n* pirata *m* do ar.

hike [haɪk] *n* caminhada *f*, excursão *f* a pé ♦ *vi* caminhar.

hiker ['haɪkəʳ] *n* caminhante *mf*.

hiking ['haɪkɪŋ] *n*: **to go** ~ fazer uma caminhada.

hilarious [hɪ'leərɪəs] *adj* hilariante.

hill [hɪl] *n* colina *f*, monte *m*.

hillside ['hɪlsaɪd] *n* encosta *f*.

hillwalking ['hɪlwɔːkɪŋ] *n* caminhada *f* (em montanha).

hilly ['hɪlɪ] *adj* montanhoso (-osa).

him [hɪm] *pron* (direct) o; (indirect) lhe; (after prep) ele; **I know** ~ eu o conheço; **it's** ~ é ele; **send it to** ~ manda isso para ele; **tell** ~ diga-lhe; **she's worse than** ~ ela é pior que ele; **Tony brought it with** ~ o Tony trouxe-o consigo OR com ele.

Himalayas [hɪmə'leɪəz] *npl*: **the** ~ os Himalaias.

himself [hɪm'self] *pron* (reflexive) se; (after prep) si próprio OR mesmo; **he did it** ~ foi ele mesmo que o fez; **he hurt** ~ ele machucou-se.

hinder ['hɪndəʳ] *vt* impedir, atrapalhar.

hindrance ['hɪndrəns] *n* (obstacle) obstáculo *m*, impedimento *m*; (delay) demora *f*, atraso *m*.

hindsight ['haɪndsaɪt] *n*: **with the**

benefit of ~ em retrospecto (Br), a posteriori (Port).

Hindu ['hɪnduː] *adj* hindu ♦ *n* (person) hindu *mf*.

hinge [hɪndʒ] *n* dobradiça *f*.

hint [hɪnt] *n* (indirect suggestion) alusão *f*; (piece of advice) dica *f*, palpite *m*; (slight amount) ponta *f* ♦ *vi*: **to** ~ **at sthg** fazer alusão a algo.

hip [hɪp] *n* anca *f*.

hippo ['hɪpəʊ] (pl -s) *n* (inf) = **hippopotamus**.

hippopotamus [hɪpə'pɒtəməs] *n* hipopótamo *m*.

hippy ['hɪpɪ] *n* hippy *mf*.

hire ['haɪəʳ] *vt* (car, bicycle, television) alugar; (person) contratar; **"for** ~**"** (boats) "para alugar"; (taxi) "livre".

❑ **hire out** *vt sep* (car, bicycle, television) alugar.

hire car *n* (Brit) carro *m* alugado.

hire purchase *n* (Brit) crediário *m* (Br), compra *f* a prestações.

his [hɪz] *adj* o seu (a sua), dele ♦ *pron* o seu (a sua), (o/a) dele; ~ **books** os livros dele, os seus livros; **a friend of** ~ um amigo dele OR seu; **these shoes are** ~ estes sapatos são dele OR seus; **these are mine** – **where are** ~? estes são os meus – onde estão os dele?

hiss [hɪs] *n* (of snake, gas etc) silvo *m*; (of crowd) assobio *m* ♦ *vi* (snake, gas etc) silvar; (crowd) assobiar, vaiar.

historic [hɪ'stɒrɪk] *adj* histórico(-ca).

historical [hɪ'stɒrɪkəl] *adj* histórico(-ca).

history ['hɪstərɪ] *n* história *f*; (record) histórico *m*.

hit [hɪt] (pt & pp **hit**) *vt* (strike on purpose) bater em; (collide with) bater contra OR em; (bang) bater com; (a target) acertar em ♦ *n* (record, play, film) sucesso *m*.

hit-and-run *adj*: ~ **accident** atropelamento *m* com abandono da vítima.

hitch [hɪtʃ] *n* (problem) problema *m* ♦ *vi* pegar carona (Br), pedir boleia (Port) ♦ *vt*: **to** ~ **a lift** pegar carona (Br), apanhar boleia (Port).

hitchhike ['hɪtʃhaɪk] *vi* pegar carona (Br), pedir boleia (Port).

hitchhiker ['hɪtʃhaɪkəʳ] *n* pessoa *f* que pega carona (Br), pessoa *f* que viaja à boleia (Port).

hi-tech [haɪ'tek] = **high-tech**.

hive [haɪv] *n (of bees)* colmeia *f.*

HIV-positive *adj* soropositivo(-va) *(Br)*, seropositivo(-va) *(Port)*.

hoard [hɔːd] *n (of food)* armazém *m*, reserva *f; (of money)* tesouro *m; (of useless objects)* tralha *f*, monte *m* ◆ *vt (food)* açambarcar; *(money)* amealhar; *(useless objects)* acumular.

hoarding [ˈhɔːdɪŋ] *n (Brit: for adverts)* outdoor *m (Br)*, placar *m* publicitário *(Port)*.

hoarfrost [ˈhɔːfrɒst] *n* geada *f* (branca).

hoarse [hɔːs] *adj* rouço(-ca).

hoax [həʊks] *n* trote *m (Br)*, trapaça *f (Port)*.

hob [hɒb] *n parte de cima do fogão.*

hobble [ˈhɒbl] *vi* coxear, mancar.

hobby [ˈhɒbɪ] *n* passatempo *m.*

hobbyhorse [ˈhɒbɪhɔːs] *n (toy)* cavalinho-de-pau *m.*

hobo [ˈhəʊbəʊ] *(pl* **-es** OR **-s)** *n (Am)* vagabundo *m* (-da *f).*

hock [hɒk] *n (wine)* vinho *m* branco alemão.

hockey [ˈhɒkɪ] *n (on grass)* hóquei *m* sobre grama; *(Am: ice hockey)* hóquei sobre gelo.

hoe [həʊ] *n* sacho *m.*

hog [hɒg] *n (Am: pig)* porco; *(inf: greedy person)* alarde *m*, glutão *m* ◆ *vt (inf)* monopolizar.

Hogmanay [ˈhɒgmənei] *n (Scot)* fim *m* de ano, passagem *f* de ano.

hoist [hɔɪst] *vt (load, person)* levantar, içar; *(sail, flag)* içar.

hold [həʊld] *(pt & pp* held) *vt* segurar; *(organize)* dar; *(contain)* conter; *(possess)* ter, possuir ◆ *vi (remain unchanged)* manter-se; *(on telephone)* esperar ◆ *n (of ship, aircraft)* porão *m*; **to ~ sb prisoner** manter alguém prisoneiro; **~ the line, please** não desligue, por favor; **to keep a firm ~ of sthg** agarrar algo com força.

❑ **hold back** *vt sep (restrain)* conter; *(keep secret)* reter.

❑ **hold on** *vi (wait, on telephone)* esperar; **to ~ on to sthg** agarrar-se a algo.

❑ **hold out** *vt sep (extend)* estender.

❑ **hold up** *vt sep (delay)* atrasar.

holdall [ˈhəʊldɔːl] *n (Brit)* saco *m* de viagem.

holder [ˈhəʊldər] *n (of passport, licence)* titular *mf; (container)* suporte *m.*

holdup [ˈhəʊldʌp] *n (delay)* atraso *m.*

hole [həʊl] *n* buraco *m.*

holiday [ˈhɒlɪdeɪ] *n (Brit: period of time)* férias *fpl; (day off)* feriado *m* ◆ *vi (Brit)* passar férias; **to be on ~** estar de férias; **to go on ~** ir de férias.

holiday camp *n (Brit)* campo *m* de férias.

holidaymaker [ˈhɒlɪdɪˌmeɪkər] *n (Brit)* turista *mf.*

holiday pay *n (Brit)* férias *fpl* pagas.

holiday resort *n (Brit)* estância *f* de férias.

Holland [ˈhɒlənd] *n* Holanda *f.*

hollow [ˈhɒləʊ] *adj* oco (oca).

holly [ˈhɒlɪ] *n* azevinho *m.*

Hollywood [ˈhɒlɪwʊd] *n* Hollywood *s.*

holocaust [ˈhɒləkɔːst] *n* holocausto *m*; **the Holocaust** o Holocausto.

holy [ˈhəʊlɪ] *adj* sagrado(-da), santo (-ta).

home [həʊm] *n* casa *f; (own country)* país *m* natal; *(for old people)* lar *m* ◆ *adv (in one's home)* em casa; *(to one's home)* para casa ◆ *adj (not foreign)* nacional; *(at one's house)* caseiro(-ra); **at ~** em casa; **make yourself at ~** faça como se estivesse em sua casa; **to go ~** ir para casa; **~ address** endereço *m*; **~ number** número *m* (de telefone) de casa.

home computer *n* computador *m* pessoal.

Home Counties *npl (Brit):* **the ~** condados situados nos arredores de Londres.

home economics *n* economia *f* doméstica, *disciplina opcional na escola.*

home help *n (Brit)* auxiliar *m* doméstico *(auxiliar f doméstica).*

homeland [ˈhəʊmlænd] *n (country of birth)* pátria *f*, terra *f* natal.

homeless [ˈhəʊmlɪs] *npl:* **the ~** os sem-abrigo.

homely [ˈhəʊmlɪ] *adj (food)* caseiro (-ra), simples *(inv); (place)* acolhedor(-ra); *(person, features)* sem graça.

homemade [ˌhəʊmˈmeɪd] *adj (food)* caseiro(-ra).

homeopathic [ˌhəʊmɪəʊˈpæθɪk] *adj* homeopático(-ca).

homeopathy [ˌhəʊmɪˈɒpəθɪ] *n* homeopatia *f.*

home page *n (COMPUT)* home page *f.*

Home Secretary *n (Brit)* = Ministro *m* (-tra *f)* do Interior *(Br)*, Ministro *m* (-tra *f)* da Administração Interna *(Port)*.

homesick ['həʊmsɪk] *adj*: **to be ~** ter saudades de casa.

hometown ['həʊmtaʊn] *n* terra *f* (natal).

homeward ['həʊmwəd] *adj* de regresso a casa.

homewards ['həʊmwədz] *adv*: **to head ~** dirigir-se para casa; **to travel ~** viajar de regresso a casa.

homework ['həʊmwɜːk] *n* dever *m* de casa.

homicide ['hɒmɪsaɪd] *n* homicídio *m*.

homosexual [ˌhɒməˈsekʃʊəl] *adj* homossexual ◆ *n* homossexual *mf*.

honest ['ɒnɪst] *adj* honesto(-ta).

honestly ['ɒnɪstlɪ] *adv* (*truthfully*) honestamente; (*to express sincerity*) a sério ◆ *excl* francamente!

honesty ['ɒnɪstɪ] *n* honestidade *f*.

honey ['hʌnɪ] *n* mel *m*.

honeycomb ['hʌnɪkəʊm] *n* (*of bees*) favo *m* de mel.

honeymoon ['hʌnɪmuːn] *n* lua-de-mel *f*.

honeysuckle ['hʌnɪˌsʌkl] *n* madressilva *f*.

Hong Kong [ˌhɒŋˈkɒŋ] *n* Hong Kong *s*.

honk [hɒŋk] *vi* (*motorist*) buzinar; (*goose*) grasnar ◆ *vt*: **she ~ed her horn** ela buzinou.

honor ['ɒnər] (*Am*) = **honour**.

honorary [*Brit* 'ɒnərərɪ, *Am* ɒnəˈreərɪ] *adj* honorário(-ria); (*degree*) honoris causa.

honour ['ɒnər] *n* (*Brit*) honra *f*.

honourable ['ɒnərəbl] *adj* honrado(-da).

hood [hʊd] *n* (*of jacket, coat*) capuz *m*; (*on convertible car*) capota *f*; (*Am: car bonnet*) capô *m*.

hoof [huːf] *n* casco *m*.

hook [hʊk] *n* (*for picture, coat*) gancho *m*; (*for fishing*) anzol *m*; **off the ~** (*telephone*) fora do gancho (*Br*), desligado (*Port*).

hooked [hʊkt] *adj*: **to be ~** (**on sthg**) (*inf: addicted*) estar viciado(-da) (em algo).

hooligan ['huːlɪgən] *n* desordeiro *m* (-ra *f*), vândalo *m* (-la *f*).

hoop [huːp] *n* argola *f*.

hoot [huːt] *vi* (*driver*) buzinar.

hooter ['huːtər] *n* (*horn*) buzina *f*.

Hoover® ['huːvər] *n* (*Brit*) aspirador *m*.

hop [hɒp] *vi* pular com um pé só.

hope [həʊp] *n* esperança *f* ◆ *vt* esperar; **to ~ for sthg** esperar algo; **to ~ to do sthg** esperar fazer algo; **I ~ so** espero que sim.

hopeful ['həʊpfʊl] *adj* (*optimistic*) esperançoso(-osa).

hopefully ['həʊpfəlɪ] *adv* (*with luck*) com um pouco de sorte.

hopeless ['həʊplɪs] *adj* (*without any hope*) desesperado(-da); **he is ~!** (*inf*) (ele) é um caso perdido!

hops [hɒps] *npl* lúpulo *m*.

horizon [həˈraɪzn] *n* horizonte *m*.

horizontal [ˌhɒrɪˈzɒntl] *adj* horizontal.

hormone ['hɔːməʊn] *n* hormônio *m* (*Br*), hormona *f* (*Port*).

horn [hɔːn] *n* (*of car*) buzina *f*; (*on animal*) corno *m*, chifre *m*.

horoscope ['hɒrəskəʊp] *n* horóscopo *m*.

horrendous [hɒˈrendəs] *adj* (*horrific*) horrendo(-da); (*inf: unpleasant*) terrível.

horrible ['hɒrəbl] *adj* horrível.

horrid ['hɒrɪd] *adj* (*unkind*) antipático(-ca); (*very bad*) horroroso(-osa).

horrific [hɒˈrɪfɪk] *adj* horrível, horrendo(-da).

horrify ['hɒrɪfaɪ] *vt* horrorizar.

horror ['hɒrər] *n* horror *m*.

horror film *n* filme *m* de horror.

hors d'oeuvre [ɔːˈdɜːvr] *n* aperitivo *m*, entrada *f*.

horse [hɔːs] *n* cavalo *m*.

horseback ['hɔːsbæk] *n*: **on ~** a cavalo.

horse chestnut *n* castanheiro-da-Índia *m*.

horse-drawn carriage *n* charete *f*.

horseman ['hɔːsmən] (*pl* -men [-mən]) *n* cavaleiro *m*.

horsepower ['hɔːsˌpaʊər] *n* cavalos *mpl* (vapor).

horse racing *n* corridas *fpl* de cavalos.

horseradish (sauce) ['hɔːsˌrædɪʃ-] *n* molho picante feito de rábano silvestre, tradicionalmente usado para acompanhar rosbife.

horse riding *n* equitação *f*.

horseshoe ['hɔːsʃuː] *n* ferradura *f*.

horsewoman ['hɔːsˌwʊmən] (*pl* -women [-ˌwɪmɪn]) *n* amazona *f*.

horticulture ['hɔːtɪˌkʌltʃər] *n* horticultura *f*.

hose [həʊz] *n* mangueira *f.*

hosepipe ['həʊzpaɪp] *n* mangueira *f.*

hosiery ['həʊzɪərɪ] *n* meias *fpl* e collants.

hospitable [hɒ'spɪtəbl] *adj* hospitaleiro(-ra).

hospital ['hɒspɪtl] *n* hospital *m;* **in ~** no hospital.

hospitality [hɒspɪ'tælətɪ] *n* hospitalidade *f.*

host [həʊst] *n (of party, event)* anfitrião *m; (of show, TV programme)* apresentador *m* (-ra *f).*

hostage ['hɒstɪdʒ] *n* refém *mf.*

hostel ['hɒstl] *n (youth hostel)* albergue *m* da juventude *(Br),* pousada *f* de juventude *(Port).*

hostess ['həʊstɪs] *n (on aeroplane)* hospedeira *f; (of party, event)* anfitriã *f.*

hostile [*Brit* 'hɒstaɪl, *Am* 'hɒstl] *adj* hostil.

hostility [hɒ'stɪlətɪ] *n* hostilidade *f.*

hot [hɒt] *adj* quente; *(spicy)* picante; **to be ~** *(person)* ter calor.

hot-air balloon *n* balão *m,* aeróstato *m.*

hot chocolate *n* chocolate *m* quente.

hot-cross bun *n pequeno pão doce com passas e especiarias que se come na Páscoa.*

hot dog *n* cachorro-quente *m.*

hotel [həʊ'tɛl] *n* hotel *m.*

hotheaded [hɒt'hedɪd] *adj* impulsivo(-va).

hothouse ['hɒthaʊs, *pl* -haʊzɪz] *n (greenhouse)* estufa *f.*

hot line *n* linha direta em funcionamento 24 horas por dia.

hotplate ['hɒtpleɪt] *n* placa *f* (elétrica).

hotpot ['hɒtpɒt] *n ensopado de carne cozido no forno e coberto com rodelas de batata.*

hot-tempered [-'tempəd] *adj* exaltado(-da), irascível.

hot-water bottle *n* saco *m* de água quente.

hound [haʊnd] *n (dog)* cão *m* de caça ◆ *vt (persecute)* perseguir; **to ~ sb out (of somewhere)** *(drive)* escorraçar alguém (de algum lugar).

hour ['aʊə'] *n* hora *f;* **I've been waiting for ~s** estou esperando há horas.

hourly ['aʊəlɪ] *adj* por hora

◆ *adv (pay, charge)* por hora; *(depart)* de hora em hora.

house [*n* haʊs, *pl* 'haʊzɪz, *vb* haʊz] *n* casa *f; (SCH)* divisão dos alunos em grupos para atividades desportivas ◆ *vt (person)* alojar.

housecoat ['haʊskəʊt] *n* bata *f.*

household ['haʊshəʊld] *n* família *f (Br),* agregado *m* familiar *(Port).*

housekeeper ['haʊs,kiːpə'] *n* governanta *f.*

housekeeping ['haʊs,kiːpɪŋ] *n* manutenção *f* da casa.

house music *n* house music *f.*

House of Commons *n* Câmara *f* dos Comuns.

House of Lords *n* Câmara *f* dos Lordes.

House of Representatives *n* Câmara *f* dos Representantes.

Houses of Parliament *npl* Parlamento *m* britânico.

housewife ['haʊswaɪf] *(pl* -wives) *n* dona *f* de casa, doméstica *f.*

house wine *n* vinho *m* da casa.

housewives ['haʊswaɪvz] *pl* → **housewife.**

housework ['haʊswɜːk] *n* afazeres *m* domésticos.

housing ['haʊzɪŋ] *n (houses)* alojamento *m.*

housing estate *n (Brit)* conjunto *m* habitacional *(Br),* urbanização *f (Port).*

housing project *(Am)* = **housing estate.**

hovel ['hɒvl] *n* barraco *m.*

hover ['hɒvə'] *vi (bird, helicopter)* pairar.

hovercraft ['hɒvəkrɑːft] *n* aerobarco *m (Br),* hovercraft *m.*

hoverport ['hɒvəpɔːt] *n* cais *m inv* para hovercrafts.

how [haʊ] *adv* **1.** *(asking about way or manner)* como; **~ do you get there?** como é que se chega lá?; **~ does it work?** como é que funciona?; **tell me ~ to do it** me diga como fazer isso. **2.** *(asking about health, quality)* como; **~ are you?** como vai?; **~ are you doing?** como é que você vai?; **~ are things?** como vão as coisas?; **~ do you do?** *(greeting)* muito prazer; *(answer)* igualmente; **~ is your room?** como é o seu quarto? **3.** *(asking about degree, amount)* quanto; **~ far?** a que distância?; **~ long?**

quanto tempo?; ~ **many?** quantos?; ~ **much?** quanto?; ~ **much is it?** quanto custa?; ~ **old are you?** quantos anos você tem?
4. *(in phrases):* ~ **about a drink?** que tal uma bebida?; ~ **lovely!** que lindo!
however [haʊˈevəʳ] *adv* contudo, todavia; ~ **hard I try** por mais que tente; ~ **many there are** por muitos que sejam.
howl [haʊl] *vi (dog, wind)* uivar; *(person)* gritar.
hp *n (abbr of horsepower)* cv *m*.
HP *abbr* = **hire purchase**.
HQ *n (abbr of headquarters)* QG.
hr *(abbr of hour)* h.
hub [hʌb] *n (of wheel)* cubo *m*.
hub airport *n* aeroporto *m* principal.
hubbub [ˈhʌbʌb] *n* burburinho *m*.
hubcap [ˈhʌbkæp] *n* calota *f* (Br), tampão *m* (Port).
huddle [ˈhʌdl] *vi (crouch, curl up)* encolher-se; *(crowd together)* juntar-se.
hue [hjuː] *n (colour)* tom *m*, matiz *m*.
huff [hʌf] *n:* **in a ~** zangado (-da), com raiva.
hug [hʌg] *vt* abraçar ♦ *n:* **to give sb a ~** dar um abraço em alguém.
huge [hjuːdʒ] *adj* enorme.
hull [hʌl] *n* casco *m*.
hum [hʌm] *vi (bee, machine)* zumbir; *(person)* cantarolar.
human [ˈhjuːmən] *adj* humano (-na) ♦ *n:* ~ **(being)** ser *m* humano.
humane [hjuːˈmeɪn] *adj* humano(-na).
humanitarian [hjuːˌmænɪˈteərɪən] *adj* humanitário(-ria).
humanities [hjuːˈmænɪtɪz] *npl* humanidades *fpl*.
human race *n:* **the ~** a raça humana.
human rights *npl* direitos *mpl* humanos.
humble [ˈhʌmbl] *adj* humilde.
humid [ˈhjuːmɪd] *adj* úmido (-da).
humidity [hjuːˈmɪdətɪ] *n* umidade *f*.
humiliate [hjuːˈmɪlɪeɪt] *vt* humilhar.
humiliating [hjuːˈmɪlɪeɪtɪŋ] *adj* humilhante.
humiliation [hjuːˌmɪlɪˈeɪʃn] *n* humilhação *f*.
hummus [ˈhʊməs] *n puré de grão-de-bico, alho e pasta de gergelim.*

humor [ˈhjuːmər] *(Am)* = **humour**.
humorous [ˈhjuːmərəs] *adj (story)* humorístico(-ca); *(person)* espirituoso (-osa).
humour [ˈhjuːməʳ] *n (Brit)* humor *m*.
hump [hʌmp] *n (bump)* elevação *f*; *(of camel)* corcova *f* (Br), bossa *f* (Port).
humpbacked bridge [ˈhʌmpbækt-] *n* ponte *f* em lomba.
hunch [hʌntʃ] *n* pressentimento *m*.
hunchback [ˈhʌntʃbæk] *n* corcunda *mf*.
hundred [ˈhʌndrəd] *num* cem; **a ~** cem; **a ~ and one** cento e um, → **six**.
hundredth [ˈhʌndrətθ] *num* centésimo(-ma), → **sixth**.
hundredweight [ˈhʌndrədweɪt] *n (in UK)* = 50,8kg; *(in US)* = 45,3kg.
hung [hʌŋ] *pt & pp* → **hang**.
Hungarian [hʌŋˈgeərɪən] *adj* húngaro(-ra) ♦ *n (person)* húngaro *m* (-ra *f*); *(language)* húngaro *m*.
Hungary [ˈhʌŋgərɪ] *n* Hungria *f*.
hunger [ˈhʌŋgəʳ] *n* fome *f*.
hungry [ˈhʌŋgrɪ] *adj* esfomeado (-da); **to be ~** estar com OR ter fome.
hunt [hʌnt] *n (Brit: for foxes)* caça *f* à raposa ♦ *vt & vi* caçar; **to ~ (for sthg)** *(search)* procurar (algo).
hunter [ˈhʌntəʳ] *n* caçador *m* (-ra *f*).
hunting [ˈhʌntɪŋ] *n (for wild animals)* caça *f*; *(Brit: for foxes)* caça à raposa.
hurdle [ˈhɜːdl] *n (SPORT)* barreira *f*.
hurl [hɜːl] *vt* arremessar.
hurray [hʊˈreɪ] *excl* hurra!
hurricane [ˈhʌrɪkən] *n* furacão *m*.
hurriedly [ˈhʌrɪdlɪ] *adv* com pressa.
hurry [ˈhʌrɪ] *vt (person)* apressar ♦ *vi* apressar-se ♦ *n:* **to be in a ~** estar com pressa; **to do sthg in a ~** fazer algo com pressa.
❑ **hurry up** *vi* despachar-se.
hurt [hɜːt] *(pt & pp hurt)* *vt* magoar ♦ *vi* doer; **my arm ~s** meu braço está doendo; **to ~ o.s.** magoar-se.
husband [ˈhʌzbənd] *n* marido *m*.
hush [hʌʃ] *n* silêncio *m* ♦ *excl* silêncio!
husky [ˈhʌskɪ] *adj (voice, laugh)* rouco(-ca) ♦ *n (dog)* cão *m* esquimó.
hustle [ˈhʌsl] *n:* ~ **and bustle** bulício *m*.
hut [hʌt] *n* cabana *f*.
hutch [hʌtʃ] *n* coelheira *f*.
hyacinth [ˈhaɪəsɪnθ] *n* jacinto *m*.

hydrofoil ['haɪdrəfɔɪl] *n* hidrofólio *m*.
hydrogen ['haɪdrədʒən] *n* hidrogênio *m*.
hyena [haɪ'iːnə] *n* hiena *f.*
hygiene ['haɪdʒiːn] *n* higiene *f.*
hygienic [haɪ'dʒiːnɪk] *adj* higiênico (-ca).
hymn [hɪm] *n* hino *m*.
hypermarket ['haɪpə,mɑːkɪt] *n* hipermercado *m*.
hyphen ['haɪfn] *n* hífen *m*.
hypnosis [hɪp'nəʊsɪs] *n* hipnose *f.*
hypnotize ['hɪpnətaɪz] *vt* hipnotizar.

hypocrisy [hɪ'pɒkrəsɪ] *n* hipocrisia *f*, cinismo *m*.
hypocrite ['hɪpəkrɪt] *n* hipócrita *mf*, cínico *m* (-ca *f*).
hypocritical [,hɪpə'krɪtɪkl] *adj* hipócrita, cínico(-ca).
hypodermic needle [,haɪpə-'dɜːmɪk-] *n* agulha *f* hipodérmica.
hypothesis [haɪ'pɒθɪsɪs] (*pl* **-theses** [-ɒːsiːz]) *n* hipótese *f.*
hysteria [hɪs'tɪərɪə] *n* histeria *f.*
hysterical [hɪs'tɛrɪkl] *adj* histérico (-ca); *(inf: very funny)* hilariante.

I [aɪ] *pron* eu.

ice [aɪs] *n* gelo *m; (ice cream)* sorvete *m (Br)*, gelado *m (Port)*.

iceberg ['aɪsbɜːg] *n* icebergue *m*.

iceberg lettuce *n* alface redonda e crespa.

icebox ['aɪsbɒks] *n (Am)* geladeira *f (Br)*, frigorífico *m (Port)*.

ice-cold *adj* gelado(-da).

ice cream *n* sorvete *m (Br)*, gelado *m (Port)*.

ice cube *n* cubo *m* de gelo.

ice hockey *n* hóquei *m* sobre o gelo.

Iceland ['aɪslənd] *n* Islândia *f*.

Icelandic [aɪs'lændɪk] *adj* islandês (-esa) ♦ *n (language)* islandês *m*.

ice lolly *n (Brit)* picolé *m (Br)*, gelado *m (Port)*.

ice rink *n* rinque *m* (de patinagem).

ice skates *npl* patins *mpl* de lâmina.

ice-skating *n* patinagem *f* sobre o gelo; **to go ~** ir patinar no gelo.

icicle ['aɪsɪkl] *n* sincelo *m*, pingente *m* de gelo.

icing ['aɪsɪŋ] *n* glacé *m*.

icing sugar *n* açúcar *m* em pó.

icy ['aɪsɪ] *adj* gelado(-da); *(road)* com gelo.

I'd [aɪd] = **I would, I had**.

ID *n (abbr of identification)* (documentos *mpl* de) identificação *f*.

ID card *n* carteira *f* de identidade *(Br)*, bilhete *m* de identidade, BI *m (Port)*.

IDD code *n* indicativo *m* internacional automático.

idea [aɪ'dɪə] *n* ideia *f*; **I've no ~** não faço idéia.

ideal [aɪ'dɪəl] *adj* ideal ♦ *n* ideal *m*.

ideally [aɪ'dɪəlɪ] *adv (located, suited)* perfeitamente; *(in an ideal situation)* idealmente.

identical [aɪ'dentɪkl] *adj* idêntico(-ca).

identification [aɪˌdentɪfɪ'keɪʃn] *n* identificação *f*.

identify [aɪ'dentɪfaɪ] *vt* identificar.

identity [aɪ'dentɪtɪ] *n* identidade *f*.

identity card *n* carteira *f* de identidade *(Br)*, bilhete *m* de identidade *(Port)*.

ideology [aɪdɪ'ɒlədʒɪ] *n* ideologia *f*.

idiom ['ɪdɪəm] *n (phrase)* expressão *f* idiomática.

idiomatic [ˌɪdɪə'mætɪk] *adj* idiomático(-ca).

idiosyncrasy [ˌɪdɪə'sɪŋkrəsɪ] *n* idiossincrasia *f*.

idiot ['ɪdɪət] *n* idiota *mf*.

idiotic [ˌɪdɪ'ɒtɪk] *adj* idiota.

idle ['aɪdl] *adj (lazy)* preguiçoso (-osa); *(not working)* ocioso(-osa) ♦ *vi (engine)* estar em ponto morto.

idol ['aɪdl] *n* ídolo *m*.

idolize ['aɪdəlaɪz] *vt* idolatrar.

idyllic [ɪ'dɪlɪk] *adj* idílico(-ca).

i.e. *(abbr of id est)* i.e.

if [ɪf] *conj* se; **~ I were you** no seu lugar; **~ not** *(otherwise)* senão.

igloo ['ɪgluː] *(pl -s)* *n* iglu *m*.

ignite [ɪg'naɪt] *vt* inflamar ♦ *vi* inflamar-se.

ignition [ɪg'nɪʃn] *n (AUT)* ignição *f*.

ignition key *n* chave *f* de ignição.

ignorance ['ɪgnərəns] *n* ignorância *f*.

ignorant ['ɪgnərənt] *adj* ignorante.

ignore [ɪg'nɔːr] *vt* ignorar.

ill [ɪl] *adj (in health)* doente; *(bad)* mau (má).

I'll [aɪl] = **I will, I shall**.

illegal [ɪ'liːgl] *adj* ilegal.

illegible [ɪ'ledʒəbl] *adj* ilegível.

illegitimate [ˌɪlɪ'dʒɪtɪmət] *adj* ilegítimo(-ma).

ill health *n*: **to suffer from ~** não ter saúde.

illicit [ɪ'lɪsɪt] *adj* ilícito(-ta).

illiteracy [ɪ'lɪtərəsɪ] *n* analfabetismo *m*.

illiterate [ɪ'lɪtərət] *adj* analfabeto (-ta).

illness ['ɪlnɪs] *n* doença *f*.

illogical [ɪ'lɒdʒɪkl] *adj* ilógico(-ca), pouco lógico(-ca).

ill-suited *adj*: **to be ~ to sthg** ser pouco adequado(-da) para algo.

ill-treat *vt* maltratar.

illuminate [ɪ'luːmɪneɪt] *vt* iluminar.

illusion [ɪ'luːʒn] *n (false idea)* ilusão *f*; *(visual)* ilusão ótica.

illustrate ['ɪləstreɪt] *vt* ilustrar.

illustration [,ɪlə'streɪʃn] *n* ilustração *f*.

illustrious [ɪ'lʌstrɪəs] *adj* ilustre.

I'm [aɪm] = **I am**.

image ['ɪmɪdʒ] *n* imagem *f*.

imaginary [ɪ'mædʒɪnrɪ] *adj* imaginário(-ria).

imagination [ɪ,mædʒɪ'neɪʃn] *n* imaginação *f*.

imaginative [ɪ'mædʒɪnətɪv] *adj* imaginativo(-va).

imagine [ɪ'mædʒɪn] *vt* imaginar; **to ~ (that)** *(suppose)* imaginar que.

imbecile ['ɪmbɪsiːl] *n* imbecil *mf*.

imitate ['ɪmɪteɪt] *vt* imitar.

imitation [,ɪmɪ'teɪʃn] *n* imitação *f* ◆ *adj (fur)* falso(-sa); **~ leather** napa *f*.

immaculate [ɪ'mækjʊlət] *adj* imaculado(-da).

immature [,ɪmə'tjʊər] *adj* imaturo (-ra).

immediate [ɪ'miːdjət] *adj (without delay)* imediato(-ta).

immediately [ɪ'miːdjətlɪ] *adv (at once)* imediatamente ◆ *conj (Brit)* logo que.

immense [ɪ'mens] *adj* imenso (-sa).

immersion heater [ɪ'mɜːʃn-] *n* aquecedor *m* de imersão *(Br)*, esquentador *m* eléctrico *(Port)*.

immigrant ['ɪmɪɡrənt] *n* imigrante *mf*.

immigration [,ɪmɪ'ɡreɪʃn] *n* imigração *f*.

imminent ['ɪmɪnənt] *adj* iminente.

immoral [ɪ'mɒrəl] *adj* imoral.

immortal [ɪ'mɔːtl] *adj* imortal.

immune [ɪ'mjuːn] *adj*: **to be ~ to** *(MED)* estar OR ser imune a.

immunity [ɪ'mjuːnətɪ] *n (MED)* imunidade *f*.

immunize ['ɪmjuːnaɪz] *vt* imunizar.

impact ['ɪmpækt] *n* impacto *m*.

impair [ɪm'peər] *vt* enfraquecer.

impartial [ɪm'pɑːʃl] *adj* imparcial.

impassive [ɪm'pæsɪv] *adj* impassível.

impatience [ɪm'peɪʃns] *n* impaciência *f*.

impatient [ɪm'peɪʃnt] *adj* impaciente; **to be ~ to do sthg** estar impaciente por fazer algo.

impeccable [ɪm'pekəbl] *adj (clothes)* impecável; *(behaviour)* excelente; **he has ~ manners** ele é extremamente bem-educado.

impede [ɪm'piːd] *vt (person)* impedir; *(progress, negotiations)* dificultar.

impending [ɪm'pendɪŋ] *adj* iminente.

imperative [ɪm'perətɪv] *n (GRAMM)* imperativo *m*.

imperfect [ɪm'pɜːfɪkt] *n (GRAMM)* imperfeito *m*.

impersonate [ɪm'pɜːsəneɪt] *vt (for amusement)* imitar.

impersonation [ɪm,pɜːsə'neɪʃn] *n (for amusement)* imitação *f*; **to do ~s of sb** imitar alguém; **he was charged with ~ of a police officer** ele foi acusado de se fazer passar por um policial.

impertinent [ɪm'pɜːtɪnənt] *adj* impertinente.

impetuous [ɪm'petʃʊəs] *adj* impetuoso(-osa).

impetus ['ɪmpɪtəs] *n (momentum)* ímpeto *m*; *(stimulus)* impulso *m*.

implement [*n* 'ɪmplɪmənt, *vb* 'ɪmplɪment] *n* ferramenta *f* ◆ *vt* implementar, pôr em prática.

implication [,ɪmplɪ'keɪʃn] *n (consequence)* implicação *f*.

implicit [ɪm'plɪsɪt] *adj* implícito(-ta).

implore [ɪm'plɔːr] *vt*: **to ~ sb to do sthg** implorar a alguém que faça algo.

imply [ɪm'plaɪ] *vt*: **to ~ (that)** *(suggest)* sugerir, dar a entender que.

impolite [,ɪmpə'laɪt] *adj* indelicado (-da).

import [*n* 'ɪmpɔːt, *vb* ɪm'pɔːt] *n* importação *f* ◆ *vt* importar.

importance [ɪm'pɔːtns] *n* importância *f*.

important [ɪm'pɔːtnt] *adj* importante.

impose [ɪm'pəʊz] *vt* impor ◆ *vi* impor-

se; **to ~ sthg on** impor algo a.
impossible [ɪmˈpɒsəbl] *adj* impossível.
imposter [ɪmˈpɒstər] *(Am)* = **impostor.**
impostor [ɪmˈpɒstəʳ] *n* impostor *m* (-ra *f*).
impoverished [ɪmˈpɒvərɪʃt] *adj* empobrecido(-da).
impractical [ɪmˈpræktɪkl] *adj* pouco prático(-ca).
impregnable [ɪmˈpregnəbl] *adj* inexpugnável, invencível.
impress [ɪmˈpres] *vt* impressionar.
impression [ɪmˈpreʃn] *n* impressão *f*.
impressive [ɪmˈpresɪv] *adj* impressionante.
imprison [ɪmˈprɪzn] *vt (put in prison)* prender.
improbable [ɪmˈprɒbəbl] *adj* improvável.
improper [ɪmˈprɒpəʳ] *adj (incorrect, rude)* incorreto(-ta); *(illegal)* ilegal.
improve [ɪmˈpruːv] *vt & vi* melhorar.
❏ **improve on** *vt fus* melhorar.
improvement [ɪmˈpruːvmənt] *n (in weather, health)* melhoria *f*; *(to home)* reforma *f*.
improvise [ˈɪmprəvaɪz] *vi* improvisar.
impudent [ˈɪmpjudənt] *adj* insolente.
impulse [ˈɪmpʌls] *n* impulso *m*; **on ~** sem pensar duas vezes.
impulsive [ɪmˈpʌlsɪv] *adj* impulsivo (-va).
impurity [ɪmˈpjʊərətɪ] *n* impureza *f*.
in. *abbr* = inch.
in [ɪn] *prep* **1.** *(expressing place, position)* em; **it comes ~ a box** vem numa caixa; **~ the street** na rua; **~ hospital** no hospital; **~ Scotland** na Escócia; **~ Sheffield** em Sheffield; **~ the middle** no meio; **~ the sun/rain** no sol/na chuva; **~ here/there** aqui/ali (dentro); **~ front** à frente.
2. *(participating in)* em; **who's ~ the play?** quem está na peça?
3. *(expressing arrangement)* em; **they come ~ packs of three** vêm em embalagens de três; **~ a row** em fila; **cut it ~ half** corte-o ao meio.
4. *(during)*: **~ April** em abril; **~ the afternoon** à OR de tarde; **~ the morning** de manhã; **ten o'clock ~ the morning** dez (horas) da manhã; **~ 1994** em 1994; **~ summer/winter** no verão/ inverno.

5. *(within)* em; *(after)* dentro de, daqui a; **it'll be ready ~ an hour** estará pronto daqui a OR dentro de uma hora; **she did everything ~ ten minutes** ela fez tudo em dez minutos; **they're arriving ~ two weeks** chegam dentro de OR daqui a duas semanas.
6. *(expressing means)*: **~ writing** por escrito; **they were talking ~ English** estavam falando (em) inglês; **write ~ ink** escreva a tinta.
7. *(wearing)* de; **dressed ~ red** vestido de vermelho; **the man ~ the blue suit** o homem com o terno azul.
8. *(expressing state)*: **to be ~ a hurry** estar com pressa; **to be ~ pain** ter dores; **to cry out ~ pain** gritar de dor OR com dores; **~ ruins** em ruínas; **~ good health** com boa saúde.
9. *(with regard to)* de; **a rise ~ prices** uma subida dos preços; **to be 50 metres ~ length** ter 50 metros de comprimento.
10. *(with numbers)*: **one ~ ten** um em cada dez.
11. *(expressing age)*: **she's ~ her twenties** já entrou na casa dos vinte.
12. *(with colours)*: **it comes ~ green or blue** vem em verde ou azul.
13. *(with superlatives)* de; **the best ~ the world** o melhor do mundo.
♦ *adv* **1.** *(inside)* dentro; **you can go ~ now** pode entrar agora.
2. *(at home, work)*: **she's not ~** (ela) não está; **to stay ~** ficar em casa.
3. *(train, bus, plane)*: **the train's not ~ yet** o trem ainda não chegou.
4. *(tide)*: **the tide is ~** a maré está cheia.
♦ *adj (inf: fashionable)* na moda, in *(inv)*.
inability [ˌɪnəˈbɪlətɪ] *n*: **~ (to do sthg)** incapacidade *f* (para fazer algo).
inaccessible [ˌɪnəkˈsesəbl] *adj* inacessível.
inaccurate [ɪnˈækjʊrət] *adj* incorreto(-ta).
inadequate [ɪnˈædɪkwət] *adj (insufficient)* insuficiente.
inadvertently [ˌɪnədˈvɜːtəntlɪ] *adv* inadvertidamente.
inappropriate [ˌɪnəˈprəʊprɪət] *adj* impróprio(-pria).
inasmuch [ˌɪnəzˈmʌtʃ] : **inasmuch as** *conj (fml)* visto que.
inaudible [ɪˈnɔːdɪbl] *adj* inaudível.

inauguration [ɪˌnɔːgjʊˈreɪʃn] n inauguração f.
incapable [ɪnˈkeɪpəbl] adj: **to be ~ of doing sth** ser incapaz de fazer algo.
incense [ˈɪnsens] n incenso m.
incentive [ɪnˈsentɪv] n incentivo m.
incessant [ɪnˈsesnt] adj incessante.
inch [ɪntʃ] n = 2,5 cm, polegada f.
incident [ˈɪnsɪdənt] n incidente m.
incidentally [ˌɪnsɪˈdentəlɪ] adv a propósito.
incinerate [ɪnˈsɪnəreɪt] vt incinerar.
incisive [ɪnˈsaɪsɪv] adj incisivo (-va).
incite [ɪnˈsaɪt] vt fomentar; **to ~ sb to do sth** incitar alguém a fazer algo.
inclination [ˌɪnklɪˈneɪʃn] n (desire) inclinação f; **to have an ~ to do sth** ter tendência a OR para fazer algo.
incline [ˈɪnklaɪn] n declive m.
inclined [ɪnˈklaɪnd] adj (sloping) inclinado(-da); **to be ~ to do sth** ter a tendência para fazer algo.
include [ɪnˈkluːd] vt incluir.
included [ɪnˈkluːdɪd] adj incluído (-da); **to be ~ in sth** estar incluído em algo.
including [ɪnˈkluːdɪŋ] prep incluindo.
inclusive [ɪnˈkluːsɪv] adj: **from the 8th to the 16th ~** do 8ᵘ ao 16ᵘ inclusive; **~ of VAT** IVA incluído.
incoherent [ˌɪnkəʊˈhɪərənt] adj incoerente.
income [ˈɪnkʌm] n rendimento m.
income support n (Brit) subsídio para pessoas com rendimentos muito baixos ou para desempregados sem direito a auxílio-desemprego.
income tax n imposto m sobre a renda (Br), imposto m sobre o rendimento, IRS m (Port).
incoming [ˈɪnˌkʌmɪŋ] adj (train, plane) de chegada; **"~ calls only"** aviso indicando que aquele telefone apenas serve para receberchamadas.
incompatible [ˌɪnkəmˈpætɪbl] adj incompatível.
incompetent [ɪnˈkɒmpɪtənt] adj incompetente.
incomplete [ˌɪnkəmˈpliːt] adj incompleto(-ta).
incomprehensible [ɪnˌkɒmprɪˈhensəbl] adj incompreensível.
incongruous [ɪnˈkɒŋgrʊəs] adj incongruente.
inconsiderate [ˌɪnkənˈsɪdərət] adj sem consideração; **how ~!** que falta de consideração!
inconsistent [ˌɪnkənˈsɪstənt] adj inconsistente.
inconspicuous [ˌɪnkənˈspɪkjʊəs] adj que não dá nas vistas.
incontinent [ɪnˈkɒntɪnənt] adj incontinente.
inconvenience [ˌɪnkənˈviːnjəns] n inconveniência f, inconveniente m ♦ vt incomodar, perturbar.
inconvenient [ˌɪnkənˈviːnjənt] adj inconveniente.
incorporate [ɪnˈkɔːpəreɪt] vt incorporar.
incorrect [ˌɪnkəˈrekt] adj incorreto (-ta).
increase [n ˈɪnkriːs, vb ɪnˈkriːs] n aumento m ♦ vt & vi aumentar; **an ~ in sth** um aumento em algo.
increasingly [ɪnˈkriːsɪŋlɪ] adv cada vez mais.
incredible [ɪnˈkredəbl] adj incrível.
incredibly [ɪnˈkredəblɪ] adv incrivelmente.
incredulous [ɪnˈkredjʊləs] adj incrédulo(-la).
incur [ɪnˈkɜːʳ] vt (expenses) incorrer em; (debts) contrair.
indebted [ɪnˈdetɪd] adj (grateful): **to be ~ to sb** estar em dívida com alguém.
indecent [ɪnˈdiːsnt] adj (obscene) indecente.
indecisive [ˌɪndɪˈsaɪsɪv] adj indeciso (-sa).
indeed [ɪnˈdiːd] adv (for emphasis) de fato, realmente; (certainly) certamente.
indefinite [ɪnˈdefɪnɪt] adj (time, number) indeterminado(-da); (answer, opinion) vago(-ga).
indefinitely [ɪnˈdefɪnɪtlɪ] adv (closed, delayed) por tempo indeterminado.
indent [ɪnˈdent] vt (text) recolher.
independence [ˌɪndɪˈpendəns] n independência f.
Independence Day n feriado nacional nos Estados Unidos no dia 4 de julho em que se celebra a independência, obtida em 1776.
independent [ˌɪndɪˈpendənt] adj independente.
independently [ˌɪndɪˈpendəntlɪ] adv independentemente.
independent school n (Brit) colégio m privado.

index ['ɪndɛks] *n (of book)* índice *m; (in library)* catálogo *m (Br)*, ficheiro *m (Port)*.

index card *n* ficha *f (de fichário)*.

index finger *n* dedo *m* indicador.

India ['ɪndjə] *n* Índia *f.*

Indian ['ɪndjən] *adj* indiano(-na) ◆ *n* indiano *m* (-na *f*); **an ~ restaurant** um restaurante indiano.

Indian Ocean *n* oceano *m* Índico.

indicate ['ɪndɪkeɪt] *vi (AUT)* ligar os indicadores OR o pisca-pisca ◆ *vt* indicar.

indication [,ɪndɪ'keɪʃn] *n (suggestion)* ideia *f; (sign)* indício *m.*

indicator ['ɪndɪkeɪtə'] *n (AUT)* pisca-pisca *m.*

indifference [ɪn'dɪfrəns] *n* indiferença *f.*

indifferent [ɪn'dɪfrənt] *adj* indiferente.

indigenous [ɪn'dɪdʒɪnəs] *adj* nativo (-va).

indigestion [,ɪndɪ'dʒestʃn] *n* indigestão *f.*

indignant [ɪn'dɪgnənt] *adj* indignado(-da).

indigo ['ɪndɪgəʊ] *adj* anil *(inv)*, índigo *(inv).*

indirect [,ɪndɪ'rekt] *adj* indireto(-ta).

indiscreet [,ɪndɪ'skriːt] *adj* indiscreto(-ta).

indispensable [,ɪndɪ'spensəbl] *adj* indispensável.

individual [,ɪndɪ'vɪdʒʊəl] *adj* individual ◆ *n* indivíduo *m.*

individually [,ɪndɪ'vɪdʒʊəlɪ] *adv* individualmente.

Indonesia [,ɪndə'niːzjə] *n* Indonésia *f.*

indoor ['ɪndɔː'] *adj (swimming pool)* coberto(-ta); *(sports)* em recinto fechado.

indoors [,ɪn'dɔːz] *adv* lá dentro; **to stay ~** ficar em casa; **to go ~** ir para dentro.

indulge [ɪn'dʌldʒ] *vi:* **to ~ in sthg** permitir-se algo.

indulgent [ɪn'dʌldʒənt] *adj (liberal, kind)* indulgente, complacente.

industrial [ɪn'dʌstrɪəl] *adj (machinery, products)* industrial; *(country, town)* industrializado(-da).

industrial action *n:* **to take ~** entrar em greve.

industrial estate *n (Brit)* parque *m* industrial.

industrialist [ɪn'dʌstrɪəlɪst] *n* industrial *mf.*

industrial relations *npl* relações *fpl* entre o patronato e os trabalhadores.

industrial revolution *n* revolução *f* industrial.

industrious [ɪn'dʌstrɪəs] *adj* trabalhador(-ra).

industry ['ɪndəstrɪ] *n* indústria *f.*

inebriated [ɪ'niːbrɪeɪtɪd] *adj (fml)* ébrio (ébria).

inedible [ɪn'edɪbl] *adj (unpleasant)* intragável; *(unsafe)* não comestível.

inefficient [,ɪnɪ'fɪʃnt] *adj* ineficaz.

ineligible [ɪn'elɪdʒəbl] *adj* não elegível; **to be ~ for sthg** não ter direito a algo.

inept [ɪ'nept] *adj (comment, remark)* despropositado(-da); *(person)* incapaz; **~ at sthg** inábil em algo.

inequality [,ɪnɪ'kwɒlətɪ] *n* desigualdade *f.*

inevitable [ɪn'evɪtəbl] *adj* inevitável.

inevitably [ɪn'evɪtəblɪ] *adv* inevitavelmente.

inexpensive [,ɪnɪk'spensɪv] *adj* barato(-ta).

inexperienced [,ɪnɪk'spɪərɪənst] *adj* inexperiente.

infallible [ɪn'fæləbl] *adj* infalível.

infamous ['ɪnfəməs] *adj* infame.

infant ['ɪnfənt] *n (baby)* bebê *m; (young child)* criança *f* (pequena).

infantry ['ɪnfəntrɪ] *n* infantaria *f.*

infant school *n (Brit) primeiros três anos da escola primária.*

infatuated [ɪn'fætjʊeɪtɪd] *adj:* **to be ~ with** estar apaixonado(-da) por.

infect [ɪn'fekt] *vt (cut, wound)* infectar; **to ~ sb with sthg** contagiar alguém com algo.

infected [ɪn'fektɪd] *adj* infectado (-da).

infection [ɪn'fekʃn] *n* infecção *f.*

infectious [ɪn'fekʃəs] *adj* infeccioso (-osa).

inferior [ɪn'fɪərɪə'] *adj* inferior.

infertile [ɪn'fɜːtaɪl] *adj* estéril.

infested [ɪn'festɪd] *adj:* **to be ~ with** sthg estar infestado(-da) com algo.

infiltrate ['ɪnfɪltreɪt] *vt* infiltrar-se em.

infinite ['ɪnfɪnət] *adj* infinito(-ta).

infinitely ['ɪnfɪnətlɪ] *adv* infinitamente.

infinitive [ɪnˈfɪnɪtɪv] *n* infinitivo *m*.

infinity [ɪnˈfɪnɪtɪ] *n* infinidade *f*.

infirmary [ɪnˈfɜːmərɪ] *n* hospital *m*.

inflamed [ɪnˈfleɪmd] *adj* inflamado (-da).

inflammable [ɪnˈflæməbl] *adj* inflamável.

inflammation [ˌɪnfləˈmeɪʃn] *n* inflamação *f*.

inflatable [ɪnˈfleɪtəbl] *adj* inflável.

inflate [ɪnˈfleɪt] *vt* inflar, insuflar.

inflation [ɪnˈfleɪʃn] *n* (ECON) inflação *f*.

inflict [ɪnˈflɪkt] *vt* infligir.

in-flight *adj* proporcionado(-da) durante o vôo.

influence [ˈɪnfluəns] *vt* influenciar ◆ *n*: ~ (on) *(effect)* influência *f* (em); **to be a bad/good ~ (on sb)** ser uma má/boa influência (para alguém).

influential [ˌɪnfluˈenʃl] *adj* influente.

influenza [ˌɪnfluˈenzə] *n (fml)* gripe *f*, influenza *f*.

inform [ɪnˈfɔːm] *vt* informar.

informal [ɪnˈfɔːml] *adj* informal.

information [ˌɪnfəˈmeɪʃn] *n* informação *f*; **a piece of ~** uma informação.

information desk *n* informações *fpl*.

information office *n* centro *m* de informações.

information technology *n* (tecnologia) informática *f*.

informative [ɪnˈfɔːmətɪv] *adj* informativo(-va).

infrastructure [ˈɪnfrəˌstrʌktʃər] *n* infra-estrutura *f*.

infuriating [ɪnˈfjuərɪeɪtɪŋ] *adj* extremamente irritante.

ingenious [ɪnˈdʒiːnjəs] *adj* engenhoso(-osa).

ingot [ˈɪŋgət] *n* lingote *m*.

ingredient [ɪnˈgriːdjənt] *n* ingrediente *m*.

inhabit [ɪnˈhæbɪt] *vt* viver em.

inhabitant [ɪnˈhæbɪtənt] *n* habitante *mf*.

inhale [ɪnˈheɪl] *vi* inalar.

inhaler [ɪnˈheɪlər] *n* inalador *m*.

inherently [ɪnˈhɪərəntlɪ, ɪnˈherəntlɪ] *adv* inerentemente.

inherit [ɪnˈherɪt] *vt* herdar.

inheritance [ɪnˈherɪtəns] *n* herança *f*.

inhibition [ˌɪnhɪˈbɪʃn] *n* inibição *f*.

inhospitable [ˌɪnhɒˈspɪtəbl] *adj (climate, area)* inóspito(-ta); *(unwelcoming)* pouco hospitaleiro(-ra).

in-house *adj (journal, report)* interno(-na); *(staff)* da casa ◆ *adv* na fonte.

initial [ɪˈnɪʃl] *adj* inicial ◆ *vt* rubricar com as iniciais.

⊔ **initials** *npl* iniciais *fpl*.

initially [ɪˈnɪʃəlɪ] *adv* inicialmente.

initiative [ɪˈnɪʃətɪv] *n* iniciativa *f*.

injection [ɪnˈdʒekʃn] *n* injeção *f*.

injure [ˈɪndʒər] *vt* ferir; **to ~ o.s.** ferir-se.

injured [ˈɪndʒəd] *adj* ferido(-da).

injury [ˈɪndʒərɪ] *n* ferimento *m*; *(to tendon, muscle, internal organ)* lesão *f*.

injury time *n* (período de) desconto *m*.

injustice [ɪnˈdʒʌstɪs] *n* injustiça *f*.

ink [ɪŋk] *n* tinta *f*.

inland [*adj* ˈɪnlənd, *adv* ɪnˈlænd] *adj* interior ◆ *adv* para o interior.

Inland Revenue *n (Brit)* = Receita *f* Federal *(Br)*, = Direcção *f* Geral das Contribuições e Impostos *(Port)*.

in-laws *npl (inf) (parents-in-law)* sogros *mpl*; *(others)* parentes *mpl* afins OR por afinidade.

inlet [ˈɪnlet] *n (of lake, sea)* braço *m*; *(for fuel, water)* entrada *f*, admissão *f*.

inmate [ˈɪnmeɪt] *n (of prison)* preso *m* (-sa *f*); *(of mental hospital)* doente *m* interno (doente *f* interna).

inn [ɪn] *n* estalagem *f*.

innate [ɪˈneɪt] *adj* inato(-ta).

inner [ˈɪnər] *adj* interior.

inner city *n* centro *m* urbano.

inner tube *n* câmara-de-ar *f*.

innocence [ˈɪnəsəns] *n* inocência *f*.

innocent [ˈɪnəsənt] *adj* inocente.

innocuous [ɪˈnɒkjuəs] *adj (harmless)* inócuo (-cua), inofensivo(-va).

innovation [ˌɪnəˈveɪʃn] *n* inovação *f*.

innovative [ˈɪnəvətɪv] *adj* inovador (-ra).

inoculate [ɪˈnɒkjuleɪt] *vt*: **to ~ sb (against sthg)** vacinar alguém (contra algo).

inoculation [ɪˌnɒkjuˈleɪʃn] *n* inoculação *f*, vacinação *f*.

input [ˈɪnput] *vt (COMPUT)* entrar.

inquire [ɪnˈkwaɪər] = **enquire**.

inquiry [ɪnˈkwaɪərɪ] = **enquiry**.

inquisitive [ɪnˈkwɪzɪtɪv] *adj* curioso (-osa), inquiridor(-ra).

insane [ɪn'seɪn] adj louco(-ca).
inscription [ɪn'skrɪpʃn] n (on headstone, plaque) inscrição f; (in book) dedicatória f.
insect [ˈɪnsekt] n inseto m.
insecticide [ɪn'sektɪsaɪd] n inseticida m.
insect repellent n repelente m de insetos.
insecure [ˌɪnsɪˈkjʊəʳ] adj (person) inseguro(-ra); (hinge, job, wall) pouco seguro(-ra); (investment) arriscado(-da).
insensitive [ɪn'sensətɪv] adj insensível.
insert [ɪn'sɜːt] vt introduzir.
inside [ɪn'saɪd] prep dentro de ◆ adv (go) para dentro; (be, stay) lá dentro ◆ adj interior, interno (-na) ◆ n: the ~ (interior) o interior; (AUT: in UK) a (faixa da) esquerda; (AUT: in Europe, US) a (faixa da) direita; ~ out (clothes) do lado avesso.
inside lane n (AUT) (in UK) faixa f da esquerda; (in Europe, US) faixa da direita.
inside leg n altura f de entrepernas.
insight [ˈɪnsaɪt] n (glimpse) idéia f.
insignificant [ˌɪnsɪɡ'nɪfɪkənt] adj insignificante.
insincere [ˌɪnsɪn'sɪəʳ] adj falso (-sa).
insinuate [ɪn'sɪnjʊeɪt] vt insinuar.
insipid [ɪn'sɪpɪd] adj insípido (-da).
insist [ɪn'sɪst] vi insistir; to ~ on doing sthg insistir em fazer algo.
insofar [ˌɪnsəˈfɑːʳ] : insofar as conj na medida em que.
insole [ˈɪnsəʊl] n palmilha f.
insolent [ˈɪnsələnt] adj insolente.
insomnia [ɪn'sɒmnɪə] n insônia f.
inspect [ɪn'spekt] vt inspecionar, examinar.
inspection [ɪn'spekʃn] n inspeção f.
inspector [ɪn'spektəʳ] n (on bus, train) fiscal m; (in police force) inspetor m (-ra f).
inspiration [ˌɪnspəˈreɪʃn] n inspiração f.
inspire [ɪn'spaɪəʳ] vt: to ~ sb to do sthg inspirar alguém a fazer algo; to ~ sthg in sb inspirar algo a alguém.
instal [ɪn'stɔːl] (Am) = install.
install [ɪn'stɔːl] vt (Brit) instalar.
installation [ˌɪnstə'leɪʃn] n instalação f.
installment [ɪn'stɔːlmənt] (Am) = instalment.
instalment [ɪn'stɔːlmənt] n (payment)

prestação f; (episode) episódio m.
instamatic (camera) [ˌɪnstə'mætɪk-] n máquina f de tirar fotografias instantâneas.
instance [ˈɪnstəns] n (example, case) exemplo m; for ~ por exemplo.
instant [ˈɪnstənt] adj instantâneo (-nea) ◆ n instante m.
instant coffee n café m instantâneo OR solúvel.
instantly [ˈɪnstəntlɪ] adv instantaneamente.
instead [ɪn'sted] adv em vez disso; ~ of em vez de.
instep [ˈɪnstep] n peito m do pé.
instinct [ˈɪnstɪŋkt] n instinto m.
instinctive [ɪn'stɪŋktɪv] adj instintivo(-va).
institute [ˈɪnstɪtjuːt] n instituto m.
institution [ˌɪnstɪ'tjuːʃn] n instituição f.
instruct [ɪn'strʌkt] vt: to ~ sb to do sthg (tell, order) instruir alguém que faça algo; to ~ sb in sthg (teach) ensinar algo a alguém.
instructions [ɪn'strʌkʃnz] npl instruções fpl.
instructor [ɪn'strʌktəʳ] n instrutor m (-ra f).
instrument [ˈɪnstrəmənt] n instrumento m.
insubordinate [ˌɪnsə'bɔːdɪnət] adj indisciplinado(-da).
insufficient [ˌɪnsəˈfɪʃnt] adj insuficiente.
insulate [ˈɪnsjʊleɪt] vt isolar.
insulating tape [ˈɪnsjʊleɪtɪŋ-] n fita f isolante.
insulation [ˌɪnsjʊ'leɪʃn] n (material) isolamento m, material m isolante.
insulin [ˈɪnsjʊlɪn] n insulina f.
insult [n ˈɪnsʌlt, vb ɪn'sʌlt] n insulto m ◆ vt insultar.
insurance [ɪn'ʃʊərəns] n seguro m.
insurance certificate n certificado m do seguro.
insurance company n companhia f de seguros.
insurance policy n apólice f de seguros.
insure [ɪn'ʃʊəʳ] vt pôr no seguro.
insured [ɪn'ʃʊəd] adj: to be ~ estar segurado(-da), estar no seguro.
intact [ɪn'tækt] adj intato(-ta).
integral [ˈɪntɪɡrəl] adj essencial; to be ~ to sthg ser essencial para algo.

integrate ['ıntıgreıt] vi integrar-se ◆ vt (include) integrar; (combine) combinar.

integrity [ın'tegrətı] n integridade f.

intellect ['ıntəlekt] n intelecto m.

intellectual [ˌıntə'lektjuəl] adj intelectual ◆ n intelectual mf.

intelligence [ın'telıdʒəns] n inteligência f.

intelligent [ın'telıdʒənt] adj inteligente.

intend [ın'tend] vt: to be ~ed to do sthg ser suposto fazer algo; you weren't ~ed to know não era para você saber; to ~ to' do sthg ter a intenção de OR tencionar fazer algo.

intense [ın'tens] adj intenso(-sa).

intensely [ın'tenslı] adv (irritating, boring) extremamente; (suffer, dislike) intensamente.

intensify [ın'tensıfaı] vt intensificar ◆ vi intensificar-se.

intensity [ın'tensətı] n intensidade f.

intensive [ın'tensıv] adj intensivo (-va).

intensive care n cuidados mpl intensivos.

intent [ın'tent] adj: to be ~ on doing sthg estar decidido(-da) a fazer algo.

intention [ın'tenʃn] n intenção f.

intentional [ın'tenʃənl] adj intencional.

intentionally [ın'tenʃənəlı] adv intencionalmente.

interact [ˌıntər'ækt] vi: to ~ (with sb) (communicate, cooperate) comunicar (com alguém); to ~ (with sthg) (react) interagir (com algo).

intercept [ˌıntə'sept] vt interceptar.

interchange ['ıntətʃeındʒ] n (on motorway) trevo m (Br), intersecção f (Port).

interchangeable [ˌıntə'tʃeındʒəbl] adj permutável.

Intercity® [ˌıntə'sıtı] n (Brit) = expresso m (Br), – (comboio) intercidades m (Port).

intercom ['ıntəkɒm] n intercomunicador m.

intercourse ['ıntəkɔːs] n (sexual) relações fpl (sexuais).

interest ['ıntrəst] n interesse m; (on money) juros mpl ◆ vt interessar; to take an ~ in sthg interessar-se por algo.

interested ['ıntrəstıd] adj interessado(-da); to be ~ in sthg estar interessado em algo.

interesting ['ıntrəstıŋ] adj interessante.

interest rate n taxa f de juro.

interface ['ıntəfeıs] n (COMPUT) interface m.

interfere [ˌıntə'fıər] vi (meddle) interferir; to ~ with sthg (damage) interferir em algo.

interference [ˌıntə'fıərəns] n (on TV, radio) interferência f.

interim ['ıntərım] adj provisório(-ria) ◆ n: in the ~ nesse meio tempo, nesse ínterim (Br).

interior [ın'tıərıər] adj interior ◆ n interior m.

interlude ['ıntəluːd] n interlúdio m; (at cinema, theatre) intervalo m.

intermediary [ˌıntə'miːdjərı] n intermediário m (-ria f).

intermediate [ˌıntə'miːdjət] adj intermédio(-dia).

intermission [ˌıntə'mıʃn] n intervalo m.

intermittent [ˌıntə'mıtənt] adj intermitente.

internal [ın'tɜːnl] adj interno (-na).

internal flight n voo m interno.

Internal Revenue n (Am): the ~ = Receita f Federal (Br), = Direcção f Geral das Contribuições e Impostos (Port).

international [ˌıntə'næʃənl] adj internacional.

international flight n vôo m internacional.

Internet ['ıntənet] n: the ~ a Internet.

interpret [ın'tɜːprıt] vi servir de intérprete.

interpreter [ın'tɜːprıtər] n intérprete mf.

interrogate [ın'terəgeıt] vt interrogar.

interrogation [ın,terə'geıʃn] n interrogatório m.

interrupt [ˌıntə'rʌpt] vt interromper.

interruption [ˌıntə'rʌpʃn] n (comment, question, action) interrupção f; (disturbance) interrupções fpl.

intersect [ˌıntə'sekt] vi cruzar-se, intersectar-se ◆ vt intersectar.

intersection [ˌıntə'sekʃn] n (of roads) intersecção f, cruzamento m de nível.

interval ['ıntəvl] n intervalo m.

intervene [ˌıntə'viːn] vi (person) intervir; (event) interpor-se.

interview ['ıntəvjuː] n entrevista f ◆ vt entrevistar.

interviewer ['ɪntəvjuːəʳ] *n* entrevistador *m* (-ra *f*).

intestine [ɪn'testɪn] *n* intestino *m*.

intimate ['ɪntɪmət] *adj* íntimo (-ma).

intimidate [ɪn'tɪmɪdeɪt] *vt* intimidar.

into ['ɪntu] *prep (inside)* dentro de; *(against)* com; *(concerning)* acerca de, sobre; 4 ~ 20 goes 5 (times) 20 dividido por 4 dá 5; **to change ~ sthg** transformar-se em algo; **to get ~ the car** entrar no carro; **to translate ~ Portuguese** traduzir para o português; **to be ~ sthg** *(inf: like)* gostar de algo.

intolerable [ɪn'tɒlrəbl] *adj* intolerável.

intolerant [ɪn'tɒlərənt] *adj* intolerante.

intoxicated [ɪn'tɒksɪkeɪtɪd] *adj*: **to be ~** *(drunk)* estar embriagado(-da).

intransitive [ɪn'trænzətɪv] *adj* intransitivo(-va).

in-tray *n* cesta *f* de correspondência.

intricate ['ɪntrɪkət] *adj* intrincado (-da), complicado(-da).

intriguing [ɪn'triːgɪŋ] *adj* intrigante.

intrinsic [ɪn'trɪnsɪk] *adj* intrínseco(-ca).

introduce [ˌɪntrə'djuːs] *vt* apresentar; **I'd like to ~ you to Fred** gostaria de lhe apresentar ao Fred.

introduction [ˌɪntrə'dʌkʃn] *n (to book, programme)* introdução *f; (to person)* apresentação *f.*

introductory [ˌɪntrə'dʌktrɪ] *adj (course, chapter)* introdutório(-ria); *(remarks)* inicial.

introvert ['ɪntrəvɜːt] *n* introvertido *m* (-da *f*).

introverted ['ɪntrəˌvɜːtɪd] *adj* introvertido(-da).

intrude [ɪn'truːd] *vi*: **to ~ on sb** incomodar alguém; **to ~ on sthg** intrometer-se em algo.

intruder [ɪn'truːdəʳ] *n* intruso *m* (-sa *f*).

intuition [ˌɪntjuː'ɪʃn] *n* intuição *f.*

inundate ['ɪnʌndeɪt] *vt (fml: flood)* inundar; **to be ~d with sthg** *(phone calls, offers etc)* receber uma enxurrada de algo.

invade [ɪn'veɪd] *vt* invadir.

invalid [*adj* ɪn'vælɪd, *n* 'ɪnvəlɪd] *adj (ticket, cheque)* não válido(-da) ◆ *n* inválido *m* (-da *f*).

invaluable [ɪn'væljʊəbl] *adj* inestimável, valiosíssimo(-ma).

invariably [ɪn'veərɪəblɪ] *adv* invariavelmente, sempre.

invasion [ɪn'veɪʒn] *n* invasão *f.*

invent [ɪn'vent] *vt* inventar.

invention [ɪn'venʃn] *n* invenção *f.*

inventive [ɪn'ventɪv] *adj* inventivo (-va).

inventor [ɪn'ventəʳ] *n* inventor *m* (-ra *f*).

inventory ['ɪnventrɪ] *n (list)* inventário *m; (Am: stock)* estoque *m.*

inverted commas [ɪn'vɜːtɪd-] *npl* aspas *fpl.*

invest [ɪn'vest] *vt* investir ◆ *vi*: **to ~ in sthg** investir em algo.

investigate [ɪn'vestɪgeɪt] *vt* investigar.

investigation [ɪnˌvestɪ'geɪʃn] *n* investigação *f.*

investment [ɪn'vestmənt] *n* investimento *m.*

investor [ɪn'vestəʳ] *n* investidor *m* (-ra *f*).

invincible [ɪn'vɪnsɪbl] *adj* invencível.

invisible [ɪn'vɪzɪbl] *adj* invisível.

invitation [ˌɪnvɪ'teɪʃn] *n* convite *m.*

invite [ɪn'vaɪt] *vt* convidar; **to ~ sb to do sthg** *(ask)* convidar alguém para fazer algo; **to ~ sb round** convidar alguém.

inviting [ɪn'vaɪtɪŋ] *adj* convidativo (-va).

invoice ['ɪnvɔɪs] *n* fatura *f.*

involve [ɪn'vɒlv] *vt (entail)* envolver; **what does it ~?** o que é que envolve?; **to be ~d in sthg** estar envolvido em algo.

involved [ɪn'vɒlvd] *adj (entailed)* envolvido(-da).

involvement [ɪn'vɒlvmənt] *n* envolvimento *m.*

inward ['ɪnwəd] *adj (feelings, satisfaction)* íntimo(-ma); *(flow, movement)* em direção ao interior ◆ *adv (Am)* = **inwards.**

inwards ['ɪnwədz] *adv* para dentro.

IOU *n* nota *f* de dívida, vale *m.*

IQ *n* QI *m.*

IRA *n (abbrev of Irish Republican Army)* IRA *m.*

Iran [ɪ'rɑːn] *n* Irã *m.*

Iranian [ɪ'reɪnjən] *adj* iraniano (-na) ◆ *n (person)* iraniano *m* (-na *f*).

Iraq [ɪ'rɑːk] *n* Iraque *m.*

Iraqi [ɪ'rɑːkɪ] *adj* iraquiano(-na) ◆ *n (person)* iraquiano *m* (-na *f*).

Ireland ['aɪələnd] *n* Irlanda *f.*

iris ['aɪərɪs] *(pl -es) n (flower)* lírio *m; (of eye)* íris *f.*

Irish ['aırıʃ] *adj* irlandês(-esa) ◆ *n (language)* irlandês *m* ◆ *npl*: **the ~** os irlandeses.

Irish coffee *n* Irish coffee *m*, *mistura alcoólica de uísque com café, açúcar e creme.*

Irishman ['aırıʃmən] *(pl* **-men** [-mən]*) n* irlandês *m.*

Irish Sea *n*: **the ~** o mar da Irlanda.

Irish stew *n ensopado de carneiro com batatas e cebolas.*

Irishwoman ['aırıʃ.wʊmən] *(pl* **-women** [-.wımın]*) n* irlandesa *f.*

iron ['aıən] *n (metal)* ferro *m; (for clothes)* ferro (de engomar OR passar); *(golf club)* ferro, taco *m* de metal ◆ *vt* passar a ferro.

ironic [aı'rɒnık] *adj* irônico(-ca).

ironing ['aıənıŋ] *n (clothes to be ironed)* roupa *f* para passar a ferro; **to do the ~** passar (a roupa) a ferro.

ironing board ['aıənıŋ-] *n* tábua *f* de engomar OR passar (a ferro).

ironmonger's ['aıən.mʌŋgəz] *n (Brit)* loja *f* de ferragens.

irony ['aırənı] *n* ironia *f.*

irrational [ı'ræʃənl] *adj* irracional.

irrelevant [ı'reləvənt] *adj* irrelevante.

irresistible [.ırı'zıstəbl] *adj* irresistível.

irrespective [.ırı'spektıv] : **irrespective of** *prep* independentemente de.

irresponsible [.ırı'spɒnsəbl] *adj* irresponsável.

irrigate ['ırıgeıt] *vt* irrigar, regar.

irrigation [.ırı'geıʃn] *n* irrigação *f.*

irritable ['ırıtəbl] *adj* irritável.

irritate ['ırıteıt] *vt* irritar.

irritating ['ırıteıtıŋ] *adj* irritante.

irritation [.ırı'teıʃn] *n* irritação *f.*

IRS *n (Am)* ~ Receita *f* Federal *(Br)*, ~ Direcção *f* Geral das Contribuições e Impostos *(Port).*

is [ız] → **be.**

Islam ['ızlu:m] *n* islã *m.*

island ['aılənd] *n (in water)* ilha *f; (in road)* abrigo *m (Br)*, placa *f (Port) (que serve de refúgio para os pedestres no meio da rua).*

islander ['aıləndəʳ] *n* ilhéu *m* (ilhoa *f*).

isle [aıl] *n* ilha *f.*

Isle of Man *n*: **the ~** a ilha de Man.

Isle of Wight [-waıt] *n*: **the ~** a ilha de Wight.

isn't ['ıznt] = **is not.**

isolated ['aısəleıtıd] *adj* isolado (-da).

Israel ['ızreıəl] *n* Israel *s.*

Israeli [ız'reılı] *adj* israelita, israelense ◆ *n* israelita *mf*, israelense *mf*

issue ['ıʃu:] *n (problem, subject)* questão *f; (of newspaper)* edição *f; (of magazine)* número *m* ◆ *vt* emitir.

it [ıt] *pron* 1. *(referring to specific thing, subject after prep)* ele *m* (ela *f*); *(direct object)* o *m* (a *f*); *(indirect object)* lhe; **a free book came with ~** veio acompanhado de um livro grátis; **give ~ to me** me dê isso; **he gave ~ a kick** ele deulhe um pontapé; **~'s big é** grande; **~'s here** está aqui; **she hit ~** (ela) bateulhe; **she lost ~** (ela) perdeu-o.
2. *(referring to situation, fact)*: **~'s a difficult question** é uma questão difícil; **I can't remember ~** não me lembro; **tell me about ~** conta-me.
3. *(used impersonally)*: **~'s hot** está calor; **~'s six o'clock** são seis horas; **~'s Sunday** é domingo.
4. *(referring to person)*: **~'s me** sou eu; **who is ~?** quem é?

Italian [ı'tæljən] *adj* italiano (-na) ◆ *n (person)* italiano *m* (-na *f*); *(language)* italiano *m*; **an ~ restaurant** um restaurante italiano.

italic [ı'tælık] *adj* itálico(-ca).

Italy ['ıtəlı] *n* Itália *f.*

itch [ıtʃ] *vi (person)* ter coceira *(Br)*, ter comichão *(Port)*; **my arm ~es** estou com coceira no braço.

itchy ['ıtʃı] *adj*: **it's really ~** está coçando muito.

it'd ['ıtəd] = **it would, it had.**

item ['aıtəm] *n (object)* artigo *m; (on agenda)* assunto *m*, ponto *m*; **a news ~** uma notícia.

itemized bill ['aıtəmaızd-] *n* fatura *f* discriminada.

itinerary [aı'tınərərı] *n* itinerário *m.*

it'll [ıtl] = **it will.**

its [ıts] *adj* o seu (a sua), dele (dela); **the cat hurt ~ paw** o gato machucou a pata (dele) OR a (sua) pata.

it's [ıts] = **it is, it has.**

itself [ıt'self] *pron (reflexive)* se; *(after prep)* si mesmo *m* (-ma *f*); **the house ~ is fine** a casa em si é boa.

ITV *n (abbrev of Independent Television)* um dos canais privados da televisão britânica.

I've [aıv] = **I have.**

ivory ['aıvərı] *n* marfim *m.*

ivy ['aıvı] *n* hera *f.*

J

jab [dʒæb] *n (Brit: inf: injection)* injeção *f.*

jack [dʒæk] *n (for car)* macaco *m; (playing card)* valete *m.*

jacket ['dʒækɪt] *n (garment)* casaco *m,* blusão *m; (cover)* capa *f; (of potato)* casca *f.*

jacket potato *n* batata *f* assada com casca.

jack-knife *vi* dar uma guinada, virar na estrada.

jackpot ['dʒækpɒt] *n* jackpot *m.*

Jacuzzi® [dʒəˈkuːzɪ] *n* jacuzzi® *m.*

jade [dʒeɪd] *n* jade *m.*

jagged ['dʒægɪd] *adj (metal)* denteado(-da); *(outline, tear)* irregular.

jail [dʒeɪl] *n* prisão *f.*

jailer ['dʒeɪləʳ] *n* carcereiro *m* (-ra *f*).

jam [dʒæm] *n (food)* geléia *f (Br),* compota *f,* doce *m (Port); (of traffic)* engarrafamento *m; (inf: difficult situation)* apuro *m* ◆ *vt (pack tightly)* enfiar (até mais não poder) ◆ *vi (get stuck)* emperrar; **the roads are ~med** as estradas estão congestionadas.

Jamaica [dʒəˈmeɪkə] *n* Jamaica *f.*

jam-packed [-ˈpækt] *adj (inf):* ~ **(with)** apinhado(-da) (de).

Jan. [dʒæn] *(abbr of January)* jan.

janitor ['dʒænɪtəʳ] *n (Am & Scot)* contínuo *m* (-nua *f*).

January ['dʒænjʊərɪ] *n* janeiro *m,* → **September.**

Japan [dʒəˈpæn] *n* Japão *m.*

Japanese [dʒæpəˈniːz] *adj* japonês (-esa) ◆ *n (language)* japonês *m* ◆ *npl:* **the** ~ os japoneses.

jar [dʒɑːʳ] *n* frasco *m.*

jargon ['dʒɑːgən] *n* jargão *m.*

javelin ['dʒævlɪn] *n* dardo *m* (de lançamento).

jaw [dʒɔː] *n* maxilar *m,* mandíbula *f.*

jawbone ['dʒɔːbəʊn] *n* maxilar *m,*

mandíbula *f; (of animal)* queixada *f.*

jazz [dʒæz] *n* jazz *m.*

jealous ['dʒeləs] *adj* ciumento (-ta).

jealousy ['dʒeləsɪ] *n* ciúmes *mpl.*

jeans [dʒiːnz] *npl* jeans *m inv (Br),* calças *fpl* de ganga *(Port).*

Jeep® [dʒiːp] *n* jipe *m.*

jeer [dʒɪəʳ] *vt (boo)* vaiar; *(mock)* zombar de ◆ *vi:* **to** ~ **at sb** *(boo)* vaiar alguém; *(mock)* zombar de alguém.

Jello® ['dʒeləʊ] *n (Am)* gelatina *f.*

jelly ['dʒelɪ] *n (dessert)* gelatina *f; (Am: jam)* geléia *f.*

jellyfish ['dʒelɪfɪʃ] *(pl inv) n* água-viva *f.*

jeopardize ['dʒepədaɪz] *vt* pôr em risco.

jerk [dʒɜːk] *n (movement)* solavanco *m; (inf: idiot)* idiota *mf.*

jersey ['dʒɜːzɪ] *n (garment)* suéter *m (Br),* camisola *f* de malha *(Port).*

Jersey ['dʒɜːzɪ] *n* Jersey *m.*

jest [dʒest] *n* brincadeira *f,* gracejo *m;* **in** ~ na brincadeira, gracejando.

Jesus (Christ) ['dʒiːzəs-] *n* Jesus *m* (Cristo).

jet [dʒet] *n* jato *m; (outlet)* cano *m* de saída.

jet engine *n* motor *m* a jato.

jetfoil ['dʒetfɔɪl] *n* hidrofólio *m.*

jet lag *n* jet lag *m,* cansaço *provocado pelas diferenças de fuso horário.*

jet-ski *n* jet-ski *m,* moto *f* de água.

jetty ['dʒetɪ] *n* embarcadouro *m.*

Jew [dʒuː] *n* judeu *m* (-dia *f*).

jewel ['dʒuːəl] *n* jóia *f.*

◻ **jewels** *npl (jewellery)* jóias *fpl.*

jeweler's ['dʒuːələz] *(Am)* = **jeweller's.**

jeweller's ['dʒuːələz] *n (Brit)* joalheria *f,* ourivesaria *f.*

jewellery ['dʒuːəlrɪ] *n (Brit)* jóias *fpl.*

jewelry ['dʒuːəlrɪ] *(Am)* = **jewellery.**

Jewish ['dʒuːɪʃ] *adj* judaico(-ca).

jiffy ['dʒɪfɪ] *n (inf)*: **in a ~** num instante.

jig [dʒɪg] *n* jiga *f*.

jigsaw (puzzle) ['dʒɪgsɔː-] *n* puzzle *m*.

jilt [dʒɪlt] *vt* deixar, abandonar.

jingle ['dʒɪŋgl] *n (of advert)* jingle *m* publicitário.

jinx [dʒɪŋks] *n* mau olhado *m*.

job [dʒɒb] *n (regular work)* emprego *m*; *(task, function)* trabalho *m*; **to lose one's ~** perder o emprego.

job centre *n (Brit)* centro *m* de emprego.

jockey ['dʒɒkɪ] *n* jóquei *m*.

jog [dʒɒg] *vt (bump)* empurrar *(levemente)* ♦ *vi* fazer jogging ♦ *n*: **to go for a ~** fazer jogging.

jogging ['dʒɒgɪŋ] *n* jogging *m*; **to go ~** fazer jogging.

john [dʒɒn] *n (Am: inf: toilet)* privada *f*.

join [dʒɔɪn] *vt (club, organization)* tornar-se membro de, entrar para; *(fasten together, connect)* ligar, unir; *(come together with)* unir-se a; *(participate in)* juntar-se a; **will you ~ me for dinner?** você me acompanha para jantar?; **to ~ the queue** entrar na fila.

⌐ **join in** *vt fus* juntar-se a, participar em ♦ *vi* participar.

joiner ['dʒɔɪnə^r] *n* marceneiro *m* (-ra *f*), carpinteiro *m* (-ra *f*).

joint [dʒɔɪnt] *adj* conjunto(-ta) ♦ *n (of body)* articulação *f*; *(Brit: of meat)* corte *m* (de carne); *(in structure)* junta *f*.

jointly ['dʒɔɪntlɪ] *adv* conjuntamente.

joke [dʒəʊk] *n* piada *f*, anedota *f* ♦ *vi* gozar, brincar; **it was only a ~** foi só uma brincadeira.

joker ['dʒəʊkə^r] *n (playing card)* curingão *m (Br)*, jóquer *m (Port)*.

jolly ['dʒɒlɪ] *adj* alegre ♦ *adv (Brit: inf: very)* muito.

jolt [dʒəʊlt] *n* solavanco *m*.

Jordan ['dʒɔːdn] *n* Jordânia *f*.

jostle ['dʒɒsl] *vt* empurrar, dar empurrões a ♦ *vi* empurrar, dar empurrões.

jot [dʒɒt] **: jot down** *vt sep* anotar.

journal ['dʒɜːnl] *n (professional magazine)* boletim *m*; *(diary)* diário *m*.

journalism ['dʒɜːnəlɪzm] *n* jornalismo *m*.

journalist ['dʒɜːnəlɪst] *n* jornalista *mf*.

journey ['dʒɜːnɪ] *n* viagem *f*.

jovial ['dʒəʊvjəl] *adj* jovial.

joy [dʒɔɪ] *n (happiness)* alegria *f*.

joyful ['dʒɔɪfʊl] *adj* alegre.

joypad ['dʒɔɪpæd] *n* joypad *m*.

joyrider ['dʒɔɪraɪdə^r] *n pessoa que rouba um carro para passear e divertir-se e que depois o abandona.*

joystick ['dʒɔɪstɪk] *n (of video game)* joystick *m*, manípulo *m*.

Jr. *(abbr of Junior)* Jr.

jubilant ['dʒuːbɪlənt] *adj* exultante.

judge [dʒʌdʒ] *n* juiz *m* (juíza *f*) ♦ *vt* julgar.

judg(e)ment ['dʒʌdʒmənt] *n (JUR)* julgamento *m*; *(opinion)* parecer *m*; *(capacity to judge)* senso *m*.

judiciary [dʒuːˈdɪʃərɪ] *n*: **the ~** o poder judicial.

judo ['dʒuːdəʊ] *n* judô *m*.

jug [dʒʌg] *n* jarro *m*, jarra *f*.

juggernaut ['dʒʌgənɔːt] *n (Brit)* jamanta *f (Br)*, camião *m*, TIR *m (Port)*.

juggle ['dʒʌgl] *vi* fazer malabarismos.

juggler ['dʒʌglə^r] *n* malabarista *mf*.

juice [dʒuːs] *n (from fruit, vegetables)* suco *m (Br)*, sumo *m (Port)*; *(from meat)* molho *m*.

juicy ['dʒuːsɪ] *adj (food)* suculento(-ta).

jukebox ['dʒuːkbɒks] *n* jukebox *f*, máquina *f* de discos.

Jul. *abbr* = **July**.

July [dʒuːˈlaɪ] *n* julho *m*, → September.

jumble ['dʒʌmbl] *n (mixture)* miscelânea *f* ♦ *vt*: **to ~ (up)** misturar.

jumble sale *n (Brit)* venda de objetos em segunda mão com fins beneficentes.

jumbo ['dʒʌmbəʊ] *(pl -s) adj (inf: big)* gigante.

jumbo jet *n* jumbo *m*.

jump [dʒʌmp] *n* salto *m* ♦ *vi (through air)* saltar; *(with fright)* assustar-se; *(increase)* dar um salto ♦ *vt (Am: train, bus)* viajar sem bilhete em; **to ~ the queue** *(Brit)* furar a fila *(Br)*, dar o golpe *(Port)*.

jumper ['dʒʌmpə^r] *n (Brit: pullover)* pulôver *m (Br)*, camisola *f* (de malha) *(Port)*; *(Am: dress)* vestido *m* de alças.

jump leads *npl* cabos *mpl* para bateria.

jump-start *vt* fazer arrancar com uma ligação directa.

jumpsuit ['dʒʌmpsuːt] *n* macacão *f*.

jumpy ['dʒʌmpɪ] *adj* nervoso(-osa).

Jun. *abbr* = June.

junction ['dʒʌŋkʃn] *n* (road) cruzamento *m*; (railway) entroncamento *m*.

June [dʒuːn] *n* junho *m*, → September.

jungle ['dʒʌŋgl] *n* selva *f*.

junior ['dʒuːnjəʳ] *adj* (of lower rank) subalterno(-na); (Am: after name) júnior (inv) ♦ *n* (younger person): **she's my ~** ela é mais nova do que eu.

junior high school *n* (Am) ~ escola *f* secundária (para alunos entre os 12 e os 15 anos).

junior school *n* (Brit) escola *f* primária.

junk [dʒʌŋk] *n* (inf: unwanted things) tralha *f*.

junk food *n* (inf) comida pronta considerada pouco nutritiva ou saudável.

junkie ['dʒʌŋkɪ] *n* (inf) drogado *m* (-da *f*).

junk mail *n* papelada *f* (publicitária enviada pelo correio).

junk shop *n* loja *f* de objetos usados.

Jupiter ['dʒuːpɪtəʳ] *n* Júpiter *m*.

jurisdiction [,dʒʊərɪs'dɪkʃn] *n* jurisdição *f*.

juror ['dʒʊərəʳ] *n* jurado *m* (-da *f*).

jury ['dʒʊərɪ] *n* júri *m*.

just [dʒʌst] *adv* (recently) agora (mesmo); (in the next moment) mesmo; (exactly) precisamente; (only, slightly) só ♦ *adj* justo(-ta); **I'm ~ coming!** já vou!; **to be ~ about to do sthg** estar prestes fazendo algo; **to have ~ done sthg** acabar de fazer algo; **~ about** (almost) praticamente; **~ as good** igualmente bom; **~ as good as** tão bom quanto; **~ over an hour** pouco mais de uma hora; **(only) ~** (almost not) quase não, por pouco não; **~ a minute!** só um minuto!

justice ['dʒʌstɪs] *n* justiça *f*.

justify ['dʒʌstɪfaɪ] *vt* justificar.

jut [dʒʌt] : **jut out** *vi* sobressair.

juvenile ['dʒuːvənaɪl] *adj* (young) juvenil; (childish) infantil.

K

kaleidoscope [kə'laɪdəskəʊp] *n* caleidoscópio *m*.

kangaroo [ˌkæŋgə'ruː] *n* canguru *m*.

karate [kə'rɑːtɪ] *n* karatê *m*.

kayak ['kaɪæk] *n* kayak *m*, caiaque *m*.

KB *(COMPUT: abbr of kilobyte(s))* KB *m*.

kebab [kɪ'bæb] *n*: **(doner)** ~ *pão árabe cortado servido com carne de carneiro, salada e molho*; **(shish)** ~ *espeto de carne com tomate, cebola, pimentões, etc.*

keel [kiːl] *n* quilha *f*.

keen [kiːn] *adj (enthusiastic)* entusiasta; *(eyesight, hearing)* apurado(-da); **to be** ~ **on** interessar-se por, gostar de; **to be** ~ **to do sthg** ter muita vontade de fazer algo.

keep [kiːp] *(pt & pp* **kept)** *vt* manter; *(book, change, object loaned)* ficar com; *(store, not tell)* guardar; *(appointment)* não faltar a; *(delay)* atrasar; *(diary)* ter ◆ *vi (food)* conservar; *(remain)* manter-se; **to** ~ **a record of sthg** registrar algo; **to** ~ **(on) doing sthg** *(do continuously)* continuar fazendo algo; *(do repeatedly)* estar sempre fazendo algo; **to** ~ **sb from doing sthg** impedir alguém de fazer algo; ~ **back!** para trás!; "~ **in lane!**" "mantenha-se na sua faixa"; "~ **left**" "circular pela esquerda"; "~ **off the grass!**" "não pise na grama!"; "~ **out!**" "proibida a entrada"; "~ **your distance!**" "mantenha a distância"; **to** ~ **clear (of)** manter-se afastado (de).

❑ **keep up** *vt sep* manter ◆ *vi (maintain pace, level etc)*: **to** ~ **up with sb** acompanhar alguém; ~ **up the good work!** continue com o bom trabalho!

keeper ['kiːpə'] *n (in zoo)* guarda *m/f*, zelador *m* (-ra *f*).

keep-fit *n (Brit)* ginástica *f*.

keepsake ['kiːpseɪk] *n* lembrança *f*.

keg [keg] *n* barril *m*.

kennel ['kenl] *n* casa *f* de cachorro, canil *m*.

Kenya ['kenjə] *n* Quênia *m*.

Kenyan ['kenjən] *adj* queniano (-na) ◆ *n* queniano *m* (-na *f*).

kept [kept] *pt & pp* → **keep**.

kerb [kɜːb] *n (Brit)* meio-fio *m (Br)*, borda *f* do passeio *(Port)*.

kernel ['kɜːnl] *n (of nut)* miolo *m*.

kerosene ['kerəsiːn] *n (Am)* querosene *m*.

ketchup ['ketʃəp] *n* ketchup *m*, molho *m* de tomate.

kettle ['ketl] *n* chaleira *f*; **to put the** ~ **on** pôr a chaleira para ferver.

key [kiː] *n* chave *f*; *(of piano, typewriter)* tecla *f* ◆ *adj* chave *(inv)*.

keyboard ['kiːbɔːd] *n (of typewriter, piano)* teclado *m*; *(musical instrument)* órgão *m*.

keyhole ['kiːhəʊl] *n* buraco *m* da fechadura.

keypad ['kiːpæd] *n* teclado *m* (numérico).

key ring *n* chaveiro *m (Br)*, porta-chaves *m inv (Port)*.

kg *(abbr of kilogram)* kg.

khaki ['kuːkɪ] *adj* cáqui *(inv)* ◆ *n (colour)* cáqui *m*.

kick [kɪk] *n (of foot)* pontapé *m* ◆ *vt*: **to** ~ **sb/sthg** dar um pontapé em alguém/algo.

kickoff ['kɪkɒf] *n* pontapé *m* inicial.

kid [kɪd] *n (inf) (child)* garoto *m* (-ta *f*); *(young person)* criança *f* ◆ *vi (joke)* gozar, brincar.

kidnap ['kɪdnæp] *vt* raptar.

kidnaper ['kɪdnæpər] *(Am)* = **kidnapper**.

kidnapper ['kɪdnæpər] *n (Brit)* raptor *m* (-ra *f*).

kidnapping ['kɪdnæpɪŋ] *n* rapto *m*, seqüestro *m*.

kidney ['kɪdnɪ] *n* rim *m*.

kidney bean *n* feijão *m* vermelho.

kill [kɪl] *vt* matar; **my feet are ~ing me!** os meus pés estão me matando!

killer ['kɪlə'] *n* assassino *m* (-na *f*).

killing ['kɪlɪŋ] *n* (*murder*) assassinato *m*.

killjoy ['kɪldʒɔɪ] *n* desmancha-prazeres *mf inv*.

kiln [kɪln] *n* forno *m*, fornalha *f*.

kilo ['kiːləʊ] (*pl* -**s**) *n* quilo *m*.

kilobyte ['kɪləbaɪt] *n* kilobyte *m*.

kilogram ['kɪləgræm] *n* quilograma *m*.

kilohertz ['kɪləhɜːts] (*pl inv*) kilohertz *m*.

kilometre ['kɪləmiːtə'] *n* quilômetro *m*.

kilowatt ['kɪləwɒt] *n* kilowatt *m*.

kilt [kɪlt] *n* kilt *m*, saia *f* escocesa.

kind [kaɪnd] *adj* amável ♦ *n* tipo *m*; **~ of** (*Am: inf*) um pouco.

kindergarten ['kɪndəgɑːtn] *n* jardim-de-infância *m*.

kind-hearted [-'hɑːtɪd] *adj* bondoso(-osa).

kindly ['kaɪndlɪ] *adv*: **would you ~ ...?** pode fazer o favor de ...?

kindness ['kaɪndnɪs] *n* amabilidade *f*, bondade *f*.

king [kɪŋ] *n* rei *m*.

kingdom ['kɪŋdəm] *n* reino *m*.

kingfisher ['kɪŋfɪʃə'] *n* martim-pescador *m*, pica-peixe *m*.

king prawn *n* camarão *m* (gigante) (*Br*), gamba *f* (*Port*).

king-size bed *n* cama *f* de casal (com 160 cm de largura).

kinky ['kɪŋkɪ] *adj* (*inf*) bizarro(-a).

kiosk ['kiːɒsk] *n* (*for newspapers etc*) banca *f* de jornal (*Br*), quiosque *m* (*Port*); (*Brit: phone box*) cabine *f*.

kip [kɪp] *n* (*Brit: inf*) soneca *f* ♦ *vi* (*Brit: inf*) dormir.

kipper ['kɪpə'] *n* arenque *m* defumado.

kiss [kɪs] *n* beijo *m* ♦ *vt* beijar.

kiss of life *n* respiração *f* boca-a-boca.

kit [kɪt] *n* (*set*) estojo *m*; (*clothes*) equipamento *m*; (*for assembly*) kit *m*, modelo *m*.

kit bag *n* saco *m* de viagem.

kitchen ['kɪtʃɪn] *n* cozinha *f*.

kitchen sink *n* pia *f* da cozinha.

kitchen unit *n* módulo *m* de cozinha.

kite [kaɪt] *n* (*toy*) pipa *f* (*Br*), papagaio *m* (de papel) (*Port*).

kitten ['kɪtn] *n* gatinho *m* (-nha *f*).

kitty ['kɪtɪ] *n* (*for regular expenses*) fundo *m* comum.

kiwi fruit ['kiːwiː-] *n* kiwi *m*.

Kleenex® ['kliːneks] *n* Kleenex® *m*, lenço *m* de papel.

km (*abbr of kilometre*) km.

km/h (*abbr of kilometres per hour*) km/h.

knack [næk] *n*: **I've got the ~ (of it)** já peguei o jeito de fazer isso.

knackered ['nækəd] *adj* (*Brit: inf*) estourado(-da).

knapsack ['næpsæk] *n* mochila *f*.

knead [niːd] *vt* amassar.

knee [niː] *n* joelho *m*.

kneecap ['niːkæp] *n* rótula *f*.

kneel [niːl] (*pt & pp* **knelt** [nelt]) *vi* (*be on one's knees*) estar ajoelhado(-da) OR de joelhos; (*go down on one's knees*) ajoelhar-se.

knew [njuː] *pt* → **know**.

knickers ['nɪkəz] *npl* (*Brit*) calcinha *f* (*Br*), cuecas *fpl* (de senhora) (*Port*).

knick-knack ['nɪknæk] *n* bugiganga *f*.

knife [naɪf] (*pl* **knives**) *n* faca *f*.

knight [naɪt] *n* (*in history*) cavaleiro *m*; (*in chess*) cavalo *m*.

knighthood ['naɪthʊd] *n* (*present day title*) título *m* de "Sir".

knit [nɪt] *vt* fazer tricô.

knitted ['nɪtɪd] *adj* tricotado(-da), de malha.

knitting ['nɪtɪŋ] *n* tricô *m* (*Br*), malha *f* (*Port*).

knitting needle *n* agulha *f* de tricô.

knitwear ['nɪtweə'] *n* roupa *f* de tricô.

knives [naɪvz] *pl* → **knife**.

knob [nɒb] *n* (*on door etc*) maçaneta *f*; (*on machine*) botão *m*.

knock [nɒk] *n* (*at door*) pancada *f*, batida *f* ♦ *vt* (*hit*) bater em; (*one's head, elbow*) bater com ♦ *vi* (*at door etc*) bater.

❏ **knock down** *vt sep* (*pedestrian*) atropelar; (*building*) demolir; (*price*) baixar.

❏ **knock out** *vt sep* (*make unconscious*) deixar inconsciente; (*of competition*) eliminar.

❏ **knock over** *vt sep* (*glass, vase*) derrubar; (*pedestrian*) atropelar.

knocker ['nɒkəʳ] *n (on door)* batente *m*, aldraba *f*.

knockout ['nɒkaʊt] *n (in boxing)* nocaute *m*.

knot [nɒt] *n* nó *m*.

know [nəʊ] *(pt knew, pp known) vt* saber; *(person, place)* conhecer; **to ~ about sthg** saber (acerca) de algo; **to ~ how to do sthg** saber como fazer algo; **to ~ of** saber de; **you'll like him once you get to ~ him** você vai gostar dele quando o conhecer melhor; **to be known as** ser conhecido como; **to let sb ~ sthg** avisar alguém de algo; **you ~** *(for emphasis)* sabe.

know-all *n (Brit)* sabichão *m* (-chona *f*).

know-how *n* know-how *m*, conhecimentos *mpl*.

knowingly ['nəʊɪŋlɪ] *adv (look, smile)* com cumplicidade; *(act)* conscientemente.

knowledge ['nɒlɪdʒ] *n* saber *m*, conhecimento *m*; **to my ~** que eu saiba.

knowledgeable ['nɒlɪdʒəbl] *adj* conhecedor(-ra).

known [nəʊn] *pp* → **know**.

knuckle ['nʌkl] *n (of hand)* nó *m* do dedo; *(of pork)* mocotó *m (Br)*, chispe *m (Port)*.

koala (bear) [kəʊˈɑːlə-] *n (urso)* coala *m*.

Koran [kɒˈrɑːn] *n*: **the ~** o Corão.

kosher ['kəʊʃəʳ] *adj (meat)* limpo(-pa) (segundo a lei judaica).

kung fu [ˌkʌŋˈfuː] *n* kung-fu *m*.

Kurd [kɜːd] *n* curdo *m* (-da *f*).

Kuwait [kʊˈweɪt] *n (country)* Kuwait *m*.

L

l (*abbr of litre*) l.

L (*abbr of learner, large*) L.

lab [læb] *n* (*inf*) laboratório *m*.

label ['leɪbl] *n* etiqueta *f*.

labor ['leɪbər] (*Am*) = **labour**.

laboratory [*Brit* lə'bɒrətrɪ, *Am* 'læbrətɔːrɪ] *n* laboratório *m*.

labour ['leɪbər] *n* (*Brit*) (*work*) trabalho *m*; **in ~** (*MED*) em trabalho de parto.

labourer ['leɪbərər] *n* trabalhador *m* (-ra *f*).

Labour Party *n* (*Brit*) Partido *m* Trabalhista.

labour-saving *adj* que poupa trabalho.

Labrador ['læbrədɔːr] *n* (*dog*) cão *m* Labrador.

labyrinth ['læbərɪnθ] *n* labirinto *m*.

lace [leɪs] *n* (*material*) renda *f*; (*for shoe*) cadarço *m* (*Br*), atacador *m* (*Port*).

lace-ups *npl* sapatos *mpl* de amarrar.

lack [læk] *n* falta *f* ♦ *vt* carecer de ♦ *vi*: **to be ~ing** faltar; **he ~s confidence** falta-lhe confiança.

lacquer ['lækər] *n* laca *f*.

lad [læd] *n* (*inf*) garoto *m*.

ladder ['lædər] *n* (*for climbing*) escada *f*; (*Brit: in tights*) defeito *m*, desfiado *m* (*Br*), foguete *m* (*Port*).

ladies ['leɪdɪz] *n* (*Brit*) (*toilet*) banheiro *m* de senhoras.

ladies room (*Am*) = **ladies**.

ladieswear ['leɪdɪzˌweər] *n* roupa *f* de senhora.

ladle ['leɪdl] *n* concha *f*.

lady ['leɪdɪ] *n* (*woman*) senhora *f*; (*woman of high status*) dama *f*.

ladybird ['leɪdɪbɜːd] *n* (*Brit*) joaninha *f*.

ladybug ['leɪdɪbʌg] (*Am*) = **ladybird**.

lady-in-waiting [-'weɪtɪŋ] *n* dama *f* de companhia.

ladylike ['leɪdɪlaɪk] *adj* elegante, distinto(-ta).

lag [læg] *vi* diminuir; **to ~ behind** (*move more slowly*) ficar para trás.

lager ['lɑːgər] *n* cerveja *f* (loura).

lagoon [lə'guːn] *n* lagoa *f*.

laid [leɪd] *pt & pp* → **lay**.

laid-back *adj* (*inf*) descontraído(-da).

lain [leɪn] *pp* → **lie**.

lair [leər] *n* toca *f*, covil *m*.

lake [leɪk] *n* lago *m*.

Lake District *n*: **the ~** região *de lagos e montanhas no noroeste de Inglaterra*.

lamb [læm] *n* (*animal*) cordeiro *m*; (*meat*) carneiro *m*.

lamb chop *n* costeleta *f* de carneiro.

lambswool ['læmzwʊl] *n* lã *m* de carneiro ♦ *adj* de lã de carneiro.

lame [leɪm] *adj* coxo(-xa).

lament [lə'ment] *n* lamento *m* ♦ *vt* lamentar.

laminated ['læmɪneɪtɪd] *adj* laminado(-da).

lamp [læmp] *n* lâmpada *f* (*Br*), candeeiro *m* (*Port*).

lamppost ['læmppəʊst] *n* poste *m* de iluminação.

lampshade ['læmpʃeɪd] *n* abajur *m* (*Br*), quebra-luz *m* (*Port*).

lance [lɑːns] *n* lança *f*.

land [lænd] *n* terra *f* ♦ *vi* (*plane*) aterrar; (*passengers*) desembarcar; (*fall*) cair.

landing ['lændɪŋ] *n* (*of plane*) aterrissagem *f* (*Br*), aterragem *f* (*Port*); (*on stairs*) patamar *m*.

landing card *n* cartão *m* de desembarque.

landing gear *n* trem *m* de aterrissagem.

landing strip *n* pista *f* de aterrissagem.

landlady ['lænd,leɪdɪ] *n (of house)* senhoria *f*; *(of pub)* dona *f*.

landlord ['lændlɔːd] *n (of house)* senhorio *m*; *(of pub)* dono *m*.

landmark ['lændmɑːk] *n (in landscape, city)* ponto *m* de referência.

landowner ['lænd,əʊnəʳ] *n* proprietário *m* (-ria *f*) rural.

landscape ['lændskeɪp] *n* paisagem *f*.

landslide ['lændslaɪd] *n (of earth, rocks)* deslizamento *m* (Br), desabamento *m* (Port).

lane [leɪn] *n (narrow road)* ruela *f*; *(on road, motorway)* pista *f* (Br), faixa *f* (Port); **"get in ~"** *sinal que indica aos motoristas que devem deslocar-se para a pista adequada.*

language ['læŋgwɪdʒ] *n (of a people, country)* língua *f*; *(system of communication, words)* linguagem *f*.

language laboratory *n* laboratório *m* de línguas.

languish ['læŋgwɪʃ] *vi* definhar.

lank [læŋk] *adj (hair)* escorrido (-da).

lanky ['læŋkɪ] *adj* magricela.

lantern ['læntən] *n* lanterna *f*.

lap [læp] *n (of person)* colo *m*; *(of race)* volta *f*.

lapel [lə'pel] *n* lapela *f*.

lapse [læps] *n* lapso *m* ♦ *vi (membership, passport)* expirar (Br), caducar (Port).

lap-top (computer) *n* computador *m* portátil.

lard [lɑːd] *n* banha *f*.

larder ['lɑːdəʳ] *n* despensa *f*.

large [lɑːdʒ] *adj* grande.

largely ['lɑːdʒlɪ] *adv* em grande parte.

large-scale *adj* em grande escala.

lark [lɑːk] *n* cotovia *f*.

laryngitis [,lærɪn'dʒaɪtɪs] *n* laringite *f*.

lasagne [lə'zænjə] *n* lasanha *f*.

laser ['leɪzəʳ] *n* laser *m*.

lash [læʃ] *n (eyelash)* pestana *f*; *(blow with whip)* chicotada *f* ♦ *vt (whip)* chicotear; *(tie)* amarrar.

lass [læs] *n (inf)* garota *f*.

lasso [læ'suː] *(pl -s) n* laço *m* ♦ *vt* laçar.

last [lɑːst] *adj* último(-ma) ♦ *adv (most recently)* pela última vez; *(at the end)* em último lugar ♦ *vi* durar; *(be enough)* chegar ♦ *pron:* **the ~ to come** o último a chegar; **the ~ but one** o penúltimo;

the day before ~ anteontem; **~ year** o ano passado; **the ~ year** o último ano; **at ~** finalmente.

lasting ['lɑːstɪŋ] *adj* duradouro (-ra).

lastly ['lɑːstlɪ] *adv* por último.

last-minute *adj* de última hora.

last name *n* sobrenome *m* (Br), apelido *m* (Port).

latch [lætʃ] *n* trinco *m*; **the door is on the ~** a porta está fechada com o trinco.

late [leɪt] *adj (not on time)* atrasado (-da); *(after usual time)* tardio (-dia); *(dead)* falecido(-da) ♦ *adv (after usual time)* tarde; *(not on time):* **the train is two hours ~** o trem está duas horas atrasado; **I had a ~ lunch** almoçei tarde; **in the ~ afternoon** no fim da tarde; **in ~ June, ~ in June** no final OR fim de junho.

latecomer ['leɪt,kʌməʳ] *n* retardatário *m* (-ria *f*).

lately ['leɪtlɪ] *adv* ultimamente.

late-night *adj (chemist, supermarket)* aberto(-ta) até tarde.

later ['leɪtəʳ] *adj (train)* que saia mais tarde ♦ *adv:* **~ (on)** mais tarde; **at a ~ date** mais tarde, posteriormente.

latest ['leɪtɪst] *adj:* **the ~ fashion** a última moda; **the ~** *(in series, in fashion)* o mais recente (a mais recente); **at the ~** o mais tardar.

lathe [leɪð] *n* torno *m*.

lather ['lɑːðəʳ] *n* espuma *f*.

Latin ['lætɪn] *n (language)* latim *m*.

Latin America *n* América *f* Latina.

Latin American *adj* latino-americano(-na) ♦ *n* latino-americano *m* (-na *f*).

latitude ['lætɪtjuːd] *n* latitude *f*.

latter ['lætəʳ] *n:* **the ~** este último (esta última).

Latvia ['lætvɪə] *n* Letônia *f*.

laugh [lɑːf] *n* riso *m* ♦ *vi* rir; **to have a ~** *(Brit: inf)* divertir-se.

⊔ **laugh at** *vt fus (mock)* rir-se de.

laughable ['lɑːfəbl] *adj* ridículo (-la).

laughing stock ['lɑːfɪŋ-] *n* alvo *m* de riso OR gozação.

laughter ['lɑːftəʳ] *n* risos *mpl*.

launch [lɔːntʃ] *vt (boat)* lançar ao mar; *(new product)* lançar.

launderette [,lɔːndə'ret] *n* lavanderia *f* automática.

laundry ['lɔːndrɪ] *n (washing)* roupa *f*

suja; *(place)* lavanderia *f*.

lava ['lɑːvə] *n* lava *f*.

lavatory ['lævətri] *n* privada *f (Br)*, casa *f* de banho *(Port)*.

lavender ['lævəndəʳ] *n* alfazema *f*.

lavish ['lævɪʃ] *adj (meal, decoration)* suntuoso(-osa).

law [lɔː] *n (JUR: rule)* lei *f; (study)* direito *m;* **the ~** *(JUR: set of rules)* a lei; **to be against the ~** ser contra a lei.

law-abiding [-ə,baɪdɪŋ] *adj* respeitador(-ra) da lei.

law court *n* tribunal *m*.

lawful ['lɔːfʊl] *adj* legal.

lawn [lɔːn] *n* gramado *m (Br)*, relvado *m (Port)*.

lawnmower ['lɔːn,məʊəʳ] *n* máquina *f* de cortar grama.

lawsuit ['lɔːsuːt] *n* processo *m*.

lawyer ['lɔːjəʳ] *n* advogado *m* (-da *f*).

lax [læks] *adj (person, behaviour, attitude)* negligente; *(standards, morals)* baixo(-xa); *(discipline)* pouco rígido (-da).

laxative ['læksətɪv] *n* laxante *m*.

lay [leɪ] *(pt & pp* laid) *pt* → lie ◆ *vt (place)* colocar, pôr; *(egg)* pôr; **to ~ the table** pôr a mesa.

❑ **lay off** *vt sep (worker)* despedir.

❑ **lay on** *vt sep* fornecer.

❑ **lay out** *vt sep (display)* dispor.

layabout ['leɪəbaʊt] *n (Brit: inf)* vadio *m* (-dia *f*).

lay-by *(pl* lay-bys) *n* acostamento *m (Br)*, berma *f (Port)*.

layer ['leɪəʳ] *n* camada *f*.

layman ['leɪmən] *(pl* -men [-mən]) *n* leigo *m* (-ga *f*).

layout ['leɪaʊt] *n (of building)* leiaute *m (Br)*, disposição *f (Port)*; *(of streets)* traçado *m;* **"new road ~"** *sinal que indica uma mudança no traçado da estrada ou rua*.

laze [leɪz] *vi:* **I spent the afternoon lazing in the sun** passei a tarde no sol sem fazer nada.

lazy ['leɪzɪ] *adj* preguiçoso(-osa).

lb *abbr* = pound.

LCD *abbr* = **liquid crystal display**.

lead¹ [liːd] *(pt & pp* led) *vt (take)* conduzir, levar; *(team, company)* dirigir; *(race, demonstration)* estar à frente de ◆ *vi (be winning)* estar à frente ◆ *n (for dog)* trela *f; (cable)* cabo *m*, fio *m;* **to ~ sb to do sthg** levar alguém a fazer algo; **to ~ the way** estar à frente; **to ~**

to *(go to)* ir dar em; *(result in)* levar a; **to be in the ~** estar à frente.

lead² [led] *n (metal)* chumbo *m; (for pencil)* grafite *m (Br)*, mina *f (Port)* ◆ *adj* de chumbo.

leaded petrol ['ledɪd-] *n* gasolina *f* (com chumbo).

leader ['liːdəʳ] *n* líder *mf*.

leadership ['liːdəʃɪp] *n* liderança *f*.

lead-free [led-] *adj* sem chumbo.

leading ['liːdɪŋ] *adj (most important)* principal.

lead singer [liːd-] *n* vocalista *mf*.

leaf [liːf] *(pl* leaves) *n (of tree)* folha *f*.

leaflet ['liːflɪt] *n* folheto *m*.

league [liːg] *n (SPORT)* campeonato *m; (association)* liga *f*.

leak [liːk] *n (hole)* buraco *m; (of gas, petrol)* vazamento *m (Br)*, fuga *f (Port); (of water)* vazamento *m (Br)*, perda *f (Port); (in roof)* goteira *f* ◆ *vi (roof)* ter goteiras; *(tank)* vazar.

leakage ['liːkɪdʒ] *n (of gas, petrol, water)* vazamento *m*.

lean [liːn] *(pt & pp* leant OR -ed) *adj* magro(-gra) ◆ *vi (bend)* inclinar-se ◆ *vt:* **to ~ sthg against sthg** encostar algo em algo; **to ~ on** apoiar-se em.

❑ **lean forward** *vi* inclinar-se para a frente.

❑ **lean over** *vi* abaixar-se.

leaning ['liːnɪŋ] *n:* **~ towards sthg** *(science, arts)* inclinação *f* para algo; **a magazine with Marxist ~s** uma revista com tendências marxistas.

leant [lent] *pt & pp* → lean.

leap [liːp] *(pt & pp* leapt OR -ed) *vi* saltar.

leapfrog ['liːpfrɒg] *n* jogo *m* de pular corniça *(Br)*, jogo *m* do eixo *(Port)* ◆ *vt* saltar.

leapt [lept] *pt & pp* → leap.

leap year *n* ano *m* bissexto.

learn [lɜːn] *(pt & pp* learnt OR -ed) *vt (gain knowledge of)* aprender; *(memorize)* decorar; **to ~ (how) to do sthg** aprender a fazer algo; **to ~ about sthg** *(hear about)* ficar sabendo (de) algo; *(study)* estudar algo.

learned ['lɜːnɪd] *adj* erudito(-ta).

learner (driver) ['lɜːnəʳ-] *n* pessoa que está aprendendo a dirigir.

learning ['lɜːnɪŋ] *n* saber *m*, erudição *f*.

learnt [lɜːnt] *pt & pp* → learn.

lease [liːs] *n* contrato *m* de arrendamento *or* aluguel ◆ *vt* arrendar, alugar; **to ~ sthg from sb** arrendar algo de alguém; **to ~ sthg to sb** arrendar algo a alguém.

leash [liːʃ] *n* trela *f*.

least [liːst] *adv & adj* menos ◆ *pron*: **(the) ~** o mínimo; **at ~** pelo menos; **I like her the ~** ela é de quem eu gosto menos.

leather [ˈleðəʳ] *n* couro *m*, cabedal *m* (Port), pele *f*.

❏ **leathers** *npl* (of motorcyclist) roupa *f* de couro.

leave [liːv] (*pt & pp* **left**) *vt* deixar; (house, country) sair de ◆ *vi* (person) ir-se embora; (train, bus) sair, partir ◆ *n* (time off work) licença *f*; **to ~ a message** deixar recado, → **left**.

❏ **leave behind** *vt sep* deixar (para trás).

❏ **leave out** *vt sep* omitir.

leaves [liːvz] *pl* → **leaf**.

Lebanon [ˈlebənən] *n* Líbano *m*.

lecherous [ˈletʃərəs] *adj* (look, expression) lascivo(-va); (person) devasso(-a).

lecture [ˈlektʃəʳ] *n* (at university) aula *f*; (at conference) conferência *f*.

lecturer [ˈlektʃərəʳ] *n* professor *m* universitário (professora *f* universitária).

lecture theatre *n* anfiteatro *m*.

led [led] *pt & pp* → **lead**[1].

ledge [ledʒ] *n* (of window) peitoril *m*.

leech [liːtʃ] *n* sanguessuga *f*.

leek [liːk] *n* alho-poró *m* (Br), alho *m* francês (Port).

leer [lɪəʳ] *n* olhar *m* lascivo ◆ *vi*: **to ~ at sb** olhar lascivamente para alguém.

leeway [ˈliːweɪ] *n* (room to manouevre) margem *f* para manobra.

left [left] *pt & pp* → **leave** ◆ *adj* (not right) esquerdo(-da) ◆ *adv* (turn) à esquerda; (keep) pela esquerda ◆ *n* esquerda *f*; **on the ~** à esquerda; **to be ~** sobrar.

left-hand *adj* esquerdo(-da).

left-hand drive *n* veículo *m* com volante do lado esquerdo.

left-handed [-ˈhændɪd] *adj* (person) canhoto(-ota); (implement) para canhotos.

left-luggage locker *n* (Brit) guarda-volumes *m inv* com chave (Br), cacifo *m* (para bagagem) (Port).

left-luggage office *n* (Brit) depósito *m* de bagagens.

leftover [ˈleftəʊvəʳ] *adj* a mais.

❏ **leftovers** *npl* restos *mpl*.

left-wing *adj* de esquerda.

leg [leg] *n* perna *f*; **~ of lamb** perna de carneiro.

legacy [ˈlegəsɪ] *n* legado *m*, herança *f*.

legal [ˈliːgl] *adj* legal.

legal aid *n* ajuda financeira estatal para pagamento de um advogado.

legalize [ˈliːgəlaɪz] *vt* legalizar.

legal system *n* sistema *m* judiciário.

legal tender *n* moeda *f* corrente.

legend [ˈledʒənd] *n* lenda *f*.

leggings [ˈlegɪnz] *npl* calças *fpl* de malha (justas).

legible [ˈledʒɪbl] *adj* legível.

legislation [ˌledʒɪsˈleɪʃn] *n* legislação *f*.

legitimate [lɪˈdʒɪtɪmət] *adj* legítimo (-ma).

legless [ˈleglɪs] *adj* (Brit: inf: drunk): **to be ~** estar bêbado(-da) que nem um gambá.

legroom [ˈlegrum] *n* espaço *m* para as pernas.

leg-warmers [-ˌwɔːməz] *npl* caneleiras *fpl*, meias *fpl* sem pé.

leisure [Brit ˈleʒəʳ, Am ˈliːʒəʳ] *n* lazer *m*.

leisure centre *n* centro *m* de lazer.

leisurely [Brit ˈleʒəlɪ, Am ˈliːʒərlɪ] *adj* despreocupado(-da).

leisure pool *n* parque *m* aquático.

leisure time *n* tempo *m* livre *or* de lazer.

lemon [ˈlemən] *n* limão-galego *m* (Br), limão *m* (Port).

lemonade [ˌleməˈneɪd] *n* (Brit: fizzy drink) gasosa *f*; (lemon juice) limonada *f*.

lemon curd [-kɜːd] *n* (Brit) doce *m* de limão (feito com suco de limão, açúcar, ovos e manteiga).

lemon juice *n* suco *m* de limão.

lemon meringue pie *n* torta *f* de limão e suspiro.

lemon sole *n* linguado *m*.

lemon tea *n* chá *m* de limão, = carioca *m* de limão (Port).

lend [lend] (*pt & pp* **lent**) *vt* emprestar; **to ~ sb sthg** emprestar algo a alguém.

length [leŋθ] *n (in distance)* comprimento *m; (in time)* duração *f*.

lengthen ['leŋθən] *vt* aumentar.

lengthways ['leŋθweiz] *adv* ao comprido.

lengthy ['leŋθɪ] *adj* longo(-ga).

lenient ['li:njənt] *adj* brando (-da).

lens [lenz] *n* lente *f*.

lent [lent] *pt & pp* → lend.

Lent [lent] *n* Quaresma *f*.

lentils ['lentlz] *npl* lentilhas *fpl*.

Leo ['li:əu] *n* Leão *m*.

leopard ['lepəd] *n* leopardo *m*.

leopard-skin *adj* tipo pele de leopardo.

leotard ['li:ətɑːd] *n* malha *f* de ginástica.

leper ['lepəʳ] *n* leproso *m* (-osa *f*).

leprosy ['leprəsɪ] *n* lepra *f*.

lesbian ['lezbɪən] *adj* lésbico(-ca) ◆ *n* lésbica *f*.

less [les] *adj, adv & pron* menos; ~ than 20 menos de 20; she earns ~ than him ela ganha menos do que ele.

lessen ['lesn] *vt & vi* diminuir.

lesser ['lesəʳ] *adj* menor; to a ~ extent OR degree em menor grau.

lesson ['lesn] *n (class)* lição *f*.

let [let] *(pt & pp* let) *vt (allow)* deixar; *(rent out)* alugar, arrendar; to ~ sb do sth deixar alguém fazer algo; to ~ go of sth largar algo; to ~ sb have sth dar algo a alguém; to ~ sb know sthg dizer algo a alguém; ~'s go! vamos embora!; "to ~" "para alugar", "aluga-se".

❑ **let in** *vt sep* deixar entrar.

❑ **let off** *vt sep (excuse)* perdoar; can you ~ me off at the station? pode me deixar na estação?.

❑ **let out** *vt sep (allow to go out)* deixar sair.

letdown ['letdaun] *n (inf)* decepção *f*.

lethal ['li:θl] *adj* letal, mortal.

lethargic [lə'θɑ:dʒɪk] *adj* letárgico (-ca).

let's [lets] = let us.

letter ['letəʳ] *n (written message)* carta *f; (of alphabet)* letra *f*.

letterbox ['letəbɒks] *n (Brit) (in door)* caixa *f* do correio; *(in street)* caixa *f* do correio *(Br)*, marco *m* do correio *(Port)*.

lettuce ['letɪs] *n* alface *f*.

leuk(a)emia [lu:'ki:mɪə] *n* leucemia *f*.

level ['levl] *adj (horizontal, flat)* plano (-na) ◆ *n* nível *m; (storey)* andar *m*; to be ~ with estar no mesmo nível que.

level crossing *n (Brit)* passagem *f* de nível.

level-headed [-'hedɪd] *adj* sensato (-ta).

lever [*Brit* 'li:vəʳ, *Am* 'levər] *n* alavanca *f*.

levy ['levɪ] *vt* lançar; ~ (on sthg) *(financial contribution)* contribuição *f* (para algo); *(tax)* imposto *m* (sobre algo).

lewd [lju:d] *adj (behaviour)* lascivo (-va); *(joke, song)* obsceno(-na).

liability [ˌlaɪə'bɪlətɪ] *n (responsibility)* responsabilidade *f*.

liable ['laɪəbl] *adj*: to be ~ to do sthg ter tendência a fazer algo; he's ~ to be late é provável que ele chegue tarde; to be ~ for sthg ser responsável por algo.

liaise [lɪ'eɪz] *vi*: to ~ with contatar com.

liar ['laɪəʳ] *n* mentiroso *m* (-osa *f*).

libel ['laɪbl] *n* calúnia *f*, difamação *f* ◆ *vt* caluniar, difamar.

liberal ['lɪbərəl] *adj (tolerant)* liberal; *(generous)* generoso(-osa).

Liberal Democrat Party *n* Partido *m* Democrata Liberal.

liberate ['lɪbəreɪt] *vt* libertar.

liberty ['lɪbətɪ] *n* liberdade *f*.

Libra ['li:brə] *n* Libra *f (Br)*, Balança *f (Port)*.

librarian [laɪ'breərɪən] *n* bibliotecário *m* (-ria *f*).

library ['laɪbrərɪ] *n* biblioteca *f*.

library book *n* livro *m* da biblioteca.

Libya ['lɪbɪə] *n* Líbia *f*.

lice [laɪs] *npl* piolhos *mpl*.

licence ['laɪsəns] *n (Brit) (official document)* licença *f* ◆ *vt (Am)* = license.

license ['laɪsəns] *vt (Brit)* autorizar ◆ *n (Am)* = licence.

licensed ['laɪsənst] *adj (restaurant, bar)* autorizado(-da) a vender bebidas alcoólicas.

license plate *n (Am)* placa *f (Br)*, matrícula *f (Port)*.

licensing hours ['laɪsənsɪŋ-] *npl (Brit)* horário de abertura dos pubs.

lick [lɪk] *vt* lamber.

licorice ['lɪkərɪs] = **liquorice**.

lid [lɪd] *n (cover)* tampa *f*.

lie [laɪ] *(pt* lay, *pp* lain, *cont* lying) *n* mentira *f* ◆ *vi (tell lie: pt & pp* lied) mentir; *(be horizontal)* estar deitado; *(lie down)* deitar-se; *(be situated)* ficar; **to tell ~s** mentir; **to ~ about sthg** mentir sobre algo.

❑ **lie down** *vi* deitar-se.

Liechtenstein ['lɪktənstaɪn] *n* Liechtenstein *m*.

lie-down *n (Brit)*: **to have a ~** descansar um pouco, dormir um pouco.

lie-in *n (Brit)*: **to have a ~** dormir até (mais) tarde.

lieutenant [*Brit* lefˈtenənt, *Am* luːˈtenənt] *n* tenente *m*.

life [laɪf] *(pl* lives) *n* vida *f*.

life assurance *n* seguro *m* de vida.

life belt *n* bóia *f* (salva-vidas).

lifeboat ['laɪfbəut] *n* barco *m* salva-vidas.

lifeguard ['laɪfgɑːd] *n* salva-vidas *mf (Br)*, nadador-salvador *m* (nadadora-salvadora *f) (Port)*.

life insurance *n* seguro *m* de vida.

life jacket *n* colete *m* salva-vidas.

lifelike ['laɪflaɪk] *adj* realista.

lifelong ['laɪflɒŋ] *adj* vitalício(-cia); *(friendship)* de toda a vida.

life preserver [-prɪˈzɜːvər] *n (Am) (life belt)* bóia *f* (salva-vidas); *(life jacket)* colete *m* salva-vidas.

life raft *n* salva-vidas *m inv*.

lifesaver ['laɪfˌseɪvər] *n* salva-vidas *mf (Br)*, *(person)* nadador-salvador *m* (nadadora-salvadora *f) (Port)*.

life-size *adj* em tamanho natural.

lifespan ['laɪfspæn] *n* tempo *m* de vida.

lifestyle ['laɪfstaɪl] *n* estilo *m* de vida.

lifetime ['laɪftaɪm] *n* vida *f*; **the chance of a ~** uma oportunidade única.

lift [lɪft] *n (Brit: elevator)* elevador *m* ◆ *vt (raise)* levantar ◆ *vi (fog)* levantar; **to give sb a ~** dar uma carona a alguém *(Br)*, dar uma boleia a alguém *(Port)*.

❑ **lift up** *vt sep* levantar.

lift-off *n* decolagem *f*.

light [laɪt] *(pt & pp* lit OR **-ed**) *adj* leve; *(not dark)* claro(-ra) ◆ *n* luz *f*; *(for cigarette)* fogo *m (Br)*, lume *m (Port)* ◆ *vt (fire, cigarette)* acender; *(room, stage)* iluminar; **have you got a ~?** você tem fósforo OR isqueiro?; **to set ~ to sthg**

pôr fogo em algo.

❑ **lights** *(traffic lights)* sinais *mpl* de trânsito, semáforos *mpl (Port)*.

❑ **light up** *vt sep (house, road)* iluminar ◆ *vi (inf: light a cigarette)* acender um cigarro.

light bulb *n* lâmpada *f*.

lighten ['laɪtn] *vt (room, ceiling)* iluminar; *(hair)* clarear, alourar; *(workload)* aliviar.

lighter ['laɪtər] *n* isqueiro *m*.

light-hearted [-ˈhɑːtɪd] *adj* alegre.

lighthouse ['laɪthaʊs, *pl* -haʊzɪz] *n* farol *m*.

lighting ['laɪtɪŋ] *n* iluminação *f*.

light meter *n* fotômetro *m*.

lightning ['laɪtnɪŋ] *n* relâmpagos *mpl*.

lightweight ['laɪtweɪt] *adj (clothes, object)* leve.

likable ['laɪkəbl] *adj* simpático (-ca).

like [laɪk] *prep* como; *(typical of)* típico de ◆ *vt* gostar de; **~ this/that** assim; **what's it ~?** como é?; **to look ~ sb/sthg** parecer-se com alguém/algo; **would you ~ some more?** quer mais?; **to ~ doing sthg** gostar de fazer algo; **I'd ~ to sit down** gostaria de me sentar; **I'd ~ a drink** gostaria de beber qualquer coisa.

likeable ['laɪkəbl] = **likable**.

likelihood ['laɪklɪhʊd] *n* probabilidade *f*.

likely ['laɪklɪ] *adj* provável.

liken ['laɪkn] *vt*: **to ~ sb/sthg to** comparar alguém/algo a.

likeness ['laɪknɪs] *n* semelhança *f*.

likewise ['laɪkwaɪz] *adv* da mesma maneira; **to do ~** fazer o mesmo.

liking ['laɪkɪŋ] *n* gosto *m*; **to have a ~ for** gostar de; **to be to sb's ~** estar ao gosto de alguém.

lilac ['laɪlək] *adj* lilás *(inv)*.

Lilo® ['laɪləʊ] *(pl* **-s**) *n (Brit)* colchão *m* de ar.

lily ['lɪlɪ] *n* lírio *m*.

lily of the valley *n* lírio-do-vale *m*, lírio-convale *m*.

limb [lɪm] *n* membro *m*.

lime [laɪm] *n (fruit)* limão *m (Br)*, lima *f (Port)*; **~ (juice)** suco *m* de limão *(Br)*, sumo *m* de lima *(Port)*.

limelight ['laɪmlaɪt] *n*: **to be in the ~** ser o centro das atenções.

limestone ['laɪmstəʊn] *n* calcário *m*.

limit ['lɪmɪt] *n* limite *m* ◆ *vt* limitar; **the city ~s** os limites da cidade.

limitation [ˌlɪmɪˈteɪʃn] n limitação f.
limited [ˈlɪmɪtɪd] adj limitado (-da).
limousine [ˈlɪməziːn] n limusine f.
limp [lɪmp] adj (lettuce) murcho (-cha); (body) flácido(-da); (fabric) mole ◆ vi mancar.
limpet [ˈlɪmpɪt] n lapa f.
line [laɪn] n linha f; (row) fila f; (Am: queue) fila; (of poem, song) verso m; (for washing) varal m (Br), estendal m (Port); (rope) corda; (of business, work) ramo m; (type of product) seleção f ◆ vt (coat, drawers) forrar; **in ~** (aligned) alinhado (-da); **it's a bad ~** a linha está péssima; **the ~ is engaged** a linha está ocupada; **to drop sb a ~** (inf) mandar uma cartinha para alguém; **to stand in ~** (Am) pôr-se na fila.
❑ **line up** vt sep (arrange) organizar ◆ vi entrar na fila.
lined [laɪnd] adj (paper) pautado (-da), de linhas.
linen [ˈlɪnɪn] n (cloth) linho m; (sheets) roupa f de cama.
liner [ˈlaɪnər] n (ship) transatlântico m.
linesman [ˈlaɪnzmən] (pl **-men** [-mən]) n juiz m de linha.
lineup [ˈlaɪnʌp] n (of players, competitors) seleção f.
linger [ˈlɪŋgər] vi (smell, taste, smoke) permanecer; (person) atrasar-se.
lingerie [ˈlænʒəri] n roupa f de baixo (de senhora), lingerie f.
linguist [ˈlɪŋgwɪst] n lingüista mf.
linguistics [lɪŋˈgwɪstɪks] n lingüística f.
lining [ˈlaɪnɪŋ] n (of coat, jacket) forro m; (of brake) lona f (Br), patilha f (Port).
link [lɪŋk] n (connection) relação f ◆ vt ligar; **rail ~** ligação f ferroviária; **road ~** ligação rodoviária.
lino [ˈlaɪnəʊ] n (Brit) linóleo m.
lion [ˈlaɪən] n leão m.
lioness [ˈlaɪənes] n leoa f.
lip [lɪp] n (of person) lábio m.
lip-read (pt & pp **lip-read**) vi ler os lábios.
lip salve [-sælv] n pomada f para lábios rachados (Br), batom m para o cieiro (Port).
lipstick [ˈlɪpstɪk] n batom m.
liqueur [lɪˈkjʊər] n licor m.
liquid [ˈlɪkwɪd] n líquido m.
liquid crystal display n dispositivo m cristal líquido.
liquidize [ˈlɪkwɪdaɪz] vt (Brit) liquidificar, desfazer.

liquidizer [ˈlɪkwɪdaɪzər] n (Brit) liquidificador m (Br), centrifugador m (Port).
liquor [ˈlɪkər] n (Am) licor m.
liquorice [ˈlɪkərɪs] n alcaçuz m.
liquor store n (Am) loja onde se vendem bebidas alcoólicas para levar.
Lisbon [ˈlɪzbən] n Lisboa s.
lisp [lɪsp] n ceceio m.
list [lɪst] n lista f ◆ vt enumerar.
listed building [ˈlɪstɪd-] n (Brit) edifício declarado de interesse histórico e artístico.
listen [ˈlɪsn] vi: **to ~** (to) ouvir.
listener [ˈlɪsnər] n (on radio) ouvinte mf.
lit [lɪt] pt & pp → **light**.
liter [ˈliːtər] (Am) = **litre**.
literacy [ˈlɪtərəsɪ] n alfabetismo m.
literal [ˈlɪtərəl] adj literal.
literally [ˈlɪtərəlɪ] adv (actually) literalmente.
literary [ˈlɪtərərɪ] adj literário (-ria).
literate [ˈlɪtərət] adj (able to read and write) alfabetizado(-da); (well-read) erudito(-ta); **computer-~** versado(-da) em computadores.
literature [ˈlɪtrətʃər] n literatura f.
lithe [laɪð] adj ágil.
Lithuania [ˌlɪθjʊˈeɪnjə] n Lituânia f.
litre [ˈliːtər] n (Brit) litro m.
litter [ˈlɪtər] n (rubbish) lixo m.
litterbin [ˈlɪtəbɪn] n (Brit) lata f de lixo (Br), caixote m do lixo (Port).
little [ˈlɪtl] adj pequeno(-na); (distance, time) curto(-ta); (not much) pouco(-ca); (sister, brother) mais novo (nova) ◆ pron pouco m (-ca f) ◆ adv pouco; **as ~ as possible** o menos possível; **~ by ~** pouco a pouco; **a ~** pron & adv um pouco ◆ adj um pouco de.
little finger n (dedo) mindinho m.
live¹ [lɪv] vi viver; (survive) sobreviver; **to ~ with sb** viver com alguém.
❑ **live together** vi viver juntos.
live² [laɪv] adj (alive) vivo(-va); (programme, performance) ao vivo; (wire) eletrificado(-da) ◆ adv ao vivo.
livelihood [ˈlaɪvlɪhʊd] n sustento m, meio m de vida.
lively [ˈlaɪvlɪ] adj (person) alegre; (place, atmosphere) animado(-da).
liven [ˈlaɪvn] : **liven up** vt sep alegrar ◆ vi (person) alegrar-se.

liver ['lɪvəʳ] n fígado m.

lives [laɪvz] pl → **life**.

livestock ['laɪvstɒk] n gado m.

livid ['lɪvɪd] adj (inf: angry) lívido (-da).

living ['lɪvɪŋ] adj vivo(-va) ♦ n: **to earn a ~** ganhar a vida; **what do you do for a ~?** o que é que você faz (na vida)?

living conditions npl condições fpl de vida.

living room n sala f de estar.

living standards npl nível m de vida.

lizard ['lɪzəd] n lagarto m.

llama ['lɑːmə] n lhama f.

load [ləʊd] n (thing carried) carga f ♦ vt carregar; **~s of** (inf) toneladas de.

loaf [ləʊf] (pl loaves) n: **a ~ (of bread)** um pão de fôrma.

loafers ['ləʊfəz] npl (shoes) sapatos mpl sem cadarços.

loan [ləʊn] n empréstimo m ♦ vt emprestar.

loathe [ləʊð] vt detestar.

loathsome ['ləʊðsəm] adj repugnante.

loaves [ləʊvz] pl → **loaf**.

lob [lɒb] n (in tennis) balão m ♦ vt (throw) atirar ao ar, lançar.

lobby ['lɒbɪ] n (hall) entrada f, hall m.

lobe [ləʊb] n (of ear) lóbulo m.

lobster ['lɒbstəʳ] n lagosta f.

local ['ləʊkl] adj local ♦ n (inf) (local person) habitante mf local; (Brit: pub) = bar m da esquina; (Am: bus) ônibus m (local) (Br), autocarro m (urbano) (Port); (Am: train) trem m (Br), comboio m (Port).

local anaesthetic n anestesia f local.

local authority n (Brit) autarquia f.

local call n chamada f local.

local government n administração f local.

locally ['ləʊkəlɪ] adv (in region) na região; (in neighbourhood) na área.

locate [Brit ləʊˈkeɪt, Am ˈləʊkeɪt] vt (find) localizar; **to be ~d** ficar OR estar situado.

location [ləʊˈkeɪʃn] n lugar m, localização f.

loch [lɒk, lɒx] n (Scot) lago m.

lock [lɒk] n (on door, drawer) fechadura f; (for bike) cadeado m; (on canal) comporta f ♦ vt fechar com chave ♦ vi (become stuck) ficar preso.

❏ **lock in** vt sep fechar.

❏ **lock out** vt sep: **I've ~ed myself out** deixei a chave por dentro e não posso entrar.

❏ **lock up** vt sep (imprison) prender ♦ vi fechar tudo à chave.

locker ['lɒkəʳ] n compartimento m com chave, cacifo m.

locker room n (Am) vestiário m.

locket ['lɒkɪt] n medalhão m.

locksmith ['lɒksmɪθ] n serralheiro m (-ra f).

locomotive [ˌləʊkəˈməʊtɪv] n locomotiva f.

locum ['ləʊkəm] n (doctor) substituto m (-ta f).

locust ['ləʊkəst] n gafanhoto m (viajante).

lodge [lɒdʒ] n (for skiers) refúgio m; (for hunters) pavilhão m de caça ♦ vi alojar-se.

lodger ['lɒdʒəʳ] n inquilino m (-na f).

lodgings ['lɒdʒɪŋz] npl quarto m alugado (em casa de família).

loft [lɒft] n sótão m.

log [lɒg] n (piece of wood) tora f, lenha f.

logbook ['lɒgbʊk] n (of ship, plane) diário m de bordo; (of car) documentação f (do carro).

logic ['lɒdʒɪk] n lógica f.

logical ['lɒdʒɪkl] adj lógico(-ca).

logo ['ləʊgəʊ] (pl -s) n logotipo m.

loin [lɔɪn] n lombo m.

loiter ['lɔɪtəʳ] vi vadiar.

lollipop ['lɒlɪpɒp] n pirulito m (Br), chupa-chupa m (Port).

lollipop lady n (Brit) mulher, que na hora de entrada e saída das aulas, pára o trânsito para as crianças atravessarem em segurança.

lollipop man n (Brit) homem, que na hora de entrada e saída das aulas, pára o trânsito para as crianças atravessarem em segurança.

lolly ['lɒlɪ] n (inf) (lollipop) pirulito m (Br), chupa m (Port); (Brit: ice lolly) picolé m (Br), gelado m (Port).

London ['lʌndən] n Londres s.

Londoner ['lʌndənəʳ] n londrino m (-na f).

lone [ləʊn] adj solitário(-ria).

loneliness ['ləʊnlɪnɪs] n solidão f.

lonely ['ləʊnlɪ] adj (person) só; (place) isolado(-da).

loner ['ləʊnəʳ] n solitário m (-ria f).

lonesome ['ləʊnsəm] adj (Am) (inf) (person) só; (place) solitário(-ria).

long [lɒŋ] adj comprido(-da); (in time) longo(-ga) ♦ adv muito; **it's 2 metres ~** mede 2 metros de comprimento; **it's two hours ~** dura 2 horas; **how ~ is it?** (in distance) mede quanto?; (in time) dura quanto tempo?; **to take/be ~** demorar muito; **a ~ time** muito tempo; **all day ~** durante todo o dia; **as ~ as** desde que; **for ~** (durante) muito tempo; **no ~er** já não; **so ~!** (inf) adeus!

❏ **long for** vt fus ansiar por.

long-distance adj (phone call) inter-urbano(-na).

long drink n mistura de bebida alcoólica com suco ou refrigerante servida num copo alto e estreito.

long-haul adj de longa distância.

longing ['lɒŋɪŋ] adj ansioso(-osa) ♦ n (desire) ânsia f, desejo m; (nostalgia) saudade f; **to have a ~ for sthg** ansiar por algo.

longitude ['lɒndʒɪtjuːd] n longitude f.

long jump n salto m em comprimento.

long-life adj de longa duração.

longsighted [lɒŋ'saɪtɪd] adj hipermetrope; **to be ~** ter a vista cansada.

long-standing [-'stændɪŋ] adj de longa data.

long term n: **in the ~** a longo prazo.

❏ **long-term** adj a longo prazo.

long wave n onda f longa.

longwearing [lɒŋ'weərɪŋ] adj (Am) duradouro(-ra).

longwinded [lɒŋ'wɪndɪd] adj (person) prolixo(-xa); (speech) fastidioso(-osa).

loo [luː] (pl -s) n (Brit: inf) banheiro m (Br), casa f de banho (Port).

look [lʊk] n (glance) olhadela f, olhada f; (appearance) aparência f, look m ♦ vi (with eyes) olhar; (search) procurar; (seem) parecer; **to ~ onto** (building, room) ter vista para, dar para; **to have a ~** (see) dar uma olhada; (search) procurar; (good) **~s** beleza f; **I'm just ~ing** (in shop) estou só olhando; **~ out!** cuidado!

❏ **look after** vt fus (person) tomar conta de; (matter, arrangements) ocupar-se de.

❏ **look at** vt fus (observe) olhar para; (examine) analisar.

❏ **look for** vt fus procurar.

❏ **look forward to** vt fus esperar (impacientemente).

❏ **look out for** vt fus estar atento a.

❏ **look round** vt fus (town, shop) ver, dar uma volta por ♦ vi (turn head) virar-se, olhar (para trás).

❏ **look up** vt sep (in dictionary, phone book) procurar.

lookout ['lʊkaʊt] n (search): **to be on the ~ for sthg** andar à procura de algo.

loom [luːm] n tear m ♦ vi (rise up) erguer-se ameaçadoramente; (date) aproximar-se; (threat) pairar no ar.

❏ **loom up** vi surgir.

loony ['luːnɪ] n (inf) doido m (-da f).

loop [luːp] n argola f.

loophole ['luːphəʊl] n lacuna f.

loose [luːs] adj solto(-ta); (tooth) mole (Br), a abanar (Port); (sweets) avulso (-sa); (clothes) largo(-ga); **to let sb/sthg ~** soltar alguém/algo.

loose change n dinheiro m trocado, trocados mpl.

loosely ['luːslɪ] adv (hold, connect) sem apertar; (translated) livremente; (associated) mais ou menos.

loosen ['luːsn] vt desapertar.

loot [luːt] n saque m ♦ vt saquear, pilhar.

looting ['luːtɪŋ] n pilhagem f.

lop [lɒp] vt (tree) derramar.

❏ **lop off** vt sep cortar.

lop-sided [-'saɪdɪd] adj torto (torta).

lord [lɔːd] n lorde m.

lorry ['lɒrɪ] n (Brit) caminhão m (Br), camião m (Port).

lorry driver n (Brit) caminhoneiro m (-ra f) (Br), camionista mf (Port).

lose [luːz] (pt & pp **lost**) vt perder; (subj: watch, clock) atrasar ♦ vi perder; **to ~ weight** emagrecer.

loser ['luːzəʳ] n (in contest) perdedor m (-ra f), vencido m (-da f).

loss [lɒs] n (losing) perda f; (of business, company) prejuízo m.

lost [lɒst] pt & pp → **lose** ♦ adj perdido(-da); **to get ~** (lose way) perder-se.

lost-and-found office n (Am) seção f de perdidos e achados.

lost property office n (Brit) seção f de perdidos e achados.

lot [lɒt] n (at auction) lote m; (Am: car park) estacionamento m; **you take this ~ and I'll take the rest** leva estes que eu levo o resto; **a ~** *(large amount)* muito(-ta), muitos(-tas) *(pl)*; *(to a great extent, often)* muito; **a ~ of time** muito tempo; **a ~ of problems** muitos problemas; **the ~** *(everything)* tudo; **~s (of)** muito(-ta), muitos(-tas) *(pl)*.

lotion ['ləʊʃn] *n* loção *f*.

lottery ['lɒtərɪ] *n* loteria *f*.

loud [laʊd] *adj (voice, music, noise)* alto(-ta); *(colour, clothes)* berrante.

loudhailer [ˌlaʊd'heɪləʳ] *n (Brit)* megafone *m*, alto-falante *m*.

loudly ['laʊdlɪ] *adv (shout, talk)* alto; *(dress)* espalhafatosamente.

loudspeaker [ˌlaʊd'spiːkəʳ] *n* alto-falante *m*.

lounge [laʊndʒ] *n (in house)* sala *f* de estar; *(at airport)* sala de espera.

lounge bar *n (Brit)* sala mais confortável e normalmente mais cara num bar, hotel, etc.

lousy ['laʊzɪ] *adj (inf: poor-quality)* péssimo(-ma).

lout [laʊt] *n* bruto *m* (-ta *f*).

lovable ['lʌvəbl] *adj* adorável.

love [lʌv] *n* amor *m*; *(in tennis)* zero *m* ♦ *vt* amar; *(music, food, art etc)* gostar muito de, adorar; **I'd ~ a cup of coffee** um café vinha mesmo a calhar; **to ~ doing sthg** gostar muito de fazer algo; **to be in ~ (with)** estar apaixonado (por); **(with) ~ from** *(in letter)* = beijinhos de.

love affair *n* caso *m (amoroso)*.

love life *n* vida *f* amorosa.

lovely ['lʌvlɪ] *adj (very beautiful)* lindo(-da); *(very nice)* muito agradável.

lover ['lʌvəʳ] *n* amante *mf*.

loving ['lʌvɪŋ] *adj* carinhoso(-osa).

low [ləʊ] *adj* baixo(-xa); *(opinion)* fraco(-ca); *(depressed)* para baixo *(Br)*, em baixo *(Port)* ♦ *n (area of low pressure)* depressão *f*, área *f* de baixa pressão; **we're ~ on petrol** estamos quase sem gasolina.

low-alcohol *adj* de baixo teor alcoólico.

low-calorie *adj* de baixas calorias.

low-cut *adj* decotado(-da).

lower ['ləʊəʳ] *adj* inferior ♦ *vt (move downwards)* baixar; *(reduce)* reduzir.

lower sixth *n (Brit)* primeiro de dois anos de preparação para os "A levels".

low-fat *adj* com baixo teor de gordura.

lowly ['ləʊlɪ] *adj* humilde.

low-lying *adj* baixo(-xa).

low tide *n* maré-baixa *f*.

loyal ['lɔɪəl] *adj* leal.

loyalty ['lɔɪəltɪ] *n* lealdade *f*.

lozenge ['lɒzɪndʒ] *n (for throat)* pastilha *f* para a garganta.

LP *n* LP *m*.

L-plate *n (Brit)* placa obrigatória num carro dirigido por alguém que ainda não tirou carteira.

Ltd *(abbr of limited)* Ltda *(Br)*, Lda *(Port)*.

lubricate ['luːbrɪkeɪt] *vt* lubrificar.

lucid ['luːsɪd] *adj (writing, account)* claro(-ra); *(person)* lúcido(-da).

luck [lʌk] *n* sorte *f*; **bad ~!** pouca sorte!, que azar!; **good ~!** boa sorte!; **with ~** com um pouco de sorte.

luckily ['lʌkɪlɪ] *adv* felizmente, por sorte.

lucky ['lʌkɪ] *adj (person)* sortudo (-da), com sorte; *(event, situation)* feliz; *(number, colour)* de sorte; **to be ~** ter sorte.

lucrative ['luːkrətɪv] *adj* lucrativo (-va).

ludicrous ['luːdɪkrəs] *adj* ridículo(-la).

lug [lʌg] *vt (inf)* arrastar.

luggage ['lʌgɪdʒ] *n* bagagem *f*.

luggage compartment *n* compartimento *m* para a bagagem.

luggage locker *n* guarda-volumes *m inv* com chave *(Br)*, cacifo *m* (para bagagem) *(Port)*.

luggage rack *n (on train)* porta-bagagem *m*.

lukewarm ['luːkwɔːm] *adj* morno (morna).

lull [lʌl] *n (in conversation)* pausa *f*; *(in storm)* calmaria *f*.

lullaby ['lʌləbaɪ] *n* canção *f* de embalar.

lumbago [lʌm'beɪgəʊ] *n* lumbago *m*.

lumber ['lʌmbəʳ] *n (Am: timber)* madeira *f*.

lumberjack ['lʌmbədʒæk] *n* lenhador *m* (-ra *f*).

luminous ['luːmɪnəs] *adj* luminoso (-osa).

lump [lʌmp] *n (of coal, mud, butter)* pedaço *m*; *(of sugar)* torrão *m*; *(on body)* caroço *m*; *(on head)* galo *m*.

lump sum *n* quantia *f* global.

lumpy ['lʌmpɪ] *adj (sauce)* encaroçado(-da) *(Br)*, grumoso(-osa) *(Port)*; *(mattress)* cheio (cheia) de altos e baixos.

lunatic ['lu:nətɪk] *n (pej)* louco *m* (-ca *f*), maluco *m* (-ca *f*).

lunch [lʌntʃ] *n* almoço *m*; **to have ~** almoçar.

luncheon ['lʌntʃən] *n (fml)* almoço *m*.

luncheon meat *n* tipo de mortadela enlatada.

luncheon voucher *n (Brit)* ticket-refeição *m*.

lunch hour *n* hora *f* de almoço.

lunchtime ['lʌntʃtaɪm] *n* hora *f* de almoço.

lung [lʌŋ] *n* pulmão *m*.

lunge [lʌndʒ] *vi*: **to ~ at** atirar-se a.

lurch [lɜːtʃ] *vi (person)* cambalear.

lure [ljʊəʳ] *vt* atrair.

lurid ['ljʊərɪd] *adj (clothes, carpet)* garrido(-da); *(story, details)* chocante.

lurk [lɜːk] *vi (person)* estar à espreita *(escondido)*.

luscious ['lʌʃəs] *adj (fruit)* apetitoso (-osa).

lush [lʌʃ] *adj* luxuriante.

lust [lʌst] *n (sexual desire)* luxúria *f*.

Luxembourg ['lʌksəmbɜːg] *n* Luxemburgo *m*.

luxurious [lʌg'ʒʊərɪəs] *adj* luxuoso (-osa).

luxury ['lʌkʃərɪ] *adj* de luxo ♦ *n* luxo *m*.

LW *(abbr of long wave)* LW.

Lycra® ['laɪkrə] *n* Lycra® *f* ♦ *adj* de Lycra®.

lying ['laɪɪŋ] *cont* → **lie**.

lynch [lɪntʃ] *vt* linchar.

lyrics ['lɪrɪks] *npl* letra *f (de música)*.

M

m *(abbr of metre)* m ♦ *abbr =* **mile**.
M *(Brit: abbr of motorway)* AE; *(abbr of medium)* M.
MA *abbr =* **Master of Arts**.
mac [mæk] *n (Brit: inf: coat)* impermeável *m*.
macaroni [ˌmækəˈrəʊnɪ] *n* macarrão *m*.
macaroni cheese *n* macarrão *m* com queijo.
mace [meɪs] *n (spice)* macis *m; (ornamental rod)* cetro *m*.
machine [məˈʃiːn] *n* máquina *f*.
machinegun [məˈʃiːngʌn] *n* metralhadora *f*.
machinery [məˈʃiːnərɪ] *n* maquinaria *f*.
machine-washable *adj* lavável à máquina.
macho [ˈmætʃəʊ] *adj (inf) (man)* macho; *(attitude, opinions)* machista.
mackerel [ˈmækrəl] *(pl inv)* cavala *f*.
mackintosh [ˈmækɪntɒʃ] *n (Brit)* impermeável *m*.
mad [mæd] *adj* maluco(-ca); *(angry)* furioso(-osa); *(uncontrolled)* louco(-ca); **to be ~ about** *(inf: like a lot)* ser doido(-da) por; **like ~** como um louco OR doido.
Madagascar [ˌmædəˈgæskəʳ] *n* Madagáscar *s*.
Madam [ˈmædəm] *n (form of address)* senhora *f*.
madden [ˈmædn] *vt* enfurecer.
made [meɪd] *pt & pp →* **make**.
madeira [məˈdɪərə] *n (wine)* vinho *m* da Madeira.
Madeira [məˈdɪərə] *n (island)* Madeira *f*.
made-to-measure *adj* feito (-ta) sob medida.
made-up *adj (face, lips)* maquiado (-da), pintado(-da); *(story, excuse)* inventado(-da).

madly [ˈmædlɪ] *adv (frantically)* como um louco (uma louca); **~ in love** completamente apaixonado(-da).
madman [ˈmædmən] *(pl* **madmen** [-mən]) *n* louco *m*.
madness [ˈmædnɪs] *n (foolishness)* loucura *f*, maluquice *f*.
Madrid [məˈdrɪd] *n* Madri *s*.
Mafia [ˈmæfɪə] *n:* **the ~** a Máfia.
magazine [ˌmægəˈziːn] *n (journal)* revista *f*.
maggot [ˈmægət] *n* larva *f*.
magic [ˈmædʒɪk] *n* magia *f*.
magical [ˈmædʒɪkl] *adj* mágico(-ca).
magician [məˈdʒɪʃn] *n (conjurer)* mágico *m* (-ca *f*).
magistrate [ˈmædʒɪstreɪt] *n* magistrado *m* (-da *f*).
magnet [ˈmægnɪt] *n* ímã *m*.
magnetic [mægˈnetɪk] *adj* magnético(-ca).
magnificent [mægˈnɪfɪsənt] *adj* magnífico(-ca).
magnify [ˈmægnɪfaɪ] *vt (image)* ampliar.
magnifying glass [ˈmægnɪfaɪɪŋ-] *n* lupa *f*.
magpie [ˈmægpaɪ] *n* pega *f*.
mahogany [məˈhɒgənɪ] *n* mogno *m*.
maid [meɪd] *n* empregada *f*.
maiden name [ˈmeɪdn-] *n* nome *m* de solteira.
mail [meɪl] *n* correio *m* ♦ *vt (Am)* mandar OR enviar pelo correio.
mailbox [ˈmeɪlbɒks] *n (Am) (letterbox)* caixa *f* do correio; *(postbox)* caixa *f* do correio *(Br)*, marco *m* do correio *(Port)*.
mailman [ˈmeɪlmən] *(pl* **-men** [-mən]) *n (Am)* carteiro *m*.
mail order *n* venda *f* por correspondência.
mailshot [ˈmeɪlʃɒt] *n* publicidade *f*

enviada pelo correio.

maim [meɪm] vt mutilar.

main [meɪn] adj principal.

main course n prato m principal.

main deck n convés m principal.

mainland ['meɪnlənd] n: **the ~** o continente.

main line n ferrovia f principal (Br), linha f férrea principal (Port).

mainly ['meɪnlɪ] adv principalmente.

main road n rua f principal.

mains [meɪnz] npl: **the ~** a rede.

mainstream ['meɪnstriːm] adj predominante ♦ n: **the ~** a corrente atual.

main street n (Am) rua f principal.

maintain [meɪn'teɪn] vt manter.

maintenance ['meɪntənəns] n (of car, machine) manutenção f; (money) pensão f alimentícia (Br), alimentos mpl (Port).

maisonette [ˌmeɪzə'net] n (Brit) dúplex m.

maize [meɪz] n milho m.

majestic [mə'dʒestɪk] adj majestoso (-osa).

majesty ['mædʒəstɪ] n majestade f.
❏ **Majesty** n: **His/Her/Your ~** Sua Majestade.

major ['meɪdʒər] adj (important) importante; (most important) principal ♦ n (MIL) major m ♦ vi (Am): **to ~ in** especializar-se em (na universidade).

majority [mə'dʒɒrətɪ] n maioria f.

major road n estrada f principal.

make [meɪk] (pt & pp **made**) vt 1. (produce, manufacture) fazer; **to be made of** ser feito de; **to ~ lunch/supper** fazer o almoço/jantar; **made in Japan** fabricado no Japão.
2. (perform, do) fazer; **to ~ a mistake** cometer um erro, enganar-se; **to ~ a phone call** dar um telefonema.
3. (cause to be) tornar; **to ~ sthg better** melhorar algo; **to ~ sb happy** fazer alguém feliz; **to ~ sthg safer** tornar algo mais seguro.
4. (cause to do, force) fazer; **to ~ sb do sthg** obrigar alguém a fazer algo; **it made her laugh** isso a fez rir.
5. (amount to, total) ser; **that ~s £5** são 5 libras.
6. (calculate): **I ~ it seven o'clock** calculo que sejam sete horas; **I ~ it £4** segundo os meus cálculos são 4 libras.

7. (profit, loss) ter.
8. (inf: arrive in time for): **we didn't ~ the 10 o'clock train** não conseguimos apanhar o trem das 10.
9. (friend, enemy) fazer.
10. (have qualities for) dar; **this would ~ a lovely bedroom** isto dava um lindo quarto.
11. (bed) fazer.
12. (in phrases): **to ~ do** contentar-se; **to ~ good** (loss) compensar; (damage) reparar; **to ~ it** (arrive on time) conseguir chegar a tempo; (be able to go) poder ir.
♦ n (of product) marca f.
❏ **make out** vt sep (cheque, receipt) passar; (form) preencher; (see) distinguir; (hear) perceber, entender.
❏ **make up** vt sep (invent) inventar; (comprise) constituir; (difference, extra) cobrir.
❏ **make up for** vt fus compensar.

make-believe n invenção f.

maker ['meɪkər] n (of film, programme) criador m (-ra f); (of product) fabricante mf.

makeshift ['meɪkʃɪft] adj improvisado(-da).

make-up n (cosmetics) maquiagem f.

malaria [mə'leərɪə] n malária f.

Malaysia [mə'leɪzɪə] n Malásia f.

male [meɪl] adj (person) masculino (-na); (animal) macho ♦ n (animal) macho m.

malevolent [mə'levələnt] adj malévolo(-la).

malfunction [mæl'fʌŋkʃn] vi (fml) funcionar mal.

malice ['mælɪs] n rancor m.

malicious [mə'lɪʃəs] adj maldoso (-osa).

malignant [mə'lɪgnənt] adj (disease, tumour) maligno(-gna).

mall [mɔːl] n centro m comercial.

mallet ['mælɪt] n maço m.

malnutrition [ˌmælnjuː'trɪʃn] n subnutrição f.

malt [mɔːlt] n malte m.

Malta ['mɔːltə] n Malta s.

maltreat [ˌmæl'triːt] vt maltratar.

malt whisky n uísque m de malte.

mammal ['mæml] n mamífero m.

mammoth ['mæməθ] adj (effort, task) tremendo(-da); (tower, statue) gigantesco(-ca).

man [mæn] *n* homem *m*; *(mankind)* o Homem ◆ *vt (phones, office)*: **manned 24 hours a day** aberto 24 horas (por dia).

manage ['mænɪdʒ] *vt (company, business)* gerir; *(suitcase)* poder com; *(job)* conseguir fazer; *(food)* conseguir comer OR acabar ◆ *vi (cope)* conseguir; **can you ~ Friday?** sexta-feira está bem para você?; **to ~ to do sthg** conseguir fazer algo.

manageable ['mænɪdʒəbl] *adj (task, operation)* viável, possível; *(child)* fácil de controlar; *(rate)* controlável.

management ['mænɪdʒmənt] *n (people in charge)* direção *f*, administração *f*; *(control, running)* gestão *f*.

manager ['mænɪdʒə^r] *n (of business, bank, shop)* gerente *mf*; *(of sports team)* = treinador *m*.

manageress [,mænɪdʒə'rɛs] *n (of business, bank, shop)* gerente *f*.

managing director ['mænɪdʒɪŋ-] *n* diretor *m* (-ra *f*) geral.

mandarin ['mændərɪn] *n (fruit)* tangerina *f*, mandarina *f*.

mane [meɪn] *n (of lion)* juba *f*; *(of horse)* crina *f*.

maneuver [mə'nu:vər] *(Am)* = **manoeuvre**.

mangetout [,mɒnʒ'tu:] *n* ervilha *f* de quebrar, ervilha-torta *f*.

mangle ['mæŋgl] *vt (crush)* amassar; *(mutilate)* mutilar.

mango ['mæŋgəʊ] *(pl* -s OR -es) *n* manga *f*.

Manhattan [mæn'hætən] *n* Manhattan *s*.

manhole ['mænhəʊl] *n* poço *m* de inspeção.

manhood ['mænhʊd] *n (age)* idade *f* adulta.

maniac ['meɪnɪæk] *n (inf: wild person)* maníaco *m* (-ca *f*), louco *m* (-ca *f*).

manic ['mænɪk] *adj* maníaco(-ca).

manicure ['mænɪkjʊə^r] *n* manicure *f*.

manifesto [,mænɪ'fɛstəʊ] *(pl* -s OR -es) *n* manifesto *m*.

manifold ['mænɪfəʊld] *n (AUT)* cano *m* de distribuição.

manipulate [mə'nɪpjʊləɪt] *vt (person)* manipular; *(machine, controls)* manobrar.

mankind [mæn'kaɪnd] *n* a humanidade.

manly ['mænlɪ] *adj* viril.

man-made *adj (lake)* artificial; *(fibre, fabric)* sintético(-ca).

manner ['mænə^r] *n (way)* maneira *f*. ❏ **manners** *npl* maneiras *fpl*.

mannerism ['mænərɪzm] *n* jeito *m*.

manoeuvre [mə'nu:və^r] *n (Brit)* manobra *f* ◆ *vt (Brit)* manobrar.

manor ['mænə^r] *n* = solar *m*, casa *f* senhorial.

mansion ['mænʃn] *n* mansão *f*.

manslaughter ['mæn,slɔ:tə^r] *n* homicídio *m* involuntário.

mantelpiece ['mæntlpi:s] *n* consolo *m* de lareira *(Br)*, prateleira *f* da lareira *(Port)*.

manual ['mænjʊəl] *adj* manual ◆ *n* manual *m*.

manufacture [,mænjʊ'fæktʃə^r] *n* fabricação *f*, fabrico *m* ◆ *vt* fabricar.

manufacturer [,mænjʊ'fæktʃərə^r] *n* fabricante *m*.

manure [mə'njʊə^r] *n* estrume *m*.

manuscript ['mænjʊskrɪpt] *n* manuscrito *m*.

many ['mɛnɪ] *(compar* **more**, *superl* **most)** *adj* muitos(-tas) ◆ *pron* muitos *mpl* (-tas *fpl*); **as ~ as** tantos(-tas) como; **take as ~ as you like** leve tantos quantos quiser; **twice as ~ as** o dobro de; **how ~?** quantos(-tas)?; **so ~** tantos(-tas); **too ~ people** gente demais.

map [mæp] *n* mapa *m*.

maple ['meɪpl] *n* ácer *m*, bordo *m*.

mar [mɑ:^r] *vt* prejudicar.

Mar. *abbr* = **March**.

marathon ['mærəθɒn] *n* maratona *f*.

marble ['mɑ:bl] *n (stone)* mármore *m*; *(glass ball)* bola *f* de gude *(Br)*, berlinde *m (Port)*.

march [mɑ:tʃ] *n (demonstration)* passeata *f (Br)*, manifestação *f (Port)* ◆ *vi (walk quickly)* marchar.

March [mɑ:tʃ] *n* março *m*, → **September**.

marcher ['mɑ:tʃə^r] *n (protester)* manifestante *mf*.

mare [meə^r] *n* égua *f*.

margarine [,mɑ:dʒə'ri:n] *n* margarina *f*.

marge [mɑ:dʒ] *n (inf)* margarina *f*.

margin ['mɑ:dʒɪn] *n* margem *f*.

marginally ['mɑ:dʒɪnəlɪ] *adv* ligeiramente.

marigold ['mærɪgəʊld] *n* malmequer *m*.

marina [mə'riːnə] n marina f.

marinated ['mærɪneɪtɪd] adj marina-do(-da).

marine [mə'riːn] adj (underwater) marítimo(-ma) ♦ n (Brit: in the navy) fuzileiro m (-ra f) naval; (Am: in the Marine Corps) marine mf.

marital status ['mærɪtl-] n estado m civil.

mark [maːk] n marca f; (SCH) nota f ♦ vt marcar; (correct) corrigir; **(gas)** ~ **five** número cinco do termóstato (de forno a gás).

marked [maːkt] adj (noticeable) sensível.

marker ['maːkəʳ] n (sign) marca f.

marker pen n marcador m.

market ['maːkɪt] n mercado m.

market garden n horta f para fins comerciais (Br), viveiro m agrícola (Port).

marketing ['maːkɪtɪŋ] n marketing m.

marketplace ['maːkɪtpleɪs] n merca-do m.

marking ['maːkɪŋ] n (of exams, homework) correção f.
❑ **markings** npl (on road) marcas fpl rodoviárias.

marksman ['maːksmən] (pl -men [-mən]) n atirador perito m.

marmalade ['maːməleɪd] n geléia f de laranja (ou outro citrino).

maroon [mə'ruːn] adj grená.

marooned [mə'ruːnd] adj isolado (-da), preso(-sa).

marquee [maː'kiː] n tenda f grande.

marriage ['mærɪdʒ] n casamento m.

married ['mærɪd] adj casado(-da); **to get** ~ casar-se.

marrow ['mærəʊ] n (vegetable) abóbo-ra f.

marry ['mærɪ] vt casar com ♦ vi casar-se, casar.

Mars [maːz] n Marte m.

marsh [maːʃ] n pântano m.

martial arts [maːʃl-] npl artes fpl marciais.

martyr ['maːtəʳ] n mártir mf.

marvel ['maːvl] n maravilha f; **to** ~ **at** sthg maravilhar-se com algo.

marvellous ['maːvələs] adj (Brit) maravilhoso(-osa).

marvelous ['maːvələs] (Am) = **marvellous**.

Marxism ['maːksɪzm] n marxismo m.

Marxist ['maːksɪst] adj marxista ♦ n marxista mf.

marzipan ['maːzɪpæn] n maçapão m.

mascara [mæs'kaːrə] n rímel® m.

masculine ['mæskjʊlɪn] adj masculi-no(-na).

mash [mæʃ] vt desfazer.

mashed potatoes [mæʃt-] npl purê m (de batata).

mask [maːsk] n máscara f.

mason ['meɪsn] n (stonemason) pedrei-ro m; (Freemason) maçon m.

masonry ['meɪsnrɪ] n (stones) alvena-ria f.

mass [mæs] n (large amount) monte m; (RELIG) missa f; ~**es (of)** (inf: lots) mon-tes (de).

massacre ['mæsəkəʳ] n massacre m.

massage [Brit 'mæsaːʒ, Am mə'saːʒ] n massagem f ♦ vt massajar.

masseur [mæ'səːʳ] n massagista m.

masseuse [mæ'səːz] n massagista f.

massive ['mæsɪv] adj enorme.

mass media npl: **the** ~ os meios de comunicação de massa.

mast [maːst] n (on boat) mastro m.

master ['maːstəʳ] n (at school) profes-sor m; (of servant) patrão m; (of dog) dono m ♦ vt (skill, language) dominar.

Master of Arts n (titular de um) mestrado em letras.

Master of Science n (titular de um) mestrado em ciências.

masterpiece ['maːstəpiːs] n obra-prima f.

master's degree n mestrado m.

mastery ['maːstərɪ] n domínio m.

mat [mæt] n (small rug) tapete m; (on table) descanso m (Br), individual m (Port).

match [mætʃ] n (for lighting) fósforo m; (game) jogo m, encontro m ♦ vt (in colour, design) condizer com, combinar com; (be the same as) corresponder a; (be as good as) equiparar-se a ♦ vi (in colour, design) condizer, combinar.

matchbox ['mætʃbɒks] n caixa f de fósforos.

matching ['mætʃɪŋ] adj que combi-na.

mate [meɪt] n (inf: friend) amigo m (-ga f) ♦ vi acasalar, acasalar-se.

material [mə'tɪərɪəl] n material m; (cloth) tecido m.
❑ **materials** npl (equipment) material m.

materialistic [mə,tɪərɪə'lɪstɪk] *adj* materialista.

maternal [mə'tɜːnl] *adj* maternal.

maternity dress [mə'tɜːnətɪ-] *n* vestido *m* de gestante.

maternity leave [mə'tɜːnətɪ-] *n* licença-maternidade *f (Br)*, licença *f* de parto *(Port)*.

maternity ward [mə'tɜːnətɪ-] *n* enfermaria *f* para parturientes.

math [mæθ] *(Am)* = maths.

mathematical [,mæθə'mætɪkl] *adj* matemático(-ca).

mathematics [,mæθə'mætɪks] *n* matemática *f*.

maths [mæθs] *n (Brit)* matemática *f*.

matinée ['mætɪneɪ] *n* matinê *f*.

matriculation [mə,trɪkjʊ'leɪʃn] *n (at university)* matrícula *f*.

matrix ['meɪtrɪks] *(pl* **-trixes** OR **-trices** [-trɪsiːz]) *n (context, framework)* contexto *m*.

matron ['meɪtrən] *n (Brit) (in hospital)* enfermeira-chefe *f*; *(in school)* enfermeira *f*.

matt [mæt] *adj* fosco(-ca) *(Br)*, mate *(Port)*.

matted ['mætɪd] *adj* eriçado(-da), emaranhado(-da).

matter ['mætər] *n (issue, situation)* assunto *m*; *(physical material)* matéria *f* ♦ *vi* interessar; **it doesn't ~** não tem importância; **no ~ what happens** aconteça o que acontecer; **there's something the ~ with my car** o meu carro está com algum problema; **what's the ~?** qual é o problema?; **as a ~ of course** naturalmente; **as a ~ of fact** aliás, na verdade.

matter-of-fact *adj (person)* terra-a-terra *(inv)*, prático(-ca); *(voice)* calmo (-ma).

mattress ['mætrɪs] *n* colchão *m*.

mature [mə'tjʊər] *adj* maduro(-ra); *(cheese)* curado(-da).

mature student *n (Brit) estudante universitário com mais de 25 anos*.

maul [mɔːl] *vt* ferir gravemente.

mauve [məʊv] *adj* cor-de-malva *(inv)*.

max. [mæks] *(abbr of maximum)* máx.

maximum ['mæksɪməm] *adj* máximo (-ma) ♦ *n* máximo *m*.

may [meɪ] *aux vb* **1.** *(expressing possibility)* poder; **it ~ be done as follows** pode ser feito do seguinte modo; **it ~ rain** pode chover; **they ~ have got lost** eles talvez tenham se perdido.
2. *(expressing permission)* poder; **~ I smoke?** posso fumar?; **you ~ sit, if you wish** pode sentar-se, se quiser.
3. *(when conceding a point)*: **it ~ be a long walk, but it's worth it** pode ser longe, mas vale a pena o esforço.

May *n* maio *m*, → **September**.

maybe ['meɪbiː] *adv* talvez.

May Day *n* o Primeiro de Maio.

mayhem ['meɪhem] *n* caos *m inv*.

mayonnaise [,meɪə'neɪz] *n* maionese *f*.

mayor [meər] *n* = Prefeito *m (Br)*, = Presidente *m* da Câmara *(Port)*.

mayoress ['meərɪs] *n* = Prefeita *f (Br)*, = Presidente *f* da Câmara *(Port)*.

maze [meɪz] *n* labirinto *m*.

MB *(abbr of megabyte)* MB *m*.

me [miː] *pron* me; *(after prep)* mim; **she knows ~** ela me conhece *(Br)*, ela conhece-me *(Port)*; **it's ~** sou eu; **send it to ~** envie ele para mim *(Br)*, envia-mo *(Port)*; **tell ~** diga-me; **he's worse than ~** ele é pior que eu; **it's for ~** é para mim; **with ~** comigo.

meadow ['medəʊ] *n* prado *m*.

meager ['miːgər] *(Am)* = meagre.

meagre ['miːgər] *adj (Brit) (amount, pay)* miserável.

meal [miːl] *n* refeição *f*.

mealtime ['miːltaɪm] *n* hora *f* da refeição OR de comer.

mean [miːn] *(pt & pp* **meant)** *adj (miserly)* sovina; *(unkind)* mau (má) ♦ *vt* querer dizer; *(be a sign of)* ser sinal de; **I ~ it** estou falando a sério; **it ~s a lot to me** é muito importante para mim; **to ~ to do sthg** ter a intenção de fazer algo, tencionar fazer algo; **to be meant to do sthg** dever fazer algo; **it's meant to be good** dizem que é bom.

meaning ['miːnɪŋ] *n* significado *m*.

meaningful ['miːnɪŋfʊl] *adj (glance, look)* expressivo(-va); *(relationship, remark)* profundo(-da).

meaningless ['miːnɪŋlɪs] *adj* sem sentido.

means [miːnz] *(pl inv) n (method)* meio *m* ♦ *npl (money)* recursos *mpl*; **by all ~!** claro que sim!; **by ~ of** através de.

meant [ment] *pt & pp* → **mean**.

meantime ['miːntaɪm] : **in the meantime** *adv* entretanto.

meanwhile ['miːnwaɪl] *adv* entretanto, enquanto isso.

measles ['miːzlz] *n* sarampo *m*.

measly ['miːzlɪ] *adj (inf)* mísero(-ra).
measure ['meʒəʳ] *vt* medir ♦ *n (step, action)* medida *f*; *(of alcohol)* dose *f*; **the room ~s 10 m²** o quarto mede 10 m².
measurement ['meʒəmənt] *n* medida *f*.
❑ **measurements** *npl (of person)* medidas *fpl*.
meat [miːt] *n* carne *f*; **red ~** carnes vermelhas *(pl)*; **white ~** carnes brancas *(pl)*.
meatball ['miːtbɔːl] *n* almôndega *f*.
meat pie *n (Brit)* empada *f* de carne.
mechanic [mɪ'kænɪk] *n* mecânico *m* (-ca *f*).
mechanical [mɪ'kænɪkl] *adj* mecânico(-ca).
mechanism ['mekənɪzm] *n (of machine, device)* mecanismo *m*.
medal ['medl] *n* medalha *f*.
medallion [mɪ'dæljən] *n* medalhão *m*.
meddle ['medl] *vi*: **to ~ (in sthg)** meter-se (em algo).
media ['miːdjə] *n or npl*: **the ~** os meios de comunicação.
median ['miːdjən] *n (Am: of road)* faixa *f* divisora central.
mediate ['miːdɪeɪt] *vi* servir de mediador; **to ~ between** servir de mediador entre.
medical ['medɪkl] *adj* médico(-ca) ♦ *n* check-up *m*.
medicated ['medɪkeɪtɪd] *adj* medicinal.
medication [medɪ'keɪʃn] *n* medicamento *m*.
medicine ['medsɪn] *n (substance)* medicamento *m*; *(science)* medicina *f*.
medicine cabinet *n* armário *m* para medicamentos.
medieval [medɪ'iːvl] *adj* medieval.
mediocre [miːdɪ'əʊkəʳ] *adj* medíocre.
meditate ['medɪteɪt] *vi* meditar; **to ~ on sthg** meditar sobre algo.
Mediterranean [medɪtə'reɪnjən] *n*: **the ~** *(region)* o Mediterrâneo; **the ~ (Sea)** o (mar) Mediterrâneo.
medium ['miːdjəm] *adj* médio(-dia); *(wine)* meio-seco (meia-seca).
medium-dry *adj* meio-seco (meia-seca).
medium-sized [-saɪzd] *adj* de tamanho médio.
medium wave *n* onda *f* média.
medley ['medlɪ] *n (CULIN)* seleção *f*.
meek [miːk] *adj (person, voice)* dócil;

(behaviour) submisso(-a).
meet [miːt] *(pt & pp* met*) vt (by arrangement)* encontrar-se com; *(members of club, committee)* reunir-se com; *(by chance)* encontrar; *(get to know)* conhecer; *(go to collect)* ir buscar; *(need, requirement)* satisfazer; *(cost, expenses)* cobrir ♦ *vi (by arrangement)* encontrar-se; *(club, committee)* reunir-se; *(by chance)* encontrar-se; *(get to know each other)* conhecer-se; *(intersect)* cruzar-se; **~ me at the bar** encontre-se comigo no bar.
❑ **meet up** *vi* encontrar-se.
❑ **meet with** *vt fus (problems, resistance)* encontrar; *(Am: by arrangement)* encontrar-se com.
meeting ['miːtɪŋ] *n (for business)* reunião *f*.
meeting point *n* ponto *m* de encontro.
megabyte ['megəbaɪt] *n (COMPUT)* megabyte *m*.
megaphone ['megəfəʊn] *n* megafone *m*, alto-falante *m*.
melancholy ['melənkəlɪ] *adj* melancólico(-ca).
mellow ['meləʊ] *adj (sound, colour, wine)* suave; *(person)* descontraído(-da) ♦ *vi* tornar-se mais brando(-da).
melody ['melədɪ] *n* melodia *f*.
melon ['melən] *n* melão *m*.
melt [melt] *vi* derreter.
member ['membəʳ] *n (of party, group)* membro *m*; *(of club)* sócio *m* (-cia *f*).
Member of Congress *n* congressista *mf*, membro *m* do Congresso.
Member of Parliament *n* = deputado *m* (-da *f*).
membership ['membəʃɪp] *n (of party, club)* filiação *f*; **the ~** *(of party)* os membros; *(of club)* os sócios.
membership card *n* carteira *f* de membro OR filiação.
memento [mɪ'mentəʊ] *(pl* **-s** OR **-es**) *n* lembrança *f*.
memo ['meməʊ] *(pl* **-s**) *n* memorando *m*.
memoirs ['memwɑːz] *fpl* memórias *fpl*.
memorandum [memə'rændəm] *(pl* **-da** [-də]) *n* memorando *m*.
memorial [mɪ'mɔːrɪəl] *n* monumento *m* comemorativo.
memorize ['meməraɪz] *vt* memorizar, decorar.

memory ['mɛməɪ] *n* memória *f; (thing remembered)* lembrança *f.*

men [mɛn] *pl* → **man.**

menace ['mɛnəs] *n (threat, danger)* perigo *m* ♦ *vt (threaten)* ameaçar; *(frighten)* aterrorizar.

menacing ['mɛnəsɪŋ] *adj* ameaçador(-ra).

mend [mɛnd] *vt* arranjar.

meningitis [,mɛnɪn'dʒaɪtɪs] *n* meningite *f.*

menopause ['mɛnəpɔːz] *n* menopausa *f.*

men's room *n (Am)* banheiro *m* dos homens *(Br),* casa *f* de banho dos homens *(Port).*

menstruate ['mɛnstrʊeɪt] *vi* menstruar.

menstruation [,mɛnstrʊ'eɪʃn] *n* menstruação *f.*

menswear ['mɛnzweəʳ] *n* roupa *f* de homem.

mental ['mɛntl] *adj* mental.

mental hospital *n* hospital *m* psiquiátrico.

mentality [mɛn'tælɪtɪ] *n* mentalidade *f.*

mentally handicapped ['mɛntəlɪ-] *adj* deficiente mental ♦ *npl:* **the** ~ os deficientes mentais.

mentally ill ['mɛntəlɪ-] *adj:* **to be** ~ ser doente mental.

mention ['mɛnʃn] *vt* mencionar; **don't** ~ **it!** de nada!, não tem de quê!

menu ['mɛnjuː] *n (of food)* cardápio *m (Br),* ementa *f (Port); (COMPUT)* menu *m;* **children's** ~ menu infantil OR para crianças.

meow [mɪ'aʊ] *(Am)* = **miaow.**

merchandise ['mɜːtʃəndaɪz] *n* mercadoria *f.*

merchant ['mɜːtʃənt] *n* comerciante *mf.*

merchant marine *(Am)* = **merchant navy.**

merchant navy *n (Brit)* marinha *f* mercante.

merciful ['mɜːsɪfʊl] *adj (person)* misericordioso(-osa), piedoso(-osa).

merciless ['mɜːsɪlɪs] *adj (person, enemy, tyrant)* impiedoso(-osa); *(criticism, teasing, attack)* implacável.

mercury ['mɜːkjʊrɪ] *n* mercúrio *m.*

Mercury ['mɜːkjʊrɪ] *n (planet)* Mercúrio *m.*

mercy ['mɜːsɪ] *n* misericórdia *f.*

mere [mɪəʳ] *adj* mero(-ra).

merely ['mɪəlɪ] *adv* apenas.

merge [mɜːdʒ] *vi (combine)* juntar-se, unir-se; **"merge"** *(Am)* sinal que avisa os motoristas que vão entrar na auto-estrada que devem circular pela faixa da direita.

merger ['mɜːdʒəʳ] *n* fusão *f.*

meringue [mə'ræŋ] *n* merengue *m,* suspiro *m.*

merit ['mɛrɪt] *n* mérito *m; (in exam)* = bom *m.*

mermaid ['mɜːmeɪd] *n* sereia *f.*

merry ['mɛrɪ] *adj* alegre; **Merry Christmas!** Feliz Natal!

merry-go-round *n* carrossel *m.*

mesh [mɛʃ] *n* malha *f* (de rede).

mesmerize ['mɛzməraɪz] *vt:* **to be** ~**d by** ficar fascinado(-da) com.

mess [mɛs] *n* confusão *f;* **in a** ~ *(untidy)* em desordem, de pernas para o ar.

❏ **mess about** *vi (inf) (have fun)* divertir-se; *(behave foolishly)* armar-se em tolo; **to** ~ **about with sthg** *(interfere)* mexer em algo.

❏ **mess up** *vt sep (inf: ruin, spoil)* estragar.

message ['mɛsɪdʒ] *n* mensagem *f;* **are there any** ~**s (for me)?** há algum recado (para mim)?

messenger ['mɛsɪndʒəʳ] *n* mensageiro *m (-ra f).*

messy ['mɛsɪ] *adj (untidy)* desarrumado(-da).

met [mɛt] *pt & pp* → **meet.**

metal ['mɛtl] *adj* metálico(-ca), de metal ♦ *n* metal *m.*

metallic [mɪ'tælɪk] *adj (sound)* metálico(-ca); *(paint, finish)* metalizado(-da).

metalwork ['mɛtlwɜːk] *n (craft)* trabalho *m* com metal.

meteor ['miːtɪəʳ] *n* meteoro *m.*

meteorology [,miːtjə'rɒlədʒɪ] *n* meteorologia *f.*

meter ['miːtəʳ] *n (device)* contador *m; (Am)* = **metre.**

method ['mɛθəd] *n* método *m.*

methodical [mɪ'θɒdɪkl] *adj* metódico(-ca).

Methodist ['mɛθədɪst] *adj* metodista ♦ *n* metodista *mf.*

methylated spirits ['mɛθɪleɪtɪd] *n* álcool *m* metilado OR desnaturado.

meticulous [mɪ'tɪkjʊləs] *adj* meticuloso(-osa).

metre ['mi:tə'] *n (Brit)* metro *m*.
metric ['metrɪk] *adj* métrico(-ca).
metronome ['metrənəom] *n* metrônomo *m*.
metropolitan [,metrə'pɒlɪtn] *adj* metropolitano(-na).
mews [mju:z] *(pl inv) n (Brit)* rua, ou pátio, ladeada por cavalariças transformadas em casas ou apartamentos de luxo.
Mexican ['meksɪkn] *adj* mexicano (-na) ◆ *n* mexicano *m* (-na *f*).
Mexico ['meksɪkəo] *n* México *m*.
mg *(abbr of milligram)* mg.
miaow [mi:'ao] *n (Brit)* mio *m* ◆ *vi (Brit)* miar.
mice [maɪs] *pl* → **mouse.**
mickey ['mɪkɪ] *n*: **to take the ~ out of sb** *(Brit: inf)* gozar alguém.
microchip ['maɪkrəotʃɪp] *n* microchip *m*.
microphone ['maɪkrəfəon] *n* microfone *m*.
microscope ['maɪkrəskəop] *n* microscópio *m*.
microwave (oven) ['maɪkrəweɪv-] *n* (forno) microondas *m inv*.
midday [,mɪd'deɪ] *n* meio-dia *m*.
middle ['mɪdl] *n* meio ◆ *adj* do meio; **in the ~ of the road** no meio da rua; **in the ~ of April** em meados de abril; **to be in the ~ of doing sthg** estar fazendo algo.
middle-aged *adj* de meia idade.
Middle Ages *npl*: **the ~** a Idade Média.
middle-class *adj* da classe média.
Middle East *n*: **the ~** o Oriente Médio.
middle name *n* segundo nome *m*.
middle school *n (in UK)* escola para crianças dos 8 aos 12 anos.
middleweight ['mɪdlweɪt] *n* peso *m* médio.
midfield [,mɪd'fi:ld] *n (in football)* meio-de-campo *m*.
midge [mɪdʒ] *n* mosquito *m*.
midget ['mɪdʒɪt] *n* anão *m* (anã *f*).
midi system ['mɪdɪ-] *n* sistema *m* (de alta fidelidade) midi.
Midlands ['mɪdləndz] *npl*: **the ~** regiões do centro da Inglaterra.
midnight ['mɪdnaɪt] *n* meia-noite *f*.
midst [mɪdst] *n*: **in the ~ of sthg** *(in space)* no meio de algo; **to be in the ~ of doing sthg** estar fazendo algo.

midsummer ['mɪd'sʌmə'] *n*: **in ~** em pleno verão.
midway [,mɪd'weɪ] *adv* a meio.
midweek [*adj* 'mɪdwi:k, *adv* mɪd'wi:k] *adj* do meio da semana ◆ *adv* no meio da semana.
midwife ['mɪdwaɪf] *(pl* **-wives** [-waɪvz]) *n* parteira *f*.
midwinter ['mɪd'wɪntə'] *n*: **in ~** em pleno inverno.
might [maɪt] *aux vb* 1. *(expressing possibility)* poder; **I suppose they ~ still come** acho que eles ainda podem vir; **they ~ have been killed** eles podem ter sido assassinados; **I ~ go to Wales** talvez vá a Gales.
2. *(fml: expressing permission)* poder; **~ I have a few words?** podemos conversar?
3. *(when conceding a point)*: **it ~ be expensive, but it's good quality** pode ser caro, mas é bom.
4. *(would)*: **I'd hoped you ~ come too** gostaria que também pudesse vir.
◆ *n (power)* poder *m*; *(physical strength)* força *f*.
mighty ['maɪtɪ] *adj (army, ruler)* poderoso(-osa); *(blow)* tremendo(-da).
migraine ['mi:greɪn, 'maɪgreɪn] *n* enxaqueca *f*.
migrant ['maɪgrənt] *adj (bird, animal)* migratório(-ria).
migrate [*Brit* maɪ'greɪt, *Am* 'maɪgreɪt] *vi* migrar.
mike [maɪk] *n (inf: abbr of microphone)* microfone *m*.
mild [maɪld] *adj (discomfort, pain)* ligeiro(-ra); *(illness)* pequeno(-na); *(weather)* ameno(-na); *(climate)* temperado (-da); *(kind, gentle)* meigo(-ga) ◆ *n (Brit: beer)* cerveja *f* suave.
mildew ['mɪldju:] *n* míldio *m*.
mildly ['maɪldlɪ] *adv (talk, complain, criticize)* moderadamente; *(interesting, amusing)* mais ou menos.
mile [maɪl] *n* milha *f*; **it's ~s away** é longíssimo.
mileage ['maɪlɪdʒ] *n* distância *f* em milhas, ~ quilometragem *f*.
mileometer [maɪ'lɒmɪtə'] *n* contador *m* de milhas, = conta-quilômetros *m inv*.
milestone ['maɪlstəon] *n (marker stone)* marco *m*; *(fig: event)* marco histórico.
military ['mɪlɪtrɪ] *adj* militar.

milk [mɪlk] *n* leite *m* ♦ *vt (cow)* orde-nhar, mungir.

milk chocolate *n* chocolate *m* de leite.

milkman ['mɪlkmən] (*pl* **-men** [-mən]) *n* leiteiro *m*.

milk shake *n* milk-shake *m (Br)*, batido *m (Port)*.

milky ['mɪlkɪ] *adj (drink)* com leite.

Milky Way *n*: **the ~ a** Via Láctea.

mill [mɪl] *n* moinho *m*; *(factory)* fábrica *f*.

millennium [mɪ'lenɪəm] (*pl* **-nniums** OR **-nnia** [-nɪə]) *n* milênio *m*.

miller ['mɪlər] *n* moleiro *m* (-ra *f*).

milligram ['mɪlɪgræm] *n* miligrama *m*.

millilitre ['mɪlɪˌliːtər] *n* mililitro *m*.

millimetre ['mɪlɪˌmiːtər] *n* milímetro *m*.

million ['mɪljən] *n* milhão *m*; **~s of** *(fig)* milhões de.

millionaire [ˌmɪljə'neər] *n* milionário *m* (-ria *f*).

millstone ['mɪlstəʊn] *n* mó *f*.

mime [maɪm] *vi* fazer mímica.

mimic ['mɪmɪk] (*pt & pp* **-ked**, *cont* **-king**) *n* imitador *m* (-ra *f*) ♦ *vt* imitar.

min. [mɪn] *(abbr of minute)* m; *(abbr of minimum)* min.

mince [mɪns] *n (Brit)* carne *f* moída.

mincemeat ['mɪnsmiːt] *n (sweet filling)* mistura de frutos secos e cristaliza-dos usada para rechear tortas e bolos; *(Am: mince)* carne *f* moída.

mince pie *n* pequena torta de Natal, recheada com uma mistura de frutos secos, frutos cristalizados, açúcar e espe-ciarias.

mind [maɪnd] *n* mente *f*; *(memory)* memória *f* ♦ *vi (be bothered)* importar-se ♦ *vt (be careful of)* ter cuidado com; *(look after)* tomar conta de; *(be bothered by)*: **do you ~ the noise?** o barulho está lhe incomodando?; **it slipped my ~** esqueci-me; **state of ~** estado *m* de espírito; **to my ~** na minha opinião; **to bear sthg in ~** ter algo em conta; **to change one's ~** mudar de idéia; **to have sthg in ~** estar pensando em algo; **to have sthg on one's ~** estar preocupado com algo; **to make one's ~ up** decidir-se; **do you ~ if ...?** importa-se se ...?; **I don't ~** não me importo; **I wouldn't ~ a drink** gostaria de beber qualquer coisa; **"~ the gap!"** aviso aos passageiros para estarem aten-tos ao espaço entre o cais e o trem; **never ~!** *(don't worry)* não faz mal!, não tem importância!

minder ['maɪndər] *n (Brit: bodyguard)* guarda-costas *mf inv*.

mindful ['maɪndfʊl] *adj*: **to be ~ of** sthg estar consciente de algo.

mindless ['maɪndlɪs] *adj (violence, crime)* absurdo(-da), sem sentido; *(job, work)* mecânico(-ca), maçante.

mine[1] [maɪn] *pron* o meu (a minha); **a friend of ~** um amigo meu; **those shoes are ~** esses sapatos são meus; **~ are here – where are yours?** os meus estão aqui – onde estão os seus?

mine[2] [maɪn] *n (for coal etc, bomb)* mina *f*.

minefield ['maɪnfiːld] *n* campo *m* de minas.

miner ['maɪnər] *n* mineiro *m* (-ra *f*).

mineral ['mɪnərəl] *n* mineral *m*.

mineral water *n* água *f* mineral.

minestrone [ˌmɪnɪ'strəʊnɪ] *n* mines-trone *m*, sopa de legumes com massa.

mingle ['mɪŋgl] *vi* misturar-se.

miniature ['mɪnətʃər] *adj* em minia-tura ♦ *n (bottle of alcohol)* miniatura *f*.

minibar ['mɪnɪbɑːr] *n* minibar *m*.

minibus ['mɪnɪbʌs] *n* microônibus *m (Br)*, carrinha *f (Port)*.

minicab ['mɪnɪkæb] *n (Brit)* rádiotaxi *m*.

minimal ['mɪnɪml] *adj* mínimo(-ma).

minimum ['mɪnɪməm] *adj* mínimo (-ma) ♦ *n* mínimo *m*.

mining ['maɪnɪŋ] *n* extração *f* de minério, exploração *f* mineira.

miniskirt ['mɪnɪskɜːt] *n* mini-saia *f*.

minister ['mɪnɪstər] *n (in government)* ministro *m* (-tra *f*); *(in church)* pastor *m*, ministro *m*.

ministry ['mɪnɪstrɪ] *n (of government)* ministério *m*.

mink [mɪŋk] *n (fur)* pele *f* de marta, vison *m*.

minnow ['mɪnəʊ] (*pl inv* OR **-s**) *n* vairão *m*, pequeno peixe de água doce.

minor ['maɪnər] *adj* pequeno(-na) ♦ *n (fml)* menor *mf* (de idade).

minority [maɪ'nɒrətɪ] *n* minoria *f*.

minor road *n* estrada *f* secundária.

mint [mɪnt] *n (sweet)* bala *f* de hortelã *(Br)*, bombom *m* de mentol *(Port)*; *(plant)* hortelã *f*.

minus ['maɪnəs] *prep (in subtraction)*

menos; **it's ~ 10°C** estão 10°C abaixo de zero.

minuscule ['mɪnəskjuːl] *adj* minúsculo(-la).

minute¹ ['mɪnɪt] *n* minuto *m*; **any ~ a** qualquer momento; **just a ~!** só um minuto!

minute² [mar'njuːt] *adj* diminuto(-ta).

minute steak [ˌmɪnɪt-] *n* bife *m* rápido.

miracle ['mɪrəkl] *n* milagre *m*.

miraculous [mɪ'rækjʊləs] *adj* milagroso(-osa).

mirage [mɪ'rɑːʒ] *n* miragem *f*.

mirror ['mɪrəʳ] *n* espelho *m*.

misbehave [ˌmɪsbɪ'heɪv] *vi* portar-se mal.

miscalculate [ˌmɪs'kælkjʊleɪt] *vt* calcular mal, enganar-se em ♦ *vi* enganar-se.

miscarriage [ˌmɪs'kærɪdʒ] *n* aborto *m* *(não intencional)*.

miscellaneous [ˌmɪsə'leɪnjəs] *adj* diverso(-sa).

mischief ['mɪstʃɪf] *n* *(naughty behaviour)* travessuras *fpl*; *(playfulness)* malícia *f*.

mischievous ['mɪstʃɪvəs] *adj* *(naughty)* travesso(-a); *(playful)* malicioso(-osa).

misconduct [ˌmɪs'kɒndʌkt] *n* conduta *f* imprópria.

miscount [ˌmɪs'kaʊnt] *vt* contar mal, enganar-se em ♦ *vi* contar mal, enganar-se.

misdemeanor [ˌmɪsdɪ'miːnər] *(Am)* = **misdemeanour**.

misdemeanour [ˌmɪsdɪ'miːnəʳ] *n* *(Brit: JUR)* delito *m* OR crime *m* menor.

miser ['maɪzəʳ] *n* avarento *m* (-ta *f*).

miserable ['mɪzrəbl] *adj* miserável; *(unhappy)* infeliz.

miserly ['maɪzəlɪ] *adj* mesquinho(-nha).

misery ['mɪzərɪ] *n* *(unhappiness)* infelicidade *f*; *(poor conditions)* miséria *f*.

misfire [ˌmɪs'faɪəʳ] *vi* *(car)* falhar.

misfortune [mɪs'fɔːtʃuːn] *n* *(bad luck)* infelicidade *f*.

misgivings [mɪs'ɡɪvɪŋz] *npl* dúvidas *fpl*, receio *m*.

mishap ['mɪshæp] *n* incidente *m*.

misinterpret [ˌmɪsɪn'tɜːprɪt] *vt* interpretar mal.

misjudge [ˌmɪs'dʒʌdʒ] *vt* *(distance, amount)* calcular mal; *(person, character)* julgar mal.

mislay [ˌmɪs'leɪ] *(pt & pp* **-laid)** *vt*: **I've mislaid my keys** não sei onde é que pus as chaves.

mislead [ˌmɪs'liːd] *(pt & pp* **-led)** *vt* enganar.

misleading [ˌmɪs'liːdɪŋ] *adj* enganador(-ra).

misled [ˌmɪs'led] *pt & pp* = **mislead**.

misplace [ˌmɪs'pleɪs] *vt*: **I've ~d my keys** não sei onde é que pus as chaves.

misprint ['mɪsprɪnt] *n* erro *m* de impressão, gralha *f*.

miss [mɪs] *vt* perder; *(not notice)* não ver; *(fail to hit)* falhar; *(regret absence of)* ter saudades de, sentir falta de; *(appointment)* faltar a ♦ *vi* falhar.

❒ **miss out** *vt sep* omitir ♦ *vi* perder; **you ~ed out on a great party** você perdeu uma grande festa.

Miss [mɪs] *n* senhorita *f* *(Br)*, Menina *f* *(Port)*.

missile [*Brit* 'mɪsaɪl, *Am* 'mɪsl] *n* míssil *m*.

missing ['mɪsɪŋ] *adj* *(lost)* perdido (-da); *(after accident)* desaparecido(-da); **to be ~** *(not there)* faltar.

missing person *n* desaparecido *m* (-da *f*).

mission ['mɪʃn] *n* *(assignment)* missão *f*.

missionary ['mɪʃənrɪ] *n* missionário *m* (-ria *f*).

mist [mɪst] *n* bruma *f*, neblina *f*.

mistake [mɪ'steɪk] *(pt* **-took,** *pp* **-taken)** *n* erro *m* ♦ *vt (misunderstand)* entender mal; **by ~** por engano; **to make a ~** enganar-se; **to ~ sb/sthg for** confundir alguém/algo com.

mistaken [mɪ'steɪkn] *adj* *(belief, idea)* errado(-da); *(person)* enganado(-da); **to be ~ about** estar enganado em relação a.

Mister ['mɪstəʳ] *n* Senhor *m*.

mistletoe ['mɪsltəʊ] *n* visco-branco *m*.

mistook [mɪ'stʊk] *pt* → **mistake**.

mistreat [mɪs'triːt] *vt* maltratar.

mistress ['mɪstrɪs] *n* *(lover)* amante *f*; *(Brit: teacher)* professora *f*.

mistrust [mɪs'trʌst] *vt* desconfiar de.

misty ['mɪstɪ] *adj* nebuloso(-osa), nublado(-da).

misunderstand [ˌmɪsʌndə'stænd] *(pt & pp* **-stood)** *vt & vi* compreender mal.

misunderstanding [ˌmɪsʌndə'stændɪŋ] *n* *(misinterpretation)* mal-entendido *m*, engano *m*; *(quarrel)* desentendimento *m*.

misunderstood [ˌmɪsʌndəˈstʊd] *pt & pp* → **misunderstand**.

misuse [ˌmɪsˈjuːs] *n* uso *m* indevido.

miter [ˈmaɪtər] *(Am)* = **mitre**.

mitigate [ˈmɪtɪgeɪt] *vt* minimizar.

mitre [ˈmaɪtər] *n (Brit: hat)* mitra *f*.

mitten [ˈmɪtn] *n* luva *f (com un só dedo)*.

mix [mɪks] *vt* misturar ♦ *n (for cake, sauce)* mistura *f* ♦ *vi*: **I don't like the people you ~ with** não gosto das pessoas com quem você anda; **to ~ sthg with sthg** misturar algo com algo.

❑ **mix up** *vt sep (confuse)* confundir; *(put into disorder)* misturar.

mixed [mɪkst] *adj (school)* misto(-ta).

mixed grill *n* grelhado *m* misto.

mixed salad *n* salada *f* mista.

mixed up *adj (confused)* confuso (-sa); **to be ~ in sthg** *(involved)* estar envolvido em algo.

mixed vegetables *npl* macedônia *f* (de legumes).

mixer [ˈmɪksər] *n (for food)* batedeira *f*; *(drink)* bebida não alcoólica que se mistura com bebidas alcoólicas.

mixture [ˈmɪkstʃər] *n* mistura *f*.

mix-up *n (inf)* engano *m*.

ml *(abbr of millilitre)* ml.

mm *(abbr of millimetre)* mm.

moan [məʊn] *vi (in pain, grief)* gemer; *(inf: complain)* resmungar.

moat [məʊt] *n* fosso *m*.

mobile [ˈməʊbaɪl] *adj* móvel.

mobile phone *n* (telefone *m*) celular *m (Br)*, telemóvel *m (Port)*.

mock [mɒk] *adj* falso(-sa) ♦ *vt* gozar com ♦ *n (Brit: exam)* exame *m* simulado *(que serve de treino)*.

mockery [ˈmɒkərɪ] *n (scorn)* troça *f*.

mode [məʊd] *n* modo *m*.

model [ˈmɒdl] *n* modelo *m*; *(fashion model)* modelo *mf*.

modem [ˈməʊdem] *n (COMPUT)* modem *m*.

moderate [ˈmɒdərət] *adj* moderado (-da).

moderation [ˌmɒdəˈreɪʃn] *n* moderação *f*; **in ~** com moderação.

modern [ˈmɒdən] *adj* moderno(-na).

modernized [ˈmɒdənaɪzd] *adj* modernizado(-da).

modern languages *npl* línguas *fpl*

modernas OR vivas.

modest [ˈmɒdɪst] *adj* modesto(-ta).

modesty [ˈmɒdɪstɪ] *n* modéstia *f*.

modify [ˈmɒdɪfaɪ] *vt* modificar.

module [ˈmɒdjuːl] *n* módulo *m*.

mohair [ˈməʊheər] *n* mohair *m*.

moist [mɔɪst] *adj* úmido(-da).

moisten [ˈmɔɪsn] *vt* umedecer.

moisture [ˈmɔɪstʃər] *n* umidade *f*.

moisturizer [ˈmɔɪstʃəraɪzər] *n* creme *m* hidratante.

molar [ˈməʊlər] *n* molar *m*.

molasses [məˈlæsɪz] *n* melaço *m*.

mold [məʊld] *(Am)* = **mould**.

mole [məʊl] *n (animal)* toupeira *f*; *(spot)* sinal *m*.

molecule [ˈmɒlɪkjuːl] *n* molécula *f*.

molest [məˈlest] *vt (child)* abusar (sexualmente) de; *(woman)* assediar.

mom [mɒm] *n (Am: inf)* mãe *f*.

moment [ˈməʊmənt] *n* momento *m*; **at the ~** no momento; **for the ~** por agora.

momentarily [*Brit* ˈməʊməntərɪlɪ, *Am* ˌməʊmənˈterɪlɪ] *adv (for a short time)* momentaneamente; *(Am: immediately)* dentro em pouco, em breve.

momentary [ˈməʊməntrɪ] *adj* momentâneo(-nea).

momentous [məˈmentəs] *adj* muito importante.

Mon. *(abbr of Monday)* 2ª, seg.

Monaco [ˈmɒnəkəʊ] *n* Mônaco *m*.

monarch [ˈmɒnək] *n* monarca *m*.

monarchy [ˈmɒnəkɪ] *n*: **the ~** a monarquia.

monastery [ˈmɒnəstrɪ] *n* mosteiro *m*.

Monday [ˈmʌndɪ] *n* segunda-feira *f*, → **Saturday**.

money [ˈmʌnɪ] *n* dinheiro *m*.

money belt *n* carteira *f* de cintura, cinto *m* carteira.

moneybox [ˈmʌnɪbɒks] *n* cofre *m (Br)*, mealheiro *m (Port)*.

money order *n* vale *m*.

mongrel [ˈmʌŋgrəl] *n* vira-lata *m (Br)*, rafeiro *m (Port)*.

monitor [ˈmɒnɪtər] *n (computer screen)* monitor *m* ♦ *vt (check, observe)* controlar.

monk [mʌŋk] *n* monge *m*.

monkey [ˈmʌŋkɪ] *(pl* -s) *n* macaco *m*.

monkfish [ˈmʌŋkfɪʃ] *n* tamboril *m*.

monopolize [məˈnɒpəlaɪz] *vt* monopolizar.

monopoly [mə'nɒpəlɪ] n (COMM) monopólio m.

monorail ['mɒnəʊreɪl] n monotrilho m (Br), monocarril m (Port).

monotonous [mə'nɒtənəs] adj monótono(-na).

monsoon [mɒn'suːn] n monção f.

monster ['mɒnstəʳ] n monstro m.

monstrous ['mɒnstrəs] adj monstruoso(-osa).

month [mʌnθ] n mês m; **every ~** todos os meses; **in a ~'s time** daqui a um mês.

monthly ['mʌnθlɪ] adj mensal ◆ adv mensalmente.

monument ['mɒnjumənt] n monumento m.

monumental [,mɒnju'mentl] adj monumental.

moo [muː] vi mugir.

mood [muːd] n humor m; **to be in a (bad) ~** estar de mau humor; **to be in a good ~** estar de bom humor.

moody ['muːdɪ] adj (bad-tempered) mal-humorado(-da); (changeable) temperamental.

moon [muːn] n lua f.

moonlight ['muːnlaɪt] n luar m.

moonlit ['muːnlɪt] adj (night) de luar; (landscape) iluminado(-da) pela lua.

moor [mɔːʳ] n charneca f ◆ vt atracar.

moose [muːs] (pl inv) n alce m.

mop [mɒp] n (for floor) esfregão m (Br), esfregona f (Port) ◆ vt (floor) limpar.
 mop up vt sep (clean up) limpar.

mope [məʊp] vi andar deprimido(-da).

moped ['məʊped] n motocicleta f.

moral ['mɒrəl] adj moral ◆ n (lesson) moral f.

morale [mə'rɑːl] n moral m.

morality [mə'rælɪtɪ] n moralidade f.

morbid ['mɔːbɪd] adj mórbido(-da).

more [mɔːʳ] adj 1. (a larger amount of) mais; **there are ~ tourists than usual** há mais turistas que o normal.

2. (additional) mais; **are there any ~ cakes?** tem mais bolos?; **I'd like two ~ bottles** queria mais duas garrafas; **there's no ~ wine** já não tem mais vinho.

3. (in phrases): **~ and more** cada vez mais.

◆ adv 1. (in comparatives) mais; **it's ~ difficult than before** é mais difícil do que antes; **speak ~ clearly** fala de forma mais clara; **we go there ~ often**

now agora vamos lá mais freqüentemente.

2. (to a greater degree) mais; **we ought to go to the cinema ~** devíamos ir mais vezes ao cinema.

3. (in phrases): **I don't go there any ~** eu não vou mais lá; **once ~** mais uma vez; **~ or less** mais ou menos; **we'd be ~ than happy to help** teríamos imenso prazer em ajudar.

◆ pron 1. (a larger amount) mais; **I've got ~ than you** tenho mais que você; **~ than 20 types of pizza** mais de 20 tipos de pizza.

2. (an additional amount) mais; **is there any ~?** tem mais?; **there's no ~** não tem mais.

moreover [mɔː'rəʊvəʳ] adv (fml) além disso, além do mais.

morgue [mɔːg] n morgue f.

morning ['mɔːnɪŋ] n manhã f; **good ~!** bom dia!; **two o'clock in the ~** duas da manhã, duas da madrugada; **in the ~** (early in the day) de manhã; (tomorrow morning) amanhã de manhã.

morning-after pill n pílula f do dia seguinte.

morning sickness n enjôo m matinal.

Moroccan [mə'rɒkən] adj marroquino(-na) ◆ n marroquino m (-na f).

Morocco [mə'rɒkəʊ] n Marrocos s.

moron ['mɔːrɒn] n (inf: idiot) estúpido m (-da f), idiota mf.

morose [mə'rəʊs] adj taciturno(-na).

Morse (code) [mɔːs-] n (código de) Morse m.

morsel ['mɔːsl] n pedaço m.

mortal ['mɔːtl] adj mortal ◆ n mortal m.

mortar ['mɔːtəʳ] n (cement mixture) argamassa f; (gun) morteiro m.

mortgage ['mɔːgɪdʒ] n hipoteca f.

mortified ['mɔːtɪfaɪd] adj mortificado(-da).

mosaic [mə'zeɪɪk] n mosaico m.

Moscow ['mɒskəʊ] n Moscou m (Br), Moscovo m (Port).

Moslem ['mɒzləm] = **Muslim**.

mosque [mɒsk] n mesquita f.

mosquito [mə'skiːtəʊ] (pl -es) n mosquito m.

mosquito net n mosquiteiro m.

moss [mɒs] n musgo m.

most [məʊst] adj 1. (the majority of) a maioria de; **~ people agree** a maioria

das pessoas está de acordo.
2. *(the largest amount of)* mais; **I drank (the) ~ beer** fui eu que bebi mais cerveja.
♦ *adv* 1. *(in superlatives)* mais; **the ~ expensive hotel in town** o hotel mais caro da cidade.
2. *(to the greatest degree)* mais; **I like this one ~** gosto mais deste.
3. *(fml: very)* muito; **we would be ~ grateful** ficaríamos muito gratos.
♦ *pron* 1. *(the majority)* a maioria; **~ of the villages** a maioria das aldeias; **~ of the time** a maior parte do tempo.
2. *(the largest amount)* mais; **she earns (the) ~** ela é a que ganha mais.
3. *(in phrases)*: **at ~** no máximo; **we want to make the ~ of our stay** queremos aproveitar a nossa estada ao máximo.

mostly ['məustlı] *adv* principalmente.
MOT *n (Brit: test)* = IPO *f (Port)*, inspeção anual obrigatória para veículos com mais de três anos.
motel [məʊ'tel] *n* motel *m*.
moth [mɒθ] *n* traça *f*.
mothball ['mɒθbɔːl] *n* bola *f* de naftalina.
mother ['mʌðə⁼] *n* mãe *f*.
mother-in-law *n* sogra *f*.
mother-of-pearl *n* madrepérola *f*.
mother tongue *n* língua *f* materna.
motif [məʊ'tiːf] *n* motivo *m*.
motion ['məʊʃn] *n (movement)* movimento *m* ♦ *vi*: **to ~ to sb** fazer sinal a alguém.
motionless ['məʊʃənlıs] *adj* imóvel.
motion picture *n (Am)* filme *m* (cinematográfico).
motivate ['məʊtıveıt] *vt* motivar.
motivated ['məʊtıveıtıd] *adj* motivado(-da).
motivation [,məʊtı'veıʃn] *n (sense of purpose)* motivação *f*.
motive ['məʊtıv] *n* motivo *m*.
motor ['məʊtə⁼] *n* motor *m*.
Motorail® ['məʊtəreıl] *n* autoexpresso *m*, trem que transporta carros e passageiros.
motorbike ['məʊtəbaık] *n* moto *f*.
motorboat ['məʊtəbəʊt] *n* barco *m* a motor.
motorcar ['məʊtəkuː⁼] *n* carro *m*, automóvel *m*.
motorcycle ['məʊtə,saıkl] *n* moto *f*.

motorcyclist ['məʊtə,saıklıst] *n* motociclista *mf*.
motoring ['məʊtərıŋ] *n* automobilismo *m*.
motorist ['məʊtərıst] *n* automobilista *mf*.
motor racing *n* automobilismo *m*.
motor scooter *n* lambreta *f*.
motor vehicle *n* veículo *m* motorizado.
motorway ['məʊtəweı] *n (Brit)* autoestrada *f*.
mottled ['mɒtld] *adj* sarapintado (-da).
motto ['mɒtəʊ] *(pl -s)* *n* lema *m*.
mould [məʊld] *n (Brit) (shape)* molde *m*, forma *f*; *(substance)* bolor *m* ♦ *vt (Brit) (shape)* moldar.
moulding ['məʊldıŋ] *n (decoration)* moldura *f*.
mouldy ['məʊldı] *adj* bolorento(-ta).
mound [maʊnd] *n* monte *m*.
mount [maʊnt] *n (for photo)* moldura *f*; *(mountain)* monte *m* ♦ *vt (horse)* montar; *(photo)* emoldurar ♦ *vi (increase)* aumentar.
mountain ['maʊntın] *n* montanha *f*.
mountain bike *n* bicicleta *f* de montanha.
mountaineer [,maʊntı'nıə⁼] *n* alpinista *mf*.
mountaineering [,maʊntı'nıərıŋ] *n*: **to go ~** fazer alpinismo.
mountainous ['maʊntınəs] *adj* montanhoso(-osa).
Mount Rushmore [-'rʌʃmɔː⁼] *n* o monte Rushmore.
mourn [mɔːn] *vt (person)* chorar; *(thing)* lamentar ♦ *vi* lamentar; **to ~ for sb** chorar a morte de alguém.
mourner ['mɔːnə⁼] *n (related)* parente *mf* do morto; *(unrelated)* amigo *m* (-ga *f*) do morto.
mourning ['mɔːnıŋ] *n*: **to be in ~** estar de luto.
mouse [maʊs] *(pl mice)* *n* rato *m*.
moussaka [muː'sɑːkə] *n* gratinado de origem grega à base de carne moída e beringela.
mousse [muːs] *n (food)* mousse *f*; *(for hair)* espuma *f*.
moustache [mə'stɑːʃ] *n (Brit)* bigode *m*.
mouth [maʊθ] *n* boca *f*; *(of river)* foz *f*.
mouthful ['maʊθfʊl] *n (of food)* bocado *m*; *(of drink)* gole *m*.

mouthorgan ['mauθ,ɔːgən] n gaita-de-boca f.

mouthpiece ['mauθpiːs] n bocal m.

mouthwash ['mauθwɒʃ] n desinfetante m para a boca.

mouth-watering [-,wɔːtərɪŋ] adj de dar água na boca.

movable ['muːvəbl] adj móvel.

move [muːv] n (change of house) mudança f; (movement) movimento m; (in games) jogada f; (turn to play) vez f; (course of action) medida f ♦ vt (object) mudar; (arm, leg, lips) mexer; (emotionally) comover ♦ vi (shift) mover-se; (get out of the way) desviar-se; **to ~ (house)** mudar de casa; **to make a ~ (leave)** ir embora.

❏ **move along** vi avançar.

❏ **move in** vi (to house) mudar-se para.

❏ **move off** vi (train, car) partir.

❏ **move on** vi (after stopping) voltar a partir.

❏ **move out** vi (from house) mudar-se de.

❏ **move over** vi chegar-se para lá/cá.

❏ **move up** vi chegar-se para lá/cá.

moveable ['muːvəbl] = **movable**.

movement ['muːvmənt] n movimento m.

movie ['muːvɪ] n filme m.

movie camera n câmara f de filmar.

movie theater n (Am) cinema m.

moving ['muːvɪŋ] adj (emotionally) comovente.

mow [məʊ] vt: **to ~ the lawn** cortar a grama.

mower ['məʊəʳ] n máquina f de cortar grama.

mozzarella [,mɒtsəˈrelə] n queijo m mozzarella.

MP abbr = **Member of Parliament**.

mph (abbr of miles per hour) milhas à OR por hora.

Mr ['mɪstəʳ] abbr Sr.

Mrs ['mɪsɪz] abbr Sra.

Ms [mɪz] abbr título que evita que se faça uma distinção entre mulheres casadas e solteiras.

MS abbr = **multiple sclerosis**.

MSc abbr = **Master of Science**.

much [mʌtʃ] (compar more, superl most) adj muito(-ta); **I haven't got ~ money** não tenho muito dinheiro; **as ~ food as you can eat** o máximo de comida que você conseguir comer; **how ~ time is left?** quanto tempo falta?; **they have so ~ money** eles têm tanto dinheiro; **we have too ~ food** temos comida demais.

♦ adv 1. (to a great extent) muito; **he is ~ happier** ele está muito mais feliz; **it's ~ better** é muito melhor; **he's ~ too good** ele é bom demais; **I like it very ~** gosto muitíssimo; **it's not ~ good** (inf) não é muito bom; **thank you very ~** muito obrigado.

2. (often) muitas vezes; **we don't go there ~** não vamos lá muitas vezes.

♦ pron muito; **I haven't got ~** não tenho muito; **as ~ as you like** tanto quanto (você) queira; **how ~ is it?** quanto é?; **you've got so ~** você tem tanto; **you've got too ~** você tem demais.

muck [mʌk] n (dirt) porcaria f.

❏ **muck about** vi (Brit: inf: waste time) perder tempo.

❏ **muck up** vt sep (Brit: inf) estragar.

mucky ['mʌkɪ] adj (inf) porco (porca).

mucus ['mjuːkəs] n muco m.

mud [mʌd] n lama f.

muddle ['mʌdl] n: **to be in a ~** (confused) estar confuso(-sa); (in a mess) estar em desordem.

muddy ['mʌdɪ] adj lamacento(-ta).

mudguard ['mʌdgɑːd] n guarda-lamas m inv.

muesli ['mjuːzlɪ] n muesli m.

muff [mʌf] n (for hands) regalo m; (for ears) protetor m para os ouvidos.

muffin ['mʌfɪn] n (roll) pãozinho m; (cake) bolinho redondo e chato.

muffle ['mʌfl] vt (sound) abafar.

muffler ['mʌfləʳ] n (Am: silencer) silenciador m.

mug [mʌg] n (cup) caneca f ♦ vt assaltar.

mugging ['mʌgɪŋ] n assalto m (a pessoa).

muggy ['mʌgɪ] adj abafado(-da).

mule [mjuːl] n mula f.

mulled ['mʌld] adj: **~ wine** vinho aquecido com especiarias e açúcar.

multicoloured ['mʌltɪ,kʌləd] adj multicolor.

multilateral [,mʌltɪˈlætərəl] adj multilateral.

multinational [,mʌltɪˈnæʃənl] n multinacional f.

multiple ['mʌltɪpl] adj múltiplo(-pla).

multiple sclerosis [-sklɪˈrəʊsɪs] n esclerose f múltipla.

multiplex cinema [ˌmʌltɪpleks-] *n* cinema *m* (com várias salas).
multiplication [ˌmʌltɪplɪˈkeɪʃn] *n* multiplicação *f*.
multiply [ˈmʌltɪplaɪ] *vt* multiplicar ◆ *vi* multiplicar-se.
multistorey (car park) [ˌmʌltɪˈstɔːrɪ-] *n* (parque *m* de) estacionamento *m* com vários andares.
multitude [ˈmʌltɪtjuːd] *n* (*crowd*) multidão *f*; **a ~ of reasons** inúmeras razões.
mum [mʌm] *n* (*Brit: inf*) mãe *f*.
mumble [ˈmʌmbl] *vt & vi* balbuciar.
mummy [ˈmʌmɪ] *n* (*Brit: inf: mother*) mamãe *f*.
mumps [mʌmps] *n* caxumba *f* (*Br*), papeira *f* (*Port*).
munch [mʌntʃ] *vt* mastigar.
mundane [mʌnˈdeɪn] *adj* desinteressante, trivial.
municipal [mjuːˈnɪsɪpl] *adj* municipal.
mural [ˈmjuːərəl] *n* mural *m*.
murder [ˈmɜːdəʳ] *n* assassínio *m*, assassinato *m* ◆ *vt* assassinar.
murderer [ˈmɜːdərəʳ] *n* assassino *m* (-na *f*).
murky [ˈmɜːkɪ] *adj* (*place*) sombrio (-bria), lúgubre; (*water*) sujo(-ja), turvo(-va).
murmur [ˈmɜːməʳ] *n* murmúrio *m* ◆ *vt & vi* murmurar.
muscle [ˈmʌsl] *n* músculo *m*.
muscular [ˈmʌskjʊləʳ] *adj* (*strong*) musculoso(-osa); (*of muscles*) muscular.
museum [mjuːˈziːəm] *n* museu *m*.
mushroom [ˈmʌʃrʊm] *n* cogumelo *m*.
music [ˈmjuːzɪk] *n* música *f*.
musical [ˈmjuːzɪkl] *adj* (*connected with music*) musical; (*person*) com ouvido para a música ◆ *n* musical *m*.
musical instrument *n* instrumento *m* musical.
music centre *n* (*machine*) aparelhagem *f* de som.

musician [mjuːˈzɪʃn] *n* músico *m* (-ca *f*).
Muslim [ˈmʊzlɪm] *adj* muçulmano (-na) ◆ *n* muçulmano *m* (-na *f*).
muslin [ˈmʌzlɪn] *n* musselina *f*.
mussels [ˈmʌslz] *npl* mexilhões *mpl*.
must [mʌst] *aux vb* (*expressing obligation*) ter de; (*expressing certainty*) dever ◆ *n* (*inf*): **it's a ~** é de não perder; **I ~ go** tenho de ir; **the room ~ be vacated by ten** o quarto tem de ser desocupado antes das dez; **you ~ have seen it** você deve ter visto; **you ~ see that film** você tem de ver aquele filme; **you ~ be joking!** você deve estar brincando!
mustache [ˈmʌstæʃ] (*Am*) = **moustache**.
mustard [ˈmʌstəd] *n* mostarda *f*.
mustn't [ˈmʌsənt] = **must not**.
must've [ˈmʌstəv] = **must have**.
mute [mjuːt] *adj* mudo(-da) ◆ *n* mudo *m* (-da *f*).
mutilate [ˈmjuːtɪleɪt] *vt* mutilar.
mutiny [ˈmjuːtɪnɪ] *n* motim *m* ◆ *vi* amotinar-se.
mutter [ˈmʌtəʳ] *vt* murmurar.
mutton [ˈmʌtn] *n* carne *f* de carneiro
mutual [ˈmjuːtʃʊəl] *adj* mútuo(-tua).
mutually [ˈmjuːtʃʊəlɪ] *adv* mutuamente.
muzzle [ˈmʌzl] *n* (*for dog*) focinheira *f* (*Br*), açaime *m* (*Port*).
MW *abbr* = **medium wave**.
my [maɪ] *adj* meu (minha); **~ books** os meus livros.
myself [maɪˈself] *pron* (*reflexive*) me; (*after prep*) mim; **I did it ~** = eu mesmo o fiz; **I hurt ~** machuquei-me.
mysterious [mɪˈstɪərɪəs] *adj* misterioso(-osa).
mystery [ˈmɪstərɪ] *n* mistério *m*.
mystical [ˈmɪstɪkl] *adj* místico(-ca).
mystified [ˈmɪstɪfaɪd] *adj* confuso (-sa), perplexo(-xa).
myth [mɪθ] *n* mito *m*.
mythical [ˈmɪθɪkl] *adj* mítico (-ca).
mythology [mɪˈθɒlədʒɪ] *n* mitologia *f*.

N

N *(abbr of north)* N.

nab [næb] *vt (inf: arrest)* apanhar; *(inf: claim quickly)* agarrar.

nag [næg] *vt* apoquentar.

nagging ['nægɪŋ] *adj (worry, suspicion)* persistente; *(spouse, friend)* chato(-ta).

nail [neɪl] *n (of finger, toe)* unha *f; (metal)* prego *m* ♦ *vt (fasten)* pregar.

nailbrush ['neɪlbrʌʃ] *n* escova *f* de unhas.

nail file *n* lixa *f* de unhas *(Br)*, lima *f* para as unhas *(Port)*.

nail polish *n* esmalte *m (Br)*, verniz *m (para as unhas) (Port)*.

nail scissors *npl* tesoura *f* de unhas.

nail varnish *n* esmalte *m (Br)*, verniz *m (para as unhas) (Port)*.

nail varnish remover [-rə'muːvəʳ] *n* acetona *f*, removedor *m* de esmalte *(Br)*.

naive [naɪ'iːv] *adj* ingênuo(-nua).

naked ['neɪkɪd] *adj (person)* nu (nua).

name [neɪm] *n* nome *m; (surname)* sobrenome *m (Br)*, apelido *m (Port)* ♦ *vt (person, place, animal)* chamar; *(date, price)* fixar; **first ~** nome próprio OR de batismo; **last ~** sobrenome *(Br)*, apelido *(Port)*; **what's your ~?** como você se chama?; **my ~ is ...** o meu nome é ....

namely ['neɪmlɪ] *adv* isto é, a saber.

namesake ['neɪmseɪk] *n* homônimo *m*.

nan bread [næn-] *n* pão indiano grande e achatado com condimentos.

nanny ['nænɪ] *n (childminder)* babá *f (Br)*, ama *f (Port); (inf: grandmother)* avó *f*.

nap [næp] *n* soneca *f;* **to have a ~** tirar uma soneca.

nape [neɪp] *n:* **~ (of the neck)** nuca *f*.

napkin ['næpkɪn] *n* guardanapo *m*.

nappy ['næpɪ] *n* fralda *f*.

nappy liner *n* pequena tira descar-

tável usada com fraldas de tecido.

narcotic [nɔː'kɒtɪk] *n* narcótico *m*.

narrative ['nærətɪv] *n* narrativa *f*.

narrator [*Brit* nə'reɪtəʳ, *Am* 'næreɪtəʳ] *n* narrador *m* (-ra *f*).

narrow ['nærəʊ] *adj (road, gap)* estreito(-ta) ♦ *vi* estreitar.

narrowly ['nærəʊlɪ] *adv* por pouco, à risca.

narrow-minded [-'maɪndɪd] *adj* tacanho(-nha), de idéias curtas.

nasal ['neɪzl] *adj* nasal.

nasty ['nɑːstɪ] *adj (person)* mau (má); *(comment)* maldoso(-osa); *(accident, fall)* grave; *(unpleasant)* desagradável.

nation ['neɪʃn] *n* nação *f*.

national ['næʃənl] *adj* nacional ♦ *n* natural *mf (de um país)*.

national anthem *n* hino *m* nacional.

National Health Service *n* ≈ Instituto *m* Nacional de Assistência Médica e Previdência Social *(Br)*, ≈ Caixa *f (de Previdência) (Port)*.

National Insurance *n (Brit: contributions)* ≈ Previdência *f* Social *(Br)*, ≈ Segurança *f* Social *(Port)*.

nationalist ['næʃnəlɪst] *adj* nacionalista ♦ *n* nacionalista *mf*.

nationality [,næʃə'nælətɪ] *n* nacionalidade *f*.

national park *n* parque *m* nacional.

national service *n (Brit: MIL)* serviço *m* militar.

National Trust *n (Brit)* organização britânica encarregada da preservação de prédios históricos e locais de interesse.

nationwide ['neɪʃənwaɪd] *adj* de âmbito nacional.

native ['neɪtɪv] *adj (country)* natal; *(customs, population)* nativo(-va) ♦ *n* natural *mf;* **a ~ speaker of English** um anglófono.

Nativity [nə'tɪvɪtɪ] *n*: **the ~** a Natividade, o Natal.
NATO ['neɪtəʊ] *n* OTAN *f*, NATO *f*.
natural ['nætʃrəl] *adj (ability, charm)* natural; *(swimmer, actor)* nato(-ta).
natural gas *n* gás *m* natural.
naturally ['nætʃrəlɪ] *adv (of course)* naturalmente.
natural yoghurt *n* iogurte *m* natural.
nature ['neɪtʃə'] *n* natureza *f*.
nature reserve *n* reserva *f* natural.
naughty ['nɔːtɪ] *adj (child)* travesso (-a).
nausea ['nɔːzɪə] *n* enjôo *m*, náusea *f*.
nauseating ['nɔːsɪeɪtɪŋ] *adj (food, smell)* nauseabundo(-da), enjoativo (-va).
naval ['neɪvl] *adj* naval.
nave [neɪv] *n* nave *f*.
navel ['neɪvl] *n* umbigo *m*.
navigate ['nævɪgeɪt] *vi (in boat)* navegar; *(in plane)* calcular a rota; *(in car)* fazer de navegador.
navigation [,nævɪ'geɪʃn] *n (piloting, steering)* navegação *m*.
navy ['neɪvɪ] *n (ships)* marinha *f* ♦ *adj*: **~ (blue)** azul-marinho *(inv)*.
Nazi ['nɑːtsɪ] *(pl* **-s)** *adj* nazi ♦ *n* nazi *mf*.
NB *(abbr of nota bene)* N.B.
near [nɪə'] *adv* perto ♦ *adj* próximo(-ma) ♦ *prep*: **~ (to)** *(edge, object, place)* perto de; **in the ~ future** num futuro próximo, em breve.
nearby [nɪə'baɪ] *adv* perto ♦ *adj* próximo(-ma).
nearly ['nɪəlɪ] *adv* quase.
near side *n (for right-hand drive)* direita *f*; *(for left-hand drive)* esquerda *f*.
nearsighted [,nɪə'saɪtɪd] *adj (Am)* míope.
neat [niːt] *adj (room)* arrumado(-da); *(writing, work)* caprichado(-da) *(Br)*, cuidado(-da) *(Port)*; *(whisky, vodka etc)* puro(-ra).
neatly ['niːtlɪ] *adv* cuidadosamente.
necessarily [,nesə'serɪlɪ, *Brit* 'nesəsrəlɪ] *adv* necessariamente; **not ~** não necessariamente.
necessary ['nesəsrɪ] *adj* necessário(-ria); **it is ~ to do it** é necessário fazê-lo.
necessity [nɪ'sesətɪ] *n* necessidade *f*.
⎦ **necessities** *npl* artigos *mpl* de primeira necessidade.

neck [nek] *n (of person, animal)* pescoço *m*; *(of jumper)* gola *f*; *(of shirt)* colarinho *m*; *(of dress)* decote *m*.
necklace ['neklɪs] *n* colar *m*.
neckline ['neklaɪn] *n* decote *m*.
necktie ['nektaɪ] *n (Am)* gravata *f*.
nectarine ['nektərɪn] *n* nectarina *f*.
need [niːd] *n* necessidade *f* ♦ *vt* precisar de, necessitar de; **to ~ to do sthg** precisar fazer algo.
needle ['niːdl] *n* agulha *f*.
needless ['niːdlɪs] *adj* desnecessário(-ria); **~ to say** ... não é preciso dizer que ....
needlework ['niːdlwɜːk] *n (SCH)* costura *f*.
needn't ['niːdənt] = **need not**.
needy ['niːdɪ] *adj* necessitado(-da), com necessidades.
negative ['negətɪv] *adj* negativo(-va) ♦ *n (in photography)* negativo *m*; *(GRAM)* negativa *f*.
neglect [nɪ'glekt] *vt* não prestar atenção a.
negligee ['neglɪʒeɪ] *n* négligé *m*.
negligence ['neglɪdʒəns] *n* negligência *f*.
negligible ['neglɪdʒəbl] *adj* insignificante.
negotiate [nɪ'gəʊʃɪeɪt] *vt (agreement, deal)* negociar; *(obstacle, bend)* transpor ♦ *vi* negociar; **to ~ with sb for sthg** negociar com alguém sobre algo, negociar algo com alguém.
negotiations [nɪ,gəʊʃɪ'eɪʃnz] *npl* negociações *fpl*.
negro ['niːgrəʊ] *(pl* **-es)** *n* negro *m* (-gra *f*).
neigh [neɪ] *vi* relinchar.
neighbor ['neɪbə] *(Am)* = **neighbour**.
neighbour ['neɪbə'] *n (Brit)* vizinho *m* (-nha *f*).
neighbourhood ['neɪbəhʊd] *n* vizinhança *f*.
neighbouring ['neɪbərɪŋ] *adj* vizinho(-nha).
neighbourly ['neɪbəlɪ] *adj (deed, relations)* de bom vizinho (de boa vizinha); *(person)* bom vizinho (boa vizinha).
neither ['naɪðə', 'niːðə'] *adj*: **~ bag is big enough** nenhuma das bolsas é suficientemente grande ♦ *pron*: **~ of us** nenhum *m* (-ma *f*) de nós ♦ *conj*: **~ do I** nem eu; **~ ... nor** nem ... nem.

neon light ['niːɒn-] n luz f de néon.
nephew ['nefjuː] n sobrinho m.
Neptune ['neptjuːn] n Netuno m.
nerve [nɜːv] n (in body) nervo m; (courage) ousadia f; **what a ~!** que descaramento!
nerve-racking [-'rækɪŋ] adj angustiante.
nervous ['nɜːvəs] adj nervoso(-osa).
nervous breakdown n esgotamento m nervoso.
nest [nest] n ninho m.
net [net] n rede f ♦ adj líquido(-da).
netball ['netbɔːl] n esporte parecido com basquetebol feminino.
Netherlands ['neðələndz] npl: **the ~** os Países Baixos.
netting ['netɪŋ] n (of metal, plastic) rede f; (fabric) tule m.
nettle ['netl] n urtiga f.
network ['netwɜːk] n rede f.
neurotic [,njʊəˈrɒtɪk] adj neurótico(-ca).
neuter ['njuːtəʳ] adj neutro(-tra).
neutral ['njuːtrəl] adj neutro(-tra) ♦ n (AUT): **in ~** em ponto morto.
neutrality [njuːˈtrælətɪ] n neutralidade f.
never ['nevəʳ] adv nunca; **she's ~ late** ela nunca chega tarde; **~ mind!** não faz mal!
never-ending adj interminável.
nevertheless [,nevəðəˈles] adv contudo, todavia.
new [njuː] adj novo (nova).
newborn ['njuːbɔːn] adj recém-nascido(-da).
newcomer ['njuː,kʌməʳ] n: **~ (to sthg)** recém-chegado m (-da f) (a algo).
newly ['njuːlɪ] adv: **~ married** recém-casado(-da).
newlyweds ['njuːlɪwedz] npl recém-casados mpl.
new potatoes npl batatas fpl tenras.
news [njuːz] n notícias fpl; (on TV) telejornal m; **a piece of ~** uma notícia.
newsagent ['njuːzeɪdʒənt] n (shop) jornaleiro m (Br), quiosque m (Port).
newsflash ['njuːzflæʃ] n flash m informativo, notícia f de última hora.
newsletter ['njuːz,letəʳ] n boletim m, jornal m.
newspaper ['njuːz,peɪpəʳ] n jornal m.

newsreader ['njuːz,riːdəʳ] n (on TV) apresentador m (-ra f) do telejornal; (on radio) locutor m (-ra f) (que lê o noticiário).
newt [njuːt] n tritão m.
New Year n Ano m Novo.
New Year's Day n dia m de Ano Novo.
New Year's Eve n véspera f de Ano Novo.
New York [-'jɔːk] n: **~ (City)** (a cidade de) Nova Iorque s; **~ (State)** (o estado de) Nova Iorque.
New Zealand [-'ziːlənd] n Nova Zelândia f.
New Zealander [-'ziːləndəʳ] n neozelandês m (-esa f).
next [nekst] adj próximo(-ma); (room, house) do lado ♦ adv (afterwards) depois, em seguida; (on next occasion) da próxima vez; **when does the ~ bus leave?** a que horas é o próximo ônibus?; **~ month/year** o mês/ano que vem; **~ to** (by the side of) ao lado de; **the week after ~** daqui a duas semanas.
next door adv ao lado; **the house/people ~** a casa/os vizinhos do lado.
next of kin [-kɪn] n parente m mais próximo (parente f mais próxima).
NHS n (abbr of National Health Service) = INAMPS m (Br), ≃ Caixa f (Port).
nib [nɪb] n aparo m.
nibble ['nɪbl] vt mordiscar.
nice [naɪs] adj (pleasant) agradável; (pretty) bonito(-ta); (kind) amável, simpático(-ca); **to have a ~ time** divertir-se; **~ to see you!** prazer em vê-lo!
nice-looking [-'lʊkɪŋ] adj (person) atraente; (car, room) bonito(-ta).
nicely ['naɪslɪ] adv (dressed, made) bem; (ask) educadamente, delicadamente; (behave, manage) bem; **that will do ~** está perfeito!
nickel ['nɪkl] n (metal) níquel m; (Am: coin) moeda de cinco centavos de um dólar.
nickname ['nɪkneɪm] n apelido m (Br), alcunha f (Port).
nicotine ['nɪkətiːn] n nicotina f.
niece [niːs] n sobrinha f.
Nigeria [naɪˈdʒɪərɪə] n Nigéria f.
Nigerian [naɪˈdʒɪərɪən] adj nigeriano(-na) ♦ n nigeriano m (-na f).
night [naɪt] n noite f; **at ~** à noite; **by**

~ de noite; last ~ ontem à noite.

nightcap ['naɪtkæp] n (drink) bebida, geralmente alcoólica, que se toma antes de ir dormir.

nightclub ['naɪtklʌb] n boate f (Br), clube m nocturno (Port).

nightdress ['naɪtdres] n camisola f (Br), camisa f de noite OR de dormir (Port).

nightfall ['naɪtfɔːl] n anoitecer m, o cair da noite.

nightgown ['naɪtgaun] n camisola f (Br), camisa f de dormir (Port).

nightie ['naɪtɪ] n (inf) camisola f (Br), camisa f de dormir (Port).

nightingale ['naɪtɪŋgeɪl] n rouxinol m.

nightlife ['naɪtlaɪf] n vida f noturna.

nightly ['naɪtlɪ] adv todas as noites.

nightmare ['naɪtmeər] n pesadelo m.

night safe n cofre m noturno.

night school n aulas fpl noturnas.

nightshift ['naɪtʃɪft] n turno m da noite.

nightshirt ['naɪtʃɜːt] n camisa f de noite (para homem).

nighttime ['naɪttaɪm] n noite f; at ~ durante a noite, à noite.

nil [nɪl] n (SPORT) zero m.

Nile [naɪl] n: the ~ o Nilo.

nimble ['nɪmbl] adj (agile) ágil.

nine [naɪn] num nove, → **six**.

nineteen [naɪn'tiːn] num dezenove (Br), dezanove (Port); ~ **ninety-seven** mil novecentos e noventa e sete, → **six**.

nineteenth [naɪn'tiːnθ] num décimo nono (décima nona), → **sixth**.

ninetieth ['naɪntɪθ] num nonagésimo(-ma), → **sixth**.

ninety ['naɪntɪ] num noventa, → **six**.

ninth [naɪnθ] num nono(-na), → **sixth**.

nip [nɪp] vt (pinch) beliscar.

nipple ['nɪpl] n (of breast) bico m do peito, mamilo m; (of bottle) bico m (Br), tetina f (Port).

nitrogen ['naɪtrədʒən] n azoto m, nitrogênio m.

no [nəu] adv não ♦ adj nenhum(-ma), algum(-ma) ♦ n não m; **I've got** ~ **money left** não tenho mais um tostão; **it is of** ~ **interest** não tem interesse (nenhum OR algum).

nobility [nə'bɪlətɪ] n: the ~ a nobreza.

noble ['nəubl] adj nobre.

nobody ['nəubədɪ] pron ninguém.

nocturnal [nɒk'tɜːnl] adj noturno (-na).

nod [nɒd] vi (in agreement) dizer que sim com a cabeça.

noise [nɔɪz] n barulho m, ruído m.

noisy ['nɔɪzɪ] adj barulhento(-ta), ruidoso(-osa).

nominate ['nɒmɪneɪt] vt nomear.

nonalcoholic [ˌnɒnælkə'hɒlɪk] adj sem álcool.

nonchalant [Brit 'nɒnʃələnt, Am ˌnɒnʃə'lɑːnt] adj (person, remark) indiferente; (gesture) de indiferença.

nondescript [Brit 'nɒndɪskrɪpt, Am ˌnɒndɪ'skrɪpt] adj nada de especial.

none [nʌn] pron nenhum m (-ma f); there's ~ **left** não resta nada.

nonetheless [ˌnʌnðə'les] adv todavia, contudo.

nonexistent [ˌnɒnɪg'zɪstənt] adj inexistente.

nonfiction [nɒn'fɪkʃn] n literatura f não ficcional.

non-iron adj que não necessita de ser passado(-da) a ferro.

nonreturnable [ˌnɒnrɪ'tɜːnəbl] adj sem retorno.

nonsense ['nɒnsəns] n (stupid words) disparates mpl; (foolish behaviour) disparate m.

nonsmoker [ˌnɒn'sməukər] n não-fumante mf (Br), não-fumador m (-ra f) (Port).

nonstick [nɒn'stɪk] adj antiaderente.

nonstop [ˌnɒn'stɒp] adj (talking, arguing) constante; (flight) direto(-ta) ♦ adv sem parar.

noodles ['nuːdlz] npl miojo m (Br), macarronete m (Port).

nook [nuk] n recanto m; **every** ~ **and cranny** tudo quanto é lugar.

noon [nuːn] n meio-dia m.

no one = **nobody**.

noose [nuːs] n (lasso) nó m corrediço OR corredio.

no-place (Am) = **nowhere**.

nor [nɔːr] conj nem; ~ **do I** nem eu, → **neither**.

norm [nɔːm] n norma f.

normal ['nɔːml] adj normal.

normalcy ['nɔːmlsɪ] (Am) = **normality**.

normality [nɔː'mælətɪ] (Brit) n normalidade f.

normally ['nɔːməlɪ] adv normalmente.

north [nɔːθ] n norte m ♦ adj norte ♦ adv (be situated) a norte; (fly, walk) para norte; **in the ~ of England** no norte de Inglaterra.

North Africa n a África do Norte, o Norte de África.

North America n a América do Norte.

northbound ['nɔːθbaʊnd] adj em direção ao norte.

northeast [ˌnɔːθˈiːst] n nordeste m.

northerly ['nɔːðəlɪ] adj (wind) do norte; **in a ~ direction** em direção ao norte; **the most ~ point** o ponto mais ao norte.

northern ['nɔːðən] adj do norte.

Northern Ireland n Irlanda f do Norte.

northernmost ['nɔːðənmɔʊst] adj mais ao norte.

North Korea n Coréia f do Norte.

North Pole n Pólo m Norte.

North Sea n Mar m do Norte.

northward ['nɔːθwəd] adj: **in a ~ direction** em direção ao norte.

northwards ['nɔːθwədz] adv em direção ao norte, para norte.

northwest [ˌnɔːθˈwest] n noroeste m.

Norway ['nɔːweɪ] n Noruega f.

Norwegian [nɔːˈwiːdʒən] adj norueguês(-esa) ♦ n (person) norueguês m (-esa f); (language) norueguês m.

nose [nəʊz] n nariz m; (of animal) focinho m.

nosebleed ['nəʊzbliːd] n: **to have a ~** perder sangue pelo nariz.

no smoking area n área f reservada a não-fumantes.

nostalgia [nɒˈstældʒə] n nostalgia f.

nostril ['nɒstrəl] n narina f.

nosy ['nəʊzɪ] adj bisbilhoteiro(-ra).

not [nɒt] adv não; **she's ~ there** ela não está lá; **~ yet** ainda não; **~ at all** (pleased, interested) absolutamente nada; (in reply to thanks) não tem de quê, de nada.

notable ['nəʊtəbl] adj notável; **~ for sthg** notável por algo.

notably ['nəʊtəblɪ] adv especialmente.

note [nəʊt] n nota f; (message) recado m ♦ vt (notice) notar; (write down) anotar; **to take ~s** fazer anotações.

notebook ['nəʊtbʊk] n caderno m, bloco m de anotações.

noted ['nəʊtɪd] adj famoso(-osa).

notepad ['nəʊtpæd] n bloco m de notas.

notepaper ['nəʊtpeɪpəʳ] n papel m de carta.

noteworthy ['nəʊtˌwɜːðɪ] adj digno (-gna) de nota.

nothing ['nʌθɪŋ] pron nada; **he did ~** ele não fez nada; **~ new/interesting** nada de novo/interessante; **for ~** (for free) de graça; (in vain) para nada.

notice ['nəʊtɪs] vt notar ♦ n aviso m; **to take ~ of** prestar atenção a; **to hand in one's ~** demitir-se, apresentar o seu pedido de demissão.

noticeable ['nəʊtɪsəbl] adj visível.

notice board n quadro m de avisos (Br), placar m (de anúncios e avisos) (Port).

notify ['nəʊtɪfaɪ] vt: **to ~ sb of sthg** notificar alguém de algo.

notion ['nəʊʃn] n noção f.

notorious [nəʊˈtɔːrɪəs] adj famigerado(-da).

nougat ['nuːgɑː] n torrone m, nugá m.

nought [nɔːt] n zero m; **~s and crosses** (Brit) jogo-da-velha m (Br), jogo m do galo (Port).

noun [naʊn] n substantivo m.

nourish ['nʌrɪʃ] vt alimentar.

nourishing ['nʌrɪʃɪŋ] adj nutritivo (-va).

nourishment ['nʌrɪʃmənt] n alimento m.

Nov. (abbr of November) nov.

novel ['nɒvl] n romance m ♦ adj original.

novelist ['nɒvəlɪst] n romancista mf.

novelty ['nɒvltɪ] n novidade f; (cheap object) bugiganga f.

November [nəˈvembəʳ] n novembro m, → **September**.

novice ['nɒvɪs] n (beginner) novato m (-ta f).

now [naʊ] adv agora ♦ conj: **~ (that)** agora que; **by ~** já; **from ~ on** de agora em diante; **just ~** (a moment ago) agora mesmo; (at the moment) neste momento; **right ~** (at the moment) neste momento; (immediately) já, agora mesmo.

nowadays ['naʊədeɪz] adv hoje em dia.

nowhere ['nəʊweəʳ] adv em parte alguma.

nozzle ['nɒzl] n agulheta f.

nuclear ['nju:klɪəʳ] *adj* nuclear.
nuclear bomb *n* bomba *f* atômica.
nuclear disarmament *n* desarmamento *m* nuclear.
nuclear power *n* energia *f* nuclear.
nuclear reactor *n* reator *m* nuclear.
nude [nju:d] *adj* nu (nua).
nudge [nʌdʒ] *vt* cutucar *(Br)*, dar uma cotovelada a *(Port)*.
nuisance ['nju:sns] *n*: **it's a real ~!** é uma chatice!; **he's such a ~!** ele é um chato!
null [nʌl] *adj*: **~ and void** nulo(-la) e sem força legal.
numb [nʌm] *adj* (leg, arm) dormente; *(with shock, fear)* atônito(-ta).
number ['nʌmbəʳ] *n* número *m* ◆ *vt* (give number to) numerar.
numberplate ['nʌmbəpleɪt] *n* chapa *f* (do carro) *(Br)*, matrícula *f* do carro *(Port)*.
numeral ['nju:mərəl] *n* numeral *m*, algarismo *m*.
numerous ['nju:mərəs] *adj* inúmeros(-ras).
nun [nʌn] *n* freira *f*.
nurse [nɜ:s] *n* enfermeiro *m* (-ra *f*) ◆ *vt* (look after) tomar conta de.

nursery ['nɜ:sərɪ] *n* (in house) quarto *m* de criança; *(for plants)* viveiro *m* para plantas.
nursery rhyme *n* poema *m* OR canção *f* infantil.
nursery (school) *n* escola *f* maternal *(Br)*, infantário *m* (Port).
nursery slope *n* (ski) pista *f* para principiantes.
nursing ['nɜ:sɪŋ] *n* (profession) enfermagem *f*.
nursing home *n* (for old people) lar *m* para idosos (privado); (for childbirth) maternidade *f* (privada).
nut [nʌt] *n* (to eat) fruto *m* seco (noz, avelã, etc); (of metal) porca *f* (de parafuso).
nutcrackers ['nʌt,krækəz] *npl* quebra-nozes *m inv*.
nutmeg ['nʌtmeg] *n* noz-moscada *f*.
nutritious [nju:'trɪʃəs] *adj* nutritivo(-va).
nutshell ['nʌtʃel] *n*: **in a ~** resumindo, em poucas palavras.
nylon ['naɪlɒn] *n* nylon *m* ◆ *adj* de nylon.

o' [ə] abbr = of.

O n (zero) zero m.

oak [əʊk] n carvalho m ◆ adj de carvalho.

OAP abbr = old age pensioner.

oar [ɔːʳ] n remo m.

oasis [əʊˈeɪsɪs] (pl **oases** [əʊˈeɪsiːz]) n oásis m inv.

oatcake [ˈəʊtkeɪk] n biscoito m de aveia.

oath [əʊθ] n (promise) juramento m.

oatmeal [ˈəʊtmiːl] n flocos mpl de aveia.

oats [əʊts] npl aveia f.

obedience [əˈbiːdjəns] n obediência f.

obedient [əˈbiːdjənt] adj obediente.

obese [əʊˈbiːs] adj obeso(-sa).

obey [əˈbeɪ] vt obedecer a.

obituary [əˈbɪtʃʊərɪ] n obituário m.

object [n ˈɒbdʒɪkt, vb əbˈdʒekt] n (thing) objeto m; (purpose) objetivo m; (GRAMM) objeto, complemento m ◆ vi: to ~ (to) opor-se (a).

objection [əbˈdʒekʃn] n objeção f.

objective [əbˈdʒektɪv] n objetivo m.

obligation [ˌɒblɪˈgeɪʃn] n obrigação f.

obligatory [əˈblɪgətrɪ] adj obrigatório(-ria).

oblige [əˈblaɪdʒ] vt: to ~ sb to do sthg obrigar alguém a fazer algo.

obliging [əˈblaɪdʒɪŋ] adj prestativo(-va).

oblique [əˈbliːk] adj oblíquo(-qua).

obliterate [əˈblɪtəreɪt] vt (destroy) destruir.

oblivion [əˈblɪvɪən] n esquecimento m.

oblivious [əˈblɪvɪəs] adj inconsciente; to be ~ to OR of sthg não ter consciência de algo.

oblong [ˈɒblɒŋ] adj retangular ◆ n retângulo m.

obnoxious [əbˈnɒkʃəs] adj horroroso(-osa).

oboe [ˈəʊbəʊ] n oboé m.

obscene [əbˈsiːn] adj obsceno(-na).

obscure [əbˈskjʊəʳ] adj (difficult to understand) obscuro(-ra); (not well-known) desconhecido(-da).

observant [əbˈzɜːvnt] adj observador(-ra).

observation [ˌɒbzəˈveɪʃn] n observação f.

observatory [əbˈzɜːvətrɪ] n observatório m.

observe [əbˈzɜːv] vt (watch, see) observar.

obsessed [əbˈsest] adj obcecado(-da).

obsession [əbˈseʃn] n obsessão f.

obsolete [ˈɒbsəliːt] adj obsoleto(-ta).

obstacle [ˈɒbstəkl] n obstáculo m.

obstetrics [bˈstetrɪks] n obstetrícia f.

obstinate [ˈɒbstənət] adj teimoso(-osa).

obstruct [əbˈstrʌkt] vt (road, path) obstruir.

obstruction [əbˈstrʌkʃn] n (in road, path) obstrução f.

obtain [əbˈteɪn] vt obter.

obtainable [əbˈteɪnəbl] adj que se pode obter.

obtuse [əbˈtjuːs] adj (fml: person) obtuso(-sa), estúpido(-da).

obvious [ˈɒbvɪəs] adj óbvio(-via).

obviously [ˈɒbvɪəslɪ] adv evidentemente.

occasion [əˈkeɪʒn] n ocasião f.

occasional [əˈkeɪʒənl] adj ocasional, esporádico(-ca).

occasionally [əˈkeɪʒnəlɪ] adv de vez em quando.

occult [ɒˈkʌlt] adj oculto(-ta).

occupant [ˈɒkjʊpənt] n (of house) inquilino m (-na f), ocupante mf; (of car, plane) ocupante.

occupation [ˌɒkjʊˈpeɪʃn] n (job) ocupação f; (pastime) passatempo m.

occupied [ˈɒkjʊpaɪd] adj (toilet) ocupado(-da).

occupier [ˈɒkjʊpaɪəʳ] n ocupante mf.

occupy [ˈɒkjʊpaɪ] vt ocupar.

occur [əˈkɜːʳ] vi ocorrer.

occurrence [əˈkʌrəns] n ocorrência f.

ocean [ˈəʊʃn] n oceano m; **the ~** (Am: sea) o oceano, o mar.

oceangoing [ˈəʊʃnˌɡəʊɪŋ] adj de alto mar.

o'clock [əˈklɒk] adv: **it's one ~** é uma hora; **it's seven ~** são sete horas; **at nine ~** às nove horas.

Oct. (abbr of October) out.

octave [ˈɒktɪv] n oitava f.

October [ɒkˈtəʊbəʳ] n outubro, → September.

octopus [ˈɒktəpəs] n polvo m.

odd [ɒd] adj (strange) estranho(-nha); (number) ímpar; (not matching) sem par; (occasional) ocasional; **60 ~ miles** umas 60 milhas; **some ~ bits of paper** alguns pedaços de papel; **~ jobs** biscates mpl.

oddly [ˈɒdlɪ] adv (behave, speak, look) de forma estranha; (disappointing, uplifting) estranhamente; **~ enough, I don't care** por muito estranho que pareça, pouco me importa.

odds [ɒdz] npl (in betting) apostas fpl; (chances) probabilidades fpl; **~ and ends** miudezas fpl.

odds-on adj (inf): **the ~ favourite** o grande favorito.

odor [ˈəʊdəʳ] (Am) = odour.

odour [ˈəʊdəʳ] n (Brit) odor m.

of [ɒv] prep 1. (belonging to) de; **the colour ~ the car** a cor do carro.

2. (expressing amount) de; **a piece ~ cake** uma fatia de bolo; **a fall ~ 20%** uma queda de 20%; **lots ~ people** muita gente.

3. (containing, made from) de; **a glass ~ beer** um copo de cerveja; **a house ~ stone** uma casa de pedra; **it's made ~ wood** é de madeira.

4. (regarding, relating to, indicating cause) de; **fear ~ spiders** medo de aranhas; **he died ~ cancer** ele morreu de câncer.

5. (referring to time) de; **the summer ~ 1969** o verão de 1969; **the 26th ~ August** o 26 de agosto.

6. (with towns, countries) de; **the city ~**

Glasgow a cidade de Glasgow.

7. (on the part of) de; **that was very kind ~ you** foi muito amável da sua parte.

8. (Am: in telling the time) menos, para; **it's ten ~ four** são dez para as quatro.

off [ɒf] adv 1. (away): **to drive/walk ~** ir-se embora; **to get ~** (from bus, train, etc) descer; **we're ~ to Austria next week** vamos para a Áustria na próxima semana.

2. (expressing removal): **to take sthg ~** tirar algo.

3. (so as to stop working): **to turn sthg ~** (TV, radio, engine) desligar algo; (tap) fechar algo.

4. (expressing distance or time away): **it's a long way ~** (in distance) é muito longe; (in time) ainda falta muito; **it's two months ~** é daqui a dois meses.

5. (not at work) de folga; **I'm taking a week ~** vou tirar uma semana de férias.

♦ prep 1. (away from): **to get ~ sthg** descer de algo; **~ the coast** ao largo da costa; **just ~ the main road** perto da estrada principal.

2. (indicating removal): **take the lid ~ the jar** tire a tampa do frasco; **we'll take £20 ~ the price** descontaremos 20 libras do preço.

3. (absent from): **to be ~ work** não estar trabalhando.

4. (inf: from) a; **I bought it ~ her** eu comprei isso a ela.

5. (inf: no longer liking): **I'm ~ my food** não tenho apetite.

♦ adj 1. (food, drink) estragado(-da).

2. (TV, radio, light) apagado(-da), desligado(-da); (tap) fechado(-da); (engine) desligado(-da).

3. (cancelled) cancelado(-da).

4. (not available): **the soup's ~** não tem mais sopa.

offal [ˈɒfl] n fressura f.

off-chance n: **on the ~ you'd be there** no caso de você estar lá.

off colour adj (ill) indisposto(-osta).

off duty adv: **when do you get ~?** a que horas acaba o serviço? ♦ adj que não está de serviço;

offence [əˈfens] n (Brit) (crime) infração f, delito m; (upset) ofensa f.

offend [əˈfend] vt (upset) ofender.

offender [əˈfendəʳ] n infrator m (-ra f), transgressor m (-ra f).

offense [ə'fɛns] (Am) = offence.

offensive [ə'fɛnsɪv] adj (insulting) ofensivo(-va).

offer ['ɒfəʳ] n oferta f ◆ vt oferecer; **on ~** (available) à venda; (reduced) em oferta; **to ~ to do sthg** oferecer-se para fazer algo; **to ~ sb sthg** oferecer algo a alguém.

off guard adv: **to be caught ~** ser apanhado desprevenido (apanhada desprevenida).

offhand [ɒf'hænd] adj (person) brusco(-ca); (greeting) frio (fria) ◆ adv (at this moment) de repente.

office ['ɒfɪs] n (room) escritório m.

office block n edifício m de escritórios.

officer ['ɒfɪsəʳ] n (MIL) oficial mf; (policeman) polícia mf.

office worker n empregado m (-da f) de escritório.

official [ə'fɪʃl] adj oficial ◆ n funcionário m (-ria f).

officially [ə'fɪʃəlɪ] adv oficialmente.

off-licence n (Brit) loja f de bebidas alcoólicas (para levar).

off-line adj (COMPUT) off-line, fora de linha.

off-peak adj (train, ticket) fora das horas de rush (Br), de horário azul (Port).

off-putting [-pʊtɪŋ] adj (manner) desconcertante.

off sales npl (Brit) venda f de bebidas alcoólicas para levar.

off-season n época f baixa.

offshore ['ɒfʃɔːʳ] adj (wind) costeiro(-ra); (oil production) no alto mar.

off side n (for right-hand drive) esquerda f; (for left-hand drive) direita f.

offspring ['ɒfsprɪŋ] (pl inv) n (fml: of people) filhos mpl; (fml: of animals) filhotes mpl.

offstage [ɒf'steɪdʒ] adv (go) para os bastidores; (be, wait) nos bastidores.

off-the-cuff adj irrefletido(-da) ◆ adv sem pensar.

off-the-peg adj pronto(-ta) para vestir.

off-white adj branco-sujo (inv).

often ['ɒfn, 'ɒftn] adv muitas vezes, freqüentemente; **how ~ do the buses run?** qual é a freqüência dos ônibus?; **every so ~** de vez em quando.

oh [əʊ] excl oh!

oil [ɔɪl] n óleo m; (fuel) petróleo m.

oilcan ['ɔɪlkæn] n almotolia f.

oilfield ['ɔɪlfiːld] n campo m petrolífero.

oil filter n filtro m do óleo.

oil painting n (activity) pintura f a óleo; (picture) quadro m a óleo.

oil rig n plataforma f petrolífera.

oilskins ['ɔɪlskɪnz] npl (capa de) oleado m.

oil slick n mancha f negra (Br), maré f negra (Port).

oil tanker n (ship) petroleiro m; (lorry) camião-cisterna m.

oil well n poço m de petróleo.

oily ['ɔɪlɪ] adj (cloth, hands) oleoso (-osa); (food) gordurento(-ta).

ointment ['ɔɪntmənt] n pomada f, ungüento m.

OK [,əʊ'keɪ] adj (inf) bom (boa) ◆ adv (inf) bem; **is everything ~?** está tudo bem?; **is that ~?** pode ser?, você concorda?; **the film was ~** achei o filme mais ou menos.

okay [,əʊ'keɪ] = OK.

old [əʊld] adj velho(-lha); (former) antigo(-ga); **how ~ are you?** quantos anos você tem?; **I'm 16 years ~** tenho 16 anos; **to get ~** envelhecer.

old age n velhice f.

old age pensioner n aposentado m (-da f) (Br), reformado m (-da f) (Port).

old-fashioned [-'fæʃnd] adj antiquado(-da).

old people's home n lar m para idosos.

O level n antigo exame oficial substituído hoje em dia pelo "GCSE".

olive ['ɒlɪv] n azeitona f.

olive green adj verde-azeitona (inv).

olive oil n azeite m.

Olympic Games [ə'lɪmpɪk-] npl Jogos mpl Olímpicos.

omelette ['ɒmlɪt] n omelete f; **mushroom ~** omelete de cogumelos.

omen ['əʊmən] n presságio m.

ominous ['ɒmɪnəs] adj (silence, clouds) ameaçador(-ra); (event, sign) de mau agouro.

omission [ə'mɪʃn] n omissão f.

omit [ə'mɪt] vt omitir.

on [ɒn] prep 1. (expressing position, location) em, sobre; **it's ~ the table** está na mesa, está sobre a mesa; **put it ~ the table** ponha-o na OR sobre a mesa; **~ my right** à minha direita; **~**

the right à direita; **a picture ~ the wall** um quadro na parede; **the exhaust ~ the car** o cano de descarga do carro; **we stayed ~ a farm** ficamos numa fazenda.
2. *(with forms of transport):* **~ the plane** no avião; **to get ~ a bus** subir num ônibus.
3. *(expressing means, method)* em; **~ foot** a pé; **~ the radio** no rádio; **~ TV** na televisão; **paid ~ an hourly basis** pago por hora.
4. *(using)* a; **it runs ~ unleaded petrol** funciona com gasolina sem chumbo; **to be ~ drugs** drogar-se; **to be ~ medication** estar tomando medicamentos.
5. *(about)* sobre; **a book ~ Germany** um livro sobre a Alemanha.
6. *(expressing time):* **~ arrival** ao chegar; **~ Tuesday** na terça-feira; **~ 25th August** no dia 25 de agosto.
7. *(with regard to)* em, sobre; **a tax ~ imports** um imposto sobre as importações; **the effect ~ Britain** o impacto na Grã-Bretanha.
8. *(describing activity, state):* **~ holiday** de férias; **~ offer** *(reduced)* em promoção; **~ sale** à venda.
9. *(in phrases):* **do you have any money ~ you?** *(inf)* você tem dinheiro?; **the drinks are ~ me** as bebidas são por minha conta.
♦ *adv* 1. *(in place, covering):* **to put one's clothes ~** vestir-se; **to put the lid ~** tapar.
2. *(film, play, programme):* **the news is ~** está passando no noticiário OR o telejornal; **what's ~ at the cinema?** o que é que está passando no cinema?
3. *(with transport):* **to get ~** subir.
4. *(functioning):* **to turn sthg ~** *(TV, radio, light)* ligar OR acender algo; *(tap)* abrir algo; *(engine)* pôr algo para trabalhar.
5. *(taking place):* **how long is the festival ~?** quanto tempo dura o festival?; **the match is already ~** o jogo já começou.
6. *(further forward):* **to drive ~** continuar a dirigir.
7. *(in phrases):* **I already have something ~ tonight** já tenho planos para esta noite.
♦ *adj (TV, radio, light)* ligado(-da), aceso(-sa); *(tap)* aberto(-ta); *(engine)*

funcionando.
once [wʌns] *adv (one time)* uma vez; *(in the past)* uma vez, no passado ♦ *conj* quando, assim que; **at ~** *(immediately)* imediatamente; *(at the same time)* ao mesmo tempo; **for ~** pelo menos uma vez; **~ more** *(one more time)* mais uma vez; *(again)* outra vez.
oncoming [ˈɒnˌkʌmɪŋ] *adj (traffic)* em sentido contrário.
one [wʌn] *num* um (uma) ♦ *adj (only)* único(-ca) ♦ *pron (object, person)* um *m* (uma *f*); *(fml: you)* cada um; **thirty-~** trinta e um; **~ fifth** um quinto; **the green ~** o verde; **I want a blue ~** quero um azul; **that ~** aquele *m* (aquela *f*), esse *m* (essa *f*); **this ~** este *m* (esta *f*); **which ~?** qual?; **the ~ I told you about** aquele de que lhe falei; **~ of my friends** um dos meus amigos; **~ day** um dia.
one-armed bandit *n* slot-machine *f*.
one-man band *n (musician)* homem-orquestra *m*.
one-off *adj (inf)* único(-ca) ♦ *n (inf: event, person)* caso *m* único; *(product)* exemplar *m* único.
one-piece (swimsuit) *n* traje *m* de banho *(Br)*, fato *m* de banho *(Port)*.
oneself [wʌnˈself] *pron (reflexive)* se; *(after prep)* si próprio OR mesmo (si própria OR mesma).
one-sided [-ˈsaɪdɪd] *adj (unequal)* desigual; *(biased)* tendencioso(-osa), parcial.
one-way *adj (street)* de sentido único; *(ticket)* de ida.
ongoing [ˈɒnˌɡəʊɪŋ] *adj (project, discussions)* atual, em curso; *(problem)* constante.
onion [ˈʌnjən] *n* cebola *f*.
onion bhaji [-ˈbɑːdʒɪ] *n bolinho de cebola picada, farinha e condimentos, frito e servido como entrada.*
onion rings *npl rodelas de cebolas, fritas em massa mole.*
online [ˈɒnlaɪn] *adj & adv* (COMPUT) online, em linha.
onlooker [ˈɒnˌlʊkəʳ] *n* espectador *m* (-ra *f*), curioso *m* (-osa *f*).
only [ˈəʊnlɪ] *adj* único(-ca) ♦ *adv* só; **he's an ~ child** ele é filho único; **I ~ want one** só quero um; **we've ~ just arrived** acabamos de chegar; **there's ~ just enough** só tem a conta certa;

"members ~" "só para membros"; not ~ não só.

onset ['ɒn,set] n início m.

onshore ['ɒn ʃɔːr] adj (wind) costeiro (-ra); (oil production) em terra.

onslaught ['ɒn,slɔːt] n investida f.

onto ['ɒntuː] prep (with verbs of movement) para (cima de); **to get ~ sb** (telephone) contatar alguém (pelo telefone).

onward ['ɒnwəd] adv = onwards ♦ adj: **the ~ journey** o resto da viagem.

onwards ['ɒnwədz] adv (forwards) para a frente, para diante; **from now ~** daqui em diante; **from October ~** de outubro em diante.

ooze [uːz] vt (charm, confidence) respirar ♦ vi ressudar; **to ~ from** OR **out of sthg** ressudar de algo.

opal ['əʊpl] n opala f.

opaque [əʊ'peɪk] adj opaco(-ca).

open ['əʊpn] adj aberto(-ta); (honest) franco(-ca) ♦ vt abrir; (start) iniciar ♦ vi (door, window, lock) abrir-se; (shop, office, bank) abrir; (start) iniciar-se, começar; **are you ~ at the weekend?** está aberto ao fim de semana?; **wide ~** completamente aberto; **in the ~ (air)** ao ar livre.
❑ **open onto** vt fus dar para.
❑ **open up** vi abrir.

open-air adj ao ar livre.

opener ['əʊpnər] n abridor m.

opening ['əʊpnɪŋ] n abertura f; (opportunity) oportunidade f.

opening hours npl horário m de funcionamento.

openly ['əʊpnlɪ] adv abertamente.

open-minded [-'maɪndɪd] adj aberto(-ta), sem preconceitos.

open-plan adj sem divisórias.

open sandwich n canapé m (Br), sandes f inv aberta (Port).

Open University n (Brit): **the ~ a** Universidade Aberta.

opera ['ɒprə] n ópera f.

opera house n teatro m de ópera.

operate ['ɒpəreɪt] vt (machine) trabalhar com ♦ vi (work) funcionar; **to ~ on sb** operar alguém.

operating room ['ɒpəreɪtɪŋ-] n (Am) = operating theatre.

operating theatre ['ɒpəreɪtɪŋ-] n (Brit) sala f de operações.

operation [,ɒpə'reɪʃn] n operação f; **to be in ~** (law, system) estar em vigor;

to have an ~ ser operado.

operational [,ɒpə'reɪʃənl] adj operacional.

operator ['ɒpəreɪtər] n (on phone) telefonista mf.

opinion [ə'pɪnjən] n opinião f; **in my ~** na minha opinião.

opinionated [ə'pɪnjəneɪtɪd] adj opinioso(-osa) (Br), pirrónico(-ca) (Port).

opinion poll n pesquisa f de opinião pública (Br), sondagem f de opinião (Port).

opponent [ə'pəʊnənt] n adversário m (-ria f).

opportunist [,ɒpə'tjuːnɪst] n oportunista mf.

opportunity [,ɒpə'tjuːnətɪ] n oportunidade f.

oppose [ə'pəʊz] vt opor-se a.

opposed [ə'pəʊzd] adj: **to be ~ to** opor-se a.

opposing [ə'pəʊzɪŋ] adj oposto (-osta).

opposite ['ɒpəzɪt] adj oposto(-osta) ♦ prep em frente de, frente a ♦ n: **the ~ (of)** o oposto (de), o contrário (de); **I live in the house ~** vivo na casa em frente.

opposition [,ɒpə'zɪʃn] n (objections) oposição f; (SPORT) adversário m; **the Opposition** (POL) a oposição.

oppress [ə'pres] vt oprimir.

opt [ɒpt] vt: **to ~ to do sthg** optar por fazer algo.

optical ['ɒptɪkl] adj ótico(-ca).

optician's [ɒp'tɪʃns] n (shop) oculista m.

optimist ['ɒptɪmɪst] n otimista mf.

optimistic [,ɒptɪ'mɪstɪk] adj otimista.

optimum ['ɒptɪməm] (pl -mums, fml -ma [-mə]) adj ideal.

option ['ɒpʃn] n opção f.

optional ['ɒpʃənl] adj facultativo (-va).

or [ɔːr] conj ou; (after negative) nem; (otherwise) senão; **I can't read ~ write** não sei ler nem escrever.

OR abbr = operating room.

oral ['ɔːrəl] adj oral ♦ n oral f.

orally ['ɔːrəlɪ] adv (in spoken form) oralmente; (via the mouth) por via oral.

orange ['ɒrɪndʒ] adj cor-de-laranja (inv) ♦ n (fruit) laranja f; (colour) cor-de-laranja m inv.

orange juice n suco m de laranja (Br), sumo m de laranja (Port).

orange squash *n (Brit)* laranjada *f* (sem gás).

orbit ['ɔ:bɪt] *n* órbita *f*.

orbital (motorway) ['ɔ:bɪtl-] *n (Brit)* auto-estrada *f (em torno de uma grande cidade)*.

orchard ['ɔ:tʃəd] *n* pomar *m*.

orchestra ['ɔ:kɪstrə] *n* orquestra *f*.

orchestral [ɔ:'kestrəl] *adj* para orquestra, orquestral.

orchid ['ɔ:kɪd] *n* orquídea *f*.

ordeal [ɔ:'di:l] *n* experiência *f* traumática.

order ['ɔ:dəʳ] *n* ordem *f; (in restaurant)* pedido *m; (COMM)* encomenda *f* ♦ *vt (command)* mandar; *(food, drink)* pedir; *(taxi)* chamar; *(COMM)* encomendar ♦ *vi (in restaurant)* pedir; **in ~ to** para; **out of ~** *(not working)* quebrado(-da) *(Br)*, avariado(-da) *(Port)*; **in working ~** a funcionar; **to ~ sb to do sthg** mandar alguém fazer algo.

order form *n* folha *f* de encomenda.

orderly ['ɔ:dəlɪ] *adj* ordenado(-da) ♦ *n (in hospital)* auxiliar *mf*.

ordinarily ['ɔ:dənrəlɪ, *Am* ,ɔ:rdn'erəlɪ] *adv* geralmente.

ordinary ['ɔ:dənrɪ] *adj* comum.

ore [ɔ:ʳ] *n* minério *m*.

oregano [,ɒrɪ'gu:nəʊ] *n* orégão *m*.

organ ['ɔ:gən] *n* órgão *m*.

organic [ɔ:'gænɪk] *adj* orgânico(-ca).

organization [,ɔ:gənaɪ'zeɪʃn] *n* organização *f*.

organize ['ɔ:gənaɪz] *vt* organizar.

organizer ['ɔ:gənaɪzəʳ] *n (person)* organizador *m (-ra f); (diary)* agenda *f*.

orgasm ['ɔ:gæzm] *n* orgasmo *m*.

oriental [,ɔ:rɪ'entl] *adj* oriental.

orientate ['ɔ:rɪentet] *vt*: **to ~ o.s.** orientar-se.

orienteering [,ɔ:rɪen'tɪərɪŋ] *n* orientação *f*; **to go ~** fazer orientação.

origami [,ɒrɪ'gu:mɪ] *n* arte japonesa de dobrar papel criando formas de flores, animais, etc.

origin ['ɒrɪdʒɪn] *n* origem *f*.

original [ə'rɪdʒənl] *adj* original.

originally [ə'rɪdʒənəlɪ] *adv (formerly)* inicialmente.

originate [ə'rɪdʒəneɪt] *vi*: **to ~ (from)** nascer (de).

Orkney Islands ['ɔ:knɪ-] *npl*: **the ~** as ilhas Órcades.

Orkneys ['ɔ:knɪz] = **Orkney Islands**.

ornament ['ɔ:nəmənt] *n (object)* peça *f* de decoração.

ornamental [,ɔ:nə'mentl] *adj* decorativo(-va).

ornate [ɔ:'neɪt] *adj* ornado(-da).

ornithology [,ɔ:nɪ'θɒlədʒɪ] *n* ornitologia *f*.

orphan ['ɔ:fn] *n* órfão *m* (-fã *f*).

orphanage ['ɔ:fənɪdʒ] *n* orfanato *m*.

orthodox ['ɔ:θədɒks] *adj* ortodoxo(-xa).

orthopaedic [,ɔ:θə'pi:dɪk] *adj* ortopédico(-ca).

oscillate ['ɒsɪleɪt] *vi* oscilar.

Oslo ['ɒzləʊ] *n* Oslo *s*.

ostensible ['stensəbl] *adj* aparente.

ostentatious [,ɒstən'teɪʃəs] *adj* pretensioso(-osa).

osteopath ['ɒstɪəpæθ] *n* osteopata *mf*.

ostracize ['ɒstrəsaɪz] *vt* marginalizar; *(from party, union)* condenar ao ostracismo.

ostrich ['ɒstrɪtʃ] *n* avestruz *f*.

other ['ʌðəʳ] *adj* outro(-tra) ♦ *adv*: **~ than** exceto; **the ~ (one)** o outro (a outra); **the ~ day** no outro dia; **one after the ~** um depois do outro.

⊐ **others** *pron pl (additional ones)* outros *mpl* (-tras *fpl*); **the ~s** *(remaining ones)* os outros (as outras).

otherwise ['ʌðəwaɪz] *adv (or else)* senão; *(apart from that)* de resto; *(differently)* de outro modo.

otter ['ɒtəʳ] *n* lontra *f*.

ouch [aʊtʃ] *excl* ai!, au!

ought [ɔ:t] *aux vb* dever; **you ~ to have gone** você devia ter ido; **you ~ to see a doctor** você devia ir ao médico; **the car ~ to be ready by Friday** o carro deve estar pronto sexta-feira.

ounce [aʊns] *n* = 28,35 gr, onça *f*.

our ['aʊəʳ] *adj* nosso(-a); **~ books** os nossos livros.

ours ['aʊəz] *pron* o nosso (a nossa); **a friend of ~** um amigo nosso; **these shoes are ~** estes sapatos são (os) nossos; **~ are here – where are yours?** os nossos estão aqui – onde estão os seus?

ourselves [aʊə'selvz] *pron (reflexive)* nos; *(after prep)* nós *mpl* mesmos OR próprios (nós *fpl* mesmas OR próprias); **we did it ~** nós mesmos OR próprios o fizemos; **we hurt ~** nós nos machucamos.

oust [aʊst] vt (fml): **to ~ sb from sthg** obrigar alguém a sair de algo.

out [aʊt] adj **1.** (light, cigarette) apagado(-da).
2. (wrong): **the bill's £10 ~** há um erro de dez libras na conta.
♦ adv **1.** (outside) fora; **to get/go ~ (of)** sair (de); **it's cold ~ today** está frio lá fora hoje; **he looked ~** ele olhou para fora.
2. (not at home, work) fora; **to be ~** não estar em casa; **to go ~** sair.
3. (so as to be extinguished): **to turn sthg ~** apagar algo; **put your cigarette ~** apague o cigarro.
4. (expressing removal): **to pour sthg ~** despejar algo, jogar algo fora; **to take money ~** (from cashpoint) retirar dinheiro; **to take sthg ~ (of)** tirar algo (de).
5. (outwards): **to stick ~** sobressair.
6. (expressing distribution): **to hand sthg ~** distribuir algo.
7. (in phrases): **to get enjoyment ~ of sthg** divertir-se com algo; **stay ~ of the sun** não se exponha ao sol; **made ~ of wood** (feito) de madeira; **five ~ of ten women** cinco em cada dez mulheres; **I'm ~ of cigarettes** não tenho cigarros.

outback ['aʊtbæk] n: **the ~** o interior australiano.

outboard (motor) ['aʊtbɔːd-] n motor m de borda.

outbreak ['aʊtbreɪk] n (of disease) surto m; (of violence) deflagração f.

outburst ['aʊtbɜːst] n explosão f.

outcast ['aʊtkɑːst] n marginalizado m (-da f), pária mf.

outcome ['aʊtkʌm] n resultado m.

outcrop ['aʊtkrɒp] n afloramento m.

outcry ['aʊtkraɪ] n clamor m (de protesto), protesto m.

outdated [aʊt'deɪtɪd] adj ultrapassado(-da).

outdo [aʊt'duː] (pt -did, pp -done) vt ultrapassar, vencer.

outdoor ['aʊtdɔːr] adj (swimming pool, activities) ao ar livre.

outdoors [aʊt'dɔːz] adv aó ar livre.

outer ['aʊtər] adj exterior, externo (-na).

outer space n espaço m (exterior).

outfit ['aʊtfɪt] n (clothes) roupa f.

outgoing ['aʊtgəʊɪŋ] adj (mail, train) de saída; (friendly, sociable) extrovertido(-da), aberto(-ta).

❑ **outgoings** npl (Brit) gastos mpl.

outing ['aʊtɪŋ] n excursão f, saída f.

outlaw ['aʊtlɔː] n foragido m (-da f)
♦ vt (make illegal) proibir.

outlay ['aʊtleɪ] n despesa f, gasto m.

outlet ['aʊtlet] n (pipe) saída f; **"no ~"** (Am) sinal que indica que a rua não tem saída.

outline ['aʊtlaɪn] n (shape) contorno m; (description) linhas fpl gerais, esboço m.

outlive [aʊt'lɪv] vt (subj: person) sobreviver a.

outlook ['aʊtlʊk] n (for future) perspectiva f; (of weather) previsão f; (attitude) atitude f.

outlying ['aʊtlaɪɪŋ] adj (remote) remoto(-ta); (on edge of town) periférico(-ca).

outnumber [aʊt'nʌmbər] vt ultrapassar OR exceder em número.

out-of-date adj (old-fashioned) antiquado(-da); (passport, licence) expirado(-da) (Br), caducado(-da) (Port).

out of doors adv ao ar livre.

outpatients' (department) ['aʊtpeɪʃnts-] n ambulatório m (Br), consultas fpl externas (Port).

output ['aʊtpʊt] n (of factory) produção f; (COMPUT: printout) impressão f.

outrage ['aʊtreɪdʒ] n (cruel act) atrocidade f.

outrageous [aʊt'reɪdʒəs] adj (shocking) escandaloso(-osa).

outright [aʊt'raɪt] adv (tell, deny) categoricamente; (own) completamente, totalmente.

outset ['aʊtset] n: **from/at the ~** desde o/no início.

outside [adv aʊt'saɪd, adj, prep & n 'aʊtsaɪd] adv lá fora ♦ prep fora de; (in front of) em frente de ♦ adj (exterior) exterior; (help, advice) independente
♦ n: **the ~** (of building, car, container) o exterior; (AUT: in UK) a faixa direita; (AUT: in Europe, US) a faixa esquerda; **~ of** (Am) (on the outside of) fora de; (apart from) excepto; **let's go ~** vamos lá para fora; **an ~ line** uma linha externa.

outside lane n (AUT) (in UK) faixa f direita; (in Europe, US) faixa f esquerda.

outsider [aʊt'saɪdər] n (socially) estranho m (-nha f); (in horse race) cavalo que não estava entre os favoritos.

outsize ['aʊtsaɪz] adj (clothes) de

tamanho extra grande.
outskirts [ˈaʊtskɜːts] *npl* arredores
mpl.
outspoken [ˌaʊtˈspəʊkn] *adj* direto
(-ta); *(critic)* assumido(-da).
outstanding [ˌaʊtˈstændɪŋ] *adj (remarkable)* notável; *(problem, debt)* pendente.
outstay [ˌaʊtˈsteɪ] *vt*: to ~ one's welcome abusar da hospitalidade de
alguém.
outstretched [ˌaʊtˈstretʃt] *adj* esten-
dido(-da).
outstrip [ˌaʊtˈstrɪp] *vt (do better than)*
ganhar de, vencer.
outward [ˈaʊtwəd] *adj (journey)* de
ida; *(external)* exterior.
outwardly [ˈaʊtwədlɪ] *adv* aparentemente.
outwards [ˈaʊtwədz] *adv* para fora.
outweigh [aʊtˈweɪ] *vt* pesar mais (do)
que.
outwit [ˌaʊtˈwɪt] *vt* passar a perna
em.
oval [ˈəʊvl] *adj* oval.
ovary [ˈəʊvərɪ] *n* ovário *m*.
ovation [əʊˈveɪʃn] *n* ovação *f*.
oven [ˈʌvn] *n* forno *m*.
oven glove *n* luva *f* de cozinha.
ovenproof [ˈʌvnpruːf] *adj* refratá-
rio(-ria).
oven-ready *adj* pronto(-ta) para
assar (no forno).
over [ˈəʊvə'] *prep* 1. *(above)* por cima
de; **a bridge ~ the road** uma ponte por
cima da estrada.
2. *(across)* por cima de; **with a view ~
the square** com vista sobre a praça; **to
step ~ sthg** passar por cima de algo;
it's just ~ the road é logo do outro
lado da rua.
3. *(covering)* sobre; **put a plaster ~ the
wound** põe um band-aid na ferida.
4. *(more than)* mais de; **it cost ~
£1,000** custou mais de 1.000 libras.
5. *(during)* em; **~ the past two years**
nos últimos dois anos.
6. *(with regard to)* sobre; **an argument
~ the price** uma discussão sobre o
preço.
♦ *adv* 1. *(downwards)*: **to bend ~**
abaixar-se; **to fall ~** cair; **to push sthg
~** empurrar algo.
2. *(referring to position, movement)*: **to
fly ~ to Canada** ir ao Canadá de avião;
~ here aqui; **~ there** ali.

3. *(round to other side)*: **to turn sthg ~**
virar algo.
4. *(more)*: **children aged 12 and ~**
crianças com 12 anos ou mais.
5. *(remaining)*: **to be (left) ~** restar.
6. *(to one's house)*: **to invite sb ~ for
dinner** convidar alguém para jantar.
7. *(in phrases)*: **all ~ the world/country**
por todo o mundo/país.
♦ *adj (finished)*: **to be ~** acabar, terminar; **it's (all) ~!** acabou-se!
overall [*adv* ˌəʊvərˈɔːl] *adv
(in general)* no geral ♦ *n (Brit: coat)* bata
f; *(Am: boiler suit)* macacão *m (Br)*, fato-
macaco *m (Port)*; **how much does it
cost ~?** quanto custa ao todo?.
❑ **overalls** *npl (Brit: boiler suit)*
macacão *m (Br)*, fato-macaco *m (Port)*;
(Am: dungarees) jardineiras *fpl*.
overawe [ˌəʊvərˈɔː] *vt* impressionar.
overbearing [ˌəʊvəˈbeərɪŋ] *adj* auto-
ritário(-ria).
overboard [ˈəʊvəbɔːd] *adv (from ship)*
ao mar.
overbooked [ˌəʊvəˈbʊkt] *adj (flight)*:
to be ~ ter mais reservas que lugares.
overcame [ˌəʊvəˈkeɪm] *pt* → **overcome**.
overcast [ˌəʊvəˈkɑːst] *adj* enco-
berto(-ta).
overcharge [ˌəʊvəˈtʃɑːdʒ] *vt* cobrar
demasiado a.
overcoat [ˈəʊvəkəʊt] *n* sobretudo *m*.
overcome [ˌəʊvəˈkʌm] *(pt* -came, *pp*
-come) *vt (defeat)* vencer.
overcooked [ˌəʊvəˈkʊkt] *adj* cozido
(-da) demais OR demasiado.
overcrowded [ˌəʊvəˈkraʊdɪd] *adj*
superlotado(-da); *(country)* com excesso populacional.
overcrowding [ˌəʊvəˈkraʊdɪŋ] *n*
superlotação *f*; *(of country)* excesso *m*
populacional.
overdo [ˌəʊvəˈduː] *(pt* -did, *pp* -done)
vt (exaggerate) exagerar em; **to ~ it**
exagerar.
overdone [ˌəʊvəˈdʌn] *pp* → **overdo**
♦ *adj (food)* cozido(-da) demais OR
demasiado.
overdose [ˈəʊvədəʊs] *n* overdose *f*,
dose *f* excessiva.
overdraft [ˈəʊvədrɑːft] *n* saldo *m*
negativo.
overdrawn [ˌəʊvəˈdrɔːn] *adj*: **to be ~**
estar com saldo negativo.
overdue [ˌəʊvəˈdjuː] *adj* atrasado(-da).

over easy adj (Am: egg) frito(-ta) dos dois lados.

overestimate [,əʊvər'estɪmeɪt] vt (quantity, bill) exagerar (no cálculo de); (enthusiasm, importance) sobrestimar.

overexposed [,əʊvərɪk'spəʊzd] adj (photograph) demasiado exposto (-osta).

overflow [vb ,əʊvə'fləʊ, n 'əʊvəfləʊ] vi transbordar ♦ n (pipe) cano m de descarga.

overgrown [,əʊvə'grəʊn] adj coberto(-ta) de ervas daninhas.

overhaul [,əʊvə'hɔːl] n (of machine, car) revisão f.

overhead [adj 'əʊvəhed, adv ,əʊvə'hed] adj aéreo(-rea) ♦ adv no alto.

overhead locker n compartimento m superior.

overhead projector n retroprojetor m.

overhear [,əʊvə'hɪər] (pt & pp -heard) vt ouvir (casualmente).

overheat [,əʊvə'hiːt] vi aquecer demais.

overjoyed [,əʊvə'dʒɔɪd] adj: to be ~ (at sthg) estar contentíssimo(-ma) (com algo).

overland [,əʊvə'lænd] adv por terra.

overlap [,əʊvə'læp] vi sobrepor-se.

overleaf [,əʊvə'liːf] adv no verso.

overload [,əʊvə'ləʊd] vt sobrecarregar.

overlook [vb ,əʊvə'lʊk, n 'əʊvəlʊk] vt (subj: building, room) dar para; (miss) não reparar em ♦ n: (scenic) ~ (Am) miradouro m.

overnight [adv ,əʊvə'naɪt, adj 'əʊvənaɪt] adv (during the night) durante a noite ♦ adj (train, journey) noturno(-na); why don't you stay ~? por que é que você não fica para dormir?

overnight bag n saco m de viagem.

overpass ['əʊvəpɑːs] n viaduto m.

overpower [,əʊvə'paʊər] vt (in fight) dominar; (fig: overwhelm) tomar conta de.

overpowering [,əʊvə'paʊərɪŋ] adj intenso(-sa).

overran [,əʊvə'ræn] pt → overrun.

overrated [,əʊvə'reɪtɪd] adj: I think the film is totally ~ não acho que o filme seja tão bom como se diz.

override [,əʊvə'raɪd] (pt -rode, pp -ridden) vt (be more important than) pre-

valecer sobre; (overrule: decision) ir contra.

overrule [,əʊvə'ruːl] vt (person) desautorizar; (decision) ir contra; (objection, request) rejeitar, negar.

overrun [,əʊvə'rʌn] (pt -ran, pp -run) vi (last too long) alongar-se, ultrapassar o tempo previsto ♦ vt (occupy) invadir; to be ~ with sthg (fig: covered, filled) ser invadido(-da) por algo.

oversaw [,əʊvə'sɔː] pt → oversee.

overseas [adv ,əʊvə'siːz, adj 'əʊvəsiːz] adv (go) para o estrangeiro; (live) no estrangeiro ♦ adj estrangeiro(-ra); ~ territories territórios mpl ultramarinos.

oversee [,əʊvə'siː] (pt -saw, pp -seen) vt supervisionar.

overseer ['əʊvə,siːər] n supervisor m (-ra f).

overshadow [,əʊvə'ʃædəʊ] vt: to be ~ed by (eclipsed) ser ofuscado(-da) por; (spoiled) ser toldado(-da) por.

overshoot [,əʊvə'ʃuːt] (pt & pp -shot) vt passar.

oversight ['əʊvəsaɪt] n descuido m.

oversleep [,əʊvə'sliːp] (pt & pp -slept) vi dormir demais, acordar tarde (Port).

overt ['əʊvɜːt, əʊ'vɜːt] adj manifesto(-ta), notório(-ria).

overtake [,əʊvə'teɪk] (pt -took, pp -taken) vt & vi ultrapassar; "no overtaking" "proibido ultrapassar."

overthrow [vb ,əʊvə'θrəʊ, n 'əʊvəθrəʊ] (pt -threw, pp -thrown) n (of government) derrube m (Port), derrubada f (Br) ♦ vt (government, president) derrubar.

overtime ['əʊvətaɪm] n horas fpl extraordinárias.

overtones ['əʊvətəʊnz] npl (of anger, jealousy) ponta f; (political) implicações fpl.

overtook [,əʊvə'tʊk] pt → overtake.

overture ['əʊvə,tjʊər] n (MUS) abertura f.

overturn [,əʊvə'tɜːn] vi (boat) virar; (car) capotar.

overweight [,əʊvə'weɪt] adj gordo (-da).

overwhelm [,əʊvə'welm] vt: I was ~ed with joy fiquei feliz da vida.

overwhelming [,əʊvə'welmɪŋ] adj (feeling, quality) tremendo(-da); (victory, defeat, majority) esmagador(-ra).

overwork [,əʊvə'wɜːk] vt (staff, per-

son) sobrecarregar (com trabalho).
owe [əʊ] *vt* dever; **to ~ sb sthg** dever algo a alguém; **owing to** devido a.
owl [aʊl] *n* mocho *m*, coruja *f*.
own [əʊn] *adj* próprio(-pria) ♦ *vt* possuir, ter ♦ *pron*: **my ~** o meu (a minha); **a house of my ~** uma casa só minha; **on my ~** sozinho(-nha); **to get one's ~ back** vingar-se.
❏ **own up** *vi*: **to ~ up (to sthg)** confessar (algo), admitir (algo).
owner [ˈəʊnər] *n* proprietário *m* (-ria *f*), dono *m* (-na *f*).
ownership [ˈəʊnəʃɪp] *n* posse *f*.

ox [ɒks] (*pl* **oxen**) *n* boi *m*.
Oxbridge [ˈɒksbrɪdʒ] *n as Universidades de Oxford e Cambridge.*
oxen [ˈɒksn] *pl* → **ox.**
oxtail soup [ˈɒksteɪl-] *n* sopa *f* de rabo de boi.
oxygen [ˈɒksɪdʒən] *n* oxigênio *m*.
oyster [ˈɔɪstər] *n* ostra *f*.
oz *abbr* = **ounce.**
ozone [ˈəʊzəʊn] *n* ozônio *m*.
ozone-friendly *adj* que não danifica a camada de ozônio.
ozone layer *n* camada *f* de ozônio.

P

p *abbr* = **penny, pence;** *(abbr of page)* pág.

pa [pɑː] *n (inf)* pai *m*.

PA *abbr (Brit)* = **personal assistant, public address system.**

pace [peɪs] *n (speed)* ritmo *m*; *(step)* passo *m*.

pacemaker ['peɪs,meɪkə'] *n (for heart)* marcapasso *m (Br)*, pacemaker *m (Port)*.

Pacific [pə'sɪfɪk] *n*: **the ~ (Ocean)** o (Oceano) Pacífico.

pacifier ['pæsɪfaɪə'] *n (Am: for baby)* chupeta *f*, chucha *f (Port)*.

pacifist ['pæsɪfɪst] *n* pacifista *mf*.

pack [pæk] *n (packet)* pacote *m*; *(of cigarettes)* maço *m*; *(Brit: of cards)* baralho *m*; *(rucksack)* mochila *f* ♦ *vt (suitcase, bag)* fazer; *(clothes, camera etc)* colocar na mala; *(to package)* empacotar ♦ *vi (for journey)* fazer as malas; **a ~ of lies** um monte de mentiras; **to ~ sthg into sthg** colocar algo em algo; **to ~ one's bags** fazer as malas.

❑ **pack up** *vi (pack suitcase)* fazer as malas; *(tidy up)* arrumar; *(Brit: inf: machine, car)* parar.

package ['pækɪdʒ] *n* pacote *m* ♦ *vt* empacotar.

package deal *n* acordo *m* global, acordo ou oferta cujas condições têm de ser todas respeitadas e aceitas.

package holiday *n* férias *fpl* com tudo incluído.

package tour *n* excursão *f* organizada.

packaging ['pækɪdʒɪŋ] *n (material)* embalagem *f*.

packed [pækt] *adj (crowded)* cheio (cheia).

packed lunch *n* almoço *m (que se leva de casa para a escola ou para o trabalho)*.

packet ['pækɪt] *n* pacote *m*; **it cost a**

~ *(Brit: inf)* custou um dinheirão.

packing ['pækɪŋ] *n (material)* embalagem *f*; **to do one's ~** fazer as malas.

pact [pækt] *n* pacto *m*.

pad [pæd] *n (of paper)* bloco *m*; *(of cotton wool)* disco *m*; *(of cloth)* almofada *f*; **elbow ~** cotoveleira *f*; **knee ~** joelheira *f*; **shin ~** caneleira *f*.

padded ['pædɪd] *adj (jacket)* acolchoado(-da); *(seat)* almofadado(-da).

padded envelope *n* envelope *m* almofadado.

padding ['pædɪŋ] *n (material)* forro *m*.

paddle ['pædl] *n (pole)* remo *m (pequeno)* ♦ *vi (wade)* chapinhar, patinhar; *(in canoe)* remar.

paddle boat *n* barco *m* a vapor *(com rodas propulsoras)*.

paddle steamer *n* barco *m* a vapor *(com rodas propulsoras)*.

paddling pool ['pædlɪŋ-] *n* piscina *f* para crianças.

paddock ['pædək] *n (at racecourse)* paddock *m*, recinto nos hipódromos para onde são levados os cavalos antes das corridas.

paddy field ['pædɪ-] *n* arrozal *m*.

padlock ['pædlɒk] *n* cadeado *m*.

pagan ['peɪgən] *adj* pagão(-gã) ♦ *n* pagão *m* (-gã *f*).

page [peɪdʒ] *n* página *f* ♦ *vt* chamar; **"paging Mr Hill"** "chamando o Sr. Hill".

paid [peɪd] *pt & pp* → **pay** ♦ *adj* pago(-ga).

pain [peɪn] *n* dor *f*; **to be in ~** estar com dores; **he's such a ~!** *(inf)* ele é um saco!

❑ **pains** *npl (trouble)* esforço *m*, trabalho *m*.

pained [peɪnd] *adj* angustiado(-da).

painful ['peɪnfʊl] *adj* doloroso(-osa).

painfully ['peɪnfʊlɪ] *adv (distressingly)*

penosamente; *(for emphasis)* extrema-mente.

painkiller ['peɪn,kɪləʳ] *n* analgésico *m*.

painless ['peɪnlɪs] *adj (operation, death)* indolor; *(unproblematic)* fácil.

painstaking ['peɪnz,teɪkɪŋ] *adj (worker)* meticuloso(-osa); *(attention, detail, care)* extremo(-ma).

paint [peɪnt] *n* tinta *f* ◆ *vt & vi* pintar; **to ~ one's nails** pintar as unhas.

⌐ **paints** *npl (tubes, pots etc)* tintas *fpl*.

paintbrush ['peɪntbrʌʃ] *n (of decorator)* broxa *f*; *(of artist)* pincel.

painter ['peɪntəʳ] *n* pintor *m* (-ra *f*).

painting ['peɪntɪŋ] *n (activity)* pintura *f*; *(picture)* quadro *m*.

paint stripper [-'strɪpəʳ] *n* removedor *m* de tinta.

paintwork ['peɪntwɜːk] *n* pintura *f*.

pair [peəʳ] *n (of two things)* par *m*; **in ~s** aos pares; **a ~ of pliers** um alicate; **a ~ of scissors** uma tesoura; **a ~ of shorts** um calção *(Br)*, uns calções *(Port)*; **a ~ of tights** uma meia-calça *(Br)*, uns collants *(Port)*; **a ~ of trousers** uma calça *(Br)*, um par de calças *(Port)*.

pajamas [pəˈdʒɑːməz] *(Am)* = **pyjamas.**

Pakistan [Brit ˌpɑːkɪˈstɑːn, Am ˌpækɪˈstæn] *n* Paquistão *m*.

Pakistani [Brit ˌpɑːkɪˈstɑːnɪ, Am ˌpækɪˈstænɪ] *adj* paquistanês(-esa) ◆ *n (person)* paquistanês *m* (-esa *f*).

pakora [pəˈkɔːrə] *npl especialidade indiana feita com legumes fritos numa massa mole picante, servido como entrada com molhos picantes.*

pal [pæl] *n (inf)* amigo *m* (-ga *f*).

palace ['pælɪs] *n* palácio *m*.

palatable ['pælətəbl] *adj* saboroso(-osa).

palate ['pælət] *n* paladar *m*.

pale [peɪl] *adj* pálido(-da).

pale ale *n* cerveja *f (clara e fraca)*.

Palestine ['pæləstaɪn] *n* Palestina *f*.

Palestinian [ˌpæləˈstɪnɪən] *adj* palestiniano(-na), palestino(-na) ◆ *n (person)* palestiniano *m* (-na *f*), palestino *m* (-na *f*).

palette ['pælət] *n* paleta *f*.

palm [pɑːm] *n (of hand)* palma *f*; **~ (tree)** palmeira *f*.

Palm Sunday *n* Domingo *m* de Ramos.

palpitations [ˌpælpɪˈteɪʃnz] *npl* palpitações *fpl*.

paltry ['pɔːltrɪ] *adj* mísero(-ra).

pamper ['pæmpəʳ] *vt* mimar.

pamphlet ['pæmflɪt] *n* folheto *m*.

pan [pæn] *n* panela *f*, tacho *m (Port)*.

pancake ['pænkeɪk] *n* panqueca *f*.

Pancake Day *n (Brit)* = terça-feira *f* de Carnaval, Dia *m* de Entrudo *(Port)*.

pancake roll *n* crepe *m* chinês.

panda ['pændə] *n* panda *m*.

panda car *n (Brit)* carro *m* da polícia.

pandemonium [ˌpændɪˈməʊnjəm] *n* pandemônio *m*.

pander ['pændəʳ] *vi*: **to ~ to sb's every whim** fazer todas as vontades a alguém; **the tabloid press ~s to popular prejudice** a imprensa sensacionalista gosta de alimentar os preconceitos dos seus leitores.

pane [peɪn] *n* vidro *m*, vidraça *f*.

panel ['pænl] *n (of wood)* painel *m*; *(group of experts)* equipe *f*; *(on TV, radio)* grupo *m* de convidados.

paneling ['pænəlɪŋ] *(Am)* = **panelling.**

panelling ['pænəlɪŋ] *n (Brit)* painéis *mpl*.

pang [pæŋ] *n* pontada *f*; **to feel ~s of guilt** ter a consciência pesada.

panic ['pænɪk] *(pt & pp* -**ked,** *cont* -**king)** *n* pânico *m* ◆ *vi* entrar em pânico.

panic-stricken [-'strɪkn] *adj* apavorado(-da), tomado(-da) pelo pânico.

panniers ['pænɪəz] *npl (for bicycle)* bolsas *fpl* para bicicleta.

panorama [ˌpænəˈrɑːmə] *n* panorama *m*.

panoramic [ˌpænəˈræmɪk] *adj* panorâmico(-ca).

pansy ['pænzɪ] *n (flower)* amor-perfeito *m*.

pant [pænt] *vi* arfar, ofegar.

panther ['pænθəʳ] *(pl inv* OR -**s)** *n* pantera *f*.

panties ['pæntɪz] *npl (inf)* calcinha *f (Br)*, cuecas *fpl (Port)*.

pantomime ['pæntəmaɪm] *n (Brit)* pantomima *f*.

pantry ['pæntrɪ] *n* despensa *f*.

pants [pænts] *npl (Brit: underwear)* cueca *f (Br)*, cuecas *fpl (Port)*; *(Am: trousers)* calça *f (Br)*, calças *fpl (Port)*.

panty hose ['pæntɪ-] *npl (Am)* meia-calça *f (Br)*, collants *mpl (Port)*.

papa [pəˈpɑː] *n* papá *m*.

papadum ['pæpədəm] *n tipo de bola-*

cha, *tipicamente indiana, frita, fina e
estaladiça.*

paper ['peɪpər] *n (material)* papel *m;
(newspaper)* jornal *m; (exam)* prova *f;
(at university)* exame *m,* frequência *f*
♦ *adj* de papel ♦ *vt* decorar (com papel
de parede); **a piece of ~** *(sheet)* uma
folha de papel; *(scrap)* um pedaço de
papel.
❑ **papers** *npl (documents)* papéis *mpl,*
documentos *mpl.*

paperback ['peɪpəbæk] *n* livro *m* bro-
chado.

paper bag *n* saco *m* de papel.

paperboy ['peɪpəbɔɪ] *n rapaz que dis-
tribui jornais de casa em casa.*

paper clip *n* clipe *m.*

papergirl ['peɪpəgɜːl] *n moça que dis-
tribui jornais de casa em casa.*

paper handkerchief *n* lenço *m* de
papel.

paper knife *n* corta-papéis *m inv.*

paper shop *n* ~ tabacaria *f,* ≈
quiosque *m* de jornais.

paperweight ['peɪpəweɪt] *n* pesa-
papéis *m inv.*

paperwork ['peɪpəwɜːk] *n* papelada
f, burocracia *f*

paprika ['pæprɪkə] *n* colorau *m,*
pimentão-doce *m.*

par [pɑːr] *n (in golf)* par *m.*

paracetamol [,pærə'siːtəmɒl] *n* paracetamol *m.*

parachute ['pærəʃuːt] *n* pára-quedas
m.

parade [pə'reɪd] *n (procession)* desfile
m; (of shops) série *f* de pequenas lojas
(na mesma rua).

paradise ['pærədaɪs] *n (fig)* paraíso *m.*

paradox ['pærədɒks] *n* paradoxo *m.*

paradoxically [,pærə'dɒksɪklɪ] *adv*
paradoxalmente.

paraffin ['pærəfɪn] *n* parafina *f.*

paragraph ['pærəgrɑːf] *n* parágrafo *m.*

parallel ['pærəlel] *adj:* ~ **(to)** *(lines)*
paralelo(-la) (a).

paralysed ['pærəlaɪzd] *adj (Brit)* para-
lisado(-da), paralítico(-ca).

paralysis [pə'rælɪsɪs] *(pl* **-lyses** [-lɪsiːz])
n paralisia *f.*

paralyzed ['pærəlaɪzd] *(Am)* =
paralysed.

paramedic [,pærə'medɪk] *n* paramédi-
co *m (-ca f).*

paramount ['pærəmaʊnt] *adj* fundamental, vital; **of ~ importance** extre-

mamente importante, vital.

paranoid ['pærənɔɪd] *adj* paranói-
co(-ca).

parasite ['pærəsaɪt] *n* parasita *m.*

parasol ['pærəsɒl] *n (above table)*
guarda-sol *m (Br),* chapéu-de-sol *m
(Port); (on beach)* barraca *f* de praia *(Br),*
chapéu *m* de praia *(Port); (hand-held)*
sombrinha *f.*

parcel ['pɑːsl] *n* embrulho *m.*

parcel post *n* serviço *m* de enco-
mendas postais.

parched [pɑːtʃt] *adj (very dry)* resse-
cado(-da); **I'm ~** *(inf: very thirsty)* tenho
a garganta ressecada, estou morto de
sede.

parchment ['pɑːtʃmənt] *n* pergaminho *m.*

pardon ['pɑːdn] *excl:* ~? desculpe?,
como?; ~ **(me)!** perdão!; **I beg your ~!**
(apologizing) peço desculpa!; **I beg your
~?** *(asking for repetition)* desculpe?,
como?

parent ['peərənt] *n (father)* pai *m;
(mother)* mãe *f;* **my ~s** os meus pais.

Paris ['pærɪs] *n* Paris *s.*

parish ['pærɪʃ] *n (of church)* paróquia *f;
(village area)* = freguesia *f.*

park [pɑːk] *n* parque *m* ♦ *vt & vi (vehicle)* estacionar.

park and ride *n* sistema que consiste
em estacionar o carro nos arredores da
cidade e apanhar o ônibus para o centro.

parking ['pɑːkɪŋ] *n* estacionamento
m.

parking brake *n (Am)* freio *m* de
mão *(Br),* travão *m* de mão *(Port).*

parking lot *n (Am)* (parque *m* de)
estacionamento *m.*

parking meter *n* parquímetro *m.*

parking space *n* espaço *m* OR lugar
m para estacionar.

parking ticket *n* multa *f* (por estacionar em lugar proibido).

parliament ['pɑːləmənt] *n* parlamento *m.*

parliamentary [,pɑːlə'mentərɪ] *adj*
parlamentar.

Parmesan (cheese) [pɑːmɪ'zæn-] *n*
(queijo) parmesão *m.*

parody ['pærədɪ] *n* paródia *f* ♦ *vt*
parodiar.

parole [pə'rəʊl] *n* liberdade *f* condicional; **on ~** em liberdade condicional.

parrot ['pærət] *n* papagaio *m.*

parry ['pærɪ] *vt (blow)* esquivar-se de.

parsley ['pɑːslɪ] n salsa f.

parsnip ['pɑːsnɪp] n cherivia f, cenoura f branca.

parson ['pɑːsn] n vigário m, pároco m.

part [pɑːt] n (portion) parte f; (of machine, car) peça f; (in play, film) papel m, parte; (of serial) episódio m; (Am: in hair) risco m ◆ adv em parte, parcialmente ◆ vi (couple) separar-se; **in this ~ of Portugal** nesta parte de Portugal; **to form ~ of** fazer parte de; **to play a ~ in** desempenhar um papel em; **to take ~ in** tomar parte em; **for my ~** quanto a mim; **for the most ~** geralmente, em geral; **in these ~s** por aqui, por estas partes.

part exchange n troca f, sistema que consiste em comprar algo novo dando como parte do pagamento algo usado; **in ~ em troca.**

partial ['pɑːʃl] adj (not whole) parcial; **to be ~ to sthg** ter uma certa predileção por algo.

participant [pɑːˈtɪsɪpənt] n participante mf.

participate [pɑːˈtɪsɪpeɪt] vi: **to ~ (in)** participar (em).

participation [pɑːˌtɪsɪˈpeɪʃn] n participação f.

participle ['pɑːtɪsɪpl] n particípio m.

particle ['pɑːtɪkl] n partícula f.

particular [pəˈtɪkjʊləʳ] adj especial; (fussy) esquisito(-ta); **in ~** em particular; **nothing in ~** nada de especial.

▢ **particulars** npl (details) pormenores mpl, detalhes mpl.

particularly [pəˈtɪkjʊləlɪ] adv especialmente.

parting ['pɑːtɪŋ] n (Brit: in hair) repartido m (Br), risco m (Port).

partition [pɑːˈtɪʃn] n (wall) tabique m.

partly ['pɑːtlɪ] adv em parte.

partner ['pɑːtnəʳ] n (husband, wife) cônjuge mf; (lover) companheiro m (-ra f); (in game, dance) parceiro m (-ra f); (COMM) sócio m (-cia f).

partnership ['pɑːtnəʃɪp] n sociedade f.

partridge ['pɑːtrɪdʒ] n perdiz f.

part-time adj & adv part-time, em meio expediente.

party ['pɑːtɪ] n (for fun) festa f; (POL) partido m; (group of people) grupo m; **to have a ~** dar uma festa.

pass [pɑːs] vt passar; (move past) passar por; (law) aprovar ◆ vi passar ◆ n (SPORT, document) passe m; (in mountain) desfiladeiro m, garganta f; (in exam) suficiente m, médio m; **to ~ sb sthg** passar algo a alguém.

▢ **pass by** vt fus (building, window etc) passar por ◆ vi passar.

▢ **pass on** vt sep (message) transmitir.

▢ **pass out** vi (faint) desmaiar.

▢ **pass up** vt sep (opportunity) deixar passar.

passable ['pɑːsəbl] adj (road) transitável; (satisfactory) aceitável, satisfatório(-ria).

passage ['pæsɪdʒ] n (corridor) passagem f, corredor m; (in book) passagem f, trecho m; (sea journey) travessia f.

passageway ['pæsɪdʒweɪ] n passagem f, corredor m.

passbook ['pɑːsbʊk] n caderneta f.

passenger ['pæsɪndʒəʳ] n passageiro m (-ra f).

passerby [ˌpɑːsəˈbaɪ] n transeunte mf, passante mf.

passing ['pɑːsɪŋ] adj (trend) passageiro(-ra); (remark) de passagem.

▢ **in passing** adv por alto, de passagem.

passing place ['pɑːsɪŋ-] n (for cars) zona f para ultrapassagem.

passion ['pæʃn] n paixão f.

passionate ['pæʃənət] adj (showing strong feeling) apaixonado(-da); (sexually) ardente.

passive ['pæsɪv] n passiva f.

Passover ['pɑːsˌəʊvəʳ] n: **(the) ~** a Páscoa dos judeus.

passport ['pɑːspɔːt] n passaporte m.

passport control n controle m de passaportes.

passport photo n fotografia f para passaporte.

password ['pɑːswɜːd] n senha f.

past [pɑːst] adj passado(-da); (former) antigo(-ga) ◆ prep (further than) depois de; (in front of) em frente de ◆ n (former time) passado m ◆ adv: **to go ~** passar; **the ~ month** o mês passado; **twenty ~ four** quatro e vinte; **the ~ (tense)** (GRAMM) o passado; **in the ~** no passado.

pasta ['pæstə] n massa f.

paste [peɪst] n (spread) pasta f; (glue) cola f.

pastel ['pæstl] n (for drawing) pastel m; (colour) tom m pastel.

pasteurized ['pɑːstʃəraɪzd] adj pasteurizado(-da).

pastille ['pæstɪl] n pastilha f.
pastime ['pɑːstaɪm] n passatempo m.
past participle n particípio m passado.
pastrami [pəs'trɑːmɪ] n carne de vaca defumada e picante.
pastry ['peɪstrɪ] n (for pie) massa f; (cake) pastel m.
pasture ['pɑːstʃər] n pasto m, pastagem f.
pasty ['pæstɪ] n (Brit) empada f.
pat [pæt] vt (dog, friend) dar um tapinha (afetuosa) em.
patch [pætʃ] n (for clothes) remendo m; (of colour, damp) mancha f; (for skin) esparadrapo m (Br), penso m (Port); (for eye) pala f, penso; **a bad ~** (fig) um mau bocado.
patchwork ['pætʃwɜːk] n (of fields) colcha f de retalhos.
patchy ['pætʃɪ] adj (uneven) irregular; (incomplete) incompleto(-ta); (performance, game) com altos e baixos.
pâté ['pæteɪ] n pasta f, paté m.
patent [Brit 'peɪtənt, Am 'pætənt] n patente f.
patent leather n verniz m (cabedal).
paternal [pə'tɜːnl] adj paternal.
path [pɑːθ] n caminho m.
pathetic [pə'θetɪk] adj (pej: useless) inútil.
pathological [ˌpæθə'lɒdʒɪkl] adj patológico(-ca).
pathway ['pɑːθweɪ] n caminho m.
patience ['peɪʃns] n paciência f.
patient ['peɪʃnt] adj paciente ◆ n doente mf, paciente mf.
patio ['pætɪəʊ] (pl -s) n pátio m.
patriotic [Brit ˌpætrɪ'ɒtɪk, Am ˌpeɪtrɪ'ɒtɪk] adj patriótico(-ca).
patrol [pə'trəʊl] vt patrulhar ◆ n (group) patrulha f.
patrol car n carro m de patrulha.
patron ['peɪtrən] n (fml: customer) cliente mf; **"~s only"** "só para clientes".
patronizing ['pætrənaɪzɪŋ] adj condescendente.
patter ['pætər] n (of raindrops) tamborilar m.
pattern ['pætn] n (of shapes, colours) desenho m, padrão m; (for sewing) molde m.
patterned ['pætənd] adj estampado(-da).

paunch [pɔːntʃ] n pança f.
pause [pɔːz] n pausa f ◆ vi fazer uma pausa.
pave [peɪv] vt (with concrete, tarmac) pavimentar; (with stones) calçar; **to ~ the way for** preparar o caminho para.
pavement ['peɪvmənt] n (Brit: beside road) calçada f (Br), passeio m (Port); (Am: roadway) pavimento m, asfalto m.
pavilion [pə'vɪljən] n pavilhão m.
paving ['peɪvɪŋ] n calçamento m, pavimentação f.
paving stone n laje f.
pavlova [pæv'ləʊvə] n bolo feito de camadas de suspiro, creme batido e fruta.
paw [pɔː] n pata f.
pawn [pɔːn] vt empenhar ◆ n (in chess) peão m.
pawnbroker ['pɔːnˌbrəʊkər] n penhorista mf.
pawnshop ['pɔːnʃɒp] n casa f de penhor.
pay [peɪ] (pt & pp **paid**) vt pagar; (person) pagar a ◆ vi (give money) pagar; (be profitable) compensar, dar lucro ◆ n ordenado m, salário m; **to ~ sb for sthg** pagar a alguém (por) algo; **to ~ money into an account** depositar dinheiro numa conta; **to ~ attention (to)** prestar atenção (a); **to ~ sb a visit** visitar alguém, fazer uma visita a alguém; **to ~ by credit card** pagar com cartão de crédito.
❑ **pay back** vt sep (money) pagar; (person) pagar, devolver o dinheiro a.
❑ **pay for** vt fus (purchase) pagar (por).
❑ **pay in** vt sep (cheque, money) depositar.
❑ **pay out** vt sep (money) pagar.
❑ **pay up** vi pagar.
payable ['peɪəbl] adj (bill) pagável; **~ to** (cheque) em nome de, à ordem de.
payday ['peɪdeɪ] n dia f de pagamento.
payment ['peɪmənt] n pagamento m.
pay packet n (Brit: wages) pagamento m.
payphone ['peɪfəʊn] n telefone m público.
payroll ['peɪrəʊl] n folha f de pagamentos.
payslip ['peɪslɪp] n (Brit) recibo m de pagamento, contracheque m.
paystub ['peɪstʌb] (Am) = **payslip**.
PC n (abbr of personal computer) PC m; (Brit: abbr of police constable) policial mf

(Br), = polícia *mf (Port).*

PE *abbr* = physical education.

pea [pi:] *n* ervilha *f.*

peace [pi:s] *n* paz *f;* **to leave sb in ~** deixar alguém em paz; **~ and quiet** paz e sossego.

peaceful ['pi:sful] *adj (place, day, feeling)* calmo(-ma); *(demonstration)* pacífico(-ca).

peacetime ['pi:staɪm] *n* tempo *m* de paz.

peach [pi:tʃ] *n* pêssego *m.*

peach melba [-'melbə] *n* peach melba *m, pedaços de pêssego, cobertos com sorvete de baunilha e regados com molho de framboesa.*

peacock ['pi:kɒk] *n* pavão *m.*

peak [pi:k] *n (of mountain)* pico *m; (of hat)* pala *f; (fig: highest point)* auge *m.*

peaked [pi:kt] *adj* com pala.

peak hours *npl* rush *m (Br),* horas *fpl* de ponta *(Port).*

peak rate *n* tarifa *f* alta.

peal [pi:l] *n (of bells)* repicar *m; (of thunder)* ribombar *m* ◆ *vi (bells)* repicar; **~ of laughter** gargalhadas *fpl.*

peanut ['pi:nʌt] *n* amendoim *m.*

peanut butter *n* manteiga *f* de amendoim.

pear [peəʳ] *n* pêra *f.*

pearl [pɜ:l] *n* pérola *f.*

peasant ['peznt] *n* camponês *m* (-esa *f).*

peat [pi:t] *n* turfa *f.*

pebble ['pebl] *n* seixo *m.*

pecan pie ['pi:kæn-] *n* torta *f* de noz-americana.

peck [pek] *vi (bird)* bicar.

peckish ['pekɪʃ] *adj (Brit: inf):* **I'm feeling ~** bem que eu comeria alguma coisa.

peculiar [pɪ'kju:lɪəʳ] *adj (strange)* esquisito(-ta); **to be ~ to** *(exclusive)* ser característico de.

peculiarity [pɪˌkju:lɪˈærətɪ] *n (special feature)* característica *f.*

pedal ['pedl] *n* pedal *m* ◆ *vi* pedalar.

pedal bin *n* lata *f* de lixo (com pedal).

pedalo ['pedələʊ] *(pl -s OR -es) n* gaivota *f.*

pedantic [pɪ'dæntɪk] *adj* rigoroso(-osa), picuinhas *(inv).*

peddle ['pedl] *vt (drugs)* traficar; *(wares)* vender de porta em porta; *(rumour, gossip)* espalhar.

peddler ['pedlər] *(Am)* = **pedlar.**

pedestal ['pedɪstl] *n* pedestal *m.*

pedestrian [pɪ'destrɪən] *n* pedestre *m (Br),* peão *m (Port).*

pedestrian crossing *n* passagem *f* para pedestres *(Br),* passadeira *f* (para peões) *(Port).*

pedestrianized [pɪ'destrɪənaɪzd] *adj* para pedestre *(Br),* pedonal *(Port).*

pedestrian precinct *n (Brit)* zona *f* para pedestre.

pedestrian zone *(Am)* = **pedestrian precinct.**

pedigree ['pedɪgri:] *adj* de raça ◆ *n (of animal)* raça *f.*

pedlar ['pedləʳ] *n (Brit)* vendedor *m* (-ra *f)* ambulante.

pee [pi:] *vi (inf)* mijar ◆ *n:* **to have a ~** *(inf)* fazer chichi.

peek [pi:k] *vi (inf)* espiar, espreitar ◆ *n (inf):* **to take OR have a ~ at sthg** dar uma espiadela em algo.

peel [pi:l] *n* casca *f* ◆ *vt* descascar ◆ *vi* cair.

peelings ['pi:lɪŋz] *npl* cascas *fpl.*

peep [pi:p] *n:* **to have a ~** dar uma espiadela.

peer [pɪəʳ] *vi* olhar com atenção; **to ~ at** olhar atentamente para.

peeved [pi:vd] *adj (inf)* fulo(-la), zangado(-da).

peevish ['pi:vɪʃ] *adj* rabugento(-ta).

peg [peg] *n (for tent)* estaca *f; (hook)* gancho *m; (for washing)* pregador *m (Br),* mola *f* da roupa *(Port).*

pejorative [pɪ'dʒɒrətɪv] *adj* pejorativo(-va).

pelican ['pelɪkən] *n* pelicano *m.*

pelican crossing *n (Brit)* travessia *com sinais acionados manualmente pelos pedestres.*

pellet ['pelɪt] *n (of mud, paper)* bolinha *f; (for gun)* chumbo *m.*

pelt [pelt] *n (animal skin)* pele *f* ◆ *vi (rain)* chover a cântaros ◆ *vt:* **to ~ sb with sthg** *(eggs, tomatoes)* atirar algo para alguém.

pelvis ['pelvɪs] *n* bacia *f.*

pen [pen] *n (ballpoint pen)* esferográfica *f; (fountain pen)* caneta *f* (de tinta permanente); *(for animals)* cerca *f.*

penalty ['penltɪ] *n (fine)* multa *f; (in football)* pênalti *m,* grande penalidade *f.*

penance ['penəns] *n* penitência *f.*

pence [pens] *npl* pence *mpl (moeda británica)*; **it costs 20 ~** custa 20 pence.

penchant [*Brit* pāʃū, *Am* 'pentʃənt] *n*: **to have a ~ for** ter um fraco por; **to have a ~ for doing sthg** gostar de fazer algo.

pencil ['pensl] *n* lápis *m inv*.

pencil case *n* lapiseira *f (Br)*, porta-lápis *m inv (Port)*.

pencil sharpener *n* apontador *m (Br)*, apara-lápis *m inv (Port)*.

pendant ['pendənt] *n (on necklace)* pingente *m*.

pending ['pendiŋ] *prep (fml)* até.

pendulum ['pendjʊləm] *n* pêndulo *m*.

penetrate ['penitreit] *vt* penetrar.

penfriend ['penfrend] *n* penfriend *mf*, correspondente *mf*.

penguin ['peŋgwin] *n* pinguim *m*.

penicillin [,peni'silin] *n* penicilina *f*.

peninsula [pə'ninsjʊlə] *n* península *f*.

penis ['piːnis] *n* pênis *m inv*.

penknife ['pennaif] (*pl* **-knives** [-naivz]) *n* canivete *m*, navalha *f*.

pennant ['penənt] *n* galhardete *m*.

penniless ['penilis] *adj* sem um tostão.

penny ['peni] (*pl* **pennies**) *n (coin in UK)* péni *m (moeda británica)*; *(coin in US)* centavo *m (Br)*, cêntimo *m (Port)*.

pen pal *n (inf)* correspondente *mf*.

pension ['penʃn] *n (for retired people)* aposentadoria *f (Br)*, reforma *f (Port)*; *(for disabled people)* pensão *f*.

pensioner ['penʃənər] *n* aposentado *m (-da f) (Br)*, reformado *m (-da f) (Port)*.

pensive ['pensiv] *adj* pensativo(-va).

Pentecost ['pentikɒst] *n* Pentecostes *m*.

penthouse ['penthaʊs, *pl* -haʊziz] *n* cobertura *f*, apartamento de luxo situado no último andar de um edifício.

penultimate [pe'nʌltimət] *adj* penúltimo(-ma).

people ['piːpl] *npl* pessoas *fpl* ◆ *n (nation)* povo *m*; **the ~** *(citizens)* o povo.

pepper ['pepər] *n (spice)* pimenta *f*; *(vegetable)* pimentão *m (Br)*, pimento *m (Port)*.

peppercorn ['pepəkɔːn] *n* grão *m* de pimenta.

peppermint ['pepəmint] *adj* de hortelã-pimenta ◆ *n (sweet)* bala *f* de hortelã-pimenta.

pepper pot *n* pimenteiro *m*.

pepper steak *n* bife *m* au poivre.

Pepsi® ['pepsi] *n* Pepsi® *f*.

per [pɜːr] *prep* por; **~ person/week** por pessoa/semana; **£20 ~ night** 20 libras por noite.

per annum [pər'ænəm] *adv* por ano.

perceive [pə'siːv] *vt* notar.

per cent *adv* por cento.

percentage [pə'sentidʒ] *n* percentagem *f*.

perception [pə'sepʃn] *n (of colour, sound, time)* percepção *f*; *(insight, understanding)* perspicácia *f*.

perceptive [pə'septiv] *adj* perspicaz.

perch [pɜːtʃ] *n (for bird)* poleiro *m*.

percolator ['pɜːkəleitər] *n* cafeteira *f* de filtro.

percussion [pə'kʌʃn] *n* percussão *f*.

perennial [pə'renjəl] *adj (problem, feature)* permanente.

perfect [*adj & n* 'pɜːfikt, *vb* pə'fekt] *adj* perfeito(-ta) ◆ *vt* aperfeiçoar ◆ *n*: **the ~** *(tense)* o perfeito; **the past ~** *(tense)* o pretérito mais-que-perfeito composto.

perfection [pə'fekʃn] *n*: **to do sthg to ~** fazer algo na perfeição.

perfectionist [pə'fekʃənist] *n* perfeccionista *mf*.

perfectly ['pɜːfiktli] *adv (very well)* perfeitamente.

perforate ['pɜːfəreit] *vt* perfurar.

perforations [,pɜːfə'reiʃnz] *npl* picotado *m*.

perform [pə'fɔːm] *vt (task, operation)* realizar; *(play)* representar; *(concert)* dar; *(dance, piece of music)* executar ◆ *vi (actor, singer)* atuar.

performance [pə'fɔːməns] *n (of play)* representação *f*; *(of concert)* interpretação *f*; *(of film)* exibição *f*; *(by actor, musician)* atuação *f*; *(of car)* performance *f*.

performer [pə'fɔːmər] *n* artista *mf*.

perfume ['pɜːfjuːm] *n* perfume *m*.

perhaps [pə'hæps] *adv* talvez.

peril ['peril] *n* perigo *m*.

perimeter [pə'rimitər] *n* perímetro *m*.

period ['piəriəd] *n* período *m*; *(Am: full stop)* ponto *m (final)* ◆ *adj (costume, furniture)* da época.

periodic [,piəri'ɒdik] *adj* periódico (-ca).

period pains *npl* dores *fpl* menstruais.

peripheral [pəˈrɪfərəl] *adj (vision, region)* periférico(-ca).

periphery [pəˈrɪfərɪ] *n* periferia *f.*

perish [ˈperɪʃ] *vi (die)* morrer; *(decay)* deteriorar-se, estragar-se.

perishable [ˈperɪʃəbl] *adj* perecível.

perk [pɜːk] *n* benefícios extras oferecidos pelo emprego, regalia *f (Port).*

perm [pɜːm] *n* permanente *f ◆ vt:* to have one's hair ~ed fazer uma permanente.

permanent [ˈpɜːmənənt] *adj* permanente.

permanent address *n* endereço *m* fixo.

permanently [ˈpɜːmənəntlɪ] *adv* permanentemente.

permeate [ˈpɜːmɪeɪt] *vt* infiltrar-se em.

permissible [pəˈmɪsəbl] *adj (fml)* permissível.

permission [pəˈmɪʃn] *n* permissão *f.*

permissive [pəˈmɪsɪv] *adj* permissivo(-va).

permit [*vb* pəˈmɪt, *n* ˈpɜːmɪt] *vt* permitir ◆ *n* autorização *f;* to ~ sb to do sthg permitir a alguém fazer algo; "~holders only" *aviso indicando que no local só pode estacionar quem tiver uma autorização especial.*

pernickety [pəˈnɪkətɪ] *adj (inf)* cheio (cheia) de nove horas.

perpendicular [ˌpɜːpənˈdɪkjʊləʳ] *adj* perpendicular.

perpetual [pəˈpetʃʊəl] *adj* perpétuo (-tua).

perplexing [pəˈpleksɪŋ] *adj* desconcertante.

persecute [ˈpɜːsɪkjuːt] *vt (oppress)* perseguir.

perseverance [ˌpɜːsɪˈvɪərəns] *n* perseverança *f.*

persevere [ˌpɜːsɪˈvɪəʳ] *vi* perseverar, insistir.

persist [pəˈsɪst] *vi* persistir; to ~ in doing sthg persistir em fazer algo.

persistence [pəˈsɪstəns] *n* persistência *f.*

persistent [pəˈsɪstənt] *adj* persistente.

person [ˈpɜːsn] *(pl* people) *n* pessoa *f;* in ~ em pessoa.

personal [ˈpɜːsənl] *adj* pessoal; a ~ friend um amigo íntimo.

personal assistant *n* assistente *mf* pessoal.

personal belongings *npl* objetos *mpl* pessoais.

personal computer *n* computador *m* pessoal.

personality [ˌpɜːsəˈnælətɪ] *n* personalidade *f.*

personally [ˈpɜːsnəlɪ] *adv* pessoalmente.

personal organizer *n* agenda *f.*

personal property *n* bens *mpl* móveis.

personal stereo *n* Walkman® *m.*

personify [pəˈsɒnɪfaɪ] *vt* personificar.

personnel [ˌpɜːsəˈnel] *npl* pessoal *m.*

perspective [pəˈspektɪv] *n* perspectiva *f.*

Perspex® [ˈpɜːspeks] *n (Brit)* Perspex® *m.*

perspiration [ˌpɜːspəˈreɪʃn] *n* transpiração *f.*

persuade [pəˈsweɪd] *vt:* to ~ sb (to do sthg) persuadir alguém (a fazer algo); to ~ sb that ... persuadir alguém de que ....

persuasion [pəˈsweɪʒn] *n (act of persuading)* persuasão *f; (belief)* afinidade *f.*

persuasive [pəˈsweɪsɪv] *adj* persuasivo(-va).

pert [pɜːt] *adj (person, reply)* atrevido(-da), descarado(-da).

pertinent [ˈpɜːtɪnənt] *adj* pertinente.

perturb [pəˈtɜːb] *vt* perturbar.

peruse [pəˈruːz] *vt (read thoroughly)* examinar; *(read quickly)* passar uma vista de olhos por.

perverse [pəˈvɜːs] *adj (delight, enjoyment)* perverso(-sa); *(contrary)* difícil.

pervert [ˈpɜːvɜːt] *n* tarado *m (-da f).*

pessimist [ˈpesɪmɪst] *n* pessimista *mf.*

pessimistic [ˌpesɪˈmɪstɪk] *adj* pessimista.

pest [pest] *n (insect, animal)* praga *f,* inseto *m* nocivo; *(inf: person)* peste *f.*

pester [ˈpestəʳ] *vt* importunar.

pesticide [ˈpestɪsaɪd] *n* pesticida *m.*

pet [pet] *n* animal *m* doméstico; the teacher's ~ o queridinho do professor.

petal [ˈpetl] *n* pétala *f.*

peter [ˈpiːtəʳ] : peter out *vi (supplies, interest)* esgotar-se.

pet food *n* comida *f* para animais domésticos.

petition [pɪˈtɪʃn] *n (letter)* petição *f,* abaixo-assinado *m.*

petits pois [ˌpətɪˈpwɑ] *npl* ervilhas *fpl (pequenas e tenras)*.

petrified [ˈpɛtrɪfaɪd] *adj* petrificado (-da).

petrol [ˈpɛtrəl] *n (Brit)* gasolina *f*.

petrol bomb *n (Brit)* cocktail *m* OR coquetel *m* Molotov.

petrol can *n (Brit)* lata *f* de gasolina.

petrol cap *n (Brit)* tampa *f* do tanque de gasolina.

petroleum [pɪˈtrəʊljəm] *n* petróleo *m*.

petrol gauge *n (Brit)* indicador *m* do nível de gasolina.

petrol pump *n (Brit)* bomba *f* de gasolina.

petrol station *n (Brit)* posto *m* (de gasolina) *(Br)*, estação *f* de serviço *(Port)*.

petrol tank *n (Brit)* depósito *m* da gasolina.

pet shop *n* loja *f* de animais.

petticoat [ˈpɛtɪkəʊt] *n* combinação *f*.

petty [ˈpɛtɪ] *adj (pej) (person)* mesquinho(-nha); *(rule)* insignificante.

petty cash *n* fundo *m* para pequenas despesas.

petulant [ˈpɛtjʊlənt] *adj* petulante.

pew [pjuː] *n* banco *m (de igreja)*.

pewter [ˈpjuːtər] *adj* de peltre.

PG *(abbr of parental guidance)* abreviatura que indica que o filme não é aconselhável para menores de doze anos.

phantom [ˈfæntəm] *n* fantasma *m*, espectro *m*.

pharmacist [ˈfɑːməsɪst] *n* farmacêutico *m* (-ca *f*).

pharmacy [ˈfɑːməsɪ] *n (shop)* farmácia *f*.

phase [feɪz] *n* fase *f*.

PhD *n (degree)* = doutoramento *m*.

pheasant [ˈfɛznt] *n* faisão *m*.

phenomena [fɪˈnɒmɪnə] *pl* → phenomenon.

phenomenal [fɪˈnɒmɪnl] *adj* fenomenal.

phenomenon [fɪˈnɒmɪnən] *(pl* -mena) *n* fenômeno *m*.

phial [ˈfaɪəl] *n* ampola *f*.

philanthropist [fɪˈlænθrəpɪst] *n* filantropo *m* (-pa *f*).

philately [fɪˈlætəlɪ] *n* filatelia *f*.

Philippines [ˈfɪlɪpiːnz] *npl*: **the ~** as Filipinas.

philosopher [fɪˈlɒsəfər] *n* filósofo *m* (-fa *f*).

philosophical [ˌfɪləˈsɒfɪkl] *adj* filosófico(-ca).

philosophy [fɪˈlɒsəfɪ] *n* filosofia *f*.

phlegm [flɛm] *n (in throat)* fleuma *f (Br)*, catarro *m*.

phlegmatic [flɛgˈmætɪk] *adj* fleumático(-ca).

phobia [ˈfəʊbjə] *n* fobia *f*.

phone [fəʊn] *n* telefone *m* ♦ *vt (Brit)* telefonar para, ligar para ♦ *vi (Brit)* telefonar; **on the ~** *(talking)* no telefone; **we're not on the ~** *(connected)* não temos telefone.

⅃ phone up *vt sep (Brit)* telefonar para, ligar para ♦ *vi (Brit)* telefonar.

phone book *n* lista *f* telefônica.

phone booth *n* cabine *f* telefônica.

phone box *n (Brit)* cabine *f* telefônica, orelhão *m (Br)*.

phone call *n* chamada *f* telefônica, telefonema *m*.

phonecard [ˈfəʊnkɑːd] *n* cartão *m* telefônico, Credifone® *m (Port)*.

phone number *n* número *m* de telefone.

phonetics [fəˈnɛtɪks] *n* fonética *f*.

photo [ˈfəʊtəʊ] *(pl* -s) *n* fotografia *f*; **to take a ~ of** tirar uma fotografia de.

photo album *n* álbum *m* de fotografias.

photocopier [ˈfəʊtəʊkɒpɪər] *n* fotocopiadora *f*.

photocopy [ˈfəʊtəʊkɒpɪ] *n* Xerox® *m inv (Br)*, fotocópia *f* ♦ *vt* xerocar *(Br)*, fotocopiar.

photograph [ˈfəʊtəgrɑːf] *n* fotografia *f* ♦ *vt* fotografar.

photographer [fəˈtɒgrəfər] *n* fotógrafo *m* (-fa *f*).

photography [fəˈtɒgrəfɪ] *n* fotografia *f*.

phrasal verb [ˈfreɪzl-] *n* verbo *m* seguido de preposição.

phrase [freɪz] *n* expressão *f*.

phrasebook [ˈfreɪzbʊk] *n* guia *m* de conversação.

physical [ˈfɪzɪkl] *adj* físico(-ca) ♦ *n* exame *m* médico de aptidão.

physical education *n* educação *f* física.

physically [ˈfɪzɪklɪ] *adv* fisicamente.

physically handicapped *adj* deficiente físico(-ca).

physician [fɪˈzɪʃn] *n* médico *m* (-ca *f*).

physicist [ˈfɪzɪsɪst] *n* físico *m* (-ca *f*).

physics ['fɪzɪks] n física f.
physiotherapy [ˌfɪzɪəʊ'θerəpɪ] n fisioterapia f.
physique [fɪ'ziːk] n físico m.
pianist ['pɪənɪst] n pianista mf.
piano [pɪ'ænəʊ] (pl -s) n piano m.
pick [pɪk] vt (select) escolher; (fruit, flowers) apanhar, colher ◆ n (pickaxe) picareta f; **to ~ a fight** procurar briga; **to ~ one's nose** tirar meleca do nariz (Br), tirar macacos do nariz (Port); **to take one's ~** escolher à vontade.
❑ **pick on** vt fus implicar com.
❑ **pick out** vt sep (select) escolher; (see) distinguir.
❑ **pick up** vt sep (lift up) pegar em; (collect) ir buscar; (language) aprender; (habit) apanhar; (bargain) conseguir; (hitchhiker) dar uma carona a (Br), dar boleia a (Port); (inf: woman, man) paquerar (Br), engatar (Port) ◆ vi (improve) recuperar; **to ~ up the phone** atender o telefone.
pickaxe ['pɪkæks] n picareta f.
pickle ['pɪkl] n (Brit: food) pickle m; (Am: pickled cucumber) pepino m de conserva.
pickled onion ['pɪkld-] n cebola f em conserva.
pickpocket ['pɪkˌpɒkɪt] n batedor m (-ra f) de carteiras (Br), carteirista mf (Port).
pick-up (truck) n camioneta f, carrinha f (Port).
picnic ['pɪknɪk] n piquenique m.
picnic area n área f para piqueniques.
picture ['pɪktʃər] n (painting, drawing) quadro m; (photograph) retrato m; (on TV) imagem f; (film) filme m.
❑ **pictures** npl: **the ~s** (Brit) o cinema.
picture book n livro m ilustrado OR de figuras.
picture frame n moldura f.
picturesque [ˌpɪktʃə'resk] adj pitoresco(-ca).
pie [paɪ] n (savoury) empada f; (sweet) torta f (Br), tarte f (Port).
piece [piːs] n (part, bit) pedaço m, bocado m; (component, of clothing, of music) peça f; (in chess) pedra f; **a 20p ~** uma moeda de 20 pence; **a ~ of advice** um conselho; **a ~ of furniture** um móvel; **to fall to ~s** cair aos pedaços; **in one ~** (intact) inteiro, intacto; (unharmed) são e salvo.

piecemeal ['piːsmiːl] adj (fragmentary) feito(-ta) aos poucos ◆ adv (little by little) aos poucos, por etapas.
pie chart n gráfico m de setores.
pier [pɪər] n cais m.
pierce [pɪəs] vt furar; **to have one's ears ~d** furar as orelhas.
piercing ['pɪəsɪŋ] adj (sound) estridente.
pig [pɪg] n porco m; (inf: greedy person) alarde mf.
pigeon ['pɪdʒɪn] n pombo m.
pigeonhole ['pɪdʒɪnhəʊl] n escaninho m.
piggybank ['pɪgɪbæŋk] n cofre m (Br), mealheiro m (Port).
pigpen ['pɪgpen] (Am) = pigsty.
pigskin ['pɪgskɪn] adj de pele de porco.
pigsty ['pɪgstaɪ] n chiqueiro m.
pigtails ['pɪgteɪlz] npl tranças fpl (Br), puxos mpl (Port).
pike [paɪk] n (fish) lúcio m.
pilau rice ['pɪlaʊ-] n arroz à indiana com várias cores, condimentado com diferentes especiarias orientais.
pilchard ['pɪltʃəd] n sardinha f grande.
pile [paɪl] n pilha f ◆ vt empilhar; **~s of** (inf: a lot) montes de.
❑ **pile up** vt sep empilhar ◆ vi (accumulate) acumular-se.
piles [paɪlz] npl (MED) hemorróidas fpl.
pileup ['paɪlʌp] n choque m em cadeia.
pilfer ['pɪlfər] vi roubar.
pilgrim ['pɪlgrɪm] n peregrino m (-na f).
pilgrimage ['pɪlgrɪmɪdʒ] n peregrinação f.
pill [pɪl] n comprimido m; **to be on the ~** (contraceptive) tomar a pílula.
pillar ['pɪlər] n pilar m.
pillar box n (Brit) caixa f do correio (Br), marco m de correio (Port).
pillion ['pɪljən] n: **to ride ~** viajar no banco traseiro (de uma motocicleta).
pillow ['pɪləʊ] n (for bed) travesseiro m, almofada f; (Am: on chair, sofa) almofada.
pillowcase ['pɪləʊkeɪs] n fronha f, almofada f.
pilot ['paɪlət] n piloto m.
pilot light n piloto m.

pimp [pɪmp] *n (inf)* cafetão *m (Br)*, chulo *m (Port)*.

pimple ['pɪmpl] *n* borbulha *f*.

pin [pɪn] *n (for sewing)* alfinete *m*; *(drawing pin)* tachinha *f (Br)*, pionés *m (Port)*; *(safety pin)* alfinete de segurança; *(Am: brooch)* broche *m*; *(Am: badge)* crachá *m*, pin *m* ◆ *vt (fasten)* prender; **a two-~ plug** uma tomada *f* elétrica (de dois pinos); **~s and needles** formigueiro *m*.

pinafore ['pɪnəfɔːr] *n (apron)* avental *m (Br)*, bata *f (Port)*; *(Brit: dress)* vestido *m* de alças.

pinball ['pɪnbɔːl] *n* flippers *mpl*.

pincers ['pɪnsəz] *npl (tool)* turquês *f*.

pinch [pɪntʃ] *vt (squeeze)* beliscar; *(Brit: inf: steal)* roubar ◆ *n (of salt)* pitada *f*.

pincushion ['pɪnˌkʊʃn] *n* almofada *f* para alfinetes.

pine [paɪn] *n* pinheiro *m* ◆ *adj* de pinho.

pineapple ['paɪnæpl] *n* abacaxi *m (Br)*, ananás *m (Port)*.

pinetree ['paɪntriː] *n* pinheiro *m*.

pink [pɪŋk] *adj* cor-de-rosa *(inv)* ◆ *n (colour)* cor-de-rosa *m inv*.

pinkie ['pɪŋkɪ] *n (Am)* (dedo) mindinho *m* .

pinnacle ['pɪnəkl] *n* pináculo *m*.

PIN number [pɪn-] *n* código *m* pessoal, PIN *m*.

pinpoint ['pɪnpɔɪnt] *vt (difficulty, cause)* determinar; *(position, target, leak)* localizar.

pin-striped [-ˌstraɪpt] *adj* de listras.

pint [paɪnt] *n (in UK)* = 0,568 l, ~ meio litro *m*; *(in US)* = 0,473 l, ≈ meio litro; **a ~ (of beer)** *(Brit)* = uma caneca de cerveja.

pioneer [ˌpaɪəˈnɪər] *n* pioneiro *m* (-ra *f*) ◆ *vt (new activity)* explorar; *(new invention, scheme)* desenvolver.

pip [pɪp] *n (of fruit)* caroço *m*, pevide *f (Port)*.

pipe [paɪp] *n (for smoking)* cachimbo *m*; *(for gas, water)* cano *m*.

pipe cleaner *n* limpador *m* de cachimbo.

pipeline ['paɪplaɪn] *n (for oil)* oleoduto *m*; *(for gas)* gasoduto *m*.

piper ['paɪpər] *n (MUS)* gaiteiro *m* (-ra *f*).

pipe tobacco *n* tabaco *m* para cachimbo.

pirate ['paɪrət] *n* pirata *m*.

pirate radio *n (Brit)* rádio *f* pirata.

Pisces ['paɪsiːz] *n* Peixes *m inv*.

piss [pɪs] *vi (vulg)* mijar ◆ *n*: **to have a ~** *(vulg)* mijar, dar uma mijada; **it's ~ing down** *(vulg)* está chovendo canivetes *(Br)*, está chovendo a potes *(Port)*.

pissed [pɪst] *adj (Brit: vulg: drunk)* bêbado(-da) que nem um gambá; *(Am: vulg: angry)* fulo(-la).

pissed off *adj (vulg)*: **to be ~ with** estar de saco cheio de.

pistachio [pɪˈstɑːʃɪəʊ] *(pl -s) n* pistache *m (Br)*, pistácio *m (Port)* ◆ *adj* de pistácio.

pistol ['pɪstl] *n* pistola *f*.

piston ['pɪstən] *n* piston *m*, pistão *m*.

pit [pɪt] *n (hole, for orchestra)* poço *m*; *(coalmine)* mina *f*; *(Am: in fruit)* caroço *m*.

pitch [pɪtʃ] *n (Brit: SPORT)* campo *m* ◆ *vt (throw)* atirar; **to ~ a tent** montar uma barraca (de campismo).

pitch-black *adj* escuro(-ra) como breu.

pitcher ['pɪtʃər] *n (large jug)* jarro *m*; *(Am: small jug)* jarra *f*.

pitchfork ['pɪtʃfɔːk] *n* forquilha *f*.

pitfall ['pɪtfɔːl] *n (difficulty)* armadilha *f*; *(danger)* perigo *m*.

pith [pɪθ] *n (of orange)* pele *f* branca.

pitiful ['pɪtɪfʊl] *adj (arousing pity)* lastimoso(-osa); *(arousing contempt)* ridículo(-la).

pitiless ['pɪtɪlɪs] *adj* impiedoso(-osa).

pitta (bread) ['pɪtə-] *n* pão *m* árabe; *pão chato e oco*.

pittance ['pɪtəns] *n* miséria *f*.

pitted ['pɪtɪd] *adj (olives)* descaroçado(-da), sem caroço.

pity ['pɪtɪ] *n (compassion)* pena *f*; **to have ~ on sb** ter pena de alguém; **it's a ~ (that) ...** é uma pena que ...; **what a ~!** que pena!

pivot ['pɪvət] *n* eixo *m*, pivô *m*.

pizza ['piːtsə] *n* pizza *f*.

pizzeria [ˌpiːtsəˈriːə] *n* pizzaria *f*.

Pl. *(abbr of Place)* abreviatura do nome de certas ruas na Grã-Bretanha.

placard ['plækɑːd] *n* placar *m*.

placate [pləˈkeɪt] *vt* aplacar.

place [pleɪs] *n* lugar *m*; *(house, flat)* casa *f*; *(at table)* lugar, talher *m* ◆ *vt (put)* colocar; *(an order, bet)* fazer; **in the first ~** em primeiro lugar; **to take ~** ter lugar; **to take sb's ~** substituir alguém; **all over the** ~ por todo o lado; **in** ~ **of** em lugar de.

place mat n descanso m (Br), individual m (Port).

placement ['pleɪsmənt] n (work experience) colocação f temporária, estágio m.

place of birth n local m de nascimento, naturalidade f.

placid ['plæsɪd] adj plácido(-da).

plagiarize ['pleɪdʒəraɪz] vt plagiar.

plague [pleɪg] n peste f.

plaice [pleɪs] (pl inv) n solha f.

plaid [plæd] n tecido de lã escocês.

plain [pleɪn] adj simples (inv); (yoghurt) natural; (clear) claro(-ra); (paper) liso(-sa); (pej: not attractive) sem atrativos ♦ n planície f.

plain chocolate n chocolate m preto OR negro.

plain-clothes adj vestido(-da) à paisana.

plain flour n (Brit) farinha f (sem fermento).

plainly ['pleɪnlɪ] adv (clearly) claramente.

plaintiff ['pleɪntɪf] n queixoso m (-osa f), demandante mf.

plait [plæt] n trança f ♦ vt entrançar.

plan [plæn] n (scheme, project) plano m; (drawing) planta f ♦ vt (organize) planear; **have you any** ~**s for tonight?** você tem planos para hoje à noite?; **according to** ~ como estava previsto; **to** ~ **to do sthg, to** ~ **on doing sthg** pensar em fazer algo.

plane [pleɪn] n (aeroplane) avião m; (tool) plaina f.

planet ['plænɪt] n planeta m.

plank [plæŋk] n tábua f.

planning ['plænɪŋ] n planejamento m, planificação f.

planning permission n licença f para construir OR fazer obras.

plant [plɑːnt] n (living thing) planta f; (factory) fábrica f; (power, nuclear) central f ♦ vt (seeds, tree) plantar; (land) cultivar; **"heavy** ~ **crossing"** aviso que indica que na área circulam frequentemente veículos pesados.

plantation [plæn'teɪʃn] n plantação f.

plaque [plɑːk] n placa f.

plaster ['plɑːstəʳ] n (Brit: for cut) esparadrapo m (Br), penso m (Port); (for walls) estuque m; **in** ~ (arm, leg) engessado.

plaster cast n (for broken bones) gesso m.

plastered ['plɑːstəd] adj (inf: drunk) bêbado(-da); **to get** ~ embebedar-se.

plastic ['plæstɪk] n plástico m ♦ adj de plástico.

plastic bag n saca f OR saco m de plástico.

Plasticine® ['plæstɪsiːn] n (Brit) plastilina f (Br), plasticina f (Port).

plastic surgery n cirurgia f plástica.

plate [pleɪt] n (for food) prato m; (of metal) placa f; **a** ~ **of glass** um vidro, uma vidraça.

plateau ['plætəʊ] n planalto m.

plate-glass adj de vidro grosso.

platform ['plætfɔːm] n plataforma f.

platinum ['plætɪnəm] n platina f.

platoon [plə'tuːn] n pelotão m.

platter ['plætəʳ] n (of food) travessa f (de comida).

plausible ['plɔːzəbl] adj plausível.

play [pleɪ] vt (sport, game) jogar; (instrument, music) tocar; (opponent) jogar contra; (CD, tape, record) pôr; (role, character) desempenhar ♦ vi (child) brincar; (in sport, game) jogar; (musician) tocar ♦ n (in theatre, on TV) peça f; (button on CD, tape recorder) play m.

❏ **play back** vt sep repetir, colocar de novo

❏ **play up** vi (machine, car) enguiçar, estar com problemas.

playboy ['pleɪbɔɪ] n playboy m.

player ['pleɪəʳ] n (of sport, game) jogador m (-ra f); (of musical instrument) músico m (-ca f), intérprete mf; **guitar** ~ guitarrista mf; **piano** ~ pianista mf.

playful ['pleɪfʊl] adj brincalhão (-lhona).

playground ['pleɪgraʊnd] n (in school) recreio m; (in park etc) parque m infantil.

playgroup ['pleɪgruːp] n tipo de jardim-de-infância.

playing card ['pleɪɪŋ-] n carta f de jogar.

playing field ['pleɪɪŋ-] n parque m OR campo m de jogos.

playmate ['pleɪmeɪt] n companheiro m (-ra f) de brincadeiras.

playpen ['pleɪpen] n cercado m para bebês.

playroom ['pleɪrʊm] n sala f para brincadeiras.

playschool [ˈpleɪskuːl] = **playgroup**.
plaything [ˈpleɪθɪŋ] n brinquedo m.
playtime [ˈpleɪtaɪm] n recreio m.
playwright [ˈpleɪraɪt] n dramaturgo m (-ga f).
plc (Brit: abbr of public limited company) = S.A. (cotada na Bolsa).
plea [pliː] n (appeal) pedido m; (JUR): **to enter a ~ of guilty** declarar-se culpado.
plead [pliːd] vt alegar ◆ vi (JUR) alegar; (beg) pedir, rogar; **to ~ for sthg** pedir algo; **to ~ with sb to do sthg** rogar a alguém que faça algo; **he ~ed not guilty** declarou-se inocente.
pleasant [ˈpleznt] adj agradável.
please [pliːz] adv por favor ◆ vt agradar a; **yes ~!** sim, se faz favor!; **whatever you ~** o que quiser.
pleased [pliːzd] adj satisfeito(-ta), contente; **to be ~ with** estar satisfeito com; **~ to meet you!** prazer em conhecê-lo(-la)!
pleasing [ˈpliːzɪŋ] adj agradável.
pleasure [ˈpleʒər] n prazer m; **with ~** com prazer; **it's a ~!** é um prazer!
pleat [pliːt] n prega f.
pleated [ˈpliːtɪd] adj com OR de pregas.
pledge [pledʒ] n promessa f ◆ vt (promise to provide) prometer.
plentiful [ˈplentɪfʊl] adj abundante.
plenty [ˈplentɪ] pron bastante; **~ of** bastante.
pliers [ˈplaɪəz] npl alicate m.
plight [plaɪt] n situação f deplorável.
plimsoll [ˈplɪmsəl] n (Brit) sapatilha f.
plod [plɒd] vi (walk slowly) arrastar-se, caminhar lentamente e com dificuldade.
plonk [plɒŋk] n (Brit: inf: wine) zurrapa f (Br), carrasção m (Port).
plot [plɒt] n (scheme) complot m; (of story, film, play) enredo m; (of land) pedaço m.
plough [plaʊ] n (Brit) charrua f ◆ vt (Brit) lavrar.
ploughman's (lunch) [ˈplaʊmənz-] n (Brit) prato composto por vários queijos, pão, pickles e salada servido freqüentemente nos pubs.
plow [plaʊ] (Am) = **plough**.
ploy [plɔɪ] n estratagema m.
pluck [plʌk] vt (eyebrows, hair) arrancar, depilar (com pinça); (chicken) depenar.

plug [plʌg] n (with pins) tomada f elétrica, ficha f eléctrica (Port); (socket) tomada f, ficha (Port); (for bath, sink) tampa f, válvula f.
❑ **plug in** vt sep ligar (a tomada).
plughole [ˈplʌghəʊl] n ralo m.
plum [plʌm] n ameixa f.
plumber [ˈplʌmər] n encanador m (-ra f) (Br), canalizador m (-ra f) (Port).
plumbing [ˈplʌmɪŋ] n (pipes) canalização f.
plume [pluːm] n pluma f, pena f.
plump [plʌmp] adj roliço(-ça).
plum pudding n pudim natalício com frutos secos e especiarias servido com conhaque que se incendeia antes de servir.
plunder [ˈplʌndər] n (booty) saque m ◆ vt saquear, pilhar.
plunge [plʌndʒ] vi (fall, dive) mergulhar; (decrease) descer (em flecha).
plunge pool n piscina f pequena.
plunger [ˈplʌndʒər] n (for unblocking pipe) desentupidor m (de ventosa).
pluperfect (tense) [pluːˈpɜːfɪkt-] n: **the ~** o mais-que-perfeito.
plural [ˈplʊərəl] n plural m; **in the ~** no plural.
plus [plʌs] prep mais ◆ adj: **30 ~** trinta ou mais.
plush [plʌʃ] adj de luxo.
Pluto [ˈpluːtəʊ] n Plutão m.
ply [plaɪ] vt (trade) exercer; **to ~ sb with sthg** (food, drinks) não parar de oferecer algo a alguém, encher alguém com algo; (questions) assediar alguém com algo.
plywood [ˈplaɪwʊd] n compensado m (Br), contraplacado m (Port).
p.m. (abbr of post meridiem): **at 3 ~** às três da tarde, às 15h; **at 10 ~** às dez da noite, às 22h.
PMT n (abbr of premenstrual tension) síndrome f pré-menstrual.
pneumatic drill [njuːˈmætɪk-] n perfuratriz f (Br), broca f pneumática.
pneumonia [njuːˈməʊnjə] n pneumonia f.
poach [pəʊtʃ] vt (game) caçar furtivamente; (fish) pescar furtivamente; (copy) roubar ◆ vi (hunt) caçar (furtivamente); (fish) pescar (furtivamente).
poached egg [pəʊtʃt-] n ovo m poché (Br), ovo m escalfado (Port).
poached salmon [pəʊtʃt-] n salmão m cozido.

poacher ['pəʊtʃər] n (hunting) caçador m furtivo (caçadora f furtiva); (fishing) pescador m furtivo (pescadora f furtiva).

poaching ['pəʊtʃɪŋ] n (for game) caça f furtiva; (for fish) pesca f furtiva.

PO Box n (abbr of Post Office Box) caixa f postal (Br), apartado m (Port).

pocket ['pɒkɪt] n bolso m ◆ adj de bolso.

pocketbook ['pɒkɪtbʊk] n (notebook) bloco m de notas (pequeno); (Am: handbag) carteira f.

pocketknife ['pɒkɪtnaɪf] (pl -knives [-naɪvz]) n navalha f, canivete m.

pocket money n (Brit) mesada f (Br), semanada f (Port).

podgy ['pɒdʒɪ] adj (inf) roliço(-ça), gorducho(-cha).

podiatrist [pə'daɪətrɪst] n (Am) pedicuro m (-ra f), calista f (Port).

podium ['pəʊdɪəm] n pódio m.

poem ['pəʊɪm] n poema m.

poet ['pəʊɪt] n poeta m (-tisa f).

poetic [pəʊ'etɪk] adj poético(-ca).

poetry ['pəʊɪtrɪ] n poesia f.

poignant ['pɔɪnjənt] adj (moment, story) comovente.

point [pɔɪnt] n ponto m; (tip) ponta f; (most important thing) razão f; (Brit: electric socket) tomada f, ficha f (Port) ◆ vi: to ~ to apontar para; **five** ~ **seven** cinco vírgula sete; **what's the ~?** para quê?; **there's no** ~ não vale a pena; **to be on the** ~ **of doing sthg** estar prestes a OR a ponto de fazer algo.

❏ **points** npl (Brit: on railway) agulhas fpl.

❏ **point out** vt sep (object, person) indicar; (fact, mistake) apontar.

point-blank adj (question, range) à queima-roupa; (denial, refusal) categórico(-ca) ◆ adv (accuse, ask) sem rodeios; (shoot) à queima-roupa; (deny, refuse) categoricamente.

pointed ['pɔɪntɪd] adj (in shape) pontiagudo(-da).

pointless ['pɔɪntlɪs] adj inútil.

point of view n ponto m de vista.

poised [pɔɪzd] adj (ready) pronto(-ta), preparado(-da); **to be** ~ **for sthg** estar pronto OR preparado para algo; **to be** ~ **to do sthg** estar pronto OR preparado para fazer algo.

poison ['pɔɪzn] n veneno m ◆ vt envenenar.

poisoning ['pɔɪznɪŋ] n envenenamento m.

poisonous ['pɔɪznəs] adj venenoso(-osa).

poke [pəʊk] vt (with finger, stick) cutucar (Br), tocar (Port); (with elbow) cutucar (Br), dar cotoveladas em; (fire) cutucar (Br), atiçar.

poker ['pəʊkər] n (card game) póquer m.

poky ['pəʊkɪ] adj minúsculo(-la), apertado(-da).

Poland ['pəʊlənd] n Polônia f.

polar ['pəʊlər] adj polar.

polar bear ['pəʊlə-] n urso m polar.

Polaroid® ['pəʊlərɔɪd] n (photograph) fotografia f instantânea; (camera) máquina f de tirar fotografias instantâneas.

pole [pəʊl] n (of wood) poste m.

Pole [pəʊl] n (person) polonês (-esa f) (Br), polaco m (-ca f) (Port).

pole vault n salto m com vara.

police [pə'liːs] npl: **the** ~ a polícia.

police car n rádio-patrulha f (Br), carro m da polícia.

police constable n (Brit) policial mf (Br), polícia mf (Port).

police force n forças fpl policiais.

policeman [pə'liːsmən] (pl -men [-mən]) n policial m (Br), polícia m (Port).

police officer n policial mf (Br), polícia mf (Port).

police station n delegacia f (Br), esquadra f (Port).

policewoman [pə'liːswʊmən] (pl -women [-wɪmɪn]) n policial f (Br), polícia f (Port).

policy ['pɒləsɪ] n (approach, attitude) política f; (for insurance) apólice f.

policy-holder n segurado m (-da f).

polio ['pəʊlɪəʊ] n poliomielite f, paralisia f infantil.

polish ['pɒlɪʃ] n (for cleaning) cera f ◆ vt encerar.

Polish ['pəʊlɪʃ] adj polonês(-esa) (Br), polaco(-ca) (Port) ◆ n (language) polonês m (Br), polaco m (Port) ◆ npl: **the** ~ os poloneses (Br), os polacos (Port).

polished ['pɒlɪʃt] adj (floor) encerado(-da); (metal) polido(-da); (speech, performance) refinado(-da); (performer) bom (boa), esmerado(-da).

polite [pə'laɪt] adj educado(-da).

political [pə'lɪtɪkl] adj político(-ca).

politically correct [pə'lɪtɪklɪ-] adj politicamente correto(-ta).

politician [ˌpɒlɪ'tɪʃn] n político m (-ca f).

politics ['pɒlətɪks] n política f.

polka ['pɒlkə] n polca f.

polka dot n bolinha f (em tecido).

poll [pəʊl] n (survey) sondagem f; the ~s (election) as eleições.

pollen ['pɒlən] n pólen m.

polling booth ['pəʊlɪŋ-] n cabine f eleitoral.

polling station ['pəʊlɪŋ-] n mesa f OR centro m eleitoral.

pollute [pə'luːt] vt poluir.

pollution [pə'luːʃn] n poluição f.

polo ['pəʊləʊ] (pl -s) n pólo m.

polo neck n (Brit: jumper) gola f rulê (Br), camisola f de gola alta (Port).

polyester [ˌpɒlɪ'estə'] n poliéster m.

polystyrene [ˌpɒlɪ'staɪriːn] n isopor® m (Br), esferovite m (Port).

polytechnic [ˌpɒlɪ'teknɪk] n escola f politécnica.

polythene bag ['pɒlɪθiːn-] n (Brit) saco m OR saca f de plástico.

pomegranate ['pɒmɪˌgrænɪt] n romã f.

pompom ['pɒmpɒm] n pompom m.

pompous ['pɒmpəs] adj pomposo (-osa).

pond [pɒnd] n lago m.

ponder ['pɒndə'] vt refletir sobre.

pong [pɒŋ] n (Brit: inf) fedor m.

pontoon [pɒn'tuːn] n (Brit: card game) vinte-e-um m.

pony ['pəʊnɪ] n pônei m.

ponytail ['pəʊnɪteɪl] n rabo m de cavalo.

pony-trekking [-ˌtrekɪŋ] n (Brit) excursão f em pônei.

poodle ['puːdl] n caniche m.

pool [puːl] n (for swimming) piscina f; (of water, blood, milk) poça f; (small pond) lago f; (game) bilhar m.
❑ **pools** npl (Brit): the ~s ~ a loteca (Br), a loteria esportiva (Br), o Totobola® (Port).

poor [pɔː'] adj (short of money) pobre; (bad) mau (má); (expressing sympathy) coitado(-da), pobre ◆ npl: the ~ os pobres.

poorly ['pɔːlɪ] adj (Brit: ill) adoenta-do(-da) ◆ adv mal.

pop [pɒp] n (music) música f pop ◆ vt (inf: put) meter ◆ vi (balloon) rebentar; **my ears popped** os meus ouvidos deram um estalido.
❑ **pop in** vi (Brit): I'll ~ in after work dou um pulo aí depois do trabalho.

pop concert n concerto m de música pop.

popcorn ['pɒpkɔːn] n pipoca f.

Pope [pəʊp] n: the ~ o Papa.

pop group n grupo m de música pop.

poplar (tree) ['pɒplə'-] n álamo m, choupo m.

pop music n música f pop.

popper ['pɒpə'] n (Brit) botão m de pressão (Br), mola f (Port).

poppy ['pɒpɪ] n papoula f.

Popsicle® ['pɒpsɪkl] n (Am) picolé m (Br), gelado m (de fruta) (Port).

pop socks npl meias fpl até ao joe-lho, meia-meia f.

pop star n pop star f.

popular ['pɒpjʊlə'] adj (person, place, activity) popular; (opinion, ideas) gene-ralizado(-da).

popularity [ˌpɒpjʊ'lærətɪ] n populari-dade f.

popularize ['pɒpjʊləraɪz] vt (make popular) popularizar; (simplify) vulgari-zar.

populated ['pɒpjʊleɪtɪd] adj povoa-do(-da).

population [ˌpɒpjʊ'leɪʃn] n popu-lação f.

porcelain ['pɔːsəlɪn] n porcelana f.

porch [pɔːtʃ] n (entrance) átrio m; (Am: outside house) terraço m (coberto), alpendre m.

porcupine ['pɔːkjʊpaɪn] n porco-espinho m.

pore [pɔː'] n poro m.
❑ **pore over** vt fus debruçar-se sobre, estudar atentamente.

pork [pɔːk] n carne f de porco.

pork chop n costeleta f de porco.

pork pie n empada f de carne de porco.

pornographic [ˌpɔːnə'græfɪk] adj pornográfico(-ca).

pornography [pɔː'nɒgrəfɪ] n porno-grafia f.

porous ['pɔːrəs] adj poroso(-osa).

porridge ['pɒrɪdʒ] n flocos mpl de aveia.

port [pɔːt] *n* porto *m*.

portable ['pɔːtəbl] *adj* portátil.

porter ['pɔːtə'] *n (at hotel, museum)* porteiro *m* (-ra *f*); *(at station, airport)* carregador *m* (-ra *f*).

portfolio [,pɔːt'fəʊljəʊ] *(pl* -s) *n (case)* pasta *f*; *(sample of work)* portfolio *m*.

porthole ['pɔːthəʊl] *n* vigia *f*.

portion ['pɔːʃn] *n (part)* porção *f*; *(of food)* dose *f*.

portly ['pɔːtlɪ] *adj* corpulento(-ta).

portrait ['pɔːtreɪt] *n* retrato *m*.

portray [pɔː'treɪ] *vt (in a play, film)* representar; *(describe, represent)* retratar, descrever.

Portugal ['pɔːtʃʊgl] *n* Portugal *s*.

Portuguese [,pɔːtʃʊ'giːz] *adj* português(-esa) ◆ *n (person)* português *m* (-esa *f*); *(language)* português *m* ◆ *npl*: **the ~** os portugueses.

pose [pəʊz] *vt (problem, threat)* constituir ◆ *vi (for photo)* posar.

posh [pɒʃ] *adj (inf)* fino(-na), chique.

position [pə'zɪʃn] *n* posição *f*; **"~ closed"** "encerrado".

positive ['pɒzətɪv] *adj* positivo(-va); *(certain, sure)* seguro(-ra); **I'm absolutely ~** tenho a certeza absoluta.

possess [pə'zes] *vt* possuir.

possession [pə'zeʃn] *n (thing owned)* bem *m*.

possessive [pə'zesɪv] *adj* possessivo(-va).

possibility [,pɒsə'bɪlətɪ] *n* possibilidade *f*.

possible ['pɒsəbl] *adj* possível; **it's ~ that we may be late** é possível que cheguemos atrasados; **would it be ~ ...?** seria possível ...?; **as much as ~** o máximo possível; **if ~** se for possível.

possibly ['pɒsəblɪ] *adv (perhaps)* provavelmente.

post [pəʊst] *n* correio *m*; *(pole)* poste *m*; *(fml: job)* lugar *m* ◆ *vt (letter)* pôr no correio; *(parcel)* enviar; **by ~** pelo correio.

postage ['pəʊstɪdʒ] *n* franquia *f*; **~ and packing** custos *mpl* de envio; **~ paid** porte *m* pago.

postage stamp *n (fml)* selo *m* (postal).

postal ['pəʊstl] *adj* postal.

postal order *n* vale *m* postal.

postbox ['pəʊstbɒks] *n (Brit)* caixa *f* de coleta *(Br)*, caixa *f* do correio *(Port)*.

postcard ['pəʊstkɑːd] *n* (cartão) postal *m*.

postcode ['pəʊstkəʊd] *n (Brit)* código *m* postal.

poster ['pəʊstə'] *n* poster *m*.

poste restante [,pəʊstres'tɑːnt] *n (Brit)* posta-restante *f*.

posterior [pɒ'stɪərɪə'] *n (inf)* traseiro *m*.

post-free *adv* com porte pago.

postgraduate [,pəʊst'grædʒʊət] *n* pós-graduado *m* (-da *f*).

posthumous ['pɒstjʊməs] *adj* póstumo(-ma).

postman ['pəʊstmən] *(pl* -men [-mən]) *n* carteiro *m*.

postmark ['pəʊstmɑːk] *n* carimbo *m* (postal).

postmaster ['pəʊst,mɑːstə'] *n* chefe *m* dos correios.

postmortem [,pəʊst'mɔːtəm] *n (autopsy)* autópsia *f*.

post office *n (building)* estação *f* de correios; **the Post Office ~** a Empresa Nacional dos Correios e Telégrafos *(Br)*, **~** os CTT *(Port)*.

postpone [,pəʊst'pəʊn] *vt* adiar.

postscript ['pəʊstskrɪpt] *n (to letter)* pós-escrito *m*.

posture ['pɒstʃə'] *n* postura *f*.

postwoman ['pəʊst,wʊmən] *(pl* -women [-,wɪmɪn]) *n* carteira *f (Br)*, mulher-carteiro *f (Port)*.

pot [pɒt] *n (for cooking)* panela *f*; *(for jam, paint)* frasco *m*; *(for coffee, tea)* bule *m*; *(inf: cannabis)* maconha *f (Br)*, erva *f (Port)*; **a ~ of tea** um bule de chá.

potato [pə'teɪtəʊ] *(pl* -es) *n* batata *f*.

potato salad *n* salada *f* de batata.

potent ['pəʊtənt] *adj (argument, drink)* forte.

potential [pə'tenʃl] *adj* potencial ◆ *n* potencial *m*.

potentially [pə'tenʃəlɪ] *adv* potencialmente.

pothole ['pɒthəʊl] *n (in road)* buraco *m*.

potholing ['pɒt,həʊlɪŋ] *n (Brit)* espeleologia *f*; **to go ~** praticar espeleologia.

potion ['pəʊʃn] *n* poção *f*.

pot plant *n* planta *f* de interior.

pot scrubber [-'skrʌbə'] *n* esfregão *m*.

potshot ['pɒtʃɒt] *n*: **to take a ~ (at sthg)** disparar (contra algo), atirar (contra algo).

potted ['pɒtɪd] adj (meat, fish) de conserva; (plant) de vaso, de interior.

potter ['pɒtə'] n oleiro m (-ra f).

❏ **potter around** vi (Brit) ocupar-se de tarefas agradáveis mas sem nenhuma importância.

pottery ['pɒtərɪ] n (clay objects) cerâmica f; (craft) cerâmica, olaria f.

potty ['pɒtɪ] n penico m (para crianças).

pouch [pautʃ] n (for money, tobacco) bolsa f.

poultry ['pəʊltrɪ] n (meat) carne f de aves (domésticas) ◆ npl (animals) aves fpl domésticas.

pound [paʊnd] n (unit of money) libra f; (unit of weight) = 453,6 gr, libra ◆ vi (heart) palpitar; (head) latejar.

pour [pɔː'] vt (liquid etc) jogar; (drink) servir ◆ vi (flow) correr; **it's ~ing (with rain)** está chovendo canivetes (Br), está a chover a cântaros (Port).

❏ **pour out** vt sep (drink) servir.

pouring ['pɔːrɪŋ] adj (rain) torrencial.

pout [paʊt] vi fazer beicinho.

poverty ['pɒvətɪ] n pobreza f.

poverty-stricken adj empobrecido(-da).

powder ['paʊdə'] n pó m.

powdered ['paʊdəd] adj (milk, sugar) em pó.

powder room n banheiro m para senhoras (Br), casa f de banho para senhoras (Port).

power ['paʊə'] n (control, authority) poder m; (ability) capacidade f; (strength, force) força f; (energy) energia f; (electricity) eletricidade f ◆ vt alimentar, accionar; **to be in ~** estar no poder.

powerboat ['paʊəbəʊt] n barco m a motor.

power cut n corte m de energia.

power failure n falha f de energia.

powerful ['paʊəful] adj forte; (having control) poderoso(-osa); (machine) potente.

powerless ['paʊəlɪs] adj impotente; **to be ~ to do sthg** não ter poderes para fazer algo, não poder fazer algo.

power point n (Brit) tomada f elétrica.

power station n central f elétrica.

power steering n direção f assistida.

practical ['præktɪkl] adj prático(-ca).

practicality [,præktɪ'kælətɪ] n aspecto m prático.

practical joke n partida f.

practically ['præktɪklɪ] adv (almost) praticamente.

practice ['præktɪs] n (training, regular activity, custom) prática f; (training session) sessão f de treino; (MUS) ensaio m; (of doctor) consultório m; (of lawyer) escritório m ◆ vt (Am) = **practise**; **out of ~** destreinado(-da).

practise ['præktɪs] vt (sport, music, technique) praticar ◆ vi (train) praticar; (doctor, lawyer) exercer ◆ n (Am) = **practice**.

Prague [prɑːg] n Praga s.

prairie ['preərɪ] n pradaria f.

praise [preɪz] n elogio m ◆ vt elogiar.

praiseworthy ['preɪz,wɜːðɪ] adj digno(-gna) de louvor.

pram [præm] n (Brit) carrinho m de bebê.

prance [prɑːns] vi (person) pavonear-se; (horse) dar pinotes.

prank [præŋk] n peça f (Br), partida f (Port).

prawn [prɔːn] n camarão m.

prawn cocktail n cocktail m de camarão, entrada à base de camarão e maionese com ketchup dispostos sobre uma camada de folhas de alface.

prawn cracker n bolacha f de camarão, tira-gosto frito chinês de farinha de arroz e camarão, fino e crocante.

pray [preɪ] vi rezar; **to ~ for** (fig) rezar por; **to ~ for rain** rezar para que chova.

prayer [preə'] n oração f.

precarious [prɪ'keərɪəs] adj precário (-ria).

precaution [prɪ'kɔːʃn] n precaução f.

precede [prɪ'siːd] vt (fml) preceder.

precedence ['presɪdəns] n: **to take ~ over sthg** ter prioridade em relação a OR sobre algo.

precedent ['presɪdənt] n precedente m.

preceding [prɪ'siːdɪŋ] adj precedente.

precinct ['priːsɪŋkt] n (Brit: for shopping) zona f comercial (pedestre); (Am: area of town) circunscrição f.

precious ['preʃəs] adj precioso(-osa); (memories, possession) querido(-da).

precious stone n pedra f preciosa.

precipice ['presɪpɪs] n precipício m.

precise [prɪ'saɪs] adj preciso(-sa).

precisely [prɪ'saɪslɪ] *adv* precisamente.

precision [prɪ'sɪʒn] *n* precisão *f*.

precocious [prɪ'kəʊʃəs] *adj* precoce.

predator ['predətər] *n (animal)* predador *m; (bird)* ave *f* de rapina.

predecessor ['pri:dɪsesər] *n* antecessor *m* (-ra *f*).

predicament [prɪ'dɪkəmənt] *n* situação *f* difícil.

predict [prɪ'dɪkt] *vt* prever.

predictable [prɪ'dɪktəbl] *adj* previsível.

prediction [prɪ'dɪkʃn] *n* previsão *f*.

predominant [prɪ'dɒmɪnənt] *adj* predominante.

predominantly [prɪ'dɒmɪnəntlɪ] *adv* predominantemente.

preempt [,pri:'empt] *vt* adiantar-se a, anticipar-se a.

prefab ['pri:fæb] *n (inf)* pré-fabricado *m*.

preface ['prefɪs] *n* prefácio *m*.

prefect ['pri:fekt] *n (Brit: at school)* prefeito *m* (monitora *f*).

prefer [prɪ'fɜːr] *vt*: to ~ sthg (to) preferir algo (a); to ~ to do sthg preferir fazer algo.

preferable ['prefrəbl] *adj* preferível.

preferably ['prefrəblɪ] *adv* preferivelmente, de preferência.

preference ['prefərəns] *n* preferência *f*.

prefix ['pri:fɪks] *n* prefixo *m*.

pregnancy ['pregnənsɪ] *n* gravidez *f*.

pregnant ['pregnənt] *adj* grávida.

prehistoric [,pri:hɪ'stɒrɪk] *adj* pré-histórico(-ca).

prejudice ['predʒʊdɪs] *n* preconceito *m*.

prejudiced ['predʒʊdɪst] *adj* preconceituoso(-osa).

preliminary [prɪ'lɪmɪnərɪ] *adj* preliminar.

prelude ['prelju:d] *n (event)*: ~ (to sthg) prelúdio *m* (de algo).

premarital [,pri:'mærɪtl] *adj* pré-matrimonial.

premature ['premətjʊər] *adj* prematuro(-ra).

premeditated [,pri:'medɪteɪtɪd] *adj* premeditado(-da).

premenstrual syndrome [,pri:'menstruəl-] *n* síndrome *f* pré-menstrual.

premenstrual tension = premenstrual syndrome.

premier ['premjər] *adj* melhor ◆ *n* primeiro-ministro *m* (primeira-ministra *f*).

premiere ['premɪeər] *n* estréia *f*.

premises ['premɪsɪz] *npl* instalações *fpl*, local *m*; on the ~ no estabelecimento.

premium ['pri:mjəm] *n (for insurance)* prêmio *m*.

premium-quality *adj* de primeira (qualidade).

premonition [,premə'nɪʃn] *n* premunição *f*.

preoccupied [,pri:'ɒkjʊpaɪd] *adj* preocupado(-da).

prepacked [,pri:'pækt] *adj* pré-embalado(-da).

prepaid ['pri:peɪd] *adj (envelope)* com porte pago, que não necessita de selo.

preparation [,prepə'reɪʃn] *n (preparing)* preparação *f*.

❏ **preparations** *npl (arrangements)* preparações *fpl*.

preparatory [prɪ'pærətrɪ] *adj* preparatório(-ria).

preparatory school *n (in UK)* escola particular, de preparação para o ensino secundário, para alunos dos sete aos doze anos; *(in US)* escola secundária particular destinada à preparação para o ensino superior.

prepare [prɪ'peər] *vt* preparar ◆ *vi* preparar-se.

prepared [prɪ'peəd] *adj (ready)* preparado(-da); to be ~ to do sthg estar preparado para fazer algo.

preposition [,prepə'zɪʃn] *n* preposição *f*.

preposterous [prɪ'pɒstərəs] *adj* absurdo(-da).

prep school [prep-] = preparatory school.

prerequisite [,pri:'rekwɪzɪt] *n* pré-requisito *m*; to be a ~ of OR for sthg ser um pré-requisito para algo.

preschool [,pri:'sku:l] *adj* pré-escolar ◆ *n (Am)* pré-primário *m*.

prescribe [prɪ'skraɪb] *vt* receitar.

prescription [prɪ'skrɪpʃn] *n* receita *f* (médica).

presence ['prezns] *n* presença *f*; in sb's ~ na presença de alguém.

present [*adj & n* 'preznt. *vb* prɪ'zent] *adj (in attendance)* presente; *(current)* atual ◆ *n (gift)* presente *m* ◆ *vt (give)* presentear; *(problem, challenge)* representar; *(portray, play, on radio or TV)* apresentar; **the ~** o presente; **the ~ (tense)** *(GRAMM)* o presente; **at ~** de momento; **to ~ sb to sb** apresentar alguém a alguém.

presentable [prɪˈzentəbl] *adj* apresentável.

presentation [ˌprezn'teɪʃn] *n* apresentação *f*.

presenter [prɪˈzentər] *n (of TV, radio programme)* apresentador *m* (-ra *f*).

presently [ˈprezntlɪ] *adv (soon)* daqui a pouco; *(soon after)* daí a pouco; *(now)* atualmente, neste momento.

preservation [ˌprezə'veɪʃn] *n (of wildlife, building, food)* conservação *f*; *(of order, peace)* manutenção *f*.

preservative [prɪˈzɜːvətɪv] *n* conservante *m*.

preserve [prɪˈzɜːv] *n (jam)* compota *f* ◆ *vt* conservar; *(order, peace)* manter.

preset [ˌpriːˈset] *(pt & pp* **preset)** *vt* programar.

president [ˈprezɪdənt] *n* presidente *mf*.

presidential [ˌprezɪ'denʃl] *adj* presidencial.

press [pres] *vt (push firmly)* pressionar; *(button, switch)* apertar; *(iron)* passar (a ferro) ◆ *n*: **the ~** a imprensa; **to ~ sb to do sthg** insistir com alguém para que faça algo.

press conference *n* entrevista *f* coletiva *(Br)*, conferência *f* de imprensa *(Port)*.

pressed [prest] *adj*: **to be ~ for time/money** estar com falta de tempo/dinheiro, não ter tempo/dinheiro.

pressing [ˈpresɪŋ] *adj (problem, business, need)* urgente, premente; *(appointment)* inadiável.

press-stud *n* botão *m* de pressão *(Br)*, mola *f (Port)*.

press-ups *npl* flexões *fpl*.

pressure [ˈpreʃər] *n* pressão *f*.

pressure cooker *n* panela *f* de pressão.

pressure gauge *n* manômetro *m*.

pressure group *n* grupo *m* de pressão.

pressurize [ˈpreʃəraɪz] *vt (Brit: force)*: **to ~ sb to do** OR **into doing sthg** pressionar alguém a fazer algo.

prestige [pre'stiːʒ] *n* prestígio *m*.

prestigious [pre'stɪdʒəs] *adj* prestigioso(-osa).

presumably [prɪˈzjuːməblɪ] *adv* presumivelmente.

presume [prɪˈzjuːm] *vt* presumir.

presumptuous [prɪˈzʌmptʃʊəs] *adj* presunçoso(-osa).

pretence [prɪˈtens] *n* fingimento *m*; **to make a ~ of doing sthg** fingir fazer algo.

pretend [prɪˈtend] *vt*: **to ~ to do sthg** fingir fazer algo; **she ~ed she was crying** ela fez de conta que estava chorando.

pretense [prɪˈtens] *(Am)* = **pretence**.

pretension [prɪˈtenʃn] *n* pretensão *f*.

pretentious [prɪˈtenʃəs] *adj* pretencioso(-osa).

pretext [ˈpriːtekst] *n* pretexto *m*; **on** OR **under the ~ of doing sthg** sob o pretexto de fazer algo; **on** OR **under the ~ that** sob o pretexto de que.

pretty [ˈprɪtɪ] *adj* bonito(-ta) ◆ *adv (inf) (quite)* bastante; *(very)* muito.

prevailing [prɪˈveɪlɪŋ] *adj (belief, opinion, fashion)* dominante, corrente; *(wind)* constante.

prevalent [ˈprevələnt] *adj* dominante, corrente.

prevent [prɪˈvent] *vt* evitar; **to ~ sb/sthg from doing sthg** impedir alguém/algo de fazer algo.

prevention [prɪˈvenʃn] *n* prevenção *f*.

preventive [prɪˈventɪv] *adj* preventivo(-va).

preview [ˈpriːvjuː] *n (of film)* préestréia *f (Br)*, anteestreia *f (Port)*; *(short description)* resumo *m*.

previous [ˈpriːvjəs] *adj* anterior.

previously [ˈpriːvjəslɪ] *adv* anteriormente.

prey [preɪ] *n* presa *f*.

price [praɪs] *n* preço *m* ◆ *vt* fixar o preço de; **to be ~d at** custar.

priceless [ˈpraɪslɪs] *adj (expensive)* de valor incalculável; *(valuable)* valiosíssimo(-ma).

price list *n* lista *f* de preços.

price tag *n* etiqueta *f*, preço *m*.

pricey [ˈpraɪsɪ] *adj (inf)* caro(-ra).

prick [prɪk] *vt* picar.

prickly [ˈprɪklɪ] *adj (plant, bush)* espinhoso(-osa).

prickly heat *n* brotoeja *f (provocada pelo calor)*.

pride [praɪd] n orgulho m ♦ vt: **to ~ o.s. on** sthg orgulhar-se de algo.

priest [priːst] n padre m.

priestess [ˈpriːstɪs] n sacerdotisa f.

priesthood [ˈpriːsthʊd] n: **the ~** (position, office) o sacerdócio; (priests) o clero.

prim [prɪm] adj (proper) ceremonioso (-osa).

primarily [ˈpraɪmərɪlɪ] adv principalmente.

primary [ˈpraɪmərɪ] adj primário (-ria).

❏ **primaries** npl (Am: POL) (eleições) primárias fpl.

primary school n escola f primária.

prime [praɪm] adj (chief) principal; (quality, beef, cut) de primeira.

prime minister n primeiro-ministro m (primeira-ministra f). ·

primer [ˈpraɪməʳ] n (paint) (tinta de) base f; (textbook) cartilha f.

primitive [ˈprɪmɪtɪv] adj primitivo (-va).

primrose [ˈprɪmrəʊz] n primavera f.

prince [prɪns] n príncipe m.

Prince of Wales n Príncipe m de Gales.

princess [prɪnˈses] n princesa f.

principal [ˈprɪnsəpl] adj principal ♦ n (of school) diretor m (-ra f); (of university) reitor m (-ra f).

principle [ˈprɪnsəpl] n princípio m; **in ~** em princípio.

print [prɪnt] n (words) letra f (impressa); (photo) fotografia f; (of painting) reprodução f; (mark) impressão f ♦ vt (book, newspaper) imprimir; (publish) publicar; (write) escrever em letra de imprensa; (photo) revelar; **out of ~** esgotado.

❏ **print out** vt sep imprimir.

printed matter [ˈprɪntɪd-] n impressos mpl.

printer [ˈprɪntəʳ] n (machine) impressora f; (person) impressor m (-ra f).

printout [ˈprɪntaʊt] n cópia f impressa, impressão f.

prior [ˈpraɪəʳ] adj (previous) prévio (-via); **~ to** (fml) antes de.

priority [praɪˈɒrətɪ] n prioridade f; **to have ~ over** ter prioridade sobre.

prison [ˈprɪzn] n prisão f.

prisoner [ˈprɪznəʳ] n prisioneiro m (-ra f).

prisoner of war n prisioneiro m (-ra f) de guerra.

prison officer n guarda mf de prisão.

privacy [ˈprɪvəsɪ] n privacidade f.

private [ˈpraɪvɪt] adj privado(-da); (class, lesson) particular; (quiet) retirado(-da) ♦ n (MIL) soldado m raso; **in ~** em particular.

private health care n assistência f médica privada.

privately [ˈpraɪvɪtlɪ] adv (meet, speak) em particular; (think, believe) no íntimo; **~ owned** (company) pertencente ao setor privado.

private property n propriedade f privada.

private school n escola f particular.

privatize [ˈpraɪvɪtaɪz] vt privatizar.

privet [ˈprɪvɪt] n alfena f, alfenheiro m, ligustro m.

privilege [ˈprɪvɪlɪdʒ] n privilégio m; **it's a ~!** é uma honra!

prize [praɪz] n prêmio m.

prize-giving [-ˌgɪvɪŋ] n entrega f de prêmios.

prizewinner [ˈpraɪzwɪnəʳ] n premiado m (-da f), vencedor m (-ra f) (do prêmio).

pro [prəʊ] (pl -s) n (inf: professional) profissional mf.

❏ **pros** npl: **~s and cons** os prós e os contras.

probability [ˌprɒbəˈbɪlətɪ] n probabilidade f.

probable [ˈprɒbəbl] adj provável.

probably [ˈprɒbəblɪ] adv provavelmente.

probation [prəˈbeɪʃn] n (of prisoner) liberdade f condicional; (trial period) período m em experiência; **to be on ~** (employee) estar em experiência.

probation officer n assistente mf social (responsável por um preso em liberdade condicional).

probe [prəʊb] n (MED: for exploration) sonda f ♦ vt sondar.

problem [ˈprɒbləm] n problema m; **no ~!** (inf) não há problema!

procedure [prəˈsiːdʒəʳ] n procedimento m.

proceed [prəˈsiːd] vi (fml) (continue) prosseguir; (act) proceder; (advance) avançar; "**~ with caution**" "avançar com precaução".

proceeds [ˈprəʊsiːdz] *npl* receita *f*, dinheiro *m* apurado

process [ˈprəʊses] *n* processo *m*; **to be in the ~ of doing sthg** estar fazendo algo.

processed cheese [ˈprəʊsest-] *n (for spreading)* queijo *m* fundido; *(in slices)* queijo fundido em fatias.

procession [prəˈseʃn] *n* procissão *f*.

proclaim [prəˈkleɪm] *vt* proclamar.

procrastinate [prəˈkræstɪneɪt] *vi* procrastinar, adiar.

procure [prəˈkjʊəʳ] *vt* arranjar, conseguir.

prod [prɒd] *vt (poke)* empurrar.

prodigal [ˈprɒdɪgl] *adj* pródigo(-ga).

prodigy [ˈprɒdɪdʒɪ] *n* prodígio *m*.

produce [*vb* prəˈdjuːs, *n* ˈprɒdjuːs] *vt* produzir; *(cause)* provocar; *(show)* mostrar ♦ *n* produtos *mpl* agrícolas.

producer [prəˈdjuːsəʳ] *n* produtor *m* (-ra *f*).

product [ˈprɒdʌkt] *n* produto *m*.

production [prəˈdʌkʃn] *n* produção *f*.

production line *n* linha *f* de produção.

productive [prəˈdʌktɪv] *adj* produtivo(-va).

productivity [ˌprɒdʌkˈtɪvɪtɪ] *n* produtividade *f*.

profession [prəˈfeʃn] *n* profissão *f*.

professional [prəˈfeʃənl] *adj* profissional ♦ *n* profissional *mf*.

professor [prəˈfesəʳ] *n (in UK)* professor *m* catedrático (professora *f* catedrática); *(in US)* professor *m* universitário (professora *f* universitária).

profile [ˈprəʊfaɪl] *n* perfil *m*.

profit [ˈprɒfɪt] *n (financial)* lucro *m* ♦ *vi*: **to ~ (from)** tirar proveito (de), lucrar (com).

profitability [ˌprɒfɪtəˈbɪlɪtɪ] *n* rentabilidade *f*.

profitable [ˈprɒfɪtəbl] *adj (financially)* lucrativo(-va), rentável.

profiteroles [prəˈfɪtərəʊlz] *npl* profiteroles *mpl*, bolinhos de massa leve recheados com creme e cobertos de chocolate.

profound [prəˈfaʊnd] *adj* profundo (-da).

profusely [prəˈfjuːslɪ] *adv (sweat, bleed)* imenso; **to apologize ~** desfazer-se em desculpas.

program [ˈprəʊgræm] *n (COMPUT)* pro-

grama *m*; *(Am)* = **programme** ♦ *vt (COMPUT)* programar.

programme [ˈprəʊgræm] *n (Brit)* programa *m*.

programming [ˈprəʊgræmɪŋ] *n (COMPUT)* programação *f*.

progress [*n* ˈprəʊgres, *vb* prəˈgres] *n* progresso *m* ♦ *vi (work, talks, student)* progredir; *(day, meeting)* avançar; **to make ~** *(improve)* progredir, melhorar; *(in journey)* avançar; **in ~** em curso.

progressive [prəˈgresɪv] *adj (forward-looking)* progressivo(-va).

prohibit [prəˈhɪbɪt] *vt* proibir; **"smoking strictly ~ed"** "é proibido fumar".

project [ˈprɒdʒekt] *n (plan)* projeto *m*; *(at school)* trabalho *m*.

projectile [prəˈdʒektaɪl] *n* projétil *m*.

projection [prəˈdʒekʃn] *n (estimate)* previsão *f*, estimativa *f*; *(protrusion)* saliência *f*.

projector [prəˈdʒektəʳ] *n* projetor *m*.

prolific [prəˈlɪfɪk] *adj* prolífico(-ca).

prolog [ˈprəʊlɒg] *(Am)* = **prologue**.

prologue [ˈprəʊlɒg] *n* prólogo *m*.

prolong [prəˈlɒŋ] *vt* prolongar.

prom [prɒm] *n (Am: dance)* ~ baile *m* de finalistas.

promenade [ˌprɒməˈnɑːd] *n (Brit: by the sea)* passeio *m* (à beira da praia), calçadão *m (Br)*.

prominent [ˈprɒmɪnənt] *adj* proeminente.

promiscuous [prɒˈmɪskjʊəs] *adj* promíscuo(-cua).

promise [ˈprɒmɪs] *n* promessa *f* ♦ *vt & vi* prometer; **to show ~** ser prometedor; **to ~ sb sthg** prometer algo a alguém; **to ~ to do sthg** prometer fazer algo; **I ~ (that) I'll come** prometo que vou, prometo ir.

promising [ˈprɒmɪsɪŋ] *adj* prometedor(-ra).

promote [prəˈməʊt] *vt* promover.

promotion [prəˈməʊʃn] *n* promoção *f*.

prompt [prɒmpt] *adj (quick)* imediato(-ta) ♦ *adv*: **at six o'clock ~** às seis em ponto.

promptly [ˈprɒmptlɪ] *adv (reply, react, pay)* imediatamente; *(arrive, leave)* pontualmente.

prone [prəʊn] *adj*: **to be ~ to sthg** ser propenso(-sa) a algo; **to be ~ to do sthg** ter tendência para fazer algo.

prong [prɒŋ] *n (of fork)* dente *m*.

pronoun ['prəʊnaʊn] *n* pronome *m*.

pronounce [prə'naʊns] *vt (word)* pronunciar.

pronunciation [prə,nʌnsɪ'eɪʃn] *n* pronúncia *f*.

proof [pruːf] *n (evidence)* prova *f*; **it's 12% ~** *(alcohol)* tem 12 graus.

prop [prɒp] : **prop up** *vt sep (support)* suster.

propaganda [,prɒpə'gændə] *n* propaganda *f*.

propeller [prə'pelər] *n* hélice *f*.

propelling pencil [prə'pelɪŋ-] *n (Brit)* lapiseira *f (Br)*, porta-minas *m inv (Port)*.

proper ['prɒpər] *adj (suitable)* adequado(-da); *(correct, socially acceptable)* correto(-ta).

properly ['prɒpəlɪ] *adv* corretamente.

proper noun *n* substantivo *m* próprio.

property ['prɒpətɪ] *n* propriedade *f*; *(fml: building)* imóvel *m*, prédio *m*.

prophecy ['prɒfɪsɪ] *n* profecia *f*.

prophesy ['prɒfɪsaɪ] *vt* profetizar.

prophet ['prɒfɪt] *n* profeta *m* (-tisa *f*).

proportion [prə'pɔːʃn] *n (part, amount)* porção *f*, parte *f*; *(ratio, in art)* proporção *f*.

proportional [prə'pɔːʃnl] *adj* proporcional; **to be ~ to sthg** ser proporcional a algo.

proportional representation [-,reprɪzen'teɪʃn] *n* representação *f* proporcional.

proportionate [prə'pɔːʃnət] *adj:* **~ (to)** proporcional (a).

proposal [prə'pəʊzl] *n (suggestion)* proposta *f*.

propose [prə'pəʊz] *vt (suggest)* propor ♦ *vi:* **to ~ to sb** pedir alguém em casamento.

proposition [,prɒpə'zɪʃn] *n (offer)* proposta *f*.

proprietor [prə'praɪətər] *n (fml)* proprietário *m* (-ria *f*).

prose [prəʊz] *n (not poetry)* prosa *f*; *(SCH)* retroversão *f*.

prosecute ['prɒsɪkjuːt] *vt (JUR)* processar, mover uma ação judicial contra ♦ *vi (bring a charge)* instaurar um processo judicial; *(represent in court)* representar o demandante.

prosecutor ['prɒsɪkjuːtər] *n* Promotor *m* Público (Promotora *f* Pública) *(Br)*, Delegado *m* (-da *f*) do

Ministério Público *(Port)*.

prospect ['prɒspekt] *n (possibility)* possibilidade *f*, perspectiva *f*; **I don't relish the ~** não me agrada a perspectiva.

❑ **prospects** *npl (for the future)* perspectivas *fpl*.

prospective [prə'spektɪv] *adj* potencial.

prospectus [prə'spektəs] *(pl -es) n* prospecto *m*.

prosper ['prɒspər] *vi* prosperar.

prosperity [prɒ'sperətɪ] *n* prosperidade *f*.

prosperous ['prɒspərəs] *adj* próspero(-ra).

prostitute ['prɒstɪtjuːt] *n* prostituta *f*.

protagonist [prə'tægənɪst] *n* protagonista *mf*.

protect [prə'tekt] *vt* proteger; **to ~ sb/sthg against** proteger alguém/algo contra; **to ~ sb/sthg from** proteger alguém/algo de.

protection [prə'tekʃn] *n* proteção *f*.

protection factor *n* factor *m* de proteção.

protective [prə'tektɪv] *adj* protetor (-ra).

protein ['prəʊtiːn] *n* proteína *f*.

protest [*n* 'prəʊtest, *vb* prə'test] *n (complaint)* protesto *m*; *(demonstration)* passeata *f (Br)*, protesto, manifestação *f (Port)* ♦ *vt (Am: protest against)* protestar contra ♦ *vi:* **to ~ (against)** protestar (contra).

Protestant ['prɒtɪstənt] *n* protestante *mf*.

protester [prə'testər] *n* manifestante *mf*.

prototype ['prəʊtətaɪp] *n* protótipo *m*.

protractor [prə'træktər] *n* transferidor *m*.

protrude [prə'truːd] *vi* sair.

proud [praʊd] *adj* orgulhoso(-osa); **to be ~ of** ter orgulho em.

prove [pruːv] *(pp -d OR* **proven** [pruːvn]) *vt (show to be true)* provar; *(turn out to be)* revelar-se.

proverb ['prɒvɜːb] *n* provérbio *m*.

provide [prə'vaɪd] *vt (supply)* fornecer; **to ~ sb with sthg** fornecer algo a alguém.

❑ **provide for** *vt fus (person)* manter.

provided (that) [prə'vaɪdɪd-] *conj* desde que.

providing (that) [prə'vaɪdɪŋ-] = **provided (that)**.
province ['prɒvɪns] n província f.
provision [prə'vɪʒn] n (of food, resources) fornecimento m; (in agreement, law) disposição f, cláusula f; (arrangement) precauções fpl; **to make ~ for** (future, eventuality) tomar precauções para.
□ **provisions** npl (supplies) provisões fpl, mantimentos mpl.
provisional [prə'vɪʒənl] adj provisório(-ria).
provocative [prə'vɒkətɪv] adj provocador(-ra).
provoke [prə'vəʊk] vt provocar.
prow [praʊ] n proa f.
prowess ['praʊɪs] n proeza f.
prowl [praʊl] vi rondar.
proxy ['prɒksɪ] n: **by ~** por OR com procuração.
prudent ['pruːdnt] adj prudente.
prudish ['pruːdɪʃ] adj pudico(-ca).
prune [pruːn] n ameixa f seca ◆ vt (tree, bush) podar.
pry [praɪ] vi: **to ~ (into sthg)** intrometer-se (em algo).
PS (abbr of postscript) PS.
psalm [sɑːm] n salmo m.
pseudonym ['sjuːdənɪm] n pseudônimo m.
psychiatric [ˌsaɪkɪˈætrɪk] adj psiquiátrico(-ca).
psychiatrist [saɪˈkaɪətrɪst] n psiquiatra mf.
psychiatry [saɪˈkaɪətrɪ] n psiquiatria f.
psychic ['saɪkɪk] adj (person) mediúnico(-ca), espírita.
psychoanalysis [ˌsaɪkəʊəˈnæləsɪs] n psicanálise f.
psychoanalyst [ˌsaɪkəʊˈænəlɪst] n psicanalista mf.
psychological [ˌsaɪkəˈlɒdʒɪkl] adj psicológico(-ca).
psychologist [saɪˈkɒlədʒɪst] n psicólogo m (-ga f).
psychology [saɪˈkɒlədʒɪ] n psicologia f.
psychopath ['saɪkəpæθ] n psicopata mf.
psychotherapist [ˌsaɪkəʊˈθerəpɪst] n psicoterapeuta mf.
psychotic [saɪˈkɒtɪk] adj psicopático(-ca).
pt abbr = pint.

PTO (abbr of please turn over) v.s.f.f.
pub [pʌb] n ~ bar m.
puberty ['pjuːbətɪ] n puberdade f.
public ['pʌblɪk] adj público(-ca) ◆ n: **the ~** o público; **in ~** em público.
public-address system n sistema m de difusão pública OR (de reforço) de som.
publican ['pʌblɪkən] n (Brit) pessoa que gere um "pub".
publication [ˌpʌblɪˈkeɪʃn] n publicação f.
public bar n (Brit) parte mais simples e menos confortável de um "pub".
public convenience n (Brit) banheiro m público (Br), casa f de banho pública (Port).
public footpath n (Brit) caminho m público.
public holiday n feriado m (nacional).
public house n (Brit: fml) ~ bar m.
publicity [pʌbˈlɪsɪtɪ] n publicidade f.
publicize [pʌblɪˈsaɪz] vt divulgar, dar a conhecer ao público.
public opinion n opinião f pública.
public relations npl relações fpl públicas. **public school** n (in UK) escola f particular; (in US) escola pública.
public telephone n telefone m público.
public transport n transporte m público OR coletivo.
publish ['pʌblɪʃ] vt publicar.
publisher ['pʌblɪʃə'] n (person) editor m (-ra f); (company) editora f.
publishing ['pʌblɪʃɪŋ] n (industry) indústria f editorial.
pub lunch n almoço servido num "pub".
pudding ['pʊdɪŋ] n (sweet dish) pudim m; (Brit: course) sobremesa f.
puddle ['pʌdl] n poça f.
puff [pʌf] vi (breathe heavily) ofegar ◆ n (of air) lufada f, (smoke) baforada f; **to ~ at** tirar baforadas de.
puffin ['pʌfɪn] n papagaio-do-mar m.
puff pastry n massa f folhada.
pull [pʊl] vt & vi puxar ◆ n: **to give sthg a ~** dar um puxão em algo, puxar algo; **to ~ a face** fazer uma careta; **to ~ a muscle** distender um músculo; **"pull"** (on door) "puxe".
□ **pull apart** vt sep (machine) desmon-

tar; *(book)* desfazer.
❏ **pull down** *vt sep (lower)* baixar; *(demolish)* jogar abaixo, demolir.
❏ **pull in** *vi (train)* dar entrada *(em estação); (car)* estacionar.
❏ **pull out** *vt sep (cork, plug)* tirar; *(tooth)* arrancar ◆ *vi (train)* partir; *(car)* sair; *(withdraw)* retirar-se.
❏ **pull over** *vi (car)* encostar.
❏ **pull up** *vt sep (trousers, sleeve)* arregaçar; *(socks)* puxar ◆ *vi (stop)* parar.
pulley ['pulɪ] *(pl* **-s)** *n* roldana *f*.
pull-out *n (Am: beside road)* área *f* de descanso.
pullover ['pul,əuvəʳ] *n* pulôver *m*.
pulp [pʌlp] *n* polpa *f*; *(of wood)* pasta *f* de papel ◆ *adj:* ~ **fiction** literatura *f* de cordel.
pulpit ['pulpit] *n* púlpito *m*.
pulse [pʌls] *n (MED)* pulso *m*.
puma ['pjuːmə] *(pl inv* OR **-s)** *n* puma *m*.
pump [pʌmp] *n* bomba *f*.
❏ **pumps** *npl (sports shoes)* sapatilhas *fpl*, ténis *mpl* (Port).
❏ **pump up** *vt sep* encher.
pumpkin ['pʌmpkin] *n* abóbora *f*.
pun [pʌn] *n* trocadilho *m*.
punch [pʌntʃ] *n (blow)* murro *m*, soco *m*; *(drink)* ponche *m* ◆ *vt (hit)* esmurrar, dar um murro OR soco em; *(ticket)* picar, obliterar.
Punch and Judy show [-'dʒuːdɪ-] *n* = show *m* de marionetes OR fantoches.
punch line *n* final *m (de uma anedota ou piada)*.
punch-up *n (Brit: inf)* briga *f*, pancadaria *f*.
punctual ['pʌŋktʃuəl] *adj* pontual.
punctuation [,pʌŋktʃu'eɪʃn] *n* pontuação *f*.
punctuation mark *n* sinal *m* de pontuação.
puncture ['pʌŋktʃəʳ] *n* furo *m* ◆ *vt* furar.
pungent ['pʌndʒənt] *adj (smell)* intenso(-sa), penetrante.
punish ['pʌnɪʃ] *vt:* **to** ~ **sb (for sthg)** castigar alguém (por algo), pôr alguém de castigo (por algo).
punishing ['pʌnɪʃɪŋ] *adj* penoso (-osa).
punishment ['pʌnɪʃmənt] *n* castigo *m*.
punk [pʌŋk] *n (person)* punk *mf*;

(music) música *f* punk.
punnet ['pʌnɪt] *n (Brit)* cestinho *m*, caixa *f*.
puny ['pjuːnɪ] *adj (person, limbs)* magricela; *(effort, attempt)* patético (-ca).
pup [pʌp] *n (young dog)* cachorrinho *m (Br)*, cachorro *m (Port)*.
pupil ['pjuːpl] *n (student)* aluno *m* (-na *f*); *(of eye)* pupila *f*.
puppet ['pʌpɪt] *n* fantoche *m*, marionete *f*.
puppy ['pʌpɪ] *n* cachorrinho *m (Br)*, cachorro *m (Port)*.
purchase ['pɜːtʃəs] *vt (fml)* comprar ◆ *n (fml)* compra *f*.
purchaser ['pɜːtʃəsəʳ] *n* comprador *m* (-ra *f*).
pure [pjuəʳ] *adj* puro(-ra).
puree ['pjuəreɪ] *n* purê *m*.
purely ['pjuəlɪ] *adv (only)* meramente.
purify ['pjuərɪfaɪ] *vt* purificar.
purity ['pjuərətɪ] *n* pureza *f*.
purple ['pɜːpl] *adj* roxo(-xa).
purpose ['pɜːpəs] *n (reason)* motivo *m*; *(use)* uso *m*; **on** ~ de propósito.
purr [pɜːʳ] *vi (cat)* ronronar.
purse [pɜːs] *n* carteira *f*.
purser ['pɜːsəʳ] *n* comissário *m* de bordo.
pursue [pə'sjuː] *vt (follow)* perseguir; *(study, inquiry, matter)* continuar com.
pursuer [pə'sjuːəʳ] *n* perseguidor *m* (-ra *f*).
pursuit [pə'sjuːt] *n (of animal, criminal)* perseguição *f*; *(of happiness, goals)* busca *f*; *(occupation, activity)* atividade *f*; **leisure** ~**s** passatempos *mpl*.
pus [pʌs] *n* pus *m*.
push [puʃ] *vt (shove)* empurrar; *(button, doorbell)* apertar; *(product)* promover ◆ *vi (shove)* empurrar ◆ *n:* **to give sb/sthg a** ~ empurrar alguém/algo, dar um empurrão em alguém/algo; **to** ~ **sb into doing sthg** levar alguém a fazer algo; **"push"** *(on door)* **"empurre"**.
❏ **push in** *vi (in queue)* meter-se na frente.
❏ **push off** *vi (inf: go away)* pirar-se.
push-button telephone *n* telefone *m* de teclas.
pushchair ['puʃtʃeəʳ] *n (Brit)* carrinho *m* (de bebê).
pushed [puʃt] *adj (inf):* **to be** ~ **(for time)** não ter tempo.
pusher ['puʃəʳ] *n (drugs seller)* trafi-

cante *mf* OR passador *m* (-ra *f*).

push-ups *npl* flexões *fpl*.

pushy ['puʃi] *adj* agressivo(-va), insistente.

puss [pus] = **pussy (cat)**.

pussy (cat) ['pusi-] *n* (*inf*) gatito *m*, bichaninho *m*.

put [put] (*pt* & *pp* **put**) *vt* pôr; (*express*) exprimir; (*write*) escrever; (*a question*) colocar, fazer; **to ~ sthg at** (*estimate*) avaliar algo em; **to ~ a child to bed** pôr uma criança na cama; **to ~ money into sthg** pôr dinheiro OR investir em algo.

❏ **put aside** *vt sep* (*money*) pôr de lado.

❏ **put away** *vt sep* (*tidy up*) arrumar.

❏ **put back** *vt sep* (*replace*) repor; (*postpone*) adiar; (*clock, watch*) atrasar.

❏ **put down** *vt sep* (*on floor, table*) colocar; (*passenger, deposit*) deixar; (*Brit: animal*) matar, abater.

❏ **put forward** *vt sep* (*clock, watch*) adiantar; (*suggest*) sugerir.

❏ **put in** *vt sep* (*insert*) pôr em; (*install*) instalar.

❏ **put off** *vt sep* (*postpone*) adiar; (*distract*) distrair; (*repel*) dar nojo em; (*passenger*) deixar.

❏ **put on** *vt sep* (*clothes, make-up, CD*) pôr; (*television, light, radio*) acender, ligar; (*play, show*) montar; **to ~ on weight** engordar.

❏ **put out** *vt sep* (*cigarette, fire, light*) apagar; (*publish*) publicar; (*hand, arm, leg*) estender; (*inconvenience*) incomodar; **to ~ one's back out** deslocar uma vértebra.

❏ **put together** *vt sep* juntar.

❏ **put up** *vt sep* (*tent*) montar; (*statue*) erigir, erguer; (*building*) construir; (*umbrella*) abrir; (*a notice, sign*) afixar; (*price, rate*) aumentar, subir; (*provide with accommodation*) alojar ◆ *vi* (*Brit: in hotel*) ficar, hospedar-se.

❏ **put up with** *vt fus* agüentar, suportar.

putt [pʌt] *n* putt *m*, pancada *f* leve ◆ *vi* fazer um putt.

putter ['pʌtər] *n* (*club*) putter *m*.

putting green ['pʌtɪŋ-] *n* green *m*, pequeno campo de golfe.

putty ['pʌtɪ] *n* betume *m*, massa *f* para vidros.

puzzle ['pʌzl] *n* (*game*) quebra-cabeças *m inv*; (*jigsaw*) puzzle *m*; (*mystery*) mistério *m* ◆ *vt* confundir.

puzzling ['pʌzlɪŋ] *adj* intrigante.

pyjamas [pə'dʒuːməz] *npl* (*Brit*) pijama *m*.

pylon ['paɪlən] *n* poste *m* de alta tensão.

pyramid ['pɪrəmɪd] *n* pirâmide *f*.

Pyrenees [,pɪrə'niːz] *npl*: **the ~** os Pirineus.

Pyrex® ['paɪrɛks] *n* Pirex® *m*.

python ['paɪθn] *n* (*cobra*) piton *f*.

Q

quack [kwæk] *n (noise)* quá-quá *m;*
(inf: doctor) charlatão *m* (-tona *f*), veterinário *m* (-ria *f*).

quadruple [kwɒˈdruːpl] *vi* quadrupli-
car ♦ *adj*: sales are ~ last year's figures
as vendas aumentaram o quádruplo
em relação ao ano passado.

quail [kweɪl] *n* codorna *f (Br)*, codorniz *f (Port)*.

quail's eggs *npl* ovos *mpl* de codorna.

quaint [kweɪnt] *adj* pitoresco(-ca).

quake [kweɪk] *n (inf)* terremoto *m*
♦ *vi* tremer.

qualification [ˌkwɒlɪfɪˈkeɪʃn] *n* qualificação *f.*

qualified [ˈkwɒlɪfaɪd] *adj (trained)*
qualificado(-da).

qualify [ˈkwɒlɪfaɪ] *vi (for competition)*
qualificar-se; *(pass exam)* formar-se.

quality [ˈkwɒlɪtɪ] *n* qualidade *f* ♦ *adj*
de qualidade.

quantity [ˈkwɒntɪtɪ] *n* quantidade *f.*

quarantine [ˈkwɒrəntiːn] *n* quarentena *f.*

quarrel [ˈkwɒrəl] *n* discussão *f* ♦ *vi*
discutir.

quarrelsome [ˈkwɒrəlsəm] *adj* confli-
tuoso(-osa); **he's in a ~ mood today**
ele está muito irritadiço hoje.

quarry [ˈkwɒrɪ] *n (for stone)* pedreira *f;*
(for sand) areeiro *m.*

quart [kwɔːt] *n (in UK)* = 1,136 l, =
litro *m; (in US)* = 0,946 l, = litro.

quarter [ˈkwɔːtə^r] *n (fraction)* quarto
m; (Am: coin) moeda *f* de 25 centavos;
(4 ounces) = 0,1134 kg, = cem gramas;
(three months) trimestre *m; (part of
town)* bairro *m;* **(a) ~ to five** *(Brit)* quinze para as cinco; **(a) ~ of five** *(Am)*
quinze para as cinco; **(a) ~ past five**
(Brit) cinco e quinze; **(a) ~ after five**
(Am) cinco e quinze; **(a) ~ of an hour**
um quarto de hora.

quarterfinal [ˌkwɔːtəˈfaɪnl] *n* quarta *f*
de final.

quarterly [ˈkwɔːtəlɪ] *adj* trimestral
♦ *adv* trimestralmente ♦ *n* publicação *f*
trimestral.

quarterpounder [ˌkwɔːtəˈpaʊndə^r]
n hambúrguer *m* grande.

quartet [kwɔːˈtet] *n* quarteto *m.*

quartz [kwɔːts] *adj (watch)* de quartzo.

quartz watch *n* relógio *m* de quartzo.

quay [kiː] *n* cais *m inv.*

quayside [ˈkiːsaɪd] *n* cais *m inv.*

queasy [ˈkwiːzɪ] *adj (inf)* enjoado
(-da), indisposto(-osta).

queen [kwiːn] *n* rainha *f; (in cards)*
dama *f.*

queen mother *n*: **the ~** a rainha-
mãe.

queer [kwɪə^r] *adj (strange)* esquisi-
to(-ta); *(inf: ill)* indisposto(-osta) ♦ *n*
(inf: homosexual) bicha *f (Br)*, maricas *m
inv (Port).*

quench [kwentʃ] *vt*: **to ~ one's thirst**
matar a sede.

query [ˈkwɪərɪ] *n* pergunta *f.*

quest [kwest] *n*: **~ (for)** busca *f* (de).

question [ˈkwestʃn] *n* pergunta *f;*
(issue) questão *f* ♦ *vt (person)* interrogar; **it's out of the ~** está fora de
questão.

questionable [ˈkwestʃənəbl] *adj*
questionável.

question mark *n* ponto *m* de interrogação.

questionnaire [ˌkwestʃəˈneə^r] *n* ques-
tionário *m.*

queue [kjuː] *n (Brit)* fila *f*, bicha *f*
(Port) ♦ *vi (Brit)* fazer fila.

❑ **queue up** *vi (Brit)* fazer fila.

quiche [kiːʃ] *n* quiche *m.*

quick [kwɪk] *adj* rápido(-da) ♦ *adv*
rapidamente, depressa.

quicken ['kwɪkn] *vt* apressar, acelerar ◆ *vi* acelerar-se.

quickly ['kwɪklɪ] *adv* rapidamente, depressa.

quicksand ['kwɪksænd] *n* areia *f* movediça.

quick-witted [-'wɪtɪd] *adj* vivo(-va).

quid [kwɪd] (*pl inv*) *n* (*Brit: inf*) libra *f*.

quiet ['kwaɪət] *adj* silencioso(-osa); *(calm, peaceful)* calmo(-ma); *(voice)* baixo(-xa) ◆ *n* sossego *m*, calma *f*; **keep ~!** está calado!; **to keep ~** *(not make noise)* estar calado; **please keep ~ about this** por favor não digam nada.

quieten ['kwaɪətn] **: quieten down** *vi* acalmar-se.

quietly ['kwaɪətlɪ] *adv* silenciosamente; *(calmly)* tranqüilamente.

quilt [kwɪlt] *n* edredom *m*.

quince [kwɪns] *n* marmelo *m*.

quirk [kwɜːk] *n* mania *f*.

quit [kwɪt] (*pt & pp* quit) *vi* *(resign)* demitir-se; *(give up)* desistir ◆ *vt* (*Am: school, job*) deixar, abandonar; **to ~ doing sthg** deixar de fazer algo,

desistir de fazer algo.

quite [kwaɪt] *adv* bastante; **it's not ~ big enough** não é suficientemente grande; **it's not ~ ready** ainda não está pronto; **you're ~ right** você tem toda a razão; **~ a lot (of children)** bastantes (crianças); **~ a lot of money** bastante dinheiro.

quits [kwɪts] *adj (inf)*: **we're ~!** estamos quites!; **give me £10 and we'll call it ~!** dê-me 10 libras e assunto resolvido!

quiver ['kwɪvər] *n* (*for arrows*) aljava *f*, carcás *m* ◆ *vi* tremer.

quiz [kwɪz] (*pl* -zes) *n* competição *f* (*que consiste em responder a perguntas de natureza variada*).

quizzical ['kwɪzɪkl] *adj* (*look, glance*) inquiridor(-ra); *(smile)* brincalhão (-lhona), zombeteiro(-ra).

quota ['kwəʊtə] *n* cota *f*, quota *f*.

quotation [kwəʊ'teɪʃn] *n* (*phrase*) citação *f*; *(estimate)* orçamento *m*.

quotation marks *npl* aspas *fpl*.

quote [kwəʊt] *vt* (*phrase, writer*) citar; *(price)* indicar ◆ *n* (*phrase*) citação *f*; *(estimate)* orçamento *m*.

R

rabbi ['ræbaɪ] *n* rabi *m*, rabino *m*.

rabbit ['ræbɪt] *n* coelho *m*.

rabbit hutch *n* coelheira *f*.

rabies ['reɪbiːz] *n* raiva *f*.

RAC *n* = TCB *(Br)*, = ACP *(Port)*.

race [reɪs] *n (competition)* corrida *f*; *(ethnic group)* raça *f* ♦ *vi (compete)* competir; *(go fast)* correr; *(engine)* acelerar ♦ *vt (compete against)* competir com.

race car *(Am)* = **racing car**.

racecourse ['reɪskɔːs] *n* hipódromo *m*.

racehorse ['reɪshɔːs] *n* cavalo *m* de corrida.

racetrack ['reɪstræk] *n (for horses)* hipódromo *m*.

racial ['reɪʃl] *adj* racial.

racial discrimination *n* discriminação *f* racial.

racing ['reɪsɪŋ] *n*: **(horse) ~** corridas *fpl* de cavalos.

racing car *n* carro *m* de corrida.

racism ['reɪsɪzm] *n* racismo *m*.

racist ['reɪsɪst] *n* racista *mf*.

rack [ræk] *n (for coats)* cabide *m*; *(for bottles)* garrafeira *f*; *(for plates)* escorredor *m* de louça; *(luggage)* portabagagens *m inv*; **~ of lamb** peito *m* de carneiro.

racket ['rækɪt] *n (for tennis, badminton, squash)* raquete *f*; *(noise)* barulheira *f*.

racquet ['rækɪt] *n* raquete *f*.

radar ['reɪdɑːʳ] *n* radar *m*.

radiant ['reɪdjənt] *adj* radiante.

radiate ['reɪdɪeɪt] *vt* irradiar ♦ *vi (be emitted)* irradiar; *(spread from centre)* ramificar-se.

radiation [ˌreɪdɪ'eɪʃn] *n* radiação *f*.

radiator ['reɪdɪeɪtəʳ] *n* radiador *m*.

radical ['rædɪkl] *adj* radical.

radically ['rædɪklɪ] *adv* radicalmente.

radii ['reɪdɪaɪ] *pl* → **radius**.

radio ['reɪdɪəʊ] *(pl -s)* *n (device)* rádio

m; *(system)* rádio *f* ♦ *vt (person)* chamar por rádio; **on the ~** na rádio.

radioactive [ˌreɪdɪəʊ'æktɪv] *adj* radioativo(-va).

radio alarm *n* rádio-despertador *m*.

radiology [ˌreɪdɪ'ɒlədʒɪ] *n* radiologia *f*.

radish ['rædɪʃ] *n* rabanete *m*.

radius ['reɪdɪəs] *(pl radii)* *n* raio *m*.

RAF *n (abbr of Royal Air Force)* RAF *f*, força aérea britânica.

raffle ['ræfl] *n* rifa *f*.

raft [rɑːft] *n (of wood)* jangada *f*; *(inflatable)* barco *m* de borracha.

rafter ['rɑːftəʳ] *n* trave *f*, barrote *m*.

rag [ræg] *n (old cloth)* trapo *m*.

rag-and-bone man *n* trapeiro *m*.

rag doll *n* boneca *f* de trapos.

rage [reɪdʒ] *n* raiva *f*, fúria *f*.

ragged ['rægɪd] *adj (person, clothes)* esfarrapado(-da).

raid [reɪd] *n (attack)* ataque *m*; *(by police)* batida *f (Br)*, rusga *f (Port)*; *(robbery)* assalto *m* ♦ *vt (subj: police)* dar uma batida em; *(subj: thieves)* assaltar.

rail [reɪl] *n (bar)* barra *f*; *(for curtain)* trilho *m (Br)*, varão *m (Port)*; *(on stairs)* corrimão *m*; *(for train, tram)* trilho *m (Br)*, carril *m (Port)* ♦ *adj* ferroviário(-ria); **by ~** de trem *(Br)*, de comboio *(Port)*.

railcard ['reɪlkɑːd] *n (Brit)* cartão que permite aos jovens e aposentados obter descontos nas viagens de comboio.

railings ['reɪlɪŋz] *npl* grades *fpl*.

railroad ['reɪlrəʊd] *(Am)* = **railway**.

railway ['reɪlweɪ] *n (system)* ferrovia *f (Br)*, caminhos-de-ferro *mpl (Port)*; *(track)* estrada *f* de ferro *(Br)*, via-férrea *f (Port)*.

railway line *n (route)* linha *f* de trem *(Br)*, linha *f* dos caminhos-de-ferro *(Port)*; *(track)* estrada *f* de ferro *(Br)*, via-férrea *f (Port)*.

railway station n estação f ferro-viária (Br), estação f dos caminhos-de-ferro (Port).

railway track n estrada f de ferro (Br), via-férrea f (Port).

rain [reɪn] n chuva f ◆ v impers chover; **it's ~ing** está chovendo.

rainbow ['reɪnbəʊ] n arco-íris m inv.

raincoat ['reɪnkəʊt] n capa f de chuva (Br), gabardina f (Port).

raindrop ['reɪndrɒp] n gota f OR pingo m de chuva.

rainfall ['reɪnfɔːl] n precipitação f.

rain forest n floresta f tropical (úmida).

rainy ['reɪnɪ] adj chuvoso(-osa).

raise [reɪz] vt levantar; (increase) aumentar; (money) angariar; (child, animals) criar ◆ n (Am: pay increase) aumento m.

raisin ['reɪzn] n passa f (de uva).

rake [reɪk] n (tool) ancinho m.

rally ['rælɪ] n (public meeting) comício m; (motor race) rali m, rally m; (in tennis, badminton, squash) troca f de bolas, rally.

ram [ræm] n carneiro m ◆ vt (bang into) bater contra.

Ramadan [,ræmə'dæn] n Ramadão m.

ramble ['ræmbl] n passeio m, caminhada f.

rambler ['ræmblər] n caminhante mf.

ramp [ræmp] n (slope) rampa f; (Brit: in road) lombada f; (Am: to freeway) acesso m; **"ramp"** (Brit) "lombada".

rampant ['ræmpənt] adj (inflation) galopante; (growth) desenfreado(-da); **corruption was ~** proliferava a corrupção.

ramparts ['ræmpɑːts] npl muralhas fpl.

ramshackle ['ræm,ʃækl] adj em más condições.

ran [ræn] pt → run.

ranch [rɑːntʃ] n rancho m.

ranch dressing n (Am) tempero cremoso e picante para saladas.

rancher ['rɑːntʃər] n rancheiro m (-ra f).

rancid ['rænsɪd] adj rançoso(-osa).

random ['rændəm] adj ao acaso ◆ n: **at ~** ao acaso.

randy ['rændɪ] adj (inf) excitado(-da).

rang [ræŋ] pt → ring.

range [reɪndʒ] n (of radio, telescope) alcance m; (of aircraft) autonomia f; (of prices) leque m; (of goods, services) gama f, variedade f; (of hills, mountains) cadeia f, cordilheira f; (for shooting) linha f de tiro; (cooker) fogão m ◆ vi: **to ~ from ... to** oscilar entre ... e; **age ~** faixa f etária.

ranger ['reɪndʒər] n guarda mf florestal.

rank [ræŋk] n (in armed forces, police) patente f ◆ adj (smell) fétido(-da); (taste) horroroso(-osa).

ransack ['rænsæk] vt (plunder) pilhar.

ransom ['rænsəm] n resgate m.

rant [rænt] vi arengar.

rap [ræp] n (music) rap m.

rape [reɪp] n (crime) estupro m ◆ vt estuprar.

rapeseed ['reɪpsiːd] n semente f de colza.

rapid ['ræpɪd] adj rápido(-da).

⊐ rapids npl rápidos mpl.

rapidly ['ræpɪdlɪ] adv rapidamente.

rapist ['reɪpɪst] n estuprador m.

rapport [ræ'pɔːr] n relação f; **a ~ with/between** uma relação com/entre.

rapture ['ræptʃər] n excitação f.

rare [reər] adj raro(-ra); (meat) mal-passado(-da).

rarely ['reəlɪ] adv raramente.

rarity ['reərətɪ] n raridade f.

rascal ['rɑːskl] n (dishonest person) patife mf.

rash [ræʃ] n (on skin) erupção f cutânea, brotoeja f ◆ adj precipitado(-da).

rasher ['ræʃər] n fatia f (fina de bacon).

raspberry ['rɑːzbərɪ] n framboesa f.

rat [ræt] n rato m, ratazana f.

ratatouille [,rætə'tuːɪ] n ensopado de cebola, alho, tomate, pimentão, abobrinha e beringela.

rate [reɪt] n (level) índice m, taxa f; (charge) tarifa f, preço m; (speed) velocidade f ◆ vt (consider) considerar; (deserve) merecer; **~ of exchange** taxa de câmbio; **at any ~** (at least) pelo menos; (anyway) de qualquer modo; **at this ~** desse jeito, nesse passo.

rather ['rɑːðər] adv (quite) bastante; **I'd ~ have a beer** prefiro uma cerveja; **I'd ~ not** é melhor não; **would you ~ ...?** você prefere ...?; **~ than** em vez de; **that's ~ a lot** é um pouco demais.

ratify ['rætɪfaɪ] vt ratificar.

ratio ['reɪʃɪəʊ] (pl -s) n proporção f.

ration ['ræʃn] n porção f.

⊐ rations npl (food) rações fpl.

rational ['ræʃnl] *adj* racional.
rattle ['rætl] *n (of baby)* chocalho *m* ♦ *vi* chocalhar.
rattlesnake ['rætlsneɪk] *n* (cobra) cascavel *f*.
rave [reɪv] *n (party)* rave *f*.
raven ['reɪvn] *n* corvo *m*.
ravenous ['rævənəs] *adj (person, animal)* faminto(-ta); *(appetite)* voraz.
ravine [rə'viːn] *n* ravina *f*.
raving ['reɪvɪŋ] *adj (beauty, success)* tremendo(-da); ~ **mad** doido varrido (doida varrida).
ravioli [,rævɪ'əʊlɪ] *n* ravioli *m*.
ravishing ['rævɪʃɪŋ] *adj (person)* belo(-la).
raw [rɔː] *adj (uncooked)* cru (crua); *(unprocessed)* bruto(-ta).
raw material *n* matéria-prima *f*.
ray [reɪ] *n* raio *m*.
rayon ['reɪɒn] *n* rayon *m*, seda *f* artificial.
razor ['reɪzəʳ] *n* lâmina *f* de barbear.
razor blade *n* lâmina *f* de barbear.
Rd *abbr* = **Road**.
re [riː] *prep* referente a, com respeito a.
RE *n (abbr of religious education)* = religião *f* e moral.
reach [riːtʃ] *vt* chegar a; *(arrive at)* atingir; *(contact)* contatar ♦ *n*: out of ~ fora de alcance; within ~ of the beach próximo da praia.
❑ **reach out** *vi*: to ~ out (for) estender o braço (para).
react [rɪ'ækt] *vi* reagir.
reaction [rɪ'ækʃn] *n* reação *f*.
reactor [rɪ'æktəʳ] *n (for nuclear energy)* reator *m*.
read [riːd] *(pt & pp* **read** [red]) *vt* ler; *(subj: sign, note)* dizer; *(subj: meter, gauge)* marcar ♦ *vi* ler; **I read about it in the paper** fiquei sabendo pelo jornal.
❑ **read out** *vt sep* ler em voz alta.
readable ['riːdəbl] *adj (book)* agradável de ler.
reader ['riːdəʳ] *n (of newspaper, book)* leitor *m* (-ra *f*).
readership ['riːdəʃɪp] *n* número *m* de leitores.
readily ['redɪlɪ] *adv (willingly)* de boa vontade; *(easily)* facilmente.
reading ['riːdɪŋ] *n* leitura *f*.
reading matter *n* leitura *f*.

readjust [,riːə'dʒʌst] *vt* reajustar ♦ *vi*: to ~ (to sthg) adaptar-se (a algo).
readout ['riːdaʊt] *n (COMPUT)* visualização *f*.
ready ['redɪ] *adj (prepared)* pronto (-ta); to be ~ for sthg *(prepared)* estar preparado para algo; to be ~ to do sthg *(willing)* estar disposto a fazer algo; *(likely)* estar prestes a fazer algo; to get ~ preparar-se; to get sthg ~ preparar algo.
ready cash *n* dinheiro *m* vivo, numerário *m*.
ready-cooked [-kʊkt] *adj* pré-cozido(-da).
ready-made *adj (ready to use)* (já) feito(-ta).
ready-to-wear *adj* de pronto para vestir.
reafforestation [,riːəfɒrɪ'steɪʃn] *n* reflorestação *f*.
real ['rɪəl] *adj* verdadeiro(-ra); *(life, world)* real; *(leather)* genuíno(-na) ♦ *adv (Am)* mesmo.
real ale *n (Brit)* cerveja feita e armazenada de modo tradicional.
real estate *n* bens *mpl* imóveis.
realism ['rɪəlɪzm] *n* realismo *m*.
realistic [rɪə'lɪstɪk] *adj* realista.
reality [rɪ'ælətɪ] *n* realidade *f*; in ~ na realidade.
realization [rɪəlaɪ'zeɪʃn] *n (awareness, recognition)* consciência *f*; *(of ambition, goal)* realização *f*.
realize ['rɪəlaɪz] *vt (become aware of)* aperceber-se de; *(know)* saber; *(ambition, goal)* realizar.
really ['rɪəlɪ] *adv (for emphasis)* mesmo, muito; *(in reality)* realmente; **was it good?** – **not ~** foi bom? – nem por isso; ~? *(expressing surprise)* a sério?
realtor ['rɪəltəʳ] *n (Am)* agente *m* imobiliário (agente *f* imobiliária).
reap [riːp] *vt* colher.
reappear [,riːə'pɪəʳ] *vi* reaparecer.
rear [rɪəʳ] *adj* traseiro(-ra) ♦ *n (back)* parte *f* de trás, traseira *f*.
rearmost ['rɪəməʊst] *adj* último (-ma).
rearrange [,riːə'reɪndʒ] *vt (room, furniture)* mudar; *(meeting)* alterar.
rearview mirror ['rɪəvjuː-] *n* (espelho) retrovisor *m*.
rear-wheel drive *n* veículo *m* com tração nas rodas traseiras OR de trás.

reason ['ri:zn] n razão f, motivo m; **for some** ~ por alguma razão.

reasonable ['ri:znəbl] adj razoável.

reasonably ['ri:znəblɪ] adv (quite) razoavelmente.

reasoning ['ri:znɪŋ] n raciocínio m.

reassess [,ri:ə'ses] vt reexaminar.

reassurance [,ri:ə'ʃɔːrəns] n (comfort) palavras fpl tranqüilizadoras OR de conforto; (promise) garantia f.

reassure [,ri:ə'ʃɔːr] vt tranqüilizar.

reassuring [,ri:ə'ʃɔːrɪŋ] adj tranqüilizador(-ra).

rebate ['ri:beɪt] n devolução f, reembolso m.

rebel [n 'rebl, vb rɪ'bel] n rebelde mf ◆ vi revoltar-se.

rebellion [rɪ'beljən] n rebelião f.

rebellious [rɪ'beljəs] adj rebelde.

rebound [rɪ'baʊnd] vi (ball) ressaltar (Br), pinchar (Port).

rebuild [,ri:'bɪld] (pt & pp -built) vt reconstruir.

rebuke [rɪ'bju:k] vt repreender.

recall [rɪ'kɔːl] vt (remember) recordar-se de, lembrar-se de.

recap ['ri:kæp] n (inf) resumo m, recapitulação f ◆ vt & vi (inf: summarize) recapitular.

recede [rɪ'si:d] vi (person, car) recuar; (hopes, danger) desvanecer-se.

receding [rɪ'si:dɪŋ] adj: ~ **hairline** entradas fpl.

receipt [rɪ'si:t] n (for goods, money) recibo m; **on** ~ **of** ao receber, mediante a recepção de.

receive [rɪ'si:v] vt receber.

receiver [rɪ'si:vər] n (of phone) fone m (Br), auscultador m (Port).

recent ['ri:snt] adj recente.

recently ['ri:sntlɪ] adv recentemente.

receptacle [rɪ'septəkl] n (fml) recipiente m.

reception [rɪ'sepʃn] n recepção f.

reception desk n recepção f.

receptionist [rɪ'sepʃənɪst] n recepcionista mf.

recess ['ri:ses] n (in wall) nicho m, vão m; (Am: SCH) recreio m, intervalo m.

recession [rɪ'seʃn] n recessão f.

recharge [,ri:'tʃɑːdʒ] vt recarregar.

recipe ['resɪpɪ] n receita f.

recipient [rɪ'sɪpɪənt] n (of letter, cheque) destinatário m (-ria f).

reciprocal [rɪ'sɪprəkl] adj recíproco(-ca).

recite [rɪ'saɪt] vt (poem) recitar; (list) enumerar.

reckless ['reklɪs] adj irresponsável.

reckon ['rekn] vt (inf: think): **to** ~ **(that)** achar que.

❑ **reckon on** vt fus contar, esperar.

❑ **reckon with** vt fus (expect) contar com.

reclaim [rɪ'kleɪm] vt (baggage) recuperar.

reclining seat [rɪ'klaɪnɪŋ-] n assento m reclinável.

recluse [rɪ'kluːs] n solitário m (-ria f).

recognition [,rekəg'nɪʃn] n reconhecimento m.

recognizable ['rekəgnaɪzəbl] adj reconhecível.

recognize ['rekəgnaɪz] vt reconhecer.

recollect [,rekə'lekt] vt recordar-se de.

recollection [,rekə'lekʃn] n lembrança f, recordação f; **I have no** ~ **of what happened** não me lembro de nada do que aconteceu.

recommend [,rekə'mend] vt recomendar; **to** ~ **sb to do sthg** recomendar a alguém que faça algo.

recommendation [,rekəmen'deɪʃn] n recomendação f.

reconcile ['rekənsaɪl] vt (beliefs, ideas) conciliar; (people) reconciliar; (resign): **to** ~ **o.s. to sthg** conformar-se com algo; **to** ~ **sthg with sthg** conciliar algo com algo.

reconnaissance [rɪ'kɒnɪsəns] n reconhecimento m.

reconsider [,ri:kən'sɪdər] vt reconsiderar.

reconstruct [,ri:kən'strʌkt] vt reconstruir.

record [n 'rekɔːd, vb rɪ'kɔːd] n (MUS) disco m; (best performance, highest level) recorde m; (account) registro m ◆ vt (keep account of) registrar; (on tape) gravar.

recorded delivery [rɪ'kɔːdɪd-] n (Brit) correio m registrado.

recorder [rɪ'kɔːdər] n (tape recorder) gravador m; (instrument) flauta f, pífaro m.

record holder n detentor m (-ra f) do recorde, recordista mf.

recording [rɪ'kɔːdɪŋ] n gravação f.

record player n toca-discos m inv

(Br), gira-discos *m inv (Port)*.
record shop *n* loja *f* de discos.
recover [rɪ'kʌvəʳ] *vt & vi* recuperar.
recovery [rɪ'kʌvərɪ] *n* recuperação *f*.
recovery vehicle *n (Brit)* reboque *m*.
recreation [ˌrekrɪ'eɪʃn] *n* distração *f*, divertimento *m*.
recreation ground *n* parque *m* OR campo *m* de jogos.
recriminations [rɪˌkrɪmɪ'neɪʃnz] *npl* recriminações *fpl*.
recruit [rɪ'kruːt] *n* recruta *mf* ♦ *vt* recrutar.
recruitment [rɪ'kruːtmənt] *n* recrutamento *m*.
rectangle ['rektæŋgl] *n* retângulo *m*.
rectangular [rek'tæŋgjʊləʳ] *adj* retangular.
rectify ['rektɪfaɪ] *vt* retificar, corrigir.
recuperate [rɪ'kuːpəreɪt] *vi*: **to ~ (from sthg)** recuperar-se (de algo).
recur [rɪ'kɜːʳ] *vi* repetir-se.
recurrence [rɪ'kʌrəns] *n* repetição *f*.
recurrent [rɪ'kʌrənt] *adj* que se repete.
recycle [ˌriː'saɪkl] *vt* reciclar.
red [red] *adj (in colour)* vermelho(-lha), encarnado(-da); *(hair)* ruivo(-va) ♦ *n (colour)* vermelho *m*, encarnado *m*; **in the ~** com saldo negativo.
red cabbage *n* couve *f* roxa.
Red Cross *n* Cruz *f* Vermelha.
redcurrant ['redkʌrənt] *n* groselha *f*.
redden ['redn] *vt* tingir de vermelho ♦ *vi* ficar vermelho(-lha).
redecorate [ˌriː'dekəreɪt] *vt* redecorar.
red-faced [-'feɪst] *adj* vermelho(-lha).
red-haired [-'heəd] *adj* ruivo(-va).
red-handed [-'hændɪd] *adj*: **to catch sb ~** apanhar alguém com a boca na botija.
redhead ['redhed] *n* ruivo *m* (-va *f*).
red-hot *adj (metal)* incandescente, rubro(-bra).
redial [ˌriː'daɪəl] *vi* tornar a discar (o número de telefone).
redid [ˌriː'dɪd] *pt →* redo.
redirect [ˌriːdɪ'rekt] *vt (letter)* mandar para o novo endereço; *(traffic, plane)* desviar.
rediscover [ˌriːdɪs'kʌvəʳ] *vt (re-experience)* voltar a descobrir.

red light *n (traffic signal)* sinal *m* vermelho.
redo [ˌriː'duː] *(pt* -**did**, *pp* -**done**) *vt (do again)* tornar a fazer.
red pepper *n* pimentão *m* vermelho.
red tape *n (fig)* burocracia *f*.
reduce [rɪ'djuːs] *vt (make smaller)* reduzir, diminuir; *(make cheaper)* saldar, reduzir o preço de ♦ *vi (Am: slim)* emagrecer.
reduced price [rɪ'djuːst-] *n* preço *m* reduzido OR de saldo.
reduction [rɪ'dʌkʃn] *n* redução *f*.
redundancy [rɪ'dʌndənsɪ] *n (Brit: job loss)* demissão *f (Br)*, despedimento *m (Port)*.
redundant [rɪ'dʌndənt] *adj (Brit)*: **to be made ~** ser despedido(-da), perder o emprego.
red wine *n* vinho *m* tinto.
reed [riːd] *n* junco *m*.
reef [riːf] *n* recife *m*.
reek [riːk] *vi*: **to ~ (of)** feder (a).
reel [riːl] *n (of thread)* carro *m*; *(on fishing rod)* molinete *m*, carreto *m*.
refectory [rɪ'fektərɪ] *n* refeitório *m*, cantina *f*.
refer [rɪ'fɜːʳ] : **refer to** *vt fus (speak about)* fazer referência a, referir-se a; *(consult)* consultar.
referee [ˌrefə'riː] *n (SPORT)* árbitro *m*.
reference ['refrəns] *n* referência *f* ♦ *adj (book)* de consulta; *(library)* para consultas; **with ~ to** com referência a.
reference book *n* livro *m* de consulta.
reference number *n* número *m* de referência.
referendum [ˌrefə'rendəm] *n* plebiscito *m (Br)*, referendo *m (Port)*.
refill [*n* 'riːfɪl, *vb* ˌriː'fɪl] *n (for pen)* recarga *f* ♦ *vt (voltar a)* encher; **would you like a ~?** *(inf: drink)* mais um copo?
refine [rɪ'faɪn] *vt (oil, sugar)* refinar; *(details, speech)* aperfeiçoar.
refined [rɪ'faɪnd] *adj (oil, sugar)* refinado(-da); *(person, manners)* requintado(-da); *(process, equipment)* avançado(-da).
refinement [rɪ'faɪnmənt] *n (improvement)*: **~ (on sthg)** aperfeiçoamento *m* (de algo).
refinery [rɪ'faɪnərɪ] *n* refinaria *f*.
reflect [rɪ'flekt] *vt & vi* refletir.

reflection [rɪˈflekʃn] n (image) reflexo m.

reflector [rɪˈflektər] n refletor m.

reflex [ˈriːfleks] n reflexo m.

reflexive [rɪˈfleksɪv] adj reflexo(-xa), reflexivo(-va).

reforestation [riːˌfɒrɪˈsteɪʃn] = **reafforestation**.

reform [rɪˈfɔːm] n reforma f ◆ vt reformar.

refrain [rɪˈfreɪn] n refrão m ◆ vi: to ~ from doing sthg abster-se de fazer algo.

refresh [rɪˈfreʃ] vt refrescar.

refreshed [rɪˈfreʃt] adj repousado(-da).

refresher course [rɪˈfreʃər-] n curso m de reciclagem.

refreshing [rɪˈfreʃɪŋ] adj refrescante.

refreshments [rɪˈfreʃmənts] npl lanches mpl, comes e bebes.

refrigerator [rɪˈfrɪdʒəreɪtər] n geladeira f (Br), frigorífico m (Port).

refuel [ˌriːˈfjuːəl] vt reabastecer ◆ vi reabastecer-se.

refuge [ˈrefjuːdʒ] n refúgio m; to seek OR take ~ (hide) refugiar-se.

refugee [ˌrefjʊˈdʒiː] n refugiado m (-da f).

refund [n ˈriːfʌnd, vb rɪˈfʌnd] n reembolso m ◆ vt reembolsar.

refundable [rɪˈfʌndəbl] adj reembolsável.

refurbish [ˌriːˈfɜːbɪʃ] vt (building) restaurar; (office, shop) renovar.

refusal [rɪˈfjuːzl] n recusa f.

refuse[1] [rɪˈfjuːz] vt & vi recusar; to ~ to do sthg recusar-se a fazer algo.

refuse[2] [ˈrefjuːs] n (fml) lixo m.

refuse collection [ˈrefjuːs-] n (fml) coleta f do lixo (Br), recolha f do lixo (Port).

refute [rɪˈfjuːt] vt (fml) refutar.

regain [rɪˈɡeɪn] vt (recover) recuperar.

regard [rɪˈɡɑːd] vt (consider) considerar ◆ n: with ~ to a respeito de; as ~s no que diz respeito a, quanto a.
⊔ **regards** npl (in greetings) cumprimentos mpl; give them my ~s dê-lhes os meus cumprimentos.

regarding [rɪˈɡɑːdɪŋ] prep a respeito de, no que diz respeito a.

regardless [rɪˈɡɑːdlɪs] adv apesar de tudo; ~ of independentemente de.

reggae [ˈreɡeɪ] n reggae m.

regime [reɪˈʒiːm] n regime m.

regiment [ˈredʒɪmənt] n regimento m.

region [ˈriːdʒən] n região f; in the ~ of de cerca de, na região de.

regional [ˈriːdʒənl] adj regional.

register [ˈredʒɪstər] n registro m ◆ vt registrar ◆ vi (put one's name down) inscrever-se; (at hotel) preencher o registro.

registered [ˈredʒɪstəd] adj (letter, parcel) registrado(-da).

registration [ˌredʒɪˈstreɪʃn] n (for course, at conference) inscrição f.

registration (number) n placa f (Br), matrícula f (Port).

registry office [ˈredʒɪstrɪ-] n registro m civil.

regret [rɪˈɡret] n arrependimento m ◆ vt lamentar, arrepender-se de; to ~ doing sthg arrepender-se de ter feito algo; we ~ any inconvenience caused lamentamos qualquer inconveniência.

regretfully [rɪˈɡretfʊlɪ] adv com pesar.

regrettable [rɪˈɡretəbl] adj lamentável.

regular [ˈreɡjʊlər] adj regular; (normal, in size) normal ◆ n (customer) cliente mf habitual, habitué mf.

regularly [ˈreɡjʊləlɪ] adv regularmente.

regulate [ˈreɡjʊleɪt] vt regular.

regulation [ˌreɡjʊˈleɪʃn] n (rule) regra f.

rehabilitate [ˌriːəˈbɪlɪteɪt] vt reabilitar.

rehearsal [rɪˈhɜːsl] n ensaio m.

rehearse [rɪˈhɜːs] vt ensaiar.

reign [reɪn] n reino m ◆ vi reinar.

reimburse [ˌriːɪmˈbɜːs] vt (fml) reembolsar.

reindeer [ˈreɪndɪər] (pl inv) n rena f.

reinforce [ˌriːɪnˈfɔːs] vt reforçar.

reinforcements [ˌriːɪnˈfɔːsmənts] npl reforços mpl.

reins [reɪnz] npl (for horse) rédeas fpl; (for child) andadeira f.

reinstate [ˌriːɪnˈsteɪt] vt (employee) readmitir.

reiterate [riːˈɪtəreɪt] vt reiterar.

reject [rɪˈdʒekt] vt rejeitar.

rejection [rɪˈdʒekʃn] n rejeição f.

rejoice [rɪˈdʒɔɪs] vi: to ~ (at OR in sthg) ficar extremamente contente (com algo).

rejoin [ˌriːˈdʒɔɪn] vt (motorway) retomar, voltar a entrar em.

rejuvenate [rɪˈdʒuːvəneɪt] vt rejuve-
nescer.
rekindle [ˌriːˈkɪndl] vt avivar.
relapse [rɪˈlæps] n recaída f.
relate [rɪˈleɪt] vt (connect) relacionar
♦ vi: **to ~ to** (be connected with) estar
relacionado(-da) com; (concern) dizer
respeito a.
related [rɪˈleɪtɪd] adj (of same family)
da mesma família, aparentado(-da);
(connected) relacionado(-da).
relation [rɪˈleɪʃn] n (member of family)
parente mf; (connection) relação f,
ligação f; **in ~ to** em relação a.
❏ **relations** npl relações fpl.
relationship [rɪˈleɪʃnʃɪp] n (between
countries, people) relações fpl; (between
lovers) relação f; (connection) ligação f,
relação.
relative [ˈrelətɪv] adj relativo(-va) ♦ n
parente mf.
relatively [ˈrelətɪvlɪ] adv relativamente.
relax [rɪˈlæks] vi (person) descontrair-
se, relaxar.
relaxation [ˌriːlækˈseɪʃn] n (of person)
descontração f, relaxamento m.
relaxed [rɪˈlækst] adj descontraído
(-da), relaxado(-da).
relaxing [rɪˈlæksɪŋ] adj relaxante, calmante.
relay [ˈriːleɪ] n (race) corrida f de reve-
zamento (Br), corrida f de estafetas
(Port).
release [rɪˈliːs] vt (set free) libertar,
soltar; (let go of) largar, soltar; (record,
film) lançar; (brake, catch) soltar ♦ n
(record, film) lançamento m.
relegate [ˈrelɪgeɪt] vt: **to be ~d**
(SPORT) descer de divisão.
relent [rɪˈlent] vi (person) ceder; (wind,
storm) abrandar.
relentless [rɪˈlentlɪs] adj (person)
inflexível; (criticism, rain) implacável.
relevant [ˈreləvənt] adj relevante.
reliable [rɪˈlaɪəbl] adj (person, machine)
de confiança, confiável.
reliably [rɪˈlaɪəblɪ] adv (dependably)
sem falhar; **to be ~ informed (that) ...**
saber por fontes seguras que ....
reliant [rɪˈlaɪənt] adj: **~ on** dependente de.
relic [ˈrelɪk] n (object) relíquia f.
relief [rɪˈliːf] n (gladness) alívio m; (aid)
ajuda f.
relief road n itinerário alternativo que

os motoristas podem usar em caso de congestionamento das vias principais.
relieve [rɪˈliːv] vt (pain, headache) aliviar.
relieved [rɪˈliːvd] adj aliviado(-da).
religion [rɪˈlɪdʒn] n religião f.
religious [rɪˈlɪdʒəs] adj religioso
(-osa).
relinquish [rɪˈlɪŋkwɪʃ] vt renunciar a.
relish [ˈrelɪʃ] n (sauce) molho m.
reluctance [rɪˈlʌktəns] n relutância f.
reluctant [rɪˈlʌktənt] adj relutante.
reluctantly [rɪˈlʌktəntlɪ] adv relutan-
temente.
rely [rɪˈlaɪ] : **rely on** vt fus (trust) confiar em; (depend on) depender de.
remain [rɪˈmeɪn] vi (stay) permanecer;
(continue to exist) sobrar, restar.
❏ **remains** npl (of meal, body) restos
mpl; (of ancient buildings etc) ruínas fpl.
remainder [rɪˈmeɪndər] n resto m,
restante m.
remaining [rɪˈmeɪnɪŋ] adj restante.
remark [rɪˈmɑːk] n comentário m ♦ vt
comentar.
remarkable [rɪˈmɑːkəbl] adj extraor-
dinário(-ria), incrível.
remarry [ˌriːˈmærɪ] vi voltar a casar.
remedial [rɪˈmiːdjəl] adj (class) de
apoio (pedagógico); (pupil) que necessita de apoio (pedagógico); (exercise,
therapy) de reabilitação; (action) corre-
tivo(-va).
remedy [ˈremədɪ] n remédio m.
remember [rɪˈmembər] vt lembrar-se
de ♦ vi (recall) lembrar-se; **to ~ doing**
sthg lembrar-se de ter feito algo; **to ~**
to do sthg lembrar-se de fazer algo.
Remembrance Day [rɪˈmem-brəns-]
n Dia m do Armistício, dia em que na
Grã-Bretanha se presta homenagem aos
soldados mortos nas grandes guerras.
remind [rɪˈmaɪnd] vt: **to ~ sb of**
(fazer) lembrar a alguém; **to ~ sb to**
do sthg lembrar alguém de que tem de
fazer algo.
reminder [rɪˈmaɪndər] n (for bill,
library book) aviso m.
reminisce [ˌremɪˈnɪs] vi: **to ~ about**
sthg relembrar algo.
reminiscent [ˌremɪˈnɪsnt] adj: **~ of**
(similar to) evocador(-ra) de.
remittance [rɪˈmɪtns] n (money) =
vale m postal.
remnant [ˈremnənt] n resto m.
remorse [rɪˈmɔːs] n remorsos mpl.

remorseful [rɪ'mɔːsful] *adj* cheio (cheia) de remorsos.

remorseless [rɪ'mɔːslɪs] *adj (cruelty, ambition)* sem piedade; *(advance, progress)* implacável.

remote [rɪ'məut] *adj* remoto(-ta).

remote control *n (device)* controle *m* remoto OR à distância.

removable [rɪ'muːvəbl] *adj* removível.

removal [rɪ'muːvl] *n* remoção *f; (change of house)* mudança *f*.

removal van *n* caminhão *m* de mudanças.

remove [rɪ'muːv] *vt* remover.

remuneration [rɪ,mjuːnə'reɪʃn] *n (fml)* remuneração *f*.

rendezvous ['rɒndɪvuː] *(pl inv* ['rɒndɪvuːz]) *n (meeting)* encontro *m; (place)* ponto *m* de encontro.

renegade ['renɪɡeɪd] *n* renegado *m* (-da *f*).

renew [rɪ'njuː] *vt* renovar.

renewable [rɪ'njuːəbl] *adj* renovável.

renewal [rɪ'njuːəl] *n (of activity)* ressurgimento *m; (of contract, licence, membership)* renovação *f*.

renounce [rɪ'naʊns] *vt* renunciar.

renovate ['renəveɪt] *vt* renovar.

renowned [rɪ'naʊnd] *adj* célebre.

rent [rent] *n* renda *f*, arrendamento *m* ♦ *vt* arrendar.

rental ['rentl] *n* aluguel *m*.

reorganize [,riː'ɔːɡənaɪz] *vt* reorganizar.

repaid [,riː'peɪd] *pt & pp* → **repay**.

repair [rɪ'peər] *vt* reparar ♦ *n*: **in good ~** em boas condições.
❏ **repairs** *npl* consertos *mpl*.

repair kit *n* estojo *m* de ferramentas.

repay [,riː'peɪ] *(pt & pp* **-paid**) *vt (money)* reembolsar; *(favour, kindness)* retribuir.

repayment [,riː'peɪmənt] *n (money)* reembolso *m*.

repeat [rɪ'piːt] *vt* repetir ♦ *n (on TV, radio)* reposição *f*.

repeatedly [rɪ'piːtɪdlɪ] *adv* repetidamente.

repel [rɪ'pel] *vt* repelir.

repellent [rɪ'pelənt] *adj* repelente.

repent [rɪ'pent] *vi*: **to ~ (of sthg)** arrepender-se (de algo).

repercussions [,riːpə'kʌʃnz] *npl* repercussões *fpl*.

repertoire ['repətwɑːr] *n* repertório *m*.

repetition [,repɪ'tɪʃn] *n* repetição *f*.

repetitious [,repɪ'tɪʃəs] *adj* repetitivo(-va).

repetitive [rɪ'petɪtɪv] *adj* repetitivo(-va).

replace [rɪ'pleɪs] *vt (substitute)* substituir; *(faulty goods)* trocar; *(put back)* voltar a pôr no lugar.

replacement [rɪ'pleɪsmənt] *n (substitute)* substituto *m* (-ta *f*).

replay ['riːpleɪ] *n (rematch)* jogo *m* de desempate; *(on TV)* repetição *f*, replay *m*.

replenish [rɪ'plenɪʃ] *vt*: **to ~ sthg (with sthg)** reabastecer algo (de algo).

replica ['replɪkə] *n* réplica *f*.

reply [rɪ'plaɪ] *n* resposta *f* ♦ *vt & vi* responder.

report [rɪ'pɔːt] *n (account)* relatório *m; (in newspaper, on TV, radio)* reportagem *f; (Brit: SCH)* boletim *m* (Br), caderneta *f* (Port) (escolar) ♦ *vt (announce)* anunciar; *(theft, disappearance)* participar; *(person)* denunciar ♦ *vi (give account)* informar; *(for newspaper, TV, radio)* fazer uma reportagem; **to ~ to sb** *(go to)* apresentar-se a alguém; **to ~ (to sb) on** informar (alguém) sobre.

report card *n* boletim *m* (Br), caderneta *f* (Port) (escolar).

reportedly [rɪ'pɔːtɪdlɪ] *adv* segundo se diz, ao que consta.

reporter [rɪ'pɔːtər] *n* repórter *mf*.

represent [,reprɪ'zent] *vt* representar.

representative [,reprɪ'zentətɪv] *n* representante *mf*.

repress [rɪ'pres] *vt* reprimir.

repression [rɪ'preʃn] *n* repressão *f*.

reprieve [rɪ'priːv] *n (delay)* adiamento *m*.

reprimand ['reprɪmɑːnd] *vt* repreender.

reprisal [rɪ'praɪzl] *n* represália *f*.

reproach [rɪ'prəʊtʃ] *vt* repreender.

reproachful [rɪ'prəʊtʃfʊl] *adj* reprovador(-ra).

reproduce [,riːprə'djuːs] *vt* reproduzir ♦ *vi* reproduzir-se.

reproduction [,riːprə'dʌkʃn] *n* reprodução *f*.

reptile ['reptaɪl] *n* réptil *m*.

republic [rɪ'pʌblɪk] *n* república *f*.

Republican [rɪ'pʌblɪkən] *n (in US)*

republicano *m* (-na *f*) ◆ *adj (in US)* republicano(-na).

repulsive [rɪ'pʌlsɪv] *adj* repulsivo (-va).

reputable ['repjʊtəbl] *adj* de boa reputação.

reputation [,repjʊ'teɪʃn] *n* reputação *f*.

repute [rɪ'pjuːt] *n (reputation)*: **of good/ill ~** de boa/má reputação.

reputed [rɪ'pjuːtɪd] *adj* reputado (-da); **to be ~ to be/do sthg** ter fama de ser/fazer algo.

reputedly [rɪ'pjuːtɪdlɪ] *adv* supostamente.

request [rɪ'kwest] *n* pedido *m* ◆ *vt* pedir; **to ~ sb to do sthg** pedir a alguém que faça algo; **available on ~** disponível a pedido do interessado.

request stop *n (Brit) parada em que o ônibus só pára a pedido dos passageiros.*

require [rɪ'kwaɪəʳ] *vt (subj: person)* necessitar de; *(subj: situation)* requerer, exigir; **passengers are ~d to show their tickets** pede-se aos passageiros que mostrem as passagens.

requirement [rɪ'kwaɪəmənt] *n (condition)* requisito *m*; *(need)* necessidade *f*.

rerun [*n* 'riːrʌn, *vb* ,riː'rʌn] *(pt* -ran, *pp* -run) *n (film, programme)* reposição *f*; *(similar situation)* repetição *f* ◆ *vt (film, programme)* repor; *(tape)* voltar a passar.

resat [,riː'sæt] *pt & pp* → **resit**.

rescue ['reskjuː] *vt* salvar.

rescuer ['reskjʊəʳ] *n* salvador *m* (-ra *f*).

research [rɪ'sɜːtʃ] *n* pesquisa *f*, investigação *f*.

researcher [rɪ'sɜːtʃəʳ] *n* pesquisador *m* (-ra *f*) *(Br)*, investigador *m* (-ra *f*) *(Port)*.

resemblance [rɪ'zembləns] *n* parecença *f*.

resemble [rɪ'zembl] *vt* parecer-se com.

resent [rɪ'zent] *vt* ressentir-se com.

resentful [rɪ'zentfʊl] *adj* ressentido(-da).

resentment [rɪ'zentmənt] *n* ressentimento *m*.

reservation [,rezə'veɪʃn] *n* reserva *f*; **to make a ~** fazer uma reserva.

reserve [rɪ'zɜːv] *n (SPORT)* reserva *mf* *(Br)*, suplente *mf*; *(for wildlife)* reserva *f* ◆ *vt* reservar.

reserved [rɪ'zɜːvd] *adj* reservado (-da).

reservoir ['rezəvwɑːʳ] *n* reservatório *m*, represa *f*.

reset [,riː'set] *(pt & pp* reset) *vt (watch)* acertar; *(meter, device)* reajustar.

reshuffle [riː'ʃʌfl] *n (POL)* reorganização *f*, reforma *f*.

reside [rɪ'zaɪd] *vi (fml)* residir.

residence ['rezɪdəns] *n (fml)* residência *f*; **place of ~** *(fml)* (local *m* de) residência.

residence permit *n* autorização *f* de residência.

resident ['rezɪdənt] *n (of country)* habitante *mf*; *(of hotel)* hóspede *mf*; *(of area, house)* morador *m* (-ra *f*); **"~s only"** *(for parking)* "reservado para os moradores".

residential [,rezɪ'denʃl] *adj* residencial.

residue ['rezɪdjuː] *n* resíduo *m*.

resign [rɪ'zaɪn] *vi* demitir-se ◆ *vt*: **to ~ o.s. to sthg** resignar-se com algo, conformar-se com algo.

resignation [,rezɪg'neɪʃn] *n (from job)* demissão *f*.

resigned [rɪ'zaɪnd] *adj*: **to be ~ (to sthg)** estar conformado(-da) (com algo).

resilient [rɪ'zɪliənt] *adj* forte.

resin ['rezɪn] *n* resina *f*.

resist [rɪ'zɪst] *vt* resistir a; **I can't ~ cream cakes** não resisto a bolos com creme; **to ~ doing sthg** resistir a fazer algo.

resistance [rɪ'zɪstəns] *n* resistência *f*.

resit [,riː'sɪt] *(pt & pp* -sat) *vt* repetir.

resolute ['rezəluːt] *adj* resoluto(-ta).

resolution [,rezə'luːʃn] *n* resolução *f*.

resolve [rɪ'zɒlv] *vt (solve)* resolver.

resort [rɪ'zɔːt] *n (for holidays)* estância *f* (de férias); **as a last ~** como último recurso.

⌐ **resort to** *vt fus* recorrer a; **to ~ to doing sthg** recorrer a fazer algo.

resounding [rɪ'zaʊndɪŋ] *adj (noise, crash)* sonoro(-ra); *(success, victory)* retumbante.

resource [rɪ'sɔːs] *n* recurso *m*.

resourceful [rɪ'sɔːsfʊl] *adj* desembaraçado(-da), expedito(-ta).

respect [rɪ'spekt] *n* respeito *m*; *(aspect)* aspecto *m* ◆ *vt* respeitar; **with**

~ **to** no que respeita a; **in some ~s** em alguns aspectos.

respectable [rɪ'spektəbl] *adj (person, job etc)* respeitável; *(acceptable)* decente.

respectful [rɪ'spektful] *adj* respeitador(-ra).

respective [rɪ'spektɪv] *adj* respectivo(-va).

respectively [rɪ'spektɪvlɪ] *adv* respectivamente.

respite ['respaɪt] *n (pause)* descanso *m*; *(delay)* prolongamento *m* (de prazo).

resplendent [rɪ'splendənt] *adj* resplandecente.

respond [rɪ'spɒnd] *vi* responder.

response [rɪ'spɒns] *n* resposta *f*.

responsibility [rɪ,spɒnsə'bɪlətɪ] *n* responsabilidade *f*.

responsible [rɪ'spɒnsəbl] *adj* responsável; **to be ~ (for)** *(to blame)* ser responsável (por).

responsive [rɪ'spɒnsɪv] *adj (person)* receptivo(-va); **~ to sthg** receptivo a algo.

rest [rest] *n (relaxation)* descanso *m*; *(for foot, head, back)* apoio *m* ♦ *vi (relax)* descansar ♦ *vt*: **to ~ sthg against sthg** encostar algo em algo; **the ~** *(remainder)* o resto; **to have a ~** descansar; **the ladder was ~ing against the wall** a escada estava encostada na parede.

restaurant ['restərɒnt] *n* restaurante *m*.

restaurant car *n (Brit)* vagão-restaurante *m (Br)*, carruagem-restaurante *f (Port)*.

restful ['restful] *adj* tranqüilo(-la).

rest home *n (for old people)* lar *m*, asilo *m*; *(for sick people)* casa *f* de repouso.

restless ['restlɪs] *adj (bored, impatient)* impaciente; *(fidgety)* inquieto(-ta).

restore [rɪ'stɔːʳ] *vt (reintroduce)* restabelecer; *(renovate)* restaurar.

restrain [rɪ'streɪn] *vt* conter.

restrained [rɪ'streɪnd] *adj (person)* comedido(-da); *(tone)* moderado(-da).

restraint [rɪ'streɪnt] *n (rule, check)* restrição *f*; *(control)* restrições *fpl*; *(moderation)* comedimento *m*.

restrict [rɪ'strɪkt] *vt* restringir.

restricted [rɪ'strɪktɪd] *adj* restrito(-ta).

restriction [rɪ'strɪkʃn] *n* restrição *f*.

restrictive [rɪ'strɪktɪv] *adj* severo(-ra).

rest room *n (Am)* banheiro *m (Br)*, casa *f* de banho *(Port)*.

result [rɪ'zʌlt] *n* resultado *m* ♦ *vi*: **to ~ in** resultar em; **as a ~ of** em conseqüência de.

↴ **results** *npl (of test, exam)* resultados *mpl*.

resume [rɪ'zjuːm] *vt & vi* recomeçar, retomar.

résumé ['rezjuːmeɪ] *n (summary)* resumo *m*; *(Am: curriculum vitae)* currículo *m*.

resumption [rɪ'zʌmpʃn] *n* recomeço *m*.

resurgence [rɪ'sɜːdʒəns] *n* ressurgimento *m*.

resurrection [,rezə'rekʃn] *n (RELIG)*: **the ~** a Ressurreição (de Cristo).

resuscitation [rɪ,sʌsɪ'teɪʃn] *n* reanimação *f*.

retail ['riːteɪl] *n* venda *f* a varejo *(Br)*, venda *f* a retalho *(Port)* ♦ *vt* vender (a varejo) ♦ *vi*: **to ~ at** vender a.

retailer ['riːteɪləʳ] *n* varejista *mf (Br)*, retalhista *mf (Port)*.

retail price *n* preço *m* de venda ao público.

retain [rɪ'teɪn] *vt (fml)* reter.

retaliate [rɪ'tælɪeɪt] *vi* retaliar.

retaliation [rɪ,tælɪ'eɪʃn] *n* retaliação *f*.

retch [retʃ] *vi* ter ânsia de vômito *(Br)*, sentir vômitos *(Port)*.

reticent ['retɪsənt] *adj* reticente.

retina ['retɪnə] *(pl* **-nas** OR **-nae** [-niː]*)* *n* retina *f*.

retire [rɪ'taɪəʳ] *vi (stop working)* aposentar-se *(Br)*, reformar-se *(Port)*.

retired [rɪ'taɪəd] *adj* aposentado(-da) *(Br)*, reformado(-da) *(Port)*.

retirement [rɪ'taɪəmənt] *n* aposentadoria *f (Br)*, reforma *f (Port)*.

retrain [,riː'treɪn] *vt* reciclar.

retreat [rɪ'triːt] *vi* retirar-se ♦ *n (place)* retiro *m*.

retrieval [rɪ'triːvl] *n* recuperação *f*.

retrieve [rɪ'triːv] *vt* recuperar.

retrospect ['retrəspekt] *n*: **in ~** a posteriori.

return [rɪ'tɜːn] *n (arrival back)* regresso *m*; *(Brit: ticket)* bilhete *m* de ida e volta ♦ *vt* devolver ♦ *vi* voltar, regressar ♦ *adj (Brit: journey)* de volta, de regresso; **by ~ of post** *(Brit)* na volta

do correio; **in ~ (for)** em troca (de);
many happy ~s! que se repita por muitos anos!; **to ~ sthg (to sb)** *(give back)*
devolver algo (a alguém).

return flight *n* vôo *m* de volta.

return ticket *n* *(Brit)* bilhete *m* de
ida e volta.

reunite [ˌriːjuːˈnaɪt] *vt* reunir.

rev [rev] *n* *(inf: of engine)* rotação *f* ♦ *vt*
(inf): **to ~ sthg (up)** acelerar algo.

reveal [rɪˈviːl] *vt* revelar.

revel [ˈrevl] *vi*: **to ~ in sthg** deliciar-se
OR deleitar-se com algo.

revelation [ˌrevəˈleɪʃn] *n* revelação *f*.

revenge [rɪˈvendʒ] *n* vingança *f*.

revenue [ˈrevənjuː] *n* receita *f*.

Reverend [ˈrevərənd] *n* reverendo *m*.

reversal [rɪˈvɜːsl] *n* *(of trend, policy,
decision)* mudança *f*; *(of roles, order,
position)* inversão *f*.

reverse [rɪˈvɜːs] *adj* inverso(-sa) ♦ *n*
(AUT) marcha *f* à ré *(Br)*, marcha *f* atrás
(Port); *(of coin)* reverso *m*; *(of document)*
verso *m* ♦ *vt* *(car)* dar marcha à ré com
(Br), fazer marcha atrás com *(Port)*;
(decision) revogar ♦ *vi* *(car, driver)* dar
marcha à ré *(Br)*, fazer marcha atrás
(Port); **in ~ order** na ordem inversa, ao
contrário; **the ~** *(opposite)* o contrário;
to ~ the charges *(Brit)* fazer uma chamada a cobrar no destinatário.

reverse-charge call *n* *(Brit)* chamada *f* a cobrar.

revert [rɪˈvɜːt] *vi*: **to ~ to** voltar a.

review [rɪˈvjuː] *n* *(of book, record, film)*
crítica *f*; *(examination)* revisão *f* ♦ *vt*
(Am: for exam) rever.

reviewer [rɪˈvjuːəʳ] *n* crítico *m* (-ca *f*).

revise [rɪˈvaɪz] *vt* rever ♦ *vi* *(Brit)* rever
a matéria.

revision [rɪˈvɪʒn] *n* *(Brit)* revisão *f*.

revitalize [ˌriːˈvaɪtəlaɪz] *vt* revitalizar.

revival [rɪˈvaɪvl] *n* *(of person)* reanimação *f*; *(of economy)* retomada *f*; *(of
custom)* recuperação *f*; *(of interest)* renovação *f*.

revive [rɪˈvaɪv] *vt* *(person)* reanimar;
(economy, custom) recuperar.

revolt [rɪˈvəʊlt] *n* revolta *f*.

revolting [rɪˈvəʊltɪŋ] *adj* repugnante.

revolution [ˌrevəˈluːʃn] *n* revolução *f*.

revolutionary [ˌrevəˈluːʃnərɪ] *adj*
revolucionário(-ria).

revolve [rɪˈvɒlv] *vi* *(go round)* girar; **to
~ around** *(be based on)* girar à volta de.

revolver [rɪˈvɒlvəʳ] *n* revólver *m*.

revolving door [rɪˈvɒlvɪŋ-] *n* porta *f*
giratória.

revue [rɪˈvjuː] *n* *(teatro m de)* revista
f.

revulsion [rɪˈvʌlʃn] *n* repugnância *f*.

reward [rɪˈwɔːd] *n* recompensa *f* ♦ *vt*
recompensar.

rewarding [rɪˈwɔːdɪŋ] *adj* compensador(-ra), gratificante.

rewind [ˌriːˈwaɪnd] *(pt & pp -wound)*
vt rebobinar.

rewire [ˌriːˈwaɪəʳ] *vt* substituir a instalação elétrica de.

rewound [ˌriːˈwaʊnd] *pt & pp →*
rewind.

rewrite [ˌriːˈraɪt] *(pt -wrote, pp
-written)* *vt* reescrever.

Reykjavik [ˈrekjəvɪk] *n* Reikjavik *s*.

rheumatism [ˈruːmətɪzm] *n* reumatismo *m*.

Rhine [raɪn] *n*: **the ~** o Reno.

rhinoceros [raɪˈnɒsərəs] *(pl inv OR
-es)* *n* rinoceronte *m*.

rhododendron [ˌrəʊdəˈdendrən] *n*
rododendro *m*.

rhubarb [ˈruːbɑːb] *n* ruibarbo *m*.

rhyme [raɪm] *n* *(poem)* rima *f* ♦ *vi*
rimar.

rhythm [ˈrɪðm] *n* ritmo *m*.

rib [rɪb] *n* costela *f*.

ribbed [rɪbd] *adj* canelado(-da).

ribbon [ˈrɪbən] *n* fita *f*.

rice [raɪs] *n* arroz *m*.

rice pudding *n* = arroz-doce *m*.

rich [rɪtʃ] *adj* rico(-ca) ♦ *npl*: **the ~** os
ricos; **to be ~ in sthg** ser rico em algo.

richness [ˈrɪtʃnɪs] *n* riqueza *f*.

rickety [ˈrɪkətɪ] *adj* pouco firme.

ricotta cheese [rɪˈkɒtə-] *n* ricota *m*,
queijo muito semelhante ao requeijão.

rid [rɪd] *vt*: **to get ~ of** ver-se livre de,
livrar-se de.

ridden [ˈrɪdn] *pp →* ride.

riddle [ˈrɪdl] *n* *(puzzle)* adivinha *f*;
(mystery) enigma *m*.

riddled [ˈrɪdld] *adj* *(full)*: **to be ~ with**
sthg estar cheio(-a) OR crivado(-da) de
algo.

ride [raɪd] *(pt rode, pp ridden)* *n* *(on
horse, bike)* passeio *m*; *(in vehicle)* volta
f ♦ *vt* *(horse)* andar a; *(bike)* andar de
♦ *vi* *(on horse)* andar OR montar a cavalo; *(on bike)* andar de bicicleta; *(in vehicle)* viajar; **to go for a ~** *(in car)* ir dar
uma volta (de carro).

rider ['raɪdəʳ] *n (on horse)* cavaleiro *m* (amazona *f*); *(on bike)* ciclista *mf*.

ridge [rɪdʒ] *n (of mountain)* crista *f*; *(raised surface)* rugosidade *f*.

ridicule ['rɪdɪkjuːl] *n* ridículo *m* ♦ *vt* ridicularizar.

ridiculous [rɪ'dɪkjʊləs] *adj* ridículo(-la).

riding ['raɪdɪŋ] *n* equitação *f*.

riding school *n* escola *f* de equitação.

rife [raɪf] *adj (widespread)* generalizado(-da).

rifle ['raɪfl] *n* espingarda *f*.

rift [rɪft] *n (quarrel)* desentendimento *m*; **~ between/in** desentendimento entre/em.

rig [rɪg] *n (oilrig)* plataforma *f* petrolífera ♦ *vt* falsificar o resultado de.

right [raɪt] *adj* 1. *(correct)* certo(-ta); **to be ~** *(person)* ter razão; **to be ~ to do sthg** fazer bem em fazer algo; **have you got the ~ time?** você tem a hora certa?; **is this the ~ way?** é este o caminho certo?; **that's ~!** é isso mesmo!, exatamente!

2. *(fair)* certo(-ta); **that's not ~!** isso não está certo!

3. *(on the right)* direito(-ta); **the ~ side of the road** o lado direito da estrada.

♦ *n* 1. *(side)*: **the ~ a** direita.

2. *(entitlement)* direito *m*; **to have the ~ to do sthg** ter o direito de fazer algo.

♦ *adv* 1. *(towards the right)* à direita; **turn ~ at the post office** vire à direita junto aos correios.

2. *(correctly)* bem; **am I pronouncing it ~?** estou pronunciando isso bem?

3. *(for emphasis)* mesmo; **~ here** aqui mesmo; **I'll be ~ back** volto já; **~ away** imediatamente.

right angle *n* ângulo *m* reto.

righteous ['raɪtʃəs] *adj (person)* justo(-ta), honrado(-da); *(anger, indignation)* justificado(-da).

rightful ['raɪtfʊl] *adj (share, owner)* legítimo(-ma); *(place)* devido(-da).

right-hand *adj* direito(-ta).

right-hand drive *n* veículo *m* com volante à direita.

right-handed [-'hændɪd] *adj (person)* destro(-tra); *(implement)* para pessoas destras.

rightly ['raɪtlɪ] *adv (correctly)* corretamente; *(justly)* devidamente.

right of way *n (AUT)* prioridade *f*; *(path)* direito *m* de passagem.

right-wing *adj* de direita.

rigid ['rɪdʒɪd] *adj* rígido(-da).

rigorous ['rɪgərəs] *adj* rigoroso(-osa).

rim [rɪm] *n (of cup)* borda *f*; *(of glasses)* armação *f*; *(of bicycle wheel)* aro *m*; *(of car wheel)* aro *m (Br)*, jante *f (Port)*.

rind [raɪnd] *n (of fruit, cheese)* casca *f*; *(of bacon)* couro *m (Br)*, courato *m (Port)*.

ring [rɪŋ] *(pt* **rang**, *pp* **rung**) *n (for finger)* anel *m*; *(circle)* círculo *m*; *(sound)* toque *m (de campainha, telefone)*; *(on electric cooker)* disco *m*; *(on gas cooker)* boca *f (Br)*, bico *m (Port)*; *(for boxing)* ringue *m*; *(in circus)* arena *f* ♦ *vt (Brit)* telefonar para, ligar para; *(bell)* tocar a ♦ *vi (Brit: make phone call)* telefonar; *(doorbell, telephone)* tocar; *(ears)* zumbir; **to give sb a ~** *(phone call)* telefonar para alguém; **to ~ the bell** *(of house, office)* tocar a campainha.

❑ **ring back** *vt sep (Brit: person)* voltar a telefonar a ♦ *vi (Brit)* voltar a telefonar.

❑ **ring off** *vi (Brit)* desligar.

❑ **ring up** *vt sep (Brit)* telefonar para ♦ *vi (Brit)* telefonar.

ring binder *n* capa *f* de argolas, dossier *m*.

ringing ['rɪŋɪŋ] *n (of doorbell, telephone)* toque *m*; *(in ears)* zumbido *m*.

ringing tone ['rɪŋɪŋ-] *n* sinal *m* de chamada.

ringlet ['rɪŋlɪt] *n* anel *m* de cabelo, cacho *m*.

ring road *n (estrada)* perimetral *f (Br)*, circunvalação *f (Port)*.

rink [rɪŋk] *n* rink *m*, pista *f (de patinagem)*.

rinse [rɪns] *vt (clothes, hair)* enxaguar, passar uma água *(Br)*; *(hands)* lavar.

❑ **rinse out** *vt (clothes)* enxaguar, passar uma água *(Br)*; *(mouth)* bochechar.

riot ['raɪət] *n (violent disturbance)* distúrbio *m*.

rioter ['raɪətəʳ] *n* desordeiro *m* (-ra *f*), manifestante *mf*.

riot police *npl* polícia *f* de choque, forças *fpl* de intervenção.

rip [rɪp] *n* rasgão *m* ♦ *vt* rasgar ♦ *vi* rasgar-se.

❑ **rip up** *vt sep* rasgar em bocadinhos.

ripe [raɪp] *adj* maduro(-ra).

ripen ['raɪpn] *vi* amadurecer.

rip-off *n (inf)* roubo *m*.

ripple ['rɪpl] *n* onda *f*.

rise [raɪz] *(pt* **rose**, *pp* **risen** ['rɪzn]) *vi (move upwards)* elevar-se; *(sun, moon)* nascer; *(increase)* subir; *(stand up)* levantar-se ♦ *n* subida *f*; *(Brit: pay increase)* aumento *m*.

risk [rɪsk] *n* risco *m* ♦ *vt* arriscar; **to take a ~** correr um risco; **at your own ~** por sua conta e risco; **to ~ doing sthg** arriscar-se a fazer algo; **to ~ it** arriscar-se.

risky ['rɪskɪ] *adj* arriscado(-da).

risotto [rɪ'zɒtəʊ] *(pl* **-s***) n* risoto *m*, prato à base de arroz com carne, marisco ou legumes.

risqué ['riːskeɪ] *adj* picante.

rissole ['rɪsəʊl] *n (Brit)* = croquete *m*.

ritual ['rɪtʃʊəl] *n* ritual *m*.

rival ['raɪvl] *adj* rival ♦ *n* rival *mf*.

rivalry ['raɪvlrɪ] *n* rivalidade *f*.

river ['rɪvə'] *n* rio *m*.

river bank *n* margem *f* do rio.

riverbed ['rɪvəbed] *n* leito *m* do rio.

riverside ['rɪvəsaɪd] *n* beira-rio *f*.

rivet ['rɪvɪt] *n* rebite *m*.

Riviera [ˌrɪvɪ'eərə] *n*: **the (French) ~** a Riviera (francesa).

roach [rəʊtʃ] *n (Am: cockroach)* barata *f*.

road [rəʊd] *n* estrada *f*; **by ~** por estrada.

roadblock ['rəʊdblɒk] *n* controle *m* rodoviário.

road book *n* guia *m* das estradas.

road map *n* mapa *m* das estradas.

road safety *n* segurança *f* rodoviária OR na estrada.

roadside ['rəʊdsaɪd] *n*: **the ~** a beira (da estrada).

road sign *n* sinal *m* de trânsito.

road tax *n* imposto *m* de circulação.

roadway ['rəʊdweɪ] *n* rodovia *f*.

road works *npl* obras *fpl* na estrada.

roadworthy ['rəʊdˌwɜːðɪ] *adj* em condições de circular.

roam [rəʊm] *vi* vaguear.

roar [rɔː'] *n (of crowd)* gritos *mpl*, brados *mpl*; *(of aeroplane)* ronco *m*; *(of lion)* rugido *m* ♦ *vi (crowd)* berrar, bradar; *(lion)* rugir.

roast [rəʊst] *n* assado *m* ♦ *vt* assar ♦ *adj* assado(-da); **~ beef** rosbife *m*; **~ chicken** frango *m* assado; **~ lamb** car-

neiro *m* assado; **~ pork** lombo *m* (de porco assado); **~ potatoes** batatas *fpl* assadas.

rob [rɒb] *vt* assaltar; **to ~ sb of sthg** roubar algo de alguém.

robber ['rɒbə'] *n* assaltante *mf*.

robbery ['rɒbərɪ] *n* assalto *m*.

robe [rəʊb] *n (Am: bathrobe)* roupão *m*.

robin ['rɒbɪn] *n* pisco-de-peito-ruivo *m*, pintarroxo *m (Port)*.

robot ['rəʊbɒt] *n* robô *m*.

robust [rəʊ'bʌst] *adj (person, health)* robusto(-ta); *(economy, defence, criticism)* forte.

rock [rɒk] *n* rocha *f*; *(Am: stone)* pedra *f*; *(music)* rock *m*; *(Brit: sweet)* pirulito *m* ♦ *vt (baby)* embalar; *(boat)* balançar; **on the ~s** *(drink)* com gelo.

rock and roll *n* rock and roll *m*.

rock climbing *n* escala *f*; **to go ~** ir escalar.

rocket ['rɒkɪt] *n (missile, space rocket)* foguete *m (Br)*, foguetão *m (Port)*; *(firework)* foguete *m*; *(salad plant)* rúcola *f*.

rocking chair ['rɒkɪŋ-] *n* cadeira *f* de balanço.

rocking horse *n* cavalo *m* de balanço.

rock 'n' roll [ˌrɒkən'rəʊl] *n* rock 'n' roll *m*.

rocky ['rɒkɪ] *adj (place)* rochoso(-osa).

rod [rɒd] *n (wooden)* vara *f*; *(metal)* barra *f*; *(for fishing)* vara *f* de pescar *(Br)*, cana *f (Port)*.

rode [rəʊd] *pt* → **ride**.

rodent ['rəʊdənt] *n* roedor *m*.

roe [rəʊ] *n* ovas *fpl* de peixe.

rogue [rəʊg] *n (likable rascal)* maroto *m (-ta f)*; *(dishonest person)* trapaceiro *m (-ra f)*.

role [rəʊl] *n* papel *m*.

roll [rəʊl] *n (of bread)* carcaça *f*, pãozinho *m*; *(of film, paper)* rolo *m* ♦ *vi (ball, rock)* rolar; *(vehicle)* circular; *(ship)* balançar ♦ *vt (ball, rock)* fazer rolar; *(cigarette)* enrolar; *(dice)* lançar.

⃝ **roll over** *vi (person, animal)* virar-se; *(car)* capotar.

⃝ **roll up** *vt sep (map, carpet)* enrolar; *(sleeves, trousers)* arregaçar.

roller ['rəʊlə'] *n (curler)* rolo *m* (de cabelo).

rollerblades ['rəʊləbleɪdz] *npl* patins *mpl* em linha.

rollerblading ['rəʊləˌbleɪdɪŋ] *n*: **to go**

~ ir patinar *(com patins em linha).*

roller coaster *n* montanha-russa *f.*

roller skates *npl* patins *mpl* de rodas.

roller-skating ['rəʊlə-] *n* patinagem *f* sobre rodas.

rolling pin ['rəʊlɪŋ-] *n* rolo *m* de pastel *(Br)*, rolo *m* da massa *(Port).*

roll-on *n (deodorant)* roll-on *m*, bastão *m (Br).*

ROM [rɒm] *(abbr of read only memory)* *n* ROM *f.*

Roman ['rəʊmən] *adj* romano(-na) ◆ *n* romano *m* (-na *f).*

Roman Catholic *n* católico *m* romano (católica *f* romana).

romance [rəʊ'mæns] *n* romance *m.*

Romania [ruː'meɪnjə] *n* Roménia *f.*

Romanian [ruː'meɪnjən] *adj* romeno(-na) ◆ *n (person)* romeno *m* (-na *f)*; *(language)* romeno *m.*

Roman numerals *npl* numeração *f* romana.

romantic [rəʊ'mæntɪk] *adj* romântico(-ca).

Rome [rəʊm] *n* Roma *s.*

romper suit ['rɒmpə-] *n* macacão *m (de criança).*

roof [ruːf] *n (of building, cave)* telhado *m; (of car, caravan, tent)* teto *m.*

roof rack *n* bagageiro *m (Br)*, tejadilho *m (Port).*

rooftop ['ruːftɒp] *n* telhado *m.*

rook [rʊk] *n (bird)* gralha-calva *f; (chess piece)* torre *f.*

rookie ['rʊkɪ] *n (Am: inf)* novato *m* (-ta *f).*

room [ruːm, rʊm] *n (bedroom, in hotel)* quarto *m; (in building)* divisão *f*, sala *f; (space)* espaço *m.*

roommate ['ruːmmeɪt] *n* colega *mf* de quarto.

room number *n* número *m* do quarto.

room service *n* serviço *m* de quartos.

room temperature *n* temperatura *f* ambiente.

roomy ['ruːmɪ] *adj* espaçoso(-osa).

rooster ['ruːstər] *n* galo *m.*

root [ruːt] *n* raiz *f.*

rope [rəʊp] *n* corda *f* ◆ *vt* amarrar.

rosary ['rəʊzərɪ] *n* terço *m*, rosário *m.*

rose [rəʊz] *pt* → **rise** ◆ *n (flower)* rosa *f.*

rosé ['rəʊzeɪ] *n (vinho)* rosé *m.*

rose bush *n* roseira *f.*

rosemary ['rəʊzmərɪ] *n* alecrim *m.*

rosette [rəʊ'zet] *n (badge)* emblema *m.*

rostrum ['rɒstrəm] *(pl -trums OR -tra* [-trə]*) n* tribuna *f.*

rosy ['rəʊzɪ] *adj (pink)* rosado(-da); *(promising)* cor-de-rosa *(inv).*

rot [rɒt] *vi* apodrecer.

rota ['rəʊtə] *n* lista *f* de turnos.

rotate [rəʊ'teɪt] *vi* girar.

rotation [rəʊ'teɪʃn] *n* rotação *f;* **in ~** rotativamente.

rotten ['rɒtn] *adj (food, wood)* podre; *(inf: not good)* péssimo(-ma); **I feel ~** *(ill)* sinto-me péssimo.

rouge [ruːʒ] *n* blush *m.*

rough [rʌf] *adj (surface, skin, cloth)* áspero(-ra); *(sea, crossing)* agitado(-da); *(person)* bruto(-ta); *(approximate)* aproximado(-da); *(conditions, wine)* mau (má); *(area, town)* perigoso(-osa) ◆ *n (on golf course)* rough *m;* **a ~ guess** um cálculo aproximado; **to have a ~ time** passar por um período difícil.

roughen ['rʌfn] *vt* tornar áspero(-ra).

roughly ['rʌflɪ] *adv (approximately)* aproximadamente; *(push, handle)* bruscamente, grosseiramente.

roulade [ruː'lɑːd] *n* rocambole *m (Br)*, torta *f (Port).*

roulette [ruː'let] *n* roleta *f.*

round [raʊnd] *adj* redondo(-da).
◆ *n* **1.** *(of drinks)* rodada *f;* **it's my ~** é a minha rodada.
2. *(of sandwiches)* sanduíche *m (Br)*, sandes *f inv (Port); (of toast)* torrada *f.*
3. *(of competition)* volta *f.*
4. *(in golf)* partida *f; (in boxing)* assalto *m.*
5. *(of policeman, postman, milkman)* ronda *f.*
◆ *adv* **1.** *(in a circle):* **to go ~** andar em volta; **to spin ~** girar.
2. *(surrounding)* à volta; **it had a fence all (the way) ~** tinha uma cerca em toda a volta.
3. *(near):* **~ about** em volta.
4. *(to one's house):* **to ask some friends ~** convidar uns amigos (para casa); **we went ~ to her house** fomos até a casa dela.
5. *(continuously):* **all year ~** (durante) todo o ano.
◆ *prep* **1.** *(surrounding, circling)* à volta de; **they put a blanket ~ him** puseram

um cobertor em volta dele; **we walked ~ the lake** caminhamos em volta do lago; **to go ~ the corner** virar a esquina. **2.** *(visiting)*: **to go ~ a museum** visitar um museu; **to show sb ~ sthg** mostrar algo a alguém. **3.** *(approximately)* cerca de; **~ (about) 100** cerca de 100; **~ ten o'clock** cerca das OR por volta das dez horas. **4.** *(near)*: **~ here** aqui perto. **5.** *(in phrases)*: **it's just ~ the corner** *(nearby)* é logo ao virar da esquina; **~ the clock** 24 horas por dia. ❏ **round off** *vt sep (meal, day, visit)* terminar.

roundabout ['raʊndəbaʊt] *n (Brit) (in road)* cruzamento circular, rotunda *f (Port)*; *(in playground)* roda *f* (de parque infantil); *(at fairground)* carrossel *m*.

rounders ['raʊndəz] *n (Brit) jogo de bola parecido com o baseball.*

roundly ['raʊndlɪ] *adv (defeat)* completamente; *(criticize)* sem rodeios; *(deny)* redondamente.

round trip *n* viagem *f* de ida e volta.

roundup ['raʊndʌp] *n (summary)* resumo *m*.

rouse [raʊz] *vt (wake up)* acordar, despertar; *(excite)* instigar; *(give rise to)* despertar.

rousing ['raʊzɪŋ] *adj* entusiasmante.

route [ruːt] *n (way)* caminho *m*; *(of train)* linha *f*; *(of bus)* trajeto *m*; *(of plane)* rota *f* ◆ *vt (change course of)* mudar a rota de.

route map *n* (mapa do) trajeto *m*.

routine [ruːˈtiːn] *n* rotina *f* ◆ *adj* rotineiro(-ra).

row¹ [rəʊ] *n (line)* fila *f* ◆ *vt (boat)* impelir remando ◆ *vi* remar; **three times in a ~** três vezes seguidas.

row² [raʊ] *n (argument)* briga *f*; *(inf: noise)* algazarra *f*; **to have a ~** brigar.

rowboat ['rəʊbəʊt] *(Am)* = **rowing boat.**

rowdy ['raʊdɪ] *adj* turbulento(-ta).

rowing ['rəʊɪŋ] *n* remo *m*.

rowing boat *n (Brit)* barco *m* a remos.

royal ['rɔɪəl] *adj* real.

Royal Air Force *n*: **the ~** a força aérea britânica.

royal family *n* família *f* real.

Royal Navy *n*: **the ~** a marinha britânica.

royalty ['rɔɪəltɪ] *n (royal family)* realeza *f*.

RRP *(abbr of recommended retail price)* P.V.P.

rub [rʌb] *vt (back, eyes)* esfregar; *(polish)* polir ◆ *vi (with hand, cloth)* esfregar; *(shoes)* friccionar *(Br)*, roçar *(Port)*. ❏ **rub in** *vt sep (lotion, oil)* esfregar. ❏ **rub out** *vt sep* apagar.

rubber ['rʌbər] *adj* de borracha ◆ *n* borracha *f*; *(Am: inf: condom)* camisinha *f (Br)*, preservativo *m*.

rubber band *n* elástico *m*.

rubber gloves *npl* luvas *fpl* de borracha.

rubber plant *n* borracheira *f*.

rubber ring *n* bóia *f*.

rubber stamp *n* carimbo *m* (de borracha).

rubbish ['rʌbɪʃ] *n (refuse)* lixo *m*; *(inf: worthless thing)* porcaria *f*; *(inf: nonsense)* disparate *m*.

rubbish bin *n (Brit)* lata *f* de lixo *(Br)*, caixote *m* do lixo *(Port)*.

rubbish dump *n (Brit)* depósito *m* de lixo *(Br)*, lixeira *f (Port)*.

rubble ['rʌbl] *n* entulho *m*, escombros *mpl*.

ruby ['ruːbɪ] *n* rubi *m*.

rucksack ['rʌksæk] *n* mochila *f*.

rudder ['rʌdər] *n* leme *m*.

ruddy ['rʌdɪ] *adj (face, complexion)* corado(-da).

rude [ruːd] *adj (person)* maleducado(-da); *(behaviour, joke, picture)* grosseiro(-ra).

rudimentary [ˌruːdɪˈmentərɪ] *adj* rudimentar.

rueful ['ruːfʊl] *adj (person, look)* arrependido(-da); *(smile)* de arrependimento.

ruffian ['rʌfjən] *n* rufião *m* (-fiona *f*).

ruffle ['rʌfl] *vt (hair)* desgrenhar, despentear; *(feathers, fur)* eriçar.

rug [rʌg] *n (for floor)* tapete *m*; *(Brit: blanket)* manta *f* (de viagem).

rugby ['rʌgbɪ] *n* rugby *m*, râguebi *m*.

rugged ['rʌgɪd] *adj (rocky, uneven)* acidentado(-da); *(sturdy)* resistente.

ruin ['ruːɪn] *vt* estragar. ❏ **ruins** *npl* ruínas *fpl*.

ruined ['ruːɪnd] *adj (building)* em ruínas; *(clothes, meal, holiday)* estragado (-da).

rule [ruːl] *n (law)* regra *f* ♦ *vt (country)* governar; **to be the ~** *(normal)* ser a regra; **against the ~s** contra as regras; **as a ~** geralmente.
❑ **rule out** *vt sep* excluir.

ruler ['ruːlə'] *n (of country)* governante *mf; (for measuring)* régua *f.*

rum [rʌm] *n* rum *m.*

rumble ['rʌmbl] *n (of thunder)* ruído *m; (of stomach)* ronco *m* ♦ *vi (thunder)* trovejar, ribombar; *(stomach)* roncar.

rummage ['rʌmɪdʒ] *vi:* **to ~ through** sthg remexer algo.

rumor ['ruːmər] *(Am)* = **rumour.**

rumour ['ruːmə'] *n (Brit)* boato *m.*

rump steak [rʌmp-] *n* alcatra *f.*

rumpus ['rʌmpəs] *n (inf)* chinfrim *m.*

run [rʌn] *(pt* **ran,** *pp* **run)** *vi* **1.** *(on foot)* correr; **we had to ~ for the bus** tivemos de correr para apanhar o ônibus.
2. *(train, bus)* circular; **the bus ~s every hour** há um ônibus de hora em hora; **the train is running an hour late** o trem vem com uma hora de atraso; **this service doesn't ~ on Sundays** este serviço não se efetua aos domingos.
3. *(operate)* funcionar; **to ~ on sthg** funcionar a algo; **leave the engine running** deixa o motor a funcionar.
4. *(tears, liquid, river)* correr; **to leave the tap running** deixar a torneira aberta; **to ~ through** *(river, road)* atravessar; **the path ~s along the coast** o caminho segue ao longo da costa.
5. *(play)* estar em cartaz OR cena; *(event)* decorrer; **"now running at the Palladium"** "em cartaz OR cena no Palladium".
6. *(eyes)* chorar; *(nose)* escorrer *(Br)*, pingar *(Port).*
7. *(colour, dye, clothes)* desbotar.
8. *(remain valid)* ser válido; **the offer ~s until July** a oferta é válida até julho.
♦ *vt* **1.** *(on foot)* correr; **to ~ a race** participar de uma corrida.
2. *(manage, organize)* gerir.
3. *(car, machine)* manter; **it's cheap to ~** é muito econômico.
4. *(bus, train)* ter em circulação; **we're running a special bus to the airport** temos em circulação um ônibus especial para o aeroporto.
5. *(take in car)* levar (de carro); **I'll ~ you home** eu levo você em casa.
6. *(fill):* **to ~ a bath** encher a banheira.

♦ *n* **1.** *(on foot)* corrida *f;* **to go for a ~** ir dar uma corrida.
2. *(in car)* passeio *m* de carro; **to go for a ~** ir dar um passeio de carro.
3. *(of play, show):* **it had a two-year ~** esteve dois anos em cartaz.
4. *(for skiing)* pista *f.*
5. *(Am: in tights)* fio *m* puxado *(Br)*, foguete *m (Port).*
6. *(in phrases):* **in the long ~** a longo prazo.
❑ **run away** *vi* fugir.
❑ **run down** *vt sep (run over)* atropelar; *(criticize)* criticar ♦ *vi (clock)* parar; *(battery)* descarregar-se, gastar-se.
❑ **run into** *vt fus (meet)* encontrar; *(hit)* chocar com, bater em; *(problem, difficulty)* deparar com.
❑ **run out** *vi (be used up)* esgotar-se.
❑ **run out of** *vt fus* ficar sem.
❑ **run over** *vt sep (hit)* atropelar.

runaway ['rʌnəweɪ] *n* fugitivo *m* (-va *f*).

rundown ['rʌndaʊn] *n (report)* breve resumo *m.*
❑ **run-down** *adj (dilapidated)* delapidado(-da), velho(-lha); *(tired)* cansado(-da).

rung [rʌŋ] *pp* → **ring** ♦ *n (of ladder)* degrau *m.*

runner ['rʌnə'] *n (person)* corredor *m* (-ra *f*); *(for door, drawer)* calha *f; (for sledge)* patim *m.*

runner bean *n* vagem *f (Br)*, feijão *m* verde (longo) *(Port).*

runner-up *(pl* **runners-up)** *n* segundo *m* classificado (segunda *f* classificada).

running ['rʌnɪŋ] *n (SPORT)* corrida *f; (management)* gestão *f* ♦ *adj:* **three days ~** três dias seguidos; **to go ~** ir correr.

running water *n* água *f* corrente.

runny ['rʌnɪ] *adj (sauce)* líquido(-da); *(egg, omelette)* mal-passado(-da); *(nose)* escorrendo *(Br)*, a pingar *(Port); (eye)* lacrimejante.

run-of-the-mill *adj* normal.

runway ['rʌnweɪ] *n* pista *f* (de aterrissagem).

rural ['rʊərəl] *adj* rural.

ruse [ruːz] *n* truque *m*, estratagema *m.*

rush [rʌʃ] *n (hurry)* pressa *f; (of crowd)* onda *f* (de gente), afluência *f* ♦ *vi (move quickly)* ir correndo; *(hurry)* apressar-se ♦ *vt (work)* fazer às pressas; *(food)* comer às pressas; *(transport quickly)* levar urgentemente; **to be in a ~** estar com OR ter pressa; **there's no ~!** não há pressa!; **don't ~ me!** não me apresse!

rush hour *n* hora *f* do rush *(Br)*, hora *f* de ponta *(Port)*.

rusk [rʌsk] *n* rosca *f* para bebês.

Russia [ˈrʌʃə] *n* Rússia *f*.

Russian [ˈrʌʃn] *adj* russo(-a) ◆ *n (person)* russo *m* (-a *f*); *(language)* russo *m*.

rust [rʌst] *n (corrosion)* ferrugem *f* ◆ *vi* enferrujar.

rustic [ˈrʌstɪk] *adj* rústico(-ca).

rustle [ˈrʌsl] *vi* fazer ruído.

rustproof [ˈrʌstpruːf] *adj* inoxidável.

rusty [ˈrʌstɪ] *adj (metal)* ferrugento (-ta); *(fig: language, person)* enferrujado(-da).

rut [rʌt] *n (furrow)* rodada *f*, marca *f* do pneu; **to be in a ~** estar preso a uma rotina.

ruthless [ˈruːθlɪs] *adj* implacável, sem piedade.

RV *n (Am: abbr of recreational vehicle)* reboque *m (Br)*, roulotte *f (Port)*.

rye [raɪ] *n* centeio *m*.

rye bread *n* pão *m* de centeio.

S

S *(abbr of south, small)* S.
Sabbath ['sæbəθ] *n*: **the ~** *(for Christians)* o domingo; *(for Jews)* o sábado.
sabotage ['sæbətɑːʒ] *n* sabotagem *f* ◆ *vt* sabotar.
saccharin ['sækərɪn] *n* sacarina *f*.
sachet ['sæʃeɪ] *n* pacote *m*.
sack [sæk] *n (bag)* saco *m* ◆ *vt* despedir; **to get the ~** ser despedido.
sacred ['seɪkrɪd] *adj* sagrado(-da).
sacrifice ['sækrɪfaɪs] *n (fig)* sacrifício *m*.
sad [sæd] *adj* triste; *(unfortunate)* lamentável.
sadden ['sædn] *vt* entristecer.
saddle ['sædl] *n (on horse)* sela *f*; *(on bicycle, motorbike)* selim *m*.
saddlebag ['sædlbæg] *n (on bicycle, motorbike)* bolsa *f*; *(on horse)* alforge *m*.
sadistic [sə'dɪstɪk] *adj* sádico(-ca).
sadly ['sædlɪ] *adv* infelizmente.
sadness ['sædnɪs] *n* tristeza *f*.
s.a.e. *n (Brit: abbr of stamped addressed envelope)* envelope selado e sobrescritado.
safari [sə'fɑːrɪ] *n* safari *m*.
safari park *n* reserva *f* (para animais selvagens).
safe [seɪf] *adj* seguro(-ra); *(out of harm)* em segurança ◆ *n* cofre *m*; **a ~ place** um local seguro; **(have a) ~ journey!** (faça) boa viagem!; **~ and sound** são e salvo.
safe-deposit box *n* caixa-forte *f*, cofre *m*.
safeguard ['seɪfgɑːd] *n* salvaguarda *f*, proteção *f* ◆ *vt*: **to ~ sb/sthg (against sthg)** salvaguardar alguém/algo (contra algo), proteger alguém/algo (de algo).
safekeeping [ˌseɪf'kiːpɪŋ] *n*: **she gave it to me for ~** ela deu-me para eu guardar.

safely ['seɪflɪ] *adv* em segurança.
safe sex *n* sexo *m* sem riscos.
safety ['seɪftɪ] *n* segurança *f*.
safety belt *n* cinto *m* de segurança.
safety pin *n* alfinete *m* de segurança.
saffron ['sæfrən] *n* açafrão *m*.
sag [sæg] *vi (hang down)* pender; *(sink)* ir abaixo.
sage [seɪdʒ] *n (herb)* salva *f*.
Sagittarius [ˌsædʒɪ'teərɪəs] *n* Sagitário *m*.
Sahara [sə'hɑːrə] *n*: **the ~ (Desert)** o (deserto do) Saara.
said [sed] *pt & pp* → **say**.
sail [seɪl] *n* vela *f (de barco)* ◆ *vi* velejar, navegar; *(depart)* zarpar ◆ *vt*: **to ~ a boat** velejar um barco; **to set ~** zarpar.
sailboat ['seɪlbəʊt] *(Am)* = **sailing boat**.
sailing ['seɪlɪŋ] *n (activity)* vela *f*; *(departure)* partida *f*; **to go ~** ir praticar vela.
sailing boat *n* barco *m* à vela.
sailing ship *n* veleiro *m*.
sailor ['seɪlər] *n* marinheiro *m* (-ra *f*).
saint [seɪnt] *n* santo *m* (-ta *f*).
sake [seɪk] *n*: **for my/their ~** por mim/eles; **for God's ~!** por amor de Deus!
salad ['sæləd] *n* salada *f*.
salad bar *n (Brit: area in restaurant)* bufê *m* de saladas; *(restaurant)* restaurante especializado em saladas.
salad bowl *n* saladeira *f*.
salad cream *n (Brit)* molho parecido com maionese utilizado para temperar saladas.
salad dressing *n* tempero *m* (para saladas).
salami [sə'lɑːmɪ] *n* salame *m*.

salary ['sælərɪ] n salário m, ordenado m.

sale [seɪl] n (selling) venda f; (at reduced prices) liquidação f (Br), saldo m (Port); **"for ~"** "vende-se"; **on ~** à venda.
❑ **sales** npl (COMM) vendas fpl; **the ~s** (at reduced prices) as liquidações (Br), os saldos (Port).

sales assistant ['seɪlz-] n vendedor m (-ra f).

salesclerk ['seɪlzklɜːrk] (Am) = **sales assistant**.

salesman ['seɪlzmən] (pl **-men** [-mən]) n (in shop) vendedor m; (rep) representante m de vendas.

sales rep(resentative) n representante mf de vendas.

saleswoman ['seɪlz.wumən] (pl **-women** [-.wɪmɪn]) n vendedora f.

saliva [sə'laɪvə] n saliva f.

salmon ['sæmən] (pl inv) n salmão m.

salmonella [.sælmə'nelə] n salmonela f.

salon ['sælɒn] n (hairdresser's) salão m (de cabeleireiro).

saloon [sə'luːn] n (Brit: car) sedã m (Br), carrinha f (de caixa fechada) (Port); (Am: bar) bar m; **~ (bar)** n pub m, (Brit) bar de hotel ou "pub", decorado de forma mais luxuosa, onde se servem bebidas a preços mais altos que nos outros bares.

salopettes [.sælə'pets] npl macacão m para esquiar.

salt [sɔːlt, sɒlt] n sal m.

saltcellar ['sɔːlt.selə'] n (Brit) saleiro m.

salted peanuts ['sɔːltɪd-] npl amendoins mpl salgados.

salt shaker [-.ʃeɪkə'] (Am) = **saltcellar**.

saltwater ['sɔːlt.wɔːtə'] adj de água salgada.

salty ['sɔːltɪ] adj salgado(-da).

salute [sə'luːt] n continência f ◆ vi fazer continência.

salvage ['sælvɪdʒ] n (property rescued) bens mpl OR objetos mpl salvos ◆ vt (rescue): **to ~ sthg (from)** salvar algo (de).

same [seɪm] adj mesmo(-ma) ◆ pron: **the ~** o mesmo (a mesma); **you've got the ~ book as me** você tem o mesmo livro que eu; **they look the ~** parecem iguais; **I'll have the ~ as her** vou tomar

o mesmo que ela; **it's all the ~ to me** para mim tanto faz.

samosa [sə'məusə] n empada picante, de forma triangular, com recheio de carne picada e/ou verduras (especialidade indiana).

sample ['sɑːmpl] n amostra f ◆ vt (food, drink) provar.

sanctions ['sæŋkʃnz] npl (POL) sanções fpl.

sanctuary ['sæŋktʃuərɪ] n (for birds, animals) reserva f ecológica.

sand [sænd] n areia f ◆ vt (wood) lixar.
❑ **sands** npl (beach) areal m.

sandal ['sændl] n sandália f.

sandbox ['sændbɒks] (Am) = **sandpit**.

sandcastle ['sænd.kɑːsl] n castelo m de areia.

sand dune n duna f.

sandpaper ['sænd.peɪpə'] n lixa f.

sandpit ['sændpɪt] n (Brit) caixa de areia para as crianças brincarem.

sandwich ['sænwɪdʒ] n sanduíche m (Br), sandes f inv (Port).

sandwich bar n local onde se vendem sanduíches e refrescos.

sandy ['sændɪ] adj (beach) arenoso(-osa); (hair) ruivo(-va).

sane [seɪn] adj (not mad) são (sã) (de espírito); (sensible) razoável, sensato(-ta).

sang [sæŋ] pt → **sing**.

sanitary ['sænɪtrɪ] adj sanitário(-ria).

sanitary napkin (Am) = **sanitary towel**.

sanitary towel n (Brit) toalha f higiênica (Br), penso m higiénico (Port).

sanity ['sænətɪ] n (saneness) saúde f mental; (good sense) sensatez f.

sank [sæŋk] pt → **sink**.

Santa (Claus) ['sæntə.klɔːz] n Papai m Noel (Br), Pai m Natal (Port).

sap [sæp] n (of plant) seiva f ◆ vt (weaken) absorver, esgotar.

sapling ['sæplɪŋ] n árvore f jovem.

sapphire ['sæfaɪə'] n safira f.

sarcastic [sɑː'kæstɪk] adj sarcástico (-ca).

sardine [sɑː'diːn] n sardinha f.

sardonic [sɑː'dɒnɪk] adj sardônico (-ca).

SASE n (Am: abbr of self-addressed stamped envelope) envelope selado e sobrescritado.

sash [sæʃ] *n* faixa *f*.

sat [sæt] *pt & pp* → **sit**.

Sat. *(abbr of Saturday)* sáb.

Satan ['seɪtn] *n* Satanás *m*.

satchel ['sætʃəl] *n* pasta *f* (da escola).

satellite ['sætəlaɪt] *n (in space)* satélite *m; (at airport)* sala *f* de embarque auxiliar.

satellite dish *n* antena *f* parabólica.

satellite TV *n* televisão *f* via satélite.

satin ['sætɪn] *n* cetim *m*.

satire ['sætaɪəʳ] *n* sátira *f*.

satisfaction [ˌsætɪsˈfækʃn] *n* satisfação *f*.

satisfactory [ˌsætɪsˈfæktərɪ] *adj* satisfatório(-ria).

satisfied ['sætɪsfaɪd] *adj* satisfeito (-ta).

satisfy ['sætɪsfaɪ] *vt* satisfazer.

satisfying ['sætɪsfaɪɪŋ] *adj (experience, feeling)* ótimo(-ma).

satsuma [ˌsætˈsuːmə] *n (Brit)* satsuma *f (Port)*, espécie de tangerina.

saturate ['sætʃəreɪt] *vt* saturar.

Saturday ['sætədɪ] *n* sábado *m*; **it's ~** é sábado; **~ morning** sábado de manhã; **on ~** no sábado; **on ~s** aos sábados; **last ~** sábado passado; **this ~** este sábado; **next ~** o próximo sábado; **~ week, a week on ~** de sábado a oito (dias).

sauce [sɔːs] *n* molho *m*.

saucepan ['sɔːspən] *n* panela *f (Br)*, tacho *m (Port)*.

saucer ['sɔːsəʳ] *n* pires *m inv*.

saucy ['sɔːsɪ] *adj (inf)* atrevido(-da).

Saudi Arabia [ˌsaʊdɪəˈreɪbjə] *n* Arábia *f* Saudita.

sauna ['sɔːnə] *n* sauna *f*.

saunter ['sɔːntəʳ] *vi* caminhar (despreocupadamente).

sausage ['sɒsɪdʒ] *n* salsicha *f*, lingüiça *f*.

sausage roll *n* = folheado *m* de salsicha *(Br)*, = pastel *m* de carne *(Port)*.

sauté [Brit 'sɔuteɪ, Am sɔuˈteɪ] *adj* sauté *(Br)*, salteado(-da) *(Port)*.

savage ['sævɪdʒ] *adj* selvagem.

save [seɪv] *vt (rescue)* salvar; *(money, time, space)* poupar; *(reserve)* guardar; *(SPORT)* defender; *(COMPUT)* guardar *(Port)*, salvar *(Br)* ◆ *n* defesa *f*.

❑ **save up** *vi* poupar; **to ~ up (for sthg)** poupar (para comprar algo).

saver ['seɪvəʳ] *n (Brit: ticket)* bilhete de trem que apenas permite ao passageiro viajar fora das horas de rush a preço reduzido.

savings ['seɪvɪŋz] *npl* poupanças *fpl*, economias *fpl*.

savings account *n (Am)* conta *f* poupança.

savings and loan association *n (Am)* caixa *f* de crédito imobiliário.

savings bank *n* caixa *f* econômica.

savior ['seɪvjər] *(Am)* = **saviour**.

saviour ['seɪvjəʳ] *n (Brit)* salvador *m* (-ra *f*).

savory ['seɪvərɪ] *(Am)* = **savoury**.

savoury ['seɪvərɪ] *adj (Brit)* salgado(-da).

saw [sɔː] *(Brit pt -ed, pp sawn, Am pt & pp -ed) pt* → **see** ◆ *n (tool)* serra *f* ◆ *vt* serrar.

sawdust ['sɔːdʌst] *n* serragem *f (Br)*, serradura *f (Port)*.

sawed-off shotgun [sɔːd-] *(Am)* = **sawn-off shotgun**.

sawn [sɔːn] *pp* → **saw**.

sawn-off shotgun *n (Brit)* espingarda *f* de cano serrado.

saxophone ['sæksəfəʊn] *n* saxofone *m*.

say [seɪ] *(pt & pp said) vt* dizer; *(subj: clock, meter)* marcar ◆ *n*: **I don't have a ~ in the matter** não tenho voto na matéria; **could you ~ that again?** podia repetir o que disse?; **~ we met at nine?** que tal encontrarmo-nos às nove?; **what did you ~?** (o que é) que você disse?

saying ['seɪɪŋ] *n* ditado *m*.

scab [skæb] *n* crosta *f*.

scaffold ['skæfəʊld] *n (frame)* andaime *m; (for executions)* cadafalso *m*.

scaffolding ['skæfəldɪŋ] *n* andaimes *mpl*.

scald [skɔːld] *vt* escaldar, queimar.

scale [skeɪl] *n* escala *f; (of fish, snake)* escama *f; (in kettle)* placa *f*, calcário *m*.

❑ **scales** *npl (for weighing)* balança *f*.

scallion ['skæljən] *n (Am)* cebolinha *f*.

scallop ['skɒləp] *n* vieira *f*.

scalp [skælp] *n* couro *m* cabeludo.

scalpel ['skælpəl] *n* bisturi *m*.

scamper ['skæmpəʳ] *vi* correr.

scampi ['skæmpɪ] *n* camarões *mpl* fritos.

scan [skæn] *vt (consult quickly)* per-

correr, dar uma vista de olhos em ◆ *n*
(MED) exame *m*.
scandal ['skændl] *n* escândalo *m*.
scandalize ['skændəlaız] *vt* escandalizar.
Scandinavia [,skændı'neıvjə] *n*
Escandinávia *f*.
Scandinavian [,skændı'neıvjən] *adj*
escandinavo(-va) ◆ *n (person)* escandinavo *m* (-va *f*).
scant [skænt] *adj (attention)* pouco
(-ca).
scanty ['skæntı] *adj (amount, resources)*
escasso(-a); *(information)* pouco(-ca);
(dress) minúsculo(-la).
scapegoat ['skeıpgəʊt] *n* bode *m*
expiatório.
scar [skɑːʳ] *n* cicatriz *f*.
scarce ['skeəs] *adj* escasso(-a).
scarcely ['skeəslı] *adv (hardly)* mal; ~
anyone quase ninguém; ~ **ever** quase
nunca.
scare [skeəʳ] *vt* assustar.
scarecrow ['skeəkrəʊ] *n* espantalho
m.
scared ['skeəd] *adj* assustado(-da).
scarf ['skɑːf] *(pl* **scarves)** *n (woollen)*
cachecol *m; (for women)* écharpe *f*.
scarlet ['skɑːlət] *adj* vermelho(-lha),
escarlate.
scarves [skɑːvz] *pl* → **scarf**.
scary ['skeərı] *adj (inf)* assustador
(-ra).
scathing ['skeıðıŋ] *adj (glance, criticism)* severo(-ra); *(reply)* mordaz.
scatter ['skætəʳ] *vt (seeds, papers)*
espalhar; *(birds)* dispersar ◆ *vi*
dispersar-se.
scatterbrain ['skætəbreın] *n (inf)*
cabeça *f* de vento *(Br)*, cabeça-no-ar
mf (Port).
scenario [sı'nɑːrıəʊ] *(pl* **-s)** *n (possible
situation)* cenário *m*, panorama *m; (of
film, play)* enredo *m*, roteiro *m (Br)*.
scene [siːn] *n (in play, film, book)* cena
f; (of crime, accident) local *m; (view)*
panorama *m;* **the music** ~ o mundo da
música; **to make a** ~ armar um escândalo.
scenery ['siːnərı] *n (countryside)* paisagem *f; (in theatre)* cenário *m*.
scenic ['siːnık] *adj* pitoresco(-ca).
scent [sent] *n (smell)* fragrância *f; (of
animal)* rasto *m; (perfume)* perfume *m*.
sceptic ['skeptık] *n (Brit)* cético *m* (-ca
f).

sceptical ['skeptıkl] *adj* cético(-ca).
schedule [*Brit* 'ʃedjuːl, *Am*
'skedʒʊl] *n
(of work, things to do)* programa *m*,
calendarização *f; (timetable)* horário *m;
(list)* lista *f* ◆ *vt (plan)* programar;
according to ~ de acordo com o previsto; **behind** ~ atrasado; **on** ~ *(plane,
train)* na hora (prevista).
scheduled flight [*Brit* 'ʃedjuːld-, *Am*
'skedʒʊld-] *n* vôo *m* regular, vôo *m* de
linha.
scheme [skiːm] *n (plan)* projeto *m;
(pej: dishonest plan)* esquema *m*.
scheming ['skiːmıŋ] *adj* cheio (cheia)
de truques.
schizophrenic [,skıtsə'frenık] *adj*
esquizofrênico(-ca) ◆ *n* esquizofrênico
m (-ca *f*).
scholar ['skɒləʳ] *n* erudito *m* (-ta *f*);
Greek ~ helenista *mf;* **Latin** ~ latinista
mf.
scholarship ['skɒləʃıp] *n (award)*
bolsa *f* de estudo.
school [skuːl] *n* escola *f; (university
department)* faculdade *f; (Am: university)* universidade *f* ◆ *adj* escolar; **at** ~
na escola.
school age *n* idade *f* escolar.
schoolbag ['skuːlbæg] *n* pasta *f* (da
escola).
schoolbook ['skuːlbʊk] *n* livro *m*
escolar, manual *m* escolar OR didático.
schoolboy ['skuːlbɔı] *n* aluno *m*.
school bus *n* ônibus *m* escolar *(Br)*,
autocarro *m* OR carrinha *f* da escola
(Port).
schoolchild ['skuːltʃaıld] *(pl*
-children [-,tʃıldrən]) *n* aluno *m* (-na *f*).
schooldays ['skuːldeız] *npl* tempos
mpl de escola.
schoolgirl ['skuːlgɜːl] *n* aluna *f*.
schooling ['skuːlıŋ] *n* instrução *f*.
school-leaver [-,liːvəʳ] *n (Brit)* jovem
que abandona os estudos após a escolaridade obrigatória.
schoolmaster ['skuːl,mɑːstəʳ] *n (Brit)*
professor *m*.
schoolmistress ['skuːl,mıstrıs] *n
(Brit)* professora *f*.
schoolteacher ['skuːl,tiːtʃəʳ] *n* professor *m* (-ra *f*).
school uniform *n* uniforme *m*
escolar.
school year *n* ano *m* letivo.
science ['saıəns] *n* ciência *f; (SCH)*
ciências *fpl*.

science fiction *n* ficção *f* científica.

scientific [ˌsaɪən'tɪfɪk] *adj* científico (-ca).

scientist ['saɪəntɪst] *n* cientista *mf*.

scintillating ['sɪntɪleɪtɪŋ] *adj* brilhante.

scissors ['sɪzəz] *npl* tesoura *f*; **a pair of ~** uma tesoura.

scold [skəʊld] *vt* ralhar com, repreender.

scone [skɒn] *n* bolo redondo por vezes com passas e que normalmente se come na hora do chá com manteiga e compota.

scoop [sku:p] *n* (for ice cream, flour) colher *f* grande; (of ice cream) bola *f*; (in media) furo *m* jornalístico (Br), exclusivo *m* (Port).

scooter ['sku:tər] *n* (motor vehicle) scooter *f*, lambreta *f*.

scope [skəʊp] *n* (possibility) possibilidade *f*; (range) alcance *m*.

scorch [skɔ:tʃ] *vt* chamuscar.

scorching ['skɔ:tʃɪŋ] *adj* (inf) abrasador(-ra).

score [skɔ:r] *n* (total, final result) resultado *m*; (in test) ponto *m* (Br), pontuação *f* (Port) ◆ *vt* (SPORT) marcar; (in test) obter ◆ *vi* (SPORT) marcar; **what's the ~?** como é que está (o jogo)?

scoreboard ['skɔ:bɔ:d] *n* marcador *m*.

scorer ['skɔ:rər] *n* marcador *m* (-ra *f*).

scorn [skɔ:n] *n* desprezo *m*.

scornful ['skɔ:nfʊl] *adj* desdenhoso (-osa); **to be ~ of sthg** desdenhar de algo.

Scorpio ['skɔ:pɪəʊ] *n* Escorpião *m*.

scorpion ['skɔ:pjən] *n* escorpião *m*.

Scot [skɒt] *n* escocês *m* (-esa *f*).

scotch [skɒtʃ] *n* uísque *m* escocês.

Scotch broth *n* sopa espessa feita com caldo de carne, verduras e cevada.

Scotch tape® *n* (Am) fita *f* durex® (Br), fita-cola *f* (Port).

Scotland ['skɒtlənd] *n* Escócia *f*.

Scotsman ['skɒtsmən] (*pl* **-men** [-mən]) *n* escocês *m*.

Scotswoman ['skɒts,wʊmən] (*pl* **-women** [-,wɪmɪn]) *n* escocesa *f*.

Scottish ['skɒtɪʃ] *adj* escocês(-esa).

scoundrel ['skaʊndrəl] *n* patife *m*.

scour ['skaʊər] *vt* (clean) esfregar, arear; (search) percorrer.

scout [skaʊt] *n* (boy scout) escoteiro *m*.

scowl [skaʊl] *vi* franzir a testa.

scramble ['skræmbl] *n* (rush) luta *f* ◆ *vi* (climb): **~ up/down a hill** subir/descer um monte (com dificuldade).

scrambled eggs [skræmbld-] *npl* ovos *mpl* mexidos.

scrap [skræp] *n* (of paper, cloth) tira *f*; (old metal) ferro *m* velho, sucata *f*.

scrapbook ['skræpbʊk] *n* álbum *m* de recortes.

scrape [skreɪp] *vt* (rub) raspar; (scratch) arranhar, esfolar.

scraper ['skreɪpər] *n* raspadeira *f*.

scrap paper *n* (Brit) papel *m* de rascunho.

scrapyard ['skræpjɑ:d] *n* (depósito de) ferro-velho *m*.

scratch [skrætʃ] *n* (cut) arranhão *m*; (mark) risco *m* ◆ *vt* (cut) arranhar; (mark) riscar; (rub) coçar, arranhar; **to be up to ~** ter um nível satisfatório; **to start from ~** começar do nada.

scratch paper (Am) = **scrap paper**.

scrawl [skrɔ:l] *n* rabisco *m* ◆ *vt* rabiscar.

scream [skri:m] *n* grito *m* ◆ *vi* gritar.

scree [skri:] *n* depósito de pedras que se desprenderam de uma encosta.

screech [skri:tʃ] *n* (of person, bird) guincho *m*; (of tyres, brakes, car) chio *m*, chiadeira *f* ◆ *vi* (person, bird) guinchar; (tyres, brakes, car) chiar.

screen [skri:n] *n* (of TV, computer) tela *f* (Br), ecrã *m* (Port); (hall in cinema) sala *f* de cinema; (panel) biombo *m* ◆ *vt* (film) exibir; (programme) emitir.

screening ['skri:nɪŋ] *n* (of film) exibição *f*.

screen wash *n* líquido *m* para o pára-brisas.

screw [skru:] *n* parafuso *m* ◆ *vt* (fasten) aparafusar; (twist) enroscar.

screwdriver ['skru:,draɪvər] *n* chave *f* de parafusos OR fendas.

scribble ['skrɪbl] *vi* escrevinhar, rabiscar.

script [skrɪpt] *n* (of play, film) roteiro *m* (Br), guião *m* (Port).

scroll [skrəʊl] *n* rolo *m* de papel/pergaminho.

scrounge [skraʊndʒ] *vt* (inf): **to ~ sthg (off sb)** filar algo (de alguém), cravar algo (a alguém).

scrounger ['skraʊndʒər] *n* (inf) filão *m* (-ona *f*) (Br), crava *mf* (Port).

scrub [skrʌb] *vt* esfregar.

scruff [skrʌf] *n*: **by the ~ of the**

neck pelo cangote.

scruffy [ˈskrʌfɪ] *adj* desmazelado (-da).

scrum(mage) [ˈskrʌm(ɪdʒ)] *n* formação *f*.

scrumpy [ˈskrʌmpɪ] *n sidra com alto teor alcoólico proveniente do sudoeste da Inglaterra.*

scruples [ˈskruːplz] *npl* escrúpulos *mpl*.

scrutinize [ˈskruːtɪnaɪz] *vt* examinar (minuciosamente).

scuba diving [ˈskuːbə-] *n* mergulho *m*.

scuff [skʌf] *vt (furniture, floor)* riscar; *(heels)* gastar.

scuffle [ˈskʌfl] *n* briga *f*.

sculptor [ˈskʌlptəʳ] *n* escultor *m* (-ra *f*).

sculpture [ˈskʌlptʃəʳ] *n* escultura *f*.

scum [skʌm] *n (froth)* espuma *f*; *(inf: pej: worthless people)* escumalha *f*, ralé *f*.

scurry [ˈskʌrɪ] *vi:* **to ~ off/away** escapulir, dar no pé.

scuttle [ˈskʌtl] ◆ *vi (rush):* **to ~ off/away** sair correndo, dar no pé.

scythe [saɪð] *n* segadeira *f*, gadanha *f*.

sea [siː] *n* mar *m*; **by ~** por mar; **by the ~** à beira-mar.

seabed [ˈsiːbed] *n:* **the ~** o fundo do mar.

seafood [ˈsiːfuːd] *n* marisco *m*.

seafront [ˈsiːfrʌnt] *n* orla *f* marítima.

seagull [ˈsiːgʌl] *n* gaivota *f*.

seal [siːl] *n (animal)* foca *f*; *(on bottle, container, official mark)* selo *m* ◆ *vt (envelope, container)* selar.

sea level *n* nível *m* do mar.

sea lion *n* leão-marinho *m*.

seam [siːm] *n (in clothes)* costura *f*.

search [sɜːtʃ] *n* procura *f*, busca *f* ◆ *vt* revistar ◆ *vi:* **to ~ for** procurar.

searchlight [ˈsɜːtʃlaɪt] *n* holofote *m*.

seashell [ˈsiːʃel] *n* concha *f*.

seashore [ˈsiːʃɔːʳ] *n* costa *f* (marítima).

seasick [ˈsiːsɪk] *adj* enjoado(-da).

seaside [ˈsiːsaɪd] *n:* **the ~** a praia.

seaside resort *n* estância *f* balneária.

season [ˈsiːzn] *n (division of year)* estação *f*; *(period)* temporada *f* ◆ *vt (food)* temperar; **in ~** *(fruit, vegetables)* da época; *(holiday)* em época alta; **out**

of ~ *(fruit, vegetables)* fora de época; *(holiday)* em época baixa.

seasonal [ˈsiːzənl] *adj* sazonal.

seasoning [ˈsiːznɪŋ] *n* tempero *m*, condimento *m*.

season ticket *n* passe *m*.

seat [siːt] *n* assento *m*; *(place)* lugar *m* ◆ *vt (subj: building)* ter lugar para; *(subj: vehicle)* levar; **"please wait to be ~ed"** aviso pelo qual se pede aos fregueses que esperem até serem conduzidos a uma mesa vaga.

seat belt *n* cinto *m* de segurança.

seating [ˈsiːtɪŋ] *n (capacity)* lugares *mpl* (sentados).

seaweed [ˈsiːwiːd] *n* alga *f* marinha.

seaworthy [ˈsiːwɜːðɪ] *adj* em condições de navegar.

secluded [sɪˈkluːdɪd] *adj* isolado(-da).

seclusion [sɪˈkluːʒn] *n* isolamento *m*; **to keep sb in ~** manter alguém isolado.

second [ˈsekənd] *n* segundo *m* ◆ *num* segundo *m* (-da *f*); **~ gear** segunda *f* (mudança), → **sixth**.

❏ **seconds** *npl (goods)* artigos *mpl* de qualidade inferior; *(inf: of food):* **who wants ~?** quem quer repetir?

secondary school [ˈsekəndrɪ-] *n* escola *f* secundária.

second-class *adj* de segunda classe; *(stamp)* de correio normal.

second-hand *adj* de segunda mão.

secondly [ˈsekəndlɪ] *adv* segundo, em segundo lugar.

second-rate *adj* de segunda (categoria), medíocre.

Second World War *n:* **the ~** a Segunda Guerra Mundial.

secrecy [ˈsiːkrəsɪ] *n* sigilo *m*.

secret [ˈsiːkrɪt] *adj* secreto(-ta) ◆ *n* segredo *m*.

secretary [Brit ˈsekrətrɪ, Am ˈsekrəˌterɪ] *n* secretário *m* (-ria *f*).

Secretary of State *n (Am: foreign minister)* Secretário *m* (-ria *f*) de Estado, = Ministro *m* (-tra *f*) dos Negócios Estrangeiros; *(Brit: government minister)* ministro *m* (-tra *f*).

secretive [ˈsiːkrətɪv] *adj (person)* reservado(-da); *(organization)* sigiloso (-osa).

secretly [ˈsiːkrɪtlɪ] *adv (plan, meet)* em segredo; *(hope, think)* no íntimo.

sect [sekt] *n* seita *f*.

section [ˈsekʃn] *n* seção *f*.

sector ['sɛktər] n setor m.

secure [sɪ'kjuər] adj seguro(-ra) ◆ vt (fix) fixar; (fml: obtain) obter.

security [sɪ'kjuərətɪ] n segurança f.

security guard n segurança m, guarda m.

sedate [sɪ'deɪt] adj tranqüilo(-la) ◆ vt sedar.

sedative ['sedətɪv] n sedativo m.

sediment ['sedɪmənt] n sedimento m.

seduce [sɪ'dju:s] vt seduzir.

see [si:] (pt saw, pp seen) vt ver; (accompany) acompanhar; (consider) considerar ◆ vi ver; **I ~** (understand) estou entendendo; **I'll ~ what I can do** vou ver o que eu posso fazer; **to ~ to sthg** (deal with) tratar de algo; (repair) consertar algo; **~ you!** até mais!; **~ you later!** até logo!; **~ you soon!** até breve!; **~ p 14** ver pág. 14.

❏ **see off** vt sep (say goodbye to) despedir-se de.

seed [si:d] n semente f.

seedling ['si:dlɪŋ] n planta f jovem (de sementeira).

seedy ['si:dɪ] adj sórdido(-da).

seeing (as) ['si:ɪŋ-] conj visto que.

seek [si:k] (pt & pp sought) vt (fml) procurar.

seem [si:m] vi parecer ◆ v impers: **it ~s (that)** ... parece que ....

seemingly ['si:mɪŋlɪ] adv (apparently) aparentemente.

seen [si:n] pp → see.

seep [si:p] vi (water, gas) infiltrar-se.

seesaw ['si:sɔ:] n gangorra f (Br), baloiço m (Port).

see-through adj transparente.

segment ['segmənt] n (of fruit) gomo m.

seize [si:z] vt (grab) agarrar; (drugs, arms) confiscar.

❏ **seize up** vi (engine) gripar; **my back ~d up** senti um espasmo nas costas.

seldom ['seldəm] adv raramente.

select [sɪ'lekt] vt selecionar ◆ adj sele-to(-ta).

selection [sɪ'lekʃn] n seleção f.

selective [sɪ'lektɪv] adj seletivo(-va).

self-assured [,selfə'ʃuəd] adj seguro(-ra) de si.

self-catering [,self'keɪtərɪŋ] adj (flat) com cozinha; (holiday) em casa aluga-da.

self-centred [,self'sentəd] adj (per-

son) egocêntrico(-ca).

self-confident [,self-] adj seguro(-ra) de si.

self-conscious [,self-] adj inibido(-da).

self-contained [,selfkən'teɪnd] adj (flat) independente (com cozinha e banheiro).

self-control [,self-] n autodomínio m.

self-defence [,self-] n autodefesa f.

self-discipline [,self-] n autodisciplina f.

self-employed [,selfɪm'plɔɪd] adj que trabalha por conta própria, autônomo(-ma).

self-esteem [,self-] n auto-estima f.

self-explanatory [,selfɪk'splænətrɪ] adj claro(-ra).

self-important [,self-] adj cheio (cheia) de si.

selfish ['selfɪʃ] adj egoísta.

selfishness ['selfɪʃnɪs] n egoísmo m.

selfless ['selflɪs] adj abnegado(-da), desinteressado(-da).

self-portrait [,self-] n auto-retrato m.

self-raising flour [,self'reɪzɪŋ-] n (Brit) farinha f com fermento.

self-respect [,self-] n dignidade f, amor-próprio m.

self-restraint [,self-] n autodomínio m.

self-rising flour [,self'raɪzɪŋ-] (Am) = self-raising flour.

self-sacrifice [,self-] n abnegação f.

self-satisfied [,self-] adj (person) satisfeito consigo próprio (satisfeita consigo própria), ufano(-na).

self-service [,self-] adj self-service (inv), de auto-serviço.

self-sufficient [,self-] adj: **~ (in sthg)** auto-suficiente (no que diz respeito a algo).

self-taught [,self-] adj autodidata.

sell [sel] (pt & pp sold) vt & vi vender; **to ~ for** vender-se por, ser vendido por; **to ~ sb sthg** vender algo a alguém.

sell-by date n data f limite de venda.

seller ['selər] n vendedor m (-ra f).

Sellotape® ['seləteɪp] n (Brit) fita f durex® (Br), fita-cola f (Port).

semen ['si:men] n sêmen m.

semester [sɪ'mestər] n semestre m.

semicircle ['semɪ,sɜːkl] *n* semicírculo *m*.

semicolon [,semɪ'kəʊlən] *n* ponto *m* e vírgula.

semidetached [,semɪdɪ'tætʃt] *adj* geminado(-da).

semifinal [,semɪ'faɪnl] *n* semifinal *f*.

seminar ['semɪnɑːʳ] *n* seminário *m*.

semolina [,semə'liːnə] *n* semolina *f*.

senate ['senɪt] *n* (*in US*): **the ~** o Senado.

senator ['senətəʳ] *n* senador *m* (-ra *f*).

send [send] (*pt & pp* **sent**) *vt* enviar; (*person*) mandar; **to ~ sthg to sb** enviar algo a alguém.

❑ **send back** *vt sep* devolver.

❑ **send off** *vt sep* (*letter, parcel*) enviar; (*SPORT*) expulsar ♦ *vi*: **to ~ off (for sthg)** mandar vir (algo) pelo correio.

sender ['sendəʳ] *n* remetente *mf*.

senile ['siːnaɪl] *adj* senil.

senior ['siːnjəʳ] *adj* (*in rank*) superior ♦ *n* (*Brit: SCH*) aluno *m* (-na *f*) (*de escola secundária*); (*Am: SCH*) finalista *mf*.

senior citizen *n* idoso *m* (-osa *f*), pessoa *f* de idade.

sensation [sen'seɪʃn] *n* sensação *f*.

sensational [sen'seɪʃənl] *adj* sensacional.

sensationalist [sen'seɪʃnəlɪst] *adj* sensacionalista.

sense [sens] *n* sentido *m*; (*common sense*) bom-senso *m* ♦ *vt* sentir; **there is no ~ in waiting** não vale a pena esperar; **to make ~** fazer sentido; **~ of direction** sentido de orientação; **~ of humour** senso de humor.

senseless ['senslɪs] *adj* (*stupid*) insensato(-ta), sem sentido; (*unconscious*) inconsciente, sem sentidos.

sensible ['sensəbl] *adj* (*person*) sensato(-ta); (*clothes, shoes*) prático(-ca).

sensitive ['sensɪtɪv] *adj* sensível; (*easily offended*) suscetível; (*subject, issue*) delicado(-da).

sensual ['sensjʊəl] *adj* sensual.

sensuous ['sensjʊəs] *adj* sensual.

sent [sent] *pt & pp* → **send**.

sentence ['sentəns] *n* (*GRAMM*) frase *f*; (*for crime*) sentença *f* ♦ *vt* condenar.

sentimental [,sentɪ'mentl] *adj* (*pej*) sentimental.

sentry ['sentrɪ] *n* sentinela *f*.

Sep. (*abbr of September*) set.

separate [*adj & n* 'seprət, *vb* 'sepəreɪt] *adj* (*different, individual*) diferente, dis-

tinto(-ta); (*not together*) separado(-da) ♦ *vt* separar ♦ *vi* separar-se.

❑ **separates** *npl* (*Brit: clothes*) roupa feminina que pode ser usada em conjunto.

separately ['seprətlɪ] *adv* separadamente.

separation [,sepə'reɪʃn] *n* separação *f*.

September [sep'tembəʳ] *n* setembro *m*; **at the beginning of ~** no início de setembro; **at the end of ~** no fim de setembro; **during ~** em setembro; **every ~** todos os meses de setembro, todos os anos em setembro; **in ~** em setembro; **last ~** setembro último OR passado; **next ~** no próximo mês de setembro; **this ~** setembro que vem; **2 ~ 1997** (*in letters etc*) 2 de setembro de 1997.

septic ['septɪk] *adj* infectado(-da).

septic tank *n* fossa *f* sética.

sequel ['siːkwəl] *n* (*to book, film*) continuação *f*.

sequence ['siːkwəns] *n* (*series*) série *f*; (*order*) ordem *f*.

sequin ['siːkwɪn] *n* lantejoula *f*.

Serb [sɜːb] = **Serbian**.

Serbia ['sɜːbjə] *n* Sérvia *f*.

Serbian ['sɜːbjən] *adj* sérvio(-via) ♦ *n* (*person*) sérvio *m* (-via *f*).

serene [sɪ'riːn] *adj* (*calm*) sereno(-na).

sergeant ['sɑːdʒənt] *n* (*in police force*) sargento *m* (*Br*), polícia *m* graduado (polícia *f* graduada) (*Port*); (*in army*) sargento *m*.

sergeant major *n* sargento-ajudante *m*.

serial ['sɪərɪəl] *n* seriado *m* (*Br*), série *f* (*Port*).

serial number *n* número *m* de série.

series ['sɪəriːz] (*pl inv*) *n* série *f*.

serious ['sɪərɪəs] *adj* sério(-ria); (*accident, illness*) grave; **are you ~?** você está falando sério?

seriously ['sɪərɪəslɪ] *adv* (*really*) de verdade; (*badly*) gravemente.

seriousness ['sɪərɪəsnɪs] *n* (*of person, expression, voice*) seriedade *f*; (*of illness, situation, loss*) gravidade *f*.

sermon ['sɜːmən] *n* sermão *m*.

serrated [sɪ'reɪtɪd] *adj* dentado(-da); **~ knife** faca *f* de serrilha.

servant ['sɜːvənt] *n* criado *m* (-da *f*).

serve [sɜːv] *vt* servir ♦ *vi* (*SPORT*) servir; (*work*) prestar serviço ♦ *n* (*SPORT*) serviço m; **the town is ~d by two air-ports** a cidade tem dois aeroportos; **to ~ as** (be used for) servir de; **"~s two"** "para duas pessoas"; **it ~s you right!** bem feito!

service ['sɜːvɪs] n serviço m; (at church) culto m (Br), ofício m (Port); (of car) revisão f ◆ vt (car) fazer a revisão de; **"out of ~"** "fora de serviço"; **"~ included"** "serviço incluído"; **"~ not included"** "não inclui o serviço"; **can I be of any ~ to you?** (fml) em que posso servi-lo?

❑ **services** npl (on motorway) posto de gasolina com bares, banheiros etc.; (of person) serviços mpl.

service area n posto de gasolina com bares, banheiros, etc., área f de serviço (Port).

service charge n serviço m.

service department n seção f de atendimento ao consumidor.

service station n posto m de gasolina (Br), estação f de serviço (Port).

serviette [,sɜːvɪ'et] n guardanapo m.

serving ['sɜːvɪŋ] n porção f.

serving spoon n colher f para servir.

sesame seeds ['sesəmɪ-] npl sementes fpl de sésamo.

session ['seʃn] n sessão f.

set [set] (pt & pp set) adj 1. (fixed) fixo(-xa); **~ lunch** = almoço m a preço fixo (Br), ementa f turística (Port).
2. (text, book) escolhido(-da).
3. (situated) situado(-da).
◆ n 1. (of stamps, stickers) coleção f; (for playing chess) jogo m; (of crockery) aparelho m; (of tools) conjunto m.
2. (TV) aparelho m; **a TV ~** uma televisão, um televisor.
3. (in tennis) set m, partida f.
4. (SCH) grupo m.
5. (of play) cenário m.
6. (at hairdresser's): **I'd like a shampoo and ~** queria lavar e pentear.
◆ vt 1. (put) pôr.
2. (cause to be) pôr; **to ~ a machine going** pôr uma máquina em funcionamento.
3. (clock, alarm, controls) pôr; **~ the alarm for 7 a.m.** põe o despertador para despertar às sete.
4. (fix) fixar.
5. (the table) pôr.
6. (a record) estabelecer.

7. (broken bone) endireitar.
8. (homework, essay) marcar.
9. (play, film, story): **to be ~** passar-se.
◆ vi 1. (sun) pôr-se.
2. (glue) secar; (jelly) solidificar.
❑ **set down** vt sep (Brit: passengers) deixar.
❑ **set off** vt sep (alarm) fazer soar ◆ vi partir.
❑ **set out** vt sep (arrange) estabelecer ◆ vi (on journey) partir.
❑ **set up** vt sep (barrier, equipment) montar; (meeting, interview) marcar; (committee) criar.

setback ['setbæk] n contratempo m, revés m.

set meal n menu m, ementa f (Port).

set menu n menu m fixo, ementa f fixa (Port).

settee [se'tiː] n sofá m.

setting ['setɪŋ] n (on machine) posição f; (surroundings) cenário m.

settle ['setl] vt (argument) resolver; (bill) pagar, saldar; (stomach, nerves) acalmar; (arrange, decide on) decidir ◆ vi (start to live) estabelecer-se; (bird, insect) pousar; (sediment, dust) depositar-se.
❑ **settle down** vi (calm down) acalmar-se; (sit comfortably) instalar-se.
❑ **settle up** vi saldar as contas.

settlement ['setlmənt] n (agreement) acordo m; (place) povoado m, colônia f.

settler ['setlər] n colono m (-na f).

seven ['sevn] num sete, → **six**.

seventeen [,sevn'tiːn] num dezessete (Br), dezassete (Port), → **six**.

seventeenth [,sevn'tiːnθ] num décimo sétimo (décima sétima), → **sixth**.

seventh ['sevnθ] num sétimo(-ma), → **sixth**.

seventieth ['sevntjəθ] num septuagésimo(-ma), → **sixth**.

seventy ['sevntɪ] num setenta, → **six**.

several ['sevrəl] adj vários(-rias) ◆ pron vários mpl (-rias fpl).

severe [sɪ'vɪər] adj (damage, illness, problem) grave; (weather conditions) rigoroso(-osa); (criticism, person, punishment) severo(-ra); (pain) intenso(-sa).

severity [sɪ'verətɪ] n (of damage, illness, problem) gravidade f; (of weather conditions) rigor m; (of storm) violência f; (of criticism, person, punishment) severidade f.

sew [səʊ] (*pp* **sewn**) *vt & vi* coser, costurar.

sewage ['suːɪdʒ] *n* esgotos *mpl*, águas *fpl* residuais.

sewer ['suːəʳ] *n* (cano de) esgoto *m*.

sewing ['səʊɪŋ] *n* costura *f*.

sewing machine *n* máquina *f* de costura.

sewn [səʊn] *pp* → **sew**.

sex [seks] *n* sexo *m*; **to have ~ (with)** ter relações sexuais (com).

sexist ['seksɪst] *n* sexista *mf*.

sexual ['seksjʊəl] *adj* sexual; **~ equality** igualdade *f* dos sexos.

sexual harassment *n* assédio *m* sexual.

sexual intercourse *n* relações *fpl* sexuais.

sexy ['seksɪ] *adj* sexy.

shabby ['ʃæbɪ] *adj* (*clothes, room*) em mau estado; (*person*) esfarrapado(-da).

shack [ʃæk] *n* barraco *m*.

shade [ʃeɪd] *n* (*shadow*) sombra *f*; (*lampshade*) abajur *m*; (*of colour*) tom *m* ◆ *vt* (*protect*) proteger.
❏ **shades** *npl* (*inf: sunglasses*) óculos *mpl* escuros.

shadow ['ʃædəʊ] *n* sombra *f*.

shady ['ʃeɪdɪ] *adj* (*place*) com sombra; (*inf: person, deal*) duvidoso(-osa).

shaft [ʃɑːft] *n* (*of machine*) eixo *m*; (*of lift*) poço *m*.

shaggy ['ʃægɪ] *adj* (*dog*) peludo(-da); (*rug, carpet*) felpudo(-da); (*hair, beard*) hirsuto(-ta).

shake [ʃeɪk] (*pt* **shook**, *pp* **shaken** ['ʃeɪkn]) *vt* (*bottle*) agitar; (*tree, person*) abanar; (*rug*) sacudir; (*shock*) abalar ◆ *vi* tremer; **to ~ hands (with sb)** apertar a mão (a alguém), dar um aperto de mão (em alguém); **to ~ one's head** (*saying no*) negar com a cabeça.

shaky ['ʃeɪkɪ] *adj* (*chair, table*) frágil, trôpego(-ga); (*hand, writing, voice*) trêmulo(-la); (*start*) acidentado(-da); (*finances*) instável; (*evidence, argument*) pouco sólido(-da); **I'm still a bit ~** ainda não me recuperei.

shall [weak form ʃəl, strong form ʃæl] *aux vb* **1.** (*expressing future*): **I ~ be ready soon** estarei pronto num instante.
2. (*in questions*): **~ I buy some wine?** quer que eu compre um vinho?; **~ we listen to the radio?** que tal se ouvíssemos rádio?; **where ~ we go?** onde é que vamos?
3. (*fml: expressing order*): **payment ~ be made within a week** o pagamento deverá ser feito no prazo de uma semana.

shallot [ʃəˈlɒt] *n* cebolinha *f*, chalota *f*.

shallow ['ʃæləʊ] *adj* (*pond, water, grave*) raso(-sa).

shallow end *n* (*of swimming pool*) parte *f* rasa.

sham [ʃæm] *n* (*piece of deceit*) farsa *f*.

shambles ['ʃæmblz] *n* confusão *f*.

shame [ʃeɪm] *n* vergonha *f*; **it's a ~** é uma pena; **what a ~!** que pena!

shamefaced [ʃeɪmˈfeɪst] *adj* envergonhado(-da).

shameful ['ʃeɪmfʊl] *adj* vergonhoso(-osa).

shameless ['ʃeɪmlɪs] *adj* sem vergonha.

shampoo [ʃæmˈpuː] *n* (*liquid*) xampu *m* (*Br*), champô *m* (*Port*); (*wash*) lavagem *f*.

shandy ['ʃændɪ] *n* cerveja *f* com soda, panaché *m*.

shan't [ʃɑːnt] = **shall not**.

shape [ʃeɪp] *n* forma *f*; **to be in good/bad ~** estar em boa/má forma.

shapeless ['ʃeɪplɪs] *adj* (*clothes*) sem forma.

shapely ['ʃeɪplɪ] *adj* bem feito(-ta).

share [ʃeəʳ] *n* (*part*) parte *f*; (*in company*) ação *f* ◆ *vt* partilhar.
❏ **share out** *vt sep* partilhar.

shareholder ['ʃeəˌhəʊldəʳ] *n* acionista *mf*.

shark [ʃɑːk] *n* tubarão *m*.

sharp [ʃɑːp] *adj* (*blade, needle, teeth*) afiado(-da); (*clear*) nítido(-da); (*quick, intelligent*) perspicaz; (*rise, change, bend*) brusco(-ca); (*painful*) agudo(-da); (*food, taste*) ácido(-da) ◆ *adv* (*exactly*) em ponto.

sharpen ['ʃɑːpn] *vt* (*knife*) afiar; (*pencil*) apontar (*Br*), afiar (*Port*).

sharpener ['ʃɑːpnəʳ] *n* (*for pencil*) apontador *m* (*Br*), apara-lápis *m inv* (*Port*); (*for knife*) amolador *m*.

sharp-eyed [-ˈaɪd] *adj* perspicaz.

sharply ['ʃɑːplɪ] *adv* (*stand out, differ*) claramente; (*change, stop, criticize*) bruscamente.

shatter ['ʃætəʳ] *vt* (*break*) estilhaçar ◆ *vi* estilhaçar-se.

shattered [ˈʃætəd] *adj (Brit: inf: tired)* estourado(-da).

shave [ʃeɪv] *vt (beard, legs)* raspar; *(face)* barbear ♦ *vi* barbear-se ♦ *n*: to have a ~ barbear-se, fazer a barba.

shaver [ˈʃeɪvəʳ] *n* barbeador *m*, máquina *f* de barbear.

shaver point *n* tomada *f (para máquina de barbear)*.

shaving brush [ˈʃeɪvɪŋ-] *n* pincel *m* para a barba.

shaving cream [ˈʃeɪvɪŋ-] *n* creme *m* para a barba.

shaving foam [ˈʃeɪvɪŋ-] *n* espuma *f* para a barba.

shavings [ˈʃeɪvɪŋz] *npl* aparas *fpl*.

shawl [ʃɔːl] *n* xale *m*.

she [ʃiː] *pron* ela; ~'s tall ela é alta.

sheaf [ʃiːf] *(pl sheaves) n (of paper, notes)* maço *m*.

shear [ʃɪəʳ] *(pt -ed, pp -ed OR shorn) vt (sheep)* tosquiar.
❏ **shears** *npl (for gardening)* tesoura *f* de podar OR de jardim.

sheath [ʃiːθ] *n (for knife)* bainha *f*.

sheaves [ʃiːvz] *pl → sheaf*.

shed [ʃed] *(pt & pp shed) n* galpão *m*, casinha de madeira em fundo de quintal para guardar ferramentas de jardinagem, etc. ♦ *vt (tears, blood)* derramar.

she'd [*weak form* ʃɪd, *strong form* ʃiːd] = she had, she would.

sheen [ʃiːn] *n* brilho *m*.

sheep [ʃiːp] *(pl inv) n* ovelha *f*, carneiro *m*.

sheepdog [ˈʃiːpdɒg] *n* cão *m* pastor.

sheepish [ˈʃiːpɪʃ] *adj* embaraçado(-da), envergonhado(-da).

sheepskin [ˈʃiːpskɪn] *adj* de pele de carneiro OR ovelha.

sheer [ʃɪəʳ] *adj (pure, utter)* puro(-ra); *(cliff)* escarpado(-da); *(stockings)* fino(-na).

sheet [ʃiːt] *n (for bed)* lençol *m*; *(of paper, metal, wood)* folha *f*; a ~ of glass um vidro, uma vidraça.

sheik(h) [ʃeɪk] *n* xeque *m*.

shelf [ʃelf] *(pl shelves) n* prateleira *f*.

shell [ʃel] *n (of egg, nut)* casca *f*; *(of oyster, clam, snail)* concha *f*; *(of turtle, crab)* carapaça *f*; *(bomb)* projétil *m*.

she'll [ʃiːl] = she will, she shall.

shellfish [ˈʃelfɪʃ] *n (food)* marisco *m*.

shell suit *n (Brit)* roupa *f* de jogging *(de nylon brilhante)*.

shelter [ˈʃeltəʳ] *n* abrigo *m* ♦ *vt (protect)* abrigar ♦ *vi* abrigar-se; to take ~ abrigar-se.

sheltered [ˈʃeltəd] *adj (place)* abrigado(-da).

shelve [ʃelv] *vt (plan, project)* arquivar.

shelves [ʃelvz] *pl → shelf*.

shepherd [ˈʃepəd] *n* pastor *m*.

shepherd's pie [ˈʃepədz-] *n empadão de carne de vaca picada, cebola e especiarias*.

sheriff [ˈʃerɪf] *n (in US)* xerife *m*.

sherry [ˈʃerɪ] *n* xerez *m*.

she's [ʃiːz] = she is, she has.

Shetland Islands [ˈʃetlənd-] *npl*: the ~ as Ilhas Shetland.

shield [ʃiːld] *n (of soldier, policeman)* escudo *m* ♦ *vt* proteger.

shift [ʃɪft] *n (change)* mudança *f*; *(period of work)* turno *m* ♦ *vt (move)* mover ♦ *vi (move)* mover-se; *(change)* mudar.

shilling [ˈʃɪlɪŋ] *n (Brit)* xelim *m*.

shimmer [ˈʃɪməʳ] *vi* tremeluzir, brilhar com luz trêmula.

shin [ʃɪn] *n* canela *f*.

shinbone [ˈʃɪnbəʊn] *n* tíbia *f*.

shine [ʃaɪn] *(pt & pp shone) vi* brilhar ♦ *vt (shoes)* lustrar *(Br)*, puxar o lustro a *(Port)*; *(torch)* apontar.

shingle [ˈʃɪŋgl] *n (on beach)* seixos *mpl*, cascalho *m*.
❏ **shingles** *n (MED)* zona *f*.

shiny [ˈʃaɪnɪ] *adj* brilhante.

ship [ʃɪp] *n* navio *m*; by ~ de navio.

shipbuilding [ˈʃɪpbɪldɪŋ] *n* construção *f* naval.

shipment [ˈʃɪpmənt] *n* carregamento *m*.

shipping [ˈʃɪpɪŋ] *n (ships)* navios *mpl*.

shipwreck [ˈʃɪprek] *n (accident)* naufrágio *m*; *(wrecked ship)* navio *m* naufragado.

shipyard [ˈʃɪpjɑːd] *n* estaleiro *m*.

shirk [ʃɜːk] *vt* fugir de.

shirt [ʃɜːt] *n* camisa *f*.

shirtsleeves [ˈʃɜːtsliːvz] *npl*: to be in (one's) ~ estar em mangas de camisa.

shiver [ˈʃɪvəʳ] *vi* tremer.

shoal [ʃəʊl] *n* cardume *m*.

shock [ʃɒk] *n (surprise)* choque *m*; *(force)* impacto *m* ♦ *vt* chocar; to be in ~ *(MED)* estar em estado de choque.

shock absorber [-əbˌzɔːbəʳ] *n* amortecedor *m*.

shocking [ˈʃɒkɪŋ] adj (very bad) chocante.

shoddy [ˈʃɒdɪ] adj (work, goods) de segunda.

shoe [ʃuː] n sapato m.

shoebrush [ˈʃuːbrʌʃ] n escova f para sapatos.

shoehorn [ˈʃuːhɔːn] n calçadeira f.

shoelace [ˈʃuːleɪs] n cardaço m (Br), atacador m (Port).

shoe polish n graxa f.

shoe repairer's [-rɪˌpeərəz] n sapateiro m.

shoe shop n sapataria f.

shone [ʃɒn] pt & pp → **shine**.

shook [ʃʊk] pt → **shake**.

shoot [ʃuːt] (pt & pp shot) vt (kill, injure) dar um tiro em; (gun) disparar; (arrow) atirar; (film) filmar ◆ vi (with gun) atirar; (move quickly) passar disparado(-da); (SPORT) rematar ◆ n (of plant) broto m (Br), rebento m (Port).

shooting [ˈʃuːtɪŋ] n (killing) assassinato m, morte f (a tiro); (hunting) caça da f.

shop [ʃɒp] n loja f ◆ vi fazer compras.

shop assistant n (Brit) empregado m (-da f) (de balcão), vendedor m (-ra f).

shopkeeper [ˈʃɒpˌkiːpəʳ] n comerciante mf.

shoplifter [ˈʃɒpˌlɪftəʳ] n ladrão m (ladra f) de lojas.

shoplifting [ˈʃɒpˌlɪftɪŋ] n roubo m em loja.

shopper [ˈʃɒpəʳ] n comprador m (-ra f), freguês m (-esa f).

shopping [ˈʃɒpɪŋ] n compras fpl; to do the ~ fazer as compras; to go ~ ir às compras.

shopping bag n saco m de compras.

shopping basket n cesto m de compras.

shopping centre n centro m comercial, shopping m.

shopping list n lista f de compras.

shopping mall n centro m comercial.

shopsoiled [ˈʃɒpsɔɪld] adj (Brit) danificado(-da).

shop steward n delegado m (-da f) sindical.

shop window n vitrine f, montra f (Port).

shopworn [ˈʃɒpwɔːn] (Am) = **shopsoiled**.

shore [ʃɔːʳ] n (of river, lake) margem f; (of sea) costa f; on ~ em terra.

shorn [ʃɔːn] pp → **shear**.

short [ʃɔːt] adj (not tall) baixo(-xa); (in length, time) curto(-ta) ◆ adv (cut hair) curto ◆ n (Brit: drink) bebida f forte; (film) curta-metragem f; to be ~ of sthg (time, money) ter falta de algo; I'm ~ of breath estou sem fôlego; to be ~ for sthg (be abbreviation of) ser o diminutivo de algo; in ~ em resumo.

⊔ **shorts** npl (short trousers) calções mpl; (Am: underpants) cuecas fpl.

shortage [ˈʃɔːtɪdʒ] n falta f, escassez f.

shortbread [ˈʃɔːtbred] n biscoito m de manteiga.

short-change vt (in shop, restaurant) dar troco a menos a, roubar no troco de; (fig: treat unfairly) enganar, roubar.

short-circuit vi ter um curto-circuito.

shortcomings [ˈʃɔːtˌkʌmɪŋz] npl defeitos mpl.

shortcrust pastry [ˈʃɔːtkrʌst-] n massa f areada OR brisée.

short cut n atalho m.

shorten [ˈʃɔːtn] vt encurtar.

shortfall [ˈʃɔːtfɔːl] n: a ~ in/of um déficit em/de.

shorthand [ˈʃɔːthænd] n estenografia f.

shorthand typist n (Brit) estenodatilógrafo m (-fa f).

short list n (Brit: for job, prize) lista f de candidatos selecionados.

shortly [ˈʃɔːtlɪ] adv (soon) daqui a pouco, em breve; he arrived ~ before me ele chegou (um) pouco antes de mim.

shortsighted [ˌʃɔːtˈsaɪtɪd] adj (with poor eyesight) míope, curto(-ta) da vista.

short-sleeved [-ˌsliːvd] adj de manga curta.

short-staffed [-ˈstɑːft] adj: to be ~ estar com falta de pessoal, ter pessoal a menos.

short-stay car park n parque m de estacionamento de curta duração.

short story n conto m.

short-tempered [-ˈtempəd] adj irritável, com mau gênio.

short-term adj a curto prazo.

short wave n onda f curta.

shot [ʃɒt] pt & pp → **shoot** ◆ n (of gun)

tiro m; (in football) remate m; (in tennis, golf etc) jogada f; (photo) foto f; (in film) plano m; (inf: attempt) tentativa f; (drink) trago m.

shotgun [ˈʃɒtgʌn] n espingarda f, caçadeira f.

should [ʃʊd] aux vb 1. (expressing desirability) dever; **we ~ leave now** devíamos ir embora agora.
2. (asking for advice): **~ I go too?** você acha que também devo ir?
3. (expressing probability) dever; **she ~ be home soon** ela deve estar chegando a casa.
4. (ought to) dever; **they ~ have won the match** eles é que deviam ter ganho o jogo.
5. (fml: in conditionals): **~ you need anything, call reception** se precisar de algo, ligue para a recepção.
6. (fml: expressing wish): **I ~ like to come with you** gostaria de ir contigo.

shoulder [ˈʃəʊldər] n (of person) ombro m; (of meat) pá f; (Am: of road) acostamento m (Br), zona f de paragem de urgência (Port).

shoulder blade n omoplata f.

shoulder pad n chumaço m.

shoulder strap n alça f.

shouldn't [ˈʃʊdnt] = should not.

should've [ˈʃʊdəv] = should have.

shout [ʃaʊt] n grito m ◆ vt & vi gritar.
❏ **shout out** vt sep gritar.

shouting [ˈʃaʊtɪŋ] n gritos mpl.

shove [ʃʌv] vt (push) empurrar; (put carelessly) atirar com.

shovel [ˈʃʌvl] n pá f.

show [ʃəʊ] (pp -ed OR shown) n (at theatre, on TV, radio) espetáculo m; (exhibition) exibição f; (of dogs) concurso m ◆ vt mostrar; (prove, demonstrate) revelar; (accompany) acompanhar; (film, TV programme) passar ◆ vi (be visible) ver-se; (film) passar; **to ~ sthg to sb** mostrar algo a alguém; **to ~ sb how to do sthg** mostrar a alguém como fazer algo.
❏ **show off** vi exibir-se.
❏ **show up** vi (come along) aparecer; (be visible) ver-se.

show business n mundo m do espetáculo, show business m.

showdown [ˈʃəʊdaʊn] n: **to have a ~ with sb** resolver cara a cara as diferenças com alguém.

shower [ˈʃaʊər] n (for washing) chu-

veiro m; (of rain) aguaceiro m ◆ vi tomar banho (de chuveiro); **to have a ~** tomar banho (de chuveiro).

shower cap n touca f de banho.

shower gel n gel m de banho.

shower unit n chuveiro m (compartimento).

showing [ˈʃəʊɪŋ] n (of film) sessão f.

show jumping n competição f hípica de salto.

shown [ʃəʊn] pp → show.

show-off n (inf) exibicionista mf.

showroom [ˈʃəʊrʊm] n salão m de exposições.

shrank [ʃræŋk] pt → shrink.

shrapnel [ˈʃræpnl] n estilhaços mpl, metralha f.

shred [ʃred] n (small piece) tira f ◆ vt (CULIN) cortar em tiras muito finas; (paper) cortar em tiras.

shrewd [ʃruːd] adj (person) astuto (-ta); (action, judgment, move) inteligente.

shriek [ʃriːk] n grito m ◆ vi gritar; **a ~ of laughter** uma gargalhada; **to ~ with laughter** rir às gargalhadas.

shrill [ʃrɪl] adj estridente.

shrimp [ʃrɪmp] n camarão m.

shrine [ʃraɪn] n santuário m.

shrink [ʃrɪŋk] (pt shrank, pp shrunk) n (inf: psychoanalyst) psicanalista mf ◆ vi (become smaller) encolher; (diminish) diminuir.

shrivel [ˈʃrɪvl] vi: **to ~ (up)** secar, enrugar.

Shrove Tuesday [ʃrəʊv-] n Terça-feira f de Carnaval, Dia m de Entrudo (Port).

shrub [ʃrʌb] n arbusto m.

shrug [ʃrʌg] vi encolher os ombros ◆ n: **she gave a ~** ela encolheu os ombros.

shrunk [ʃrʌŋk] pp → shrink.

shudder [ˈʃʌdər] vi (person): **to ~ (with)** estremecer (de).

shuffle [ˈʃʌfl] vt (cards) embaralhar ◆ vi (walk) andar arrastando os pés.

shut [ʃʌt] (pt & pp shut) adj fechado(-da) ◆ vt & vi fechar.
❏ **shut down** vt sep fechar.
❏ **shut up** vi (inf: stop talking) calar-se.

shutter [ˈʃʌtər] n (on window) persiana f; (on camera) obturador m.

shuttle [ˈʃʌtl] n (plane) avião m (que faz vôos curtos regulares); (bus) serviço m regular.

shuttlecock [ˈʃʌtlkɒk] *n* peteca *f* (Br), volante *m* (Port).

shy [ʃaɪ] *adj* tímido(-da).

sibling [ˈsɪblɪŋ] *n* irmão *m* (-mã *f*).

sick [sɪk] *adj* (ill) doente; (nauseous) mal disposto(-osta); **to be ~** (vomit) vomitar; **to feel ~** sentir-se mal disposto; **to be ~ of** (fed up with) estar farto de.

sick bag *n* saco posto à disposição dos passageiros em aviões, barcos e ônibus para casos de enjôo.

sickbay [ˈsɪkbeɪ] *n* (on ship) enfermaria *f*; (in school) gabinete *m* médico.

sickening [ˈsɪknɪŋ] *adj* (disgusting) nauseabundo(-da).

sick leave *n* licença *f* por doença (Br), baixa *f* (médica) (Port).

sickly [ˈsɪklɪ] *adj* (unhealthy) adoentado(-da); (nauseating) enjoativo(-va).

sickness [ˈsɪknɪs] *n* (illness) doença *f*.

sick pay *n* auxílio-doença *m* (Br), subsídio *m* de doença (Port).

side [saɪd] *n* lado *m*; (of road, river, pitch) beira *f*; (of coin) cara *f*; (Brit: TV channel) canal *m*; (page of writing) página *f* ♦ *adj* (door, pocket) lateral; **at the ~** of ao lado de; **on the other ~** no outro lado; **on this ~** neste lado; **~ by ~** lado a lado.

sideboard [ˈsaɪdbɔːd] *n* aparador *m*.

sideboards [ˈsaɪdbɔːdz] *npl* (Brit) suíças *fpl*, patilhas *fpl* (Port).

sideburns [ˈsaɪdbɜːnz] *npl* suíças *fpl*, patilhas *fpl* (Port).

sidecar [ˈsaɪdkɑːr] *n* side-car *m*.

side dish *n* acompanhamento *m*, guarnição *f*.

side effect *n* efeito *m* secundário, efeito *m* colateral.

sidelight [ˈsaɪdlaɪt] *n* (Brit) luz *f* lateral, farolim *m* (Port).

sideline [ˈsaɪdlaɪn] *n* (SPORT) linha *f* lateral.

side order *n* acompanhamento *m*, guarnição *f*.

side salad *n* salada *f* (de acompanhamento).

sideshow [ˈsaɪdʃəʊ] *n* barraca *f* (de feira popular ou circo).

side street *n* travessa *f*.

sidewalk [ˈsaɪdwɔːk] *n* (Am) passeio *m*.

sideways [ˈsaɪdweɪz] *adv* de lado.

siege [siːdʒ] *n* cerco *m*.

sieve [sɪv] *n* coador *m*; (for flour)

peneira *f* ♦ *vt* coar; (flour) peneirar.

sift [sɪft] *vt* (sieve) peneirar; (fig: examine carefully) estudar ♦ *vi*: **to ~ through sthg** (evidence, applications) estudar algo.

sigh [saɪ] *n* suspiro *m* ♦ *vi* suspirar.

sight [saɪt] *n* vista *f*; **at first ~** à primeira vista; **to catch ~ of** ver, avistar; **in ~** à vista; **to lose ~ of** perder de vista; **to be out of ~** (hidden) não estar visível; (far away) estar longe da vista.
 ❏ **sights** *npl* (of country) vistas *fpl*; (of city) locais *mpl* de interesse.

sightseeing [ˈsaɪtsiːɪŋ] *n*: **to go ~** fazer turismo.

sightseer [ˈsaɪtsiːər] *n* excursionista *mf*, turista *mf*.

sign [saɪn] *n* sinal *m* ♦ *vt* & *vi* assinar; **there's no ~ of her** dela, nem sinal.
 ❏ **sign in** *vi* (at hotel, club) assinar o registro (ao chegar).

signal [ˈsɪgnl] *n* sinal *m* ♦ *vi* fazer sinal.

signature [ˈsɪgnətʃər] *n* assinatura *f*.

significance [sɪgˈnɪfɪkəns] *n* significado *m*.

significant [sɪgˈnɪfɪkənt] *adj* significante.

sign language *n* linguagem *f* gestual.

signpost [ˈsaɪnpəʊst] *n* tabuleta *f*, sinal *m*.

sikh [siːk] *n* sikh *mf*, sique *mf*.

silence [ˈsaɪləns] *n* silêncio *m*.

silencer [ˈsaɪlənsər] *n* (Brit: AUT) silencioso *m*.

silent [ˈsaɪlənt] *adj* silencioso(-osa).

silhouette [ˌsɪluˈet] *n* silhueta *f*.

silicon chip *n* chip *m* de silício.

silk [sɪlk] *n* seda *f*.

silky [ˈsɪlkɪ] *adj* acetinado(-da).

sill [sɪl] *n* bordo *m*.

silly [ˈsɪlɪ] *adj* bobo(-ba), tonto(-ta) (Port).

silver [ˈsɪlvər] *n* prata *f*; (coins) moedas *fpl* ♦ *adj* de prata.

silver foil *n* folha *f* OR papel *m* de alumínio.

silver-plated [-ˈpleɪtɪd] *adj* banhado(-da) a prata.

silverware [ˈsɪlvəweər] *n* (objects made of silver) prata *f*; (Am: cutlery) talheres *mpl*, faqueiro *m*.

similar [ˈsɪmɪlər] *adj* semelhante; **to be ~ to** ser semelhante a.

similarity [.sɪmɪ'lærətɪ] n semelhança f.

similarly ['sɪmɪləlɪ] adv igualmente.

simmer ['sɪmər] vi cozinhar em fogo brando.

simple ['sɪmpl] adj simples (inv).

simple-minded adj simplório(-ria).

simplify ['sɪmplɪfaɪ] vt simplificar.

simply ['sɪmplɪ] adv simplesmente; (easily) facilmente.

simulate ['sɪmjʊleɪt] vt simular.

simultaneous [Brit .sɪməl'teɪnjəs, Am .saɪməl'teɪnjəs] adj simultâneo(-nea).

simultaneously [Brit .sɪməl'teɪnjəslɪ, Am .saɪməl'teɪnjəslɪ] adv simultaneamente.

sin [sɪn] n pecado m ♦ vi pecar.

since [sɪns] adv desde então ♦ prep desde ♦ conj (in time) desde que; (as) visto que; **ever ~** prep desde ♦ conj desde que.

sincere [sɪn'sɪər] adj sincero(-ra).

sincerely [sɪn'sɪəlɪ] adv sinceramente; **Yours ~** = Com os melhores cumprimentos.

sincerity [sɪn'serətɪ] n sinceridade f.

sing [sɪŋ] (pt **sang**, pp **sung**) vt & vi cantar.

singe [sɪndʒ] vt chamuscar.

singer ['sɪŋər] n cantor m (-ra f).

singing ['sɪŋɪŋ] n canto m.

single ['sɪŋgl] adj (just one) único(-ca); (not married) solteiro(-ra) ♦ n (Brit: ticket) bilhete m de ida; (record) single m; **every ~** cada um (uma) de; **every ~ day** todos os dias.

❏ **singles** n (in tennis, badminton, pool) simples f inv (Br), individuais mpl (Port) ♦ adj (bar, club) para solteiros.

single bed n cama f de solteiro.

single cream n (Brit) creme m magro fresco (Br), natas fpl frescas líquidas (Port).

single file n: **in ~** em fila indiana.

single-handed [-'hændɪd] adv sozinho(-nha), sem ajuda.

single parent n (mother) mãe f solteira; (father) pai m solteiro.

single room n quarto m de solteiro.

single track road n estrada f de uma só faixa OR via.

singular ['sɪŋgjʊlər] n singular; **in the ~** no singular.

sinister ['sɪnɪstər] adj sinistro(-tra).

sink [sɪŋk] (pt **sank**, pp **sunk**) n (in kitchen) pia f, lava-louça m (Port); (washbasin) pia f ♦ vi (in water, value) afundar-se; (in mud) enterrar-se.

sink unit n pia f (Br), lava-louça m (Port).

sinner ['sɪnər] n pecador m (-ra f).

sinuses ['saɪnəsɪz] npl seios mpl nasais.

sip [sɪp] n gole m ♦ vt sorver.

siphon ['saɪfn] n sifão m ♦ vt tirar com sifão.

sir [sɜːr] n Senhor; **Dear Sir** Caro Senhor, Exmo. Sr.; **Sir Richard Blair** Sir Richard Blair.

siren ['saɪərən] n sirene f.

sirloin steak [.sɜːlɔɪn-] n bife m de lombo de vaca.

sister ['sɪstər] n (relative) irmã f; (Brit: nurse) enfermeira f chefe.

sister-in-law n cunhada f.

sit [sɪt] (pt & pp **sat**) vi sentar-se; (be situated) ficar ♦ vt (to place) sentar, colocar; (Brit: exam) fazer; **to be sitting** estar sentado.

❏ **sit down** vi sentar-se; **to be sitting down** estar sentado.

❏ **sit up** vi (after lying down) sentar-se; (stay up late) ficar acordado.

sitcom ['sɪtkɒm] n (inf) comédia f de situação.

site [saɪt] n (place) local m; (building site) obra f.

sitting ['sɪtɪŋ] n (serving of meal) turno m; (session) sessão f.

sitting room ['sɪtɪŋ-] n sala f de estar.

situated ['sɪtjʊeɪtɪd] adj: **to be ~** estar OR ficar situado(-da).

situation [.sɪtjʊ'eɪʃn] n situação f; **"~s vacant"** "ofertas de emprego".

six [sɪks] num adj seis (inv) ♦ num n seis m inv; **to be ~ (years old)** ter seis anos (de idade); **it's ~ (o'clock)** são seis horas; **a hundred and ~** cento e seis; **~ Hill St** Hill St, nº 6; **it's minus ~ (degrees)** estão seis graus negativos OR abaixo de zero; **~ out of ten** seis em dez.

sixteen [sɪks'tiːn] num dezesseis (Br), dezasseis (Port), → **six**.

sixteenth [sɪks'tiːnθ] num décimo sexto (décima sexta), → **sixth**.

sixth [sɪksθ] num pron sexto m (-ta f) ♦ num n (fraction) sexto m ♦ num adv (in race, competition) em sexto (lugar); **the ~ (of September)** o dia seis (de setembro).

sixth form n (Brit) curso secundário de preparação para os "A levels", exames de acesso ao ensino superior.

sixth-form college n (Brit) escola secundária normal ou técnica.

sixtieth ['sɪkstɪəθ] num sexagésimo (-ma), → sixth.

sixty ['sɪkstɪ] num sessenta, → six.

size [saɪz] n (of room, bed, building, country) tamanho m; (of clothes, shoes, hats) número m; **what ~ do you take?** (of clothes) que tamanho OR número você veste?; (of shoes) que número você calça?; **what ~ is this?** que tamanho OR número é?

sizeable ['saɪzəbl] adj considerável.

sizzle ['sɪzl] vi chiar.

skate [skeɪt] n (ice skate, roller skate) patim m; (fish: pl inv) raia f ◆ vi (ice-skate) patinar; (roller-skate) andar de patins.

skateboard ['skeɪtbɔːd] n skate m.

skater ['skeɪtəʳ] n patinador m (-ra f).

skating ['skeɪtɪŋ] n: **to go ~** (ice-skating) ir patinar; (roller-skating) ir andar de patins.

skating rink n rink m OR rinque m de patinagem.

skeleton ['skelɪtn] n (of body) esqueleto m.

skeptic ['skeptɪk] (Am) = sceptic.

sketch [sketʃ] n (drawing) esboço m; (humorous) sketch m ◆ vt (draw) esboçar.

sketchbook ['sketʃbʊk] n caderno m de desenho.

sketchpad ['sketʃpæd] n bloco m de desenho.

skewer ['skjʊəʳ] n espeto m (para churrasco).

ski [skiː] (pt & pp **skied**, cont **skiing**) n esqui m, ski m (Port) ◆ vi esquiar.

ski boots npl botas fpl de esquiar.

skid [skɪd] n derrapagem f ◆ vi derrapar.

skier ['skiːəʳ] n esquiador m (-ra f).

skiing ['skiːɪŋ] n esqui m, ski m (Port); **to go ~** ir fazer esqui, ir esquiar; **a ~ holiday** umas férias fazendo esqui.

ski jump n (slope) pista f para saltos de OR com esquis; (event) salto m de OR com esquis.

skilful ['skɪlfʊl] adj (Brit) experiente, hábil.

ski lift n teleférico m, telesqui m.

skill [skɪl] n (ability) habilidade f; (tech-

nique) técnica f.

skilled [skɪld] adj (worker, job) especializado(-da); (driver, chef) experiente, bom (boa).

skillful ['skɪlfʊl] (Am) = skilful.

skimmed milk ['skɪmd-] n leite m desnatado (Br), leite m magro.

skimp [skɪmp] vi: **to ~ on sthg** (on food, material) economizar em algo.

skimpy ['skɪmpɪ] adj (meal) parco(-ca); (skirt, dress) minúsculo(-la); (facts) insuficiente.

skin [skɪn] n pele f; (on milk) nata f.

skin diving n mergulho m (sem macacão ou escafandro, apenas com tubo respiratório).

skin freshener [-freʃnəʳ] n tônico m (para a pele).

skinny ['skɪnɪ] adj magricela.

skin-tight adj muito justo(-ta).

skip [skɪp] vi (with rope) pular corda (Br), saltar à corda (Port); (jump) saltitar ◆ vt (omit) passar na frente ◆ n (container) container m (grande para desperdícios).

ski pants npl calça f de esquiar.

ski pass n passe m (para esquiar).

ski pole n vara f de esqui.

skipper ['skɪpəʳ] n capitão m (-tã f).

skipping rope ['skɪpɪŋ-] n corda f de pular.

skirmish ['skɜːmɪʃ] n escaramuça f.

skirt [skɜːt] n saia f.

ski slope n pista f de esqui.

ski tow n teleski m.

skittles ['skɪtlz] n (game) boliche m (Br), bowling m (Port).

skive [skaɪv] vi (Brit: inf): **to ~ (off)** faltar.

skull [skʌl] n crânio m.

skunk [skʌŋk] n gambá m (Br), doninha f fedorenta (Port).

sky [skaɪ] n céu m.

skylight ['skaɪlaɪt] n clarabóia f.

skyscraper ['skaɪˌskreɪpəʳ] n arranha-céu m.

slab [slæb] n (of stone, concrete) laje f.

slack [slæk] adj (rope) frouxo(-xa); (careless) negligente; (not busy) calmo (-ma), parado(-da).

slacken ['slækn] vt & vi afrouxar.

slacks [slæks] npl calça f (Br), calças fpl (Port).

slam [slæm] vt bater com ◆ vi bater.

slander ['slɑːndəʳ] n calúnia f.

slang [slæŋ] *n* gíria *f*.

slant [slɑːnt] *n (slope)* inclinação *f* ◆ *vi* inclinar-se.

slanting ['slɑːntɪŋ] *adj* inclinado(-da).

slap [slæp] *n (on face)* bofetada *f; (on back)* palmada *f* ◆ *vt (person, face)* esbofetear, dar uma bofetada em; *(back)* dar uma palmada em.

slapstick ['slæpstɪk] *n* palhaçada *f*.

slap-up *adj (Brit: inf)*: **a ~ meal** um banquete.

slash [slæʃ] *vt (cut)* cortar; *(fig: prices)* cortar em ◆ *n (written symbol)* barra *f* (oblíqua).

slate [sleɪt] *n (rock)* ardósia *f; (on roof)* telha *f* (de ardósia).

slaughter ['slɔːtəʳ] *vt* chacinar, massacrar.

slaughterhouse ['slɔːtəhaus, *pl* -hauzɪz] *n* matadouro *m*.

slave [sleɪv] *n* escravo *m* (-va *f*).

slavery ['sleɪvərɪ] *n* escravatura *f*.

sleazy ['sliːzɪ] *adj* de má reputação.

sled [sled] = **sledge**.

sledge [sledʒ] *n* trenó *m*.

sledgehammer ['sledʒhæməʳ] *n* marreta *f*.

sleep [sliːp] *(pt & pp* **slept***) n (nap)* sono *m* ◆ *vi* dormir ◆ *vt*: **the house ~s six** a casa tem lugar para seis pessoas dormirem; **try to get some ~** vê se você dorme; **I couldn't get to ~** não conseguia adormecer; **to go to ~** adormecer; **did you ~ well?** você dormiu bem?; **to ~ with sb** dormir com alguém.

sleeper ['sliːpəʳ] *n (train)* trem *m* noturno *(com couchettes ou camas); (sleeping car)* vagão-cama *m (Br)*, carruagem-cama *f (Port); (Brit: on railway track)* dormente *m (Br)*, travessa *f (Port); (Brit: earring)* argola *f*.

sleeping bag ['sliːpɪŋ-] *n* saco *m* de dormir *(Br)*, saco-cama *m (Port)*.

sleeping car ['sliːpɪŋ-] *n* vagão-cama *m (Br)*, carruagem-cama *f (Port)*.

sleeping pill ['sliːpɪŋ-] *n* comprimido *m* para dormir.

sleeping policeman ['sliːpɪŋ-] *n (Brit)* rampa *f*.

sleepless ['sliːplɪs] *adj* sem dormir.

sleepwalk ['sliːpwɔːk] *vi (be a sleepwalker)* ser sonâmbulo(-la); *(walk in one's sleep)* andar durante o sono.

sleepy ['sliːpɪ] *adj (person)* sonolento(-ta); **I'm ~** estou com sono.

sleet [sliːt] *n* chuva *f* com neve ◆ *v impers*: **it's ~ing** está chovendo neve.

sleeve [sliːv] *n (of garment)* manga *f; (of record)* capa *f*.

sleeveless ['sliːvlɪs] *adj* sem mangas.

sleigh [sleɪ] *n* trenó *m*.

slender ['slendəʳ] *adj (person, waist)* esbelto(-ta); *(fingers, neck)* fino(-na); *(resources, means)* escasso(-a); *(hope, chance)* pequeno(-na).

slept [slept] *pt & pp* → **sleep**.

slice [slaɪs] *n* fatia *f* ◆ *vt* cortar.

sliced bread [slaɪst-] *n* pão *m* em fatias.

slick [slɪk] *adj (performance, operation)* bem conseguido(-da); *(pej: salesman)* com muita lábia ◆ *n* mancha *f* negra *(Br)*, maré *f* negra *(Port)*.

slide [slaɪd] *(pt & pp* **slid** [slɪd]*) n (in playground)* escorrega *m; (of photograph)* slide *m*, diapositivo *m; (Brit: hair slide)* travessão *m*, grampo *m (Br)*, gancho *m (Port)* ◆ *vi (slip)* escorregar.

sliding door [slaɪdɪŋ-] *n* porta *f* deslizante OR corrediça.

slight [slaɪt] *adj (minor)* pequeno(-na); **the ~est** o menor (a menor), o mínimo (a mínima); **not in the ~est** absolutamente nada.

slightly ['slaɪtlɪ] *adv* ligeiramente.

slim [slɪm] *adj (person, waist)* delgado(-da); *(book)* fino(-na) ◆ *vi* emagrecer.

slime [slaɪm] *n (in pond etc)* lodo *m; (of snail, slug)* baba *f*.

slimming ['slɪmɪŋ] *n* emagrecimento *m*.

sling [slɪŋ] *(pt & pp* **slung***) vt (inf: throw)* atirar ◆ *n*: **to have one's arm in a ~** estar com o braço na tipóia *(Br)*, trazer o braço ao peito *(Port)*.

slip [slɪp] *vi (slide)* escorregar ◆ *n (mistake)* deslize *m; (of paper)* pedaço *m; (half-petticoat)* anágua *f (Br)*, saiote *m (Port); (full-length petticoat)* combinação *f*.

◻ **slip up** *vi (make a mistake)* cometer um deslize.

slipped disc [slɪpt-] *n* hérnia *f* discal.

slipper ['slɪpəʳ] *n* chinelo *m* (de quarto); *(winterweight)* pantufa *f*.

slippery ['slɪpərɪ] *adj* escorregadio (-dia).

slip road *n (Brit) (for joining motorway)* acesso *m; (for leaving motorway)* saída *f*.

slip-up *n (inf)* deslize *m*.

slit [slɪt] *n* racha *f*.

slob [slɒb] *n (inf) (dirty)* porco *m* (porca *f*); *(lazy)* lambão *m* (-bona *f*).

slogan ['sləʊgən] *n* slogan *m*.

slope [sləʊp] *n (incline)* inclinação *f*; *(hill)* encosta *f*; *(for skiing)* pista *f* ♦ *vi (path, hill)* descer; *(floor, roof, shelf)* ser inclinado(-da).

sloping ['sləʊpɪŋ] *adj* inclinado(-da).

sloppy ['slɒpɪ] *adj (careless)* descuida-do(-da).

slot [slɒt] *n* ranhura *f*.

slot machine *n (vending machine)* distribuidora *f* automática; *(for gambling)* slot machine *f*.

Slovakia [sləvækɪə] *n* Eslováquia *f*.

slow [sləʊ] *adj* lento(-ta); *(clock, watch)* atrasado(-da) ♦ *adv* lentamente; **"slow"** *(sign on road)* = "reduza a velo-cidade"; **a ~ train** ~ um trem regional. ❑ **slow down** *vt sep & vi* abrandar, afrouxar.

slowly ['sləʊlɪ] *adv* lentamente.

slug [slʌg] *n (animal)* lesma *f*.

sluggish ['slʌgɪʃ] *adj (person)* mo-lengão(-gona); *(reaction, business)* lento(-ta).

sluice [sluːs] *n* comporta *f*.

slum [slʌm] *n (building)* barraco *m*, barracão *m*.
❑ **slums** *npl (district)* favela *f (Br)*, bairro *m* de lata *(Port)*.

slumber ['slʌmbər] *n* sono *m*.

slung [slʌŋ] *pt & pp* → **sling**.

slush [slʌʃ] *n* neve *f* meio derretida.

sly [slaɪ] *adj* manhoso(-osa).

smack [smæk] *n (slap)* palmada *f* ♦ *vt* dar uma palmada em.

small [smɔːl] *adj* pequeno(-na).

small ads *npl (Brit)* classificados *mpl*.

small change *n* troco *m*, dinheiro *m* miúdo OR trocado.

small hours *npl* madrugada *f*; **in the ~** de madrugada.

smallpox ['smɔːlpɒks] *n* varíola *f*.

small talk *n* conversa *f* banal.

smarmy ['smɑːmɪ] *adj* bajulador(-ra).

smart [smɑːt] *adj (elegant, posh)* ele-gante; *(clever)* esperto(-ta).

smart card *n* smart card *m*, cartão com memória electrónica.

smarten ['smɑːtn] : **smarten up** *vt sep (appearance)* melhorar; *(room)* arru-mar; **to ~ o.s up** vestir-se melhor.

smash [smæʃ] *n (SPORT)* smash *m*; *(inf: car crash)* desastre *m*, acidente *m* ♦ *vi (plate, window)* partir ♦ *vt (plate, vase etc)* partir-se.

smashing ['smæʃɪŋ] *adj (Brit: inf)* cho-cante *(Br)*, bestial *(Port)*.

smattering ['smætərɪŋ] *n*: **I have a ~ of Portuguese** só sei umas palavras em português.

smear [smɪər] *n (slander)* calúnia *f* ♦ *vt (smudge)* borrar; *(spread)*: **to ~ sthg onto sthg** espalhar algo em algo; **he ~ed his chest with oil** ele espalhou óleo no peito.

smear test *n* preventivo *m (Br)*, esfregaço *m (Port)*.

smell [smel] *(pt & pp* **-ed** OR **smelt)** *n* cheiro *m* ♦ *vt* cheirar ♦ *vi (have odour)* cheirar; *(have bad odour)* cheirar mal; **to ~ of sthg** cheirar a algo.

smelly ['smelɪ] *adj* mal cheiroso(-osa).

smelt [smelt] *pt & pp* → **smell**.

smile [smaɪl] *n* sorriso *m* ♦ *vi* sorrir.

smirk [smɜːk] *n* sorriso *m* falso.

smock [smɒk] *n* bata *f*.

smog [smɒg] *n* smog *m*, poluição *f*.

smoke [sməʊk] *n (from fire, cigarette)* fumaça *f (Br)*, fumo *m (Port)* ♦ *vt & vi* fumar; **to have a ~** fumar um cigarro.

smoked [sməʊkt] *adj (meat, fish)* defumado(-da); *(cheese)* curado(-da).

smoked salmon *n* salmão *m* defu-mado.

smoker ['sməʊkər] *n (person)* fumante *mf (Br)*, fumador *m* (-ra *f*) *(Port)*.

smoking ['sməʊkɪŋ] *n*: **"no ~"** "proi-bido fumar".

smoking area *n* área *f* para fuman-tes.

smoking compartment *n* com-partimento *m* para fumantes.

smoky ['sməʊkɪ] *adj (room)* enfumaça-do(-da).

smolder ['sməʊldər] *(Am)* = **smoul-der**.

smooth [smuːð] *adj (surface, road)* plano(-na); *(skin)* macio(-cia); *(takeoff, landing, wine)* suave; *(journey, flight)* sem incidentes; *(life)* tranqüilo(-la); *(mixture, liquid)* homogêneo(-nea), cremoso(-osa); *(pej: suave)* meloso (-osa).
❑ **smooth down** *vt sep* alisar.

smother ['smʌðər] *vt (cover)* cobrir.

smoulder ['sməʊldər] *vi (Brit) (fire)* arder lentamente (sem chama).

smudge [smʌdʒ] *n* mancha *f*.

smug [smʌg] *adj* satisfeito consigo próprio (satisfeita consigo própria).

smuggle ['smʌgl] *vt* contrabandear; **to ~ in** *(sneak in)* introduzir clandestinamente.

smuggler ['smʌglər] *n* contrabandista *mf*.

snack [snæk] *n* lanche *m*.

snack bar *n* lanchonete *f (Br)*, snack-bar *m (Port)*.

snag [snæg] *n (small problem)* pequeno problema *m*, inconveniente *m* ♦ *vi*: **to ~ (on sthg)** prender-se (em algo).

snail [sneɪl] *n* caracol *m*.

snake [sneɪk] *n* cobra *f*.

snap [snæp] *vt & vi (break)* partir ♦ *n (inf: photo)* foto *f*; *(Brit: card game)* = guerra *f*.

snapshot ['snæpʃɒt] *n* fotografia *f*, foto *f*.

snare [sneər] *n* armadilha *f*.

snarl [snɑːl] *n* rosnadela *f* ♦ *vi (animal)* rosnar.

snatch [snætʃ] *vt (grab)* arrancar à força; *(steal)* roubar.

sneak [sniːk] *(Brit pt & pp -ed, Am pt & pp -ed OR snuck) n (Brit: inf)* queixinhas *mf inv* ♦ *vi*: **to ~ in/out** entrar/sair às escondidas OR sorrateiramente; **to ~ up on sb** surpreender OR assustar alguém.

sneakers ['sniːkəz] *npl (Am)* tênis *mpl*, sapatilhas *fpl*.

sneer [snɪər] *n* riso *m* sarcástico OR de escarninho ♦ *vi (smile unpleasantly)* sorrir desdenhosamente.

sneeze [sniːz] *n* espirro *m* ♦ *vi* espirrar.

sniff [snɪf] *vi (from cold, crying)* fungar ♦ *vt* cheirar.

snigger ['snɪgər] *n* risinho *m* (dissimulado) ♦ *vi* rir furtivamente.

snip [snɪp] *vt* cortar (com tesoura), dar tesouradas em.

sniper ['snaɪpər] *n* franco-atirador *m* (-ra *f*).

snippet ['snɪpɪt] *n*: **I only heard ~s of their conversation** só ouvi trechos da conversa deles.

snivel ['snɪvl] *vi* choramingar.

snob [snɒb] *n* snobe *mf*.

snobbish ['snɒbɪʃ] *adj* snobe, pretencioso(-osa).

snobby ['snɒbɪ] = **snobbish**.

snog [snɒg] *vi (Brit: inf)* beijar-se.

snooker ['snuːkər] *n* sinuca *f (Br)*, snooker *m (Port)*.

snooze [snuːz] *n* soneca *f*.

snore [snɔːr] *vi* roncar, ressonar.

snorkel ['snɔːkl] *n* respirador *m*, tubo *m* respiratório.

snort [snɔːt] *vi* fungar.

snout [snaʊt] *n* focinho *m*.

snow [snəʊ] *n* neve *f* ♦ *v impers*: **it's ~ing** está nevando.

snowball ['snəʊbɔːl] *n* bola *f* de neve.

snowboarding ['snəʊ,bɔːdɪŋ] *n*: **to go ~** fazer snowboarding.

snowbound ['snəʊbaʊnd] *adj* bloqueado(-da) pela neve.

snowdrift ['snəʊdrɪft] *n* monte *m* de neve *(formado pelo vento)*.

snowdrop ['snəʊdrɒp] *n* campainha-branca *f*.

snowfall ['snəʊfɔːl] *n (fall of snow)* nevada *f (Br)*, nevão *m (Port)*; *(amount)* queda *f* de neve.

snowflake ['snəʊfleɪk] *n* floco *m* de neve.

snowman ['snəʊmæn] *(pl -men* [-men]*) n* boneco-de-neve *m*.

snowplough ['snəʊplaʊ] *n* máquina *f* para remoção de neve.

snowshoe ['snəʊʃuː] *n* raquete *f* de neve.

snowstorm ['snəʊstɔːm] *n* tempestade *f* de neve.

snub [snʌb] *n* desfeita *f* ♦ *vt* ignorar.

snuck [snʌk] *pp →* **sneak**.

snug [snʌg] *adj (person)* aconchegado(-da); *(place)* aconchegante.

so [səʊ] *adv* **1.** *(emphasizing degree)* tão; **don't be ~ stupid!** não seja tão idiota!; **it's ~ difficult (that ...)** é tão difícil (que ...); **~ much** tanto(-ta); **~ many** tantos(-tas).
2. *(referring back)*: **I don't think ~** acho que não; **I'm afraid ~** receio que sim; **~ you knew already** então você já sabia; **if ~** nesse caso.
3. *(also)* também; **~ do I** eu também.
4. *(in this way)* deste modo, assim.
5. *(expressing agreement)*: **~ there is** pois há, é verdade.
6. *(in phrases)*: **or ~** mais ou menos; **~ as** para; **~ that** para.
♦ *conj* **1.** *(therefore)* por isso; **I'm away next week ~ I won't be there** não vou estar aqui na semana que vem, por isso não estarei presente.
2. *(summarizing)* então; **~ what have**

you been up to? então, o que é que você tem feito?
3. *(in phrases):* ~ **what?** *(inf)* e depois?; ~ **there!** *(inf)* pronto!, nada a fazer!
soak [səʊk] *vt (leave in water)* pôr de molho; *(make very wet)* ensopar, empapar ♦ *vi:* **to ~ through** sthg ensopar algo.
❏ **soak up** *vt sep* absorver.
soaked [səʊkt] *adj* encharcado(-da), ensopado(-da).
soaking [ˈsəʊkɪŋ] *adj* encharcado (-da), ensopado(-da).
soap [səʊp] *n* sabonete *m*; *(for clothes)* sabão *m*.
soap opera *n* novela *f (Br)*, telenovela *f*.
soap powder *n* sabão *m* em pó *(Br)*, detergente *m* para a roupa *(Port)*.
soar [sɔːʳ] *vi (bird)* pairar, planar; *(balloon, kite)* elevar-se no ar; *(price)* aumentar (repentinamente); *(temperature)* elevar-se (repentinamente); *(unemployment)* crescer a um ritmo acelerado.
sob [sɒb] *n* soluço *m* ♦ *vi* soluçar.
sober [ˈsəʊbəʳ] *adj* sóbrio(-bria).
so-called [-kɔːld] *adj (misleadingly named)* pseudo (pseuda), suposto (-posta); *(widely known as)* assim chamado(-da).
soccer [ˈsɒkəʳ] *n* futebol *m*.
sociable [ˈsəʊʃəbl] *adj* sociável.
social [ˈsəʊʃl] *adj* social.
social club *n* clube *m*.
socialism [ˈsəʊʃəlɪzm] *n* socialismo *m*.
socialist [ˈsəʊʃəlɪst] *adj* socialista ♦ *n* socialista *mf*.
socialize [ˈsəʊʃəlaɪz] *vi:* **to ~ (with sb)** confraternizar (com alguém).
social life *n* vida *f* social.
social security *n* previdência *f* social *(Br)*, segurança *f* social *(Port)*.
social services *npl* previdência *f* social *(Br)*, segurança *f* social *(Port)*.
social worker *n* assistente *mf* social.
society [səˈsaɪətɪ] *n* sociedade *f*.
sociology [ˌsəʊsɪˈɒlədʒɪ] *n* sociologia *f*.
sock [sɒk] *n* meia *f*, peúga *f (Port)*.
socket [ˈsɒkɪt] *n (for plug)* tomada *f*, ficha *f (Port)*; *(for light bulb)* casquilho *m*.
soda [ˈsəʊdə] *n (soda water)* água *f* gaseificada OR com gás; *(Am: fizzy*

drink) refrigerante *m*.
soda water *n* água *f* gaseificada OR com gás.
sofa [ˈsəʊfə] *n* sofá *m*.
sofa bed *n* sofá-cama *m*.
Sofia [ˈsəʊfjə] *n* Sófia *s*.
soft [sɒft] *adj (bed, food)* mole; *(skin, fur, fabric)* macio(-cia), suave; *(breeze, sound, tap)* ligeiro(-ra); *(voice)* doce; *(footsteps)* leve.
soft cheese *n* queijo *m* cremoso.
soft drink *n* refrigerante *m*.
soften [ˈsɒfn] *vt (skin, fabric)* amaciar; *(butter)* amolecer; *(blow, impact, effect)* amortecer ♦ *vi (skin, fabric)* ficar mais macio(-cia); *(butter)* amolecer; *(attitude)* tornar-se mais brando(-da).
softly [ˈsɒftlɪ] *adv (touch)* delicadamente; *(move)* sem fazer barulho; *(speak, sing)* em voz baixa.
soft-spoken *adj:* **she's very ~** ela tem uma voz muito doce.
software [ˈsɒftweəʳ] *n* software *m*.
soggy [ˈsɒgɪ] *adj* mole, empapado (-da).
soil [sɔɪl] *n* terra *f*.
soiled [sɔɪld] *adj* sujo(-ja).
solarium [səˈleərɪəm] *n* solário *m*, solarium *m*.
solar panel [ˈsəʊlə-] *n* painel *m* solar.
sold [səʊld] *pt & pp* → **sell**.
solder [ˈsəʊldəʳ] *n* solda *f* ♦ *vt* soldar.
soldier [ˈsəʊldʒəʳ] *n* soldado *m*.
sold out *adj* esgotado(-da).
sole [səʊl] *adj (only)* adj único(-ca) ♦ *n (of shoe)* sola *f*; *(of foot)* planta *f*; *(fish: pl* inv) linguado *m*.
solemn [ˈsɒləm] *adj* solene.
solicitor [səˈlɪsɪtəʳ] *n (Brit)* solicitador *m* (-ra *f*), advogado que apenas pode atuar nos tribunais de primeira instância.
solid [ˈsɒlɪd] *adj* sólido(-da); *(chair, wall)* resistente; *(rock, gold, oak)* maciço(-ça).
solidarity [ˌsɒlɪˈdærətɪ] *n* solidariedade *f*.
solitary [ˈsɒlɪtrɪ] *adj* solitário(-ria).
solitude [ˈsɒlɪtjuːd] *n* solidão *f*.
solo [ˈsəʊləʊ] *(pl* -s) *n* solo *m*; "~ **m/cs**" *(traffic sign)* sinal indicando que no local apenas podem estacionar veículos de duas rodas.
soloist [ˈsəʊləʊɪst] *n* solista *mf*.
soluble [ˈsɒljʊbl] *adj* solúvel.
solution [səˈluːʃn] *n* solução *f*.

solve [sɒlv] vt resolver.

solvent ['sɒlvənt] adj (FIN) dissolvente
♦ n (substance) dissolvente m.

some [sʌm] adj **1.** (certain, large amount of) algum (alguma); ~ **meat** alguma carne; ~ **money** algum dinheiro; **I had** ~ **difficulty getting here** tive algumas dificuldades para chegar aqui. **2.** (certain, large number of) alguns (algumas); ~ **sweets** alguns doces; ~ **people** algumas pessoas; **I've known him for** ~ **years** já o conheço há alguns anos. **3.** (not all) alguns (algumas); ~ **jobs are better paid than others** alguns empregos são mais bem pagos que outros. **4.** (in imprecise statements) um (uma) ... qualquer; ~ **woman phoned** telefonou uma mulher qualquer.
♦ pron **1.** (certain amount) algum m (alguma f), parte f; **can I have** ~? posso ficar com algum OR parte?; ~ **of the money** algum dinheiro, parte do dinheiro. **2.** (certain number) alguns mpl (algumas fpl); **can I have** ~? posso ficar com alguns?; ~ (**of them) left early** alguns (deles) foram-se embora cedo.
♦ adv (approximately) aproximadamente; **there were** ~ **7,000 people there** havia umas 7000 pessoas.

somebody ['sʌmbədɪ] = someone.

someday ['sʌmdeɪ] adv algum dia.

somehow ['sʌmhaʊ] adv (some way or other) de uma maneira ou de outra; (for some reason) por alguma razão; ~ **I don't think he'll come** tenho a impressão de que ele não virá.

someone ['sʌmwʌn] pron alguém.

someplace ['sʌmpleɪs] (Am) = somewhere.

somersault ['sʌməsɔːlt] n cambalhota f.

something ['sʌmθɪŋ] pron algo, alguma coisa; **it's really** ~ é demais; **or** ~ (inf) ou (qualquer) coisa parecida; ~ **like** (approximately) uns (umas), qualquer coisa como.

sometime ['sʌmtaɪm] adv: ~ **in June** em junho.

sometimes ['sʌmtaɪmz] adv às OR por vezes.

someway ['sʌmweɪ] (Am) = somehow.

somewhat ['sʌmwɒt] adv um pouco.

somewhere ['sʌmweəʳ] adv (in unspecified place) em algum lugar, em alguma parte; (to specified place) a alguma parte; ~ **around** OR **between** (approximately) aproximadamente.

son [sʌn] n filho m.

song [sɒŋ] n canção f.

son-in-law n genro m.

sonnet ['sɒnɪt] n soneto m.

soon [suːn] adv (in a short time) em breve; (early) cedo; **how** ~ **can you do it?** para quando é que estará pronto?; **as** ~ **as** assim que; **as** ~ **as possible** o mais cedo possível, assim que for possível; ~ **after** pouco depois; ~**er or later** mais cedo ou mais tarde.

soot [sʊt] n fuligem f.

soothe [suːð] vt acalmar.

sophisticated [səˈfɪstɪkeɪtɪd] adj sofisticado(-da).

soporific [ˌsɒpəˈrɪfɪk] adj soporífero(-ra).

sopping ['sɒpɪŋ] adj: ~ (**wet**) encharcado(-da), ensopado(-da).

soppy ['sɒpɪ] adj (inf) (book, film) sentimental; (person) piegas (inv).

soprano [səˈprɑːnəʊ] (pl **-nos** OR **-ni** [-niː]) n soprano mf.

sorbet ['sɔːbeɪ] n sorvete m de frutas.

sorcerer ['sɔːsərəʳ] n feiticeiro m.

sordid ['sɔːdɪd] adj sórdido(-da).

sore [sɔːʳ] adj (painful) dolorido(-da); (Am: inf: angry) zangado(-da) ♦ n ferida f; **to have a** ~ **throat** estar com dor de garganta.

sorrow ['sɒrəʊ] n tristeza f.

sorry ['sɒrɪ] adj: **he isn't even** ~ ele nem sequer está arrependido; **I'm** ~! desculpe!; **I'm** ~ **I'm late** desculpem o atraso; **I'm** ~ **about the mess** desculpe a confusão; **I'm** ~ **you didn't get the job** sinto muito que você não tenha conseguido o emprego; ~? (asking for repetition) perdão?; **to feel** ~ **for sb** sentir pena de alguém.

sort [sɔːt] n tipo m ♦ vt organizar; ~ **of** (more or less) mais ou menos.
❏ **sort out** vt sep (classify) organizar; (resolve) resolver.

so-so adj (inf) mais ou menos ♦ adv (inf) assim assim.

soufflé ['suːfleɪ] n suflê m (Br), soufflé m (Port).

sought [sɔːt] pt & pp → seek.

soul [səʊl] n (spirit) alma f; (soul music) música f soul.

sound [saʊnd] *n* som *m* ◆ *vt (horn, bell)* (fazer) soar ◆ *vi (make a noise)* soar; *(seem to be)* parecer ◆ *adj (in good condition)* sólido(-da); *(health)* sadio(-a); *(heart, mind)* são (sã), bom (boa); **to ~ like** *(make a noise like)* soar como; *(seem to be)* parecer ser.

sound effects *npl* efeitos *mpl* sonoros.

soundly ['saʊndlɪ] *adv (beat)* completamente; *(sleep)* profundamente.

soundproof ['saʊndpruːf] *adj* à prova de som.

soundtrack ['saʊndtræk] *n* trilha *f* sonora *(Br)*, banda *f* sonora *(Port)*.

soup [suːp] *n* sopa *f*.

soup spoon *n* colher *f* de sopa.

sour ['saʊəʳ] *adj (taste)* ácido(-da); *(milk)* azedo(-da); **to go ~** azedar.

source [sɔːs] *n (supply, origin)* fonte *f*; *(cause)* origem *f*; *(of river)* nascente *f*.

sour cream *n* creme *m* azedo *(Br)*, natas *fpl* azedas *(Port)*.

south [saʊθ] *n* sul *m* ◆ *adj (wind)* sul ◆ *adv (be situated)* ao sul; *(fly, walk)* para o sul; **in the ~ of England** no sul da Inglaterra.

South Africa *n* África *f* do Sul.

South America *n* América *f* do Sul.

southbound ['saʊθbaʊnd] *adj* em direção ao sul.

southeast [saʊθ'iːst] *n* sudeste *m*.

southerly ['sʌðəlɪ] *adj (wind)* do sul; **in a ~ direction** em direção ao sul, para o sul; **the most ~ point** o ponto mais ao sul.

southern ['sʌðən] *adj* do sul.

South Korea *n* Coréia *f* do Sul.

South Pole *n*: **the ~** o Pólo Sul.

southward ['saʊθwəd] *adj* em direção ao sul, para o sul.

southwards ['saʊθwədz] *adv* em direção ao sul, para o sul.

southwest [saʊθ'west] *n* sudoeste *m*.

souvenir [suːvə'nɪəʳ] *n* lembrança *f*, recordação *f*.

sovereign ['sɒvrɪn] *n (ruler)* soberano *m* (-na *f*).

Soviet Union [sɔʊvɪət-] *n*: **the ~** a União Soviética.

sow[1] [saʊ] *(pp* sown*) vt (seeds)* semear.

sow[2] [saʊ] *n (pig)* porca *f*.

sown [saʊn] *pp* → **sow**[1].

soya ['sɔɪə] *n* soja *f*.

soya bean *n* semente *f* de soja.

soy sauce [sɔɪ-] *n* molho *m* de soja.

spa [spuː] *n* estância *f* hidromineral *(Br)*, termas *fpl (Port)*.

space [speɪs] *n* espaço *m* ◆ *vt* espaçar.

spacecraft ['speɪskrɑːft] *n* nave *f* espacial.

spaceman ['speɪsmæn] *(pl* -men [-men]*) n (inf)* astronauta *mf*.

spaceship ['speɪsʃɪp] *n* nave *f* espacial.

space shuttle *n* ônibus *m* espacial *(Br)*, vaivém *m* espacial *(Port)*.

spacesuit ['speɪssuːt] *n* macacão *m* espacial *(Br)*, fato *m* espacial *(Port)*.

spacious ['speɪʃəs] *adj* espaçoso (-osa).

spade [speɪd] *n (tool)* pá *f*.
⊔ **spades** *npl (in cards)* espadas *fpl*.

spaghetti [spə'getɪ] *n* espaguete *m*.

Spain [speɪn] *n* Espanha *f*.

span [spæn] *pt* → **spin** ◆ *n (length)* distância *f*, palmo *m*; *(of time)* espaço *m* de tempo.

Spaniard ['spænjəd] *n* espanhol *m* (-la *f*).

spaniel ['spænjəl] *n* spaniel *m*, cão *m* de água *(Port)*.

Spanish ['spænɪʃ] *adj* espanhol(-la) ◆ *n (language)* espanhol *m*.

spank [spæŋk] *vt* dar uma palmada em.

spanner ['spænəʳ] *n* chave-inglesa *f*.

spare [speəʳ] *adj (kept in reserve)* a mais; *(not in use)* disponível ◆ *n (spare part)* peça *f* sobressalente; *(spare wheel)* pneu *m* sobressalente ◆ *vt*: **to ~ sb sthg** *(money)* dispensar algo a alguém; **I can't ~ the time** não tenho tempo; **with ten minutes to ~** com dez minutos de antecedência.

spare part *n* peça *f* sobressalente.

spare ribs *npl* costeleta *f* de porco *(Br)*, entrecosto *m (Port)*.

spare room *n* quarto *m* de hóspedes.

spare time *n* tempo *m* livre.

spare wheel *n* pneu *m* sobressalente.

sparing ['speərɪŋ] *adj*: **to be ~ with** OR **of sthg** gastar menos de algo.

sparingly ['speərɪŋlɪ] *adv* com moderação.

spark [spuːk] *n (from fire)* fagulha *f*; *(electric)* faísca *f*.

sparkle ['spuːkl] *vi (jewel, stars, eyes)* cintilar, brilhar.

sparkling [ˈspuːklɪŋ] *adj (mineral water, soft drink)* gaseificado(-da), com gás.

sparkling wine *n* espumante *m*.

spark plug *n* vela *f*.

sparrow [ˈspærəʊ] *n* pardal *m*.

sparse [spuːs] *adj* escasso(-a).

spasm [ˈspæzm] *n (of muscle)* espasmo *m; (of coughing, anger)* ataque *m*.

spastic [ˈspæstɪk] *n (MED)* deficiente *mf* motor.

spat [spæt] *pt & pp → spit*.

spawn [spɔːn] *n* ovas *fpl*.

speak [spiːk] *(pt spoke, pp spoken)* vt *(language)* falar; *(say)* dizer ♦ vi falar; **who's ~ing?** *(on phone)* quem fala?; **can I ~ to Charlotte? - ~ing!** posso falar com a Charlotte? – é a própria!; **to ~ to sb about sthg** falar com alguém sobre algo.

❏ **speak up** *vi (more loudly)* falar mais alto.

speaker [ˈspiːkər] *n (person)* orador *m* (-ra *f); (loudspeaker)* altofalante *m; (of stereo)* altofalante *m (Brt)*, coluna *f (Port)*; **a Portuguese ~** um lusófono, uma pessoa que fala português.

spear [spɪər] *n* lança *f*.

spec [spek] *n (Brit: inf)*: **on ~** à sorte.

special [ˈspeʃl] *adj* especial ♦ *n (dish)* prato *m* do dia; **"today's ~"** "prato do dia".

special effects *npl* efeitos *mpl* especiais.

specialist [ˈspeʃəlɪst] *n* especialista *mf*.

speciality [ˌspeʃɪˈælətɪ] *n* especialidade *f*.

specialize [ˈspeʃəlaɪz] *vi*: **to ~ (in)** especializar-se (em).

specially [ˈspeʃəlɪ] *adv* especialmente.

special offer *n* promoção *f*.

special school *n (Brit)* escola *f* especial *(para alunos com deficiências físicas ou problemas de aprendizagem)*.

specialty [ˈspeʃltɪ] *(Am)* = **speciality**.

species [ˈspiːʃiːz] *n* espécie *f*.

specific [spəˈsɪfɪk] *adj* específico(-ca).

specifically [spəˈsɪfɪklɪ] *adv* especificamente.

specifications [ˌspesɪfɪˈkeɪʃnz] *npl (of machine, car)* ficha *f* técnica.

specify [ˈspesɪfaɪ] *vt* especificar.

specimen [ˈspesɪmən] *n* espécime *m*, espécimen *m*.

speck [spek] *n (of dust, soot)* cisco *m; (of blood)* pinta *f*.

specs [speks] *npl (inf)* óculos *mpl*.

spectacle [ˈspektəkl] *n* espetáculo *m*.

spectacles [ˈspektəklz] *npl* óculos *mpl*.

spectacular [spekˈtækjʊlər] *adj* espetacular.

spectator [spekˈteɪtər] *n* espectador *m* (-ra *f*).

spectrum [ˈspektrəm] *n (in physics)* espectro *m; (range)* leque *m*.

speculation [ˌspekjʊˈleɪʃn] *n* especulação *f*.

sped [sped] *pt & pp → speed*.

speech [spiːtʃ] *n (ability to speak)* fala *f; (manner of speaking)* maneira *f* de falar; *(talk)* discurso *m*.

speech impediment [-ɪmˌpedɪmənt] *n* defeito *m* na fala.

speechless [ˈspiːtʃlɪs] *adj*: **to be ~ (with)** ficar mudo(-da) (de).

speed [spiːd] *(pt & pp -ed OR sped) n* velocidade *f; (bicycle gear)* mudança *f* ♦ vi *(move quickly)* ir a grande velocidade; *(drive too fast)* dirigir com excesso de velocidade; **"reduce ~ now"** "reduza a velocidade".

❏ **speed up** *vi* acelerar.

speedboat [ˈspiːdbəʊt] *n* lancha *f*.

speed camera *n* radar *m (para o controle do excesso de velocidade nas estradas)*.

speeding [ˈspiːdɪŋ] *n* excesso *m* de velocidade.

speed limit *n* limite *m* de velocidade.

speedometer [spɪˈdɒmɪtər] *n* velocímetro *m*, conta-quilómetros *m inv*.

speedway [ˈspiːdweɪ] *n (SPORT)* motociclismo *m*, corridas *fpl* de motos; *(Am: road)* auto-estrada *f*.

speedy [ˈspiːdɪ] *adj* rápido(-da).

spell [spel] *(Brit pt & pp -ed OR spelt, Am pt & pp -ed) vt (word, name)* soletrar; *(subj: letters)* dar, formar a palavra ♦ *n (period)* período *m; (magic)* feitiço *m*.

spelling [ˈspelɪŋ] *n* ortografia *f*.

spelt [spelt] *pt & pp (Brit) → spell*.

spend [spend] *(pt & pp spent) vt (money)* gastar; *(time)* passar.

spendthrift [ˈspendθrɪft] *n* esbanjador *m* (-ra *f*), gastador *m* (-ra *f*).

spent [spent] *pt & pp → spend* ♦ *adj (fuel, force, patience)* gasto(-ta).

sports centre

sperm [spɜːm] (*pl inv* OR **-s**) *n (cell)* espermatozóide *m*; *(semen)* esperma *m*.

spew [spjuː] *vi (flow, spread)*: **to ~ (out) from** sth sair de algo.

sphere [sfɪəʳ] *n* esfera *f*.

spice [spaɪs] *n* especiaria *f* ◆ *vt* condimentar.

spicy [ˈspaɪsɪ] *adj* picante.

spider [ˈspaɪdəʳ] *n* aranha *f*.

spider's web *n* teia *f* de aranha.

spike [spaɪk] *n* espigão *m*.

spill [spɪl] (*Brit pt & pp* **-ed** OR **spilt** [spɪlt], *Am pt & pp* **-ed**) *vt* entornar ◆ *vi* entornar-se.

spin [spɪn] (*pt* **span** OR **spun**, *pp* **spun**) *vt (wheel, coin, chair)* rodar; *(washing)* centrifugar ◆ *n (on ball)* efeito *m*; **to go for a ~** *(inf)* ir dar uma volta.

spinach [ˈspɪnɪtʃ] *n* espinafre *m*.

spinal column [ˈspaɪnl-] *n* coluna *f* vertebral.

spinal cord [ˈspaɪnl-] *n* medula *f* espin(h)al.

spin-dryer *n (Brit)* centrifugadora *f*.

spine [spaɪn] *n (of back)* espinha *f* (dorsal), coluna *f* (vertebral); *(of book)* lombada *f*.

spiral [ˈspaɪərəl] *n* espiral *f*.

spiral staircase *n* escada *f* em caracol.

spire [spaɪəʳ] *n* pináculo *m*.

spirit [ˈspɪrɪt] *n (soul)* espírito *m*; *(energy)* vigor *m*, energia *f*; *(courage)* coragem *f*; *(mood)* humor *m*.

❑ **spirits** *npl (Brit: alcohol)* bebidas *fpl* com teor alcoólico bem alto *(Br)*, bebidas *fpl* espirituosas *(Port)*.

spirited [ˈspɪrɪtɪd] *adj (debate)* animado(-da); *(action, defence)* energético (-ca); *(performance)* com brio.

spirit level *n* nível *m* de bolha de ar.

spiritual [ˈspɪrɪtʃʊəl] *adj* espiritual.

spit [spɪt] (*Brit pt & pp* **spat**, *Am pt & pp* **spit**) *vi (person)* cuspir; *(fire)* crepitar; *(food)* espirrar ◆ *n (saliva)* cuspe *m*; *(for cooking)* espeto *m* ◆ *v impers*: **it's spitting** está chuviscando.

spite [spaɪt] : **in spite of** *prep* apesar de.

spiteful [ˈspaɪtfʊl] *adj* maldoso(-osa).

spittle [ˈspɪtl] *n* cuspo *m*, saliva *f*.

splash [splæʃ] *n (sound)* chape *m* ◆ *vt* salpicar.

splendid [ˈsplendɪd] *adj* esplêndido(-da).

splint [splɪnt] *n* tala *f*.

splinter [ˈsplɪntəʳ] *n* falha *f*, lasca *f*.

split [splɪt] (*pt & pp* **split**) *n (tear)* rasgão *m*; *(crack, in skirt)* racha *f* ◆ *vt (wood, stone)* rachar; *(tear)* rasgar; *(bill, profits, work)* dividir ◆ *vi (wood, stone)* partir-se; *(tear)* rasgar-se.

❑ **split up** *vi (group, couple)* separar-se.

splutter [ˈsplʌtəʳ] *vi (person)* balbuciar, gaguejar; *(engine)* engasgar-se.

spoil [spɔɪl] (*pt & pp* **-ed** OR **spoilt**) *vt (ruin)* estragar; *(child)* mimar.

spoilsport [ˈspɔɪlspɔːt] *n* desmanchaprazeres *mf inv*.

spoilt [spɔɪlt] *pt & pp* → **spoil** ◆ *adj (food, dinner)* estragado(-da); *(child)* mimado(-da).

spoke [spəʊk] *pt* → **speak** ◆ *n* raio *m*.

spoken [ˈspəʊkn] *pp* → **speak**.

spokesman [ˈspəʊksmən] (*pl* **-men** [-mən]) *n* porta-voz *m*.

spokeswoman [ˈspəʊksˌwʊmən] (*pl* **-women** [-ˌwɪmɪn]) *n* porta-voz *f*.

sponge [spʌndʒ] *n (for cleaning, washing)* esponja *f*.

sponge bag *n (Brit)* estojo *m* de toalete.

sponge cake *n* = pão-de-ló *m*.

sponsor [ˈspɒnsəʳ] *n (of event, TV programme)* patrocinador *m* (-ra *f*).

sponsored walk [ˈspɒnsəd-] *n* caminhada patrocinada com fins benificentes.

sponsorship [ˈspɒnsəʃɪp] *n* patrocínio *m*.

spontaneous [spɒnˈteɪnjəs] *adj* espontâneo(-nea).

spooky [ˈspuːkɪ] *adj (inf)* assustador (-ra).

spool [spuːl] *n* rolo *m*.

spoon [spuːn] *n* colher *f*.

spoonful [ˈspuːnfʊl] *n* colherada *f*, colher *f*.

sporadic [spəˈrædɪk] *adj* esporádico(-ca).

sport [spɔːt] *n* esporte *m (Br)*, desporto *m (Port)*.

sporting [ˈspɔːtɪŋ] *adj* esportivo(-va) *(Br)*, desportivo(-va) *(Port)*; **to have a ~ chance of doing sth** ter uma boa chance de fazer algo.

sports car [spɔːts-] *n* carro *m* esporte *(Br)*, carro *m* desportivo *(Port)*.

sports centre [spɔːts-] *n* centro *m* esportivo *(Br)*, pavilhão *m* de desportos *(Port)*.

sports jacket [spɔːts-] *n* jaqueta *f* de esporte *(Br)*, casaco *m* de desporto OR desportivo *(Port)*.

sportsman ['spɔːtsmən] *(pl* **-men** [-mən]) *n* esportista *m (Br)*, desportista *m (Port)*.

sportsmanship ['spɔːtsmənʃip] *n* espírito *m* esportivo *(Br)*, desportivismo *m (Port)*.

sports shop [spɔːts-] *n* loja *f* de artigos de esporte *(Br)*, loja *f* de artigos de desporto *(Port)*.

sportswear ['spɔːtsweəʳ] *n* roupa *f* de esporte *(Br)*, roupa *f* desportiva *(Port)*.

sportswoman ['spɔːts,wumən] *(pl* **-women** [-,wimin]) *n* esportista *f (Br)*, desportista *f (Port)*.

sporty ['spɔːti] *adj (inf: person)* esportivo(-va) *(Br)*, desportivo(-va) *(Port)*.

spot [spɒt] *n (of paint, rain, blood)* gota *f*, pingo *m; (on dog, leopard)* mancha *f; (on skin)* borbulha *f; (place)* lugar *m*, sítio *m (Port)* ◆ *vt* notar, reparar em; **on the ~** *(at once)* imediatamente; *(at the scene)* no local.

spotless ['spɒtlis] *adj* impecável, imaculado(-da).

spotlight ['spɒtlait] *n* projetor *m*.

spotted ['spɒtid] *adj (material)* de bolas.

spotty ['spɒti] *adj* com borbulhas.

spouse [spaus] *n (fml)* esposo *m* (-sa *f*).

spout [spaut] *n* bico *m*.

sprain [sprein] *vt* torcer.

sprang [spræŋ] *pt* → **spring**.

spray [sprei] *n (of aerosol, perfume)* spray *m; (droplets)* gotas *fpl; (of sea)* espuma *f* ◆ *vt (car)* pintar com pistola; *(crops)* pulverizar; *(paint, water etc)* esguichar.

spread [spred] *(pt & pp* **spread**) *vt (butter, jam)* barrar; *(glue, disease, news)* espalhar; *(map, tablecloth, blanket)* estender; *(legs, fingers, arms)* abrir ◆ *vi (disease, fire, news)* espalhar-se; *(stain)* alastrar ◆ *n (food):* **chocolate ~** pasta *f* de chocolate, Tulicreme® *m*.

⊐ **spread out** *vi (disperse)* espalhar-se.

spree [spriː] *n:* **to go on a spending/drinking ~** gastar/beber à valer.

spring [spriŋ] *(pt* **sprang**, *pp* **sprung**) *n (season)* primavera *f; (coil)* mola *f; (in ground)* nascente *f* ◆ *vi (leap)* saltar; **in (the) ~** na primavera.

springboard ['spriŋbɔːd] *n* prancha *f* (de saltos).

spring-cleaning [-'kliːniŋ] *n* limpezas *fpl* de primavera.

spring onion *n* cebolinha *f*.

spring roll *n* crepe *m* chinês.

springtime ['spriŋtaim] *n:* **in (the) ~** na primavera.

springy ['spriŋi] *adj (carpet, ground)* mole; *(rubber)* elástico(-ca); *(mattress)* de molas.

sprinkle ['spriŋkl] *vt:* **to ~ sthg with sugar/flour** polvilhar algo com açúcar/farinha; **to ~ water on sthg** salpicar algo com água.

sprinkler ['spriŋkləʳ] *n (for fire)* extintor *m* (automático de incêndios); *(for grass)* regador *m* (automático), aspersor *m*.

sprint [sprint] *n (race)* corrida *f* de velocidade ◆ *vi (run fast)* dar uma corrida.

Sprinter® ['sprintəʳ] *n (Brit: train)* trem *m* interurbano, *trem que serve pequenas distâncias*.

sprout [spraut] *n (vegetable)* couve-de-Bruxelas *f*.

spruce [spruːs] *n* espruce *m*.

sprung [sprʌŋ] *pp* → **spring** ◆ *adj (mattress)* de molas.

spud [spʌd] *n (inf)* batata *f*.

spun [spʌn] *pt & pp* → **spin**.

spur [spɜːʳ] *n (for horse rider)* espora *f*; **on the ~ of the moment** sem pensar duas vezes.

spurt [spɜːt] *vi* jorrar.

spy [spai] *n* espião *m* (-pia *f*).

spying ['spaiiŋ] *n* espionagem *f*.

squabble ['skwɒbl] *n* briga *f* ◆ *vi:* **to ~ (about** OR **over sthg)** brigar (por algo).

squad [skwɒd] *n (of police)* brigada *f; (group of players)* equipe *f*.

squadron ['skwɒdrən] *n (of planes)* esquadrilha *f; (of warships)* esquadra *f; (of soldiers)* esquadrão *m*.

squall [skwɔːl] *n* tempestade *f*, borrasca *f*.

squalor ['skwɒləʳ] *n* sordidez *f*.

squander ['skwɒndəʳ] *vt* desperdiçar.

square [skweəʳ] *adj (in shape)* quadrado(-da) ◆ *n (in shape)* quadrado *m; (in town)* praça *f; (of chocolate)* pedaço *m; (on chessboard)* casa *f*; **2 ~ metres** 2 metros quadrados; **it's 2 metres ~** tem 2 metros de lado; **we're (all) ~ now**

(not owing money) agora estamos quites.

squarely [ˈskwɛəlɪ] *adv (directly)* exatamente; *(honestly)* francamente.

squash [skwɒʃ] *n (game)* squash *m*; *(Brit: drink)* bebida à base de suco de fruto concentrado e água; *(Am: vegetable)* abóbora *f* ♦ *vt* esmagar.

squat [skwɒt] *adj* atarracado(-da) ♦ *n (building)* edifício abandonado e ocupado clandestinamente ♦ *vi (crouch)* agachar-se.

squatter [ˈskwɒtəʳ] *n (Brit)* ocupante *mf* ilegal, squatter *mf*.

squawk [skwɔːk] *vi (bird)* gritar.

squeak [skwiːk] *vi* chiar.

squeal [skwiːl] *vi* chiar.

squeamish [ˈskwiːmɪʃ] *adj*: **I'm ~ about the sight of blood** não posso ver sangue.

squeeze [skwiːz] *vt* espremer.

❏ **squeeze in** *vi* arranjar lugar.

squid [skwɪd] *n* lula *f*.

squint [skwɪnt] *n* estrabismo *m* ♦ *vi* semicerrar os olhos; **to ~ at** olhar com os olhos semi-cerrados para.

squirrel [*Brit* ˈskwɪrəl, *Am* ˈskwɜːrəl] *n* esquilo *m*.

squirt [skwɜːt] *vi* esguichar.

Sri Lanka [ˌsriːˈlæŋkə] *n* Sri Lanca *m*.

St *(abbr of Street)* R.; *(abbr of Saint)* S. *mf*, Sta. *f*.

stab [stæb] *vt (with knife)* apunhalar, esfaquear.

stable [ˈsteɪbl] *adj* estável ♦ *n* estábulo *m*.

stack [stæk] *n (pile)* pilha *f*; **~s of** *(inf: lots)* pilhas de.

stadium [ˈsteɪdjəm] *n* estádio *m*.

staff [stɑːf] *n (workers)* pessoal *m*.

stag [stæg] *(pl inv OR* **-s)** *n* veado *m* (macho).

stage [steɪdʒ] *n (phase)* fase *f*; *(in theatre)* palco *m*.

stagecoach [ˈsteɪdʒkəʊtʃ] *n* diligência *f*.

stage fright *n* medo *m* do palco.

stagger [ˈstægəʳ] *vt (arrange in stages)* escalonar ♦ *vi* cambalear.

stagnant [ˈstægnənt] *adj* estagnado (-da).

stagnate [stægˈneɪt] *vi* estagnar.

staid [steɪd] *adj* conservador(-ra), antiquado(-da).

stain [steɪn] *n* nódoa *f*, mancha *f* ♦ *vt* manchar.

stained glass window [steɪnd-] *n* vitral *m*.

stainless steel [ˈsteɪnlɪs-] *n* aço *m* inoxidável.

stair [steəʳ] *n* degrau *m*.

❏ **stairs** *npl* escadas *fpl*.

staircase [ˈsteəkeɪs] *n* escadaria *f*.

stairway [ˈsteəweɪ] *n* escadaria *f*.

stairwell [ˈsteəwel] *n* vão *m* das escadas.

stake [steɪk] *n (share)* parte *f*; *(in gambling)* aposta *f*; *(post)* estaca *f*; **at ~** em jogo.

stale [steɪl] *adj (bread)* duro(-ra); *(crisps, biscuits)* mole.

stalemate [ˈsteɪlmeɪt] *n (deadlock)* beco *m* sem saída, impasse *m*; *(in chess)* empate *m*.

stalk [stɔːk] *n (of flower, plant)* pé *m*, caule *m*; *(of fruit)* galho *m (Br)*, píncaro *m (Port)*; *(of leaf)* galho *(Br)*, pecíolo *m (Port)*.

stall [stɔːl] *n (at exhibition)* stand *m*; *(in market, at fair)* barraca *f* ♦ *vi (car, plane, engine)* morrer *(Br)*, ir abaixo *(Port)*.

❏ **stalls** *npl (Brit: in theatre)* platéia *f*.

stallion [ˈstæljən] *n* garanhão *m*.

stamina [ˈstæmɪnə] *n* resistência *f*.

stammer [ˈstæməʳ] *vi* gaguejar.

stamp [stæmp] *n (for letter)* selo *m*; *(in passport, on document)* carimbo *m* ♦ *vt (passport, document)* carimbar ♦ *vi*: **to ~ on sth** esmagar algo com o pé; **to ~ one's foot** bater com o pé no chão.

stamp album *n* álbum *m* de selos.

stamp-collecting [-kəˌlektɪŋ] *n* filatelia *f*.

stampede [stæmˈpiːd] *n* debandada *f*.

stamp machine *n* distribuidor *m* automático de selos.

stance [stæns] *n (posture)* postura *f*; **~ (on sth)** *(attitude)* posição *f* (em relação a algo).

stand [stænd] *(pt & pp* **stood)** *vi (be on feet)* estar de OR em pé; *(be situated)* ficar; *(get to one's feet)* levantar-se ♦ *vt (place)* pôr, colocar; *(bear, withstand)* agüentar, suportar ♦ *n (in market, at fair)* barraca *f*; *(at exhibition)* stand *m*; *(for newspapers)* banca *f* de jornais *(Br)*, quiosque *m (Port)*; *(for umbrellas)* bengaleiro *m*; *(for coats)* cabide *m*; *(for bike, motorbike)* descanso *m*; *(at sports stadium)* arquibancada *f (Br)*, bancada *f (Port)*; **to ~ sb a drink** pagar uma bebida para alguém; **to be ~ing** estar de OR em pé; **"no ~ing"** *(Am: AUT)* "zona de estacionamento e parada proibida".

❏ **stand back** *vi* afastar-se.

❏ **stand for** *vt fus (mean)* representar; *(tolerate)* tolerar.

❏ **stand in** *vi*: **to ~ in for sb** substituir alguém.

❏ **stand out** *vi (be conspicuous)* dar nas vistas; *(be superior)* destacar-se.

❏ **stand up** *vi (be on feet)* estar de OR em pé; *(get to one's feet)* levantar-se ◆ *vt sep (inf: boyfriend, girlfriend)* deixar plantado(-da).

❏ **stand up for** *vt fus* defender.

standard ['stændəd] *adj (normal)* normal, padrão *(inv)* ◆ *n (level)* nível *m*; *(point of comparison)* média *f*; *(for product)* norma *f*; **to be up to ~** estar à altura.

❏ **standards** *npl (principles)* princípios *mpl*.

standard-class *adj (Brit: on train)* de segunda classe.

standard lamp *n (Brit)* abajur *m* de pé *(Br)*, candeeiro *m* de pé *(Port)*.

standard of living *n* padrão *m* de vida *(Br)*, nível *m* de vida.

standby ['stændbaɪ] *adj (ticket)* sem reserva, de última hora.

stand-in *n (replacement)* substituto *m* (-ta *f*); *(stunt person)* dublê *mf (Br)*, duplo *m* (-pla *f*) *(Port)*.

standing order ['stændɪŋ-] *n* transferência *f* bancária.

standing room ['stændɪŋ-] *n (at sports ground, theatre)* lugares *mpl* em pé.

standpoint ['stændpɔɪnt] *n* ponto *m* de vista.

standstill ['stændstɪl] *n*: **to be at a ~** *(traffic)* estar parado(-da), estar imobilizado(-da); **to come to a ~** *(car, train)* parar, imobilizar-se; *(negotiations, work)* cessar.

stank [stæŋk] *pt* → **stink**.

staple ['steɪpl] *n (for paper)* grampo *m (Br)*, agrafo *m (Port)*.

stapler ['steɪplər] *n* grampeador *m (Br)*, agrafador *m (Port)*.

star [stɑːr] *n* estrela *f* ◆ *vt (subj: film, play etc)*: **"starring ..."** "com ...".

❏ **stars** *npl (horoscope)* horóscopo *m*.

starboard ['stɑːbəd] *adj* de estibordo.

starch [stɑːtʃ] *n (for clothes)* goma *f*; *(in food)* amido *m*.

stare [steər] *vi*: **to ~ at** fitar, olhar fixamente (para).

starfish ['stɑːfɪʃ] *(pl inv)* *n* estrela-do-mar *f*.

starling ['stɑːlɪŋ] *n* estorninho *m*.

starry ['stɑːrɪ] *adj* estrelado(-da).

Stars and Stripes *n*: **the ~** a bandeira dos Estados Unidos.

start [stɑːt] *n (beginning)* início *m*, começo *m*; *(starting place)* ponto *m* de partida ◆ *vt (begin)* começar; *(car, engine)* ligar; *(business, club)* montar ◆ *vi (begin)* começar; *(car, engine)* pegar; *(begin journey)* sair, partir; **prices ~ at** OR **from £5** preços a partir de 5 libras; **to ~ doing sthg** OR **to do sthg** começar a fazer algo; **to ~ with ...** para começar ....

❏ **start out** *vi (on journey)* partir; *(be originally)* começar.

❏ **start up** *vt sep (car, engine)* ligar; *(business, shop)* montar.

starter ['stɑːtər] *n (Brit: of meal)* entrada *f*; *(of car)* motor *m* de arranque; **for ~s** *(in meal)* como entrada.

starter motor *n* motor *m* de arranque.

starting point ['stɑːtɪŋ-] *n* ponto *m* de partida.

startle ['stɑːtl] *vt* assustar.

startling ['stɑːtlɪŋ] *adj* surpreendente.

starvation [stɑːˈveɪʃn] *n* fome *f*.

starve [stɑːv] *vi (have no food)* passar fome; **I'm starving!** estou esfomeado OR morto de fome!

state [steɪt] *n* estado *m* ◆ *vt (declare)* declarar; *(specify)* especificar, indicar; **the State** o Estado; **the States** os Estados Unidos.

statement ['steɪtmənt] *n (declaration)* declaração *f*; *(from bank)* extrato *m* de conta.

state school *n* escola *f* pública.

statesman ['steɪtsmən] *(pl* -men [-mən]*)* *n* homem *m* de estado, estadista *m*.

static ['stætɪk] *n (on radio, TV)* interferências *fpl*.

station ['steɪʃn] *n* estação *f*.

stationary ['steɪʃnərɪ] *adj* estacionário(-ria).

stationer's ['steɪʃnəz] *n (shop)* papelaria *f*.

stationery ['steɪʃnərɪ] *n* artigos *mpl* de papelaria.

stationmaster ['steɪʃn,mɑːstəʳ] n chefe mf de estação.

station wagon n (Am) perua f (Br), carrinha f (Port).

statistics [stə'tɪstɪks] npl (figures) estatísticas fpl.

statue ['stætʃuː] n estátua f.

Statue of Liberty n: the ~ a Estátua da Liberdade.

stature ['stætʃəʳ] n estatura f.

status ['steɪtəs] n (legal position) estado m; (social position) status m (Br), estatuto m (Port); (prestige) prestígio m, status m.

statutory ['stætjʊtrɪ] adj legal.

staunch [stɔːntʃ] adj leal ♦ vt estancar.

stave [steɪv] (pt & pp -d OR stove) n (MUS) pauta f.

❑ **stave off** vt sep (disaster, defeat) adiar, protelar; (hunger) saciar, aplacar.

stay [steɪ] n (time spent) estadia f ♦ vi (remain) ficar; (as guest) ficar (hospedado); (Scot: reside) morar, viver; **where are you ~ing?** onde você está hospedado?; **to ~ the night** passar a noite.

❑ **stay away** vi (not attend) não ir; (not go near) ficar longe.

❑ **stay in** vi ficar em casa.

❑ **stay out** vi (from home) ficar fora.

❑ **stay up** vi ficar acordado.

STD code n indicativo m.

stead [sted] n: **to stand sb in good ~** ser muito útil para alguém.

steadfast ['stedfɑːst] adj (supporter) leal, fiel; (resolve) inabalável; (gaze) fixo(-xa).

steadily ['stedɪlɪ] adv (gradually) gradualmente; (regularly) regularmente; (calmly) calmamente.

steady ['stedɪ] adj (not shaking, firm) firme; (gradual) gradual; (stable) estável; (job) fixo(-xa) ♦ vt (table, ladder) firmar.

steak [steɪk] n bife m.

steak and kidney pie n empada de carne de vaca e rins.

steakhouse ['steɪkhaʊs, pl -haʊzɪz] n restaurante especializado em bifes.

steal [stiːl] (pt stole, pp stolen) vt roubar; **to ~ sthg from sb** roubar algo de alguém.

stealthy ['stelθɪ] adj furtivo(-va).

steam [stiːm] n vapor m ♦ vt (food) cozer no vapor.

steam boat ['stiːmbəʊt] n barco m a vapor.

steam engine n máquina f a vapor.

steamer ['stiːməʳ] n (ship) navio m a vapor.

steam iron n ferro m a vapor.

steamroller ['stiːm,rəʊləʳ] n cilindro m.

steel [stiːl] n aço m ♦ adj de aço.

steep [stiːp] adj (hill, path) íngreme; (increase, drop) considerável.

steeple ['stiːpl] n torre f da igreja, campanário m.

steeplechase ['stiːpltʃeɪs] n corrida f de obstáculos.

steer ['stɪəʳ] vt (car) dirigir (Br), conduzir (Port); (boat, plane) pilotar.

steering ['stɪərɪŋ] n direção f.

steering wheel n volante m.

stem [stem] n (of plant) talo m, caule m; (of glass) pé m.

stench [stentʃ] n fedor m.

stencil ['stensl] n stencil m.

step [step] n (stair, rung) degrau m; (pace, measure, stage) passo m ♦ vi: **to ~ on sthg** pisar em algo; "**mind the ~**" "cuidado com o degrau".

❑ **steps** npl (stairs) escadas fpl.

❑ **step aside** vi (move aside) desviar-se, afastar-se.

❑ **step back** vi (move back) recuar, afastar-se.

step aerobics n step m.

stepbrother ['step,brʌðəʳ] n meio-irmão m.

stepdaughter ['step,dɔːtəʳ] n enteada f.

stepfather ['step,fɑːðəʳ] n padrasto m.

stepladder ['step,lædəʳ] n escada f portátil, escadote m (Port).

stepmother ['step,mʌðəʳ] n madrasta f.

stepping-stone ['stepɪŋ-] n (in river) pedra f; (fig: way to success) trampolim m.

stepsister ['step,sɪstəʳ] n meia-irmã f.

stepson ['stepsʌn] n enteado m.

stereo ['sterɪəʊ] (pl -s) adj estereofônico(-ca) ♦ n (hi-fi) aparelhagem f; (stereo sound) estereofonia f, estéreo m.

stereotype ['sterɪətaɪp] n estereótipo m.

sterile ['steraɪl] adj (germ-free) esterilizado(-da).

sterilize ['sterəlaɪz] vt esterilizar.

sterling ['stɜːlɪŋ] adj (pound) esterlino(-na) ◆ n libra f esterlina.

sterling silver n prata f de lei.

stern [stɜːn] adj severo(-ra) ◆ n popa f.

steroid ['stɪərɔɪd] n esteróide m.

stethoscope ['steθəskəʊp] n estetoscópio m.

stew [stjuː] n ensopado m, guisado m.

steward ['stjʊəd] n (on plane, ship) comissário m de bordo; (at public event) organizador m.

stewardess ['stjʊədɪs] n aeromoça f (Br), hospedeira f de bordo (Port).

stewed [stjuːd] adj (fruit) cozido(-da).

stick [stɪk] (pt & pp stuck) n (of wood) pau m; (for sport) stick m; (of celery) tira f (Br), troço m (Port); (walking stick) bengala f ◆ vt (glue) colar; (push, insert) meter, pôr; (inf: put) meter, pôr ◆ vi (become attached) grudar-se (Br), pegar-se (Port); (jam) encravar.

❑ **stick out** vi sobressair.

❑ **stick to** vt fus (decision, principles, promise) manter-se fiel a.

❑ **stick up** vt sep (poster, notice) afixar ◆ vi: **your hair is ~ing up!** você está com o cabelo todo arrepiado!

❑ **stick up for** vt fus defender.

sticker ['stɪkər] n adesivo m (Br), autocolante m (Port).

sticking plaster ['stɪkɪŋ-] n esparadrapo m (Br), penso m (rápido) (Port).

stick shift n (Am: car) veículo m com mudanças manuais.

stick-up n (inf) assalto m à mão armada.

sticky ['stɪkɪ] adj (substance, hands, sweets) pegajoso(-osa); (label, tape) adesivo(-va), autocolante (Port); (weather) úmido(-da).

stiff [stɪf] adj (firm) rijo(-ja); (sheet) teso(-sa); (neck) duro(-ra); (back, person) dolorido(-da); (door, latch, mechanism) emperrado(-da) ◆ adv: **to be bored ~** (inf) estar morrendo de tédio.

stiffen ['stɪfn] vi (muscles, person) ficar rígido(-da); (hinge, handle) emperrar; (competition, resolve) endurecer.

stifle ['staɪfl] vt (suffocate) sufocar; (suppress) abafar.

stifling ['staɪflɪŋ] adj (heat) sufocante.

stigma ['stɪgmə] n (disgrace) estigma m.

stile [staɪl] n conjunto de degraus que facilita a passagem das pessoas por cima de uma vedação ou vala no campo.

stiletto heels [stɪ'letəʊ-] npl (shoes) sapatos mpl com saltos finos.

still [stɪl] adv ainda ◆ adj (motionless) imóvel; (quiet, calm) calmo(-ma); (not fizzy) sem gás; **we've ~ got 10 minutes** ainda temos 10 minutos; **~ more** ainda mais; **to stand ~** estar quieto.

stillborn ['stɪlbɔːn] adj nati-morto (nati-morta).

still life (pl -s) n natureza-morta f.

stilted ['stɪltɪd] adj forçado(-da).

Stilton ['stɪltn] n queijo m Stilton, queijo azul inglês com sabor forte e amargo, comido tradicionalmente acompanhado de vinho do Porto.

stilts [stɪlts] npl pernas fpl de pau (Br), andas fpl (Port).

stimulate ['stɪmjʊleɪt] vt estimular.

stimulating ['stɪmjʊleɪtɪŋ] adj (physically) revigorante; (mentally) estimulante.

stimulus ['stɪmjʊləs] (pl -li [-laɪ]) n estímulo m.

sting [stɪŋ] (pt & pp stung) vt picar ◆ vi (skin, eyes) arder.

stingy ['stɪndʒɪ] adj (inf) pão-duro(-ra) (Br), forreta (Port).

stink [stɪŋk] (pt stank OR stunk, pp stunk) vi cheirar mal.

stinking ['stɪŋkɪŋ] adj (inf: headache, cold) horroroso(-osa).

stint [stɪnt] n (period of time) período m ◆ vi: **to ~ on sthg** poupar em algo.

stipulate ['stɪpjʊleɪt] vt estipular.

stir [stɜːr] vt (move around, mix) mexer.

stir-fry n prato chinês em que pedaços de legumes e carnes são fritos rapidamente em óleo bem quente ◆ vt fritar rapidamente.

stirrup ['stɪrəp] n estribo m.

stitch [stɪtʃ] n (in sewing, knitting) ponto m; **to have a ~** sentir uma pontada do lado.

❑ **stitches** npl (for wound) pontos mpl.

stoat [stəʊt] n arminho m.

stock [stɒk] n (of shop) estoque m; (FIN) títulos mpl, acções fpl; (CULIN) caldo m ◆ vt (have in stock) ter em estoque; **in ~** em estoque, armazenado; **out of ~** esgotado.

stockbroker ['stɒk,brəʊkər] n corretor m (-ra f) da bolsa.

stock cube n cubo m de caldo.

Stock Exchange *n* bolsa *f* de valores.

stockholder ['stɒk,həʊldə'] *n* (*Am*) acionista *mf*.

Stockholm ['stɒkhəʊm] *n* Estocolmo *s*.

stocking ['stɒkɪŋ] *n* meia *f*.

stock market *n* bolsa *f*, mercado *m* de valores.

stocktaking ['stɒk,teɪkɪŋ] *n* inventário *m*.

stocky ['stɒkɪ] *adj* atarracado(-da).

stodgy ['stɒdʒɪ] *adj* (*food*) pesado(-da).

stole [stəʊl] *pt* → **steal**.

stolen ['stəʊln] *pp* → **steal**.

stomach ['stʌmək] *n* (*organ*) estômago *m*; (*belly*) barriga *f*.

stomachache ['stʌmɔkeɪk] *n* dor *f* de estômago.

stomach upset [-'ʌpset] *n* indisposição *f* estomacal.

stone [stəʊn] *n* (*substance*) *n* pedra *f*; (*in fruit*) caroço *m*; (*measurement*: *pl inv*) = 6,35 kg; (*gem*) pedra preciosa ♦ *adj* de pedra.

stonewashed ['stəʊnwɒʃt] *adj* prélavado(-da) com pedras.

stood [stʊd] *pt & pp* → **stand**.

stool [stuːl] *n* (*for sitting on*) banco *m*, mocho *m* (*Port*).

stoop [stuːp] *vi* (*bend over*) abaixar-se; (*hunch shoulders*) corcovar-se.

stop [stɒp] *n* parada *f* (*Br*), paragem *f* (*Port*) ♦ *vt* parar ♦ *vi* parar; (*stay*) ficar; **to ~ sb/sthg from doing sthg** impedir alguém/algo de fazer algo; **to ~ doing sthg** parar de fazer algo; **to put a ~ to sthg** pôr termo OR fim a algo; **"stop"** (*road sign*) "stop"; **"stopping at ..."** (*train, bus*) "com paradas em ...".

❑ **stop off** *vi* parar.

stopover ['stɒp,əʊvə'] *n* parada *f* (*Br*), paragem *f* (*Port*); (*on plane journey*) escala *f*.

stoppage ['stɒpɪdʒ] *n* (*strike*) greve *f*, paralisação *f*; (*in sports match*) interrupção *f*.

stopper ['stɒpə'] *n* tampa *f*.

stopwatch ['stɒpwɒtʃ] *n* cronômetro *m*.

storage ['stɔːrɪdʒ] *n* armazenamento *m*, armazenagem *f*.

storage heater *n* (*Brit*) termoacumulador *m*, aquecedor que acumula calor durante a noite para o emitir durante o dia.

store [stɔː'] *n* (*shop*) loja *f*; (*supply*) estoque *m* ♦ *vt* armazenar.

storehouse ['stɔːhaʊs, *pl* -haʊzɪz] *n* armazém *m*.

storekeeper ['stɔː,kiːpə'] *n* (*Am*) comerciante *mf*, dono *m* (-na *f*) de loja.

storeroom ['stɔːrʊm] *n* (*in shop*) armazém *m*; (*in house*) dispensa *f*.

storey ['stɔːrɪ] (*pl* -s) *n* (*Brit*) andar *m*.

stork [stɔːk] *n* cegonha *f*.

storm [stɔːm] *n* (*bad weather*) tempestade *f*.

stormy ['stɔːmɪ] *adj* (*weather*) tempestuoso(-osa).

story ['stɔːrɪ] *n* (*account, tale*) história *f*; (*news item*) artigo *m*; (*Am*) = **storey**.

stout [staʊt] *adj* (*fat*) corpulento(-ta), forte ♦ *n* (*drink*) cerveja *f* preta.

stove [stəʊv] *pt & pp* → **stave** ♦ *n* (*for cooking*) fogão *m*; (*for heating*) estufa *f*.

stow [stəʊ] *vt*: **to ~ sthg (away)** (*luggage*) arrumar algo; (*files*) arquivar algo; (*treasure*) esconder algo.

stowaway ['stəʊəweɪ] *n* passageiro *m* clandestino (passageira *f* clandestina).

straddle ['strædl] *vt* (*subj*: *person*) escarranchar-se em.

straggler ['stræglə'] *n* atrasado *m* (-da *f*).

straight [streɪt] *adj* (*not curved*) direito(-ta); (*road, line*) reto(-ta); (*hair*) liso(-sa); (*consecutive*) consecutivo(-va); (*drink*) puro(-ra) ♦ *adv* (*in a straight line*) reto(-ta); (*upright*) direito; (*directly*) diretamente; (*without delay*) imediatamente; **~ ahead** sempre em frente; **~ away** imediatamente, já; **~ in front** mesmo em frente.

straighten ['streɪtn] *vt* endireitar; (*room, desk*) arrumar.

❑ **straighten out** *vt sep* (*misunderstanding*) esclarecer.

straight face *n*: **to keep a ~** manter-se sério(-ria), conter o riso.

straightforward [,streɪt'fɔːwəd] *adj* (*easy*) simples (*inv*).

strain [streɪn] *n* (*force*) força *f*; (*nervous stress*) stress *m*; (*tension*) tensão *f*; (*injury*) distenção *f* ♦ *vt* (*muscle, eyes*) forçar; (*food, tea*) coar.

strained [streɪnd] *adj* (*forced*) forçado(-da); (*tense*) tenso(-sa); (*ankle, shoulder*) deslocado(-da); (*muscle*) distendido(-da).

strainer ['streɪnə'] *n* passador *m*, coador *m*.

strait [streit] *n* estreito *m*.

straitjacket [streit,dʒækit] *n* camisa-de-força *f*.

straitlaced [streit'leist] *adj* puritano(-na).

strand [strænd] *n* (*of cotton, wool*) linha *f*, fio *m*; **a ~ of hair** um cabelo.

stranded [strændid] *adj* (*person, car*) preso(-sa); (*boat*) encalhado(-da).

strange [streindʒ] *adj* estranho(-nha).

stranger ['streindʒər] *n* (*unfamiliar person*) estranho *m* (-nha *f*), desconhecido *m* (-da *f*); (*person from different place*) forasteiro *m* (-ra *f*).

strangle ['stræŋgl] *vt* estrangular.

strap [stræp] *n* (*of bag*) alça *f*; (*of camera, shoe*) correia *f*; (*of watch*) pulseira *f*.

strapless ['stræplis] *adj* sem alças.

strapping ['stræpiŋ] *adj* bem constituído(-da).

Strasbourg ['stræzbɔːg] *n* Estrasburgo *s*.

strategic [strə'tiːdʒik] *adj* estratégico(-ca).

strategy ['strætidʒi] *n* estratégia *f*.

Stratford-upon-Avon [,strætfədəpɒn'ervn] *n* Stratford-Upon-Avon *s*.

straw [strɔː] *n* palha *f*; (*for drinking*) canudo *m* (*Br*), palhinha *f* (*Port*).

strawberry ['strɔːbəri] *n* morango *m*.

stray [strei] *adj* (*animal*) abandonado(-da) ◆ *vi* vaguear.

streak [striːk] *n* (*stripe, mark*) listra *f*, risca *f*; (*period*) período *m*.

stream [striːm] *n* (*river*) riacho *m*; (*of traffic, people*) torrente *f*; (*of water, air*) corrente *f*.

streamlined ['striːmlaind] *adj* (*aerodynamic*) com um perfil aerodinâmico; (*efficient*) eficiente.

street [striːt] *n* rua *f*.

streetcar ['striːtkɑːr] *n* (*Am*) bonde *m* (*Br*), eléctrico *m* (*Port*).

street light *n* poste *m* de iluminação, candeeiro *m* de rua (*Port*).

street plan *n* mapa *m* (das ruas).

streetwise ['striːtwaiz] *adj* esperto (-ta).

strength [streŋθ] *n* força *f*; (*of structure*) solidez *f*; (*strong point*) ponto *m* forte; (*of feeling, wind, smell*) intensidade *f*; (*of drink*) teor *m* alcoólico; (*of drug*) dosagem *f*.

strengthen ['streŋθn] *vt* reforçar.

strenuous ['strenjuəs] *adj* (*exercise, activity*) esgotante; (*effort*) vigoroso

(-osa), tremendo(-da).

stress [stres] *n* (*tension*) stress *m*; (*on word, syllable*) acento *m* tônico ◆ *vt* (*emphasize*) pôr a tônica em; (*word, syllable*) acentuar.

stressful ['stresful] *adj* desgastante.

stretch [stretʃ] *n* (*of land, water*) extensão *f*; (*of time*) período *m* ◆ *vt* esticar ◆ *vi* (*land, sea*) estender-se; (*person, animal*) estirar-se, espreguiçar-se; **to ~ one's legs** (*fig*) esticar as pernas.

⌐ **stretch out** *vt sep* (*hand*) estender ◆ *vi* (*lie down*) estender-se ao comprido, deitar-se.

stretcher ['stretʃər] *n* maca *f*.

strict [strikt] *adj* rigoroso(-osa).

strictly ['striktli] *adv* (*absolutely*) estritamente; (*exclusively*) exclusivamente; **~ speaking** a bem dizer.

stride [straid] *n* passada *f*.

strident ['straidnt] *adj* (*voice, sound*) estridente.

strife [straif] *n* rixas *fpl*, conflitos *mpl*.

strike [straik] (*pt & pp* **struck**) *n* (*of employees*) greve *f* ◆ *vt* (*fml: hit*) agredir; (*fml: collide with*) colidir OR chocar com; (*a match*) acender ◆ *vi* (*refuse to work*) fazer greve; (*happen suddenly*) ocorrer; **the clock struck eight** o relógio bateu oito horas.

striker ['straikər] *n* (*person on strike*) grevista *mf*; (*in football*) ponta-de-lança *mf*.

striking ['straikiŋ] *adj* (*noticeable*) impressionante; (*attractive*) atraente.

string [striŋ] *n* cordel *m*, fio *m*; (*of pearls, beads*) colar *m*; (*of musical instrument, tennis racket*) corda *f*; (*series*) série *f*; **a piece of ~** um cordel, um fio.

string bean *n* feijão *m* verde, vagem *f*.

stringed instrument [striŋd-] *n* instrumento *m* de cordas.

stringent ['strindʒənt] *adj* severo(-ra), austero(-ra).

strip [strip] *n* (*of paper, cloth etc*) tira *f*; (*of land, water*) faixa *f* ◆ *vt* (*paint*) raspar; (*wallpaper*) arrancar ◆ *vi* (*undress*) despir-se.

stripe [straip] *n* risca *f*, listra *f*.

striped [straipt] *adj* de listras.

strip-search *vt* revistar (*mandando tirar a roupa a alguém*).

strip show *n* espetáculo *m* de striptease.

striptease ['striptiːz] *n* striptease *m*.

strive [straɪv] (*pt* **strove**, *pp* **striven** ['strɪvn]) *vi*: **to ~ for** sthg lutar por algo; **to ~ to do** sthg esforçar-se por fazer algo.

stroke [strəuk] *n* (*MED*) trombose *f*; (*in tennis*) batida *f*; (*in golf*) tacada *f*; (*swimming style*) estilo *m* ♦ *vt* fazer festas em; **a ~ of luck** um golpe de sorte.

stroll [strəul] *n* passeio *m*.

stroller ['strəulər] *n* (*Am: pushchair*) carrinho *m* de bebê.

strong [strɒŋ] *adj* forte; (*structure, bridge, chair*) sólido(-da); (*accent*) forte, acentuado(-da).

strongbox ['strɒŋbɒks] *n* caixa-forte *f*.

stronghold ['strɒŋhəuld] *n* (*fig: bastion*) bastião *m*.

strongly ['strɒŋlɪ] *adv* (*built*) solidamente; (*advise*) vivamente; (*taste, smell*) intensamente; (*support*) plenamente; **to ~ oppose** sthg opor-se completamente a algo.

strove [strəuv] *pt* → **strive**.

struck [strʌk] *pt & pp* → **strike**.

structure ['strʌktʃər] *n* (*arrangement, organization*) estrutura *f*; (*building*) construção *f*.

struggle ['strʌgl] *n* (*great effort*) luta *f* ♦ *vi* (*fight*) lutar; (*in order to get free*) debater-se; **to ~ to do** sthg esforçar-se por fazer algo.

stub [stʌb] *n* (*of cigarette*) ponta *f*; (*of cheque, ticket*) talão *m*.

stubble ['stʌbl] *n* (*on face*) barba *f* por fazer.

stubborn ['stʌbən] *adj* (*person*) teimoso(-osa).

stuck [stʌk] *pt & pp* → **stick** ♦ *adj* preso(-sa).

stuck-up *adj* (*inf*) presunçoso(-osa), pedante.

stud [stʌd] *n* (*on boots*) pitão *m*, piton *m*; (*fastener*) botão *m* de pressão (*Br*), mola *f* (*Port*); (*earring*) brinco *m*.

student ['stjuːdnt] *n* estudante *mf*.

student card *n* carteira *f* de estudante.

students' union [ˌstjuːdnts-] *n* (*place*) associação *f* de estudantes.

studio ['stjuːdɪəu] (*pl* **-s**) *n* (*for filming, broadcasting*) estúdio *m*; (*of artist*) atelier *m*.

studio apartment (*Am*) = **studio flat**.

studio flat *n* (*Brit*) conjugado *m* (*Br*), estúdio *m* (*Port*).

studious ['stjuːdjəs] *adj* estudioso (-osa), aplicado(-da).

studiously ['stjuːdjəslɪ] *adv* cuidadosamente.

study ['stʌdɪ] *n* estudo *m*; (*room*) escritório *m* ♦ *vt* (*learn about*) estudar; (*examine*) examinar ♦ *vi* estudar.

stuff [stʌf] *n* (*inf*) (*substance*) coisa *f*; (*things, possessions*) coisas *fpl*, tralha *f* ♦ *vt* (*put roughly*) enfiar; (*fill*) rechear.

stuffed [stʌft] *adj* (*food*) recheado(-da); (*inf: full up*) cheio (cheia); (*dead animal*) embalsamado(-da).

stuffing ['stʌfɪŋ] *n* recheio *m*.

stuffy ['stʌfɪ] *adj* (*room, atmosphere*) abafado(-da).

stumble ['stʌmbl] *vi* (*when walking*) tropeçar.

stumbling block ['stʌmblɪŋ-] *n* entrave *m*, obstáculo *m*.

stump [stʌmp] *n* (*of tree*) toco *m*.

stun [stʌn] *vt* (*shock*) chocar.

stung [stʌŋ] *pt & pp* → **sting**.

stunk [stʌŋk] *pt & pp* → **stink**.

stunning ['stʌnɪŋ] *adj* espantoso(-osa).

stunt [stʌnt] *n* (*for publicity*) golpe *m* OR truque *m* publicitário; (*in film*) cena *f* arriscada.

stunt man *n* dublê *mf* (*Br*), duplo *m* (*Port*).

stupendous [stjuːˈpendəs] *adj* (*inf: wonderful*) estupendo(-da).

stupid ['stjuːpɪd] *adj* estúpido(-da).

stupidity [stjuːˈpɪdətɪ] *n* estupidez *f*.

sturdy ['stɜːdɪ] *adj* robusto(-ta).

stutter ['stʌtər] *vi* gaguejar.

stye [staɪ] *n* terçol *m*, terçolho *m* (*Port*).

style [staɪl] *n* estilo *m*; (*design*) modelo *m* ♦ *vt* (*hair*) pentear.

stylish ['staɪlɪʃ] *adj* elegante.

stylist ['staɪlɪst] *n* (*hairdresser*) cabeleireiro *m* (-ra *f*).

stylus ['staɪləs] (*pl* **-es**) *n* (*on record player*) agulha *f*.

suave [swɑːv] *adj* polido(-da).

sub [sʌb] *n* (*inf*) (*substitute*) substituto *m* (-ta *f*); (*Brit: subscription*) assinatura *f*; (*Am: filled baguette*) sanduíche *m*.

subconscious [ˌsʌbˈkɒnʃəs] *adj* subconsciente ♦ *n*: **the ~** o subconsciente.

subdued [səbˈdjuːd] *adj* (*person*) abatido(-da); (*lighting, colour*) tênue.

subject [*n* ˈsʌbdʒekt, *vb* səbˈdʒekt] *n* (*topic*) tema *m*; (*at school*) disciplina *f*; (*at university*) cadeira *f*; (*GRAMM*) sujeito *m*; (*fml: of country*) cidadão *m* (-dã *f*)

◆ vt: **to ~ sb to sthg** submeter alguém a algo; **~ to availability** dentro do limite do estoque disponível; **they are ~ to an additional charge** estão sujeitos a um suplemento.

subjective [səb'dʒektɪv] *adj* subjetivo(-va).

subjunctive [səb'dʒʌŋktɪv] *n* subjuntivo *m (Br)*, conjuntivo *m (Port)*.

sublet [ˌsʌb'let] (*pt & pp* **sublet**) *vt* subalugar, subarrendar.

sublime [sə'blaɪm] *adj* sublime.

submarine [ˌsʌbmə'riːn] *n* submarino *m*.

submerge [səb'mɜːdʒ] *vt* submergir.

submit [səb'mɪt] *vt* apresentar ◆ *vi* submeter-se.

subordinate [sə'bɔːdɪnət] *adj (GRAMM)* subordinado(-da).

subscribe [səb'skraɪb] *vi (to magazine, newspaper)* assinar.

subscriber [səb'skraɪbər] *n* assinante *mf*.

subscription [səb'skrɪpʃn] *n* assinatura *f*.

subsequent [ˈsʌbsɪkwənt] *adj* subseqüente.

subsequently [ˈsʌbsɪkwəntlɪ] *adv* subseqüentemente, posteriormente.

subside [səb'saɪd] *vi (ground)* abater, aluir; *(feeling)* desparecer, dissipar-se; *(noise)* diminuir.

subsidence [səb'saɪdns] *n (of building)* desmoronamento *m*; *(of ground)* abaixamento *m*.

subsidiary [səb'sɪdjərɪ] *adj* secundário(-ria) ◆ *n*: **~ (company)** subsidiária *f*, filial *f*.

subsidize [ˈsʌbsɪdaɪz] *vt* subsidiar.

subsidy [ˈsʌbsɪdɪ] *n* subsídio *m*.

substance [ˈsʌbstəns] *n* substância *f*.

substantial [səb'stænʃl] *adj* substancial.

substantially [səb'stænʃəlɪ] *adv* substancialmente, consideravelmente; *(true)* em grande parte; *(complete)* praticamente.

substitute [ˈsʌbstɪtjuːt] *n (replacement)* substituto *m* (-ta *f*); *(SPORT)* suplente *mf*.

subtitles [ˈsʌb,taɪtlz] *npl* legendas *fpl*.

subtle [ˈsʌtl] *adj* subtil.

subtlety [ˈsʌtltɪ] *n* subtileza *f*.

subtract [səb'trækt] *vt* subtrair.

subtraction [səb'trækʃn] *n* subtração *f*.

suburb [ˈsʌbɜːb] *n* subúrbio *m*; **the ~s** os subúrbios.

subway [ˈsʌbweɪ] *n (Brit: for pedestrians)* passagem *f* subterrânea; *(Am: underground railway)* metrô *m*.

succeed [sək'siːd] *vi (be successful)* ter êxito OR sucesso ◆ *vt (fml: follow)* seguir; **to ~ in doing sthg** conseguir fazer algo.

success [sək'ses] *n* êxito *m*, sucesso *m*.

successful [sək'sesfʊl] *adj (plan, person)* bem sucedido(-da); *(film, book, TV programme)* de sucesso.

successive [sək'sesɪv] *adj* sucessivo (-va); **four ~ days** quatro dias seguidos OR consecutivos.

succinct [sək'sɪŋkt] *adj* sucinto(-ta).

succulent [ˈsʌkjʊlənt] *adj* suculento(-ta).

succumb [sə'kʌm] *vi*: **to ~ (to sthg)** sucumbir (a algo).

such [sʌtʃ] *adj (of stated kind)* tal, semelhante; *(so great)* tamanho(-nha), tal ◆ *adv*: **~ a lot** tanto; **~ a lot of books** tantos livros; **it's ~ a lovely day** está um dia tão bonito; **she has ~ good luck** ela tem tanta sorte; **~ a thing should never have happened** uma coisa assim nunca deveria ter acontecido; **~ as** tal como.

suck [sʌk] *vt (sweet)* chupar; *(thumb)* chupar; *(nipple)* mamar em.

sudden [ˈsʌdn] *adj* repentino(-na); **all of a ~** de repente.

suddenly [ˈsʌdnlɪ] *adv* de repente.

suds [sʌdz] *npl* espuma *f* (de sabão).

sue [suː] *vt* processar.

suede [sweɪd] *n* camurça *f*.

suet [ˈsʊɪt] *n* sebo *m*.

suffer [ˈsʌfər] *vt & vi* sofrer; **to ~ from** *(illness)* sofrer de.

sufferer [ˈsʌfrər] *n* doente *mf*.

suffering [ˈsʌfrɪŋ] *n* sofrimento *m*.

sufficient [sə'fɪʃnt] *adj (fml)* suficiente.

sufficiently [sə'fɪʃntlɪ] *adv (fml)* bastante, suficientemente.

suffix [ˈsʌfɪks] *n* sufixo *m*.

suffocate [ˈsʌfəkeɪt] *vi* sufocar.

sugar [ˈʃʊgər] *n* açúcar *m*.

sugar beet *n* beterraba *f*.

sugarcane [ˈʃʊgəkeɪn] *n* cana-de-açúcar *f*.

sugary [ˈʃʊgərɪ] *adj (food, drink)* açucarado(-da).

suggest [sə'dʒest] *vt* sugerir; **to ~**

doing sthg sugerir fazer algo.
suggestion [sə'dʒestʃn] *n* sugestão *f*.
suggestive [sə'dʒestɪv] *adj (remark, behaviour)* sugestivo(-va); ~ **of sthg** *(reminiscent)* que sugere algo.
suicide ['suɪsaɪd] *n* suicídio *m*; **to commit** ~ suicidar-se.
suit [suːt] *n (man's clothes)* terno *m (Br)*, fato *m (Port)*; *(woman's clothes)* conjunto *m*; *(in cards)* naipe *m*; *(JUR)* processo *m* ◆ *vt (subj: clothes, colour, shoes)* ficar bem em; *(be convenient for)* convir a; *(be appropriate for)* ser apropriado(-da) para.
suitable ['suːtəbl] *adj* apropriado (-da), conveniente; **to be** ~ **for** ser apropriado OR conveniente para.
suitcase ['suːtkeɪs] *n* mala *f*.
suite [swiːt] *n (set of rooms)* suíte *f*; *(furniture)* conjunto *m* de mobília.
suited ['suːtɪd] *adj*: **to be** ~ **to sthg** *(suitable)* servir para algo; **I'm not** ~ **to this humid weather** não me dou bem com este tempo úmido; **they are very well** ~ estão bem um para o outro.
sulk [sʌlk] *vi* amuar.
sulky ['sʌlkɪ] *adj* amuado(-da).
sullen ['sʌlən] *adj* taciturno(-na), carrancudo(-da).
sultana [səl'tɑːnə] *n (Brit)* sultana *f*.
sultry ['sʌltrɪ] *adj (weather, climate)* abafado(-da).
sum [sʌm] *n* soma *f*.
□ **sum up** *vt sep (summarize)* resumir, sumariar.
summarize ['sʌməraɪz] *vt* resumir.
summary ['sʌmərɪ] *n* resumo *m*, sumário *m*.
summer ['sʌməʳ] *n* verão *m*; **in (the)** ~ no verão; ~ **holidays** férias *fpl* de verão.
summer school *n* cursos *mpl* de verão.
summertime ['sʌmətaɪm] *n* verão *m*.
summit ['sʌmɪt] *n (of mountain)* topo *m*, cume *m*; *(meeting)* conferência *f* de cúpula *(Br)*, cimeira *f (Port)*.
summon ['sʌmən] *vt (send for)* convocar; *(JUR)* intimar.
sumptuous ['sʌmptʃʊəs] *adj* suntuoso(-osa).
sun [sʌn] *n* sol *m* ◆ *vt*: **to** ~ **o.s.** apanhar sol; **to catch the** ~ bronzear-se; **to sit in the** ~ sentar-se no sol; **out of the** ~ na sombra.
Sun. *(abbr of Sunday)* dom.

sunbathe ['sʌnbeɪð] *vi* apanhar OR tomar banho de sol.
sunbed ['sʌnbed] *n* aparelho *m* de raios ultravioletas.
sun block *n* protetor *m* solar *(com fator de proteção total)*.
sunburn ['sʌnbɜːn] *n* queimadura *f* solar.
sunburnt ['sʌnbɜːnt] *adj* queimado(-da) (de sol).
sundae ['sʌndeɪ] *n* sundae *m*, sorvete regado com molho de fruta ou chocolate, polvilhado com frutos secos *(nozes, avelãs, etc)* e servido com creme batido.
Sunday ['sʌndɪ] *n* domingo *m*, → **Saturday**.
Sunday school *n* catequese *f*.
sundial ['sʌndaɪəl] *n* relógio *m* de sol.
sundown ['sʌndaʊn] *n* pôr *m* do sol.
sundress ['sʌndres] *n* vestido *m* de alças.
sundries ['sʌndrɪz] *npl (on bill)* artigos *mpl* diversos.
sunflower ['sʌn,flaʊəʳ] *n* girassol *m*.
sunflower oil *n* óleo *m* de girassol.
sung [sʌŋ] *pt* → **sing**.
sunglasses ['sʌn,glɑːsɪz] *npl* óculos *mpl* de sol, óculos escuros.
sunhat ['sʌnhæt] *n* chapéu-de-sol *m*.
sunk [sʌŋk] *pp* → **sink**.
sunlight ['sʌnlaɪt] *n* luz *f* do sol.
sun lounger [-,laʊndʒəʳ] *n* espreguiçadeira *f*.
sunny ['sʌnɪ] *adj (day, weather)* de sol, ensolarado(-da); *(room, place)* ensolarado(-da).
sunrise ['sʌnraɪz] *n* nascer *m* do sol.
sunroof ['sʌnruːf] *n* teto *m* solar.
sunset ['sʌnset] *n* pôr-do-sol *m*.
sunshade ['sʌnʃeɪd] *n* sombrinha *f*.
sunshine ['sʌnʃaɪn] *n* luz *f* do sol; **in the** ~ ao sol.
sunstroke ['sʌnstrəʊk] *n* insolação *f*.
suntan ['sʌntæn] *n* bronzeado *m*.
suntan cream *n* creme *m* bronzeador, bronzeador *m*.
suntan lotion *n* loção *f* bronzeadora, bronzeador *m*.
super ['suːpəʳ] *adj (wonderful)* chocante *(Br)*, formidável ◆ *n (petrol)* gasolina *f* super.
superb [suː'pɜːb] *adj* magnífico(-ca), soberbo(-ba).
superficial [,suːpə'fɪʃl] *adj* superficial.

superfluous [suːˈpɜːfluəs] *adj* supérfluo(-flua).

Superglue® [ˈsuːpəgluː] *n* cola *f* ultra-rápida.

superhuman [ˌsuːpəˈhjuːmən] *adj* sobre-humano(-na).

superimpose [ˌsuːpərɪmˈpəuz] *vt*: **to ~ sthg on sthg** sobrepor algo a algo.

superintendent [ˌsuːpərɪnˈtendənt] *n* (*Brit: of police*) = subchefe *m* (-fa *f*).

superior [suːˈpɪərɪəʳ] *adj* superior ♦ *n* superior *mf*.

superlative [suːˈpɜːlətɪv] *adj* superlativo(-va) ♦ *n* superlativo *m*.

supermarket [ˈsuːpəˌmɑːkɪt] *n* supermercado *m*.

supernatural [ˌsuːpəˈnætʃrəl] *adj* sobrenatural.

superpower [ˈsuːpəˌpauəʳ] *n* superpotência *f*.

Super Saver® *n* (*Brit*) bilhete de trem com preço reduzido, sob certas condições.

supersede [ˌsuːpəˈsiːd] *vt* suplantar.

supersonic [ˌsuːpəˈsɒnɪk] *adj* supersônico(-ca).

superstitious [ˌsuːpəˈstɪʃəs] *adj* supersticioso(-osa).

superstore [ˈsuːpəstɔːʳ] *n* hiper-mercado *m*.

supervise [ˈsuːpəvaɪz] *vt* supervisionar.

supervisor [ˈsuːpəvaɪzəʳ] *n* (*of workers*) supervisor *m* (-ra *f*), encarregado *m* (-da *f*).

supper [ˈsʌpəʳ] *n* (*main meal*) jantar *m*, ceia *f*; **to have ~** jantar, cear.

supple [ˈsʌpl] *adj* flexível.

supplement [*n* ˈsʌplɪmənt, *vb* ˈsʌplɪment] *n* suplemento *m* ♦ *vt* completar, complementar.

supplementary [ˌsʌplɪˈmentərɪ] *adj* suplementar.

supplier [səˈplaɪəʳ] *n* fornecedor *m* (-ra *f*), abastecedor *m* (-ra *f*).

supply [səˈplaɪ] *n* (*store*) reserva *f*; (*providing*) fornecimento *m* ♦ *vt* fornecer; **to ~ sb with sthg** fornecer algo a alguém.

❑ **supplies** *npl* provisões *fpl*.

support [səˈpɔːt] *n* (*backing, encouragement*) apoio *m*; (*supporting object*) suporte *m* ♦ *vt* (*cause, campaign, person*) apoiar; (*SPORT*) torcer por (*Br*), ser adepto de (*Port*); (*hold up*) suportar; (*a family*) sustentar.

supporter [səˈpɔːtəʳ] *n* (*SPORT*) torce-

dor *m* (-ra *f*) (*Br*), adepto *m* (-ta *f*) (*Port*); (*of cause, political party*) partidário *m* (-ria *f*).

suppose [səˈpəuz] *vt*: **to ~ (that)** supor que ♦ *conj* = **supposing**; **I ~ so** suponho que sim.

supposed [səˈpəuzd] *adj* (*alleged*) suposto(-osta); **it's ~ to be quite good** é supostamente bastante bom; **you were ~ to be here at nine** você era para estar aqui às nove.

supposedly [səˈpəuzɪdlɪ] *adv* supostamente.

supposing [səˈpəuzɪŋ] *conj* supondo que.

suppress [səˈpres] *vt* (*uprising, revolt, emotions*) reprimir; (*information, report*) ocultar.

supreme [suˈpriːm] *adj* supremo(-ma).

surcharge [ˈsɜːtʃɑːdʒ] *n* sobretaxa *f*.

sure [ʃuəʳ] *adj* (*certain to happen*) certo(-ta); (*with no doubts*) seguro(-ra) ♦ *adv* (*inf: yes*) claro; **are you ~?** você tem certeza?; **to be ~ of o.s.** ser seguro de si; **to make ~ (that)** ... assegurar-se de que ...; **for ~** com certeza.

surely [ˈʃuəlɪ] *adv* com OR de certeza.

surf [sɜːf] *n* surf *m* ♦ *vi* fazer surfe.

surface [ˈsɜːfɪs] *n* superfície *f*; **"temporary road ~"** "asfaltamento temporário" (*Br*), "traçado temporário" (*Port*).

surface area *n* área *f* de superfície.

surface mail *n* correio *m* por via terreste.

surfboard [ˈsɜːfbɔːd] *n* prancha *f* de surfe.

surfing [ˈsɜːfɪŋ] *n* surf *m*; **to go ~** ir fazer surfe.

surge [sɜːdʒ] *n* (*of electricity*) sobretensão *f*; (*of interest, support*) onda *f*; (*of sales, applications*) aumento *m* (repentino) ♦ *vi* (*people, vehicles*): **~ forward** avançar em massa.

surgeon [ˈsɜːdʒən] *n* cirurgião *m* (-giã *f*).

surgery [ˈsɜːdʒərɪ] *n* (*treatment*) cirurgia *f*; (*Brit: building*) consultório *m*; (*Brit: period*) horário *m* de atendimento, horas *fpl* de consulta.

surgical [ˈsɜːdʒɪkl] *adj* (*instrument, gown*) cirúrgico(-ca).

surgical spirit *n* (*Brit*) álcool *m* etílico.

surly [ˈsɜːlɪ] *adj* mal-humorado(-da).

surmount [sɜːˈmaunt] *vt* vencer, superar.

surname ['sɜ:neɪm] *n* sobrenome *m* (Br), apelido *m* (Port).

surpass [sə'pɑ:s] *vt* ultrapassar, exceder.

surplus ['sɜ:pləs] *n* excedente *m*.

surprise [sə'praɪz] *n* surpresa *f* ♦ *vt* (astonish) surpreender.

surprised [sə'praɪzd] *adj* surpreso(-sa).

surprising [sə'praɪzɪŋ] *adj* surpreendente.

surprisingly [sə'praɪzɪŋlɪ] *adv*: **it was ~ good** foi melhor do que esperávamos; **not ~** como seria de esperar.

surrender [sə'rendə*r*] *vi* render-se ♦ *vt* (fml: hand over) entregar.

surreptitious [ˌsʌrəp'tɪʃəs] *adj* subreptício(-cia).

surround [sə'raʊnd] *vt* rodear.

surrounding [sə'raʊndɪŋ] *adj* circundante, à volta.

⊔ **surroundings** *npl* arredores *mpl*.

surveillance [sɜ:'veɪləns] *n* vigilância *f*.

survey ['sɜ:veɪ] (*pl* -s) *n* (investigation) inquérito *m*; (poll) sondagem *f*; (of land) levantamento *m* topográfico; (Brit: of house) inspeção *f*, vistoria *f*.

surveyor [sə'veɪə*r*] *n* (Brit: of houses) inspetor *m* (-ra *f*), perito *m* (-ta *f*); (of land) agrimensor *m* (-ra *f*).

survival [sə'vaɪvl] *n* sobrevivência *f*.

survive [sə'vaɪv] *vi* sobreviver ♦ *vt* sobreviver a.

survivor [sə'vaɪvə*r*] *n* sobrevivente *mf*.

susceptible [sə'septəbl] *adj* suscetível; **to be ~ to sthg** ser suscetível a algo.

suspect [*vb* sə'spekt. *n* & *adj* 'sʌspekt] *vt* (mistrust) suspeitar de ♦ *n* suspeito *m* (-ta *f*) ♦ *adj* suspeito(-ta); **to ~ sb of sthg** suspeitar que alguém tenha feito algo; **to ~ (that)** suspeitar que.

suspend [sə'spend] *vt* suspender.

suspender belt [sə'spendə-] *n* cinta-liga *f* (Br), cinto *m* de ligas (Port).

suspenders [sə'spendəz] *npl* (Brit: for stockings) cinto *m* de ligas; (Am: for trousers) suspensórios *mpl*.

suspense [sə'spens] *n* suspense *m*.

suspension [sə'spenʃn] *n* suspensão *f*.

suspension bridge *n* ponte *m* pênsil.

suspicion [sə'spɪʃn] *n* (mistrust, idea) suspeita *f*; (trace) vestígio *m*.

suspicious [sə'spɪʃəs] *adj* (behaviour,

situation) suspeito(-ta); **to be ~ of** (distrustful) desconfiar OR suspeitar de.

sustain [sə'steɪn] *vt* (maintain, prolong) manter; (feed) sustentar; (suffer) sofrer; (withstand) agüentar, suportar.

SW *abbr* = **short wave.**

swallow ['swɒləʊ] *n* (bird) andorinha *f* ♦ *vt* & *vi* engolir.

swam [swæm] *pt* → **swim.**

swamp [swɒmp] *n* pântano *m*.

swan [swɒn] *n* cisne *m*.

swap [swɒp] *vt* (possessions, places) trocar de; (ideas, stories) trocar; **to ~ sthg for sthg** trocar algo por algo.

swarm [swɔ:m] *n* (of bees) enxame *m*.

swarthy ['swɔ:ðɪ] *adj* moreno(-na).

swastika ['swɒstɪkə] *n* suástica *f*, cruz *f* gamada.

swat [swɒt] *vt* esmagar, matar.

sway [sweɪ] *vt* (influence) influenciar ♦ *vi* (swing) balançar, oscilar.

swear [sweə*r*] (*pt* swore, *pp* sworn) *vi* (use rude language) praguejar; (promise) jurar ♦ *vt*: **to ~ to do sthg** jurar fazer algo.

swearword ['sweəwɜ:d] *n* palavrão *m*, asneira *f*.

sweat [swet] *n* suor *m* ♦ *vi* suar.

sweater ['swetə*r*] *n* suéter *m* (Br), camisola *f* (Port).

sweatshirt ['swetʃɜ:t] *n* sweatshirt *f*, suéter *m* de algodão (Br), camisola *f* de algodão (Port).

sweaty ['swetɪ] *adj* (skin, clothes) suado(-da).

swede [swi:d] *n* (Brit) nabo *m*.

Swede [swi:d] *n* sueco *m* (-ca *f*).

Sweden ['swi:dn] *n* Suécia *f*.

Swedish ['swi:dɪʃ] *adj* sueco(-ca) ♦ *n* (language) sueco *m* ♦ *npl*: **the ~** os suecos.

sweep [swi:p] (*pt* & *pp* swept) *vt* (with brush, broom) varrer.

sweet [swi:t] *adj* doce; (smell) agradável ♦ *n* (Brit) (candy) bala *f* (Br), rebuçado *m* (Port); (dessert) doce *m*; **how ~ of you!** que gentileza a sua!

sweet-and-sour *adj* agridoce.

sweet corn *n* milho *m*.

sweeten ['swi:tn] *vt* adoçar.

sweetener ['swi:tnə*r*] *n* (for drink) adoçante *m*.

sweetheart ['swi:thɑ:t] *n* (term of endearment) querido *m* (-da *f*); (boyfriend or girlfriend) namorado *m* (-da *f*).

sweetness ['swi:tnɪs] *n* doçura *f*; (of

smell) fragrância *f*.

sweet pea *n* ervilha-de-cheiro *f*.

sweet potato *n* batata-doce *f*.

sweet shop *n (Brit)* confeitaria *f*.

swell [swɛl] *(pp* **swollen)** *vi (ankle, arm etc)* inchar.

swelling ['swɛlɪŋ] *n* inchaço *m*.

sweltering ['swɛltərɪŋ] *adj (weather)* abrasador(-ra); *(person)* encalorado(-da).

swept [swɛpt] *pt & pp →* **sweep**.

swerve [swɜːv] *vi (vehicle)* dar uma guinada.

swift [swɪft] *adj* rápido(-da) ◆ *n (bird)* andorinhão *m*.

swig [swɪg] *n (inf)* gole *m*, trago *m*.

swim [swɪm] *(pt* **swam,** *pp* **swum)** *vi (in water)* nadar ◆ *n*: **to go for a ~** ir dar um mergulho.

swimmer ['swɪməʳ] *n* nadador *m* (-ra *f*).

swimming ['swɪmɪŋ] *n* natação *f*; **to go ~** ir nadar.

swimming baths *npl (Brit)* piscina *f* municipal.

swimming cap *n* touca *f* de banho.

swimming costume *n (Brit)* traje *m* de banho *(Br)*, fato *m* de banho *(Port)*.

swimming pool *n* piscina *f*.

swimming trunks *npl* calções *mpl* de banho.

swimsuit ['swɪmsuːt] *n* traje *m* de banho *(Br)*, fato *m* de banho *(Port)*.

swindle ['swɪndl] *n* fraude *f*.

swine [swaɪn] *(pl inv* OR **-s)** *n (inf: person)* canalha *mf*.

swing [swɪŋ] *(pt & pp* **swung)** *n (for children)* balanço *m* ◆ *vt (move from side to side)* balançar ◆ *vi (move from side to side)* balançar-se.

swipe [swaɪp] *vt (credit card etc)* passar pela ranhura.

Swiss [swɪs] *adj* suíço(-ça) ◆ *n (person)* suíço *m* (-ça *f*) ◆ *npl*: **the ~** os suíços.

Swiss cheese *n* queijo *m* suíço.

swiss roll *n* rocambole *m* (doce) *(Br)*, torta *f* (doce) *(Port)*.

switch [swɪtʃ] *n (for light, power)* interruptor *m*; *(for TV, radio)* botão *m* ◆ *vt (change)* mudar de; *(exchange)* trocar ◆ *vi* mudar.

❏ **switch off** *vt sep (light, radio)* apagar, desligar; *(engine)* desligar.

❏ **switch on** *vt sep (light, radio)* acender, ligar; *(engine)* ligar.

switchboard ['swɪtʃbɔːd] *n* PBX *m*.

Switzerland ['swɪtsələnd] *n* Suíça *f*.

swivel ['swɪvl] *vi* girar.

swollen ['swəuln] *pp →* **swell** ◆ *adj (ankle, arm etc)* inchado(-da).

swoop [swuːp] *vi (fly downwards)* descer em vôo picado; *(pounce)* atacar de surpresa.

swop [swɒp] = **swap**.

sword [sɔːd] *n* espada *f*.

swordfish ['sɔːdfɪʃ] *(pl inv)* *n* peixe-espada *m (Br)*, agulhão *m (Port)*.

swore [swɔːʳ] *pt →* **swear**.

sworn [swɔːn] *pp →* **swear**.

swot [swɒt] *n (Brit: inf: person)* caxias *mf (Br)*, marrão *m* (-ona *f*) *(Port)* ◆ *vi (Brit: inf)*: **to ~ for** *(sth)* queimar as pestanas (em algo), marrar (para algo) *(Port)*.

swum [swʌm] *pp →* **swim**.

swung [swʌŋ] *pt & pp →* **swing**.

sycamore ['sɪkəmɔːʳ] *n* bordo *m*, plátano-bastardo *m*.

syllable ['sɪləbl] *n* sílaba *f*.

syllabus ['sɪləbəs] *n* programa *m* (de estudos).

symbol ['sɪmbl] *n* símbolo *m*.

symbolize ['sɪmbəlaɪz] *vt* simbolizar.

symmetry ['sɪmətrɪ] *n* simetria *f*.

sympathetic [sɪmpə'θɛtɪk] *adj (understanding)* compreensivo(-va).

sympathize ['sɪmpəθaɪz] *vi*: **to ~ (with)** *(feel sorry)* compadecer-se (de); *(understand)* compreender.

sympathizer ['sɪmpəθaɪzəʳ] *n* simpatizante *mf*.

sympathy ['sɪmpəθɪ] *n (understanding)* compreensão *f*.

symphony ['sɪmfənɪ] *n* sinfonia *f*.

symptom ['sɪmptəm] *n* sintoma *m*.

synagogue ['sɪnəgɒg] *n* sinagoga *f*.

syndrome ['sɪndrəum] *n* síndrome *f*.

synonym ['sɪnənɪm] *n* sinônimo *m*; **to be a ~ for** OR **of sth** ser sinônimo de algo.

syntax ['sɪntæks] *n* sintaxe *f*.

synthesizer ['sɪnθəsaɪzəʳ] *n* sintetizador *m*.

synthetic [sɪn'θɛtɪk] *adj* sintético(-ca).

syphon ['saɪfn] = **siphon**.

syringe [sɪ'rɪndʒ] *n* seringa *f*.

syrup ['sɪrəp] *n (for fruit etc)* calda *f*.

system ['sɪstəm] *n* sistema *m*; *(for gas, heating etc)* instalação *f*.

systematic [sɪstə'mætɪk] *adj* sistemático(-ca).

T

ta [tɑ:] *excl (Brit: inf)* obrigado!

tab [tæb] *n (of cloth, paper etc)* etiqueta *f*; *(bill)* conta *f*; **put it on my ~** ponha na minha conta.

table ['teɪbl] *n (piece of furniture)* mesa *f*; *(of figures etc)* quadro *m*.

tablecloth ['teɪblklɒθ] *n* toalha *f* de mesa.

table lamp *n* abajur *m* (de mesa) *(Br)*, candeeiro *m* (de mesa) *(Port)*.

tablemat ['teɪblmæt] *n* descanso *m* para pratos *(Br)*, individual *m* *(Port)*.

tablespoon ['teɪblspu:n] *n* colher *f* de sopa.

tablet ['tæblɪt] *n (pill)* comprimido *m*; *(of soap)* barra *f*; *(of chocolate)* tablete *f*.

table tennis *n* pingue-pongue *m*, tênis *m* de mesa.

table wine *n* vinho *m* de mesa.

tabloid ['tæblɔɪd] *n* jornal *m* sensacionalista, tablóide *m*.

tacit ['tæsɪt] *adj* tácito(-ta).

taciturn ['tæsɪtɜ:n] *adj* taciturno (-na).

tack [tæk] *n (nail)* tacha *f*.

tackle ['tækl] *n (in football, hockey)* ataque *m*; *(in rugby, American football)* placagem *f*; *(for fishing)* apetrechos *mpl* ♦ *vt (in football, hockey)* carregar; *(in rugby, American football)* placar; *(deal with)* enfrentar.

tacky ['tækɪ] *adj (inf: jewellery, design etc)* cafona *(Br)*, piroso(-sa) *(Port)*.

taco ['tækəʊ] *(pl -s) n* taco *m*, espécie de crepe de farinha de milho frito recheado normalmente com carne picada e feijão *(especialidade mexicana)*.

tact [tækt] *n* tato *m*.

tactful ['tæktfʊl] *adj* com muito tato, diplomático(-ca).

tactical ['tæktɪkl] *adj* tático(-ca).

tactics ['tæktɪks] *npl* tática *f*, estratégia *f*.

tactless ['tæktlɪs] *adj* pouco diplomático(-ca).

tadpole ['tædpəʊl] *n* girino *m*.

tag [tæg] *n (label)* etiqueta *f*.

tagliatelle [ˌtæɡljə'telɪ] *n* talharins *mpl*.

tail [teɪl] *n* cauda *f*.

⌐ tails *n (of coin)* coroas *fpl* ♦ *npl (formal dress)* fraque *m*.

tailback ['teɪlbæk] *n (Brit)* fila *f* de carros.

tailcoat [teɪl'kəʊt] *n* fraque *m*.

tailgate ['teɪlɡeɪt] *n (of car)* porta *f* do porta-malas.

tailor ['teɪlər] *n* alfaiate *m*.

tailor-made *adj* feito(-ta) sob medida.

tailwind ['teɪlwɪnd] *n* vento *m* de popa.

tainted ['teɪntɪd] *adj (reputation)* manchado(-da); *(profits, money)* sujo(-ja); *(Am: food)* estragado(-da).

Taiwan [ˌtaɪ'wɔ:n] *n* Taiwan *s*, Formosa *f*.

take [teɪk] *(pt took, pp taken) vt* 1. *(carry, drive, contain)* levar.

2. *(hold, grasp)* segurar.

3. *(do, make): to ~ a bath/shower* tomar um banho/uma ducha; *to ~ an exam* fazer um exame; *to ~ a photo* tirar uma foto.

4. *(require)* requerer; **how long will it ~?** quanto tempo é que vai demorar?

5. *(steal)* tirar.

6. *(train, taxi, plane, bus)* apanhar.

7. *(route, path, road)* seguir por.

8. *(medicine)* tomar.

9. *(size in clothes)* vestir; *(size in shoes)* calçar; **what size do you ~?** *(in clothes)* que tamanho você veste?; *(in shoes)* que número você calça?

10. *(subtract)* tirar, subtrair.

11. *(accept)* aceitar; **do you ~ travel-**

ler's cheques? vocês aceitam cheques de viagem?; **to ~ sb's advice** seguir os conselhos de alguém.
12. *(react to)* reagir a; **to ~ sthg the wrong way** levar algo a mal.
13. *(control, power, attitude)* assumir; **to ~ charge of** assumir a responsabilidade de; **to ~ an interest in sthg** interessar-se por algo.
14. *(tolerate)* agüentar.
15. *(assume):* **I ~ it that ...** presumo que ....
16. *(pulse)* medir; *(temperature)* tirar.
17. *(rent)* alugar.
❏ **take apart** vt sep desmontar.
❏ **take away** vt sep *(remove)* levar; *(subtract)* tirar, subtrair.
❏ **take back** vt sep *(thing borrowed)* devolver; *(person)* levar (de volta); *(accept)* aceitar de volta; *(statement)* retirar.
❏ **take down** vt sep *(picture, decorations, curtains)* remover.
❏ **take in** vt sep *(include)* incluir; *(understand)* perceber; *(deceive)* enganar; *(clothes)* apertar.
❏ **take off** vi *(plane)* levantar vôo, decolar ◆ vt sep *(remove)* tirar; **to ~ a day/week off** *(as holiday)* tirar um dia/uma semana de folga.
❏ **take out** vt sep *(from container, pocket)* tirar; *(library book)* pegar (Br), requisitar (Port); *(insurance policy)* fazer; *(loan)* pedir; **to ~ sb out for dinner** convidar alguém para jantar fora.
❏ **take over** vi assumir o controle.
❏ **take up** vt sep *(begin)* dedicar-se a; *(use up)* ocupar; *(trousers, skirt, dress)* subir a bainha de.
takeaway ['teɪkəˌweɪ] n *(Brit)* *(shop)* loja que vende comida para viagem; *(food)* comida f para viagem.
taken ['teɪkn] pp → **take**.
takeoff ['teɪkɒf] n *(of plane)* decolagem f.
takeout ['teɪkaʊt] *(Am)* = **takeaway**.
takeover ['teɪkˌəʊvər] n *(of company)* aquisição f.
takings ['teɪkɪŋz] npl receita f.
talc [tælk] = **talcum powder**.
talcum powder ['tælkəm-] n (pó de) talco m.
tale [teɪl] n *(story)* conto m; *(account)* história f.
talent ['tælənt] n talento m.
talented ['tæləntɪd] adj talentoso

(-osa); **she's very ~** ela tem muito talento.
talk [tɔːk] n *(conversation)* conversa f; *(speech)* conferência f ◆ vi falar; **to ~ to sb (about sthg)** falar com alguém (sobre algo); **to ~ with sb** falar com alguém.
❏ **talks** npl negociações fpl.
talkative ['tɔːkətɪv] adj tagarela.
talk show n talk-show m, programa m de entrevistas.
tall [tɔːl] adj alto(-ta); **how ~ are you?** qual é a sua altura?; **I'm six feet ~** meço 1.80 m.
tally ['tælɪ] n registro m ◆ vi bater certo.
talon ['tælən] n garra f.
tambourine [ˌtæmbə'riːn] n pandeireta f.
tame [teɪm] adj *(animal)* domesticado(-da).
tamper ['tæmpər] : **tamper with** vt fus *(machine)* mexer em; *(records, file)* alterar, falsificar; *(lock)* tentar forçar.
tampon ['tæmpɒn] n tampão m.
tan [tæn] n *(suntan)* bronzeado m ◆ vi bronzear ◆ adj *(colour)* cor-de-mel (inv).
tangent ['tændʒənt] n *(in geometry)* tangente f; **to go off at a ~** divagar.
tangerine [ˌtændʒə'riːn] n tangerina f.
tangible ['tændʒəbl] adj tangível.
tangle ['tæŋgl] n *(mass)* emaranhado m.
tank [tæŋk] n tanque m.
tanker ['tæŋkər] n *(truck)* caminhão-cisterna m.
tanned [tænd] adj *(suntanned)* bronzeado(-da).
Tannoy® ['tænɔɪ] n *(sistema m de)* altofalantes mpl.
tantalizing ['tæntəlaɪzɪŋ] adj tentador(-ra).
tantrum ['tæntrəm] n: **to have** OR **throw a ~** fazer birra.
tap [tæp] n *(for water)* torneira f ◆ vt *(hit)* bater (ligeiramente) com.
tap dance n sapateado m.
tape [teɪp] n *(cassette, video)* fita f (Br), cassete f; *(in cassette, strip of material)* fita f; *(adhesive material)* fita-cola f ◆ vt *(record)* gravar; *(stick)* colar com fita-cola.
tape measure n fita f métrica.
taper ['teɪpər] vi *(corridor)* tornar-se mais estreito(-ta); *(trousers)* afunilar.

tape recorder *n* gravador *m*.

tapestry ['tæpɪstrɪ] *n* tapeçaria *f*.

tap water *n* água *f* da torneira.

tar [tɑːr] *n* alcatrão *m*.

target ['tɑːgɪt] *n* alvo *m*.

tariff ['tærɪf] *n* (price list) lista *f* de preços; (Brit: menu) menu *m*; (at customs) tarifa *f*.

tarmac ['tɑːmæk] *n* (at airport) pista *f*.
❏ **Tarmac®** *n* (on road) asfalto *m*, macadame *m* betuminoso.

tarnish ['tɑːnɪʃ] *vt* (make dull) embaciar; (fig: damage) manchar.

tarpaulin [tɑːˈpɔːlɪn] *n* lona *f* alcatroada, oleado *m*.

tart [tɑːt] *n* (sweet) tarte *f*.

tartan ['tɑːtn] *n* tartã *m*, tecido de lã com os xadrezes tipicamente escoseses.

tartare sauce [ˌtɑːtə-] *n* molho *m* tártaro, molho usado para acompanhar peixe, feito com maionese, ervas aromáticas, alcaparras e pepino de conserva picado.

task [tɑːsk] *n* tarefa *f*.

tassel ['tæsl] *n* borla *f*.

taste [teɪst] *n* (flavour) sabor *m*, gosto *m*; (discernment, sense) gosto ◆ *vt* (sample) provar; (detect) detectar o sabor de ◆ *vi*: **to ~ of sthg** ter gosto de algo; **it ~s bad/good** tem um gosto ruim/bom; **to have a ~ of sthg** (food, drink) provar algo; (fig: experience) experimentar algo; **bad/good ~** mau/bom gosto.

tasteful ['teɪstfʊl] *adj* com bom gosto.

tasteless ['teɪstlɪs] *adj* (food) insípido(-da); (comment, decoration) de mau gosto.

tasty ['teɪstɪ] *adj* saboroso(-osa).

tatters ['tætəz] *npl*: **in ~** (clothes) em farrapos; (confidence, reputation) destruído(-da).

tattoo [təˈtuː] *(pl -s)* *n* (on skin) tatuagem *f*; (military display) desfile *m* militar.

tatty ['tætɪ] *adj* (Brit) (inf) (flat) caindo aos pedaços; (clothes) surrado(-da); (area) degradado(-da).

taught [tɔːt] *pt & pp* → **teach**.

taunt [tɔːnt] *vt* gozar de, troçar de ◆ *n* piada *f*, boca *f* (Port).

Taurus ['tɔːrəs] *n* Touro *m*.

taut [tɔːt] *adj* (rope, string) esticado(-da); (muscles) tenso(-sa).

tax [tæks] *n* imposto *m*, taxa *f* ◆ *vt* (goods) lançar imposto sobre; (person)

cobrar impostos a.

taxable ['tæksəbl] *adj* tributável, sujeito(-ta) a impostos.

tax allowance *n* rendimento *m* mínimo não tributável.

taxation [tækˈseɪʃn] *n* impostos *mpl*.

tax collector *n* cobrador *m* (-ra *f*) de impostos.

tax disc *n* (Brit) plaqueta *f* (Br), selo *m* automóvel (Port).

tax-free *adj* isento(-ta) de imposto, tax-free (inv).

taxi ['tæksɪ] *n* táxi *m* ◆ *vi* (plane) andar (pela pista).

taxi driver *n* taxista *mf*, motorista *mf* de táxi.

tax inspector *n* fiscal *mf*.

taxi rank *n* (Brit) ponto *m* de táxi (Br), praça *f* de táxis (Port).

taxi stand (Am) = taxi rank.

taxpayer ['tæksˌpeɪər] *n* contribuinte *mf*.

tax relief *n* benefício *m* fiscal.

TB *abbr* = tuberculosis.

T-bone steak *n* bife *m* com osso (em forma de T).

tea [tiː] *n* chá *m*; (afternoon meal) lanche *m*; (evening meal) jantar *m*.

tea bag *n* saquinho *m* de chá.

tea break *n* (Brit) pausa *f* para o chá (durante as horas de trabalho).

teacake ['tiːkeɪk] *n* pãozinho doce com passas.

teach [tiːtʃ] *(pt & pp* **taught**) *vt & vi* ensinar; **to ~ sb sthg**, **to ~ sthg to sb** ensinar algo a alguém; **to ~ sb (how) to do sthg** ensinar alguém a OR como fazer algo.

teacher ['tiːtʃər] *n* professor *m* (-ra *f*).

teaching ['tiːtʃɪŋ] *n* ensino *m*.

tea cloth *n* pano *m* de prato.

tea cosy *n* (Brit) abafador *m* (para o bule do chá).

tea cozy (Am) = tea cosy.

teacup ['tiːkʌp] *n* xícara *f* de chá.

team [tiːm] *n* (SPORT) time *m* (Br), equipa *f* (Port); (group) equipe *f*.

teammate ['tiːmmeɪt] *n* colega *mf* de equipe.

teamwork ['tiːmwɜːk] *n* trabalho *m* de equipe.

teapot ['tiːpɒt] *n* bule *m*.

tear¹ [teər] *(pt* **tore**, *pp* **torn**) *vt* (rip) rasgar ◆ *vi* (rip) rasgar-se; (move quickly) precipitar-se ◆ *n* (rip) rasgão *m*.

❏ **tear up** *vt sep* rasgar.
tear[2] [tɪəʳ] *n* lágrima *f*.
teardrop ['tɪədrɒp] *n* lágrima *f*.
tearful ['tɪəfʊl] *adj (person)* em lágrimas, choroso(-osa).
tearoom ['tiːrʊm] *n* salão *m* de chá.
tease [tiːz] *vt (make fun of)* gozar de.
tea set *n* serviço *m* de chá.
teaspoon ['tiːspuːn] *n* colher *f* de chá.
teaspoonful ['tiːspuːn,fʊl] *n* colher *f* de chá.
teat [tiːt] *n (of animal)* teta *f*; *(Brit: of bottle)* bico *m* (Br), tetina *f* (Port).
teatime ['tiːtaɪm] *n* hora *f* do lanche.
tea towel *n* pano *m* de prato.
technical ['teknɪkl] *adj* técnico(-ca).
technical drawing *n* desenho *m* técnico.
technicality [,teknɪ'kælətɪ] *n (detail)* pormenor *m* técnico.
technically ['teknɪklɪ] *adv* tecnicamente.
technician [tek'nɪʃn] *n* técnico *m* (-ca *f*).
technique [tek'niːk] *n* técnica *f*.
technological [,teknə'lɒdʒɪkl] *adj* tecnológico(-ca).
technology [tek'nɒlədʒɪ] *n* tecnologia *f*.
teddy (bear) ['tedɪ-] *n* ursinho *m* (de pelúcia).
tedious ['tiːdjəs] *adj* tedioso(-osa).
tee [tiː] *n* tee *m*.
teenager ['tiːn,eɪdʒəʳ] *n* adolescente *mf*.
teens [tiːnz] *npl* adolescência *f*.
teeth [tiːθ] *pl* → **tooth**.
teethe [tiːð] *vi*: **he's teething** os dentes dele estão começando a nascer.
teetotal [tiː'təʊtl] *adj* abstêmio (-mia).
teetotaler [tiː'təʊtlər] *(Am)* = **teetotaller**.
teetotaller [tiː'təʊtlər] *n (Brit)* abstêmio *m* (-mia *f*).
TEFL ['tefl] *(abbr of Teaching (of) English as a Foreign Language) n* ensino do inglês como língua estrangeira.
telecommunications [,telɪkə-mjuːnɪ'keɪʃnz] *npl* telecomunicações *fpl*.
telegram ['telɪgræm] *n* telegrama *m*.
telegraph ['telɪgrɑːf] *n* telégrafo *m* ◆ *vt* telegrafar.

telegraph pole *n* poste *m* telegráfico.
telephone ['telɪfəʊn] *n* telefone *m* ◆ *vt* telefonar para ◆ *vi* telefonar; **to be on the ~** *(talking)* estar no telefone; *(connected)* ter telefone.
telephone book *n* catálogo *m* (Br), lista *f* telefônica.
telephone booth *n* cabine *f* telefônica.
telephone box *n* cabine *f* telefônica.
telephone call *n* chamada *f* telefônica, telefonema *m*.
telephone directory *n* catálogo *m* (Br), lista *f* telefônica.
telephone number *n* número *m* de telefone.
telephonist [tɪ'lefənɪst] *n (Brit)* telefonista *mf*.
telephoto lens [,telɪ'fəʊtəʊ-] *n* teleobjetiva *f*.
telescope ['telɪskəʊp] *n* telescópio *m*.
teletext ['telɪtekst] *n* teletexto *m*.
televise ['telɪvaɪz] *vt* transmitir pela televisão.
television ['telɪ,vɪʒn] *n* televisão *f*; **what's on (the) ~ tonight?** o que é que tem na televisão hoje à noite?
television set *n* aparelho *m* de televisão, televisor *m*.
telex ['teleks] *n* telex *m*.
tell [tel] *(pt & pp told) vt (inform)* dizer; *(story, joke)* contar; *(truth, lie)* dizer, contar; *(distinguish)* distinguir ◆ *vi*: **can you ~?** dá para notar?; **can you ~ me the time?** podia dizer-me as horas?; **to ~ sb sthg** dizer algo a alguém; **to ~ sb about sthg** contar algo a alguém; **to ~ sb how to do sthg** dizer a alguém como fazer algo; **to ~ sb to do sthg** dizer a alguém para fazer algo; **to ~ the difference** ver a diferença.
❏ **tell off** *vt sep* ralhar com, repreender.
teller ['teləʳ] *n (in bank)* caixa *mf*.
telltale ['telteɪl] *n* fofoqueiro *m* (-ra *f*) (Br), queixinhas *mf inv* (Port).
telly ['telɪ] *n (Brit: inf)* televisão *f*.
temp [temp] *n* empregado *m* temporário (empregada *f* temporária); ◆ *vi* trabalhar como empregado temporário.
temper ['tempəʳ] *n*: **to be in a ~** estar de mau humor, estar irritado(-da); **to**

lose one's ~ perder a paciência, irritar-se.

temperament ['tempramant] *n* temperamento *m*.

temperamental [ˌtempra'mentl] *adj* temperamental.

temperate ['temprat] *adj* temperado(-da).

temperature ['tempratʃaʳ] *n* temperatura *f*; **to have a ~** ter febre.

tempestuous [tem'pestjʊəs] *adj* tempestuoso(-osa).

temple ['templ] *n (building)* templo *m*; *(of forehead)* têmpora *f*.

temporarily [Brit 'tempraralı, Am ˌtempa'reralı] *adv* temporariamente.

temporary ['temporari] *adj* temporário(-ria).

tempt [tempt] *vt* tentar; **to be ~ed to do sthg** estar OR sentir-se tentado a fazer algo.

temptation [temp'teɪʃn] *n* tentação *f*.

tempting ['temptɪŋ] *adj* tentador(-ra).

ten [ten] *num* dez, → **six**.

tenacious [tɪ'neɪʃəs] *adj* tenaz.

tenant ['tenant] *n* inquilino *m* (-na *f*).

tend [tend] *vi:* **to ~ to do sthg** ter tendência para fazer algo.

tendency ['tendansı] *n* tendência *f*.

tender ['tendaʳ] *adj (affectionate)* meigo(-ga); *(sore)* dolorido(-da); *(meat)* tenro(-ra) ◆ *vt (fml: pay)* pagar.

tendon ['tendan] *n* tendão *m*.

tenement ['tenamant] *n* cortiço *m* *(Br)*, prédio *m* OR bloco *m* de apartamentos *(Port) (normalmente em zonas degradadas e pobres de uma cidade)*.

tennis ['tenıs] *n* tênis *m*.

tennis ball *n* bola *f* de tênis.

tennis court *n* quadra *f* de tênis *(Br)*, campo *m* de tênis *(Port)*.

tennis racket *n* raquete *f* de tênis.

tenor ['tenaʳ] *n (singer)* tenor *m*.

tenpin bowling ['tenpɪn-] *n (Brit)* boliche *m* *(Br)*, bowling *m*.

tenpins ['tenpɪnz] *(Am)* = **tenpin bowling**.

tense [tens] *adj* tenso(-sa) ◆ *n* tempo *m*; **the present** ~ o presente.

tension ['tenʃn] *n* tensão *f*.

tent [tent] *n* barraca *f*, tenda *f*.

tentacle ['tentəkl] *n* tentáculo *m*.

tentative ['tentətɪv] *adj (unconfident, hesitant)* hesitante; *(temporary, not final)* provisório(-ria).

tenth [tenθ] *num* décimo(-ma), → **sixth**.

tent peg *n* estaca *f*.

tent pole *n* poste *m* de barraca.

tenuous ['tenjʊəs] *adj* tênue.

tepid ['tepɪd] *adj* tépido(-da), morno (morna).

tequila [tɪ'kiːlə] *n* tequilha *f*.

term [tɜːm] *n (word, expression)* termo *m*; *(at school)* período *m*; *(at university)* = semestre *m*; **in the long ~** a longo prazo; **in the short ~** a curto prazo; **in ~s of** no que diz respeito a; **in business ~s** do ponto de vista comercial.

❏ **terms** *npl (of contract)* termos *mpl*; *(price)* preço *m*.

terminal ['tɜːmɪnl] *adj (illness)* incurável ◆ *n* terminal *m*.

terminate ['tɜːmɪneɪt] *vi (train, bus)* terminar a viagem OR o trajeto.

terminus ['tɜːmɪnəs] *n* estação *f* terminal, terminal *m*.

terrace ['terəs] *n (patio)* terraço *m*; **the ~s** *(at football ground)* a arquibancada *(Br)*, a geral *(Port)*.

terraced house ['terəst-] *n (Brit)* casa que faz parte de uma fileira de casas do mesmo estilo e pegadas.

terrain [te'reɪn] *n* terreno *m*.

terrible ['terəbl] *adj* terrível; **to feel ~** sentir-se péssimo(-ma) OR muito mal.

terribly ['terəblɪ] *adv (extremely)* extremamente, terrivelmente; *(very badly)* imensamente, terrivelmente; **I'm ~ sorry!** sinto muito!

terrier ['terɪəʳ] *n* terrier *m*.

terrific [tə'rɪfɪk] *adj (inf)* incrível.

terrified ['terɪfaɪd] *adj* aterrorizado(-da).

terrifying ['terɪfaɪŋ] *adj* aterrorizador(-ra).

territory ['terɪtrɪ] *n* território *m*.

terror ['terəʳ] *n* terror *m*.

terrorism ['terərɪzm] *n* terrorismo *m*.

terrorist ['terərɪst] *n* terrorista *mf*.

terrorize ['terəraɪz] *vt* aterrorizar.

terse [tɜːs] *adj* seco(-ca).

test [test] *n* teste *m*; *(of blood)* análise *f* ◆ *vt (check)* testar; *(give exam to)* avaliar; *(dish, drink)* provar; **driving ~** exame *m* de motorista *(Br)*, exame *m* de condução *(Port)*.

testicles ['testɪklz] *npl* testículos *mpl*.

testify ['testɪfaɪ] *vi (JUR)* testemunhar,

depor; **to ~ to sthg** *(be proof)* testemunhar algo.

testimony [*Brit* 'testɪmənɪ, *Am* 'testə,məʊnɪ] *n (JUR)* testemunho *m*.

testing ['testɪŋ] *adj* difícil.

test match *n (Brit)* partida *f* internacional.

test tube *n* tubo *m* de ensaio.

test-tube baby *n* bebê *m* de proveta.

tetanus ['tetənəs] *n* tétano *m*.

text [tekst] *n (written material)* texto *m; (textbook)* manual *m*.

textbook ['tekstbuk] *n* manual *m*.

textile ['tekstaɪl] *n* têxtil *m*.

texture ['tekstʃəʳ] *n* textura *f*.

Thai [taɪ] *adj* tailandês(-esa).

Thailand ['taɪlænd] *n* Tailândia *f*.

Thames [temz] *n:* **the ~** o Tâmisa.

than [*weak form* ðən, *strong form* ðæn] *conj* que ♦ *prep:* **you're better ~ me** você é melhor (do) que eu; **I'd rather stay in ~ go out** prefiro ficar em casa do que sair; **more ~ ten** mais de dez.

thank [θæŋk] *vt:* **to ~ sb (for sthg)** agradecer a alguém (por) algo.

❑ **thanks** *npl* agradecimentos *mpl* ♦ *excl* obrigado!, obrigada!; **~s to** graças a; **many ~s** muito obrigado OR obrigada.

thankful ['θæŋkful] *adj* agradecido (-da); **to be ~ for sthg** estar agradecido por algo.

thankless ['θæŋklɪs] *adj* ingrato(-ta).

Thanksgiving ['θæŋks,gɪvɪŋ] *n* Dia *m* de Ação de Graças.

thank you *excl* obrigado!, obrigada!; **~ very much!** muito obrigado!; **no ~!** não, obrigado!

that [ðæt, *weak form of pron and conj* ðət] *(pl* those) *adj* **1.** *(referring to thing, person mentioned)* esse (essa); **I prefer ~ book** prefiro esse livro.

2. *(referring to thing, person further away)* aquele *m* (aquela *f*); **~ book at the back** aquele livro lá atrás; **I'll have ~ one** quero aquele (ali) OR esse.

♦ *pron* **1.** *(referring to thing, person mentioned)* esse *m* (essa *f*); *(indefinite)* isso; **what's ~?** o que é isso?; **who's ~?** *(on the phone)* quem fala?; *(pointing)* e esse, quem é?; **~'s interesting** que interessante.

2. *(referring to thing, person further away)* aquele *m* (aquela *f*); *(indefinite)* aquilo; **is ~ Lucy?** *(pointing)* aquela é a

Lucy?; **I want those at the back** quero aqueles lá atrás; **what's ~ on the roof?** o que é aquilo no telhado?

3. *(introducing relative clause)* que; **a shop ~ sells antiques** uma loja que vende antiguidades; **the film ~ I saw** o filme que eu vi; **the room ~ I slept in** o quarto onde OR em que dormi.

♦ *adv* assim tão; **it wasn't ~ bad/good** não foi assim tão mau/bom; **it didn't cost ~ much** não custou tanto assim.

♦ *conj* que; **tell him ~ I'm going to be late** diga-lhe que vou chegar atrasado.

thatched [θætʃt] *adj (building)* com telhado de colmo.

that's [ðæts] = **that is**.

thaw [θɔː] *vi (snow, ice)* derreter ♦ *vt (frozen food)* descongelar.

the [*weak form* ðə, *before vowel* ðɪ, *strong form* ðiː] *definite article* **1.** *(gen)* o (a), os (as) *(pl);* **~ book** o livro; **~ apple** a maçã; **~ girls** as meninas; **~ Wilsons** os Wilson; **to play ~ piano** tocar piano.

2. *(with an adjective to form a noun)* o (a), os (as) *(pl);* **~ British** os britânicos; **~ young** os jovens; **~ impossible** o impossível.

3. *(in dates):* **~ twelfth** o dia doze; **~ forties** os anos quarenta.

4. *(in titles):* **Elizabeth ~ Second** Elizabeth Segunda.

theater [ˈθɪətəʳ] *n (Am) (for plays, drama)* = **theatre;** *(for films)* cinema *m*.

theatre [ˈθɪətəʳ] *n (Brit)* teatro *m*.

theatregoer [ˈθɪətəˌɡəʊəʳ] *n* freqüentador *m* (-ra *f*) de teatro.

theatrical [θɪˈætrɪkl] *adj* teatral.

theft [θeft] *n* roubo *m*.

their [ðeəʳ] *adj* seu (sua), deles (delas); **~ house** a casa deles, a sua casa.

theirs [ðeəz] *pron* o seu (a sua), o/a deles (o/a delas); **a friend of ~** um amigo deles OR seu; **these books are ~** estes livros são os (os) deles OR seus; **these are ours — where are ~?** estes são os nossos — onde estão os deles?

them [*weak form* ðəm, *strong form* ðem] *pron (direct object)* os *mpl* (as *fpl);* *(indirect object)* lhes; *(after prep)* eles *mpl* (elas *fpl);* **I know ~** eu os conheço; **it's ~** são eles; **send this to ~** manda-lhes isto; **tell ~** diga-lhes; **he's worse than ~** ele é pior do que eles; **Charlotte and Ricky brought it with ~** a Charlotte e o Ricky trouxeram-no com eles.

theme [θi:m] *n* tema *m*.

theme park *n* parque de diversões baseado num tema específico.

theme tune *n* tema *m* musical.

themselves [ðəm'selvz] *pron* (reflexive) se; (after prep) eles *mpl* próprios (elas *fpl* próprias), si *mpl* próprios (si *fpl* próprias); **they did it ~** fizeram-no eles mesmos OR próprios; **they blame ~** eles culpam-se a si próprios; **they hurt ~** eles machucaram-se.

then [ðen] *adv* (at time in past) então, naquela altura; (at time in future) nessa altura; (next, afterwards) depois; (in that case) então; **from ~ on** daí em diante; **until ~** até aí.

theoretical [θɪə'retɪkl] *adj* teórico (-ca), teorético(-ca).

theorize [θɪəraɪz] *vi* (develop theory): **to ~ (about sthg)** teorizar (sobre algo).

theory [θɪərɪ] *n* teoria *f*; **in ~** em teoria.

therapist [θerəpɪst] *n* terapeuta *mf*.

therapy [θerəpɪ] *n* terapia *f*.

there [ðeər] *adv* (available, existing, present) lá, ali; (at, in, to that place) lá ♦ *pron*: **~ is/are** há; **is Bob ~, please?** (on phone) o Bob está?; **I'm going ~ next week** vou lá para a semana; **it's right ~ by the phone** está aí mesmo ao lado do telefone; **over ~** ali; **~'s someone at the door** tem alguém na porta; **~ are several people waiting** várias pessoas estão à espera; **~ you are** (when giving) aqui tem.

thereabouts [ðeərə'bauts] *adv*: **or ~** aproximadamente.

thereafter [ðeər'ɑːftər] *adv* (fml) daí em diante, conseqüentemente.

thereby [ðeər'baɪ] *adv* (fml) assim, conseqüentemente.

therefore [ðeəfɔːr] *adv* portanto, por isso.

there's [ðeəz] = **there is**.

thermal underwear [θɜːml-] *n* roupa *f* de baixo térmica.

thermometer [θə'mɒmɪtər] *n* termômetro *m*.

Thermos (flask)® [θɜːməs-] *n* garrafa *f* térmica.

thermostat [θɜːməstæt] *n* termostato *m*.

thesaurus [θɪ'sɔːrəs] *n* (pl -es) *n* dicionário *m* de sinônimos.

these [ðiːz] *pl* → **this**.

thesis [θiːsɪs] *n* (pl **theses** [θiːsiːz]) *n* tese *f*.

they [ðeɪ] *pron* eles *mpl* (elas *fpl*).

they'd [ðeɪd] = **they had**, **they would**.

they'll [ðeɪl] = **they shall**, **they will**.

they're [ðeər] = **they are**.

they've [ðeɪv] = **they have**.

thick [θɪk] *adj* (in size) grosso (grossa); (fog) cerrado(-da); (forest, vegetation) denso(-sa); (hair) abundante; (liquid, sauce, smoke) espesso(-a); (inf: stupid) estúpido(-da); **it's 1 metre ~** tem 1 metro de espessura.

thicken [θɪkn] *vt* (sauce, soup) engrossar ♦ *vi* (mist, fog) tornar-se mais cerrado, aumentar.

thicket [θɪkɪt] *n* matagal *m*.

thickness [θɪknɪs] *n* (of wood, wall, line) espessura *f*; (of forest, vegetation) densidade *f*; (of hair) grossura *f*.

thickset [θɪk'set] *adj* atarracado(-da).

thick-skinned [-'skɪnd] *adj* insensível.

thief [θiːf] *n* (pl **thieves**) *n* ladrão *m* (ladra *f*).

thieve [θiːv] *vt & vi* furtar.

thieves [θiːvz] *pl* → **thief**.

thigh [θaɪ] *n* coxa *f*.

thimble [θɪmbl] *n* dedal *m*.

thin [θɪn] *adj* (in size) fino(-na); (not fat) magro(-gra); (soup, sauce) pouco espesso(-a), líquido(-da).

thing [θɪŋ] *n* coisa *f*; **the ~ is** o que se passa é que, acontece que.

❏ **things** *npl* (clothes, possessions) coisas *fpl*; **how are ~s?** (inf) como (é que) vão as coisas?

thingummyjig [θɪŋəmɪdʒɪg] *n* (inf) coisa *f*.

think [θɪŋk] *n* (pt & pp **thought**) *vt* (believe) achar, pensar; (have in mind, expect) pensar ♦ *vi* pensar; **to ~ (that)** achar OR pensar que; **to ~ about** pensar em; **to ~ of** pensar em; (remember) lembrar-se de; **to ~ of doing sthg** pensar fazer algo; **I ~ so** acho que sim; **I don't ~ so** acho que não; **do you ~ you could ...?** você acha que podia ...?; **to ~ highly of sb** ter muito boa opinião de alguém.

❏ **think over** *vt sep* refletir sobre.

❏ **think up** *vt sep* imaginar.

third [θɜːd] *num* terceiro(-ra), → **sixth**.

thirdly [θɜːdlɪ] *adv* terceiro, em terceiro lugar.

third party insurance *n* seguro *m* contra terceiros.

third-rate *adj* de terceira.

Third World *n*: **the ~** o Terceiro Mundo.

thirst [θɜːst] *n* sede *f*.

thirsty [θɜːstɪ] *adj*: **to be ~** ter sede.

thirteen [θɜːˈtiːn] *num* treze, → **six**.

thirteenth [θɜːˈtiːnθ] *num* décimo *m* terceiro (décima *f* terceira), → **sixth**.

thirtieth [θɜːtɪəθ] *num* trigésimo (-ma), → **sixth**.

thirty [θɜːtɪ] *num* trinta, → **six**.

this [ðɪs] (*pl* **these**) *adj* **1.** (*referring to thing, person*) este (esta); **these chocolates are delicious** estes chocolates são deliciosos; **~ morning/week** esta manhã/semana; **I prefer ~ book** prefiro este livro; **I'll have ~ one** quero este.
2. (*inf: used when telling a story*): **there was ~ man ...** havia um homem ....
♦ *pron* (*referring to thing, person*) este *m* (esta *f*); (*indefinite*) isto; **~ is for you** isto é para ti; **what are these?** o que é isto?, o que é que são estas coisas?; **~ is David Gregory** (*introducing someone*) este é o David Gregory; (*on telephone*) aqui fala David Gregory.
♦ *adv*: **it was ~ big** era deste tamanho; **I don't remember it being ~ tiring** não me lembro de ser tão cansativo assim.

thistle [θɪsl] *n* cardo *m*.

thorn [θɔːn] *n* espinho *m*.

thorny [θɔːnɪ] *adj* espinhoso(-osa).

thorough [θʌrə] *adj* minucioso (-osa).

thoroughbred [θʌrəbred] *n* puro-sangue *m inv*.

thoroughfare [θʌrəfeəˈ] *n* (*fml*) rua *f* principal.

thoroughly [θʌrəlɪ] *adv* (*completely*) completamente.

those [ðəʊz] *pl* → **that**.

though [ðəʊ] *conj* se bem que ♦ *adv* no entanto; **even ~ it was raining** apesar de estar chovendo.

thought [θɔːt] *pt & pp* → **think** ♦ *n* (*idea*) ideia *f*; (*thinking*) pensamento *m*; (*careful consideration*) reflexão *f*.
⊐ **thoughts** *npl* (*opinion*) opinião *f*.

thoughtful [θɔːtful] *adj* (*quiet and serious*) pensativo(-va); (*considerate*) atencioso(-osa).

thoughtless [θɔːtlɪs] *adj* indelicado(-da).

thousand [θaʊznd] *num* mil; **a** OR **one ~ mil**; **~s of** milhares de, → **six**.

thousandth [θaʊzntθ] *num* milésimo(-ma), → **sixth**.

thrash [θræʃ] *vt* (*inf: defeat heavily*) derrotar.

thread [θred] *n* (*of cotton etc*) linha *f* ♦ *vt* (*needle*) enfiar (uma linha em).

threadbare [θredbeəˈ] *adj* surrado (-da), puído(-da).

threat [θret] *n* ameaça *f*.

threaten [θretn] *vt* ameaçar; **to ~ to do sthg** ameaçar fazer algo.

threatening [θretnɪŋ] *adj* ameaçador(-ra).

three [θriː] *num* três, → **six**.

three-D *n*: **in ~** em três dimensões.

three-dimensional [-dɪˈmenʃənl] *adj* (*picture, film, image*) em três dimensões; (*object*) tridimensional.

threefold [θriːfəʊld] *adj* triplo(-pla) ♦ *adv*: **to increase ~** triplicar.

three-piece suite *n* conjunto *m* de um sofá e duas poltronas.

three-ply *adj* (*wool, rope*) com três fios; (*wood*) com três espessuras.

three-quarters [ˈkwɔːtəz] *n* três quartos *mpl*; **~ of an hour** três quartos de hora.

threshold [θreʃhəʊld] *n* (*fml: of door*) limiar *m*, soleira *f*.

threw [θruː] *pt* → **throw**.

thrifty [θrɪftɪ] *adj* poupado(-da).

thrill [θrɪl] *n* (*sudden feeling*) sensação *f*, arrepio *m*; (*exciting experience*) experiência *f* incrível ♦ *vt* emocionar, fazer vibrar de excitação.

thrilled [θrɪld] *adj* encantado(-da).

thriller [θrɪləˈ] *n* filme *m* de suspense.

thrilling [θrɪlɪŋ] *adj* emocionante, excitante.

thrive [θraɪv] *vi* (*plant, animal, person*) desenvolver-se; (*business, tourism, place*) prosperar.

thriving [θraɪvɪŋ] *adj* (*person, community, business*) próspero(-ra); (*plant*) com um bom crescimento.

throat [θrəʊt] *n* garganta *f*.

throb [θrɒb] *vi* (*head*) latejar; (*noise, engine*) vibrar.

throne [θrəʊn] *n* trono *m*.

throng [θrɒŋ] *n* multidão *f*.

throttle [θrɒtl] *n* (*of motorbike*) válvula *f* reguladora.

through [θruː] *prep* (*to other side of, by*

means of) através de; *(because of)*
graças a; *(from beginning to end of)*
durante; *(throughout)* por todo(-da)
♦ *adv (from beginning to end)* até o fim
♦ *adj:* **I'm ~ (with it)** *(finished)* já acabei; **you're ~** *(on phone)* já tem ligação;
~ traffic trânsito de passagem; **a ~
train** um trem direto; **"no ~ road"**
(Brit) "rua sem saída"; **Monday ~
Thursday** *(Am)* de segunda a quinta-
feira; **to let sb ~** deixar alguém passar;
to go ~ sthg atravessar algo.

throughout [θruːˈaut] *prep (day,
morning, year)* ao longo de todo(-da);
(place, country, building) por todo(-da)
♦ *adv (all the time)* sempre, o tempo
todo; *(everywhere)* por todo o lado.

throw [θrəu] *(pt* **threw**, *pp* **thrown**
[θrəun]) *vt* atirar; *(javelin, dice)* lançar; *(a
switch)* ligar; **to ~ sthg in the bin** jogar
algo no lixo *(Br)*, deitar algo para o
lixo *(Port)*.
❏ **throw away** *vt sep (get rid of)* jogar
fora.
❏ **throw out** *vt sep (get rid of)* jogar
fora; *(person)* pôr na rua.
❏ **throw up** *vi (inf: vomit)* vomitar.

throwaway [ˈθrəuəˌweɪ] *adj (product)*
descartável; *(bottle)* sem depósito.

throw-in *n (Brit: in football)* lançamento *m* da linha lateral.

thrown [θrəun] *pp →* **throw**.

thru [θruː] *(Am)* = **through**.

thrush [θrʌʃ] *n (bird)* tordo *m*.

thrust [θrʌst] *(pt & pp* **thrust**) *n (of
sword)* estocada *f*; *(of knife)* facada *f*; *(of
troops)* investida *f* ♦ *vt:* **to ~ sthg into
sthg** enfiar algo em algo.

thud [θʌd] *n* barulho *m* seco.

thug [θʌg] *n* marginal *mf*.

thumb [θʌm] *n* polegar *m* ♦ *vt:* **to ~ a
lift** pedir carona *(Br)*, pedir boleia
(Port).

thumbtack [ˈθʌmtæk] *n (Am)* percevejo *m (Br)*, pionés *m (Port)*.

thump [θʌmp] *n (punch)* soco *m*;
(sound) barulho *m* seco ♦ *vt* dar um
soco em; **he ~ed him** ele deu-lhe um
soco.

thunder [ˈθʌndəʳ] *n* trovões *mpl*, trovoada *f*.

thunderbolt [ˈθʌndəbəult] *n* raio
m.

thunderclap [ˈθʌndəklæp] *n* trovão
m.

thunderstorm [ˈθʌndəstɔːm] *n* tem-

pestade *f* (acompanhada de trovoada),
temporal *m*.

thundery [ˈθʌndərɪ] *adj* de trovoada.

Thurs. *(abbr of Thursday)* 5ª, quin.

Thursday [ˈθɜːzdɪ] *n* quinta-feira *f*, →
Saturday.

thus [ðʌs] *adv (fml) (as a consequence)*
conseqüentemente, por conseguinte;
(in this way) assim.

thwart [θwɔːt] *vt* gorar.

thyme [taɪm] *n* tomilho *m*.

thyroid [ˈθaɪrɔɪd] *n* tiróide *f*.

tiara [tɪˈɑːrə] *n* diadema *m*.

Tibet [tɪˈbet] *n* Tibete *m*.

tic [tɪk] *n* tique *m*.

tick [tɪk] *n (written mark)* sinal *m* de
visto; *(insect)* carrapato *m (Br)*, carraça
f (Port) ♦ *vt* marcar OR assinalar (com
sinal de visto) ♦ *vi (clock, watch)* fazer
tiquetaque.
❏ **tick off** *vt sep (mark off)* marcar OR
assinalar (com sinal de visto).

ticket [ˈtɪkɪt] *n (for travel, cinema,
match)* bilhete *m*; *(label)* etiqueta *f*; *(for
traffic offence)* multa *f*.

ticket collector *n* revisor *m (-ra f)*.

ticket inspector *n* revisor *m (-ra
f)*.

ticket machine *n* distribuidor *m*
automático de bilhetes.

ticket office *n* bilheteira *f*.

tickle [ˈtɪkl] *vt* fazer cócegas a ♦ *vi*
fazer cócegas.

ticklish [ˈtɪklɪʃ] *adj:* **to be ~** ter cócegas.

tic-tack-toe *n (Am)* jogo-da-velha
m (Br), jogo *m* de galo *(Port)*.

tidal [ˈtaɪdl] *adj (river)* com marés;
(barrier) contra a maré.

tidbit [ˈtɪdbɪt] *(Am)* = **titbit**.

tiddlywinks [ˈtɪdlɪwɪŋks] *n (game)*
jogo *m* de fichas *(Br)*, jogo *m* da pulga
(Port).

tide [taɪd] *n (of sea)* maré *f*.

tidy [ˈtaɪdɪ] *adj (room, desk, person)*
arrumado(-da); *(hair, clothes)* cuidado
(-da).
❏ **tidy up** *vt sep* arrumar.

tie [taɪ] *(pt & pp* **tied**, *cont* **tying**) *n
(around neck)* gravata *f*; *(draw)* empate
m; *(Am: on railway track)* dormente *m
(Br)*, chulipa *f (Port)* ♦ *vt* atar; *(knot)*
fazer, ♦ *vi (draw)* empatar.
❏ **tie up** *vt sep* atar; *(delay)* atrasar.

tiebreak(er) [ˈtaɪbreɪk(əʳ)] *n (in tennis)* tie-break *m*; *(extra question)* per-

gunta f de desempate.

tiepin ['taɪpɪn] n alfinete m de gravata.

tier [tɪər] n (of seats) fila f, fileira f.

tiff [tɪf] n desentendimento m.

tiger ['taɪgər] n tigre m.

tight [taɪt] adj apertado(-da); (drawer,
tap) preso(-sa); (rope, material) estica-
do(-da); (inf: drunk) bêbado(-da) ◆ adv
(hold) com força, bem; **my chest feels
~** estou um pouco congestionado (dos
brônquios).

tighten ['taɪtn] vt apertar.

tightfisted [,taɪt'fɪstɪd] adj (inf) sovina.

tightly ['taɪtlɪ] adj (hold, fasten) com
força.

tightrope ['taɪtrəʊp] n corda f
bamba.

tights [taɪts] npl meia-calça f (Br),
collants mpl (Port); **a pair of ~** um par
de meias-calças, umas meias-calças.

tile ['taɪl] n (for roof) telha f; (for floor)
ladrilho m; (for wall) azulejo m.

tiled [taɪld] adj (roof) de telha; (floor)
de ladrilhos; (wall) de azulejos.

till [tɪl] n caixa f registadora ◆ prep &
conj até; **I'll wait ~ he arrives** esperarei
até ele chegar OR até que ele chegue.

tiller ['tɪlər] n barra f do leme.

tilt [tɪlt] vt inclinar ◆ vi inclinar-se.

timber ['tɪmbər] n (wood) madeira f;
(of roof) trave f.

time [taɪm] n tempo m; (measured by
clock) horas fpl; (moment) altura f; (occasion) vez f ◆ vt (measure) cronometrar;
(arrange) prever; **I haven't got (the) ~**
não tenho tempo; **it's ~ to go** está na
hora de irmos embora; **what's the ~?**
que horas são?; **do you have the ~,
please?** você tem horas, por favor?;
two ~s two dois vezes dois; **five ~s as
much** cinco vezes mais; **in a month's ~**
daqui a um mês; **to have a good ~**
divertir-se; **all the ~** sempre, o tempo
todo; **every ~** sempre; **from ~ to ~** de
vez em quando, de tempos em tem-
pos; **for the ~ being** por enquanto; **in
~ (arrive)** a tempo; **in good ~** com
tempo; **last ~** a última vez; **most of
the ~** a maior parte do tempo; **on ~** na
hora; **some of the ~** parte do tempo;
this ~ desta vez; **two at a ~** dois de
cada vez.

time difference n diferença f horá-
ria.

time lag n intervalo m.

timeless ['taɪmlɪs] adj eterno(-na).

time limit n prazo m, limite m de
tempo.

timely ['taɪmlɪ] adj oportuno(-na).

time off n tempo m livre; **to take ~**
tirar férias.

time-out n (SPORT) tempo m morto.

timer ['taɪmər] n cronômetro m, relógio m.

time scale n período m.

time share n propriedade adquirida
por várias pessoas com o direito de
utilizá-la por um determinado período a
cada ano durante as suas férias.

timetable ['taɪm,teɪbl] n horário m;
(of events) programa m.

time zone n fuso m horário.

timid ['tɪmɪd] adj tímido(-da).

timing ['taɪmɪŋ] n: **the ~ of the
remark was unfortunate** o comentário
foi feito num momento extremamente inoportuno; **the ~ of the election is
crucial** a data das eleições é fundamental.

tin [tɪn] n (metal) estanho m; (container) lata f ◆ adj de estanho, de lata.

tin can n lata f.

tinfoil ['tɪnfɔɪl] n papel m OR folha f
de alumínio.

tinge [tɪndʒ] n ponta f.

tingle ['tɪŋgl] vi: **my feet are tingling**
meus pés estão formigando.

tinker ['tɪŋkər] vi: **to ~ with sthg**
mexer em algo.

tinkle ['tɪŋkl] n (Brit: inf: phone call):
to give sb a ~ dar uma ligada para
alguém.

tinned food [tɪnd-] n (Brit) comida f
enlatada, conservas fpl.

tin opener [-,əʊpnər] n (Brit) abridor
m de latas (Br), abre-latas m inv (Port).

tinsel ['tɪnsl] n fios mpl de ouropel
(usados para decorar a árvore de Natal).

tint [tɪnt] n (for hair) tinta f (para o
cabelo).

tinted glass [,tɪntɪd-] n vidro m colorido OR fumê.

tiny ['taɪnɪ] adj pequenininho(-nha),
minúsculo(-la).

tip [tɪp] n (point, end) ponta f; (to waiter, taxi driver etc) gorjeta f; (piece of
advice) dica f; (rubbish dump) depósito
m de lixo (Br), lixeira f (Port) ◆ vt (waiter, taxi driver etc) dar uma gorjeta a;
(tilt) inclinar; (pour) despejar.

❑ **tip over** vt sep entornar ◆ vi entornar-se.

tipped [tɪpt] adj (cigarette) com filtro.

tipsy ['tɪpsɪ] adj (inf) alegre.

tiptoe ['tɪptəu] vi andar na ponta dos pés ◆ n: on ~ na ponta dos pés.

tire ['taɪər] vi cansar-se ◆ n (Am) = tyre.

tired ['taɪəd] adj cansado(-da); **to be ~ of** (fed up with) estar farto(-ta) de.

tired out adj exausto(-ta), esgotado(-da).

tireless ['taɪəlɪs] adj incansável.

tiresome ['taɪəsəm] adj cansativo(-va), entediante.

tiring ['taɪərɪŋ] adj cansativo(-va).

tissue ['tɪʃuː] n (handkerchief) lenço m de papel.

tissue paper n papel m de seda.

tit [tɪt] n (vulg: breast) mama f.

titbit ['tɪtbɪt] n (Brit: of food) guloseima f.

titillate ['tɪtɪleɪt] vt excitar, titilar.

title ['taɪtl] n título m.

titter ['tɪtər] vi rir-se baixinho.

T-junction n cruzamento m (em forma de T).

to [unstressed before consonant tə, unstressed before vowel tu, stressed tuː] prep
1. (indicating direction) para; **to go ~ Brazil** ir ao Brasil; **to go ~ school** ir para a escola.
2. (indicating position) a; ~ **the left/right** à esquerda/direita.
3. (expressing indirect object) a; **to give sthg ~ sb** dar algo a alguém; **give it ~ me** dê-me isso; **to listen ~ the radio** ouvir rádio.
4. (indicating reaction, effect): ~ **my surprise** para surpresa minha; **it's ~ your advantage** é em seu benefício.
5. (until) até; **to count ~ ten** contar até dez; **we work from nine ~ five** trabalhamos das nove (até) às cinco.
6. (in stating opinion) para; ~ **me, he's lying** para mim, ele está mentindo.
7. (indicating change of state): **to turn ~ sthg** transformar-se em algo; **it could lead ~ trouble** pode vir a dar problemas.
8. (Brit: in expressions of time) para; **it's ten ~ three** são dez para as três; **at quarter ~ seven** às quinze para as sete.
9. (in ratios, rates): **40 miles ~ the gallon** ~ 7 litros por cada 100 quilômetros.

10. (of, for): **the answer ~ the question** a resposta à pergunta; **the key ~ the car** a chave do carro; **a letter ~ my daughter** uma carta para a minha filha.
11. (indicating attitude) (para) com; **to be rude ~ sb** ser grosseiro (para) com alguém.
◆ with infinitive 1. (forming simple infinitive): ~ **walk** andar; ~ **laugh** rir.
2. (following another verb): **to begin ~ do sthg** começar a fazer algo; **to try ~ do sthg** tentar fazer algo.
3. (following an adjective): **difficult ~ do** difícil de fazer; **pleased ~ meet you** prazer em conhecê-lo; **ready ~ go** pronto para partir.
4. (indicating purpose) para; **we came here ~ look at the castle** viemos para ver o castelo.

toad [təud] n sapo m.

toadstool ['təudstuːl] n cogumelo m venenoso.

toast [təust] n (bread) torradas fpl; (when drinking) brinde m ◆ vt (bread) torrar; **a piece OR slice of ~** uma torrada.

toasted sandwich ['təustɪd-] n sanduíche m quente (Br), tosta f (Port).

toaster ['təustər] n torradeira f.

toastie ['təustɪ] = **toasted sandwich**.

tobacco [tə'bækəu] n tabaco m.

tobacconist's [tə'bækənɪsts] n tabacaria f.

toboggan [tə'bɒgən] n tobogã m.

today [tə'deɪ] n hoje m ◆ adv (on current day) hoje; (these days) hoje em dia.

toddler ['tɒdlər] n criança f (que começa a dar os primeiros passos).

toddy ['tɒdɪ] n = ponche m quente.

to-do (pl -s) n (inf) confusão f, rebuliço m.

toe [təu] n (of person) dedo m do pé.

toe clip n estribo m do pedal.

toenail ['təuneɪl] n unha f do pé.

toffee ['tɒfɪ] n puxa-puxa m (Br), caramelo m (Port).

toga ['təugə] n toga f.

together [tə'geðər] adv juntos(-tas); ~ **with** juntamente OR junto com.

toil [tɔɪl] n (fml) labuta f ◆ vi (fml) trabalhar sem descanso, labutar.

toilet ['tɔɪlɪt] n (room) banheiro m (Br), casa f de banho (Port); (bowl) vaso *m* sanitário *(Br)*, sanita *f (Port)*; **to go to the ~** ir ao banheiro; **where's the ~?** onde é o banheiro?

toilet bag *n* estojo *m* de toilette.

toilet paper *n* papel *m* higiênico.

toiletries ['tɔɪlɪtrɪz] *npl* artigos *mpl* de toalete.

toilet roll *n* rolo *m* de papel higiênico.

toilet water *n* água-de-colônia *f*.

token ['təʊkn] *n (metal disc)* ficha *f*.

told [təʊld] *pt & pp* → **tell.**

tolerable ['tɒlərəbl] *adj* tolerável.

tolerance ['tɒlərəns] *n* tolerância *f*.

tolerant ['tɒlərənt] *adj* tolerante.

tolerate ['tɒləreɪt] *vt* tolerar.

toll [təʊl] *n (for road, bridge)* pedágio *m (Br)*, portagem *f (Port)*.

tollbooth ['təʊlbuːθ] *n* pedágio *m (Br)*, portagem *f (Port)*.

toll-free *adj (Am)* gratuito(-ta).

tomato [*Brit* tə'mɑːtəʊ, *Am* tə'meɪtəʊ] *(pl* **-es)** *n* tomate *m*.

tomato juice *n* suco *m* de tomate.

tomato ketchup *n* ketchup *m*.

tomato puree *n* concentrado *m* de tomate.

tomato sauce *n* molho *m* de tomate.

tomb [tuːm] *n* túmulo *m*.

tomboy ['tɒmbɔɪ] *n* menina *f* moleque *(Br)*, maria-rapaz *f (Port)*.

tombstone ['tuːmstəʊn] *n* lápide *f*, pedra *f* tumular.

tomcat ['tɒmkæt] *n* gato *m* (macho).

tomorrow [tə'mɒrəʊ] *n* amanhã *m* ◆ *adv* amanhã; **the day after ~** depois de amanhã; **~ afternoon** amanhã à tarde; **~ morning** amanhã de manhã; **~ night** amanhã à noite.

ton [tʌn] *n (in Britain)* = 1016 kg; *(in U.S.)* = 907 kg; *(metric tonne)* tonelada *f*; **~s of** *(inf)* toneladas de.

tone [təʊn] *n (of voice, colour)* tom *m*; *(on phone)* sinal *m*.

tongs [tɒŋz] *npl (for hair)* ferro *m* (para enrolar o cabelo); *(for sugar)* pinça *f*.

tongue [tʌŋ] *n* língua *f*.

tongue-in-cheek *adj* irônico(-ca).

tongue-tied *adj* incapaz de falar *(por timidez ou nervos)*.

tongue-twister *n* trava-língua *m*, expressão *f* difícil de dizer.

tonic ['tɒnɪk] *n (tonic water)* água *f* tônica; *(medicine)* tônico *m*.

tonic water *n* água *f* tônica.

tonight [tə'naɪt] *n* esta noite *f* ◆ *adv* hoje à noite.

tonne [tʌn] *n* tonelada *f*.

tonsil ['tɒnsl] *n* amígdala *f*.

tonsillitis [,tɒnsɪ'laɪtɪs] *n* amigdalite *f*.

too [tuː] *adv (excessively)* demais, demasiado; *(also)* também; **it's not ~ good** não é lá muito bom; **it's ~ late to go out** é tarde demais OR é demasiado tarde para sair; **~ many** demasiados(-das); **~ much** demasiado(-da).

took [tʊk] *pt* → **take.**

tool [tuːl] *n* ferramenta *f*.

tool box *n* caixa *f* da ferramenta.

tool kit *n* jogo *m* de ferramentas.

tooth [tuːθ] *(pl* **teeth)** *n* dente *m*.

toothache ['tuːθeɪk] *n* dor *f* de dentes.

toothbrush ['tuːθbrʌʃ] *n* escova *f* de dentes.

toothpaste ['tuːθpeɪst] *n* pasta *f* de dentes.

toothpick ['tuːθpɪk] *n* palito *m* (para os dentes).

top [tɒp] *adj (highest)* de cima; *(best, most important)* melhor ◆ *n (highest part)* topo *m*, alto *m*; *(of table, bed)* cabeceira *f*; *(best point)* primeiro *m* (-ra *f*); *(lid, cap)* tampa *f*; *(garment)* blusa *f (Br)*, camisola *f (Port)*; *(of street, road)* final *m (Br)*, cimo *m (Port)*; **at the ~ (of)** *(in highest part)* no topo (de); **on ~ of** *(on highest part of)* em cima de; *(of mountain)* no topo de; *(in addition to)* além de; **at ~ speed** a toda velocidade; **~ gear** = quinta *f*.

❏ **top up** *vt sep (glass, drink)* voltar a encher ◆ *vi (with petrol)* completar *(Br)*, atestar *(Port)*.

top floor *n* último andar *m*.

top hat *n* cartola *f*.

topic ['tɒpɪk] *n* tópico *m*.

topical ['tɒpɪkl] *adj* atual.

topless ['tɒplɪs] *adj*: **to go ~** fazer topless.

topmost ['tɒpməʊst] *adj* mais alto(-ta).

topped [tɒpt] *adj*: **~ with sthg** *(food)* com algo (por cima).

topping ['tɒpɪŋ] *n*: **with a chocolate ~** coberto(-ta) com chocolate; **the ~ of your choice** *(on pizza)* com os ingredientes que desejar.

topple ['tɒpl] *vt* derrubar ◆ *vi* cair.

top-secret *adj* altamente secreto (-ta).

topspin ['tɒpspɪn] *n* topspin *m*, efeito *m* por cima.

topsy-turvy [ˌtɒpsɪ'tɜːvɪ] *adj* de pernas para o ar.

torch [tɔːtʃ] *n (Brit: electric light)* lanterna *f*.

tore [tɔːʳ] *pt* → **tear¹**.

torment [tɔː'ment] *vt (annoy)* atormentar.

torn [tɔːn] *pp* → **tear¹** ◆ *adj (ripped)* rasgado(-da).

tornado [tɔː'neɪdəʊ] *(pl* **-es** OR **-s)** *n* tornado *m*.

torpedo [tɔː'piːdəʊ] *(pl* **-es)** *n* torpedo *m*.

torrent ['tɒrənt] *n* torrente *f*.

torrential [tɒ'renʃəl] *adj* torrencial.

torrid ['tɒrɪd] *adj (hot)* tórrido(-da); *(passionate)* abrasador(-ra).

tortoise ['tɔːtəs] *n* tartaruga *f*.

tortoiseshell ['tɔːtəʃel] *n* tartaruga *f (material)*.

torture ['tɔːtʃəʳ] *n* tortura *f* ◆ *vt* torturar.

Tory ['tɔːrɪ] *n* conservador *m* (-ra *f*), membro do partido conservador britânico.

toss [tɒs] *vt (throw)* atirar; *(coin)* atirar ao ar; *(salad, vegetables)* misturar, mexer.

tot [tɒt] *n (inf: small child)* pequeno *m* (-na *f*), pequerrucho *m* (-cha *f*) *(Port)*; *(of drink)* trago *m*.

total ['təʊtl] *adj* total ◆ *n* total *m*; **in** ~ no total.

totalitarian [ˌtəʊtælɪ'teərɪən] *adj* totalitário(-ria).

totally ['təʊtəlɪ] *adv (entirely)* totalmente, completamente; **I** ~ **agree** concordo plenamente.

totter ['tɒtəʳ] *vi* cambalear.

touch [tʌtʃ] *n (sense)* tato *m*; *(small amount)* pitada *f*; *(detail)* toque *m*, retoque *m* ◆ *vt* tocar em; *(move emotionally)* tocar ◆ *vi* tocar-se; **to get in** ~ **(with sb)** entrar em contato (com alguém); **to keep in** ~ **(with sb)** manter o contato (com alguém).

❑ **touch down** *vi (plane)* aterrissar *(Br)*, aterrar *(Port)*.

touchdown ['tʌtʃdaʊn] *n (of plane)* aterrissagem *f (Br)*, aterragem *f (Port)*; *(in American football)* ensaio *m*.

touched [tʌtʃt] *adj (grateful)* comovido(-da).

touching ['tʌtʃɪŋ] *adj (moving)* comovente.

touchline ['tʌtʃlaɪn] *n* linha *f* de fundo.

touchy ['tʌtʃɪ] *adj (person)* suscetível; *(subject, question)* melindroso(-osa).

tough [tʌf] *adj (resilient)* forte; *(hard, strong)* resistente; *(meat, terms, policies)* duro(-ra); *(difficult)* difícil.

toughen ['tʌfn] *vt* endurecer.

toupee ['tuːpeɪ] *n* chinó *m*.

tour [tʊəʳ] *n (journey)* volta *f*; *(of city, castle etc)* visita *f*; *(of pop group, theatre company)* turnê *f*, digressão *f* ◆ *vt* visitar, viajar por; **on** ~ em turnê OR digressão.

tourism ['tʊərɪzm] *n* turismo *m*.

tourist ['tʊərɪst] *n* turista *mf*.

tourist class *n* classe *f* turística.

tourist information office *n* centro *m* de turismo.

tournament ['tɔːnəmənt] *n* torneio *m*.

tour operator *n* agência *f* OR operador *m* de viagens.

tout [taʊt] *n* cambista *mf (Br)*, revendedor *m* (-ra *f*) de bilhetes *(a um preço mais alto) (Port)*.

tow [təʊ] *vt* rebocar.

toward [tə'wɔːd] *(Am)* = **towards**.

towards [tə'wɔːdz] *prep (Brit) (in the direction of)* em direção a; *(facing, to help pay for)* para; *(with regard to)* para com; *(near, around)* perto de.

towaway zone ['təʊəweɪ-] *n (Am)* zona de estacionamento proibido sob pena de reboque.

towel ['taʊəl] *n* toalha *f*.

toweling ['taʊəlɪŋ] *(Am)* = **towelling**.

towelling ['taʊəlɪŋ] *n (Brit)* tecido *m* para toalhas, (pano) turco *m (Port)*.

towel rail *n* toalheiro *m*.

tower ['taʊəʳ] *n* torre *f*.

tower block *n (Brit)* arranha-céu *m*, espigão *m*.

Tower Bridge *n* Tower Bridge *f*, famosa ponte levadiça londrina.

towering ['taʊərɪŋ] *adj* muito alto(-ta).

Tower of London *n*: **the** ~ a torre de Londres.

town [taʊn] *n (small)* vila *f*; *(larger)* cidade *f*; *(town centre)* centro *m* (da cidade).

town centre *n* centro *m* da cidade.

town council *n* ~ câmara *f* municipal.

town hall *n* prefeitura *f (Br)*, câmara *f* municipal *(Port)*.

town planning *n (study)* urbanismo *m*.

towpath ['təupɑ:θ] *n* caminho *m* de sirga.

towrope ['təurəup] *n* cabo *m* de reboque.

tow truck *n (Am)* reboque *m*.

toxic ['tɒksɪk] *adj* tóxico(-ca).

toy [tɔɪ] *n* brinquedo *m*.

toy shop *n* loja *f* de brinquedos.

trace [treɪs] *n* indício *m*, vestígio *m* ♦ *vt (find)* localizar.

tracing paper ['treɪsɪŋ-] *n* papel *m* vegetal OR de decalque.

track [træk] *n (path)* caminho *m*; *(of railway)* via *f*; *(SPORT)* pista *f*; *(song)* música *f*.
❑ **track down** *vt sep* localizar.

tracksuit ['træksu:t] *n* roupa *f* de treino OR jogging *(Br)*, fato *m* de treino *(Port)*.

traction ['trækʃn] *n (MED)*: **in ~** sob tração.

tractor ['træktə'] *n* trator *m*.

trade [treɪd] *n (COMM)* comércio *m*; *(job)* ofício *m* ♦ *vt* trocar ♦ *vi* comercializar, negociar.

trade fair *n* feira *f* industrial.

trade-in *n* troca *f*, *sistema que consiste em dar um artigo velho como entrada para comprar um novo.*

trademark ['treɪdmɑ:k] *n* marca *f* (registrada).

trader ['treɪdə'] *n* comerciante *mf*.

tradesman ['treɪdzmən] *(pl* -men [-mən]) *n (deliveryman)* entregador *m*; *(shopkeeper)* comerciante *m*.

trade union *n* sindicato *m*.

trading ['treɪdɪŋ] *n* comércio *m*.

tradition [trə'dɪʃn] *n* tradição *f*.

traditional [trə'dɪʃənl] *adj* tradicional.

traffic ['træfɪk] *(pt & pp* -ked, *cont* -king) *n (cars etc)* trânsito *m* ♦ *vi*: **to ~ in** traficar.

traffic circle *n (Am)* rotunda *f*.

traffic island *n* placa *f* (de refúgio para pedestres).

traffic jam *n* engarrafamento *m*.

trafficker ['træfɪkə'] *n* traficante *mf*.

traffic lights *npl* sinais *mpl* de trânsito, semáforos *mpl*.

traffic warden *n (Brit)* guarda *mf*

de trânsito *(Br)*, polícia *mf* de trânsito *(Port)*.

tragedy ['trædʒədɪ] *n* tragédia *f*.

tragic ['trædʒɪk] *adj* trágico(-ca).

trail [treɪl] *n (path)* caminho *m*; *(marks)* rasto *m* ♦ *vi (be losing)* estar perdendo.

trailer ['treɪlə'] *n (for boat, luggage)* atrelado *m*, reboque *m (Br)*; *(Am: caravan)* trailer *m (Br)*, caravana *f (Port)*; *(for film, programme)* trailer *m*, excertos *mpl*.

train [treɪn] *n (on railway)* trem *m (Br)*, comboio *m (Port)* ♦ *vt & vi* treinar; **by ~** de trem.

train driver *n* maquinista *mf*.

trained [treɪnd] *adj* qualificado(-da).

trainee [treɪ'ni:] *n* estagiário *m (*-ria *f)*.

trainer ['treɪnə'] *n (of athlete etc)* treinador *m (*-ra *f)*.
❑ **trainers** *npl (Brit: shoes)* tênis *m inv (Br)*, sapatilhas *fpl (Port)*.

training ['treɪnɪŋ] *n (instruction)* estágio *m*; *(exercises)* treino *m*.

training shoes *npl (Brit)* tênis *m inv (Br)*, sapatilhas *fpl (Port)*.

trait [treɪt] *n* traço *m*.

traitor ['treɪtə'] *n* traidor *m (*-ra *f)*.

trajectory [trə'dʒektərɪ] *n* trajetória *f*.

tram [træm] *n (Brit)* bonde *m (Br)*, eléctrico *m (Port)*.

tramp [træmp] *n* vagabundo *m (*-da *f)*, mendigo *m (*-ga *f)*.

trample ['træmpl] *vt* espezinhar.

trampoline ['træmpəli:n] *n* trampolim *m*.

trance [trɑ:ns] *n* transe *m*.

tranquil ['træŋkwɪl] *adj* tranqüilo (-la), sereno(-na).

tranquilizer ['træŋkwɪlaɪzər] *(Am)* = **tranquillizer**.

tranquillizer ['træŋkwɪlaɪzə'] *n (Brit)* calmante *m*.

transaction [træn'zækʃn] *n* transação *f*.

transatlantic [ˌtrænzət'læntɪk] *adj* transatlântico(-ca).

transcend [træn'send] *vt* transcender.

transcript ['trænskrɪpt] *n* transcrição *f*.

transfer [*n* 'trænsfɜ:', *vb* træns'fɜ:'] *n* transferência *f*; *(picture)* decalcomania *f*; *(Am: ticket)* bilhete *que permite fazer transferências durante a viagem* ♦ *vt* transferir ♦ vi *(change bus, plane etc)* efetuar transferências; "**~s**" *(in airport)* "transferências" *(Br)*, "transbordos" *(Port)*.

transfer desk n balcão m de informação para passageiros em trânsito.

transform [trænsˈfɔːm] vt transformar.

transfusion [trænsˈfjuːʒn] n transfusão f.

transient [ˈtrænzɪənt] adj passageiro (-ra).

transistor radio [trænˈzɪstəʳ-] n transistor m.

transit [ˈtrænsɪt] : **in transit** adv durante a viagem.

transitive [ˈtrænzɪtɪv] adj transitivo (-va).

transit lounge n sala f de espera *(para onde vão os passageiros em trânsito)*.

transitory [ˈtrænzɪtrɪ] adj transitório(-ria).

translate [trænsˈleɪt] vt traduzir.

translation [trænsˈleɪʃn] n tradução f.

translator [trænsˈleɪtəʳ] n tradutor m (-ra f).

transmission [trænzˈmɪʃn] n transmissão f.

transmit [trænzˈmɪt] vt transmitir.

transmitter [trænzˈmɪtəʳ] n transmissor m.

transparency [trænsˈpærənsɪ] n *(for overhead projector)* transparência f, diapositivo m *(Br)*, acetato m *(Port)*.

transparent [trænsˈpærənt] adj transparente.

transplant [ˈtrænsplɑːnt] n transplante m.

transport [n ˈtrænspɔːt, vb trænsˈpɔːt] n transporte m ♦ vt transportar.

transportation [ˌtrænspɔːˈteɪʃn] n *(Am)* transporte m.

transpose [trænsˈpəʊz] vt inverter a ordem de.

trap [træp] n armadilha f ♦ vt: **to be trapped** *(stuck)* estar preso(-sa).

trapdoor [ˌtræpˈdɔːʳ] n alçapão m.

trapeze [trəˈpiːz] n trapézio m.

trash [træʃ] n *(Am)* lixo m.

trashcan [ˈtræʃkæn] n *(Am)* lata f de lixo *(Br)*, contentor m de lixo *(Port)*.

trauma [ˈtrɔːmə] n trauma m.

traumatic [trɔːˈmætɪk] adj traumático(-ca).

travel [ˈtrævl] n viagem f ♦ vt *(distance)* percorrer ♦ vi viajar.

travel agency n agência f de viagens.

travel agent n agente mf de viagens; **~'s** *(shop)* agência f de viagens.

Travelcard [ˈtrævlkɑːd] n *bilhete normalmente válido por um dia para viajar nos transportes públicos de Londres.*

travel centre n *(in railway, bus station)* balcão m de informações e venda de bilhetes.

traveler [ˈtrævlər] *(Am)* = **traveller**.

travel insurance n seguro m de viagem.

traveller [ˈtrævləʳ] n *(Brit)* viajante mf.

traveller's cheque n traveller's cheque m, cheque m de viagem.

travelsick [ˈtrævəlsɪk] adj enjoado(-da) *(durante uma viagem)*.

travesty [ˈtrævəstɪ] n paródia f.

trawler [ˈtrɔːləʳ] n traineira f.

tray [treɪ] n bandeja f, tabuleiro m.

treacherous [ˈtretʃərəs] adj *(person)* traiçoeiro(-ra); *(roads, conditions)* perigoso(-osa).

treachery [ˈtretʃərɪ] n traição f.

treacle [ˈtriːkl] n *(Brit)* melaço m.

tread [tred] *(pt trod, pp trodden)* n *(of tyre)* piso m, zona f de rolagem ♦ vi: **to ~ on sthg** pisar em algo.

treason [ˈtriːzn] n traição f.

treasure [ˈtreʒəʳ] n tesouro m.

treasurer [ˈtreʒərəʳ] n tesoureiro m (-ra f).

treat [triːt] vt tratar ♦ n *(special thing)* presente m; **to ~ sb to sthg** oferecer algo a alguém.

treatise [ˈtriːtɪs] n: **~ (on sthg)** tratado m *(sobre algo)*.

treatment [ˈtriːtmənt] n tratamento m.

treaty [ˈtriːtɪ] n tratado m.

treble [ˈtrebl] adj triplo(-pla).

tree [triː] n árvore f.

treetop [ˈtriːtɒp] n copa f *(de árvore)*.

tree-trunk n tronco m de árvore.

trek [trek] n caminhada f.

trellis [ˈtrelɪs] n grade f de ripas cruzadas.

tremble [ˈtrembl] vi tremer.

tremendous [trɪˈmendəs] adj *(very large)* tremendo(-da); *(inf: very good)* espetacular.

tremor ['tremə'] *n (small earthquake)* sismo *m*, tremor *m* de terra.

trench [trentʃ] *n (ditch)* vala *f; (MIL)* trincheira *f*.

trend [trend] *n* tendência *f*.

trendy ['trendɪ] *adj (inf) (person)* que segue a moda; *(place)* muito na moda.

trespass ['trespəs] *vi* trespassar; **"no ~ing"** "entrada proibida".

trespasser ['trespəsə'] *n* intruso *m* (-sa *f)*; **"~s will be prosecuted"** "é proibido passar, sob pena de multa".

trestle table *n* mesa *f* de cavalete.

trial ['traɪəl] *n (JUR)* julgamento *m; (test)* prova *f;* **a ~ period** um período de experiência.

triangle ['traɪæŋgl] *n* triângulo *m*.

triangular [traɪ'æŋgjulə'] *adj* triangular.

tribe [traɪb] *n* tribo *f*.

tribunal [traɪ'bjuːnl] *n* tribunal *m*.

tributary ['trɪbjutrɪ] *n* afluente *m*.

tribute ['trɪbjuːt] *n*: **to be a ~ to** *(be due to)* dever-se a; **to pay ~ to** render homenagem a.

trick [trɪk] *n* truque *m* ♦ *vt* enganar; **to play a ~ on sb** pregar uma peça em alguém.

trickery ['trɪkərɪ] *n* artifícios *mpl*.

trickle ['trɪkl] *vi (liquid)* pingar.

tricky ['trɪkɪ] *adj* difícil.

tricycle ['traɪsɪkl] *n* triciclo *m*.

trifle ['traɪfl] *n (dessert)* sobremesa que consiste em bolo ensopado em xerez coberto com fruta, creme de leite, amêndoas e creme batido.

trigger ['trɪgə'] *n* gatilho *m*.

trim [trɪm] *n (haircut)* corte *m* (de cabelo) ♦ *vt (hair)* cortar (as pontas de); *(beard, hedge)* aparar.

trimmings ['trɪmɪŋz] *npl (on clothing)* enfeites *mpl; (CULIN)* acompanhamentos *mpl*.

trinket ['trɪŋkɪt] *n* bugiganga *f*.

trio ['triːəʊ] *(pl -s)* *n* trio *m*.

trip [trɪp] *n (journey)* viagem *f; (outing)* excursão *f* ♦ *vi* tropeçar.

❑ **trip up** *vi* tropeçar.

tripe [traɪp] *n (CULIN)* dobrada *f*, tripas *fpl*.

triple ['trɪpl] *adj* triplo(-pla).

triple jump *n*: **the ~** o triplo salto.

triplets ['trɪplɪts] *npl* trigêmeos *mpl* (-meas *fpl*).

tripod ['traɪpɒd] *n* tripé *m*.

trite [traɪt] *adj* batido(-da).

triumph ['traɪəmf] *n* triunfo *m*.

trivia ['trɪvɪə] *n* trivialidades *fpl*.

trivial ['trɪvɪəl] *adj (pej)* trivial.

trod [trɒd] *pt* → **tread**.

trodden ['trɒdn] *pp* → **tread**.

trolley ['trɒlɪ] *(pl -s) n (Brit: in supermarket, at airport, for food)* carrinho *m; (Am: tram)* bonde *m (Br)*, trólei *m (Port)*.

trombone [trɒm'bəʊn] *n* trombone *m*.

troops [truːps] *npl* tropas *fpl*.

trophy ['trəʊfɪ] *n* troféu *m*.

tropical ['trɒpɪkl] *adj* tropical.

tropics ['trɒpɪks] *npl*: **the ~** os trópicos.

trot [trɒt] *vi (horse)* andar a trote, trotar ♦ *n*: **on the ~** *(inf)* de seguida; **three on the ~** três seguidos.

trouble ['trʌbl] *n* problemas *mpl* ♦ *vt (worry)* preocupar; *(bother)* incomodar; **to be in ~** ter problemas; **to get into ~** meter-se em problemas; **to take the ~ to do sthg** dar-se ao trabalho de fazer algo; **it's no ~** não custa nada, não é problema nenhum.

troubled ['trʌbld] *adj (worried, upset)* preocupado(-da); *(life, time)* difícil; *(place)* agitado(-da).

troublemaker ['trʌbl,meɪkə'] *n* desordeiro *m* (-ra *f*).

troublesome ['trʌblsəm] *adj (knee, cold)* problemático(-ca); *(person, car, job)* que só causa problemas.

trough [trɒf] *n (for animals)* cocho *m*.

troupe [truːp] *n* companhia *f*.

trouser press ['traʊzə'-] *n* dispositivo para engomar calças.

trousers ['traʊzəz] *npl* calças *fpl;* **a pair of ~** uma calça *(Br)*, um par de calças *(Port)*.

trout [traʊt] *(pl inv) n* truta *f*.

trowel ['traʊəl] *n (for gardening)* colher *f* de jardineiro.

truant ['truːənt] *n*: **to play ~** matar aula *(Br)*, fazer gazeta *(Port)*.

truce [truːs] *n* trégua *f*.

truck [trʌk] *n* caminhão *m (Br)*, camião *m (Port)*.

truck driver *n* camionheiro *m* (-ra *f*) *(Br)*, camionista *mf (Port)*.

trucker ['trʌkə'] *n (Am)* camionheiro *m* (-ra *f*) *(Br)*, camionista *mf (Port)*.

truck farm *n (Am)* viveiro *m* agrícola.

trudge [trʌdʒ] *vi* arrastar-se, caminhar com dificuldade.

true [truː] *adj* verdadeiro(-ra); **it's ~ é** verdade.

truffle ['trʌfl] *n (sweet)* brigadeiro *m*, trufa *f*; *(fungus)* trufa *f*.

truly ['truːlɪ] *adv*: **yours ~ =** com os melhores cumprimentos, cordialmente.

trumpet ['trʌmpɪt] *n* trompete *m*.

trumps [trʌmps] *npl* trunfo *m*.

truncheon ['trʌntʃən] *n* cassetete *m*, cacete *m*.

trunk [trʌŋk] *n (of tree)* tronco *m*; *(Am: of car)* mala *f* (do carro), porta-bagagens *m* (Port); *(case, box)* baú *m*; *(of elephant)* tromba *f*.

trunk call *n (Brit)* chamada *f* (telefônica) interurbana.

trunk road *n (Brit)* = estrada *f* nacional.

trunks [trʌŋks] *npl (for swimming)* sunga *f* (Br), calções *fpl* (de banho) (Port).

trust [trʌst] *n (confidence)* confiança *f* ♦ *vt (believe, have confidence in)* confiar em; *(fml: hope)*: **to ~ (that)** esperar que.

trusted ['trʌstɪd] *adj* de confiança.

trusting ['trʌstɪŋ] *adj* confiante.

trustworthy ['trʌst,wɜːðɪ] *adj* de confiança.

truth [truːθ] *n (true facts)* verdade *f*; *(quality of being true)* veracidade *f*.

truthful ['truːθfʊl] *adj (statement, account)* verídico(-ca); *(person)* honesto(-ta).

try [traɪ] *n (attempt)* tentativa *f* ♦ *vt (attempt)* tentar; *(experiment with, test, seek help from)* experimentar; *(food)* provar; *(JUR)* processar ♦ *vi* tentar; **to ~ to do sthg** tentar fazer algo.

❏ **try on** *vt sep (clothes)* experimentar.

❏ **try out** *vt sep (plan, idea)* pôr à prova; *(car, machine)* testar.

trying ['traɪɪŋ] *adj* difícil.

T-shirt *n* camiseta *f* (Br), T-shirt *f* (Port).

tub [tʌb] *n (of margarine etc)* pacote *m*, caixa *f*; *(inf: bath)* banheira *f*.

tubby ['tʌbɪ] *adj (inf)* gorducho(-cha).

tube [tjuːb] *n* tubo *m*; *(Brit: inf: underground)* metrô *m*; **by ~** em metrô.

tuberculosis [tjuː,bɜːkjʊ'ləʊsɪs] *n* tuberculose *f*.

tube station *n (Brit: inf)* estação *f* do metrô.

tubing ['tjuːbɪŋ] *n* tubo *m*.

tubular ['tjuːbjʊlər] *adj* tubular.

tuck [tʌk] : **tuck in** *vt sep (shirt)* enfiar (dentro das calças); *(child, person)* aconchegar ♦ *vi (inf)*: **~ in!** pode comer!

tuck shop *n (Brit)* lojinha *f* de balas (da escola) (Br), bar *m* (da escola) (Port).

Tudor ['tjuːdər] *adj* Tudor *(inv) (século XVI)*.

Tues. *(abbr of Tuesday)* 3ª, ter.

Tuesday ['tjuːzdɪ] *n* terça-feira *f*, → **Saturday**.

tuft [tʌft] *n* tufo *m*.

tug [tʌg] *vt* puxar (com força).

tug-of-war *n* cabo-de-guerra *m* (Br), jogo *m* da corda (Port), *jogo em que cada uma das equipes puxa o seu lado da corda para ver quem tem mais força*.

tuition [tjuː'ɪʃn] *n* aulas *mpl*; **private ~** aulas *fpl* particulares.

tulip ['tjuːlɪp] *n* tulipa *f*.

tumble ['tʌmbl] *vi* cair.

tumbledown ['tʌmbldaʊn] *adj* caindo aos pedaços.

tumble-dryer ['tʌmbldraɪər] *n* máquina *f* de secar roupa.

tumbler ['tʌmblər] *n (glass)* copo *m* de uísque.

tummy ['tʌmɪ] *n (inf)* barriga *f*.

tummy upset *n (inf)* dor *f* de barriga.

tumor ['tuːmər] *(Am)* = **tumour**.

tumour ['tjuːmər] *n (Brit)* tumor *m*.

tuna (fish) [Brit 'tjuːnə, Am 'tuːnə] *n* atum *m*.

tuna melt *n (Am)* torrada com atum e queijo suíço fundido.

tune [tjuːn] *n* melodia *f* ♦ *vt (radio, TV)* sintonizar; *(engine, instrument)* afinar; **in ~** afinado; **out of ~** desafinado.

tuneful ['tjuːnfʊl] *adj* melodioso (-osa).

tuner ['tjuːnər] *n (for radio, TV)* sintonizador *m*.

tunic ['tjuːnɪk] *n* túnica *f*.

Tunisia [tjuː'nɪzɪə] *n* Tunísia *f*.

tunnel ['tʌnl] *n* túnel *m*.

turban ['tɜːbən] *n* turbante *m*.

turbine ['tɜːbaɪn] *n* turbina *f*.

turbo ['tɜːbəʊ] *(pl* -s*) n (car)* turbo *m*.

turbulence ['tɜːbjʊləns] *n* turbulência *f*.

turbulent [ˈtɜːbjʊlənt] adj agitado (-da).

tureen [təˈriːn] n terrina f.

turf [tɜːf] n (grass) gramado m (Br), relva f (Port).

Turk [tɜːk] n turco m (-ca f).

turkey [ˈtɜːkɪ] (pl -s) n peru m.

Turkey n Turquia f.

Turkish [ˈtɜːkɪʃ] adj turco(-ca) ◆ n (language) turco m ◆ npl: **the ~** os turcos.

Turkish delight n doce gelatinoso coberto de açúcar em pó.

turmoil [ˈtɜːmɔɪl] n turbilhão m.

turn [tɜːn] n (in road) cortada f; (of knob, key, switch) volta f; (go, chance) vez f ◆ vt virar; (become) tornar-se, ficar; (cause to become) pôr, deixar ◆ vi (person) virar-se; (car) virar; (rotate) girar; (milk) azedar; **it's your ~** é a sua vez; **at the ~ of the century** na virada do século; **to take it in ~s to do sthg** fazer algo revezando; **to ~ into sthg** (become) transformar-se em algo; **to ~ left/right** virar à esquerda/direita; **to ~ sthg into sthg** transformar algo em algo; **to ~ sthg inside out** virar algo pelo avesso.

❑ **turn back** vt sep (person) mandar voltar ◆ vi voltar.

❑ **turn down** vt sep (radio, volume, heating) baixar; (offer, request) recusar.

❑ **turn off** vt sep (light, TV, engine) desligar; (water, gas, tap) fechar ◆ vi (leave road) virar.

❑ **turn on** vt sep (light, TV, engine) ligar; (water, gas, tap) abrir.

❑ **turn out** vt sep (light, fire) apagar ◆ vi (be in the end) acabar; (come, attend) aparecer; **to ~ out to be sthg** acabar por ser algo.

❑ **turn over** vi (in bed) virar-se; (Brit: change channels) mudar de canal ◆ vt sep (page, card, omelette) virar.

❑ **turn round** vt sep (car, table etc) virar ◆ vi (person) virar-se.

❑ **turn up** vt sep (radio, volume, heating) aumentar ◆ vi (come, attend) aparecer.

turning [ˈtɜːnɪŋ] n cortada f.

turnip [ˈtɜːnɪp] n nabo m.

turnpike [ˈtɜːnpaɪk] n (Am) rodovia f com pedágio (Br), auto-estrada f com portagem (Port).

turnstile [ˈtɜːnstaɪl] n borboleta f (Br), torniquete m (Port).

turntable [ˈtɜːnˌteɪbl] n (on record player) prato m.

turn-up n (Brit: on trousers) dobra f.

turpentine [ˈtɜːpəntaɪn] n terebintina f, aguarrás f.

turps [tɜːps] n (Brit: inf) terebintina f, aguarrás f.

turquoise [ˈtɜːkwɔɪz] adj turquesa (inv).

turret [ˈtʌrɪt] n (on castle) torinha f (Br), torreão m (Port).

turtle [ˈtɜːtl] n tartaruga f.

turtleneck [ˈtɜːtlnek] n camisola f de meia gola.

tusk [tʌsk] n defesa f.

tussle [ˈtʌsl] n luta f.

tutor [ˈtjuːtər] n (private teacher) professor m (-ra f) particular, explicador m (-ra f).

tutorial [tjuːˈtɔːrɪəl] n ≃ seminário m.

tuxedo [tʌkˈsiːdəʊ] (pl -s) n (Am) smoking m.

TV n televisão f; **on ~** na televisão.

tweed [twiːd] n tweed m.

tweezers [ˈtwiːzəz] npl pinça f.

twelfth [twelfθ] num décimo segundo (décima segunda), → **sixth**.

twelve [twelv] num doze, → **six**.

twentieth [ˈtwentɪəθ] num vigésimo (-ma); **the ~ century** o século vinte, → **sixth**.

twenty [ˈtwentɪ] num vinte, → **six**.

twice [twaɪs] adv duas vezes; **it's ~ as good** é duas vezes melhor; **~ as much** o dobro.

twiddle [ˈtwɪdl] vt dar voltas em, brincar com ◆ vi: **to ~ with sthg** brincar com algo.

twig [twɪg] n galho m.

twilight [ˈtwaɪlaɪt] n crepúsculo m, lusco-fusco m.

twin [twɪn] n gêmeo m (-mea f).

twin beds npl camas fpl separadas.

twine [twaɪn] n barbante m (Br), cordel m (Port).

twinge [twɪndʒ] n pontinha f.

twinkle [ˈtwɪŋkl] vi (star, light) cintilar; (eyes) brilhar.

twin room n quarto m duplo.

twin town n cidade f irmanada.

twirl [twɜːl] vt & vi girar, rodar.

twist [twɪst] vt torcer; (bottle top, lid, knob) girar.

twisting [ˈtwɪstɪŋ] adj cheio (cheia) de curvas.

twit [twɪt] n (Brit: inf) idiota mf.

twitch [twɪtʃ] *n* tique *m* ♦ *vi (muscle)* contrair-se; *(eye)* palpitar.

two [tu:] *num* dois (duas), → **six**.

two-door *adj* de duas portas.

twofaced [,tu:ˈfeɪst] *adj* falso(-sa), hipócrita.

twofold [ˈtu:fəʊld] *adj* duplo(-pla) ♦ *adv*: to increase ~ duplicar.

two-piece *adj* de duas peças.

twosome [ˈtu:səm] *n (inf)* dupla *f*.

tycoon [taɪˈku:n] *n* magnata *m*.

tying [ˈtaɪɪŋ] *cont* → **tie**.

type [taɪp] *n (kind)* tipo *m* ♦ *vt & vi*

bater à máquina *(Br)*, escrever à máquina *(Port)*.

typewriter [ˈtaɪp,raɪtəʳ] *n* máquina *f* de escrever.

typhoid [ˈtaɪfɔɪd] *n* febre *f* tifóide.

typhoon [taɪˈfu:n] *n* tufão *m*.

typical [ˈtɪpɪkl] *adj* típico(-ca).

typing [ˈtaɪpɪŋ] *n* datilografia *f*.

typist [ˈtaɪpɪst] *n* datilógrafo *m* (-fa *f*).

tyranny [ˈtɪrənɪ] *n* tirania *f*.

tyrant [ˈtaɪrənt] *n* tirano *m* (-na *f*).

tyre [ˈtaɪəʳ] *n (Brit)* pneu *m*.

U

U *adj (Brit: film)* para todos.
U-bend *n* sifão *m*.
udder ['ʌdəʳ] *n* tetas *fpl*, úbere *m*.
UFO *n (abbr of unidentified flying object)* OVNI *m*.
ugly ['ʌglɪ] *adj* feio (feia).
UHF *n (abbr of ultra-high frequency)* UHF *f*.
UHT *adj (abbr of ultra heat treated)* UHT.
UK *n*: the ~ o Reino Unido.
Ukraine [juː'kreɪn] *n*: the ~ a Ucrânia.
ulcer ['ʌlsəʳ] *n* úlcera *f*.
Ulster ['ʌlstəʳ] *n* Úlster *m*.
ulterior [ʌl'tɪərɪəʳ] *adj*: ~ **motives** segundas intenções *fpl*.
ultimate ['ʌltɪmət] *adj (final)* final; *(best, greatest)* máximo(-ma).
ultimately ['ʌltɪmətlɪ] *adv* no final das contas.
ultimatum [ʌltɪ'meɪtəm] *(pl* **-tums** OR **-ta** [-tə]) *n* ultimato *m*.
ultrasound ['ʌltrəsaʊnd] *n* ultra-sons *mpl*; *(scan)* ecografia *f*.
ultraviolet [ʌltrə'vaɪələt] *adj* ultravioleta.
umbilical cord [ʌm'bɪlɪkl-] *n* cordão *m* umbilical.
umbrella [ʌm'brelə] *n* guarda-chuva *m*, chapéu-de-chuva *m (Port)*.
umpire ['ʌmpaɪəʳ] *n* árbitro *m*.
umpteen [ʌmp'tiːn] *num adj (inf)*: ~ **times** não sei quantas vezes, "n" vezes.
umpteenth [ʌmp'tiːnθ] *num adj (inf)*: **for the ~ time** pela enésima OR milésima vez.
UN *n (abbr of United Nations)*: the ~ a ONU.
unable [ʌn'eɪbl] *adj*: **to be ~ to do sthg** não ser capaz de fazer algo; **I'm afraid I'm ~ to attend** sinto muito

mas não poderei estar presente.
unacceptable [ʌnək'septəbl] *adj* inaceitável.
unaccompanied [ʌnə'kʌmpənɪd] *adj (child, luggage)* desacompanhado(-da), sozinho(-nha).
unaccustomed [ʌnə'kʌstəmd] *adj*: **to be ~ to sthg** não estar acostumado(-da) a algo.
unadulterated [ʌnə'dʌltəreɪtɪd] *adj (unspoiled)* não adulterado(-da).
unanimous [juː'nænɪməs] *adj* unânime.
unanimously [juː'nænɪməslɪ] *adv* unanimemente.
unappetizing [ʌn'æpɪtaɪzɪŋ] *adj* pouco apetitoso(-osa).
unassuming [ʌnə'sjuːmɪŋ] *adj* despretensioso(-osa).
unattended [ʌnə'tendɪd] *adj* sem vigilância, abandonado(-da).
unattractive [ʌnə'træktɪv] *adj* pouco atraente.
unauthorized [ʌn'ɔːθəraɪzd] *adj* não autorizado(-da).
unavailable [ʌnə'veɪləbl] *adj* não disponível.
unavoidable [ʌnə'vɔɪdəbl] *adj* inevitável.
unaware [ʌnə'weəʳ] *adj*: **to be ~ (that)** ignorar que; **to be ~ of sthg** não ter conhecimento de algo.
unbearable [ʌn'beərəbl] *adj* insuportável.
unbeatable [ʌn'biːtəbl] *adj* imbatível.
unbelievable [ʌnbɪ'liːvəbl] *adj* inacreditável.
unbias(s)ed [ʌn'baɪəst] *adj* imparcial.
unbutton [ʌn'bʌtn] *vt* desabotoar.
uncalled-for [ʌn'kɔːld-] *adj (remark)* injusto(-ta); *(criticism)* injustificado(-da).

uncanny [ʌnˈkænɪ] *adj* estranho(-nha), inquietante.

uncertain [ʌnˈsɜːtn] *adj (not definite)* incerto(-ta); *(not sure)* indeciso(-sa).

uncertainty [ʌnˈsɜːtntɪ] *n* incerteza *f*.

unchanged [ʌnˈtʃeɪndʒd] *adj* na mesma.

unchecked [ʌnˈtʃekt] *adj (growth, expansion)* livre, desenfreado(-da) ♦ *adv (grow, spread)* livremente, desenfreadamente.

uncivilized [ʌnˈsɪvɪlaɪzd] *adj* não civilizado(-da), primitivo(-va).

uncle [ˈʌŋkl] *n* tio *m*.

unclean [ʌnˈkliːn] *adj* sujo(-ja).

unclear [ʌnˈklɪəʳ] *adj* pouco claro (-ra); *(not sure)* pouco seguro(-ra).

uncomfortable [ʌnˈkʌmftəbl] *adj* incómodo(-da); **to feel ~** *(awkward)* sentir-se pouco à vontade.

uncommon [ʌnˈkɒmən] *adj (rare)* invulgar.

unconcerned [ʌnkənˈsɜːnd] *adj* **~ (about)** *(not anxious)* indiferente (a).

unconscious [ʌnˈkɒnʃəs] *adj (after accident)* inconsciente; **to be ~ of** não ter consciência de.

unconventional [ʌnkənˈvenʃənl] *adj* pouco convencional.

unconvinced [ʌnkənˈvɪnst] *adj* cético(-ca); **to remain ~** continuar a não acreditar.

unconvincing [ʌnkənˈvɪnsɪŋ] *adj* pouco convincente.

uncooperative [ʌnkəʊˈɒpərətɪv] *adj* pouco cooperativo(-va).

uncork [ʌnˈkɔːk] *vt* tirar a rolha de.

uncouth [ʌnˈkuːθ] *adj* rude.

uncover [ʌnˈkʌvəʳ] *vt* descobrir.

undecided [ʌndɪˈsaɪdd] *adj (person)* indeciso(-sa); *(issue)* por resolver.

undeniable [ʌndɪˈnaɪəbl] *adj* inegável.

under [ˈʌndəʳ] *prep (beneath)* embaixo de *(Br)*, debaixo de *(Port)*; *(less than)* menos de; *(according to)* segundo; *(in classification)* em; **children ~ ten** crianças com menos de dez anos; **~ the circumstances** nas OR dadas as circunstâncias; **to be ~ pressure** estar sob pressão.

underage [ʌndərˈeɪdʒ] *adj* menor de idade.

undercarriage [ˈʌndəˌkærɪdʒ] *n* trem *m* de aterrissagem.

undercharge [ʌndəˈtʃɑːdʒ] *vt:* **they ~d me by about £2** me cobraram umas duas libras a menos.

underdeveloped [ʌndədɪˈveləpt] *adj* subdesenvolvido(-da).

underdog [ˈʌndədɒg] *n:* **the ~** o mais fraco.

underdone [ʌndəˈdʌn] *adj* mal cozido(-da), cru (crua).

underestimate [ʌndərˈestɪmeɪt] *vt* subestimar.

underexposed [ʌndərɪkˈspəʊzd] *adj (photograph)* com exposição insuficiente.

underfoot [ʌndəˈfʊt] *adv* debaixo dos pés.

undergo [ʌndəˈgəʊ] *(pt* **-went**, *pp* **-gone)** *vt (change, difficulties)* sofrer; *(operation)* submeter-se a.

undergraduate [ʌndəˈgrædjʊət] *n* estudante *m* universitário (não licenciado) (estudánte *f* universitária (não licenciada)).

underground [ˈʌndəgraʊnd] *adj (below earth's surface)* subterrâneo (-nea); *(secret)* clandestino(-na) ♦ *n (Brit: railway)* metrô *m (Br)*, metropolitano *m (Port)*.

undergrowth [ˈʌndəgrəʊθ] *n* vegetação *f* rasteira, mato *m*.

underhand [ʌndəˈhænd] *adj* escuso (-sa), dúbio(-bia).

underline [ʌndəˈlaɪn] *vt* sublinhar.

undermine [ʌndəˈmaɪn] *vt (weaken)* enfraquecer.

underneath [ʌndəˈniːθ] *prep* embaixo de *(Br)*, debaixo de *(Port)* ♦ *adv* debaixo, embaixo, por baixo ♦ *n* parte *f* inferior OR de baixo.

underpaid [ˈʌndəpeɪd] *adj* mal pago(-ga).

underpants [ˈʌndəpænts] *npl* cueca *f* (de homem).

underpass [ˈʌndəpɑːs] *n* passagem *f* subterrânea.

underrated [ʌndəˈreɪtɪd] *adj (person)* subestimado(-da); **I think it's a much ~ film/book** não acho que tenha sido dado o devido valor ao filme/livro.

undershirt [ˈʌndəʃɜːt] *n (Am)* camiseta *f (Br)*, camisola *f* interior *(Port)*.

underskirt [ˈʌndəskɜːt] *n* anágua *f (Br)*, saiote *m (Port)*.

understand [ʌndəˈstænd] *(pt & pp* **-stood)** *vt* entender; *(believe)* crer ♦ *vi* entender; **I don't ~** não entendo; **to**

make o.s. understood fazer-se entender.

understandable [ˌʌndəˈstændəbl] adj compreensível.

understanding [ˌʌndəˈstændɪŋ] adj compreensivo(-va) ♦ n (agreement) acordo m; (knowledge) conhecimento m; (interpretation) interpretação f; (sympathy) compreensão f.

understatement [ˌʌndəˈsteɪtmənt] n: **that's an ~** isso é um eufemismo.

understood [ˌʌndəˈstʊd] pt & pp → understand.

understudy [ˈʌndəˌstʌdɪ] n (ator) substituto m ((atriz) substituta f).

undertake [ˌʌndəˈteɪk] (pt -took, pp -taken) vt empreender; **to ~ to do sthg** comprometer-se a fazer algo.

undertaker [ˈʌndəˌteɪkəʳ] n agente m funerário (agente f funerária).

undertaking [ˌʌndəˈteɪkɪŋ] n (promise) promessa f; (task) tarefa f.

undertook [ˌʌndəˈtʊk] pt → undertake.

underwater [ˌʌndəˈwɔːtəʳ] adj subaquático(-ca) ♦ adv debaixo da água.

underwear [ˈʌndəweəʳ] n roupa f de baixo (Br), roupa f interior (Port).

underwent [ˌʌndəˈwent] pt → undergo.

undesirable [ˌʌndɪˈzaɪərəbl] adj indesejável.

undid [ʌnˈdɪd] pt → undo.

undies [ˈʌndɪz] npl (inf) roupa f de baixo (Br), roupa f interior (Port).

undisputed [ˌʌndɪˈspjuːtɪd] adj indiscutível.

undo [ʌnˈduː] (pt -did, pp -done) vt (coat, shirt) desabotoar; (shoelaces, tie) desamarrar, desapertar; (parcel) abrir.

undone [ʌnˈdʌn] adj (coat, shirt) desabotoado(-da); (shoelaces, tie) desamarrado(-da), desapertado(-da).

undoubtedly [ʌnˈdaʊtɪdlɪ] adv sem dúvida (alguma).

undress [ʌnˈdres] vi despir-se ♦ vt despir.

undressed [ʌnˈdrest] adj despido(-da); **to get ~** despir-se.

undue [ʌnˈdjuː] adj excessivo(-va).

unearth [ʌnˈɜːθ] vt desenterrar.

unease [ʌnˈiːz] n mal-estar m.

uneasy [ʌnˈiːzɪ] adj inquieto(-ta).

uneducated [ʌnˈedjʊkeɪtɪd] adj inculto(-ta).

unemployed [ˌʌnɪmˈplɔɪd] adj desem-

pregado(-da) ♦ npl: **the ~** os desempregados.

unemployment [ˌʌnɪmˈplɔɪmənt] n desemprego m.

unemployment benefit n auxílio-desemprego m (Br), subsídio m de desemprego (Port).

unequal [ʌnˈiːkwəl] adj desigual.

unerring [ʌnˈɜːrɪŋ] adj infalível.

uneven [ʌnˈiːvn] adj (surface, speed, beat) irregular; (share, distribution, competition) desigual.

uneventful [ˌʌnɪˈventfʊl] adj sem incidentes, tranqüilo(-la).

unexpected [ˌʌnɪkˈspektɪd] adj inesperado(-da).

unexpectedly [ˌʌnɪkˈspektɪdlɪ] adv inesperadamente.

unfailing [ʌnˈfeɪlɪŋ] adj constante, inabalável.

unfair [ʌnˈfeəʳ] adj injusto(-ta).

unfairly [ʌnˈfeəlɪ] adv injustamente.

unfaithful [ʌnˈfeɪθfʊl] adj infiel.

unfamiliar [ˌʌnfəˈmɪljəʳ] adj desconhecido(-da); **to be ~ with** não estar familiarizado(-da) com.

unfashionable [ʌnˈfæʃnəbl] adj fora de moda.

unfasten [ʌnˈfɑːsn] vt (button) desabotoar; (belt, strap) desapertar; (knot) desfazer.

unfavourable [ʌnˈfeɪvrəbl] adj desfavorável.

unfinished [ʌnˈfɪnɪʃt] adj inacabado(-da).

unfit [ʌnˈfɪt] adj: **to be ~** (not healthy) não estar em forma; **to be ~ for sthg** (not suitable) não ser adequado(-da) para algo.

unfold [ʌnˈfəʊld] vt (map, sheet) desdobrar.

unforeseen [ˌʌnfɔːˈsiːn] adj imprevisto(-ta).

unforgettable [ˌʌnfəˈgetəbl] adj inesquecível.

unforgivable [ˌʌnfəˈgɪvəbl] adj imperdoável.

unfortunate [ʌnˈfɔːtʃnət] adj (unlucky) infeliz; (regrettable) lamentável.

unfortunately [ʌnˈfɔːtʃnətlɪ] adv infelizmente.

unfounded [ʌnˈfaʊndɪd] adj infundado(-da).

unfriendly [ʌnˈfrendlɪ] adj hostil.

unfurnished [ʌn'fɜːnɪʃt] *adj* sem mobília.

ungainly [ʌn'ɡeɪnlɪ] *adj* desajeitado(-da).

ungrateful [ʌn'ɡreɪtfʊl] *adj* ingrato(-ta).

unhappy [ʌn'hæpɪ] *adj (sad)* infeliz; *(not pleased)* descontente; **to be ~ about sthg** não estar feliz OR contente com algo.

unharmed [ʌn'hɑːmd] *adj* ileso(-sa).

unhealthy [ʌn'helθɪ] *adj (person)* doente, pouco saudável; *(food, smoking)* prejudicial para a saúde; *(place)* pouco saudável.

unheard-of [ʌn'hɜːd-] *adj (unknown, completely absent)* inexistente; *(unprecedented)* sem precedente, inaudito(-ta).

unhelpful [ʌn'helpfʊl] *adj (person)* imprestável; *(advice, information)* inútil.

unhurt [ʌn'hɜːt] *adj* ileso(-sa).

unhygienic [ʌnhaɪ'dʒiːnɪk] *adj* pouco higiênico(-ca).

unification [juːnɪfɪ'keɪʃn] *n* unificação *f.*

uniform ['juːnɪfɔːm] *n* uniforme *m.*

unify ['juːnɪfaɪ] *vt* unificar.

unilateral [juːnɪ'lætərəl] *adj* unilateral.

unimportant [ʌnɪm'pɔːtənt] *adj* sem importância, pouco importante.

uninhabited [ʌnɪn'hæbɪtɪd] *adj* desabitado(-da).

uninjured [ʌn'ɪndʒəd] *adj* ileso(-sa).

unintelligent [ʌnɪn'telɪdʒənt] *adj* pouco inteligente.

unintentional [ʌnɪn'tenʃənl] *adj* involuntário(-ria).

uninterested [ʌn'ɪntrəstɪd] *adj* desinteressado(-da), pouco interessado(-da).

uninteresting [ʌn'ɪntrestɪŋ] *adj* sem interesse, pouco interessante.

union ['juːnjən] *n (of workers)* sindicato *m.*

Union Jack *n*: the ~ *a bandeira do Reino Unido.*

unique [juː'niːk] *adj* único(-ca); **to be ~ to** ser típico(-ca) de.

unisex ['juːnɪseks] *adj* unisex *inv (Br)*, unissexo *(inv) (Port).*

unison ['juːnɪzn] *n* uníssono *m*; **in ~** em uníssono.

unit ['juːnɪt] *n* unidade *f*; *(group)* equipe *f.*

unite [juː'naɪt] *vt (people)* unir;

(country, party) unificar ♦ *vi* unir-se.

united [juː'naɪtɪd] *adj* unido(-da).

United Kingdom *n*: the ~ o Reino Unido.

United Nations *npl*: the ~ as Nações Unidas.

United States (of America) *npl*: the ~ os Estados Unidos (da América).

unity ['juːnətɪ] *n* unidade *f.*

universal [juːnɪ'vɜːsl] *adj* universal.

universe ['juːnɪvɜːs] *n* universo *m.*

university [juːnɪ'vɜːsətɪ] *n* universidade *f.*

unjust [ʌn'dʒʌst] *adj* injusto(-ta).

unkempt [ʌn'kempt] *adj (person)* desalinhado(-da); *(hair)* despenteado(-da).

unkind [ʌn'kaɪnd] *adj* cruel.

unknown [ʌn'nəʊn] *adj* desconhecido(-da).

unlawful [ʌn'lɔːfʊl] *adj (activity)* ilegal; *(behaviour)* que atenta contra a lei; *(killing)* não justificado(-da).

unleaded (petrol) [ʌn'ledɪd-] *n* gasolina *f* sem chumbo.

unleash [ʌn'liːʃ] *vt (fury, violence)* desencadear.

unless [ən'les] *conj* a não ser que.

unlike [ʌn'laɪk] *prep (different to)* diferente de; *(in contrast to)* ao contrário de; **it's ~ her to be late** ela não é de chegar atrasada.

unlikely [ʌn'laɪklɪ] *adj (not probable)* pouco provável; **she's ~ to agree** é pouco provável que ela concorde.

unlimited [ʌn'lɪmɪtɪd] *adj* ilimitado(-da); **~ mileage** = quilometragem ilimitada.

unlisted [ʌn'lɪstɪd] *adj (Am: phone number)* que não consta da lista telefônica.

unload [ʌn'ləʊd] *vt* descarregar.

unlock [ʌn'lɒk] *vt* abrir (com chave), destrancar.

unlucky [ʌn'lʌkɪ] *adj (unfortunate)* infeliz; *(bringing bad luck)* que traz má sorte.

unmarried [ʌn'mærɪd] *adj* solteiro(-ra).

unmistakable [ʌnmɪ'steɪkəbl] *adj* inconfundível.

unnatural [ʌn'nætʃrəl] *adj (unusual)* invulgar; *(behaviour, person)* pouco natural.

unnecessary [ʌn'nesəsərɪ] *adj* desnecessário(-ria).

unnerving [ʌnˈnɜːvɪŋ] adj desconcertante.

unnoticed [ʌnˈnəʊtɪst] adj despercebido(-da).

unobtainable [ʌnəbˈteɪnəbl] adj inacessível.

unobtrusive [ʌnəbˈtruːsɪv] adj discreto(-ta).

unoccupied [ʌnˈɒkjʊpaɪd] adj (place, seat) desocupado(-da).

unofficial [ʌnəˈfɪʃl] adj não oficial.

unorthodox [ʌnˈɔːθədɒks] adj pouco ortodoxo(-xa).

unpack [ʌnˈpæk] vt desfazer ◆ vi desfazer as malas.

unpleasant [ʌnˈpleznt] adj desagradável.

unplug [ʌnˈplʌg] vt desligar (na tomada).

unpopular [ʌnˈpɒpjʊləʳ] adj impopular, pouco popular.

unprecedented [ʌnˈpresɪdəntɪd] adj sem precedente.

unpredictable [ʌnprɪˈdɪktəbl] adj imprevisível.

unprepared [ʌnprɪˈpeəd] adj mal preparado(-da).

unprotected [ʌnprəˈtektɪd] adj desprotegido(-da).

unqualified [ʌnˈkwɒlɪfaɪd] adj (person) sem qualificação.

unravel [ʌnˈrævl] vt (knitting, threads) desmanchar; (mystery, puzzle) resolver.

unreal [ʌnˈrɪəl] adj irreal.

unrealistic [ʌnrɪəˈlɪstɪk] adj pouco realista, irrealista.

unreasonable [ʌnˈriːznəbl] adj absurdo(-da), irracional.

unrecognizable [ʌnrekəgˈnaɪzəbl] adj irreconhecível.

unrelated [ʌnrɪˈleɪtɪd] adj: to be ~ (to sthg) não estar relacionado(-da) (com algo).

unrelenting [ʌnrɪˈlentɪŋ] adj inexorável, constante.

unreliable [ʌnrɪˈlaɪəbl] adj pouco confiável, de pouca confiança.

unrequited [ʌnrɪˈkwaɪtɪd] adj não correspondido(-da).

unresolved [ʌnrɪˈzɒlvd] adj por resolver.

unrest [ʌnˈrest] n agitação f.

unroll [ʌnˈrəʊl] vt desenrolar.

unruly [ʌnˈruːlɪ] adj rebelde.

unsafe [ʌnˈseɪf] adj (dangerous)

perigoso(-osa); (in danger) inseguro (-ra).

unsatisfactory [ʌnsætɪsˈfæktərɪ] adj insatisfatório(-ria).

unscathed [ʌnˈskeɪðd] adj ileso(-sa).

unscrew [ʌnˈskruː] vt (lid, top) desenroscar.

unseemly [ʌnˈsiːmlɪ] adj impróprio(-pria).

unselfish [ʌnˈselfɪʃ] adj altruísta, desinteressado(-da).

unsettled [ʌnˈsetld] adj (person) perturbado(-da); (weather, region) instável; (argument) por resolver; (account, bill) por pagar.

unshaven [ʌnˈʃeɪvn] adj (face, chin) por barbear; (person) com a barba por fazer.

unsightly [ʌnˈsaɪtlɪ] adj feio (feia).

unskilled [ʌnˈskɪld] adj (worker) sem qualificação.

unsociable [ʌnˈsəʊʃəbl] adj insociável.

unsound [ʌnˈsaʊnd] adj (building, structure) inseguro(-ra); (argument, method) errôneo(-nea).

unspoiled [ʌnˈspɔɪlt] adj intacto(-ta), não destruído(-da).

unstable [ʌnˈsteɪbl] adj instável.

unsteady [ʌnˈstedɪ] adj instável; (hand) trêmulo(-la).

unstuck [ʌnˈstʌk] adj: to come ~ (label, poster etc) descolar-se.

unsuccessful [ʌnsəkˈsesfʊl] adj mal sucedido(-da).

unsuitable [ʌnˈsuːtəbl] adj inadequado(-da).

unsure [ʌnˈʃɔːʳ] adj: to be ~ (about) não ter certeza (de).

unsuspecting [ʌnsəˈspektɪŋ] adj desprevenido(-da).

unsweetened [ʌnˈswiːtnd] adj sem açúcar.

untangle [ʌnˈtæŋgl] vt desemaranhar.

untidy [ʌnˈtaɪdɪ] adj desarrumado (-da).

untie [ʌnˈtaɪ] (cont untying) vt (knot) desatar; (person) desprender.

until [ənˈtɪl] prep & conj até; wait ~ he arrives espera até ele chegar OR até que ele chegue.

untimely [ʌnˈtaɪmlɪ] adj (premature) prematuro(-ra); (inopportune) inoportuno(-na).

untold [ʌnˈtəʊld] adj (incalculable,

vast) incalculável.

untoward [ˌʌntə'wɔːd] *adj (event)* fora do normal; *(behaviour)* impróprio (-pria).

untrue [ˌʌn'truː] *adj* falso(-sa).

untrustworthy [ˌʌn'trʌstwɜːðɪ] *adj* indigno(-gna) de confiança.

untying [ˌʌn'taɪɪŋ] *cont* → **untie**.

unusual [ˌʌn'juːʒl] *adj (not common)* invulgar; *(distinctive)* fora do vulgar.

unusually [ˌʌn'juːʒəlɪ] *adv (more than usual)* excepcionalmente.

unwelcome [ˌʌn'welkəm] *adj* indesejado(-da).

unwell [ˌʌn'wel] *adj* mal disposto (-osta); **to feel ~** sentir-se mal.

unwieldy [ˌʌn'wiːldɪ] *adj (object, tool)* difícil de manejar; *(system, method)* pouco eficiente; *(bureaucracy)* pesado(-da).

unwilling [ˌʌn'wɪlɪŋ] *adj*: **to be ~ to do sthg** não estar disposto(-osta) a fazer algo.

unwind [ˌʌn'waɪnd] *(pt & pp* unwound) *vt* desenrolar ♦ *vi (relax)* relaxar.

unwise [ˌʌn'waɪz] *adj* imprudente.

unworthy [ˌʌn'wɜːðɪ] *adj (undeserving)*: **to be ~ of** não merecer.

unwound [ˌʌn'waʊnd] *pt & pp* → unwind.

unwrap [ˌʌn'ræp] *vt* desembrulhar.

unzip [ˌʌn'zɪp] *vt* abrir o fecho ecler de.

up [ʌp] *adv* **1.** *(towards higher position, level)* para cima; **to go ~** subir; **prices are going ~** os preços estão subindo; **we walked ~ to the top** subimos até o cume; **to pick sthg ~** apanhar algo. **2.** *(in higher position)*: **she's ~ in her bedroom** está lá em cima no seu quarto; **~ there** ali OR lá em cima; **put your hands ~, please!** levantem as mãos, por favor! **3.** *(into upright position)*: **to stand ~** pôr-se em OR de pé; **to sit ~** *(from lying position)* sentar-se; *(sit straight)* sentar-se direito. **4.** *(northwards)*: **~ in Scotland** na Escócia. **5.** *(in phrases)*: **to walk ~ and down** andar de um lado para o outro; **to jump ~ and down** dar pulos; **~ to six weeks** até seis semanas; **~ to ten people** até dez pessoas; **are you ~ to**

travelling? você está em condições de viajar?; **what are you ~ to?** o que você está tramando?; **it's ~ to you** depende de você; **~ until ten o'clock** até às dez horas.
♦ *prep* **1.** *(towards higher position)*: **to walk ~ a hill** subir um monte; **I went ~ the stairs** subi as escadas. **2.** *(in higher position)* no topo de; **~ a hill** no topo de um monte; **~ a ladder** no topo de uma escada. **3.** *(at end of)*: **they live ~ the road from us** eles vivem no final da nossa rua.
♦ *adj* **1.** *(out of bed)* levantado(-da); **I was ~ at six today** levantei-me às seis hoje. **2.** *(at an end)*: **time's ~** acabou-se o tempo. **3.** *(rising)*: **the ~ escalator** a escada rolante ascendente.
♦ *n*: **~s and downs** altos e baixos *mpl*.

upbringing ['ʌpˌbrɪŋɪŋ] *n* educação *f*.

update [ʌp'deɪt] *vt* atualizar.

upheaval [ʌp'hiːvl] *n* reviravolta *f*.

upheld [ʌp'held] *pt & pp* → uphold.

uphill [ʌp'hɪl] *adv*: **to go ~** subir.

uphold [ʌp'həʊld] *(pt & pp* -held) *vt* defender.

upholstery [ʌp'həʊlstərɪ] *n (material)* estofo *m*.

upkeep ['ʌpkiːp] *n* manutenção *f*.

uplifting [ʌp'lɪftɪŋ] *adj* animador(-ra), entusiasmante.

up-market *adj* de alta categoria.

upon [ə'pɒn] *prep (fml: on)* em, sobre; **~ hearing the news ...** ao ouvir a notícia ....

upper ['ʌpər] *adj* superior ♦ *n (of shoe)* gáspeas *fpl*.

upper class *n*: **the ~** a alta sociedade.

uppermost ['ʌpəməʊst] *adj (highest)* mais alto(-ta).

upper sixth *n (Brit: SCH)* segundo e último ano do curso opcional que prepara os alunos de 18 anos para os exames "A level".

upright ['ʌpraɪt] *adj* direito(-ta) ♦ *adv* direito.

uprising ['ʌpˌraɪzɪŋ] *n* revolta *f*, insurreição *f*.

uproar ['ʌprɔːr] *n (commotion)* tumulto *m*; *(protest)* indignação *f*.

uproot [ʌp'ruːt] *vt* desenraizar.

upset [ʌp'sɛt] (*pt & pp* **upset**) *adj* (*distressed*) transtornado(-da) ♦ *vt* transtornar; (*knock over*) derrubar; **to have an ~ stomach** estar indisposto (-osta).

upshot [ʌpʃɒt] *n* resultado *m*.

upside-down [ʌpsaɪd-] *adj* invertido(-da), ao contrário ♦ *adv* de pernas para o ar.

upstairs [ʌp'steəz] *adj* de cima ♦ *adv* (*on a higher floor*) lá em cima; **to go ~** ir lá para cima.

upstart ['ʌpstɑːt] *n* pessoa que consegue um cargo de alto nível sempre por mérito e que se mostra extremamente arrogante.

upstream [ʌp'striːm] *adv* (*sail*) rio acima; (*swim*) contra a corrente ♦ *adj*: **to be ~ (from sthg)** ficar a montante (de algo).

upsurge ['ʌpsɜːdʒ] *n*: **~ of/in sthg** aumento *m* de/em algo.

uptight [ʌp'taɪt] *adj* (*inf: person*) nervoso(-osa); **to get ~ about sthg** enervar-se com algo.

up-to-date *adj* (*modern*) moderno (-na); (*well-informed*) atualizado(-da).

upturn ['ʌptɜːn] *n*: **~ (in sthg)** melhoria *f* (em algo).

upward ['ʌpwəd] *adj* (*movement*) para cima; (*trend*) ascendente.

upwards ['ʌpwədz] *adv* para cima; **~ of 100 people** mais de 100 pessoas.

urban ['ɜːbən] *adj* urbano(-na).

urban clearway [-'klɪəweɪ] *n* (*Brit*) rua onde não é permitido parar nem estacionar.

Urdu ['ʊədu:] *n* urdu *m*.

urge [ɜːdʒ] *vt*: **to ~ sb to do sthg** incitar alguém a fazer algo.

urgency ['ɜːdʒənsɪ] *n* urgência *f*.

urgent ['ɜːdʒənt] *adj* urgente.

urgently ['ɜːdʒəntlɪ] *adv* (*immediately*) urgentemente.

urinal [jʊə'raɪnl] *n* (*fml*) urinol *m*.

urinate ['jʊərɪneɪt] *vi* (*fml*) urinar.

urine ['jʊərɪn] *n* urina *f*.

urn [ɜːn] *n* (*for ashes*) urna *f*; (*for tea, coffee*) lata *f*.

us [ʌs] *pron* (*direct*) nos; (*indirect, after prep*) nós; **they know ~** conhecem-nos; **it's ~** somos nós; **send it to ~** envia-nos isso; **tell ~** diga-nos; **they're worse than ~** são piores que nós; **we brought it with ~** trouxemo-lo connosco.

US *n* (*abbr of United States*): **the ~** os E.U.A.

USA *n* (*abbr of United States of America*): **the ~** os E.U.A.

usable ['juːzəbl] *adj* utilizável.

use [*n* juːs, *vb* juːz] *n* uso *m* ♦ *vt* usar; (*run on*) levar; **to be of ~** ser útil; **to have the ~ of sthg** poder utilizar algo; **to make ~ of sthg** aproveitar algo; **"out of ~"** "fora de serviço"; **to be in ~** estar em funcionamento; **it's no ~** não vale a pena; **what's the ~?** de que vale?; **to ~ sthg as sthg** usar algo como algo; **"~ before ..."** "consumir de preferência antes de ...".
❏ **use up** *vt sep* gastar.

used [*adj* juːzd, *aux vb* juːst] *adj* usado(-da) ♦ *aux vb*: **I ~ to live near here** costumava viver perto daqui; **I ~ to go there every day** costumava ir lá todos os dias; **to be ~ to sthg** estar acostumado a algo; **to get ~ to sthg** acostumarse a algo.

useful ['juːsfʊl] *adj* útil.

useless ['juːslɪs] *adj* inútil; (*inf: very bad*) péssimo(-ma).

user ['juːzəʳ] *n* (*of product, machine*) utilizador *m* (-ra *f*), usuário *m* (-ria *f*) (*Br*); (*of public service*) usuário *m* (-ria *f*) (*Br*), utente *mf* (*Port*).

user-friendly *adj* fácil de usar.

usher ['ʌʃəʳ] *n* (*at cinema, theatre*) lanterninha *m* (*Br*), arrumador *m* (*Port*).

usherette [ʌʃə'rɛt] *n* lanterninha *f* (*Br*), arrumadora *f* (*Port*).

USSR *n*: **the (former) ~** a (antiga) U.R.S.S.

usual ['juːʒəl] *adj* habitual; **as ~** (*in the normal way*) como de costume; (*as often happens*) como sempre.

usually ['juːʒəlɪ] *adv* normalmente.

usurp [juːˈzɜːp] *vt* usurpar.

utensil [juːˈtensl] *n* utensílio *m*.

uterus ['juːtərəs] (*pl* **-ri** [-raɪ], **-ruses**) *n* útero *m*.

utilize ['juːtəlaɪz] *vt* (*fml*) utilizar.

utmost ['ʌtməʊst] *adj* extremo(-ma) ♦ *n*: **to do one's ~** fazer o possível e o impossível.

utter ['ʌtəʳ] *adj* total ♦ *vt* proferir.

utterly ['ʌtəlɪ] *adv* totalmente.

U-turn *n* (*in vehicle*) meia-volta *f*, reviravolta *f*.

V

vacancy ['veɪkənsɪ] *n* vaga *f*; **"vacancies"** "vagas"; **"no vacancies"** "completo".
vacant ['veɪkənt] *adj (room, seat)* vago(-ga); **"vacant"** "livre".
vacate [və'keɪt] *vt (fml: room, house)* vagar, desocupar.
vacation [və'keɪʃn] *n (Am)* férias *fpl* ◆ *vi (Am)* passar férias; **to go on ~** ir de férias.
vacationer [və'keɪʃənər] *n (Am) (throughout the year)* pessoa *f* de férias; *(in summer)* veranista *mf (Br)*, veraneante *mf (Port)*.
vaccinate ['væksɪneɪt] *vt* vacinar.
vaccination [,væksɪ'neɪʃn] *n* vacinação *f*.
vaccine [*Brit* 'væksi:n, *Am* væk'si:n] *n* vacina *f*.
vacuum ['vækjuəm] *vt* aspirar.
vacuum cleaner *n* aspirador *m* de pó.
vagina [və'dʒaɪnə] (*pl* **-nas** OR **-nae** [-ni:]) *n* vagina *f*.
vagrant ['veɪgrənt] *n* vagabundo *m* (-da *f*).
vague [veɪg] *adj* vago(-ga).
vaguely ['veɪglɪ] *adv* vagamente.
vain [veɪn] *adj (pej: conceited)* vaidoso (-osa); **in ~** em vão.
Valentine card ['væləntaɪn-] *n* cartão *m* do Dia de São Valentim.
Valentine's Day ['væləntaɪnz-] *n* Dia *m* dos Namorados OR de São Valentim.
valet ['væleɪ, 'vælɪt] *n (in hotel)* empregado *m* de hotel *(encarregado do serviço de lavanderia)*.
valet service *n (in hotel)* serviço *m* de lavanderia; *(for car)* serviço de lavagem de automóveis.
valiant ['væljənt] *adj* valente.
valid ['vælɪd] *adj (ticket, passport)* válido(-da).
validate ['vælɪdeɪt] *vt (ticket)* validar.
Valium® ['vælɪəm] *n* Valium® *m*.
valley ['vælɪ] (*pl* **-s**) *n* vale *m*.
valuable ['væljuəbl] *adj* valioso(-osa).
❑ **valuables** *npl* objetos *mpl* de valor.
valuation [,vælju'eɪʃn] *n* avaliação *f*.
value ['vælju:] *n (financial)* valor *m*; *(usefulness)* sentido *m*; **a ~ pack** um pacote de tamanho econômico; **to be good ~ (for money)** ter um preço módico, estar em conta.
❑ **values** *npl (principles)* valores *mpl*.
valued ['vælju:d] *adj* precioso(-osa).
valve [vælv] *n* válvula *f*.
van [væn] *n* caminhonete *f (Br)*, carrinha *f (Port)*.
vandal ['vændl] *n* vândalo *m* (-la *f*).
vandalism ['vændəlɪzm] *n* vandalismo *m*.
vandalize ['vændəlaɪz] *vt* destruir, destroçar.
vanilla [və'nɪlə] *n* baunilha *f*.
vanish ['vænɪʃ] *vi* desaparecer.
vanity ['vænətɪ] *n* vaidade *f*.
vantagepoint ['vɑ:ntɪdʒ,pɔɪnt] *n (for view)* posição *f* estratégica.
vapor ['veɪpər] *(Am)* = **vapour**.
vapour ['veɪpə^r] *n (Brit)* vapor *m*.
variable ['veərɪəbl] *adj* variável.
variation [,veərɪ'eɪʃn] *n* variação *f*.
varicose veins ['værɪkəʊs-] *npl* varizes *fpl*.
varied ['veərɪd] *adj* variado(-da).
variety [və'raɪətɪ] *n* variedade *f*.
variety show *n* espetáculo *m* de variedades.
various ['veərɪəs] *adj* vários(-rias).
varnish ['vɑ:nɪʃ] *n (for wood)* verniz *m* ◆ *vt (wood)* envernizar.
vary ['veərɪ] *vt & vi* variar; **to ~ from sthg to sthg** variar entre algo e algo; **"prices ~"** "os preços variam".

vase [Brit vɑːz, Am veɪz] n jarra f.

Vaseline® ['væsəliːn] n vaselina f.

vast [vɑːst] adj vasto(-ta).

vat [væt] n tina f (Br), bidon m (Port).

VAT [væt, viːeɪˈtiː] n (abbr of value added tax) ICM/S (Br), I.V.A m (Port).

vault [vɔːlt] n (in bank) caixa-forte f; (ceiling) abóbada f; (in church) cripta f.

VCR n (abbr of video cassette recorder) vídeo m.

VDU n (abbr of visual display unit) monitor m.

veal [viːl] n vitela f.

veer [vɪəʳ] vi (vehicle, road) virar.

veg [vedʒ] abbr = **vegetable.**

vegan ['viːgən] adj vegetalista♦ n vegetalista mf, pessoa vegetariana que não consome carne, peixe ou derivados animais, tais como ovos ou leite.

vegetable ['vedʒtəbl] n vegetal m, legume m.

vegetable oil n óleo m vegetal.

vegetarian [ˌvedʒɪˈteərɪən] adj vegetariano(-na) ♦ n vegetariano m (-na f).

vegetation [ˌvedʒɪˈteɪʃn] n vegetação f.

vehement ['viːmənt] adj veemente.

vehicle ['viːəkl] n veículo m.

veil [veɪl] n véu m.

vein [veɪn] n veia f.

Velcro® ['velkrəʊ] n Velcro® m.

velocity [vɪˈlɒsɪtɪ] n velocidade f.

velvet ['velvɪt] n veludo m.

vendetta [venˈdetə] n vendeta f.

vending machine ['vendɪŋ-] n máquina f de venda automática.

vendor ['vendɔːʳ] n vendedor m (-ra f).

veneer [vəˈnɪəʳ] n (of wood) folheado m.

venetian blind [vɪˌniːʃn-] n persiana f (Br), estore m laminado (Port).

vengeance ['vendʒəns] n vingança f; **with a ~** para valer.

venison ['venɪzn] n carne f de veado.

venom ['venəm] n veneno m.

vent [vent] n (for air, smoke etc) saída f de ar, ventilador m.

ventilation [ˌventɪˈleɪʃn] n ventilação f.

ventilator ['ventɪleɪtəʳ] n ventilador m.

venture ['ventʃəʳ] n aventura f ♦ vi (go) aventurar-se.

venue ['venjuː] n local m (de determi-nado acontecimento esportivo ou cultural).

veranda [vəˈrændə] n terraço m coberto, alpendre m.

verb [vɜːb] n verbo m.

verbal ['vɜːbl] adj verbal.

verdict ['vɜːdɪkt] n (JUR) veredicto m; (opinion) parecer m.

verge [vɜːdʒ] n (of road) acostamento m (Br), berma f (Port); (of lawn, path) beira f; **"soft ~s"** "acostamento mole" (Br), "bermas baixas" (Port).

verify ['verɪfaɪ] vt verificar.

vermin ['vɜːmɪn] n bichos mpl (nocivos ou parasitários).

vermouth ['vɜːməθ] n vermute m.

versa → **vice versa.**

versatile ['vɜːsətaɪl] adj versátil.

verse [vɜːs] n (of song, poem) verso m; (poetry) versos mpl.

versed [vɜːst] adj: **to be well ~ in sthg** ser versado(-da) em algo.

version ['vɜːʃn] n versão f.

versus ['vɜːsəs] prep versus, contra.

vertebra ['vɜːtɪbrə] (pl -bras OR -brae [-briː]) n vértebra f.

vertical ['vɜːtɪkl] adj vertical.

vertigo ['vɜːtɪgəʊ] n vertigens fpl.

very ['verɪ] adv muito ♦ adj: **that's the ~ thing I need** é disso mesmo que eu preciso; **you're the ~ person I wanted to see** era mesmo com você que eu queria falar; **~ much** muito; **not ~** não muito; **my ~ own room** o meu próprio quarto.

vessel ['vesl] n (fml: ship) embarcação f.

vest [vest] n (Brit: underwear) camise-ta f (Br), camisola f interior (Port); (Am: waistcoat) colete m.

vet [vet] n (Brit) veterinário m (-ria f).

veteran ['vetrən] n veterano m (-na f).

veterinarian [ˌvetərɪˈneərɪən] (Am) = **vet.**

veterinary surgeon ['vetərɪnrɪ-] (Brit: fml) = **vet.**

veto ['viːtəʊ] (pl -es) n veto m ♦ vt vetar.

VHF n (abbr of very high frequency) VHF f.

VHS n (abbr of video home system) VHS m.

via ['vaɪə] prep via.

viable ['vaɪəbl] adj viável.

viaduct ['vaɪədʌkt] n viaduto m.

vibrate [vaɪˈbreɪt] *vi* vibrar.
vibration [vaɪˈbreɪʃn] *n* vibração *f*.
vicar [ˈvɪkəʳ] *n* vigário *m*, pároco *m*.
vicarage [ˈvɪkərɪdʒ] *n* casa *f* paroquial.
vice [vaɪs] *n (moral fault)* vício *m*; *(crime)* crime *m*; *(Brit: tool)* torno *m*.
vice-president *n* vice-presidente *m* (-ta *f*).
vice versa [ˌvaɪsɪˈvɜːsə] *adv* vice-versa.
vicinity [vɪˈsɪnətɪ] *n*: **in the ~** nas proximidades.
vicious [ˈvɪʃəs] *adj (attack, animal)* violento(-ta); *(comment)* cruel.
vicious circle *n* círculo *m* vicioso.
victim [ˈvɪktɪm] *n* vítima *f*.
victimize [ˈvɪktɪmaɪz] *vt* tratar injustamente.
Victorian [vɪkˈtɔːrɪən] *adj* vitoriano(-na) *(segunda metade do séc. XIX)*.
victorious [vɪkˈtɔːrɪəs] *adj* vitorioso(-osa).
victory [ˈvɪktərɪ] *n* vitória *f*.
video [ˈvɪdɪəʊ] *(pl* **-s**) *n* vídeo *m*; *(videotape)* cassete *f* vídeo, videocassete *f* ♦ *vt (using video recorder)* gravar; *(using camera)* filmar; **on ~** em vídeo.
video camera *n* câmara *f* de vídeo.
video cassette *n* videocassete *f*, cassete *f* de vídeo.
video game *n* jogo *m* de vídeo.
video recorder *n* videogravador *m*.
video shop *n* locadora *f* de vídeo *(Br)*, clube *m* de vídeo *(Port)*.
videotape [ˈvɪdɪəʊteɪp] *n* cassete *f* vídeo, videocassete *f*.
vie [vaɪ] *(pt & pp* **vied**, *cont* **vying**) *vi*: **to ~ with sb (for sthg)** competir com alguém (por algo).
Vienna [vɪˈenə] *n* Viena *s*.
Vietnam [Brit ˌvjetˈnæm, Am ˌvjetˈnɑːm] *n* Vietnam *m*.
view [vjuː] *n (scene, field of vision)* vista *f*; *(opinion)* opinião *f*; *(attitude)* visão *f* ♦ *vt (look at)* ver; **in my ~** na minha opinião; **in ~ of** *(considering)* tendo em consideração; **to come into ~** aparecer.
viewer [ˈvjuːəʳ] *n (of TV)* telespectador *m* (-ra *f*).
viewfinder [ˈvjuːfaɪndəʳ] *n* visor *m*.
viewpoint [ˈvjuːpɔɪnt] *n (opinion)* ponto *m* de vista; *(place)* miradouro *m*.

vigilant [ˈvɪdʒɪlənt] *adj (fml)* atento(-ta).
vigorous [ˈvɪgərəs] *adj* vigoroso(-osa).
vile [vaɪl] *adj* horrível, horroroso (-osa).
villa [ˈvɪlə] *n* casa *f*, vivenda *f (Port)*.
village [ˈvɪlɪdʒ] *n* lugarejo *m*, aldeia *f*.
villager [ˈvɪlɪdʒəʳ] *n* habitante *mf* da aldeia.
villain [ˈvɪlən] *n (of book, film)* vilão *m* (-lã *f*) da fita; *(criminal)* criminoso *m* (-osa *f*).
vinaigrette [ˌvɪnɪˈgret] *n* vinagrete *m*, molho para saladas feito com azeite, vinagre, sal, pimenta e ervas aromáticas.
vindicate [ˈvɪndɪkeɪt] *vt* justificar.
vindictive [vɪnˈdɪktɪv] *adj* vingativo(-va).
vine [vaɪn] *n (grapevine)* videira *f*; *(climbing plant)* trepadeira *f*.
vinegar [ˈvɪnɪgəʳ] *n* vinagre *m*.
vineyard [ˈvɪnjəd] *n* vinha *f*, vinhedo *m*.
vintage [ˈvɪntɪdʒ] *adj (wine)* vintage *(inv)* ♦ *n (year)* colheita *f*, ano *m*.
vinyl [ˈvaɪnɪl] *n* vinil *m*.
viola [vɪˈəʊlə] *n (MUS)* rabeca *f*.
violate [ˈvaɪəleɪt] *vt (law, human rights)* violar.
violence [ˈvaɪələns] *n* violência *f*.
violent [ˈvaɪələnt] *adj* violento(-ta).
violet [ˈvaɪələt] *adj* roxo(-xa), violeta *(inv)* ♦ *n (flower)* violeta *f*.
violin [ˌvaɪəˈlɪn] *n* violino *m*.
violinist [ˌvaɪəˈlɪnɪst] *n* violinista *mf*.
VIP *n (abbr of very important person)* VIP *mf*.
viper [ˈvaɪpəʳ] *n* víbora *f*.
virgin [ˈvɜːdʒɪn] *n* virgem *mf*.
Virgo [ˈvɜːgəʊ] *(pl* **-s**) *n* Virgem *f*.
virile [ˈvɪraɪl] *adj* viril.
virtually [ˈvɜːtʃʊəlɪ] *adv* praticamente.
virtual reality [ˈvɜːtʃʊəl-] *n* realidade *f* virtual.
virtue [ˈvɜːtjuː] *n* virtude *f*; **by ~** em virtude de, pelo fato de.
virtuous [ˈvɜːtʃʊəs] *adj* virtuoso(-osa).
virus [ˈvaɪrəs] *n* vírus *m inv*.
visa [ˈviːzə] *n* visto *m*.
viscose [ˈvɪskəʊs] *n* viscose *f*.
visibility [ˌvɪzɪˈbɪlətɪ] *n* visibilidade *f*.

visible ['vɪzəbl] *adj* visível.

visit ['vɪzɪt] *vt* visitar ♦ *n* visita *f*.

visiting hours ['vɪzɪtɪŋ-] *npl* horas *fpl* de visita.

visitor ['vɪzɪtər] *n* (*to person*) visita *f*; (*to place*) visitante *mf*.

visitor centre *n* (*Brit*) estabelecimento que inclui um centro de informação, lojas, cafeteria, etc e que se encontra em locais de interesse turístico.

visitors' book *n* livro *m* de visitantes.

visitor's passport *n* (*Brit*) passaporte *m* provisório.

visor ['vaɪzər] *n* (*helmet*) viseira *f*; (*of hat*) pala *f*.

visual ['vɪʒʊəl] *adj* visual.

vital ['vaɪtl] *adj* vital.

vitamin [*Brit* 'vɪtəmɪn, *Am* 'vaɪtəmɪn] *n* vitamina *f*.

vivacious [vɪ'veɪʃəs] *adj* vivaz, animado(-da).

vivid ['vɪvɪd] *adj* vivo(-va).

VLF (*abbr of very low frequency*) freqüência extremamente baixa.

V-neck *n* (*design*) decote *m* em bico OR em V.

vocabulary [və'kæbjʊlərɪ] *n* vocabulário *m*.

vocal cords *npl* cordas *fpl* vocais.

vocation [vəʊ'keɪʃn] *n* vocação *f*.

vocational [vəʊ'keɪʃənl] *adj* profissional.

vociferous [və'sɪfərəs] *adj* vociferante.

vodka ['vɒdkə] *n* vodca *f*.

voice [vɔɪs] *n* voz *f*.

voice mail *n* correio *m* de voz.

void [vɔɪd] *adj* (*invalid*) nulo(-la).

volcano [vɒl'keɪnəʊ] (*pl* -es OR-s) *n* vulcão *m*.

volley ['vɒlɪ] (*pl* -s) *n* (*in tennis*) vôlei *m* ♦ *vt* bater em (*antes que haja ressalto*).

volleyball ['vɒlɪbɔːl] *n* voleibol *m*.

volt [vəʊlt] *n* volt *m*.

voltage ['vəʊltɪdʒ] *n* voltagem *f*.

volume ['vɒljuːm] *n* volume *m*.

voluntarily [*Brit* 'vɒləntrɪlɪ, *Am* ˌvɒlən'terəlɪ] *adv* voluntariamente.

voluntary ['vɒləntrɪ] *adj* voluntário (-ria).

volunteer [ˌvɒlən'tɪər] *n* voluntário *m* (-ria *f*) ♦ *vt*: **to ~ to do sthg** oferecer-se para fazer algo.

vomit ['vɒmɪt] *n* vômito *m* ♦ *vi* vomitar.

vote [vəʊt] *n* (*choice*) voto *m*; (*process, number of votes*) votação *f* ♦ *vi*: **to ~ (for)** votar (em).

voter ['vəʊtər] *n* eleitor *m* (-ra *f*).

voting ['vəʊtɪŋ] *n* votação *f*.

vouch [vaʊtʃ] : **vouch for** *vt fus* (*person, child*) responder por; **I can ~ for its accuracy** posso lhe garantir que está correto.

voucher ['vaʊtʃər] *n* vale *m*.

vow [vaʊ] *n* voto *m*, juramento *m* ♦ *vt*: **to ~ (that)** jurar que; **to ~ to do sthg** jurar fazer algo.

vowel ['vaʊəl] *n* vogal *f*.

voyage ['vɔɪɪdʒ] *n* viagem *f*.

vulgar ['vʌlgər] *adj* ordinário(-ria), vulgar.

vulnerable ['vʌlnərəbl] *adj* vulnerável; **~ to sthg** (*to being hurt*) vulnerável a algo; (*to criticism, influence*) sujeito(-ta) a algo.

vulture ['vʌltʃər] *n* abutre *m*.

vying ['vaɪɪŋ] *cont* → **vie**.

W

W (abbr of west) O.

wad [wɒd] n (of paper, banknotes) maço m; (of cotton) bola f, novelo m.

waddle ['wɒdl] vi bambolear-se.

wade [weɪd] vi caminhar (com dificuldade pela água).

wading pool ['weɪdɪŋ-] n (Am) piscina f infantil.

wafer ['weɪfər] n bolacha f (muito fina e leve).

waffle ['wɒfl] n (pancake) = waffle m (Br), talassa f (Port) ♦ vi (inf) dizer palha.

wag [wæg] vt abanar.

wage [weɪdʒ] n ordenado m.

❏ **wages** npl ordenado m.

wage packet n (pay) ordenado m.

wager ['weɪdʒər] n aposta f.

wagon ['wægən] n (vehicle) carroça f; (Brit: of train) vagão m.

wail [weɪl] n lamento m, gemido m ♦ vi (person, baby) chorar.

waist [weɪst] n cintura f.

waistcoat ['weɪskəʊt] n colete m.

waistline ['weɪstlaɪn] n cintura f, cinta f.

wait [weɪt] n espera f ♦ vi esperar; to ~ for sb to do sthg esperar que alguém faça algo; I can't ~! mal posso esperar!

❏ **wait for** vt fus esperar por; I'm ~ing for someone estou à espera de alguém.

waiter ['weɪtər] n garçon m, empregado m (de mesa) (Port).

waiting list ['weɪtɪŋ-] n lista f de espera.

waiting room ['weɪtɪŋ-] n sala f de espera.

waitress ['weɪtrɪs] n garçonete f (Br), empregada f (de mesa) (Port).

waive [weɪv] vt (rule) não aplicar; (right) prescindir de.

wake [weɪk] (pt woke, pp woken) vt & vi acordar.

❏ **wake up** vt sep & vi acordar.

Waldorf salad ['wɔːldɔːf-] n salada f Waldorf, salada de maçã, nozes e aipo com maionese.

Wales [weɪlz] n País m de Gales.

walk [wɔːk] n (hike) caminhada f; (stroll) passeio m; (path) trilho m, caminho m ♦ vi andar; (as hobby) caminhar ♦ vt (distance) andar; (dog) passear; to go for a ~ dar um passeio; it's a short ~ não é muito longe (a pé), fica a dois passos; to take the dog for a ~ levar o cachorro a passear, passear o cachorro; "walk" (Am) sinal luminoso que indica aos pedestres que podem atravessar; "don't ~" (Am) sinal luminoso que indica aos pedestres que não podem atravessar.

❏ **walk away** vi ir-se embora.

❏ **walk in** vi entrar.

❏ **walk out** vi (leave angrily) ir-se embora.

walker ['wɔːkər] n caminhante mf.

walkie-talkie [,wɔːkɪ'tɔːkɪ] n walkie-talkie m.

walking ['wɔːkɪŋ] n: to go ~ fazer caminhadas.

walking boots ['wɔːkɪŋ-] npl botas fpl de montanha.

walking stick ['wɔːkɪŋ-] n bengala f.

Walkman® ['wɔːkmən] n walkman® m.

wall [wɔːl] n (of building, room) parede f; (in garden, countryside, street) muro m.

wallchart ['wɔːltʃɑːt] n mapa m.

wallet ['wɒlɪt] n carteira f (de documentos).

wallpaper ['wɔːl,peɪpər] n papel m de parede.

wally ['wɒlɪ] n (Brit: inf) palerma mf.

walnut ['wɔːlnʌt] n (nut) noz f.

walrus ['wɔːlrəs] (*pl inv* OR **-es**) *n* morsa *f.*

waltz [wɔːls] *n* valsa *f.*

wand [wɒnd] *n* varinha *f* de condão.

wander ['wɒndə'] *vi* vagar, perambular.

want [wɒnt] *vt (desire)* querer; *(need)* precisar de; **to ~ to do sthg** querer fazer algo; **to ~ sb to do sthg** querer que alguém faça algo.

wanted ['wɒntɪd] *adj:* **to be ~ (by the police)** ser procurado(-da) (pela polícia).

war [wɔː'] *n* guerra *f.*

ward [wɔːd] *n (in hospital)* enfermaria *f.*

warden ['wɔːdn] *n (of park)* guarda *mf; (of youth hostel)* encarregado *m* (-da *f).*

warder ['wɔːdə'] *n* guarda *mf* (prisional).

wardrobe ['wɔːdrəub] *n* guarda-roupa *m*, armário *m.*

warehouse ['weəhaus, *pl* -hauzɪz] *n* armazém *m.*

warfare ['wɔːfeə'] *n* guerra *f.*

warhead ['wɔːhed] *n* ogiva *f.*

warm [wɔːm] *adj* quente; *(friendly)* caloroso(-osa) ◆ *vt* aquecer.

❏ **warm up** *vt sep* aquecer ◆ *vi* aquecer; *(do exercises)* fazer exercícios de aquecimento.

war memorial *n* monumento *m* aos mortos na guerra.

warm-hearted [-'hɑːtɪd] *adj* bondoso(-osa).

warmly ['wɔːmlɪ] *adv (in a friendly way)* calorosamente; **to dress ~** agasalhar-se.

warmth [wɔːmθ] *n* calor *m.*

warn [wɔːn] *vt* avisar; **to ~ sb about sthg** avisar alguém de algo; **to ~ sb not to do sthg** avisar alguém para não fazer algo.

warning ['wɔːnɪŋ] *n* aviso *m.*

warp [wɔːp] *vt & vi (wood)* empenar.

warrant ['wɒrənt] *n (JUR)* mandato *m* ◆ *vt (fml: justify)* justificar.

warranty ['wɒrəntɪ] *n (fml)* garantia *f.*

warrior ['wɒrɪə'] *n* guerreiro *m* (-ra *f).*

Warsaw ['wɔːsɔː] *n* Varsóvia *s.*

warship ['wɔːʃɪp] *n* navio *m* de guerra.

wart [wɔːt] *n* verruga *f (Br)*, cravo *m (Port).*

wartime ['wɔːtaɪm] *n* tempo *m* de guerra.

wary ['weərɪ] *adj* receoso(-osa); **to be ~ of sthg/of doing sthg** recear algo/fazer algo.

was [wɒz] *pt →* **be.**

wash [wɒʃ] *vt* lavar ◆ *vi* lavar-se ◆ *n:* **to give sthg a ~** dar uma lavada em algo; **to have a ~** lavar-se; **to ~ one's hands** lavar as mãos.

❏ **wash up** *vi (Brit: do washing-up)* lavar a louça; *(Am: clean o.s.)* lavar-se.

washable ['wɒʃəbl] *adj* lavável.

washbasin ['wɒʃ,beɪsn] *n* pia *f*, lavatório *m (Port).*

washbowl ['wɒʃbəul] *n (Am)* pia *f*, lavatório *m (Port).*

washer ['wɒʃə'] *n (ring)* bucha *f*, anilha *f.*

washing ['wɒʃɪŋ] *n (activity)* lavagem *f; (clothes)* roupa *f* suja.

washing line *n* corda *f* de estender a roupa, varal *m (Br)*, estendal *m (Port).*

washing machine *n* máquina *f* de lavar roupa.

washing powder *n* sabão *m* em pó *(Br)*, detergente *m* para a roupa *(Port).*

washing-up *n (Brit):* **to do the ~** lavar a louça.

washing-up bowl *n (Brit)* bacia *f* de lavar louça, lava-louças *m inv (Port).*

washing-up liquid *n (Brit)* detergente *m* para a louça.

washroom ['wɒʃrum] *n (Am)* banheiro *m (Br)*, casa *f* de banho *(Port).*

wasn't [wɒznt] = **was not.**

wasp [wɒsp] *n* vespa *f.*

waste [weɪst] *n (rubbish)* lixo *m* ◆ *vt (money, energy, opportunity)* desperdiçar; *(time)* perder; **a ~ of money** um desperdício de dinheiro; **a ~ of time** um desperdício OR uma perda de tempo.

wastebin ['weɪstbɪn] *n* lata *f* de lixo *(Br)*, caixote *m* do lixo *(Port).*

wasteful ['weɪstful] *adj (person)* esbanjador(-ra); *(activity)* pouco econômico(-ca).

waste ground *n* terreno *m* abandonado, descampado *m.*

wastepaper basket [,weɪst'peɪpə'-] *n* cesta *f* de lixo *(Br)*, cesto *m* dos papéis *(Port).*

watch [wɒtʃ] *n (wristwatch)* relógio *m* (de pulso) ◆ *vt (observe)* ver; *(spy on)* espiar, vigiar; *(be careful with)* ter cuidado com.

❏ **watch out** *vi (be careful)* ter cuidado;

to ~ out for *(look for)* estar atento a.

watchdog ['wɒtʃdɒg] *n (dog)* cão *m* de guarda; **a consumer ~** *uma organização de defesa do consumidor*.

watchmaker ['wɒtʃmeɪkər] *n* relojoeiro *m* (-ra *f*).

watchman ['wɒtʃmən] *(pl* **-men** [-mən]) *n* vigia *m*.

watchstrap ['wɒtʃstræp] *n* pulseira *f* de relógio.

water ['wɔ:tər] *n* água *f* ♦ *vt (plants, garden)* regar ♦ *vi (eyes)* lacrimejar; **to make one's mouth ~** dar água na boca.

water bottle *n* cantil *m*.

watercolour ['wɔ:təkʌlər] *n* aquarela *f*.

watercress ['wɔ:təkres] *n* agrião *m*.

waterfall ['wɔ:təfɔ:l] *n* queda *f* d'água, catarata *f*.

water heater *n* aquecedor *m* (de água) *(Br)*, esquentador *m (Port)*.

watering can ['wɔ:tərɪŋ-] *n* regador *m*.

water level *n* nível *m* de água.

water lily *n* nenúfar *m*.

waterlogged ['wɔ:təlɒgd] *adj (land)* alagado(-da), alagadiço(-ça).

water main *n* conduta *f* (principal) da água.

watermark ['wɔ:təmɑ:k] *n (in paper)* marca *f* de água; *(showing water level)* marca do nível de água.

watermelon ['wɔ:təmelən] *n* melancia *f*.

waterproof ['wɔ:təpru:f] *adj* à prova de água.

water purification tablets [-pjʊərɪfɪ'keɪʃn-] *npl* comprimidos *mpl* para purificar a água.

water skiing *n* esqui *m* aquático.

watersports ['wɔ:təspɔ:ts] *npl* esportes *mpl* aquáticos.

water tank *n* tanque *m* de água.

watertight ['wɔ:tətaɪt] *adj* à prova d'água.

watery ['wɔ:tərɪ] *adj (food, drink)* aguado(-da).

watt [wɒt] *n* watt *m*, vátio *m*; **a 60-~ bulb** uma lâmpada de 60 watts.

wave [weɪv] *n* onda *f* ♦ *vt (hand)* acenar com; *(flag)* agitar ♦ *vi (move hand)* acenar, dizer adeus.

wavelength ['weɪvleŋθ] *n* comprimento *m* de onda.

waver ['weɪvər] *vi (person, resolve, con-* *fidence)* vacilar; *(voice)* hesitar; *(flame, light)* oscilar.

wavy ['weɪvɪ] *adj* ondulado(-da).

wax [wæks] *n* cera *f*.

waxworks ['wækswɔ:ks] *(pl inv)* *n* museu *m* de cera.

way [weɪ] *n (manner, means)* maneira *f*, forma *f*; *(route, distance travelled)* caminho *m*; *(direction)* direção *f*; **which ~ is the station?** para que lado é a estação?; **the town is out of our ~** a cidade não fica no nosso caminho; **to be in the ~** estar à frente; **to be on the** OR **one's ~** *(coming)* estar a caminho; **to get out of the ~** sair da frente; **to get under ~** começar; **it's a long ~ to the station** a estação fica muito longe; **to be a long ~ away** ficar muito longe; **to lose one's ~** perder-se, perder o caminho; **on the ~ back** na volta; **on the ~ there** no caminho; **that ~** *(like that)* daquela maneira, assim; *(in that direction)* por ali; **this ~** *(like this)* assim; *(in this direction)* por aqui; **"give ~"** "dê preferência"; **"~ in"** "entrada"; **"~ out"** "saída"; **no ~!** *(inf)* nem pensar!

waylay [weɪ'leɪ] *(pt & pp* **-laid**) *vt* abordar.

wayward ['weɪwəd] *adj* rebelde.

WC *n (abbr of water closet)* WC *m*.

we [wi:] *pron* nós; **~'re young** (nós) somos jovens.

weak [wi:k] *adj* fraco(-ca); *(not solid)* frágil.

weaken ['wi:kn] *vt* enfraquecer.

weakling ['wi:klɪŋ] *n* fracote *m* (-ta *f*).

weakness ['wi:knɪs] *n (weak point)* fraqueza *f*; *(fondness)* fraco *m*.

wealth [welθ] *n* riqueza *f*.

wealthy ['welθɪ] *adj* rico(-ca).

wean [wi:n] *vt (baby, kitten)* desmamar.

weapon ['wepən] *n* arma *f*.

weaponry ['wepənrɪ] *n* armamento *m*.

wear [weər] *(pt* **wore***, pp* **worn***) vt (clothes, shoes, jewellery)* usar ♦ *n (clothes)* roupa *f*; **~ and tear** uso *m*.

❏ **wear off** *vi* desaparecer.

❏ **wear out** *vi* gastar-se.

weary ['wɪərɪ] *adj* cansado(-da).

weasel ['wi:zl] *n* doninha *f*.

weather ['weðər] *n* tempo *m*; **what's the ~ like?** como está o tempo?; **to be under the ~** *(inf)* estar um pouco adoentado.

weathercock ['weðəkɒk] n cata-vento m.

weather forecast n previsão f do tempo.

weather forecaster [-,fɔːkɑːstə^r] n meteorologista mf.

weather report n boletim m meteorológico.

weather vane [-veɪn] n cata-vento m.

weave [wiːv] (pt wove, pp woven) vt tecer.

weaver ['wiːvə^r] n tecelão m (tecedeira f).

web [web] n (of spider) teia f.

Web site n (COMPUT) site m.

Wed. (abbr of Wednesday) 4ª, quar.

we'd [wiːd] = we had, we would.

wedding ['wedɪŋ] n casamento m.

wedding anniversary n aniversário m de casamento.

wedding cake n bolo m de noiva.

wedding dress n vestido m de noiva.

wedding ring n aliança f.

wedge [wedʒ] n (of cake) fatia f; (of wood etc) cunha f, calço m.

Wednesday ['wenzdɪ] n quarta-feira f, → Saturday.

wee [wiː] adj (Scot) pequeno(-na) ♦ n (inf) chichi m.

weed [wiːd] n erva f daninha.

weedkiller ['wiːd,kɪlə^r] n herbicida m.

weedy ['wiːdɪ] adj (Brit: inf: feeble) fracote(-ta).

week [wiːk] n semana f; a ~ today daqui a uma semana OR oito dias; in a ~'s time daqui a uma semana OR oito dias.

weekday ['wiːkdeɪ] n dia m útil.

weekend [,wiːk'end] n fim-de-semana m.

weekly ['wiːklɪ] adj semanal ♦ adv semanalmente ♦ n semanário m.

weep [wiːp] (pt & pp wept) vi chorar.

weigh [weɪ] vt pesar; **how much does it ~?** quanto é que (isso) pesa?

weight [weɪt] n peso m; **to lose ~** emagrecer; **to put on ~** engordar.

❑ **weights** npl (for weight training) pesos mpl.

weightlifting ['weɪt,lɪftɪŋ] n halterofilia f.

weight training n musculação f.

weighty ['weɪtɪ] adj de peso.

weir [wɪə^r] n represa f.

weird [wɪəd] adj esquisito(-ta), estranho(-nha).

welcome ['welkəm] adj bem-vindo(-da) ♦ n boas-vindas fpl ♦ vt (greet) dar as boas-vindas a; (be grateful for) agradecer ♦ excl bem-vindo!; **you're ~ to use our car** você pode usar o nosso carro à vontade; **to make sb feel ~** fazer alguém sentir-se bem-vindo; **you're ~!** de nada!

weld [weld] vt soldar.

welfare ['welfeə^r] n (happiness, comfort) bem-estar m; (Am: money) subsídio m da segurança social.

welfare state n: **the ~** o estado-previdência.

well [wel] (compar better, superl best) adj bom (boa) ♦ adv bem ♦ n poço m; **to get ~** melhorar; **to go ~** correr bem; **~ done!** muito bem!; **it may happen** pode muito bem acontecer; **it's ~ worth it** vale bem a pena; **as ~** (in addition) também; **as ~ as** (in addition to) assim como.

we'll [wiːl] = we shall, we will.

well-advised adj: **you would be ~ to ask her first** seria prudente perguntar-lhe primeiro.

well-behaved [-bɪ'heɪvd] adj bem comportado(-da).

wellbeing [,wel'biːɪŋ] n bem-estar m.

well-built adj bem constituído(-da), robusto(-ta).

well-done adj (meat) bem passado (-da).

well-dressed [-'drest] adj bem vestido(-da).

wellington (boot) ['welɪŋtən-] n bota f de borracha, galocha f.

well-kept adj (garden) bem cuidado(-da); (secret) bem guardado(-da).

well-known adj conhecido(-da).

well-meaning adj bem-intencionado (-da).

well-nigh adv praticamente.

well-off adj (rich) rico(-ca).

well-paid adj bem pago(-ga), bem remunerado(-da).

well-read [-red] adj culto(-ta).

well-timed [-'taɪmd] adj oportuno (-na).

well-to-do adj rico(-ca), abastado (-da).

well-wisher [-wɪʃə^r] n simpatizante mf.

welly ['welɪ] n (Brit: inf) bota f de

borracha, galocha f.

Welsh [welʃ] adj galês(-esa) ◆ n (language) galês m ◆ npl: **the ~** os galeses.

Welshman ['welʃmən] (pl **-men** [-mən]) n galês m.

Welsh rarebit [-'reəbɪt] n torrada com queijo derretido.

Welshwoman ['welʃ,wumən] (pl **-women** [-,wɪmɪn]) n galesa f.

went [went] pt → go.

wept [wept] pt & pp → weep.

were [wɜːr] pt → be.

we're [wɪər] = we are.

weren't [wɜːnt] = were not.

west [west] n oeste m ◆ adj ocidental, oeste ◆ adv (be situated) a oeste; (fly, walk) em direção ao oeste, para o oeste; **in the ~ of England** no oeste da Inglaterra.

westbound ['westbaund] adj em direção ao oeste.

West Country n: **the ~** o sudoeste da Inglaterra, especialmente os condados de Somerset, Devon e a Cornualha.

West End n: **the ~** (of London) o West End, famosa área londrina onde se encontram as grandes lojas, cinemas e teatros.

westerly ['westəlɪ] adj (wind) de oeste; **in a ~ direction** em direção ao oeste; **the most ~ point** o ponto mais a oeste.

western ['westən] adj ocidental ◆ n western m, filme m de cow-boys.

West Indian adj antilhano(-na) ◆ n (person) antilhano m (-na f).

West Indies [-'ɪndɪːz] npl Antilhas fpl.

Westminster ['westmɪnstər] n Westminster, bairro do centro de Londres.

Westminster Abbey n abadia f de Westminster.

westward ['westwəd] adj: **in a ~ direction** em direção ao oeste.

westwards ['westwədz] adv em direção ao oeste, para o oeste.

wet [wet] (pt & pp wet OR **-ted**) adj (soaked, damp) molhado(-da); (rainy) chuvoso(-osa) ◆ vt molhar; **to get ~** molhar-se; **"~ paint"** "tinta fresca".

wet suit n traje m de mergulho (Br), fato m de mergulho (Port).

we've [wiːv] = we have.

whack [wæk] n (inf) pancada f ◆ vt (inf) dar uma pancada em.

whale [weɪl] n baleia f.

wharf [wɔːf] (pl **-s** OR **wharves** [wɔːvz]) n cais m inv.

what [wɒt] adj **1.** (in questions) que; **~ colour is it?** de que cor é?; **he asked me ~ colour it was** ele perguntou-me de que cor era.
2. (in exclamations) que; **~ a surprise!** mas que surpresa!; **~ a beautiful day!** mas que dia lindo!
◆ pron **1.** (in questions) o que; **~ is going on?** o que é que está acontecendo?; **~ is that?** o que é isso?; **~ is that thing called?** como é que se chama aquilo?; **~ is the problem?** qual é o problema?; **she asked me ~ had happened** ela perguntou-me o que é que tinha acontecido; **she asked me ~ I had seen** ela perguntou-me o que é que eu tinha visto.
2. (in questions: after prep) que; **~ are they talking about?** de que é que eles estão falando?; **~ is it for?** para que é isso?; **she asked me ~ I was thinking about** ela perguntou-me em que é que eu estava pensando.
3. (introducing relative clause) o que; **I didn't see ~ happened** não vi o que aconteceu; **you can't have ~ you want** você não pode ter o que quer.
4. (in phrases): **~ for?** para quê?; **~ about going out for a meal?** que tal irmos comer fora?
◆ excl o quê!

whatever [wɒt'evər] pron: **take ~ you want** leve o que quiser; **~ I do, I'll lose** faça o que fizer, perco sempre; **~ that may be** seja lá o que for.

whatsoever [,wɒtsəu'evər] adj: **nothing ~** nada; **none ~** nenhum(-ma); **to have no interest ~ in sthg** não ter interesse nenhum em algo.

wheat [wiːt] n trigo m.

wheel [wiːl] n (of car, bicycle etc) roda f; (steering wheel) volante m.

wheelbarrow ['wiːl,bærəu] n carrinho m de mão.

wheelchair ['wiːl,tʃeər] n cadeira f de rodas.

wheelclamp ['wiːl,klæmp] n garra f, imobilizador m.

wheezy ['wiːzɪ] adj: **to be ~** respirar com dificuldade.

whelk [welk] n búzio m.

when [wen] adv & conj quando.

whenever [wen'evər] conj sempre que; **~ you like** quando você quiser.

where [weə^r] *adv & conj* onde; **that's ~ you're wrong** aí é que você se engana.

whereabouts ['weərəbauts] *adv* onde ◆ *npl* paradeiro *m*.

whereas [weər'æz] *conj* enquanto que.

whereby [weə'baɪ] *conj (fml)* pelo (pela) qual.

wherever [weər'evə^r] *conj* onde quer que; **~ that may be** onde quer que isso seja; **~ you like** onde você quiser.

whet [wet] *vt*: **to ~ sb's appetite (for sthg)** abrir o apetite de alguém (para algo).

whether ['weðə^r] *conj (indicating choice, doubt)* se; **~ you like it or not** queira ou não queira.

which [wɪtʃ] *adj (in questions)* qual, que; **~ room do you want?** qual é o quarto que você quer?, que quarto você quer?; **~ one?** qual (deles)?; **she asked me ~ room I wanted** ela perguntou-me qual OR que quarto eu queria.
◆ *pron* **1.** *(in questions)* qual; **~ is the cheapest?** qual é o mais barato?; **~ do you prefer?** qual (é o que) você prefere?; **he asked me ~ was the best** ele perguntou-me qual era o melhor; **he asked me ~ I preferred** ele perguntou-me qual é que eu preferia; **he asked me ~ I was talking about** ele perguntou-me de qual (é que) eu estava falando.
2. *(introducing relative clause: subject)*: **take the one ~ is nearer to you** leva o que está mais perto de você; **I can't remember ~ was better** não me lembro de qual era o melhor; **the house ~ is on the corner** a casa da esquina.
3. *(introducing relative clause: object, after prep)* que; **the television ~ I bought** a televisão que eu comprei; **the settee on ~ I'm sitting** o sofá em que estou sentado.
4. *(referring back)* o que; **he's late, ~ annoys me** ele está atrasado, o que me aborrece; **he's always late, ~ I don't like** ele está sempre atrasado, o que eu odeio.

whichever [wɪtʃ'evə^r] *pron* o que (a que) ◆ *adj*: **~ place you like** o lugar que você preferir; **~ way you do it** faça como fizer.

whiff [wɪf] *n (smell)* cheirinho *m*.

while [waɪl] *conj (during the time that)* enquanto; *(although)* se bem que; *(whereas)* enquanto que ◆ *n*: **a ~** um pouco; **a ~ ago** há algum tempo; **it's been quite a ~ since I last saw him** há muito que não o vejo; **for a ~** durante algum tempo; **in a ~** daqui a pouco.

whilst [waɪlst] *conj* = **while**.

whim [wɪm] *n* capricho *m*.

whimper ['wɪmpə^r] *vi (dog)* gamir; *(child)* choramingar.

whine [waɪn] *vi (make noise)* gemer; *(complain)* queixar-se; *(dog)* ganir.

whinge [wɪndʒ] *vi (Brit)*: **to ~ (about)** queixar-se (de).

whip [wɪp] *n* chicote *m* ◆ *vt* chicotear.

whipped cream [wɪpt-] *n* creme *m* batido *(Br)*, natas *fpl* batidas *(Port)*, chantilly *m*.

whip-round *n (Brit: inf)*: **to have a ~** fazer uma coleta.

whirlpool ['wɜːlpuːl] *n (Jacuzzi)* Jacuzzi® *m*.

whirlwind ['wɜːlwɪnd] *n* remoinho *m* (de vento), furacão *m*.

whirr [wɜː^r] *vi* zumbir.

whisk [wɪsk] *n (utensil)* vara *f* de arames, batedor *m* de ovos manual ◆ *vt (eggs, cream)* bater.

whiskers ['wɪskəz] *npl (of person)* suíças *fpl*, patilhas *fpl (Port)*; *(of animal)* bigodes *mpl*.

whiskey ['wɪskɪ] *(pl -s) n* uísque *m (irlandês ou americano)*.

whisky ['wɪskɪ] *n* uísque *m (escocês)*.

whisper ['wɪspə^r] *vt & vi* murmurar.

whistle ['wɪsl] *n (instrument)* apito *m*; *(sound)* assobio *m* ◆ *vi* assobiar.

white [waɪt] *adj* branco(-ca); *(coffee, tea)* com leite ◆ *n (colour)* branco *m*; *(of egg)* clara *f*; *(person)* branco *m* (-ca *f*).

white bread *n* pão *m* (branco).

white-hot *adj* incandescente.

White House *n*: **the ~** a Casa Branca.

white lie *n* mentirinha *f*.

whiteness ['waɪtnɪs] *n* brancura *f*.

white sauce *n* molho *m* branco.

white spirit *n* aguarrás *f*, essência *f* de petróleo.

whitewash ['waɪtwɒʃ] *vt* caiar.

white wine *n* vinho *m* branco.

whiting ['waɪtɪŋ] *(pl inv) n* faneca *f*.

Whitsun ['wɪtsn] *n* Pentecostes *m*.

whizz [wɪz] *n (inf)*: **to be a ~ at sthg**

ser um gênio em algo ♦ *vi* passar a grande velocidade.

whizz kid *n* (*inf*) menino-prodígio *m* (menina-prodígio *f*).

who [hu:] *pron* (*in questions*) quem; (*in relative clauses*) que.

who'd [hu:d] = **who had, who would.**

whoever [hu:'evər] *pron* quem; **~ it is** quem quer que seja, seja quem for.

whole [həʊl] *adj* inteiro(-ra) ♦ *n*: **the ~ of the journey** a viagem inteira, toda a viagem; **on the ~** em geral.

wholefoods ['həʊlfu:dz] *npl* produtos *mpl* dietéticos.

whole-hearted *adj* total.

wholemeal bread ['həʊlmi:l-] *n* (*Brit*) pão *m* integral.

wholesale ['həʊlseɪl] *adv* (*COMM*) por atacado.

wholesome ['həʊlsəm] *adj* saudável.

wholewheat bread ['həʊl,wi:t-] (*Am*) = **wholemeal bread.**

who'll [hu:l] = **who will.**

wholly ['həʊlɪ] *adv* totalmente.

whom [hu:m] *pron* (*fml: in questions*) quem; (*in relative clauses: after prep*) que; **to ~** a quem.

whooping cough ['hu:pɪŋ-] *n* coqueluche *f* (*Br*), tosse *f* convulsa (*Port*).

whopping ['wɒpɪŋ] *adj* (*inf*) tremendo(-da).

whore [hɔ:r] *n* puta *f*.

who're [hu:ər] = **who are.**

whose [hu:z] *adj* (*in questions*) de quem; (*in relative clauses*) cujo(-ja) ♦ *pron* de quem; **~ book is this?** de quem é este livro?

why [waɪ] *adv* & *conj* porque; **~ not?** porque não?; **tell me ~** (diz-me) porquê; **I know ~ James isn't here** eu sei porque é que o James não está.

wick [wɪk] *n* (*of candle, lighter*) mecha *f*, pavio *m*.

wicked ['wɪkɪd] *adj* (*evil*) mau (má); (*mischievous*) travesso(-a).

wicker ['wɪkər] *adj* de vime.

wickerwork ['wɪkəwɜ:k] *n* trabalho *m* em verga OR vime.

wide [waɪd] *adj* largo(-ga); (*range, variety, gap*) grande ♦ *adv*: **to open sthg ~** abrir bem algo; **how ~ is the road?** qual é a largura da estrada?; **it's 12 metres ~** tem 12 metros de largura; **~ open** escancarado, aberto de par em par.

wide-angle lens *n* (objectiva) grande angular *f*.

wide-awake *adj* completamente acordado(-da).

widely ['waɪdlɪ] *adv* muito.

widen ['waɪdn] *vt* (*make broader*) alargar ♦ *vi* (*gap, difference*) aumentar.

wide-ranging [-'reɪndʒɪŋ] *adj* vasto (-ta).

widespread ['waɪdspred] *adj* generalizado(-da).

widow ['wɪdəʊ] *n* viúva *f*.

widower ['wɪdəʊər] *n* viúvo *m*.

width [wɪdθ] *n* largura *f*.

wield [wi:ld] *vt* (*weapon*) brandir; (*power*) exercer.

wife [waɪf] (*pl* **wives**) *n* esposa *f*, mulher *f*.

wig [wɪg] *n* peruca *f*.

wiggle ['wɪgl] *vt* (*inf*) mexer; (*tooth*) balançar.

wild [waɪld] *adj* (*animal, land, area*) selvagem; (*plant*) silvestre; (*uncontrolled*) descontrolado(-da); (*crazy*) louco(-ca); **to be ~ about** (*inf*) ser louco por.

wilderness ['wɪldənɪs] *n* (*barren land*) deserto *m*; (*overgrown land*) selva *f*.

wild flower *n* flor *f* silvestre.

wildlife ['waɪldlaɪf] *n* a fauna e a flora.

wildly ['waɪldlɪ] *adv* (*applaud, shout*) como um louco (uma louca); (*guess, suggest*) ao acaso; (*shoot*) indiscriminadamente, em todos os sentidos; (*funny, different*) extremamente.

will[1] [wɪl] *aux vb* 1. (*expressing future tense*): **it ~ be difficult to repair** vai ser difícil de arranjar; **~ you be here next Friday?** você vai estar aqui na próxima sexta?; **I ~ see you next week** vejo-lhe para a semana; **yes I ~** sim; **no I won't** não.

2. (*expressing willingness*): **I won't do it** recuso-me a fazê-lo.

3. (*expressing polite question*): **~ you have some more tea?** você quer mais um chá?

4. (*in commands, requests*): **~ you please be quiet!** pode ficar calado, por favor!; **close that window, ~ you?** feche a janela, faz favor.

will[2] [wɪl] *n* (*document*) testamento *m*; **against my ~** contra a minha vontade.

willing ['wɪlɪŋ] *adj*: **to be ~ to do sthg** estar disposto(-osta) a fazer algo.

willingly [ˈwɪlɪŋlɪ] *adv* de boa vontade.

willow [ˈwɪləʊ] *n* salgueiro *m*.

willpower [ˈwɪlˌpaʊər] *n* força *f* de vontade.

wilt [wɪlt] *vi (plant)* murchar.

wily [ˈwaɪlɪ] *adj* astuto(-ta), matreiro (-ra).

wimp [wɪmp] *n (inf)* banana *f (Br)*, medricas *mf inv (Port)*.

win [wɪn] *(pt & pp* **won**) *n* vitória *f ◆ vt* ganhar; *(support, approval)* obter *◆ vi* ganhar.

wince [wɪns] *vi (pull face)* fazer uma careta; **to ~ at sthg** *(memory, thought)* estremecer com algo; **to ~ with sthg** *(pain, embarrassment)* encolher-se com algo.

winch [wɪntʃ] *n* guincho *m*.

wind[1] [wɪnd] *n (air current)* vento *m*; *(in stomach)* gases *mpl*.

wind[2] [waɪnd] *(pt & pp* **wound**) *vi (road, river)* serpentear *◆ vt:* **to ~ sthg round sthg** enrolar algo à volta de algo.

❏ **wind up** *vt sep (Brit: inf: annoy)* gozar; *(car window)* subir; *(clock, watch)* dar corda em.

windbreak [ˈwɪndbreɪk] *n* guarda-vento *m*.

windfall [ˈwɪndfɔːl] *n (unexpected gift)* presente *m* caído do céu.

winding [ˈwaɪndɪŋ] *adj* sinuoso(-osa).

wind instrument [wɪnd-] *n* instrumento *m* de sopro.

windmill [ˈwɪndmɪl] *n* moinho *m* de vento.

window [ˈwɪndəʊ] *n* janela *f; (of shop)* vitrine *f*.

window box *n* floreira *f* de janela.

window cleaner *n* limpador *m* (-ra *f*) de janelas.

window ledge *n* peitoril *m* da janela.

windowpane [ˈwɪndəʊˌpeɪn] *n* vidro *m*, vidraça *f*.

window seat *n (on plane)* lugar *m* ao lado da janela.

window-shopping *n:* **to go ~** ir ver vitrines.

windowsill [ˈwɪndəʊsɪl] *n* peitoril *m* da janela.

windpipe [ˈwɪndpaɪp] *n* traquéia *f*.

windscreen [ˈwɪndskriːn] *n (Brit)* pára-brisas *m inv*.

windscreen wipers *npl (Brit)* lava-

dor *m* de pára-brisas *(Br)*, limpa-pára-brisas *m inv (Port)*.

windshield [ˈwɪndʃiːld] *n (Am)* pára-brisas *m inv*.

Windsor Castle [ˈwɪnzə-] *n* o Castelo de Windsor.

windsurfing [ˈwɪndsɜːfɪŋ] *n* windsurfe *m;* **to go ~** fazer windsurfe.

windy [ˈwɪndɪ] *adj* ventoso(-osa), com muito vento; **it's ~** está ventando muito.

wine [waɪn] *n* vinho *m*.

wine bar *n (Brit)* bar de certa categoria especializado em vinhos, que serve também refeições ligeiras.

wine cellar *n* adega *f*.

wineglass [ˈwaɪnglɑːs] *n* copo *m* de vinho.

wine list *n* lista *f* dos vinhos.

wine tasting [-ˌteɪstɪŋ] *n* prova *f* de vinhos.

wine waiter *n* garçon *m* que serve o vinho.

wing [wɪŋ] *n* asa *f; (Brit: of car)* pára-lamas *m inv*, guarda-lamas *m inv (Port); (of building)* ala *f*.

❏ **wings** *npl:* **the ~s** *(in theatre)* os bastidores.

winger [ˈwɪŋər] *n (SPORT)* ponta *m*, extremo *m*.

wink [wɪŋk] *vi* piscar o olho.

winner [ˈwɪnər] *n* vencedor *m* (-ra *f*).

winning [ˈwɪnɪŋ] *adj (person, team)* vencedor(-ra); *(ticket, number)* premiado(-da).

winter [ˈwɪntər] *n* inverno *m;* **in (the) ~** no inverno.

winter sports *npl* esportes *mpl* de inverno.

wintertime [ˈwɪntətaɪm] *n* inverno *m*.

wint(e)ry [ˈwɪntrɪ] *adj* de inverno, invernal.

wipe [waɪp] *vt* limpar; **to ~ one's hands/feet** limpar as mãos/os pés.

❏ **wipe up** *vt sep & vi* limpar.

wiper [ˈwaɪpər] *n (windscreen wiper)* lavador *m* de pára-brisas *(Br)*, limpa-pára-brisas *m inv (Port)*.

wire [ˈwaɪər] *n* arame *m; (electrical wire)* fio *m* (elétrico) *◆ vt (plug)* montar.

wireless [ˈwaɪəlɪs] *n* rádio *m*.

wiring [ˈwaɪərɪŋ] *n* instalação *f* elétrica.

wisdom [ˈwɪzdəm] *n (of person)* sabedoria *f*.

wisdom tooth *n* dente *m* do siso.

wise [waɪz] *adj (person)* sábio(-bia); *(decision, idea)* sensato(-ta).

wisecrack ['waɪzkræk] *n* piada *f.*

wish [wɪʃ] *n (desire)* desejo *m* ◆ *vt:* **I ~ I was younger** quem me dera ser mais novo; **I ~ you'd told me earlier** que pena você não me disse isso antes; **to ~ for sthg** desejar algo; **to ~ to do sthg** *(fml)* desejar fazer algo; **to ~ sb happy birthday** dar os parabéns a alguém; **to ~ sb luck** desejar boa sorte a alguém; **if you ~** *(fml)* se assim o desejar; **best ~es** cumprimentos.

wit [wɪt] *n (humour)* espírito *m*; *(intelligence):* **to have the ~ to do sthg** ter a inteligência suficiente para fazer algo. ❑ **wits** *npl (intelligence, mind):* **to have OR keep one's ~s about one** estar alerta OR atento(-ta).

witch [wɪtʃ] *n* bruxa *f.*

with [wɪð] *prep* **1.** *(in company of)* com; **come ~ me/us** vem comigo/conosco; **can I go ~ you?** posso ir com você?; **we stayed ~ friends** ficamos em casa de amigos. **2.** *(in descriptions)* com; **a man ~ a beard** um homem de barba; **a room ~ a bathroom** um quarto com banheiro. **3.** *(indicating means, manner)* com; **I washed it ~ detergent** lavei-o com detergente; **they won ~ ease** ganharam com facilidade. **4.** *(indicating emotion)* de; **to tremble ~ fear** tremer de medo. **5.** *(regarding)* com; **be careful ~ that!** tenha cuidado com isso! **6.** *(indicating opposition)* com; **to argue ~ sb** discutir com alguém. **7.** *(indicating covering, contents):* **to fill sthg ~ sthg** encher algo com OR de algo; **packed ~ people** cheio de gente; **topped ~ cream** coberto com creme.

withdraw [wɪð'drɔː] *(pt* **-drew,** *pp* **-drawn)** *vt (take out)* retirar; *(money)* levantar ◆ *vi (from race, contest)* desistir.

withdrawal [wɪð'drɔːəl] *n (from bank account)* levantamento *m.*

withdrawal symptoms *npl* síndrome *f* da abstinência.

withdrawn [wɪð'drɔːn] *pp* → **withdraw.**

withdrew [wɪð'druː] *pt* → **withdraw.**

wither [wɪðəʳ] *vi* murchar.

withhold [wɪð'həʊld] *(pt & pp* **-held)**

vt (salary) reter; *(information)* ocultar.

within [wɪ'ðɪn] *prep (inside)* dentro de; *(certain distance)* a; *(certain time)* em ◆ *adv* dentro; **~ 10 miles of ...** a 10 milhas de ...; **it arrived ~ a week** chegou em menos de uma semana; **~ the next week** durante a próxima semana.

without [wɪð'aʊt] *prep* sem; **~ doing sthg** sem fazer algo.

withstand [wɪð'stænd] *(pt & pp* **-stood)** *vt* resistir a, agüentar.

witness ['wɪtnɪs] *n* testemunha *f* ◆ *vt (see)* testemunhar.

witticism ['wɪtɪsɪzm] *n* dito *m* espirituoso.

witty ['wɪtɪ] *adj* espirituoso(-osa).

wives [waɪvz] *pl* → **wife.**

wizard ['wɪzəd] *n* feiticeiro *m*, mago *m.*

wobble ['wɒbl] *vi (chair, table)* balançar; *(legs, hands)* tremer.

wobbly ['wɒblɪ] *adj (table, chair)* pouco firme.

woe [wəʊ] *n* mágoa *f.*

wok [wɒk] *n* wok *f*, frigideira chinesa grande e com fundo redondo, usada especialmente para cozinhar em fogo alto.

woke [wəʊk] *pt* → **wake.**

woken ['wəʊkn] *pp* → **wake.**

wolf [wʊlf] *(pl* **wolves** [wʊlvz]) *n* lobo *m.*

woman ['wʊmən] *(pl* **women)** *n* mulher *f.*

womanly ['wʊmənlɪ] *adj* feminino (-na).

womb [wuːm] *n* útero *m.*

women ['wɪmɪn] *pl* → **woman.**

won [wʌn] *pt & pp* → **win.**

wonder ['wʌndəʳ] *vi (ask o.s.)* perguntar a si mesmo(-ma) ◆ *n (amazement)* maravilha *f*; **to ~ if** perguntar a si mesmo se; **I ~ if I could ask you a favour?** podia fazer-me um favor?; **I ~ if they'll come** será que eles vêm?

wonderful ['wʌndəfʊl] *adj* maravilhoso(-osa).

wonderfully ['wʌndəfʊlɪ] *adv (very well)* maravilhosamente; *(for emphasis)* extremamente.

won't [wəʊnt] = **will not.**

woo [wuː] *vt* cortejar.

wood [wʊd] *n (substance)* madeira *f*; *(small forest)* bosque *m*; *(golf club)* taco *m* de madeira.

wooden ['wʊdn] *adj* de madeira.

woodland ['wʊdlənd] *n* floresta *f.*

woodpecker ['wud,pekəᵣ] *n* pica-pau *m*.

woodwind ['wudwɪnd] *n*: **the ~** os instrumentos de sopro de madeira.

woodwork ['wudwɜːk] *n (SCH)* carpintaria *f*.

woodworm ['wudwɜːm] *n* carcoma *m*, caruncho *m*.

wool [wul] *n* lã *f*.

woolen ['wulən] *(Am)* = **woollen**.

woollen ['wulən] *adj (Brit)* de lã.

woolly ['wulɪ] *adj (Brit)* de lã.

wooly ['wulɪ] *(Am)* = **woolly**.

Worcester sauce ['wustəᵣ-] *n* molho *m* inglês.

word [wɜːd] *n* palavra *f*; **in other ~s** em outras palavras; **to have a ~ with sb** falar com alguém.

wording ['wɜːdɪŋ] *n* texto *m*.

word processing [-'prəusesɪŋ] *n* processamento *m* de texto.

word processor [-'prəusesəᵣ] *n* processador *m* de texto.

wore [wɔːᵣ] *pt* → **wear**.

work [wɜːk] *n* trabalho *m*; *(painting, novel etc)* obra *f* ♦ *vi* trabalhar; *(operate, have desired effect)* funcionar; *(take effect)* ter efeito ♦ *vt (machine, controls)* operar; **out of ~** desempregado, sem trabalho; **to be at ~** estar trabalhando; **to be off ~** *(on holiday)* estar de folga; **the ~s** *(inf: everything)* tudo; **how does it ~?** como é que funciona?; **it's not ~ing** não está funcionando.

❑ **work out** *vt sep (price, total)* calcular; *(solution, reason, plan)* descobrir; *(understand)* perceber ♦ *vi (result, be successful)* resultar; *(do exercise)* fazer exercício; **it ~s out at £20 each** *(bill, total)* sai a 20 libras cada.

workable ['wɜːkəbl] *adj (plan, idea)* viável; *(system)* passível de funcionar.

workaholic [,wɜːkə'hɒlɪk] *n* viciado *m* (-da *f*) no trabalho.

workday ['wɜːkdeɪ] *n (not weekend)* dia *m* de semana, dia útil.

worked up [,wɜːkt-] *adj* exaltado (-da).

worker ['wɜːkəᵣ] *n* trabalhador *m* (-ra *f*).

workforce ['wɜːkfɔːs] *n* mão-de-obra *f*.

working ['wɜːkɪŋ] *adj (in operation)* em funcionamento; *(having employment)* que trabalha; *(day, conditions)* de trabalho.

❑ **workings** *npl (of system, machine)* mecanismo *m*.

working class *n*: **the ~** a classe trabalhadora.

working hours *npl* horário *m* de trabalho.

working order *n*: **to be in good ~** estar funcionando bem.

workload ['wɜːkləud] *n* carga *f* OR quantidade *f* de trabalho.

workman ['wɜːkmən] *(pl* **-men** [-mən]) *n* trabalhador *m* (manual), operário *m*.

workmanship ['wɜːkmənʃɪp] *n (of person)* arte *f*; *(of object)* trabalho *m*.

workmate ['wɜːkmeɪt] *n* colega *mf* de trabalho.

work of art *n* obra *f* de arte.

workout ['wɜːkaut] *n* sessão *f* de exercícios.

work permit *n* autorização *f* de trabalho.

workplace ['wɜːkpleɪs] *n* local *m* de trabalho.

workshop ['wɜːkʃɒp] *n (for repairs)* oficina *f*.

work surface *n* bancada *f*.

worktop ['wɜːktɒp] *n (Brit)* bancada *f*, aparador *m*.

world [wɜːld] *n* mundo *m* ♦ *adj* mundial; **the best in the ~** o melhor do mundo.

world-class *adj* de primeira categoria.

world-famous *adj* mundialmente famoso(-osa).

worldwide [,wɜːld'waɪd] *adv* no mundo inteiro.

worm [wɜːm] *n* minhoca *f*.

worn [wɔːn] *pp* → **wear** ♦ *adj (clothes, carpet)* gasto(-ta).

worn-out *adj (clothes, shoes etc)* gasto(-ta); *(tired)* exausto(-ta).

worried ['wʌrɪd] *adj* preocupado (-da).

worry ['wʌrɪ] *n* preocupação *f* ♦ *vt* preocupar ♦ *vi*: **to ~ (about)** preocupar-se (com).

worrying ['wʌrɪɪŋ] *adj* preocupante.

worse [wɜːs] *adj & adv* pior; **to get ~** piorar; **~ off** em pior situação.

worsen ['wɜːsn] *vi* piorar.

worship ['wɜːʃɪp] *n (church service)* culto *m* ♦ *vt* adorar.

worst [wɜːst] *adj & adv* pior ♦ *n*: **the ~** o pior (a pior).

worth [wɜːθ] *prep*: how much is it ~? quanto é que vale?; **it's ~ £50** vale 50 libras; **it's ~ seeing** vale a pena ver; **it's not ~ it** não vale a pena; **fifty pounds' ~ of traveller's cheques** cheques de viagem no valor de 50 libras.

worthless ['wɜːθlɪs] *adj (jewellery, possessions)* sem valor; *(person, undertaking)* inútil.

worthwhile [,wɜːθ'waɪl] *adj* que vale a pena.

worthy ['wɜːðɪ] *adj* merecedor(-ra); **to be ~ of sthg** merecer algo.

would [wʊd] *aux vb* **1.** *(in reported speech)*: **she said she ~ come** ela disse que vinha.
2. *(indicating condition)*: **what ~ you do?** o que é que você faria?; **what ~ you have done?** o que é que você teria feito?; **I ~ be most grateful** ficaria muito agradecido.
3. *(indicating willingness)*: **she ~n't go** ela não queria ir embora; **he ~ do anything for her** ele faria qualquer coisa por ela.
4. *(in polite questions)*: **~ you like a drink?** você quer beber alguma coisa?; **~ you mind closing the window?** importa-se de fechar a janela?
5. *(indicating inevitability)*: **he ~ say that** não me surpreende que ele tenha dito isso.
6. *(giving advice)*: **I ~ report him if I were you** eu, no seu lugar, denunciava-o.
7. *(expressing opinions)*: **I ~ prefer** eu preferia; **I ~ have thought (that)** ... eu pensava que ....

wouldn't ['wʊdnt] = **would not**.

would've ['wʊdəv] = **would have**.

wound[1] [wuːnd] *n* ferida *f* ◆ *vt* ferir.

wound[2] [waʊnd] *pt & pp* → **wind**[2].

wove [wəʊv] *pt* → **weave**.

woven ['wəʊvn] *pp* → **weave**.

wrangle ['ræŋgl] *n* disputa *f* ◆ *vi* discutir; **to ~ with sb (over sthg)** discutir com alguém (sobre algo).

wrap [ræp] *vt (package)* embrulhar; **to ~ sthg round sthg** enrolar algo em volta de algo.
❑ **wrap up** *vt sep (package)* embrulhar ◆ *vi (dress warmly)* agasalhar-se.

wrapper ['ræpə'] *n (for sweet)* papel *m*.

wrapping ['ræpɪŋ] *n* invólucro *m*, embrulho *m*.

wrapping paper *n* papel *m* de embrulho.

wrath [rɒθ] *n* ira *f*.

wreak [riːk] *vt*: **to ~ havoc** causar estragos.

wreath [riːθ] *n* coroa *f* de flores, grinalda *f*.

wreck [rek] *n (of plane, car)* destroços *mpl*; *(of ship)* restos *mpl* ◆ *vt (destroy)* destruir; *(spoil)* estragar; **to be ~ed (ship)** naufragar.

wreckage ['rekɪdʒ] *n (of plane, car)* destroços *mpl*; *(of building)* escombros *mpl*.

wren [ren] *n* carriça *f*.

wrench [rentʃ] *n (tool)* chave *f* inglesa.

wrestle ['resl] *vi* lutar; **to ~ with sb** lutar com alguém.

wrestler ['reslə'] *n* lutador *m* (-ra *f*) de luta livre.

wrestling ['reslɪŋ] *n* luta *f* livre.

wretch [retʃ] *n* desgraçado *m* (-da *f*).

wretched ['retʃɪd] *adj (miserable)* desgraçado(-da); *(very bad)* péssimo (-ma).

wriggle ['rɪgl] *vi* mexer-se, contorcer-se; **I ~d free** consegui escapar contorcendo-me.

wring [rɪŋ] *(pt & pp* **wrung)** *vt* torcer.

wringing ['rɪŋɪŋ] *adj*: **to be ~ wet** estar encharcado(-da) OR ensopado (-da).

wrinkle ['rɪŋkl] *n* ruga *f*.

wrist [rɪst] *n* pulso *m*.

wristwatch ['rɪstwɒtʃ] *n* relógio *m* de pulso.

writ [rɪt] *n* mandato *m* judicial.

write [raɪt] *(pt* **wrote***, pp* **written)** *vt* escrever; *(cheque, prescription)* passar; *(Am: send letter to)* escrever a ◆ *vi* escrever; **to ~ (to sb) (Brit)** escrever (para alguém).
❑ **write back** *vi* responder.
❑ **write down** *vt sep* anotar.
❑ **write off** *vt sep (Brit: inf: car)* destruir ◆ *vi*: **to ~ off for sthg** escrever pedindo algo.
❑ **write out** *vt sep (essay)* escrever; *(list)* fazer; *(cheque, receipt)* passar.

write-off *n*: **the car was a ~** o carro ficou completamente destruído.

writer ['raɪtə'] *n (author)* escritor *m* (-ra *f*).

writhe [raɪð] *vi* contorcer-se, torcer-se.

writing ['raɪtɪŋ] *n (handwriting)* letra *f*; *(written words)* texto *m*; *(activity)* escrita *f*; in ~ por escrito.

writing desk *n* escrivaninha *f*.

writing pad *n* bloco *m* de notas.

writing paper *n* papel *m* de carta.

written ['rɪtn] *pp* → **write** ◆ *adj* escrito(-ta).

wrong [rɒŋ] *adj* errado(-da) ◆ *adv* mal; **what's ~?** o que é que está acontecendo?; **something's ~ with the car** o carro está com algum problema; **to be in the ~** estar errado; **to get sthg ~** enganar-se em algo; **to go ~** *(machine)* avariar; **"~ way"** *(Am)* sinal de sentido proibido.

wrongful ['rɒŋful] *adj* injusto(-ta), injustificado(-da).

wrongly ['rɒŋlɪ] *adv* mal.

wrong number *n* número *m* errado; **sorry, you've got the ~** desculpe, é engano.

wrote [rəut] *pt* → **write**.

wrought iron [rɔːt] *n* ferro *m* forjado.

wrung [rʌŋ] *pt & pp* → **wring**.

wry [raɪ] *adj (amused)* irônico(-ca); *(displeased)* descontente.

X

xenophobia [ˌzenəˈfəʊbjə] *n* xenofobia *f*.

xing *(Am: abbr of crossing)*: **"ped ~"** "travessia para pedestres" *(Br)*, "passagem de peões" *(Port)*.

XL *(abbr of extra-large)* XL.

Xmas [ˈeksməs] *n (inf)* Natal *m*.

X-ray *n (picture)* raio-X *m* ◆ *vt* fazer uma radiografia a; **to have an ~** fazer uma radiografia.

xylophone [ˈzaɪləfəʊn] *n* xilofone *m*.

Y

yacht [jɒt] *n* iate *m*.

yachting [ˈjɒtɪŋ] *n* navegação *f* com iate; **to go ~** ir andar de iate.

yachtsman [ˈjɒtsmən] *(pl -men* [-mən]*) n* dono ou piloto de um iate.

Yank [jæŋk] *n (Brit: inf)* ianque *mf*.

Yankee [ˈjæŋkɪ] *n (Brit: inf)* ianque *mf*.

yap [jæp] *vi (dog)* ladrar, latir.

yard [jɑːd] *n (unit of measurement)* = 91,44 cm, jarda *f*; *(enclosed area)* pátio *m*; *(Am: behind house)* jardim *m*.

yard sale *n (Am)* venda de objectos usados organizada pelo dono no jardim da casa.

yardstick [ˈjɑːdstɪk] *n* critério *m*.

yarn [jɑːn] *n (thread)* linha *f*.

yawn [jɔːn] *vi* bocejar.

yd *abbr* = yard.

yeah [jeə] *adv (inf)* sim.

year [jɪəʳ] *n* ano *m*; **next ~** o ano que vem; **this ~** este ano; **I'm 15 ~s old**

tenho 15 anos; **I haven't seen her for ~s** *(inf)* há anos que não a vejo.

yearly [ˈjɪəlɪ] *adj* anualmente.

yearn [jɜːn] *vi*: **to ~ for sthg/to do sthg** ansiar por algo/por fazer algo.

yeast [jiːst] *n* fermento *m*.

yell [jel] *vi* gritar.

yellow [ˈjeləʊ] *adj* amarelo(-la) ◆ *n* amarelo *m*.

yellow lines *npl* linhas *fpl* amarelas.

Yellow Pages® *n*: **the ~** as Páginas Amarelas.

yelp [jelp] *n (dog)* latir; *(person)* gritar.

yeoman of the guard [ˈjəʊmən-] *(pl* **yeomen of the guard** [ˈjəʊmən-]*) n* alabardeiro *m* da guarda real (britânica).

yes [jes] *adv* sim; **to say ~** dizer que sim.

yesterday [ˈjestədɪ] *n* ontem *m* ◆ *adv* ontem; **the day before ~** anteontem; **~ afternoon** ontem à tarde; **~ mor-**

ning ontem de manhã.

yet [jet] *adv* ainda ♦ *conj* contudo; **have they arrived ~?** já chegaram?; **the best one ~** o melhor até agora; **not ~** ainda não; **I've ~ to do it** ainda não o fiz; **~ again** mais uma vez; **~ another delay** mais um atraso.

yew [ju:] *n* teixo *m*.

yield [ji:ld] *vt* (*profit*) render; (*interest*) ganhar ♦ *vi* (*break, give way*) ceder; **"yield"** (*Am:* AUT) sinal de perda de prioridade.

YMCA *n* = ACM, *associação internacional de jovens cristãos que oferece alojamento a um preço acessível.*

yob [jɒb] *n* (*Brit: inf*) arruaceiro *m*.

yoga ['jəʊgə] *n* ioga *m* ou *f*.

yoghurt ['jɒgət] *n* iogurte *m*.

yolk [jəʊk] *n* gema *f*.

York Minster [jɔ:k'mɪnstər] *n* a catedral de York.

Yorkshire pudding ['jɔ:kʃə-] *n* pudim *m* de York, *espécie de pudim feito com uma massa semelhante à dos crepes cozido no forno e servido tradicionalmente com rosbife.*

you [ju:] *pron* **1.** (*subject: singular*) você, tu; (*subject: singular polite form*) o senhor (a senhora), você (*Port*); (*subject: plural*) vocês; (*subject: plural polite form*) os senhores (as senhoras); **do ~ speak Portuguese?** (*singular*) você fala português?; (*polite form*) (o senhor) fala português?; **~ Brazilians** vocês brasileiros.

2. (*direct object: singular*) o (a), te; (*direct object: singular polite form*) o senhor (a senhora); (*direct object: plural*) os (as), vos; (*direct object: plural polite form*) os (as), os senhores (as senhoras); **I saw ~** (*singular*) eu o vi; **can I help ~?** (*polite form: singular*) em que posso ajudá-lo?; (*polite form: plural*) em que posso ajudá-los?; **I'll see ~ later** (*plural*) vejo-os mais tarde.

3. (*indirect object: singular*) lhe, te; (*indirect object: singular polite form*) lhe; (*indirect object: plural*) lhes, vos; **I would like to ask ~ something** (*polite form: singular*) gostaria de perguntar algo a você; **didn't I tell ~ what happened?** (*polite form: plural*) não lhes contei o que aconteceu?

4. (*after prep: singular*) você, ti; (*after prep: singular polite form*) o senhor (a senhora), si; (*after prep: plural*) vocês;

(*after prep: plural polite form*) os senhores (as senhoras), vós; **this is for ~** isto é para você/o senhor, etc; **with ~** (*singular*) com você, contigo; (*singular: polite form*) com o senhor (a senhora); (*plural*) com vocês, convosco; (*plural: polite form*) com os senhores (as senhoras).

5. (*indefinite use: subject*): **the coffee ~ get in Brazil is very strong** o café que se bebe no Brasil é muito forte; **~ never know** nunca se sabe.

6. (*indefinite use: object*): **exercise is good for ~** exercício faz bem (para a saúde).

you'd [ju:d] = **you had, you would**.

you'll [ju:l] = **you will**.

young [jʌŋ] *adj* novo (nova) ♦ *npl*: **the ~** os jovens.

younger ['jʌŋgər] *adj* (*brother, sister*) mais novo (nova).

youngest ['jʌŋgəst] *adj* (*brother, sister*) mais novo (nova).

youngster ['jʌŋstər] *n* jovem *mf*.

your [jɔ:r] *adj* **1.** (*singular subject*) o seu (a sua), o teu (a tua); (*singular subject: polite form*) o/a do senhor (da senhora); (*plural subject*) o vosso (a vossa); (*plural subject: polite form*) o/a dos senhores (das senhoras); **~ dog** o seu/teu/vosso cão, o cão do senhor (da senhora), o cão dos senhores (das senhoras); **~ house** a sua/tua/vossa casa, etc; **~ children** os seus/teus/vossos filhos, etc.

2. (*indefinite subject*): **it's good for ~ health** é bom para a saúde.

you're [jɔ:r] = **you are**.

yours [jɔ:z] *pron* (*singular subject*) o seu (a sua), o teu (a tua); (*singular subject: polite form*) o/a do senhor (da senhora); (*plural subject*) o vosso (a vossa); (*plural subject: polite form*) o/a dos senhores (das senhoras), **a friend of ~** un amigo seu/teu/vosso/do senhor/da senhora/dos senhores/das senhoras; **these shoes are ~** estes sapatos são (os) seus/teus/vossos, etc; **these are mine ─ where are yours?** estes são os meus ─ onde estão os seus/teus/vossos, etc?

yourself [jɔ:'self] *pron* **1.** (*reflexive: singular*) se, te; (*reflexive: plural*) se; **did you hurt ~?** (*singular*) você se machucou?

2. (*after prep: singular*) você mesmo

Z

zany ['zeɪnɪ] *adj (inf)* disparatado (-da).

zap [zæp] *vi (rush)*: **she's always zapping off to new places** ela passa a vida viajando para lugares diferentes.

zeal [ziːl] *n* zelo *m*, fervor *m*.

zealous ['zeləs] *adj* zeloso(-osa), fervoroso(-osa).

zebra [*Brit* 'zebrə, *Am* 'ziːbrə] *n* zebra *f*.

zebra crossing *n (Brit)* faixa *f* (para pedestres) *(Br)*, passadeira *f* (para peões) *(Port)*.

zenith [*Brit* 'zenɪθ, *Am* 'ziːnəθ] *n (fig: highest point)* zênite *m*, auge *m*.

zero ['zɪərəʊ] *n* zero *m*; **five degrees below ~** cinco graus abaixo de zero.

zest [zest] *n (of lemon, orange)* raspa *f*, zesto *m*.

zigzag ['zɪgzæg] *vi* ziguezaguear.

zinc [zɪŋk] *n* zinco *m*.

zip [zɪp] *n (Brit)* fecho ecler *m* ♦ *vt* fechar o fecho ecler de.
❑ **zip up** *vt sep* fechar o fecho ecler de.

zip code *n (Am)* código *m* postal.

zip fastener *n (Brit)* = **zip**.

zipper ['zɪpəʳ] *n (Am)* fecho ecler *m*.

zit [zɪt] *n (inf)* borbulha *f*.

zodiac ['zəʊdɪæk] *n* zodíaco *m*.

zone [zəʊn] *n* zona *f*.

zoo [zuː] *(pl -s) n* zôo *m*.

zoology [zəʊ'ɒlədʒɪ] *n* zoologia *f*.

zoom [zuːm] *vi (inf: move quickly)*: **to ~ past** passar voando; **to ~ off** sair voando.

zoom lens *n* zoom *m*.

zucchini [zuː'kiːnɪ] *(pl inv) n (Am)* abobrinha *f (Br)*, courgette *f (Port)*.

(-ma), tu mesmo(-ma); *(after prep: plural)* vocês mesmos(-mas); *(after prep: singular polite form)* vós mesmo(-ma); *(after prep: plural polite form)* os senhores mesmos (as senhoras mesmas), vós mesmos(-mas), ; **did you do it ~?** *(singular)* você fez isso sozinho?; *(polite form)* foi o senhor mesmo que o fez?; **did you do it yourselves?** vocês fizeram isso sozinhos?; *(polite form)* foram os senhores mesmos que o fizeram?

youth [juːθ] *n* juventude *f*; *(young man)* jovem *m*.

youth club *n* clube *m* de jovens.

youthful [ˈjuːθful] *adj* juvenil.

youth hostel *n* albergue *m* da juventude *(Br)*, pousada *f* da juventude *(Port)*.

you've [juːv] = **you have**.

Yugoslav [ˈjuːgəʊˌslɑːv] = **Yugoslavian**.

Yugoslavia [ˌjuːgəˈslɑːvɪə] *n* Iugoslávia *f (Br)*, Jugoslávia *f (Port)*.

Yugoslavian [ˌjuːgəˈslɑːvɪən] *adj* iugoslavo(-va) *(Br)*, jugoslavo(-va) *(Port)* ◆ *n* iugoslavo *m* (-va *f*) *(Br)*, jugoslavo *m* (-va *f*) *(Port)*.

yuppie [ˈjʌpɪ] *n* yuppie *mf*.

yuppy = **yuppie**.

YWCA *n* = ACM *f*, associação internacional de jovens cristãs que oferece alojamento a um preço acessível.